Die Rechtsgrundsätze

des

Königlich Preußischen

Oberverwaltungsgerichts.

Begründet von K. Parey.

Vierte, gänzlich neu bearbeitete und bis zur Gegenwart ergänzte Auflage,

herausgegeben von

Fr. Kunze, weil. Wirkl. Geheimer Oberregierungsrat,

und

Dr. G. Kautz, Präsident des Kaiserl. Kanalamts in Kiel.

Ergänzungsband 1909/10.

Bearbeitet von

Dr. G. Kautz,
Präsident des Kaiserl. Kanalamts in Kiel.

Berlin 1911.
J. Guttentag, Verlagsbuchhandlung,
G. m. b. H.

Inhaltsverzeichnis.

Erste Abteilung.
Angelegenheiten der Kommunalverbände.

Zweite Abteilung.

Kultus, Schule, Personenstand, Staatsangehörigkeit, Fürsorgeerziehung.

Dritte Abteilung.
Polizeiliche Angelegenheiten.

Vierte Abteilung.
Anderweitige Zuständigkeiten der Verwaltungsgerichte.

Fünfte Abteilung.
Verwaltungsstreitverfahren.

Verzeichnis der Abkürzungen.

(Nachtrag zu den im ersten Hauptbande S. X ff. und im Ergänzungsbande 1905/06, S. XI enthaltenen Verzeichnissen.)

RVerG. = Reichsvereinsgesetz v. 19. IV. 08 (RGBl. 151).

Vorwort.

Im vorliegenden „Ergänzungsband 1909/10“ sind die Entscheidungen aus Bd. 52 bis 55 der offiziellen Sammlung, die bis zum 1. Oktober 1910 im Preußischen Verwaltungsblatt und in der Deutschen Juristenzeitung abgedruckten und manche anderen wichtigen Entscheidungen des Oberverwaltungsgerichts wiedergegeben. Die Entscheidungen in Kommunalsteuer- und in Staatssteuerangelegenheiten sind wie früher einem besonderen Ergänzungsband vorbehalten worden, der sich an den ein Werk für sich bildenden Band 3 der 4. Auflage des Hauptwerks anschließt.

Auf klare, scharfe Systematisierung, leichtverständliche Darstellung und, wo erforderlich, ausgiebige Beigebung von Tatbeständen und Gründen zu den Rechtsgrundsätzen ist besonderer Wert gelegt worden. Das Bestreben, der Praxis ein Hilfsmittel zu schaffen, das ein Zurückgreifen auf die benutzten Quellen entbehrlich macht, hat den Ergänzungsband etwas stärker werden lassen.

Kiel, im Mai 1911.

Dr. Georg Kautz.

Erste Abteilung.

Angelegenheiten der Kommunalverbände.

Gesetzliche Grundlagen (nebst Materialien): DoppelsteuerG. v. 22. III. 09 (RGBl. 329/331). VhdlRT. 1908/09: Drucks. Nr. 1105, 1182, 1197, 1201, 1202, 1203, 1242; StenB. 6490, 6497, 6499, 7043, 7485, 7499. — G. v. 16. VI. 09 (GS. 489), betr. Heranziehung d. Beamten usw. z. Gemeindeeinkommensteuer. VhdlAH. 1908/09: Drucks. Nr. 33, 167, 306, 317, 321—323, 326, 328, 335—338, 343; StenB. 676, 712, 3694, 3734, 3798; HH. Drucks. Nr. 38, 52; StenB. 199. — G. v. 1. VIII. 09 (GS. 691) über die Haftung des Staats und anderer Verbände für Amtspflichtverletzungen von Beamten bei Ausübung der öffentl. Gewalt. VhdlAH. 1908/09: Drucks. Nr. 32, 354, 397, 437, 438, 440, 441, 443, 800, 815; StenB. 712, 743, 4555, 4610, 7567; HH. Drucks. Nr. 50, 139, 160, 161; StenB. 392, 450. — G. v. 6. V. 10 (GS. 43), betr. die Vermeidung von Doppelbesteuerungen bei Heranziehung zu direkten Kommunalsteuern in verschiedenen Bundesstaaten d. Deutschen Reiches. VhdlHH. 1910. Drucks. Nr. 6, 17, 46; StenB. 10, 18; AH. Drucks. Nr. 233; StenB. 3611, 3819. — G. v. 22. V. 10 (RGBl. 798) über die Haftung des Reichs für seine Beamten. VhdlRT. 1910: Drucks. Nr. 5, 366, 394, 395, 405, 510; StenB. 572, 2592, 2727.

Literatur: Altmann: Die Verfassung und Verwaltung im Deutschen Reiche und in Preußen. 1. Bd.: Deutsches Reich (Berlin 1907). 2. Bd.: Preußen (Berlin 1908). — Arndt: Verfassung des Deutschen Reichs[3] (Berlin 1907). — Bornhak: Grundriß des Verwaltungsrechts[2] (Leipzig 1909). — Brand: Das Reichsbeamtengesetz v. 31. März 1873 idFass. des G. v. 17. Mai 1907[2] (Berlin 1908). — Delius: Die Beamtenhaftpflichtgesetze des Reiches und der Bundesstaaten[2] (Berlin 1910). — Dombitsch: Die Verfassung des Deutschen Reiches (Berlin 1910). — Friedrichs: Das Landesverwaltungsgesetz v. 30. Juli 1883 (Berlin 1910). — Hahn: Das Gesetz über die allgemeine Landesverwaltung[6] (Berlin 1910). — Hansmann: Der Ruhestand der Reichsbeamten und die Fürsorge für ihre Witwen und Waisen nach den Aenderungen des Reichsbeamtengesetzes und nach dem Hinterbliebenengesetze v. 17. Mai 1907 (Berlin 1907). — Derselbe: Der Ruhestand der preußischen Staatsbeamten und die Fürsorge für ihre Hinterbliebenen nach den Abänderungen des Pensionsgesetzes und des Fürsorgegesetzes durch die Gesetze v. 27. Mai 1907 (Berlin 1907). — Heinemann: Die preuß. Staatsbeamtengesetzgebung (Potsdam 1910). — Graf Hue de Grais: Grundriß der Verfassung und Verwaltung in Preußen und dem Deutschen Reiche[9] (Berlin 1908). — Derselbe: Handbuch der Verfassung und Verwaltung in Preußen und dem Deutschen Reiche[20] (Berlin 1910). — v. Kamptz und Delius: Die Rechtsprechung des Reichs- und Kammergerichts auf den Gebieten des öffentlichen Rechts 2 (Berlin 1907). — Laband: Deutsches Reichsstaatsrecht[5] (Tübingen 1910). — Mauve und v. Gröning: Wanderarbeitsstättengesetz v. 29. Juni 1907 (Berlin 1910). — Meyer-Dochow: Lehrbuch des deutschen Verwaltungsrechts[3] (Leipzig 1910). — Miller: Reichsbeamtengesetz v. 18. Mai 1907 (Stuttgart 1910). — Möller: Verfassungs- und Verwaltungsrecht des Deutschen Reichs (Dresden 1907). — Sartorius: Sammlung von Reichsgesetzen und Verordnungen staats- und verwaltungsrechtlichen Inhalts[3] (Berlin 1910). — Schulze: Das Reichsbeamtengesetz (Leipzig 1908). — Sörgel: Jahrbuch der Rechtsprechung zum Verwaltungsrecht, 2. Jahrg. (1908/09) (Stuttgart 1910). — Frhr. v. Stengel-Fleischmann: Wörterbuch des Deutschen Staats- und Verwaltungsrechts[2] (Tübingen 1910). — Stenglein: Kommentar zu den strafrechtl. Nebengesetzen des Deutschen Reiches[4] v. Ebermayer, Galli und Lindenberg (Leipzig 1910). — Stier: Reichsbeamtengesetz v. 31. März 1873 idFass. des G. v. 17. Mai 1907 und Beamtenhinterbliebenengesetz v. 17. Mai 1907 (Straßburg 1908). — Stier-Somlo: Jahrbuch des Verwaltungsrecht, 2. bis 5. Jahrg. (Berlin 1907—1910). — Stier-Somlo: Sammlung in der Praxis oft angewandter Verwaltungsgesetze und Verwaltungsanordnungen für Preußen (München 1910). — Warneyer: Jahrbuch der Entscheidungen. C. Oeffentliches Recht, Arbeiterversicherungsrecht, Reichsverwaltungsrecht, 3. Jahrg. (1909) (Leipzig 1910). — Zeller-Sala: Das Deutsche Reich. Ein Unterrichtsbuch in den Grundsätzen des Deutschen Staatsrechts, der Verfassung und Gesetzgebung[3] (Leipzig 1910).

I.
Provinzialverbände.

Gesetzliche Grundlagen: vgl. oben.

Literatur: Kähler: Das schleswig-holstein-lauenburgische Landesrecht (Glückstadt 1907). — Kinne: Die Autonomie der Kommunalverbände in Preußen (Berlin 1908). — Wilden: Die Kommunalverwaltung Preußens (Düsseldorf 1910).

B. Vertretung und Verwaltung der Provinzialverbände.

2. Der Provinzialausschuß; Beanstandung seiner Beschlüsse.

Nr. 1. Entsch. v. 9. Nov. 1909 (OVG. 55 1) II A 1/09.

FEG. v. 2. VII. 00 §§ 1, 13 f.

1. Der § 13 FEG. regelt nur die ordentlichen Rechtsbehelfe gegen den ablehnenden Beschluß des Kommunalverbandes. Eine Beschwerde oder ein sonstiges Rechtsmittel gegen den die Aufhebung der Fürsorgeerziehung anordnenden Beschluß des Kommunalverbandes gewährt er nicht; insbesondere findet gegen einen solchen Beschluß die Anrufung der Entscheidung des Vormundschaftsgerichts seitens eines Beteiligten nicht statt. Danach ist allerdings der die Aufhebung der Fürsorgeerziehung aussprechende Beschluß des Kommunalverbandes für die Beteiligten ein endgültiger insofern, als er der Anfechtung durch ein Rechtsmittel ihrerseits entzogen ist. Aber daraus, daß das FEG. den Beteiligten einen Rechtsbehelf gegen den die Aufhebung der Fürsorgeerziehung anordnenden Beschluß des Kommunalverbandes versagt, folgt keineswegs, daß auch die aus dem Aufsichtsrechte fließenden Befugnisse der zuständigen Behörden gegenüber einem solchen Beschluß ausgeschaltet sind. Vielmehr würde dies, soweit solche Befugnisse allgemein gegenüber den Beschlüssen der Kommunalverbände in deren Angelegenheiten in anderen Gesetzen gegeben sind, nur anzunehmen sein, wenn in dem FEG. der Ausschluß dieser Befugnisse ausdrücklich bestimmt wäre oder wenn aus dem Gesetze sich sonst entnehmen ließe, daß diese Befugnisse ausgeschlossen sein sollten. Das erste ist nicht der Fall, und für die letztere Annahme bietet das Gesetz keinen Anhalt; ihr würde auch die Erwägung entgegenstehen, daß dann die Kommunalverbände den ihnen durch das Gesetz auferlegten Verpflichtungen durch die alsbaldige Aufhebung der Fürsorgeerziehung nach deren Anordnung durch das Vormundschaftsgericht sich zu entziehen in der Lage wären. Es kommen deshalb die in anderen Gesetzen getroffenen allgemeinen Bestimmungen über die Be-

fugnisse der Aufsichtsbehörden gegen Beschlüsse der Kommunalverbände in deren Angelegenheiten zur Anwendung. Solche Bestimmungen sind in dem dritten Titel der RhProvO. v. 1. VI. 87 getroffen. Daß es sich bei der Aufhebung der Fürsorgeerziehung um eine Angelegenheit des Provinzialverbandes handelt, kann nach §§ 14, 13 Abs. 2 FEG. nicht zweifelhaft sein. Nach § 118 aaO. steht dem Oberpräsidenten, entstehendenfalls auf Anweisung des Ministers des Innern, gegen Beschlüsse des Provinziallandtags, des Provinzialausschusses oder einer Provinzialkommission, die deren Befugnisse überschreiten oder die Gesetze verletzen, das Recht der Beanstandung zu, und es ist ferner im § 121 dem Oberpräsidenten gegenüber einem Provinzialverbande, der die ihm gesetzlich obliegenden, von der Behörde innerhalb der Grenzen ihrer Zuständigkeit festgestellten Leistungen auf den Haushaltsetat zu bringen oder außerordentlich zu genehmigen unterläßt oder verweigert, das Recht der Zwangsetatisierung gegeben. Das formelle Recht des Oberpräsidenten zur Beanstandung des den Beschluß des Landeshauptmanns über die Aufhebung der Fürsorgeerziehung des J. bestätigenden Beschlusses des Provinzialausschusses ist also anzuerkennen. Die Beanstandung wird auch nicht dadurch gegenstandslos, daß der Fürsorgezögling bereits aus der Fürsorgeerziehung entlassen ist und, nachdem er nunmehr das 21. Lebensjahr vollendet hat, in sie nicht mehr zurückgeführt werden kann. Denn die vor erreichter Volljährigkeit des J. erfolgte Beanstandung, die aufschiebende Wirkung hat (§ 118 Abs. 1 ProvO.), würde, wenn sie gerechtfertigt ist, auch jetzt noch, trotz der bereits erfolgten Entlassung und der inzwischen erreichten Volljährigkeit des Zöglings, jedenfalls für die Frage der Kosten des Unterhalts des Zöglings in der Zwischenzeit materielle Rechtswirkungen äußern.

2. Die Beanstandung ist nach § 118 ProvO. nur gerechtfertigt, wenn der Beschluß die Befugnis des Provinzialausschusses überschreitet oder die Gesetze verletzt. Der erste Fall kommt hier nicht in Frage.

Es ist aber auch zu verneinen, daß der Beschluß über die Aufhebung der Fürsorgeerziehung die Gesetze verletzt. Nach § 13 Abs. 2 FEG. erfolgt die Aufhebung der Fürsorgeerziehung vor beendeter Minderjährigkeit, wenn der Zweck der Fürsorgeerziehung erreicht oder die Erreichung des Zweckes anderweit sichergestellt ist. Nur in diesen beiden Fällen ist die vorzeitige Aufhebung der Fürsorgeerziehung zulässig; die Aufhebung aus einem anderen Grunde, insbesondere weil der Zweck der Fürsorgeerziehung sich als unerreichbar erweist, ist unzulässig und verletzt das Gesetz. Die Beanstandung eines Beschlusses des Kommunalverbandes, in welchem aus einem anderen Grunde als den beiden im Gesetz aufgeführten, die Aufhebung der Fürsorgeerziehung angeordnet wird, würde deshalb zu Recht erfolgt sein. Der Beschluß des Landeshauptmanns und der ihn lediglich bestätigende Beschluß des Provinzialausschusses gibt nun als Grund für die Aufhebung der Fürsorgeerziehung des J. nur an, daß der Zweck der Fürsorgeerziehung erreicht ist. Diese Begründung entspricht dem Gesetz; in ihr kann daher eine Verletzung des Gesetzes nicht erblickt werden. Der Zweck der Fürsorgeerziehung, wie er aus § 1 des FEG. zu entnehmen ist, ist die Verhütung der Verwahrlosung und die Besserung. Er ist erreicht, wenn die vorhandene Verwahrlosung gehoben und die Gefahr abermaliger Verwahrlosung auch ohne die besonderen Maßnahmen der Fürsorgeerziehung als ausgeschlossen gelten kann. Die Befähigung des Zöglings zum selbständigen Erwerbe des Unterhalts gehört nicht zu dem besonderen Zwecke der Fürsorgeerziehung. Von der Fürsorgeerziehung ist in dieser Beziehung nicht mehr zu fordern, als von der gewöhnlichen Erziehung; sie braucht den Zögling nur so weit zu fördern, als es nach dessen Anlagen, seiner körperlichen und geistigen Beschaffenheit möglich ist. Wenn der Zögling nicht fähig ist und voraussichtlich auch nicht fähig werden wird, seinen Unterhalt selbständig zu erwerben, so kann deshalb doch der Zweck der Fürsorgeerziehung erreicht sein. Die Aufhebung der Fürsorgeerziehung ist auch in einem solchen Falle zulässig, wenn nur die Gefahr abermaliger Verwahrlosung nicht zu besorgen ist. Ob die vorhandene Verwahrlosung beseitigt ist und die Gefahr abermaliger Verwahrlosung als ausgeschlossen gelten kann, liegt auf dem Gebiete tatsächlicher Würdigung. Eine unzutreffende oder irrtümliche Annahme bei Würdigung dieser Verhältnisse enthält keine Gesetzesverletzung.

C. Provinzialabgaben.

Nr. 1. Entsch. v. 15. Dez. 1908 (OVG. 53 1) II A 6/07.

KrProvAbgG. §§ 7 f., 13, 25, 36; KommAbgG. § 43.

1. Die den Maßstab für die Verteilung der Kreissteuern auf die Gemeinden und Gutsbezirke betreffende Vorschrift im Schlußsatze des § 7 Abs. 5 KrProvAbgG. findet auch bei der Veranlagung für das Rechnungsjahr 1907 Anwendung.

Nach § 25 aaO. dient als Maßstab der Verteilung der Provinzialsteuern auf die einzelnen Land- und Stadtkreise das Soll der Einkommensteuer und der vom Staate veranlagten Realsteuern einschließlich der Betriebssteuer, wie es in Landkreisen nach den Vorschriften des KrProvAbgG., mit Ausschluß des § 8, und in Stadtkreisen nach dem KommAbgG., nach Gemeindebeschlüssen und Vereinbarungen mit Steuerpflichtigen der Kreis- bzw. Gemeindebesteuerung zugrunde zu legen ist. Maßgebend für die Verteilung ist in den Landkreisen das der Kreisbesteuerung des jeweilig laufenden Rechnungsjahrs gemäß § 7 Abs. 5 zugrunde gelegte Steuersoll, in den Stadtkreisen das Steuersoll des jeweilig vorausgegangenen Rechnungsjahrs nach dem Stande des 1. Januar und zwar unter Berücksichtigung der bis zu diesem Zeitpunkt endgültig eingetretenen Berichtigungen und Veränderungen sowie mit der Maßgabe, die aus dem Schlußsatze des Abs. 5 folgt. Das in Landkreisen der Kreisbesteuerung zugrunde zu legende Steuersoll ist nach § 7 Abs. 5 das vorjährige Steuersoll nach dem Stande des 1. Januar, also dasselbe, das nach § 25 Abs. 4 in Stadtkreisen zur Anrechnung gelangen soll. Nach dem Schlußsatze des Abs. 5 werden Steuerbeträge, die für Vorjahre veranlagt worden sind, dem Steuersoll des Jahres, in dem die Veranlagung erfolgt ist, oder dem des nächsten Rechnungsjahrs hinzugerechnet, je nachdem die Veranlagung vor oder nach dem 1. Januar erfolgt ist. Das der Provinzalbesteuerung zugrunde zu legende Steuersoll ist hiernach dasselbe, das der Kreisbesteuerung des jeweilig laufenden Rechnungsjahrs zugrunde gelegt wird, und deshalb hängt die Entscheidung von der Frage ab, ob die streitigen Beträge der Kreisbesteuerung für das Rechnungsjahr 1907 unterlagen. Die Frage ist zu bejahen. Daß die Vorschrift in § 7 Abs. 5 letzter Satz für das Rechnungsjahr 1907 keine Anwendung finden soll, schreibt das Gesetz nicht vor. Es hat keine Uebergangsbestimmung erlassen, durch die es die gedachte Gesetzesbestimmung für die erstmalige Veranlagung außer Kraft setzt, während es in § 36 für die erstmalige Verteilung der direkten Kreissteuern in Fällen des § 7 Abs. 4 und des § 13 eine besondere Bestimmung für die erste Veranlagung für erforderlich gehalten hat. Diese besondere Bestimmung war notwendig, weil es andernfalls an einer tatsächlichen Voraussetzung für die Ausführung des § 7 im Hinblick auf dessen Abs. 5 fehlen würde. Wo aber Steuerbeträge im Vorjahre veranlagt werden konnten und tatsächlich veranlagt worden sind, bedurfte es für die Anwendung des § 7 Abs. 5 Schlußsatz keiner besonderen Uebergangsbestimmung, sondern es war auch ohne eine solche möglich, die Veranlagung für das Rechnungsjahr 1907 nach jener Vorschrift vorzunehmen.

2. Auch dem weiteren Klageanspruche mußte der Erfolg versagt bleiben. Der Streit dreht sich hier um die Frage, welcher Steuerbetrag der Verteilung der Provinzialabgaben zugrunde zu legen ist, wenn die Gemeinden von ihren Steuerpflichtigen nicht Zuschläge zur staatlich veranlagten Gewerbesteuer erheben, sondern mit ihnen gemäß § 43 KommAbgG. Vereinbarungen getroffen haben, wonach sie einen festen Steuerbetrag zu entrichten haben. Der Kläger ist der Ansicht, daß auch in diesen Fällen nur der Betrag der staatlich veranlagten Gewerbesteuer der Besteuerung zugrunde zu legen ist, wogegen der Beklagte mit Rücksicht auf die Bestimmung in § 7 Abs. 2 G. v. 23. IV. 06 die Auffassung vertritt, daß der der Kreisbesteuerung unterliegende Gewerbesteuerbetrag erst durch Kürzung oder Erhöhung des vereinbarten Steuerbetrags im Verhältnisse des Umlagesolls der Gemeindegewerbesteuer zum Prinzipalsoll der staatlich veranlagten Gewerbesteuer besonders festgestellt werden müsse. Der Ansicht des Beklagten ist beizupflichten. Das KrProvAbgG. lehnt die Kreis- und Provinzialbesteuerung grundsätzlich eng an die Gemeindebesteuerung an. Diesem Standpunkt entspricht es, wenn nach § 7 Abs. 2 auch besondere Gemeindebeschlüsse und Vereinbarungen mit Steuerpflichtigen Berücksichtigung finden sollen. Vereinbarungen mit Steuerpflichtigen sind nach § 43 KommAbgG. in der Weise gestattet, daß von fabrikmäßigen Betrieben und von Bergwerken an Stelle der Gemeindesteuer vom Einkommen und vom Gewerbebetrieb ein für mehrere Jahre im voraus zu bestimmender fester jährlicher Steuerbeitrag zu entrichten ist. Hat eine Gemeinde mit einem Steuerpflichtigen verabredet, daß an Stelle der nach dem örtlichen Rechte festzusetzenden Gewerbesteuer ein fester jährlicher Steuerbeitrag zu entrichten ist, so übt diese Verabredung ohne weiteres auf die Kreis- und Provinzialbesteuerung ihre Wirkung in der Weise aus, daß das als Maßstab der Verteilung der Kreis- und Provinzialsteuern dienende Steuersoll sich entsprechend erhöht oder ermäßigt. Da aber Gegenstand der Verabredung nicht die Festsetzung eines Prinzipalsteuersatzes, sondern nur die eines bestimmten Steuerbeitrags sein kann, anderseits der Bemessung des Kreissteuerkontingents nur das umlagefähige Prinzipalsteuersoll zugrunde zu legen ist, so müssen die verabredeten Steuerbeiträge, um der Anrechnung für das Kreissteuerkontingent fähig zu sein, auf einen entsprechenden Prinzipalsteuersatz zurückgeführt werden, und das hat nach der Gleichung zu geschehen: Es verhält sich das Umlagesoll zu dem Prinzipalsteuersoll wie der vereinbarte Beitrag zu X. Beträgt also beispielsweise der durch Gewerbesteuer aufzubringende Gemeindesteuerbedarf 24 000 ℳ, das Prinzipalgewerbesteuersoll 5000 ℳ, und entfallen von diesem 3800 ℳ auf den Gewerbebetrieb einer Zeche, 1200 ℳ auf die übrigen Gewerbe, so hat bei einem Abkommen, wonach die Zeche einen festen Steuerbeitrag von 21 000 ℳ zu zahlen hat, die Zurückführung dieses Betrags nach folgender Gleichung zu erfolgen: 2400 : 5000 = 21 000 : x. Es ist dann $x = \frac{5000 \cdot 21000}{24000} = 4375$ ℳ. Dieser Betrag von 4375 ℳ ist an Stelle des Prinzipalsolls von 3800 ℳ anzusetzen, so daß das gesamte Prinzipalgewerbesteuersoll 4375 + 1200 = 5575 ℳ betragen würde.

Nr. 2. Entsch. v. 9. Febr. 1909 (OVG. 54 1) II A 2/08.

KrProvAbgG. §§ 7, 25.

Die Provinzen haben bei der Heranziehung der Kreise das nach § 7 Abs. 6 KrProvAbgG. v. 23. IV. 06 veranlagte Kreissteuersoll unter entsprechender Anwendung des § 25 Abs. 4 und § 7 Abs. 5 nach dem Stichtage des 1. Januar des voraufgegangenen Rechnungsjahrs der Besteuerung zugrunde zu legen. Für das Rechnungsjahr 1907 sind auch die Uebergangsvorschriften des § 36 entsprechend anzuwenden.

Nach dem Wortlaute des Gesetzes besteht zwischen dem zweiten und vierten Absatze des die Provinzialbesteuerung regelnden § 25 des Gesetzes ein Widerspruch. Im Abs. 2 ist bestimmt, daß als Maßstab der Verteilung der Provinzialsteuern auf die Land- und Stadtkreise das Soll der Staatssteuern dienen soll, wie es in Landkreisen „nach den Vorschriften dieses Gesetzes, mit Ausschluß des § 8," der Kreisbesteuerung zugrunde zu legen ist. Dieser Wortlaut ergibt klar, daß auch das nach § 7 Abs. 6 veranlagte Soll für die Provinzialbesteuerung mit in Rechnung gestellt werden muß, da sonst nicht nur der § 8, sondern auch der § 7 Abs. 6 hätte ausgenommen werden müssen. Im Abs. 4 des § 25 ist dagegen bestimmt, daß für die Verteilung auf die Landkreise das der Kreisbesteuerung gemäß § 7 Abs. 5 zugrunde gelegte Steuersoll maßgebend sei. Es kann keinem Zweifel unterliegen, daß die nach § 7 Abs. 6 veranlagten Beträge nicht unter § 7 Abs. 5 fallen. Vielmehr ergibt sich aus der Natur der Sache, daß die im § 7 Abs. 5 enthaltene Festsetzung eines Stichtags bei der Veranlagung der im § 7 Abs. 6 genannten Steuerpflichtigen nicht zur Anwendung kommen kann. Sie kann nur Bedeutung haben für die Veranlagung des Solls der Gemeinde- und Gutsbezirke, die ihrerseits zwar Abgabepflichtige der Kreise sind, den Kreissteuerbedarf aber von dem ihnen angehörigen Einzelpflichtigen erheben. Nur bei dieser Unterverteilung kann davon ausgegangen werden, daß die Abgänge und Zugänge sich ungefähr ausgleichen werden, und daß praktische Erwägungen dafür sprechen, die Berücksichtigung der während des Steuerjahrs eintretenden Berichtigungen und Ab- und Zugänge zunächst auszuschließen. Wenn dagegen der Kreisausschuß die im § 7 Abs. 6 genannten Steuerpflichtigen direkt veranlagt und zu den Kreisabgaben heranzieht, so müssen hierfür bei der im Gesetz ausdrücklich vorgeschriebenen sinngemäßen Anwendung der für die Gemeindeeinkommensteuer maßgebenden Vorschriften die Verhältnisse des laufenden Rechnungsjahrs zugrunde gelegt und alle im Laufe des Jahres eintretenden Berichtigungen und Ab- und Zugänge berücksichtigt werden. Es kann also keinem Zweifel unterliegen, daß die Vorschrift im § 25 Abs. 4 sich auf die Steuersätze der nach § 7 Abs. 6 veranlagten Personen nicht mitbezieht.

Der § 25 Abs. 2 umfaßt, mit alleiniger Ausnahme der im § 8 zugelassenen Grundwertsteuer, alle Prinzipalsteuerbeträge, die der Kreisbesteuerung zugrunde zu legen sind, mithin auch die gemäß § 7 Abs. 6 veranlagten besonderen Steuersätze der in dieser Bestimmung genannten Steuerpflichtigen. Der § 25 Abs. 4 erklärt dagegen für die Verteilung des Provinzialsteuersolls auf die Landkreise seinem ausdrücklichen Inhalte nach das Steuersoll nach dem Stande des ersten Januar des voraufgegangenen Rechnungsjahrs nur insoweit für maßgebend, als die im § 7 Abs. 5 genannten Steuerpflichtigen, also die Gemeinden und Gutsbezirke, in Betracht kommen. Mithin besteht im Gesetz eine Lücke hinsichtlich der Frage, ob das nach § 7 Abs. 6 veranlagte Kreissteuersoll gleichfalls mit dem Betrage, den es an dem Stichtage hatte, oder nach dem Veranlagungssolle des laufenden Jahres unter Berücksichtigung aller im Laufe des Steuerjahrs eintretenden Veränderungen der Provinzialbesteuerung zugrunde zu legen ist. Wäre letzteres für richtig zu halten, so würden bei der Heranziehung des Solls dieser Pflichtigen alle diejenigen Vorteile in Wegfall kommen, welche mit der Einführung des Stichtags bezweckt wurden und die namentlich darin bestehen, daß der Provinzialbesteuerung vom Anfange des Rechnungsjahrs an ein fest bestimmter Betrag zugrunde gelegt werden kann. Der Gerichtshof hat daher keine Bedenken, den Grundsatz des § 25 Abs. 4

entsprechend auch da anzuwenden, wo es sich um die Heranziehung der Kreise nach ihrem gemäß § 7 Abs. 6 veranlagten Kreissteuersolle zu den Provinzialabgaben handelt. Während also die Kreise bei der Heranziehung dieser Pflichtigen die im Laufe des Rechnungsjahrs eintretenden Veränderungen zu berücksichtigen haben, sollen nach Ansicht des Gerichtshofs die Provinzen bei der Heranziehung der Kreise dieses Veranlagungssoll unter entsprechender Anwendung des § 25 Abs. 4 und § 7 Abs. 5 nach dem Stichtage des ersten Januar des voraufgegangenen Rechnungsjahrs mit den sämtlichen aus dem § 7 Abs. 5 sich ergebenden Berichtigungen und Veränderungen zugrunde legen.

II.

Kreise.

Gesetzliche Grundlagen: vgl. am Anfang dieser Abteilung.
Literatur: desgl.

A. Auseinandersetzung bei Veränderung der Kreisgrenzen und Bildung neuer Kreise.

1. Im allgemeinen.

Nr. 1. Entsch. v. 12. Juni 1908 (PrVerwBl. 30 254) II B 27/07.

Regl. v. 12. XII. 38 (GS. 39 5), die Einrichtung des Sparkassenwesens betr., Ziff. 7.

Der Reservefonds einer Kreissparkasse ist kein Aktivvermögen des Kreises, das einer Teilung unterworfen werden könnte. Wie aus Ziff. 7 Regl., die Einrichtung des Sparkassenwesens betr., v. 12. XII. 38 hervorgeht, hat die Sparkasse aus den Ueberschüssen der Zinsen ein Kapital anzusammeln, das den Zweck hat, etwaige Verluste zu decken und die Verpflichtungen gegen die Einleger zu erfüllen. Dieser sog. Reservefonds bildet also zusammen mit dem vorhandenen Barbestande der Kasse, den Forderungen des Kreises für ausgeliehene Darlehne (Hypotheken, Wechseln) und den im Besitze der Sparkasse befindlichen Wertpapieren die Deckung für die Forderungen der Einleger. Er steht zusammen mit jenen Vermögensstücken als activum der Sparkasse den Forderungen der Einleger als den passivis dergestalt gegenüber, daß hierbei von einem Ueberschuß nach der Seite der activa hin keine Rede sein kann. Das zeigt sich deutlich bei dem Fallen des Kurses der Wertpapiere unter den Preis, zu dem die Wertpapiere von der Sparkasse erworben worden waren. Ohne das Vorhandensein des Reservefonds würde dann die Schuld der Sparkasse den Einlegern gegenüber ihre activa übersteigen. Die Sparkasse kann bei der Frage, ob sie Vermögen des Kreises ist, nur als ein Ganzes in Betracht kommen. Es ist deshalb dem ausscheidenden Kreisteil ebensowenig gestattet, einen einzelnen Bestandteil ihres Aktivvermögens herauszugreifen und davon einen Anteil für sich zu verlangen, wie der Restkreis berechtigt wäre, die Forderung zu stellen, daß der ausscheidende Kreisteil einen verhältnismäßigen Teil der Schuld der Sparkasse als Schuldner übernehmen sollte.

E. Der Kreistag.

2. Aktives Wahlrecht.

a) Im Wahlverbande der größeren ländlichen Grundbesitzer.

Nr. 1. Entsch. v. 26. Jan. 1909 (OVG. 54 5) II C 231/08.

WestfKrO. §§ 14, 35.

Die Gesellschaften mit beschränkter Haftung gehören nicht zu den wahlberechtigten juristischen Personen bei Kreistagswahlen in der Prov. Westfalen.

Der Bezirksausschuß ist mit Recht davon ausgegangen, daß unter den Gewerbetreibenden im Sinne des Abs. 3 des § 35 WestfKrO. nicht nur physische Personen, sondern ebenso wie nach der ausdrücklichen Vorschrift des Abs. 1 dieses Paragraphen unter den dort erwähnten Grundbesitzern auch juristische Personen, Aktiengesellschaften und Kommanditgesellschaften auf Aktien zu verstehen sind. Sodann befindet er sich mit seiner Annahme, daß die Gesellschaften mit beschränkter Haftung nicht zu den juristischen Personen im Sinne des § 35 aaO. gehören, im Einklange mit der bisherigen Rechtsprechung des OVG., das diese Gesellschaften weder zu den wahlberechtigten juristischen Personen im Sinne des § 8 Abs. 2 StO., noch zum Wahlverbande der Großgrundbesitzer im Sinne des § 42 HannKrO. rechnet (vgl. OVG. 30 1, 50 4). Von den in diesen Entscheidungen vertretenen Anschauungen abzuweichen, liegt kein Anlaß vor.

In allen Fällen, in denen ein Spezialgesetz juristischen Personen gewisse Rechte oder Pflichten bei- oder auferlegt, muß geprüft werden, welche Rechtsgebilde der Gesetzgeber in diesem Spezialgesetz unter dem Ausdrucke „juristische Personen“ hat zusammenfassen wollen, und nur da, wo der Wille des Gesetzgebers in dieser Beziehung nicht deutlich erkennbar ist, darf angenommen werden, daß er diesem Ausdrucke den Sinn hat beilegen wollen, der ihm nach der jeweiligen allgemeinen Rechtsauffassung beizumessen ist. Deshalb ist auch im vorliegenden Falle zu prüfen, in welchem Sinne in dem hier in Betracht kommenden § 35 WestfKrO. der Ausdruck „juristische Personen“ vom Gesetzgeber gebraucht worden ist. Es liegt auf der Hand, daß dieser Ausdruck hier dieselbe Bedeutung haben sollte wie in § 14 Abs. 2 aaO., der die Kreisabgabenpflicht der juristischen Personen regelt, zumal deren Zugehörigkeit zum Wahlverbande der größeren Grundbesitzer in § 35 von ihrer Verpflichtung zur Zahlung von Kreisabgaben abhängig gemacht ist. Die hier in Betracht kommenden Bestimmungen dieser beiden Paragraphen stimmen nun aber ihrem wesentlichen Inhalte nach mit denjenigen in §§ 14 Abs. 2 und 86 Abs. 1 und 4 KrO. v. 13. XII. 72 überein, und es muß deshalb angenommen werden, daß der Ausdruck „juristische Personen“ in der WestfKrO. ebenso auszulegen ist, wie in derjenigen für die östlichen Provinzen. Nun kann zwar daraus, daß in den betr. Bestimmungen neben den juristischen Personen noch die Aktiengesellschaften und die Kommanditgesellschaften auf Aktien besonders aufgeführt sind, nicht ohne weiteres gefolgert werden, der Gesetzgeber habe damit zum Ausdrucke gebracht, daß er diese beiden Gesellschaftsarten nicht zu den juristischen Personen rechne. Jene Wortfassung läßt vielmehr an sich auch die Auslegung zu, daß der Gesetzgeber durch die ausdrückliche Anführung dieser Gesellschaften zur Vermeidung von Zweifeln klarzustellen beabsichtigt habe, daß sie den juristischen Personen nicht bloß gleichzustellen, sondern ihnen zuzurechnen seien. Daß letzteres nicht die Absicht des Gesetzgebers gewesen ist, ergibt sich aber aus der Entstehungsgeschichte des § 14 KrO.

Aus ihr geht hervor, daß nach dem in § 86 KrO. und darum auch in § 35 WestfKrO. zum Ausdrucke gebrachten preußischen öffentlichen Rechte die reichsgesetzlich begründeten sog. handelsgesellschaftlichen Körperschaften nicht unter den Begriff der juristischen Personen einbegriffen werden sollten. Das öffentliche Recht hat auch bis heute in dieser Beziehung keine Aenderung erfahren; denn die Kommunalabgabenpflicht der gedachten Körperschaften ist nicht im Wege einer Erweiterung des öffentlich-rechtlichen Begriffs der juristischen Person eingeführt, sondern durch besondere, zum Teil abweichende Bestimmungen neben derjenigen der juristischen Personen geregelt worden. Deshalb ist auch heute noch davon auszugehen, daß die Gesellschaften mit beschränkter Haftung nicht zu den juristischen Personen im Sinne des § 86 (§ 35 Westf.) KrO. gehören.

Auch die im BGB. über die juristischen Personen getroffenen Bestimmungen können nach Art. 55 EG.BGB. die öffentlich-rechtlichen Vorschriften der Landesgesetze nicht beeinflussen, wie denn zB. die nach § 1 unter Nr. 1a EinkStG. für die Staatseinkommenbesteuerung maßgebende Begriffsbestimmung des Wohnsitzes in § 1 Abs. 2 DoppBestG. v. 13. V. 70 durch diejenige in § 7 Abs. 1 BGB. keine Aenderung erlitten hat.

G. Die Kreisabgaben.

3. Indirekte Kreissteuern.

a) Umsatzsteuer.

Nr. 1. Entsch. v. 6. Juli 1908 (OVG. 52 5) VII C 177/08.

KrProvAbgG. §§ 6, 35.

Eine vor dem Inkrafttreten des KrProvAbgG. v. 23. IV. 06 vom Kreistage am 28. IV. 06 beschlossene Ordnung für die Erhebung einer Kreissteuer bei dem Erwerbe von Grundstücken kann nicht dadurch rechtsverbindlich werden, daß sie nach jenem Zeitpunkte die Genehmigung des Bezirksausschusses und die Zustimmung der zuständigen Minister erhält. Denn diese Behörden sind nicht berechtigt, die Zuständigkeit des Kreistags über die in den Gesetzen vorgesehenen Grenzen zu erweitern. Es kann also nur in Frage kommen, ob der Beschluß des Kreistags dadurch rechtswirksam geworden ist, daß durch § 6 KrProvAbgG. dem Kreistage die Befugnis erteilt worden ist, mittels Erlasses von Steuerordnungen Steuern auf den Erwerb von Grundstücken zu legen. Aus dem Gesetze selbst kann diese Frage im bejahenden Sinne nicht entschieden werden; denn nach seinem § 35 treten diejenigen Bestimmungen des Gesetzes, welche die Einführung von Gebühren, Beiträgen und indirekten Steuern in den Kreisen betreffen, mit dem Tage der Verkündigung in Kraft. Hiernach und da die Verkündigung des Gesetzes erst am 7. V. 06 stattgefunden hat, war der Kreistag vor diesem Tage nicht befugt, eine SteuerO., wie die erwähnte, zu beschließen.

Nr. 2. Entsch. v. 8. Okt. 1908 (PrVerwBl. 30 508) VII C 288/08.

Bei der Heranziehung zur Kreissteuer vom Erwerbe von Grundstücken ist für den Gegenstand der Besteuerung entscheidend, was nach dem Inhalte des der freiwilligen Veräußerung zugrunde liegenden Rechtsgeschäfts von dem Veräußerer dem Erwerber zu leisten ist. War ein Grundstück mit dem Waldbestande zu leisten, so ist für die Bemessung der Steuer der für das bestandene Waldgrundstück vereinbarte Kaufpreis auch dann maßgebend, wenn das Grundstück zur Zeit der Auflassung abgeholzt war.

Nr. 3. Beschd. v. 23. Nov. 1908 (OVG. 53 20) VII C 473/08.

Den Gegenstand des Streites bildet allein die Frage, ob bei der Ermittelung des gemeinen Wertes eines Landguts vom Standpunkte der KrSteuerO. der Wert des Inventars berücksichtigt werden darf. Diese Frage ist zu verneinen. Nach § 1 SteuerO. unterliegt der Grunderwerbsteuer nur der Eigentumserwerb von Grundstücken und von Rechten, für welche die auf Grundstücke bezüglichen Vorschriften gelten. Sonach bildet den Gegenstand der Besteuerung nur der Eigentumserwerb an unbeweglichen Vermögensgegenständen. Daraus folgt, daß für die Ermittelung des der Berechnung der Steuer zugrunde zu legenden Wertbetrags zwar alle Gegenstände in Betracht kommen, die einen Bestandteil des Grundstücks bilden, nicht aber bewegliche Sachen, die lediglich als Zubehör des Grundstücks angesehen werden können. Das Inventar eines Landguts gehört aber zu den beweglichen Sachen (§§ 97 ff. BGB.). Deshalb muß in einem Falle, wie hier, wo Gegenstand des Erwerbes nicht nur Immobilien, sondern ein Landgut im Sinne des BGB. gewesen sind, für die Umsatzsteuerveranlagung erst ermittelt werden, welcher Teil des Gesamtkaufpreises auf den Wert des Grundstücks entfällt.

Nr. 4. Entsch. v. 25. Febr. 1909 (OVG. 54 19) VII C 494/08.

1. Rechnet eine UmsatzsteuerO. beim Kaufvertrage mit auf dem Gegenstande haftenden gemeinen Lasten als „übernommenen“ Lasten, obgleich hier den Rechtsgrund für die Befreiung des Verkäufers von der Gewährleistungspflicht, insoweit sie stattfindet, niemals die Erklärung der Uebernahme, sondern stets das Gesetz bildet (§§ 436, 439 BGB.), so folgt daraus, daß nach der SteuerO. auch alle anderen Lasten und Leistungen, die — auch im Verhältnisse zwischen Verkäufer und Käufer — unmittelbar infolge des Vertragsschlusses kraft Gesetzes auf den letzteren übergehen, zu den „übernommenen“ gerechnet werden müssen, und zwar gleichviel, ob die Uebernahme noch ausdrücklich erklärt ist oder nicht.

2. Rentenbankrenten sind zu den gemeinen Lasten nicht zu rechnen. Das preußische G. v. 13. VII. 83, betr. die Zwangsvollstreckung in das unbewegliche Vermögen, bestimmte nämlich in § 27 Abs. 1, daß aus dem Kaufgeld im Zwangsvollstreckungsverfahren an vierter Stelle zu berichtigen seien:

Die laufenden, auf dem Grundstücke lastenden direkten Abgaben, welche zu der Staatskasse fließen, und die Rückstände derselben aus den beiden letzten Jahren.

Dann heißt es im § 27 Abs. 2 aaO.:

Hierher gehören auch die an die Rentenbanken abgetretenen Renten sowie die an die Staatskasse zu entrichtenden Ablösungsrenten.

Im § 28 aaO. waren ferner als an fünfter Stelle zur Hebung gelangend aufgeführt: Die laufenden, auf dem Grundstücke haftenden gemeinen Lasten und die Rückstände derselben aus den beiden letzten Jahren. Hier war also ein Unterschied zwischen Rentenbankrenten und gemeinen Lasten gemacht. Auch war in der Rechtsprechung anerkannt, daß die Rentenbankrenten zu den auf privatrechtlichem Titel beruhenden Reallasten und nicht zu den öffentlichen gemeinen Lasten zu rechnen seien. Wie aber angenommen werden muß, hat dieser Rechtszustand durch die neuere Gesetzgebung keine Aenderung erfahren; denn im PrAGZwVstG. v. 23. IX. 99 werden nach Art. 1 die öffentlichen Lasten geteilt in Deichlasten und die auf einem nicht privatrechtlichen Titel beruhenden Abgaben und Leistungen, die auf dem Grundstücke nach Gesetz oder Verfassung haften (gemeine Lasten). Wie ferner die Motive ergeben (S. 16), hat man damit an dem im bisherigen preußischen Rechte ausgebildeten und in der Rechtsprechung der obersten Gerichte anerkannten Begriffe der gemeinen Last festhalten wollen. Auch werden in dem gedachten Gesetze die gemeinen Lasten und die Rentenbankrenten in einen Gegensatz zueinander gebracht. Hiernach stand also der Gesetzgeber bei Erlaß des G. v. 23. IX. 99 auf dem Standpunkte, daß die Rentenbankrenten nicht zu den gemeinen Lasten gehören, und hieran hat sich in der Folge nichts geändert.

Nr. 5. Entsch. v. 25. März 1909 (PrVerwBl. 31 309) VII C 574/08.

Der § 1 einer KrUmsatzsteuerO. schreibt vor:

Jeder abgeleitete Eigentumserwerb eines im Landkreise S. belegenen Grundstücks oder Erwerb eines Rechtes, für welches die auf Grundstücke bezüglichen Vorschriften gelten (Bergwerkseigentums, Erbbaurechts), unterliegt einer Steuer von $^4/_5$ vom Hundert des Wertes des erworbenen Grundstücks oder Rechtes. In Gemeinden, in welchen eine entsprechende Steuer bereits eingeführt ist, ermäßigt sich die Steuer auf $^2/_5$ vom Hundert des Wertes.

Der Bezirksausschuß hat ohne Rechtsirrtum angenommen, daß der Kläger mit der Apothekergerechtigkeit ein Recht erworben habe, für das die auf Grundstücke bezüglichen Vorschriften gelten, und dementsprechend die Heranziehung zur Steuer für gerechtfertigt erachtet. Unstreitig war für die Apothekergerechtigkeit ein Grundbuchblatt noch unter der Herrschaft des früheren Rechts eingerichtet worden, und es war somit nach § 69 EigErwG. v. 5. V. 72 deren Veräußerung usw. nach den Vorschriften dieses Gesetzes zu beurteilen. Für Gerechtigkeiten, die nach den bisherigen Gesetzen in Ansehung der Eintragung in die gerichtlichen Bücher und der Verpfändung den Grundstücken gleichstehen (selbständige Gerechtigkeiten), gelten aber nach Art. 74 EGBGB. in Verbindung mit Art. 40 PrAGBGB. die sich auf Grundstücke beziehenden Vorschriften des BGB., wenn die Gerechtigkeit ein Grundbuchblatt erhalten hat.

Nr. 6. Entsch. v. 3. Juni 1909 (OVG. 54 23) VII C 50/09.

1. Ein als subjektiv dingliches Recht verliehenes Apothekerprivilegium kann nicht durch einseitige Anordnung des Eigentümers des privilegierten Grundstücks auf ein anderes Grundstück übertragen werden. Eine solche Uebertragung eines subjektiv dinglichen Rechtes auf ein anderes Grundstück kann vielmehr rechtswirksam nur durch eine in Uebereinstimmung mit dem Eigentümer des privilegierten Grundstücks erfolgende Verfügung des Privilegierenden erfolgen.

2. Ein als veräußerliches und vererbliches Recht verliehenes Apothekerprivilegium konnte sowohl in das Hypothekenbuch eingetragen als auch mit einem bestimmten Grundstück als Realpertinenz verbunden werden.

3. Ist hiernach das Privilegium rechtswirksam mit dem Grundstücke verbunden worden, so gilt es nunmehr nach § 96 BGB. als Bestandteil des Grundstücks. Da der privatrechtliche Erwerb des Grundstücks steuerpflichtig ist, so entscheidet auch das BGB. darüber, was als Bestandteil des Grundstücks gilt. Daß das Apothekerprivilegium nicht zu den wesentlichen Bestandteilen gehört, ist hierbei unerheblich; denn gleichwohl ist es so mit dem Grundstücke verbunden, daß es dessen Schicksal teilt, daß es von den über das Grundstück getroffenen Verfügungen mit ergriffen wird.

Nr. 7. Entsch. v. 8. Okt. 1908 (OVG. 53 22) VII C 268/08.

1. Bei Begründung von Rentengütern durch Vermittelung der Auseinandersetzungsbehörde sind, ebenso wie in Auseinandersetzungs-

sachen, neben dem Kostenpauschquantum Stempelgebühren nicht zu erheben. Dieser Rechtszustand hat durch das StempStG. keine Aenderung erfahren.

Zutreffend hat der Vorderrichter zwar zuvörderst angenommen, daß der § 4d StempStG. v. 31. VII. 95, wonach „die von der Auseinandersetzungsbehörde und deren Abgeordneten . . . gepflogenen Verhandlungen . . . und zwar sowohl über den Hauptgegenstand der Auseinandersetzung als auch über die damit verbundenen Nebenpunkte . . . von der Stempelsteuer befreit sind", auch auf die Begründung von Rentengütern gemäß G. v. 7. VII. 91 Anwendung zu finden hat. In § 8 des Regul., betr. die Kosten der gutsherrlich-bäuerlichen Auseinandersetzungen, Gemeinheitsteilungen usw., v. 25. IV. 36 (GS. 181) sind nämlich „die den Parteien wegen der Auseinandersetzungskosten zugestandenen Erleichterungen", wie folgt, „bestätigt und erweitert":

„1. soll denselben die Stempelfreiheit wegen aller von der Auseinandersetzungsbehörde, oder deren Abgeordneten, . . . gepflogenen Verhandlungen zustatten kommen."

Diese Bestimmung ist durch § 17 G. v. 24. VI. 75 über das Kostenwesen in Auseinandersetzungssachen (GS. 395) ausdrücklich aufrechterhalten. Im G. v. 7. VII. 91, betr. die Beförderung der Errichtung von Rentengütern, ist sodann in Ansehung der Begründung von Rentengütern durch Vermittelung der Generalkommission im § 12 Abs. 4 bestimmt:

„Auf das Verfahren und das Kostenwesen finden die für Gemeinheitsteilungen geltenden Vorschriften mit folgenden Maßgaben Anwendung: . . .

3. Für die Begründung des Rentenguts sind die Pauschsätze des § 2 Nr. 3 des Gesetzes über das Kostenwesen in Auseinandersetzungssachen vom 24. Juni 1875 (GS. S. 395) zu zahlen".

Danach muß durch § 12 Abs. 4^3 G. v. 7. VII. 91 als angeordnet gelten, daß — wie in „Auseinandersetzungssachen" — so auch bei der Begründung von Rentengütern neben dem „Pauschquantum" von Kosten — regelmäßig 12 ℳ für den Hektar — Stempelgebühren überhaupt nicht erhoben werden sollen.. Dieser Rechtszustand hat durch das StempStG. keine Aenderung erfahren.

2. Wenn in einer SteuerO., nach welcher der Eigentumserwerb eines Grundstücks einer Steuer unterliegt, vorgeschrieben wird, der § 4 StempStG. solle entsprechende Anwendung finden, so ist dies dahin zu verstehen, daß der Eigentumserwerb dann steuerfrei sein soll, wenn er auf Grund eines Veräußerungsgeschäfts erfolgt, dessen Beurkundung von dem Stempel befreit ist . . . . .

Nr. 8. Entsch. v. 13. Mai 1909 (PrVerwBl. 31 361) VII C 26/09.
StempStG. § 4d, G. v. 7. VII. 91 (GS. 279) § 12.

1. Handelte es sich hier um die Begründung eines Rentenguts im Sinne des G. v. 7. VII. 91 durch Vermittelung der Generalkommission, so findet Anwendung der § 4d StempStG., wonach „die von der Auseinandersetzungsbehörde und deren Abgeordneten . . . gepflogenen Verhandlungen . . . und zwar sowohl über den Hauptgegenstand der Auseinandersetzung als auch über die damit verbundenen Nebenpunkte . . . von der Stempelsteuer befreit sind." Nach § 5 einer KrUmsatzsteuerO. finden wegen der sachlichen Steuerbefreiungen die Bestimmungen der Landesgesetze entsprechende Anwendung. Diese Vorschrift kann nur dahin verstanden werden, daß der Eigentumserwerb dann steuerfrei bleiben soll, wenn er auf Grund eines Veräußerungsgeschäftes erfolgt, dessen Beurkundung von dem Stempel befreit ist.

2. Der Vorderrichter ist nun davon ausgegangen, daß im vorliegenden Falle die Begründung des Rentenguts durch Vermittelung der

Generalkommission erfolgt ist. Er hat sich dabei wesentlich gestützt auf die amtliche Auskunft der Generalkommission. Danach unterliegt es keinem Zweifel, daß die Begründung des Renteguts erfolgt ist gemäß § 12 G. v. 7. VII. 91 durch Vermittelung der Generalkommission. Diese hat, wie auch der Rentengutsvertrag erweist, den Vertrag über die Begründung des Rentenguts durch den Spezialkommissar aufnehmen lassen und ihrerseits bestätigt. Der Umstand, daß die Landbank als Rentengutsausgeberin mit den Bewerbern, darunter dem Kläger, Vorverträge, sogenannte Punktationen, abgeschlossen hat, durch die über die wichtigsten Punkte des Kaufgeschäfts: Lage und Größe des Verkaufsgegenstandes, Höhe des Kaufpreises usw., Bestimmung getroffen wurde, steht obiger Annahme nicht entgegen; derartige Punktationen sind bei Zerlegung eines Gutes in Rentengüter üblich. Daß die Generalkommission demnächst den bestätigten Vertrag dem zuständigen Grundbuchrichter mit dem Ersuchen um Umschreibung des Eigentums eingereicht hat und daß auf Grund dessen die Eintragung des Eigentumsüberganges im Grundbuch für den Kläger erfolgt ist, ergibt die Mitteilung des Amtsgerichts an den Beklagten. Durch diese Eintragung hat der Kläger das Eigentum an dem Rentengut erworben.

Nr. 9. Entsch. v. 8. Juli 1909 (OVG. 54 26) VII C 20/09.

1. Nach § 1 KrSteuerO. unterliegt jeder auf Grund einer freiwilligen Veräußerung erfolgende Eigentumserwerb eines im Kreise P. belegenen Grundstücks einer Steuer von eins vom Hundert des Wertes des veräußerten Grundstücks. Zur Steuer herangezogen ist der Uebergang des Grundstücks R. Bd. I Bl. 1 von dem Gutsbesitzer S. auf den Kläger. Dieser Eigentumswechsel ist unstreitig im Wege der Auflassung und Eintragung in das Grundbuch erfolgt, mithin hat der Fall der freiwilligen Veräußerung vorgelegen. Die Höhe der Steuer ist nicht bemängelt. Sonach wäre die Heranziehung des Klägers zu der geforderten Umsatzsteuer gerechtfertigt, sofern ihm nicht eine der in der SteuerO. vorgesehenen Steuerbefreiungen zur Seite stehen sollte. Maßgebend ist hierfür der § 5, welcher lautet:

„Wegen der sachlichen und persönlichen Steuerbefreiungen und Steuerermäßigungen, insoweit sie nicht bereits durch die vorangegangenen Bestimmungen geregelt worden sind, finden die Bestimmungen der Landesgesetze über den Urkundenstempel entsprechende Anwendung."

Mit Recht hat der Vorderrichter angenommen, daß hier nur eine sachliche Steuerbefreiung in Frage stehen könne, bei welcher die Veräußerung selbst steuerfrei ist. Ueber die sachliche Stempelbefreiung bestimmt nun § 4h StempStG.: Von der Stempelsteuer sind befreit alle Urkunden über Gegenstände, denen durch frühere Gesetze . . . Stempelfreiheit bewilligt worden ist.

2. Eines dieser früheren bezüglich der Stempelsteuerfreiheit aufrechterhaltenen Gesetze ist dasjenige v. 26. IV. 86, betr. die Förderung deutscher Ansiedelungen in den Prov. Westpreußen und Posen, dessen § 10 lautet: „Die aus Anlaß der §§ 1 und 2 dieses Gesetzes stattfindenden Akte der nichtstreitigen Gerichtsbarkeit, einschließlich der grundbuchrichterlichen Tätigkeit, sowie das Verfahren vor der Auseinandersetzungsbehörde sind stempel- und kostenfrei." Steuerfreiheit des Erwerbes des Grundstücks vom Vorbesitzer seitens des Klägers ist sonach gegeben, falls dieser Erwerb „aus Anlaß" der Tätigkeit der Ansiedelungskommission erfolgt ist. Diese Voraussetzung hat der Gerichtshof für vorliegend erachtet. Nach den unbestrittenen Angaben des Einspruchs und der Klageschrift hat der Kläger nur ein Gut erwerben wollen, das bestimmt Ansiedelungsgut werden würde. Der Kläger und sein Vorbesitzer haben daher auch den Kaufvertrag erst abgeschlossen, als ihnen von der Deutschen Mittelstandskasse die Regulierung des Grundstücks in Aussicht gestellt war. Daß die Deutsche Mittelstandskasse bei derartigen Regulierungen kraft der ihr

erteilten Vollmacht als Vertreterin der Ansiedelungskommission handelt, steht nach der amtlichen Auskunft des Präsidenten der Ansiedelungskommission außer Zweifel. Die Vertragschließenden haben mithin den Kaufvertrag abgeschlossen in dem Bewußtsein und unter der Voraussicht, daß das Grundstück Ansiedelungsgut werden würde und dahin ist auch die Absicht der den Staat vertretenden Mittelstandskasse bei Vermittelung des Kaufgeschäfts gegangen. Im Laufe der Regulierung ist denn auch das Grundstück an den preußischen Staat (Ansiedelungskommission) im Wege der Auflassung und Eintragung übergegangen und demnächst von diesem unter Belastung mit einer zum Teil unkündbaren Rente und dem Wiederkaufsrechte dem Kläger rückübertragen, letzterer somit — nach Festlegung des Grundstücks in deutscher Hand — auf diesem im Sinne des § 1 G. v. 26. IV. 86 angesiedelt. Fällt die hierbei von der Ansiedelungskommission ausgeübte Tätigkeit ohne weiteres in den Rahmen der §§ 1 und 2 des genannten Gesetzes, so erscheint der Erwerb des Eigentums an dem Grundstücke von dem privaten Vorbesitzer seitens des Klägers als ein vorbereitender Akt für diese Tätigkeit der Ansiedelungskommission und ferner als ein solcher Akt, wie ihn der § 10 mitumfaßt.

Nr. 10. Entsch. v. 3. Dez. 1908 (PrVerwBl. 30 768) VII C 413/08.

Nach § 7 der Ordnung für die Erhebung einer Kreissteuer von Grundstücken und von Rechten, für welche die auf Grundstücke bezüglichen Vorschriften gelten, im Landkreise Insterburg v. 3. VIII. 06 ist der preußische Fiskus von der Grunderwerbsteuer befreit.

Nr. 11. Entsch. v. 1. April 1909 (OVG. 54 22) VII C 44/09.

Wenn nach einer KrUmsatzsteuerO. der Erwerb von Grundstücken zwischen Verwandten auf- und absteigender Linie steuerfrei bleibt, so sind unter Verwandten nur solche Personen zu verstehen, deren eine von der anderen abstammt, dagegen nicht Personen, von denen eine die andere an Kindesstatt angenommen hat . . .

Allerdings ist im § 1757 Abs. 1 BGB. bestimmt, daß durch die Annahme an Kindesstatt das Kind die rechtliche Stellung eines ehelichen Kindes des Annehmenden erlangt. Durch diese Bestimmung ist indessen nur die Gleichstellung des Adoptivkindes mit dem leiblichen Kinde in privatrechtlicher Beziehung angeordnet.

b) Die Schankerlaubnissteuer.

Nr. 1. Entsch. v. 9. April 1908 (OVG. 52 7) VII C 67/08.

KrProvAbgG. § 6; GewO. §§ 1, 7, 33.

1. In § 1 GewO. ist der Grundsatz der Gewerbefreiheit aufgestellt, der demnächst durch § 33 aaO. für den Betrieb der Gastwirtschaft, Schankwirtschaft und des Kleinhandels mit Branntwein gewissen Einschränkungen unterworfen wird (Erlaubniserteilung). Im § 7[6] aaO. sind vorbehaltlich der an den Staat und an die Gemeinde zu entrichtenden Gewerbesteuern, alle Abgaben aufgehoben, die für den Betrieb eines Gewerbes entrichtet werden müssen. Anderseits ist im § 6[2] KrProvAbgG. den Kreisen die Befugnis beigelegt, mittels Erlasses von Steuerordnungen die Erlangung der Erlaubnis zum ständigen Betriebe der Gastwirtschaft, Schankwirtschaft oder des Kleinhandels mit Branntwein oder Spiritus mit einer Steuer zu belegen. Dies steht keineswegs mit den im vorstehenden bezeichneten Bestimmungen der GewO.

im Widerspruche. Zuzugeben ist allerdings, daß es sich im § 6[2] aaO. um keine Gewerbesteuer handelt. Denn Gewerbesteuer ist eine Steuer, welche an den Betrieb des Gewerbes geknüpft ist und als Realsteuer von diesem Betrieb als solchem erhoben wird, während hier eine persönliche, von dem Erwerber der Erlaubnis zum Gewerbebetriebe für diese Erlaubnis einmal zu entrichtende Steuer in Frage steht. Unzutreffend ist es jedoch, daß die im § 6[2] aaO. für zulässig erklärte Besteuerung der Erlaubniserteilung die Auflegung einer im § 7[6] GewO. für unzulässig erklärten Abgabe für den Betrieb des Gewerbes darstelle. Wie nämlich in der Rechtsprechung allgemein anerkannt ist, sind Abgaben der letzteren Art solche, die den Preis für die Befugnis zum Gewerbebetriebe bilden, derart, daß zwischen der Zulassung zum Betrieb und der Entrichtung der Abgabe ein Gegenseitigkeitsverhältnis besteht, so daß der Beginn oder der Fortbetrieb des Gewerbes von der Entrichtung der Abgabe abhängig ist. In § 6[2] aaO. aber wird die Besteuerung der Erlangung der Erlaubnis für zulässig erklärt, ohne daß diese Erlangung oder die Ausübung des Betriebs von der Leistung der Abgabe abhängig gemacht wird, und ohne daß diese Leistung den Preis für die Erlaubniserteilung bildet. Danach stellt sich die hier in Rede stehende Steuer als eine indirekte, auf den Eintritt eines bestimmten Ereignisses gelegte Steuer dar, ähnlich wie die Grunderwerbsteuer, und es ergibt sich aus den vorstehenden Ausführungen, daß es sich um eine Steuer handelt, deren Zulässigkeit vom Standpunkte der Reichsgesetzgebung aus nicht bezweifelt werden kann.

2. Unzutreffend ist es auch, wenn der Kläger auszuführen sucht, daß die SteuerO. auf ihn deshalb nicht anwendbar sei, weil er bereits vor deren Erlasse die beschränkte Schankerlaubnis besessen habe und weil diese nach dem Erlasse der SteuerO. nur auf den Ausschank von Branntwein und Spiritus ausgedehnt worden sei. Nach § 33 GewO. bedarf derjenige, der Schankwirtschaft betreiben will, dazu der Erlaubnis. Wie allgemein anerkannt ist, darf diese Erlaubnis auf den Vertrieb gewisser Getränke beschränkt und es dürfen bei Erteilung der Erlaubnis gewisse Getränke vom Vertrieb ausgenommen werden. Will der Unternehmer demnächst Schankwirtschaft mit Getränken betreiben, hinsichtlich deren er die Erlaubnis noch nicht besitzt, so bedarf er dazu einer neuen Erlaubnis, die man, von wirtschaftlichen Gesichtspunkten aus, als Erweiterung der ersten Erlaubnis bezeichnen mag, die aber rechtlich nichts anderes ist, als wiederum die Erteilung der Erlaubnis zum Betriebe der Schankwirtschaft — mit den dabei in Betracht kommenden Getränken. — Wenn also der Kläger — wie das im vorliegenden Falle zutrifft —, nachdem er früher die „beschränkte Schankerlaubnis“ bereits erhalten hatte, später, nachdem die Steuerordnung in Kraft getreten war, die Erlaubnis zum Betriebe der Schankwirtschaft mit Branntwein und Spiritus erhielt, so unterlag die Erlangung dieser neuen Erlaubnis der Besteuerung.

Nr. 2. Entsch. v. 25. Mai 1908 (OVG. 52 11) VII C 85/08.

KrProvAbgG. § 6.

1. Wenn in einer SteuerO. die Erlangung der Erlaubnis zum Betriebe der Gast- und Schankwirtschaft einer Steuer unterworfen wird, so kommt es für die Steuerpflicht nicht darauf an, ob die Erlaubnis schon vor dem Inkrafttreten der SteuerO. hätte erteilt werden können, sondern nur darauf, ob sie nach dem Inkrafttreten erteilt worden ist.

Durch die SteuerO. ist objektives öffentliches Recht geschaffen. Dieses ist gleichmäßig auf alle in ihr vorgesehenen Fälle der Genehmigung anzuwenden, die nach ihrem Inkrafttreten vorgekommen sind, ohne daß dabei das von der

Behörde bei Erteilung der Genehmigung eingeschlagene Verfahren nachgeprüft werden könnte.

2. Der Kläger hat ausgeführt, daß es für den Betrieb einer Bahnhofswirtschaft einer Genehmigung überhaupt nicht bedürfe. Diese Frage kann indessen hier nicht erörtert werden, und es würde unerheblich sein, wenn sie zugunsten des Klägers zu entscheiden sein sollte. Denn nach der SteuerO. unterliegt der Erwerb der Erlaubnis zum Wirtschaftsbetrieb einer Steuer. Daraus folgt, daß es für die Besteuerung nicht noch neben der Erteilung der erbetenen Erlaubnis darauf ankommt, ob für den Wirtschaftsbetrieb eine Erlaubnis überhaupt erforderlich war. Wenn der Kläger der Meinung war, daß er einer Erlaubnis nicht bedürfe, so war es seine Sache zu erwägen, ob er den Betrieb ohne Genehmigung von seiten der zuständigen Behörde beginnen wollte. Wäre alsdann hiergegen von der Polizeibehörde eingeschritten und ihm die Fortsetzung des Betriebs untersagt worden, so wäre die dadurch entstandene Streitfrage in dem dafür verordneten Beschwerde- und Verwaltungsstreitverfahren zum Austrage zu bringen gewesen. Der Kläger hat es jedoch hierauf nicht ankommen lassen, vielmehr die Erlaubnis erbeten und erhalten. Damit aber ist er steuerpflichtig geworden.

Nr. 3. Entsch. v. 1. Juni 1908 (OVG. 52 14) VII C 113/08.

KrProvAbgG. § 6; GewStG. § 41.

1. Zutreffend ist die Annahme des Vorderrichters, daß es für die Heranziehung des Klägers zur Erlaubnissteuer unerheblich sei, einmal, ob die Erteilung der Erlaubnis in ordnungswidriger Weise verzögert worden ist und ferner, ob insoweit ein von dem Beklagten (einem Magistrat) zu vertretendes Verschulden vorliegt. Denn es handelt sich hier allein um die Frage nach der Rechtsbeständigkeit des Steueranspruchs. Dieser beruht jedoch auf öffentlich-rechtlicher Grundlage, nämlich auf der SteuerO., die als öffentliches Recht nach ihrem Inkrafttreten auf alle in ihr vorgesehenen Fälle ohne Ausnahme anzuwenden ist. Die Rechtsbeständigkeit des Anspruchs wird also auch dadurch nicht berührt, daß die Erlaubnis früher hätte erteilt werden können, als sie tatsächlich erteilt worden ist, daß sie insbesondere bereits in einem Zeitpunkte hätte erteilt werden können, in welchem die Erteilung noch nicht steuerpflichtig war, während sie erst erteilt worden ist, als die Erteilung steuerpflichtig geworden war.

2. Auch kann die Veranlagung nicht etwa schon deshalb bedenklich erscheinen, weil im § 2 SteuerO. vorgeschrieben ist:

Die Steuer beträgt, wenn der Gewerbetreibende . . . . . d in der zweiten Gewerbesteuerklasse veranlagt ist, ... 1500 *M*,

während im vorliegenden Falle gemäß § 41 GewStG. nur eine Umschreibung des Namens stattgefunden hat. Denn diese Umschreibung enthält für den Uebernehmer eines bestehenden Gewerbebetriebs das — im Rechtsmittelwege anfechtbare — Ergebnis der Veranlagung. Die Grundlage für die Feststellung der Höhe der Erlaubnissteuer bildet danach gerade das Ergebnis der Veranlagung zur Gewerbesteuer. Da es sich nun in dem vorliegenden Verfahren dem Kläger gegenüber um die endgültige Festsetzung der Erlaubnissteuer handelt, gegen deren Ergebnis ihm nach Abschluß des Rechtsmittelverfahrens regelmäßig ein weiterer Rechtsbehelf nicht mehr zusteht, so folgt aus der Natur der Sache, daß die Festsetzung der Steuer erst erfolgen kann, wenn deren Grundlage, das Ergebnis der Veranlagung zur Gewerbesteuer, endgültig feststeht.

Nr. 4. Entsch. v. 25. Juni 1908 (PrVerwBl. 30 57) VII C 210/08.

GewO. § 33; KrProvAbgG. § 6.

1. Folgt man den tatsächlichen Feststellungen des Bezirksausschusses, so ergibt sich, daß in demselben Verfahren, das zur Ausdehnung der Betriebsräumlichkeiten auf einen bisher dazu nicht benutzten Raum geführt hat, der Kläger auf die Benutzung eines bis dahin als Wirtschaftszimmer benutzten größeren Zimmers als Wirtschaftsraum verzichtet hat und der Kreisausschuß diesen Verzicht zur Grundlage seines Beschlusses gemacht hat, indem er in der Urkunde über die Erteilung der neuen Erlaubnis ausdrücklich den Satz aufnahm: „Der Raum im ersten Stock wird nicht mehr zum Wirtschaftsbetriebe benutzt." Dieses einheitliche Verfahren, welches nicht beliebig in verschiedene Teile zerlegt werden kann, hat also nicht zur Erlangung der Erlaubnis einer räumlichen Erweiterung des Geschäftsbetriebes geführt. Indem der Bezirksausschuß das Gegenteil annimmt, verkennt er den Rechtsbegriff der Erlaubnis einer Betriebserweiterung im Sinne des § 4 SteuerO., insoweit eine räumliche Erweiterung in Frage kommt.

2. Im Sinne des § 33 GewO. bezieht sich die Genehmigung des Wirtschaftsbetriebes immer auf bestimmte Räume. Der Betrieb in einem anderen Lokal bedarf danach einer neuen Genehmigung, und die Voraussetzungen für die Annahme eines anderen Lokals liegen auch ohne Verlegung des Betriebes in andere Räume schon dann vor, wenn das Lokal gegenüber dem Zustande zur Zeit der Genehmigung durch Hinzufügung bisher nicht benutzter Räume ein wesentlich anderes geworden ist.

Die SteuerO. macht aber einen Unterschied zwischen der Erlangung der Erlaubnis

1. zum ständigen Betriebe einer neuen Wirtschaft (§ 2) und
2. zur „Erweiterung" eines solchen Betriebes (§ 4).

Der Begriff der Erweiterung fällt also im Sinne der SteuerO. nicht unter den Begriff der Errichtung einer neuen Wirtschaft. Danach rechtfertigt sich die Annahme, daß die SteuerO. noch viel weniger andere Veränderungen einer schon vorhandenen Wirtschaft — als diejenigen, die in deren Erweiterung bestehen — als unter den Begriff der Errichtung einer neuen Wirtschaft gerechnet sehen will, daß vielmehr darunter im Sinne der SteuerO. nur die Begründung einer Wirtschaft zu verstehen ist, die bis dahin überhaupt nicht bestanden hat. Hieraus folgt, daß die dem Kläger unter dem 2. VII. 07 erteilte Erlaubnis der Besteuerung gemäß § 2 aaO. nicht unterliegt.

Ebensowenig unterliegt sie aber der Besteuerung gemäß § 4 aaO. Denn daß der Kläger dadurch nicht die Erlaubnis zu einer räumlichen Erweiterung seiner Wirtschaft erlangt hat, folgt aus den oben gegebenen Darlegungen ohne weiteres. Nur die räumlichen Aenderungen jedoch — und nicht etwa solche in betreff des Umfanges des Wirtschaftsbetriebes — bilden im vorliegenden Falle den Gegenstand der dem Kläger erteilten Erlaubnis.

Nr. 5. Entsch. v. 5. Nov. 1908 (DJZ. 14 550) VII 1495.

Es handelt sich lediglich um die Frage, ob die Pflicht zur Steuer von der Erlangung der Erlaubnis zum Betriebe der Gastwirtschaft begründet ist, wenn die SteuerO. in Kraft getreten ist nach Eintritt der Rechtskraft des dem Antrag auf Konzessionserteilung entsprechenden Urteils, aber vor Erteilung der Konzessionsurkunde. Diese Frage hat der Gerichtshof bereits in verneinendem Sinne entschieden, und daran ist festzuhalten. Das Urteil begründet die Befugnis zum Betriebe der Wirtschaft. Die Konzessionsurkunde hat keine konstitutive, sondern nur deklaratorische Bedeutung.

Gleichgültig ist es, ob auch in dem Falle eines vorliegenden Urteils der Kreisausschuß über den Inhalt der danach auszustellenden Konzessionsurkunde Beschluß zu fassen hat.

Nr. 6. Entsch. v. 23. Nov. 1908 (PrVerwBl. 30 732) VII C 365/08.

GewO. §§ 6, 33.

1. Der Kläger behauptet, daß die Anwendung der SchankkonzessionssteuerO. auf den vorliegenden Fall durch § 6 GewO. ausgeschlossen werde, wonach Eisenbahnunternehmungen der GewO. nicht unterworfen sind. Die Bahnhofswirtschaft des Klägers würde daher einer Konzessionserteilung nach § 33 GewO. nicht bedurft haben, wenn sie ein Teil des Eisenbahnunternehmens wäre. Allein diese Frage ist hier nicht zu prüfen, denn § 1 KonzessionssteuerO. knüpft die Steuerpflicht an die Tatsache der Erlangung der Erlaubnis zum Wirtschaftsbetriebe. Diese Erlaubnis hat der Kläger erbeten und erlangt. Auf diese Tatsache gründet sich die Steuerpflicht, ohne daß in dem für die Konzessionssteuer vorgesehenen Verfahren noch die weitere Frage zu prüfen wäre, ob eine Konzession gesetzlich erforderlich war oder nicht. Denn — wie in OVG. v. 25. V. 08 VII 713, näher ausgeführt hat — wenn der Kläger der Meinung war, daß er einer Erlaubnis nicht bedürfe, so war es seine Sache, zu erwägen, ob er den Betrieb ohne Genehmigung von seiten der zuständigen Behörde beginnen wollte. Wäre alsdann hiergegen von seiten der Polizeibehörde eingeschritten und ihm die Fortsetzung des Betriebes untersagt worden, so wäre die dadurch entstandene Streitfrage in dem dafür verordneten Beschwerde- und Verwaltungsstreitverfahren zum Austrage zu bringen gewesen. Der Kläger hat es jedoch hierauf nicht ankommen lassen, vielmehr die Erlaubnis erbeten und erhalten. Damit aber ist er steuerpflichtig geworden.

2. Dagegen ist allerdings noch zu prüfen, wann die Erlaubnis zum ständigen Betriebe der Bahnhofswirtschaft erlangt ist, ob vor oder nach Inkrafttreten der SteuerO. Nur im letzteren Falle konnte der Kläger der Konzessionssteuer unterliegen. Im vorliegenden Falle hat die Konzessionserteilung erst unter der Herrschaft der KonzessionssteuerO. stattgefunden. Die Frage, ob der Antrag schon früher hätte erledigt werden können und die Konzession demnach schon vor dem Inkrafttreten der SteuerO. dem Kläger hätte erteilt werden sollen, ist im gegenwärtigen Verfahren nicht zu erörtern. Denn für die Heranziehung zur Steuer kommt es nicht darauf an, ob ihm die Genehmigung früher bereits — bevor die SteuerO. in Kraft getreten war — hätte erteilt werden können, sondern nur darauf, wann sie erteilt worden ist. Durch die SteuerO. ist objektives öffentliches Recht geschaffen. Dieses ist gleichmäßig auf alle in ihr vorgesehenen Fälle der Genehmigung anzuwenden, die nach ihrem Inkrafttreten vorgekommen sind, ohne daß dabei das von der Behörde bei Erteilung der Genehmigung eingeschlagene Verfahren nachgeprüft werden könnte.

3. Mit Rücksicht auf die Höhe der geforderten Steuer, welche der Kläger ebenfalls bemängelt hat, ist schließlich noch zu prüfen, ob § 3 Abs. 1 SteuerO. gültig ist, soweit er im Falle der Uebernahme einer bestehenden Wirtschaft die Ermäßigung der Steuersätze des § 2 auf die Hälfte nur dann zuläßt, wenn die Konzession schon nach Maßgabe dieser SteuerO. zur Steuer herangezogen worden war.

Die AAnw. spricht sich über den in Frage kommenden Punkt folgendermaßen aus:

„Auch wird es angemessen sein, die Steuersätze derart zu differenzieren, daß für die Steuerbegründung von Wirtschaften eine höhere Abgabe als für die Uebernahme und Erweiterung bestehender zu zahlen ist.“

Hierin ist zwar eine Direktive für die Genehmigungsbehörden, aber nicht eine die Kreistage bei ihrer Beschlußfassung streng bindende Vorschrift zu erblicken, deren Nichtachtung die Gültigkeit einer entgegenstehenden Bestimmung in Frage stellt. Noch weniger liegt darin etwas dem Wortlaut des KrProvAbgG. — § 6 Abs. 1² — Widersprechendes. Auch legt sich die SteuerO. dadurch keineswegs rückwirkende Kraft bei, denn sie schreibt nicht vor, daß ihre Bestimmungen auf ein vor ihrem Inkrafttreten liegendes Ereignis zur Anwendung kommen sollen. § 3 Abs. 1 SteuerO. ist daher für rechtsungültig nicht zu erachten.

Nr. 7. Entsch. v. 26. Nov. 1908 (OVG. 53 43) VII C 367/08.

Nach § 1 SteuerO. im Landkreise H. unterliegt die Erlangung der Erlaubnis zum Betriebe des Kleinhandels mit Branntwein zwar einer Steuer. Nach § 10 aaO. ist aber die SteuerO. erst mit dem Tage ihrer Verkündigung in Kraft getreten und die Verkündigung ist am 28. V. 07 erfolgt. Mit Recht hat daher der Vorderrichter angenommen, daß die an den Kläger am 17. V. 07 bewirkte Erteilung der Erlaubnis zum Kleinhandel mit Branntwein der Besteuerung auf Grund der SteuerO. nicht unterliegt. Wenn der Beklagte darauf hinweist, daß nach Ziff. 48 AAnwGewO. v. 1. V. 04 vor Aushändigung der Genehmigungsurkunde an den Gewerbetreibenden der Betrieb „der Regel nach" nicht zu gestatten sei, so rechtfertigt diese Anordnung keineswegs den Schluß, daß diese Aushändigung als die im Verwaltungsstreitverfahren erfolgte Erteilung (Erlangung) der Erlaubnis anzusehen sei.

Nr. 8. Entsch. v. 14. Dez. 1908 (DJZ. 14 774) VII 1715.

Die SteuerO. läßt deutlich erkennen, daß für die Besteuerung derjenige Zeitpunkt maßgebend sein soll, in dem die Erlaubnis erworben wird. Erworben aber wird die Erlaubnis erst in dem Zeitpunkte, mit dem die Erteilung der Erlaubnis unanfechtbar wird. Solange es daher der Polizeibehörde noch freistand, das Urteil anzufechten und seine Aufhebung durch eine höhere Instanz zu beantragen, war die Erlaubniserteilung seitens der unteren Instanz noch keine endgültig feststehende. Das wurde sie erst mit dem fruchtlosen Ablaufe der zweiwöchigen Präklusivfrist. Als damit das Urteil die Rechtskraft erlangte, stand die SteuerO. bereits in Gültigkeit. Der Kläger war daher zur Entrichtung der Steuer verpflichtet.

Nr. 9. Entsch. v. 20. Sept. 1909 (DJZ. 15 599) VII C 133/09.

Wenn die Erteilung der Erlaubnis zum Wirtschaftsbetriebe tatsächlich durch Ausstellung und Aushändigung einer Erlaubnisurkunde bewirkt wird, so kann für den rechtlichen Inhalt der gewährten Genehmigung nur der Inhalt der Urkunde in Betracht kommen. Entspricht dieser Inhalt nicht dem Antrage des betr. Gewerbetreibenden, so muß es diesem überlassen bleiben, in dem dafür verordneten Verfahren die geeigneten Schritte zu tun, um eine Aenderung der erteilten Erlaubnis herbeizuführen. Unterläßt er dies und begnügt er sich mit der ihm schriftlich erteilten Erlaubnis, so behält es dabei sein Bewenden. Hieraus folgt, daß es unerheblich ist, ob und aus welchen Gründen, insbesondere ob infolge eines Versehens, der Kläger eine Erlaubnis anderen Inhalts als des von ihm beantragten erhalten hat. Vielmehr kann insoweit nur mit dem Inhalte der Urkunde gerechnet werden. Danach ist dem Kläger die Erlaubnis zum Betriebe einer im Sinne der maßgebenden SteuerO. neuen Gastwirtschaft erteilt worden, und er war aus diesem Anlaß zu einer Steuer heranzuziehen.

Nr. 10. Entsch. v. 22. Juni 1908 (OVG. 52 18) VII C 187/08.

KrProvAbgG. § 6; GewO. §§ 33, 40, 42a.

1. Der Kläger irrt zwar insofern, als er der Meinung ist, er könne schon deshalb nicht zur Steuer herangezogen werden, weil die ihm zum Betriebe der Schankwirtschaft erteilte Erlaubnis „ungültig" gewesen sei. Diese Annahme stützt der Kläger darauf, daß die Erlaubnis nach § 40 GewO. nicht auf Zeit habe erteilt werden dürfen. Allein für die hier zu entscheidende Frage nach der Zulässigkeit der Besteuerung der Erlaubnis kommt es, solange die Erlaubnis nicht in dem dafür geordneten Verfahren für unzulässig erklärt oder tatsächlich beseitigt ist — wofern sie nur von der zuständigen Stelle erteilt war —, lediglich auf ihren unmittelbaren Inhalt an. Danach kann hier nicht geprüft werden, ob die dem Kläger erteilte Erlaubnis ihm nach den Vorschriften der GewO. erteilt werden durfte, sondern nur, ob die Erlaubnis, so wie sie nun einmal erteilt worden ist, nach der maßgebenden SteuerO. — deren Gültigkeit vorausgesetzt — der Besteuerung unterliegt.

2. Diese Frage muß aber für den jetzt zur Entscheidung stehenden Fall verneint werden. Der Vorderrichter irrt nämlich in der Annahme, daß dem Kläger die Erlaubnis zu einem ständigen Betrieb erteilt worden sei. Denn den Gegensatz eines ständigen Betriebs bildet nach dem Sprachgebrauch ein vorübergehender Betrieb, nicht aber nur ein solcher vorübergehender Betrieb, der für kurze Zeit eröffnet ist. Die für die Besteuerung des Klägers die Grundlage bildende SteuerO. ist freilich erlassen auf Grund des KrProvAbgG., in dessen § 6² den Kreisen die Befugnis beigelegt ist, die Erteilung der Erlaubnis zu einem ständigen Betriebe der hier fraglichen Art zu besteuern, und dabei ist dort ausdrücklich auf § 33 GewO. verwiesen. Der § 33 aaO. aber lautet in Abs. 1:

Wer Gastwirtschaft, Schankwirtschaft oder Kleinhandel mit Branntwein oder Spiritus betreiben will, bedarf dazu der Erlaubnis,

ohne daß hier ein Unterschied zwischen ständigen und nichtständigen Betrieben gemacht wäre. Dagegen ist im § 40 daselbst angeordnet, daß gewisse Genehmigungen, und zwar auch solche der hier in Rede stehenden Art, auf Zeit nicht erteilt werden „dürfen", und ferner ist im § 42a eine besondere Bestimmung für die vorübergehende Gestattung des Feilbietens geistiger Getränke im Falle besonderen Bedürfnisses gegeben. Danach „kann" unter der angegebenen Voraussetzung dieses Feilbieten von der Ortspolizeibehörde gestattet werden, während über die im § 33 vorgesehene Erteilung der Erlaubnis der Kreis-(Stadt-)Ausschuß zu beschließen hat (§ 114 ZustG.). So liegt zunächst die Annahme nahe, daß die Erlaubnis zu einem „ständigen" Betrieb im Sinne der SteuerO. stets dann erteilt ist, wenn sie von derjenigen Behörde herrührt, die zu der im § 33 GewO. vorgesehenen Erlaubniserteilung berufen war. Für diese Annahme kommt noch folgendes in Betracht: Die Eigenschaft der „Ständigkeit" des Betriebs ist in das G. v. 23. IV. 06 aus der Tarifstelle 22c Abs. 3 zum StempStG. v. 31. VII. 95 übernommen worden. Die Materialien zum StempStG. bieten aber keinen Anhalt dafür, daß durch die Aufnahme des Wortes „ständig" in das Gesetz ein engerer Kreis von Erlaubniserteilungen umgrenzt werden sollte, als wie er im § 33 GewO. vorgesehen ist.

3. In der Rechtsprechung des Gerichtshofs ist indessen anerkannt, daß die Bestimmung des § 40 GewO., die die Erteilung der Erlaubnis auf Zeit untersagt, nur den Zweck hat, eine zur Wahrung polizeilicher Interessen erfolgende Beschränkung der Erlaubnis auf bestimmte Zeit, nicht aber die Möglichkeit auszuschließen, in der Zeitdauer beschränkte Schankwirtschaften zu errichten, wenn sich dies naturgemäß aus den tatsächlichen Verhältnissen ergibt, für welche die Wirtschaft nach dem Willen des Gewerbetreibenden errichtet werden soll, wie zB. für die Dauer von Eisenbahnbauten.

Ferner darf nicht unbeachtet bleiben, daß die Absicht des Gesetzgebers bei Erklärung der Zulässigkeit der Schankerlaubnissteuer dahin gegangen ist, lediglich den mühelosen Erwerb, die „unverdiente Bereicherung" zu treffen, die in der Gewährung einer Schankkonzession — „gewissermaßen das Geschenk eines großen Kapitals" — liege. Dieser Gesichtspunkt greift aber, wenigstens regelmäßig, dann nicht durch, wenn die Erlaubnis für einen Betrieb erteilt wird, dessen Ende zeitlich zwar nicht genau bestimmt, aber doch absehbar ist.

Diese Erwägungen führen zu dem Ergebnisse, daß unter der Erlaubnis zu einem „ständigen" Betrieb im Sinne des KrProvAbgG. und damit auch der hier maßgebenden SteuerO. nur die Erlaubnis zu einem nicht von vornherein in irgendeiner Weise zeitlich begrenzten Betriebe zu verstehen ist. Mithin ist die Besteuerung unzulässig, wenn sich aus dem Inhalte der erteilten Erlaubnis ergibt, daß sie nicht für einen dauernden Betrieb erteilt ist, gleichviel, ob die hinzugefügte Zeitbeschränkung die Beendigung des zu eröffnenden Betriebs an einen bestimmten Zeitpunkt knüpft, oder ob dies nicht der Fall ist und gleichviel, ob der Inhalt der erteilten Erlaubnis insoweit mit den Bestimmungen der GewO. im Einklange steht oder nicht.

Nr. 11. Entsch. v. 17. Sept. 1908 (DJZ. 14 270) VII 1219.

Unter der Erlaubnis zu einem ständigen Betriebe im Sinne des KrProvAbgG. v. 23. IV. 06 und damit auch der hier maßgebenden SteuerO. ist nur die Erlaubnis zu einem nicht von vornherein in irgendeiner Weise zeitlich begrenzten Betriebe zu verstehen. Mithin ist die Besteuerung unzulässig, wenn sich aus dem Inhalte der erteilten Erlaubnis ergibt, daß sie nicht für einen dauernden Betrieb erteilt ist, gleichviel, ob die hinzugefügte Zeitbeschränkung die Beendigung des zu eröffnenden Betriebs an einen bestimmten Zeitpunkt knüpft, oder ob das nicht der Fall ist, und gleichviel ferner, ob der Inhalt der erteilten Erlaubnis insoweit mit den Bestimmungen der GewO. im Einklange steht oder nicht.

Nr. 12. Entsch. v. 1. Okt. 1908 (OVG. 53 30) VII C 212/08.

1. Unterliegt die Erlangung der Erlaubnis zum ständigen Betrieb einer Schankwirtschaft einer Steuer, so tritt die Steuerpflicht auch ein, wenn die Erlaubnis zum Ausschanke von nicht geistigen Getränken erteilt worden ist.

Unzutreffend ist, daß der Betrieb der Schankwirtschaft in einer Trinkhalle deshalb kein „ständiger" sei, weil er nur während der heißen Jahreszeit stattfindet. Ob letzteres hier zutrifft, kann daher dahingestellt bleiben. Denn es würde sich alsdann um einen ständigen sog. Saisonbetrieb handeln. Das Gegenteil eines ständigen Betriebs ist nämlich nicht ein fortgesetzter, mit Unterbrechungen stattfindender Betrieb, sondern ein einmaliger vorübergehender Betrieb, von mehr oder minder kurzer Dauer, wie zB. bei Festen und Truppenzusammenziehungen (§ 61 GewStG.) oder auch in einer Arbeiterkantine während eines Baues u. dgl.

2. Ob von der in einer SteuerO. dem Steuergläubiger erteilten Befugnis unter bestimmten Voraussetzungen Steuerfreiheit zu gewähren, im einzelnen Falle Gebrauch zu machen ist, unterliegt nicht der Nachprüfung im Verwaltungsstreitverfahren.

Nr. 13. Entsch. v. 1. April 1909 (PrVerwBl. 31 329) VII C 16/09.

Der Umstand, daß der Betrieb einer Schankwirtschaft nur in gewissen Jahreszeiten ausgeübt wird und nach Lage der Verhältnisse wirtschaftlich zweckmäßig ausgeübt werden kann, macht ihn noch nicht zu einem vorübergehenden oder zu einem zeitlich beschränkten. Dies ist nur dann der Fall, wenn der Betrieb nach einer bestimmten Zeit oder mit dem Eintritte eines bestimmten Ereignisses überhaupt aufhören muß. Es genügt aber nicht, wenn in der Person des die Erlaubnis Erhaltenden Momente vorhanden sind, wonach der Betrieb möglicherweise von kurzer Dauer sein kann, wenn also, wie im vorliegenden Falle, ein Pächter die Erlaubnis zu einem Schankbetriebe erhält. Die privatrechtlichen Verhältnisse, die jemanden veranlaßt haben, die Erlaubnis zum ständigen Betrieb einer Schankwirtschaft usw. nachzusuchen, sind für die Frage nicht entscheidend, ob die Erlaubnis zum ständigen Betrieb einer Schankwirtschaft erlangt ist. Der Schankkonzessionssteuer unterliegt deshalb auch derjenige, der eine städtische Flußbadeanstalt auf ein Jahr gepachtet und die Erlaubnis erhalten hat, in ihr Schankwirtschaft zu betreiben.

Nr. 14. Entsch. v. 14. Okt. 1909 (PrVerwBl. 31 870) VII C 164/09.

1. Unter der Erlaubnis zu einem ständigen Betriebe im Sinne der KreisSchanksteuerO. im Kreise Regenwalde v. 12. I. 07 ist nur die Erlaubnis zu einem nicht von vornherein in irgendeiner Weise zeitlich begrenzten Betriebe zu verstehen. Danach würde die Besteuerung unzulässig sein, wenn sie nicht für einen dauernden Betrieb erteilt ist, gleichviel, ob die hinzugefügte Zeitbeschränkung die Beendigung des Betriebes an einen bestimmten Zeitpunkt knüpft, oder ob das nicht der Fall ist, und gleichviel ferner, ob der Inhalt der erteilten Erlaubnis insoweit mit den Bestimmungen der GewO. im Einklang steht oder nicht. Auch ist im vorliegenden Falle die Erlaubnis erteilt „für die Dauer des Bestehens des Schotterwerks in H. und für die Zeit der Beschäftigung einer größeren Anzahl Arbeiter in demselben". Nach der einwandfreien tatsächlichen Feststellung des Vorderrichters wird sich aber „der Betrieb dieser Werke auf längere Zeit erstrecken"; und was hier unter „längere Zeit" gemeint ist, erhellt daraus, daß der Beklagte ohne Widerspruch von der Gegenseite behauptet hatte, „der Betrieb des Schotterwerks sei auf 20 bis 30 Jahre in Aussicht genommen", ein Punkt, der auch in der Revisionsinstanz nicht in Zweifel gezogen ist. Danach ist der der Erlaubnis beigefügte Zusatz so unbestimmten Inhalts, daß damit überhaupt nicht gerechnet werden kann, vielmehr nach Lage des Falles die Erlaubnis als für einen „dauernden Betrieb" erteilt angesehen werden muß.

2. Weiter erhellt auch aus dem Sachverhalt, daß der Kläger nicht etwa eine weitergehende Erlaubnis erhalten als erbeten hat. Denn sein Antrag war lediglich, ohne jeden weiteren Zusatz, gerichtet auf „Erteilung der Schankkonzession für die auf dem Gelände des Ritterguts H. erbaute Kantine". Selbstredend wird daran dadurch nichts geändert, daß als Beweggrund für die Stellung des Antrages gesagt war, der Kläger sei gezwungen, einen größeren Stamm ausländischer Arbeiter zu beschäftigen und sei zu deren Unterbringung und Verpflegung verpflichtet. Unzutreffend ist danach insbesondere, wenn der Kläger meint, er habe mit jenem Gesuch nur den Antrag gestellt, ihm das Feilbieten geistiger Getränke wegen besonderen Bedürfnisses vorübergehend zu gestatten, § 42a GewO. Vielmehr ist gerade das Gegenteil der Fall. Unzutreffend ist danach weiter, daß die Erlaubnis mit dem Anfügen erteilt oder erbeten sei, der Schankbetrieb solle auf die auf dem Werke beschäftigten Arbeiter

eingeschränkt werden. Indessen würde das auch unerheblich sein. Denn durch eine derartige Beschränkung des Betriebes würde der Tatbestand der Ausübung der Schankwirtschaft nicht berührt werden. Unerheblich ist es danach ferner, wenn der Kläger geltend macht, es habe von vornherein mit der Tatsache gerechnet werden müssen, daß der Betrieb in den Wintermonaten ruhen werde. Denn auch der Betrieb eines sog. Saisongeschäfts ist als ein ständiger Betrieb im Sinne der SteuerO. anzusehen.

3. Auch auf § 4² der örtlichen SteuerO. kann der Kläger sich nicht berufen. Danach bleibt der Erwerb der Erlaubnis zum Betrieb einer Schankwirtschaft steuerfrei, wenn die Wirtschaft für einen wohltätigen oder gemeinnützigen Zweck betrieben werden soll. Wie aber der Bezirksausschuß zutreffend annimmt, wird weder ein wohltätiger noch ein gemeinnütziger Zweck schon dann verfolgt, wenn, wie im vorliegenden Falle, ein Gewerbetreibender die Erlaubnis zum Betriebe der Schankwirtschaft wegen der in seinem Betriebe beschäftigten Arbeiter erwirbt. Daran würde auch noch dadurch allein nichts geändert werden, daß bei Erlangung der Erlaubnis auf seiten des Gewerbetreibenden die Absicht bestand, die Getränke und Speisen zu billigen Preisen zu verabfolgen, und daß diese Absicht demnächst zur Ausführung gebracht ist. Denn daraus würde noch keineswegs folgen, daß der Kläger die Erlaubnis zum Betriebe der Schankwirtschaft nicht im Interesse seines Hauptbetriebes erbeten hat, mit dem weder wohltätige noch gemeinnützige Zwecke verfolgt werden.

Nr. 15. Entsch. v. 22. Juni 1908 (OVG. 53 26) VII C 199/08.

GewStG. §§ 17, 24.

Nach § 17 Abs. 1 GewStG. werden mehrere Betriebe derselben Person als ein steuerpflichtiges Gewerbe zur Gewerbesteuer veranlagt. Nach § 24 Abs. 4 aaO. ferner sind während des Steuerjahres eintretende Aenderungen erst bei der Besteuerung für das folgende Jahr zu berücksichtigen. Daraus folgt, daß, wenn zu dem oder den Betrieben eines Gewerbetreibenden im Laufe des Steuerjahrs ein neuer Gewerbebetrieb — insbesondere auch, wie im vorliegenden Falle, ein neuer Schankwirtschaftsbetrieb — hinzutritt, dies ohne jeden Einfluß auf die Höhe der von dem Pflichtigen zu entrichtenden Gewerbesteuer für das laufende Steuerjahr bleibt. Weder erfolgt im Laufe des Steuerjahrs eine neue Veranlagung für den vergrößerten Gesamtbetrieb einschließlich des neu hinzugetretenen Betriebs, noch etwa für diesen allein. Für Fälle der vorliegenden Art fehlt es also an einer Veranlagung für den neuen Betrieb, und es besteht keine gesetzliche oder — mangels einer entsprechenden Bestimmung in der SteuerO. — statutarische Grundlage für eine fiktive Einschätzung zur Gewerbesteuer. Danach muß überhaupt die Annahme abgelehnt werden, es sei für einen Fall, wie den in Rede stehenden, mit den Worten im § 2 SteuerO.: „wenn der Gewerbebetrieb in die . . . Gewerbesteuerklasse gehört", der neu eröffnete Gewerbebetrieb gemeint. Vielmehr ist damit derjenige Betrieb gemeint, zu welchem der neu eröffnete hinzugetreten ist, und es kommt nicht darauf an, ob etwa dieser letztere im Verhältnisse zu dem ersteren von ganz unbedeutendem Umfang ist, und ob infolgedessen die Veranlagung zur Erlaubnissteuer zu einem höheren Ergebnisse führt, als es der Fall sein würde, wenn der betreffende Gewerbetreibende nur die Schankwirtschaft, deren Erlaubnis zu besteuern ist, für sich allein betriebe.

Nr. 16. Entsch. v. 22. Okt. 1908 (OVG. 53 32) VII C 344/08.

Im Sinne des § 33 GewO. wird die Erlaubnis zum Kleinhandel mit Branntwein oder Spiritus nur für ein bestimmtes Lokal erteilt, und bei jeder wesentlichen Veränderung dieses Lokals bedarf es einer neuen Erlaubnis. Diese neue Erlaubnis stellt sich dann im Sinne der GewO. wiederum als die Erlaubnis zum Kleinhandel dar. Auch unterliegt nach § 1 der maßgebenden SteuerO. die Erlangung der Erlaubnis zum Kleinhandel mit Branntwein oder Spiritus einer Steuer, dies jedoch „nach Vorschrift der §§ 2—4". In den §§ 2 - 4 aaO. ist nun der Steuersatz verschieden hoch bemessen, je nachdem die Erlaubnis erteilt ist: 1. zur Errichtung eines neuen Kleinhandels oder 2. zur Uebernahme eines bestehenden Kleinhandels oder 3. zur Erweiterung eines Kleinhandelbetriebs. Daraus ergibt sich einmal, daß die Erlaubnissteuer nur erhoben werden darf, wenn einer dieser drei Fälle vorliegt, und ferner, daß die Erlangung der Erlaubnis zum Betrieb eines Kleinhandels im Sinne der GewO. keineswegs gleichbedeutend ist mit der Erlangung der Erlaubnis zur Errichtung eines neuen Kleinhandels im Sinne der SteuerO., daß vielmehr die Errichtung eines neuen Kleinhandels im Sinne der SteuerO. — im Gegensatze zur Uebernahme eines bestehenden Kleinhandels und zur Erweiterung eines Kleinhandels — nur dann stattfindet, wenn ein Kleinhandel errichtet wird, der bisher nicht bestanden hat.

Nr. 17. Entsch. v. 5. Nov. 1908 (OVG. 53 38) VII C 346/08.

Der Vorderrichter geht von der Annahme aus, daß der Betrieb einer Schankwirtschaft und der Kleinhandel mit Branntwein im Sinne der SteuerO. zwei derartig voneinander verschiedene Betriebe seien, daß die Erlaubniserteilung in Ansehung des einen Betriebes niemals als Erteilung der Erlaubnis zur Erweiterung des anderen angesehen werden könne; vielmehr könne es sich stets nur um die Erteilung der Erlaubnis zum Betrieb einer neuen Schankwirtschaft auch im Sinne der maßgebenden SteuerO. handeln. Diese Meinung ist unzutreffend. Nach ständiger Verwaltungspraxis umfaßt die unbeschränkte Erlaubnis zur Schankwirtschaft auch die Erlaubnis zum Kleinhandel mit Branntwein. Danach bildet also in denjenigen Fällen, in welchen die Erlaubnis zum unbeschränkten Betriebe der Schankwirtschaft erteilt wird, die Erlaubnis zum Betriebe des Kleinhandels mit Branntwein einen Teil jener erstbezeichneten Erlaubnis, und daraus folgt weiter, daß umgekehrt in den Fällen, in welchen für dieselbe Betriebsstelle nach Erteilung der Erlaubnis zum Betriebe des Kleinhandels mit Branntwein an einen Gewerbetreibenden diesem selben Gewerbetreibenden die uneingeschränkte Erlaubnis zum Betriebe der Schankwirtschaft erteilt wird, regelmäßig gerade ein Fall der Erlaubnis der „Erweiterung des Wirtschafts-(Kleinhandels-)Betriebs" im Sinne des § 5² SteuerO. und demgemäß nicht der Fall der Erlaubnis zum Betriebe einer „neuen Wirtschaft" im Sinne des § 2² SteuerO. gegeben ist.

Nr. 18. Entsch. v. 17. Dez. 1908 (OVG. 53 34) VII C 388/08.

Allerdings wird die zum Betrieb einer Gastwirtschaft nach § 33 GewO. erforderliche Erlaubnis immer nur für ein bestimmtes Lokal erteilt. Soll der Betrieb in einem anderen Lokal ausgeübt werden, so bedarf es dazu einer neuen Erlaubnis. In einem solchen Falle handelt es sich im Sinne der GewO. stets um die Erlaubnis zu einem neuen Betriebe. Anders ist aber die Rechtslage nach der hier in Betracht kommenden SteuerO. Danach unterliegt die Erlaubnis zum ständigen Betrieb einer Gastwirtschaft einer Steuer nur nach näherer Vorschrift der §§ 2—4, und in den §§ 2—4 wird für steuerpflichtig erklärt die Erlaubnis

1. zur Errichtung einer neuen Gastwirtschaft,

2. zur Uebernahme einer bestehenden Wirtschaft,
3. zur Erweiterung eines solchen Betriebes.

Aus dieser Zusammenstellung ergibt sich, daß im Sinne der SteuerO. nicht immer schon dann die Errichtung einer neuen Wirtschaft genehmigt ist, wenn dies im Sinne der GewO. der Fall ist. Vielmehr versteht danach die SteuerO. unter einem neuen Betriebe nur einen solchen, der bisher wirtschaftlich noch nicht bestanden hat, einen Betrieb also, der tatsächlich überhaupt bisher noch nicht ausgeübt worden ist, oder der doch von dem bisher ausgeübten so wesentlich verschieden ist, daß er diesem gegenüber als ein anderer, als ein „neuer“ erscheint. Ob letzteres zutrifft, muß nach Lage des einzelnen Falles entschieden werden. Somit ist die Verlegung eines Wirtschaftsbetriebs aus einem Lokal in ein anderes keineswegs ohne weiteres dasselbe wie die Begründung einer neuen Wirtschaft im Sinne der SteuerO.

Nr. 19. Entsch. v. 4. März 1909 (OVG. 54 36) VII C 32/09.

1. Die Erteilung der Erlaubnis zu einem Wirtschaftsbetrieb ist, auch wenn es sich dabei um Uebernahme einer bestehenden Wirtschaft und um deren Erweiterung handelt, stets eine einheitliche, die gerade so, wie sie erteilt ist, unter Berücksichtigung aller in Betracht kommenden Umstände ausgesprochen ist. Sie kann daher nicht von dem Gewerbetreibenden, der sie erlangt hat, einseitig ohne Mitwirkung der zur Genehmigung berufenen Behörde in der Weise zerlegt werden, daß nur ein Teil ihres Inhalts bestehen bleibt. Ein demgemäß eröffneter Betrieb würde ein anderer sein als der genehmigte. Daraus folgt, daß anderseits durch einen eingeschränkten Verzicht, der nicht die Erlaubnis, wie sie erteilt ist, betrifft, diese letztere gar nicht berührt wird.

2. Der Beklagte gründet seine Annahme, daß im vorliegenden Falle dem Kläger die Erlaubnis zur Erweiterung des bisherigen Betriebs erteilt worden sei, darauf, daß gegenüber den für den früheren Betrieb genehmigten Räumlichkeiten in der neuen dem Kläger erteilten Erlaubnis umfangreichere Wirtschaftsräume genehmigt worden seien. Das würde indessen nur dann von Bedeutung sein, wenn es sich um eine wesentliche Erweiterung der Betriebsräume handelte, und diese Frage bedarf noch der Aufklärung. Weiter kommt in Betracht, daß aus einer Erweiterung der Betriebsräume zwar auf eine Erweiterung des Betriebs geschlossen werden kann, aber nicht geschlossen werden muß.

Nr. 20. Entsch. v. 17. Juni 1909 (OVG. 54 38) VII C 52/09.

Die SteuerO. versteht unter einer neuen Wirtschaft nur eine solche, die bisher noch nicht bestanden hat. Der Fall der Errichtung einer neuen Wirtschaft (§ 2) liegt auch nur dann vor, wenn die Erlaubnis zur Errichtung einer Wirtschaft für eine Stelle erteilt wird, für die der Betrieb einer solchen Wirtschaft überhaupt noch nicht genehmigt war*). Deshalb ist wesentlich

*) Hierzu vgl. OVG. v. 15. II. 09. VII C 535/08, wo folgendes ausgeführt worden ist. „Die Errichtung eines neuen Kleinhandels im Sinne der SteuerO. steht nur dann in Frage, wenn ein Kleinhandel errichtet wird, der bisher überhaupt nicht oder nicht als ein erlaubter bestanden hat. Unstreitig hat der Kläger das Geschäft und hiermit zugleich den Kleinhandel mit Spirituosen von dem früheren Inhaber der Firma A. übernommen, der die Erlaubnis dazu besessen hatte. Dadurch, daß der Kläger nicht sofort, wie es hätte geschehen müssen, die Erlaubnis zum Betriebe dieses Kleinhandels erbeten und erhalten hat, sondern diesen Kleinhandel ungestört ohne

die Behauptung des Klägers, er habe zu der früheren Ausübung des Betriebs auf dem Grundstücke R.straße die Genehmigung bereits vor Inkrafttreten der SteuerO. gehabt. Der Vorderrichter ist indessen zu dem Ergebnisse gelangt, der Kläger habe vor dem 24. IV. 08 eine Erlaubnis für das genannte Gartengrundstück nicht besessen. Er ist dabei von der Annahme ausgegangen, daß für den Umfang der dem Kläger aus der gewerbepolizeilichen Genehmigung vom Jahre 1890 zustehenden Ausschankberechtigung allein maßgebend sei der Inhalt der ihm zugestellten Ausfertigung des Beschlusses des Kreisausschusses v. 14. VII. 90. Diese Annahme ist auch nicht rechtsirrig. Wird eine Konzession erteilt durch verwaltungsgerichtliches Urteil, dann richtet sich allerdings die Befugnis zum Betriebe der Wirtschaft allein nach dem Inhalte des Urteils, und es kommt der demnächst ausgestellten Konzessionsurkunde keine konstitutive, sondern nur eine deklaratorische Bedeutung zu. Dieser Grundsatz kann aber eine entsprechende Anwendung auf den vorliegenden Fall nicht finden, die Sachlage ist hier ganz anders; denn das Urteil wird verkündet und den Parteien zugestellt. Der Beschluß des Kreisausschusses v. 14. VII. 90, durch den dem Kläger die „beantragte Erlaubnis zum Betrieb einer Gastwirtschaft in den von ihm bezeichneten Lokalitäten" erteilt worden ist, ist dagegen dem Antragsteller amtlich überhaupt nicht bekanntgemacht, vielmehr ist nur auf der Grundlage und in Ausführung dieses Beschlusses eine Konzessionsurkunde für den Kläger ausgefertigt und ihm zugestellt worden. Der Beschluß selbst blieb dem Kläger unbekannt. Er ist zwar durch das Urteil des Bezirksausschusses in der vorliegenden Streitsache nachträglich zur Kenntnis des Klägers gelangt, darin liegt aber keine amtliche Bekanntmachung in der vorgeschriebenen Form und deshalb hat der Beschluß, soweit ihm die Konzessionsurkunde nicht entspricht, auch bis heute für den Kläger rechtliche Bedeutung nicht erlangt.

Nr. 21. Entsch. v. 14. Okt. 1909 (PrVerwBl. 31 481) VII C 245/09.

Unter „Uebernahme einer bestehenden Wirtschaft" kann nur die Uebernahme des Betriebes von einem anderen, einem Besitzvorgänger, verstanden werden. Denn es kann nur ein Betrieb übernommen werden, den bis zur Uebernahme ein anderer ausgeübt hat. Eine solche Uebernahme liegt deshalb nicht vor, wenn es sich um den Betrieb einer Bahnhofswirtschaft handelt, den der Wirt bereits früher ausgeübt hat und für dessen Fortführung nach Verlegung in ein neues Bahnhofsgebäude ihm die erforderliche Erlaubnis erteilt worden ist.

Nr. 22. Entsch. v. 20. Sept. 1909 (PrVerwBl. 31 464) VII C 186/09.

KrProvAbgG. § 6.

Wenn nach der örtlichen SteuerO. die Erlaubnis zum Betriebe einer Schankwirtschaft der Schankkonzessionssteuer unterliegt, so ist der Oekonom einer Gesellschaft, dem auf seinen Antrag die Erlaubnis zum Schankbetrieb für seine Person erteilt worden ist, zur Zahlung der

---

eine solche Erlaubnis weiter betrieben hat, wird an der Tatsache der Uebernahme eines bestehenden Kleinhandels nichts geändert. Der Umstand, daß der Kläger im Jahre 1905 den Betrieb in ein anderes Haus verlegt hat, ist für die Frage, ob die Erlaubnis zum Betrieb eines neuen Kleinhandels vorliegt, nicht von ausschlaggebender Bedeutung. Nach Lage der Akten rechtfertigt sich die Annahme, daß der Betrieb im neuen Hause im wesentlichen in derselben Weise und unter denselben Bedingungen fortgesetzt werden sollte und fortgesetzt wird, wie vordem in dem alten Hause. Insbesondere kommt in Betracht, daß eine Vermehrung der Anzahl der Kleinhandlungen nicht stattgefunden hat."

Steuer verpflichtet. Ohne Belang ist es, für wessen Rechnung die Wirtschaft betrieben und ob dabei ein Gewinn erzielt wird.

Nr. 23. Entsch. v. 19. Nov. 1908 (OVG. 55 41) VII C 304/08.

1. Ein Konsumverein kann zur Erlaubnissteuer nicht deshalb herangezogen werden, weil sein Direktor die Erlaubnis zum Kleinhandel mit Spiritus und Branntwein erhalten hat.

Die Erlaubnis ist tatsächlich nicht dem klagenden Verein erteilt, und als „Träger der Konzession“ kann nur derjenige angesehen werden, der die Erlaubnis — wenn auch im Interesse des Vereins — erhalten hat. Nach § 1 Abs. 2 SteuerO. haftet aber für die Steuer „derjenige, welchem die Erlaubnis erteilt worden ist“, also nicht der Verein. Ebensowenig ist freilich im vorliegenden Falle eine Unterlage für die Besteuerung des „Trägers der Konzession“ gegeben; denn dieser ist nicht Gewerbetreibender und auch nicht zur Gewerbesteuer veranlagt. Letzteres ist aber nach der SteuerO. die Voraussetzung für die Heranziehung zur Erlaubnissteuer.

2. Zu einem anderen Ergebnisse würde man übrigens auch dann nicht kommen, wenn man mit dem Beklagten annehmen wollte, daß der Verein „indirekt“ — „durch eine Mittelsperson“ die Erlaubnis erhalten habe. Denn daraus würde noch keineswegs ohne weiteres folgen, daß diese Genehmigung der Besteuerung auf Grund der maßgebenden SteuerO. unterliegt. Wenn nämlich eine neue Genehmigung nur deshalb nach § 33 GewO. erforderlich wurde und erteilt ist, weil „ein Wechsel in dem Träger der Konzession“ eingetreten ist, so enthält diese Genehmigung doch weder die Erlaubnis zur Errichtung einer neuen Wirtschaft für den Verein, noch die Erlaubnis der Uebernahme einer bestehenden Wirtschaft durch den Verein, noch endlich die Erlaubnis zur Erweiterung des von dem Vereine betriebenen Kleinhandels, vielmehr lediglich die Erlaubnis zur Fortsetzung des Betriebs durch einen anderen Stellvertreter als den bisherigen. Diese ist aber nach der SteuerO. nicht steuerpflichtig.

Nr. 24. Entsch. v. 25. Febr. 1909 (OVG. 54 31) VII C 560/08.

1. Wenn nach einer SteuerO. die alleinige Grundlage für die Feststellung der Höhe der Erlaubnissteuer das Ergebnis der staatlichen Veranlagung zur Gewerbesteuer bildet, so ist der Verwaltungsrichter bei Nachprüfung des Betrags der erforderten Erlaubnissteuer an das Ergebnis der Veranlagung zur Gewerbesteuer gebunden.

2. § 6. Ziff. 2 SteuerO. lautete:

„Der Kreisausschuß kann Steuerfreiheit gewähren, wenn der Nachweis erbracht wird, daß der Wirtschaftsbetrieb für Rechnung einer Gemeinde oder eines anderen Kommunalverbandes, einer gemeinnützigen Vereinigung oder für einen wohltätigen oder gemeinnützigen Zweck erfolgen soll.“

Wenn der Kreisausschuß von der ihm hier erteilten Befugnis, dem Kläger die Steuer zu erlassen, keinen Gebrauch gemacht hat, so handelt es sich dabei nicht um einen Rechtsanspruch des Klägers, sondern um eine Verwaltungsmaßnahme, deren Nachprüfung im Verwaltungsstreitverfahren ausgeschlossen ist.

3. Aus einem anderen Grunde kann indessen die Heranziehung des Klägers zu 900 ℳ Erlaubnissteuer nicht aufrechterhalten werden. Der Steuerausschuß der Gewerbesteuerklasse III hat den Kantinenbetrieb des Klägers für eine Konsumanstalt im Sinne des § 5 GewStG. erachtet und wegen dieses Betriebs

den Kläger für das Jahr 1907 mit einem Steuersatze von 48 ℳ zur III. Gewerbesteuerklasse veranlagt. Sonach liegen für das genannte Jahr vor: einmal eine Veranlagung des klägerischen Fabrikbetriebs, und zwar in der I. Gewerbesteuerklasse, und zum anderen eine Sonderveranlagung für den zum Gewerbebetriebe des Klägers neu hinzugekommenen Kantinenbetrieb auf Grund des § 17 Abs. 1 Satz 2 aaO. Es fragt sich nun, welche von den beiden Gewerbesteuerveranlagungen des Klägers die Grundlage für die Feststellung der Höhe der Erlaubnissteuer zu bilden hat. Der Umstand kann nicht ausschlaggebend sein, daß es in der SteuerO. heißt: wenn der Gewerbetreibende in der so und so vielsten Gewerbesteuerklasse veranlagt ist, während es sich bei der erwähnten Sonderveranlagung um die Heranziehung einer Konsumanstalt zur Gewerbesteuer handelt. Denn die Gewerbesteuer ist die reine Objektsteuer, d. h. der Gewerbebetrieb als solcher bildet das Objekt der Besteuerung, das gewerbebetreibende Subjekt kommt für die Besteuerung nur in untergeordneter Weise in Betracht. Auch der Einwand des Beklagten greift nicht durch, welcher dahin geht, es handle sich hier um keine Konsumanstalt, sondern um einen Schankwirtschaftsbetrieb. Unter Konsumanstalten sollen die von größeren gewerblichen Unternehmungen getroffenen Geschäftseinrichtungen verstanden werden, welche dazu bestimmt sind, den Arbeitern und Angestellten den billigen Bezug von wirtschaftlichen und sonstigen Lebensbedürfnissen zu ermöglichen. Hierunter fallen begrifflich auch geistige Getränke. Dagegen spricht auch nicht, daß nach § 59 GewStG. für den Betrieb der Schankwirtschaft usw. eine besondere Betriebssteuer zu entrichten ist. Denn die Betriebssteuer ist von den zur allgemeinen Gewerbesteuer herangezogenen Gewerbetreibenden neben dieser zu entrichten; das Anlage- und Betriebskapital, das in diesem Nebengewerbe steckt, wird von der allgemeinen Gewerbesteuer und, falls eine Sonderveranlagung einer mit der Schankberechtigung ausgestatteten Konsumanstalt erfolgt, auch bei deren Gewerbesteuerveranlagung mit erfaßt. Entscheidend ist vielmehr nachstehender Gesichtspunkt. Unter die hier maßgebliche SteuerO. fällt der Betrieb einer Gastwirtschaft, einer Schankwirtschaft oder eines Kleinhandels mit Branntwein oder Spiritus (§ 1). Nach § 2 soll die Erlaubnissteuer berechnet werden auf der Grundlage der Einordnung des Gewerbebetriebs in eine der vier Gewerbesteuerklassen oder die unter der vierten liegende Gruppe. Derjenige Betrieb soll besteuert werden, dessen Gestattung durch die Behörde die Steuerpflicht begründet. In dem Regelfalle, von dem die SteuerO. ausgeht, daß nämlich der, der die Erlaubnis erhält, keinen anderen Betrieb als den der Gastwirtschaft usw. unterhält, deckt sich der Gegenstand seiner Veranlagung zur Gewerbesteuer gänzlich mit dem Gegenstande der Erlaubnissteuer. Das ist hingegen der Regel nach nicht der Fall, falls der Gewerbetreibende neben der Gastwirtschaft usw. noch andere Betriebe unterhält. Denn nach § 17 Abs. 1 Satz 1 GewStG. werden mehrere Betriebe derselben Person einheitlich als ein steuerpflichtiges Gewerbe zur Gewerbesteuer veranlagt, und nach § 24 Abs. 4 aaO. bleibt es für das laufende Steuerjahr ohne jeden Einfluß auf die Höhe der Gewerbesteuer, wenn zu dem oder den Betrieben eines Gewerbetreibenden ein neuer Gast- oder Schankwirtschaftsbetrieb hinzutritt. Danach fehlt es für Fälle solcher Art der Regel nach an einer Gewerbesteuerveranlagung für den neuen Wirtschaftsbetrieb. Da für eine fiktive Einschätzung des neuen Wirtschaftsbetriebs zur Gewerbesteuer keine gesetzliche oder statutarische Grundlage besteht, bleibt dann nichts anderes übrig, als den Gewerbesteuersatz, zu dem die mehreren Betriebe einheitlich veranlagt sind, als Veranlagungsmaßstab für die Erlaubnissteuer zu nehmen. Diese durch die Vorschrift des § 2 SteuerO. bedingte Zwangslage tritt aber nicht ein, wenn, wie hier, eine Sonderveranlagung des unter die SteuerO. fallenden Betriebs in eine bestimmte Gewerbesteuerklasse durch den Gewerbesteuerausschuß erfolgt ist. In einem solchen Falle entspricht es dem

Sinne wie dem Wortlaute der SteuerO., als Grundlage für die Feststellung des Betrags der Erlaubnissteuer das Ergebnis der Sonderveranlagung der Konsumanstalt zugrunde zu legen.

Nr. 25. Entsch. v. 28. Juni 1909 (OVG. 54 41) VII C 4/09.

In § 5[3] der hier maßgebenden SteuerO. sind zwei Fälle der Steuerbefreiung vorgesehen, deren zweiter hier allein in Betracht kommt. Er hat folgende Voraussetzungen: a) Die Witwe des bisherigen Inhabers muß sich wieder verheiratet und b) der jetzige Ehemann muß die Erlaubnis zum Betriebe der Wirtschaft erlangt haben. Die Voraussetzung zu b liegt vor. Ob die Ehefrau des Klägers aber als „Witwe des bisherigen Inhabers" im Sinne der SteuerO. anzusehen ist, hängt ab von der Auslegung der Worte „bisheriger Inhaber". Der Wortlaut der Vorschrift verlangt nun nicht, daß die Wirtschaft unmittelbar von dem ersten Ehemann auf den zweiten übergegangen ist. Denn notwendig liegt zwischen dem Tode des ersten und der Erlaubniserteilung für den zweiten Ehemann die Witwenzeit, ein Zeitraum, wo gemäß § 46 GewO. entweder die Witwe allein oder in Gemeinschaft mit den minderjährigen Erben befugte Inhaberin des Gewerbebetriebs gewesen ist. Mithin kann „bisheriger Inhaber" nicht der sein sollen, der es bis zu dem Zeitpunkte gewesen ist, wo der zweite Ehemann die Schankerlaubnis erhalten hat, vielmehr wird ungezwungen darunter der erste Ehemann zu verstehen sein, der es bis zu seinem Tode gewesen ist. Aus der Fassung der Vorschrift erhellt ferner nicht, daß ein Unterschied hat gemacht werden sollen zwischen dem Falle, wo zwischen dem Ableben des ersten Ehemanns und der Erlaubniserteilung an den zweiten das Gewerbe nur auf Rechnung der Witwe (bzw. gemeinsam mit den minderjährigen Erben) und demjenigen, wo es nach Wiederverheiratung der Witwe dann zeitweise lediglich für Rechnung der minderjährigen Erben geführt worden ist. Auch ist in der Vorschrift nicht gesagt, daß dem zweiten Ehemanne die Erlaubnis „unmittelbar" nach der Wiederverheiratung der Witwe erteilt sein muß. Der eigentliche Gedanke der Bestimmung ist denn auch der, daß eine Steuerbefreiung eintreten soll im Falle einer Aenderung des Trägers der Schankerlaubnis, veranlaßt durch Familienverhältnisse, wie sie häufig durch Tod des ersten Ehemanns und Wiederverheiratung der Witwe eintreten. Die Vorschrift setzt sonach voraus eine gewisse Stetigkeit des familienmäßigen Zusammenhanges. Deshalb ist die Bestimmnng dann nicht anwendbar, wenn der familienmäßige Zusammenhang des Besitzes unterbrochen wird, indem Dritte (zB. Pächter) dazwischen treten. Letzterer Fall liegt hier nicht vor. Vielmehr ist hier die Wirtschaft in der Zeit zwischen dem Tode des ersten und der Erlaubniserteilung an den zweiten Ehemann auf Grund der dem ersten Ehemann erteilten Erlaubnis fortbetrieben.

Die wesentliche Bedeutung des § 46 GewO. ist gerade darin zu finden, daß die dem verstorbenen Gewerbetreibenden erteilte und bei seinem Tode noch bestehende gewerbliche Erlaubnis für die Witwe und die minderjährigen Erben fortgilt. Die Witwe und die minderjährigen Erben treten, solange sie im Witwenstande bzw. in dem minderjährigen Alter verbleiben, ohne weiteres in Ansehung der Schankerlaubnis und innerhalb deren Grenzen an die Stelle des Verstorbenen. Die frühere Erlaubnis wirkte noch nach. Insofern kann man von dem ersten Ehemann als „bisherigen Inhaber" sprechen.

4. Direkte Kreissteuern.

Nr. 1. Entsch. v. 16. Juni 1908 (OVG. 52 1) II C 137/08.

KrProvAbgG. §§ 7, 13; KommAbgG. §§ 49, 50.

1. Nach § 7 KrProvAbgG. dient als Maßstab der Verteilung der Kreissteuern auf die einzelnen Gemeinden und Gutsbezirke das

Soll der Einkommensteuer und der vom Staate veranlagten Realsteuern, wie es in Gemeinden nach den Vorschriften des KommAbgG., in Gutsbezirken gemäß § 13 für die Unterverteilung zu veranlagen ist. Nach § 13 wird in den Gutsbezirken der auf sie entfallende Anteil des Kreissteuerbedarfes gemäß den für die direkten Gemeindesteuern geltenden Bestimmungen des KommAbgG., jedoch mit Ausschluß des § 49 Abs. 2 und des § 50 Abs. 1 Satz 2, durch Veranlagung der Steuerpflichtigen unterverteilt. § 49 Abs. 2 schreibt vor, daß die Wohnsitzgemeinde dann, wenn sie an sich weniger als ein Viertel, die Forensalgemeinde somit mehr als drei Viertel zu besteuern hat, ein volles Viertel des Gesamteinkommens unter Verkürzung der Forensalgemeinde für sich zur Besteuerung in Anspruch nehmen darf. Nach § 50 Abs. 1 Satz 2 kommt diese Bestimmung sinngemäß zur Anwendung, wenn bei dem Vorhandensein mehrerer Wohnsitzgemeinden in einer von ihnen mehr als Dreiviertel des Gesamteinkommens an sich steuerpflichtig sein würden. Es darf demnach sowohl bei der (Ober-) Verteilung der Kreissteuern nach § 7 G. v. 23. IV 06 als auch bei der Unterverteilung nach § 13 in dem Falle, daß das steuerpflichtige Einkommen des Kreissteuerpflichtigen in dem Gutsbezirke seines Wohnsitzes weniger als ein Viertel seines Gesamteinkommens beträgt, ohne Zweifel nicht so verfahren werden, daß ein volles Viertel des Gesamteinkommens als auf den Gutsbezirk entfallend behandelt wird.

2. Dieser Fall kommt hier aber nicht in Frage. Hier ist streitig, ob dann, wenn der Steuerpflichtige in einer Gemeinde wohnt und diese, weil in ihr an sich weniger als ein Viertel des Gesamteinkommens der Besteuerung unterliegt, ein volles Viertel für sich zur Besteuerung in Anspruch genommen hat, das sonstige Einkommen, soweit es aus Grundvermögen oder Gewerbebetrieb in einem Gutsbezirk erwächst, bei der Verteilung der Kreissteuern auf diesen Gutsbezirk in voller Höhe oder entsprechend verkürzt in Ansatz zu bringen ist. Die Bestimmung in den §§ 49 und 50 KommAbgG., deren Anwendung bei der Verteilung der Kreissteuern auf Gutsbezirke und bei deren Unterverteilung in den Gutsbezirken ausgeschlossen ist, hat den Zweck, zu verhüten, daß der Wohnsitzgemeinde, der besondere Lasten auf dem Gebiete der Volksschule, des Armenwesens, der Polizei usw. erwachsen, ein zu geringer Teil des Einkommens ihrer Einwohner zur Besteuerung zufällt. Deshalb wird ihr das Recht gegeben, jedenfalls mindestens ein Viertel des Gesamteinkommens zu besteuern. Diese Bestimmung hat die notwendige Folge, daß die Forensalgemeinden entsprechend weniger besteuern dürfen. Wo die Vorschriften der §§ 49 und 50 zur Anwendung gelangen, muß auch die aus ihnen sich ergebende Folge eintreten. Diese Vorschriften kommen aber nach § 7 KrProvAbgG. dann zur Anwendung, wenn es sich um die Ermittelung des von den Gemeinden aufzubringenden Teiles der Kreissteuern handelt. Nimmt hiernach eine Gemeinde, in der der Steuerpflichtige wohnt, obwohl sein in ihr steuerpflichtiges Einkommen an sich weniger als ein Viertel seines Gesamteinkommens ausmacht, ein volles Viertel für sich zur Besteuerung in Anspruch, so muß eine Verkürzung des Forensaleinkommens eintreten, gleichviel, ob dieses in einer anderen Gemeinde oder in einem Gutsbezirk erwächst, es sei denn, daß das Gesetz etwas anderes vorschreibt. Dies ist aber durch die Bestimmung der §§ 13 und 7 aaO. nicht geschehen. Durch sie wird zwar ausgeschlossen, daß in einem Gutsbezirk, in dem sich der Wohnsitz des Steuerpflichtigen befindet, stets mindestens ein Viertel des Gesamteinkommens als dort steuerpflichtig behandelt wird; dagegen werden durch sie nicht die gesetzlichen Folgen der Tatsache beseitigt, daß auf Grund der §§ 49 und 50 aaO. die Wohnsitzgemeinde einen größeren Teil des Einkommens besteuert, als ihr an sich zukommen würde.

Nr. 2. Entsch. v. 4. Mai 1909 (OVG. 54 13) II C 352/08.

KrProvAbgG. § 11.

1. Das KrProvAbgG. v. 23. IV. 06 hat bei der Regelung des Steuerrechts der Gutsbezirke die Veranlagung der einzelnen Steuerpflichtigen dem Kreisausschuß übertragen. Die Veranlagung erfolgt nach den Grundsätzen des KommAbgG., ist also ebenso durchzuführen, wie wenn der Gutsbezirk eine Gemeinde wäre. Deshalb sind die in einem Gutsbezirke wohnhaften Offiziere kreissteuerpflichtig, wenn und soweit sie bei einem Wohnsitz in einer Gemeinde gemeindesteuerpflichtig sein würden. Die servisberechtigten Militärpersonen des aktiven Dienststandes konnten nach der Vd. v. 23. IX. 67 nur zu den auf den Grundbesitz oder das stehende Gewerbe oder auf das aus diesen Quellen fließende Einkommen gelegten Kommunallasten herangezogen werden. Hinsichtlich ihres dienstlichen und sonstigen Einkommens waren sie von Kommunalabgaben vollständig befreit. Dieser Rechtszustand änderte sich infolge der auf Grund des ReichsG. v. 28. III. 86 erlassenen preußischen G. v. 29. VI. 86 und 22. IV. 92 dahin, daß die zur Staatseinkommensteuer herangezogenen, im Offiziersrange stehenden Militärpersonen des Friedensstandes mit ihrem Einkommen aus Kapitalvermögen, gewinnbringender Beschäftigung, Rechten auf periodische Hebungen usw. einer besonderen „Abgabe zu Gemeindezwecken" unterworfen wurden. Diese Abgabe steht als eine ganz besondere außerhalb des Rahmens der von der Gemeinde gegenüber ihren Angehörigen und Forensen vorgenommenen Besteuerung; ein Prinzipalsatz, der gemäß § 7 Abs. 2 KrProvAbgG. einer von der Gemeinde vorzunehmenden Besteuerung zugrunde zu legen wäre, besteht bei ihr nicht. Die Gemeinde erhält den von der Staatssteuerbehörde festgesetzten Betrag unabhängig von derjenigen „Besteuerung", die sie selbst kraft der ihr anderen Personen gegenüber zustehenden Finanzgewalt vornimmt. Aus diesen Gründen hat das OVG. schon mehrfach dahin entschieden, daß die „Abgabe zu Gemeindezwecken" für die Berechnung des der Verteilung der Kreissteuern zugrunde zu legenden Solls nicht in Betracht kommt. Daraus und aus der Gleichstellung des Gutsbezirkes mit der Gemeinde im Kreissteuergebiet ergibt sich, daß bei der Oberverteilung auch dem Solle der Gutsbezirke diejenigen Abgaben für Gemeindezwecke nicht zugerechnet werden können, die von den im G. v. 29. VI. 86 bezeichneten Militärpersonen zu erheben wären, wenn sie in einer Gemeinde ihren Wohnsitz hätten, und daß, wo dies gleichwohl geschehen ist, der Besitzer des Gutsbezirkes mit Erfolg gegen die Kontingentsüberweisung Einspruch und Klage gemäß § 11 Abs. 2, 4 aaO. erheben könnte. Da nun die Unterverteilung im Gutsbezirke nach denselben Grundsätzen zu erfolgen hat, wie solche für die Gemeindebesteuerung bestehen, die subjektive und objektive Steuerpflicht im Gutsbezirk also die gleiche ist wie in der Gemeinde, so sind auch in den Gutsbezirken die unter das G. v. 29. VI. 86 fallenden Militärpersonen der Steuergewalt des Gutsbezirkes bzw. des Kreises entzogen und müssen bei der Unterverteilung völlig freigelassen werden.

2. Besondere gesetzliche Bestimmungen über die Gemeindebesteuerung der Offiziere der Kaiserlichen Marine bestehen nicht. Die preußische Vd. v. 23. IX. 67 findet Anwendung auf die servisberechtigten Militärpersonen des aktiven Dienststandes, und die G. v. 29. VI. 86 und 22. IV. 92 beschränken die nach jener Vd. bestehende Freiheit von Gemeindeabgaben in Ansehung des Einkommens aus Kapitalvermögen usw. für die im Offiziersrange stehenden Militärpersonen des Friedensstandes. Die letztgedachten Gesetze setzen also voraus, daß für die unter sie fallenden Offiziere bisher die in der Vd. v. 23. IX. 67 bestimmte Freiheit von Kommunalabgaben bestand. Nun sind Zweifel darüber möglich, ob die Vd. v. 23. IX. 67 ursprünglich auch auf Offiziere der Kaiserlichen Marine Anwendung zu finden hatte,

insbesondere, ob dies mit dem Vorderrichter deshalb zu bejahen ist, weil die deutsche Marine als Rechtsnachfolgerin der preußischen Marine anzusehen ist und alle Rechte der letzteren übernommen hat, oder ob nicht vielmehr die Vd. ein Steuervorrecht zunächst nur für preußische Militärpersonen begründet hat. Diesen Zweifeln aber braucht nicht weiter nachgegangen zu werden, da die G. v. 29. VI. 86 und 22. VI. 92 davon ausgehen, daß auch die Marineoffiziere bisher in Preußen nicht mit ihrem Einkommen aus Kapitalvermögen usw. zu Gemeindeabgaben herangezogen werden konnten, also auch für sie eine Freiheit nach Maßgabe der Vd. v. 23. IX. 67 bestand, die durch das Gesetz beschränkt werden sollte. Daß das G. v. 29. VI. 86 außer den Offizieren der preußischen Armee auch die der deutschen Marine treffen will, erscheint zweifellos. Zu der Kategorie der „im Offiziersrange stehenden Militärpersonen" gehören in der Armee, abgesehen von den Aerzten und Militärbeamten des Friedensstandes, diejenigen, die das ReichsmilitärG. als „Militärpersonen des Friedensstandes" bezeichnet, in der Marine alle Offiziere, Sanitätsoffiziere, obere Militärbeamte und die Ingenieure des Soldatenstandes. Deshalb hat auch der Chef der Admiralität im Marineverordnungsblatte v. 16. III. 87 das Gesetz zur Kenntnis der Marine gebracht und dazu unterm 14. III. 87 eine AusfAnw. erlassen, in der er darauf hinweist, daß das Gesetz nur für den Umfang des preußischen Staates gilt, und in den übrigen Bundesstaaten die daselbst geltenden Gesetze zu beachten sind.

Nr. 3. Entsch. v. 29. Sept. 1908 (OVG. 53 13) II C 170/08.

KrProvAbgG. § 7.

Der § 7 Abs. 2 KrProvAbgG. bestimmt:

„Als Maßstab der Verteilung der Kreissteuern auf die Gemeinden dient das Soll der Einkommensteuer und der vom Staate veranlagten Realsteuern, wie es in Gemeinden nach den Vorschriften des Kommunalabgabengesetzes der Gemeindebesteuerung zugrunde zu legen ist."

Dieses Soll ist hiernach auf diejenigen Prinzipalsteuersätze beschränkt, auf die die Gemeindesteuer umzulegen ist. Die Abgabe jedoch, die die Offiziere nach §§ 1ff. G. v. 29. VI. 86 von ihrem außerdienstlichen unfundierten Einkommen zu entrichten haben, steht als eine ganz besondere außerhalb des Rahmens der von der Gemeinde gegenüber ihren Angehörigen und Forensen vorgenommenen Besteuerung; ein Prinzipalsatz, der einer von der Gemeinde vorzunehmenden Besteuerung zugrunde zu legen wäre, besteht bei ihr nicht. Die Gemeinde erhebt den von der Staatssteuerbehörde festgesetzten Betrag unabhängig von derjenigen „Besteuerung", die sie selbst kraft der ihr anderen Personen gegenüber zustehenden Finanzgewalt vornimmt. Aus diesen Gründen kommt die „Abgabe zu Gemeindezwecken", die die Offiziere von ihrem außerdienstlichen unfundierten Einkommen entrichten, für die Berechnung des der Verteilung der Kreissteuern zugrunde zu legenden Solls nicht in Betracht.

Nr. 4. Entsch. v. 13. Okt. 1908 (OVG. 53 7) II C 211/08.

KrProvAbgG. §§ 4, 7, 11; KommAbgG. §§ 24, 26, 33, 54ff.

Bereits in einem Urt. v. 14. IV. 08 (PrVerwBl. 29 731) ist dahin entschieden worden, daß die Gemeinden von ihrem Einkommen aus Grundbesitz oder Gewerbebetrieb dem Kreise nicht steuerpflichtig seien, soweit diese Quellen in ihrem eigenen Bezirke belegen sind. Diese Auslegung des Gesetzes kann ohne Zweifel zu Unbilligkeiten führen; denn es werden dadurch Gemeinden, die infolge eigenen Besitzes den sonstigen kreisangehörigen Verbänden gegenüber besonders günstig dastehen, auch noch von den auf diesen Besitz fallenden Kreissteuern entlastet. Außerdem kommt diese Vergünstigung solchen Gemeinden nicht zugute, deren eigener Besitz in einer fremden Gemeindefeldmark liegt. Gleichwohl hat der Gerichtshof an seiner Auffassung festgehalten. Diese Auffassung ist in jener Entsch., in der es sich um Kreissteuerzuschläge zur Grund- und Gebäudesteuer handelte, wie folgt begründet:

„§ 7 Abs. 2 KrProvAbgG. sagt ausdrücklich:

Als Maßstab der Verteilung der Kreissteuern auf die Gemeinden dient das Soll der vom Staate veranlagten Realsteuern, wie es in Gemeinden nach den Vorschriften des Kommunalabgabengesetzes der Gemeindebesteuerung zugrunde zu legen ist.

Da die Gemeinde für die Gemeindebesteuerung nicht zugleich Steuergläubigerin und -schuldnerin sein kann, so unterliegen die in ihrem Eigentume stehenden und in ihrem Bezirke belegenen Grundstücke nicht der Gemeindebesteuerung. Sie ist daher nach der angeführten Vorschrift des KrProvAbgG. für diese Liegenschaften auch dem Kreise gegenüber nicht steuerpflichtig."

Demgegenüber macht der Beklagte geltend, daß die Vereinigung von Gläubiger und Schuldner in einer Person auch sonst dem bürgerlichen und öffentlichen Rechte nicht unbekannt sei. In dem G. v. 14. VII. 93 wegen Aufhebung direkter Staatssteuern (GS. 119) sei diese Vereinigung gerade hinsichtlich der Grund- und Gebäudesteuern durchgeführt, da nach den Vorschriften dieses Gesetzes der Staat die ihm gehörigen Grundstücke selbst veranlage. Auch dem KrAbgG. selbst sei ebenso wie sonstigen neueren Gesetzen solche Vereinigung bei der Regelung der Verhältnisse der Gutsbezirke nicht fremd; denn der Gutsbezirk als öffentlich-rechtlicher Steuergläubiger trenne sich begrifflich los von dem Gutsbesitzer, mit dem er doch nach § 122 LGemO. zusammenfalle. Die Möglichkeit dieser Vereinigung will der Beklagte darin begründet finden, daß die Gemeinde Steuergläubiger als Korporation des öffentlichen Rechtes, Steuerschuldner als juristische Person des Privatrechts sei; als solche unterliege sie der Kommunalabgabenpflicht nach § 33³ KommAbgG., soweit sie in der Gemeinde Grundbesitz oder gewerbliche Anlagen habe, oder soweit die sonstigen Voraussetzungen des § 33³ zutreffen.

Diesen Ausführungen gegenüber ist davon auszugehen, daß das KrProvAbgG. den Gemeinden gegenüber in Verbindung mit dem Kontingentierungssystem den Grundsatz zur strengen Durchführung gebracht hat, daß in ihnen jede individuelle Veranlagung oder Heranziehung einzelner Steuerbeträge für die Folge ausgeschlossen ist. Die Vorteile dieser Regelung wurden darin erblickt, daß die Weitläufigkeit eines besonderen Veranlagungsverfahrens für die Kreisabgaben gänzlich beseitigt werde, und daß gewisse Unzuträglichkeiten in Fortfall kämen, die sich aus der Ungleichartigkeit der Grundsätze für die Gemeinde- und Kreisbesteuerung ergeben. Demgemäß geht § 7 Abs. 2 KrAbgG. davon aus, daß bei den Gemeinden das Steuersoll nur so weit für die Belastung mit Kreisabgaben in Betracht kommt, als es nach den Verhältnissen der einzelnen Gemeinde zu deren Gemeindeabgaben heranzuziehen ist. Den Maßstab für die Kreisabgaben bildet also diejenige Steuerkraft, die den Gemeinden zur Deckung ihrer eigenen Bedürfnisse zur Verfügung steht. Die Richtigkeit dieser Auffassung ergibt sich unter anderem auch aus der in dieser Vorschrift enthaltenen Bezugnahme auf Gemeindebeschlüsse. Obwohl beispielsweise die Gemeinde berechtigt ist, Neuanziehende gemäß § 33 Abs. 4 KommAbgG. zur Gemeindesteuer heranzuziehen, kommt das Soll dieser Personen für die Kreissteuer doch nur dann in Betracht, wenn die Heranziehung von der Gemeinde auch wirklich beschlossen ist. In diesem Zusammenhange hat der Satz, daß die Gemeinde nicht Steuergläubiger und Steuerschuldner in einer Person sein könne, seine volle Bedeutung. Wollte sie Steuern von ihrem eigenen Grundbesitz oder Gewerbebetrieb erheben, so würde sie sich selbst die Einnahmen aus diesen Quellen kürzen und müßte den dadurch entstehenden Ausfall nach § 2 KommAbgG. durch Erhöhung des Steuersolls decken. Eine Heranziehung des eigenen Besitzes zur Gemeindesteuer ist also praktisch und begrifflich nicht möglich. Hierdurch unterscheidet sich der Sachverhalt des § 7 Abs. 2 aaO. wesentlich von demjenigen des G. v. 14. VII. 93, auf den der Beklagte sich beruft. Denn nach § 4 dieses Gesetzes besorgt der Staat nur die Veranlagung seiner eigenen Liegenschaften zur Grund- und Gebäudesteuer. Er ist also nur hinsichtlich der Veranlagung gewissermaßen Steuergläubiger und -schuldner in einer Person; die Heranziehung aber ist im § 11 den Kommunalverbänden überlassen.

Die strenge Durchführung dieses Grundsatzes hat deshalb auch dahin geführt, daß dem Kreisausschusse, soweit es sich um die Gemeinden handelt, grundsätzlich jede eigene Veranlagung oder Heranziehung einzelner Steuerpflichtiger versagt ist. Die einzige Ausnahme bildet der § 7 Abs. 6. Die Beschränkung des Kreisausschusses bezieht sich, abgesehen von dieser einen Ausnahme, aber nicht nur darauf, daß es ihm verwehrt ist, Personen neben den Gemeinden als Abgabenpflichtige des Kreises heranzuziehen, sondern sie mußte sich infolge des Systems auch darauf erstrecken, daß er, abgesehen von den Ausnahmen in § 7 Abs. 4 und § 8 aaO., nicht in die Lage versetzt wird, den Gemeinden selbständig einzelne Beträge zum Soll zu stellen, die von ihnen nicht auch zur Gemeindesteuer heranzuziehen sind. Gegen solche Individualveranlagung würde es nach der ausdrücklichen Vorschrift in § 11 Abs. 3 auch kein Rechtsmittel geben. Nun besteht allerdings in den hier zur Erörterung stehenden Fällen ein Unterschied zwischen der Einkommensteuer und den Realsteuern. Ein Einkommensteuersatz für das Einkommen der Gemeinden aus ihrem in der eigenen Feldmark belegenen Besitz ist überhaupt nicht vorhanden und kann auch gar nicht veranlagt werden. Denn nach den Vorschriften des KommAbgG. hat die Gemeinde die Veranlagung nicht zu bewirken, weil sie dieses Einkommen, wie oben erörtert, zu Gemeindeabgaben nicht heranziehen kann, und weil daher § 33³ aaO. sich naturgemäß nur auf denjenigen Besitz von Gemeinden beziehen kann, der in einer fremden Feldmark liegt. Das KrAbgG. ermächtigt aber weder die Gemeindebehörde noch den Kreisausschuß, dessen selbständige Aufgaben im Gesetz erschöpfend aufgezählt sind, zur Veranlagung eines solchen Einkommensteuersatzes. Hinsichtlich der Realsteuern liegt die Sache insofern etwas anders, als die Staatssteuersätze für die hier in Frage kommenden Liegenschaften oder Gewerbebetriebe von den staatlichen Behörden veranlagt werden. Während nämlich der oben angeführte § 26 Abs. 3 KommAbgG. die materielle Bestimmung enthält, daß die Veranlagung zur Gemeindegrundsteuer selbst sich auf alle ihr unterliegenden Grundstücke zu beziehen habe, ist die formelle Veranlagung zum staatlichen Normalsatze in § 4 AufhebungsG. v. 14. VII. 93 geregelt, und hiernach erstreckt sich die staatliche Veranlagung auf alle Liegenschaften, die nicht ausdrücklich als steuerfrei erklärt sind. Gleichwohl trifft auch für diese Sätze die Voraussetzung des § 7 Abs. 2, daß sie der Gemeindebesteuerung zugrunde zu legen sein müssen, nicht zu; im einzelnen nicht, weil die Gemeinde sie, wie gesagt, selbst nicht zur Gemeindesteuer heranziehen kann, und im ganzen nicht, weil auch bei der Verteilung des Gemeindebedarfes auf die einzelnen Steuerarten nach §§ 54ff. KommAbgG. diese Beträge nicht zur Anrechnung zu bringen sind.

Der Hinweis des Beklagten auf diejenige Regelung, die für die Gutsbezirke getroffen ist, kann für die Auslegung der für die Gemeinden maßgebenden Bestimmungen wegen der Verschiedenheit der Verhältnisse nicht durchschlagend sein. Das Kontingentierungssystem mit der Wirkung, daß dem Kreisausschusse jede selbständige Veranlagung versagt bleibt, ließ sich in den

Gutsbezirken nicht durchführen, weil in ihnen eine Heranziehung zu Gemeindeabgaben nicht stattfindet.

Nr. 5. Entsch. v. 24. Nov. 1908 (OVG. 53 15) II C 210/08.

KrProvAbgG. § 7; EinkStG. §§ 4, 79ff.

1. Die auf die Einkommen von nicht mehr als 900 ℳ entfallenden Steuersätze sind, sofern nicht der Kreistag ihre Freilassung oder geringere Heranziehung beschlossen hat, der Einkommensteuer auch dann hinzuzuzählen, wenn die Gemeinde sie mit Zuschlägen zu den Gemeindeabgaben nicht belastet.

Wenn im zweiten Abs. des § 7 KrProvAbgG. v. 23. IV. 06 Bestimmung darüber getroffen ist, daß und in welcher Weise das Soll der Einkommensteuer als Verteilungsmaßstab für die Kreissteuern dienen soll, so führt der allgemeine Sprachgebrauch der Gesetze keineswegs zu der Annahme, daß unter dem Ausdruck „Einkommensteuer" die Steuer von den Einkommen unter 900 ℳ notwendigerweise mit einbegriffen sei. Nach § 4 EinkStG. idFass. v. 19. VI. 06 beginnt die „Steuerpflicht" mit einem Einkommen von mehr als 900 ℳ und der Titel IX des Gesetzes, der allein Bestimmungen über die Einkommen bis zu 900 ℳ enthält und nur einen Teil der Vorschriften des Gesetzes auf deren Besteuerung anwendbar erklärt, steht unter der Ueberschrift: „Heranziehung zu den Kommunalabgaben". Das EinkStG. selbst stellt also die Steuersätze der §§ 79ff. nicht der eigentlichen Einkommensteuer begrifflich gleich. Daß dementsprechend auch im zweiten Abs. des § 7 aaO. nur die eigentliche Einkommensteuer von den Einkommen über 900 ℳ gemeint ist, ergibt sich aus dem Zusammenhange der Abs. 2 u. 3.

Ist also über die Heranziehung der Einkommen von nicht mehr als 900 ℳ überhaupt nicht im zweiten, sondern allein im dritten Abs. des § 7 Bestimmung getroffen, so bezieht sich auf sie auch nicht die nur im zweiten Abs. für die eigentliche Einkommensteuer und die staatlichen Realsteuern ausgesprochene Maßgabe, daß deren Soll so, wie es „nach Gemeindebeschlüssen der Gemeindebesteuerung zugrunde zu legen ist", als Verteilungsmaßstab der Kreissteuern dienen soll. Dem entspricht es, daß in der Begründung unter denjenigen Bestimmungen des KommAbgG., auf Grund deren Gemeindebeschlüsse der hier in Rede stehenden Art zu fassen sind, der § 38 Abs. 2 nicht mitgenannt ist. Aus dem hiernach für die Einkommen von nicht mehr als 900 ℳ allein maßgebenden dritten Abs. ergibt sich aber klar, daß die auf diese Einkommen entfallenden Steuersätze so, wie sie nach § 38 Abs. 1 KommAbgG. und § 80 EinkStG. veranlagt sind, dem nach der Maßgabe des Abs. 2 berechneten Soll der eigentlichen Einkommensteuer hinzuzuzählen sind, und daß nur der Kreistag deren Freilassung oder geringere Heranziehung beschließen kann, beides gleichviel, ob die Gemeinden diese Einkommen heranziehen oder nicht.

2. Ob die Steuer von den Einkommen unter 900 ℳ als eine „besondere Steuerart" anzusehen ist, deren Steuersoll nach § 7 Abs. 4 aaO. durch den Kreisausschuß zu veranlagen ist, soweit sie zu den Gemeindeabgaben nicht herangezogen worden ist, mag dahingestellt bleiben. Ganz ausgeschlossen ist diese Auffassung nach dem oben erörterten Sprachgebrauche nicht. Jedenfalls ist schon durch § 7 Abs. 3 dem Kreisausschusse die Aufgabe zugewiesen, das Soll der nach § 38 Abs. 1 KommAbgG. veranlagten Sätze unter Beachtung des etwa gefaßten Kreistagsbeschlusses bei den einzelnen Gemeinden dem sonstigen Soll hinzuzuzählen, ohne daß es dabei nach dem Gesagten auf die Heranziehung dieser Sätze durch die Gemeinde irgendwie ankäme. Nur dieses Ergebnis entspricht dem Grundsatze gleichmäßiger Heranziehung aller kreis-

steuerpflichtigen Verbände, der im Gesetze zwar nicht ausdrücklich ausgesprochen ist, aber sich daraus ergibt, daß nach § 10 aaO. jede Mehr- oder Minderbelastung einzelner Kreisteile an besondere Bedingungen geknüpft ist (vgl. Freund, Kommentar z. KrProvAbgG. Anm. 6 zu § 10).

3. Endlich leitet die Klägerin gegen die Annahme, daß die Kreise die Einkommen bis zu 900 ℳ auch da heranzuziehen hätten, wo die Gemeinden es nicht tun, Bedenken aus § 12 KrProvAbgG. ab. Es ist ihr zuzugeben, daß in solchen Fällen die Steuersätze, die auf die vom Kreise herangezogenen, von den Gemeinden freigelassenen Personen entfallen, als Gemeindeabgaben auf die übrigen Steuerpflichtigen mitverteilt werden müssen. Das Bedenken der Klägerin ist aber trotzdem ungerechtfertigt; denn die Kreissteuern sollen auf die Gemeinden nach deren Steuerkraft verteilt werden, und diese wird durch das Vorhandensein der Einkommen unter 900 ℳ verstärkt. Uebrigens wird es in seiner praktischen Bedeutung auch wesentlich durch den Umstand abgeschwächt, daß die Gemeinden es selbst in der Hand haben, diese Ungleichheit durch Heranziehung aller vom Kreise belasteten Einkommenstufen zu beseitigen, wenn die Gründe für deren Freilassung nach den besonderen Verhältnissen der Gemeinde nicht schwerwiegend genug sind, um auch die Belastung der übrigen Steuerpflichtigen mit dem dadurch ausfallenden Kreissteueranteile zu rechtfertigen.

Nr. 6. Entsch. v. 27. Nov. 1908 (OVG. 53 19) II C. 295/08.

KrProvAbgG. § 7.

Nach § 7 Abs. 5 KrProvAbgG. v. 23. IV. 06 (GS. 159) ist für die Verteilung der Kreisabgaben das Steuersoll des dem jedesmaligen Etatsjahre vorangegangenen Rechnungsjahrs nach dem Stande vom 1. Januar, und zwar unter Berücksichtigung der bis zu diesem Zeitpunkt endgültig eingetretenen Berichtigungen und Veränderungen maßgebend. In diesem Steuersoll befindliche Beträge, die dem einzelnen Steuerpflichtigen gegenüber in unzulässiger Weise festgesetzt, aber bis zum 1. Januar nicht berichtigt worden sind, sind ebenfalls der Berechnung des Kreisabgabensolls zugrunde zu legen. Insbesondere kann die Gemeinde deren Absetzung dann nicht vom Kreise verlangen, wenn ihre eigene Veranlagung dem Steuerpflichtigen gegenüber unanfechtbar geworden ist.

Nr. 7. Entsch. v. 7. Dez. 1909 (OVG. 55 14) II C 327/08.

KrProvAbgG. §§ 7, 11; KommAbgG. §§ 25, 29, 37.

1. Der § 11 KrProvAbgG. Abs. 3 bestimmt, daß mit dem Einspruche die Veranlagung der einzelnen Steuerbeträge, aus denen sich das der Kreisbesteuerung zugrunde gelegte Steuersoll zusammensetzt, von den Gemeinden nur in dem Falle des § 7 Abs. 4 und des § 8 angegriffen werden könne. Diese Bestimmung schließt aber die Gemeinde von dem Rechtsmittel des Einspruchs nur aus, soweit es sich um die Veranlagung der einzelnen Steuerpflichtigen handelt, die zur Gemeindesteuer herangezogen werden. Dagegen sind die Rechtsmittel des § 11 recht eigentlich für diejenigen Fälle gegeben, in denen streitig ist, ob bestimmte Steuerbeträge einzelner Steuerpflichtiger bei Berechnung des Kreisabgabensolls in Anrechnung zu bringen sind oder nicht.

2. Wenn der § 7 Abs. 5 bestimmt, daß für die Verteilung der Kreisabgaben auf die Gemeinden und Gutsbezirke „das Steuersoll des dem jedesmaligen Etatsjahre voraufgegangenen Rechnungsjahrs nach dem Stande des 1. Januar und zwar unter Berücksichtigung der bis zu diesem Zeitpunkt end-

gültig eingetretenen Berichtigungen und Veränderungen" maßgebend sein soll, so sind hierbei jedenfalls überall da, wo es sich nicht um besondere Gemeindesteuern (§§ 25, 29, 37 KommAbgG.) handelt, nicht ohne weiteres die aus der staatlichen Veranlagung sich ergebenden Beträge des Staatssteuersolls, sondern diejenigen Beträge zugrunde zu legen, welche die Gemeinde den bei ihr zum Soll stehenden Gemeindesteuern zugrunde gelegt hat. Das ergibt sich aus der Fassung des § 7 Abs. 2 aaO. und der Absicht des Gesetzes, die Gemeinden und Gutsbezirke nach dem Maßstab ihrer durch ihr „umlagefähiges" Staatssteuersoll dargestellten Steuerkraft zu den Kreisabgaben heranzuziehen.

3. Es fragt sich weiter, ob die Veränderung des Gemeindesteuersolls, auf das allein es hiernach ankommt, durch Zu- und Abgänge bereits mit dem Eintritte der in § 60 KommAbgG. für den Beginn und das Erlöschen der Steuerpflicht festgesetzten Termine im Sinne des § 7 Abs. 5 KrProvAbgG. „endgültig eingetreten" ist oder ob hierzu eine amtliche Handlung der Gemeindebehörde erforderlich ist, durch die sie den Zu- oder Abgang festgestellt, das Soll in ihren Gemeindesteuerlisten also ihrerseits berichtigt hat. Hinsichtlich der Zugänge ist aus dem Gesetze selbst zu entnehmen, daß der Zugang erst dann als endgültig eingetreten angesehen werden darf, wenn die Zugangsveranlagung erfolgt ist; denn der zweite Satz des § 7 Abs. 5 bestimmt, daß Steuerbeträge, die erst nach dem 1. Januar für das Rechnungsjahr veranlagt werden, obwohl die Steuerpflicht schon vor diesem Zeitpunkte begonnen hatte, dem Steuersoll des nächsten Rechnungsjahrs hinzugerechnet werden. Diese Bestimmung geht davon aus, daß in denjenigen Fällen, in denen die Steuerpflicht zwar innerhalb des Rechnungsjahrs, aber vor dem 1. Januar begonnen hat, bei denen also der Zugang als solcher vor dem 1. Januar eingetreten ist, der Steuerbetrag dennoch dem Kreise dann entgehen würde, wenn die Veranlagung zur Gemeindesteuer erst nach dem 1. Januar erfolgt ist, und die Bestimmung des zweiten Satzes soll dazu dienen, diesen Nachteil zu verhüten; sie geht aber nicht etwa dahin, daß die verspätet veranlagten (zum Soll der Gemeinde gezogenen) Zugänge dem Steuersolle des laufenden Rechnungsjahres selber, sondern dahin, daß sie erst dem Soll eines späteren Jahres hinzuzurechnen sind. Kommt es hiernach bei den Zugängen nicht auf den Zeitpunkt des Eintritts, sondern auf denjenigen der Stellung zum Soll der Gemeinde an, so muß das Gleiche auch für die Abgänge gelten; denn es ergibt sich weder aus dem Wortlaute noch aus dem Sinne des Gesetzes ein Anlaß, die Abgänge in dieser Beziehung anders zu behandeln als die Zugänge.

Nr. 8. Entsch. v. 21. Dez. 1909 (OVG. 55 12) II C 255/09.

Die Bestimmung in § 7 Abs. 5 KrProvAbgG. v. 23. IV. 06, wonach der Verteilung der Kreissteuern auf die engeren Kommunalverbände das Steuersoll nicht des laufenden, sondern des vorangegangenen Rechnungsjahrs nach dem Stande des 1. Januar zugrunde zu legen ist, bezweckt, den Kreisen sogleich bei Beginn des Steuerjahrs eine fest bestimmte unabänderliche Verteilungsgrundlage zu sichern. Es ist daher alljährlich das nach den Vorschriften des KommAbgG. der Gemeindebesteuerung zugrunde zu legende Prinzipalsteuersoll an Einkommensteuer und Realsteuern nach dem Stande des 1. Januar des vorigen Rechnungsjahrs festzustellen, und dieses ohne Rücksicht auf etwaige spätere Berichtigungen und Veränderungen der Kreisbesteuerung zugrunde zu legen. Die Feststellung des Solls liegt, jedenfalls soweit nicht besondere Gemeindesteuern (§§ 25, 29, 37 KommAbgG.) in Frage stehen, der Gemeinde ob. Diejenigen Staatssteuersätze, die sie in diesen Fällen nicht in ihr Soll aufnimmt, stehen bei ihr nicht zum Soll. Deshalb darf auch kein

Unterschied gemacht werden zwischen einerseits denjenigen Steuerpflichtigen, bei denen das staats- und gemeindesteuerpflichtige Einkommen sich decken und die veranlagte Staatssteuer ohne weiteres den Prinzipalsatz für die Gemeindesteuer bildet, und anderseits denjenigen, bei denen dies nicht der Fall ist, also der Prinzipalsatz von der Gemeinde festgesetzt wird; ebensowenig kommt es darauf an, ob die Gemeinde in der Lage war, erst nach dem 1. Januar zum Soll gestellte Beträge schon vor dem 1. Januar zum Soll zu stellen, und aus welchen Gründen sie das unterlassen hat. Entscheidend ist lediglich, wie die Gemeinde verfahren, nicht, ob ihr Verfahren richtig ist. Hat sie die Steuer eines Pflichtigen zum Soll gestellt, so kommt diese bei der Kreisbesteuerung auch dann in Anrechnung, wenn sie nicht zum Soll gestellt werden durfte; dagegen kommt eine nicht zum Soll gestellte Steuer selbst dann nicht in Anrechnung, wenn sie schon am 1. Januar hätte zum Soll gestellt werden können. Zum Soll stehen aber Gemeindesteuern erst, wenn die Gemeinde nach Feststellung ihres Steuerbedarfs und Verteilung des letzteren auf die einzelnen Steuerarten die auf die Steuerpflichtigen fallenden Steuerbeträge zwecks deren späterer Einziehung festgestellt hat. Daß dazu ein besonderer Gemeindeakt erforderlich ist, unterliegt keinem Zweifel. Als solcher aber kann in der Regel nur in Betracht kommen der Abschluß der Hebelisten in Verbindung mit dem Beschlusse des Gemeindevorstandes, der Gemeindekasse die Hebungsorder zu erteilen. Alle voraufgegangenen Akte bilden in der Regel nur Vorbereitungen für das Zumsollstellen, alle nachfolgenden nur die nach beendigtem Zumsollstellen gebotenen weiteren Maßnahmen zur Einziehung der Steuer.

Nr. 9. Entsch. v. 1. Dez. 1908 (PrVerwBl. 30 591) II C 45/08.

KommAbgG. § 33.

Betreibt eine Gesellschaft m. b. H. an einem Orte (D.) eine Zuckerfabrik und ist außerdem bei einer an einem anderen Orte (H.) bestehenden Zuckerraffinerie mit einer Einlage beteiligt, so handelt es sich um den Betrieb zweier selbständiger Unternehmungen.

Der Beklagte und der Vorderrichter machen sich eine unrichtige Vorstellung von dem rechtlichen Verhältnis, das nach den Bestimmungen des KommAbgG. zwischen der Klägerin und ihrer Zuckerfabrik einerseits und der H.er Raffinerie anderseits bestand. Sie fassen die Sache so auf, als ob nach der den § 33[3] KommAbgG. beherrschenden Anschauung ein einheitlicher Gewerbebetrieb der Klägerin sich über D. und H. erstrecke und einheitliche Einnahmen und Ausgaben habe. Aber eine derartige Verschmelzung ist von dem Gesetze nicht vorgenommen worden, es hat nur die Fiktion aufgestellt, daß das Einkommen aus der Gesellschaft mit beschränkter Haftung, das in Wirklichkeit Kapitaleinkommen ist, gewerbliches Einkommen bilde, und auf Grund dieser Vorschrift ist das Verhältnis so zu denken, daß die Klägerin in D. das selbständige Unternehmen der Zuckerfabrik und in H. gemeinschaftlich mit anderen Beteiligten das selbständige Unternehmen einer Zuckerraffinerie betreibe. Wird diese Selbständigkeit gebührend gewürdigt, so ist ohne weiteres klar, daß die Einnahmen für Melasse weder als Roheinkommen noch als Reineinkommen aus der Raffinerie einzustellen sind; sie bilden einfach den Erlös einer in der Zuckerfabrik hergestellten, an die Raffinerie gelieferten Ware. Nur wenn auf Grund des Gesellschaftsvertrages der für die Melasse gezahlte Kaufpreis höher oder niedriger bemessen worden wäre, als der Normalpreis, so würde die Differenz einen durch das Gesellschaftsverhältnis herbeigeführten Gewinn oder Verlust bilden und als Einnahme aus der Raffinerie oder als eine für sie gemachte Aufwendung in Rechnung zu stellen sein.

Weiter ergibt sich, daß die Frage, ob ein von der Raffinerie ausgezahlter Gewinnanteil einen Reingewinn darstellt, nur nach den Verhältnissen der Raffinerie beurteilt werden darf. Diese Einnahme der Klägerin hat — von dem Standpunkte des KommAbgG. aus — mit ihren Einnahmen aus der Zuckerfabrik nichts zu tun. Sie ist daher bei der Kreisbesteuerung mit ihrem vollen Betrage als in H. erwachsendes, dort steuerpflichtiges Einkommen von dem staatlich veranlagten Gesamteinkommen abzusetzen, wenn sie (nach der staatlichen Veranlagung) in diesem Einkommen voll enthalten ist. Sollte das veranlagte Einkommen jenen Betrag nicht voll, sondern infolge von Reduktionen nur zu einem Teile enthalten, so müßte die Ausscheidung nach ähnlichen Grundsätzen erfolgen, wie sie für die Ausscheidung anderer Sondereinnahmen, namentlich der Einkommen aus Grundbesitz gelten.

Nr. 10. Entsch. v. 5. Jan. 1909 (PrVerwBl. 31 109) II C 216/08.

1. Der Vorderrichter lehnt die Absetzung der Schuldenzinsen ab, weil nicht erwiesen sei, daß sie wirtschaftlich auf dem Einkommen aus der Zuckerfabrik haften. Diese Feststellung würde, auch wenn sie zutreffend sein sollte, nicht ausreichen, um die Ablehnung des Abzugs der Schuldenzinsen ihrem vollen Betrage nach zu begründen. Denn, wenn diese Zinsen nicht etwa auf einer anderen Einkommensquelle hafteten, so mußten sie als das Gesamteinkommen belastend angesehen und anteilig bei jeder Einkommensquelle nach dem Verhältnis des aus ihr fließenden Ertrages zum Gesamteinkommen abgesetzt werden.

2. Bei freier Beurteilung ist die Sache nicht spruchreif. Die auf das Gut eingetragenen Landschaftszinsen kommen allerdings zweifellos als auf dem Grundvermögen haftend hier nicht in Betracht, da auf die streitige Veranlagung noch das EinkStG. in seiner alten Fassung anzuwenden ist. Die nicht eingetragenen Schulden des Klägers bestehen in einem Darlehen von 10000 ℳ von seiner Mutter und von 75000 ℳ und 15000 ℳ von dem Dr. R. G. Nach dem in der Revisionsinstanz vorgelegten Vertrage v. 16. VII. 89 hat Kläger sein Gut und die 7 sogenannten „Aktien" der „Aktienzuckerfabrik" Ot., womit offenbar die Stammeinlage bei der Gesellschaft m. b. H. gemeint ist, für den Preis von 170000 ℳ und für gewisse, der Witwe G., der Mutter des Klägers, zugebilligte lebenslängliche Bezüge erworben. Von dem Kaufpreis von 170000 ℳ erhält der Bruder und Miterbe Robert G. 77500 ℳ, ein anderer Bruder den Rest, wogegen sie sich wegen ihres väterlichen Erbteils für befriedigt erklärt haben. Selbst wenn man annimmt, daß der Gläubiger des Darlehns von 75000 und 15000 ℳ mit dem im Vertrage genannten Bruder Robert G. identisch ist, läßt der Unterschied zwischen der Höhe der Schuldbeträge und der aus dem Kaufvertrage herrührenden Forderungen sowie der Umstand, daß Kläger nach § 4[14] des Statuts 11 Stammeinlagen besitzt, während in dem Vertrage nur von 7 Aktien die Rede ist, Zweifel darüber zu, ob die jetzt bestehenden Schulden für den Erwerb des Gutes und der Geschäftsanteile aufgenommen sind. Ist dies der Fall, so werden die Zinsen von dem Einkommen aus der Quelle des Landbesitzes und demjenigen aus den Geschäftsanteilen anteilig nach Verhältnis des Wertes abzuziehen sein, der bei Abschluß des Vertrages v. 16. VII. 89 diesen beiden Kaufobjekten beigelegt ist. Ergibt sich aber, daß die streitige Schuld weder mit der Einkommensquelle des Gutes und der Geschäftsanteile noch mit einer sonstigen Einkommensquelle in wirtschaftlichem Zusammenhange steht, dann muß die Verteilung der Schuldenzinsen nach dem Verhältnis erfolgen, in dem die Reinerträge der einzelnen Einkommensquellen zueinander stehen.

3. Hinsichtlich der Streitfrage, ob ein Preis von 0,90 ℳ oder ein solcher

von 1 ℳ als Einkommen aus der Landwirtschaft anzusehen und demgemäß zur Ermittelung des aus der Fabrik dem Kläger zufließenden gewerblichen Einkommens von dem Gesamterlöse der Rüben abzusetzen ist, kann davon ausgegangen werden, daß der Vorderrichter mit Recht das Gutachten des Sachverständigen R. seiner Entscheidung nicht zugrunde gelegt hat. Wenn der Kläger meint, daß dieses Gutachten deshalb hätte als maßgebend anerkannt werden müssen, weil die Parteien sich auf diesen Sachverständigen geeinigt hätten, so ist diese Ansicht unzutreffend, da das Gericht nach § 79 LVG. nach seiner freien, aus dem Inbegriff der Verhandlungen geschöpften Ueberzeugung zu entscheiden hat, an bestimmte Sachverständige also nicht gebunden ist. Auch materiell ist der Vorderrichter darin im Recht, daß dieses Gutachten von falscher Grundlage ausgehe. Der Vorderrichter legt grundsätzlich denjenigen Preis zugrunde, den die betreffende Fabrik nach ihren Verhältnissen anzulegen hätte, wenn sie ihren Bedarf an Rüben im freien gewerblichen Verkehr von Nichtgesellschaftern decken würde. Der Kläger will dagegen den Preis berücksichtigt wissen, den der Steuerpflichtige nach der Lage und den sonstigen Verhältnissen seines Gutes würde erzielen können. Beide Preise werden sich häufig decken, können aber auch verschiedene sein. Es ist beispielsweise denkbar, daß ein Besitzer seit längerer Zeit an eine Fabrik gebunden ist, die in einer Gegend mit günstigen Rübenproduktionsverhältnissen gelegen ist und daher die Rüben zu einem niedrigen Preise ankaufen kann, während inzwischen in größerer Nähe des Steuerpflichtigen andere Fabriken entstanden sind, die wegen ungünstiger Produktions- oder Konkurrenzbedingungen einen höheren Preis zahlen müßten, wenn sie ihren Bedarf im freien Verkehr decken würden. Jedenfalls behauptet der Kläger, daß für sein Gut ein höherer Preis maßgebend sei, als für die Fabrik. Insoweit seine Behauptungen hierauf gerichtet sind, ist ihnen ausschlaggebende Bedeutung nicht beizumessen. Zu entscheiden ist die Frage, welcher Teil des Erlöses als der dem Steuerpflichtigen zufließende Gewinn aus dem Betriebe der Fabrik anzusprechen ist, und diese Frage kann natürlich nur nach den Verhältnissen der Fabrik beantwortet werden. Was sie für die Beschaffung des Rohmaterials tatsächlich ausgibt, ist von der Roheinnahme abzusetzen, wenn es gilt, den Gewinn zu ermitteln. Wo diese Betriebsausgabe nicht gesondert in die Erscheinung tritt, weil die Gesellschafter ihre Rüben nach dem Gesellschaftsvertrag gegen ein einheitliches Entgelt zu liefern haben, das den Kaufpreis und den Gewinn in ungetrennter Summe enthält, wo also an Stelle des wirklich als Kaufpreis gezahlten Betrages ein vermutlicher Betrag gesetzt werden muß, kann dafür nur derjenige in Frage kommen, den die Fabrik nach den für sie maßgebenden Verhältnissen würde zahlen müssen, wenn sie die Rüben für einen im freien Handelsverkehr gebildeten Preis erwürbe. Es entspricht denn auch der Entsch. des VI. Sen. v. 24. II. 94, wenn der Vorderrichter davon ausgeht, daß es sich um den Preis handelt, den die gerade in Rede stehende Fabrik nach der Art ihres Betriebes und dem Umfange ihres Bedarfs innerhalb des geographischen Bezirks, aus dem ihr noch mit Vorteil für die Lieferanten Rüben zugeführt werden können, auszugeben hätte, wenn sie zu der geschäftsmäßigen Einkaufszeit von Nichtgesellschaftern ihr Rohmaterial erwürbe oder erworben hätte.

Nr. 11. Entsch. v. 19. Jan. 1909 (PrVerwBl. 31 143) II C 229/08.

KommAbgG. §§ 44, 45; KrProvAbgG. § 7.

Die Parteien streiten darüber, welche für die Gemeindeeinkommensteuer geltenden Vorschriften bei der Veranlagung des Ansiedlungsfiskus „sinngemäß" anzuwenden sind. Der Vorderrichter nimmt an, daß es sich nur um die Bestimmungen in § 44 KommAbgG. handeln könne und stützt sich dabei auf Buchst. D. Nr. 3 AAnwKrProvAbgG. Der Beklagte weist dagegen darauf hin, daß die AAnw. nicht von dem §§ 44 KommAbgG. allein, sondern von den § 44 und folgende spreche, und meint, daß im vorliegenden Falle die Vorschriften in § 45, betr. die Besteuerung der Staats- und für Rechnung des Staates verwalteten Eisenbahnen, Anwendung zu finden hätten. Die Ansicht des Vorderrichters ist zutreffend. Wenn die AAnw. an der bezeichneten Stelle ausspricht:

„Was die Heranziehung des Ansiedelungsfiskus mit dem besonderen Einkommensteuersatze im Kreise anbelangt, so führt die vom Gesetze vorgeschriebene sinngemäße Anwendung der für die Gemeindeeinkommensteuer geltenden Vorschriften zu einer dem § 44 des Kommunalabgabengesetzes entsprechenden Veranlagung,"

und wenn sie weiter bestimmt, daß demgemäß das Reineinkommen von den einzelnen Ansiedelungsgütern, die im Eigentum des Fiskus stehen, nach dem Verhältnisse zu berechnen sei, in dem der in der betreffenden Prov. aus den Ansiedelungsgütern erzielte etatsmäßige Ueberschuß der Einnahmen über die Ausgaben unter Berücksichtigung der auf denselben ruhenden Verbindlichkeiten und der Verwaltungskosten zum Grundsteuerreinertrage steht, so kann nicht der geringste Zweifel darüber bestehen, daß die AAnw. bei der Kreisbesteuerung des Ansiedelungsfiskus „sinngemäß" nur den § 44 KommAbgG. angewandt haben will. Die AAnw. bezeichnet es mit Recht als „selbstverständlich", daß für die Veranlagung der Ansiedlungsgüter nur auf die Regeln zurückgegriffen werden könne, die das KommAbgG. für die Einschätzung des Einkommens aus fiskalischem Grundbesitz aufgestellt habe. Hat hiernach der Vorderrichter ohne Rechtsirrtum den § 44 KommAbgG. für anwendbar erklärt, so ist es auch weiter richtig, daß die von dem Ressortminister nach § 44 aaO. getroffene Festsetzung, selbst wenn sie auf unrichtigen Grundlagen beruhen sollte, keiner Nachprüfung im Verwaltungsstreitverfahren unterliegt. Denn nach Abs. 2 des § 44 hat der Minister das Verhältnis alljährlich „endgültig" festzustellen. Das kann nur dahin verstanden werden, daß die Festsetzung unanfechtbar und eine unabänderliche Grundlage für die Besteuerung bilden soll.

Nr. 12. Entsch. v. 24. Sept. 1909 (PrVerwBl. 31 511) II C 7/09.

KrProvAbgG. §§ 7, 16; KommAbgG. § 87.

Das KrProvAbgG. kennt keine Individualbesteuerung der Kreiseingesessenen, sondern verpflichtet die einzelnen Gemeinden und Gutsbezirke zur Aufbringung der direkten Kreissteuern. Neben den Gemeinden und Gutsbezirken können freilich auch die in § 7 Abs. 6 speziell bezeichneten Pflichtigen von dem Kreisausschusse direkt veranlagt werden; zu ihnen aber gehören nur die Mitglieder des Königlichen Hauses und des Hohenzollernschen Fürstenhauses, die Standesherren und deren Familien, sowie der Fiskus mit seinem Einkommen aus den von ihm zu Ansiedelungszwecken angekauften Besitzungen. Verfehlt ist auch die Bezugnahme des Beklagten auf § 16 aaO., der vorschreibt, daß auf die Nachforderung von Kreisabgaben der § 87 KommAbgG. entsprechende Anwendung zu finden hat. Denn wenn diese Vorschrift sich wirklich auch auf direkte Kreissteuern beziehen sollte, so gewährt sie doch dem Kreise das Nachbesteuerungsrecht jedenfalls nur gegen diejenigen, die er zu diesen Steuern direkt heranziehen kann.

Nr. 13. Entsch. v. 15. Okt. 1909 (PrVerwBl. 31 647) II C 66/09.

KrProvAbgG. §§ 11, 13.

1. Die Verfügung des Kreisausschusses bezweckt zweierlei, 1. die Inanspruchnahme des Gutsbezirks S. auf einen Kontingentsbetrag von 450 ℳ gemäß

§ 11 KrProvAbgG. und 2. die Veranlagung der Klägerin (einer Stadtgemeinde) als Steuerpflichtige zu einer Steuer in gleichem Betrage auf Grund des § 13 desselben G. Die Klägerin ficht als Repräsentantin des Gutsbezirks in vermögensrechtlicher Beziehung die Kontingentierung, als Steuerpflichtige ihre Veranlagung an. Der Vorderrichter hat das nicht beachtet, sondern sich nur mit der Veranlagung beschäftigt. Aber auch hierbei hat er geirrt. Seine Meinung, daß auch bei der Gemeinde- und der Kreiseinkommenbesteuerung in allen Fällen nur die Gesamtheit der Erträge der sämtlichen Einkommensquellen, nicht aber der Ertrag einer einzelnen Quelle als steuerpflichtiges Einkommen anzusehen sei, geht in dieser Allgemeinheit fehl. Der Grundsatz gilt vielmehr nur für die physischen und die staatssteuerpflichtigen nicht physischen Personen, nicht aber auch für die der Staatseinkommensteuerpflicht nicht unterworfenen nicht physischen Personen, wie Gemeinden und sonstige Kommunalverbände, auf die sich der § 6 EinkStG. nicht bezieht.

2. Bei freier Beurteilung kommt für den Angriff gegen die Kontingentierung in Betracht, daß in der Inanspruchnahme der 450 ℳ für die Kreiskommunalkasse anscheinend eine Nachforderung liegt. Diese Nachforderung ist — von sonstigen Bedenken, die gegen sie zu erheben sein möchten, abgesehen — jedenfalls deswegen unzulässig, weil die nachträgliche Veranlagung eines übergangenen Steuerpflichtigen ebenso wie die auf Grund von Ab- und Zugängen, Einsprüchen usw. erfolgenden Veränderungen eine Berichtigung des ursprünglichen Solls darstellt und der Kontingentierung für das Jahr 1907 in den Gutsbezirken das unberichtigte Veranlagungssoll zugrunde zu legen war.

3. Nicht unzulässig war die nachträgliche Veranlagung der Klägerin als Steuerpflichtige des Gutsbezirks auf Grund des § 13. Wenn der gesamte Forstbesitz der Stadtgemeinde D. von dieser als wirtschaftliche Einheit bewirtschaftet wird, so ist ebenso wie bei einer landwirtschaftlich genutzten Grundstückseinheit zunächst das aus der Gesamtwirtschaft erzielte Einkommen zu ermitteln und aus diesem Gesamteinkommen sodann nach einem geeigneten Schätzungsmaßstabe der auf den im Gutsbezirke S. belegenen Teil der städtischen Forst entfallende Einkommensteil auszuscheiden.

Bei Feststellung des Reineinkommens aus der gesamten städtischen Forst sind diejenigen Schuldenzinsen und Lasten, die zu dieser Einkommensquelle wirtschaftlich in Beziehung stehen, in Abzug zu bringen. Es kommen aber nur die Zinsen wirklicher Spezialschulden in Betracht, nicht Zinsen von Kapitalien, die für Erwerb, Verbesserung, Entlastung des Besitzes usw. aus dem Vermögen der Stadt aufgewendet oder durch allgemeine Anleihen aufgebracht worden sind. Gehälter von Beamten, die mit der Forst zu tun haben, sind nur dann abzugsfähig, wenn die Beamten in einer gerade für die städtische Begüterung eingerichteten Verwaltung angestellt sind, wie städtische Oberförster, deren Bureaubeamte und Förster, dagegen nicht, wenn die Beamten der allgemeinen städtischen Verwaltung angehören; denn in dem zweiten Falle würde der besondere unmittelbare Zusammenhang zwischen den Gehaltsausgaben und dem Ertrage der Forst fehlen. Es mag dann sein, daß der eine oder der andere Beamte in der städtischen Verwaltung gespart werden könnte, wenn die Forst nicht vorhanden wäre, aber angestellt sind dann die Beamten doch nur deswegen, weil nach den bestehenden Einrichtungen sich die allgemeinen Bedürfnisse der Stadt an Arbeitskräften durch den Forstbesitz vermehrt haben. Ausgaben für Reisen von Beamten zur Kontrolle oder zur Besorgung der örtlichen Forstverwaltung gehören zu den sächlichen Kosten und sind ebenso wie andere sächliche Aufwendungen abzugsfähig.

Nr. 14. Entsch. v. 21. Jan. 1910 (OVG. 55 18) VIII C 70/09.

KrProvAbgG. §§ 7, 14; KommAbgG. §§ 24 Abs. 2, 33 Abs. 1[4], 34, 44.

1. Der Vorderrichter geht zutreffend davon aus, daß bis zum Inkrafttreten des KrProvAbgG. v. 23. IV. 06, also bis zum 1. IV. 07, sich die Kreisabgabenpflicht des Fiskus nach den §§ 14 und 17 KrO. regelte. Nach § 14 Abs. 3 aaO. konnte der Fiskus wegen seines aus Grundbesitz fließenden Einkommens zu Kreisabgaben überhaupt nicht herangezogen werden, und nach § 17 aaO. waren die dem Staate gehörigen, zu einem öffentlichen Dienste oder Gebrauche bestimmten Liegenschaften und Gebäude, insbesondere die Dienstwohnungen der Beamten, von den Kreislasten frei. Es trifft auch zu, daß im Sinne dieser Gesetzesvorschrift die den kgl. Oberförstern und Förstern zur landwirtschaftlichen Nutzung überwiesenen Dienstländereien als Liegenschaften, die zu einem öffentlichen Dienste bestimmt waren, angesehen und als kreisabgabenfrei erachtet worden sind. Mit Recht hat der Vorderrichter weiter angenommen, daß mit dem Inkrafttreten des KrProvAbgG. die gedachten Bestimmungen der §§ 14 und 17 in Fortfall gekommen sind. Dieses G. hat an Stelle der nach der KrO. geltenden Individualbesteuerung der Kreisangehörigen im § 7 die Kreissteuerpflicht der Gemeinden und Gutsbezirke eingeführt. Hieraus ergab sich in weiterer Folge, daß die Gemeinden den auf sie entfallenden Teil des Kreissteuerbedarfes gleich den übrigen Gemeindeausgaben aufzubringen haben (§ 12). In den Gutsbezirken wird der sie treffende Teil des Kreissteuerbedarfes von dem Kreisausschusse gemäß den für die direkten Gemeindesteuern geltenden Bestimmungen des KommAbgG. — mit Ausschluß gewisser, hier nicht in Betracht kommender Vorschriften —, sowie des G. wegen Aufhebung direkter Staatssteuern v. 14. VII. 93 durch Veranlagung der Steuerpflichtigen unterverteilt (§ 13). Hiernach ist die streitige Frage, ob der Fiskus wegen der im Gutsbezirke belegenen Dienstgrundstücke und Dienstwohnungen der Forstbeamten kreisabgabenpflichtig sei, seit dem 1. IV. 07 lediglich nach dem KommAbgG. zu beantworten. Dieses G. bestimmt nun im § 24: „Den Steuern vom Grundbesitze sind die in der Gemeinde belegenen bebauten und unbebauten Grundstücke unterworfen; mit Ausnahme: . . . c) der dem Staate . . . gehörigen Grundstücke und Gebäude, sofern sie zu einem öffentlichen Dienste oder Gebrauche bestimmt sind." Der Abs. 2 des § 24 fügt hinzu: „Alle sonstigen, nicht auf einem besonderen Rechtstitel beruhenden Befreiungen (§ 21), insbesondere auch diejenigen der Dienstgrundstücke und Dienstwohnungen der Beamten sind aufgehoben."

Hieraus ergibt sich, daß das KommAbgG. die Dienstgrundstücke und Dienstwohnungen der Beamten an sich nicht als zum öffentlichen Dienste bestimmt ansieht. Sie unterliegen daher grundsätzlich der Realbesteuerung durch den Kreis, sofern nicht etwa aus besonderen Umständen ihre Bestimmung für den öffentlichen Dienst zu entnehmen ist. In diesem Falle würde ihre Befreiung von den Kreisrealsteuern auf Grund des § 24c eintreten. Die Bestimmung zum öffentlichen Dienste muß eine unmittelbare sein, um die Ausnahme von der Steuerpflicht zu begründen. So sind die in Dienstwohnungen befindlichen Räume, die nach der Anordnung der Aufsichtsbehörde den Inhabern als Amts- oder Repräsentationsräume zugeteilt worden sind, steuerfrei. Hiernach ist es Tatfrage, ob und event. inwieweit im einzelnen Falle ein Dienstgrundstück oder eine Dienstwohnung zum öffentlichen Dienste bestimmt ist.

2. Der Vorderrichter ist nun bei seiner Prüfung, ob nach den Umständen des Falles die Dienstwohnungen des Oberförsters oder der Förster zu einem öffentlichen Dienste bestimmt seien — (ein öffentlicher Gebrauch kommt hier nicht in Betracht) —, zu einer Verneinung dieser Frage gelangt,

da der Kläger in keiner Weise behauptet habe, daß die Dienstwohnungen ganz oder zum Teil die Eigenschaft von Geschäfts-, Amts-, Bureau- oder Repräsentationsräumen besäßen, oder — abgesehen von der Ueberweisung zur persönlichen Benutzung durch die Beamten — anderweit unmittelbar zu dienstlichen Verrichtungen bestimmt seien. Dasselbe sei auch bezüglich der Dienstländereien der Fall; die Vornahme dienstlicher Verrichtungen auf ihnen sei nicht behauptet. Wenn der Vorderrichter dann weiter ausführt, aus vorstehendem ergebe sich, daß eine unmittelbare Bestimmung der Dienstländereien und Dienstgehöfte zu einem öffentlichen Dienste, und damit deren Steuerfreiheit, auch dann nicht anzuerkennen sein würde, wenn die weitere Behauptung des Klägers tatsächlich zuträfe, daß den betreffenden Forstbeamten durch die Ueberweisung der Ländereien und Wohnungen die Ausübung ihres Dienstes überhaupt erst ermöglicht würde, so kann diese Auffassung allerdings für zutreffend nicht erachtet werden. Denn wenn es richtig wäre, daß den Forstbeamten ohne die Ueberweisung von Dienstgrundstücken und Dienstwohnungen die Ausübung ihres Dienstes unmöglich sein würde, könnte deren Bestimmung zu einem öffentlichen Dienste nicht in Zweifel gezogen werden. Der Vorderrichter hat nun aber durch die Umstände des vorliegenden Falles den Gegenbeweis als erbracht angesehen, daß nämlich den Forstbeamten die Ausübung ihres Dienstes ohne Dienstländereien und ohne Dienstwohnungen keineswegs unmöglich sein würde, da bei der verhältnismäßig geringen Entfernung von Ortschaften eine mietweise Unterbringung der Beamten und ihre Versorgung mit Lebensmitteln aus diesen Ortschaften nicht ausgeschlossen sei. Hiernach ist der Vorderrichter auf Grund tatsächlicher Würdigung der Umstände des Streitfalls, die ohne Rechtsirrtum oder Verfahrensmangel erfolgt ist, zu der Annahme gelangt, daß die hier in Frage kommenden Dienstgrundstücke und Dienstwohnungen zu einem öffentlichen Dienste nicht unmittelbar bestimmt sind.

Daher unterlagen sie nach § 14 KrProvAbgG. in Verbindung mit § 24 Abs. 2 KommAbgG. der Realbesteuerung durch den Kreis. Dann konnte aber der Fiskus auch wegen seines Einkommens aus den Dienstgrundstücken gemäß § 14 aaO. in Verbindung mit §§ 33 Abs. 1 [4], 44 KommAbgG. zu den Kreisabgaben herangezogen werden, da das Einkommen aus den Grundstücken nach § 34 KommAbgG. nur insoweit der Besteuerung entzogen ist, als sie — ganz oder zum Teile — nach § 24 der Steuer vom Grundbesitze nicht unterworfen sind.

3. Der Forstfiskus hatte im Einspruch und in der Klage Ueberbürdung hinsichtlich der Besteuerung des Einkommens aus den forstfiskalischen Dienstgrundstücken in einer gewissen Höhe behauptet. Der Vorderrichter war an die Begründung, die der Kläger seinem Ermäßigungsanspruche gegeben hatte, nicht gebunden, sondern durfte selbständig prüfen, ob aus irgendeinem Rechtsgrund eine Ueberbürdung des Klägers bei Besteuerung des gedachten Einkommens innerhalb des Umfanges des angegebenen Betrags stattgefunden habe. Es liegt darin nicht ein Hinausgehen über den durch den Einspruch festgelegten Freistellungsanspruch, sondern eine anderweitige rechtliche Beurteilung und Begründung desselben Anspruchs.

4. Entgegen den Ausführungen des Beklagten war auch die vom Vorderrichter vorgenommene Trennung der Veranlagung des Einkommens aus forstfiskalischem und domänenfiskalischem Grundbesitze für gerechtfertigt zu erachten. Nach § 33 Abs. 3 KommAbgG. gilt jeder steuerpflichtige Grundstückskomplex des Staatsfiskus in Beziehung auf die Steuerpflicht als selbständige Person. Unter Grundstückskomplex im Sinne des § 33 Abs. 3 aaO. ist eine Mehrheit von Grundstücken zu verstehen, die einheitlich bewirtschaftet wird, ein besonderes Objekt der Nutzung des Eigen-

tümers bildet. Daß hier die forstfiskalischen Liegenschaften im Gutsbezirk einheitlich bewirtschaftet werden und ein besonderes Nutzungsobjekt bilden, kann keinem Zweifel unterliegen, da sie einer besonders für sie bestimmten Verwaltung unterstehen und ihre Nutzung in besonderen Etats und Rechnungen nachgewiesen wird. Dasselbe gilt von den im Gutsbezirke belegenen domänenfiskalischen Grundstücken. Es ist hierbei ohne Belang, daß letztere im Zusammenhange mit einer Domäne verpachtet sind, die außerhalb des hier in Rede stehenden Forstgutsbezirkes belegen ist. Vielmehr kommt es hier lediglich darauf an, ob sie innerhalb des steuerpflichtigen Gutsbezirkes ein besonderes Nutzungsobjekt des Fiskus bilden.

Hiernach bildet den Gegenstand der Veranlagung das Einkommen aus den einzelnen fiskalischen Liegenschaften, soweit sie nach § 33 Abs. 3 aaO. als steuerpflichtige Grundstückskomplexe gelten, während als Maßstab der Veranlagung das Verhältnis des Einkommens aus dem einheitlichen Domänen- und Forstbesitz innerhalb der Provinz zum Grundsteuerreinertrage dient.

Nr. 15. Entsch. v. 15. Juni 1909 (OVG. 54 17) II C 413/08.

KrProvAbgG. § 14; KommAbgG. §§ 71ff.

Vor dem Erl. des KrProvAbgG. v. 23. IV. 06 war das Verteilungsverfahren aus §§ 71ff. KommAbgG. nur zulässig, wenn mehrere Gemeinden herangezogen hatten, und es wurden darin nur die Steuersätze der Gemeindeeinkommensteuer für die Gemeinden, nicht aber auch diejenigen der Kreisabgaben für die Gutsbezirke festgesetzt. In einem Falle wie dem vorliegenden, in welchem nur eine Stadt und ein Gutsbezirk beteiligt sind, war für das Verteilungsverfahren bisher kein Raum. Der Gerichtshof hat trotz mancher Bedenken, die sich namentlich aus der Frage der Zuständigkeit und der Verteilung der Parteirollen ergeben, angenommen, daß nach § 14 Abs. 3 KrProvAbgG. das Verteilungsverfahren auch auf Grund der Heranziehung zu den Kreisabgaben in einem Gutsbezirke zulässig ist, und zwar mit der Wirkung, daß in Anwendung der Bestimmung in § 71 Abs. 3 KommAbgG. für den oder die Gutsbezirke der Beitrag der Steuerpflichtigen zu der Kreissteuer, für die Gemeinde oder Gemeinden der Betrag der Gemeindesteuer festzusetzen ist. Die Möglichkeit für ein Verteilungsverfahren dieser Art ist im KrProvAbgG. dadurch eröffnet, daß nunmehr dem einzelnen Steuerpflichtigen gegenüber der Gutsbezirk zum Steuergläubiger der Kreisabgabe gemacht worden ist, und daß die an diesen abzuführenden Kreisabgaben, abgesehen von der in § 13 aaO. ausgesprochenen Ausnahme, nach den gleichen Grundsätzen veranlagt werden, wie die Gemeindeabgaben.

Nr. 16. Entsch. v. 14. Dez. 1909 (OVG. 55 9) II C 248/09.

Nach § 14 Abs. 3 KrProvAbgG. v. 23. IV. 06 regelt sich die Verteilung steuerpflichtigen Einkommens auf eine Mehrzahl steuerberechtigter Gutsbezirke und Gemeinden nach den §§ 71 bis 74 KommAbgG. Nach § 71 aaO. hat der Kreisausschuß und, soweit die Stadt Berlin oder andere Stadtgemeinden in Betracht kommen, der Bezirksausschuß nach Anhörung sämtlicher Beteiligten über die Verteilung zu beschließen. Diese Vorschrift bezieht sich auf die Fälle, wo es sich um eine Verteilung zwischen Stadt- und Landgemeinden handelt. Eine Verteilung zwischen Gutsbezirken und Gemeinden war nach dem KommAbgG. weder wegen der im Gutsbezirk erhobenen Kreisabgaben noch wegen sonstiger Abgaben zulässig, und deshalb hatte auch das Gesetz keinen Anlaß und keine Möglichkeit, die zuständige Behörde für den Fall der Beteiligung von Gutsbezirken zu bestimmen. Dieser Anlaß war erst gegeben, nachdem das KrProvAbgG. die Verteilung der Kreisabgaben auf Gutsbezirke und Gemeinden für zulässig erklärt hatte. Das Gesetz aber läßt eine Bestimmung darüber vermissen, ob der Bezirksausschuß oder der Kreisausschuß über die Verteilung zu beschließen hat, wenn Landgemeinden und Gutsbezirke beteiligt sind. Diese Lücke muß und kann sinngemäß nur dahin ausgefüllt werden, daß der Bezirksausschuß die zuständige Beschlußbehörde bildet.

5. Rechtsmittel.

Nr. 1. Entsch. v. 8. Okt. 1908 (PrVerwBl. 30 508) VII C 288/08.

KrProvAbgG. §§ 11, 14 Abs. 2, 16; KrO. § 137.

In Uebereinstimmung mit § 16 und § 14 Abs. 2 KrProvAbgG. bestimmt § 12 einer SteuerO. Abs. 2:

„Ueber den Einspruch beschließt der Kreisausschuß. Gegen dessen Beschluß steht dem Steuerpflichtigen binnen einer mit dem ersten Tage nach erfolgter Zustellung beginnenden Frist von zwei Wochen die Klage im Verwaltungsstreitverfahren an den Bezirksausschuß offen."

Hiernach und da ihm auch durch § 137 KrO. eine Vertretung des Kreisausschusses nach der Richtung, daß er für diesen vorläufige Beschlüsse über Einspruch gegen die Heranziehung zu Steuern fassen durfte, nicht gegeben worden ist, war der Vorsitzende des Kreisausschusses nicht zuständig, wie geschehen, über den Einspruch allein Beschluß zu fassen. Hierdurch wird jedoch der Kläger nicht beschwert. Denn der Kreisausschuß hat materiell noch über seinen Einspruch Beschluß gefaßt, und auf die hiergegen erhobene Klage hat der Bezirksausschuß sachliche Entscheidung getroffen. Allerdings hat er in seiner Entscheidung erwogen, der Bescheid des Vorsitzenden des Kreisausschusses sei mangels rechtzeitiger Einlegung eines Rechtsmittels endgültig geworden und könne im Klagewege nicht mehr angefochten werden. Er hat jedoch dieser Ansicht tatsächlich keine Folge gegeben. Denn wenn wirklich der Beschluß des Vorsitzenden des Kreisausschusses rechtskräftig geworden wäre, so würde der Bezirksausschuß nicht mehr zuständig gewesen sein, in der Sache selbst Entscheidung zu treffen.

Nr. 2. Entsch. v. 20. April 1909 (OVG. 54 11) II C 42/09.

KrProvAbgG. §§ 11, 14.

Nach § 11 KrProvAbgG. kann die auf einen Gutsbezirk erfolgte (sog. Ober-)Verteilung der Kreissteuern von dem Gutsbesitzer, der der Repräsentant des Gutsbezirkes in vermögensrechtlicher Hinsicht ist, — nicht von dem Gutsvorsteher — mittels Einspruchs und Klage angefochten werden. Diese Anfechtung kann aber, wie sich aus Abs. 4 des § 11 ergibt, nicht auf eine Bemängelung der einzelnen Steuerbeträge gestützt werden, aus denen sich das der Kreisbesteuerung zugrunde gelegte Steuersoll zusammensetzt. Dem Kläger in seiner Eigenschaft als Gutsbesitzer des Gutes P. steht deshalb aus dem Grunde, daß die für ihn bei der sog. Unterverteilung in Ansatz gebrachte Einkommensteuer zu hoch veranlagt ist, ein Anspruch gegen den Kreis auf Erstattung eines Teiles der Kreissteuern nicht zu.

Die einzelnen Steuerpflichtigen können dagegen nach § 14 aaO. die sog. Unterverteilung, d. h. die Festsetzung der nach dieser auf sie entfallenden Steuerbeträge, mittels Einspruchs und Klage anfechten. Diese Anfechtung ist nicht nur dann statthaft, wenn die angesetzten Steuern von vornherein unrichtig veranlagt waren, sondern auch, wenn sie infolge nachträglich eingetretener Umstände unrichtig geworden sind, insbesondere wenn die infolge der Einlegung von Rechtsmitteln geschehene Herabsetzung der Staatssteuer eine solche der für die Kreisbesteuerung angesetzten Steuer zur Folge hat. In den Fällen der letzteren Art geschieht die Erhebung des Einspruchs bei dem Kreisausschusses mittels der sog. fristenlosen Beschwerde, so daß von einer Versäumung der Einspruchsfrist keine Rede sein kann. Der Anspruch der einzelnen Steuerpflichtigen des Gutsbezirkes gegen den Kreisausschuß geht auf Herabsetzung der zu hoch veranlagten Steuerbeträge. Durch solche Herabsetzung wird aber der Betrag des für den Gutsbezirk veranlagten Kreissteuerkontingents für das betreffende Steuerjahr in keiner Weise berührt; sie begründet deshalb für den Kreis die Verpflichtung zur Erstattung eines Teiles der Kreissteuern weder gegenüber dem Gutsbezirke noch gegenüber dem einzelnen, dem Kreise gar nicht als Steuerschuldner gegenüberstehenden Steuerpflichtigen. Eine solche Verpflichtung besteht vielmehr nur für den Gutsbezirk.

III.

Amtsbezirke in den Provinzen Ost- und Westpreußen, Brandenburg, Pommern, Schlesien, Sachsen und Schleswig-Holstein.

B. Organe der Amtsbezirke und ihre Befugnisse.

1. Amtsvorsteher.

Nr. 1. Entsch. v. 21. Jan. 1908 (PrVerwBl. 30 5) I A 212/06.

KrO. § 57 Abs. 15; LVG. § 51.

Wenn zwischen dem Kläger und dem Amtsvorsteher St., der früher Wirtschaftsinspektor des Klägers war, Zerwürfnisse entstanden waren und Prozesse schwebten, so folgt daraus nicht, daß der Amtsvorsteher bei allen Amtsgeschäften, die den Kläger betrafen, oder bei allen Streitigkeiten des Klägers mit Dritten im Sinne des § 57 Abs. 5 KrO. als persönlich beteiligt anzusehen war. Dazu gehört ein Interesse an der Sache selbst. Unter Umständen mag in der persönlichen Feindschaft gegen jemand der Grund für die Annahme eines Interesses an einer ihm ungünstigen Erledigung eines Amtsgeschäfts gefunden werden können. Aber es ist doch nicht allgemein anzunehmen, daß ein Amtsvorsteher ein Interesse an der Sache habe, wenn die Amtshandlung eine ihm verfeindete Person betrifft. Dabei kommt es vielmehr auf die Lage des einzelnen Falles und namentlich auch auf die Natur des Amtsgeschäfts an. Für bloße vorläufige Ermittelungen aus Anlaß einer Beschwerde des Gesindes, wie sie hier vorlag, kann nicht ein Interesse an der Sache daraus hergeleitet werden, daß zwischen dem Amtsvorsteher und dem Dienstherrn ein feindseliges Verhältnis besteht. Unmöglich kann hier das Interesse des Amtsvorstehers als durch den Ausgang der Ermittelungen erheblich berührt erachtet werden. Die Befürchtung, daß der Gang der Ermittelungen durch Voreingenommenheit des Amtsvorstehers beeinflußt werden möchte, wird durch die Zerwürfnisse mit dem Dienstherrn nicht genügend begründet. Nicht jede Besorgnis der Befangenheit, wegen deren ein Richter im Verwaltungsstreitverfahren abgelehnt werden darf — § 61 LVG., § 42 ZPrO. —, rechtfertigt die Annahme einer persönlichen Beteiligung im Sinne des § 57 Abs. 5 KrO. Die Anforderungen an den Richter sind strenger und anders geregelt.

Hatte der Amtsvorsteher St. in seiner früheren Stellung als Wirtschaftsinspektor des Klägers bei Annahme der Dienstmagd K., von der die Beschwerde ausgegangen ist, mitgewirkt und konnte er in die Lage kommen, in der Gesindestreitsache zwischen der K. und dem Kläger als Zeuge vernommen zu werden, so ergibt sich auch daraus noch nicht eine persönliche Beteiligung des Amtsvorstehers St. bei der Erledigung der von der Dienstmagd K. vorgebrachten Beschwerde. Auch im Verwaltungsstreitverfahren ist ein Richter von der Ausübung des Richteramts nicht darum ausgeschlossen, weil er als Zeuge vernommen werden könnte, sondern nur dann, wenn er als Zeuge vernommen ist. Im übrigen ist nicht erkennbar, wie ein persönliches Interesse des Amtsvorstehers an den von der K. zur Sprache gebrachten Angelegenheiten aus dessen früherer Stellung als Wirtschaftsinspektor des Klägers hervorgehen soll. Daß der Amtsvorsteher gerade in diesen Angelegenheiten — dem Streite über die Lohnzahlung, über die Reparatur des Ofens und in bezug auf die Entfernung des fremden Arbeiters aus dem gemeinschaftlichen Schlafraume — früher als Wirtschaftsinspektor irgendwie tätig gewesen sei, wird vom Kläger nicht behauptet. Lag hiernach der Fall einer persönlichen Beteiligung des Amtsvorstehers im Sinne des § 57 Abs. 5 KrO. nicht vor, so fehlte ihm auch nicht die Zuständigkeit zu der amtlichen Handlung.

IV.

Aemter in Westfalen.

B. Kosten der Amtsverwaltung.

Nr. 1. Entsch. v. 29. Mai 1908 (PrVerwBl. 30 454) I C 37/07.

WestfLGemO. §§ 37, 72, 76; WestfKrO. § 28; ZustG. § 29; KommBG. §§ 12, 19.

1. Ist ein Beschluß der Amtsversammlung beanstandet, so kann eine Klage gegen die Beanstandung auch nur von der Amtsversammlung erhoben werden (§ 29 Abs. 1 Satz 2 ZustG.; vgl. auch § 76 in Verbindung mit § 37 WestfLGemO.).

2. Den Gegenstand des Streites bildet allein die Frage, ob der Beschluß der Amtsversammlung zu Recht beanstandet ist oder nicht. Die Zuständigkeit des Verwaltungsrichters beschränkt sich danach auf die Entscheidung, entweder daß die Verfügung aufzuheben oder daß die gegen sie erhobene Klage abzuweisen sei. Den auf eine solche Entscheidung abzielenden Anträgen der klagenden bzw. beklagten Partei kann sich der Beigeladene anschließen. Keineswegs aber ist er berechtigt, einen ein anderes Ziel verfolgenden Antrag zu stellen und vollends nicht noch dazu erst in dritter Instanz die Verurteilung eines Prozeßbeteiligten zu beanspruchen, dem die Rolle eines Beklagten nicht zufällt. Auf den Antrag wegen Verurteilung der Pensionskasse kann daher, ganz abgesehen davon, daß er bei dem Mangel einer entsprechenden gesetzlichen Bestimmung (§ 7 Abs. 2 LVG.) nicht durch Klage im Verwaltungsstreitverfahren geltend gemacht werden kann, schon aus den dargelegten formellen Gründen nicht eingegangen werden.

3. Wie sich aus den §§ 10 und 12 des für die unmittelbaren Staatsbeamten geltenden PensionsG. v. 27. III. 72/30. IV. 84 ergibt, erhalten die Staatsbeamten eine Pension nur von dem mit der Stelle, die sie bekleiden, verknüpften Diensteinkommen; das mit Nebenämtern oder Nebengeschäften verbundene Einkommen begründet nur dann einen Anspruch auf Pension, wenn eine etatsmäßige Stelle bleibend als Nebenamt verliehen ist. Diese Grundsätze

kommen bei Pensionierung eines Amtmanns gemäß § 72 Abs. 1 WestfLGemO. zur Anwendung.

Die Remuneration, die der Beigeladene G. bezogen hat, ist mit der Stelle des Amtmanns nicht verknüpft; ebensowenig ist die Besorgung der Steuergeschäfte als eine etatsmäßige Stelle des Amtes eingerichtet worden; daher kann auch nicht die Rede davon sein, daß dem Beigeladenen G. eine solche Stelle bleibend als Nebenamt verliehen wäre. Die Remuneration für die Verwaltung jener Geschäfte ist ihm denn auch nicht vom Amte, sondern von den Gemeinden gewährt worden. Ob sie auf den Amtsetat hätte übernommen werden können, bedarf keiner Erörterung; denn eine solche Uebernahme ist nicht erfolgt. Daher steht ihm nach den oben mitgeteilten Grundsätzen ein gesetzlicher Anspruch auf Bewilligung einer Pension von der Remuneration gegenüber dem Amte nicht zu.

Der Mangel eines gesetzlichen Anspruchs hindert freilich den Amtsverband nicht, dem Amtmann freiwillig eine höhere Pension, als ihm zukommt, zu gewähren. Dies kann mit Genehmigung des Kreisausschusses geschehen (§§ 12, 19 KommBG.). Der die gesetzliche Pension übersteigende Betrag fällt aber alsdann dem Amte als solchem zur Last; die Pensionskasse ist ihrerseits nicht verpflichtet, mehr als die dem Beamten nach den Grundsätzen, welche für die Pensionierung der unmittelbaren Staatsbeamten gelten, zustehende Pension zu zahlen.

Die Amtsversammlung hat indessen am 17. III. 02 nicht beschlossen, den die gesetzliche Pension übersteigenden Betrag aus den Mitteln des Amtes zu leisten. Daher kommt dem Beschl. des Kreisausschusses v. 25. IV 02 auch nicht die Bedeutung einer Genehmigung einer freiwillig auf den Amtsetat zu übernehmenden Leistung zu. Beide Behörden haben vielmehr mit diesen Beschlüssen beabsichtigt, eine Verpflichtung der Pensionskasse zu begründen. Das war unzulässig. Das Gegenteil kann auch nicht aus § 8 Satz 2 Regul. für die Pensionskasse v. 29. VII. 87 hergeleitet werden. Nachdem daselbst im ersten Satze verordnet ist, daß Irrtümer, die bei der Berechnung des pensionsberechtigten Diensteinkommens untergelaufen sind, dadurch ausgeglichen werden sollen, daß die zuviel gezahlten Beiträge von der Kasse zu erstatten, die zuwenig gezahlten Beiträge aber an die Kasse nachzuzahlen seien, wird im zweiten Satze bestimmt: „Dasselbe findet in dem Falle statt, wenn der Anspruch auf Pension nachträglich einem Beamten zuerkannt wird, dessen Diensteinkommen bei der Verteilung der Beiträge nicht in Rechnung gezogen war.“ Diese Bestimmung haben anscheinend die Beschlüsse der Amtsversammlung und des Kreisausschusses, in denen zwar nicht von dem „Zuerkennen“, wohl aber von einem „Anerkennen“ des Pensionsanspruchs die Rede ist, im Auge. Die Amtsversammlung ist jedoch nicht sicher gewesen, ob ihr Anerkenntnis des Pensionsanspruchs genügt, um die Verpflichtung der Pensionskasse zu begründen. Daher hat sie das Anerkenntnis von dem Vorbehalten abhängig gemacht, daß „die die Pension festsetzende Behörde dies für angängig hält und die darauf entfallenden Beträge auf die Pensionskasse übernimmt“. Da die Amtsversammlung selbst ihrerseits über die Pension zu beschließen hat, so kann im Sinne des Vorbehalts unter der „die Pension festsetzenden Behörde“ nur der Landeshauptmann gemeint sein, dem nach § 7 Regul. die Festsetzung der Pensionsnachweisung obliegt, auf Grund deren die Pensionskasse die Zahlungen zu leisten hat. Nachdem darauf aber der Kreisausschuß, ohne auf jenen Vorbehalt einzugehen, die Pensionsfähigkeit der Remuneration in Höhe von zwei Dritteln anerkannt hatte, hat die Amtsversammlung die stillschweigend in dem Beschlusse liegende Ansicht von der Entbehrlichkeit eines Einverständnisses mit dem Landeshauptmann sich zu eigen gemacht. Sie hat durch Beschl. v. 2. VI. 02 die Pension über den gesetzlichen Betrag hinaus ohne jede Einschränkung festgesetzt. Es kann dahingestellt bleiben, ob die nachträgliche Zuerkennung des Pensionsanspruchs, von der § 8 Regul. handelt, nur von der im Streitfalle zur Entscheidung berufenen Behörde vorgenommen werden darf. In keinem Falle kann durch Beschluß der Amtsversammlung, auch nicht unter Zustimmung des Kreisausschusses, ein Anspruch anerkannt werden, der nicht existiert. Nur einen existenten, nicht einen freiwillig erst zu begründenden Anspruch hat aber der § 8 Regul. im Auge. Denn er bezieht sich auf den Anspruch nach einem Diensteinkommen, das bei Verteilung der Beiträge nicht in Rechnung gezogen war. Ein mit der Stelle des Amtmanns verknüpftes Diensteinkommen bildete aber die Remuneration, die der Beigeladene G. bezogen hat, wie bereits in anderem Zusammenhange dargelegt ist, nicht.

Die Festsetzung der Pension v. 2. VI. 02 war daher so weit, als sie die Remuneration berücksichtigte, gesetzwidrig und demgemäß für die Pensionskasse unverbindlich. Denn die Pensionskasse ist nur verpflichtet, den ausgeschiedenen Beamten „die ihnen zustehenden Pensionen zu zahlen" (§ 28 Abs. 2 WestfKrO.). Die im Zivilprozeß erhobene Klage auf Zahlung der vorenthaltenen Pension wäre daher zurückzuweisen gewesen. Nachdem in vorliegendem Falle aber die ordentlichen Gerichte einen von dieser Ansicht abweichenden Standpunkt eingenommen und den Beschluß der Amtsversammlung v. 2. VI. 02 so lange als für sie verbindlich erachtet haben, als er nicht seiner Wirksamkeit entkleidet sei, war der von dem beklagten Amtmann eingeschlagene Weg der Beanstandung das einzige Mittel, um den gesetzwidrigen Beschluß auch formell zu beseitigen.

V.

Landbürgermeistereien in der Rheinprovinz.

Nr. 1. Entsch. v. 27. Nov. 1908 (PrVerwBl. 30 575) I B 36/07.

ZustG. § 35.

1. Eine der Voraussetzungen, von denen der Erlaß einer Zwangsetatisierung — mag sie in der Form einer die Eintragung in den Etat anordnenden Verfügung oder als Feststellung einer außerordentlichen Ausgabe erfolgen — abhängt, ist die Tatsache, daß die Leistung, zu deren Durchführung die Mittel beansprucht werden, zuvor von der zuständigen Behörde als eine dem Kommunalverbande gesetzlich obliegende Pflicht festgestellt ist. Ob er diese Voraussetzung gegenüber der hier angefochtenen Verfügung v. 10. V. 07 als erfüllt oder nicht erfüllt ansieht, sagt der Bezirksausschuß nicht ausdrücklich. Indem er jedoch die polizeiliche Anforderung v. 22. IV. 07 als die der Zwangsetatisierung zugrunde liegende Verfügung bezeichnet und indem er ferner hervorhebt, daß zur Festsetzung dessen, was eine Bürgermeisterei für die Zwecke des polizeilichen Dienstbetriebes zu leisten habe, nur die Polizei- und Kommunalaufsichtsbehörde, nicht aber die Ortspolizei berufen sei, läßt er erkennen, daß er der polizeilichen Anforderung v. 22. IV. 07 die Bedeutung eines die Feststellung der Leistung enthaltenden, freilich unwirksamen Ausspruchs beimißt. Dieser Auffassung ist der Beklagte in der Berufungsschrift entgegengetreten. Er sagt, die Feststellung der Leistung durch die Polizei- und Kommunalaufsichtsbehörde habe durch die angegriffene Verfügung stattgefunden. In der Tat ist in dieser der Festsetzung „der außerordentlichen Ausgabe", also der Zwangsetatisierung, die Aeußerung vorangeschickt, wonach der Beklagte von Polizei- und Kommunalaufsichtswegen die Bürgermeisterei für verpflichtet und fähig erklärt, der Ortspolizei die zu den in Rede stehenden Vorarbeiten erforderlichen Mittel zur Verfügung zu stellen. Da eine Form für die Feststellung der Leistung vom Gesetze

nicht vorgeschrieben ist, so steht nichts entgegen, diese Erklärung, die sachlich den Erfordernissen einer solchen entspricht, auch für die Feststellung der Leistung anzusehen. Zu ihr ist der Landrat in seiner Eigenschaft als Aufsichtsbehörde geschritten, weil, wie die Verfügung besagt, die Bürgermeisterei die von der Polizei beanspruchten Mittel nicht bewilligt hat. Was also nicht in Güte zu erlangen gewesen war, das soll jetzt im Zwangswege herbeigeführt werden, zu dessen Beschreitung die Feststellung der Leistung die Grundlage bildet.

Das Gesetz verlangt jedoch, daß die Feststellung der Leistung der Zwangsetatisierung zeitlich vorangeht. Das folgt daraus, daß die Zwangsetatisierung erst zulässig ist, nachdem die Uebernahme der Leistung von dem Kommunalverbande unterlassen oder verweigert ist. Denn erst nach dem Ablauf der sich aus dem Gesetz ergebenden oder einer den Umständen entsprechenden Frist läßt sich beurteilen, ob die Uebernahme der Leistung unterlassen oder verweigert ist. Daher kann die Feststellung der Leistung mit der Zwangsetatisierung auch in dem Falle nicht verbunden werden, daß die zur Feststellung der Leistung berufene Behörde identisch ist mit derjenigen Behörde, der die Zwangsetatisierung zusteht.

Ist daher in vorliegendem Falle die Feststellung der Leistung in derjenigen Erklärung des Beklagten zu erblicken, die er in der angefochtenen Verfügung in seiner Eigenschaft als Polizei- und Kommunalaufsichtsbehörde abgegeben hat, so unterliegt die Zwangsetatisierung der Aufhebung, da sie unzulässigerweise mit der Feststellung der Leistung verbunden ist. Sollte man aber auch zugunsten des Beklagten mit der Möglichkeit rechnen, daß in der polizeilichen Anforderung v. 22. IV. 07 eine Feststellung der Leistung gefunden werden könne, so kann die Entscheidung doch nicht zu einem anderen Ergebnis gelangen. Denn die polizeiliche Anforderung betrifft, worüber sie selbst keinen Zweifel läßt, lediglich die Kosten für den inneren Dienstbetrieb der Polizei. Zur Feststellung dessen, was für jenen Zweck zu leisten ist, entbehrt aber die Ortspolizei der Zuständigkeit.

2. Fehlt es hiernach in jedem Falle an einer für die Zwangsetatisierung unerläßlichen Voraussetzung, so bedarf es für die Entscheidung selbst keiner Stellungnahme zu der vom Bezirksausschusse aufgeworfenen Frage, ob die Aufwendungen für die Ausarbeitung eines Projekts für eine Wasserleitung zu den Kosten des polizeilichen Dienstbetriebes gehören. Doch mag nicht unbemerkt bleiben, daß der Ausdruck „Projekt" verschiedener Deutung fähig ist. Wird darunter ein erschöpfender, in allen Einzelheiten ausgearbeiteter Plan verstanden, so fallen die für seine Anfertigung erforderlichen Ausgaben aus dem Rahmen der für den polizeilichen Dienstbetrieb erforderlichen Kosten. Für die Entschließung, ob einer Gemeinde die Anlage einer Wasserleitung aufzugeben ist, genügt die Prüfung, ob die Anlage technisch ausführbar ist, und ob die Gemeinde die zur Herstellung und Unterhaltung des Unternehmens erforderlichen Mittel ohne Gefährdung ihrer Leistungsfähigkeit (§ 35 ReichsG., betr. die Bekämpfung gemeingefährlicher Krankheiten, v. 30. VI. 00) aufzubringen vermag.

VI.
Armenverbände.

Gesetzliche Grundlagen (nebst Materialien): Vd. v. 1. XII. 08 (GS. 1909 S. 25), betr. Einführung der preußischen Landesgesetze über das Armenwesen in Helgoland. — G. v. 15. III. 09 (RGBl. 319), betr. die Einwirkung von Armenunterstützung auf öffentliche Rechte. VhdlRT.: Drucks. Nr. 1002, 1183, 1200; StenB. 6245, 6252, 7037, 7127. — Vd. v. 29. III. 09 (RGBl. 335), betr. Einführung d. Gesetzes über die Freizügigkeit und des Gesetzes über den Unterstützungswohnsitz in Helgoland. — G. v. 31. III. 09 (GS. 27), betr. Bildung eines Landarmenverbandes für die Insel Helgoland. VhdlAH. 1908/09: Drucks. Nr. 41, 316; StenB. 1178, 1184, 3890, 3975; HH. Drucks. Nr. 39, 42; StenB. 43.

Literatur: v. Brauchitsch, v. Studt und v. Braunbehrens: Die Verwaltungsgesetze 3[18], 7. Bearbeitung v. F. Freund (Berlin 1910). — Bünger: Entscheidungen des Bundesamts für d. Heimatwesen, Bd. 42 (Berlin 1910). — Eger: Reichsgesetz über den Unterstützungswohnsitz[6] (Breslau 1909). — Gugel: desgl. (Mannheim 1910). — Koppe: desgl.[2] (Berlin 1908). — Krech: desgl.[7] (Berlin 1908). — Krech: Entscheidungen des Bundesamts für d. Heimatwesen, 40/41. Heft (Berlin 1908/09). — Wohlers-Krech: Das Reichsgesetz über den Unterstützungswohnsitz[12] (Berlin 1910).

A. Landarmenverbände.

Nr. 1. Entsch. v. 6. Nov. 1908 (OVG. 54 155) I A 98/08.

1. Daß G., der wegen seiner gemeingefährlichen Geisteskrankheit in Verwahrung gehalten werden muß und dessen Unterhalt weder aus seinen Mitteln noch aus denen Dritter bestritten werden kann, hilfsbedürftig und anstaltspflegebedürftig ist, unterliegt keinem Bedenken. Der Kläger stellt dies freilich unter Berufung auf die Rechtsprechung des Bundesamts für das Heimatwesen in Abrede, weil G. nach seinem sonstigen körperlichen Zustand arbeits- und erwerbsfähig und seine Unterbringung in einer Anstalt demgemäß an sich nur aus sicherheitspolizeilichen Rücksichten erforderlich sei. Es ist aber in OVG. 47 6 anerkannt, daß auch in einem solchen Falle die Unterbringung des Geisteskranken Sache der durch das LandesG. v. 11. VII. 91 geregelten Armenpflege ist. Ein Armenfall liegt bei der Fürsorge für Geisteskranke überall da vor, wo eine Hilfsbedürftigkeit vorhanden ist, ohne Unterschied, ob diese Hilfsbedürftigkeit eine absolute ist oder erst dadurch verursacht wird, daß der Geisteskranke wegen der Rücksichten auf seine Mitmenschen oder auf die öffentliche Ordnung in einer Anstalt untergebracht werden muß. Der Kläger kann sich daher nicht mit dem Einwande schützen, daß nicht er, sondern der von ihm verschiedene Provinzialverband für die Unterbringung des G. zu sorgen habe. Die Unterbringung war vielmehr Sache der Armenpflege, zugleich wegen der Gemeingefährlichkeit des Kranken dringlich und bot danach der zuständigen Ortspolizeibehörde Anlaß, im Rahmen ihrer allgemeinen armenpolizeilichen Befugnisse den verpflichteten Verband zur Gewährung seiner Fürsorge anzuhalten. Auch der weitere und hauptsächliche Einwand des Klägers, daß die Polizeibehörde sich lediglich an den Ortsarmenverband des Aufenthaltsorts hätte halten dürfen und daß infolgedessen ihr Vorgehen gegen den Kläger der Berechtigung entbehre, ist nicht begründet.

2. Daß der Landarmenverband der Polizei gegenüber zur Gewährung der erforderlichen Anstaltspflege für den Geisteskranken unmittelbar verbunden war, unterliegt keinem Bedenken. Alle Zweifel, die gegen eine derartige Verpflichtung aus dem reichsrechtlich geordneten Verhältnisse des vorläufig fürsorgepflichtigen Ortsarmenverbandes einerseits zu dem Hilfsbedürftigen, anderseits zu dem endgültig pflichtigen Armenverbande zu entnehmen sein möchten, sind durch die Nov. v. 12. III. 94 zum ReichsG. über den Unterstützungswohnsitz beseitigt. Durch diese ist in das Gesetz — § 32 Buchst. a — die Vorschrift eingefügt worden, daß, soweit nach Bestimmung der Landesgesetze einzelne Zweige der öffentlichen Armenpflege den Landarmenverbänden übertragen sind, auf diese die Rechte und Pflichten der Ortsarmenverbände übergehen. Wie das Verhältnis zwischen Orts- und Landarmenverband auf dem Gebiete der Fürsorge für Geisteskranke sich gestaltet, kommt jener Gesetzes-

bestimmung gegenüber für die Polizei nicht weiter in Betracht. Nach § 31 AusfG. UWG i. d. Fass. der Nov. v. 11. VII. 91 sind die Landarmenverbände verpflichtet, für Bewahrung, Kur und Pflege der hilfs- und anstaltspflegebedürftigen Geisteskranken in geeigneten Anstalten zu sorgen. Das Gesetz hat den genannten Verbänden diese Verpflichtung nicht als eine nur mittelbare übertragen, dergestalt, daß ihnen als forderungsberechtigt nur der Ortsarmenverband gegenüberstände. Es hat sie ihnen vielmehr als eine unmittelbare eigene Verbindlichkeit auferlegt. Demgemäß spricht denn auch § 31 d von den seitens der Landarmenverbände unmittelbar zu übernehmenden Zweigen der Armenpflege. Die unmittelbare Uebertragung der Fürsorgepflicht ist durch die Reichsgesetzgebung in der Nov. v. 12. III. 94 festgestellt worden, und es haben damit die Landarmenverbände auch der Polizei gegenüber für den Bereich des G. v. 11. VII. 91 diejenige Stellung erhalten, die den Ortsarmenverbänden bei Erfüllung der diesen zugewiesenen Aufgaben zukommt. Zur Erfüllung seiner Verpflichtung kann danach im einzelnen Falle die zuständige Ortspolizeibehörde auch den Landarmenverband ebenso anhalten, wie ihr dies auf dem Gebiete der allgemeinen Armenfürsorge den hierzu verpflichteten Verbänden gegenüber zusteht.

3. Zuständig zum polizeilichen Einschreiten ist die Ortspolizei, die die Armenpolizei verwaltet. Auch die außerordentliche Armenpflege, die das G. v. 11. VII. 91 regelt, bildet in polizeilicher Beziehung keinen Zweig der Landespolizei und wird hierzu auch nicht um deswillen, weil die Bezirke der zu jener Armenpflege berufenen Verbände regelmäßig über den Bereich eines Ortspolizeibezirkes weit hinausgehen. Ebensowenig steht der Zuständigkeit der ordentlichen Ortspolizeibehörde der Umstand entgegen, daß der Landarmenverband in ihrem Bezirke nicht seinen Sitz hat. Entscheidend ist lediglich, daß der polizeiwidrige Zustand, der in dem Mangel der Anstaltspflege für einen hilfs- und anstaltspflegebedürftigen Geisteskranken liegt, im Bezirke der Ortspolizeibehörde hervorgetreten ist. Zur Beseitigung dieses Zustandes kann die Behörde sich an den verpflichteten Verband auch dann halten, wenn dieser außerhalb ihres Bezirkes seinen Sitz hat.

Nr. 2. Entsch. v. 6. Jan. 1910 (PrVerwBl. 31 632) III C 133/09.

Zur Feststellung der armenrechtlichen Hilfsbedürftigkeit des Schneidergesellen H. genügen die unstreitigen Tatsachen, daß seine Unterbringung in eine Irrenanstalt notwendig war und daß er die dadurch entstehenden Kosten aus eigenen Mitteln nicht zu decken vermochte. Unerheblich ist dabei, ob H. auf seinen eigenen Antrag oder auf Ersuchen des Armenverbandes oder auf Anordnung der Polizeibehörde in die Irrenanstalt aufgenommen ist. Das Eingreifen der Polizei schließt das Bestehen eines Armenpflegefalles nur für die Zeit aus, in welcher der Internierte zu ihrer Verfügung oder zur Verfügung der Staatsanwaltschaft oder der Gerichte steht. Diese Voraussetzung liegt hier nicht vor. Unerheblich ist daher auch, ob die Unterbringung des H. in die Irrenanstalt wegen dessen Gemeingefährlichkeit oder aus anderen Gründen nötig wurde. Keinen Unterschied in der Beurteilung begründet ferner der Umstand, daß H. bis zu seiner Aufnahme in die Irrenanstalt arbeitsfähig war. Denn die Notwendigkeit der Aufnahme wegen Krankheit berechtigte ihn, die Leistungen der Beklagten, deren Mitglied er war, in Anspruch zu nehmen. Dieser Anspruch ist auf den Landarmenverband, der nach dem PrG. v. 11. VII. 91 zur Gewährung der Heilbehandlung und des Unterhalts verpflichtet war, übergegangen. Da die Ueberwachung zur Heilbehandlung gehört, bildet auch sie einen Teil der Armenpflege.

B. Ortsarmenverbände.

4. Beihilfen der Kreise an die Ortsarmenverbände.

Nr. 1. Entsch. v. 24. Sept. 1909 (PrVerwBl 31 358) I B 43/08.

Rev. zum UWG. v. 11. VII. 91 (GS. 300) § 31a; BGB. §§ 366, 387 f.

1. In einem Falle, in welchem der idiotische Arme zunächst auf Kosten des Ortsarmenverbandes in einem städtischen Krankenhause und später vom Landarmenverbande verpflegt worden war, hatte der Pfleger des Armen ein diesem zugefallenes Sparkassenguthaben mit Genehmigung des Amtsgerichts dem Magistrat zur Erstattung der erwachsenen Armenpflegekosten übergeben.

Vor der Abgabe des Sparkassenbuchs an den Magistrat hatte sowohl dieser als auch für den — gemäß § 31a G. v. 11. VII. 91 dem Ortsarmenverbande C. zur Gewährung einer Beihilfe zu den Kosten der Anstaltsverpflegung der Ida B. verpflichteten — Kreis C. der Kreisausschuß dieses Kreises bei dem Amtsgerichte zu C. den Anspruch auf Ueberweisung des Erbteils der Ida B. erhoben, und beide hatten den Pfleger der Ida B. um Auszahlung des Geldes ersucht. Der Magistrat hatte sowohl dem Amtsgericht als auch dem Pfleger gegenüber erklärt, auf Grund des § 387 BGB. beabsichtige er, mit dem Erbteil der Ida B. seinen Anspruch auf Ersatz der Kosten der Verpflegung der Ida B. in dem Krankenhause zu C., wo sich die Ida B. vor ihrer Aufnahme in die K.er Anstalten befunden habe, aufzurechnen, und gebe die im § 388 aaO. vorgeschriebene Erklärung ab. Das Amtsgericht hatte den Pfleger zur Auszahlung des Erbteils sowohl an den Kreisausschuß als auch an den Magistrat ermächtigt. Nachdem der Ortsarmenverband C. in den Besitz des Geldes gelangt war, setzte er den Kreisausschuß davon in Kenntnis, daß er den Betrag von der Sparkasse abgehoben und auf die ihm vor Aufnahme der Ida B. in die K.er Anstalten entstandenen Pflegekosten angerechnet habe. Der Kreisausschuß ersuchte darauf den Ortsarmenverband, von dem eingezogenen Erbteile den nach Verhältnis der Leistungen zu den Pflegekosten auf den Provinzialverband und den Kreis entfallenden Betrag an die Kreiskommunalkasse abzuliefern. Dieses Verlangen lehnte der Ortsarmenverband ab. Der Kreisausschuß teilte nunmehr dem Magistrat mit, daß er den Betrag gegen die seitens des Kreises dem Ortsarmenverbande nach § 31a G. v. 11. VII. 91 zu gewährende Beihilfe aufgerechnet habe. Die Aufrechnung sei dadurch geschehen, daß die Beihilfe des Kreises zu den vom Ortsarmenverbande C. zu zahlenden Pflegekosten um den entsprechenden Betrag gekürzt worden sei. Der Ortsarmenverband klagte diesen Betrag mit Erfolg ein.

2. Bei Entscheidung der Frage kommt folgendes in Betracht: Am 21. III. 07 hatte der Kläger sowohl dem Amtsgerichte zu C. als auch dem Pfleger der Ida B. gegenüber ausdrücklich erklärt, er beabsichtige, seinen Anspruch auf Erstattung der Kosten, die ihm durch die Verpflegung der Ida B. im städtischen Krankenhause zu C. vor ihrer Aufnahme in die K.er Anstalten erwachsen seien, gegen das bei der städtischen Sparkasse hinterlegte Erbteil der Ida B. aufzurechnen. Bei Uebergabe des Sparkassenbuchs hat der Pfleger erklärt, es sei ihm seitens des Amtsgerichts die Genehmigung erteilt worden, den Anspruch auf Ersatz der für die Ida B. der Stadt C. entstandenen Kosten aus dem Sparkassenguthaben zu befriedigen. Bei dieser Sachlage erscheint die Annahme gerechtfertigt, daß der Wille des Pflegers dahin ging, durch die Uebergabe des Sparkassenbuchs diejenige Schuld der Ida B. an die Stadt C. zu tilgen, von der in dem ihm zugegangenen Schreiben des Klägers v. 21. III. 07 die Rede war. Wenn der Pfleger bei Uebergabe des Sparkassenbuchs den Vorbehalt gemacht hat, daß er jeder Ver-

pflichtung zur Deckung irgendeines anderweitigen Anspruchs enthoben bleibe, so kann darin nicht, wie der Beklagte meint, der Ausdruck seines Willens gefunden werden, daß die sämtlichen Verbände, welche für die Ida B. Aufwendungen gemacht hatten, verhältnismäßigen Anteil an dem Erbteile haben sollten.

Da die Ida B. dem Kläger aus mehreren Schuldverhältnissen, nämlich einmal wegen ihrer Verpflegung im städtischen Krankenhause, und ferner wegen ihrer Verpflegung in den K.er Anstalten zum Ersatze, also zu gleichartigen Leistungen, verpflichtet war, und da der Betrag ihres Erbteils zur Tilgung beider Verpflichtungen nicht ausreichte, so kommt für die Entscheidung der Frage, welche Schuld durch die Hergabe des Erbteils getilgt worden ist, die Vorschrift des § 366 BGB. zur Anwendung. Wird angenommen, daß der Pfleger bei Uebergabe des Sparkassenbuchs die Absicht hatte, für die Verpflegung der Ida B. im C.er Krankenhause bis zur Höhe ihres Erbteils Ersatz zu leisten, und daß er dieser Absicht erkennbaren Ausdruck gegeben oder, um die Worte des Gesetzes zu gebrauchen, die gedachte Schuld zur Tilgung durch die Zahlung bestimmt hat, so war nach Abs. 1 aaO. diese Schuld getilgt worden. Erachtet man dagegen eine Bestimmung des Pflegers im Sinne dieser Gesetzesvorschrift nicht als vorliegend, so ist die Vorschrift des Abs. 2 aaO. maßgebend, wonach, wenn der Schuldner keine Bestimmung trifft, zunächst die fällige Schuld, unter mehreren fälligen Schulden diejenige, die dem Gläubiger geringere Sicherheit bietet, unter mehreren gleich sicheren die dem Schuldner lästigere, und unter mehreren gleich lästigen die ältere Schuld getilgt wird. Fällig war sowohl die Verpflichtung der Ida B., dem Kläger dessen Aufwendungen für ihre Verpflegung im C.er Krankenhause, als auch ihre Verpflichtung, die Aufwendungen des Klägers für ihre Verpflegung in den K.er Anstalten zu ersetzen. Beide Verpflichtungen boten auch dem Kläger die gleiche Sicherheit und waren der Schuldnerin gleich lästig. Daraus folgt, daß durch die Hingabe des Erbteils die ältere, also die vor dem 1. XII. 04 entstandene, Schuld getilgt worden ist. Demnach ist der Beklagte, der zu den vor dem 1. XII. 04 erwachsenen Pflegekosten nicht beigetragen hat, nicht berechtigt, zu verlangen, daß ihm ein Teil des dem Kläger ausgezahlten Erbteils der Ida B. gewährt werde. Er war daher nicht befugt, seine dem Kläger zu gewährende Beihilfe zu den Anstaltspflegekosten zu kürzen.

VII.
Stadtgemeinden.

Gesetzliche Grundlagen (einschl. Materialien): G. v. 15. III. 09 (RGBl. 319), betr. die Einwirkung von Armenunterstützung auf öffentliche Rechte. VhdlRT.: Drucks. Nr. 1002, 1183, 1200; StenB. 6245, 6252, 7037, 7127. — G. v. 16. VI. 09 (GS. 489), betr. Heranziehung d. Beamten, Elementarlehrer und unteren Kirchendiener z. Gemeindeeinkommensteuer. VhdlAH. 1908/09: Drucks. Nr. 33, 167, 306, 317, 321—323, 326, 328, 335—338, 343; StenB. 676, 712, 3694, 3734, 3798; HH. Drucks. Nr. 38, 52; StenB. 199.

Literatur: Antoni: Städteordnung für die Provinz Hessen-Nassau v. 4. VIII. 97[3] (Marburg 1908). — Aßmann: Die Rechtsstellung des Bürgermeisters in den preuß. Provinzen (Berlin 1910). — v. Brauchitsch: Verwaltungsgesetze 3[18] (7. Bearbeitung) v. F. Freund (Berlin 1910). — Die Steinsche Städteordnung in Breslau, Denkschrift (Breslau 1909). — Clausnitz: Die Städteordnung v. 1808 und Berlin (Berlin 1909). — Hammer: Magistrat und Stadtverordnete nach der östlichen Städteordnung v. 30. V. 53 (Berlin 1909). — Hirsch: Die Städteordnung für die 6 östlichen Provinzen d. preuß. Monarchie v. 30. V. 53 (Berlin 1910). — Koch: Eingemeindungsrecht und Polizeiverordnung (Berlin 1909). — Köbke: Die Vereinigung von Stadtgemeinden nach preuß.

Verwaltungsrecht (Berlin 1909). — Maraun u. v. Rohrscheidt: Verwaltungsvorschriften für preuß. Gemeinde- usw. Behörden, Jahrg. 1906—1909 (Berlin 1908/1910). — Wilden: Die Kommunalverwaltung Preußens (Düsseldorf 1910).

A. Begriff und Umfang der Stadtbezirke; Bezirksveränderungen.

Nr. 1. Entsch. v. 22. Mai 1908 (PrVerwBl. 30 153) I B 38/06.

1. Das ehemalige Kloster Nothgottes gehörte früher zum Kurfürstentum Mainz und war in der Amtskellerei Rüdesheim des Vizedomamts Rheingau im unteren Erzstift gelegen. Nach der Stiftungsurkunde v. 22. IX. 1621 schenkte es der Ritter Brömbser v. Rüdesheim mit den anschließenden Ländereien unter Vorbehalt des Heimfalls für sich und seine Erben den Kapuzinern zur Errichtung eines Klosters. Seine Besitzungen standen unmittelbar unter der kurfürstlichen Territorialgewalt und außerhalb einer kommunalrechtlichen Verbindung mit den bürgerlichen Landgemeinden. Der Inhalt der Stiftungsurkunde bietet zu einem den damaligen Verhältnissen widersprechenden gegenteiligen Schluß keinen Anhalt. Auch durch den Stiftungsakt ist eine Verbindung mit den umliegenden Gemeinden nicht bewirkt worden, noch ist eine solche in der folgenden Zeit ersichtlich oder zu vermuten; denn die Güterverhältnisse der Klöster haben schon im früheren Mittelalter eine den bischöflichen Rechten entsprechende geschichtliche Entwickelung genommen, und insbesondere im Rheingau war die „pfäffliche Freiheit" der Stifte und Klöster, die sich in Personal- und Realexemptionen äußerte, in den späteren Jahrhunderten eine besonders ausgedehnte. Hiernach ist davon auszugehen, daß Nothgottes bis zur Säkularisation keinem Gemeindeverband angehörte.

Durch § 12 Reichsdeputationshauptschlusses v. 25. II. 1803 ist Nothgottes sodann den Fürsten von Nassau-Usingen zu freiem Eigentum mit Landeshoheit (vgl. §§ 35, 36, 61 aaO.) abgetreten und am 13. V. 1813 vom Herzog Friedrich August von Nassau dem Freiherrn v. Zwierlein zu Geisenheim verkauft worden.

Aus Zweckmäßigkeitsgründen wurde darauf beschlossen, das ganze Gebiet von Nothgottes in das Rüdesheimer Steuerkataster zu übernehmen, und die demgemäß erfolgte Klassifikation der „Gemarkung Rüdesheim und Nothgottes" wurde im Jahre 1811 landesherrlich genehmigt. Damit war die tatsächliche Zuweisung des Klosterbezirks an Rüdesheim vollzogen.

An diese historische Entwickelung schloß sich die Bildung der Gemeindebezirke an. Dies entsprach dem Grundsatze, daß regelmäßig von der bisherigen Gemarkungsgrenze ausgegangen werden sollte.

2. Der hiernach als erwiesen anzusehenden Eingemeindung gegenüber sind die Ausführungen der beklagten Stadtgemeinde unerheblich. Insbesondere ist es ohne Belang, ob die Aenderung der Gemarkungsgrenzen in den Stock- und Lagerbüchern verzeichnet worden ist. Diese Maßnahme bezweckte nur die weitere Durchführung der Abgrenzung; ihre Unterlassung würde deshalb die Rechtswirksamkeit der einmal getroffenen Anordnung nicht berühren. Auch der Umstand, daß das Protokoll v. 22. IX. 1820 über die Klassifikation und Abschätzung sämtlicher Gebäude im Geisenheimer Gemeindebezirk und demgemäß auch das am 23. VII. 1822 angelegte Häusersteuerkataster von Geisenheim das Kloster Nothgottes als im Gemarkungsgebiet der Beklagten gelegen betrachten, vermag die Entscheidung nicht zu deren Gunsten zu beeinflussen, da die steuerrechtliche Behandlung der Frage der kommunalen Zugehörigkeit nicht präjudiziert. Anscheinend ist die Uebernahme in das Geisenheimer Kataster auf ein entsprechendes, aus den Akten, betr. die Klassifikation und Taxation der Gemarkung Rüdesheim, ersichtliches

Gesuch des Freiherrn v. Zwierlein zurückzuführen. Sollte dem Zwierleinschen Antrage aber auch stattgegeben worden sein, so ist doch der in der Berufungsbegründung unternommene Versuch einer Gleichstellung der etwa getroffenen Entscheidung mit der landesherrlich genehmigten Regelung der Kommunalverhältnisse verfehlt. Diese Regelung stellt eine organisatorische Verwaltungsmaßregel dar, deren Voraussetzungen mit Ausnahme der Zuständigkeit der anordnenden Behörde einer Nachprüfung im Streitverfahren schlechthin entzogen sind. Eine Ueberweisung in das Kataster von Geisenheim dagegen würde jeder Bedeutung für das Kommunalrechtsverhältnis entbehren. Ein weiterer staatshoheitlicher Akt, der über die kommunale Zugehörigkeit der Klosterländereien Bestimmung getroffen hätte, ist nicht nachgewiesen. Aus dem Inhalt der späteren Staats- und Adreßhandbücher, die Nothgottes bei der Gemeinde Geisenheim aufführen, kann er allein nicht gefolgert werden, da es an jedem Anhalt dafür fehlt, worauf die Angaben in den Staats- und Adreßhandbüchern beruhen, und sie sich vielleicht aus der Katastrierung des Grundstücks erklären. Unzutreffend ist auch die Ansicht der Beklagten, daß die von ihr geltend gemachten Umstände bei einheitlicher Beurteilung die Zugehörigkeit des Klostergrundstücks zu ihrem Gebiet ergäben, wenn sie auch jeder für sich allein betrachtet unerheblich sein sollten. Alles, was die Beklagte zur Unterstützung ihres Anspruchs vorgetragen hat, läßt nur erkennen und erklärt sich daraus, daß die den Gegenstand des Verfahrens bildenden Flächenabschnitte seit den 20er Jahren des vorigen Jahrhunderts als zum Bezirk der Gemeinde Geisenheim gehörig tatsächlich behandelt worden sind. Hierdurch ist die kommunalrechtliche Eigenschaft der Grundstücke aber nicht berührt worden, da diese kein Recht darstellt, das besessen oder ersessen werden könnte und deshalb der Verjährung wie auch einer stillschweigenden Abänderung durch fortgesetzte Uebung und Anerkenntnis der beteiligten Gemeinden entzogen ist.

B. Ortsrecht; Bürgerrecht; Bürgerrechtsgeld.

Nr. 1. Entsch. v. 20. März 1906 (PrVerwBl. 27 716) II 644.

ZustG. § 10; FrankfGemVerfG. v. 25. III. 67 § 13.

1. Die Frage, ob der § 10 ZustG. zuläßt, daß in dem dort vorgesehenen Verfahren ein Streit über den Erwerb des Bürgerrechts ausgefochten wird, oder ob jenes Verfahren nur dann Platz greift, wenn über eines der in § 10 aaO. hinter „insbesondere" aufgeführten, den Inhalt des Bürgerrechtes ausmachenden besonderen Rechte gestritten wird, ist im Sinne der ersten Alternative zu entscheiden. Das Gesetz überträgt der Gemeindevertretung die Beschlußfassung auf Beschwerden und Einsprüche „betreffend den Besitz oder den Verlust des Bürgerrechts, insbesondere usw.". Sein Wortlaut spricht also zweifellos dafür, daß die vorgesehenen Rechtsbehelfe nicht bloß dann gegeben sein sollen, wenn der Bürger in einem konkreten Fall an der Ausübung eines aus dem Bürgerrechte fließenden besonderen Rechtes gehindert, sondern auch, wenn ihm überhaupt der Besitz des Bürgerrechtes von autoritativer Seite streitig gemacht wird.

2. Nach § 13 FrankfGemVerfG. v. 25. III. 67 erwirbt jeder selbständige Preuße das Bürgerrecht, wenn er seit einem Jahre — — c) die ihn betreffenden Gemeindeabgaben bezahlt hat und außerdem d) entweder ein Wohnhaus im Stadtbezirke besitzt, oder ein stehendes Gewerbe selbständig als Haupterwerbsquelle mit wenigstens zwei Gehilfen betreibt, oder ein Jahreseinkommen von 700 Gulden bezieht.

Unter den „ihn betreffenden Gemeindeabgaben" können nur die Gemeindeabgaben verstanden werden, zu welchen die Gemeinde die Steuerpflichtigen herangezogen hat, und nicht diejenigen, die sie bei einer Veranlagung nach dem wirklichen Einkommen hätte fordern können. Es kommt also nicht darauf an, ob die Kläger tatsächlich ein höheres als das ihrer Besteuerung zugrunde gelegte Einkommen bezogen haben.

Durch die Beweisaufnahme ist auch festgestellt worden, daß jeder Kläger seit einem Jahre ein Einkommen von mehr als 1200 ℳ bezogen hat. Damit ist der Forderung des Gesetzes genügt. Die Ausführungen des Vorderrichters, daß das Gesetz den Erwerb des Bürgerrechtes nicht von dem Bezuge, sondern von der Versteuerung eines Einkommens von 1200 ℳ abhängig mache, sind verfehlt. Der Bezug eines Einkommens von 1200 ℳ ist etwas ganz anderes als die Besteuerung eines solchen. Wollte das Gesetz den Erwerb des Bürgerrechts von der Besteuerung eines Einkommens von 1200 ℳ abhängig machen, so hätte es nahe gelegen, nach Art der östlichen Städteordnung den Steuersatz maßgebend sein zu lassen. Daß das Gesetz mit einer selbständigen Ermittelung rechnet, ergibt auch der letzte Satz des § 13, nach welchem das Einkommen der Ehefrau usw. dem Ehemann angerechnet werden soll. Auch die StO. von Hessen-Nassau v. 4. VIII. 97 macht im § 5 das Bürgerrecht nicht unter allen Umständen von der Veranlagung zu einer Gemeindesteuer, sondern auch von dem Bezuge eines Einkommens von mehr als 660 ℳ abhängig. Das FrankfGemVerfG. setzt sich also keineswegs mit Grundsätzen der übrigen StO. in Widerspruch, wenn es für den Erwerb des Bürgerrechts den Bezug eines Einkommens von 1200 ℳ fordert.

Nr. 2. Entsch. v. 21. Jan. 1909 (OVG. 55 50) II B 28/09.

StO. § 5.

Nach § 5 StO. kann nur ein selbständiger Preuße, nicht also auch ein außerpreußischer Deutscher, das städtische Bürgerrecht erwerben. Hieran ist durch Art. 3 der Verfassung für das Deutsche Reich und dessen Bestimmungen in betreff des gemeinsamen Indigenats nichts geändert worden, weil durch Abs. 3 dieses Artikels ausdrücklich diejenigen landesgesetzlichen Bestimmungen aufrechterhalten worden sind, die die Aufnahme in den lokalen Gemeindeverband regeln. Für die Frage, ob der Maschinenbauer K. das Bürgerrecht besitzt, ist also die Vorfrage entscheidend, ob er die preußische Staatsangehörigkeit besitzt, und diese Frage ist zu verneinen. Der Großvater des K. ist im Jahre 1816 oder 1817 von Preußen nach Mecklenburg-Schwerin ausgewandert; er verlor damit nach damaligem Rechte seine Eigenschaft als preußischer Untertan. Sein im Jahre 1822 außerhalb Preußens geborener Sohn, der Vater des K., hat nach seiner Rückkehr nach Preußen, ebensowenig wie später sein Sohn, K. selbst, nachweisbar die preußische Staatsangehörigkeit erlangt, weder nach den Vorschriften des StAngG. v. 31. XII. 42 noch nach denjenigen des ReichsG. v. 1. VI. 70. Mit Unrecht meint K., daß der Bezirksausschuß den § 12 G. v. 31. XII. 42 übersehen haben müsse; denn nach diesem dürfe keine Gemeinde einen Ausländer als Mitglied aufnehmen, der nicht zuvor die Eigenschaft als preußischer Untertan erworben habe. Selbst wenn die Stadt A. den Vater des K. im Jahre 1862 zum Bürger gemacht und eine andere preußische Gemeinde ihn schon vorher aufgenommen hat, so ist damit noch nicht der Beweis geführt, daß die gesetzlichen Bestimmungen bei der Aufnahme beachtet worden sind. Die Möglichkeit ist keineswegs ausgeschlossen, daß dies nicht der Fall gewesen ist, und wenn es nicht der Fall war, hatten die beteiligten Gemeindebehörden nicht die Befugnis, dem Aufgenommenen die Staatsangehörigkeit zu verleihen; sie handelten vielmehr gesetzwidrig. Die erfolgte Aufnahme in die Gemeinde ist also weder Beweis dafür, daß die Vorschrift des § 12 aaO. erfüllt war, noch konnte sie die Aufnahme in den Preußischen Staatsverband ersetzen.

Nr. 3. Entsch. v. 22. Jan. 1909 (PrVerwBl. 31 27) II B 27/08.

HannStO. § 19.

Im OVG. v. 7. X. 90 (PrVerwBl. 12 251) ist ausgeführt, daß die Staatsangehörigkeit eine notwendige Voraussetzung für den Erwerb des Gemeindebürgerrechts zur Zeit der Publikation der Reichsverfassung auch in der Provinz Hannover war, und daß an denjenigen gesetzlichen Bestimmungen, die die Aufnahme in den Gemeindeverband betreffen, durch die Reichsverfassung, insbesondere auch durch die Satzung über das gemeinsame Indigenat, nichts geändert worden ist. Ohne im Besitze der Staatsangehörigkeit zu sein, konnte daher auch der Kläger das Bürgerrecht nicht erwerben. Da aber nach § 19 StO. für die Prov. Hannover nur die Bürger an den Gemeindewahlen teilnehmen, ist dem Kläger die Aufnahme in die Wählerliste mit Recht verweigert worden. Zwar wendet er ein, daß es sich für ihn nicht um den Erwerb des Bürgerrechts handele, da er es tatsächlich bereits besitze. Da aber, wie sich aus vorstehendem ergibt, die rechtlichen Voraussetzungen für die Verleihung des Bürgerrechts an den Kläger in einem wesentlichen Punkte nicht vorhanden waren, konnte der Verleihungsakt keine rechtliche Wirkung haben und war nichtig. Ist trotzdem eine lange Reihe von Jahren hindurch dem Kläger die Ausübung der Rechte eines Bürgers gestattet worden, so konnte durch diese rechtswidrige Uebung eine Aenderung in der wirklichen Rechtslage nicht herbeigeführt werden.

Nr. 4. Entsch. v. 29. Okt. 1909 (OVG. 55 44) II B 20/09.

Hann. rev. StO. v. 24. VI. 58 §§ 22, 30.

1. Eine ausdrückliche Benachrichtigung von der Verleihung des Bürgerrechts schreibt die HannStO. v. 24. VI. 58 nicht vor, es muß daher genügen, wenn der zur Zahlung des Bürgergewinngeldes Aufgeforderte aus der ihm zugestellten Zahlungsaufforderung entnehmen kann, daß eine Verleihung des Bürgerrechts erfolgt ist. Diese Voraussetzung aber trifft hier zu; denn einerseits ist nach § 3 des Ortsstatuts das Bürgergewinngeld bei dem Erwerbe des Bürgerrechts zu zahlen und anderseits enthielt die an den Kläger gerichtete Zahlungsaufforderung noch den Vermerk, daß nach Zahlung des Bürgergewinngeldes wegen der Ableistung des Bürgereides, die nach § 30 StO. den Erwerb des Bürgerrechts voraussetzt, besondere Verfügung ergehen werde.

2. Was sodann die ortsstatutarische Verpflichtung des Klägers, für seine Ehefrau das Bürgerrecht zu erwerben und hierfür ein Bürgergewinngeld zu entrichten, anlangt, so handelt es sich hierbei nicht etwa um eine Verpflichtung der Ehefrau des Klägers, der eine solche über die in § 22 StO. dem Bürgerrechtserwerbe durch weibliche Personen gezogenen Grenzen hinausgehende Verpflichtung nach § 2 aaO. durch das Ortsstatut gar nicht auferlegt werden konnte, sondern um eine Verpflichtung des Klägers selbst. Diese Verpflichtung ist als zu Recht bestehend anzusehen. Wenn die StO. die nach § 22¹ zum Erwerbe des Bürgerrechts Verbundenen zu diesem Erwerbe nur „für ihre Person" verpflichtet, dagegen den unter Nr. 2 aaO. aufgeführten Personen den Erwerb des Bürgerrechts ohne diese Einschränkung auferlegt, ist klar, daß sie bei letzterer Bestimmung mit einem nicht bloß für die Person des Erwerbers erfolgenden, sondern sich weiter erstreckenden Erwerbe des Bürger-

rechts rechnet. Nun ist aus dem Inhalte der StO. selbst allerdings kein Anhalt dafür zu entnehmen, wie die Ausdehnung über die Person des Erwerbers hinaus zu denken ist. Um hierüber Klarheit zu schaffen, muß auf die Entstehungsgeschichte der betreffenden Bestimmungen zurückgegangen werden. Hieraus erhellt, daß die StO. v. 1. V. 51 eine Verpflichtung zum Erwerbe des Bürgerrechts nicht nur für die eigene Person, sondern wenigstens auch für Frau und Kinder gelten lassen will. Das Gleiche trifft zu für die rev. StO. v. 1858. Da nun aber die StO. selbst keine Bestimmung darüber trifft, ob und in welchem Umfange der Erwerb des Bürgerrechts sich auf andere Personen erstrecken soll, so muß angenommen werden, daß sie diese Punkte der autonomen Regelung hat überlassen wollen (§ 2 StO. v. 1858). Das Ortsstatut hält sich also im Rahmen des Gesetzes. Der § 25 StO., auf den sich der Kläger in der Revisionsschrift beruft, kommt für den vorliegenden Fall, in dem der Erwerb des Bürgerrechts nicht durch den Erwerb eines Grundstücks bedingt ist, überhaupt nicht in Betracht; im übrigen bestimmt er nur, daß von mehreren Erwerbern eines Grundstücks nur einer das Bürgerrecht zu erwerben verpflichtet ist, steht aber dessen Verpflichtung, wenn er verheiratet ist oder sich verheiratet, das Bürgerrecht auch für seinen Ehegatten zu erwerben, nicht entgegen. Ob die Ehefrau des Klägers das Bürgerrecht erwerben will oder nicht, ist unerheblich; ein solcher Erwerb ohne oder gegen ihren Willen verstößt keineswegs gegen allgemeine Rechtsgrundsätze. Nach öffentlichem Rechte können vielmehr Rechte des Familienhaupts ohne weiteres auch für Familienangehörige miterworben werden, wie zB. Staatsangehörigkeit und Unterstützungswohnsitz.

Nr. 5. Entsch. v. 30. Nov. 1909 (OVG. 55 48) II C 193/09.

Das G. v. 31. V. 53, betr. die Verfassung der Städte in Neuvorpommern und Rügen, enthält keine Bestimmungen über das Bürgerrecht. Deshalb sind jene Städte nicht behindert, in ihren nach § 3 aaO. festzustellenden, der Allerhöchsten Genehmigung zu unterbreitenden Stadtrezessen zu bestimmen, wie das Bürgerrecht erworben wird, wann es verloren geht und ob bzw. in welcher Höhe ein Bürgerrechtsgeld erhoben werden soll. Der Stadtrezeß der Stadt T. schreibt in § 3 vor, wer Bürger werden kann und unter welchen Voraussetzungen die Verpflichtung zum Erwerbe des Bürgerrechts eintritt. Danach kennt jener Rezeß keinen von selbst eintretenden Erwerb, sondern nur eine Verpflichtung zum Erwerb und einen Erwerb durch besonderen Akt. Wenn nun der § 10 ZustG. die Beschlußfassung auf Beschwerden und Einsprüche, betr. die Verpflichtung zum Erwerb oder zur Verleihung des Bürgerrechts bzw. zur Zahlung von Bürgergewinngeldern (Ausfertigungsgebühren), der Gemeindevertretung überträgt, so trifft er gerade die Fälle, in denen das Bürgerrecht mittels besonderen Aktes erworben wird; denn, wo es ohne einen solchen erworben wird, kann nicht über die Verpflichtung zum Erwerb oder zur Verleihung, sondern höchstens darüber gestritten werden, ob jemand im Besitze des Bürgerrechts ist. Das Bürgergewinngeld, von dem der § 10 aaO. spricht, hat den Charakter einer Verwaltungsgebühr, die für, also als Gegenleistung für die Verleihung des Bürgerrechts, zu entrichten ist, hat mithin einen anderen Charakter als das Bürgerrechtsgeld, das nach der StO. nur bei Gelegenheit des sich ohne besondere Verleihung vollziehenden Erwerbes zu entrichten ist und deshalb die Natur einer Steuer hat. Hiernach handelt es sich im vorliegenden Falle um einen unter § 10 ZustG. fallenden Streit, bei dem die Beschlußfassung über den erhobenen Einspruch der Gemeindevertretung und nicht dem Magistrat obliegt. In Neuvorpommern ist das bürgerschaftliche Kollegium die Gemeindevertretung.

C. Stadtverordnetenversammlung.

1. Wahlangelegenheiten.

b) Wählbarkeit.

Nr. 1. Entsch. v. 25. Mai 1906 (DJZ. 12 430) II 1134.

StO. § 17.

Allerdings sind Polizeibeamte im Sinne des § 17⁶ StO. nicht bloß die eigentlichen Polizeiexekutivbeamten, die mit der Wahrnehmung der allgemeinen Polizei betraut sind, sondern auch solche, die nur einen einzelnen, besonders organisierten Zweig der Polizei wahrzunehmen haben. Aber es ist nicht schon derjenige Beamte Polizeibeamter, der unter Umständen einmal in die Lage kommen kann, polizeiliche Anordnungen zu erlassen, sondern es muß die polizeiliche Tätigkeit einen vorwiegenden Teil seiner amtlichen Tätigkeit überhaupt bilden. Bei den Anordnungen, die der beamtete Tierarzt nach §§ 12 u. 17 ReichsViehSG. v. 1. V. 94 treffen kann, handelt es sich indes überhaupt nicht um eigentliche polizeiliche Anordnungen; jene haben vielmehr nur den Zweck, bei Gefahr im Verzuge einen der zu erwartenden polizeilichen Anordnung entsprechenden Zustand alsbald herbeizuführen. Daß das Gesetz selbst sie nicht als polizeiliche Anordnungen ansieht, folgt aus den Strafvorschriften des § 66³ im Vergleiche mit Nr. 2 u. 4.

Nr. 2. Entsch. v. 27. Okt. 1908 (OVG. 53 57) II B 8/08.

RhStO. §§ 16, 26.

Es ist an der Rechtsprechung des OVG. festzuhalten, wonach alle Voraussetzungen der passiven Wahlfähigkeit bereits zur Zeit der Wahl vorhanden sein müssen, wonach also eine Wahl auch dann ungültig ist, wenn eine der fehlenden Voraussetzungen später vor der Annahme der Wahl oder vor der Einführung in das Amt eintritt (vgl. OVG. 25 20 u. 28 9). Hierbei geht der Gerichtshof davon aus, daß die Bestimmung des § 16 Rh. (§ 17 Oe.) StO., wonach gewisse Personen „nicht Stadtverordnete sein können", nicht nur verbietet, daß diese Personen in die Stadtverordnetenversammlung eintreten, sondern auch, daß sie zu Stadtverordneten gewählt werden, da sonst ein vom Gesetze nicht gewolltes Moment der Unsicherheit in das Ergebnis der Wahl hineingetragen werden würde, während dieses Ergebnis von Anfang an feststehen muß. Aus dieser Rechtsprechung folgt aber noch nicht die Ungültigkeit der im vorliegenden Falle streitigen Wahl. Aus ihr ist nämlich nicht zu folgern, daß jemand durch die Wahl sofort Stadtverordneter werde; die Kläger irren, wenn sie dies annehmen. OVG. 41 16 führt in dieser Beziehung aus, daß die WestfStO. keine ausdrückliche Bestimmung über den Zeitpunkt enthalte, mit welchem jemand Stadtverordneter werde. Als frühester Termin könnte die Feststellung des Ergebnisses der Abteilungswahl durch den Wahlvorstand in Betracht kommen, weiter die Bekanntmachung des Magistrats, die Annahmeerklärung des Gewählten oder der Beschluß der Gemeindevertretung über die Gültigkeit der Wahl und schließlich noch die Einführung des Gewählten in seine Stelle. Der Gerichtshof hat damals angenommen, daß der Gewählte keinenfalls vor der Annahme der auf ihn gefallenen Wahl als Stadtverordneter anzusehen sei. An dieser Auffassung ist auch jetzt festzuhalten. Sie findet eine Bestätigung im § 26 Abs. 6 RhStO., wonach im Falle einer mehrfachen Wahl der Gewählte zu erklären hat, welche

Wahl er annehmen will. Diese Bestimmung ist zwar auf den vorliegenden Fall nicht unmittelbar anwendbar, da sie nur für mehrfache gleichzeitige Wahlen gegeben ist. Jedenfalls aber geht so viel aus ihr hervor, daß der Gewählte durch die Wahl selbst noch nicht ohne weiteres Stadtverordneter werden kann; denn sonst müßte er auf Grund der mehrfachen Wahlen verschiedene Mandate innehaben — ein Zustand, der gesetzlich undenkbar ist und der auch durch die Annahme des einen Mandats ohne Niederlegung der übrigen nicht beseitigt werden könnte. Die Annahmeerklärung, die hiernach also stets erforderlich ist, um den Gewählten zum Stadtverordneten zu machen, muß ausdrücklich und den die Wahl leitenden Organen gegenüber abgegeben sein. Hiernach ist die Wirkung der Wahl, die darin besteht, daß der Gewählte Stadtverordneter wird, in jedem Falle davon abhängig, daß er die Wahl annimmt. Das gilt auch dann, wenn ihm keiner der gesetzlichen Ablehnungsgründe zur Seite steht. In diesem Falle treffen ihn nur die im Gesetze vorgeschriebenen Rechtsfolgen der unbegründeten Ablehnung; dagegen kann ein unmittelbarer Zwang zum Eintritt in die Versammlung auf ihn nicht ausgeübt werden. Deshalb ist es sehr wohl möglich, zwischen dem Mangel der Wählbarkeit einerseits und der Unmöglichkeit, eine Wahl anzunehmen, anderseits zu unterscheiden. Jener Mangel macht die Wahl ungültig, wenn er zur Zeit der Wahlhandlung besteht; die Unmöglichkeit, eine Wahl anzunehmen, kann dagegen noch bis zur Abgabe der Annahmeerklärung gehoben werden, ohne daß hierbei die Wirkung der Wahl in höherem Grade bedingt und unsicher wäre, als dies bei jeder anderen Wahl der Fall ist.

c) Wahlverfahren.

α) Allgemeine Grundsätze.

Nr. 1. Entsch. v. 7. April 1908 (OVG. 52 32) II B 49/07.

StO. §§ 20, 23.

1. Nachdem durch Art. I 3 G. v. 1. III. 91 (GS. 20) die Verbindung von Ersatz- und Ergänzungswahlen in einem und demselben Wahlakte für zulässig erklärt worden war, hat das OVG. kein Bedenken getragen, auch die Verbindung von Ersatz- und Verstärkungswahlen für zulässig zu erachten (vgl. OVG. 28 25). Es liegt aber auch kein Grund vor, die gleichzeitige Vornahme mehrerer Ersatzwahlen in dem Falle für unzulässig zu erachten, daß die Dauer des Amtes der zu wählenden Stadtverordneten nicht dieselbe sein soll. Jedoch muß in allen Fällen, in denen verschiedenartige Wahlen zur Stadtverordnetenversammlung in einer Wahlhandlung vorgenommen werden, entsprechend der für die Verbindung von Ersatz- und Ergänzungswahlen gegebenen Vorschrift des G. v. 1. III. 91 die Abgabe der Stimmen für die verschiedenen Wahlen derart getrennt erfolgen, daß jeder Zweifel darüber ausgeschlossen wird, auf welche Wahl die Abgabe jeder Stimme sich bezieht.

2. In Frage kommt noch, ob die Einladung der Wähler, die nach der zuletzt aufgestellten Liste wahlberechtigt waren, überall rechtzeitig (StO. § 23) geschehen ist. Wenn nach § 20 StO. die Liste bis zum 15. Juli vom Magistrate berichtigt werden, bis zum 30. Juli ausliegen und die Beschlußfassung der Stadtverordnetenversammlung über etwaige Einsprüche bis zum 15. August, die Wahl aber im November erfolgen soll, so wird offenbar davon ausgegangen, daß — abgesehen von einzelnen Fällen, wo im Verwaltungsstreitverfahren über die Richtigkeit der Wählerliste zu entscheiden ist — vor Erlaß der Einladung zur Wahl über die erhobenen Einsprüche Beschluß gefaßt

wird und daß daher die Einladung aller in der Liste verzeichneten Wähler in der durch § 23 StO. bestimmten Frist von vierzehn Tagen vor dem Wahltermin erfolgen kann. Im vorliegenden Falle ist dies bei vier Wählern, die erst nachträglich auf Grund von Einsprüchen in die Wählerliste aufgenommen worden sind, nicht geschehen. Hätte eine Beteiligung dieser Wähler bei der Wahl deren Ergebnis, nach dem vorliegenden Stimmenverhältnis ändern können, so hätte die Wahl, die unter Nichtbeachtung der Vorschrift des § 23 diesen Wählern gegenüber vor sich gegangen ist, für ungültig erklärt werden müssen.

Nr. 2. Entsch. v. 6. Okt. 1908 (OVG. 53 50) II B 3/08.

WestfStO. § 18.

1. Was die streitigen Stadtverordnetenwahlen betrifft, so findet der ganze Streit seinen Ausgangspunkt in der Bek. des Magistrats v. 17. X. 04. Dort wurden zunächst Ergänzungswahlen mit dem ausdrücklichen Zusatz: „auf die Zeit vom 1. I. 05 bis 31. XII. 10" und dann Neuwahlen ohne jeden Zusatz anberaumt. Weiter wurde hinzugefügt, daß die zuerst genannten beiden Namen auf die Neuwahlen bezogen werden sollten. Nachdem durch G. v. 1. III. 91 für städtische Wahlen die Verbindung von Ergänzungs- und Ersatzwahlen in einem und demselben Wahlakte zugelassen worden war, hatte das OVG. (28 25) auch die Verbindung von Ersatzwahlen mit Wahlen zur Verstärkung der Versammlung — übrigens, wie bemerkt sein mag, in neuerer Zeit auch die Verbindung von Ersatzwahlen mit verschiedener Zeitdauer — für zulässig erklärt. In allen Fällen ist jedoch betont worden, daß dem Wortlaute des Gesetzes gemäß die Abgabe der Stimmen für die eine oder die andere Wahl getrennt geschehen müsse, wobei es auf die Form der Trennung, wenn sie nur ihren Zweck erreicht, nicht ankomme. Demgemäß ist auch der Magistrat hier verfahren.

2. Allerdings kann die Frage aufgeworfen werden, ob die Trennung notwendig war, und ob nicht vielmehr die Wähler zur Vornahme einer entsprechenden Zahl von Neu- und Ergänzungswahlen ohne jede Unterscheidung hätten vorgeladen werden können. Für das Verfahren des Magistrats sprachen jedoch schwerwiegende Gründe. Wäre die erwähnte Unterscheidung unterblieben, so hätten alle, auch die zur Ergänzung gewählten Stadtverordneten, nach zwei und nach vier Jahren der Möglichkeit einer Auslosung sich unterwerfen müssen. Der § 18 StO. bestimmt aber im ersten Satze, gewissermaßen als obersten Grundsatz, daß die Stadtverordneten auf sechs Jahre gewählt werden. Eine Ausnahme wird im letzten Satze nur für diejenigen Stadtverordneten gemacht, die das erste- und zweitemal ausscheiden, für die also eine feste Reihenfolge im Ausscheiden sich noch nicht hat bilden können. Zu diesen gehörten die zur Ergänzung gewählten Stadtverordneten jedenfalls nicht. Bei dem bisherigen Bestande der Stadtverordnetenversammlung von 30 Mitgliedern, den sie nur erhalten, aber nicht erhöhen sollte, stand fest, wer nach zwei und wer nach vier Jahren auszuscheiden hatte. Eine Ungewißheit lag in dieser Hinsicht nur für die neu gewählten Mitglieder vor. Aus diesen Gründen nimmt der Gerichtshof — abweichend von OVG. 17 100 — nunmehr an, daß die getrennte Vornahme der Ergänzungs- und der Neuwahlen in der Weise, wie der Magistrat sie hier angeordnet hat, zum mindesten zulässig, wenn nicht geboten war. Jedenfalls durfte, nachdem sie einmal entsprechend der Ausschreibung erfolgt war, den zur Ergänzung gewählten Stadtverordneten die Wahlperiode nicht mehr durch das Los verkürzt werden.

3. Es entsteht nun die neue Frage, in welcher Weise die Reihenfolge zu be-

stimmen war, nach der die im Jahre 1904 neugewählten Mitglieder auszuscheiden hatten. In OVG. 19 136 ist ausgesprochen worden, daß, wenn wie im vorliegenden Falle von sechs Stadtverordneten ein Drittteil, also zwei, auszuscheiden haben, mithin nicht, wie im letzten Satze des § 18 StO. vorgesehen ist, aus jeder der drei Abteilungen ein Mitglied ausscheiden kann, ein zweimaliges Losen stattfinden müsse. Wollte man dieses Verfahren hier einschlagen, so würde die Gefahr eintreten, daß innerhalb jedes sechsjährigen Wechsels von je drei Auslosungen und Ergänzungswahlen die Zahl der Auszulosenden und zu Wählenden in den drei Abteilungen immer verschieden sein würde. Es würde also dauernd ein Zustand herbeigeführt werden, der im Widerspruche zu der gesetzlichen Vorschrift stände, daß bei einer durch 3 teilbaren Zahl der ausscheidenden Stadtverordneten diese Zahl sich gleichmäßig auf alle drei Abteilungen zu verteilen habe, wonach also im vorliegenden Falle bei 36 Stadtverordneten stets vier aus jeder Abteilung ausscheiden müssen. Von diesem Grundsatz abzuweichen, liegt kein Grund vor, und deshalb kann auch nur ein Verfahren gebilligt werden, das geeignet ist, ihm so bald und so sicher wie möglich Geltung zu verschaffen, selbst auf die Gefahr hin, daß hierbei gegen minder wichtige Grundsätze des Gesetzes verstoßen werden muß. Es fällt dabei namentlich die Erwägung ins Gewicht, daß gegenüber der durch 3 teilbaren Zahl der Mitglieder jeder Abteilung eine stets wechselnde Zahl der Auslosungen und eine auch stets wechselnde Zahl der Ergänzungswahlen einen dauernden Verstoß gegen die Regel bedeuten würde, während die gesicherte Herbeiführung des ordnungsmäßigen Zustandes nur eine einmalige Abweichung von den für die Auslosung bestehenden Regeln notwendig macht. Ganz sind solche Abweichungen überhaupt nicht zu vermeiden, weil gesetzliche Vorschriften darüber nicht bestehen, welches Verfahren einzuschlagen ist, wenn die Zahl der Stadtverordneten erhöht wird, also zu den Stadtverordneten, für die eine feste Reihenfolge des Ausscheidens schon besteht, noch solche hinzutreten, für die diese Reihenfolge erst gefunden werden soll.

Zur Erreichung des erstrebten Zieles war jedenfalls der beste Weg der, den auch der Magistrat eingeschlagen hat, daß nämlich die Zahl der aus der zweiten Abteilung Ausscheidenden von zwei auf vier gebracht und damit der Zahl der aus den beiden anderen Abteilungen Ausscheidenden gleichgemacht wurde. Nur hätten die ausscheidenden Stadtverordneten nicht durch das Los aus allen im Jahre 1904 gewählten ermittelt werden sollen, sondern die Amtsdauer der beiden im Jahre 1904 neu gewählten hätte ohne Los für abgelaufen erklärt werden müssen.

Nr. 3. Entsch. v. 21. Sept. 1909 (OVG. 55 42) II B 19/08.

StO. §§ 12, 13.

1. Die Vorschrift des § 13 StO., wonach jede Abteilung ein Drittel der Stadtverordneten zu wählen hat, gestattet keine abweichende Regelung durch Ortsrecht. Beklagter macht geltend, daß die abweichende Art der Verteilung bereits beim Erlasse der StO. auf Grund einer Observanz zu Recht bestanden habe, die auch durch die StO. nicht aufgehoben, sondern seitdem in ununterbrochener Uebung beobachtet worden sei. Diese Ausführungen können nicht von Belang sein, da die StO., soweit sie nicht ausdrücklich auf die Möglichkeit abweichender Regelung durch das Ortsrecht hingewiesen hat, alle ihren ausdrücklichen Bestimmungen entgegenstehenden Observanzen aufgehoben und die Bildung solcher Observanzen für die Folge ausgeschlossen hat.

2. Die Vermehrung der Zahl der Stadtverordneten gemäß § 12 StO. ist erst nach amtlicher Bekanntmachung des endgültigen Ergebnisses der Volkszählung herbeizuführen.

β) Aufstellung der Wählerliste und Bildung der Wählerabteilungen.

Nr. 1. Entsch. v. 24. April 1908 (OVG. 52 35) II B 54/07.

StO. § 19.

Die für die Stadtverordnetenwahlen auszulegende Wählerliste genügt dem gesetzlichen Erfordernisse, daß sie nach den Wahlabteilungen eingeteilt sein muß, auch dann, wenn die Wähler innerhalb der einzelnen Abteilungen nicht in der Reihenfolge der Höhe der ihnen angerechneten Steuersummen eingetragen sind.

In OVG. 22 12 ist (S. 15) folgendes ausgeführt: „Es ist der offensichtliche Zweck dieser Vorschrift, insbesondere auch jedem stimmfähigen Bürger Gelegenheit zur Kontrolle darüber zu geben, daß ihm sein Wahlrecht nach keiner Richtung verkümmert werde, daß er nicht bloß überhaupt, sondern auch gerade an der ihm zukommenden Stelle zum Wählen gelange." Der Kläger nimmt an, daß unter „Stelle" derjenige Platz in der Wählerliste gemeint sei, der dem einzelnen Wähler nach der Höhe seiner Steuerbeträge zukommt, wenn mit dem Höchstbesteuerten angefangen und dann in der Reihe der Steuerbeträge nach ihrer Höhe mit dem Mindestbesteuerten geendet wird. Daß dies nicht die Bedeutung des Wortes „Stelle" sein kann, ergibt sich schon daraus, daß der Platz in der Liste für die Stelle, an der der Eingetragene zum Wählen kommt, ohne Bedeutung ist; die Wähler kommen innerhalb ihrer Abteilung in der Reihenfolge, in der sie erscheinen, zum Wählen. Als „Stelle" ist in der angegebenen Entscheidung nur die Abteilung, in der jeder Wähler sein Wahlrecht auszuüben hat, bezeichnet. Wenn dort einem Verzeichnisse der Stimmberechtigten, in welchem diese nicht nach den Steuerbeträgen, sondern nach anderen Normen geordnet sind, nur die Bedeutung einer „Vorarbeit oder Unterlage für die Aufstellung der Wählerliste" beigemessen worden ist, so ist dies mit Rücksicht darauf geschehen, daß das in jenem Falle vor der Wahl ausgelegte „Verzeichnis" eine Einteilung der Stimmberechtigten nach Wahlabteilungen überhaupt nicht enthielt.

Nr. 2. Entsch. v. 18. Jan. 1910 (OVG. 55 32) I B 39/09.

G. v. 30. VI. 00, betr. die Bildung der Wählerabteilungen bei Gemeindewahlen, §§ 1, 2.

Der Grundsatz des § 1 Abs. 1 G., betr. die Bildung der Wählerabteilungen bei Gemeindewahlen, v. 30. VI. 00, wonach die Bildung der drei Abteilungen in der Art vorzunehmen ist, daß auf jede Abteilung ein Dritteil der Gesamtsumme der Steuerbeträge aller Wähler fällt, ist nicht lediglich für Gemeinden, deren Einwohner die Zahl von 10000 nicht übersteigt, ausgesprochen worden. Der § 1 bezieht sich vielmehr auf alle Gemeinden ohne Rücksicht auf die Zahl ihrer Einwohner; jenem Grundsatz entsprechend ist daher zunächst auch bei Aufstellung der Liste für Gemeinden von mehr als 10000 Einwohnern zu verfahren. Diese aus der ohne Vorbehalt getroffenen Bestimmung des § 1 gezogene Folgerung findet ihre Bestätigung in der Vorschrift des § 2 selbst. Letztere, die nur für die Gemeinden von mehr als 10000 Einwohnern gilt, nimmt ausdrücklich auf „die nach § 1 erfolgte Drittelung" Bezug. Die anderweitige Abgrenzung der Abteilungen, von denen § 2 handelt, beruht mithin nicht auf einem völlig selbständigen, von dem in § 1 Abs. 1 ausgesprochenen Grundsatz abweichenden Prinzipe. Vielmehr geht der § 2 davon aus, daß auch für die Gemeinden mt mehr als 10000 Einwohnern die Drittelung „erfolgt" ist; nur die sich aus der erfolgten Drittelung ergebende Abgrenzung der Abteilungen soll unter Umständen einer Aenderung unterzogen werden.

Die Ansicht, daß das einfache Durchschnittsprinzip für die Gemeinden mit einer Seelenzahl von über 10000 Einwohnern eingeführt sei, ist unzutreffend. Die Aenderung, der die nach § 1 erfolgte Drittelung zu unterziehen ist, besteht nur darin, daß jeder Wähler, dessen Steuerbetrag den nach näherer Anweisung im dritten Satze zu berechnenden Durchschnittsbetrag übersteigt, stets der zweiten oder ersten Abteilung zuzuweisen ist. Eine Aenderung, daß alle Wähler, die nach dem Systeme der Drittelung der ersten oder zweiten Abteilung angehören, aus dem Grunde, weil ihre Steuern den durchschnittlichen Steuerbetrag nicht übersteigen, in die dritte Abteilung zu versetzen seien, ordnet dagegen das Gesetz nicht an.

γ) Wahlhandlung.

Nr. 1. Entsch. v. 30. Nov. 1906 (DJZ. 12 830) II 2314.

Die Kläger haben geltend gemacht, daß eine Beschränkung der Oeffentlichkeit bei der Wahl insofern stattgefunden habe, als wegen Mangels an Raum nicht sämtliche Wähler dort gleichzeitig anwesend sein konnten. Die Forderung, daß der Wahlraum so groß sein müsse, daß er gleichzeitig sämtliche Wähler, also unter Umständen sämtliche Wahlberechtigte, fassen kann, ist aber weder im Gesetze noch durch die Rechtsprechung der Verwaltungsgerichte aufgestellt worden. Ihre Erfüllung würde in manchen Städten, namentlich in solchen, die nicht in Wahlbezirke eingeteilt sind, unmöglich sein. Unzulässig sind Einrichtungen des Wahlverfahrens und Maßnahmen des Wahlvorstandes, die bezwecken oder zur Folge haben, daß die Stimmabgabe des einzelnen Wählers nicht zur Kenntnis der übrigen anwesenden Wähler gelangt. Zulässig sind jedoch solche Beschränkungen des Rechtes jedes Wählers zum Aufenthalt im Wahlraum, die aus besonderen Gründen, namentlich zur Aufrechterhaltung der Ordnung bei der Wahl bei der Beschränktheit des verfügbaren Raumes, erforderlich sind. Daher ist es nicht als eine unzulässige Beschränkung der Oeffentlichkeit der Wahl anzusehen, daß der Wahlvorstand einzelne Personen, die durch lautes Sprechen oder in sonst irgendeiner Weise das Wahlgeschäft stören, ausweist.

Nr. 2. Entsch. v. 10. März 1908 (OVG. 52 39). II B 31/07.

RhStO. §§ 15, 21.

1. Nach § 15 RhStO. muß die Hälfte der von jeder Abteilung zu wählenden Stadtverordneten aus Hausbesitzern bestehen. Nach § 21 Abs. 1 daselbst hat der Bürgermeister jederzeit die nötigen Bestimmungen zur Ergänzung der erforderlichen Anzahl von Hausbesitzern zu treffen. Hieraus folgt für ihn die Pflicht, den Wählern vor der Wahl über die Zahl der zu wählenden Hausbesitzer Mitteilung zu machen; denn eine andere Gelegenheit zur Ergänzung der erforderlichen Zahl von Hausbesitzern als die Wahlen und eine andere Zeit, die nötigen Bestimmungen zu treffen, gibt es nicht. Wenn die Zahl der zu wählenden Hausbesitzer den Wählern nicht vor der Wahl bekanntzumachen wäre, könnte unter Umständen der Fall eintreten, daß überhaupt keine Wahl zustande käme oder daß durch eine oder einige abgesplitterte Stimmen ein Hausbesitzer gegen einen Nichtbesitzer, der viele hundert Stimmen erhalten hat, gewählt würde, der Ausfall der Wahl also den Absichten der Wählerschaft in keiner Weise entspräche. Um die Wählerschaft hiervor zu schützen, ist eben die Bestimmung im § 21 StO. gegeben. Die Annahme, daß die Wähler sich selbst Kenntnis darüber verschaffen könnten, wieviel Hausbesitzer in jeder Abteilung von ihnen zu wählen seien, trifft nicht zu. Aus der Tatsache, daß die Ausscheidenden sämtlich Hausbesitzer waren, konnten die Wähler die Notwendigkeit,

nur Hausbesitzer zu wählen, noch nicht entnehmen. Ebensowenig trifft die Ausführung der Beklagten zu, daß es den Wählern obliege zu prüfen, ob sie Hausbesitzer wählen müßten, wie sie auch zu prüfen hätten, ob ihre Kandidaten die sonstigen gesetzlichen Bedingungen der §§ 5 und 16 StO. für die Wählbarkeit erfüllten. Eine Aehnlichkeit zwischen diesen beiden Fällen besteht nur insoweit, als es Sache der Wähler ist, zu prüfen, ob ihr Kandidat Hausbesitzer ist, wenn ihnen mitgeteilt worden ist, daß nur ein solcher gewählt werden darf. Die allgemeinen Voraussetzungen für die Wählbarkeit ergeben sich unmittelbar aus dem Gesetze. Wieviel Hausbesitzer aber bei einer Ergänzungswahl zu wählen sind, hängt von den jeweiligen Personalverhältnissen der Stadtverordnetenversammlung, nämlich von der Zahl der in ihr verbleibenden Hausbesitzer, ab. Dürfen hiernach bei der Ergänzungswahl nur Hausbesitzer oder doch nur eine beschränkte Zahl von solchen Personen, die nicht Hausbesitzer sind, gewählt werden, so muß dies der Wählerschaft durch denjenigen mitgeteilt werden, dem die Sorge für die ordnungsmäßige Zusammensetzung der Versammlung durch das Gesetz übertragen worden ist; andernfalls leidet das Wahlverfahren an einem wesentlichen Mangel, der die Ungültigkeit der Wahl herbeizuführen geeignet ist.

2. Nimmt man an, daß das Wahlverfahren derart einheitlich ist, daß die Verletzung der Vorschrift des § 21 Abs. 1 aaO. die Ungültigkeit sämtlicher Wahlen der betreffenden Abteilung zur Folge haben muß, so müßte der Umstand, daß der Bürgermeister die nötigen Bestimmungen zur Ergänzung der Zahl der Hausbesitzer unterlassen hatte, zur Ungültigkeit auch der Wahl des Dr. R. führen, obwohl er Hausbesitzer ist. Eine so weit gehende Wirkung kann aber der erwähnten Unterlassung nicht beigemessen werden. Haben die Wähler trotz jener Unterlassung eine Person gewählt, die die für die Gültigkeit ihrer Wahl erforderliche Eigenschaft eines Hausbesitzers besaß, so ist die Unterlassung ohne Einfluß auf das Wahlergebnis geblieben. Die Wähler haben dann ihre Stimme für eine wählbare Person abgegeben, obwohl sie die Bedingung der Wählbarkeit nicht kannten. Die Freiheit ihrer Entschließung ist durch diese Unkenntnis in keiner Weise beeinträchtigt, das Wahlergebnis durch sie nicht beeinflußt worden. Die Unterlassung der Bekanntmachung, daß nur ein Hausbesitzer gewählt werden dürfe, ist für die Gültigkeit der Wahl unschädlich, wenn auch ohnedies die Wähler einen Hausbesitzer gewählt haben.

Nr. 3. Entsch. v. 11. Juni 1909 (PrVerwBl. 31 360) II B 9/09.
StO. § 21.

Nach § 21 Abs. 1 letzter Satz StO. sollen die Wahlen zur regelmäßigen Ergänzung der Stadtverordnetenversammlung in der dritten Abteilung zuerst, in der ersten zuletzt erfolgen. Diese im Gesetz festgelegte Reihenfolge der Abteilungswahlen ist eine Förmlichkeit, über deren Bedeutung der Verwaltungsrichter in keinem Falle frei zu befinden hat. Sie ist zwingender Natur und bildet eine unerläßliche Voraussetzung für die Gültigkeit der Wahl, im Gegensatz zu einer Förmlichkeit, die nicht in allen Fällen, sondern nur tunlichst zu beachten ist. Sie kann auch stets beachtet werden, da nicht abzusehen ist, wie äußere Verhältnisse im Einzelfalle eine Abweichung erfordern sollten. Deshalb ist auch von jeder Erörterung der Frage abzusehen, ob das Ergebnis der angefochtenen Wahlen durch ihre unrichtige Reihenfolge beeinflußt worden ist oder beeinflußt werden konnte. Die Wahlen durften in keiner anderen als der gesetzlich vorgeschriebenen Reihenfolge vorgenommen werden und müssen, wenn dies dennoch geschehen ist, für ungültig erklärt werden.

Nr. 4. Entsch. v. 2. Nov. 1909 (PrVerwBl. 31 411) I B 26/09.

Zwar ist dem Vorderrichter darin beizutreten, daß Androhungen mit Entziehung der Kundschaft oder irgendwelchen geschäftlichen Nachteilen zu den unzulässigen Mitteln der Wahlagitation gehören, und daß, wenn solche Mittel den Erfolg haben, Wähler zur Ausübung ihres Stimmrechts in einer ihrem Willen nicht entsprechenden Richtung zu veranlassen oder von der Teilnahme an der Wahl fernzuhalten, das Ergebnis der Wahl nicht mehr als der Ausdruck der freien Willensmeinung der Mehrheit der Wähler gelten kann. Allein dem Bezirksausschusse konnte nicht dahin beigetreten werden, daß das Beweisergebnis genüge, um festzustellen, daß in der Tat Wähler der dritten Abteilung für den Fall, wenn sie nicht für den Kandidaten der sozialdemokratischen Partei stimmen würden, von den Sozialdemokraten boykottiert werden sollten, daß in der Furcht vor dem Boykott 66 Wähler nicht gestimmt haben, die sonst ihre Stimme dem Kandidaten der bürgerlichen Parteien gegeben hätten, sowie daß 10 Wähler im Sinne der Sozialdemokraten gewählt haben, während sie gesonnen gewesen seien, bürgerlichen Kandidaten ihre Stimmen zu geben.

Ob die in Frage kommenden Aeußerungen als ernstgemeinte Aufforderungen an die Sozialdemokraten zur Boykottierung aller Geschäftsleute, die nicht sozialdemokratische Kandidaten wählen würden, aufzufassen sind, kann zweifelhaft sein. Auch wenn man es bejaht, steht nicht fest, daß die Versammelten mit diesen Aeußerungen einverstanden gewesen sind oder gar sich verpflichtet haben, im Sinne des Vorschlags zu handeln; ein Beschluß dieses Inhalts ist nach den Berichten nicht gefaßt worden. Weiter fehlt aber auch jeder Anhalt dafür, daß der Vorschlag irgendwie zur Kenntnis der Wähler gebracht worden ist, und damit entfällt die Möglichkeit, die angebliche Beeinträchtigung des freien Willens der Wähler als Tatsache anzusehen. Nimmt man indessen auch an, daß es eines strikten Nachweises in dieser Hinsicht nicht bedarf, und daß nach den Verhältnissen einer Kleinstadt die Wähler auch ohne öffentliche Berichte und ohne direkt an sie gerichtete Mitteilungen erfahren haben, in den Versammlungen sei die Boykottierung der nicht sozialdemokratisch wählenden Geschäftsleute beschlossen worden, so mangelt doch weiter jegliche Aufklärung darüber, auf welche Weise und in welchem Umfange die Drohung mit dem Boykott ihren Einfluß auf das Wahlergebnis geübt haben soll. Sollte die „Ermittelung“, daß 76 Wähler zu den Bedrohten zu rechnen sein könnten, für das Streitverfahren verwertet werden, so hätte es weiterer Aufklärung bedurft; die ermittelten Personen wären darüber zu hören gewesen, ob sie in der Tat unter dem Zwange der Boykottandrohung gestanden und gegen ihren freien Willen entweder sozialdemokratisch gewählt oder sich der Ausübung des Wahlrechts im Sinne der bürgerlichen Parteien enthalten haben. Ohne solche nähere Prüfung entbehren die Ausführungen des Bezirksausschusses der Unterlage; sie beruhen auf reinen Vermutungen und Möglichkeiten, die auch bei freiester Beweiswürdigung nicht genügen, um Klarheit darüber zu gewinnen, ob wirklich der Einfluß der Furcht vor dem Boykott so groß gewesen ist, daß das Wahlergebnis ein anderes geworden wäre, wenn jene Furcht nicht bestanden hätte.

δ) Rechtsmittel.

Nr. 1. Entsch. v. 21. Sept. 1909 (OVG. 55 42) II B 19/08.

Für die im Verwaltungsstreitverfahren als Partei beteiligte Stadtverordnetenversammlung kann der Stadtverordnetenvorsteher auch ohne besonderen Auftrag Rechtsmittel einlegen, und es genügt, wenn die Versammlung die Anrufung der höheren Instanz nachträglich, wenn auch erst nach dem Ablaufe der Rechtsmittelfrist, genehmigt.

2. Amtsgeschäfte.

Nr. 1. Entsch. v. 2. Juni 1908 (OVG. 52 26) II B 47/07.

StO. § 36.

1. Die Beanstandung von Beschlüssen der Kommunalbehörden, die deren Befugnisse überschreiten oder die Gesetze verletzen, hat den Zweck, die Vollziehung solcher Beschlüsse zu verhindern. Sie setzt deshalb voraus, daß der zu beanstandende Beschluß überhaupt eine positive Wirkung äußert, und kann gegenüber Beschlüssen nicht stattfinden, die lediglich einen negativen Inhalt haben. Die Beanstandung solcher Beschlüsse ist ohne rechtliche Bedeutung, weil sie weder einen Beschluß des entgegengesetzten — positiven — Inhaltes ersetzen kann, noch die Voraussetzung für die Fassung eines derartigen Beschlusses im Wege erneuter Beschlußfassung bildet. Wird ein der Beanstandung nicht unterliegender Beschluß gleichwohl beanstandet, so hat die Kommunalbehörde das Recht, die Aufhebung der Beanstandung zu verlangen.

2. Die im vorliegenden Falle beanstandeten Beschlüsse, soweit sie die Berechtigung der Stadtverordneten B. und H. zur Niederlegung ihres Amtes zum Gegenstande haben, sind ohne jede positive Wirkung. Beide Stadtverordnete haben in ihren Schreiben an den Stadtverordnetenvorsteher nicht erklärt, daß sie ihr Amt niederlegten, sondern nur, daß sie dies zu tun die Absicht hätten. Bevor sie zur Ausführung schritten, wollten sie in Erfahrung bringen, ob die Stadtverordnetenversammlung ihre Berechtigung zur Niederlegung des Amtes anerkannte, und deshalb ersuchten sie den Stadtverordnetenvorsteher, die Beschlußfassung darüber herbeizuführen. Waren hiernach beide Stadtverordnete zur Zeit der Beschlußfassung noch nicht aus ihrem Amte ausgeschieden, so konnte der Beschluß der Stadtverordnetenversammlung, daß ihr Ausscheiden nicht als berechtigt anerkannt werde, nicht die Folge haben, daß sie im Amte bleiben mußten, sondern er hatte nur die Bedeutung einer gutachtlichen Aeußerung, die weder für die Entschlüsse der beiden Stadtverordneten, noch sonst in irgendeiner Weise eine positive Wirkung, insbesondere auch nicht die der formellen Rechtskraft für den Fall äußern konnte, daß die Betroffenen ihre Absicht später wirklich ausführen sollten.

Nr. 2. Entsch. v. 23. Juni 1908 (OVG. 52 24) II B 9/08.

StO. § 36; ZustG. §§ 10, 11.

Der Schlußsatz des § 36 StO.: „Die Stadtverordnetenversammlung darf ihre Beschlüsse in keinem Falle selbst zur Ausführung bringen" könnte dahin verstanden werden, daß die Stadtverordnetenversammlung sich ausnahmslos darauf zu beschränken hätte, Beschlüsse zu fassen, und ihr jede Mitwirkung bei deren Ausführung entzogen sei. In der Praxis und Rechtslehre aber ist stets anerkannt worden, daß der § 36 nur die Regel aufstellen, Ausnahmefälle also nicht ausschließen will. Zu den Ausnahmefällen gehören insbesondere Beschlüsse in Angelegenheiten, die den formellen Geschäftsbetrieb der Stadtverordnetenversammlung betreffen (wie z. B. die Zusammenberufung der Versammlung, der Erlaß einer Geschäftsordnung, die Ausübung der Kontrolle der Verwaltung) oder die von der Stadtverordnetenversammlung nach gesetzlicher Vorschrift selbst zu erledigen sind, wie die Wahrnehmung ihrer Rechte als Partei in einem Verwaltungsstreitverfahren, oder die ein Vorgehen der Stadtverordnetenversammlung gegen den Magistrat betreffen, wie die Führung eines Prozesses gegen ihn oder einer Beschwerde über ihn. Deshalb kann jene Bestimmung nur dann der Beanstandung eines Stadtverordnetenbeschlusses durch den Magistrat als

Stütze dienen, wenn die Stadtverordnetenversammlung sich eine nach dem Gesetze lediglich dem Magistrate zustehende Ausführung eines Beschlusses angemaßt hat. An dieser Voraussetzung fehlt es hier. Dem Vorderrichter ist schon darin beizutreten, daß der Beschluß der Stadtverordnetenversammlung, durch den der Vorsteher ermächtigt wurde, den in der Sache gefaßten Beschluß demjenigen zuzustellen, auf dessen Antrag er ergangen war, überhaupt keine Ausführung eines Beschlusses im Sinne des Gesetzes darstellt. Unter „Ausführung" kann hier nur die Tätigkeit verstanden werden, die erforderlich ist, um den tatsächlichen Zustand dem von der Stadtverordnetenversammlung festgestellten rechtlichen Zustande gemäß zu gestalten. Daraus ergibt sich, daß von einer Ausführung überhaupt nur die Rede sein kann, wenn der Beschluß eine Aenderung des tatsächlichen Zustandes notwendig macht. Im vorliegenden Falle hatte die Stadtverordnetenversammlung darüber zu entscheiden, ob R. in die Bürgerliste aufzunehmen sei. Hätte die Stadtverordnetenversammlung diese Frage bejaht, so würde die Ausführung des Beschlusses darin, aber auch nur darin bestanden haben, daß R. in die Liste aufgenommen würde, und dazu wäre zweifellos nicht die Stadtverordnetenversammlung, sondern allein der mit der Führung der Liste gesetzlich beauftragte Magistrat zuständig gewesen. Hier aber hat die Stadtverordnetenversammlung den Antrag zurückgewiesen, und dieser Beschluß war einer Ausführung nicht fähig, weil durch ihn der bisherige tatsächliche Zustand in keiner Weise verändert, vielmehr dahin als zu Recht bestehend anerkannt wurde, daß R. nicht in die Liste gehörte. Lag also hier ein wegen seines rein negativen Inhalts einer Ausführung überhaupt nicht fähiger Beschluß vor, so konnte auch in dem Beschlusse der Stadtverordnetenversammlung, daß der in der Sache selbst gefaßte Beschluß durch den Vorsteher dem R. zugestellt werden sollte, und in der tatsächlichen Ausführung der Zustellung keine Ausführung im Sinne des § 36 StO., sondern nur eine Maßnahme der eigenen Geschäftsverwaltung der Stadtverordnetenversammlung erblickt werden; denn das ZustG. hat im § 10[3] der Stadtverordnetenversammlung für Fälle der vorliegenden Art eine dem früheren Rechte fremde selbständige Stellung angewiesen, hat sie zum alleinigen Organ der Willensmeinung der Stadtgemeinde gemacht und ihr im § 11 die Verpflichtung auferlegt, ihre Beschlüsse auf erhobene Klage im Verwaltungsstreitverfahren in der Parteirolle des Beklagten zu vertreten. Ihre Tätigkeit endet also nicht stets mit der Beschlußfassung, sondern setzt sich fort bis zur Rechtskraft des Beschlusses, gegebenenfalls bis zur endgültigen Entscheidung des Verwaltungsrichters. In diesem ganzen Verfahren ist die Stadtverordnetenversammlung der Einwirkung des Magistrats völlig entzogen und hat selbständig alle zum endgültigen Abschlusse des Streites erforderlichen Schritte namens der Gemeinde zu ergreifen. Dazu gehört auch die Zustellung des Beschlusses an denjenigen, der ihn herbeigeführt hat, und dem gegenüber sie ihn im Streitverfahren zu vertreten hat. Somit bedurfte es überhaupt keines besonderen Beschlusses, um den Stadtverordnetenvorsteher zu ermächtigen, den Beschluß den „Beteiligten" zuzustellen, sondern der Vorsteher war ohne weiteres in der Lage, die Zustellung anzuordnen.

Nr. 3. Entsch. v. 13. Nov. 1908 (OVG. 55 60) II B 10/08.

ZustG. § 10.

Der § 10 ZustG. erweitert keineswegs den Kreis der Fälle, in denen eine Entscheidung über die Berechtigung zur Ablehnung oder Niederlegung von Aemtern und Stellen zu erfolgen hat, gegenüber dem früheren Rechte, so daß auch unter seiner Herrschaft die Befugnis, einen Beschluß der Gemeindevertretung über jene Berechtigung herbeizuführen und danach den Verwaltungsrichter anzurufen, nicht unbeschränkt, sondern nur da besteht, wo die Gemeindeverfassungsgesetze derartige Beschlüsse vorsehen, insbesondere die Wirksamkeit der Ablehnung oder Niederlegung von der Entscheidung einer anderen Stelle abhängig machen oder eine ungerechtfertigte Ablehnung oder Niederlegung mit Strafen oder sonstigen Nachteilen bedrohen. In anderen Fällen würde ein Beschluß der Gemeindevertretung über jene Angelegenheiten unmittelbar keine praktische Wirkung äußern und das Wesen einer theoretischen Erklärung haben.

Die HannStO. v. 24. VI. 58 erfordert nun weder für die Niederlegung des Bürgervorsteheramts die Zustimmung des Kollegiums, noch verknüpft sie die unberechtigte Niederlegung mit Nachteilen. Der Kläger hat infolge seiner Erklärung, die nicht etwa die Amtsniederlegung von der Zustimmung des Bürgervorsteherkollegs abhängig macht, sondern die Niederlegung unbedingt ausspricht und nur das Kolleg zu einer Stellungnahme auffordert, ohne weiteres aufgehört, Bürgervorsteher zu sein. Auch können dieserhalb Strafen gegen ihn nicht festgesetzt werden. Deshalb ist für das durch die §§ 10 und 11 ZustG. geordnete Verfahren kein Raum.

Nr. 4. Entsch. v. 2. Febr. 1909 (OVG. 54 45) II B 15/08.

ZustG. §§ 10, 15; StO. § 17.

1. Hat die Stadtverordnetenversammlung über die Gültigkeit einer Wahl beschlossen, so kann sie nicht wiederholt über die Gültigkeit derselben Wahl beschließen.

2. Nach § 10 Abs. 1² und Abs. 2 ZustG. hat die städtische Gemeindevertretung über die Gültigkeit der Wahlen zur Gemeindevertretung entweder von Amts wegen oder auf Einsprüche zu beschließen. Daß bei der Wahl mehrerer Stadtverordneter nur ein Beschluß zu ergehen habe, Teilbeschlüsse also unzulässig seien, spricht das Gesetz nicht aus. Die Stadtverordnetenversammlung hat über die Wahl jedes einzelnen Stadtverordneten zu beschließen, und wenn auch Gründe vorliegen können, die die Ungültigkeit der Wahl aller Gewählten zur notwendigen Folge haben müssen, so ist doch nicht ausgeschlossen, daß nur die Wahl eines Gewählten etwa mit Rücksicht auf seine persönliche Wahlunfähigkeit für ungültig zu erklären ist, und es ist nicht einzusehen, warum in solchen Fällen nur gleichzeitig über die Gültigkeit der Wahl sämtlicher Gewählten sollte beschlossen werden dürfen. Keinenfalls folgt dies aus dem vom Beklagten geltend gemachten Umstande, daß gegen den Beschluß der Stadtverordnetenversammlung innerhalb zweier Wochen ohne weiteres Klage erhoben werden kann. Allerdings ist in solchen Fällen jeder Beschluß durch Klage anfechtbar, doch ist die Zulässigkeit eines besonderen Streitverfahrens über die Gültigkeit der Wahl jedes einzelnen Gewählten keineswegs ausgeschlossen. Nur über die Gültigkeit der Wahl eines und desselben Stadtverordneten kann nicht in verschiedenen Streitverfahren verhandelt werden. Ist das geschehen, so sind die Sachen zu vereinigen und durch einen Spruch zu entscheiden.

3. Zu welcher Zeit die Stadtverordnetenversammlung über die Gültigkeit der Wahlen zu beschließen habe, insbesondere, daß sie in allen Fällen damit bis zum Ablaufe der Einspruchfrist und dem Eingange der Wahlakten zu warten habe, ist gesetzlich nicht vorgeschrieben. Mag es sich auch der Regel nach empfehlen, die Beschlußfassung bis zu dem gedachten Zeitpunkt auszusetzen, so sind doch Fälle denkbar, wo ohne Bedenken von der Regel abgewichen werden kann. Im vorliegenden Falle bestand bei der Stadtverordnetenversammlung nicht der geringste Zweifel, daß die Wahl für ungültig erklärt werden müsse, weil schon ein Bruder des Gewählten Stadtverordneter war (§ 17 Abs. 2 StO.). Es ist nicht erfindlich, weshalb bei so klarer Sach- und

Rechtslage die Stadtverordnetenversammlung gehindert sein sollte, schon vor dem Eingange der Wahlakten die Ungültigkeit der Wahl auszusprechen. Insbesondere stand dem nicht entgegen, daß der Stadtverordnetenversammlung bei der Beschlußfassung noch nicht bekannt war, ob Einsprüche gegen die Gültigkeit der Wahl bei dem Magistrat eingegangen waren. Die Einsprechenden können nicht verlangen, daß über ihre Gründe befunden wird, und werden in ihren Rechten nicht verletzt, wenn die Stadtverordnetenversammlung aus anderen Gründen die Wahl für ungültig erklärt.

4. In der vorliegenden Entscheidung wird nur das Recht der Stadtverordnetenversammlung anerkannt, in besonderen Fällen schon vor dem Eingange der Wahlakten und dem Ablaufe der Einspruchfrist eine Wahl für ungültig zu erklären. Dagegen kann ihr das Recht, sie vor diesem Zeitpunkte für gültig zu erklären, nicht zugestanden werden. Denn der Beschluß, der die Gültigkeit ausspricht, kann anders als auf eine im Streitverfahren erhobene Klage nicht abgeändert werden. Solche Klagen aber kann nur der erheben, dessen Einspruch durch den Beschluß zurückgewiesen ist, also nicht derjenige, der erst nach Fassung des Beschlusses Einspruch erhoben hat. Da nun die Stadtverordnetenversammlung ihren einmal gefaßten Beschluß nicht rückgängig machen kann, würde durch den vor dem Ablaufe der Einspruchfrist die Gültigkeit aussprechenden Beschluß das Einspruchrecht der stimmfähigen Bürger verkürzt werden.

E. Gemeindebeamte.

Literatur: Aßmann: Versorgungsrecht der Kommunalbeamten (Berlin 1908). — Merkel: Der Gemeindebeamte (Leipzig 1908).

Nr. 1. Entsch. v. 8. Jan. 1909 (PrVerwBl. 30 847) II B 14/08.

KommBG. § 12; WestfStO. § 65.

1. Nach § 12 KommBG. erhalten die städtischen Beamten bei eintretender Dienstunfähigkeit, sofern nicht mit Genehmigung des Bezirksausschusses ein anderes festgesetzt ist, Pension nach den für die Pensionierung der unmittelbaren Staatsbeamten geltenden Grundsätzen. Aus dieser Bestimmung ist nicht etwa zu entnehmen, daß frühere Vereinbarungen, die völlig zu Recht bestanden haben, nachträglich unter der Herrschaft des neuen Gesetzes zu genehmigen seien.

2. Vor Inkrafttreten des KommBG. regelte sich in der Prov. Westfalen die Pensionierung der städtischen Beamten nach § 65 StO. v. 19. III. 56. Danach erhielten die auf Lebenszeit angestellten Beamten, insofern nicht mit ihnen ein anderes verabredet war, bei eintretender Dienstunfähigkeit Pension nach denselben Grundsätzen, die bei den unmittelbaren Staatsbeamten zur Anwendung kamen. Die städtischen Körperschaften in G. hatten nun das „pensionsfähige Gehalt und Gesamteinkommen" des Klägers auf 1800 M festgesetzt und zugleich bestimmt, daß die über 1800 M hinausgehenden Gebühren dem Kläger als Entschädigung für Dienstaufwand mit der Einschränkung verbleiben sollten, daß er von den Gebühren über 2400 M nur 10% zu beziehen habe. Die Beschlüsse wurden dem Kläger mitgeteilt, worauf er seine Unzufriedenheit mit ihnen zum Ausdruck gebracht haben will. Der Bürgermeister zu G. versichert dagegen amtlich, daß bei der Stadt ein Einspruch des Klägers nicht eingegangen sei. Hieraus und aus der vorbehaltlosen Annahme der in den Beschlüssen festgesetzten Beträge, sowie aus dem Antrage des Klägers vom 4. IV. 04, sein pensionsfähiges Gehalt zu erhöhen, folgert die Beklagte und mit ihr der Vorderrichter, daß der Kläger in die Festsetzung seines pensionsfähigen Dienst-

einkommens auf 1800 ℳ gewilligt habe, mithin eine Vereinbarung im Sinne des § 65 StO. vorliege. Dem kann nicht beigetreten werden. In den Beschlüssen von 1899 hat die Gemeinde nur ihren Willen zu erkennen gegeben, daß das pensionsberechtigte Diensteinkommen des Klägers 1800 ℳ betragen solle. Sie hat auch die Beschlüsse dem Kläger nicht zur Erklärung seines Einverständnisses, sondern nur zur Kenntnisnahme mitgeteilt, ist also offenbar der Ansicht gewesen, daß sie die Angelegenheit autonom ohne Zustimmung des Klägers regeln könne. Ebensowenig hat der Kläger in der Mitteilung der Beschlüsse eine Vertragsofferte erblickt, die anzunehmen oder abzulehnen in seiner Macht stand, sondern ist von der irrtümlichen Ansicht befangen gewesen, daß die Gemeinde ohne sein Einverständnis darüber beschließen könne. Eine Vereinbarung im Sinne des § 65 aaO. liegt hiernach nicht vor, und deshalb sind die gedachten Gemeindebeschlüsse für die Frage nicht maßgebend, welcher Teil des Diensteinkommens des Klägers pensionsberechtigt ist, vielmehr bestimmt sich dies lediglich nach den Grundsätzen, die bei den unmittelbaren Staatsbeamten zur Anwendung kommen. Die Anwendung dieser Grundsätze aber setzt voraus, daß der Kläger schon vor den gedachten Gemeindebeschlüssen Beamter der Stadt G. gewesen ist und nicht etwa nur in einem privatrechtlichen Dienstverhältnisse zu ihr gestanden hat. Es ist unstreitig, daß der Kläger stets mit den Geschäften eines Vollziehungsbeamten betraut gewesen ist, und aus den Personalakten geht hervor, daß er von dem Gemeindevorstand wiederholt als „Vollziehungsbeamter" bezeichnet worden ist, was widersinnig wäre, wenn er nicht städtischer Beamter gewesen wäre. Die Geschäfte eines Vollziehungsbeamten werden auch, da mit ihnen auch obrigkeitliche Befugnisse verbunden sind, der Regel nach nur Beamten übertragen, und daß die Gemeinde von dieser Regel habe abweichen und den Kläger nur privatrechtlich verpflichten wollen, dafür fehlt es an jedem Anhalt. War hiernach der Kläger schon vor den Beschlüssen von 1899 städtischer Beamter, so kann er verlangen, nach den für die Pensionierung der unmittelbaren Staatsbeamten geltenden Grundsätzen pensioniert zu werden. Der Kläger bezog als Diensteinkommen nur Emolumente, die ihrer Natur nach steigend und fallend sind und nach § 10³ G. v. 27. III. 72 nach den bei Verleihung des Rechtes auf diese Emolumente deshalb getroffenen Festsetzungen und in Ermangelung solcher Festsetzungen nach ihrem durchschnittlichen Betrage während der drei letzten Etatsjahre vor dem Etatsjahre, in welchem die Pension festgesetzt wird, zur Anrechnung zu bringen sind. Daß bei der Verleihung des Rechtes auf den Bezug der Vollstreckungsgebühren in den Besoldungsetats oder sonst Festsetzungen darüber getroffen waren, in welcher Weise bei dem Kläger diese Gebühren bei der Pensionierung in Anrechnung gebracht werden sollten, ist von keiner Seite behauptet worden. Deshalb greift die Durchschnittsberechnung Platz.

Nr. 2. Entsch. v. 18. Mai 1909 (PrVerwBl. 31 273) II B 37/08.

KommBG. §§ 8, 12; PensionsG. v. 27. III. 72, § 10.

1. Die Stadtgemeinden sind nicht berechtigt, die einem städtischen Beamten (§§ 8ff. KommBG.) bewilligte Gehaltszulage einseitig oder mit dessen Zustimmung von der Ruhegehaltsberechtigung auszuschließen. Zu einer derartigen Festsetzung bedarf es nach § 12 aaO. der Genehmigung des Bezirksausschusses.

2. Der Kläger ist nach Inkrafttreten des KommBG. durch Aushändigung einer Anstellungsurkunde als städtischer Beamter in G. angestellt worden. Auf ihn finden daher die in diesem Gesetze bezüglich der Pensionierung der städtischen Beamten gegebenen Bestimmungen Anwendung. Nach § 12 aaO. erhalten die

städtischen Beamten bei eintretender Dienstunfähigkeit — sofern nicht mit Genehmigung des Bezirksausschusses etwas anderes bestimmt ist — Pension nach den für Pensionierung der unmittelbaren Staatsbeamten geltenden Grundsätzen. In G. ist mit Genehmigung des Bezirksausschusses nichts anderes bestimmt worden. Deshalb regelt sich die Pensionierung des Klägers lediglich nach den Bestimmungen der G. v. 27. III. 72, 31. III. 82, 30. IV. 84, 20. III. 90. Nach § 10 G. v. 27. III. 72 wird das von dem Beamten zuletzt bezogene gesamte Diensteinkommen, soweit es nicht zur Bestreitung von Repräsentations- oder Dienstaufwandskosten gewährt wird, der Berechnung der Pension zugrunde gelegt. Feststehende Dienstemolumente kommen dabei insoweit in Anrechnung, als deren Wert in den Besoldungsetats auf die Geldbesoldung des Beamten in Rechnung gestellt oder zu einem bestimmten Geldbetrage als anrechnungsfähig bezeichnet ist. Bloß zufällige Diensteinkünfte, wie widerrufliche Tantiemen, Kommissionsgebühren, außerordentliche Remunerationen, Gratifikationen und dergleichen, kommen nicht zur Berechnung. Diese Bestimmungen haben durch die späteren Gesetze keine Aenderung erfahren. Der vorliegende Streit dreht sich nun lediglich um die Frage, ob diejenigen 600 ℳ, die dem Kläger als „nicht ruhegehaltsberechtigte Zulage" ausgesetzt worden sind, mit zur Berechnung kommen müssen. Die Ansicht des Vorderrichters, daß diese Frage zu verneinen und die gedachte Zulage nur als ein bloß zufälliger Dienstbezug anzusehen sei, ist rechtlich unhaltbar. Das Gesetz erläutert den Begriff „bloß zufällige" Diensteinkünfte nicht, sondern gibt nur Beispiele, schließt also nicht aus, daß außer den in § 10³ aaO. ausdrücklich bezeichneten Einkünften auch andere als bloß zufällige angesehen werden können. Daß die dem Kläger gewährte Zulage keine Tantieme, Kommissionsgebühr, außerordentliche Remuneration oder Gratifikation darstellt, bedarf keiner näheren Ausführung. Sie ist aber auch kein sonstiger „bloß zufälliger" Dienstbezug. Denn sie ist in dem Besoldungsetat ausgebracht, wird weder für besondere amtliche Verrichtungen vorübergehend, noch für Repräsentations- oder Dienstaufwandszwecke gewährt und kommt, da sie unwiderruflich gewährt ist, bei dem Kläger niemals in Fortfall. Sie ist deshalb ein fester Teil seines Gehaltes geworden und als solcher pensionsberechtigt. Aus welchen Gründen die städtischen Körperschaften sich veranlaßt gesehen haben, dem Kläger schon bei seinem Dienstantritte eine „Zulage" zu bewilligen, ist für die Entscheidung ohne Bedeutung. Sie mag bewilligt sein, um den Kläger wegen des Wegfalls zufälliger, in seinem früheren Amte bezogener Diensteinkünfte schadlos zu halten. Daraus aber folgt nicht, daß auch sie ein nur zufälliger Dienstbezug geworden ist. Abwegig ist auch die Ansicht des Vorderrichters, daß eventuell mit einer „Ortszulage" zu rechnen sei. Ortszulagen sind Gehaltszuschüsse zu den Normalgehaltssätzen, die bestimmten Beamten für ihre Funktion an gewissen Orten gewährt werden und in Wegfall kommen, sobald die Beamten ihre Funktion nicht mehr an diesen, sondern an Orten auszuüben haben, an denen eine Ortszulage nicht gewährt wird.

F. Gemeindeholzungen und Gemeindeanstalten.

Literatur: Most u. a.: Gemeindebetriebe. Neuere Versuche und Erfahrungen (Leipzig 1909/10).

Nr. 1. Entsch. v. 3. März 1908 (PrVerwBl. 30 185) II B 41/07.

StO. § 50; ZustG. § 18; LVG. § 71.

1. Die Kläger verlangen die Anerkennung ihrer im öffentlichen Rechte begründeten Berechtigung zur Teilnahme an den Nutzungen

und Erträgen der der Gemeinde Alt-Ruppin gehörigen Bürgerheide. Das Verlangen ist von dem Magistrat abgewiesen, und dagegen haben die Kläger rechtzeitig Klage erhoben. Der Streit bewegt sich also im Rahmen des § 18 ZustG.

2. Die Aenderung des Klageantrages war zulässig. Denn nach dem gesamten Vortrage der Klage verlangten die Kläger damals im Grunde schon dasselbe, was sie später verlangten, nämlich die weitere Teilnahme an den Erträgnissen der Bürgerheide und die Ungültigkeitserklärung der Beschlüsse der städtischen Körperschaften, durch die ihnen die weitere Nutzung entzogen war. Ein Unterschied besteht nur darin, daß die Kläger anfänglich die Weitergewährung der von ihnen bisher bezogenen Erträgnisse, später dagegen die Anerkennung des Nutzungsrechts für die altberechtigten und diejenigen 34 Hausbesitzer, die es rechtskräftig erstritten haben, verlangten. Durch diese Aenderung aber war das Verteidigungsrecht der Gegenpartei nicht geschmälert, auch keine Verzögerung des Verfahrens eingetreten.

3. In der Sache selbst besteht kein Streit darüber, daß Eigentümerin der Bürgerheide die Stadt Alt-Ruppin ist. Die altberechtigten Hausbesitzer hatten zwar früher das Eigentum für sich beansprucht, diesen Anspruch aber später fallen lassen und das Eigentumsrecht der Stadtgemeinde anerkannt. Streitig dagegen ist, ob die Bürgerheide allgemeines Gemeindegliedervermögen (Bürgervermögen) oder Vermögen einer einzelnen Klasse von Gemeindegliedern (Gemeindegliederklassen-Vermögen) bildet, event. wie der Kreis der Berechtigten begrenzt ist, insbesondere, ob er sich auf alle Hausbesitzer oder nur die sogenannten „altberechtigten" erstreckt. Richtig ist, daß die Bürgerheide Klassenvermögen bildet, unrichtig dagegen, daß alle Hausbesitzer nutzungsberechtigt sind. Das Nutzungsrecht steht vielmehr von den Hausbesitzern nur den Besitzern der altberechtigten 100 und denjenigen 34 Hausgrundstücken zu, für die das Mitnutzungsrecht im Prozeßwege erstritten worden ist. Alle anderen Hausbesitzer sind von der Nutzung ausgeschlossen. Zu dieser Annahme führen folgende Erwägungen: Die altberechtigten 100 Hausbesitzer gründen ihr ausschließliches Nutzungsrecht auf Observanz, also auf örtliches Gewohnheitsrecht. Die Akten des Magistrats, betreffend die Verwaltung der Bürgerheide aus dem Jahre 1746, lassen auch keinen Zweifel darüber, daß im 18. Jahrhundert die Erträge der Bürgerheide stets 100 Hausbesitzern zuflossen. Diese waren zwar damals mit der Bürgerschaft insofern indentisch, als sie allein die Kosten der Gemeindeverwaltung zu tragen hatten; aber sie wurden auch später, wo ihre Identität mit der Bürgerschaft aufgehört hatte, stets als alleinige Nutzungsberechtigte behandelt, und zwar bis in das Jahr 1820. Das kann nur seinen Grund gehabt haben in der Rechtsüberzeugung aller Beteiligten, daß von den Hausbesitzern nur den 100 altberechtigten das Nutzungsrecht zustand. Diese Rechtsüberzeugung müssen insbesondere auch die neu hinzugetretenen Hausbesitzer gehabt haben, da sonst nicht erklärlich wäre, weshalb sie nicht den Versuch gemacht haben sollten, ihr Mitbenutzungsrecht durch die zulässigen Rechtsbehelfe zur Anerkennung zu bringen. Das ist nicht geschehen. Der Bildung einer Observanz zugunsten der 100 altberechtigten Hausbesitzer stand auch nicht entgegen, daß im 18. Jahrhundert mit dem Erlös aus dem geschlagenen Holze zuweilen städtische Schulden bezahlt, eine Feuerspritze beschafft und Beträge ohne Angabe eines bestimmten Zweckes dem Stadtkämmerer überwiesen wurden. Denn abgesehen davon, daß nicht klar erhellt, ob es sich bei diesen Zuwendungen um Erträge aus der Bürgerheide, oder nicht vielmehr der Kgl. Forst, handelt, so könnte aus der tatsächlichen Verwendung für Gemeindezwecke höchstens der Schluß gezogen werden, daß auch die Stadtgemeinde an den Nutzungen teilzunehmen hat, nicht aber, daß es sich um Kämmereivermögen handelt. Auch bei den späteren Verhandlungen

ist wiederholt anerkannt worden, daß früher die altberechtigten Hausbesitzer die allein Berechtigten waren, und ihnen die Nutzungen tatsächlich zugeflossen sind. Hiernach ist der Beweis erbracht, daß mindestens bis zum Jahre 1820 die streitigen Nutzungen einer ganz bestimmten Klasse von Gemeindeangehörigen, nämlich den Besitzern der sogenannten altberechtigten Häuser gleichmäßig zugestanden worden sind, und zwar in Anerkennung rechtlicher Notwendigkeit, in der Handhabung des entsprechenden Gewohnheitsrechtes. Die Bürgerheide also hatte damals die Eigenschaft von Gemeindegliederklassenvermögen, dessen Nutzung nur den Besitzern von 100 bestimmten Häusern zustand. Die von der Nutzung ausgeschlossenen Gemeindeglieder konnten deshalb auch aus der Gemeindeverfassung für sich kein Recht auf Teilnahme an den Nutzungen herleiten. Auch könnte das so begründete Sonderrecht der altberechtigten Hausbesitzer ohne ihre Zustimmung weder durch Gemeindebeschluß noch durch einen Akt der Aufsichtsinstanz aufgehoben oder abgeändert werden. Dagegen war es möglich, daß an die Stelle des bisherigen Gewohnheitsrechts ein anderes trat, daß also sich nach dem Jahre 1820 ein neues, dem bisherigen widersprechendes, Recht dahin bildete, daß auch anderen als den 100 altberechtigten Hausbesitzern die Nutzung zustand. Zur Bildung eines solchen Rechts würde es auch genügt haben, daß einem weiteren Kreise von Bürgern gegenüber in allen Fällen während eines zur Ausbildung des Gewohnheitsrechts ausreichenden Zeitraums der vermeintliche Rechtssatz durch tatsächliche Uebung ohne Widerspruch zum Ausdruck gelangt wäre. Dieser Beweis aber ist nicht erbracht. Im Gegenteil kann als erwiesen gelten, daß eine der bisherigen widersprechende Uebung und eine Ueberzeugung der Beteiligten von der rechtlichen Notwendigkeit einer solchen nach dem Jahre 1820 niemals in die Erscheinung getreten ist. Denn obgleich nach dem Jahre 1820 bis in die neueste Zeit die Ansichten über die Eigenschaft der Bürgerheide weit auseinandergingen, wurde gleichwohl ein Festhalten der Beteiligten an der bisherigen Uebung und Rechtsüberzeugung dadurch bestätigt, daß die Nutzungen der Bürgerheide außer den 100 altberechtigten Hausbesitzern immer nur denjenigen Hausbesitzern überwiesen wurden, die ein Recht darauf durch rechtskräftige Urteile erstritten hatten. Hat sich hiernach ein neues Gewohnheitsrecht nicht gebildet, so blieb das alte bestehen, wonach von den Hausbesitzern nur den 100 altberechtigten und den auf Grund der Judikate berechtigten 34 die Nutzung zusteht, und zwar, wie unstreitig, zu gleichen Teilen.

4. Nach § 1 der Deklaration v. 26. VII. 47 sollen ihre Vorschriften auch dann Anwendung finden, wenn die den Mitgliedern oder Einwohnern als solchen zustehenden Nutzungsrechte noch außerdem durch den Besitz eines Grundstücks oder durch besondere persönliche Verhältnisse bedingt sind. In der bisherigen Rechtsprechung aber ist stets anerkannt worden, daß die Stadtgemeinden bisheriges Bürgervermögen ohne Zustimmung der Berechtigten nur dann in Kämmereivermögen umwandeln können, wenn es nicht zu dem sogenannten Klassenvermögen gehört. Ist letzteres der Fall, so sind die Gemeinden nicht berechtigt, den Berechtigten das Nutzungsrecht wider ihren Willen zu entziehen oder zu schmälern. Hier handelt es sich um Klassenvermögen, und deshalb waren die städtischen Körperschaften nicht berechtigt, ohne Zustimmung der Nutzungsberechtigten das Vermögen in Kämmereivermögen umzuwandeln.

Nr. 2. Entsch. v. 19. Mai 1908 (OVG. 52 29) II B 29/07.

KommAbgG. §§ 4, 90; ZustG. §§ 18, 21.

1. Nach den Anführungen des Klägers ist die von ihm erhobene Klage veranlaßt durch die Absperrung der Wasserleitung für sein Hausgrundstück und

gerichtet auf Einräumung des Rechtes auf die Mitbenutzung der städtischen Wasserleitung als einer öffentlichen Gemeindeanstalt ohne Rücksicht auf die unterbliebene Zahlung des Wassergeldes.

Voraussetzung der Klage ist, daß die städtische Wasserleitung in N. als eine öffentliche Gemeindeanstalt anzusehen ist. Dies trifft nicht zu. Bei Prüfung des Sachverhalts ist davon auszugehen, daß eine gesetzliche Pflicht der Gemeinden zur Versorgung ihrer Einwohner mit Wasser nicht besteht. Wird von einer Gemeinde ein Wasserwerk angelegt, so kann sie es als ein gewerbliches Unternehmen (KommAbgG. § 3) oder als eine öffentliche Gemeindeanstalt (§ 4 daselbst) betreiben. Was im einzelnen Falle die Gemeinde bei Einrichtung eines solchen Werkes beabsichtigt hat, ist Tatfrage. Im vorliegenden Falle lassen die Bestimmungen des Ortsstatuts klar ersehen, daß es von dem Belieben eines jeden Einwohners abhängt, ob er seinen Wasserbedarf aus der städtischen Wasserleitung entnehmen will oder nicht, und daß von einem Anschlußzwange, der übrigens auch nur durch eine — für die Stadt N. nicht erlassene — Polizeiverordnung hätte eingeführt werden können, daher nicht die Rede sein kann. Es besteht zwischen dem einzelnen Wasserabnehmer und der Stadtgemeinde ein Vertragsverhältnis, dessen Kündigung beiden Teilen innerhalb der im § 1 des Ortsstatuts festgesetzten Frist zusteht. Für den Bezug des Wassers wird ein Preis bezahlt, der für die Hausbesitzer im § 7 des Ortsstatuts bestimmt, bezüglich der gewerblichen Betriebe aber in jedem einzelnen Falle besonderer Festsetzung vorbehalten ist. Wegen des zu zahlenden Wasserpreises erfolgt vierteljährliche Abrechnung. Die Wasserrechnung wird nach § 8 vierteljährlich bezahlt, es kann jedoch die Wasserlieferung von der Vorausbezahlung eines dem mutmaßlichen Verbrauch entsprechenden Betrags abhängig gemacht und den mit Zahlung des Wasserzinses im Rückstande bleibenden Abnehmern die Wasserzuführung entzogen werden. Alle diese Bestimmungen ergeben, daß die Stadtgemeinde N. ihr Wasserwerk nicht als eine im öffentlichen Interesse für ihre Einwohner unterhaltene Veranstaltung, sondern als gewerbliche Unternehmung betreibt. Dem steht nicht entgegen, daß die Stadtgemeinde das Wasserwerk für ihre eigenen öffentlichen Zwecke, wie Bewässerung der Straßen und Plätze, benutzt, denn daraus folgt keineswegs eine Berechtigung der Einwohner zur Mitbenutzung. Unerheblich ist ferner in dieser Beziehung, daß die Benutzung der Wasserleitung durch Ortsstatut geregelt ist, denn die Stadtgemeinden sind befugt, auch bezüglich solcher Einrichtungen, die nicht zu den öffentlichen Gemeindeanstalten gehören, statutarische Anordnungen zu treffen. Endlich fällt auch nicht ins Gewicht, daß im Eingange des Ortsstatuts auf den § 4 KommAbgG., der die Erhebung von Gebühren für die Benutzung der von den Gemeinden im öffentlichen Interesse unterhaltenen Veranstaltungen regelt, hingewiesen worden ist; denn aus den angeführten Bestimmungen des Ortsstatuts geht klar hervor, daß die Erhebung einer öffentlich-rechtlichen Gebühr nicht beabsichtigt ist. Der Hinweis auf den § 4 aaO. kann daher nur auf einem Versehen beruhen und ist deshalb für die Beurteilung des rechtlichen Charakters der Einrichtung ohne Bedeutung. Dies gilt auch von der Bestimmung im § 8 des Ortsstatuts, nach der die Beitreibung des Wasserzinses im Wege des Verwaltungszwangsverfahrens erfolgen soll, da diese Art der Beitreibung durch § 90 KommAbgG. nicht bloß für Gebühren, sondern auch für privatrechtliche Vergütungen zugelassen ist, sofern diese, wie hier, nach einem von der Aufsichtsbehörde festgestellten Tarif erhoben werden.

Nr. 3. Entsch. v. 11. Dez. 1908 (PrVerwBl. 30 607) II B 53/07.

HessNassStO. §§ 54, 55, 62.

Bei der Entscheidung der Frage, ob einem einzelnen das Recht zur Teilnahme an den Gemeindenutzungen zusteht, kann es sich sehr wohl um einen Gegenstand handeln, der die Mitglieder des Magistrats, soweit sie auch ihrerseits zur Teilnahme an den Nutzungen berechtigt sind, „berührt" und deshalb ihre Teilnahme an der Beratung und Abstimmung unzulässig macht, wie dies der § 62 HessNassStO. im Abs. 5 bestimmt. Diese — nutzungsberechtigten — Mitglieder des Magistrats haben in einem solchen Falle ein persönliches Interesse jedenfalls dann, wenn durch die Vergrößerung der Anzahl der Teilnehmer an der Nutzung der auf den einzelnen entfallende Anteil geringer wird. Da nun der Magistrat beschlußunfähig war, wenn die nutzungsberechtigten Mitglieder an der Beratung und Abstimmung nicht teilnehmen durften, hatte der Bezirksausschuß auf Grund des § 62 aaO. einen besonderen Vertreter für die Stadtgemeinde zu bestellen, der an Stelle des nach § 55 aaO. zuständigen Magistrats über den Einspruch des Klägers zu beschließen hatte. Dies ist durch die sog. Vollmacht v. 9. VIII. 06 geschehen, durch die der Beklagte „in der Angelegenheit, betr. die Teilnahme an den Gemeindenutzungen in der Stadt Neustadt" zum Vertreter für die Stadtgemeinde bestellt worden ist. Daß die Vollmacht nur den § 47 und nicht auch den § 62 StO. anzieht, ist bei ihrem in keiner Weise beschränkten Inhalt unerheblich. Das Bedenken des Bezirksausschusses, ob es sich bei dem von dem Beklagten erlassenen Beschlusse um einen Beschluß im Sinne des § 55 StO. handele, ist nicht begründet. Eine besondere Form ist für einen solchen Beschluß nicht vorgeschrieben, und die Unterlassung der förmlichen Zustellung des Beschlusses würde zwar zur Folge haben, daß die Frist, innerhalb welcher bei Verlust des Klagerechtes geklagt werden muß, nicht zu laufen beginnt, aber der Zulässigkeit einer Klage gegen den Beschluß nicht entgegenstehen.

2. Das Verlangen des Klägers geht dahin, daß er zur Teilnahme an den Nutzungen des Gemeindevermögens der Stadt Neustadt für berechtigt erklärt und ihm demgemäß die gleiche Abfindung, wie sie den Nutzungsberechtigten damals, als er den Einspruch erhob, in Aussicht gestellt war und, soweit bekannt, inzwischen gezahlt worden ist, gewährt werde. Ob der Kläger, wenn er zur Teilnahme an den Nutzungen des Gemeindevermögens berechtigt wäre, einen Rechtsanspruch auf Gewährung der Abfindung haben würde, was der Beklagte bestreitet, braucht hier nicht erörtert zu werden, weil der Kläger jedenfalls zu der Zeit, als er den Einspruch erhob, zur Teilnahme an den Nutzungen des Gemeindevermögens in Neustadt nicht berechtigt war.

Daß der Kläger, der früher seinen Wohnsitz in Neustadt gehabt, ihn aber dort aufgegeben hatte und nach Frankfurt a. M. verzogen war, früher, als er noch den Wohnsitz in Neustadt hatte, nutzungsberechtigt war, unterliegt keinem Zweifel. Streit besteht nur darüber, ob der Kläger sich trotz seines Verzuges von Neustadt sich dieses Recht dadurch erhalten hat, daß er an die Stadt Neustadt alljährlich das sog. Rekognitionsgeld gezahlt hat. Ein solcher Anspruch hätte sich durch die Vorschrift des § 30 KurhGemO. v. 23. X. 34 begründen lassen, wonach diejenigen Ortsbürger, die sich in eine andere Gemeinde haben aufnehmen lassen und sich darin niedergelassen haben, jedoch ihr Heimatsrecht in ihrer früheren Gemeinde als „Ausbürger", nach deshalb erfolgter Genehmigung des Gemeinderats, beibehalten wollen, ein jährliches Bürgerrekognitionsgeld zu entrichten haben, wonach also Ortsbürger, die aus einem Orte verziehen, dort trotzdem „Bürger" und demgemäß zur Teilnahme an den Gemeindenutzungen berechtigt bleiben konnten. Allein die Bestimmung des § 30 ist durch die für die Provinz Hessen-Nassau erlassenen beiden G. v. 4. VIII. 97 beseitigt worden. Wie im § 54 StO. und im § 40 LGemO. vorgeschrieben ist, regelt sich die Teilnahme an den Gemeindelasten, unbeschadet der aus Verleihungsurkunden oder vertragsmäßigen Festsetzungen sich ergebenden Abweichungen, nach dem bisherigen Rechte mit der Maßgabe, daß an Stelle der Gemeindebürger die Gemeindeangehörigen treten.

Gemeindeangehörige aber sind nach § 3 StO. und § 7 LGemO. mit Ausnahme der nicht angesessenen servisberechtigten Militärpersonen des aktiven Dienststandes diejenigen, die innerhalb des Gemeindebezirks einen Wohnsitz haben. Zur Teilnahme an den Gemeindenutzungen ist daher nach dem jetzt geltenden Rechte nur berechtigt, wer in dem Gemeindebezirk einen Wohnsitz hat.

G. Gemeindehaushalt und Zwangsetatisierung.

2. Die Kosten der Polizeiverwaltung.

Nr. 1. Entsch. v. 30. Okt. 1908 (OVG. 55 63) I A 180/07.

PolVerwG. v. 11. III. 50 §§ 1, 3.

Die Polizeiaufsichtsbehörde ist nach § 1 Abs. 2 PolVerwG. v. 11. III. 50 (vgl. auch § 50 Abs. 3 LVG.) allgemein berechtigt, der Ortspolizeibehörde Anweisungen in polizeilichen Angelegenheiten zu erteilen. Das G. betr. den Verkehr mit Nahrungsmitteln usw., v. 14. V. 79 enthält keinerlei Vorschriften, aus denen zu entnehmen wäre, daß die Ortspolizeibehörde auf diesem Gebiet abweichend von ihrer ganzen sonstigen Stellung als eines untergeordneten Gliedes der einheitlichen Polizeigewalt selbständiger gegenüber den Polizeibehörden gestellt wäre. Wenn auch dem Ermessen der Polizeibehörde durch das Gesetz Raum gelassen ist, so folgt doch aus dem Verhältnis, in dem die Ortspolizeibehörden zu den Polizeiaufsichtsbehörden stehen, daß die letzteren durch ihre Anweisungen das Verfahren der Ortspolizeibehörden regeln dürfen. Die Anweisungen der Polizeiaufsichtsbehörden sind für die Ortspolizeibehörde verbindlich und müssen von ihr befolgt werden, gleichviel, ob die Anweisungen notwendig und zweckmäßig sind. Daher scheidet die Frage, ob die Untersuchungen früher in E. sachgemäß ausgeführt wurden, und ob ein Bedürfnis zur Aenderung des Verfahrens vorlag, hier völlig aus. Auch kann dahingestellt bleiben, ob die Anordnung, daß die Proben gerade dem Untersuchungsamte zu M. übersandt werden sollten, notwendig war, um den Bestimmungen des NahrungsmittelG. und dem öffentlichen Interesse zu genügen, und ob es nicht zur Wahrung des öffentlichen Interesses, das durch die Nahrungsmitteluntersuchungen zu schützen ist, ausgereicht hätte, wenn die Anordnung dahin gegangen wäre, eine bestimmte Anzahl Proben zu entnehmen und einer geeigneten Stelle, deren Auswahl der örtlichen Polizeiverwaltung überlassen blieb, zu übersenden. Alles dies ist hier nicht zu prüfen. Da die Kosten durch eine polizeiliche Tätigkeit entstanden sind und deshalb — ohne Rücksicht darauf, ob die Polizeiverwaltung aus eigner Entschließung oder auf Anweisung der Aufsichtsbehörde gehandelt hat, — zu den Kosten der örtlichen Polizeiverwaltung im Sinne des § 3 PolVerwG. die von der Gemeinde zu tragen sind, gehören, so rechtfertigt sich auch die Zwangsetatisierung*).

---

*) In einer ähnlich liegenden Streitsache — Entsch. v. 26. III. 09, I A 146/08 — machte die klagende Stadtgemeinde geltend, durch die der Zwangsetatisierung zugrunde liegende Anordnung werde die örtliche Polizeiverwaltung an der pflichtmäßigen Erfüllung der ihr durch das NahrungsmittelG. zugewiesenen Aufgaben insofern gehindert, als durch die Ueberweisung sämtlicher Nahrungsmitteluntersuchungen an das öffentliche Nahrungsmitteluntersuchungsamt in E. eine wirksame Untersuchung in vielen Fällen, wie bei Trinkwasser, Milch, frischen Lebensmitteln zur Sommerzeit, unmöglich gemacht oder in bedenklicher Weise verzögert werde. Der beklagte Regierungspräsident hielt dem entgegen, daß seiner Anordnung nur das Mindestmaß für die Nahrungsmitteluntersuchungen vorschreibe. Der

Nr. 2. Entsch. v. 23. Febr. 1909/ (PrVerwBl. 30 845) V B 24/08.

1. Das OVG. hat immer daran festgehalten, daß eine Gemeinde, die die Aufbringung der Polizeikosten verweigert, hierzu nur im Wege der Zwangsetatisierung angehalten werden kann, daß der Erlaß einer polizeilichen Zwangsverfügung zu diesem Behuf unstatthaft ist, und daß die Gemeinden durch Verfügung der Ortspolizeibehörde nur gezwungen werden können, die der Erfüllung polizeilicher Zwecke dienenden Kommunalanstalten zu erhalten und zu vervollständigen.

Hiernach hätte der Regierungspräsident gemäß § 19 ZustG. die für die kreisärztlichen Gutachten erwachsenen Kosten als eine der Stadtgemeinde gesetzlich obliegende Leistung feststellen und dann zwangsetatisieren müssen.

2. Bei allen drei Angelegenheiten, die die Einholung kreisärztlicher Gutachten notwendig machten, handelte es sich um Gegenstände aus dem Gebiete der ortspolizeilichen Tätigkeit. Es sollten gesundheitschädliche Zustände aufgedeckt oder abgestellt werden, die im nachbarlichen Gemeindeinteresse nicht geduldet werden durften und durchaus lokaler Natur waren; die kreisärztliche Hilfe wurde erforderlich, weil sich ohne sie nicht übersehen ließ, ob eine Gesundheitsgefahr wirklich vorliege und bejahendenfalls, auf welche Weise ihr entgegenzutreten sei. Hätte die Ortspolizeibehörde zur Vorbereitung ihrer Entschließung in den drei Angelegenheiten den Kreisarzt zugezogen, so wären die Kosten unzweifelhaft ortspolizeiliche gewesen.

Nun hat die Polizei aber nicht zu ihrer Information den Kreisarzt um die Gutachten ersucht, sondern in den Fällen zu 1 und 2 zufolge Ersuchens des Landrats, im Falle zu 3 gemäß dem Auftrage des Regierungspräsidenten den Kreisarzt aufgefordert, die Gutachten einzureichen. Man könnte meinen daß dies für die Beurteilung der Frage, wem die Kosten für die Gutachten zur Last fallen, gleichgültig sei, weil es bei Anordnungen der Ortspolizei nicht darauf ankomme, ob sie auf Anweisung einer höheren Instanz ergangen sind oder auf eigner Initiative beruhen, und weil ortspolizeiliche Maßregeln dadurch, daß sie auf Anweisung der vorgesetzten Polizeiaufsichtbehörde getroffen werden, noch nicht zu landespolizeilichen werden. Indessen ist zu beachten, aus welchem Grunde hier der Landrat und der Regierungspräsident die kreisärztlichen Gutachten haben beschaffen lassen; es geschah nicht, weil sie — befugterweise — sich ausnahmsweise an die Stelle der Ortspolizei hätten setzen wollen, und auch nicht, weil sie die Ortspolizei in einer bei ihr schwebenden Angelegenheit von Aufsichtwegen auf das zu einer sachgemäßen Erledigung ihrer Ansicht noch erforderliche Einziehen eines kreisärztlichen Gutachtens hinzuweisen beabsichtigten; sondern die Begutachtung des Kreisarztes war für beide Instanzen notwendig, weil sie in den durch Vorstellungen oder Beschwerden gegen orts-

---

örtlichen Polizeiverwaltung bleibe es unbenommen, über dieses Maß hinauszugehen und insbesondere dringliche Untersuchungen leicht verderblicher Nahrungsmittel nach wie vor am Orte vornehmen zu lassen. Das OVG. beließ es bei der Abweisung der Klage und führte dabei aus: Die zur Zwangsetatisierung gebrachte Forderung und die ihr zugrunde liegende Anordnung unterliegt im Verwaltungsstreitverfahren der Nachprüfung lediglich auf ihre Gesetzmäßigkeit, nicht aber auch auf ihre Notwendigkeit oder Zweckmäßigkeit. Demzufolge hat auch die Frage auszuscheiden, ob und in welchem Umfange die streitige Anordnung zu unerwünschten praktischen Folgen zu führen geeignet ist. Um nichts anderes als dies handelt es sich aber bei dem Einwande der Klägerin; denn es wird damit aus Erwägungen praktischer Natur nur in Abrede gestellt, daß es sachgemäß sei, sämtliche Untersuchungen bei dem Amte in E. vornehmen zu lassen. Die streitige Anordnung hindert es nicht, Untersuchungen, soweit erforderlich, auch an Ort und Stelle vornehmen zu lassen. Werden dadurch besondere Unkosten verursacht, die im Vereine mit denen der Inanspruchnahme des Untersuchungsamts in E. eine Verteuerung der Nahrungsmittelkontrolle für die Klägerin begründen, so berührt das alles die hier allein in Betracht kommende Frage der Gesetzmäßigkeit der streitigen Anordnung nicht.

polizeiliche Anordnungen an sie gelangten Angelegenheiten für ihre Entscheidung über die bei ihnen gestellten Anträge einer Unterlage bedurften.

Alle drei Fälle lagen insofern gleich, als die höhere Instanz eine Entscheidung der Lokalinstanz bereits überall vorfand, mithin keinen Anlaß hatte, deren Tätigkeit etwa im Aufsichtwege in Gang zu setzen oder nach gewisser Richtung zu leiten; nur für sich selbst bedurfte die zur Entscheidung kraft eigener Zuständigkeit berufene höhere Behörde der weiteren Information durch den Kreisarzt, und nur aus diesem Grunde zog sie die Gutachten ein. Wenn letzteres in der Weise geschah, daß der Polizeiverwaltung in M. aufgegeben wurde, die Gutachten vom Kreisarzte zu beschaffen und einzureichen, so wurde dadurch die Rechtslage nicht verschoben; die Ortspolizei war, wie die Klägerin zutreffend sagt, insoweit nur der Bote des Landrats und des Regierungspräsidenten. Der Charakter der Angelegenheit, für die die Gutachten eingefordert wurden, blieb trotz dieser Zwischentätigkeit der Ortspolizei derselbe; es blieben Sachen, die in der Beschwerdeinstanz schwebten und dort zu entscheiden waren, nachdem die Lokalinstanz schon früher Stellung genommen hatte. Gerade der Umstand, daß die Angelegenheiten in der Beschwerdeinstanz anhängig waren, hat zur Folge, daß es auf den ursprünglich in das ortspolizeiliche Tätigkeitsgebiet fallenden Gegenstand nicht mehr ankommt; denn die Beschwerdesachen sind Angelegenheiten der Aufsichtbehörden, und auch da, wo es sich nicht um formelle Beschwerden handelt, wird durch die Anrufung der vorgesetzten Behörde die Angelegenheit aus dem Gebiete der Ortspolizei in das der Landespolizei gerückt. Beschwerde- und Aufsichtsachen werden von der Landespolizeibehörde bearbeitet und zwar auf Kosten des Staates, ohne daß zwischen mittelbaren und unmittelbaren Polizeikosten unterschieden würde. Daher gehören auch die Gebühren für die kreisärztlichen Gutachten zu den landespolizeilichen Ausgaben und sind vom Staate, nicht von der Klägerin zu tragen.

Nr. 3. Entsch. v. 28. Mai 1909 (OVG. 55 29) I A 195/08.

PolizeikostenG. v. 20. IV. 92 §§ 1, 2.

Wird eine Leiche, weil die Todesursache sich nicht feststellen läßt und Choleraverdacht nicht ausgeschlossen ist, auf Anordnung des Kreisarztes von der Polizeibehörde „zur Sicherheit und Feststellung der Todesursache" nach einer Leichenhalle geschafft, so gehören die Transportkosten zu den unmittelbaren Polizeikosten, die nach §§ 1, 2 G. v. 20. IV. 92 vom Staate zu bestreiten sind. Denn der Transport der Leiche nach dem Krankenhause war eine Maßregel, die bestimmt und geeignet war, das Ermittelungsverfahren fortzusetzen und zu einem zuverlässigen Abschlusse zu führen, und die Polizeibehörde bezweckte damit, für ihr eigenes weiteres Vorgehen die Grundlage zu gewinnen. Darin liegt eine Tätigkeit der Polizeibeamten, die zur Erfüllung einer der Polizei selbst obliegenden Aufgabe, aber nicht zur Herstellung eines von ihr angeordneten Zustandes erfolgt.

VIII.

Landgemeinden und Gutsbezirke.

Gesetzliche Grundlagen (einschließlich Materialien): G. v. 25. I. 09 (GS. 7), betr. die Verpflichtung zum Besuche ländlicher Fortbildungsschulen in der Provinz Hannover. VhdlAH. 1907/08: Drucks. Nr. 213; StenB. 4491, 4567; HH. Drucks. Nr. 67, 72; StenB. 261. — Desgl. in der Provinz Schlesien. G. v. 2. VII. 10 (GS. 129). VhdlHH. Drucks. Nr. 7, 36, 49; StenB. 11, 26; AH. Drucks. Nr. 234, 364, 420, 430, 434; StenB. 3616, 6116, 6178. —

Literatur: Aßmann: Versorgungsrecht der Kommunalbeamten (Berlin 1908). — Barth: Der Gemeindesekretär[4] (Linz a. D. 1908). — v. Brauchitsch: Verwaltungsgesetze 3[18] (7. Bearbeitung von F. Freund [Berlin 1910]). — Dasbach-Binz: Die rheinische Landgemeindeordnung[5] (Trier 1909). — Genzmer: Die Landgemeindeordnung v. 3. VII. 91[3] (Berlin 1908). — v. Kamptz: Die Landgemeindeordnung für die Prov. Westfalen[2] (Paderborn 1910). — Maraun-v. Rohrscheidt: Verwaltungsvorschriften f. preußische Gemeinde-, Polizei- und Kreisbehörden (Jahrg. 1906—1909) (Berlin 1908—1910). — Merkel: Der Gemeindebeamte (Leipzig 1908). — Most u. a.: Gemeindebetriebe. Neuere Versuche und Erfahrungen (Leipzig 1909/10). — Schmidt: Die Landgemeindeordnung für die Provinz Westfalen und die Kommunalabgabengesetze[2] (Düsseldorf 1910). — Wilden: Die Kommunalverwaltung Preußens (Düsseldorf 1910). Im übrigen vgl. oben unter I (Provinzialverbände).

A. Rechtliche Stellung und kommunale Eigenschaft der Landgemeinden und Gutsbezirke.

1. Kommunale Eigenschaft, Entstehung und Aenderung der Landgemeinden.

Nr. 1. Entsch. v. 20. Dez. 1907 (PrVerwBl. 29 992) I C 28/06.

1. In betreff der B.er Feldmark nimmt der Bezirksausschuß an, die Eingemeindung sei dadurch bewirkt, daß die Landdrostei zu H. am 6. XI. 48 den Anschluß an die Gemeinde M. verfügt habe, worauf auch das Amt zu H. in der Anlage zu einem Berichte vom 3. VII. 49 einen entsprechenden Vermerk über den Anschluß gemacht habe. Diese Annahme beruht weder auf einem Rechtsirrtum noch auf einem Mangel des Verfahrens. Die Akten der vormaligen Landdrostei zu H. ergeben, daß das Amt in einem der Landdrostei überreichten Plane vorgeschlagen hatte, die B.er Feldmark als eine eigene Gemeinde festzustellen, die Landdrostei aber darauf in einer an das Amt erlassenen Verf. erklärt hat: „Die B.er Feldmark wird der Gemeinde M. anzuschließen sein" und alsdann das Amt in einer der Landdrostei überreichten Uebersicht neben der Gemeinde M. unter „Nachricht, inwieweit der Anschluß aller bisher getrennt bestandenen Besitzungen an die Gemeinde beschafft ist", hinsichtlich der B.er Feldmark und einzelner anderer Besitzungen vermerkt hat: „werden angeschlossen". Durch die Verf. v. 6. XI. 48 ist von der Landdrostei die kommunalrechtliche Vereinigung der B.er Feldmark mit der Landgemeinde M. ausgesprochen worden. Wenn es in der Verf. der Landdrostei heißt, die B.er Feldmark „wird" der Gemeinde M. „anzuschließen sein", so wird damit nicht die Anordnung der kommunalrechtlichen Vereinigung hinausgeschoben, sondern nur die Ausführung der Anordnung als zukünftig angesehen. Dieselbe Verf. bemerkt zu 2 und 3 hinsichtlich der dort bezeichneten Weiden, „ist" der genannten Gemeinde „beizulegen" und zu 10 bis 14 hinsichtlich gewisser Güter, das Gut „wird" mit der Gemeinde „zu verbinden sein". Hierin muß aber ein endgültiger Ausspruch über die kommunalrechtliche Vereinigung gefunden werden, weil nicht erkennbar ist, daß und warum sich die Landdrostei noch eine spätere Entscheidung hätte vorbehalten wollen. In bezug auf verschiedene andere Besitzungen sagt die Verf. (zu 7, 16 bis 22): „fällt" oder „kommt" an die Gemeinde und spricht damit ohne Zweifel den sofortigen Anschluß an sie aus. Danach ist anzunehmen, daß dies auch bei der B.er Feldmark usw. beabsichtigt war und daß es sich hier nur um eine bedeutungslose Verschiedenheit der Ausdrucksweise handelt.

2. Die Anordnung der Landdrostei zu H. über den Anschluß der B.er Feldmark an die Gemeinde M. ist nun aber ein organisatorischer Verwaltungsakt. Bei einem solchen hat der Verwaltungsrichter nur zu prüfen,

ob er von einer an sich zuständigen Behörde ausgegangen ist, nicht aber, ob die tatsächlichen Voraussetzungen für dessen Erlaß vorgelegen haben und ob das Verfahren frei von Mängeln war. Die Zuständigkeit der Landdrostei zur Eingemeindung wird jedoch vom Kläger nicht bestritten und ist auch an sich nicht zu bezweifeln (vgl. OVG. 37 172). Die weitere Prüfung, ob die tatsächlichen Voraussetzungen für die Eingemeindung gegeben waren, steht daher dem Verwaltungsrichter nicht zu, also auch nicht die Prüfung, ob die B.er Feldmark vorher kommunalfrei war oder ob sie eine Gemeinde für sich bildete. Auch wenn die B.er Feldmark eine besondere Gemeinde gebildet haben und unter dieser Voraussetzung die Landdrostei zu deren Vereinigung mit einer anderen Gemeinde nicht befugt gewesen sein sollte, so würde es sich doch dabei um den Mangel einer hier nicht mehr festzustellenden tatsächlichen Voraussetzung des Eingemeindungsakts handeln. Ebensowenig ist der Verwaltungsrichter berufen, das Verfahren bei der Eingemeindung einer Nachprüfung daraufhin zu unterziehen, ob die Beteiligten vorher gehört worden waren, ob die Entscheidung ordnungsmäßig eröffnet worden ist usw. Eine abschließende Entscheidung der Landdrostei liegt vor in der Verf. v. 6. XI. 48, wodurch der Anschluß der B.er Feldmark an die Gemeinde M. angeordnet worden ist. Einer besonderen Form bedurfte die Entscheidung nicht. Daß dabei eine Berufungsfrist vorzuschreiben gewesen wäre, wie dies später nach der MinBek. v. 28. IV. 59 (GS. 391) am Ende zu geschehen hatte, und daß ohne Setzung einer solchen Frist der Eingemeindungsakt rechtsunwirksam wäre, kann nicht anerkannt werden.

3. Anders steht es indes mit der Vorentscheidung, soweit sie das Erbenholz betrifft. Hinsichtlich des Erbenholzes beschränken sich die Gründe des Berufungsgerichts auf den Satz: „In gleicher Weise und aus gleichem Grunde ist auch die Zugehörigkeit des Erbenholzes zur Gemeinde M. als begründet anzusehen, wie sich aus den Katasterverhandlungen im Jahre 1869 und dem Ber. des Amtes H. v. 12. VII. 79 ergibt.“ Sowenig wie angenommen werden konnte, daß durch die Grenzveränderung im Jahre 1869 in Verbindung mit der Aenderung der Grenze des Amtsbezirks im Jahre 1871 die B.er Feldmark der Gemeinde M. angeschlossen worden wäre, sowenig liegt in diesen Vorgängen ein Grund, aus dem ein Anschluß des von der Grenzveränderung gar nicht berührten Erbenholzes zu entnehmen wäre. Insoweit gilt, was für die B.er Feldmark bemerkt ist, auch für das Erbenholz. Ferner ist nicht ersichtlich, wie aus den Katasterverhandlungen für die Zugehörigkeit des Erbenholzes zur Gemeinde M. mehr entnommen werden könnte, als daß das Erbenholz bei diesen Verhandlungen allseitig als Teil des Gemeindebezirkes von M. betrachtet wurde. Das aber ist nicht entscheidend, falls das Erbenholz früher erweislich nicht zum Gemeindebezirke von M. gehört hat und es an einem Eingemeindungsakte fehlt. Wenn sich das Berufungsgericht ferner auf den „Ber. des Amtes v. 12. VII. 79“ bezieht, womit wohl der Bescheid von diesem Tage gemeint ist, so ist daraus nur zu ersehen, daß das Erbenholz ebenso wie die B.er Feldmark als Zubehör des M.er Gemeindebezirkes behandelt worden war und daß das Amt das Erbenholz als Teil dieses Gemeindebezirkes ansah. Durch die Behandlung des Erbenholzes als Teil des Gemeindebezirkes und durch die Ansicht des Amtes über dessen kommunalrechtliche Eigenschaft wurde aber ein Eingemeindungsakt nicht ersetzt und das kommunalrechtliche Verhältnis des Erbenholzes nicht verändert.

4. Gegenüber den Ausführungen des Beklagten ist noch hervorzuheben, daß die Eintragung des Erbenholzes in der Grundsteuermutterrolle von M. die kommunale Zugehörigkeit nicht beweist, daß die Grenzen der Kommunalbezirke durch die Bildung der Kreisgrenzen nicht erweitert oder festgestellt worden sind und daß die Verträge über Wegeunterhaltung usw. sowie die

Gemeindebeschlüsse über Regelung des Beitragsfußes für die Frage der kommunalen Zugehörigkeit ohne Bedeutung sind.

Nr. 2. Entsch. v. 2. Juli 1909 (PrVerwBl. 31 95) I C 50/08.

Für die Annahme des Bestehens einer Landgemeinde zur Zeit des Inkrafttretens des ALR. bedarf es entweder des Nachweises, daß eine bäuerliche Feldmark mit bäuerlichen Besitzern — die regelmäßige Grundlage einer Landgemeinde — bestanden hat, oder beim Fehlen dieser Grundlage des Nachweises, daß die Bewohner der Ortschaft tatsächlich als Gemeinde organisiert gewesen sind und ein Gemeindeleben geführt haben. Im vorliegendem Falle ist eine Mehrzahl spannfähiger bäuerlicher Nahrungen auf dem früheren Vorwerkslande vor dem Inkrafttreten des ALG. vorhanden gewesen; es liegt somit die regelmäßige normale Grundlage einer Landgemeinde vor und bedarf es nicht mehr des weiteren Nachweises einer gemeindlichen Organisation. Die Berufung des Vorderrichters auf OVG. 9 92 ist nicht zutreffend. Gerade in diesem Urteile wird obiger Grundsatz aufgestellt und der Mangel der gemeindlichen Zusammengehörigkeit der Genossenschaft der bäuerlichen Feldmark als eine Anomalie bezeichnet, die, wenn auch nicht rechtlich unmöglich, so doch erwiesen sein müßte, um aus ihr den Mangel der rechtlichen Existenz einer Gemeinde für solche Feldmark zu folgern. Ein derartiger Nachweis kann aber nicht aus der bloßen Tatsache entnommen werden, daß die ersten Besitzer in einem nahen Familienverhältnis zueinander gestanden haben, wenn auch zugegeben werden mag, daß aus diesem Grunde sich die gemeindlichen Verhältnisse anfangs in mehr oder minder patriarchalischer Form abgewickelt haben mögen.

Nr. 3. Entsch. v. 14. Jan. 1908 (OVG. 52 51) I B 33/05.

LGemO. §§ 3, 4.

1. Wenngleich der Verwaltungsrichter die Aufgabe hat, für eine Berichtigung der Parteirollen zu sorgen, so ist er doch nicht berechtigt, eine Behörde oder eine öffentlich-rechtliche Korporation ohne ihre Einwilligung als Mitklägerin zu behandeln. Da der Magistrat der Stadtgemeinde D. nicht zu erkennen gegeben hatte, daß er klagen wollte, ist es daher unstatthaft, ihm oder der durch ihn vertretenen Stadtgemeinde die Klägerrolle zuzuweisen; die Stadtgemeinde D. durfte nur als Beigeladene behandelt werden. Dagegen ist der Kommissar zur Wahrnehmung des öffentlichen Interesses als Mitkläger zu betrachten, weil er sich dem Klageantrag angeschlossen hat. An der Berechtigung eines solchen Kommissars zur Erhebung der Klage auf Feststellung der kommunalen Zugehörigkeit eines Grundstücks kann aber nicht gezweifelt werden. Zur Bestellung eines Kommissars war der Vorsitzende des Gerichts nach § 74 Abs. 3 LVG. befugt, da ein öffentliches Interesse, soweit es eine Voraussetzung der Bestellung des Kommissars ist, jedenfalls anerkannt werden muß, wenn es sich um die Feststellung der zweifelhaften Grenze eines Gemeindebezirkes handelt. Auch war die Befugnis des Vorsitzenden des Bezirksausschusses zur Bestellung des Kommissars nicht dadurch ausgeschlossen, daß der Regierungspräsident das Vorhandensein eines öffentlichen Interesses an der Aenderung des bestehenden Zustandes verneint hatte. War der zur Wahrnehmung des öffentlichen Interesses bestellte Kommissar befugt, auf Feststellung der kommunalen Grenze zu klagen, so kann dahingestellt bleiben, ob J. als Eigentümer des Grundstücks allein zur Klageerhebung berechtigt gewesen wäre. Als Mitkläger muß der Besitzer des Grundstücks, dessen kommunale Eigenschaft festgestellt werden soll, jedenfalls zugelassen werden, weil er sonst hätte beigeladen werden müssen.

2. Der Bezirksausschuß nimmt an, für die kommunale Zugehörigkeit des im Grundsteuerkataster einer Landgemeinde verzeichneten Grundstücks sei weder das Grundsteuerkataster noch die Eintragung im Grundbuch entscheidend, aber aus dem alten Erbbuche sei die Zugehörigkeit zur Stadtgemeinde D. oder doch eine Vermutung hierfür zu entnehmen. In bezug auf Kataster und Grundbuch kann dem Bezirksausschusse nur beigetreten werden. Aber darin kann ihm nicht gefolgt werden, daß durch die Eintragung im alten Erbbuch ohne weitere Nachforschungen die Feststellung der Zugehörigkeit zur Stadtgemeinde D. gerechtfertigt wird. Das alte Erbbuch diente — ebenso wie das spätere Hypotheken- und das heutige Grundbuch — zur Beurkundung privatrechtlicher Verhältnisse. Es wurde nicht bloß für die städtischen, sondern auch für die ländlichen zum D.er Gebiete gehörigen Grundstücke geführt und war zur Feststellung des Umfanges der Kommunalverbände nicht bestimmt. Insofern ist daher seine Bedeutung keine wesentlich andere als die des heutigen Grundbuchs. Gleichwohl ist der in das spätere Hypothekenbuch übernommenen Eintragung im alten Erbbuche nicht alle Bedeutung für die Beurteilung der kommunalen Zugehörigkeit abzusprechen.

Nach dieser Eintragung gehörte das Grundstück zu der Vorstadt „Stadtgebiet". Da aber bei den Eintragungen im Erbbuche Vertreter der Obrigkeit anwesend sein mußten, so darf aus der Beschreibung der Lage gefolgert werden, daß das Grundstück damals von den Behörden zur Vorstadt „Stadtgebiet" gerechnet wurde. Dadurch wird indes der Verwaltungsrichter nicht der Verpflichtung zu weiteren Nachforschungen in betreff der kommunalen Zugehörigkeit überhoben. Da sich nach § 18 Tit. 7 T. II ALR. die Grenzen der Landgemeinden nach den Grenzen der Dörfer und ihrer Feldmarken bestimmen, so kommt es auch auf einen etwaigen früheren wirtschaftlichen Zusammenhang des streitigen Grundstücks mit dem Dorfe O. und seiner Feldmark an. Sollte die ganze Vorstadt „Stadtgebiet" früher zu O. gehört haben, so würde ermittelt werden müssen, wann, wie und in welchem Umfange die Abtrennung erfolgt ist und ob sich ein Zusammenhang des streitigen Grundstücks mit dem abgetrennten Teile nachweisen läßt. Als ein Beweis für die Zugehörigkeit zur Stadt könnte insbesondere die Zahlung des Kaufschosses in Betracht kommen, der bei Erbeskäufen in der Stadt und der Zuschrift im Erbbuche zu entrichten war, aber anscheinend nur von den zum Kommunalverbande der Stadt D. gehörigen Grundstücken erhoben werden durfte, von anderen bloß dann, wenn darauf die Abgabe „kontraktlich" ruhte. Wurde das Grundstück seit dem Anfange des 19. Jahrhunderts zur Gemeinde O. gerechnet und zu Gemeindesteuern von O. herangezogen, so wurde dadurch eine Kommunalbezirksveränderung nicht herbeigeführt, wenn es früher zu einer Vorstadt oder zur städtischen Feldmark gehörte. Denn die im § 6[3] G. v. 31. XII. 42 gegebene Bestimmung über den Hinzutritt zu einer Gemeinde durch eine ohne Widerspruch der Beteiligten wirklich ausgeführte Vereinigung setzt voraus, daß das Grundstück in einem Gutsbezirke lag, gilt aber nicht für den Fall, daß ein städtisches Grundstück mit einer Landgemeinde vereinigt wurde, auch wenn die Stadt Gutsherr über die Landgemeinde gewesen sein sollte.

Ebensowenig vermochte die spätere Aufnahme in die Grundsteuermutterrolle von O. das Kommunalverhältnis des Grundstücks zu ändern. Gegenüber der Bemerkung der Beklagten, es habe sich hinsichtlich der Zugehörigkeit des Grundstücks zu O. eine „Gewohnheit" herausgebildet, mag noch erwähnt werden, daß die Zugehörigkeit einzelner Grundstücke zu einer Gemeinde nicht den Inhalt eines Gewohnheitsrechts, d. i. einer objektiven Rechtsregel, bilden kann.

Nr. 4. Entsch. v. 23. Febr. 1909 (OVG. 54 52) I B 41/07.

LGemO. §§ 3, 4; LVG. § 74.

Wird, wiewohl die Feststellung der kommunalen Zugehörigkeit eines Grundstücks geboten ist, von den beteiligten Gemeinden oder Gutsbezirken die entsprechende Klage nicht erhoben, so ist behufs ihrer Erhebung ein Kommissar zur Wahrnehmung des öffentlichen Interesses gemäß § 74 Abs. 3 LVG. zu bestellen. Erheischt aber das öffentliche Interesse eine alsbaldige Regelung, die also bis zu einer endgültigen Entscheidung im Verwaltungsstreitverfahren nicht hinausgeschoben werden kann, so hat über die Festsetzung der streitigen Grenzen nach § 4 Abs. 2 LGemO., je nachdem es sich um die Zugehörigkeit eines Grundstücks zu einem ländlichen oder städtischen Bezirke handelt, der Kreisausschuß oder der Bezirksausschuß einen Beschluß zu fassen, bei dem es bis zur Entscheidung im Verwaltungsstreitverfahren sein Bewenden behält. Ein einzelner ist dagegen nicht befugt, über die kommunale Zugehörigkeit eines Grundstücks im Wege der Klage eine Entscheidung herbeizuführen, deren Bedeutung sich naturgemäß nicht auf die Parteien beschränken kann, sondern eine allgemein bindende Geltung beansprucht. Zur Begründung einer solchen Befugnis fehlt es auch für denjenigen, dem das in bezug auf seine kommunale Eigenschaft streitige Grundstück eigentümlich gehört, an einer entsprechenden gesetzlichen Bestimmung. Sowenig der einzelne Gemeindeangehörige der Gemeinde gegenüber auf grundsätzliche Feststellung seiner Abgabenpflicht oder Abgabenfreiheit klagen kann, ebensowenig kann ein einzelner Besitzer im Streitverfahren einen Ausspruch über die Zugehörigkeit oder Nichtzugehörigkeit seines Grundstücks zum Gemeindebezirke begehren. Dagegen ist es dem einzelnen unbenommen, überall da, wo aus der nach seiner Meinung unzutreffenden Annahme über die kommunale Zugehörigkeit eines Grundstücks gegen ihn Rechtsfolgen gezogen werden, diesen im geordneten Wege entgegenzutreten. Wird daher beispielsweise die Klägerin wegen des Besitzes des in Rede stehenden Grundstücks zu einer Gemeindesteuer in S. herangezogen, so steht es ihr frei, mit der Behauptung, daß das Grundstück nicht zum Gemeindebezirke von S. gehöre, eine Freistellung von der Steuer im Einspruchs- bzw. Streitverfahren zu betreiben. Soweit in älteren Entscheidungen des erkennenden Senats ein anderer Standpunkt eingenommen ist, erfährt er durch die vorstehende Darlegung seine Berichtigung.

3. Kommunale Eigenschaft von Trennstücken eines Gutsbezirkes, von ehemaligen Bauerstellen und Landabfindungen.

Nr. 1. Entsch. v. 13. Okt. 1908 (OVG. 53 45) I C 52/07.

LGemO. §§ 3, 4.

1. Der Beklagte hat ausgeführt, daß bei einem Streite über die kommunale Zugehörigkeit ihm nicht die Beweislast obliege, daß vielmehr die kommunale Eigenschaft durch den Richter von Amtswegen zu ermitteln sei. Diese Annahme ist irrig. Es handelt sich nicht um einen Streit gemäß § 4 LGemO., bei dem allerdings dem Verwaltungsrichter die Verpflichtung obliegt, das zur Aufklärung der Sache geeignete und erreichbare tatsächliche Material zu beschaffen und danach seine Feststellung über die streitigen Kommunalbezirksgrenzen zu treffen. In dem schwebenden Verfahren steht vielmehr eine Steuerforderung zur Entscheidung, und der Streit über die Kommunalverhältnisse betrifft nur die rechtliche Begründung des Besteuerungsanspruchs, bildet mithin nur einen Inzidentpunkt. Dem Beklagten liegt hierfür die Beweislast ob; denn er hat nachzuweisen, daß

ihm das Recht der Besteuerung zusteht. War hierzu der Nachweis notwendig, daß der Wohnsitz des zu Besteuernden innerhalb der besteuernden Gemeinde liege, und war zu diesem Nachweise der weitere erforderlich, daß die Wohnung im Besteuerungsbezirke belegen sei, so war es Sache des Beklagten, die hierfür erforderlichen tatsächlichen Unterlagen in unwiderleglicher Weise beizubringen.

2. Läßt sich nicht ermitteln, aus welchem Gebiete — herrschaftlichem oder städtischem — die Pläne entnommen sind, die die Gesamtabfindung bilden, so müssen sie nach der besonderen Lage des Falles, wie sie sich aus dem Rezeß ergibt, dem Gutsbezirke M. zugerechnet werden. Allerdings wird in den Gründen der ersten Revisionsentscheidung zum Ausdrucke gebracht, wie in einem solchen Falle die Wirkung des § 147 GemeinheitsteilungsO. v. 7. VI. 21 sich darauf beschränke, daß an Stelle der Berechtigung ein ideeller Teil der Gesamtabfindung und zugleich auch der einzelnen Abfindungspläne trete, der dem Verhältnisse des Wertes der aufgehobenen Berechtigungen zu dem gesamten Werte aller von den Berechtigten in die Separationsmasse eingeworfenen Grundstücke und Berechtigungen entspreche, und daß, da durch eine Aenderung in den rechtlichen Beziehungen eines ideellen Teiles die kommunale Zugehörigkeit des ganzen Grundstücks nicht berührt würde, auch eine Aenderung in den kommunalen Beziehungen der gewährten Landabfindung nicht eintrete. Bei Anwendung dieser Grundsätze auf den vorliegenden Fall würden mithin in Ermangelung einer Feststellung der früheren kommunalen Zugehörigkeit die Bestandteile der fraglichen Abfindungen in kommunaler Beziehung beiden bei der Frage interessierten Kommunalverbänden zugerechnet werden können, so daß dann die Kommunalverhältnisse völlig unklar wären. Schon die wiedergegebenen Ausführungen selbst lassen indessen erkennen, daß dem Wertverhältnisse der in die Separation einbezogenen, zwar demselben Besitzer zustehenden, aber in ihrer kommunalen Eigenschaft verschieden gearteten Grundstücke und Gerechtigkeiten für die Beurteilung der späteren kommunalrechtlichen Verhältnisse der gewährten Abfindung eine wesentliche Bedeutung zukommt. Bei der zumeist vorliegenden Unmöglichkeit, nach Verlauf eines Jahrzehnte umspannenden Zeitraums zu ermitteln, aus welchen Einzelflächen die in der Separation gewährten Abfindungen sich zusammengesetzt und zu welchen Kommunalbezirken die Einzelflächen ursprünglich gehört haben, würde dies leicht dahin führen können, daß die kommunalrechtlichen Verhältnisse der separierten Gemeinden und Gutsbezirke überhaupt in Frage gestellt und damit ein wesentlicher Zweck der Separation, klare und übersichtliche Verhältnisse auch in kommunaler Beziehung herzustellen, in das Gegenteil verkehrt würde. Es muß infolgedessen in denjenigen Fällen, in denen bei einer Separation der Besitzer des Gutsbezirkes außer mit den Ländereien und Berechtigungen des Gutsbezirkes selbst noch mit sonstigen einem anderen Kommunalverband angehörenden Grundstücken und Berechtigungen beteiligt ist, und weder über die künftige kommunale Zugehörigkeit der dafür gewährten Gesamtabfindung im Rezesse selbst Bestimmung getroffen worden ist, noch der Ursprung der letzteren mit Sicherheit zu ermitteln ist, auf Grund und an der Hand des Rezesses näher geprüft werden, in welchem Verhältnisse die in die Separationsmasse eingeworfenen, kommunalrechtlich verschieden zu beurteilenden Grundstücke und Gerechtigkeiten nach Wert und Größe zueinander stehen, und ob das Maß des Anteils der verschiedenen Kategorien ein solches ist, daß ihm eine Einwirkung auf die Gestaltung der kommunalen Verhältnisse in dem durch das erste Revisionsurteil gekennzeichneten Sinne dahin zugestanden werden kann, daß nur die frühere kommunale Zugehörigkeit der als Gesamtabfindung gewährten Flächen als maßgebend und entscheidend anzuerkennen ist. Dies ist nach Lage der tatsächlichen Verhältnisse im vorliegenden Falle zu verneinen.

5. Auseinandersetzung zwischen den Beteiligten.

Nr. 1. Entsch. v. 23. Juni 1908 (OVG. 53 71) I C 44/06.

LGemO. §§ 3, 130.

1. Zutreffend ist zwar, daß nach der Auflösung eines Zweckverbandes die früheren Verbandsmitglieder als Beteiligte im Sinne des § 130 LGemO. für die infolge der Auflösung des Verbandes etwa notwendig werdende Regelung der Verhältnisse anzusehen sind und daß eine Auseinandersetzung noch nach der Auflösung eines Zweckverbandes stattfinden kann. Hieraus läßt sich aber im vorliegenden Falle die Berechtigung der Beklagten zur Geltendmachung der erhobenen Ansprüche nicht herleiten. Der Zweckverband hat dadurch, daß die beiden Verbandsmitglieder — die Gemeinde und der Gutsbezirk — durch die Eingemeindung des Gutsbezirkes vereinigt worden sind, von selbst zu bestehen aufgehört, weil ein Zweckverband eine Verbindung mehrerer kommunaler Körper ist und nicht für eine einzige Gemeinde bestehen kann. Demgemäß hat der Kreisausschuß auch nur die mit der Auflösung des Gutsbezirkes bereits geschehene Auflösung des Zweckverbandes ausgesprochen. Mit dem Untergange des Gutsbezirkes ist das frühere Verbandsmitglied verschwunden. Die früheren Gutsherren für ihre Person gehören nicht zu den früheren Verbandsmitgliedern, weil unter Verbandsmitgliedern im Sinne des § 130 Abs. 2 LGemO. nur Gemeinden und Gutsbezirke verstanden werden können. Wenn bei einer Auseinandersetzung im Sinne des § 3 LGemO. nach Auflösung eines Gutsbezirkes der frühere Gutsherr als Beteiligter anzusehen ist, so folgt doch daraus nicht dasselbe für die Auseinandersetzung nach Auflösung eines Zweckverbandes; denn durch die Auflösung des Zweckverbandes wird das Bestehen des Gutsbezirkes an sich nicht berührt.

2. Durch die Auflösung des Gutsbezirkes und dessen Eingemeindung in die Gemeinde E. war zwar die Voraussetzung zu einer Ausgleichung zwischen den Beteiligten auf Grund des § 3 LGemO. gegeben, und zu den Beteiligten im Sinne dieser Bestimmung würden auch die Beklagten als frühere Gutsherren gehören, so daß ihre Berechtigung zur Erhebung eines Anspruchs auf Ausgleichung auf Grund des § 3 LGemO. nicht zu beanstanden wäre. Auch stände nichts entgegen, den erhobenen Anspruch aus dem rechtlichen Gesichtspunkte dieser Vorschrift zu beurteilen. Aber auch von ihm aus ist der Anspruch der Beklagten nicht begründet, da die Beklagten einerseits zwar den Anspruch schon vor der Auflösung des Gutsbezirkes erhoben haben, es aber zu einer Vereinbarung hierüber nicht gekommen ist, und da anderseits besondere Billigkeitsgründe, die einen Ausgleich erforderlich erscheinen ließen, dem Anspruche der Beklagten auf Rückerstattung der Chausseebaukosten nicht zur Seite stehen. Die Beklagten haben lediglich den dem Gutsbezirk obliegenden Anteil an den Chausseebaukosten während des Bestehens des Gutsbezirkes beigetragen und damit ihre gesetzliche Pflicht erfüllt. Ist durch den Chausseebau dem Bedürfnisse für einen längeren Zeitraum genügt und die Notwendigkeit fortgefallen, Aufwendungen für den Bau und die Unterhaltung der Wege zu machen, so vermag dies einen Anspruch auf Ersatz der von dem bisherigen Gutsherrn in Erfüllung der Wegebaulast gemachten Leistungen nicht zu begründen. Ob die Beklagten zur Deckung ihres Anteils an den Chausseebaukosten ein Darlehen aufgenommen haben, ist dabei für ihr Verhältnis zu der Klägerin unerheblich, ebenso wie es für die Beklagten gleichgültig ist, woher die Mittel stammen, mit denen die Klägerin ihren Anteil an den Chausseebaukosten bezahlt hat.

Nr. 2. Entsch. v. 8. Mai 1908 (OVG. 52 57) I C 25/07.

LGemO. § 3.

Ein Gutsherr, der sein ganzes Gut planmäßig aufteilt und Rentengüter in der Voraussetzung gründet, daß die Parzellen zu einem neuen Gemeindeverband oder mit einem bestehenden Gemeindeverbande vereinigt werden, behält die rechtliche Eigenschaft des Gutsherrn so lange, bis die neue Ordnung der Kommunalverhältnisse beendigt ist. Als letzter Gutsherr gehört er auch zu den an der Bezirksveränderung Beteiligten im Sinne des § 3 Abs. 2 LGemO. v. 3. VII. 91.

Nr. 3. Entsch. v. 3. Juli 1908 (PrVerwBl. 30 253) I C 54/07.

LGemO. § 3.

1. Das Verfahren aus § 3 LGemO. ist zu einem doppelten Zwecke gegeben. Zunächst soll in ihm die infolge einer Veränderung der Grenzen von Landgemeinden und Gutsbezirken notwendig werdende Auseinandersetzung zwischen den Beteiligten erfolgen, d. h. die Verteilung des Vermögens, der Schulden und Lasten, die dem betreffenden Kommunalverbande in seiner früheren Zusammensetzung vor der Veränderung der Grenzen oblagen oder gehörten und die durch diese Veränderung den beteiligten Verbänden gemeinschaftlich geworden sind. Zweck der Auseinandersetzung ist die Beseitigung der Gemeinschaftlichkeit in Recht und Pflicht. Beteiligt bei derselben können begrifflich nur die Kommunalverbände sein, deren Bezirke von der Grenzveränderung berührt worden sind.

Daß hier zwischen dem Kläger und dem Gutsbezirke O. oder dessen Besitzer eine Gemeinschaftlichkeit von Recht oder Pflicht in diesem Sinne bestanden habe oder noch bestehe, hat der Vorderrichter mit Recht verneint. Es kann davon schon um deswillen keine Rede sein, weil eine solche Gemeinschaftlichkeit nur zwischen Kommunalverbänden bestehen kann, hier aber der Kläger als einzelne Privatperson dem Gutsbezirke oder dessen Besitzer gegenübertritt. Der Kläger ist mithin insoweit nicht Beteiligter im Sinne der mehrerwähnten Gesetzesbestimmung.

2. Das daselbst eröffnete Verfahren dient weiter der Aufgabe, soweit erforderlich eine Ausgleichung der öffentlich-rechtlichen Interessen der Beteiligten herbeizuführen. Mag hierbei auch der Kreis der Beteiligten weiter ausgedehnt sein, als da, wo lediglich eine Auseinandersetzung in Frage steht, so erstreckt er sich doch nicht so weit, daß er auch einzelne Privatpersonen als solche umfaßte. Ueberdies kann Gegenstand des Verfahrens nur eine Ausgleichung öffentlich-rechtlicher Interessen sein. Darum handelt es sich aber im vorliegenden Falle nicht. Der Kläger tritt als früherer Einwohner des Gutsbezirkes dem Gutsbesitzer gegenüber, auf dessen Antrag die Umgemeindung erfolgt ist, und verlangt von diesem Schadloshaltung für die öffentlichen Abgaben, die er in dem Gemeindebezirke, zu dem er nunmehr gehört, aufzubringen hat. Dieser Anspruch hat lediglich die private finanzielle Deckung des Klägers, überall aber keine öffentlich-rechtlichen Interessen zum Inhalte. Er ist dem bestehenden Rechte, daß auch keinen Rechtsanspruch eines Gemeindeangehörigen oder Einwohners im Gutsbezirke auf Belassung in seiner kommunalen Zugehörigkeit kennt, völlig fremd und bewegt sich außerhalb des Rahmens derjenigen Zwecke, für die das Verfahren aus § 3 LGemO. bestimmt ist.

Unter diesen Umständen kann es völlig unerörtert bleiben, in welchem Interesse die Umgemeindung erfolgt ist und ob sie dem Beklagten durch Erleichterung in öffentlich-rechtlichen Verpflichtungen Vorteil, dem Kläger aber Nachteil gebracht hat. Es kommt auf alles das nicht an, vielmehr steht der

Klage ohne weiteres der Umstand entgegen, daß für den darin erhobenen Anspruch das Verfahren aus § 3 aaO. nicht gegeben ist.

Nr. 4. Entsch. v. 13. Okt. 1908 (OVG. 53 66) I C 31/07.

LGemO. § 3.

Allein in dem Umstande, daß ein Kommunalbezirk durch die Veränderung seiner Grenzen eine Einbuße an Steuerkraft erleidet, ist ein besonderer Grund für eine Ausgleichung im allgemeinen nicht zu finden. Die Veränderung der Steuerverhältnisse ist die notwendige Folge der Bezirksveränderung. Da aber die Bezirksveränderung gerade darum stattfindet, weil das öffentliche Interesse eine Aenderung des bisherigen Zustandes verlangt, so ist anzunehmen, daß die Folgen, die die Umgestaltung der Kommunalverhältnisse notwendig mit sich bringt, dem öffentlichen Interesse entsprechen und einen Grund zur Ausgleichung in der Regel nicht bieten. Vor der Bezirksveränderung ist insbesondere deren Einfluß auf die Leistungsfähigkeit der beteiligten Kommunalbezirke zu prüfen und daher, wenn kein Hindernis darin gesehen wird, daß ein Kommunalbezirk eine Verminderung seiner Steuerkraft erfährt, wegen dieser Verminderung an sich auch nicht eine Ausgleichung erforderlich. Dafür, daß der Gesetzgeber eine bloße Verschiebung der Steuerkraft für einen ausreichenden Grund zu einer Ausgleichung nicht erachtet, sprechen die im § 3 Abs. 2 LGemO. beispielsweise aufgeführten Fälle, in denen Bestimmungen zur Ausgleichung der öffentlich-rechtlichen Interessen getroffen werden können. Wenn nach dem zweiten Satze des § 3 Abs. 2 bei einer Vereinigung von Bezirken einzelne Beteiligte im Verhältnisse zu anderen zu Vorausleistungen verpflichtet werden dürfen, so wird vorausgesetzt, daß ein Teil für gewisse kommunale Bedürfnisse vorher gesorgt hat oder ein Teil vorwiegend Lasten in die Gemeinschaft bringt. Dagegen wird nicht etwa darin, daß ein Teil steuerkräftiger ist als der andere und durch den Zutritt des minder steuerkräftigen Teiles stärker belastet wird, ein Grund erblickt, den minder steuerkräftigen Teil zu Vorausleistungen zu verpflichten. Wenn ferner nach dem dritten Satze im § 3 Abs. 2 im Falle der Erleichterung in öffentlich-rechtlichen Verpflichtungen durch die Abtrennung von Grundstücken dem Bezirke, zu dem die Grundstücke geschlagen sind, eine Beihilfe zu den ihm durch die Bezirksveränderung erwachsenden Ausgaben zugebilligt werden kann, so handelt es sich um eine Erleichterung des Kommunalbezirkes in seinen öffentlich-rechtlichen Verpflichtungen auf der einen Seite und um eine entsprechende Vermehrung der Ausgaben auf der anderen Seite, mithin um eine Aenderung des Umfanges der dem Kommunalbezirk als solchem obliegenden Lasten, nicht aber um die Höhe der ihm zur Deckung seiner Ausgaben und Bedürfnisse von den einzelnen Abgabepflichtigen zu zahlenden Steuern und das Maß der Inanspruchnahme ihrer Steuerkraft. Auch hier wird demnach eine bloße Verschiebung der Steuerkraft nicht in Betracht gezogen. Vielmehr ist Voraussetzung für die Anwendbarkeit der erwähnten Gesetzesvorschrift, daß im anderen Falle der kommunale Pflichtenkreis der beteiligten Gemeinde eine an sich nicht gerechtfertigte Erleichterung erfahren würde.

Nur in dem Ausnahmefalle, daß infolge einer Kommunalbezirksveränderung einer der beteiligten Kommunalbezirke durch Verminderung seiner Steuerkraft außer Stand gesetzt wird, seine öffentlich-rechtlichen Pflichten zu erfüllen, oder dies doch nur unter übermäßiger Belastung zu ermöglichen wäre, würde entsprechend der allgemeinen Vorschrift im ersten Satze des § 3 Abs. 2 die Gewährung einer Beihilfe zum Zwecke des Ausgleichs in Frage kommen können; denn bei einer solchen Sachlage erscheint das öffentliche Interesse nicht ausreichend gewahrt und demzufolge ist, um ihm Genüge zu tun, entsprechend der gedachten Vorschrift ein Ausgleich herbeizuführen.

Nr. 5. Entsch. v. 23. Febr. 1909 (PrVerwBl. 30 782) I C 27/08.

LGemO. § 3.

1. Die in § 3 LGemO. vorgesehene Auseinandersetzung der Beteiligten hat die Verteilung des Vermögens und der Schulden oder Lasten unter sie zum Gegenstande. Sie setzt voraus, daß zwischen den Beteiligten durch die Bezirksänderung eine Gemeinschaft im Recht oder Pflicht begründet worden ist, die durch die Auseinandersetzung beseitigt werden soll. Eine Gemeinschaft der Lasten in diesem Sinne wird nicht schon dadurch begründet, daß dem Stammbezirke vor der Bezirksänderung kommunale Lasten oblagen, denn mit dem Ausscheiden der ausgemeindeten Bezirksteile findet der Regel nach kraft Gesetzes eine Trennung auch der Lasten dergestalt statt, daß jeder der früher vereinigt gewesenen Teile die auf ihn entfallenden Lasten zu tragen hat. Wäre es anders, dann würden nicht nur die dem verkleinerten Stammbezirke verbleibenden, sondern auch die dem ausgeschiedenen Teile obliegenden Lasten nach wie vor gemeinsam getragen werden müssen, womit die Rechtsfolge der Bezirksänderung illusorisch gemacht oder aber der Auseinandersetzung eine Aufgabe zugewiesen werden würde, die sie weder nach dem Wortlaute des Gesetzes noch nach der Absicht des Gesetzgebers haben soll. Eine Auseinandersetzung der Lasten kann nur da in Frage kommen, wo es sich um solche Verbindlichkeiten handelt, die nach ihrer besonderen Natur den früher vereinigt gewesenen Teilen des Stammbezirkes noch und unerachtet der Trennung gemeinschaftlich obliegen, wie dies insbesondere bei den Armenlasten zutrifft, die bis zur Auseinandersetzung den bei der Bezirksveränderung beteiligten Ortsarmenverbänden als gemeinschaftliche Verbindlichkeit verbleiben. Dem Kläger (einem Gutsbesitzer), der als Mitglied des Verbandes lediglich Verbandsbeiträge zu leisten hat, fehlt für die Auseinandersetzung wegen der Armenlast die Aktivlegitimation. Wie es sich mit der Aktivlegitimation bei den übrigen Lasten und Kosten verhält, kann auf sich beruhen bleiben, da der Kläger bei keiner der zur Auseinandersetzung gestellten Positionen irgend erkennbar gemacht hat, daß er für den nunmehrigen Gutsbezirk G. Leistungen bewirkt oder mit demselben in ungeteilter Gemeinschaft zu bewirken habe. Er verlangt auch in Wahrheit gar keine Auseinandersetzung, wie sie § 3 vorsieht, sondern beansprucht, daß der neue Gutsbezirk die auf den verkleinerten Stammgutsbezirk entfallenden Lasten anteilig übernehmen solle. Ein dahingehender Rechtsanspruch ist dem bestehenden Gesetze völlig fremd.

2. Die von der Auseinandersetzung verschiedene Ausgleichung hat die Frage zum Gegenstande, ob und wieweit aus Billigkeitsrücksichten eine Beihilfe von dem einen Verband an den anderen „zur Ausgleichung der öffentlichen Interessen“ zu gewähren ist, und sie kann mit diesem Ziele auch in Fällen der vorliegenden Art nach Teilung eines Gutsbezirkes in zwei Gutsbezirke zwischen diesen letzteren stattfinden. Wenngleich der Kläger den Schwerpunkt seiner Auslassungen auf die beanspruchte Auseinandersetzung gelegt hatte, so war doch der Vorderrichter in der Lage, den Klageanspruch auch unter dem Gesichtspunkte der Ausgleichung zu prüfen, und er beschwerte jedenfalls den Kläger nicht, indem er dies tat. Eine Ausgleichung hat zur Voraussetzung, daß besondere Gründe der Billigkeit die Zubilligung einer Beihilfe gerechtfertigt erscheinen lassen, und solche Gründe liegen in Fällen der hier fraglichen Art regelmäßig nur dann vor, wenn infolge der Bezirksveränderung bei einem der beteiligten Kommunalbezirke mit einer derartigen Verminderung der Steuerkraft zu rechnen ist, daß derselbe außer Stand gesetzt wird, seine öffentlich-rechtlichen Pflichten

zu erfüllen, oder dies doch nur unter übermäßiger Belastung ermöglichen könnte. In dieser Beziehung fehlt es an jeder irgendwie beachtlichen Substantiierung des Klageanspruchs. Ob die Bezirksveränderung im Interesse der Beklagten erfolgt ist, bleibt unerheblich und vermag einen Anspruch auf Beihilfe nicht zu rechtfertigen. Der Tatsache der Verkleinerung des Stammgutsbezirkes steht gegenüber, daß damit auch der Umfang seiner Lasten sich verringert und daß sie im übrigen auf der Grundlage einer Veräußerung erfolgt ist, die dem Kläger erhebliche Gegenwerte zugeführt hat. Daß der Kläger durch die Ausscheidung von G. in seiner Leistungsfähigkeit zur Aufbringung der ihm als Besitzer von Schloß-M. für diesen Gutsbezirk obliegenden Lasten irgendwie bedroht wäre, kann ernstlich nicht behauptet werden. Das Vorbringen des Klägers geht denn auch im wesentlichen nur dahin, daß er bis zur Ausscheidung die ihm für seinen Gutsbezirk obliegenden Lasten durch privatrechtliche Stipulation auf die Beklagte anteilig abgebürdet habe und daß er diese Abbürdung auch nach der Ausscheidung für die ihm verbliebenen Lasten aufrechterhalten wissen will. Zur Erreichung dieses Zweckes ist das Verfahren aus § 3 LGemO. nicht gegeben.

Nr. 6. Entsch. v. 17. Sept. 1909 (OVG. 55 68) I C 33/08.

LGemO. §§ 3, 28.

In welchem Umfange bei einer Auseinandersetzung zur Ausgleichung der öffentlichen rechtlichen Interessen im Sinne des § 3 LGemO. die Leistungen festzusetzen sind, zu deren Hergabe einer oder mehrere Beteiligte an andere Beteiligte verpflichtet werden, steht in dem freien Ermessen der die Auseinandersetzung bewirkenden Beschlußbehörde und des Richters in dem sich anschließenden Verwaltungsstreitverfahren. Diese Feststellung liegt daher auf tatsächlichem, der Nachprüfung des Revisionsrichters entzogenem Gebiete. Letzterer hat nur zu prüfen, ob die gesetzlichen Voraussetzungen für ein Ausgleichsverfahren vorliegen und ob bei der schätzungsweisen Ermittelung des Abgabenbetrags der Vorderrichter im Rahmen der ihm gezogenen Grenzen auf Grund sachlicher Erwägungen und nicht willkürlich gehandelt hat. Da weder von der Klägerin noch dem Beklagten rechnungsmäßige Unterlagen für die Höhe der in den letzten fünf Jahren vor dem Inkrafttreten der LGemO. von den elf Bauerhöfen gezahlten Abgaben beigebracht worden sind, war der Richter darauf angewiesen, gemäß dem letzten Absatze des § 28 aaO. den Abgabenbetrag im Wege einer billigen Ausgleichung festzusetzen. In welcher Weise er zu einer derartigen Schätzung gelangte, war Sache seiner freien Beurteilung. Zur Aufgabe des Revisionsrichters gehört es nicht, zu prüfen, ob es vielleicht angemessener gewesen wäre, noch andere Jahre hierbei zum Vergleiche heranzuziehen oder in anderer Weise sich die Unterlagen für die Berechnung zu verschaffen.

B. Gemeindeverbände; Hebammenbezirke.

Nr. 1. Entsch. v. 18. Sept. 1908 (PrVerwBl. 30 468) I C 13/07.

ZustG. § 139.

1. Nach § 139 Abs. 2 ZustG. sind über die gemeinschaftlichen Angelegenheiten jedes Spritzenverbandes, insbesondere über die Aufbringungsweise und die Verteilung der Kosten, soweit dies notwendig ist, die erforderlichen Festsetzungen durch ein unter den Beteiligten zu vereinbarendes Statut, welches der Bestätigung des Kreisausschusses bedarf, zu treffen. Kommt eine Vereinbarung über das Statut nicht zustande, oder wird ihm die Bestätigung wiederholt

versagt, so stellt der Kreisausschuß das Statut fest. Das Gesetz enthält sich, sowohl für den Fall freier Vereinbarung als auch für denjenigen der Oktroyierung des Statuts jeder irgendwie gearteten Bestimmung über die Grundsätze, nach denen insbesondere die Verteilung der Verbandslasten unter die Verbandsmitglieder zu erfolgen hat. Damit ist, vorbehaltlich besonderer durch Gesetzesvorschrift oder anderweit begründeter Rechtsverhältnisse, der Betätigung der Autonomie wie der behördlichen Zuständigkeit der weiteste Spielraum eröffnet und die demgemäß zur statutarischen Festsetzung gelangten Normen über die Verteilung der Verbandslasten haben unzweifelhaft konstitutive Bedeutung. Aber die so bestehende Freiheit der Regelung ist keineswegs gleichbedeutend mit schrankenloser Willkür. Wie diese im Falle autonomer Aufstellung des Statuts durch das Erfordernis freier Vereinbarung ausgeschlossen wird, so steht auch der Oktroyierung des Statuts der einzelne Verbandsgenosse nicht schutzlos gegenüber. Mag es auch in dem hier fraglichen Rechtsgebiet seit Emanation des G. v. 30. III. 87, durch das unter anderem das Regl. v. 19. V. 1765 aufgehoben worden ist, an einem unmittelbaren Anhalte für die Verteilung der Verbandslasten fehlen, so ist doch darum auch im Falle der Oktroyierung des Statuts die Regelung noch nicht dem freien Belieben der zuständigen Behörde anheimgegeben dergestalt, daß diese befugt wäre, durch einseitige Verteilung von Recht und Pflicht ein Gemeinschaftsverhältnis zu begründen, das im Grunde nichts weiter wäre wie die Konstituierung der Pflicht des belasteten Verbandsmitgliedes, die dem befreiten Mitgliede obliegende Polizeilast seinerseits zu übernehmen. Eine derartige Regelung kann durch behördliche Festsetzung nicht ohne die Grundlage entsprechender Uebernahme seitens der Beteiligten oder eines bereits bestehenden besonderen Rechtstitels getroffen werden. Der Mangel solcher Grundlage entzieht der gleichwohl erfolgten Festsetzung ohne Rücksicht darauf, ob sie im Beschwerdewege (§ 121 LVG.) angefochten worden ist oder nicht, die Rechtswirksamkeit und insoweit unterliegt die Festsetzung auch der Nachprüfung durch den Verwaltungsrichter. Hiernach irrt der Vorderrichter, wenn er meint, daß es gegenüber der statutarischen Festsetzung auf den ihnen zugrunde liegenden besonderen Rechtstitel nicht weiter ankomme, vielmehr hängt im Gegenteil die Rechtsverbindlichkeit jener Festsetzung für die klagende Gemeinde wesentlich davon ab, daß ein entsprechender besonderer Rechtstitel für die ihr auferlegte Pflicht in der Tat besteht. Dem kann auch nicht entgegengehalten werden, daß es unstatthaft sei, im Wege des Verwaltungsstreitverfahrens eine Aenderung der statutarischen Verteilung der Kosten herbeizuführen. Darum handelt es sich gar nicht, sondern es steht allein in Frage, ob die klagende Gemeinde den nach dem allgemeinen Verteilungsmaßstab auf das Gut O.-R. entfallenden Anteil an den Verbandslasten ihrerseits zu übernehmen oder ob ihn das Gut bzw. der beklagte Gutsbesitzer selbst zu tragen hat. Erweist sich die das Gut zu Lasten der Gemeinde freistellende Festsetzung mangels entsprechender Grundlage als rechtsunwirksam, so bewendet es dabei, daß das Gut seinen Anteil an den Verbandslasten selbst zu leisten hat. Die Entscheidung hängt daher in jedem Falle wesentlich davon ab, ob der streitigen statutarischen Bestimmung ein besonderer Rechtstitel in der Tat zur Seite steht.

2. Als solche Titel kommen der Kaufvertrag v. 29. X. 1801, 6. V. 1803 und die Observanz in Betracht. Auszuscheiden hat dabei die Vorschrift in § 37[13] Tit. 7 T. II ALR. weil sie, ganz abgesehen von ihrer inzwischen erfolgten Beseitigung (§ 146 LGemO.), auf das Verhältnis, in dem Gutsherrschaft und Gemeinde bei gemeinschaftlichen Aufgaben mitzuwirken haben, sich überhaupt nicht bezieht. Von den erwähnten beiden Titeln kann der Kaufvertrag nicht mit der Deduktion ausgeschaltet werden, daß es sich bei ihm lediglich um eine privatrechtliche Stipulation zwischen dem Besitzer des Gutes und den Erwerbern

der Dominialländereien handle. Denn der Vertrag enthält eine gutsherrlich-bäuerliche Auseinandersetzung zwischen der Gutsherrschaft und ihren Hintersassen, die als solche von den zuständigen Behörden genehmigt worden ist. Er bildet damit neben seiner privatrechtlichen Bedeutung auch eine Quelle des örtlichen öffentlichen Rechtes, ohne daß es darauf ankommt, ob bei dem Abschlusse sämtliche Mitglieder der Dorfgemeinde beteiligt gewesen sind. Nun enthält der Vertrag allerdings keine besondere Abmachung dahin, daß fortab die Polizeilast des Feuerlöschwesens auch für das Gut der Gemeinde allein obliegen solle. Er enthält vielmehr nur in § 1 die Bemerkung, daß die Dominialländereien mit Zubehör „nebst allen bisherigen oneribus und Beschwerden, als des Dezems usw. sowie das Dominium ehemals getragen“ an die aus 26 Wirten bestehende Gemeinde übergehen sollten, und im § 14 ist dann unter c festgesetzt, daß „alle onera publica, welche dem dominio bisher obgelegen, sie haben Namen, welche sie wollen und Rustikalpflichten“ von der Gemeinde übernommen werden. Der Klägerin ist zuzugeben, daß aus diesen Abmachungen die Uebernahme der streitigen Polizeilast, soweit das Gut daran beteiligt blieb, nicht ohne weiteres folgt, der Inhalt der Festsetzungen vielmehr die Auslegung zuläßt, daß jene Polizeilast lediglich für den Bezirk der Gemeinde in dessen fortab bestehendem Umfange auf die Gemeinde hat übergehen sollen. Auf der anderen Seite schließt aber der Inhalt des Vertrages auch die vom Beklagten vertretene weitergehende Auslegung nicht aus. Unter diesen Umständen kommt es wesentlich auf die seit dem Vertrage beobachtete tatsächliche Uebung an, und damit berührt sich jener Titel mit demjenigen der Observanz, zumal dieser auch dann die örtliche Uebung zu tragen geeignet ist, wenn sie ursprünglich von einer irrigen Auslegung des Vertrages ihren Ausgang genommen hätte. Der Irrtum stand der örtlichen Rechtsbildung im Wege der Observanz nur dann und so lange entgegen, als er die erkennbare bestimmende Grundlage der Uebung war. Dies behauptet die Klägerin. Sie gibt zwar zu oder stellt wenigstens nicht in Abrede, daß sie bisher den Anteil des Gutes an den Verbandslasten (Barbeiträge und Dienste) ihrerseits getragen habe, führt das aber auf irrige Auslegung des Vertrages zurück und beruft sich hierfür auf das Zeugnis des vom Beklagten benannten früheren Gemeindevorstehers. Hält man diese Behauptung zusammen mit der Ausführung in der Berufungsrechtfertigung, daß die Klägerin erst nach Aufstellung des Statuts von dem Inhalte des Vertrages zuverlässige Kenntnis erhalten habe, so geht ihre Rechtsverfolgung dahin, daß sie bisher aus Unkenntnis der ihrer nunmehrigen Auffassung nach richtigen Auslegung des Vertrages, der seinerzeit von ihr selbst bzw. von den zu ihr gehörigen Wirten abgeschlossen ist, sich der Leistung für das Gut unterzogen habe. Damit behauptet sie in Wirklichkeit nur, auf Grund einer im Laufe der Zeit vom Vertrage losgelösten selbständigen Rechtsüberzeugung geleistet zu haben. Will man aber ihre Ausführungen dahin verstehen, die Leistungen seien von Anfang an durch die nunmehr als irrig erkannte Auslegung des Vertrages beherrscht worden, so gibt sie damit zu, daß die Absicht bei Abschluß des Vertrages dahin gegangen ist, daß die Gemeinde die Polizeilast für das Gut zu übernehmen habe. Denn es erscheint nicht annehmbar, daß die Uebung von Anfang an dem beim Abschlusse des Vertrages vorhanden gewesenen Willen der Parteien nicht entsprochen habe. Dies um so weniger, als nach der Art der wirtschaftlichen Auseinandersetzung zwischen der Gemeinde und der Gutsherrschaft, die im wesentlichen nur den Forstbesitz zurückbehielt, die nunmehr beanstandete Regelung der Feuerlöschpflicht wohl verständlich erscheint.

3. Schließlich macht die Klägerin noch geltend, wenn sie bisher allein den Wasserkübel bespannt habe, so folge daraus allenfalls eine observanzmäßige alleinige Pflicht zu dieser Leistung, nicht aber auch die weitere Verpflichtung,

die Anteile des Gutes für Beschaffung der Spritze und des Wasserfanges zu tragen. Indessen vermag ihr auch dieser Einwand nicht zum Erfolge zu verhelfen, denn sie hat nach der bisherigen Uebung unterschiedslos alle auf das Gut entfallenden Anteile an Kosten für Löschgeräte und -einrichtungen getragen. Die danach aus dem Vertrage bzw. aus der Observanz folgende Verbindlichkeit beschränkt sich nicht auf die vordem vorhanden gewesenen Einrichtungen, sondern erstreckt sich auf die ganze Entwickelung des Löschwesens innerhalb des Verbandes.

C. Gemeinderecht und Gemeindewahlen.

1. Aktives Wahlrecht und Wählbarkeit.

a) Allgemeine Grundsätze; Rechtsprechung für die Rechtsgebiete der Landgemeindeordnung vom 3. Juli 1891 und der Schleswig-Holsteinischen Landgemeindeordnung vom 4. Juli 1892.

Nr. 1. Entsch. v. 3. Juli 1908 (OVG. 53 74) I C 14/08.

1. Dem Vorderrichter war darin beizutreten, daß es für die Frage, ob der Kläger noch Gemeindevertreter ist, keine Bedeutung hat, welche Vermerke sich in der dem Wahlverfahren vom Jahre 1905 zugrunde gelegten Wählerliste bei der Eintragung der Stadtgemeinde H., als einer gemäß § 46[4] SchleswHolstLGemO. v. 4. VII. 92 stimmberechtigten juristischen Person, befunden haben. Denn durch die in § 39 Abs. 2, § 51 und § 55 aaO. bezeichnete Liste wird lediglich der Kreis der Stimmberechtigten bestimmt, so daß von der Eintragung in diese Liste nur das aktive Wahlrecht (das Stimmrecht), aber nicht das Gemeinderecht, insbesondere nicht das passive Wahlrecht (die Wählbarkeit) abhängt (OVG. 19 22, 31 110, 34 153, 36 164).

2. Unbedenklich ist auch die weitere Ausführung, daß der Kläger nach dem Verkaufe des den Anforderungen des § 45 LGemO. entsprechenden Grundbesitzes im Gemeindebezirke nicht mehr Forense sei. Als solcher war er aktiv und passiv wahlfähig. Seine passive Wahlfähigkeit (Wählbarkeit) kann aber auch dadurch begründet worden sein, daß die Bestimmung des § 50 Abs. 3 Satz 2 aaO. auf ihn zutraf, also dadurch, daß er zur Stellvertretung eines der in § 46 aufgeführten, durch den Grundbesitz zum Stimmrechte Befähigten berufen war. Unstreitig ist in dieser Hinsicht, daß der Kläger zur Zeit des Einspruchsbeschlusses Generalbevollmächtigter der Stadtgemeinde H. war und gegenwärtig noch ist, und daß diese zu den Forensen in S. gehört. Dagegen herrscht darüber Streit, ob der Kläger die Vertretungsmacht bereits zur Zeit seiner Wahl besaß oder erst in der Folgezeit erworben hat. Auf diesen Streitpunkt kommt es jedoch für die Entscheidung nicht an.

Gewiß müssen die Voraussetzungen des passiven Wahlrechts wie zur Zeit der Wahl so auch während der Dauer der Bekleidung der betreffenden Stelle in der Gemeindevertretung vorhanden sein. Das spricht das Gesetz zwar nur für den Besitz des unbeschränkten Gemeinderechts (§ 43[1]) und für das passive Wahlrecht der Stellvertreter (§ 50 Abs. 3) aus, aber für die Berechtigung der Forensen muß dasselbe gelten; denn die vorerwähnten Bestimmungen sind nur der besondere Ausdruck des allgemeinen Gedankens, daß der Verlust des Gemeinderechts und der ihm gleichstehenden Berechtigungen denjenigen der unbesoldeten Gemeindeämter als rechtliche Folge nach sich zieht. Indessen brauchen die Voraussetzungen des passiven Wahlrechts während der Dauer der Amtsperiode nicht unverändert in derselben Art und Weise fortzubestehen, nur muß zu allen Zeiten das passive Wahlrecht überhaupt vorliegen. Sind dafür bei derselben Person mehrere Titel gegeben, so liegt nicht ein mehrfaches Recht vor, sondern nur eine mehrfache Begründung für ein und dasselbe Recht. Ob das Zusammentreffen der verschiedenen Titel von Anfang an gegeben ist, oder in ununterbrochener zeitlicher Aufeinanderfolge eintritt, ist gleichgültig. Besaß der Kläger zur Zeit seiner Wahl das passive Wahlrecht lediglich als Forense und erhielt er erst in der Folge, während er noch Forense war, die Vertretungsmacht für eine juristische Person, so gewann er damit eine weitere Stütze für das bereits vorhandene Recht, die dieses auch nach Wegfall des ursprünglichen Titels aufrecht erhielt.

b) Provinzialrechte.

α) In Westfalen.

Nr. 1. Entsch. v. 14. Jan. 1908 (OVG. 52 43) I C 25/06.

WestfLGemO. § 16; WestfStO. §§ 1, 8.

1. Der Bergfiskus, der im Gebiete der nach der WestfLGemO. v. 19. III. 56 verwalteten Stadt F. und der gleichnamigen Landgemeinde ein Steinkohlenbergwerk betreibt, war bis zum Jahre 1894, da er in beiden Gemeinden an Gemeindeabgaben mehr als einer der drei höchstbesteuerten Einwohner zahlte, in die Gemeindewählerlisten, und zwar in die erste Wählerklasse, aufgenommen worden. Nach mehrjähriger, infolge zeitweiliger Ertraglosigkeit des Bergwerkes eingetretener Unterbrechung beanspruchte er unter Berufung auf § 16 LGemO., § 8 StO. v. 19. III. 56 seine Wiederaufnahme in die Wählerliste der Stadtgemeinde, wurde jedoch abgewiesen.

2. Zur Begründung des Wahlrechts der juristischen Personen ist in allen Fällen die Entrichtung sowohl von Staatssteuern als auch von Gemeindesteuern in der vorgesehenen Höhe erforderlich; die bloße Veranlagung, insbesondere solche von Staatssteuern für andere als staatliche Besteuerungszwecke genügt nicht, vielmehr muß eine effektive Besteuerung vorliegen. Im § 10 der HessNassStO. v. 4. VIII. 97 (GS. 254) sind allerdings die Voraussetzungen des Gemeindewahlrechts für den Staatsfiskus abweichend dahin geregelt worden, daß ihm das Gemeindewahlrecht dann zusteht, wenn er seit einem Jahre zu den direkten Gemeindesteuern mit einem höheren Betrage herangezogen wird, als einer der drei höchstbesteuerten Gemeindeangehörigen an direkten Staats- und Gemeindesteuern, beide zusammengerechnet, entrichtet. Die Bestimmung verfolgt den Zweck, der von der Staatsregierung früher vertretenen, von der Rechtsprechung jedoch nicht angenommenen Auffassung über das Wahlrecht des Fiskus für den Geltungsbereich der HessNassStO. ausdrücklich gesetzliche Geltung zu verschaffen. Dieser gesetzgeberische Vorgang läßt sich nicht auf die älteren Gemeindeordnungen in dem Sinne zurückbeziehen, daß er für deren Auslegung zugunsten des Klägers und damit für eine Abweichung von der bisherigen Rechtsprechung verwertet werden könnte.

3. Anlangend den Einfluß der neueren Steuer- und Gemeindewahlgesetzgebung, so kommt folgendes in Betracht: Der durch die beiden GemO. für das Wahlrecht der juristischen Personen ursprünglich begründete Rechtszustand hat durch die GemWahlG. v. 29. VI. 93 und vom 30. VI. 00 eine Aenderung nicht erfahren. Diese beziehen sich nicht auf den Erwerb, sondern auf die Ausübung des Wahlrechts und lassen die Voraussetzungen für die Begründung des Rechtes unberührt. Eine Aenderung ist dagegen durch § 5 G. v. 14. VII. 93 insofern herbeigeführt worden, als seitdem bei den staatlichen Realsteuern die vom Staate veranlagten Beträge an die Stelle der zu entrichtenden treten. Bei der Beurteilung der Tragweite dieser Bestimmung ist zu

beachten, daß sie die bestehenden Bestimmungen über die Begründung von Rechten und damit auch des Wahlrechts aufrechterhält und nur insoweit, als hierbei die effektive Entrichtung von Steuern vorausgesetzt wird, fortan die bloße Veranlagung an deren Stelle treten läßt. Die Absicht des Gesetzes geht also nicht dahin, neue Rechte zu begründen oder bestehende Rechte zu erweitern, sondern nur dahin, bestehende Rechte vor Beeinträchtigung zu schützen. Daraus folgt, daß demjenigen, dem ein Gemeindewahlrecht nach der seitherigen Rechtslage nicht zustand, ein solches auch nicht durch dieses Gesetz eröffnet worden ist. Demgemäß reicht eine bloß fingierte Veranlagung zur Staatseinkommensteuer, auf die sich dieses Gesetz überdies gar nicht bezieht, nach wie vor zur Begründung des Wahlrechts aus § 16 WestfLGemO., § 8 WestfStO. nicht aus. Aber auch bei den Realsteuern trifft dies nicht zu, wenigstens nicht in dem Sinne, wie es der Kläger in Anspruch nimmt. Die beiden GemO. machen den Erwerb des Wahlrechts für juristische Personen von bestimmt bemessenen Steuerleistungen an den Staat und an die Gemeinde abhängig. Es bedurfte also bei den Realsteuern der Veranlagung für Zwecke der staatlichen Besteuerung und der Entrichtung der solchergestalt veranlagten Beträge. Durch § 5 G. v. 14. VII. 93 ist lediglich das Erfordernis der tatsächlichen Entrichtung beseitigt, weil die Staatssteuern außer Hebung gesetzt sind. Damit ist nicht auch über den Rahmen des seitherigen Rechtszustandes hinaus eine Veranlagung für anrechnungsfähig erklärt, die nach steuerrechtlichen Grundsätzen lediglich für andere als staatssteuerliche Zwecke erfolgt. Zur Anrechnung für die Begründung des Wahlrechts kann die Veranlagung zur staatlichen Realsteuer nur dann gestellt werden, wenn sie bei Forterhebung der Staatssteuer zur effektiven Entrichtung der veranlagten Beträge führen würde. Nur insoweit, als dies der Fall sein würde, treten nach § 5 G. v. 14. VII. 93 die veranlagten Beträge an die Stelle der zu entrichtenden. Daran ändert der Umstand nichts, daß die Veranlagung in allen Fällen vom Staate, und zwar fortan für die Zwecke der Kommunalbesteuerung ausgeführt wird.

Nr. 2. Entsch. v. 26. Nov. 1909 (PrVerwBl. 31 510) I C 29/09.

WestfLGemO. § 30.

1. Ein Kirchenkassenrendant gehört zu den Kirchendienern im Sinne des § 30 WestfLGemO.

2. Nach der unbestrittenen Angabe der Beklagten besorgt der Kläger die Kassengeschäfte der Kirchengemeinde A. seit etwa fünfzehn Jahren. Vorausgesetzt daher, daß seine Anstellung als Rendant überhaupt erfolgt ist, ist sie unter der Herrschaft der KirchenO. für die evangelischen Gemeinden der Prov. Westfalen und der Rheinprovinz v. 5. III. 35 (von Kamptz Ann., Jahrg. 1835, S. 105) geschehen. Zwar sollten nach dieser KirchenO. die Kirchmeister die Kirchenkasse verwalten; es konnte jedoch auch gestattet werden, daß die Rendantur der Kirche einem besonderen Beamten übertragen werde. Die hiernach zulässige Schaffung einer besonderen Rendantenstelle setzt aber einen darauf gerichteten Willen der kirchlichen Organe voraus. Seinen erkennbaren Ausdruck findet dieser in dem gemeinsamen Beschlusse des Presbyteriums und der kirchlichen Vertretung, durch den das Gehalt für einen Rendanten festgesetzt wird. Denn diesen Körperschaften liegt es nach § 18 lit. c der KirchenO. ob, „die Gehälter und Gehaltszulagen für Kirchenbeamte oder Kirchendiener“ zu bestimmen. Ist hiernach eine etatsmäßige Rendantenstelle begründet, so ist Rendant derjenige, der in die Stelle von zuständiger Seite berufen ist (vgl. § 140 KirchenO.).

3. Nach diesen Grundsätzen, die übrigens auch nach Erlaß des die KirchenO. abändernden KirchenG. v. 5. I. 08 gelten, hätte der Bezirksausschuß in eine Prüfung darüber eintreten müssen, ob der Kläger Kirchenkassenrendant ist. Er

hat dies unterlassen. Die Tatsache, daß der Kläger die Rechnungen der Kirchen- und Pfarrkasse führt und dafür eine „nicht ganz unerhebliche" Vergütung erhält, schließt nicht notwendig seine Anstellung als Beamter in sich. Worauf der Bezirksausschuß die Annahme gründet, daß dem Kläger für die Rechnungsführung von der Kirchengemeinde Entlastung erteilt werde, ist nicht ersichtlich. Sowohl die ältere, am 7. V. 38 bestätigte Verw.O. (§ 62) wie auch die neuere v. 8. III. 03 (§ 57) legen die Entlastung des Rendanten in die Hand des Superintendenten. Von wem aber auch der Kläger für seine Rechnungsführung Entlastung erhalten mag, so läßt doch die Erteilung der Entlastung durch die Gemeinde oder den kirchlichen Aufsichtsbeamten noch keinen Schluß auf seine Eigenschaft als eines kirchlichen Beamten zu.

β) In der Rheinprovinz.

Nr. 1. Entsch. v. 26. Febr. 1909 (OVG. 54 69) I C 29/08.

Hat ein vom hessischen Staate angestellter und besoldeter Beamter (Zugführer) seinen Wohnsitz in Preußen, so kann er zwar vom Staate Preußen nicht besteuert, wohl aber von seinem Diensteinkommen zur Gemeindesteuer seiner Wohnsitzgemeinde in Preußen herangezogen werden. Beträgt dieses mehr als 660 bis 900 ℳ, so sind die Voraussetzungen des Gemeinderechts auch ohne Veranlagung zur Staatssteuer in steuerlicher Hinsicht gegeben.

Nr. 2. Entsch. v. 19. März 1909 (OVG. 54 72) I C 1/08.
RhGemO. §§ 35, 46, 49, 52; RhGemVerfG. Art 11.

1. Dem Vorderrichter muß allerdings darin beigetreten werden, daß die Aufnahme des Klägers in die Gemeinderolle diesem kein auch nur formales Recht zur Teilnahme an den Gemeindewahlen und damit auf Aufnahme in die Wählerliste verlieh. Dies folgt daraus, daß für die Gemeinderolle abweichend von der Wählerliste kein besonders geregeltes Ausschließungs- oder Anfechtungsverfahren besteht, nach dessen Abschlusse die Rolle formale Rechtskraft, insbesondere auch für die Teilnahme an den Gemeindewahlen, erhielte.

2. Es kommt daher darauf an, ob der Kläger materiellrechtlich verlangen kann, zur Teilnahme an den Gemeindewahlen zugelassen zu werden. Von den hierfür bestehenden gesetzlichen Voraussetzungen, die für die meistbegüterten Grundeigentümer keine anderen sind als für die Meistbeerbten, sind beim Kläger nur die Befugnis zur Vertretung des ungeteilten Familienbesitzes und die Selbständigkeit streitig.

3. Was zunächst die letztere anlangt, so hat sie der Vorderrichter zu Unrecht wegen Mangels eigenen Hausstandes verneint. Der eigene Hausstand bildet ein unerläßliches Erfordernis für die Selbständigkeit im Gebiete der RhGemO. ebensowenig wie für die Wahlen zum Abgeordnetenhause (§ 8 WahlVd. v. 30. V. 49), für die es als solches durch den Staatsministerialbeschl. v. 19. XII. 48 und den MinErl. v. 20. XII. 48 (MBl. 361/62) ausdrücklich verworfen worden ist. Der Besitz eines eigenen Hausstandes mag da, wo er zutrifft, geeignet sein, den Nachweis der vom Gesetz erforderten Selbständigkeit zu erbringen; sein Mangel vermag aber nicht ohne weiteres diesen Nachweis auszuschließen. In dem hier fraglichen Rechtsgebiete kann für die Erfüllung des Erfordernisses der Selbständigkeit im allgemeinen nicht mehr als diejenige Verfügungsfähigkeit und wirtschaftliche Unabhängigkeit verlangt werden, die nach der Anschauung des Lebens erforderlich, aber auch ausreichend sind, um den Inhaber als vollberechtigtes Mitglied einer politischen Gemeinschaft anzuerkennen.

Diesen Anforderungen genügt der Kläger. Er ist unstreitig verfügungsfähig, nicht minder auch wirtschaftlich unabhängig. Aus dem Ehevertrage der Eltern hat er einen neben den familienrechtlichen Bestimmungen des gemeinen bürgerlichen Rechtes besonders gesicherten Anspruch auf standesgemäßen Unterhalt. In welcher Form diesem Anspruche seitens der Mutter genügt wird, ist ohne Belang. Der wirtschaftlichen Unabhängigkeit des Klägers tut es keinen Abbruch, daß er den Unterhalt im Hause der Mutter erhält, die allein die Kosten der Wirtschaftsführung für das Haus wie für den Grundbesitz als Nießbraucherin trägt. Es darf nicht übersehen werden, daß der Kläger Miteigentümer des väterlichen Nachlasses und damit auch des Hauses ist, daß der Ehevertrag neben der Sicherstellung der Ehefrau auch bezweckt, den Nachlaß tunlichst zusammenzuhalten, und daß die Unterhaltsrente wesentlich das wirtschaftliche Nutzergebnis des Anteils der einzelnen Miterben am gemeinschaftlichen Eigentume darstellt. Die steuerrechtliche Beurteilung dieses Verhältnisses schließt die Annahme der Selbständigkeit auf dem Gebiete des Gemeinderechts nicht aus.

4. Nicht minder zu Unrecht hat der Vorderrichter dem Kläger die Befugnis zur Vertretung des Familienbesitzes abgesprochen, der noch ungeteilt ist und im Grundbuche wie in den Steuerbüchern auf den Namen des Vaters eingetragen steht. Er nimmt an, daß im Falle des Zusammentreffens von Eigentum und Nießbrauch bei Vertretung des Grundbesitzes im Gemeinderechte der Nießbraucher vorgehe und den Eigentümer ausschließe, so daß eine Vertretung nach Maßgabe von §§ 46, 35 Abs. 2 der Gemeindeordnung nicht in Frage kommen könne. Diese Annahme trifft indessen nicht zu und findet auch in der vom Vorderrichter angezogenen Rechtsprechung keine Stütze. Die RhGemO. enthält abweichend von anderen GemO. insbesondere der StO. v. 15. V. 56, keine ausdrückliche Bestimmung über den Nießbrauch an Grundstücken als Grundlage des Gemeinderechts. Sie spricht in Art. 11 GemVerfG. und in §§ 35, 52 der ursprünglichen Fassung nur von „Grundbesitzern“, in §§ 46, 49 aber nur von „Grundeigentümern“. Ob man demgegenüber aus § 12 Abs. 2 das. in Verbindung mit § 14 GrundsteuerG. v. 21. I. 39 ableiten könnte, daß auch der Nießbrauch als Grundlage des Gemeinderechts ausreiche, ist mehr als zweifelhaft. Die Frage kann aber auf sich beruhen; denn nach der im Ehevertrage vorgesehenen Regelung der Rechtsverhältnisse am Nachlasse liegt unbedenklich ein ungeteilter Besitz im Sinne der §§ 46, 35 Abs. 2 aaO. vor. Nach der Absicht der Vertragschließenden des Ehevertrags bzw. des Erblassers sollte der Nachlaß während der Lebenszeit der Mutter ungeteilt als Besitz der Familie unter anteiliger Berechtigung sämtlicher Mitglieder erhalten bleiben. Wenn dies in der Weise geregelt wurde, daß der Ehefrau der Nießbrauch am ganzen Nachlaß unter Auferlegung standesgemäßer Unterhaltspflicht, den Kindern das Eigentum mit entsprechender Unterhaltsberechtigung zugewiesen wurde, so handelte es sich dabei nicht sowohl um die Gegenüberstellung von Nießbrauch als Recht an fremder Sache und von Eigentum, als vielmehr um die Regelung der Rechtsverhältnisse innerhalb des Kreises der gemeinsam zu Besitz und Genuß am Nachlasse berufenen Familienangehörigen. Der Ehevertrag begründete nur eine besondere Art der Fortsetzung der ehelichen Güterverhältnisse nach Auflösung der Ehe. Danach ist mit ungeteiltem Besitz im Sinne der §§ 46, 35 Abs. 2 GemO. zu rechnen, ohne daß es erst noch der Heranziehung der privatrechtlichen Grundsätze über unmittelbaren und mittelbaren Besitz oder der von der Mutter bezeugten Beteiligung des Klägers an der Verwaltung des Gesamtguts oder endlich des vom ersten Richter erwähnten Leibzuchtrechts bedurfte. Der Kläger ist danach zur Vertretung des ungeteilten Besitzes berechtigt, und zwar nach §§ 46, 35 Abs. 2 GemO. zur Teilnahme am Gemeinderechte berufen.

Nr. 3. Entsch. v. 28. Jan. 1910 (PrVerwBl. 31 835) I C 42/09.

RhGemO. § 49.

1. Nur für das Wahlgeschäft selbst wird der Kreis der Wahlberechtigten durch die Liste abgegrenzt, während das Recht, Einspruch und nach dessen Zurückweisung Klage gegen das verkündete Wahlergebnis zu erheben, allein von dem Besitze der Stimmberechtigung in der Gemeinde, d. i. vom Besitze des Gemeinderechts, abhängig ist.

2. Wie unter den Parteien nicht streitig ist, sollte am 21. XI. 08 in der dritten Abteilung nicht nur eine Ergänzungs-, sondern auch eine Ersatzwahl vorgenommen werden. Dies hätte nach den in OVG. 50 37 entwickelten Grundsätzen schon in der Bekanntmachung des Wahltermins deutlich zum Ausdrucke kommen müssen. Nach der Bekanntgabe des Bürgermeisters zu T. konnten die Wähler jedoch nicht erkennen, daß bei derselben Wahlhandlung Wahlen ganz verschiedener Art getätigt werden sollten; denn es ist darin nur von Ergänzungswahlen die Rede. Dieser wesentliche Mangel der Bekanntmachung wurde nicht dadurch geheilt, daß der Wahlleiter bei Eröffnung der Wahlverhandlung erklärte: „Jeder Wahlberechtigte habe zwei Personen zu nennen, von denen der erste, der die meisten Stimmen erhalten werde, für einen Turnus von sechs Jahren und der zweite für drei Jahre als Ergänzungsmann bestimmt werde." Von einer solchen für das Wahlverfahren äußerst wichtigen Erklärung läßt das Wahlprotokoll nichts ersehen und ebensowenig geht daraus hervor, daß der Erklärung des Wahlleiters gemäß verfahren worden sei. Noch weniger läßt sich feststellen, daß eine solche sachliche Trennung wirklich stattgefunden habe; vielmehr zeigt das Verfahren des Wahlleiters, daß ihm das Erfordernis und die Durchführung der Trennung der Abstimmung nicht klar gewesen ist. Unter diesen Umständen bedarf für den vorliegenden Fall die Frage keiner Entscheidung, ob die Verbindung von Ergänzungs- und Ersatzwahlen bei den Gemeindeverordnetenwahlen in der Rheinprovinz schlechterdings unzulässig sei. Auch wenn man die Zulässigkeit der Verbindung bejahen wollte, würde immer eine sachliche Trennung beider Wahlen geboten sein.

γ) In Hannover.

Nr. 1. Entsch. v. 3. Nov. 1909 (OVG. 55 60) I C 2/09.

HannLGemO. v. 28. IV. 59 § 8; HannLandesVerfG. v. 6. VIII. 40 §§ 27, 88, 93.

Nach der HannLGemO. v. 28. IV. 59 ist die inländische Staatsangehörigkeit eine Voraussetzung auch des auf dem Grundbesitze beruhenden Stimmrechts.

Indem das LandesVerfG. v. 6. VIII. 40 den Grundsatz an die Spitze stellt, daß nur die Landesuntertanschaft zu dem vollen Genusse der bürgerlichen und politischen Rechte befähige, hat es nicht zugunsten der Rechtsstellung der Ausländer eine Vermutung dahin aufgestellt, daß diesen alle diejenigen bürgerlichen und politischen Rechte zustehen sollten, die ihnen nicht ausdrücklich vorenthalten seien. Es kommt vielmehr bei jedem einzelnen Rechte darauf an, ob und wieweit es nach dem ausdrücklich bekundeten oder sonst erkennbaren Willen des Gesetzgebers auch dem Ausländer hat eingeräumt werden sollen. In der Hann. Gesetzgebung ist aber nirgends den Ausländern allgemein das Recht zur Teilnahme an den Wahlen zur Ständeversammlung zugestanden worden. Wenn in § 93 aaO. bestimmten Klassen von Ausländern (Standesherren, braunschweigischen Staatsangehörigen, Rittergutsbesitzern) die Wählbarkeit zuerkannt worden ist, so kann dahingestellt bleiben, ob aus der Beilegung der Wählbarkeit überhaupt Rückschlüsse auf den Besitz der aktiven Wahlberechtigung zu machen sind; keinesfalls kann daraus gefolgert werden, daß damit stillschweigend allen Ausländern jene Berechtigung beigelegt oder zuerkannt worden wäre. Das genannte Gesetz enthält sich jeder näheren Regelung der Berechtigung für die Wahl der Deputierten der ländlichen Grundbesitzer (§ 88[3]), und das WahlG. v. 6. XI. 40 knüpft die Wahlberechtigung für die Angehörigen von Gemeinden an das Gemeindestimmrecht an (§ 33). Wie wenig damit den Ausländern die Teilnahme an den Wahlen zur Ständeversammlung hat eingeräumt werden sollen, ergibt sich aus § 42 der Nov. z. VerfG. v. 5. IX. 48 (Hann. GS. I. Abt. S. 261) und aus § 7 des WahlG. v. 26. X. 48 (ebenda S. 319), woselbst die Wahlberechtigung ausdrücklich nur solchen wohnberechtigten männlichen Einwohnern der Gemeinde zugestanden ist, die sich im vollen Besitze der politischen Rechte befinden. Darin ist nicht sowohl eine Aenderung, als vielmehr nur eine Klarstellung des bisherigen Rechtszustandes enthalten.

d) In Hessen-Nassau.

Nr. 1. Entsch. v. 14. April 1908 (OVG. 52 72) I C 18/07.

HessNassLGemO. §§ 17, 32.

1. Nach §§ 32 Abs. 2, 17[3] HessNassLGemO. werden Witwen in der Ausübung des Gemeindewahlrechts durch Gemeindeglieder vertreten. Diese Vorschrift hatte in einer Gemeinde zu der Uebung geführt, daß bei der Aufstellung der Gemeindewählerliste für die stimmberechtigten Witwen Vertreter aus den ihnen am nächsten stehenden Personen vom Gemeindevorstand ausgewählt und als solche in die Wählerliste eingetragen wurden. Mit Recht beanstandet der Vorderrichter eine solche Uebung, der offensichtlich eine rechtsirrtümliche Auffassung zugrunde liegt. Da der Gemeindevorstand nicht den Beruf hat, für solche Stimmberechtigte, die an der Ausübung des Stimmrechts gesetzlich behindert sind, Vertreter zu bestellen, die Eintragung der Vertreter als solcher in die Liste auch weder vom Gesetz erfordert noch überhaupt geeignet ist, die Befugnis der Vertreter für die Stimmabgabe zu begründen, so vermag die Eintragung in die Liste den Nachweis der Vertretungsmacht nicht zu ersetzen und würde die Vertretenen nicht hindern, sich in der Ausübung des Stimmrechts durch ein anderes, nicht als Vertreter eingetragenes Gemeindeglied vertreten zu lassen.

2. Der Vorderrichter geht sodann zwar zutreffend davon aus, daß zur Vertretung stimmberechtigter Witwen bei Wahlen nur solche Gemeindeglieder berufen sind, die als Gemeindeglieder in der Wählerliste verzeichnet stehen. Aber er irrt, zunächst insofern, als er Gewicht darauf legt, daß die Stimmabgabe von den Vertretenen nachträglich genehmigt sei, und annimmt, daß durch diese Genehmigung der zur Zeit der Wahlhandlung etwa vorhandene Mangel der Vertretungsmacht ausgeglichen worden sei. Richtig ist, daß das BGB. bei Verträgen (§ 177) und ausnahmsweise auch bei einseitigen Rechtsgeschäften (§ 180) eine Vertretung ohne Vertretungsmacht zuläßt, deren Wirksamkeit für und gegen den Vertretenen von dessen Genehmigung abhängt. Aber diese Regelung gehört dem Gebiete des Privatrechts an und eignet sich zur Uebertragung auf das öffentlich-rechtliche Gebiet des Gemeindestimm- und Wahlrechts nicht. Indem das Gesetz die Vertretung stimmberechtigter Witwen durch Gemeindeglieder in der Ausübung des Stimmrechts vorsieht, überläßt es zwar die Schaffung der Vertretungsmacht im einzelnen Falle der Privatverfügung der Beteiligten, die sich insoweit nach den Regeln des bürgerlichen Rechtes zu vollziehen hat. Aber diese Privatverfügung findet ihre Schranke an der Natur des öffentlich-rechtlichen Aktes, für den die Vertretung stattfindet, und mit der Ausübung des Gemeindestimm- und Wahlrechts ist die Zulassung einer Geschäftsführung ohne Auftrag nicht verträglich. Abgesehen

davon, daß das Gesetz selbst nichts enthält, was für diese Zulassung spräche, kommt in Betracht, daß die Bedingungen wie für das passive Wahlrecht, so auch für die Ausübung des aktiven Wahlrechts zur Zeit der Wahl vorhanden sein müssen. Wer zu dieser Zeit zur Abgabe einer Stimme nicht berechtigt ist, dem kann diese Berechtigung auch nicht nachträglich mit rückwirkender Kraft beigelegt werden. Und wenn die gleichwohl ohne Vertretungsmacht abgegebene Stimme wegen dieses Mangels zur Zeit ihrer Abgabe ungültig war, so kann sie nicht hinterher durch Genehmigung des Vertretenen, zu deren Einholung der Wahlvorstand keinen Beruf hat, gültig gemacht werden. Wollte man mit dieser Möglichkeit rechnen, so würde dies zu der unannehmbaren Folge führen, daß Stimmberechtigte auch dann, wenn sie von der Wahl nichts wußten oder absichtlich von der Ausübung des Wahlrechts Abstand nahmen, nachträglich nach erlangter Kenntnis oder auf Grund späterer Sinnesänderung noch in die Lage kämen, durch Genehmigung der ohne ihren Willen erfolgten Stimmabgabe das Wahlrecht auszuüben. Die Stimmabgabe durch Bevollmächtigte ist, mag auch dabei ein Auftrag, für eine bestimmte Person zu stimmen, ausgeschlossen sein, diejenige Form, die den Vertretenen für die Ausübung ihres Stimmrechts offensteht. Diese Ausübung kann nur zur Zeit der Wahl und nicht erst später mit rückwirkender Kraft stattfinden. Die schriftlichen Erklärungen der Witwen haben mithin als nachträgliche Genehmigung der Stimmabgabe keine Bedeutung. Sie können aber, und darin irrt der Vorderrichter weiter, auch nicht einmal als Beweismittel dafür in Betracht kommen, daß die Vertreter vor der Wahl zur Stimmabgabe bevollmächtigt worden seien. Ganz abgesehen davon, ob der Inhalt der Erklärungen eine dahingehende Auslegung zulassen würde, scheitert ihre Verwertung in diesem Sinne daran, daß der Besitz der Vertretungsmacht nicht erst nachträglich nach der Wahlhandlung dargetan werden kann. Allerdings enthält sich das Gesetz jeder Bestimmung darüber, wann und wie der Nachweis der Vertretungsmacht zur Ausübung des Gemeindestimm- und Wahlrechts durch einen Bevollmächtigten zu führen ist. Daraus folgt aber nicht, daß es dem freien Belieben oder Ermessen des Wahlvorstandes, dem die Prüfung der Berechtigung der abstimmenden Wähler obliegt, überlassen wäre, ob er im einzelnen Falle dem Vertreter die Vertretungsmacht zuerkennen und ihn demzufolge zur Stimmabgabe zulassen will oder nicht. Vertretungsweise das Wahlrecht auszuüben, steht nur demjenigen frei, von dem der Nachweis der Vertretungsmacht zur Zeit der Abgabe der Stimme geführt ist oder geführt wird. Eine Zulassung unter Vorbehalt dieses Nachweises ist dem Gesetze fremd und steht mit der notwendigen, auch vom Gesetzgeber gewollten Sicherheit der Grundlagen des Wahlverfahrens um so mehr in Widerspruch, als der Wahlvorstand weder den Beruf noch nach der durch den Abschluß des Wahlverfahrens bedingten Erledigung seiner Aufgabe überhaupt die Möglichkeit zur Anstellung nachträglicher Ermittelungen über die Bevollmächtigung hat. Der Wahlvorstand hat bei der Meldung eines Bevollmächtigten zur Stimmabgabe sich darüber schlüssig zu machen, ob der Nachweis der Vertretungsmacht für geführt zu erachten ist. Hierzu mag es nicht immer einer schriftlichen Vollmacht bedürfen, vielmehr auch eine mündliche Erklärung des Machtgebers vor dem Wahlvorstand oder der sonst zuständigen Behörde genügen. Immer aber bleibt es Sache des die Zulassung zur Wahl begehrenden Vertreters, den Nachweis der Vertretungsmacht zu erbringen, und das Wahlprotokoll, dessen Anlagen oder die sonstigen Wahlverhandlungen müssen die Feststellungen ersehen lassen, auf die sich die Zulassung zur Wahl stützt. Dagegen ist der Wahlvorstand nicht befugt, von jeder Feststellung der Berechtigung im übrigen abzusehen und einen nur im Falle entsprechender Bevollmächtigung zur Stimmabgabe befugten Vertreter lediglich auf dessen Behauptung hin, daß er sich im Besitze solcher Vertretungsmacht befinde, zur Wahl zuzulassen, auch wenn ortsbekannte persönliche oder geschäftliche Beziehungen diese Behauptung mehr oder minder glaubhaft erscheinen lassen.

Nr. 2. Entsch. v. 29. Jan. 1909 (PrVerwBl. 30 767) I C 49/08.
HessNassLGemO. § 11.

Nach der unbemängelt gebliebenen Angabe des Klägers wohnt dieser bei seiner Mutter und erhält bei ihr Frühstück und Abendbrot, wofür er ihr ein bestimmtes Entgelt in ortsüblicher Höhe zahlt. Indem der Kläger so einen festen Beitrag zu dem von der Mutter geführten und geleiteten Haushalt leistet, an dem er seinerseits teilnimmt, besitzt er mit der Mutter zusammen einen gemeinsamen Hausstand, dessen Kosten von ihm und der Mutter gemeinschaftlich getragen werden. Zum eigenen Hausstande gehört nicht notwendig, daß jemand einen Haushalt für sich allein hat. Die äußerliche Unabhängigkeit, auf die es ankommt, ist auch bei demjenigen vorhanden, der Anteil an dem Hausstande hat und daher nicht zu einem fremden Hausstande gehört. Beim Zusammenleben der Kinder mit der Mutter wird durch die dem Familienverhältnisse entsprechende Unterordnung der Kinder unter die Mutter als Haupt der Familie und Leiterin des Hausstandes nicht ausgeschlossen, daß die Kinder einen Anteil am Hausstande und damit im rechtlichen Sinne einen eigenen Hausstand haben. Der Vorderrichter verkennt hiernach den Begriff der Selbständigkeit, wenn er diese Eigenschaft dem wirtschaftlich unabhängigen Kläger, der mit seiner Mutter einen gemeinsamen Hausstand führt, abspricht.

2. Wahlverfahren.

a) Allgemeine Grundsätze; Rechtsprechung für die Rechtsgebiete der Landgemeindeordnung vom 3. Juli 1891 und der Schleswig-Holsteinischen Landgemeindeordnung vom 4. Juli 1892.

Nr. 1. Entsch. v. 16. Febr. 1909 (PrVerwBl. 30 675) I C 56/07.
LGemO. §§ 52, 62.

1. Weder von der Eintragung in die Wählerliste, noch von der Ausübung des Wahlrechts hängt die Befugnis ab, Einspruch gegen die Gültigkeit der Wahl zu erheben.

2. Die Ungültigkeit der Wahl der zweiten Abteilung folgt daraus, daß sofort, nachdem sich im ersten Wahlgange keine unbedingte Mehrheit ergeben hatte, zwischen den Gewählten gelost worden ist. Nach § 62 Abs. 2 LGemO. hätte zunächst eine engere Wahl stattfinden müssen. Allerdings war dieser Ungültigkeitsgrund von den Klägern nicht geltend gemacht worden, seiner Berücksichtigung steht aber trotzdem nichts entgegen, weil der Verwaltungsrichter nach seiner freien, aus dem ganzen Inbegriff der Verhandlungen und Beweise geschöpften Ueberzeugung zu entscheiden hat, ohne an das Vorbringen der Parteien gebunden zu sein. Auf die sonstigen für die Ungültigkeit der Wahl der zweiten Abteilung angeführten Gründe braucht danach nicht eingegangen zu werden. Doch mag bemerkt werden, daß, wenn mehrere Bevollmächtigte für denselben Stimmberechtigten auftraten und verschiedene Personen wählen wollten, keiner von ihnen zur Wahl namens des Machtgebers hätte zugelassen werden dürfen.

3. Bei der Wahl der dritten Abteilung sind 107 Stimmen, die auf den Kassenvorsteher B. fielen, unberücksichtigt geblieben, weil dieser nicht angesessen ist, und es ist deshalb der Maurermeister B., obwohl er nur 29 Stimmen

erhalten hatte, für gewählt erachtet worden. Aus der Bestimmung im § 52 Abs. 4 LGemO. ergibt sich aber, daß, wenn ein Nichtangesessener gewählt ist, während ein Angesessener hätte gewählt werden müssen, zu einer Neuwahl zu schreiten ist, daß aber nicht ein Angesessener mit einer geringeren Stimmenzahl für gewählt erklärt werden darf. Auch sonst dürfen die Stimmen, die bei den Gemeindeverordnetenwahlen auf nicht wählbare Personen fallen, bei Berechnung der Mehrheit und der Hälfte der Stimmen nicht unberücksichtigt bleiben.

Nr. 2. Entsch. v. 23. Nov. 1909 (PrVerwBl. 31 462) I C 56/08.

LGemO, §§ 46 f., 61.

Den Umstand, daß der Kläger zunächst unter Beanstandung der von ihm vorgelegten Vollmachten von der Stimmabgabe zurückgewiesen, demnächst aber nach Ausstellung neuer Vollmachten im Lokale zur Stimmabgabe für seine Machtgeberinnen zugelassen worden ist, ist kein wesentlicher Verfahrensmangel, weil der aus jenem Vorgange entnommene Einwand der Begründung entbehrt. Den Grundsatz, daß die Ausübung des Stimmrechts durch die Protokollierung und den Uebergang zu einer ferneren Stimmabgabe konsumiert wird, hat der Gerichtshof (PrVerwBl. 15, 261) nur für den Fall aufgestellt, daß der Wähler tatsächlich seine Stimme abgibt und nur zu dem Zwecke, um die Grenze zu bestimmen, bis zu der Korrekturen der Stimmabgabe zulässig sind. Wird der Wähler zur Abgabe seiner Stimme für sich selbst oder für einen Dritten wegen mangelnder Legitimation nicht zugelassen, so steht nach Behebung des Mangels der späteren Zulassung bis zum Schlusse der Wahl ebensowenig etwas entgegen wie derjenigen eines Wählers, der beim Aufrufe seines Namens auf die Abgabe seiner Stimme verzichtet. Bis zum Schlusse der Wahl hat jeder Wähler, der überhaupt zur Abgabe einer Stimme berechtigt ist, aber sie noch nicht abgegeben hat, einen Rechtsanspruch darauf, zur Wahl zugelassen zu werden.

Nr. 3. Entsch. v. 4. März 1910 (PrVerwBl. 31 867) I C 35/09.

LGemO. §§ 62 f., 66 f.

Ist bei Wahlen zur Gemeindevertretung vom Wahlvorstande, sei es auch unrichtigerweise, die Notwendigkeit einer engeren Wahl verkündet worden, so kann erst nach deren Vollziehung das vom Gemeindevorsteher bekanntzumachende Ergebnis des abgeschlossenen Wahlverfahrens angefochten und alsdann immer nur die Kassation dieses Ergebnisses erreicht werden, nicht aber die Gültigkeitserklärung des Ergebnisses derjenigen Wahl, die der engeren Wahl voraufgegangen ist, auch wenn bei dieser jemand die Mehrheit der Stimmen in ordnungsmäßigem Verfahren erlangt hatte (vgl. OVG. 32 118).

Nr. 4. Entsch. v. 18. Jan. 1910 (PrVerwBl. 31 748) I C 50/09.

Geht man davon aus, daß der Direktor P. zu seinem Arbeiter A. geäußert hat: „Tun Sie mir doch den Gefallen und wählen Sie N.", so kann hierin etwas anderes als eine bloße Einwirkung auf die Entschließung des Wählers, die niemandem verwehrt ist, nicht gefunden werden. Denn daß bei dieser Aeußerung oder bei anderer Gelegenheit dem A. Vorteile, wenn er N. wähle, oder Nachteile, wenn er dies unterlasse, ausdrücklich oder in verschleierter Form in Aussicht gestellt seien, hat die Beweisaufnahme nicht ergeben. Die Beklagte hat freilich behauptet, A. habe alsbald nach seiner

Unterredung mit dem Direktor P. von deren Inhalt dem Landwirt Sch. Mitteilung gemacht und daran die Bemerkung geknüpft: „Wähle ich nicht, so riskiere ich, daß sie mich noch fortjagen." Diese Erklärung A.s, wenn sie gefallen ist, läßt jedoch nur darauf schließen, daß er die Empfindung hatte, als könnten ihm aus einer Wahlenthaltung Nachteile erwachsen. Daß diese Empfindung auch, worauf es allein ankommt, objektiv gerechtfertigt gewesen ist, dafür fehlt es an einer ausreichenden Grundlage. Auch wenn die weitere Behauptung der Beklagten, es habe bei einer früheren Wahl der Direktor P. zu einem gewissen K. gesagt: „Wenn Ihr nicht den und den wählt, so entziehen wir Euch einfach das Pachtfeld" als wahr unterstellt wird, so folgt daraus doch nicht notwendig, daß bei der gegenwärtigen Wahl A. wegen einer Wahlenthaltung Nachteile zu erwarten hatte, zumal ihm solche, wie bereits oben hervorgehoben, in irgendeiner Weise nicht in Aussicht gestellt waren.

b) Provinzialrechte.

α) In Westfalen.

Nr. 1. Entsch. v. 10. Nov. 1908 (OVG. 54 57) I C 37/08.

WestfLGemO. § 28; RhGemO. §§ 53, 57.

1. Durch § 28 Abs. 4 WestfLGemO. v. 19. III. 56 ist für die Auslegung des Verzeichnisses der stimmberechtigten Gemeindeglieder keine bestimmte Frist vorgeschrieben.

Mit Unrecht folgert der Vorderrichter aus dem Fehlen einer ausdrücklichen Bestimmung, daß die Auslegung der Listen bis zum Wahltermin — also vier Wochen — dauern müsse. Dagegen spricht zunächst die zur Auslegung des Gesetzes herangezogene Instr. des Min. d. I. wegen Einführung der LGemO. in der Rheinprov. v. 3. IX. 45. Ferner steht der Annahme des Bezirksausschusses entgegen, daß die LGemO. die Förmlichkeiten des Wahlverfahrens nicht erschöpfend, sondern nur in den Hauptpunkten hat regeln wollen. Aus diesem Grunde wird im Abs. 8 des § 28 einem zu erlassenden Gemeindestatute vorbehalten, nähere oder abweichende Bestimmungen zu treffen. Durch § 28 haben daher nur die wesentlichsten Punkte des Wahlverfahrens festgelegt werden sollen. Als solcher ist augenscheinlich die Dauer der Auslegung der Wählerliste nicht angesehen worden, da andernfalls eine bestimmte Anordnung im Gesetze selbst getroffen wäre. Daß dies nicht geschehen, spricht dafür, daß die Bestimmung hierüber dem Ortsstatut, und sofern ein solches nicht erlassen wird, dem pflichtmäßigen Ermessen des mit der Wahlleitung beauftragten Beamten, in Westfalen also des Amtmanns oder des ihn vertretenden Gemeindevorstehers (§ 28 Abs. 1), überlassen bleiben sollte. Dies ist um so mehr anzunehmen, als die Festsetzung desjenigen Zeitpunkts, mit welchem im Hinblick auf den Wahltermin die Auslegung der Wählerliste zu beginnen hat, von weitaus größerer Wichtigkeit ist als die Bemessung der Auslegungsfrist. Erstere Festsetzung verfolgt den Zweck, einen genügend ausreichenden Zeitraum vor der Wahl zur rechtzeitigen Beschlußfassung über die gegen die Wählerliste erhobenen Reklamationen zu sichern. Aus diesem Grunde wird der Beginn der Auslegung durch das Gesetz in ein bestimmtes zeitliches Verhältnis zu dem Wahltermine gesetzt. Der Auslegungsfrist kommt dagegen eine gleiche Bedeutung nicht zu. Die Liste kann binnen wenigen Tagen eingesehen werden, und auch für die Anbringung der Einsprüche selbst ist ein längerer Zeitraum nicht erforderlich; diejenigen Gesichtspunkte, die für eine entsprechend ausgiebige Auseinanderhaltung des Beginns der Auslegung und des

Wahltermins sprechen, kommen daher für eine hiermit parallel gehende Erstreckung der Auslegungsfrist nicht in Betracht.

(Folgt weitere Begründung.)

2. Nach alledem ist in Ermangelung einer entgegenstehenden Vorschrift anzunehmen, daß es bis zur Regelung durch ein Ortsstatut der freien Bestimmung des die Wahl leitenden Amtmanns überlassen ist, die Frist für die Auslegung der Wählerlisten seinerseits festzusetzen. Daß dies nicht zu Willkürlichkeiten führen darf, die dem Zwecke der Auslegung, die Beteiligung an der Wahl allen Berechtigten zu gewährleisten, hinderlich sein könnten, bedarf keiner besonderen Hervorhebung. Etwaige Verstöße in dieser Beziehung würden im Verwaltungsstreitverfahren mit Erfolg gerügt werden können. Vor allem wird in Betracht kommen, daß die Auslegungsfrist unter Berücksichtigung der örtlichen Verhältnisse jedem Wähler die Möglichkeit bieten muß, in voller Ruhe und ohne in seinen bürgerlichen Verhältnissen beengt zu werden, in die Wählerliste Einsicht zu nehmen und seine etwaigen Einsprüche anzubringen. Daß hierzu aber im vorliegenden Falle eine vierzehntägige Frist völlig ausgereicht hat, ist ohne weiteres festzustellen.

β) In der Rheinprovinz.

Nr. 1. Entsch. v. 10. Nov. 1908 (OVG. 53 77) I C 36/07.

RhGemO. § 53.

Wenn sich eine Wahlhandlung, die auf 10 Uhr vormittags anberaumt ist, ohne Unterbrechung wegen der großen Anzahl der Wahlberechtigten bis in die Nacht hinein ausdehnt, so ist darin eine Ordnungswidrigkeit oder Unregelmäßigkeit, durch welche die Gültigkeit der Wahl in Frage gestellt wird, nicht zu finden. Im vorliegenden Falle hatte die lange Ausdehnung der Wahlhandlung ihre Ursache in der großen Anzahl der Wähler, die eine schnellere Abwickelung des Wahlgeschäfts unmöglich machte oder erschwerte. Zwar ist die Ausdehnung der Wahlhandlung bis in die Nacht hinein für eine erhebliche Unregelmäßigkeit angesehen worden, wenn die Wahl ungeachtet einer großen Anzahl Wähler — statt zu einer Morgenstunde — erst am Nachmittage begonnen hatte, also durch Bestimmung einer unzweckmäßigen Terminstunde herbeigeführt worden war, daß die Wahl bis in die Nacht hinein gedauert hatte. Wenn es auch statthaft ist, die Wahl auf mehrere Tage dergestalt zu verteilen, daß die Wähler an diesen Tagen innerhalb gewisser Stunden ihre Stimme abgeben dürfen, so besteht doch keine gesetzliche Bestimmung, die ein solches Verfahren vorschriebe. Die RhGemO. v. 23. VII. 45 spricht im § 53 von dem Wahltermin, ohne über dessen Ausdehnung eine Vorschrift zu geben, und überläßt die Bestimmung des Termins dem pflichtmäßigen Ermessen des Bürgermeisters. Eine Pflichtwidrigkeit kann keinesfalls darin gefunden werden, daß die Wahl nur an einem Tage vorgenommen worden ist, zumal nicht behauptet wird, daß sich daraus in früheren Jahren Unzuträglichkeiten ergeben hätten. Die Stichwahl mußte sich unmittelbar an die Hauptwahl anschließen und durfte nicht bis zu einem späteren Tage ausgesetzt werden. Daher war es nicht nur zulässig, sondern gesetzlich geboten, daß die Stichwahl sofort vorgenommen wurde, als sich herausstellte, daß für die zu wählende Anzahl Gemeindeverordneter die unbedingte Mehrheit nicht erzielt worden war. Die Anberaumung eines besonderen Termins für die Stichwahl wäre unzulässig gewesen.

Nr. 2. Entsch. v. 8. Dez. 1908 (OVG. 54 65) I C 51/07.

RhGemO. § 54; ZustG. §§ 27 f.

1. Die Kläger haben gegen die Gültigkeit der angefochtenen Wahlen im wesentlichen folgende Angriffe erhoben:

a) Der Wahltermin sei nicht ordnungsmäßig bekannt gemacht;

b) es seien unstatthafter Weise durch den Feldhüter und Polizeidiener Wähler zur Wahl herbeigerufen worden;

c) die Bildung des Wahlvorstandes sei nicht gesetzmäßig erfolgt;

d) die Art der Losziehung sei nicht statthaft gewesen;

e) an der Beschlußfassung über die Gültigkeit der Wahlen hätten zu Unrecht auch die Beigeladenen teilgenommen.

2. Von diesen Angriffen hat der Vorderrichter mit Recht den an letzter Stelle erwähnten als zur Anfechtung der Wahlen überhaupt nicht geeignet abgewiesen. Der gemäß § 27² ZustG. über die Gültigkeit der Wahlen ergangene Beschluß des Gemeinderats ist nicht Gegenstand der Anfechtung, sondern lediglich Prozeßvoraussetzung für das im § 28 aaO. eröffnete Verwaltungsstreitverfahren, dessen Zweck und Ziel die endgültige Feststellung des Wahlergebnisses bildet. Für dieses Verfahren kommt es daher nur darauf an, daß überhaupt ein Beschluß des Gemeinderats über die Gültigkeit der Wahlen vorliegt; dagegen hat der Verwaltungsrichter nicht zu prüfen, ob dieser Beschluß in einem einwandfreien Verfahren ergangen ist.

2. Nicht minder zutreffend hat der Vorderrichter den an dritter Stelle erwähnten Einwand unvorschriftsmäßiger Bildung des Wahlvorstandes verworfen; denn die Skrutatoren konnten von der Wahlversammlung, die für die Wahlen aller drei Abteilungen zusammenberufen war, ohne Rücksicht auf deren zeitweilige Zusammensetzung wie auf die Zugehörigkeit der betreffenden Personen zu den verschiedenen Abteilungen einheitlich für das ganze Wahlgeschäft bestimmt werden.

3. Eher könnten die an erster und vierter Stelle aufgeführten Ausstellungen geeignet sein, zu Bedenken Anlaß zu geben. Auf die Bekanntmachung der Wahl hatte sich bei Eröffnung der Wahlversammlung zunächst nur ein einziger Wähler, und zwar aus der ersten Abteilung eingefunden, zu dem später, abgesehen von den inzwischen herbeigerufenen beiden Wählern der dritten Abteilung, ein weiterer Wähler aus der zweiten Abteilung hinzutrat. Freilich ist nach der Feststellung des Vorderrichters die Bekanntmachung nach Zahl und Art in ortsüblicher Weise erfolgt, und es kann dahingestellt bleiben, ob diese Feststellung durch die hiergegen gerichteten Ausführungen der Revision mit Erfolg anzufechten sein würde. Immerhin aber läßt die auffallend geringe Teilnahme an der Wahl dem Zweifel Raum, ob die Art der Bekanntmachung in der Tat den örtlichen Verhältnissen entsprach, und es wird zum mindesten Sache der Gemeindeverwaltung oder der Aufsichtsbehörde sein, zu erwägen, ob diese für die Zukunft nicht anderweit sachgemäß zu gestalten sein möchte. Dasselbe hat von der bei der engeren Wahl in der dritten Abteilung angewendeten Art der Ziehung des Loses in Gestalt ungleicher Hölzchen zu gelten. Wenn auch keine besonderen Vorschriften darüber bestehen, in welcher Art das Los zu ziehen ist, und im allgemeinen nur zu fordern sein wird, daß die Entscheidung unter der Herrschaft des Zufalls stehen und menschliche Willkür ausgeschlossen sein muß, so darf im übrigen doch nicht die Art der Auslosung dem Ernste des Wahlgeschäfts unangemessen und ohne entsprechende Gewähr gegen unberechtigte Beeinflussung des Ergebnisses sein. Ob nach diesen Richtungen hin die hier gewählte Art des Losziehens, ungeachtet des Umstandes, daß sie vielleicht bei gewissen Anlässen nach dem Brauche der Gegend üblich ist, für völlig einwandfrei zu erachten wäre, mag auf sich beruhen bleiben. Es bedarf hierüber, wie auch über die Frage, ob die in

dieser Beziehung etwa aufzuwerfenden und von den Klägern geltend gemachten Zweifel zur Begründung eines Revisionsangriffs ausreichen könnten, keiner Erörterung, weil unter allen Umständen der an zweiter Stelle genannte Einwand zugunsten der Revision durchgreift. Wie aus der beiderseits gegebenen Sachdarstellung zu entnehmen ist, ließ der Bürgermeister, als bei Eröffnung der Wahlversammlung nur ein einziger Wähler der ersten Abteilung erschienen war, mehrere Wähler der dritten Abteilung durch den Feldhüter und Polizeidiener herbeirufen; als daraufhin zwei Wähler der dritten Abteilung erschienen waren — ein Wähler der zweiten Abteilung kam erst später —, wurde mit der Bildung des Wahlvorstandes und mit der Wahl selbst begonnen. Damit überschritt der Bürgermeister die Aufgabe, die ihm als Leiter der Wahl gemäß § 54 RhGemO. zufiel. Es kann dahingestellt bleiben, inwieweit das Herbeirufen säumiger Wähler mit der für den Leiter der Wahl gebotenen Zurückhaltung überhaupt vereinbar erscheint. Was in dieser Beziehung den Teilnehmern an der Wahlversammlung freisteht, gilt damit noch nicht ohne weiteres auch für den Leiter der Wahl. Und wenn selbst bei diesem eine Einwirkung auf die Beteiligung säumiger Wähler an der Wahl unter Umständen nicht zu beanstanden sein mag, so geht dabei das zulässige Maß doch nicht so weit, daß es auch gebilligt werden könnte, wenn der Leiter der Wahl, wie hier geschehen, durch das Herbeirufen von Wählern überhaupt erst eine die Vornahme der Wahlen ermöglichende Wahlversammlung zusammenbringt. Waren zu Beginn des Wahltermins nicht einmal so viele Wähler anwesend, daß ein Wahlvorstand gebildet werden konnte, und bestand keine sichere Aussicht, daß weitere Wähler erscheinen würden, so mußte der Termin geschlossen und ein neuer Wahltermin anberaumt und bekanntgemacht werden. Dagegen stand es dem Leiter der Wahl nicht zu, Wähler herbeiholen zu lassen, um auf diese Weise die alsbaldige Erledigung des Wahlgeschäfts zu ermöglichen, dies auch dann nicht, wenn im übrigen die Herbeiholung ohne parteiische Nebenrücksichten erfolgte. Die hiernach vorliegende Unregelmäßigkeit ist so erheblich, daß die Wahlen als ordnungsmäßig nicht gelten können.

Nr. 3. Entsch. v. 2. Nov. 1909 (OVG. 55 55) I C 44/08.

1. Eine gesetzliche Vorschrift, daß der Wähler zum Zwecke der Abstimmung an den Wahltisch heranzutreten habe, besteht nicht. Die allgemeine Vermutung, infolge der gerügten Art der Stimmabgabe seien Irrtümer möglich und deshalb sei die ganze Abstimmung nicht ordnungsmäßig gewesen, genügt zur Anfechtung der Wahlen nicht. Es hätten die etwa vorgekommenen Fälle unrichtiger Stimmabgabe oder Protokollierung unter Beweis gestellt werden müssen und diese würden zur Ungültigkeit der Wahl nur dann haben führen können, wenn dadurch deren Ergebnis in Frage gestellt worden wäre oder hätte in Frage gestellt werden können.

2. Beizutreten ist dem Vorderrichter weiter in der Ablehnung des Anfechtungsgrundes unzulässiger Verbindung der Ergänzungs- und Verstärkungswahlen. Zu wählen waren in jeder Abteilung je zwei Gemeindeverordnete zur Ergänzung und zur Verstärkung des Gemeinderats. Diese Wahlen sind derart verbunden worden, daß die Stimmen zwar in einem Wahlakt, aber getrennt zunächst für die Ergänzung und dann für die Verstärkung des Gemeinderats abgegeben wurden. Für derartige Wahlen hatte die Rechtsprechung ursprünglich angenommen, daß sie sämtlich als eine Einheit wie die Wahlen einer ganz neuen Körperschaft aufzufassen seien (vgl. OVG. 17 100). In der Folgezeit ist diese Auffassung aber nicht uneingeschränkt aufrechterhalten, vielmehr anerkannt worden, daß eine wenigstens sachlich getrennte

Vornahme beider Wahlen zum mindesten zulässig, wenn nicht geboten sei (vgl. OVG. 48 28, 53 50). Allerdings ist diese Rechtsprechung für das Gebiet der Stadtverordnetenwahlen nach Erlaß des G. v. 1. III. 91 ergangen; sie hat indessen auch für ländliche Gemeindewahlen sinngemäße Geltung zu beanspruchen, weil diejenigen Erwägungen, die für die Zulässigkeit bzw. Notwendigkeit einer Verbindung oder Trennung von Ergänzungs- und Verstärkungswahlen maßgebend sind, im wesentlichen gleichmäßig auch bei den ländlichen Gemeindewahlen zutreffen. Auszugehen ist danach davon, daß zwischen derartigen Wahlen keine solche Verschiedenenheit nach Veranlassung und Zweck obwaltet, daß ihre Verbindung ausgeschlossen wäre, wie denn auch nach § 47 Abs. 2 der hier maßgebenden RhGemO. v. 23. VII. 45 eine Vermehrung (oder Verminderung) der Einwohnerzahl eine Veränderung in der Zahl der Gemeindeverordneten erst dann zur Folge haben soll, wenn aus anderen Gründen neue Wahlen vorzunehmen sind. Auf der anderen Seite findet die Zulässigkeit der Verbindung ihre Schranke daran, daß die Wahlen zur Verstärkung des Gemeinderats unter dem sich aus dem Gesetz (§ 49 aaO.) ergebenden Vorbehalt erfolgen, daß nach drei Jahren die Hälfte der Gewählten auszuscheiden hat, während im übrigen die Wahlperiode für alle Gewählten sechs Jahre beträgt. Mit Rücksicht hierauf muß die Abgabe der Stimmen für beide Wahlen getrennt geschehen, wobei es auf die Form der Trennung, wenn sie nur ihren Zweck erreicht, nicht ankommt. Es steht mithin einer zeitlichen Verbindung beider Wahlen nichts entgegen; nur müssen sie sachlich getrennt bleiben.

3. In der Klage war ferner behauptet, die Stichwahl in der dritten Abteilung sei ohne vorgängige Frage, ob noch Stimmen abzugeben wären, geschlossen worden und dadurch sei es gekommen, daß noch vier anwesende Wähler, die ihre Stimmen hätten abgeben wollen, zur Abstimmung nicht mehr zugelassen worden seien. Diesen Einwand hat der Bezirksausschuß mit der Begründung abgewiesen, der gesetzlichen Vorschrift sei mit einmaligem Aufruf aller Wahlberechtigten bei Beginn des Wahltermins genügt; wenn der Wahlleiter die Fehlenden noch einmal habe aufrufen lassen, um etwa zu spät Gekommenen noch Gelegenheit zur Stimmabgabe zu bieten, so sei daraus nicht zu folgern, daß er noch zu weiterem verpflichtet gewesen wäre; er habe danach unbedenklich den Wahlakt schließen dürfen. Diese Ausführungen bemängelt die Revision mit Recht. Vorab war der Wahlleiter allerdings nicht verpflichtet, die Wahl in der Form einer Fristwahl abzuhalten; dies um so weniger, als die RhGemO. (§ 53) wie die WestfLGemO. den Begriff der Fristwahl nicht kennt; diese Art der Wahl ist nur durch die Rechtsprechung zugelassen worden, die aber die Entscheidung über die Bestimmung der Wahlzeit, ob Terminswahl oder Fristwahl, dem freien Ermessen des Wahlleiters anheimgegeben hat (vgl. OVG. 25 12). Wird, wie hier, Terminswahl abgehalten, so müssen sich die Wähler zu der festgesetzten Stunde im Wahllokal einfinden; diejenigen Wähler, die später erscheinen, haben zufolge ihrer eigenen Versäumnis das Wahlrecht verloren, wenn zur Zeit ihrer Ankunft der Wahlakt bereits abgeschlossen war. Nachträglich erscheinende Wähler, die sich zur Abstimmung melden, können und müssen, sofern die Wahl noch nicht geschlossen war, zur Stimmabgabe zugelassen werden. Die Meldung zur Stimmabgabe kann vom Wahlleiter verschieden geregelt werden. Er kann sich darauf beschränken, bei Eröffnung der Wahl zu erklären, daß er zur Entgegennahme von Stimmen bereit sei; dann ist es Sache jedes Wählers, an den Wahlleiter heranzutreten und sich zur Abgabe seiner Stimme zu melden. Meldet sich niemand mehr, so kann der Wahlleiter die Wahl schließen. Zur einwandfreien Feststellung der Tatsache, daß niemand mehr sich melden will, wird hier unter Umständen eine erkennbare Verlautbarung dieser Feststellung geboten sein. Der Wahlleiter kann die Meldung aber auch, wie hier geschehen ist, derart regeln,

daß die Wähler nach der Reihenfolge der Liste aufgerufen werden; die Verlesung jedes einzelnen Namens enthält dann die Aufforderung an den betreffenden Wähler, sich zur Stimmabgabe zu melden. Folgt der Wähler dieser Aufforderung nicht, weil er zwar anwesend ist, aber nicht wählen will oder weil er fehlt, so kann der Wahlleiter nach Verlesung des letzten Namens aus der Liste und gegebenenfalles nach Abfertigung des letzten Wählers die Wahl schließen. Einer nochmaligen Verlesung oder Aufforderung zur Stimmabgabe oder sonstigen Feststellung der Tatsache, daß kein abzufertigender Wähler mehr da ist, bedarf es nicht.

4. Für den Schluß der Wahl hat das Gesetz keinerlei Förmlichkeit aufgestellt. Es ist daher nicht unbedingt notwendig, daß der Wahlleiter ausdrücklich erklärt, er schließe die Wahl. Immerhin aber muß er irgendwie seine Entschließung, nunmehr keine Stimmen mehr entgegennehmen zu wollen, äußerlich erkennbar machen. Die Beendigung der Verlesung der Namen der Wähler begründet für sich allein noch nicht den Schluß des Wahlakts. Meldet sich nach der Verlesung der Namen, aber bevor jene Entschließung des Wahlleiters kundbar gemacht ist, noch ein Wähler zur Abstimmung, so muß er zugelassen werden. Der Wahlleiter kann auch nicht etwa einen Unterschied dahin machen, daß er nur diejenigen zuläßt, die während der Verlesung erschienen waren, aber erst nach deren Beendigung sich gemeldet haben; er muß vielmehr jeden zulassen, der sich vor Schluß der Wahl meldet.

Hier hat der Wahlleiter die Wahl nicht nach der Verlesung der Namen geschlossen, sondern die Verlesung noch zweimal wiederholt; das war zulässig, hatte aber zur Folge, daß nunmehr bis zum Schlusse der Wahl nach der letzten Verlesung alle zugelassen werden mußten, die sich bis dahin meldeten. Nun sind die Ausführungen der Kläger wohl nicht dahin zu verstehen, daß nach dem Schlusse der Wahl noch Wähler zugelassen worden seien, was unstatthaft gewesen wäre. Unzweifelhaft aber geht ihre Behauptung dahin, daß nach der dritten Verlesung der Namen, trotz Zulassung anderer Wähler, vier Wahlberechtigte, die sich vor Schluß der Wahl gemeldet hätten, nicht zugelassen worden seien. Diese Behauptung ist erheblich; denn sie stellt die Gültigkeit der Wahl in Frage. Der Vorderrichter durfte sie nicht, wie er getan, übergehen, sondern mußte entweder darlegen, warum er sie für unerheblich oder unzutreffend erachtete, oder den angebotenen Beweis erheben. War er der Meinung, daß die Beendigung der ersten Verlesung dem Wahlleiter das Recht gegeben habe, später erscheinende Wähler nach seinem Belieben zur Wahl zuzulassen oder auszuschließen, und meinte er, daß es deshalb auf die Behauptung nicht ankomme, so befand er sich im Rechtsirrtume; denn mit der Fortsetzung oder Wiederholung der Verlesung wurde der Wahlakt fortgesetzt und bis zum Schlusse des fortgesetzten Aktes hatte jeder nicht abgefertigte Wähler auf seine Meldung hin Anspruch auf Zulassung zur Wahl. Ist die Behauptung vom Vorderrichter übersehen worden, so hat er sich eines wesentlichen Verfahrensmangels schuldig gemacht. Seine Entscheidung unterliegt daher der Aufhebung, soweit es sich um die Wahlen der dritten Abteilung handelt.

γ) In Hannover.

Nr. 1. Entsch. v. 22. Mai 1908 (OVG. 52 67) I C 15/07.

1. Die HannLGemO. v. 28. IV. 59 enthält keine Bestimmung darüber, in welcher Form die Stimmen in der Gemeindeversammlung und insbesondere bei den Wahlen der Ausschußmitglieder abzugeben sind. Dagegen erklärt die HannStO. v. 24. VI. 58 im § 92 Abs. 3, daß die Stimmen nach der Entschließung jedes Wählenden mündlich zu Protokoll oder durch ver-

schlossene Stimmzettel abgegeben werden dürfen. Während nach § 94 Abs. 2 StO. v. 1. V. 51 durch verschlossene Stimmzettel gestimmt werden mußte, ist es jetzt im Geltungsbereiche der StO. den Wählenden überlassen, ob sie mündlich zu Protokoll oder durch verschlossene Zettel ihre Stimmen abgeben wollen. Durch die Aenderung wurde eine stärkere Beteiligung bei den Bürgervorsteherwahlen bezweckt. Aus dem Fehlen einer ähnlichen Vorschrift in der LGemO. darf aber nicht gefolgert werden, daß der Gesetzgeber eine andere als die öffentliche Stimmabgabe habe ausschließen wollen.

Die geheime Stimmabgabe kann nicht darum für unzulässig erachtet werden, weil sie der Gesetzgeber nicht ebenso wie in der StO. ausdrücklich für zulässig erklärt hat, zumal dies nicht erst durch die Vorschrift im § 92 Abs. 3 StO. v. 24. VI. 58 geschehen ist, sondern umgekehrt hierdurch die Wähler von der Pflicht, die Stimme geheim abzugeben, befreit worden sind.

2. Den Vorderrichtern kann auch nicht darin beigetreten werden, daß die Notwendigkeit einer mündlichen und öffentlichen Stimmabgabe aus der verschiedenen Abstufung des Stimmrechts folge. Bestehen verschiedene Wählerklassen, in denen jeder einzelne Wähler dasselbe Stimmrecht hat, so ist nicht einzusehen, weshalb nicht jeder, der als Wähler der betr. Klasse stimmberechtigt ist, in dieser durch Abgabe eines verschlossenen Stimmzettels sein Wahlrecht ausüben kann. Aber auch mit einer verschiedenen Bemessung des Stimmrechts in derselben Klasse ist eine zu kontrollierende geheime Stimmabgabe vereinbar, wenn die Wähler eine der Anzahl ihrer Stimmen entsprechende Anzahl verschlossener gleichwertiger Stimmzettel abgeben dürfen. Wenn in den übrigen preußischen Provinzen für die Gemeindeverordnetenwahlen eine öffentliche Abstimmung vorgeschrieben ist, so kann daraus nicht geschlossen werden, daß es sich nach der HannLGemO. ebenso verhalte, da die hann. Gesetzgebung sich keineswegs auf diesem Gebiete der preußischen angeschlossen hat.

3. Enthält somit die LGemO. v. 28. IV. 59 kein Verbot der geheimen Wahl und auch keine Bestimmung darüber, in welcher Form die Stimmen in der Gemeindeversammlung und insbesondere bei den Wahlen der Mitglieder des Gemeindeausschusses abzugeben sind, so folgt daraus, daß die Gemeinde — vorbehaltlich der gesetzlich notwendigen Zustimmung der Aufsichtsbehörde — im Wege der Autonomie — mittels Statuts oder Observanz — die geheime Abstimmung einführen kann.

4. Fehlt es aber an einer Rechtsnorm, wonach bei den Wahlen der Gemeindeausschußmitglieder eine geheime Stimmabgabe zuzulassen wäre, so kann nicht darin, daß nur öffentliche Stimmabgabe gestattet worden ist, eine Verletzung der Vorschriften über das Wahlverfahren gefunden werden. Aus der Unbestimmtheit des Gesetzes und aus dem Mangel einer ortsrechtlichen Regelung der Form der Stimmabgabe entspringt nicht für den einzelnen Wähler das Recht, in beliebiger Form seine Stimme abzugeben. Das Wahlrecht des einzelnen Gemeindemitgliedes stellt nicht ein ihm in seinem persönlichen Interesse verliehenes subjektives Recht dar, sondern ist ein Ausfluß des Gemeindeverfassungsrechts. Steht daher die Oeffentlichkeit des Wahlverfahrens nicht im Widerspruche mit dem Gemeindeverfassungsrechte, so kann nicht aus der Verhinderung der geheimen Stimmabgabe die Ungültigkeit der Wahlen hergeleitet werden.

5. Gegen den Beschluß des Gemeindeausschusses, daß es bei der neuen Wahl der Entschließung der Wähler zu überlassen sei, ob sie öffentlich oder geheim durch Stimmzettel wählen wollen, der nicht unter § 27 ZustG. fällt und der ohne Bestätigung des Kreisausschusses der Gültigkeit ermangelt (vgl. § 42³ LGemO.), ist die Klage im Verwaltungsstreitverfahren nicht gegeben.

3. Rechtsmittel.

Nr. 1. Entsch. v. 10. Nov. 1908 (OVG. 53 80) 1 C 62/07.

RhGemVerfG. v. 15. V. 56 Art 14.

1. Der Haupteinwand, den der Kläger gegen die Gültigkeit der Wahlen aus der vermeintlichen Unrichtigkeit der Verteilung der Gemeindeverordneten auf die beteiligten Ortschaften erhebt, entbehrt der Zulässigkeit. Der Gerichtshof hat bereits in OVG. 44 138 anerkannt, daß eine Anordnung des Kreisausschusses über die Anzahl der Gemeindeverordneten, die aus den einzelnen zu einer Gemeinde gehörigen Ortschaften zu wählen sind, nicht der sachlichen Nachprüfung des Verwaltungsrichters unterliegt. Diese Entscheidung ist für das Geltungsgebiet der HessNassLGemO. v. 4. VIII. 97 ergangen, der darin ausgesprochene Grundsatz hat aber nicht minder für den Bereich der RhLGemO. zu gelten, da die Rechtslage in beiden Rechtsgebieten (§ 22 Abs. 3 der ersteren GemO., Art. 14 Abs. 3 RhGemVerfG. v. 15. V. 56, verbunden mit § 32¹ ZustG.) dieselbe ist.

2. Der Kläger hat weiter geltend gemacht, daß die Verteilung der Gemeindeverordneten den Wahlen nicht habe zugrunde gelegt werden dürfen, weil zu dieser Zeit die Beschwerde gegen den Beschluß noch anhängig, letzterer mithin noch nicht unanfechtbar gewesen sei. Es kann dahingestellt bleiben, ob die aufschiebende Wirkung, die nach § 53 LVG. die Anbringung der Beschwerde im allgemeinen hat, auch solchen Beschlüssen der Beschlußbehörden zukommt, die die organisatorischen Grundlagen der Gemeindewahlen regeln. Nicht minder kann unerörtert bleiben, ob etwa darin, daß der Vorsitzende des Kreisausschusses den Beschluß dem Bürgermeister mit dem Auftrage zufertigte, danach das weiter Erforderliche zu veranlassen, eine Anordnung alsbaldiger Ausführung des Beschlusses im Sinne von § 53 aaO. zu finden sein würde. Selbst wenn an sich nicht vor Erledigung einer gemäß § 121 LVG. erhobenen Beschwerde zur Wahl auf der Grundlage des angefochtenen Beschlusses hätte geschritten werden dürfen, so würde diese aufschiebende Wirkung doch nur einer Beschwerde zuerkannt werden können, die von einem hierzu Berechtigten erhoben worden war. Diese Berechtigung fehlte aber dem Kläger. Erachtete er die vom Kreisausschusse beschlossene Verteilung nicht für sachgemäß, so war es ihm unbenommen, bei der Aufsichtsbehörde die Herbeiführung einer anderweitigen Verteilung zu betreiben, dagegen stand ihm als einzelnem Einwohner der Gemeinde oder einer dazu gehörigen Ortschaft mangels gesetzlicher Anerkennung eines jedermann zustehenden Beschwerderechts die Erhebung der Beschwerde aus § 121 aaO., nicht zu.

Nr. 2. Entsch. v. 26. März 1909 (OVG. 54 54) 1 C 6/09.

Für das Gebiet des Zivilprozesses wird allgemein anerkannt, daß der Verzicht auf ein Rechtsmittel nur durch mündliche Erklärung in der Verhandlung vor dem Prozeßgericht oder durch eine an den Gegner gerichtete Erklärung erfolgen kann. Nicht genügt die einem Dritten gegenüber erfolgte Aeußerung, daß man das Urteil nicht anfechten wolle.

Im Verwaltungsstreitverfahren kann aber der Verzicht auf ein Rechtsmittel als eine prozessuale Handlung mit Rechtswirkung überhaupt nur dem Gerichte gegenüber erklärt werden, weil dieses Verfahren keinen Prozeßbetrieb durch die Parteien und keine außergerichtlichen Prozeßhandlungen der Parteien kennt. War sonach zu der Zeit, als die Neuwahl zum Ersatze der von der Gemeindevertretung für ungültig erklärten früheren Wahl stattfand, eine rechtskräftige Entscheidung über die Gültigkeit der früheren Wahl noch nicht ergangen, so durfte nach der Vorschrift des § 37 Abs. 3

HessNassLGemO. v. 4. VIII. 97 auch die Neuwahl nicht vorgenommen werden, und die trotzdem erfolgte Wahl ist ungültig.

Nr. 3. Beschl. v. 6. April 1909 u. Entsch. v. 2. Juli 1909 (PrVerwBl. 31 81) I C 15/09.

LGemO. § 63.

Nach der LGemO. sind zur Anfechtung der Gültigkeit von Gemeindeverordnetenwahlen im Wege des Einspruchs und demnächst des Verwaltungsstreitverfahrens nur die Wahlberechtigten berufen. Hat ein zu diesen nicht gehörender Verein in eigenem Namen Einspruch und Klage gegen die Gültigkeit der Wahlen erhoben und hat es sich demnach von Anfang an um eine Aktion des Vereins als solchen gehandelt, so kann diese Aktion nicht nachträglich in individuelle Rechtshandlungen der einzelnen Mitglieder umgewandelt werden, dies auch dann nicht, wenn in der Tat das Vorgehen der übereinstimmenden Willensmeinung aller Mitglieder des Vereins oder Vorstandes entsprochen haben sollte. Eine sachliche Entscheidung ist deshalb auch nicht dadurch zu erreichen, daß hinterher dasjenige Vorstandsmitglied, das alle in Betracht kommenden Schriftsätze mitunterzeichnet hat, für seine Person als Kläger auftritt oder auftreten will.

Nr. 4. Entsch. v. 23. Nov. 1909 (PrVerwBl. 31 462) I C 56/08.

ZustG. §§ 27 ff.

Beschlüsse über Einsprüche gegen die Gültigkeit von Gemeindeverordnetenwahlen müssen, wenn eine Präklusion ihrer Anfechtung in Frage kommen soll, den zur Klage Berechtigten in einer Weise zugestellt sein, die eine Prüfung der Innehaltung der Klagefrist ermöglicht. Ob es zu diesem Behufe unter allen Umständen der Behändigung eines schriftlichen Bescheides bedarf, kann unerörtert bleiben. Keinesfalls reicht hierzu aus eine ortsübliche Bekanntmachung des Beschlusses oder die demnächstige Bekanntmachung des Termins für eine neue, an Stelle der für ungültig erklärten vorzunehmende Wahl. Zum mindesten muß vielmehr verlangt werden, daß der Beschluß zu nachweisbarer Zeit in amtlicher Form den Beteiligten eröffnet worden ist. Allerdings behauptet die Revision, der Kläger habe bereits vor der zweiten Wahl mit dem Bürgermeister über den Beschluß der Gemeindevertretung gesprochen und bei dieser Gelegenheit erklärt, er wolle von seiner Anfechtung absehen. Daraus wird der Schluß gezogen, der Kläger habe in einer die Zustellung ersetzenden Weise von dem Beschlusse Kenntnis erhalten und überdies auf die Erhebung der Klage verzichtet. Dieser Schluß ist indessen irrig. Auf die Erhebung der Klage konnte mit öffentlich-rechtlicher Wirkung dem Bürgermeister gegenüber nicht verzichtet werden und im übrigen erledigt sich der Einwand mit dem Hinweis darauf, daß nach dem eigenen Berichte des Bürgermeisters dieser dem Kläger eine amtliche Mitteilung von dem Beschlusse nicht gemacht, der Kläger vielmehr, wie er bei einer dienstlichen Besprechung vor der Wahl zugestanden haben soll, von anderer Seite Mitteilung über den Beschluß erhalten hat. Von einer den Lauf der Klagefrist präklusivisch eröffnenden Zustellung des Beschlusses kann danach keine Rede sein. Darum war aber keineswegs die Erhebung der Klage verfrüht; denn die Zustellung des Beschlusses bestimmt wesentlich nur den Ablauf der Klagefrist. Verfrüht würde die Klage dann gewesen sein, wenn sie vor Erlaß des Beschlusses der Gemeindevertretung erhoben worden wäre.

Nr. 5. Entsch. v. 21. Dez. 1909 (OVG. 55 52) I C 30/09.

Für die Zustellung von Gemeindebeschlüssen im allgemeinen und Einspruchbescheiden im besonderen sind weder in der SchleswHolstLGemO. v. 4. VII. 92 noch sonst im Gesetz ausdrückliche Vorschriften erlassen, so daß lediglich der allgemeine Grundsatz anzuwenden bleibt, daß diejenigen Beschlüsse, gegen die das Gesetz eine an bestimmte Fristen gebundene Klage zuläßt, den Beteiligten, insbesondere den zur Klage berechtigten Personen, in einer Weise bekanntgegeben werden müssen, die eine Prüfung, ob die Klagefrist eingehalten ist, also eine Feststellung des Beginns der Frist, möglich macht. Die regelmäßige Art der Bekanntgabe wird die Zustellung eines schriftlichen Bescheids unter Beurkundung des Zeitpunkts der Uebergabe des Schriftstücks sein; jedoch sind auch andere Arten der Bekanntgabe und der Feststellung des Zeitpunkts denkbar. Es kann auch die Erteilung eines mündlichen Bescheids durch den Gemeindevorsteher genügen; nur wird selbstverständlich die Klagefrist nicht in Lauf gesetzt, sofern der Zeitpunkt der Mitteilung sich nicht feststellen läßt. Muß sich hiernach die Form der Bekanntgabe der Entscheidung gegenüber den Beteiligten der Sachlage anpassen und kann in Ermangelung einer besonderen Gesetzesvorschrift nur nach den jeweilig obwaltenden Umständen beurteilt werden, ob die gewählte Art der Mitteilung die Klagefrist in Lauf zu setzen geeignet ist, so läßt sich bei der hier vorliegenden eigentümlichen Lage die Auffassung des Gemeindevorstehers nicht mißbilligen, daß für S. eine besondere Zustellung des über die Gültigkeit der Wahl des H. ergangenen Beschlusses der Gemeindevertretung nicht erforderlich war. Der Einsprucherheber S. wirkte als Gemeindevertreter selbst bei der Beschlußfassung mit, erhielt also von dem Bescheid auf seinen Einspruch durch das Ergebnis der Beratung der Gemeindevertretung unmittelbar aus eigener Wahrnehmung Kenntnis; diese Tatsache wurde auch sofort durch das über die Sitzung aufgenommene Protokoll dergestalt festgelegt, daß jeder Zweifel darüber ausgeschlossen blieb, wann ihm bekanntgeworden war, die Wahl des H. sei für gültig erklärt. Wenn auch S. als Privatmann, nicht als Gemeindevertreter, den Einspruch eingelegt hatte, so würde es doch zu einem unhaltbaren Ergebnisse führen, wenn man annehmen wollte, er habe zwar als Gemeindevertreter, aber nicht als Privatmann in der Gemeindevertretersitzung von der Erfolglosigkeit des Einspruchs Kenntnis erlangt. Daher ersetzte seine Mitwirkung an dem Beschlusse die Zustellung.

D. Der Gemeinde- und Gutsvorsteher.

Nr. 1. Entsch. v. 7. Dez. 1908 (PrVerwBl. 31 193) IV C 201/07.

LVG. § 70; ZustG. § 56.

1. Dem Beigeladenen kann zwar mit Rücksicht auf § 70 Satz 2 LVG. das Recht zur selbständigen Einlegung von Rechtsmitteln nicht versagt werden. Voraussetzung hierfür ist aber, daß er durch die getroffene Entscheidung in seinen eigenen, seiner Verfügung unterliegenden Rechten verletzt wird und daß dabei solche Rechte in Frage stehen, die im Verwaltungsstreitverfahren vor den Verwaltungsgerichten Schutz finden. Fehlt es an einer dieser Voraussetzungen, so muß das von dem Beigeladenen eingelegte Rechtsmittel ungeachtet seiner formellen Zulässigkeit zurückgewiesen werden.

2. Es kommt allerdings nicht auf den von dem Kläger hervorgehobenen Umstand an, daß die Beiladung des Gemeindevorstehers auf dessen eigenen Antrag von dem Kreisausschuß angeordnet worden war. Die Rechtslage würde keine andere sein, wenn das Gericht erster Instanz den Gemeindevorsteher von

Amtswegen beigeladen hätte. Es kann dem Beigeladenen auch zugestanden werden, er habe in seiner amtlichen Stellung ein Interesse daran, daß seit langer Zeit dem Verkehr der Gemeindeangehörigen dienende Wege demselben nicht entzogen werden, und daher berechtigten Anlaß, dafür einzutreten und dahin zu wirken, daß die zuständigen Behörden in derartigen Fällen von ihren Befugnissen zum Schutze der öffentlichen Kommunikation Gebrauch machen, wenn und insoweit dies nach ihrem pflichtmäßigen Ermessen angezeigt erscheint. Der Beigeladene übersieht aber, daß die Aufsicht über das öffentliche Wegewesen nicht zu den Aufgaben gehört, die § 88 LGemO. dem Gemeindevorsteher in seiner Eigenschaft als Obrigkeit der Landgemeinde zuweist, daß vielmehr die Aufsicht über die öffentlichen Wege und deren Zubehörungen nach § 55 ZustG. in ihrem bisherigen Umfange den für die Wahrnehmung der Wegepolizei zuständigen Behörden verblieben ist, zu denen der Gemeindevorsteher in dem Geltungsbereich der LGemO. jedenfalls nicht gehört.

E. Gemeindebeamte.

Nr. 1. Entsch. v. 19. Nov. 1909 (PrVerwBl. 31 443) I A 176/08.

G. v. 12. X. 97 (GS. 411), betr. die Forstschutzbeamten der Gemeinden u. öffentl. Anstalten im Reg.-Bez. Wiesbaden § 6.

1. Der Gerichtshof hat bereits wiederholt Veranlassung gehabt, zur Auslegung des § 6 G. v. 12. X. 97 insbesondere auch nach der Richtung hin Stellung zu nehmen, wieweit der Bezirksausschuß zu einer Mitwirkung bei der Festsetzung der Besoldung von Forstschutzbeamten berufen ist, wenn diese vom Regierungspräsidenten im Zwangswege durchgeführt wird. In der Entsch. v. 9. III. 09 — I 436 — ist hierzu folgendes ausgeführt:

Der Entwurf eines Gesetzes, betr. die Forstschutzbeamten der Gemeinden und öffentlichen Anstalten im Regierungsbezirke Wiesbaden usw., verordnete im § 4: „Ueber die Bildung gemeinschaftlicher Schutzbezirke, die Besetzung der Stellen und die Festsetzung und Aufbringung der Besoldung der Forstschutzbeamten entscheidet, falls darüber eine Verständigung unter den Beteiligten nicht erzielt wird, der Regierungspräsident nach Anhörung des Kreisausschusses, wenn Städte beteiligt sind, des Bezirksausschusses." Abgesehen von dieser Vorschrift, die sich lediglich auf die Besoldung der Forstschutzbeamten in gemeinschaftlichen Schutzbezirken bezog, enthielt der Entwurf keine auf die Besoldung bezüglichen Bestimmungen. Der vorstehend wiedergegebene § 4 des Entwurfs ist nicht Gesetz geworden, da er nicht die Zustimmung des Landtags erhielt. Die Kommission des Abgeordnetenhauses hat vielmehr den Bestimmungen über die Bildung gemeinschaftlicher Schutzbezirke sowie über die Besetzung der Stellen diejenige Fassung gegeben, wie sie das G. v. 12. X. 97 in Abs. 2 § 2 und in § 4 aufweist. Seinen übrigen Inhalt hat die Kommission durch einen neuen § 6 ersetzt.

Seine Vorschriften, die durch das KommBG. v. 30. VII. 99, wie dieses in § 23 Abs. 2 besagt, unberührt gelassen sind, sind für die Beurteilung des vorliegenden Streitfalles maßgebend. Der § 6 ist hervorgegangen aus der Ansicht, daß die „Entscheidungen besser von den Selbstverwaltungskörpern getroffen werden" und ist dazu bestimmt, die Festsetzung und Aufbringung der Gehälter „unter Berücksichtigung der Bestimmungen der neuen StO. und LGemO. überall im einzelnen" zu regeln. Nach diesen Erwägungen hat der in § 6 Abs. 1 ausgesprochene Grundsatz, wonach in allen Fällen die Festsetzung der Besoldung der Genehmigung des Bezirksausschusses unterliegen soll, auch für den Fall Anwendung zu finden, daß der Regierungspräsident gemäß § 6 Abs. 3

zur Zwangsetatisierung schreitet. Der Regierungspräsident darf nicht die Einstellung eines Betrages in den Etat verfügen, der lediglich seiner Ansicht nach angemessen ist, sondern nur einen solchen, der zuvor die Genehmigung des Bezirksausschusses erhalten hat. Voraussetzung für eine Zwangsetatisierung bildet daher das Vorhandensein eines die Besoldung festsetzenden Beschlusses des Bezirksausschusses.

Durch diese Ausführungen finden die gegenteiligen Darlegungen der Klage ihre Widerlegung. Daß es sich in jenem Falle um einen Eigenschutzbezirk einer einzelnen Gemeinde handelte, während hier ein gemeinschaftlicher Schutzbezirk mehrerer Gemeinden in Frage steht, macht dabei keinen Unterschied; denn jene Ausführungen haben gleichmäßig für alle Fälle zu gelten, in denen die Festsetzung der Besoldung im Zwangswege gegen den Willen aller oder einzelner der beteiligten Waldbesitzer durchgeführt wird. Hiernach war der Bezirksausschuß, und nur dieser, zur Feststellung der Leistung nach Inhalt und Umfang nicht nur im ganzen, sondern auch hinsichtlich der Verteilung auf die einzelnen beteiligten Waldbesitzer berufen. Diese Feststellung kann im Wege des gegen die Zwangsetatisierungsverfügung des Regierungspräsidenten eröffneten Verwaltungsstreitverfahrens nicht zum Gegenstande der Anfechtung und der sachlichen Nachprüfung durch den Verwaltungsrichter gemacht werden. Nach der Rechtsprechung des Gerichtshofes findet eine solche Nachprüfung nur da statt, wo die Feststellung nicht in einem mit besonderem Instanzenzuge formell geregelten Verfahren getroffen wird, entfällt aber regelmäßig überall da, wo für diese Feststellung ein derartiges Verfahren mit endgültiger, auch den Verwaltungsrichter bindender Entscheidung vorgesehen ist. Hier ist die Feststellung in dem durch §§ 115ff. LVG. geregelten Beschlußverfahren erfolgt, auf das jene Merkmale zutreffen. Den Klägerinnen war es unbenommen, den Beschluß in diesem Verfahren mit dem daselbst vorgesehenen Rechtsmittel der Beschwerde anzufechten. Nachdem dies nicht geschehen ist, bildet der unanfechtbar gewordene Beschluß die maßgebende Grundlage wie für die Zwangsetatisierungsverfügung so auch für das zur Nachprüfung der Gesetzmäßigkeit der letzteren gegebene Verwaltungsstreitverfahren, in dem die Zuständigkeit des Verwaltungsrichters sich auf die Feststellung der Tatsache beschränkt, daß ein von zuständiger Stelle ergangener Beschluß dieser Art vorliegt. Auf die sachliche Begründung des Beschlusses kann hiernach nicht eingegangen werden, dies auch nicht nach der Richtung hin, ob der auf die Gemeinde M. entfallende Anteil zutreffend bemessen worden ist, und zwar um so weniger, als die Nutzungsänderung, die eine Verringerung der Fläche des Waldareals (§ 6 Abs. 4 G. v. 12. X. 97) zufolge hat, nach den eigenen Ausführungen der Klage noch nicht abschließend zur Durchführung gelangt ist. Event. muß der Gemeinde überlassen bleiben, seinerzeit wegen veränderter Umstände eine Aenderung der Verteilung zu beantragen.

Nr. 2. Entsch. v. 25. Febr. 1910 (PrVerwBl.. 31 819) I C 1/10.

LGemO. § 65.

Die LGemO. befreit, einem allgemeinen Grundsatze des Gemeindeverfassungsrechts folgend, in § 65 Abs. 2[1] von der Pflicht zur Uebernahme unbesoldeter Aemter in der Verwaltung und der Vertretung der Gemeinde diejenigen, die an anhaltender Krankheit leiden. Dieser Grundsatz findet seine Rechtfertigung in der Erwägung, daß einerseits einem anhaltend Leidenden die Uebernahme der mit dem Amte verbundenen Mühewaltung nicht füglich zuzumuten ist, und daß es anderseits auch dem eigenen Interesse der Gemeinde nicht entspricht, wenn das Amt von einem Inhaber bekleidet wird, der es entweder überhaupt nicht oder doch nicht mit der erforderlichen körperlichen oder geistigen

Rüstigkeit zu versehen imstande ist. Anhaltend im Sinne dieser Gesetzesvorschrift ist eine Krankheit dann, wenn es sich nicht bloß um eine nur vorübergehende mehr oder minder schwere Störung des Gesundheitszustandes handelt. Ob danach im einzelnen Falle eine anhaltende Krankheit vorliegt, ist wesentlich Sache der tatsächlichen Beurteilung. Hier waren seitens des Kreisausschusses in erster Instanz zwei Gutachten über den Gesundheitszustand des Klägers und zwar von dem Professor A. sowie von dem Kreisarzte eingeholt werden. Nach den auch vom Kreisarzte nicht bemängelten Feststellungen des ersteren Sachverständigen leidet der Kläger an Herzerweiterung mit zeitweiligen Folgezuständen, wegen deren er seit dem Jahre 1892 mit größeren zeitlichen Unterbrechungen die ärztliche Behandlung durch den Sachverständigen in Anspruch genommen hat. Der letztere hält zwar den Zustand voraussichtlich für heilbar, befürchtet jedoch, daß er durch die Uebernahme des Amts ungünstig beeinflußt und zu einem anhaltenden gemacht werden könnte. Diese Auffassung wird von dem Kreisarzte nicht geteilt. Er nimmt an, daß der Kläger durch sein Herzleiden in der Wahrnehmung der Amtsgeschäfte nicht wesentlich behindert, ebensowenig auch durch diese Geschäfte in seinem Gesundheitszustande beeinträchtigt werden würde, und verneint, daß eine anhaltende Krankheit im Sinne des Gesetzes vorliege. Der Vorderrichter hat sich dem Gutachten des Professors A. angeschlossen. Er folgert die anhaltende Dauer der Krankheit aus dem langjährigen, wenn auch zeitweilig unterbrochenen Bestehen und führt aus, es sei dem Kläger nicht zuzumuten, eine unvermeidlich mit Aufregungen verbundene Amtsführung unter Aufopferung seiner Gesundheit zu übernehmen. Der Vorderrichter hat deshalb den Kläger zur Ablehnung des Amts für berechtigt erklärt, dabei auch keineswegs den Begriff der anhaltenden Krankheit verkannt. Was die Revision in dieser Beziehung geltend macht, ist nicht geeignet, die von ihr erhobene Rüge zu begründen. Daß das Gutachten sich auch auf Beobachtungen stützte, die erst nach Erlaß des angefochtenen Beschlusses gemacht wurden, entsprach um so mehr der Sachlage, als es gerade auf eine Feststellung darüber ankam, ob es sich bei der Krankheit des Klägers nur um eine vorübergehende Beeinträchtigung seines Gesundheitszustandes handle, oder ob eine Behebung derselben nicht ohne weiteres abzusehen sei.

F. Geschäfte der Gemeindeversammlung (Gemeindevertretung, Gemeinderat, Gemeindeausschuß).

Nr. 1. Entsch. v. 7. April 1908 (PrVerwBl. 30 55) I C 68/07.

LGemO. §§ 63, 65.

1. Der Kläger irrt, wenn er glaubt, die Rechtsgültigkeit des angefochtenen Beschlusses der Gemeindevertretung aus angeblichen Unregelmäßigkeiten bei der Wahl der Gemeindevertreter herleiten zu können; denn die Wahl ist innerhalb der gesetzlichen Frist (§ 63 Abs. 2 LGemO.) nicht angegriffen worden und die Gewählten bilden daher die Gemeindevertretung selbst dann, wenn das unangefochten gebliebene Wahlverfahren nicht einwandfrei gewesen sein sollte.

2. Ohne Grund bestreitet der Kläger ferner, daß er sich geweigert habe, die Wahl zum Gemeindevertreter anzunehmen. Freilich begann seine dem Gemeindevorsteher gegenüber auf die Frage nach der Annahme der Wahl gegebene Antwort mit dem Satze: „Ich nehme die Wahl an." Allein der sofort angefügte Zusatz: „mit der Bedingung, daß die Gründe geregelt sind, deretwegen die anderen beiden Gemeindevertreter ausscheiden bzw. ihr Amt niederlegen,"

verkehrte die scheinbare Annahmeerklärung in ihr Gegenteil und gab den ersten Worten die Bedeutung, daß der Kläger zur Zeit in die Gemeindevertretung einzutreten nicht willens sei. Daher hat der Vorderrichter zutreffend die gewundene Erklärung des Klägers nach ihrem Inhalt und den obwaltenden Umständen als eine Weigerung, die Wahl anzunehmen, aufgefaßt.

3. Endlich geht der Kläger auch mit der Rüge fehl, daß das Berufungsgericht hätte prüfen müssen, ob ihm nicht für die Ablehnung der Wahl Entschuldigungsgründe im Sinne des § 65 Abs. 2⁵ LGemO. zur Seite ständen. Zu solcher Prüfung hätte die Gemeindevertretung vor oder bei der Beschlußfassung auf Grund des Abs. 4 aaO. nur dann Veranlassung gehabt, wenn der Kläger das Vorliegen derartiger Entschuldigungsgründe ihr gegenüber behauptet hätte. Es kann jedoch nicht anerkannt werden, daß die Erklärung, die der Kläger dem Gemeindevorsteher bei der Frage nach der Annahme der Wahl gegeben hat, irgendwie erkennen ließe, daß er besondere Verhältnisse geltend machen wollte, die ihn zur Weigerung der Annahme der auf ihn gefallenen Wahl berechtigten. Ohne eine Geltendmachung von besonderen Entschuldigungsgründen konnte aber die Gemeindevertretung ihr Ermessen nicht walten lassen und daher war für die Anwendung des § 65 Abs. 2⁵ LGemO. überhaupt kein Raum.

Nr. 2. Entsch. v. 18. Sept. 1908 (PrVerwBl. 30 290) I C 26/07.

LGemO. §§ 104, 112.

1. Wenn die Einladung zu einer Sitzung der Gemeindevertretung, in der der Erlaß eines bestimmten Ortsstatuts beraten werden soll, nur die „Festsetzung eines Ortsstatuts" als Beratungsgegenstand aufführt, so läßt sich die Frage, ob die in dieser Einladung gewählte Fassung als eine der Vorschrift im § 104 LGemO. entsprechende und daher ausreichende Bekanntgabe des Beratungsgegenstandes angesehen werden kann, nur von Fall zu Fall unter Berücksichtigung der vorliegenden besonderen Umstände entscheiden. Im vorliegenden Falle muß die Fassung als eine der Vorschrift im § 104 entsprechende angesehen werden. Denn es kann, insbesondere unter Berücksichtigung der örtlichen, eng begrenzten Verhältnisse der kleinen Landgemeinde B., in der der Erlaß eines Ortsstatuts einen Ausnahmefall bildet, keinem Zweifel unterliegen, daß allgemein und namentlich den Gemeindevertretern genau bekannt war, um was es sich bei der Beschlußfassung handeln sollte. Um so mehr ist dies anzunehmen, als dem Erlasse des Ortsstatutes mehrfache Erörterungen innerhalb der Gemeindevertretung vorangegangen waren, in welchen speziell im Hinblick auf das von dem Kläger an den Tag gelegte Verhalten der Erlaß statutarischer Bestimmungen für das Fehlen von Gemeindeverordneten als notwendig bezeichnet worden war. Kein Mitglied der Gemeindevertretung war daher im unklaren darüber, worauf sich das zu beratende Ortsstatut beziehen sollte.

2. Die Strafen für unentschuldigtes Ausbleiben aus den Sitzungen der Gemeindevertretung (§ 112 aaO.) können für den Fall des mehrmaligen Fehlens in verschiedenen Sitzungen gleichzeitig verhängt werden, insofern nicht etwa ein so langer Zeitraum verstrichen ist, daß in der Unterlassung der Straffestsetzung ein stillschweigender Verzicht auf die Strafbefugnis oder eine stillschweigende Erklärung, ein Anlaß zur Verhängung einer Strafe habe nicht vorgelegen, gefunden werden müßte.

3. Dem Kläger braucht nicht ein subjektives Verschulden nachgewiesen zu werden, sondern seine Sache wäre es gewesen, Umstände anzuführen, die geeignet waren, sein Ausbleiben zu entschuldigen.

Nr. 3. Entsch. v. 7. April 1908 (OVG. 52 61) I C 16/07.

ZustG. §§ 27ff. GemWahlG. v. 30. VI. 00 (GS. 185.)

1. Der Vorderrichter geht von demjenigen Rechtszustand aus, der im ZustG. v. 26. VII. 76 begründet und in OVG. 5 91ff. dahin klargestellt war, daß lediglich die Ordnungsmäßigkeit von Gemeindewahlen dem Einspruchs- und Verwaltungsstreitverfahren unterstellt sei, diese aber die Frage nicht mitumfasse, ob überhaupt ein gesetzlicher Anlaß zur Vollziehung der Wahl vorliege. Weiter nimmt er an, daß das nunmehr geltende ZustG., das in §§ 27f. die Gültigkeit der Wahlen zur Gemeindevertretung der selbständigen Beschlußfassung der letzteren sowie dem Einspruchs- und Verwaltungsstreitverfahren überweist, trotz des Wechsels in der Ausdrucksweise an dem wesentlichen Inhalte der früheren Bestimmung nichts geändert habe. Mit dieser Annahme verkennt er das bestehende Recht. Die Tragweite der jetzigen Vorschriften reicht erheblich weiter als diejenige des früheren Rechtes. Einmal hat nunmehr die Gemeindevertretung von Amtswegen über die Gültigkeit der Wahlen zu befinden und es ist damit ein dem Rechte der weiteren Kommunalverbände im wesentlichen gleicher Rechtszustand geschaffen, wie ihn jene Entscheidung nach der damaligen Rechtslage für die Landgemeinden vermißte. Ferner beschränkt sich die Rechtskontrolle nicht mehr auf die Ordnungsmäßigkeit der Wahl, sondern erstreckt sich auch auf deren Gültigkeit. Gültig ist eine Wahl nicht schon dann, wenn sie in einwandfreier Weise vollzogen worden ist, sondern erst dann, wenn sie auch hinsichtlich der für die Uebertragung eines Mandats bestehenden subjektiven und objektiven Voraussetzungen dem Gesetz entspricht. Zu jenen Voraussetzungen gehört auch diejenige, daß die Vornahme der Wahl überhaupt zulässig war.

2. § 28 Abs. 3 ZustG. hat eine von der Gemeindevertretung für ungültig erklärte Wahl im Auge; hat aber die Gemeindevertretung überhaupt noch nicht beschlossen, so ist eine Neuwahl erst recht unzulässig.

3. Die Wahlen, um deren Ersetzung es sich dabei handelte, waren vom Jahre 1902 an vollzogen worden in Gemäßheit des GemAusschußBeschl. v. 2. X. 02, demzufolge die damalige Neuwahl nach dem GemWahlG. v. 30. VI. 00 (GS. 185) geschehen sollte. Dieses Gesetz gilt aber für die Landgemeinden der Prov. Hannover nicht (vgl. ABest. v. 14. IX. 00 — MBl. 226). Ob und auf welchem Wege die darin aufgestellten Grundsätze in der Gemeinde St. für die Wahlen zum Gemeindeausschuß eingeführt werden konnten oder könnten, mag dahingestellt bleiben. Keinesfalls konnte es durch einen einfachen Gemeindeausschußbeschluß geschehen. Mochten nun auch die auf der Grundlage des GemAusschußBeschl. v. 2. X. 02 vollzogenen Wahlen mit dem bestehenden Verfassungsrechte der Gemeinde im Widerspruche stehen, so berechtigte dies doch weder die Aufsichtsbehörde noch den Gemeindevorsteher, sie ohne weiteres für ungültig zu erklären und zu einer völligen Neubildung des Gemeindeausschusses überzugehen. Nach § 27² ZustG. hat der Gemeindeausschuß von Amtswegen, mithin auch dann, wenn Einsprüche nicht vorliegen, über die Gültigkeit der Wahlen zu beschließen. Erklärt der Ausschuß Wahlen, die in Wahrheit ungültig sind, gleichwohl für gültig, so ist dieser Beschluß, wenn er unangefochten bleibt, nicht nichtig, so daß er einfach unbeachtet gelassen werden könnte, sondern die Gewählten erwerben durch ihn ein — wenn der Beschluß unangefochten bleibt, dauerndes — Recht auf Sitz und Stimme im Ausschusse, das mit dieser Grundlage steht und fällt. Die Beseitigung einer solchen, den Gesetzen widersprechenden Zusammensetzung ist regelmäßig nur auf dem in § 29 ZustG. eröffneten Wege zu erreichen. Durch die Beanstandung des Beschlusses werden die Gewählten vorläufig und, wenn die Beanstandung unangefochten bleibt oder durch endgültiges Urteil aufrecht erhalten wird, dauernd ihres Amtes entkleidet. Nur auf diesem Wege ließ sich für die Vor-

nahme von Neuwahlen der erforderliche Raum schaffen; dagegen war es nicht statthaft, solche Wahlen vorzunehmen für eine Zeit, während der die bisherigen, wenn auch im Widerspruche mit dem Gesetze gewählten, Mandatsinhaber noch im Amte waren. Eine Neuwahl setzt die ordnungsmäßige Erledigung des betreffenden Sitzes in der Gemeindevertretung (Gemeindeausschuß) voraus.

Nr. 4. Entsch. v. 10. April 1908 (OVG. 52 77) I C 10/07.

ZustG. §§ 28 f.; RhGemO. § 52.

1. Allerdings unterliegen nur solche Beschlüsse der Gemeindevertretung der Beanstandung, die, wenn sie unbeanstandet blieben, eine rechtliche Wirkung zu äußern imstande sind. Unzutreffend ist aber die Annahme, daß die hiernach für die Beanstandung erforderliche Voraussetzung im vorliegenden Falle deshalb fehle, weil, wie der Kläger behauptet, die Gültigkeit der Wahl des T. zur Zeit der Beanstandung mittels einer gemäß § 28 Abs. 2 ZustG. erhobenen Klage angefochten gewesen sei. Denn dieser kommt, wie im dritten Absatze des § 28 ausdrücklich erklärt ist, keine aufschiebende Wirkung zu; daher bleibt der Gewählte ungeachtet der die Gültigkeit seiner Wahl anfechtenden Klage in dem Amte eines Gemeindeverordneten. Dieses Amtes verlustig wird er erst, wenn und sobald der Klage durch rechtskräftiges Urteil des Verwaltungsrichters stattgegeben ist. Die Beanstandung hat dagegen aufschiebende Wirkung (§ 29 aaO.), und daher wird der Gewählte sofort seines Amtes entkleidet, wenn der Beschluß, der seine Wahl für gültig erklärt, beanstandet wird; seine Fernhaltung vom Amte dauert so lange, als nicht die Beanstandung außer Kraft gesetzt oder zurückgezogen ist.

2. Wenn der § 52 RhGemO. eine Bestimmung darüber trifft, wie zu verfahren sei, „wenn von den zu Gemeindeverordneten Gewählten weniger als die Hälfte Grundbesitzer sind", so ist daraus nicht zu entnehmen, das Ergebnis der jeweiligen Wahl müsse so ausfallen, daß innerhalb der neu Gewählten die Grundbesitzer mindestens die Hälfte ausmachen. Sonst würde der an die Spitze des Paragraphen gestellte Grundsatz: „wenigstens die Hälfte der Gemeindeverordneten muß aus Grundbesitzern bestehen" nicht immer befolgt sein. Er kann nur durchgeführt werden, indem bei den neuen Wahlen so viel Grundbesitzer gewählt werden, daß ihre Zahl unter Hinzurechnung der im Amte verbliebenen angesessenen Gemeindeverordneten mindestens die Hälfte der Gesamtheit der Verordneten bildet.

3. Fehl geht endlich die Ansicht des Klägers, daß zum mindesten nicht der die Ergänzungswahl des T. betreffende Beschluß zu beanstanden gewesen wäre, weil sich die gesetzwidrige Zusammensetzung des Gemeinderats nicht schon nach den Ergänzungswahlen, sondern erst unter Berücksichtigung des Ausfalls der Ersatzwahlen ergeben habe. Allerdings dürfen Ergänzungswahlen und Ersatzwahlen nicht in dem nämlichen Akte vorgenommen werden. Finden sie jedoch zu derselben Zeit statt, so ist kein Grund ersichtlich, warum ihr Ergebnis nicht zusammen bei der Beurteilung der Zahl der Angesessenen gewürdigt werden dürfe; beide Wahlen dienen dazu, um die Zahl der Gemeindeverordneten auf der gesetzlich vorgeschriebenen Höhe zu erhalten.

G. Gemeindevermögen und Gemeindegliedervermögen; Teilnahme an den Gemeindenutzungen; gemeinschaftliche Angelegenheiten.

Nr. 1. Entsch. v. 22. Sept. 1908 (OVG. 53 83) I B 28/06.

HohenzGemO. v. 2. VII. 00 §§ 11, 39 ff., 48, 85, 110.

1. Daß der Kläger das Allmandrecht durch Geburt erworben hat, steht außer Streit. Ebenso erfüllt er die persönlichen Voraussetzungen für den Antritt des Rechtes. Nach der Feststellung des Vorderrichters wohnt der Kläger bei seiner Mutter, die ihm ein zu seiner ausschließlichen Benutzung überlassenes Zimmer eingeräumt hat und ihn beköstigt, wofür sie von ihm ein bestimmt vereinbartes Entgelt erhält. Indem er so einen festen Beitrag zu dem von der Mutter geführten und geleiteten Haushalte leistet, an dem er seinerseits teilnimmt, besitzt er mit der Mutter zusammen einen gemeinsamen Hausstand, dessen Kosten von ihm und der Mutter gemeinschaftlich getragen werden. Zum eigenen Hausstande gehört nicht notwendig, daß jemand einen Haushalt für sich allein hat; die äußerliche Unabhängigkeit, auf die es ankommt, ist auch bei demjenigen vorhanden, der Anteil an dem Hausstande hat und daher nicht zu einem fremden Hausstande gehört. Beim Zusammenleben der Kinder mit der Mutter wird durch die dem Familienverhältnis entsprechende Unterordnung der Kinder unter die Mutter als Haupt der Familie und Leiterin des Hausstandes nicht ausgeschlossen, daß die Kinder einen Anteil am Hausstand und damit im rechtlichen Sinne auch einen eigenen Hausstand haben.

2. Genügt aber der Kläger denjenigen Anforderungen, welche das nunmehr geltende Gesetz hinsichtlich der persönlichen Voraussetzungen aufstellt, so kann ihm die Zulassung zum Antritte des Allmandrechtes nicht deshalb vorenthalten werden, weil er unverheiratet ist. Im größten Teile des vormaligen Fürstentums Hohenzollern-Hechingen waren die Ledigen von der Teilnahme an den Nutzungen des Allmandrechts völlig ausgeschlossen und nur in einigen wenigen Orten zum Ledigennutzen zugelassen. Soweit es der Fall war, bildete dieser Nutzen nach Voraussetzung wie Inhalt nur eine Art von Schadloshaltung oder Abfindung für die grundsätzliche Ausschließung vom Allmandrechte. Diese hing mit dem Gemeindebürgerrechte zusammen und beruhte darauf, daß die Ledigen nicht als aktive Gemeindebürger galten. Diese Verknüpfung des Allmandrechts mit dem Gemeindebürgerrecht ist durch die nunmehr geltende GemO. gelöst, die die Zulassung zum Antritte des Allmandrechts nicht mehr vom Gemeindebürgerrechte, sondern von der Erfüllung der in §§ 40 ff., 48 geregelten Voraussetzungen abhängig macht und darunter die Heirat für männliche Personen nicht aufführt. Damit ist die aus dem Mangel des Vollbesitzes am Gemeindebürgerrechte folgende Ausschließung der Ledigen von der Teilnahme an den Allmandnutzungen beseitigt und insoweit das bisherige Recht im Sinne des § 39 GemO. abgeändert. Daher sind diejenigen ledigen Personen, die den jetzt geltenden gesetzlichen Voraussetzungen genügen, zur Teilnahme an den Allmandnutzungen ebenso befugt wie vordem die Gemeindebürger.

3. Hiernach erweist sich die Berufung des Klägers als gerechtfertigt, insofern er beansprucht, zum Antritte des Allmandrechts ohne die Einschränkung auf den herkömmlichen, aber durch die neue GemO. (vgl. auch § 110 das.) beseitigten Ledigennutzen zugelassen zu werden. Daraus folgt aber noch nicht, daß er ohne weiteres auch die Teilnahme in Höhe eines vollen Bürgernutzens verlangen dürfe. Indem nunmehr diejenigen, die den in der GemO. aufgestellten Anforderungen entsprechen, an Stelle der

Gemeindebürger zur Teilnahme an den Allmandnutzungen berufen sind, treten sie in das Teilnahmerecht, soweit das Gesetz keine Abweichung vorsieht, in eben dem Umfang ein, wie das Recht vordem den Gemeindebürgern zustand. Die GemO. enthält keine allgemeine Begrenzung des Umfanges des Allmandrechts und bestimmt auch nichts Unmittelbares über eine etwaige Abstufung der Teilnahmerechte. Deshalb regelt sich insoweit die Teilnahme an den Allmandnutzungen gemäß § 39 GemO. nach dem bisherigen Rechte. Nach der StadtO. von Hechingen v. 15. I. 35 waren nun die Teilnahmerechte dahin abgestuft, daß nur die in stehender Ehe lebenden Berechtigten den vollen Allmand- und gemeinen Nutzen erhielten, während Witwer und Witwen ihn nur zur Hälfte bekamen, „wie überhaupt bei getrennter Ehe dieser Genuß hälftig ist" (§ 85). Diese Abstufung besteht nach wie vor zu Recht; denn wenn auch die GemO. für den Antritt des Allmandrechts bei männlichen Personen die Ehe nicht mehr als Voraussetzung kennt, so wird dadurch die Grundlage der Abstufung des Umfanges der Teilnahmerechte nicht berührt. Was danach für den Fall getrennter Ehe Rechtens ist, hat gleichmäßig für die Unverheirateten zu gelten, die nunmehr auf Grund des neuen Rechtes ebenfalls, wie vordem die Gemeindebürger, zur Teilnahme an den Allmandnutzungen berufen sind. Ein Lediger kann nicht mehr an Nutzungen beanspruchen, als dasjenige, was im Falle getrennter Ehe gewährt wird.

Nr. 2. Entsch. v. 15. Jan. 1909 (PrVerwBl. 30 828) I C 39/07.

HohenzGemO. v. 2. VII. 00 § 47; HohenzSigmGemVerfG. v. 6. VI. 40 § 88.

1. Es handelt sich um Allmandnutzungen am Gemeindewalde im Sinne von § 47 GemO. v. 2. VII. 00, die nach dieser Gesetzesvorschrift lediglich in der Teilnahme am Ertrag oder Erlöse des Holzes bestehen dürfen, und es bedarf keiner Erörterung darüber, ob für die Allmandberechtigten nach Lage der Gesetzgebung auch anders geartete Holzberechtigungen bestehen könnten.

Ueber die Regelung der Allmandnutzungen am Gemeindewalde enthält die GemO., abgesehen von dem vorerwähnten § 47 und den hier nicht interessierenden Grundsätzen für die Aufstellung von Ortsstatuten (§ 46), keine näheren Bestimmungen. Es bewendet daher hierfür nach § 39 daselbst bei dem bisherigen Rechte. Und der Kläger macht geltend, daß nach eben diesem Rechte die Holzberechtigung der Bürger sich auf den gesamten Nettoertrag der Waldungen erstrecken dürfe und auf diesen Ertrag mit gewissen ausnahmsweisen Maßgaben sich auch nach der früheren Uebung in Trochtelfingen tatsächlich erstreckt habe. Der abweichenden auf § 88 G. v. 6. VI. 40 gestützten Annahme des Vorderrichters hält er entgegen, daß die in dieser Gesetzesvorschrift enthaltene Begrenzung der Holzgaben sich nur auf das Verhältnis der Holzberechtigten untereinander, nicht aber auf dasjenige ihrer Gesamtheit zur Gemeinde beziehe. Diese Deduktion findet indessen im bestehenden Rechte keine Stütze. Das G. über das Gemeindebürger- und Beisitzrecht v. 5. VIII. 37 behielt zwar in § 73 die näheren Bestimmungen über die Teilnahme an den Gemeindenutzungen dem späteren Gesetze über die Verfassung und Verwaltung der Gemeinden vor, immerhin traf es selbst schon Vorschriften, die unverkennbar die Absicht verfolgten, auf eine Einschränkung insbesondere der Holznutzungen an den Gemeindewaldungen ebenso hinzuwirken, wie dies bei den lehn- und grundherrlichen Reichnissen an Bürger- und Gemeindeholz in § 29 ausdrücklich geschah. Die Bestimmungen in §§ 113 f. regelten nicht nur die Rechtsverhältnisse der Bezugsberechtigten untereinander, sondern auch der Gemeinde gegenüber, die dadurch in der Verfügung über die Erträge der Waldungen für ihre eigenen Zwecke gesichert wurde. Demnächst bestimmte das G. über die Verfassung und

Verwaltung der Gemeinden v. 6. VI. 40 in § 53 den Ertrag des Gemeindevermögens, darunter auch der Gemeindewaldungen (§§ 55, 95), grundsätzlich zur Bestreitung des Gemeindeaufwandes und ließ nur ausnahmsweise nach, daß der Genuß des Allmandguts, der seither allen Bürgern oder einer berechtigten Klasse der Gemeindebürger zugestanden sei, den gegenwärtig und künftig Berechtigten verbleiben solle. Im Anschlusse hieran wurde in § 88 vorgesehen, daß die Größe der Bürgerholzgaben sich nach dem unbestrittenen Zustande vom 1. I. 38 richten solle, daß dieser Zustand, abweichend von den Verhältnissen der ungeteilten und der geteilten Allmandgüter, durch Mehrheitsbeschluß der Berechtigten nicht geändert werden könne, daß aber eine Verminderung der Größe der Holzgaben infolge verminderter nachhaltiger Ertragfähigkeit der Waldungen stattfinden dürfe.

2. Der Zusammenhalt aller dieser Vorschriften rechtfertigt die Auslegung, daß damit die Holzberechtigungen auch der Gemeinde gegenüber nach dem Stande vom 1. I. 38 haben festgelegt werden sollen und festgelegt worden sind. Die besonderen einschränkenden Vorschriften über die Holzabgaben wären schwer erklärlich, wenn darin in der Tat, wie der Kläger meint, nur die Verhältnisse der Bezugsberechtigten untereinander hätten geregelt werden sollen, während ihre Bedeutung ohne weiteres einleuchtet, wenn dadurch die Gemeinde vor übermäßiger Inanspruchnahme ihrer Waldungen durch Holzberechtigungen geschützt werden sollte, was der ganzen Tendenz der damaligen Gesetzgebung entsprach. In diesem Sinne sind denn auch ausweislich der vorliegenden Akten jene Bestimmungen von der Aufsichtsbehörde verstanden worden, die seit dem Jahre 1857 ständig darauf gehalten hat, daß in den Gemeinden des Oberamts Trochtelfingen bzw. Gammertingen der etwaige Ueberschuß der Holzerträge über den Stand der Holzberechtigungen vom 1. I. 38 für den Gemeindebedarf verwendet werde.

Ist danach der Annahme des Vorderrichters beizutreten, daß die Größe der Holzgaben eine obere Grenze in dem Stande vom 1. I. 38 der Gemeinde gegenüber findet, so kann dahingestellt bleiben, ob diese Grenze durch das Gesetz derart festgelegt ist, daß eine Ueberschreitung auch im Wege der Observanzbildung ausgeschlossen sein würde. Es bedarf keiner Erörterung hierüber, weil von einer solchen Observanzbildung nach Lage der Sache keine Rede sein kann.

Nr. 3. Entsch. v. 23. Nov. 1909 (OVG. 55 65) I C 61/08.

HohenzGemO. vom 2. VII. 00 §§ 38, 51.

Der Gläubiger, für den ein Anspruch seines Schuldners auf Teilnahme an den Nutzungen und Erträgen des Allmandguts gepfändet worden ist, kann nicht gemäß § 51 HohenzGemO. v. 2. VII. 00 im Verwaltungsstreitverfahren gegen die Gemeinde auf Herausgabe des Allmandnutzens klagen.

Nach § 38 GemO. ist das Allmandgut Gemeindevermögen, dessen Nutzungen einer bestimmten Klasse der Gemeindeangehörigen, den Allmandberechtigten, vermöge dieser ihrer Eigenschaft zukommen. Die Allmandberechtigung findet daher ihre Grundlage im öffentlichen Rechte. Nutzungsrechte am Gemeindevermögen, die nicht sämtlichen Gemeindeangehörigen, sondern bestimmten Klassen von solchen zustehen, können den letzteren allerdings nicht ohne weiteres von der Gemeinde geschmälert oder entzogen werden; sie werden darum aber noch nicht zu einer privaten Nutzungsberechtigung. Auch bei Anwendung dieser Grundsätze verliert die Allmandberechtigung — vgl. auch § 46 GemO. — ihren Charakter und ihre Grundlage im öffentlichen Rechte nicht. Nutzungsrechte dieser Art können regelmäßig nicht veräußert oder sonst abgetreten werden, wie hinsichtlich der Allmandberechtigungen in § 91 HohenzSigmG. über die Verfassung und Verwaltung der Gemeinden v. 6. VI. 40 ausdrücklich ausgesprochen ist. Soweit die Veräußerlichkeit und demzufolge auch die Verpfändbarkeit von Nutzungen, die aus solchen Berechtigungen fließen, gesetzlich (§ 92 aaO.) oder herkömmlich anerkannt ist, handelt es sich nicht um die Veräußerung der Berechtigung selbst, sondern lediglich um die Abtretung ihrer Ausübung. Als Träger der Berechtigung steht der Gemeinde immer nur derjenige gegenüber, der nach dem Verfassungsrechte der Gemeinde hierzu berufen, der in ihr nach diesem öffentlichen Rechte allmandberechtigt ist. Das gilt auch für Streitigkeiten über das Recht zur Teilnahme an den Nutzungen und Erträgen des Allmandguts. Zur Erhebung von Einspruch und Klage aus § 51 GemO. ist nur derjenige berechtigt, der diese Teilnahme auf Grund einer Berechtigung in Anspruch nimmt, die im öffentlichen Rechte wurzelt. Wie immer auch bei der Pfändung von Rechten, kraft deren eine Leistung gefordert werden kann, die rechtliche Stellung des Pfandgläubigers dem Drittschuldner gegenüber privatrechtlich geordnet sein mag, so finden bei Pfändung von Ansprüchen der vorliegenden Art die Rechte des Pfandgläubigers an der öffentlich-rechtlichen Natur des Anspruchs ihre Schranke. Dem bestehenden öffentlichen Rechte, wie es in der GemO. v. 2. VII. 00 niedergelegt ist, ist die Zulassung eines Dritten zum Streitverfahren aus § 51 das. an Stelle des Berechtigten völlig fremd. Macht ein Dritter auf Grund eines ihm gegen den Allmandberechtigten zustehenden Rechtes Anspruch auf den Nutzungsanteil des Berechtigten und wird die Herausgabe von der Gemeinde verweigert, so kann der Dritte nicht seinerseits im Verwaltungsstreitverfahren vorgehen, sondern sich lediglich an den Allmandberechtigten halten, damit dieser durch Beschreitung des Verwaltungsrechtsweges die Herausgabe der Nutzungen erwirke.

Ob dieser Weg für den Dritten Aussicht auf Erfolg verspricht oder nicht, ist unerheblich. Für die Entscheidung kommt es allein darauf an, daß dem Dritten, hier dem Kläger, für seine Befriedigung jedenfalls der Weg des Verwaltungsstreitverfahrens nicht eröffnet ist. Der Kläger klagt nicht im Namen des Allmandberechtigten, er vertritt nicht dessen Interesse, sondern sein eigenes, und klagt in eigenem Namen. Eine solche Klage kennt die GemO. nicht; ihre Zulässigkeit kann auch nicht aus § 51 das. entnommen werden.

Nr. 4. Entsch. v. 6. Juli 1909 (OVG. 55 72) I C 60/08.

RhGemO. v. 23. VII. 45 § 17.

1. Der § 17 RhGemO. v. 23. VII. 45 enthält keine Bestimmungen über die Teilnahme der einzelnen Gemeindeglieder an den Nutzungen des Gemeindevermögens, hält vielmehr den bestehenden Rechtszustand aufrecht. In der Gemeinde H. sind besondere Beschlüsse über die Zulassung zu den Gemeindenutzungen nicht erlassen, ausgenommen solche über die Einführung eines Einkaufsgeldes und die Verpflichtung der Nutzungsberechtigten zur Leistung gewisser Naturaldienste; es kommen daher die Bestimmungen des französischen Rechtes, insbesondere des Dekr. v. 6. VI. 11 zur Anwendung. Hiernach nehmen an dem Gemeindenutzen nur diejenigen selbständigen Einwohner teil, die in der Gemeinde ihren persönlichen Wohnsitz und eine eigene Haushaltung haben.

2. Ob ein Altsitzer (Auszügler, Altenteiler usw.) im Sinne dieser Bestimmungen noch Vorsteher einer eigenen Haushaltung ist, muß nach der Lage des einzelnen Falles entschieden werden. Ist er durch Vertrag aus der eigenen, dem Sohne, der Tochter oder deren Ehegatten verkauften Wirtschaft völlig ausgeschieden und nur noch ein mit Verpflegungs- und Wohnrecht ausgestattetes Mitglied des Haushalts seiner Kinder oder Schwiegerkinder, so hat er keine eigene Haushaltung mehr.

Es mag zugegeben werden, daß die Verhältnisse der Altsitzer verschieden liegen können und daß es auch solche geben kann, die eine eigene Haushaltung führen. Zu einer derartigen Annahme berechtigten aber die beim Kläger vorliegenden Verhältnisse nicht; insbesondere ist der eigene Besitz von Acker und Wiese sowie einer Kuh, ohne Wirtschaftsgebäude, ebensowenig wie der eines eigenen Tisches und Kochherdes für sich allein geeignet, eine solche Ausnahme zu begründen. Dem Umstande, daß der Kläger angeblich als Haushaltungsvorstand selbständig zur Einkommensteuer veranlagt ist, kann für die vorliegende Entscheidung eine Bedeutung nicht beigemessen werden.

Nr. 5. Entsch. v. 7. Dez. 1909 (PrVerwBl. 31 529) I A 129/09.

G. über gemeinschaftl. Holzungen v. 14. III. 81 (GS. 261) § 2.

Nach § 2 G. v. 14. III. 81 sind die gemeinschaftlichen Holzungen hinsichtlich des Forstbetriebes und der Benutzung der Aufsicht des Staates nach Maßgabe der gesetzlichen Bestimmungen unterstellt, die in den einzelnen Landesteilen für die Holzungen der Gemeinden gelten. Das für die östlichen Provinzen der Monarchie erlassene G., betr. die Verwaltung der den Gemeinden und öffentlichen Anstalten gehörigen Holzungen v. 14. VIII. 76 (G.S. 373) eröffnet gegen die vom Regierungspräsidenten in Ausübung dieser Aufsicht erlassenen Verfügungen die Beschwerde an den Oberpräsidenten und gegen dessen Bescheid die Klage beim OVG. (§ 11). Nach dem für die Prov. Hannover und zwar für den hier fraglichen Regierungsbezirk Lüneburg geltenden Rechtszustande fehlt es an einer gleichartigen Regelung, auf die sich die Zulässigkeit des Verwaltungsstreitverfahrens zu stützen vermöchte. Im ehemaligen Herzogtum Lüneburg war die Aufsicht des Staates über die Holzungen der Untertanen in der PolO. v. 6. X. 1618 Kap. 51 (Samml. der Chur-Braunschweig-Lüneburgischen LandesO. v. Jahre 1744 Cap. IV, Sectio I), der HolzO. v. Jahre 1665 und der Landesresolution v. 16. IX. 1681 (ebenda Cap. VIII Sectio I) geregelt. Bei dieser in der Vd. v. 27. II. 48 (HannGS. Abt. I S. 55) anerkannten Regelung ist es verblieben und die danach bestehende staatliche Aufsicht in die den Aufsichtsbehörden auf die Verwaltung des Gemeindevermögens überhaupt zustehende Einwirkung eingegliedert worden (§ 15 AusfBek. zur HannLGemO. v. 28. IV. 59, HannGS. 409, § 11 Abs. 2 G., betr. die Verfassung der Realgemeinden in der Prov. Hannover v. 5. VI. 88 (GS. 233). Eine dem § 11 G. v. 14. VIII. 76 entsprechende Bestimmung besteht danach für den Regierungsbezirk Lüneburg nicht. Weiter ergibt sich aus dem daselbst geltenden Rechtszustande, daß die über die Holzungen der Gemeinden wie der diesen gleichgestellten Genossenschaften bestehende Aufsicht kommunaler Natur ist. Allerdings mögen wegen der Eigenart ihres Substrates bei ihrer Handhabung auch Gesichtspunkte der Landeskultur und der Landes- und Forstpolizei mitbeteiligt sein (vgl. § 6 G. v. 14 III. 81). Es kann indessen unerörtert bleiben, ob und unter welchen Umständen die Konkurrenz polizeilicher Gesichtspunkte dieser Art geeignet sein könnte, für Anordnungen der Aufsichtsbehörde den Charakter von polizeilichen Verfügungen im Sinne des vierten Titels LVG. zu begründen. Jedenfalls ist davon hier, wo es sich um eine im Interesse der Nachhaltigkeit des der Genossenschaft verbliebenen Waldbesitzes getroffene Bestimmung handelt, keine Rede. Diese Anordnung enthält lediglich eine im Wege und in den Grenzen der Kommunalaufsicht ergangene Verfügung, gegen welche die in dem vorgenannten Gesetze gegen polizeiliche Verfügungen eröffneten Rechtsmittel nicht gegeben sind.

Nr. 6. Entsch. v. 19. Juni 1908 (OVG. 53 91) I C 50/07.

G., betr. die durch ein Auseinandersetzungsverfahren begründeten gemeinschaftl. Angelegenheiten v. 2. IV. 87 § 6.

In § 6 Abs. 3 G. v. 2. IV. 87 ist bestimmt, daß in erster Linie das im Auseinandersetzungsverfahren festgesetzte Beitragsverhältnis für die Verteilung der aufzuwendenden Kosten maßgebend bleibt und daß bei dem Mangel solcher Festsetzung die Unterhaltung der gemeinschaftlichen Anlagen den Beteiligten nach Maßgabe ihrer Teilnahmerechte obliegt. Soweit diese aus dem Rezesse nicht klar hervorgehen, entscheidet das Verhältnis des Grundsteuerreinertrags der Abfindungen, der insbesondere auch bei Zerstückelung von Abfindungen für die Trennstücke einzutreten hat. Hier liegt die Sache so, daß der Rezeß keine besondere Festsetzung über die Verteilung der Wegeunterhaltungslast enthält, vielmehr lediglich auf die allgemeinen gesetzlichen Bestimmungen verweist. Die danach maßgebende gesetzliche Bestimmung war in § 96 GemhTeilO. v. 7. VI. 21 enthalten, die sich mit der in § 6 Abs. 3 G. v. 2. IV. 87 an zweiter Stelle gegebenen Vorschrift deckt. Nach dem unbestrittenen Sachvortrage der Klage ist die Rezeßbestimmung nie tatsächlich angewendet worden, vielmehr hat sich die Wegeunterhaltung von Anfang an derart vollzogen, daß die Wege von den Anliegern nach dem Maßstabe der Adjazenz und zwar durch Naturalleistungen unterhalten worden sind. Demgegenüber verwirft der Vorderrichter jenen Maßstab und — stillschweigend — die Naturalleistung. Er ist der Meinung, daß, weil im Rezesse der gesetzliche Maßstab zugrunde gelegt sei, dieser in der durch das G. von 1887 bewirkten Ausgestaltung ohne Rücksicht auf die seitherige Uebung anzuwenden sei, und er nimmt stillschweigend an, daß der Verwalter die Befugnis habe, ohne weiteres die Naturalleistung durch Geldleistung zu ersetzen. Ob die letztere Annahme für zutreffend zu erachten sein würde, mag dahingestellt bleiben; keinesfalls kann der Auffassung des Vorderrichters über den zugrunde zu legenden Verteilungsmaßstab beigepflichtet werden. Bestand ein besonderer Verteilungsmaßstab zu Recht, so durfte ihn der Gemeindevorsteher nicht eigenmächtig ändern.

Geht man zunächst von dem Rechtszustand aus, der zu der Zeit bestand, als das G. v. 2. IV. 87 erlassen wurde, so sollte nach dem Rezesse bzw. § 96 GemhTeilO. das Verhältnis der Teilnahmerechte den Verteilungsmaßstab für die Wegeunterhaltung bilden. Weder die Rezeßfestsetzung noch die gesetzliche Bestimmung waren zwingendes Recht. Gegenüber Rezeßfestsetzungen war eine spätere Aenderung durch Herkommen möglich; das hat nicht nur von einzelnen öffentlich-rechtlichen, sondern allgemein von allen Festsetzungen des Rezesses über gemeinschaftliche Rechte und Pflichten zu gelten. Die Aenderung konnte wie durch ausdrücklichen Beschluß oder Vertrag der Beteiligten so auch im Wege herkömmlicher Uebung erfolgen; denn Beschluß wie Herkommen bilden gleichberechtigte Betätigungsarten der den Interessenten zustehenden Autonomie. Auf dem Wege herkömmlicher Uebung wurde hier an Stelle des Verteilungsmaßstabs der Teilnahmerechte derjenige der Adjazenz für die Wegelast gesetzt. Dieser geschichtlich begründete Rechtszustand innerhalb der Gemeinschaft hat durch § 6 G. v. 2. IV. 87 eine Aenderung nicht erfahren. Daß das Gesetz, dessen wesentlicher Zweck in § 6 Abs. 3 die Sicherung der leichten Erkennbarkeit des Verteilungsmaßstabs war, einen derart weitgehenden Eingriff in bestehende Rechtsverhältnisse beabsichtigt habe, kann nicht angenommen werden; vielmehr ist seine Absicht dahin zu verstehen, daß das Verhältnis der Teilnahmerechte oder des Grundsteuerreinertrags nur da als Verteilungsmaßstab einzutreten hat, wo ein anderer nicht erkennbarerweise zu Recht besteht, und daß die ausschließende Voraussetzung nicht nur durch eine ausdrückliche Rezeßbestimmung, sondern auch durch eine auf Herkommen beruhende Regelung erfüllt wird, dies auch dann, wenn die herkömmliche Regelung von einer ursprünglich im Rezesse getroffenen Festsetzung abweicht. Der § 6 Abs. 4 des Gesetzes setzt nicht eine ausdrückliche Rezeßbestimmung voraus, sondern bezieht sich auf einen jeden Fall gemeinschaftlicher Unterhaltung, mag deren Regelung auf ausdrücklicher Festsetzung im Rezeß oder auf anderem Rechtsgrunde beruhen. Hier liegt eine herkömmliche Regelung erkennbarerweise vor, die der Gemeindevorsteher kannte, aber nach ausgesprochener Absicht ändern wollte. Dazu war er ohne Zustimmung der Interessenten nicht befugt.

Nr. 7. Entsch. v. 22. Juni 1909 (PrVerwBl. 31 94) I C 43/08.

LGemO. § 71; G. v. 2. IV. 87 (GS. 105) § 6.

1. Der Bezirksausschuß verlangt für die Zulässigkeit der Erhebung von Einspruch und Klage wegen des Rechts zur Teilnahme an den Nutzungen und Erträgen des Interessentenvermögens (§ 71 LGemO. in Verbindung mit § 6 Abs. 1 G. v. 2. IV. 87), daß derjenige, der sich dieser Rechtsbehelfe bedienen will, unbestrittenermaßen Mitglied der Gemeinschaft der Separationsinteressenten sei. Das ist unrichtig. Zur Klage aus § 71 LGemO. in Verbindung mit § 6 G. v. 2. IV. 87 ist — nach voraufgegangenem Einspruchsverfahren — berechtigt, wer die Teilnahme an den Nutzungen usw. des Interessentenvermögens für sich in Anspruch nimmt unter der Behauptung, er sei Interessent, ebenso wie, wenn es sich um Gemeindeangelegenheiten handelt zur Erhebung des Einspruchs und der Klage nach § 71 LGemO. berechtigt ist, wer behauptet, als Gemeindeangehöriger einen Anspruch auf Teilnahme an den Nutzungen und Erträgen des Gemeindevermögens zu haben. In beiden Fällen ist die Klage im Verwaltungsstreitverfahren zulässig, die Klage ist aber als unbegründet abzuweisen, wenn der Kläger jene Behauptung nicht erweisen kann.

2. Der § 6 G. v. 2. IV. 87 schreibt in seinem ersten Absatz vor:

„Ist dem Gemeindevorstand die Vertretung übertragen, so untersteht derselbe in dieser Beziehung der Kommunalaufsichtsbehörde. Insoweit ihm die Verwaltung übertragen ist, finden die Vorschriften, welche für Gemeindeangelegenheiten bezüglich der Verwaltung, der Aufsicht des Staats und der den Mitgliedern zustehenden Rechtsmittel gelten, sinngemäße Anwendung."

Ob im vorliegenden Falle der Gemeindevorsteher die Verteilung der Gelder überhaupt auf Grund der ihm zustehenden Verwaltungs- und Vertretungsbefugnisse oder aber lediglich vermöge besonderen privaten Uebereinkommens zwischen den Interessenten bewirkt hat, kann dahingestellt bleiben, weil der Klage die Zulässigkeit selbst dann abgesprochen werden muß, wenn unterstellt wird, daß er in seiner Eigenschaft als Verwalter des Vermögens der Separationsinteressenten gehandelt habe.

Für die Frage, welches der in § 6 aaO. erwähnten Rechtsmittel, und ob namentlich die Klage im Verwaltungsstreitverfahren gegenüber einem Akte der Verwaltung im einzelnen Falle zulässig ist, ist entscheidend, ob gegenüber einem gleichartigen Beschlusse in Gemeindeangelegenheiten der Weg des Verwaltungsstreitverfahrens eröffnet sein würde. Der Kläger stellt sich in der vorliegenden Klage auf den Standpunkt, der Beklagte habe als Verwalter der gemeinschaftlichen Angelegenheiten der Separationsinteressenten den Vertrag mit der Gesellschaft abgeschlossen und das Entgelt für die der Gesellschaft überlassene Nutzung von dieser in Empfang genommen. Mit Einspruch und Klage hat er den Anspruch erhoben, daß ihm ein Teil dieses Entgelts überwiesen werde. Der Kläger befindet sich demnach in derselben Lage wie derjenige, der das Recht auf Teilnahme an den Nutzungen und Erträgen des Gemeindevermögens geltend macht. Einem solchen steht zwar auf Grund des § 71 LGemO. gegen den seine Teilnahme versagenden Beschluß des Gemeindevorstehers die Klage im Verwaltungsstreitverfahren zu, auf diesem Wege — durch Klage gegen den Gemeindevorsteher — kann jedoch das Recht zur Teilnahme an den Nutzungen und Erträgen des Gemeindevermögens nur so lange geltend gemacht werden, als die Verteilung noch nicht ausgeführt ist. Hat eine Verteilung der Nutzungen usw. bereits stattgefunden, so ist eine Klage, die die Verurteiluug des Gemeinqevorstehers zur Vornahme einer die Wünsche des Klägers berücksichtigenden anderweitigen Verteilung verlangt, nicht mehr statthaft, wegen der bereits verteilten Beträge bleibt ihm alsdann nur die Klage aus § 71 Abs. 3 aaO. gegen die „Beteiligten", welche, wenn sein Anspruch auf Teilnahme an den Nutzungen zu Recht bestand, auf seine Kosten zu viel erhalten haben.

Nr. 8. Entsch. v. 29. Okt. 1909 (PrVerwBl. 31 393) I C 34/08.

LGemO. § 71; G. betr. die durch ein Auseinandersetzungsverfahren begründeten gemeinschaftl. Angelegenheiten v. 2. IV. 87 (GS. 105) § 6.

1. Die Kläger sind der Meinung, daß ihnen für die Verfolgung ihrer Ansprüche im Verwaltungsstreitverfahren das G., betr. die durch ein Auseinandersetzungsverfahren begründeten gemeinschaftlichen Angelegenheiten, v. 2. IV. 87 zur Seite stehe, und berufen sich hierfür auf die RGZ. v. 27. XI. 00 47 314/9. Dort ist der ordentliche Rechtsweg vor den Zivilgerichten für unstatthaft erklärt in einem Falle, wo der zum Verwalter der durch ein Auseinandersetzungsverfahren begründeten gemeinschaftlichen Angelegenheiten bestellte Gemeindevorsteher dem Rechtsnachfolger eines Separationsinteressenten wegen der Art der Benutzung eines Separationswegs bestimmte Auflagen gemacht hatte. Daraus lassen sich auf den vorliegenden, ganz anders gearteten Fall keine Schlüsse ziehen. Allerdings ist auch hier der Gemeindevorstand nach Maßgabe des G. v. 2. IV. 87 von der zuständigen Generalkommission mit der Vertretung der Gesamtheit der Separationsinteressenten und mit der Verwaltung der auf dem Rezesse beruhenden gemeinschaftlichen Angelegenheiten beauftragt worden. Die Zulässigkeit des Verwaltungsstreitverfahrens gegen seine Verwaltungsmaßnahmen folgt jedoch hieraus gemäß § 6 aaO. nur dann, wenn gegen Maßnahmen gleicher oder ähnlicher Art in Gemeindeangelegenheiten den Beteiligten die Rechtsmittel des Verwaltungsstreitverfahrens gegeben wären.

2. Die Kläger erheben nun Ansprüche, die als Gemeindeangelegenheit vor den Verwaltungsgerichten nicht verfolgt werden könnten. Sie verlangen nämlich, als Rechtsnachfolger des Fischergutsbesitzers G. an den durch den Rezeß dem G.schen Gute zugeteilten Rechten bezüglich der gemeinschaftlich gebliebenen Grundstücke und Gerechtsame ihren Anteil zu erhalten, und fordern, daß die daraus zu gewinnenden Einnahmen in die Gemeindekasse fließen. Danach erheben sie den Anspruch, daß das Vermögen der Separationsinteressenten als Eigentum der Gemeinde behandelt oder anerkannt werde. Auf einen Streit dieses Inhalts bezieht sich aber das im § 71 LGemO. zugelassene Verfahren des Einspruchs beim Gemeindevorsteher und der nachfolgenden Klage vor den Verwaltungsgerichten nicht. Diese Rechtsbehelfe gehen nur auf Zubilligung bestimmter Teile der Nutzungen und Erträge des Gemeindevermögens oder einzelner dazu gehöriger Vermögensstücke an die Kläger selbst, aber nicht auf Feststellung von Grundsätzen für die Verwaltung des Gemeindevermögens sowie die Verwendung seiner Nutzungen und Erträge. Ein Streit darüber, ob das Eigentum und das Nutzungsrecht an Grundstücken der Gemeinde oder den Separationsinteressenten zusteht, kann nicht im Ver-

waltungsstreitverfahren, sondern nur zwischen der Gemeinde und den Separationsinteressenten im ordentlichen Zivilprozesse zum Austrage gebracht werden. Werden diese Grundsätze für Gemeindeangelegenheiten gemäß § 6 Abs. 1 G. v. 2. IV. 87 sinngemäß auf die Anträge angewendet, die die Kläger bei dem Gemeindevorsteher als Verwalter der durch den Separationsrezeß zum gemeinschaftlichen Eigentum der vierzehn Fischergüter bestimmten Vermögensstücke angebracht haben, so steht den Klägern das Verwaltungsstreitverfahren zur Verfolgung ihrer Ansprüche nicht zu.

H. Gemeindehaushalt und Zwangsetatisierung.

Nr. 1. Entsch. v. 11. Febr. 1908 (OVG. 53 88) I B 35/07.

LGemO. §§ 122ff., 141.

Die LGemO. und auch andere Gesetze — so das SchulunterhaltungsG. v. 28. VII. 06 — legen im allgemeinen die den Gemeinden für den Bereich ihres Gemeindebezirkes im öffentlichen Interesse obliegenden Lasten in Gutsbezirken diesen auf und bezeichnen als deren Träger den Besitzer des Gutes. Von diesem Grundsatze macht die LGemO in § 123 eine Ausnahme, indem sie dem Gutsbesitzer unmittelbar die Pflicht auferlegt, das Amt als Gutsvorsteher entweder in Person oder durch einen von ihm zu bestellenden, dazu befähigten Stellvertreter auszuüben. Diese der Person des Besitzers eines selbständigen Gutes obliegende Pflicht setzt sich in eine Geldleistung um, sobald der Träger der Pflicht weder die Gutsvorstehergeschäfte selbst übernimmt noch einen geeigneten Vertreter bestellt. Dann steht dem Landrat unter Zustimmung des Kreisausschusses die Ernennung des Stellvertreters auf Kosten des Besitzers zu (§ 126), so daß die Zahlung der für den stellvertretenden Gutsvorsteher vom Kreisausschusse festgesetzten Vergütung (§ 127) an die Stelle der Uebernahme der Gutsvorstehergeschäfte zur eigenen Verwaltung oder der Bestellung eines dazu befähigten Stellvertreters tritt. Während nun für die von dem Gutsbezirke zu tragenden Pflichten und Leistungen (§ 122) im Falle der Unterlassung oder Verweigerung durch § 141 das Zwangsetatisierungsverfahren zugelassen ist, fehlt eine Bestimmung für den Fall, wenn der Besitzer eines selbständigen Gutes die Leistung der festgesetzten Vergütung des gemäß § 126 ernannten Gutsvorsteherstellvertreters unterläßt oder verweigert. Dies findet seine Erklärung darin, daß die Pflicht zur Wahrnehmung der Gutsvorstehergeschäfte in eigener Person oder die Bestellung eines geeigneten Stellvertreters oder die Bezahlung der für den ernannten Stellvertreter festgesetzten Vergütung vom Gesetzgeber als höchstpersönliche Pflicht des Besitzers und nicht als eine auf dem Gutsbezirke ruhende kommunale Pflicht angesehen wird. Aus diesem Grunde tritt das Zwangsetatisierungsverfahren, das nur gegen Landgemeinden, Gutsbezirke oder Gemeindeverbände stattfindet, dann nicht ein, wenn von einem Gutsbesitzer die Vergütung für den aus § 126 ernannten Stellvertreter des Gutsvorstehers nicht gezahlt wird.

Nr. 2. Entsch. v. 1. Mai 1908 (PrVerwBl. 30 139) I B 39/05.

1. Im Geltungsbereiche der Vd. v. 24. XII. 1816 besteht, abweichend von dem G. v. 14. VIII. 76 (GS. 373), für die Anfechtung der vom Regierungspräsidenten in Handhabung der Aufsicht über die Verwaltung der Gemeindeforsten getroffenen Verfügungen kein formell geordnetes Verfahren. Hier findet vielmehr für die Anfechtung

nur die formlose Beschwerde an die höhere Aufsichtsbehörde statt. Demzufolge unterliegt zwar auch die der Zwangsetatisierung vorausgegangene Feststellung der streitigen Leistung der Nachprüfung durch den Verwaltungsrichter, indessen ist nach eben derselben Rechtsprechung diese Prüfung nur auf die Rechtmäßigkeit, aber nicht auf die Notwendigkeit und Angemessenheit der Feststellung auszudehnen.

2. Die Rechtmäßigkeit der Feststellung hat der Vorderrichter mit Recht bejaht. Die Vd. v. 24. XII. 1816 enthält freilich nicht, wie das G. v. 14. VIII. 76, die ausdrückliche Bestimmung, daß für die Bewirtschaftung der Gemeindeforsten Betriebspläne aufzustellen und periodisch einer Revision zu unterziehen sind, aber sie schreibt vor, daß der Aufsichtsbehörde die Forstetats zur Prüfung und Feststellung einzureichen sind und daß die Bewirtschaftung nach den genehmigten Forstetats zu führen ist (§ 3¹ und § 4 Satz 3 daselbst), sie verpflichtet also die Gemeinden ebenso wie das G. v. 14. VIII. 76 zur Aufstellung von Voranschlägen für die Bewirtschaftung der Gemeindeforsten und unterscheidet sich von diesem nur dadurch, daß sie Vorschriften über die Dauer der Zeit, für die der Voranschlag aufzustellen ist, nicht enthält. In den zur Ausführung der Vd. v. 24. XII. 1816 erlassenen Anweisungen, der für die Regierungsbezirke Trier und Coblenz geltenden, vom Oberpräsidenten der Rheinprovinz festgestellten Instr. v. 31. VIII. 39 Ann. 23 25ff.) und der für die Regierungsbezirke Arnsberg und Minden ergangenen Instr. des Oberpräsidenten der Prov. Westfalen v. 19. V. 57 (MinBl. 163ff.), ist denn auch übereinstimmend vorgeschrieben, daß der Bewirtschaftung der Gemeindewaldungen ein Betriebsplan und eine Ertragsermittelung zugrunde zu legen und daß die jährlichen Holzfällungs- und Kulturpläne auf Grund dieser Nachweisungen aufzustellen sind (vgl. §§ 24, 31f. der ersteren und §§ 23, 30f. der letzteren Instr.). Die Revision der Betriebspläne umfaßt auch diejenige des Wegenetzes. Das gilt wie für den Bereich der Staatsforstverwaltung, so auch für das Geltungsgebiet des G. v. 14. VIII. 76 und nicht minder für die Vd. v. 24. XII. 1816. Auch im Geltungsbereiche dieser Vd. kann der Regierungspräsident die Aufstellung von Betriebsplänen einschließlich der Revision der Distriktseinteilung und des Wegenetzes nach Inhalt und Umfang regeln. Anordnungen dieser Art überschreiten die in § 4 der Verordnung gezogenen Grenzen des Aufsichtsrechtes nicht und sind hinsichtlich ihrer Notwendigkeit und Zweckmäßigkeit der Nachprüfung durch den Verwaltungsrichter entzogen.

Hiernach war der Regierungspräsident in der Lage, so wie geschehen, über das Betriebsregulierungswerk Bestimmung zu treffen und die waldbesitzenden Gemeinden waren verpflichtet, für die Ausführung der vom Regierungspräsidenten für erforderlich erachteten Arbeiten Sorge zu tragen. Dabei stand auch der Aufsichtsbehörde die maßgebende Entscheidung für die Auswahl desjenigen Beamten oder Sachverständigen zu, der mit der Ausführung des Regulierungswerkes betraut werden sollte. Die Vd. v. 24. XII. 1816 läßt den Gemeinden keine freie Hand in der Auswahl ihrer Forstbeamten, sondern verpflichtet sie, ihre Forsten durch gehörig ausgebildete Forstbediente administrieren zu lassen und überträgt die Bestätigung der von den Gemeinden vorgeschlagenen Beamten der Aufsichtsbehörde nach Prüfung, ob „die gewählten Subjekte tüchtig und geschickt“ seien. Ist aber demzufolge die Aufsichtsbehörde befugt, die Zulassung zur Gemeindeforstverwaltung von der Qualifikation des Anzustellenden abhängig zu machen, so steht ihr auch die Befugnis zu, den Gemeinden hinsichtlich der Qualifikation derjenigen Sachverständigen, denen einzelne, besondere Vorkenntnisse erfordernde, in die Forstverwaltung einschlagende Geschäfte übertragen werden sollen, Vorschriften zu machen. In der Instr. des Oberpräsidenten der Prov. Westfalen v. 19. V. 57 ist denn auch im § 24 der Regierung die Befugnis vorbehalten, die Ausarbeitung des Betriebsplanes und der Ertragsermittelung nicht dem verwaltenden Forstbeamten, sondern anderen dazu geeigneten Personen zu übertragen. Wenn in der Instr. des Oberpräsidenten der Rheinprovinz v. 31. VIII. 39 eine gleiche Bestimmung fehlt, so folgt daraus nicht, daß im Geltungsgebiete der Vd. v. 24. XII. 1816 jene Befugnis außerhalb des Bereiches der ersteren Instruktion nicht bestände. Die Befugnis der Aufsichtsbehörde erschöpft sich nicht mit der Bestimmung der Qualifikation für den mit der Ausführung des Regulierungswerkes zu betrauenden Sachverständigen und mit der Bestätigung der hierfür vorgeschlagenen Persönlichkeit. Die genannte Behörde hat vielmehr mit der ihr durch § 132 LVG. eingeräumten Zwangsgewalt auch darüber zu wachen, daß das Werk in sachgemäßer Weise zur Ausführung gelangt. Demgemäß war hier der Regierungspräsident, wenn der von den Gemeinden engagierte Sachverständige sich als unfähig erwies oder die ihm übertragenen Arbeiten nicht in dem nach dem Ermessen der Aufsichtsbehörde gebotenen Maße förderte, in der Lage, den Gemeinden die Sorge für sachgemäße Abhilfe aufzugeben. Dabei war er auch berechtigt, falls dies nach seinem Ermessen angezeigt erschien, die Uebertragung der Geschäfte an einen anderen anzuordnen und im Falle der Weigerung der Gemeinden oder wenn diesen eine andere geeignete Persönlichkeit nicht zur Verfügung stand, seinerseits die anderweite Uebertragung der Arbeiten zu bewirken. Hier hat er dies und zwar in der Art getan, daß er den Gemeindeoberförster mit der Erledigung der Revisionsgeschäfte betraute. Ob ein hinreichender Anlaß für dieselbe vorlag, ist hier nicht zu untersuchen, weil es sich insoweit um die Notwendigkeit und Angemessenheit der Anordnung der Aufsichtsbehörde handelt.

3. War der Regierungspräsident befugt, die Revisionsgeschäfte dem Gemeindeoberförster zu übertragen, so hatte er auch die ihm zuzubilligende Entschädigung zu bestimmen. Dem kann nicht entgegengehalten werden, daß der Gemeindeoberförster kraft seines Amtes zur Ausführung jener Geschäfte ohne Anspruch auf besondere Vergütung verpflichtet gewesen sei. Nach der DienstInstr. für die Kommunalforstadministratoren im RegBez. Aachen v. 30. IV. 39, die für die nunmehrigen Gemeindeoberförster maßgebend ist, hat dieser Beamte, wie in § 11 daselbst vorgesehen ist, sich mit dem bestehenden Betriebsplane genau bekannt zu machen und ihn auf das pünktlichste zu befolgen, sowie jährlich einen speziellen Wirtschaftsplan zu entwerfen. Die Ausführung des Betriebsregulierungswerkes gehört danach nicht zu seinen Dienstobliegenheiten, wenigstens nicht derart, daß er zur unentgeltlichen Uebernahme der dazu erforderlichen Geschäfte verpflichtet wäre.

4. Erweisen sich somit die von den Klägerinnen gegen die Zwangsetatisierungsverfügung erhobenen Angriffe nicht als begründet, so steht derselben endlich auch der Umstand nicht entgegen, daß zur Zeit ihres Erlasses der Beschwerdeweg gegen die Feststellungsverfügung noch nicht erschöpft war, denn dadurch wurde der Beklagte nicht gehindert, mit der Zwangsetatisierung vorzugehen.

Nr. 3. Entsch. v. 8. Dez. 1908 (OVG. 54 49) I B 23/07.

1. Dem Bezirksausschuß ist darin beizutreten, daß Hunde, die auf Grund des § 38 RViehseuchenG. v. 23. VI. 80/1. V. 94 getötet werden dürfen, weil sie ungeachtet der polizeilich angeordneten Festlegung frei umherlaufend betroffen werden, zu den verdächtigen Tieren im Sinne des Gesetzes gehören. Als verdächtig gelten nach § 1 aaO. auch die der Ansteckung verdächtigen Tiere, d. h. diejenigen Tiere, rücksichtlich deren die Vermutung vorliegt, daß sie den Ansteckungsstoff aufgenommen haben. Wenn gemäß § 38,

nachdem ein wutkranker oder der Seuche verdächtiger Hund frei umhergelaufen war, die Festlegung aller in dem gefährdeten Bezirke vorhandenen Hunde polizeilich angeordnet worden ist, so kann die sofortige Tötung aller derjenigen Hunde, welche dieser Vorschrift zuwider frei umherlaufend betroffen werden, um deswegen polizeilich angeordnet werden, weil angenommen wird, daß bei allen solchen Hunden ein Ansteckungsverdacht bestehe. Dies ist allein der Grund, aus dem der Gesetzgeber die Polizei für berechtigt erklärt hat, die Tötung anzuordnen. Daß der Gesetzgeber die Tötung für zulässig erklärt haben sollte, obwohl er den Hund nicht der Ansteckung für verdächtig erachtete, ist ausgeschlossen, weil sonst für eine solche, tief in das Privatinteresse eingreifende Maßregel kein erkennbarer Grund vorläge. Aus § 24 aaO. ergibt sich auch, daß nur die Tötung der an der Seuche erkrankten oder verdächtigen Tiere in Frage kommt.

2. Gelten somit die Hunde, deren Tötung auf Grund des § 38 polizeilich angeordnet worden ist, als verdächtig im Sinne des ReichsG., so findet auch die Bestimmung im § 25³ AusfG. v. 12. III. 81 Anwendung, wonach die Gemeinden auf ihre Kosten die Hilfsmannschaften und Transportmittel zu stellen haben, die zur Ausführung der Tötung und zur Beseitigung der Kadaver erforderlich sind. Unterläßt es die Gemeinde, die Hilfsmannschaften usw. zu stellen, und ist deshalb die Polizeibehörde genötigt, Dritte mit der Ausführung der Tötung und der Beseitigung der Kadaver zu beauftragen, so müssen die Kosten, die dadurch erwachsen, von der Gemeinde getragen werden.

Nr. 4. Entsch. v. 4. Jan. 1908 (OVG. 52 84) I B 4/07.

HannLVerfG. v. 6. VIII. 40 § 46.

1. Wird die Ortspolizei von den Gemeinden selbst verwaltet, wie es regelmäßig bei den Stadtgemeinden und in großen Teilen Deutschlands auch bei Landgemeinden der Fall ist, so versteht es sich von selbst, daß die Gemeinden alle Kosten, die durch die Verwaltung der Polizei entstehen, übernehmen müssen. Aber auch da, wo die Verwaltung der Ortspolizei den Gemeinden entzogen ist, sind doch — im Gegensatz zu den Kosten, die unmittelbar durch den polizeilichen Dienstbetrieb verursacht werden — diejenigen Kosten, die durch Herstellung polizeimäßiger Zustände entstehen, in Ermangelung eines Drittverpflichteten regelmäßig von den Gemeinden zu tragen, weil die Herstellung polizeimäßiger Zustände zunächst im Interesse der örtlichen Gemeinschaft erfolgt und es daher der Natur der Sache entspricht, daß sie von den Gemeinden aufgebracht werden.

Das ist auch für Hannover insoweit außer Streit, als es sich um Kosten handelt, die durch dauernde polizeiliche Einrichtungen entstehen. Aber zu einer Unterscheidung zwischen solchen Kosten, die durch dauernde Einrichtungen, und solchen, die durch vorübergehende Maßregeln verursacht werden, besteht kein Grund, wenn beide die Herstellung polizeimäßiger Zustände in der Gemeinde bezwecken. Das Interesse der örtlichen Gemeinschaft wird ebenfalls durch die Ausführung einer die Herstellung eines polizeimäßigen Zustandes in der Gemeinde bezweckenden vorübergehenden Maßregel gefördert. Daher ist auch früher in Hannover, soviel sich hat ermitteln lassen, hinsichtlich der Verpflichtung der Gemeinden zur Uebernahme der Kosten nicht danach unterschieden worden, ob die Ursache der Entstehung der Kosten in einer dauernden polizeilichen Einrichtung oder in einer vorübergehenden polizeilichen Maßregel lag.

2. Hat nun durch § 46 LVerfG. — wie man nach dessen Entstehungsgeschichte annehmen muß — die Verpflichtung der Gemeinden, die Kosten der Herstellung eines polizeimäßigen Zustandes zu tragen, in dem bisherigen

Umfange festgestellt werden sollen, so ist nach vorstehendem die Bestimmung im § 46 auch auf Kosten zu beziehen, die durch vereinzelte polizeiliche Maßregeln veranlaßt werden. Dem steht der Wortlaut des § 46 keineswegs entgegen, da unter polizeilichen Einrichtungen neben dauernden Vorkehrungen auch polizeiliche Maßregeln ohne dauernden Charakter verstanden werden können, wie es in gleicher Weise in anderen Gesetzen bezüglich polizeilicher Einrichtungen geschehen ist. Ist in neuerer Zeit tatsächlich ungleich verfahren und sind nicht selten auch mittelbare Polizeikosten mit auf die Staatskasse übernommen worden, wie aus einer dem Gerichtshofe vorliegenden Zusammenstellung hervorgeht, so zeigt dies nur, daß die Tragweite des § 46 nicht immer erkannt und beachtet worden ist.

3. Ist sonach aus § 46 LVerfG. zu entnehmen, daß den Gemeinden alle Kosten zur Last fallen, die infolge polizeilicher, auf Herstellung polizeimäßiger Zustände im Gemeindebezirke gerichteter Anordnungen in Ermangelung eines Drittverpflichteten mittelbar entstehen, so ergibt sich, daß der Rechtszustand in der Prov. Hannover im wesentlichen derselbe ist wie in den älteren preußischen Provinzen, wo die mittelbaren Polizeikosten nach § 3 PolVerwG. v. 11. III. 50 von den Gemeinden getragen werden müssen. Uebrigens ist den Gemeinden in den älteren preußischen Provinzen die Pflicht, die Kosten der Herstellung polizeimäßiger Zustände im Gemeindebezirke zu tragen, nicht erst durch das PolVerwG. auferlegt worden, sondern eine solche Pflicht der Gemeinden hat schon früher bestanden, wie in betreff der Landgemeinden aus § 37 II 7 ALR. zu ersehen ist. Diese letztere Bestimmung, die auch in dem hier in Betracht kommenden Teile der Prov. Hannover gilt, zählt eine Reihe von Diensten und Beiträgen auf, die von den Gemeindegliedern zur Herstellung polizeimäßiger Zustände geleistet werden müssen und in ihrer Gesamtheit nach Maßgabe der damaligen Verwaltungspraxis annähernd dasjenige darstellen, was nach dem heutigen Sprachgebrauch unter mittelbaren Polizeikosten zusammengefaßt wird.

4. Nach alledem war die klagende Gemeinde nach § 46 LVerfG. in Ermangelung eines Drittverpflichteten verpflichtet, diejenigen Kosten zu tragen, die durch Herstellung eines den Anforderungen der Gesundheitspolizei entsprechenden Zustandes entstanden waren, gleichviel ob es sich um eine dauernde polizeiliche Einrichtung, oder um eine vereinzelte polizeiliche Anordnung gehandelt hatte. Das gilt also auch für die Kosten der im gesundheitspolizeilichen Interesse erfolgten Beseitigung des in einem öffentlichen Gewässer gefundenen Hundekadavers; denn darüber, daß hier in bezug auf die Uebernahme der Kosten ein Drittverpflichteter fehlt, sind die Parteien einig.

Nr. 5. Entsch. v. 2. Juli 1909 (PrVerwBl. 31 175) I B 21/08.

1. Im § 46 HannLVerfG. v. 6. VIII. 40 ist bestimmt:

„Die infolge polizeilicher Einrichtungen erforderlichen Ausgaben und Leistungen sind . . die Gemeinden . . . zu tragen verpflichtet, soweit solche nicht Dritten . . . obliegen.“

Richtig ist, daß der Gerichtshof in OVG. 45 143 mit Bezug auf die Bestimmung des mitgeteilten § 46 und des § 17[4] Bek. v. 28. IV. 59 ausgesprochen hat, daß polizeiliche Einrichtungen und Anstalten nicht gleichbedeutend seien mit polizeilichen Maßregeln, durch die im einzelnen Falle die Herstellung eines polizeilichen Zustandes herbeigeführt werden solle, sondern daß erstere für die Dauer bestimmt sein müßten, die der Polizei anvertrauten Interessen zu schützen und zu fördern. Eine abermalige an der Hand der Entstehungsgeschichte des § 46 und der historischen Entwickelung vorgenommene Untersuchung hat jedoch zu dem Ergebnisse geführt, daß zu einer Unterscheidung zwischen solchen

Kosten, die durch dauernde Einrichtungen, und solchen, die durch vorübergehende Maßregeln verursacht werden, kein Grund bestehe, wenn beide die Herstellung polizeimäßiger Zustände bezwecken. Dementsprechend sei durch § 46 für die Gemeinden die für sie schon vor Erlaß des LVerfG. bestandene Pflicht festgelegt, in Ermangelung Drittverpflichteter die mittelbaren Polizeikosten unterschiedslos zu tragen. Ausführlich ist dies dargelegt OVG. 52 84ff.

2. In dem vorliegenden Falle bezweckte die Anordnung wegen Heilung der an Granulose leidenden Personen die Beseitigung dieser ansteckenden Krankheit und damit die Herstellung eines polizeimäßigen Zustandes. Bei dem Vorwiegen des örtlichen Interesses an der Beseitigung der Krankheit charakterisieren sich die zur Erreichung des Zieles aufgewendeten Kosten als mittelbare Kosten der örtlichen Polizeiverwaltung. Als solche fallen sie nach der oben klargestellten Bedeutung des § 46 LVerfG., da die geheilten Personen nach der unbestritten gebliebenen Erklärung des Landrats zur Aufbringung der Kurkosten unvermögend sind, der Gemeinde zur Last. Mit Recht hat daher der beklagte Landrat als die zuständige Polizei- und Kommunalaufsichtsbehörde die Aufbringung dieser Kosten als eine der Gemeinde gesetzlich obliegende Leistung festgesetzt.

Zweite Abteilung.

Kultus, Schule, Personenstand, Staatsangehörigkeit, Fürsorgeerziehung.

I.

Die evangelische Kirche.

Gesetzliche Grundlagen (einschließlich Materialien): G. v. 26. V. 09 (GS. 113), betr. die Pfarrbesoldung, das Ruhegehaltswesen und die Hinterbliebenenfürsorge für die Geistlichen der evangelischen Landeskirchen. VhdlAH. 1908/09: Druckf. Nr. 11, 68, 97, 126, 140, 154; StenB. 10, 322, 338, 516, 1821/22, 2118, 2136, 2454; VhdlgHH.: Druckf. Nr. 37 zu C, 72 zu a; StenB. 17, 44, 77. — Pfarrbesoldungsgesetz für die evangelische Landeskirche der älteren Provinzen v. 26. V. 09 (KGVBl. 21 f.). — Desgl. für die evangelisch-lutherische Kirche der Provinz Hannover v. 26. V. 09 (KirchlABl. f. Hannover S. 63). — Desgl. für die Provinz Schleswig-Holstein v. 26. V. 09 (KGVBl. S. 49). — Desgl. für die evangelischen Kirchengemeinschaften des Konsistorialbezirks Cassel v. 26. V. 09 (KirchlABl. S. 35). — Desgl. für den Konsistorialbezirk Wiesbaden v. 26. V. 09 (KirchlABl. S. 52). — Desgl. für die evangelisch-reformierte Kirche der Provinz Hannover v. 26. V. 09 (KGVBl. 441). — Ruhegehaltsordnungen v. 26. V. 09: für die Geistlichen der evangelischen Landeskirche der älteren Provinzen (KGVBl. 37), — für die Geistlichen der evangelisch-lutherischen Kirche der Provinz Hannover (KirchlABl. S. 75), — für die Geistlichen der evangelisch-lutherischen Kirche der Provinz Schleswig-Holstein (KGVBl. S. 63), — für die Geistlichen der evangelischen Kirchengemeinschaften des Konsistorialbezirks Cassel (KirchlABl. S. 50), — für die Geistlichen des Konsistorialbezirks Wiesbaden (KirchlABl. S. 62), — für die Geistlichen der evangelisch-reformierten Kirche der Provinz Hannover (KGVBl. S. 53). — Kirchengesetze v. 26. V. 09, betr. die Fürsorge für die Witwen und Waisen der Geistlichen — der evangelischen Landeskirche der älteren Provinzen (KGVBl. S. 53), — der evangelisch-lutherischen Landeskirche der Provinz Hannover (KirchlABl. S. 84), — für die Provinz Schleswig-Holstein (KGVBl. S. 74), — der evangelischen Kirchengemeinschaften des Konsistorialbezirks Cassel (KirchlABl. S. 62), — für den Konsistorialbezirk Wiesbaden (KirchlABl. S. 71), — für die evangelisch-reformierte Kirche der Provinz Hannover (KGVBl. S. 464). — G. v. 16. VI. 09 (GS. 489), betr. die Heranziehung der Beamten, Elementarlehrer und unteren Kirchendiener zur Gemeindeeinkommensteuer. VhdlAH. 1908/09: Druckf. Nr. 33, 167, 306, 317, 321—323, 326, 328, 335—338, 343; StenB. 676, 712, 3694, 3734, 3798; VhdlHH.: Druckf. Nr. 38, 52; StenB. 199. — G. v. 10. VII. 09 (GS. 621), betr. die Umzugskosten der Geistlichen der evangelischen Landeskirche der älteren Provinzen. VhdlHH.: Druckf. Nr. 67, 70, 103; StenB. 181, 211; VhdlAH.: Druckf. Nr. 633; StenB. 7024, 7235. — Verordnung v. 14. VIII. 09 (GS. 693), betr. die Pfarrbesoldung, das Ruhegehaltswesen und die Hinterbliebenenfürsorge für die Geistlichen des Konsistorialbezirks Frankfurt a. M. — G. v. 13. V. 10 (GS. 69), zur Ergänzung des G. v. 7. VII. 00, betr. das Ruhegehalt der Organisten, Kantoren und Küster und die Fürsorge für ihre Hinterbliebenen in der evangelischen

Landeskirche der älteren Provinzen. VhdlHH.: Drucks. Nr. 20; StenB. 56; VhdlAH.: Drucks. Nr. 241; StenB. 3629, 3820. — G. v. 25. VI. 10 (GS. 105) zur Ergänzung der Vorschriften über die Wohnungsgeldzuschüsse und Mietentschädigungen. VhdlAH.: Drucks. Nr. 290, 389, 532, 548, 573, 583—586, 610, 617, 618, 619; StenB. 5572, 6944, 6972, 7029, 7041; VhdlHH.: Drucks. Nr. 117, 123; StenB. 320.

Literatur: Crisolli u. Schultz: Die Kirchensteuergesetze. Anhang zu v. Brauchitsch, Die neuen Verwaltungsgesetze (Berlin 1907). — v. Damm: Die Generalsynode der preußischen Landeskirche, ihre Geschichte, Zusammensetzung und Zuständigkeit (Berlin 1908). — Friedberg: Lehrbuch des katholischen und evangelischen Kirchenrechts[6] (Leipzig 1909). — Lange: Die Kirchensteuergesetze der evangelisch-lutherischen Kirche der Provinz Schleswig-Holstein (Preetz 1907). — Lilge: Die Gesetze und Verordnungen über die Verfassung und Verwaltung der evangelischen Landeskirche in den älteren Provinzen (Berlin 1910). — Lohde: Pfarrbesoldungsgesetz, Ruhegehaltsordnung und Hinterbliebenenversorgung für die evangelischen Geistlichen in Preußen (Berlin 1908). — Marcus: Der rechtliche Charakter der Generalsynode und der evangelischen Landeskirche Preußens (Berlin 1909). — Miller: Die kirchlichen Gesetze, betr. Pension der evangelischen Geistlichen (Stuttgart 1910). — Rackwitz: Die Kirchenbaupflicht der brandenburgischen Konsistorialordnung von 1573 (Landsberg a. W. 1907). — Richter: Kirchenordnung für die evangelischen Gemeinden der Provinz Westfalen und der Rheinprovinz v. 5. III. 35 i. d. Fass. d. Kirchengesetzes v. 5. I. 08 (Münster 1908). — v. Rohrscheidt: Die preußischen Pfarrbesoldungsgesetze für die sämtlichen evangelischen Landeskirchen v. 26. V. 09[3] (Berlin 1909). — Schön: Das evangelische Kirchenrecht in Preußen II (Berlin 1910).

A. Staatsaufsicht über das Kirchenvermögen und Allgemeines.

Nr. 1. Entsch. v. 9. April 1908 (OVG. 52 222) IV B 66/06.

RhWestfKirchO. v. 5. III. 35 und (zu § 16) AhErl. v. 4. V. 68 (GS. 460); KirchG. v. 27. IV. 91 (KGVBl. 18). und 5. I. 08 (das. 1, 35, 49).

Polizeiliche Verfügungen, durch deren Zustellung der Lauf einer Ausschlußfrist eröffnet wird, können im ehemaligen Gebiete des französischen Rechtes in der Rheinprovinz mit voller rechtlicher Wirkung für eine evangelische Kirchengemeinde auch dem Präses des Presbyteriums zugestellt werden.

Zweifellos liegt auch heute noch im ehemaligen Gebiete des französischen Rechtes in der Rheinprovinz den Kirchmeistern der evangelischen Kirchengemeinden die Führung aller Prozesse ob, an denen diese Gemeinden als Parteien beteiligt sind. Es ist aber irrig, wenn die Klägerin hieraus folgern will, daß die Kirchmeister allein als legitimiert zu erachten seien, Zustellungen für die Gemeinden in Empfang zu nehmen, und überhaupt als die ausschließlichen gesetzlichen Vertreter der Gemeinden zu gelten hätten. Maßgebend dafür, wer in Prozessen der evangelischen Kirchengemeinden auch in dem französisch-rechtlichen Gebiete der Rheinprovinz als zustellungsberechtigt anzusehen ist, ist demnach § 171 ZPO. idFass. der Bek. v. 17. V. 98. Hiernach ist der Pfarrer als Präses des Presbyteriums zum Empfange der Verfügung mit voller rechtlicher Wirkung für die Gemeinde berechtigt.

Nr. 2. Entsch. v. 19. Juni 1908 (PrVerwBl. 30 203) I C 28/07.

G., betr. die Verteilung der öffentlichen Lasten bei Grundstücksteilungen v. 25. VIII. 76 (GS. 405) §§ 9, 11.

1. In einem Verwaltungsstreitverfahren über die Aufhebung eines von einem Gemeindekirchenrate aufgestellten Verteilungsplanes über Patronatslasten bei Aufteilung eines Ritterguts hat als Beklagter nicht

die Kirchengemeinde, sondern der Gemeindekirchenrat zu gelten, weil letzterer bei Aufstellung des angegriffenen Verteilungsplanes nicht in Vertretung der Kirchengemeinde, sondern in Erledigung einer vom Gesetze ihm selbst übertragenen Aufgabe gehandelt hat.

2. Die Klage ist nur insoweit zulässig, als sie die Aufhebung des Verteilungsplanes des Beklagten begehrt; denn nur insoweit kann sie sich auf § 9 G. betr. die Verteilung der öffentlichen Lasten bei Grundstücksteilungen usw. v. 25. VIII. 76 stützen.

3. Die Aufhebung des Verteilungsplanes ist aber von dem Vorderrichter mit Recht abgelehnt worden. Die in erster Instanz vom Kläger geltend gemachte Ansicht, daß infolge seiner Weigerung eine endgültige Verteilung der Patronatslasten durch den Gemeindekirchenrat gar nicht hätte geschehen dürfen, vielmehr eine vorläufige Festsetzung durch den Kreisausschuß vorzunehmen gewesen wäre, läßt sich aus dem Gesetze insbesondere aus § 11 Satz 2 G. v. 25. VIII. 76 nicht rechtfertigen. Denn eine vorläufige Festsetzung ist danach nur dann zu treffen, wenn eine endgültige Verteilung nicht vorgenommen werden kann, solange nicht eine richterliche Entscheidung ergangen ist.

Aber auch die gegen den Inhalt des Verteilungsplanes gerichteten Angriffe sind verfehlt. Soweit sie dahin abzielen, daß nach Inhalt der über den Erwerb der Trennstücke abgeschlossenen Verträge die Patronatslasten auf ein dem Kläger nicht gehöriges Trennstück übergegangen seien und daß die Patronatslasten für die Trennstücke des Klägers auch infolge anderer Eingemeindung der letzteren erloschen seien, bedarf es eines Eingehens auf sie überhaupt nicht. Denn insoweit betreffen sie nur die Existenz, den Umfang oder die rechtliche Natur der zu verteilenden Abgaben und Leistungen, worüber im Streitfalle nach § 11 Satz 1 G. v. 25. VIII. 76 durch die ordentlichen Gerichte im Wege des bürgerlichen Rechtsstreits zu entscheiden ist. Gegenstand und Ziel des Verteilungsplanes ist lediglich die Art der Verteilung, der Verteilungsmaßstab. In dem durch § 9 aaO. gegebenen Verwaltungsstreitverfahren können daher auch nur die gegen den Verteilungsmaßstab gerichteten Angriffe Beachtung finden.

Gegen die Art der Verteilung hat der Kläger nur geltend gemacht, daß zur Zeit der Aufstellung des Verteilungsplanes auf den Trennstücken des Klägers keine Gebäude mehr vorhanden gewesen seien und deshalb die zur Zeit des Erwerbs der Trennstücke auf ihnen noch haftende Gebäudesteuer nicht hätte Berücksichtigung finden dürfen. Darin irrt aber der Kläger. Wie der Vorderrichter an der Hand des MinErl. v. 5. V. 82 (MBl. 167) zutreffend ausgeführt hat, sind für den Verteilungsmaßstab die Verhältnisse zur Zeit der Aufteilungen, nicht diejenigen zur Zeit der Aufstellung des Verteilungsplanes maßgebend. Wäre es anders, so würden für die Verteilung der Renten, für die Verteilung der Kirchen- und Pfarrlasten, für die Verteilung der Schullasten und für die Verteilung der Gemeindelasten, da seit dem G. v. 25. VIII. 76 jede dieser Verteilungen in den Händen einer anderen Behörde liegt, möglicherweise, je nach dem Zeitpunkte der einzelnen Verteilung, verschiedene Verteilungsmaßstäbe trotz Einheit des Verteilungsgrundes zur Anwendung kommen.

Nr. 3. Entsch. v. 2. April 1909 (OVG. 54 181) I C 70/07.

1. Das Verhältnis des Staates zu der evangelischen Kirche in den neun älteren Provinzen der Monarchie ist durch das G. v. 3. VI. 76 geregelt. Es beruht auf dem doppelten Gesichtspunkte, daß der Staat vermöge seines Hoheitsrechts einerseits in denjenigen Fällen, in denen durch die Betätigung des kirchlichen Lebens die Interessen der Allgemeinheit berührt werden, ein Aufsichts-

recht auszuüben, anderseits der Aufrechterhaltung und Durchführung der kirchlichen Ordnungen seinen Schutz zu gewähren und der Kirche, soweit ihre Organe und deren Befugnisse hierzu nicht ausreichen, seinen Beistand zu leisten hat. Vorwiegend auf dem ersteren Gesichtspunkte beruht die Bestimmung, daß es zur Anlegung oder veränderten Benutzung kirchlicher Begräbnisplätze der staatlichen Genehmigung bedarf (Art. 24⁶ aaO.), auf dem letzteren die Vorschrift wonach die Anordnung und Vollstreckung der zur Aufrechterhaltung der äußeren kirchlichen Ordnung erforderlichen polizeilichen Vorschriften den Staatsbehörden verbleibt (Art. 23¹ das.). Die Wahrnehmung der Rechte des Staates in kirchlichen Angelegenheiten ist von jeher den Ortspolizeibehörden entzogen und in die Hände übergeordneter Behörden gelegt gewesen. Was insbesondere den Erlaß von polizeilichen Vorschriften zur Aufrechterhaltung kirchlicher Ordnungen betrifft, so war bereits durch § 18c RegInstr. die Aufrechterhaltung der äußeren Kirchenzucht und Ordnung den Regierungen übertragen worden. Dies ist bei Regelung der Ressortverhältnisse zwischen den evangelischen Konsistorien und den Regierungen durch § 3⁴ Vd. v. 27. VI. 45 (GS. 440) bestätigt worden, und hierin ist auch durch den Erlaß des G. v. 3. VI. 76 eine Aenderung nicht eingetreten. Soweit es sich darum handelt, die zur Aufrechterhaltung der äußeren kirchlichen Ordnung erforderlichen polizeilichen Maßnahmen zu ergreifen, ist danach nicht die Ortspolizei, sondern die Landespolizei, vertreten durch den Regierungspräsidenten, zuständig. Dies ist anerkannt worden bei Streitigkeiten über die Benutzung von Kirchenstühlen, bei Beschwerden über Begräbnisse außer der gewöhnlichen Reihe, bei Fernhaltung von Störungen der Gottesdienste, bei unbefugtem Gebrauche von Geläute für gottesdienstliche Zwecke.

2. Auf der anderen Seite unterliegt es ebensowenig einem Zweifel, daß, soweit es sich hierum nicht handelt, die Ortspolizei vermöge ihrer im § 10 II 17 ALR. begründeten Aufgabe, für die Aufrechterhaltung der öffentlichen Ruhe, Ordnung und Sicherheit Sorge zu tragen, im gegebenen Falle zu einem Vorgehen auch dann ebenso berechtigt wie verpflichtet ist, wenn der polizeiwidrige Zustand, um dessen Beseitigung es sich handelt, einer Kirchengemeinde zur Last fällt. Es gilt dies insbesondere von Verfügungen auf dem Gebiete der Sicherheitspolizei. Die Ortspolizeibehörde hat darüber zu wachen, daß den Anforderungen der Bau-, Feuer-, Gesundheits- usw. Polizei nachgekommen wird. Soweit dies von seiten einer Kirchengemeinde nicht geschieht, ist die Zuständigkeit der Ortspolizei begründet. Letztere kann daher, ohne daß die beteiligte Kirchengemeinde wegen mangelnder Zuständigkeit Einspruch erheben könnte, beispielsweise verlangen, daß zum Schutze der Kirchenbesucher gegen Feuersgefahr die Kirche mit den notwendigen Ausgängen versehen wird. Nicht minder würde ihren Anordnungen bei etwaiger Baufälligkeit der Kirche Folge zu geben sein, und dasselbe würde gegenüber einer Forderung gelten, eine kirchliche Begräbnisstätte aus polizeilichen Gründen mit einer Ummährung zu versehen.

3. In der Mitte liegen die nicht ganz seltenen Fälle, in welchen kirchenpolizeiliche Interessen im engeren Sinne und allgemein polizeiliche Interessen zusammentreffen. Daß in derartigen Fällen das polizeiliche Vorgehen selbst ein einheitliches sein muß, ergibt sich aus dem Wesen des polizeilichen Eingriffs, der zwar von verschiedenen Gesichtspunkten aus erfolgen, niemals aber geteilt werden kann. Dagegen kann die Frage entstehen, wer in den gedachten Fällen zum Eingreifen befugt ist, und ob etwa Landespolizeibehörde und Ortspolizeibehörde hierbei dergestalt in Konkurrenz treten, daß die Priorität des polizeilichen Vorgehens auch für die Zuständigkeit als entscheidend anzusehen ist. Eine solche Lösung würde indessen nicht annehmbar sein. Grundsätzlich ist überall, wo es sich um die kirchliche Ordnung handelt,

die Handhabung der polizeilichen Befugnisse der Landespolizeibehörde übertragen. Es würde hiermit im Widerspruche stehen und infolgedessen eine Verletzung eines gesetzlich festgestellten Grundsatzes in sich schließen, wenn die Ortspolizeibehörde für berechtigt erachtet werden sollte, diese Handhabung aus dem äußeren Grunde an sich zu ziehen, weil zugleich Gesichtspunkte allgemein polizeilicher Art in Betracht kommen. Lediglich die Landespolizeibehörde ist bei dem Zusammentreffen kirchenpolizeilicher und allgemein polizeilicher Gesichtspunkte zum Eingreifen berechtigt, was auch vom sachlichen Standpunkt aus insofern den Vorzug verdient, als die Ortspolizeibehörde nicht in gleichem Maße, wie die vorgeordnete Landespolizeibehörde, zu beurteilen vermag, ob nicht die von ihr vertretenen Gesichtspunkte bereits bei der Zulassung und Genehmigung der beteiligten kirchlichen Einrichtung entsprechende Würdigung gefunden haben, und ebensowenig zu übersehen imstande ist, inwieweit diese Gesichtspunkte hinter den kirchlichen Interessen zurückzustehen haben oder mit ihnen in Uebereinstimmung zu bringen sind. Die Ortspolizeibehörde wird sich daher in den in Rede stehenden Fällen selbständiger Maßnahmen zu enthalten und darauf zu beschränken haben, die Notwendigkeit des polizeilichen Vorgehens zur Entscheidung der Landespolizeibehörde zu stellen, welche letztere nicht verabsäumen wird, die dafür geltend gemachten Gründe bei ihrer Entschließung in entsprechende Erwägung zu nehmen.

4. Wird nach vorstehenden Darlegungen die den Gegenstand des Streites bildende ortspolizeiliche Verfügung geprüft, so ergibt sich, daß sie wegen mangelnder Zuständigkeit des Amtsvorstehers zu ihrem Erlasse nicht aufrecht erhalten werden kann. Die Kirchhöfe bilden nicht nur einen Bestandteil des Vermögens der Kirchengemeinden, sondern sie bilden einen integrierenden Teil der kirchlichen Einrichtungen als solcher. Die Begräbnisse pflegen als religiöse Akte vollzogen zu werden. Wie die Kirche selbst, so dient infolgedessen auch der Kirchhof zugleich gottesdienstlichen Zwecken, was auch äußerlich dadurch in die Erscheinung tritt, daß die Kirchhöfe in früheren Zeiten fast durchweg im Anschluß an die Kirche angelegt waren und als Zubehör der letzteren angesehen wurden. Wird daher ein Kirchhof seinen Zwecken dauernd entzogen, so ist hiermit ein tiefer Eingriff in das kirchliche Leben und in die kirchliche Ordnung der betreffenden Kirchengemeinde verbunden. Die Entscheidung, ob ein solcher stattfinden soll, kann mithin nach dem vorher Gesagten in jedem Falle nur der zur Wahrnehmung der kirchlichen Ordnung berufenen Landespolizeibehörde anheimfallen. Die Ortspolizeibehörde kann ihrerseits aus gesundheitspolizeilichen Gründen die Wiederbelegung von Grabstellen bis zur Beendigung der Verwesungsfrist verbieten; sie kann unter Umständen aus gleichen Gründen die Benutzung des Kirchhofs oder einzelner Teile zeitweise sperren. Einen Kirchhof, sei es auch unter bedingter Gestattung der Weiterbenutzung einzelner Erbbegräbnisse, zu schließen und ihn damit seiner, staatlicherseits genehmigten bzw. zugelassenen Bestimmung gänzlich zu entziehen, vermag sie indessen nicht. Die kirchliche Ordnung bildet die Grenze ihres Wirkungskreises. In diese überzugreifen, liegt außerhalb ihrer Befugnis.

5. Nun hat freilich der Bezirksausschuß, indem er der Wirkung der polizeilichen Verfügung eine zeitliche Grenze setzte und sie damit zu einer vorläufigen — wenn auch für längere Dauer bestimmten — machte, sie ihres Charakters als einer die endgültige Schließung des Kirchhofs aussprechenden Anordnung entkleidet. Indessen den Gegenstand der Beurteilung im Streitverfahren kann eine polizeiliche Verfügung nur mit dem Inhalte bilden, der ihr von derjenigen Behörde gegeben ist, die sie erlassen hat. Der Verwaltungsrichter ist nicht ermächtigt, ihren Inhalt abzuändern. Die zeitliche Beschränkung, auf die der Bezirksausschuß erkannt hat, ist daher bedeutungslos.

Nr. 4. Entsch. v. 5. April 1910 (PrVBl. 31 630) I A 28/09.

ALR. II 11, §§ 188 f.

1. Der in ALR. II 11 § 188 enthaltene Grundsatz, daß niemandem das ehrliche Begräbnis versagt werden darf, ist, auch nachdem die Voraussetzungen fortgefallen sind, unter denen auf Versagung des ehrlichen Begräbnisses gerichtlich erkannt werden konnte, in Geltung geblieben und findet auch Anwendung in den durch § 189 vorgesehenen Fällen. Befindet sich an dem Orte des Verstorbenen ein Kirchhof der Religionspartei, zu der er gehörte, nicht, so ist die Kirchengesellschaft des anderen Bekenntnisses nicht allein verpflichtet, ihm überhaupt ein Begräbnis auf ihrem Kirchhof zu gewähren, sie darf vielmehr ihm auch nicht das ehrliche Begräbnis vorenthalten. Eine Versagung des ehrlichen Begräbnisses gegenüber einer sogenannten Gastleiche liegt aber auch schon dann vor, wenn die Beerdigung auf einer Stelle verweigert wird, auf die der Verstorbene nach dem Brauche der Kirchengesellschaft, der er selbst angehörte, Anspruch gehabt haben würde, weil durch Zuweisung einer Grabstätte minderer Ordnung der im Landrecht zum Ausdruck gelangten Forderung des Westfälischen Friedens, wonach die Religionsverwandten „ihren Mitbürgern gleichgestellt, gleicher Rechte und gleichen Schutzes gewürdigt" werden sollen, nicht genügt wird. Die Leichen von H. und F. sind nun auf demjenigen räumlich abgesonderten Teil des Kirchhofs beerdigt worden, der für die Beerdigung solcher Angehörigen der katholischen Kirchengemeinde zu X. bestimmt ist, welchen kein kirchliches Begräbnis zusteht. Die Zuweisung von Grabstätten auf diesem Teile des Kirchhofs für beide Gastleichen kann als mit den Vorschriften der §§ 189 und bzw. 188 aaO. verträglich nicht erachtet werden. Es liegt in ihr eine Zurücksetzung und Herabwürdigung der Angehörigen der anderen Konfession, die jedenfalls dann nicht für statthaft erachtet werden kann, wenn nicht einmal diejenigen Voraussetzungen als vorliegend nachzuweisen sind, die bei den Angehörigen der eigenen Konfession eine von der Regel abweichende, nach außen hin sich als ein Akt der Kirchenzucht darstellende Behandlung zu rechtfertigen geeignet sein würden.

2. Die im § 189 II 11 ALR. beruhende Verpflichtung der Kirchengemeinden unter den dort angegebenen Voraussetzungen Angehörigen einer anderen Konfession das Begräbnis nicht zu versagen, erschöpft sich in der Zuweisung angemessener Begräbnisstellen. Nur wenn diese Zuweisung verweigert wird, ist für ein polizeiliches Einschreiten in dem Sinne Raum gegeben, daß entweder die Kirchengemeinde selbst polizeilich zur Hergabe angemessener Begräbnisstellen angehalten wird, oder daß die Polizei an Stelle der Kirchengemeinde im Wege des unmittelbaren polizeilichen Zwanges die Beerdigung an einer den zu stellenden Anforderungen entsprechenden Stelle des Kirchhofs herbeiführt.

Fehlt es an der Voraussetzung, daß die Klägerin den Leichen der mehrgenannten, als es sich um deren Beerdigung handelte, eine angemessene Grabstätte verweigert hat, so kann die Kirchengemeinde auch nicht für den zurzeit vorhandenen, den gesetzlichen Anforderungen nicht entsprechenden Zustand dahin verantwortlich gemacht werden, daß sie selbst zu der nachträglichen Umbettung der Leichen verpflichtet werde könnte. Nur dazu kann sie angehalten werden, daß sie zur Beseitigung des unvorschriftsmäßigen Zustandes und zur Herstellung ordnungsmäßiger Verhältnisse auf dem Kirchhof nachträglich andere, den gesetzlichen Anforderungen entsprechende Stellen zur Verfügung stellt und die Beerdigung an den neuen Stellen durch diejenigen, denen die Beerdigung obliegt, gestattet. Bei der Anweisung der neuen Stellen darf nach den vorstehenden Darlegungen kein Platz niederer Ordnung gewählt werden, womit indessen nicht gesagt ist, daß nur die Beerdigung in der Reihe der Gräber als ein „ehrliches Begräbnis" anzusehen sei. Vielmehr ist die hierauf gerichtete Forderung auch dann als erfüllt anzusehen, wenn ein für allemal ein bestimmter Teil des Kirchhofs der Beerdigung der Angehörigen der anderen Konfession ordnungsmäßig gewidmet ist oder gewidmet wird und die Zuweisung der Grabstellen auf diesem Teile erfolgt.

B. Gesetzliche Leistungen der evangelischen Kirchengemeinden und ihre Zwangsetatisierung.

Nr. 1. Entsch. v. 6. März 1908 (PrVerwBl. 30 677) VIII A 126/06.

1. Bezüglich der allein streitigen Erhöhung der „Mietentschädigung" ist lediglich maßgebend das durch das StaatsG. v. 2. VII. 98 (GS. 155) bestätigte KirchG. von demselben Tage, betr. das Diensteinkommen der Geistlichen (GS. 159). Nach dessen § 1 hat jeder Pfarrer Anspruch auf Grundgehalt, Alterszulagen und Dienstwohnung oder angemessene Mietentschädigung. Laut § 12 aaO. hat die „Kirchengemeinde" dem Stelleninhaber Grundgehalt, Zuschüsse und Dienstwohnung oder Mietentschädigung zu gewähren. Daß unter obigem Begriff „Kirchengemeinde" auch Gesamtparochien zu verstehen sind, ergibt der Schlußabsatz des § 12. Es handelt von Gemeinden, die unter einem „Pfarramt" vereinigt sind. Das Wort Pfarramt hat eine doppelte Bedeutung. Einmal bezeichnet man damit die einem ordinierten Geistlichen für seine Person übertragene geistliche Tätigkeit. Zum anderen wird darunter auch verstanden die durch einen oder mehrere Pfarrer repräsentierte kirchliche Behörde, die unabhängig ist von dem jeweiligen Träger, Inhaber der Pfarrstelle, trotz Wechsels und Todes der Inhaber fortbesteht und — wenigstens nach früherer Anschauung — oft, namentlich bei vorhandenem eigenen Vermögen, auch zivilrechtlich eine eigene juristische Persönlichkeit hatte. Im letzteren Sinne braucht § 12, im ersteren § 1 des PfarrbesoldungsG. das Wort Pfarramt. Ist aber Pfarramt im Sinne des § 12 nicht gleich Pfarrstelle, so hat in Uebereinstimmung mit der allgemeinen Norm des evangelischen Kirchenrechts, daß jede Parochie die bei ihr angestellten Geistlichen zu unterhalten habe (§ 164 II 11 ALR.) kraft Abs. 1 sowie Schlußabsatz des § 12 KirchenG. v. 2 VII 98 auch in einer Gesamtparochie solche die Bezüge aller bei ihr angestellten Geistlichen zu gewähren.

Gleichgültig ist, ob die einzelnen Gemeinden Mutter- oder Tochterkirchen waren und sind; denn beide können zu Gesamtpfarreien verbunden werden. Belanglos ist der Umstand, daß der dritte Pfarrer ausschließlich zwei Filialen pastoriert. Denn die dritte Stelle ist unter Fortbestand der Gesamtparochie errichtet worden, und letzterer liegt gesetzlich die Besoldung aller in der Gesamtparochie angestellten Geistlichen ob.

2. Unter diesen Umständen ist bei Anwendung der dargelegten Rechtsgrundsätze die Klägerin an sich gesetzlich verpflichtet, zu der im angefochteten Beschluß angeordneten Erhöhung der „Mietentschädigung" anteilig beizutragen, und das Konsistorium zuständig, eine angemessene Erhöhung der Mietentschädigung als eine der Gemeinde gesetzlich obliegende Leistung festzusetzen. Gemäß § 12 Schlußabsatz des mehrfach genannten BesoldungsG. mußte aber das Konsistorium vorher den Kreissynodalvorstand hören. Diese vorherige Anhörung ist nach feststehender Rechtsprechung als ein wesentliches Erfordernis anzusehen. Sie erfolgte aber erst nach Erlaß der angefochtenen Verfügung. Sie ist daher für die hier zu treffende Entscheidung belanglos. Denn alle wesentlichen Erfordernisse und Voraussetzungen einer rechtsgültigen Zwangseintragung müssen mindestens zur Zeit ihres Erlasses gegeben sein. Mangels rechtzeitiger Anhörung des Synodalvorstandes mußte daher der Klage stattgegeben werden.

Nr. 2. Entsch. v. 11. Dez. 1908 (OVG. 53 226) VIII A 73/07.

ALR. II 11 §§ 664 ff. 676 ff; Magdeburger KirchO. § 3 Kap. 27 §§ 10—12 Kap. 26; § 13 Kap. 26, § 14; KirchG. v. 17. V. 95 (KGVBl. 37), betr. die Parochialverbände in größeren Orten, Art I f

1. Der Kläger beruft sich darauf, daß weder nach dem ALR. noch nach der Magdeburger KirchenO. die Kirchengemeinde ihre Kirche zu heizen und zu beleuchten habe. Es ist richtig, daß in keinem der genannten Gesetze eine solche Verpflichtung ausdrücklich ausgesprochen ist. Damit ist jedoch nicht gesagt, daß nach diesen Gesetzen die Verpflichtung nicht bestehe. Da beim Erlasse der KirchenO. und des ALR. die Kirchen weder geheizt noch beleuchtet wurden, so lag auch für diese Gesetze kein Anlaß vor, über die Verpflichtung zur Beschaffung der für jene Zwecke erforderlichen Mittel Bestimmung zu treffen. Sollte aber nach den heutigen Anschauungen Beleuchtung und Heizung zur nötigen Fürsorge für das Kirchengebäude zu rechnen sein, so würde, wenn noch dem Inhalt der bezeichneten Gesetze die Kirchengemeinde allgemein für jene Fürsorge einzustehen hätte, damit ausgesprochen sein, daß sie das nach den jeweiligen Anschauungen Nötige, also auch die nach heutiger Anschauung nötige Heizung und Beleuchtung, beschaffen müßte. Die Pflichten öffentlich-rechtlicher Unterhaltung sind in den Gesetzen derart geordnet, daß ein Fall, in welchem es an einem Verpflichteten fehlt, überhaupt ausgeschlossen ist. Insbesondere hat die Kirchenbaulast seit dem Tridentinum in den Kirchenordnungen und Gesetzen eine solche Regelung erfahren, daß, unbeschadet besonderer Rechtstitel, nicht nur die an erster Stelle Verpflichteten, sondern auch der Kreis der an zweiter Stelle Verpflichteten bestimmt worden ist. Hieraus ist die Vorsorge des Gesetzes dafür zu erkennen, daß die Unterhaltung des Kirchengebäudes für alle Zeiten und für alle Fälle gesichert sein soll. Diese Vorsorge hat ihren Ursprung in der Absicht, das Kirchengebäude für alle Zeiten in einem solchen Zustande zu erhalten, daß es seine Zwecke, dem Gottesdienste zu genügen, erfüllen kann. Soll aber das Kirchengebäude für alle Zeiten dem Gottesdienste genügen können, so sind die Verbindlichkeiten, die die zu seiner Unterhaltung Verpflichteten zu erfüllen haben, nach dem Maße der jeweiligen Bedürfnisse, nicht aber nach dem Maße der Bedürfnisse zu bestimmen, die beim Erlasse der Gesetze bestanden. So gab es insbesondere Zeiten, und es gibt heute noch Gegenden und Ortschaften, in denen zur Abhaltung der Gottesdienste weder erforderlich ist, daß die Kirchen geheizt, noch das sie beleuchtet werden. In der neueren Zeit und in bestimmten Gegenden, in Städten, ist es aber heutzutage ausgeschlossen, die Gottesdienste in vollem und ausreichendem Umfange abzuhalten, wenn nicht die Kirchengebäude geheizt und beleuchtet werden können. Hiernach handelt es sich, wenn die Kirche geheizt und beleuchtet wird, nicht nur um eine Annehmlichkeit der Kirchenbesucher, sondern um eine zum bestimmungsmäßigen Gebrauche der Kirche bestehende Notwendigkeit. Dafür aber müssen die gesetzlich Verpflichteten aufkommen. Zu den Kirchenordnungen und Gesetzen, welche, wie vorstehend dargelegt ist, von den Verpflichteten verlangen, daß sie das Kirchengebäude in der nach den jeweiligen Bedürfnissen erforderlichen Weise unterhalten, gehört auch die Magdeburger KirchO. und das ALR.

2. Gehört hiernach beides zu den von den gesetzlich Verpflichteten zu bewirkenden Leistungen, so handelt es sich in erster Linie um eine der P.-Gemeinde gesetzlich obliegende Leistung, für die der durch den Kläger vertretene Parochialverband aufzukommen hat. Freilich fehlt es dann nach den bezeichneten Vorschriften an dieser Verpflichtung, wenn die P.-Kirchengemeinde eines zulänglichen Kirchenvermögens nicht ermangelt. Unbestritten fehlt ihr aber ein solches, wenn ihr nicht zugerechnet wird, daß sie keine Kirchenstuhlmiete erhebt. Der Kläger ist der Meinung, daß, wenn dies geschähe, die P.-Kirchengemeinde in der Lage wäre, selbst die Kosten zu decken. Dieser Einwand ist unbeachtlich. Wenn die P.-Gemeinde selbst pflichtwidrig die Kirchenstuhlvermietung unterlassen

hätte, so würde das an der Tatsache nichts ändern, daß ihr Vermögen für die jetzt in Streit befindlichen Kosten unzulänglich ist. Der Parochialverband wird aber nach Gesetz (Art. I § 5 Abs. 3 G. v. 17. V. 95) und Anordnung (§ 2d) nicht von seiner Verpflichtung dadurch befreit, daß das Unvermögen der einzelnen Kirchengemeinde auf deren Schuld zurückzuführen ist.

3. Endlich würde der Einwand, wenn er zugelassen werden könnte, aus sachlichen Gründen zurückgewiesen werden müssen. Aus den vom Kläger angeführten Gesetzesstellen (§§ 664 ff., 676 ff., II 11 ALR., § 3 Kap. 27 Magdeburger KirchO.) geht nur dies hervor: daß, wenn und wo die Kirchenstühle vermietet werden, die eingenommene Miete in das Kirchenvermögen fließt. Darüber aber, daß eine Kirchengemeinde die Kirchenstühle vermieten müsse, steht in den Gesetzen nichts. Das ALR. kennt dagegen einen Zustand, wo das Vermieten hergebracht ist, und einen, wo das nicht der Fall ist (§§ 676 ff. II 11 aaO.). Der Magdeburger KirchO. ist ein Vermieten der Stühle in dem heute gebräuchlichen Sinne nicht bekannt. Sie ordnete die Verhältnisse, die sie vorfand, ohne die Vermietung oder die Vermietung zu bestimmten Sätzen vorzuschreiben; die „Billigkeit" war für sie maßgebend. Bei solchem Grundsatze läßt sich auch dem Gesetze kein anderer Standpunkt entnehmen, als daß in bezug auf die Kirchenstuhlvermietung das pflichtmäßige, die örtlichen Umstände berücksichtigende Ermessen der zur Vermietung berechtigten Behörde bestimmend sein sollte. Ist dies aber der einzige maßgebende Grundsatz, so kann auch nicht ohne weiteres darin, daß in der P.-Kirchengemeinde die Kirchenstühle nicht vermietet werden, eine pflichtwidrige Unterlassung gesehen werden.

C. Erhebung von Kirchensteuern.

1. In den älteren Provinzen der Monarchie.

a) Besteuerungsrecht und Kirchensteuerpflicht.

Nr. 1. Entsch. v. 26. Nov. 1907 (DJZ. 13 651) VIII 2067.

StaatsG. v. 14. VII. 05 (GS. 277) Art I; KirchStG. § 2.

Die Beschlüsse der evangelischen Kirchengemeinden, durch die die Erhebung einer nach dem Maßstabe staatlich veranlagter Steuern festgesetzten Kirchensteuer angeordnet wird, bedürfen gemäß Art. I StaatsG. v. 14. VII. 05 (GS. 277), nachdem sie von der kirchlichen Aufsichtsbehörde nach Maßgabe der bestehenden kirchengesetzlichen Vorschriften genehmigt worden sind, der Genehmigung der staatlichen Aufsichtsbehörde. Das Recht der Kirchengemeinden, auf Grund ihres Beschlusses Steuern zu erheben, tritt nicht früher ein, als diese Genehmigung erfolgt ist. Vor diesem Zeitpunkt ist also der Kirchengemeinde auch noch niemand für eine auf Grund des Umlagebeschlusses zu erhebende Steuer steuerpflichtig. Derjenige, bei dem die nach § 2 KirchStG. bestimmten Eigenschaften eines Kirchensteuerpflichtigen zur Zeit der staatlichen Genehmigung des Umlagebeschlusses nicht mehr vorliegen, kann daher auch nicht pflichtig sein für eine solche Umlage. So aber liegt die Sache beim Kläger. Denn unzweifelhaft hatte er, als die staatliche Genehmigung erfolgte, einen Wohnsitz in A. nicht, konnte also der evangelischen Kirchengemeinde zu A. zu dieser Zeit durch seinen Wohnsitz nicht angehören.

Nr. 2. Entsch. v. 7. April 1908 (OVG. 52 230) VIII A 82/07.

1. Regelmäßig hat man nur einen Mittelpunkt seiner Lebensverhältnisse und verteilt diese nicht so auf mehrere Orte, daß jeder für sich

als besonderer Mittelpunkt anzusehen ist. Dem beklagten Ausschuß als dem Steuergläubiger lag es daher ob, darzutun, daß die Ausnahme hier Platz greife, daß also der Kläger auch in Berlin einen Wohnsitz habe. Dieser Beweispflicht würde freilich mit der Darlegung genügt worden sein, daß überhaupt einmal der Kläger dort einen Wohnsitz gehabt habe. Denn wenn das zuträfe, würde es Sache des Klägers gewesen sein, nachzuweisen, daß er diesen Wohnsitz aufgehoben habe. Nun ist aber aus dem Umstand allein, daß der Kläger in Berlin eine standesgemäße, vollständig eingerichtete Mietwohnung inne hat, und zwar seit langen Jahren, noch nicht ohne weiteres zu schließen, daß er in Berlin einen Wohnsitz habe.

2. Zur Begründung eines Wohnsitzes bedarf es — wie nach gemeinem und preußischem Rechte, so auch nach dem jetzt geltenden BGB. — sowohl der Tatsache einer ständigen Niederlassung, als auch des Willens, eine ständige Niederlassung zu begründen. Die objektive Voraussetzung, daß eine ständige Niederlassung vorliege, ist vorhanden, sobald ein dauernder, wenn auch nicht ununterbrochener Aufenthalt genommen ist; der auf die ständige Niederlassung gerichtete Wille braucht nicht ausdrücklich erklärt zu werden. Es genügt, wenn er sich aus den Umständen ergibt. Nun unterliegt es keinem Bedenken, daß dem Kläger in Berlin eine standesgemäße, dauernd eingerichtete Mietwohnung jederzeit zur Verfügung steht. Dennoch irrt der Beklagte in der Annahme, daß man schon hieraus auf das Vorhandensein eines Wohnsitzes schließen müsse. Vielmehr ist nicht ausgeschlossen, daß eine solche Wohnung mit allen Einrichtungen zum standesmäßigen Wohnen ausgerüstet und dennoch vom Eigentümer nicht zu seinem dauernden Aufenthalt bestimmt wird und ihm nicht dazu dient. Ist das der Fall, dann fehlt es an der für die Wohnsitzbegründung erforderlichen Voraussetzung, da der Mittelpunkt der Verhältnisse und der Tätigkeit dorthin nicht verlegt ist.

Es ist nicht dargetan, daß der Kläger in Berlin einen dauernden Aufenthalt habe. Wenn auch der Kläger, der Gepflogenheit der reichbegüterten Edelleute entsprechend, im Winter kürzere oder längere Zeit mit seiner Familie zum Zwecke der Familienrepräsentation, der Teilnahme an den Hoffestlichkeiten und den Arbeiten des Herrenhauses usw. in Berlin zubringt, so handelt es sich dabei nur um, wenn auch wiederkehrende, so doch nur vorübergehende Aufenthalte, die lediglich dazu dienen, dem Kläger einzelne Besorgungen in einem Mittelpunkte für gewisse „abgesonderte Kreise" seiner Lebensverhältnisse zu erleichtern. Keineswegs aber erschöpfen sich die Lebensverhältnisse des Klägers in Berlin, und auch davon ist keine Rede, daß er sie in ihrer Gesamtheit oder auch nur in der Hauptsache von Berlin aus leite. Dies zu behaupten und nötigenfalls zu beweisen, wäre Sache des Steuergläubigers gewesen.

3. Mehrere Wohnsitze hat eine Person nur dann, wenn sie ihren Aufenthalt zwischen mehreren Orten dergestalt teilt, daß jeder von ihnen in gleichem Maße als Hauptpunkt ihrer Verwaltung und Tätigkeit, und weder der eine noch der andere nur als Mittelpunkt eines abgesonderten Kreises des (gewerblichen oder geschäftlichen) Lebens erscheint. Die Beklagte hat auch nach dieser Richtung keine erheblichen Tatsachen behauptet. Belanglos ist, daß in der Berliner Mietwohnung dauernd mehrere Dienstboten wohnen.

Nr. 3. Entsch. v. 27. April 1909 (OVG 54 186) VIII A 12/09.

BGB. § 7.

1. In OVG. 52 230 war ausgeführt worden, zur Begründung eines Wohnsitzes bedürfe es sowohl der Tatsache einer ständigen Nieder-

lassung, als auch des Willens, eine ständige Niederlassung zu begründen. Die Tatsache einer ständigen Niederlassung sei vorhanden, sobald ein dauernder, wenn auch nicht ununterbrochener Aufenthalt genommen sei. Der auf die ständige Niederlassung gerichtete Wille brauche nicht ausdrücklich erklärt zu werden; es genüge, wenn er sich aus den Umständen ergebe. Die Tatsache allein, daß dem Kläger in Berlin eine standesgemäße, dauernd eingerichtete Wohnung jederzeit zur Verfügung stehe, bedinge nicht notwendig den Schluß, daß in Berlin ein Wohnsitz bestehe, weil die Wohnung möglicherweise nicht zum dauernden Aufenthalte bestimmt sei und diene. Sei das der Fall, so fehle es an der für die Wohnsitzbegründung erforderlichen Voraussetzung, daß der „Mittelpunkt der Verhältnisse und der Tätigkeit“ dorthin verlegt sei. — Diesen Darlegungen ist der Beklagte mit dem Bemerken entgegengetreten, daß, wenn am Wohnsitze sich der „Mittelpunkt der gesamten Lebensverhältnisse“ befinden müsse, ein Wohnsitz gleichzeitig an mehreren Orten nicht bestehen könne, was doch § 7 Abs. 2 BGB. bestimme.

Dieser Hinweis gibt dem Gerichtshofe zwar nicht zu einer Abänderung seiner Darlegungen, wohl aber zu einer weiteren Klarstellung von deren Sinn und Bedeutung Anlaß. Geht man davon aus, daß zur ständigen Niederlassung an einem Orte der Wille, dort einen dauernden Aufenthalt zu nehmen und die tatsächliche Verwirklichung dieses Willens gehört, so bedeutet dies, daß an diesem Orte der Wollende sein Heim sucht und findet. Dort will er bleiben, wenn anderes ihn nicht abruft, dorthin will er zurückkehren, falls er keinen Grund mehr hat, sich anderswo aufzuhalten. Von dem gewählten Orte also sollen sich seine Lebensverhältnisse im ganzen, in ihrer Totalität bestimmen, dort sollen sie ihren Sitz haben. Wohl verträglich ist hiermit, daß er noch andere Orte erwählt, an denen er einzelne seiner Angelegenheiten oder einzelne Kreise seiner Angelegenheiten besorgt und zu deren Besorgung eine Wohnung sich beschafft. Anderseits hängt die Wohnsitzbegründung vom Willen einer Person ab und ist also ihrer Natur nach etwas Freiwilliges. Wenn es daher in der Macht des menschlichen Willens liegt, daß eine Person an mehreren Orten sich ein Heim verschaffen kann, so ist auch die Möglichkeit eines gleichzeitigen Wohnsitzes an mehreren Orten nicht ausgeschlossen. Nun besteht nur die Möglichkeit nicht, daß ein Mensch sich an mehreren Orten gleichzeitig aufhalte, woraus folgt, daß auch von einer gleichzeitigen Entfaltung seiner Persönlichkeit in der Totalität ihrer Beziehungen an mehreren Orten keine Rede sein kann. Aber durch die Aufenthaltsverlegung verliert der zeitweilig verlassene Ort des Wohnsitzes seine Bestimmung nicht, sondern es ruht nur deren Ausübung bis zur Rückverlegung des Aufenthalts. Wem also an mehreren Orten eingerichtete Wohnungen zur Verfügung stehen, die er zum dauernden, wenn auch nicht ununterbrochenen Aufenthalte dergestalt gebraucht, daß von jedem der Orte aus, sobald an ihm Aufenthalt genommen wird, die Lebensverhältnisse in ihrer Totalität bestimmt werden, der hat gleichzeitig an mehreren Orten einen Wohnsitz.

2. Der Kläger benutzt nun nach neueren Ermittelungen keineswegs seine Berliner Wohnung nur vorübergehend im Winter, um die Pflichten der Familienrepräsentation zu erfüllen und an den Hoffestlichkeiten sowie den Arbeiten des Herrenhauses teilzunehmen, sondern er wohnt immer dort, wenn und so oft ihn Geschäfte und Gelegenheiten nach Berlin führen; namentlich führen ihn auch geschäftliche und industrielle Beziehungen nach der Hauptstadt. Er führt ständig Sekretäre mit sich, die ihm bei Erledigung seiner Geschäfte behilflich sind, läßt sich in Berlin von seinen Beamten Vortrag in bezug auf seine Verwaltung halten und trifft dabei wichtige Anordnungen und Entscheidungen aller Art. Er hat also in Berlin den Sitz und die Totalität seiner Lebens-

verhältnisse mit seinem Willen gefunden und hier, wo er eine standesgemäß eingerichtete Wohnung hat, sich ständig niedergelassen, also einen Wohnsitz.

Nr. 4. Entsch. v. 8. Febr. 1910 (PrVerwBl. 31 599) IX A 14/09.

In OVG. 54 185 ist dargelegt, daß einen Wohnsitz jemand an dem Orte habe, wo er sein Heim suche und finde, und daß derjenige gleichzeitig an mehreren Orten seinen Wohnsitz habe, dem an mehreren Orten eingerichtete Wohnungen zur Verfügung stünden, die er zum dauernden, wenn auch nicht ununterbrochenen Aufenthalte dergestalt gebrauche, daß von jedem der Orte aus, sobald an ihm Aufenthalt genommen sei, seine Lebensverhältnisse im ganzen bestimmt würden. Mit diesem Grundsatze setzt sich der Bescheid des Regierungspräsidenten in Widerspruch. Daselbst wird ausgeführt: der Kläger habe als Eigentümer einer in B. gelegenen Villa und durch den bisherigen jährlichen Aufenthalt dort einen zweiten Wohnsitz begründet. Zu der objektiven Voraussetzung einer ständigen Niederlassung sei ein ununterbrochener Aufenthalt nicht erforderlich, sondern es reiche ein nur periodisch wiederkehrender Aufenthalt aus. Hier ist einmal irrtümlich angenommen, daß das Eigentum an einer Villa für den Eigentümer Wohnsitz begründet. In dem Eigentumserwerb liegt keine Niederlassung, auch nicht der Ausdruck des Willens sich niederzulassen. Sodann ist nicht richtig, daß ein periodisch wiederkehrender Aufenthalt für die Annahme eines Wohnsitzes ausreiche. Auch ein derartiger Aufenthalt reicht hierzu nur dann aus, wenn er die Eigenschaft des dauernden hat. Das hat aber keineswegs schon jeder Aufenthalt, der periodisch wiederkehrt. Nicht durch jede solche Wiederkehr wird die bei der Dauer vorhandene Ständigkeit des Aufenthalts hergestellt. Endlich hat der Regierungspräsident die Prüfung unterlassen, ob die Wohnung in B. auch dergestalt gebraucht wird, daß von ihr aus die Lebensverhältnisse des Klägers im ganzen bestimmt werden.

Dem Kläger steht in B. eine Sommerwohnung zur Verfügung. Er sucht dort Erholung auf wenige Wochen oder Monate, er findet sie gerade darin, daß er vorübergehend dort sich aufhält. In einer solchen Sommerwohnung soll lediglich der Erholung gelebt werden, und Beruf und die sonstigen laufenden Lebensbeziehungen sollen für diese vorübergehende Zeit zurücktreten. Nicht von der Sommerwohnung aus sollen die Lebensverhältnisse im ganzen bestimmt werden, sondern der Aufenthalt daselbst soll eben die Loslösung von den sonstigen gewöhnlichen Lebensbeziehungen bewirken. Der Kläger suchte und fand daher auch sein Heim nicht in der Sommerwohnung, sein Aufenthalt daselbst trägt nicht die Merkmale des dauernden. Dem entsprechen die kurzen Zeiträume der Aufenthalte und die jedesmal erfolgende Mitführung notwendiger hauswirtschaftlicher Gegenstände und Geräte.

Nr. 5. Entsch. v. 25. Febr. 1910 (PrVerwBl. 31 684) VIII A 65/09.

1. Der mit der Klage angefochtene Bescheid des Regierungspräsidenten beruht auf der Annahme, daß der Geheimrat C. in F. einen Wohnsitz habe. Diese Annahme wird allein mit dem Hinweise darauf begründet, daß das Forsthaus S. „mit vollständiger Ausstattung versehen" sei. Zur Annahme eines Wohnsitzes bedarf es sowohl der Tatsache einer ständigen Niederlassung als auch des Willens, eine ständige Niederlassung zu begründen. Die Tatsache aber, daß jemandem an einem Orte eine vollständig eingerichtete Wohnung zur Verfügung steht, bedingt für sich allein noch nicht notwendig den Schluß, daß an dem Orte ein Wohnsitz bestehe.

2. Bei freier Beurteilung ist festzustellen, daß der Beklagte C. außer in D.

noch in F. einen Wohnsitz hat. An beiden Orten stehen ihm eingerichtete Wohnungen zur Verfügung, die er zum dauernden Aufenthalte dergestalt gebraucht, daß seine Lebensverhältnisse von jedem der beiden Orte aus, sobald an ihm Aufenthalt genommen wird, in ihrer Totalität bestimmt werden. In bezug auf D. steht dies völlig außer Streit. In bezug auf F. besteht darüber auch kein Streit, daß dem Beklagten C. in seinem dortigen, mit allem Komfort eingerichteten, dreißig Räume enthaltenden, jederzeit bewohnbaren Jagdhaus nebst Zubehör eine eingerichtete Wohnung zur Verfügung steht. Er gebraucht aber diese Wohnung derart, daß, wenn er sich dort aufhält, seine Lebensverhältnisse im ganzen von da aus bestimmt werden. Dem steht nicht entgegen, daß sein Aufenthalt auf nur wenige Monate daselbst beschränkt zu sein pflegt, und daß es Jagd- und Erholungszwecke sind, die ihn zum Aufenthalt in F. veranlassen. Seine geschäftlichen Angelegenheiten, im wesentlichen seine Vermögensverwaltung, besorgt er auch in F. und von dort aus; selbst von einer Beschrankung dahin, daß er die Wohnung in F. nur für einen abgesonderten Kreis seiner Angelegenheiten bestimmt hat und benutzt, ist somit keine Rede. Seine Lebensbeziehungen im ganzen oder doch mindestens im wesentlichen folgen ihm, wenn er in seiner eingerichteten Wohnung in F. seinen Aufenthalt nimmt. Dem entspricht denn auch, daß er in F. seine Familie bei sich hat und seinen gesellschaftlichen Verkehr pflegt, Reisen unternimmt und von ihnen nach F. zurückkehrt.

Nr. 6. Entsch. v. 15. Mai 1908 (OVG. 52 244) VIII A 144/07.

ALR. II 11 §§ 46, 50, 54 ff., 100, 110 f., 237, 260 f., 303; Ev. KirchStG. §§ 2, 39.

1. Das Staats- und KirchG. v. 14. VII. 05 findet in zeitlicher Hinsicht nur auf solche Kirchensteuern Anwendung, die in der Zeit seit dem 1. IV. 06 von der staatlichen Aufsichtsbehörde genehmigt worden sind. Denn erst mit dem 1. IV. 06 sind die Gesetze in Kraft getreten (Art. IX StaatsG. v. 14. VII. 05 — GS. 277 — § 32 KirchStG., Vd. v. 23. III. 06 — GS. 52). Die Klage beim Oberverwaltungsgericht ist nach Art. IV § 4 StaatsG. nur gegen Entscheidungen der Staatsbehörde gegeben, die gemäß dem neuen Gesetz erlassen sind. Das sind aber nach Art. IV § 1 StaatsG. nur Entscheidungen, die sich beziehen auf eine „gemäß Art. I genehmigte Kirchensteuer", d. h. eine Steuer, die, nachdem sie von dem steuerberechtigten Verbande beschlossen worden, nicht nur von der kirchlichen Aufsichtsbehörde, sondern auch von der staatlichen Aufsichtsbehörde, auf Grund des Art. I, also nach dem 1. IV. 06 genehmigt ist.

Nun muß man folgern, daß, wenn die Staatsbehörde in bezug auf die Heranziehung für das Jahr 1905 für ihre Zuständigkeit keinen anderen Gesichtspunkt als Art. IV § 1 StaatsG. geltend machen könnte, dann auch nach § 4 daselbst die Klage wegen dieser Heranziehung zulässig sei, und zwar mit dem Erfolge, daß dann die Entscheidung, soweit sie das Jahr 1905 betrifft, außer Kraft gesetzt werden müßte. Allein schon nach dem vor dem KirchStG. geltenden Rechte hatte der Polizeipräsident, nachdem auf Reklamation die heranziehende Steuerbehörde Bescheid erteilt hatte, und der dagegen erhobene Rekurs durch das Konsistorium an ihn abgegeben war, zu entscheiden (MAnw. v. 15. I. 81 Nr. 7 — KGVBl. 10). War aber der Polizeipräsident zuständig zur Entscheidung, so kann die Klage nicht den Erfolg haben, daß die Entscheidung außer Kraft zu setzen ist, sondern sie muß, weil die nach altem Rechte ergehenden Entscheidungen des Polizeipräsidenten nicht mit der Klage im Verwaltungsstreitverfahren angegriffen werden konnten, abgewiesen werden.

2. Daß der Kläger nicht preußischer, sondern bayerischer Staatsangehöriger ist, befreit ihn nicht von der kirchlichen Steuerpflicht. Das KirchStG., wonach alle Evangelischen kirchensteuerpflichtig sind, die der

Kirchengemeinde durch Wohnsitz angehören, nimmt die Staatsangehörigen anderer Bundesstaaten nicht aus; und das zu dem KirchStG. erlassene StaatsG. mißbilligt dies nicht nur nicht, sondern es geht in Art. IV § 1 Abs. 3 sogar von dem als selbstverständlich behandelten Gedanken aus, daß auch die Angehörigen eines außerdeutschen Staates grundsätzlich der Kirchensteuerpflicht unterliegen (vgl. auch AAnw. des Ev. Oberkirchenrats Nr. III A Abs. 1).

Wer evangelisch im Sinne des KirchStG. ist, kann nur nach dem staatsrechtlich anerkannten Begriff eines Evangelischen bestimmt werden. Zu den „Evangelischen" im staatsrechtlich anerkannten Sinne rechnen jedenfalls alle Lutherischen und alle Reformierten.

Da der Kläger lutherisch ist, so ist er hiernach auch im Sinne des KirchStG. ein „Evangelischer".

3. Die weitere Frage, wann ein Evangelischer vermöge seines Wohnsitzes einer bestimmten Kirchengemeinde angehört, ist allein nach dem bestehenden Rechte zu beantworten. Danach ist für den Bereich der östlichen Provinzen zunächst festzustellen, was das ALR. vorschreibt. Es ist dabei, weil die Parochie nur die örtliche Begrenzung der Gemeinde ist (vgl. § 1 RhWestfKirchO.), in Betracht zu ziehen, was das ALR. über Parochialzugehörigkeit bestimmt. Die KGSynO. fand bei ihrem Erlaß einen bestimmten Begriff der Kirchengemeindeangehörigkeit vor und konnte deshalb, wenn an sich für dessen Bestimmung dieses Gesetz der rechte Ort war, davon absehen, die Voraussetzungen noch einmal zu bestimmen. Ein wesentliches Begründungsmoment für die Parochialangehörigkeit ist nun nach § 260 II 11 ALR. das Aufschlagen des ordentlichen Wohnsitzes innerhalb des Parochialbezirkes. Dieses Moment ist im § 2 KirchStG. noch ausdrücklich aufgeführt. Wenn weiter aus §§ 110 f., 261 II 11 ALR. folgt, daß die Mitgliedschaft zur Beitragsleistung verpflichtet, aber diese Beitragspflicht auf die Bekenner der Religionspartei der Parochialkirche beschränkt sein soll, so ergibt sich, daß — außer dem Wohnsitz in der Parochie — die Angehörigkeit zur Religionspartei der Kirchengemeinde das zweite wesentliche Erfordernis zur Begründung der Kirchengemeindeangehörigkeit ist (vgl. auch § 303 aaO.). Daher bedarf es der Aufklärung des Begriffs der Religionspartei. Hierbei tritt zunächst folgende Betrachtung in den Vordergrund. Indem der § 39 aaO. für den Notfall, daß Lutherische oder Reformierte keine Kirchenanstalt der lutherischen bzw. der reformierten Religionspartei, deren sie sich bedienen könnten, in der Nähe haben, ausnahmsweise bestimmt, daß die protestantischen Kirchengesellschaften des Augsburgschen Glaubensbekenntnisses ihren Mitgliedern wechselseitig die Teilnahme auch an ihren eigentümlichen Religionshandlungen nicht versagen dürfen, bringt er nicht nur zum Ausdrucke, daß in der Auffassung des Landrechts jede von beiden Konfessionen eine eigene Religionspartei bildete, sondern auch, daß in der Regel die bezeichnete Versagung gerechtfertigt und selbstverständlich sei. Es wird also als ein wesentliches Kennzeichen einer Religionspartei erachtet, daß sie ihr eigentümliche Religionshandlungen hat, von deren Teilnahme sie andere als ihre Angehörigen ausschließen kann. Derartige eigentümliche Religionshandlungen sind innerhalb der christlichen Kirchen der Gottesdienst und die Sakramente. Die Regel war also, daß Lutherische und Reformierte einander die Teilnahme am Gottesdienst und den Sakramenten versagen durften, und deshalb galten sie dem Landrecht als besondere Religionsparteien. Gerade hierin ist nun aber in der Folge eine völlige Aenderung eingetreten, so daß allermeist dasjenige, was § 39 als Ausnahme hinstellte, zur Regel geworden ist. Denn die Union bedeutete in der Hauptsache eine Gemeinschaft des Gottesdienstes und der Sakramente.

Innerhalb der Union besteht mithin keine besondere lutherische oder reformierte Religionspartei im Sinne des ALR. II 11 § 39 mehr. Wer daher innerhalb einer zur Union gehörigen Kirchengemeinde seinen ordentlichen Wohnsitz aufgeschlagen hatte, war nach § 260 II 11 ALR. zur Parochialkirche des Bezirkes eingepfarrt, gehörte dieser Kirchengemeinde durch Wohnsitz an, mochte er dem lutherischen oder reformierten Sonderbekenntnis anhängen oder einer sog. Konsensusgemeinde oder einer ohne Beilegung eines Sonderkonfessionscharakters als „evangelische" errichteten Gemeinde entstammen.

Es wird aber darüber hinaus weiter behauptet: es gäbe innerhalb des Geltungsgebiets des KirchStG. unter den Evangelischen verschiedene Religionsparteien überhaupt nicht mehr. Das geht, wenn es auch für die Frage der Gemeindezugehörigkeit maßgebend sein soll, insoweit über die obigen Darlegungen hinaus, als diese die Frage noch offen ließen, ob in einer nicht der Union beigetretenen Gemeinde reformierten oder lutherischen Bekenntnisses die Bekenner der anderen Sonderkonfession Angehörige einer anderen Religionspartei als der der Gemeinde seien. Nach den bisherigen Ausführungen muß nun freilich diese Frage bejaht werden, da nur innerhalb der unierten Gemeinde Teilnahme am Gottesdienst und Sakrament Reformierten wie Lutherischen nicht versagt werden darf, innerhalb einer reformierten nicht unierten Gemeinde dagegen auch ein Lutherischer den Uebertritt zu den Reformierten vollziehen kann, und umgekehrt. Die Union als solche hat auf Gemeinden, die ihr nicht beigetreten sind, keinen Einfluß.

Anderseits zeigt sich aber, daß die Begriffsbestimmung der Religionspartei in dem Verhältnisse der Lutherischen und Reformierten, wenn auch schon feststeht, daß sie innerhalb der Union als besondere Religionsparteien nicht zu erachten sind, noch nach einem weiteren Gesichtspunkte beurteilt werden muß. Wollte man nämlich in staatsrechtlicher Hinsicht nicht ganz allgemein Lutherische und Reformierte als eine Religionspartei ansehen, so würde, darin gipfelt jene Ansicht, das als ein „fundamentaler" Verstoß sowohl gegen das Privileg der Landeskirche als einer öffentlich aufgenommenen Kirchengesellschaft wie auch gegen das Parochialrecht erscheinen. Hierfür läßt sich in der Tat folgendes geltend machen. Im Sinne des ALR. (§§ 46, 50, 54 ff., 108 II 11) entspricht dem Begriffe der Religionspartei der Begriff der Kirchengesellschaft, so daß jede Kirchengesellschaft eine eigene Religionspartei bildet. Daher kann denn sowohl von „einer vom Staat öffentlich aufgenommenen Religionspartei" (§ 237), als auch von den „vom Staat ausdrücklich aufgenommenen Kirchengesellschaften" (§ 17) gesprochen werden. Zu den vom Staate ausdrücklich aufgenommenen Kirchengesellschaften gehört aber jetzt neben der römisch-katholischen Kirche nur die evangelische Kirche als solche, nicht auch eine besondere lutherische und eine besondere reformierte Religionspartei. Diese beiden bestehen heute fort nur in der evangelischen Landeskirche. Daraus folgt bei Anwendung des § 237, daß der Staat Lutherische und Reformierte als „Glaubensverwandte" der „evangelischen Kirche" ansieht und daß, wie es in der Begründung des Entwurfes des Kirchensteuergesetzes (aaO. S. 51) heißt, „die evangelische Landeskirche im Rechtssinn eine Konfessionskirche darstellt", sowie daß jede dieser Kirche angehörende Kirchengemeinde „evangelisch" ist. Auf dieser mit der Union allerdings im Zusammenhange stehenden Grundlage hat sich die „evangelische Landeskirche" im neueren Sinne dergestalt aufgebaut, daß als Landeskirchen nunmehr diejenigen Religionsparteien erscheinen, die vom Staate ausdrücklich aufgenommen sind.

Es kann nicht geleugnet werden, daß nach dieser Gestaltung der Verhältnisse sich allerdings eine Unstimmigkeit zu ergeben scheint. Setzt man nämlich in § 261 das Wort „Religionspartei" gleich mit „evangelisch", so folgt ohne weiteres daraus, daß in einer nicht unierten reformierten Gemeinde auch jeder

Lutherische und in jeder nicht unierten lutherischen Gemeinde auch jeder Reformierte parochialabgabepflichtig ist. Dies würde aber offenbar dem Gesetze widersprechen; denn das Korrelat zur Unterordnung eines Gemeindemitglieds unter die Ordnungen und Verfassungen einer Kirchengesellschaft und seine Verpflichtung zur Unterhaltung ihrer Kirchenanstalten ist, worüber nach §§ 108 bis 110 kein Zweifel besteht, sein Recht, sich der Anstalten der Gesellschaft zu seinen Religionshandlungen zu bedienen. Steht aber der nicht unierten Kirchengesellschaft eines Sonderbekenntnisses das Recht zu, dem Anhänger des anderen Sonderbekenntnisses die Teilnahme an ihren eigentümlichen Rechtshandlungen zu versagen, und ist also die für den Notfall geschaffene Ausnahme des § 39 in dem hier behandelten Falle noch anwendbar, so besteht nicht das im § 108 genannte Recht und also auch nicht die im § 110 bezeichnete Pflicht. Diese Unstimmigkeit wird jedoch durch die Erwägung beseitigt, daß durch die Unterordnung aller unierten und nicht unierten Gemeinden unter dieselbe Kirchenaufsicht, durch die Eingliederung aller Gemeinden in dieselbe Kirchenverfassung sowie die damit vollzogene Zusammenfassung zur evangelischen Landeskirche der Unterschied zwischen Lutherischen und Reformierten insoweit beseitigt ist, während nichts dafür spricht, daß damit die Frage der Gemeindezugehörigkeit des einzelnen habe gelöst oder auch nur berührt werden sollen. Es bleibt daher dabei, daß der Angehörige eines Sonderbekenntnisses, wenn er seinen Wohnsitz in einer evangelischen Kirchengemeinde nimmt, dann die Gemeindeangehörigkeit erwirbt, wenn er berechtigt ist, an den eigentümlichen Rechtshandlungen teilzunehmen, d. h. wenn ihm die Teilnahme am Gottesdienst und Sakramente nicht versagt werden darf. Neben diesem Merkmale hat man nicht weiter nach der Sonderkonfession zu fragen; denn in der unierten Gemeinde hat der Bekenner der Sonderkonfession ohne jede Rücksicht auf diese jenes Recht, und in der nicht unierten Gemeinde fällt mit der Zugehörigkeit zu deren Sonderbekenntnisse jenes Recht zusammen.

Nr. 7. Entsch. v. 15. Mai 1908 (PrVerwBl. 30 831) VIII A 111/07.

StaatsG. v. 14. VII. 05 Art. IV § 1; KirchStG. v. 14. VII. 05 §§ 2f.; G. über den Austritt aus der Kirche v. 14. V. 73 (GS. 207) § 1.

1. Eingaben, welche die Unzufriedenheit mit dem Einspruchsbeschlusse und das Verlangen, dieser möge beseitigt werden, zum Ausdruck bringen, sind als Beschwerden zu betrachten.

Auch Personen, die nicht die preußische Staatsangehörigkeit haben, sind an sich der Kirchensteuerpflicht unterworfen, und es macht hierbei auch keinen Unterschied, ob sie die Staatsangehörigkeit eines Bundesstaats oder die Reichsangehörigkeit haben, oder auch, ob sie Angehörige eines außerdeutschen Staates sind (vgl. Art. IV § 1 Abs. 3 StaatsG.).

2. Nach § 2 KirchStG. sind kirchensteuerpflichtig alle Evangelischen, die der Kirchengemeinde durch ihren Wohnsitz angehören. Der Beklagte hat innerhalb des Bezirks der steuerfordernden Gemeinde seinen Wohnsitz. Es ist aber zutreffend, daß, wenn er gemäß § 1 G. v. 14. V. 73 (GS. 207) aus der evangelischen Kirche ausgetreten ist, er nicht kirchensteuerpflichtig ist. Denn in diesem Falle ist er im Sinne des KirchStG. nicht „evangelisch“. Das Gesetz nämlich, das die bürgerliche Wirkung des Austritts aus der Kirche ordnet, muß für die Bestimmung jenes Begriffs im Geltungsbereiche des SteuerG., das nur bürgerliche Wirkungen der Zugehörigkeit zur evangelischen Kirche regelt, bedeutsam sein. Daher besagt auch die Begründung des Gesetzes (Drucksachen des Herrenhauses Session 1904 Nr. 104 S. 50), daß solche Personen, die gemäß G. v. 14. V. 73 aus der Kirche ausgetreten sind, zu Leistungen,

die auf der persönlichen Kirchen- oder Kirchengemeindeangehörigkeit beruhen, — wie das bei den Kirchensteuern zutrifft — nicht verpflichtet sind. Und das KirchStG. selbst enthält in der das Erlöschen der Steuerpflicht behandelnden Vorschrift des § 3 den ausdrücklichen Hinweis auf § 3 G. v. 14. V. 73.

Daher kann bei einem Ausgetretenen auch die weitere Frage, ob er durch seinen Wohnsitz „der Kirchengemeinde angehöre", gar nicht entstehen. Diese Frage ist dagegen wichtig, wo es sich um verschiedene „Religionsparteien" (§§ 261, 262 II 11 ALR. „Evangelischer" handelt). Deshalb kann es, wofern die Feststellung, daß der Beklagte aus der evangelischen Kirche ausgetreten ist, zu Bedenken keinen Anlaß gibt, nicht weiter darauf ankommen, ob in seinen Ausführungen auch die Behauptung zu finden ist: er gehöre zu einer anderen Religionspartei.

3. Mit Unrecht wirft der Kläger der angefochtenen Entscheidung vor: es sei nicht berücksichtigt, daß die im § 1 Abs. 3 G. v. 14. V. 73 vorgeschriebene Form beobachtet werden müsse. Eine bestimmte verbale Form schreibt das Gesetz überhaupt nicht vor, und es kann deshalb nur darauf ankommen, ob die bei der Erklärung gebrauchten Worte den Inhalt haben können, den das Gesetz verlangt.

Wenn der Regierungspräsident sagt, es komme nicht ausschlaggebend in Betracht, daß die Erklärung gerade den Wortlaut „Austritt aus der Kirche" habe, sondern es komme darauf an, ob die auf den Austritt aus der Kirche gerichtete Absicht „deutlich erkennbar" sei, so ist ihm beizustimmen. Für die Erkennbarkeit der Absicht des Beklagten, aus der Kirche und nicht bloß aus der D.er Kirchengemeinde auszutreten, hat die Entscheidung zwei Umstände angeführt, die erkennen ließen, daß der Richter den Antrag als auf Austritt aus der Kirche gerichtet aufgefaßt habe. Stillschweigend ist also gesagt, daraus, daß der Richter diese Auffassung gehabt, lasse sich auch ein Rückschluß auf die Absicht des Beklagten selbst machen. Solchen Schluß zu ziehen, ist möglich, da ja der Richter seine Auffassung aus den Angaben des Beklagten entnommen haben muß. Die für die Auffassung des Richters beweisenden äußeren Umstände sollen sein: einmal die geschäftliche Behandlung, womit gemeint sein wird, daß der Richter unverzüglich das erste Protokoll dem Kirchenvorstand zugestellt und dann in der vorgeschriebenen Frist zu der Aufnahmeerklärung geschritten ist. Alsdann ist für jene Auffassung des Richters angeführt, eine Austrittserklärung für die örtliche Kirchengemeinde sei unzulässig; womit darauf hingedeutet ist, dies sei dem Richter bekannt gewesen, und er würde den Beklagten, wenn dieser derartiges gewollt hätte, nicht den Austritt haben erklären lassen.

In der Aufnahme der Austrittserklärung vom 16. IV. 79 ist deutlich gesagt, daß der Beklagte „aus der evangelischen Kirche auf Grund des G. v. 14. III. 73" (gemeint: 14. V.) austrete. In dieser Verhandlung deklariert der Beklagte mit den Worten: er wiederhole seine unterm 19. III. gemachte Austrittserklärung aus der evangelischen Kirche ausdrücklich dahin, daß auch der Antrag auf den Austritt aus der Kirche und nicht bloß der Kirchengemeinde gerichtet gewesen sei, wie er denn auch schon im Schreiben vom 5. IV. 79 von der „Erklärung zum Austritt aus der evangelischen Kirche" spricht. Ist hiernach nicht zu zweifeln, daß der Beklagte am 19. III. 79 den vom Gesetze für den Austritt aus der Kirche erforderten ersten Schritt tun, also den § 2 Abs. 1 vorgeschriebenen Antrag stellen wollte, so ist zwar anzuerkennen, daß der Richter dieser Absicht keinen geschickten Ausdruck gegeben hat. Aber der Ausdruck ist nicht derartig, daß er mit der Absicht unverträglich wäre. Denn man kann sagen, daß die Worte: „aus dem Verbande der hierselbst bestehenden evangelischen Kirchengemeinschaft" nicht so verstanden werden müssen: derjenige Verband, den die hier bestehende evangelische Kirchengemeinde bildet, also die Kirchengemeinde, sondern man kann ihn auch dahin verstehen: derjenige Verband, in welchem die hier bestehende evangelische Kirchengemeinschaft steht, nämlich die evangelische Kirche.

Nr. 8. Entsch. v. 28. Mai 1909 (OVG. 54 204) VIII A 75/08.

KirchStG. § 2; G., betr. den Austritt aus der Kirche, v. 14. V. 73 (GS. 207). §§ 1, 3.

Ein zum katholischen Glauben übergetretener Evangelischer ist in einer zur evangelischen Landeskirche der älteren Provinzen gehörenden Kirchengemeinde nicht steuerpflichtig. Einer vorgängigen Austrittserklärung bedarf es nicht.

Das KirchG. v. 26. V. 05 regelt die Begründung der Kirchensteuerpflicht den evangelischen Kirchengemeinden und Parochialverbänden gegenüber erschöpfend. Neben ihm wäre daher für die Begründung der kirchlichen Steuerpflicht eines in eine andere Kirchengemeinde verzogenen, aus der Landeskirche Ausgetretenen oder Uebergetretenen auf Grund des § 1 Abs. 3 und des § 3 G. v. 14. V. 73 selbst dann kein Raum, wenn die Auffassung des Klägers, daß unter dem „bisherigen Verbande" im Sinne der angezogenen Bestimmungen die evangelische Landeskirche zu verstehen sei, richtig wäre. Diese Auffassung ist jedoch unzutreffend. Als der „bisherige Verband" im Sinne des § 1 Abs. 3 aaO., demgegenüber die Abgabenpflicht des Uebertretenden bis zu einem bestimmten Zeitpunkte fortbestehen soll, ist der Parochialverband anzusehen, dem der Uebertretende zur Zeit des Uebertritts angehörte.

Nach dem Sinne des Gesetzes soll lediglich im Interesse der Erhaltung der Lebensfähigkeit der einzelnen Kirchengemeinden die Abgabenpflicht der Austretenden gegenüber diesen Einzelgemeinden, denen sie bisher angehörten, trotz der Austrittserklärung noch eine bestimmte Zeit fortdauern. Dies ergibt auch die besondere Bestimmung des § 3 Abs. 2 des Gesetzes, daß für die Kosten eines außerordentlichen Baues, dessen Notwendigkeit vor Ablauf des Kalenderjahres, in welchem der Austritt aus der Kirche erklärt wird, festgestellt ist, eine um ein Jahr verlängerte Haftung des Austretenden bestehen soll. Es tritt hier die Absicht des Gesetzes deutlich zutage, daß lediglich das Besteuerungsrecht der bisherigen Einzelgemeinde, der der Austretende oder Uebertretende angehörte, im Interesse des Zustandekommens beschlossener notwendiger Bauten trotz der Austrittserklärung noch einen bestimmten Zeitraum hindurch fortwirken solle.

Nr. 9. Entsch. v. 22. Juni 1909 (OVG. 54 208) VIII A 161/07.

KirchStG. § 2.

1. Nach § 2 KirchStG. v. 26. V. 05 (KGVBl. 31) sind kirchensteuerpflichtig alle Evangelischen, die der Kirchengemeinde durch ihren Wohnsitz angehören. Das KirchG. trifft darüber, wer „Evangelischer" und „Gemeindeangehöriger" ist, als Sondergesetz keine Bestimmung. Nach geltendem Rechte bildet neben dem Wohnsitze die Bekenntnisgemeinschaft mit der steuerfordernden Gemeinde die entscheidende Voraussetzung für die Kirchensteuerpflicht.

2. Anglikaner sind Evangelische im Sinne des Kirchensteuerrechts. Für die anglikanische Kirche ist ohne Bedeutung für das Bekenntnis die Rechtsstellung der anglikanischen Kirche selbst, ihr organisiertes Leben in Verfassung und Kultus. Sie entbehrt in Preußen der Korporationsrechte; die Vereinigungen ihrer Angehörigen zu gottesdienstlichen Gemeinschaften sind keine Parochien im Rechtssinne (§ 237 II 11 ALR.).

Die preußische evangelische Landeskirche ist hervorgegangen aus der Vereinigung der beiden alten evangelischen Religionsparteien der deutschen Reformation, der lutherschen und der reformierten Kirche. Evangelisch in ihrem Sinne ist daher jedenfalls sowohl das lutherische als auch das reformierte Bekenntnis. Das gleiche gilt von dem Bekenntnisse der zur „Konsensusunion“ übergegangenen und der innerhalb der Union als „evangelisch“ begründeten Gemeinden. Von Angehörigen einer außerhalb der Union stehenden Kirchengemeinschaft kann nicht gefordert werden, daß ihr Bekenntnis sich entweder als lutherisch oder als reformiert in allen seinen Bestandteilen kennzeichne. Anderseits kann ohne Preisgebung jedes geschichtlichen und rechtlichen Bodens ein Bekenntnis nur insoweit als evangelisch angesehen werden, als es in seinen wesentlichen Bestandteilen lutherisch oder reformiert ist, also diejenigen Grundsätze enthält, die innerhalb des Kreises der deutschen Reformation als für das Wesen des Protestantismus entscheidend anerkannt sind. Daß es historisch der deutschen Reformation entstamme, ist selbstverständlich nicht zu fordern, ebensowenig, daß die fremde Kirche diese Herkunft als wesentlich ansehe oder sich ihrer auch nur bewußt sei. Dagegen kann diese Herkunft für die Feststellung der Uebereinstimmung der Lehren nach Sinn und Inhalt von großem Werte sein. „Die kirchliche Neubildung der Reformationszeit ist durch einen doppelten Protest bestimmt worden: einmal gegen die angemaßte göttliche Autorität des äußeren Kirchentums und zum anderen gegen die äußere kirchliche Heilsvermittelung“ (Lipsius, Lehrbuch der evangelisch-protestantischen Dogmatik, 1893, S. 140). Dem entspricht, daß als die das Wesen des Protestantismus entscheidend bestimmenden Grundsätze der deutschen Reformation das „Schriftprinzip“ und das „Heilsprinzip“ — vielfach auch das Formal- und Materialprinzip des Protestantismus genannt — allgemein anerkannt sind.

Das Bekenntnis der anglikanischen Kirche enthält beide Grundlehren der deutschen Reformation. Wenn es im übrigen auch solche Bestandteile enthält, welche der römisch-katholischen Kirche gleichfalls eigen sind, so werden diese nach Zahl und Bedeutung durch reformierte und lutherische Lehren überwogen, gehören zum Teil auch dem reformierten und lutherischen Bekenntnis an und sind im übrigen, in der Regel nur der Form nach, mit Ausmerzung des Wesens, aus dem Katholizismus entlehnt. (Folgt weitere eingehende Begründung.)

3. Die preußische evangelische Landeskirche hat die Anglikaner von jeher in ständiger Uebung als Konfessionsverwandte (Evangelische) und als Mitglieder ihrer Parochien aufgefaßt und behandelt. Wo besondere gottesdienstliche Vereinigungen von Anglikanern sich bildeten, was an einer Reihe von Orten der Monarchie, so in Berlin (St. George Church, American Church), Bonn, Coblenz, Aachen, Danzig, Neufahrwasser, Posen, Memel, Königsberg geschehen ist, wurde bei Zulassung des anglikanischen Gottesdienstes stets gefordert, daß die englischen Geistlichen für die Amtshandlungen das Dimissoriale des zuständigen Pfarrers der Landeskiche einholten. Dieser Auflage sind weder von den amtierenden anglikanischen Geistlichen oder ihrer kirchlichen Oberen noch von der Großbritannischen Staatsregierung jemals Bedenken entgegengesetzt worden.

Auch zur Kirchensteuer sind die Anglikaner in Preußen regelmäßig herangezogen worden. Wenn der Oberpräsident zu Potsdam im Jahre 1893 auf Beschwerde die Freistellung eines Engländers verfügte, so ist dies geschehen, weil er im Hinblick auf einen literarischen Streit Bedenken trug, „alle evangelischen Ausländer“, die ihren Wohnsitz in Preußen nehmen, der Landeskirche zuzurechnen. Daneben wurde erwogen, daß der Beschwerdeführer als Mitglied der St.-George-Gemeinde in Berlin von den Einrichtungen der Landeskirche keinen Gebrauch mache. Die weitere Uebung ist von der letzteren Erwägung beherrscht worden. Seit dem Jahre 1894 wurde ein von dem Minister der auswärtigen Angelegenheiten auf Anregung des englischen Botschafters vorgeschlagenes Verfahren beobachtet, wonach „diejenigen Mitglieder der englischen Gemeinde“ freigestellt wurden, deren Namen der Botschafter dem Minister bezeichnete. Dieses Verfahren, das seinem Ursprung und Wesen nach auf Ausländer beschränkt bleiben mußte, für inländische Anglikaner dagegen nicht in Betracht kommen konnte, ist demnächst auch auf die Mitglieder der amerikanisch-anglikanischen Gemeinde (American Church) zu Berlin und auf die Mitglieder der schwedisch-lutherischen Viktoria-Kirchengemeinde zu Berlin sinngemäß angewendet worden und findet seine gesetzlich geregelte Fortsetzung auf Grund der zur Ausführung der Vorschrift in Art. IV § 1 Abs. 3 G. v. 14. VII. 05 erlassenen Bek. des Staatsministeriums v. 30. VI 06. Im übrigen unterlagen die Anglikaner als Evangelische grundsätzlich der landeskirchlichen Besteuerung, wie sie auch zu Gottesdienst und Sakramenten innerhalb der Landeskirche zugelassen wurden.

Nr. 10. Entsch. v. 15. Mai 1908 (OVG. 52 233) VIII A 79/07.

StaatsG. zum Ev. KirchStG. v. 14. VII. 05 (GS. 277); KirchStG. §§ 5, 31; ALR. II 11 237, 260 f.; RhWestfKirchO. § 2.

1. Der Umstand, daß die Erklärungen der Beklagten mit denen der Klägerin völlig übereinstimmen, kann keinen Anlaß bieten, von einer sachlichen Prüfung und Entscheidung abzusehen. Das Verwaltungsstreitverfahren ist mit Einreichung der Klage in Gang gesetzt worden. Die Erklärungen der Beklagten können nicht die Wirkung haben, dem Verwaltungsrichter die Entscheidung zu entziehen.

2. Allerdings ist es nicht richtig, wenn die Klägerin die in E. zwischen einem Lutherischen und einer Reformierten bestehende Ehe als eine gemischte Ehe ansieht. Dabei kann es nur darauf ankommen, was das KirchStG. als Mischehe betrachtet. Indem dieses im § 5 von dem „evangelischen Teil einer gemischten Ehe" spricht, bringt es klar zum Ausdrucke, daß es als gemischte Ehe eine solche ansieht, in der der eine Gatte evangelisch, der andere aber nicht evangelisch ist. Eine solche Ehe, in der beide Teile evangelisch sind, ist danach eine ungemischte Ehe. Hiernach ist weiter zu fragen, ob Lutherische und Reformierte in E. im Sinne des KirchStG. evangelisch sind. Es leuchtet von selbst ein, daß für das Verständnis des KirchStG., wodurch in Verbindung mit dem zugehörigen StaatsG. den Kirchengemeinden das staatliche Hoheitsrecht der Besteuerung verliehen ist, nur die in Preußen beim Erlasse des Gesetzes geltende staatsrechtliche Auffassung von dem, was unter „evangelisch" zu verstehen ist, in Betracht kommen kann. Danach sind „Evangelische" vor allem die Angehörigen der evangelischen Landeskirchen innerhalb des Deutschen Reiches, und zwar auch dann, wenn sie einer evangelischen Landeskirche lutherischen oder reformierten Bekenntnisses entstammen. Nach dem KirchStG. § 31 und der Vd. v. 21. III. 06 (KGVBl. S. 1) erstreckt sich die Geltung des Gesetzes auch auf die Prov. Westfalen und die Rheinprovinz. Da das Gesetz nach der Ueberschrift und der Einleitung „für die evangelische Landeskirche der älteren Provinzen" erlassen ist, so ist damit gesetzlich anerkannt, daß zu dieser einheitlichen „evangelischen Landeskirche" auch die „evangelische Landeskirche in Rheinland und Westfalen" gehört. In der KirchO. für die evangelischen Gemeinden der Prov. Westfalen und der Rheinprovinz v. 5. III. 35 handelt nun die Einleitung von dem Bekenntnisstande „der evangelischen Landeskirche in Rheinland und Westfalen", oder, wie § I daselbst sagt, von der „evangelischen Kirche Westfalens und der Rheinprovinz". Diese evangelische Kirche hat nach der angeführten Norm einerseits eine und dieselbe einheitliche Grundlage, indem sie die Heilige Schrift Alten und Neuen Testaments als die alleinige und vollkommene Richtschnur ihres Glaubens, ihrer Lehre und ihres Lebens ansieht; anderseits erkennt sie die fortdauernde Geltung ihrer Bekenntnisse an. Zu diesen werden nach § II sowohl die alten

allgemeinen Bekenntnisse der ganzen Christenheit, als auch die besonderen, „lutherischerseits" und „reformierterseits" angenommenen und kirchenordnungsmäßig bestehenden gerechnet, und von den unierten Gemeinden wird gesagt: teils bekennten sie sich zu dem Gemeinsamen beider Bekenntnisse, teils folgten sie für sich dem lutherischen oder reformierten Bekenntnisse, sähen aber in den Unterscheidungslehren kein Hindernis der vollständigen Gemeinschaft am Gottesdienst, an den heiligen Sakramenten und den kirchlichen Gemeinderechten. Ergibt sich nun schon hieraus, daß nach dem beim Erlasse des KirchStG. geltenden Rechtszustande die Angehörigen sowohl der lutherischen als auch der reformierten Gemeinde in E. zur evangelischen Landeskirche gehören, so bringt § III der Einleitung die Schlußfolgerung noch zum besonderen Ausdruck, indem er sämtliche Gemeinden — unbeschadet des verschiedenen Bekenntnisstandes — mit dem gemeinsamen Namen „evangelisch" (vgl. auch die Ueberschrift und § 1 des Gesetzes) und als „Glieder einer evangelischen Kirche" bezeichnet und die Folgerung zieht, daß sie sämtlich Gemeinschaft in Verkündigung des göttlichen Wortes und in der Feier der Sakramente pflegen und mit gleicher Berechtigung in einem Kreis- und Provinzialsynodalverband und unter derselben höheren kirchlichen Verwaltung stehen. Danach sind sowohl die Lutheraner als auch die Reformierten in E. im Sinne des KirchStG. „evangelisch", wie sie denn auch in § 2 als „evangelische Glaubensgenossen" zusammengefaßt werden, und es macht keinen Unterschied, daß die beiden Gemeinden der Union sich nicht angeschlossen haben.

3. Steht hiernach fest, daß es in den Kirchengemeinden der Landeskirche gemischte Ehen lutherischen oder reformierten Bekenntnisses nicht gibt, so ist auch insbesondere in E. die Ehe eines lutherischen Mannes und einer reformierten Frau eine ungemischte. Trotz ihres Sonderbekenntnisses gehört die Frau, da sie der evangelischen Landeskirche wie ihr Mann angehört, nur dies aber für die Besteuerung erheblich ist, und da sie seinen Wohnsitz nach dem Gesetze teilt, zu seiner Kirchengemeinde. In Uebereinstimmung hiermit sagt die AAnw. des Oberkirchenrats unter III E Abs. 3: „Auch wenn das etwaige evangelische Sonderbekenntnis beider Ehegatten nicht übereinstimmt, gehört die evangelische Ehefrau der Kirchengemeinde des Wohnsitzes ihres evangelischen Ehemannes an." Ein Gewohnheitsrecht dahin: daß die reformierte Frau eines lutherischen Mannes nicht zur lutherischen, sondern zur reformierten Gemeinde gehöre, kann nicht in Frage kommen; denn jeder der beiden Ehegatten ist evangelisch, von einer gemischten Ehe im Sinne des § 5 KirchStG. ist also keine Rede. Wenn das Gesetz selbst alle Evangelischen, sowohl die Lutherischen als auch die Reformierten, als eine Religionspartei ansieht, so schließt es damit die Möglichkeit aus, eine abweichende örtliche Anschauung anzuerkennen.

4. An der oben angeführten Stelle der AAnw. des Ev. Oberkirchenrats heißt es nun weiter: „Die einmal begründete Gemeindezugehörigkeit wird durch den Tod des Ehemanns nicht aufgehoben." Der Satz kann nicht für richtig gehalten werden. In E. besteht eine lutherische und eine reformierte Kirchengemeinde, deren räumliche Bezirke sich decken. Jede der Gemeinden ist eine evangelische; die Angehörigen beider Gemeinden haben in beiden Wohnsitz. Bei wörtlichem Verständnisse des § 2 KirchStG. müßte jede der beiden Gemeinden jeden in E. Wohnsitz habenden Lutherischen und Reformierten zur Steuer heranziehen können. Da dies nicht gemeint sein kann, so zeigt sich, daß die Angehörigkeit eines Evangelischen zu einer evangelischen Kirchengemeinde nicht unter allen Umständen, wie es nach § 2 scheinen könnte, allein durch den Wohnsitz bestimmt wird. Es muß vielmehr jedenfalls da, wo zwei evangelische, je einem Sonderbekenntnisse zugetane Gemeinden sich räumlich decken, noch ein weiteres Merkmal hinzukommen. So ist denn auch anderweit ausgesprochen: in den Worten des § 2 liege „nach

der Auslegung, die der Wortlaut in der Kommission des Abgeordnetenhauses von berufener Seite erfahren, ein Doppeltes. Man müsse in der Kirchengemeinde seinen Wohnsitz haben und zweitens ihr angehören." Für die Frage der Mitgliedschaft bleiben nach wie vor die bestehenden Gesetze maßgebend. Diese (§§ 237, 260 f. II 11 ALR., § 2 RhWestfKirchO.) machen die Mitgliedschaft abhängig von dem Vorhandensein nur zweier Bedingungen: der Glaubensverwandtschaft (Uebereinstimmung der Konfession) und eines Wohnsitzes innerhalb des Bezirkes der Kirchengemeinde. Außer dem Wohnsitz ist also für einen Fall, wie den hier vorliegenden, die Glaubensverwandtschaft maßgebend. In diesem Falle gewinnt daher für die Zugehörigkeit zur Kirchengemeinde das Sonderbekenntnis Bedeutung. Ein Reformierter, der in E. seinen Wohnsitz nimmt, wird sonach Mitglied der reformierten, nicht aber der lutherischen Gemeinde und umgekehrt. Die reformierte Beklagte würde mithin wenn sie die Ehe mit ihrem verstorbenen Manne nicht geschlossen hätte, der reformierten und der Mann würde der lutherischen Kirchengemeinde in E. angehört haben. Das einzige Band, welches die Zugehörigkeit der Beklagten zur lutherischen Kirchengemeinde begründete, war also die Ehe. Infolge der Ehe kam für die nach der Kirchengemeindezugehörigkeit sich richtende Besteuerung nur in Betracht, daß die Frau, wie ihr Mann, evangelisch war, also eine gemischte Ehe nicht bestand, so daß sie der mittelbaren Besteuerung in der lutherischen Gemeinde unterworfen wurde. Infolge der Ehe teilte sie (BGB. § 10) den Wohnsitz ihres Mannes. Mit der Lösung der Ehe sind diese Beziehungen weggefallen. Die Frau teilt nicht mehr den Wohnsitz des Mannes; denn sie hat keinen Ehemann mehr, und ein ehemännlicher Wohnsitz, den die Frau teilen könnte, besteht nicht mehr. Man wird freilich nicht sagen können, daß sie deshalb überhaupt wohnsitzlos geworden sei und nun lediglich einen Aufenthalt an dem Orte des Wohnsitzes ihres Mannes habe. Vielmehr behält sie den Wohnsitz ebenfalls, bis sie ihn aufhebt. Aber zu beachten ist, daß dies nach Auflösung der Ehe nicht mehr der Wohnsitz des Ehemannes, sondern der eigene Wohnsitz der Ehefrau ist.

5. Der Wohnsitz des Ehemannes der Beklagten lag, da die räumlichen Bezirke der lutherischen und reformierten Gemeinde in E. sich decken, innerhalb jeder der beiden Gemeinden. Das entscheidende Merkmal, nach welchem sich hierbei seine Zugehörigkeit zur lutherischen Gemeinde bestimmte, war sein lutherisches Sonderbekenntnis. Durch dieses und durch die Ehe wurde mittelbar die Zugehörigkeit der Frau zu der lutherischen Kirchengemeinde begründet. Sie teilte jenes Sonderbekenntnis nicht. Von einer Beibehaltung — ähnlich wie beim Wohnsitze — kann hier keine Rede sein. Beide Bindeglieder, welche die Zugehörigkeit der Beklagten zur lutherischen Gemeinde herstellten, sind vielmehr mit dem Tode des Mannes endgültig weggefallen. Die notwendige Folge ist, daß mit jenem Ereignis ihre Angehörigkeit zur lutherischen Gemeinde erloschen ist. Sie kann daher zu dieser Gemeinde nicht kirchensteuerpflichtig sein. Sie hat ihren eigenen Wohnsitz, wie ehedem ihr Mann, innerhalb der lutherischen und gleichzeitig innerhalb der reformierten Gemeinde in E. Sie gehört dem reformierten Bekenntnis an. Sie ist deshalb zur reformierten Kirchengemeinde steuerpflichtig.

Nr. 11. Entsch. v. 2. Juni 1908 (DIZ. 14 89) VIII 1146.

Im Sinne des KirchStG. ist nicht bloß eine konfessionell gemischte Ehe, sondern auch eine religiös gemischte Ehe und mithin auch die Ehe einer Evangelischen mit einem auf Grund des G. v. 14. V. 73 (GS. 207) aus der Kirche Ausgetretenen eine Mischehe.

Nr. 12. Entsch. v. 29. Sept. 1908 (DJZ. 14 326) VIII 1790.

KirchStG. v. 26. V. 05 § 5.

Auch die Ehe einer evangelischen Ehefrau mit einem jüdischen Ehemann ist eine Mischehe im Sinne des § 5 KirchG., betr. die Erhebung von Kirchensteuern in den Kirchengemeinden usw. der evangelischen Landeskirche der älteren Provinzen, v. 26. V. 05. Die Klägerin als der evangelische Teil einer derartigen Mischehe ist daher mit Recht zur Zahlung der evangelischen Kirchensteuer herangezogen worden. Daß der Ehemann der Klägerin auch zu Kultusbedürfnissen der jüdischen Gemeinde erhebliche Beiträge leisten müsse, ist für ihre aus § 5 aaO. sich ergebende Pflicht zur Zahlung der evangelischen Kirchensteuer unerheblich. Die Heranziehung des evangelischen Teiles einer Mischehe von der Hälfte des der kirchlichen Besteuerung zugrunde liegenden Steuersatzes, zu dem der Ehemann veranlagt ist, erfolgt auch ohne Rücksicht darauf, ob der evangelische Teil eigenes Einkommen besitzt. Die von der Klägerin erörterte Frage, ob der Ehemann für die Kirchensteuer seiner mit ihm in Mischehe lebenden Ehefrau bei deren Unvermögen persönlich haftbar gemacht werden könne, ist nur aus dem für die Ehe geltenden Güterrechte zu beantworten, aber hier rechtlich unerheblich, weil es sich in dem vorliegenden Streitverfahren nur darum handelt, ob die Klägerin mit Recht zur Kirchensteuer herangezogen worden ist, und nicht darum, wer bei ihrem Unvermögen für die Zahlung der von ihr erforderten Kirchensteuer haftbar zu machen ist. Aus der etwaigen Haftung des Ehemannes für die Zahlung der Kirchensteuern würde nicht etwa, wie die Klägerin meint, herzuleiten sein, daß die Zahlungsaufforderung dem Ehemann zuzustellen gewesen sei. Vielmehr folgt aus der Bestimmung des § 5 aaO., daß der evangelische Teil einer Mischehe zur Kirchensteuer heranzuziehen sei, unzweifelhaft, daß auch nur dieser Teil in die Heberolle aufzunehmen ist, und daß daher auch nur diesem Teile die Mitteilung des Steuersatzes und die Zahlungsaufforderung zugestellt werden soll.

Nr. 13. Entsch. v. 29. Jan. 1909 (DJZ. 14 1152) VIII 216.

KirchStG. v 26. V. 05 §§ 18f.; StaatsG. v. 14. VII. 05 Art. IV §§ 1, 4.

1. Das Heranziehungsschreiben war nach den Vorschriften der AAnw. des Ev. Oberkirchenrats v. 22. III. 06 (KGVBl. 5) unter VIE Abs. 4 und F Abs. 3 zuzustellen. Diese Vorschriften sind aber nicht zwingenden Rechtes. Das G., betr. die Erhebung von Kirchensteuern in den Gemeinden der evangelischen Landeskirche, v. 26. V. 05 fordert die Zustellung des Veranlagungs- und Heranziehungsschreibens (der Zahlungsaufforderung) nicht, während es die Zustellung des Einspruchsbescheids und des Beschwerdebescheids ausdrücklich vorschreibt (vgl. §§ 18f. KirchG., Art. IV §§ 1 u. 4 StaatsG. v. 14. VII. 05, GS. 277). Dieser Gegensatz ist nicht zufällig. Er findet sich in gleicher Weise im Kommunalsteuerrechte, dem das neue Kirchensteuerrecht nachgebildet ist (vgl. §§ 69f. KommAbgG. u. Art. 43 d. AAnw. v. 10. V. 94). Für das Gebiet des Kommunalsteuerrechts hat daher das OVG. in ständiger Praxis niemals die Beobachtung einer bestimmten Form, insbesondere eine vorschriftsmäßige Zustellung bei der besonderen Benachrichtigung über die Veranlagung oder bei der Zahlungsaufforderung verlangt. Dieser Praxis für das Gebiet des Kirchensteuerrechts zu folgen, trägt der Gerichtshof um so weniger Bedenken, als für die Zahlungsaufforderung, durch welche hier allein der Lauf der Einspruchsfrist eröffnet wird (§ 19 KirchG.), die Anwendung der Schriftform keineswegs allgemein oder auch nur als Regel vorgeschrieben ist.

2. Die Frage, ob zwischen einem Altlutheraner und einer der evangelischen Landeskirche angehörigen Ehefrau eine Mischehe im

Sinne des § 5 KirchG. besteht, ist zu bejahen. Denn evangelisch im Sinne des § 5 KirchG. v. 26. V. 05 kann notwendig nur sein, wer im Sinne des § 2 aaO. evangelischer Kirchengemeindeangehöriger ist. Hier ist der Kreis der Kirchensteuerpflichtigen generell umschrieben. Zu ihnen gehören nicht die durch besondere gesetzliche Vorschrift von der Kirchensteuerpflicht Ausgenommenen, so vermöge der Bestimmungen der Generalkonzession v. 23. VII. 45 Nr. 10 (GS. 516) die Altlutheraner unter gewissen Voraussetzungen (Zugehörigkeit zu einer an ihrem Wohnsitze bestehenden staatlich anerkannten Gemeinde ihres Bekenntnisses usw.), die hier offenbar gegeben sind. Es ist daher nicht zu bezweifeln, daß der Ehemann nicht evangelisch im Sinne des § 5 aaO. ist.

Nr. 14. Entsch. v. 11. Dez. 1908 (OVG. 53 213) VIII A 73/08.

KirchStG. v. 26. V. 05 (KGVBl. 31) §§ 1 f., 6; StaatsG. v. 14. VII. 05 (GS. 277) Art. I.

1. Das KirchStG. v. 26. V. 05 schreibt in § 6 vor, daß der Patron, insoweit er als solcher nach bestehendem Rechte für einzelne kirchliche Bedürfnisse nach besonderen Grundsätzen beizutragen hat, als Gemeindeglied für diese Bedürfnisse in demselben Umfange, wie bisher, von der Kirchensteuer freizulassen sei. Es soll also in dieser Beziehung am bisherigen Rechte nichts geändert werden. Danach hätte der Rittergutsbesitzer St., wenn er noch heute Besitzer des Ritterguts T. wäre und in T. seinen Wohnsitz hätte, nicht noch als Eingepfarrter zu der behufs Deckung der Zins- und Tilgungsbeträge des von der Gemeinde aufgenommenen Darlehens erhobenen Umlage herangezogen werden dürfen. Denn diese Zinsen- und Tilgungsbeträge dienen, wie das Darlehen selbst, dem Zwecke, den Pfarrbaukostenanteil der Gemeinde zu decken, also demselben Bedürfnisse, zu dessen Befriedigung St. seinen Patronatbaubeitrag bezahlt hat. Außer dem Patronatbeitrage hat aber ein Patron zu den Kosten eines kirchlichen Baues nichts weiter beizutragen. Das ergibt sich daraus, daß die Kirchenbaulast, wie im Tridentinum (cap. 7 sess. 21 Conc. Trid.), so im deutschen Kirchenrecht überhaupt, namentlich in den der Reformation entstammenden evangelischen Kirchenordnungen und Gesetzen, so insbesondere auch in der Rev. Magdeburger KirchO. v. 9. V. 1739 und im ALR., überall in bezug auf den Kreis der Verpflichteten und den Umfang der Verpflichtungen erschöpfend geordnet worden ist.

Die Versuche des Klägers, darzulegen, in § 732 II 11 ALR. habe die Regel, in § 731 aaO. dagegen die Ausnahme bestimmt werden sollen, gehen fehl. Da in den §§ 731 f. deutlich gesagt ist, daß an der Kirchbaulast der Patron wie ein anderer Eingepfarrter nur in dem einzigen Falle beteiligt werden solle, wenn er Rustikalhufen im Kirchspiele besitze, ist nicht einzusehen, weshalb dies der Gesetzgeber noch einmal in dem „von Kirchenpatronen" handelnden Abschnitte (§§ 568 ff. II 11 ALR.) hätte aussprechen sollen; es war ihm unbenommen, ausschließlich in dem die Kirchenbaulast betreffenden Zusammenhang auch die Baupflichten des Patrons zu behandeln. Der hauptsächliche, den Irrtum des Klägers beherrschende Grund liegt aber in der Annahme, daß § 731 von der Baulast handle, mit der das Patronatgut als solches belastet sei, woraus, wenn dies richtig wäre, sich die zutreffende Folgerung ergäbe, daß der Patron, abgesehen von der auf dem Patronatgute lastenden Bauverpflichtung, im übrigen wie ein anderer Eingepfarrter zum Bau beitragen müßte, und daß diese Regel in § 732 eine Anerkennung für einen besonderen Fall fände. Es besteht aber nicht der geringste Anhalt dafür, daß § 731 eine Last des Patronatguts im Sinne hat. Das ALR. kennt auch keineswegs nur das sog. Realpatronat, wie solches im vorliegenden Falle unstreitig in Betracht kommt, sondern auch das einer Person als solcher oder einer Familie zukommende oder mit einem Amte verbundene Patronat (§ 578 aaO.); die Baulastbestimmungen sind aber für jeden Patron, gleichgültig, ob das Patronat ein dingliches oder persönliches ist, erlassen, woraus folgt, daß in § 731 eine Beschränkung auf das Patronatgut nicht gemeint sein kann.

2. Kann hiernach der Patron, der seinen gesetzlichen Patronatbaubeitrag geleistet hat, nicht nochmals zu den Baukosten herangezogen werden, wofern nicht der Fall des § 732 II 11 ALR. vorliegt, so erhebt sich die weitere Frage, ob seine Leistung, beim dinglichen Patronate, seinen Rechtsnachfolgern im Grundbesitze zugute kommt. Diese Frage kann nicht ohne vorherige Feststellung des rechtlichen Charakters des dinglichen Patronatrechts beantwortet werden. Hierbei ist einmal davon auszugehen, daß das Patronat in seinem früheren rechtlichen Bestand in die evangelische Kirche übergegangen ist und daher seine Regel im kanonischen Rechte findet. Daneben ist die Entwickelung des Laienpatronats der Grundherren aus der mit der Gerichtsbarkeit verbundenen Vogtei zu beachten. Endlich tritt die Gestaltung hinzu, die das Patronatrecht in der nachreformatorischen Partikulargesetzgebung erhalten hat, und insbesondere die Bedeutung der Tatsache, daß die dem kanonischen und gemeinen Rechte als Rechtspflicht unbekannte Patronatbaulast in den die evangelische Kirche in Preußen betreffenden Ordnungen eine gesetzliche Grundlage erhalten hat. Das Ergebnis einer danach vorgenommenen Ermittelung ist folgendes: Der wesentliche Kern des Patronatrechts ist unverändert im ius praesentandi verblieben. Hiermit wird das Patronat als ein ius spirituali annexum, also als eine dem öffentlichen Rechte angehörende Befugnis bestimmt. Dieser Charakter ist nicht dadurch geändert, daß beim dinglichen Patronate das Recht mit dem Besitz eines Gutes verbunden ist. Es ist kein Privatrecht, sondern ein öffentliches Recht, das derart mit einem Gute verbunden ist, daß durch dessen Besitz der jeweilige Inhaber des Rechtes bestimmt und bezeichnet wird. Das dingliche Patronat ist daher zu denjenigen öffentlichen Rechten zu zählen, die zwar nicht, wie Reallasten, auf dem Grund und Boden haften, die aber „mit Rücksicht auf den Grundbesitz" auszuüben sind. Welche Folgen nun für das Patronat bei einer Veräußerung des Gutes sich ergeben, ist — wobei zunächst von der Möglichkeit vertragsmäßiger Vorbehalte abzusehen ist — insofern unbestritten, als es sich um Veräußerung des Gutes als solchen handelt. Dagegen besteht im Falle der Abveräußerung einzelner Trennstücke und der sog. Totaldismembration noch andauernd Streit. Die Veräußerung des Gutes im ganzen hat zur Folge, daß das Patronat vom Veräußerer auf den Erwerber übergeht, nicht deshalb, weil das Patronat als ein dingliches, in Grundstückseigentum enthaltenes Recht aufzufassen wäre, sondern deshalb, weil Patron derjenige ist, in dessen Hand sich das Gut befindet. Wenn einzelne Trennstücke abveräußert werden, so besteht kein Streit darüber, daß die Rechte und Pflichten bei dem Eigentümer des Stammgrundstücks verbleiben, während die Ansichten darüber auseinandergehen, ob zu den Patronatlasten auch die Trennstückserwerber verpflichtet werden oder nicht. Wird das Gut durch Parzellierung völlig zertrümmert, so nimmt eine Theorie den Fortbestand des Patronats an, wobei die einen angeben: die Rechte und Pflichten ruhten, bis die Trennstücke wieder zu einem Gute vereinigt würden, während die anderen annehmen: auf jedes einzelne Trennstück gingen die Rechte und Pflichten dergestalt über, daß unter allen Erwerbern ein Kompatronat entstünde und jeder Erwerber zur Ausübung der Rechte berechtigt und zur Leistung der Pflichten verbunden sei. Anderseits wird die Theorie vertreten: weil das Gut, mit dessen Besitze das Patronat verbunden sei, den Patron anzeige, das Gut als solches aber mit der völligen Parzellierung zu bestehen aufhöre, gehe mit der Zertrümmerung des Gutes das Patronat unter. Hierbei nimmt die eine Ansicht einen totalen Untergang, die

andere nur ein Erlöschen der Rechte, aber einen Uebergang der Pflichten auf die Trennstückserwerber an.

Ueberschaut man diese Ansichten, so stimmen sie alle darin überein, daß, solange bei Veräußerungen noch von einem Gute die Rede sein kann, jedenfalls der Gutsbesitzer alle Rechte und Pflichten des Patrons behält. Das ist zutreffend. Zweifelhaft ist nur der Zeitpunkt, in dem eine Abveräußerung dem Grundbesitze den Charakter des Gutes nimmt. Hierbei handelt es sich nicht um eine Rechtsfrage, sondern um eine Tatfrage. Aus dem Gesetze läßt sich, wenn auch der Begriff des Landguts sowohl dem ALR. (vgl. §§ 48, 32 I 2, §§ 150ff. I 21, als auch dem BGB. (vgl. § 98², §§ 593, 594, 2049, 1515 Abs. 2, 2312, 1822⁴ BGB., Art. 137 EGBGB.) bekannt ist, nichts entnehmen. Man kann vielmehr, wenn man der Bedeutung des mit einem Gute verbundenen Patronats gerecht werden will, die Frage in jedem einzelnen Falle nur danach entscheiden, ob im Sinne der Kirchenstiftung und der vogteilichen Gerichtsbarkeit, an die sich das Patronat angeknüpft hat, noch das Gut vorhanden ist. Das ist eine Frage, die nur aus wirtschaftlichen und, soweit angängig, aus geschichtlichen Gesichtspunkten bestimmt werden kann. Ausgeschlossen ist es insbesondere hiernach nicht, unter Umständen auch dann noch den Fortbestand des Gutes zu bejahen, wenn von einer Totaldismembration gesprochen wird.

Im übrigen kommen die vorgetragenen Theorien an dieser Stelle nur insoweit in Betracht, als sie dem positiven in Preußen geltenden Rechte entsprechen. Von diesem Standpunkt aus ist die Ansicht, daß bei einer Totaldismembration das Patronat bis zur Wiedervereinigung der Trennstücke zu einem Gute ruhe, auszuscheiden. Völlig abzulehnen ist ferner für das preußische Recht die Auffassung, daß mit der Totaldismembration das Patronatrecht mit Rechten und Lasten untergehe. Gesetze, die, wie die Rev. Magdeburger KirchO. und das ALR., die gesetzliche Kirchenbaulast erschöpfend geregelt und innerhalb dieser Regelung dem Patron eine bestimmte rechtlich erzwingbare Leistung auferlegt haben, und die, wie in § 580 II 11 ALR. bestimmt ist, eine Absonderung des Patronats von dem Gute ohne ausdrückliche Einwilligung der geistlichen Oberen für unmöglich erklären, dulden die Annahme nicht, der Patron könne die Patronatbaulast dadurch aus der Welt schaffen, daß er das Gut durch Auflösung in eine große Zahl einzelner Trennstücke zertrümmert. Dagegen läßt sich nicht einwenden, daß jene Gesetze, weil zur Zeit ihres Erlasses die rechtliche Möglichkeit einer Totaldismembration ausgeschlossen war, diesen Fall nicht geregelt hätten. Vielmehr haben die späteren Gesetze, nachdem der bisher geltende Grundsatz der Geschlossenheit der Güter durch § 4 Ed. v. 9. X. 1807 (GS. 1806—1810 171) aufgehoben worden war, die dem angegebenen Satze entsprechenden Folgerungen gezogen. Daraus folgt mit Deutlichkeit, daß nach preußischem Rechte die Folge einer Totaldismembration ein völliger Untergang des Patronatrechts mit Rechten und Lasten nicht sein kann. Bleiben sie aber bestehen, so kann keine andere Folge eintreten als die, daß fortan die einzelnen Trennstücke, die an die Stelle des bisherigen Gutes getreten sind, den gesetzlichen Patronatlastenträger anzeigen. Die Trennstücksbesitzer sind daher in bezug auf die Patronatbaulast die Rechtsnachfolger des Patrons, dem bisher das ungeteilte Gut gehört hatte.

Nr. 15. Entsch. v. 8. Okt. 1909 (OVG. 55 219) VIII A 36/08.

G., betr. den Austritt aus der Kirche, v. 14. V. 73 (GS. 207), § 3.

1. Wenn das G. v. 14. V. 73 im § 3 Abs. 2 Satz 2 von den Kosten eines außerordentlichen Baues spricht, so sind unter den Baukosten

auch diejenigen Aufwendungen zu verstehen, die der Gemeinde aus der Aufnahme eines zur Deckung der Baukosten aufgenommenen Darlehns an Zinsen und Kapitalabtrag erwachsen. Denn nur diese Auffassung trägt dem Umstande Rechnung, daß die Aufnahme einer Anleihe die wirtschaftliche Folge der Vornahme des Baues ist, wie denn auch die Gemeinden in einer überaus großen Zahl von erheblicheren Baufällen zur Inanspruchnahme ihres Kredits genötigt sind. Es kann daher nicht aus dem Gesetze die Folgerung abgeleitet werden, daß die Kosten eines außerordentlichen Baues, die als solche der Kirchengemeinde zur Last fallen und zu denen die Eingepfarrten wie die Austretenden, diese bis zum Ablaufe des zweiten auf die Austrittserklärung folgenden Kalenderjahrs, beitragen sollen, „den Charakter selbständiger Baubeiträge der Eingepfarrten verlieren", wenn die Zins- und Abzahlungsbeträge eines zur Deckung der Baukosten aufgenommenen Darlehns „auf den Etat der Kirchengemeinde übernommen" werden und „ungetrennt in dem durch Steuern zu deckenden Gesamtbedarfe der Gemeinde erscheinen".

2. Die Frage, ob die aus dem Ankauf eines neuen Pfarrhauses der Kirchengemeinde erwachsenden Lasten zu den Kosten eines „außerordentlichen Baues" im Sinne des § 3 Abs. 2 Satz 2 zählen, muß bejaht werden. Die mit dem Neubau kirchlicher Gebäude erwachsenden Lasten sind Kosten eines außerordentlichen Baues, weil der Neubau ungewöhnliche, nicht regelmäßig vorkommende und wiederkehrende bauliche Maßnahmen zum Gegenstande hat. Die Gleichstellung des Falles, daß zum Ersatze des bisherigen Hauses ein Neubau errichtet wird, mit dem Falle, daß an Stelle des bisherigen Hauses ein durch Kauf erworbenes tritt, unterliegt keinem Bedenken. Auch größere, umfangreichere Reparaturen eines kirchlichen Gebäudes sind als ungewöhnliche Bauausführungen anzusprechen. Hier handelt es sich um das Verputzen der Außenwände der Kirche, die Neuanlegung von Kendeln am ganzen Kirchengebäude und um das Neudecken des nach dem Burgfelsen gelegenen Kirchendachs und der beiden Turmecken. Solche Arbeiten stellen keineswegs regelmäßig vorkommende und wiederkehrende, sondern seltenere bauliche Arbeiten dar.

Nr. 16. Entsch. v. 8. Febr. 1910 (OVG. 55 232) VIII A 115/08.

Bei der Veranlagung eines Steuerpflichtigen zur Staatseinkommensteuer ist der ihm als Gesellschafter einer Gesellschaft mit beschränkter Haftung zukommende Anteil am Gewinne — vgl. §§ 29, 14 ReichsG. v. 20. IV. 92/20. V. 98, das im § 6 zum Ausdruck bringt, daß die Gesellschaft mit beschränkter Haftung es ist, welche das Unternehmen betreibt, den Gewerbebetrieb ausübt — als Einkommmen einzusetzen (§ 6[1] § 11 Abs. 2[b] EinkStG.) Einkommensteuerpflichtig ist auch die Gesellschaft mit beschränkter Haftung als solche (§ 1[6] aaO.); damit jedoch die Gesellschafter wegen des ihnen nach Maßgabe ihres Geschäftsanteils zufließenden Gewinns nicht auch ihrerseits Einkommensteuer zahlen, wird der auf den Gewinnanteil der Gesellschafter entfallende Teil der auf sie veranlagten Einkommensteuer nicht erhoben (§ 71[1] aaO.). Den außer Hebung zu setzenden Betrag des veranlagten Einkommensteuersatzes bestimmt der Vorsitzende der Veranlagungskommission, vorbehaltlich der Beschwerde und weiteren Beschwerde (§ 71[4] aaO.). Daß so auch im vorliegenden Falle verfahren ist, der Betrag von 4000 ℳ den veranlagten Staatseinkommensteuersatz darstellt und der zur Hebung zu bringende Staatssteuersatz, unter Absetzung des dem H. als Gesellschafter, wegen seines Gewinnanteils, gut zu rechnenden Steuerteils, auf 3005 ℳ beziffert ist, ergeben die vom Gerichtshof eingesehenen Veranlagungsakten. Das KirchG., betr. die Erhebung von Kirchensteuern in den Kirchengemeinden und Parochialverbänden der evangelischen Landeskirche der älteren Provinzen der Monarchie, v. 26. V. 05 sieht nur die Besteuerung des kirchensteuerpflichtigen Gesellschafters einer Gesellschaft mit beschränkter Haftung, nicht die der Gesellschaft, vor (vgl. § 2 aaO.). Als Maßstab der Umlegung der Kirchensteuer auf die Pflichtigen dient der auf sie veranlagte Betrag der Staatseinkommensteuer, von dem Zuschläge erhoben werden (§§ 9, 11 Abs. 2 aaO.). Hiernach ist es rechtsirrig, wenn die Staatsbehörde mit dem Betrage von 3005 ℳ an Stelle des veranlagten Staatseinkommensteuersatzes von 4000 ℳ gerechnet und nach ersterem Betrage die Kirchensteuer bemessen hat.

b) Rechtsmittel.

Nr. 1. Entsch. v. 9. Febr. 1909 (OVG. 53 239) VIII A 90/08.

KirchStG. v. 26. V. 05 (KGVBl. 31) § 19; StaatsG. v. 14. VII. 05 (GS. 277) Art. III f.

Gemäß § 19 (s. auch § 26) G., betr. die Erhebung von Kirchensteuern in den Kirchengemeinden und Parochialverbänden der evangelischen Landeskirche der älteren Provinzen der Monarchie, v. 26. V. 05 (KGVBl. 31) ist das Rechtsmittel des Einspruchs, welches den zur Kirchensteuer Herangezogenen gegen die Heranziehung bzw. Veranlagung zusteht, binnen einer Frist von 4 Wochen, vom Tage der Aufforderung zur Zahlung ab gerechnet, . . . einzulegen. Diese Frist ist nach Art. III StaatsG. v. 14. VII. 05 (GS. 277) eine Ausschlußfrist; nur für ihre Dauer ist das Rechtsmittel gewährt und nach ihrem Ablaufe der Herangezogene an der Ausübung des Rechtsbehelfs gesetzlich verhindert. Irrig ist die Ansicht der Beklagten, die Fristvorschriften des KirchStG. kämen hier gar nicht in Frage, weil das Gesetz selbst nur für die evangelischen Bewohner der älteren Provinzen gelte und auf sie, die Beklagte, als Katholikin zu Unrecht angewendet worden sei. Im Geltungsbereiche des vorgedachten Kirchen- und StaatsG., den neun älteren Provinzen der Monarchie einschließlich der Hohenzollernschen Lande, treffen die rechtlichen Folgen der von dem zuständigen kirchlichen Gemeindeorgane bewirkten Veranlagung einen jeden, der als wirklicher oder vermeintlicher Evangelischer — sei er Preuße oder Nichtpreuße, Deutscher oder Nichtdeutscher — zu einer Abgabe herangezogen wird. Ihre Bekämpfung durch Einspruch, Beschwerde und Klage kann nur nach Maßgabe jener beiden Gesetze binnen der für jeden dieser Rechtsbehelfe vom Gesetze gewährten Frist geschehen (s. Art. IV §§ 1 und 4 StaatsG.). An diese Frist sind außer dem — wirklichen oder vermeintlichen — Pflichtigen auch die zur Entscheidung berufenen Behörden gebunden.

c) Besondere Bestimmungen für die Berliner Stadtsynode und die Parochialverbände in größeren Orten.

Nr. 1. Entsch. v. 18. Sept. 1908 (PrVerwBl. 31 160) VIII A 93/07.

1. Die evangelischen Kirchengemeinden zu Charlottenburg sind dem Stadtsynodalverbande der Berliner Stadtsynode angeschlossen. Nach § 2 StaatsG. v. 18. V. 95 (GS. 175), § 5 KirchG. v. 17. V. 95 (KGVBl. 37) hat die Berliner Stadtsynode die Verpflichtung, den einzelnen ihr zugehörigen und angeschlossenen Kirchengemeinden diejenigen Mittel zu gewähren, die sie zur Erfüllung der ihnen obliegenden gesetzlichen Leistungen bedürfen und in Ermangelung zulänglichen Kirchenvermögens und dritter Verpflichteter sich nicht ohne Umlage beschaffen können. Damit ist gesagt, daß diese gesetzlichen

Leistungen nicht mehr von der Einzelgemeinde zu erfüllen, sondern ihr abgenommen und auf die Berliner Stadtsynode übertragen sind. Insoweit gibt es daher eine steuerberechtigte evangelische Kirchengemeinde Charlottenburg nicht, sondern ist an ihre Stelle der Gesamtverband der Berliner Stadtsynode als Gesamtkirchengemeinde getreten. Dieser übt nach §§ 1, 26 KirchStG. v. 26. V. 05 (KGVBl. 31) insoweit das kirchliche Besteuerungsrecht in Charlottenburg aus. In der genannten Gesamtkirchengemeinde sind danach (§ 2 aaO.) alle Evangelischen kirchensteuerpflichtig, die ihr durch ihren Wohnsitz angehören, also auch diejenigen Evangelischen, die in Charlottenburg Wohnsitz haben. — Nicht in Betracht kommt hier, daß den einzelnen zum Verbande der Berliner Stadtsynode gehörigen und ihm angeschlossenen Kirchengemeinden ein Steuerrecht verblieben ist, soweit es sich um Leistungen handelt, die nicht unter Art. I § 5 Abs. 3 KirchG. v. 17. V. 95 fallen. Möglich nämlich ist, daß ein solches Umlagerecht einmal ausgeübt wird, da der Begriff: „Bedürfnisse" in § 1 KirchStG. v. 26. V. 05 sich auch auf Leistungen bezieht, die nicht gesetzlich den Kirchengemeinden obliegen.

2. Als steuerberechtigte Kirchengemeinden konkurrieren danach hier: der Berliner Stadtsynodalverband und die Kirchengemeinde Wannsee; denn jeder dieser beiden Kirchengemeinden gehört der Beklagte durch Wohnsitz an. Nach § 4 KirchStG. verbleibt derjenige Teil des Gesamteinkommens des Beklagten, der aus Grundvermögen und Gewerbe in Berlin fließt, dem Berliner Stadtsynodalverbande. Wenn dieser Teil mehr als 3/4 des Gesamteinkommens des Beklagten beträgt, so ist die Kirchengemeinde Wannsee, sofern das steuerpflichtige Einkommen weniger als 1/4 des Gesamteinkommens beträgt, berechtigt, ein volles Viertel des Gesamteinkommens für sich zur Besteuerung in Anspruch zu nehmen. Im übrigen darf der Beklagte in jeder der beiden Kirchengemeinden nur mit der Hälfte seines Einkommens herangezogen werden.

3. Unter den Betrag, zu dessen Entrichtung der Steuerpflichtige sich in der Beschwerde bereit erklärt hat, darf die Kirchensteuer im Verwaltungsstreitverfahren nicht herabgesetzt werden.

2. In den neueren Provinzen.

Nr. 1. Entsch. v. 26. Mai 1908 (OVG. 52 262) VIII A 90/07.

1. Die in Cassel lebenden Lutheraner gehören zur lutherischen Kirchengemeinde (Konzession v. 16. I. 1731). Die Casseler Parochie, insbesondere die Oberneustädter reformierte, wurden 1751 örtlich abgegrenzt. Der Bezirk der Casseler lutherischen Gemeinde umfaßt die Gesamtheit der Sprengel der Casseler reformierten Gemeinden. Der Kläger hat danach seinen Wohnsitz nicht nur im Bezirke der Oberneustädter reformierten, sondern auch in dem der lutherischen Gemeinde. Er ist also entweder der reformierten Oberneustädter Kirchengemeinde zu Cassel oder der lutherischen Kirchengemeinde zu Cassel kirchensteuerpflichtig, sofern die weitere Voraussetzung zutrifft, daß er ein der reformierten oder der lutherischen oder der unierten Kirchengemeinschaft angehöriger Evangelischer ist (§ 2 Abs. 1 KirchG., betr. die Erhebung von Kirchensteuern in den Kirchengemeinden und Gesamtverbänden der evangelischen Kirchengemeinschaften im Bezirke des Konsistoriums zu Cassel, v. 10. III. 06 — KirchlABl. 17 —). Diese weitere Voraussetzung trifft zu. Dabei braucht, wenn feststeht, daß der Kläger einer der bezeichneten Kirchengemeinschaften angehört, nicht noch besonders dargetan zu werden, daß er ein „Evangelischer" ist; denn diese Kirchengemeinschaften sind alle „evangelisch". Demnach sind auch ihre Angehörigen evangelisch.

2. Von Hause aus gehört der Kläger der Kurh. reformierten Kirchengemeinschaft an. Er ist in Cassel geboren, dort in der reformierten Kirchengemeinschaft getauft und konfirmiert.

Er hat die Zugehörigkeit dadurch nicht verloren, daß er sich „der sog. renitenten Kirche" angeschlossen hat. Denn im Sinne des kirchlichen Steuerrechts bleibt — sofern nicht nach dem G. v. 14. V. 73 ein Austritt erfolgt ist — jeder Evangelische, der einer der bezeichneten Kirchengemeinschaften angehört, so lange ihr zugehörig, bis er sich einer von denjenigen bestimmten Gemeinschaften evangelischen Bekenntnisses angeschlossen hat, die durch Staatsgesetz von der landeskirchlichen Steuerpflicht freigestellt sind. Zu diesen bestimmten Gemeinschaften gehört die der sog. Renitenten nicht. Der Versuch des Klägers, die Renitenten den Altkatholiken in rechtlicher Beziehung gleich zu stellen, muß, ganz abgesehen von anderen Bedenken, schon darum als verfehlt bezeichnet werden, weil die Rechte der altkatholischen Kirchengemeinschaften an dem kirchlichen Vermögen durch das besondere G. v. 4. VII. 75 (GS. 333) geregelt sind, die Gemeinschaft der Renitenten aber eine staatsgesetzliche Anerkennung nicht gefunden hat.

3. Innerhalb der Union besteht keine besondere lutherische oder reformierte Religionspartei im Sinne des für Berlin maßgeblichen Rechtes (§ 39 II 11 ALR.) mehr. An dem reformierten Bekenntnisse des Klägers wurde dadurch, daß er Mitglied einer unierten Kirchengemeinde wurde, nichts geändert.

Nr. 2. Entsch. v. 27. April 1909 (OVG. 54 199) VIII A 22/09.

1. Da der Kläger einer der drei hessischen Kirchengemeinschaften als Evangelischer angehört und im Bezirk der evangelischen Kirchengemeinde Cassel-Wehlheiden seinen Wohnsitz hat, so ist er nach § 2 Abs. 1 KirchStG. v. 10. III. 06 (KirchlABl. 17) dieser Kirchengemeinde steuerpflichtig, wenn nicht der Ausnahmefall des § 2 Abs. 2 aaO. vorliegt. Es müßte also der Wohnsitz des Klägers, welcher glaubt, der Hofgemeinde steuerpflichtig zu sein, auch im Bezirke der Hofgemeinde liegen. Dies würde der Fall sein, wenn die örtliche Begrenzung der Hofgemeinde den Bezirk der evangelischen Kirchengemeinde Cassel-Wehlheiden umfaßte. Dies nimmt der Kläger zu Unrecht an.

2. Nach geltendem Kirchenrechte sind grundsätzlich die Parochialsprengel unabhängig von den kommunalen Bezirken. Wenn vielfach tatsächlich Kirchengemeindegrenzen und Ortsgrenzen zusammenfallen, so ändert dies an der rechtlichen Unabhängigkeit nichts. Vielmehr fordert eine Veränderung der Parochialgrenzen neben der Mitwirkung der Gemeinden und der Genehmigung der Staatsbehörde den Erlaß einer Anordnung des Kirchenregiments. Diese Rechtsgrundsätze gelten insbesondere auch nach dem im Bezirke des Konsistoriums zu Cassel geltenden Kirchenrechte. Deckt sich der Bezirk der Hofgemeinde mit dem des alten Stadtgebiets, so hat hiernach ihr Bezirk durch die geschehene Veränderung der kommunalen Grenzen eine Veränderung ohne weiteres nicht erfahren.

3. Nun behauptet aber der Kläger, daß das in den Regulativen v. 27. VIII. 1751 — Abschn. II[1] — und v. 19. I. 1795 — § 3 — (Kulenkamp, Neue Sammlung der Landesordnungen usw. für die älteren Gebietsteile Kurhessens, 3 41, 4 212) den Räten eingeräumte Wahlrecht sich auf die später hinzutretenden Kirchengemeinden erstrecke. Diese Behauptung hat die Bedeutung, daß die Mitgliedschaft zur Hofgemeinde auch für ein Mitglied bestehen bleiben solle, wenn es seinen Wohnsitz in das durch die kommunale Grenzveränderung ausgedehnte Gebiet der Stadt verlegt, sowie daß diejenigen Räte, die in diesem Gebiete Wohnsitz haben, durch Ausübung des Wahlrechts die

Mitgliedschaft zur Hofgemeinde erwerben können. Der Kläger ist also der Meinung, nach den Regulativen falle die örtliche Abgrenzung der Hofgemeinde mit den jeweiligen Stadtgrenzen zusammen. Hierin irrt er jedoch. Zur Zeit der beiden Regulative galt — von der Beurteilung der Katholiken und der Franzosen ist hier abzusehen — für Cassel das sog. Katholizitätsprinzip dergestalt, daß jeder Evangelische, gleichviel welchen Sonderbekenntnisses, zu derjenigen Stadtkirchenparochie gehörte, in deren Sprengel er seinen Wohnsitz hatte. Das traf also grundsätzlich auch auf die Hofdiener und Räte zu. Der Bestand der Parochie der Hofgemeinde ist dadurch festgestellt worden, daß man sie gegenüber den Grenzen der bestehenden Stadtkirchenparochien abgrenzte, und zwar, indem nach gewissen persönlichen Eigenschaften oder Handlungen diejenigen Personen, die zur Hofgemeinde gehören sollten, vom Parochialzwange der Stadtkirchengemeinde, welcher sie grundsätzlich vermöge Wohnsitzes angehörten, ausgenommen wurden. Es handelte sich also um ein Privilegium, das nur soweit eintrat, als seine Voraussetzungen bestanden, und erlosch, soweit seine Voraussetzungen hinfielen. Eine dieser Voraussetzungen war, wie gezeigt, das Bestehen eines Wohnsitzes innerhalb einer Stadtkirchenparochie. Hieraus folgt, daß Hofdiener, die außerhalb Cassel wohnten, nicht zur Hofgemeinde gehörten. Hing die Mitgliedschaft zur Hofgemeinde von dem Innehaben eines Wohnsitzes innerhalb einer Stadtkirchenparochie ab, so konnte eine Person, die in einem Gebiete, das durch Eingemeindung dem Stadtgebiete hinzugetreten war, ihren Wohnsitz hatte, nur dann Mitglied der Hofgemeinde sein, wenn mit der kommunalen Grenzveränderung auch eine entsprechende Ausdehnung einer der einzelnen Stadtkirchenparochien stattgefunden hatte. Tritt nun infolge Vergrößerung des Stadtgebiets nicht von selbst eine gleiche Erweiterung einer bisher mit dem Stadtbezirke völlig zusammenfallenden Parochie ein, so kann solche ohne weiteres eintretende Ausdehnung der Grenzen einer Parochie noch viel weniger angenommen werden, wenn die Parochie örtlich nur einen Teil des Stadtbezirks umfaßt. Eine Ausdehnung der Hofgemeinde auf die Cassel-Wehlheider Gemeinde hätte also außer der Mitwirkung der beteiligten Gemeinden und der Genehmigung der Regierung einer kirchenregimentlichen Anordnung bedurft, was nicht geschehen ist.

4. Fehl gehen weiter die Ausführungen des Klägers, die er anknüpft an die „Vereinbarungen der Presbyterien und Vorsteherämter der evangelisch-reformierten Gemeinden und der evangelisch-lutherischen Gemeinde in Alt-Cassel und Cassel-Wehlheiden über die Steuerpflicht der neuzuziehenden Evangelischen, die die im § 2 Abs. 2 KirchG. v. 10. III. 06 vorgeschriebene schriftliche Erklärung nicht abgegeben haben" sowie an die „Mitteilung an die neuanziehenden Evangelischen über ihre Kirchensteuerpflicht". Ist die „Vereinbarung" nach § 2 Abs. 2 KirchStG. getroffen, so kann sie nicht festgesetzt haben, daß ein Mitglied der Hofgemeinde diese Eigenschaften behält, wenn es im Bezirke der Kirchengemeinde Cassel-Wehlheiden Wohnsitz genommen hat; mit anderen Worten: sie kann nicht bestimmt haben, daß der Bezirk der Hofgemeinde sich über den der Kirchengemeinde Cassel-Wehlheiden ausdehne, so daß derjenige, der in der letzteren Gemeinde seinen Wohnsitz hat, gleichzeitig einen solchen im Bezirke der Hofgemeinde haben würde. Denn die Annahme, durch § 2 Abs. 2 aaO. sei den Vereinbarungen der Presbyterien die Bestimmung von Parochialänderungen zugewiesen, entbehrt nicht nur jeden Anhalts, sondern es ist auch aus dem Inhalte des Abs. 2 unmittelbar zu entnehmen, daß jene Vereinbarung lediglich die Ordnung der Steuerpflicht für den Fall betrifft, daß der Wohnsitz innerhalb der Bezirke mehrerer Kirchengemeinden liegt. Im Einspruchsbescheide des Presbyteriums ist daher die Rechtslage treffend dahin gekennzeichnet: die im § 2 Abs. 2 aaO. erwähnte Vereinbarung solle nicht darüber entscheiden, ob der Fall des Konkurrierens mehrerer Kirchengemeinden

vorliege, sondern für ihre Rechtswirksamkeit sei das Vorliegen dieses Falles Bedingung. Kann hiernach aus Abs. 2 aaO. eine Parochialveränderung durch Vereinbarung von Presbyterien nicht bewirkt werden, und kann dies auch nach keiner anderen Vorschrift auf diese Weise geschehen, so würde die hier vorliegende Vereinbarung eine solche Wirkung selbst dann nicht haben können, wenn ihr Inhalt darauf hinausginge. Das ist aber auch nicht geschehen.

Die „Mitteilungen", die eine Unterschrift überhaupt nicht tragen, sind nach Form und Inhalt weder bestimmt noch geeignet, einen Rechtszustand zu begründen, sondern ihre Bedeutung erschöpft sich in der Bekanntgabe dessen, was nach Ansicht des unbekannten Verfassers bestehendes Recht ist.

Nr. 3. Entsch. v. 27. April 1909 (OVG. 54 189) VIII A 163/08.
KirchStG. § 2.

1. Die ersten Ansätze zu einer gesetzlichen Regelung des kirchlichen Steuerwesens im Kurfürstentume Hessen finden sich bereits im 18. Jahrhundert, indem Grundsätze über die Verteilung und Einziehung von Baubeiträgen aufgestellt worden sind, die Heranziehung zu kirchlichen Baumlagen auch von der Rechtsprechung als zulässig angesehen ist. Aus der Tatsache aber, daß, bei der völligen Vermischung der kirchlichen und kommunalen Angelegenheiten in Kurhessen und beim Fehlen der Rechtspersönlichkeit der Kirchengemeinden, der Ortsvorstand die Parochianen auf Grund ihrer Zugehörigkeit zur Ortseinwohnerschaft vertrat, kann nicht Anlaß genommen werden, das Bestehen von Parochialabgaben für die frühere Zeit in Abrede zu stellen. Da nun diese Parochialabgabepflicht zur Voraussetzung die Parochialangehörigkeit hatte, die Regul. des Fürstl. Hess. Konsistoriums v. 27. VIII. 1751 und v. 19. I. 1795 (Kulenkamp, Neue Samml. der LandesO. usw. 3 41, 4 212) aber (vgl. namentlich die Ueberschrift und die Einleitung des Regul. v. 1795) die Parochialabgrenzung in Cassel zum Gegenstande haben und demgemäß verordnen, welche Personen zu einer bestimmten Parochie gehören, so handeln sie damit von der Grundvoraussetzung der kirchlichen Steuerpflicht und also mittelbar auch von dieser.

2. Nun ist der Begriff der Parochialangehörigkeit im Sinne der älteren Gesetzgebung für das geltende Kirchensteuerrecht von maßgebender Bedeutung. Denn ihm schließt sich, nachdem infolge der neueren Kirchenverfassungen die Kirchengemeinden zu selbständigen Korporationen geworden sind, der Begriff der Kirchengemeindemitgliedschaft an, dessen Voraussetzungen denen der Parochialangehörigkeit folgen. Die Kirchengemeindemitgliedschaft ist aber die Voraussetzung der heute bestehenden kirchlichen Steuerpflicht. Zwar bezeichnen nur die Kirchensteuergesetze für die evangelisch-lutherische Kirche von Hannover und für die evangelisch-lutherische Kirche von Schleswig-Holstein mit ausdrücklichen Worten alle Mitglieder der Kirchengemeinde als steuerpflichtig. Allein auch die Kirchensteuergesetze, nach denen steuerpflichtig alle Evangelischen sein sollen, die der Kirchengemeinde durch ihren Wohnsitz angehören oder die im Bezirke der Kirchengemeinde ihren Wohnsitz haben (so: § 2 KirchStG. für den Bezirk Cassel), gehen davon aus, daß die Steuerpflicht durch die Gemeindemitgliedschaft bedingt werde.

3. Hiernach müßten die Vorschriften der Regulative über Parochialzugehörigkeit beachtet werden, wenn § 2 Abs. 1 KirchStG. entscheidend wäre. Nun findet sich aber in § 2 Abs. 2 für einen besonderen Fall eine Ausnahmebestimmung, der in Abs. 3 eine weitere Folgerung angefügt ist; diese Ausnahmebestimmung führt zu einer anderen Beurteilung.

Es soll, wenn der Wohnsitz innerhalb der Bezirke mehrerer Kirchengemeinden liegt, unterschieden werden, ob zur Zeit des Inkrafttretens des

Gesetzes — also am 1. IV. 06 — der Wohnsitz schon begründet ist, oder ob der Evangelische erst in oder nach jenem Zeitpunkte neu anzieht. Für den ersten Fall kommt es darauf an, ob der Evangelische bereits zu einer der mehreren Kirchengemeinden beigetragen hat oder nicht. Der Gemeinde, für die er bisher Steuern entrichtet hat, soll er auch ferner steuern; nur dann, wenn er noch keiner der mehreren Gemeinden Steuern gezahlt hat, soll untersucht werden, zu welcher er dem Rechte nach hätte beitragen müssen. Wird aber der Wohnsitz erst nach dem Inkrafttreten des Gesetzes begründet, zieht also ein Evangelischer erst nach dem 1. IV. 06 an, so steht ihm die Wahl frei, welcher der mehreren Gemeinden er steuerpflichtig sein will; macht er von diesem Rechte nicht binnen drei Monaten nach Begründung des Wohnsitzes mittels einer an das Presbyterium der erwählten Gemeinde gerichteten schriftlichen Erklärung Gebrauch, so ist steuerberechtigt diejenige Kirchengemeinde, die für diesen Fall in einer von den Presbyterien der beteiligten Kirchengemeinden binnen drei Monaten nach Inkraftreten des Gesetzes getroffenen Vereinbarung bestimmt ist, oder, falls es an solchter Vereinbarung fehlt, von dem durch den Gesamtsynodalausschuß verstärkten Konsistorium festgesetzt wird.

Der Bescheid des Regierungspräsidenten zieht hiernach zutreffend aus § 2 Abs. 2 aaO. den Schluß, der Kläger sei mit Recht zur Steuer herangezogen, und auf die Regulative komme es für die Entscheidung nicht an, namentlich nicht darauf, ob der Kläger befugt gewesen sei, durch eigene Erklärung aus der Hofgemeinde auszutreten und sich der Freiheiter Gemeinde anzuschließen, oder ob ein solcher Wechsel, wie das beklagte Presbyterium vermeint, durch Umpfarrung oder überhaupt nicht erfolgen könne.

4. Uebrigens kann die Ansicht des Klägers, ein Rat IV. Klasse habe, auch nachdem er einmal die Parochie gewählt habe, die weitere Freiheit, von neuem zu wählen und daher nach Belieben die Parochie zu wechseln, nicht für begründet erachtet werden. Die Regulative sind nicht so zu verstehen. Das Wahlrecht ist ein Privilegium für einen Rat, der in einer der bestehenden Stadtkirchengemeinden seinen Wohnsitz hatte, und eine Ausnahme von dem nach dem Gesetze begründeten Parochialzwange dieser Stadtkirchenparochie. Nach den Regulativen wurde die ausnahmsweise Befreiung in bezug auf die Räte nur dadurch bewirkt, daß sie das Wahlrecht ausübten. In dem Augenblick, in welchem dann die Zugehörigkeit zur Wahlparochie aufhörte, trat von selbst die Mitgliedschaft zur Stadtkirchengemeinde des Wohnsitzes ein. Der Wahlparochie gegenüber hatte der Rat kein weiteres Wahlrecht, das ihn berechtigen könnte, sich einer anderen Parochie anzuschließen; nur vom Parochialzwange der Stadtkirchenwohnsitzparochie, in die er nach dem Gesetze gehörte, sollte er durch seine Entschließung sich befreien dürfen.

Nr. 4. Entsch. v. 7. Jan. 1910 (OVG. 55 228) VIII A 151/08.

KirchStG. für den Bez. Cassel v. 10. III. 06, § 2.

1. Nach § 2 Abs. 1 KirchStG. für den Bezirk Cassel v. 10. III. 06 — Kirchl. ABl. 17 — sind kirchensteuerpflichtig alle der reformierten oder der lutherischen oder der unierten Kirchengemeinschaft angehörigen Evangelischen, die in dem Bezirke der Kirchengemeinde einen Wohnsitz haben. Für diejenigen Fälle, in denen sich die Bezirke mehrerer Kirchengemeinden räumlich decken, in denen also der Wohnsitz im Bezirke mehrerer Kirchengemeinden liegt, ist zur Vermeidung der nach § 2 Abs. 1 sonst eintretenden Doppelbesteuerung im Abs. 2 eine besondere Regelung getroffen. Danach soll in diesen Fällen unterschieden werden zwischen solchen Personen, deren Wohnsitz in den mehreren Gemeinden zur Zeit des Inkrafttretens des Gesetzes — also am 1. IV. 06 —

bereits begründet ist, und solchen, welche in jenem Zeitpunkt oder später neu anziehen.

Die Beklagte gehört zu den erstgenannten Personen, weil sie infolge der Ehe den Wohnsitz ihres Ehemannes teilte und ihr Ehemann schon vor dem 1. IV. 06 seinen Wohnsitz innerhalb der Bezirke der beiden Gemeinden hatte. Mit der Lösung der Ehe sind zwar diese Beziehungen weggefallen; aber die Beklagte ist damit nicht wohnsitzlos geworden. Sie hat vielmehr den Wohnsitz, da sie ihn nach dem Tode ihres Ehemannes nicht aufgehoben hat, behalten; nur ist dies nicht mehr der Wohnsitz ihres Ehemannes, sondern ihr eigener Wohnsitz. Wer am 1. IV. 06 seinen Wohnsitz in mehreren Kirchengemeinden gehabt hat, unterliegt nach § 2 Abs. 2 aaO. der Steuerpflicht in derjenigen Gemeinde, zu deren Lasten er bisher, d. h. bis zum 1. IV. 06 „beigetragen hat, gegebenenfalls beigetragen haben würde".

2. Unter einem Beitrag im Sinne dieser Vorschrift ist nicht alles dasjenige zu verstehen, was aus dem Vermögen einer Person in irgendeiner Weise in die Kasse einer Gemeinde geflossen ist. Die Vorschrift will über die Steuerpflicht der an sich mehreren Gemeinden Steuerpflichtigen Entscheidung treffen. Sie gebraucht deshalb den Ausdruck „Beitrag" um die Steuerbeiträge der Steuerpflichtigen zu bezeichnen. Die Beklagte hat bisher keine Kirchensteuern entrichtet. Sie konnte auch bisher nicht zu Kirchensteuern herangezogen werden; denn ihre Ehe war keine gemischte Ehe im Sinne des § 5 aaO., weil ihr Ehemann lutherisch, sie selbst reformiert, beide Ehegatten also evangelisch waren. Nur ihr Ehemann war derjenige, der als Steuerpflichtiger herangezogen werden konnte und herangezogen wurde, woran durch den Umstand nichts geändert wurde, daß gemäß § 10 EinkStG. seinem Einkommen das seiner Frau hinzugerechnet werden mußte.

Hiernach kam es weiter auf die Prüfung an, an welche der beiden Gemeinden sie vor dem 1. IV. 06 Steuern hätte zahlen müssen, wenn sie damals kirchensteuerpflichtig gewesen wäre, wenn also damals ihre Ehe nicht bestanden hätte.

Es ist ein allgemeiner Grundsatz des evangelischen Kirchenrechts, daß die Kirchensteuerpflicht an die Kirchengemeindemitgliedschaft geknüpft ist. Zwar bezeichnen nur die Kirchensteuergesetze für die evangelisch-lutherische Kirche von Hannover und Schleswig-Holstein ausdrücklich alle Mitglieder der Kirchengemeinde als steuerpflichtig. Allein auch die Kirchengesetze, nach denen steuerpflichtig alle Evangelischen sein sollen, die im Bezirke der Kirchengemeinde ihren Wohnsitz haben, gehen davon aus, daß die Steuerpflicht durch die Gemeindemitgliedschaft bedingt wird. Das gilt insbesondere auch für das KirchStG. für den Bezirk des Konsistoriums zu Cassel. Die Kirchengemeindemitgliedschaft aber wird nicht immer allein durch den Wohnsitz und das evangelische Bekenntnis bestimmt; vielmehr muß in denjenigen Fällen, wo die Bezirke mehrerer Gemeinden verschiedener Sonderbekenntnisse sich räumlich decken, noch ein weiteres Merkmal hinzutreten. Als solches ist für einen in das Geltungsgebiet des KirchStG. für die älteren Provinzen gehörenden Streitfall in OVG. 52 241 das Sonderbekenntnis bezeichnet. Im OVG. 54 193 hat der Gerichtshof ferner darauf hingewiesen, daß damit auch die Presbyterial- und SynodalO. für den Bezirk des Konsistoriums zu Cassel übereinstimme, die im § 1 Abs. 2 die Kirchengemeindemitgliedschaft grundsätzlich von den beiden Voraussetzungen, dem Wohnsitz in der Gemeinde und der Angehörigkeit zum Bekenntnisse derselben, abhängig macht. Nur hält § 1 Abs. 3 Presbyterial- und SynodalO. von diesem Grundsatz abweichende „lokale Ordnungen" aufrecht. Das KirchStG. für den Bezirk Cassel steht auf demselben Boden. Der Gesetzentwurf regelte die Kirchensteuerpflicht durch Verweisung auf § 1 Presbyterial- und SynodalO. Bei der Beratung des Gesetzes ist diese Verweisung beseitigt, weil man daraus, namentlich mit Rücksicht auf den im Abs. 3 zugunsten abweichender lokaler Ordnungen gemachten Vorbehalt, Schwierigkeiten für die praktische Handhabung des Gesetzes befürchtete. An die Stelle der Verweisung trat die jetzige Fassung des § 2 Abs. 2, durch die das außer der Wohnsitzbegründung erforderliche weitere Merkmal der Steuerpflicht möglichst einfach und zweifelsfrei bestimmt werden soll. Nur für den Fall, daß der Steuerpflichtige, der einen Wohnsitz in mehreren Gemeinden zur Zeit des Inkrafttretens des Gesetzes bereits begründet hatte, bis dahin noch keine Kirchensteuern gezahlt hatte, ließ sich ein einfaches Entscheidungsmerkmal nicht finden. Für diesen Fall wurde nichts daran geändert, daß die Frage der Steuerpflicht nach § 1 Presbyterial- und SynodalO. auf den der Entwurf verwiesen hatte, zu entscheiden ist. Da in Cassel eine „abweichende lokale Ordnung“ nicht besteht, so würde die Beklagte hiernach, falls sie nicht verheiratet gewesen wäre, in derjenigen Kirchengemeinde steuerpflichtig gewesen sein, der sie nicht nur durch Wohnsitz, sondern auch durch ihr Sonderbekenntnis angehört.

Nr. 5. Entsch. v. 10. Dez. 1909 (OVG. 25 223) VIII A 105/08.

1. Nach § 2 KirchG. v. 10. III. 06 sind nur Evangelische steuerpflichtig. Die Heranziehung eines Angehörigen der katholischen Kirche ist demgegenüber eine Ausnahme, deren Voraussetzungen im Einzelfalle der Steuergläubiger darzulegen hat. Nicht jeder Katholik, der einmal evangelisch gewesen ist und die gerichtliche Austrittserklärung nicht abgegeben hat, ist als ein steuerpflichtiger Evangelischer zu behandeln. Die Folge der Nichtbeachtung der Form des „Austritts“ ist vielmehr nur, daß der zum katholischen Bekenntnis übergetretene Evangelische in der evangelischen Kirchengemeinde, der er durch Wohnsitz angehörte und daher steuerpflichtig war, so lange, auch nach seinem Uebertritte, steuerpflichtig bleibt, bis er in den Formen des AustrittsG. ausgetreten ist und die steuerrechtlichen Wirkungen dieses Austritts eingetreten sind. Verlegt er seinen Wohnsitz in eine andere evangelische Kirchengemeinde, so zieht er als Katholik zu, es erwächst der neuen Kirchengemeinde kein Besteuerungsrecht ihm gegenüber; denn er tritt als Nicht-Evangelischer in den Verband der neuen Gemeinde nicht ein.

2. Der Steuergläubiger kann gegen einen Anspruch auf Erstattung gezahlter Steuer nicht eine Steuerforderung aufrechnen, zu der er hätte heranziehen können, aber nicht herangezogen hat.

3. Ein Antrag auf Verteilung des kirchensteuerpflichtigen Einkommens auf eine evangelische und eine katholische Kirchengemeinde ist unzulässig. Eine Steuerverteilung kann nur bei der Heranziehung eines Steuerpflichtigen durch mehrere, entweder evangelische oder katholische Kirchengemeinden stattfinden.

Nr. 6. Entsch. v. 18. Febr. 1910 (PrVerwBl. 31 582) VIII A 183/08.

„Die offene Handelsgesellschaft ermangelt, wegen der Haftung der Gesellschafter für alle Verbindlichkeiten der Gesellschaft (§ 128 HGB.), der Selbständigkeit. Inhaber des Gewerbebetriebes ist daher die Gesamtheit der Gesellschafter, und der einem jeden Gesellschafter (Teilhaber) daraus erwachsende Gewinn ist sein gewerblicher Ertrag.“

Betreiben aber die Kläger das Gewerbe der offenen Handelsgesellschaft als deren einzige Gesellschafter, so sind sie pflichtig, nach Maßgabe der auf sie veranlagten staatlichen Gewerbesteuer zu der Kirchensteuer beizutragen. Denn sie gehören der besteuernden Kirchengemeinde durch Wohnsitz an, der Betrieb des Gewerbes ist in der Kirchengemeinde belegen, und es ist nicht zweifelhaft, daß sie Evangelische sind (§§ 2, 10 Abs. 1 G. v. 10. III. 06). Der II. Sen. des OVG. hat bei Prüfung der Frage, wie die „Berücksichtigung der von den Liegenschaften einer offenen Handelsgesellschaft zu zahlenden direkten Staats- und Gemeindesteuern bei Aufstellung der Wählerliste und die Verteilung dieser Steuern auf die einzelnen Gesellschafter" zu erfolgen habe (§ 13 StO.), folgende Erwägungen angestellt (OVG. 13 77): Die einzelnen Gesellschafter einer offenen Handelsgesellschaft, nicht die Gesellschaft als solche, seien die Träger der Steuerschuld. Die Gesellschafter seien als diejenigen anzusehen, die auch die Realsteuern im Sinne des § 13 StO. entrichten. Der § 13 erheische die Berücksichtigung der von den Gesellschaftern der offenen Handelsgesellschaft zu zahlenden Realsteuern, und es sei nicht anzuerkennen, daß dem die Unausführbarkeit der Verteilung der auf die einzelnen Grundstücke entfallenden Steuersummen unter die Gesellschafter entgegenstehe. Es entspreche nur den Rechtsverhältnissen dieser Gesellschafter, wenn jedem von ihnen diejenige Quote der Steuer zugewiesen werde, die seiner Beteiligung an der Gesellschaft, an dem Gewinn und Verlust, der sich um den Betrag der Steuer verringere resp. erhöhe, entspreche. Dieser Gesichtspunkt muß auch hier Platz greifen. Der Staatssteuersatz, den die Kläger für das von ihnen betriebene Gewerbe aufzubringen haben und der regelmäßig von der Gesellschaft aus dem Gesellschaftsvermögen, aus dem Handlungsfonds gezahlt wird, ist auf die Kläger gemeinsam, auf sie zusammen, veranlagt; er muß da, wo es sich um die Feststellung des Anteils des einzelnen Gesellschafters am Steuerbetrage behufs Ermittelung des von ihm einem steuerberechtigten Verbande zu entrichtenden, nach Zuschlägen zur Staatssteuer zu erhebenden Betrages handelt, nach obigen Gesichtspunkten verteilt werden.

Nr. 7. Entsch. v. 29. Juni 1909 (OVG. 54 223) VIII A 39/08.

KirchStG. § 2.

1. Ein Evangelischer, der einer außerhalb der Landeskirche stehenden, auf einen räumlichen Bezirk beschränkten evangelischen Kirchenorganisation entstammt, wird dadurch von der landeskirchlichen Steuerpflicht in der Wohnsitzgemeinde nicht befreit, sofern sich jener räumliche Bezirk in diese nicht erstreckt. Die Angehörigen der Wallonischen Gemeinde zu Hanau sind „Evangelische" im Sinne des KirchStG.; die genannte Gemeinde ist auf einen räumlichen Bezirk beschränkt.

2. Die Beziehungen des in Frankfurt a. M. wohnenden Klägers zu der evangelischen Landeskirche des Konsistorialbezirkes Frankfurt können sich nur nach dem für Frankfurt maßgebenden Rechte regeln. Nach diesem kann ihn die verfassungsrechtliche Selbständigkeit seiner Ursprungskirche vor der Heranziehung zur Kirchensteuer ebensowenig schützen, wie die Selbständigkeit partikularer Kirchen oder Kirchenorganisationen evangelischen Bekenntnisses überhaupt deren Angehörige hiervor schützt. Nicht auf die Verfassung der Wallonischen Gemeinde kommt es hier an, sondern auf das Bekenntnis des Klägers. Seine rechtliche Lage entspricht insoweit etwa der eines Lutheraners, der in Frankfurt seinen Wohnsitz nimmt, nachdem er bis dahin einer Gemeinde oder Gemeindeorganisation der Altlutheraner (Generalkonzession v. 23. VII. 45 — GS. 516) angehört hatte. Dieser unterliegt, obwohl auch er kraft Sonderrechts innerhalb des räumlichen Bereichs der altlutherischen Gemeindeorganisation mit dieser der Landeskirche nicht angehörte, außerhalb dieses Bereichs der gesetzlichen Regelvorschrift und somit nach Maßgabe seines lutherischen Bekenntnisses der landeskirchlichen Besteuerung. Diese Regelvorschrift träfe den Kläger auch dann, wenn er noch Mitglied der Wallonischen Gemeinde geblieben wäre.

Nr. 8. Entsch. v. 10. Nov. 1908 (OVG. 53 233) VIII A 89/07.

1. Die Behörden stützen die Heranziehung des Klägers auf einen vom Kirchenrat und der Gemeindevertretung der evangelisch-reformierten Gemeinde zu A. gefaßten, demnächst kirchen- und staatsaufsichtlich genehmigten Beschluß. Sie nehmen an, daß dies ein Beschluß im Sinne des Art. I StaatsG. v. 22. III. 06 (GS. 41) sei, und daß deshalb die Heranziehung auf Grund der Vorschriften des für die Kirchengemeinden der evangelisch-reformierten Kirche der Prov. Hannover erlassenen KirchStG. v. 10. III. 06 (KGBBl. für die evangelisch-reformierte Kirche der Prov. Hannover 3 263) gerechtfertigt sei. Bestand aber für die evangelisch-reformierte Kirchengemeinde zu A. eine ältere, von den Vorschriften des KirchStG. abweichende KirchStO., so blieb nach § 29 KirchStG. die Befugnis der Kirchengemeinde, auf Grund dieser Ordnung Kirchensteuern umzulegen, zunächst unberührt. Und nur, wenn mit dem Beschlusse die Kirchengemeinde von der ihr gemäß des Satzes 2 des § 29 aaO. eingeräumten Berechtigung, die Aufbringung der kirchlichen Umlagen nach Maßgabe der Vorschriften des KirchStG. zu beschließen, Gebrauch gemacht hat, war nach diesen Vorschriften die Heranziehung zulässig.

2. Eine ältere, von den Vorschriften des KirchStG. abweichende Ordnung bestand in der evangelisch-reformierten Kirchengemeinde in A. dahin, daß bisher das Einkommen der steuerpflichtigen Parochianen aus auswärtigem Grundbesitze zur Kirchensteuer nicht herangezogen worden war. Darüber, wann eine solche abweichende Ordnung besteht, haben sich das Konsistorium in Aurich in Nr. XV AAnw. zum KirchStG. v. 31. III. 06 (KGBBl. 3 277) und der Kultusminister in Nr. IB Abs. 3 AAnw. zum StaatsG. v. 22. III. 06 (MBl. 86) geäußert. Sie ziehen zwei Fälle in Betracht, nämlich erstens, daß die Steuerpflicht auf anderen Voraussetzungen beruht, als lediglich auf der Gemeindemitgliedschaft, und zweitens, daß die Umlegung nach einem anderen als nach dem Maßstabe staatlich veranlagter Steuern erfolgt.

Von diesen beiden Fällen liegt hier keiner vor. Aber es ist selbstverständlich, daß durch die Motive des Gesetzes und durch die Ausführungsanweisungen, selbst wenn die Absicht bestanden haben sollte, die Zahl der Fälle erschöpfend anzugeben, der Richter in der freien Prüfung nicht beschränkt ist. Diese kann nur davon ausgehen, daß eine von den Vorschriften des KirchStG. abweichende Ordnung dann anzunehmen ist, wenn sie in den dem KirchStG. wesentlichen Elementen abweicht. Wenn nun in der evangelisch-reformierten Kirchengemeinde in A. zwar, in Uebereinstimmung mit § 2 KirchStG., alle Evangelischen, die der Kirchengemeinde durch ihren Wohnsitz angehören, steuerpflichtig waren, aber, in Abweichung von § 10 KirchStG. — wonach ausnahmslos die Heranziehung der Staatseinkommensteuer mit den aus §§ 2 und 4 sich ergebenden Maßgaben in vollem Umfang, also auch mit dem Einkommen des Kirchengemeindeangehörigen aus außerparochialem Grundbesitze, stattzufinden hat —, bei der Besteueruug das Einkommen aus dem auswärtigen Grundbesitz außer Betracht bleiben mußte, so bedeutet dies: daß eine besondere Klasse der Steuerpflichtigen, nämlich diejenigen, die außerhalb der Parochie Grundeigentum haben, eine besondere Stellung einnahm. Dies aber berührt den dem KirchStG. wesentlichen Grundsatz, daß alle nach dem Gesetze Steuerpflichtigen in gleichem Maße mit der Staatseinkommensteuer in vollem Umfange herangezogen werden sollen, und daß bloß insoweit, als die Heranziehung der staatlich veranlagten Grund-, Gebäude- und Gewerbesteuern stattfindet, diese Steuern nur für Grundbesitz bezw. Betriebe, welche innerhalb der Kirchengemeinde belegen sind, veranlagt werden dürfen. Danach ist, infolge der bezeichneten Abweichung von § 10 KirchStG., der bisherigen Besteuerungsweise der Charakter einer von den Vorschriften des KirchStG. im Sinne des § 29 abweichenden älteren Ordnung zuzuerkennen.

3. Die Befugnis der Kirchengemeinden, auf Grund einer zu Recht bestehenden älteren, von den Vorschriften des KirchStG. abweichenden Ordnung Kirchensteuern umzulegen, ist, wie bereits hervorgehoben, nach § 29 KirchStG. durch dieses Gesetz grundsätzlich unberührt geblieben. Es fragt sich deshalb, ob die reformierte Kirchengemeinde in A. in neuerer Zeit von der ihr im § 29 Satz 2 eingeräumten Berechtigung Gebrauch gemacht hat, die Aufbringung kirchlicher Umlagen nach Maßgabe des KirchStG. zu beschließen. Dies war zu verneinen. Ausschlaggebend für die Beurteilung ist, ob in dem Beschlusse selbst der Wille der Kirchengemeinde, die im § 29 Satz 2 vorgesehene Umwandlung zu vollziehen, Ausdruck gefunden hat. Geht man von den Darlegungen des beklagten Kirchenrats aus, so bestand nicht einmal die Absicht einer solchen Umwandlung. Namentlich zeigt sein Einspruchsbescheid und sein über die Beschwerde erstatteter Bericht, daß er annahm, ein Umwandlungsbeschluß sei gar nicht erforderlich gewesen; denn seiner Meinung nach bestand eine von den Vorschriften des KirchStG. abweichende ältere Ordnung nicht. Das Wesen der neuen steuergesetzlichen Vorschriften erkannte er nach dem genannten Berichte darin, daß grundsätzlich die Kirchensteuer eine Personalsteuer sei, die auf die staatlich veranlagten Steuern aller im Gemeindebezirke wohnhaften Konfessionsgenossen umzulegen sei. Und nach eben diesem Grundsatze sei in der reformierten Gemeinde seit langen Jahren, eigentlich fast seitdem sie bestehe, verfahren worden; also habe das neue SteuerG. für die Gemeinde keine Veränderung gebracht.

Nr. 9. Entsch. v. 24. Sept. 1909 (OVG. 55 214) VIII A 8/08.

1. In der Stadt H. gehörten weder jetzt noch zu irgendeiner früheren Zeit Zivilpersonen der Garnisongemeinde an; insbesondere hatte der Beitritt zu dem sog. Zivilanhange nicht die Bedeutung, daß damit die Mitgliedschaft zur Garnisongemeinde und die Befreiung von der Kirchensteuerpflicht in der Wohnsitzgemeinde hätte erlangt werden können. Nach dem Regiminalschreiben v. 16. III. 1743 und dem KonsistorialReskr. v. 24. V. 1743 gehörten Zivilpersonen, abgesehen von den „in Pension stehenden Oberofficiers und den abgedankten Unterofficiers und Gemeinen“, die Invalidengeld genossen, nicht zur Garnisongemeinde. Später bestimmte sich die Mitgliedschaft zur Garnisongemeinde nach Art. 82 Vd. über die Verpflichtung der Untertanen zum Militärdienst und die dabei eintretenden rechtlichen Verhältnisse v. 14. VII. 1820 und schließlich nach dem diese Vorschrift im wesentlichen wiederholenden § 79 des gleichnamigen G. v. 23. II. 43 (Hann. GS. 1820 Abt. I 81, 43 Abt. I 33). Auch nach keiner dieser Bestimmungen können Zivilpersonen Mitglieder der Garnisongemeinde sein. Nach § 4 Vd. v. 24. VI. 67 wurden die bisherigen Garnisongemeinden aufgehoben, und es trat ein völlig neuer Rechtszustand ein. In § 1 dieser Vd. wurde bestimmt, daß die zur Wahrnehmung der evangelischen Militärseelsorge anzustellenden Divisions- und Garnisonprediger ihr Amt nach den Vorschriften der MilitärkirchenO. v. 12. II. 32 (GS. 69) und den diese ergänzenden oder abändernden Bestimmungen führen sollten. Aber auch nach diesen Vorschriften (vgl. §§ 34—37) gehörten Zivilpersonen nicht zur Garnisongemeinde, soweit nicht in jenen Bestimmungen ausdrücklich Ausnahmen gemacht sind.

Zurzeit endlich bestimmt sich, wie dies auch die evangelische militärkirchliche DienstO. in ihrer veränderten Fassung in § 2 besagt, die Zugehörigkeit zu den Militärgemeinden nach der Vd., betr. die Zugehörigkeit zu den Militärgemeinden, v. 19. X. 04. In dieser Vd. ist die Zugehörigkeit erschöpfend und allgemein geordnet; lediglich in bezug auf die Hof- und Garnisonkirche in P. und die alte Garnisonkirche in B. ist in § 3 der geltende Rechtszustand aufrechterhalten. Ueberall sonst ist danach der frühere Rechtszustand beseitigt. Dies würde also auch in bezug auf die Garnisongemeinde in H. gelten, wenn dort ein abweichender Rechtszustand gegolten hätte. Nach dieser Vd. gehören aber Zivilpersonen nicht zur Militärgemeinde; die Ausnahmen, welche die Vd. selbst macht, kommen hier nicht in Betracht.

2. Das KirchStG. erwähnt die Militärgemeinden überhaupt nicht; es gibt daher auch keinen Anhalt für die Annahme, daß eine Person, die ihren Beitritt zum „Zivilanhange" der Garnisongemeinde in H. erklärt hat, aus diesem Grunde ihrer Steuerpflicht in der Wohnsitzkirchengemeinde ledig werden könnte.

Bei freier Beurteilung kommt dann nur noch in Frage, ob der Beklagte dem Bekenntnisse des Gesamtverbandes angehört, also evangelisch-lutherisch ist. Diese Frage war aber unbedenklich zu bejahen. Entscheidend für das Bekenntnis des Beklagten ist seine Konfirmation. Diese ist in einer der Union angeschlossenen Kirche erfolgt, die dem lutherischen Bekenntnis angehört. Der Beklagte ist daher evangelisch-lutherisch. Wenn infolge eines Schreibens des Konsistoriums die zur Kircheninspektion H. gehörigen Kirchenvorstände diejenigen Personen steuerfrei gelassen haben, die dem „Zivilanhange" beigetreten sind, so ist dies rechtlich bedeutungslos. Ein Verzicht auf das Besteuerungsrecht würde unwirksam gewesen sein.

Nr. 10. Entsch. v. 16. Febr. 1909 (OVG. 53 241) VIII A 82/08.

Nach § 2 KirchG. betr. die Erhebung von Kirchensteuern in den Kirchengemeinden und Parochialverbänden der evangelisch-lutherischen Kirche der Prov. Schleswig-Holstein, v. 10. III. 06 sind, wie nach § 2 KirchG., betr. die Erhebung von Kirchensteuern in den Kirchengemeinden und Gesamtverbänden der evangelisch-lutherischen Kirche der Prov. Hannover, v. 10. III. 06 (GS. 23), kirchensteuerpflichtig „alle Mitglieder der Kirchengemeinde".

Aus der Begründung der Gesetze ergibt sich, daß der Begriff der Kirchengemeindemitgliedschaft im Sinne des § 2 SchlHolst.KirchStG. diejenige Bedeutung hat, die diesem Begriffe vor Erlaß des Gesetzes nach Schleswig-Holsteinschem Rechte überhaupt zukam. Nun besteht darin Uebereinstimmung, daß Erfordernis der Kirchengemeindemitgliedschaft in diesem Sinne der Wohnsitz innerhalb des Bezirkes der Kirchengemeinde sei, hingegen gehen die Meinungen insoweit auseinander, als die einen als weiteres Erfordernis Bekenntnisgemeinschaft, die anderen aber die Zugehörigkeit zur evangelisch-lutherischen Kirche der Prov. Schleswig-Holstein als einer Landeskirche verlangen.

Die Untersuchung, welche Voraussetzungen in dem hier zu behandelnden Rechtsgebiete für die Kirchengemeindemitgliedschaft vorliegen müssen, kann nur ihren Ausgangspunkt von dem Begriffe der Parochialangehörigkeit nehmen. Ebensowenig wie die KGSynO. für die älteren Provinzen v. 10. IX. 73 (GS. 418), haben auch die KGSynO. für die evangelisch-lutherische Kirche der Prov. Schleswig-Holstein v. 4. XI. 76 und ihre Vorgängerin, die GemO. für die evangelisch-lutherischen Kirchengemeinden in der Prov. Schleswig-Holstein v. 16. VIII. 69 (GS. 978), den Begriff der Kirchengemeindemitgliedschaft bestimmt. Sie fanden aber den Begriff der Parochialangehörigkeit vor, der nichts anderes als die örtliche Begrenzung der Kirchengemeinde darstellt, woneben es nicht darauf ankommt, daß in gewissen besonderen Fällen Parochie und Kirchengemeinde sich nicht decken.

Holstein gehörte dem Gebiete des gemeinen Rechtes an. Es ist aber zu beachten, daß nach dem Westfälischen Frieden den Reichsständen kraft ihrer Landeshoheit das ius reformandi gebührte, vermöge dessen sie den Bekennern einer anderen Konfession als der ihrigen den Aufenthalt in ihrem Territorium versagen konnten und diesen im übrigen die Religionsübung nur in dem Maßezustand, wie sie dieselbe im sog. annus discretionis 1624 besessen hatten. Nun waren aber im Herzogtume Holstein infolge der Reformation die früheren katholischen Kirchen, Klöster usw. als solche aufgehoben und der öffentliche katholische Gottesdienst eingestellt worden. Im Jahre 1624 fanden sich daher in Holstein auch keine katholischen Kirchen und Gemeinden mehr vor, und die Katholiken konnten mithin in jenem Lande auf freie Religionsübung keinen rechtlichen Anspruch machen. Dasselbe traf dem Grundsatze nach auch bei den Reformierten zu, wenngleich diese durch die kgl. Privilegien v. 25. I. 1734 eine ziemlich unbeschränkte Freiheit in der Religionsübung und Gemeindebildung erhalten hatten. So kam es daß in Holstein auch Bekenner einer anderen christlichen Konfession dem Parochialzwang unterworfen waren, und daher hier, abgesehen von den besonderen Privilegien, das für die Angehörigkeit zur Parochie oben genannte Erfordernis der Bekenntnisgemeinschaft so weit gefaßt war, daß grundsätzlich jeder Christ, der in einer Parochie Wohnsitz hatte, auch deren Angehöriger wurde. Die Folge war, daß wenigstens dem Grundsatze nach in dem rein lutherischen Lande auch der Katholik nicht von der Pflicht und dem Rechte zur Benutzung der eigentümlichen Religionshandlungen der Parochie befreit war, Ehen zwischen Katholiken und Lutheranern von einem lutherischen Geistlichen vollzogen und alle Kinder solcher Ehen lutherisch getauft werden mußten.

Danach entsprach es dem geltenden Rechtszustande, wenn das G., betr. die Religionsübung nnd die Gemeindeverhältnisse der Reformierten, Katholiken, Mennoniten, Anglikaner und Baptisten im Herzogtum Holstein, v. 14. VII. 63 (GMBl. für die Herzogtümer Holstein und Lauenburg S. 163) den Grundsatz aufstellte: an sich gehören alle Christen der Parochie, in der sie Wohnsitz haben, an, es sei denn, daß es offenkundig sei oder von ihnen nachgewiesen werde, daß sie der Religionsgemeinschaft der im § 1 des Gesetzes genannten Reformierten, Katholiken, Mennoniten, Anglikaner oder Baptisten angehören.

Diesen geschichtlich gewordenen und im Jahre 1863 abgeschlossenen Rechtszustand fanden die KirchG. von 1868 und 1876 vor und haben daran nichts geändert. Er gilt, wie gezeigt, auch für den Rechtsbereich des KirchStG. Danach bestimmt sich also die Gemeindemitgliedschaft. Diejenigen, die eine Bekenntnisgemeinschaft in dem Sinne fordern, daß nur Lutheraner im engsten Sinne Kirchengemeindemitglieder werden können, gehen also nicht weit genug, da alle Christen, außer den Reformierten, Katholiken, Mennoniten, Anglikanern oder Baptisten, jene Mitgliedschaft bei Wohnsitznahme erwerben und auch bei den Angehörigen der bezeichneten Religionsgemeinschaften dies zutrifft, wofern nicht die Ausnahme des Abs. 2 des § 1 des Gesetzes (Offenkundigkeit oder Nachweis im Zweifelsfalle) vorliegt. Anderseits ist die Zugehörigkeit zur evangelisch-lutherischen Landeskirche der Prov. Schleswig-Holstein nicht ein besonderes Erfordernis für die Kirchengemeindemitgliedschaft, woneben dahingestellt bleiben kann, ob etwa jedes Mitglied einer Holsteinschen evangelisch-lutherischen Kirchengemeinde ohne weiteres auch Angehöriger der evangelisch-lutherischen Landeskirche der Prov. Schleswig-Holstein ist. Damit also, daß der Kläger seine Steuerpflicht allein mit der Behauptung bestreitet, er gehöre der unierten evangelischen Landeskirche an, nicht aber der Schleswig-Holsteinschen evangelisch-lutherischen Landeskirche, kann er sich nicht befreien. Wer der Preußischen unierten evangelischen Landeskirche angehört, wird, mag er nun Mitglied einer zur Union gehörigen lutherischen oder Konsensusgemeinde oder einer schlechthin als evangelische gegründeten Gemeinde sein, mit der Wohnsitznahme im Bezirke der lutherischen Gemeinde in K. ohne weiteres dort Kirchengemeindeglied und damit steuerpflichtig.

II.

Die katholische Kirche.

Gesetzliche Grundlagen (einschl. Materialien): G. v. 26. V. 09 (GS. 343), betr. das Diensteinkommen der katholischen Pfarrer. VhdlAH.: Drucks. Nr. 12, 69, 130—132, 135, 145, 155; StenB. 10, 322, 338, 516, 1822/24, 2154, 2476; VhdlHH.: D zu 37, 72 zu b; StenB. 17, 44, 78.

Literatur: Brandenburg: Neue Gesetze und Verordnungen, betr. die Geschäftsverwaltung des katholischen Pfarramts im Gebiete des preußischen Landrechts (Berlin 1907). — Förster: Die Gesetzgebung über die Vermögensverwaltung in den katholischen Kirchengemeinden und Diözesen (Berlin 1907). — Friedberg: Lehrbuch des katholischen und evangelischen Kirchenrechts⁶ (Leipzig 1909). — Heiner: Katholisches Kirchenrecht⁵ I (Paderborn 1909). — Kormann: Die kirchenrechtlichen Veräußerungsbeschränkungen beim katholischen Kirchengut und das bürgerliche Recht (Stuttgart 1907). — Kühling: Die Verwaltung des Kirchenvermögens³ (Köln 1908). — Pöschl: Bischofsgut und mensa episcopalis. Ein Beitrag zur Geschichte des kirchlichen Vermögensrechts, 2. Teil (Bonn 1909). — Sägmüller: Lehrbuch des katholischen Kirchenrechts² (Freiburg i. B. 1909).

Nr. 1. Entsch. v. 10. Dez. 1907 (OVG 52 227) VIII A 27/07.

KathKirchStG. v. 14. VII. 05 (GS. 281) §§ 37, 40.

1. Vor dem 1. IV. 06, dem Tage des Inkrafttretens des KirchStG. (§ 40 G. v. 14. VII. 05, GS. 281, Bd. v. 23. III. 06 Ziff. 4, GS. 52), stand dem vom katholischen Kirchenvorstande zu einer Steuer Herangezogenen nach dem G. über die Verjährungsfristen bei öffentlichen Abgaben v. 18. VI. 40 (GS. 140) die **Reklamation** an den Kirchenvorstand (vgl. § 8 G. über die Vermögensverwaltung in den katholischen Kirchengemeinden v. 20. VII. 75, GS. 241) und gegen den Beschluß des Kirchenvorstandes der Rekurs an den Regierungspräsidenten (Art I³ Bd. v. 30. I. 93, GS. 13) offen. Gegen den Bescheid des Regierungspräsidenten konnte er nach Art. II Bd. v. 30. I. 93 Beschwerde beim Oberpräsidenten einlegen, der endgültig entschied.

Das kathKirchStG. v. 14. VII. 05 hat das Verfahren in den bei seinem Inkrafttreten schwebenden Streitigkeiten über Kirchensteuern nicht abgeändert. Eine Verwaltungsstreitklage ist in diesen Sachen unzulässig.

2. Nach § 37 kathKirchStG. bleibt die Befugnis der Kirchengemeinden, auf Grund zu Recht bestehender älteren, von den Vorschriften des neuen Gesetzes abweichenden Ordnungen Kirchensteuern umzulegen, unberührt. Hier soll eine solche Ordnung zur Begründung der Steuerforderung dienen. Dann aber finden, da jene Befugnis unberührt, also neben dem Gesetze bestehen bleiben soll, die Vorschriften des Gesetzes darauf keine Anwendung; anderseits sind nach § 39 des Gesetzes alle dem Gesetze zuwiderlaufende Bestimmungen aufgehoben. Zutreffend ist daher die Schlußfolgerung, die in Nr. 14 Abs. 2 AAnw. v. 24. III. 06 (MBl. 121) gezogen wird, nämlich, daß, falls auf eine Ordnung der bezeichneten Art der Steueranspruch gegründet wird, eine Mitwirkung staatlicher oder kommunaler Verwaltungsbehörden sowie ein besonderes Verfahren zur Entscheidung von Streitigkeiten überhaupt nicht stattfindet, sondern den Kirchengemeinden überlassen bleiben muß, ihre Steuerforderungen im ordentlichen Rechtsweg einzuklagen und hierbei die Rechtsbeständigkeit der angewendeten SteuerO. nachzuweisen.

Nr. 2. Entsch. v. 13. Okt. 1908 (DJZ. 14 326) VIII 1889.

KirchStG. v. 14. VII. 05 V § 5.

Im Sinne des KirchStG. v. 14. XII. 05 ist nicht nur eine konfessionell-gemischte Ehe, sondern auch eine religiös-gemischte Ehe und mithin auch die Ehe einer katholischen Ehefrau mit einem Ehemann jüdischen Glaubens eine Mischehe. Der Umstand, daß der Ehemann der Klägerin von seinem vollen Einkommensteuersatze zu den Kosten des Kultus und der übrigen Bedürfnisse der Synagogengemeinde von der letzteren herangezogen wird, steht der Heranziehung der Klägerin als des katholischen Teiles einer Mischehe auf Grund der klaren und zwingenden Vorschrift des § 5 nicht entgegen.

III.

Die Synagogengemeinden.

Literatur: Freund: Rechtsstellung der Juden im preußischen Volksschulrecht (Berlin 1908). — Kollentscher: Rechtsverhältnisse der Juden in Preußen (Berlin 1910). — Michaelis: Die Rechtsverhältnisse der Juden in Preußen (Berlin 1910).

Nr. 1. Entsch. v. 8. Febr. 1907 (PrVerwBl. 29 1014) VIII B 67/05.

Als bisheriger Verband, dem gemäß § 1 Abs. 3 und § 8 G., betr. den Austritt aus der Kirche v. 14. V. 73 (GS. 207), ein nicht in der Form dieses Gesetzes aus dem Judentum Scheidender beitragspflichtig bleibt, hat nur die örtliche Synagogengemeinde zu gelten, der der Ausgeschiedene zur Zeit des Uebertritts kraft Wohnsitzes nach § 35 G. v. 23. VII. 47 (GS. 263) angehörte. Dieses Ausnahmerecht des einen örtlichen Verbandes kann als Ausnahme nicht auf andere Verbände übertragen werden, in deren Bezirk der Ausgetretene demnächst verzieht.

Nr. 2. Entsch. v. 4. Nov. 1909 (DJZ. 15 830) VII B 2/09.

JudenG. v. 23. VII. 47 §§ 35, 58.

Es ist davon auszugehen, daß dem den Synagogengemeinden durch das G. v. 23. VII. 47 verliehenen Besteuerungsrechte nur diejenigen unterliegen, die im Bezirke der Synagogengemeinde wohnen (§§ 35, 58 aaO.). Daraus folgt, daß die Juden, die durch Wegzug aus dem Bezirke der Synagogengemeinde ihren Wohnsitz aufgegeben haben, dem Besteuerungsrechte der Synagogengemeinde nicht mehr unterliegen, also nach ihrem Wegzuge zu Steuern nicht mehr herangezogen werden können.

IV.

Schulangelegenheiten.

Literatur: v. Brauchitsch, v. Studt und v. Braunbehrens: Die Verwaltungsgesetze 8[18], 7. Bearbeitung von F. Freund (Berlin 1910). — v. Bremen: Die preußische Volksschule, 3. Heft: Das höhere Mädchenschulwesen (Tübingen 1908). — Laacke und Ueberschaer: Schulrechtslexikon II/III (Langensalza 1907/1910). — Heinemann: Handbuch über die Organisation und Verwaltung der öffentlichen preußischen Unterrichtsanstalten 1 (Potsdam 1908). — Quehl: Verordnungen, betr. höhere Mädchenschulen, Lyzeen und Studienanstalten (Düsseldorf 1909).

A. Rechtsverhältnisse der Volksschullehrer.

Gesetzliche Grundlagen (einschließlich Materialien): G. v. 16. VI. 09 (GS. 489), betr. Heranziehung der Beamten, Elementarlehrer und unteren Kirchendiener zur Gemeindeeinkommensteuer. VhdlAH. 1908/09: Druckf. Nr. 33, 167, 306, 317, 321—323, 326, 328, 335—338, 343; StenB. 676, 712, 3694, 3734, 3798; VhdlHH.: Druckf. Nr. 38, 52; StenB. 119. — G. v. 26. V. 09 (GS. 93) über das Diensteinkommen der Lehrer und Lehrerinnen an den öffentlichen Volksschulen. VhdlAH.: Druckf. Nr. 10, zu 10, 112 I—III, 128, 129, 133, 134, 139, 144, 147, 149, 153, 516 C, 538, 539, 563; StenB. 10, 169, 250, 516, 1744, 1824, 1901, 2192, 6277; VhdlHH.: Druckf. Nr. B zu 37, 62, 75, 77, 83, 85, 86, 89, 90, 97, 98; StenB. 17, 44, 103, 126, 179, 229. — G. v. 25. VIII. 09 (GS. 738), betr. den Anschluß der Lehrer und Lehrerinnen an den öffentlichen nicht staatlichen Schulen an die Alterszulagekasse der Volksschullehrer. VhdlAH.: Druckf. Nr. 585, 639; StenB. 6945, 7102, 7233; VhdlHH.: Druckf. Nr. 124, 134; StenB. 449. — G. v. 25. VI. 10 (GS. 105) zur Abänderung der Vorschriften über die Wohnungsgeldzuschüsse und Mietentschädigungen. VhdlAH.: Druckf. Nr. 290, 389, 532, 548, 573, 583—586, 610, 617, 618, 619; StenB. 5572, 6944, 6972, 7029, 7041; VhdlHH.: Druckf. Nr. 117, 123; StenB. 320.

Literatur: v. Bremen: Das Lehrerbesoldungsgesetz v. 26. V. 09 (Stuttgart 1910). — v. Campe: Das Lehrerbesoldungsgesetz v. 26. V. 09 (Essen 1909). — Glattfelder: Das Lehrerbesoldungsgesetz v. 26. V. 09 (Düsseldorf 1909). — Klotzsch: Gesetz über das Diensteinkommen der Lehrer und Lehrerinnen an den öffentlichen Volksschulen (Berlin 1909). — Lezius: Gesetz über das Diensteinkommen der Lehrer und Lehrerinnen an den öffentlichen Volksschulen (Berlin 1909). — Robels: Das Lehrerbesoldungsgesetz v. 26. V. 09 (Breslau 1909). — v. Rohrscheidt: Das Lehrerbesoldungsgesetz[5] (Berlin 1909). — Schreck: Das Lehrerbesoldungsgesetz v. 26. V. 09 (Eilenburg 1909). — Steinmeyer: Die gesetzlichen Bestimmungen über Diensteinkommen, Pensionierung und Hinterbliebenenversorgung der Lehrer und Lehrerinnen an den öffentlichen Volksschulen in Preußen (Bielefeld-Gadderbaum 1909). — Werther: Gesetz über das Diensteinkommen der Lehrer und Lehrerinnen an den öffentlichen Volksschulen (Berlin 1909). — Werther: Gesetz, betr. die Pensionierung der Lehrer und Lehrerinnen an öffentlichen Volksschulen, v. 6. VII. 1885 i.d.Fass. v. 10. VI. 07 (Berlin 1907). — Werther: Gesetz, betr. die Fürsorge für die Witwen und Waisen der Lehrer an den öffentlichen Volksschulen, v. 4. XII. 99 i.d.Fass. v. 10. VI. 07 (Berlin 1907).

1. Allgemeines. Lehrerberufung.

Nr. 1. Entsch. v. 18. Mai 1909 (OVG. 54 164) VIII B 1/09.

VolksschulUnterhG. v. 28. VII. 06 §§ 59 ff.

1. Nach § 61 Abs. 2 SchulUnterhG. beschließt die Schulaufsichtsbehörde darüber, ob die Voraussetzungen des Abs. 1 Satz 1 vorliegen. Gegen deren Beschluß soll den Beteiligten das Verwaltungsstreitverfahren offen stehen. Wenn auf den Satz 1 des Abs. 1 besonders hingewiesen ist, so hat dies die Bedeutung einer Bezugnahme auf den im Satz 1 an die Spitze gestellten Grundsatz der Aufrechterhaltung des bestehenden Rechtes; es ist aber nicht damit gesagt, daß ausschließlich in dem in Satz 1, nicht aber auch in den in den folgenden Sätzen des Abs. 1 bezeichneten Fällen das Verwaltungsstreitverfahren zugelassen sei. Dagegen gibt es keine Vorschrift, welche die Möglichkeit des Verwaltungsstreitverfahrens für die im Abs. 3 des § 61 aaO. bezeichneten Gegenstände (Bestätigung, Ausfertigung der Ernennungsurkunde und Anstellung) eröffnet. Daher ist der Klageantrag insoweit unzulässig, als er eine richterliche Feststellung dahin begehrt, daß in E. der Magistrat die Rektoren, Lehrer und Lehrerinnen an der öffentlichen evangelischen Volksschule anzustellen und die Ernennungsurkunden auszufertigen berechtigt sei.

2. Im übrigen aber ist die Klage zulässig und begründet. Es handelt sich darum, ob der Klägerin das Recht der Auswahl der Rektoren, Lehrer und Lehrerinnen an der öffentlichen evangelischen Volksschule zusteht. Dies stellt einen Gegenstand der im Abs. 1 des § 61 bezeichneten Art dar, nämlich ein Recht auf eine Mitwirkung bei der Berufung der Lehrkräfte, die weiter geht, als in §§ 59 f. bestimmt ist. Bei der evangelischen Volksschule sind hier 21 Lehrkräfte vorhanden; nach § 59 Abs. 1 würde sonach dem Magistrat nur die Wahl aus drei von der Schulaufsichtsbehörde als befähigt Bezeichneten zustehen, während bei dem von der Klägerin beanspruchten Rechte eine solche Beschränkung fehlen würde. In bezug auf die Rektoren begründet das Gesetz (§ 60 Abs. 2) überhaupt kein Wahlrecht für die Gemeinden, sondern schreibt nur vor, daß die in § 59 Abs. 2 bezeichneten Organe angehört werden sollen. Somit kommt es, da das bisherige Bestehen des Rechtes außer Zweifel steht, nach dem Wortlaute des § 61 Abs. 1 nur noch darauf an, ob in der einen eigenen Schulverband bildenden Gemeinde E. „bisher die bürgerliche Gemeinde Trägerin der Schullast gewesen ist". So lange bis im Jahre 1902 die katholische Schule gegründet war, trug die Stadtgemeinde die Schullast allein, und in bezug auf die evangelische Volksschule änderte sich, auch nach Errichtung der katholischen Schule, hieran nichts. Die katholische Schule dagegen wurde von einer Schulsozietät unterhalten. Wäre sie als Kommunalschule gegründet worden, so könnte nach dem Wortlaute des Gesetzes überhaupt kein Zweifel an der Aufrechterhaltung des streitigen Rechtes bestehen. Der Gerichtshof ist aber auch der Meinung, daß das Recht, obwohl die bürgerliche Gemeinde die Schullast der katholischen Schule bisher nicht getragen hat, bestehen geblieben ist. Dafür spricht die Entstehung der bezeichneten gesetzlichen Vorschrift. (Folgt eingehende Erörterung.)

Wenn aber die Entstehung des Gesetzes mit Sicherheit darauf hinweist, daß ein Recht, wie das hier streitige, nicht beseitigt werden sollte, so ist eben dies auch aus dem Gesetze selbst zu entnehmen. Zu der Annahme, daß dem Gesetze die Absicht des Untergehens eines der bürgerlichen Gemeinde hinsichtlich des evangelischen Volksschulwesens zustehenden Rechtes zugrunde gelegen haben könnte, würde es nicht passen, daß das Lehrerberufungsrecht einer Gemeinde, wie nach § 61 Abs. 1 unzweifelhaft ist, dann aufrecht erhalten bleibt, wenn die bürgerliche Gemeinde Glied eines Gesamtschulverbandes ist. Nun bleibt aber nach § 61 das Recht auf weitergehende Mitwirkung bei der Berufung der Lehrkräfte auch dann erhalten, wenn es einer nach § 24 aufgehobenen Schulgemeinde zugestanden hatte. Wenn daher das hier streitige Recht der katholischen Schulsozietät in E. hinsichtlich ihrer katholischen Volksschule zugestanden hätte, so würde es bestehen geblieben und durch den Magistrat auszuüben sein. Das gleiche würde eingetreten sein, wenn nicht die bürgerliche Gemeinde, sondern eine Schulsozietät Trägerin der Schullast der evangelischen Volksschule gewesen wäre. Diese Folgerungen zeigen, daß es dem Willen des Gesetzgebers widersprechen würde, wenn die bürgerliche Gemeinde in E. nicht in ihrem Rechte verbliebe.

Gleichwohl müßte das Recht als beseitigt angesehen werden, wenn der Wortlaut des Gesetzes zu solcher Annahme zwänge. Dies ist jedoch nicht der Fall; denn dieser Wortlaut verlangt nur, daß in der Gemeinde E. bisher die bürgerliche Gemeinde „Trägerin der Schullast" gewesen sei, nicht aber, daß sie es sowohl hinsichtlich der evangelischen als auch hinsichtlich der katholischen Volksschule gewesen sei. Es ist danach möglich, den Wortlaut des Gesetzes als der klaren Absicht des Gesetzgebers nicht widersprechend anzusehen und ihn aus dieser Absicht zu erklären. Das Recht der Wahl der Lehrer, Lehrerinnen und Rektoren an der evangelischen Volksschule ist daher dem Magistrat zu E. verblieben. Selbstverständlich darf die Wahl sich nur auf die zu diesen Stellen „Befähigten" erstrecken.

Nr. 2. Entsch. v. 9. Nov. 1909 (OVG. 55 208) VIII B 6/09.

VolksschulUnterhG. v. 28. VII. 06 § 61.

Voraussetzung der Aufrechterhaltung eines Wahlrechts nach dem ersten Satze des § 61 Abs. 1 VolksschulUnterhG. ist, daß bisher die bürgerliche Gemeinde Trägerin der Schullast gewesen ist. Das war die Klägerin nicht; denn nach der Sprache des Gesetzes ist „Träger der Schullast“ derjenige, der im ganzen die Last trägt, der, soweit nicht Dritte bestimmte einzelne Leistungen für die Schule aus besonderen Gründen zu bewirken haben, einzutreten hat, und der dann alles, was das jeweilige Bedürfnis erfordert, zu leisten hat. Der Vorderrichter hat hervorgehoben, daß begrifflich auch durch bloße Uebernahme des Schulkassenfehlbetrags eine bürgerliche Gemeinde vor Inkrafttreten des Schulunterhaltungsgesetzes nicht Trägerin der Schullast wurde. Das ist durchaus richtig. Die Hervorhebung war aber nicht nötig, da die Gemeinde D. den Schulkassenfehlbetrag auf ihren Haushalt nicht übernommen hatte. Sie sagt aber, sie sei doch neben der Schulsozietät Trägerin der Schullast gewesen. Die Annahme mehrerer, nicht im Gesamtschuldverhältnisse stehender Träger der Schullast ist aber mit dem oben gekennzeichneten Begriff unvereinbar. Gegenüber der klaren Ausdrucksweise des Gesetzes ist die Annahme der Klägerin unberechtigt. Sie ist nicht Trägerin der Schullast. Nur wenn sie es wäre, käme § 61 aaO. zur Anwendung.

Nr. 3. Entsch. v. 10. Dez. 1909 (PrVerwBl. 31 377) VIII B 47/09.

VolksschulUnterhG. v. 28. VII. 06 § 61.

1. Nach § 61 Abs. 2 SchulUnterhG. beschließt die Schulaufsichtsbehörde darüber, ob die Voraussetzungen von Abs. 1 Satz 1 vorliegen. Gegen deren Beschluß soll den Beteiligten das Verwaltungsstreitverfahren offenstehen. Wenn auf den Satz 1 des Abs. 1 besonders hingewiesen ist, so hat dies die Bedeutung einer Bezugnahme auf den im Satz 1 an die Spitze gestellten Grundsatz der Aufrechterhaltung des bestehenden Rechtes; es ist aber nicht damit gesagt, daß ausschließlich in dem Falle des Satzes 1, nicht aber auch in den folgenden Sätzen des Abs. 1 bezeichneten Fällen das Verwaltungsstreitverfahren zugelassen sei. Dagegen gibt es keine Vorschrift, die die Möglichkeit des Verwaltungsstreitverfahrens für die im Abs. 3 des § 61 aaO. bezeichneten Gegenstände (Bestätigung, Ausfertigung der Ernennungsurkunde und Anstellung) eröffnete.

2. Zwar macht der Magistrat noch geltend, daß ihm das Verwaltungsstreitverfahren um deswillen eröffnet sei, weil unter der „weitergehenden Mitwirkung bei der Berufung der Lehrkräfte“ im Sinne des § 61 Abs. 1 auch eine früher ausgeübte Ausfertigung der Ernennungs-(Berufungs-)Urkunden miteinbegriffen sei.

Allein diese Ausführung scheitert an den zwingenden Vorschriften des Gesetzes, wonach das Verwaltungsstreitverfahren zwar darüber stattfindet, ob die Gemeindeorgane ein Recht auf weitergehende Mitwirkung bei der Berufung der Lehrkräfte besessen oder eine solche weitergehende Mitwirkung ausgeübt haben, jedoch hinsichtlich der Ausfertigung der Ernennungsurkunden das Verwaltungsstreitverfahren nicht zugelassen ist. Danach ergibt sich, daß der Begriff der „Berufung“ im § 61 Abs. 1 aaO. nicht, wie die Klägerin annimmt, auch die Ausfertigung der Berufungs-(Ernennungs-)Urkunde in sich schließt, sondern lediglich mit der Wahl der Lehrkräfte gleichbedeutend ist.

Nr. 4. Entsch. v. 7. Jan. 1910 (PrVerwBl. 31 547) VIII B 14/09.

VolksschulUnterhG. § 61.

1. Der § 61 Abs. 1 G., betr. die Unterhaltung der öffentlichen Volksschulen, v. 28. VII. 06 bestimmt, daß es in den einen eigenen Schulverband

bildenden Gemeinden, in denen bisher die bürgerliche Gemeinde Trägerin der Schullast gewesen ist, und die Gemeindeorgane ein Recht auf weitergehende Mitwirkung bei der Berufung der Lehrkräfte besessen oder eine solche weitergehende Mitwirkung bei der Berufung ausgeübt haben, auch ferner hierbei bewendet. Trägerin der Schullast war die bürgerliche Gemeinde beim Inkrafttreten des VolksschulUnterhG. aber nur dann, wenn die Schule zu diesem Zeitpunkt eine Gemeindeanstalt war. Es genügt zur Anwendung des § 61 aaO. nicht, wenn unter Aufrechterhaltung der Schulgemeinde die bürgerliche Gemeinde lediglich das sog. Schulkassendefizit, d. h. die aus eigenen Einnahmen der Schulgemeinde nicht zur Deckung gelangenden Ausgaben, auf den Gemeindeetat übernommen hatte.

2. Die Klägerin stützt sich nun zum Erweise ihrer Behauptung, daß sie beim Inkrafttreten des G. v. 28. VII. 06 Trägerin der Schullasten in ihrem Schulverbande gewesen sei, auf einen zwischen den städtischen Körperschaften und dem Schulvorstande abgeschlossenen Rezeß. Der Inhalt dieses Rezesses ergibt nun zweifellos, daß lediglich die Lasten des Schulverbandes auf den Gemeindeetat übernommen werden sollten. Keineswegs aber sollte die Schulgemeinde aufgelöst und die Schule zu einer Gemeindeveranstaltung gemacht werden. Dies geht aus folgendem hervor: Nach Nr. I des Rezesses verpflichten sich die städtischen Kollegien, sämtliche Bedürfnisse der Schulgemeinde, wie seit undenklicher Zeit geschehen, auch ferner aus der städtischen Kämmereikasse zu bestreiten. Nach Nr. II bleiben der Schulvorstand und eine eigene Schulkasse auch ferner bestehen. Der Schulvorstand hat den Ausgabebedarf alljährlich bis zum 15. Februar den städtischen Kollegien anzugeben, welche sich verpflichten, diese ihnen bezeichnete Summe in den städtischen Haushaltsplan einzustellen und an die Schulkasse auszahlen zu lassen. Die Stadtvertretung hat sich sonach im allgemeinen der Nachprüfung des Haushaltsbedarfs der Schulgemeinde begeben. Nur hinsichtlich der Lehrergehälter haben sich die städtischen Körperschaften in Nr. III ihre Zustimmung vorbehalten, insoweit die Zuschüsse der Stadt für diesen Teil der Ausgaben 9000 ℳ jährlich überschreiten sollten. Im übrigen bleibt die Bestimmung der Anzahl der anzustellenden Lehrer dem Schulvorstand überlassen. Letzterer macht den städtischen Kollegien das Zugeständnis, daß sie bei Pensionierung von Lehrern die Höhe der Pension mitfestzusetzen und bei größeren Bauten mitzuwirken befugt sein sollen (Nr. III des Rezesses). Diese Rezeßbestimmungen sind mit der Annahme, daß die Schullasten unter Auflösung der Schulgemeinde auf den Gemeindeetat übernommen worden seien, die Schule also eine Kommunalanstalt geworden sei, unvereinbar.

3. Aus der behaupteten Eintragung der Stadtgemeinde als Eigentümerin der Schulgebäude und Schulländereien im Grundbuche kann ein Beweis dafür, daß sie Trägerin der Schullast gewesen sei, nicht entnommen werden. Ebensowenig sind die übrigen von der Klägerin geltend gemachten Umstände hierfür beweiserheblich. Wenn der Magistrat tatsächlich die Lehrer gewählt hat, so folgt daraus noch nicht, daß die Stadt rechtlich als Trägerin der Schullast anzusehen war. Aus dem Umstande, daß für die die Schule besuchenden katholischen Schüler kein Schulgeld erhoben, auch der israelitischen Religionsgemeinschaft im Schulgebäude ein Unterrichtszimmer eingeräumt, sowie freie Benutzung der Lehrmittel, freie Heizung und Reinigung, endlich auch die Teilnahme der jüdischen Kinder an einzelnen Unterrichtsgegenständen der Volksschule zugestanden wurde, ist noch nicht einmal ein Beweis dafür zu entnehmen, daß der Schulvorstand bei Einräumung dieser Vergünstigungen in dem Glauben gehandelt hat, die Schule sei eine städtische Anstalt, geschweige denn, daß sie rechtlich eine Gemeindeanstalt war. Endlich ist die Behauptung, daß die Gelder für die Schulaufwendungen tatsächlich in denselben Behältern ver-

wahrt und durch dieselben Bücher geführt worden seien, wie die städtischen Gelder, und daß der Stadtkämmerer die Schulkasse und die Stadtkasse gemeinsam verwaltet habe, nicht geeignet, das aus dem Rezesse und den übrigen oben erwähnten Vorgängen unzweifelhaft sich ergebende rechtliche Fortbestehen einer Schulgemeinde mit selbständigem Vermögen und getrennter Schulkasse irgendwie in Frage zu stellen. Der Bezirksausschuß irrt daher, wenn er annimmt, beim Inkrafttreten des VolksschulUnterhG. sei die Stadtgemeinde Trägerin der Schullast gewesen. Falls bei dieser Annahme, wie es den Anschein hat, die Auffassung maßgebend gewesen ist, daß von der Uebernahme eines Schulkassenfehlbetrages nicht die Rede sein könne, weil die Stadtgemeinde die Tragung der Schullast im gesamten Umfange übernommen habe, so würde eine solche Ansicht rechtsirrtümlich sein. Ein Schulkassenfehlbetrag liegt immer dann vor, wenn die Schulausgaben aus eigenen Einnahmen der Schulgemeinde nicht voll gedeckt werden können. Besitzt eine Schulgemeinde keine eigenen Einnahmen, so stellen die gesamten Ausgaben den Schulkassenfehlbetrag dar.

Da im vorliegenden Falle die Stadtgemeinde lediglich den Schulkassenfehlbetrag auf den städtischen Haushaltsplan übernommen hatte, ohne daß eine Auflösung der Schulgemeinde erfolgte, so ist diese die gesetzliche Trägerin der Schullast geblieben.

Nr. 5. Entsch. v. 21. Jan. 1910 (PrVerwBl. 31 566) VIII B 37/09.

VolksschulUnterhG v. 28. VII. 06 §§ 1 ff., 24, 57, 59.

Nach § 2 des VolksschulUnterhG. bildet allerdings jede Stadt in der Regel einen eigenen Schulverband; sie kann aber auch mit anderen Gemeinden oder Gutsbezirken zu einem Gesamtschulverband vereinigt werden. In diesem Falle geht das Mitwirkungsrecht bei der Lehrerberufung auf diesen nach den Vorschriften des VolksschulUnterhG. zustandegekommenen Gesamtschulverband mit der Maßgabe über, daß es durch die im § 59 aaO. bezeichneten Organe, d. i. im gegenwärtigen Falle „durch den Schulvorstand (Schuldeputation § 57)“, ausgeübt wird. Das seitens des Magistrats beanspruchte Recht der Lehrerberufung für die Stadtschule würde nur dann anzuerkennen sein, wenn die Stadt R. hinsichtlich dieser Stadtschule einen nach den Vorschriften des VolksschulUnterhG. zu Recht bestehenden Eigenschulverband bildete. Das ist nicht der Fall, weil die ganze Stadt R. vorbehaltlos, ohne Aufrechterhaltung eines eigenen Schulverbandes bezüglich der Stadtschule, mit der Gemeinde D. und dem Gutsbezirke A.-R. zu einem Gesamtschulverband im Sinne des § 3 aaO. verbunden worden ist. Damit hatte der Eigenschulverband R., soweit ein solcher bisher bestand, aufgehört zu sein. Innerhalb des neuen Gesamtschulverbandes aber kann von einer Mitwirkung des Magistrats bei Berufung der Stadtschullehrer überhaupt nicht mehr die Rede sein, weil diese Mitwirkung jetzt gesetzlich einem anderen Organ übertragen ist.

Der Beschluß, daß die Vertreter der beiden ländlichen Ortschaften im Schulvorstand nur Stimmrecht für die Angelegenheiten der Volksschule haben sollen, ist ungültig, weil er den Vorschriften des VolksschulUnterhG. widerspricht, und der dafür ausdrücklich angegebene Grund, daß diese beiden Ortschaften auch nur zu den Kosten der Volksschule beizutragen hätten, rechtsirrtümlich. Auch in dieser Hinsicht sind jetzt lediglich die Bestimmungen des VolksschulUnterhG. (§§ 1, 9 ff.) maßgebend.

Nr. 6. Entsch. v. 18. Febr. 1910 (OVG. 55 204) VIII B 38/09.

VolksschulUnterhG. v. 28. VII. 06 §§ 58—61.

1. Die katholische Volksschule in R. wurde in den sechziger Jahren des neunzehnten Jahrhunderts von der katholischen Schulgemeinde gegründet und bis

zum Inkrafttreten des SchulUnterhG. von dieser Schulgemeinde unterhalten; von ihr wurde das Recht der Berufung der Lehrpersonen ausgeübt. Wenn von einer solchen Schulgemeinde ein Mitwirkungsrecht bei Berufung der Lehrkräfte ausgeübt worden ist, das weiter reicht, als gegenwärtig die §§ 58 ff. SchulUnterhG. bestimmen, so geht es nach § 61 Abs. 1 Satz 3 aaO. auf den nach dem Gesetze gebildeten Schulverband mit der Maßgabe über, daß es durch die im § 59 Abs. 2 bezeichneten Organe ausgeübt wird. Das Recht des jetzigen Schulverbandes, die Lehrpersonen an der katholischen Volksschule zu wählen, ist daher auf die frühere Wahl dieser Lehrpersonen durch die katholische Schulgemeinde zurückzuführen.

Wenn das Gesetz vorschreibt, daß das bisher von der Schulgemeinde ausgeübte Mitwirkungsrecht auf den durch das Gesetz gebildeten Schulverband übergeht, so heißt dies, daß der letztere das Recht in dem Umfang erhält, in dem es durch die Schulgemeinde ausgeübt worden war. Eine Erweiterung erfährt dieser Umfang nicht. Gegenüber der klaren Bestimmung des Gesetzes ist für Ausführungen aus dem Gebiete des Eingemeindungsrechts kein Raum. Die Klägerin kann daher das Recht, bei der katholischen Volksschule die mit Leitungsbefugnissen versehenen Lehrpersonen frei zu wählen, nur dann haben, wenn bis zum Inkrafttreten des VolksschulUnterhG. die katholische Schulgemeinde für die katholische Volksschule die mit Leitungsbefugnissen versehenen Lehrpersonen frei gewählt hatte.

2. Die katholische Volksschule enthielt nur 5 aufsteigende Klassen. Es stand ihr ein Rektor nicht vor. Das entsprach den Grundsätzen der Verwaltung: „Rektoren gibt es, mit Ausnahme weniger Schulen, die nach altem Herkommen von einem Rektor geleitet werden, nur an Schulen mit 6 oder mehr aufsteigenden Klassen"; „als Rektor gilt der Leiter einer Volksschule mit 6 oder mehr aufsteigenden Klassen oder der Leiter einer Volksschule, die nach altem Herkommen von einem geprüften Rektor geleitet wird." Auch einen Hauptlehrer hatte die katholische Volksschule nicht. „Als Hauptlehrer sollen erste Lehrer gelten, wenn an der Schule mindestens 3 Lehrer oder Lehrerinnen angestellt sind und dem ersten Lehrer der Schule eine besondere Stellung im Organismus derselben eingeräumt ist." Diesen Sinn verbindet das LehrBesG. (vgl. das. § 2 Abs. 2) v. 3. III. 97 (GS. 25) mit der Bezeichnung der „Rektoren und solcher ersten Lehrer an Volksschulen mit 3 oder mehr Lehrkräften, denen Leitungsbefugnisse übertragen sind". Das SchulUnterhG. hat die Bezeichnungen in der Bedeutung, die sie im LehrBesG. haben, übernommen und hebt ausdrücklich und mit besonderen Bestimmungen (§ 60) diese Klasse der Lehrpersonen hervor; denn diese Aemter hätten in den letzten Jahrzehnten in steigender Zunahme Bedeutung erhalten. Den Inhabern derselben seien immer mehr Schulaufsichtsbefugnisse übertragen, die eine stärkere Einwirkung des Staates bei der Auswahl der Persönlichkeiten erforderten; sie seien Vorgesetzte der Lehrer, hätten die Befugnisse der Ortsschulinspektoren, dh. staatshoheitliche Befugnisse, nicht bloß Dirigentenrechte. Auch die Hauptlehrer hätten Leitungsbefugnisse, wenn auch in geringerem Grade.

Wenn es nun feststeht, daß die katholische Volksschule mit Leitungsbefugnissen versehene Lehrpersonen bis zum Inkrafttreten des SchulUnterhG. nicht gehabt, also die katholische Schulgemeinde solche Lehrpersonen nicht gewählt hat, so kann auch die Stadtgemeinde N. ein solches Recht nicht haben. Insbesondere erweist auch die in Verwaltung und Gesetz mit größtem Nachdrucke durchgeführte unterschiedliche Behandlung der mit Leitungsbefugnissen versehenen Lehrpersonen im Gegensatze zu den anderen Lehrkräften die Unzulässigkeit der Schlußfolgerung, daß ein Recht zur freien Wahl aller Lehrkräfte ohne Leitungsbefugnisse, einschließlich der nicht mit Leitungsbefugnissen versehenen ersten Lehrer, sich von selbst auch auf die Wahl der mit Leitungsbefugnissen versehenen Lehrer ausdehnen könne.

Nr. 7. Entsch. v. 4. März 1910 (PrVerwBl. 31 855).

VolksschulUnterhG. §§ 59 ff.

Nach den Bestimmungen des VolksschulUnterhG. werden in Schulverbänden mit mehr als 25 Schulstellen die Lehrer und Lehrerinnen an den öffentlichen Volksschulen von der Gemeindebehörde aus der Zahl der Befähigten gewählt und von der Schulaufsichtsbehörde bestätigt (§ 59 aaO.). Bezüglich der Schulleiter (Rektoren, Hauptlehrer) räumt das VolksschulUnterhG. den Schulverbänden, gleichviel ob mit mehr oder weniger als 25 Schulstellen, ein Wahlrecht überhaupt nicht ein, sondern läßt nur die Anhörung der im § 59 Abs. 2 bezeichneten Organe zu (§ 60 aaO.). Der Inhalt des angefochtenen Beschlusses, der die Mitwirkung der Gemeindebehörde bei der Berufung der Lehrkräfte an den öffentlichen Volksschulen in Rastenburg erschöpfend ordnen wollte, geht also dahin: Dem Magistrat als Vertreter der Stadtgemeinde steht das Recht zu, die Lehrer und Lehrerinnen zu wählen, bezüglich der Rektoren und Hauptlehrer steht ihm jedoch kein Wahlrecht, sondern nur ein Recht auf Anhörung zu. Außerdem ist in dem Beschlusse Entscheidung dahin getroffen, daß der Magistrat nicht berechtigt ist, die Lehrer anzustellen und die Ernennungsurkunden auszufertigen. Demgegenüber beantragt die Klägerin auf Grund der Behauptung, daß sie bisher eine entsprechende Mitwirkung bei der Berufung der Lehrkräfte ausgeübt habe, ihr gemäß § 61 aaO. das Recht zuzuerkennen:

1. die Lehrer und Lehrerinnen an den öffentlichen Volksschulen zu wählen,
2. auch die Schulleiter zu wählen,
3. sämtliche Lehrkräfte anzustellen,
4. die Ernennungsurkunden für sämtliche Lehrkräfte auszufertigen.

Der Klageantrag ist insoweit unzulässig, als er eine Feststellung des Verwaltungsrichters dahin begehrt, daß in R. der Magistrat sämtliche Lehrkräfte an den öffentlichen Volksschulen anzustellen und die Ernennungsurkunden auszufertigen berechtigt sei. Das Verwaltungsstreitverfahren ist zur Entscheidung über diese im Abs. 3 des § 61 aaO. bezeichneten Gegenstände nicht gegeben.

Gegenstandslos ist der Klageantrag insoweit, als mit ihm das Recht, die Lehrer und Lehrerinnen an den öffentlichen Volksschulen zu wählen, beansprucht wird, denn dem Magistrat wird dieses Recht durch den angefochtenen Beschluß zugestanden.

Zulässig und begründet ist die Klage insoweit, als beantragt wird, dem Magistrat das Wahlrecht bezüglich der Schulleiter (Rektoren, Hauptlehrer) zuzuerkennen. Dieses Recht wird dem Magistrat durch den Beschluß inhaltlich versagt. Der gedachte Beschluß ist als eine Entscheidung im Sinne des § 61 Abs. 2 aaO. anzusehen. Die Ausführung des Vorderrichters, daß dies deshalb nicht der Fall sei, weil der Beschluß darüber Bestimmung treffe, welche Rechte die Gemeinde jetzt habe, nicht aber, welche Rechte sie früher, vor dem Inkrafttreten des VolksschulUnterhG., besessen, oder welche Mitwirkung sie früher bei der Berufung der Lehrkräfte ausgeübt habe, geht fehl. Insoweit der Beschluß ausspricht, daß der Gemeinde eine weitergehende als die gesetzliche Mitwirkung bei der Berufung der Lehrkräfte nicht zustehe, entscheidet er damit zugleich, daß die Voraussetzungen des § 61 Abs. 1 Satz 1, bei denen es nach der Vorschrift des Gesetzes bewenden soll, nicht vorliegen. Die Voraussetzungen des § 61 Abs. 1 Satz 1 aaO. liegen aber hier vor.

Unstreitig bildet die Stadtgemeinde R. einen eigenen Schulverband, in welchem vor dem Inkrafttreten des VolksschulUnterhG. die bürgerliche Gemeinde Trägerin der Schullast gewesen ist. Die Behauptung der Klägerin, daß der Magistrat bisher bei der Berufung der Schulleiter eine weitergehende Mitwirkung, als das Gesetz (§ 60) zuläßt, ausgeübt habe, indem er auch die Rektoren und Hauptlehrer gewählt habe, ist von der Beklagten ausdrücklich als richtig anerkannt worden. Nach § 61 Abs. 1 aaO. bewendet es daher auch ferner hierbei.

2. Einkommen und Hinterbliebenenversorgung.

a) Feststellung des Einkommens; Genußzettel; Besoldungsregulative; Einkommensnachweisungen usw.

Nr. 1. Entsch. v. 21. Sept. 1909 (OVG. 55 196) VIII A 97/08.

LehrBesG. v. 3. III. 97 (GS. 25) §§ 1 f., 4.

1. Wenn nach § 1 G. v. 3. III. 97 die an einer öffentlichen Volksschule endgültig angestellten Lehrer ein festes, nach den örtlichen Verhältnissen und der besonderen Amtsstellung angemessenes Diensteinkommen haben sollen, so folgt daraus, daß, wofern eine besondere Amtsstellung nicht in Betracht kommt, sondern es sich um gleiche Amtsstellungen handelt, für das Diensteinkommen allein der Maßstab der örtlichen Verhältnisse entscheidet, also, da diese in bezug auf einen und denselben Ort nicht verschieden sein können, bei allen das Grundgehalt, d. h. die feste, ihrem Betrage nach in einer bestimmten Geldsumme zu berechnende Besoldung gleich sein muß. Wenn weiter in § 2 Abs. 2 aaO. gesagt ist, daß Rektoren und erste Lehrer mit Leitungsbefugnissen ein höheres Grundgehalt als die anderen an derselben Schule angestellten Lehrer haben sollen, so weist auch dies dahin, daß Lehrer in gleichartigen Lehrstellen nicht verschieden im Grundgehalte gestellt werden dürfen. Daher ist die Bemerkung, daß gleichartige Schulstellen an demselben Orte grundsätzlich das gleiche Diensteinkommen haben sollen, dem Gesetz entsprechend.

2. Es besteht nun kein Zweifel darüber, daß das Schulamt des Kantors, um dessen Gehaltserhöhung es sich handelt, dem der anderen Lehrer, deren Grundgehalt um 100 ℳ erhöht wurde, gleich ist. Ohne Bedeutung aber ist es für die zu treffende Entscheidung, daß der Kantor ein Schulamt bekleidet, welches mit einem Kirchenamte dauernd verbunden ist. In einem solchen Falle soll nach § 4 aaO. das Grundgehalt der Stelle entsprechend der mit dem kirchlichen Amte verbundenen Mühewaltung ein höheres sein, als in den §§ 1 f. bestimmt ist. Es soll also hiernach allerdings, wie das verwaltete Schul- und Kirchenamt ein einheitliches Amt, so auch das Grundgehalt ein einheitliches sein. Das nach § 4 aaO. zu bestimmende höhere Grundgehalt setzt sich aber aus zwei gesonderten Bestandteilen zusammen und unterscheidet sich insofern wesentlich von dem in § 2 Abs. 2 erwähnten höheren Grundgehalte, welches aus einer Schätzung der mit der Stelle verbundenen Tätigkeit frei und einheitlich aus sich selbst heraus zu bestimmen ist. Der eine der beiden Bestandteile des gemäß § 4 festzusetzenden höheren Grundgehalts wird nach Abs. 3 daselbst durch den „Mehrbetrag" dargestellt, der der mit dem kirchlichen Amte verbundenen Mühewaltung entspricht. Demgegenüber kann der andere Posten, dem der „Mehrbetrag" zugesetzt werden soll, nur dasjenige Grundgehalt sein, das dem Schulamte zukäme, wenn es nicht mit dem Kirchenamte verbunden wäre. Ist jenes Schulamt mit anderen Lehrstellen an demselben Orte gleichartig, so muß das Grundgehalt, das um den Mehrbetrag erhöht werden soll, mit dem Grundgehalte der anderen Lehrstellen übereinstimmen.

3. Hiernach war es gerechtfertigt, daß der Bezirksausschuß die Pflicht der Klägerin zur Erhöhung des Kantorgehalts um jährlich 100 ℳ feststellte. Nur war es unzulässig, die Erhöhung eines nicht ausreichenden Gehalts für einen vergangenen Zeitraum zu fordern; es kann durch eine solche Festsetzung eine Verpflichtung zur Zahlung von Gehältern für die Vergangenheit nicht begründet werden.

b) Naturalbezüge (Feststellung des Geldwertes oder Ertrages); Dienstwohnung und Mietentschädigung.

Nr. 1. Entsch. v. 17. Juni 1908 (OVG. 53 196) VIII A 95/07.

LehrBesG. v. 3. III. 97 § 16.

1. Es liegt in dem von der Schulverwaltung und der schulunterhaltungspflichtigen Gemeinde wahrzunehmenden öffentlichen Interesse, daß ein im Dienste befindlicher Lehrer, wenn ihm Dienstbezüge mit Unrecht vorenthalten sind, die Differenz nachbezahlt erhält. Das berührt keineswegs allein das Privatinteresse des Lehrers; denn es beruht auf der Natur der Sache und wird durch die Erfahrung bestätigt, daß der Lehrer die Einnahmen, auf die er ein Recht hat, in seiner Wirtschaftsführung berücksichtigt und des nachträglichen Einganges der ihm mit Unrecht entzogenen Einnahmen ebenso wie desjenigen des laufenden Gehalts bedarf. Alle diejenigen Erwägungen, die für die Zulässigkeit der zwangsweisen Einstellung des laufenden Gehalts in den Etat sprechen, begründen daher auch die Zulässigkeit einer Zwangsetatisierung, wie sie hier in Frage steht.

2. Ein verwitweter Lehrer steht im Sinne des LehrBesG. v. 3. III. 97 nicht einem unverheirateten Lehrer gleich. Er hat vielmehr wie ein verheirateter Lehrer Anspruch auf die volle Mietentschädigung.

Handelt es sich bei den „unverheirateten Lehrern ohne eigenen Hausstand" um solche Lehrer, die das Bedürfnis einer Familienwohnung nicht haben, und ist für die Ausnahmebestimmungen des § 16 Abs. 2 aaO. die Frage des Bedürfnisses einer Familienwohnung von ausschlaggebender Bedeutung gewesen, so wird man den Witwer, weil bei ihm regelmäßig das gleiche Bedürfnis nach einer Familienwohnung, wie bei einem verheirateten Lehrer vorliegt, im Sinne der angegebenen Bestimmung nicht zu den „unverheirateten" Lehrern zu rechnen haben. Der Lehrer, der nach seiner Verheiratung sich eine Familienwohnung genommen und diese mit den dazu erforderlichen Möbeln und Hausgeräten versehen hat, wird vielleicht, wenn die Glieder seiner Familie gestorben sind, auch das zum Haushalt gehörige Gesinde entlassen und sich selbst im Speisehause beköstigen lassen; er wird dann keinen eigenen Hausstand mehr führen. Es bleibt bei ihm gleichwohl das Bedürfnis einer Familienwohnung in der Regel bestehen; denn er wird regelmäßig nicht seine Wohnung des Charakters der Familienwohnung durch Veräußerung der Möbel oder ähnliche Maßnahmen entkleiden. Er muß also auch in der Regel die für eine Familienwohnung erforderlichen Mittel aufwenden. Das Gesetz, das augenscheinlich seine Vorschriften nach den regelmäßigen Lebensverhältnissen gestaltet hat, kann daher auch nicht beabsichtigt haben, die geringere Mietentschädigung bei Witwern zuzulassen.

C. Die Schule.

Gesetzliche Grundlagen (einschl. Materialien): G. v. 1. VIII. 09 (GS. 734), betr. die Schulversäumnisse im Gebiete des vormaligen Herzogtums Nassau usw. VhdlAH. 1908/9: Drucks. Nr. 582, 814; StenB. 6869, 6889, 7577; VhdlHH.: Drucks. Nr. 111, 133, 152; StenB. 391, 407, 426. — Desgl. im Gebiete des ehemaligen Herzogtums Pommern und Fürstentums Rügen v. 25. VII. 10 (GS. 255). VhdlAH.: Drucks. Nr. 236; StenB. 6427, 6455; VhdlHH.: Drucks. Nr. 106, StenB. 364.

Literatur: Dulheuer: Das Volksschulwesen in der Provinz Hannover, insbesondere im Reg.-Bez. Osnabrück[2], bearbeitet von Thümen (Osnabrück 1908). — Hartmann: Das Volksschulwesen im Reg.-Bez. Wiesbaden (Wiesbaden 1910). — Quehl: Verordnungen, betr. das Volksschulwesen im Reg.-Bez. Cassel (Leipzig 1910). — Derselbe: Desgl. im Reg.-Bez. Düsseldorf 1. Nachtrag 1905—1908 (Düsseldorf 1909). — Volksschuldienst in der Provinz Westfalen[2] (Arnsberg 1910).

1. Der Begriff „Volksschule".

Nr. 1. Entsch. v. 21. Jan. 1908 (OVG. 52 194) VIII A 129/06.

Nach dem NassSchulEd. v. 24. III. 1817, dessen rechtliche Gültigkeit trotz der mangelnden Zustimmung der Stände außer Zweifel steht, haben die Volksschulen im ehemaligen Herzogtume Nassau den Charakter der Simultanschulen. Durch Anordnungen der Verwaltung kann daran nichts geändert werden.

(Folgt eingehende Erörterung aus der Entstehungsgeschichte des Edikts, seiner Vollzugsvorschriften und der Praxis.)

In § 42 SchulUnterhG. v. 28. VII. 06 ist bestimmt, daß es in dem Gebiete des ehemaligen Herzogtums Nassau bei den bisherigen Vorschriften bewenden solle. Als das in Nassau bisher geltende Recht war von der Kgl. Staatsregierung unter Bezugnahme auf § 2 des Schuledikts ausdrücklich die Simultanschule anerkannt worden (s. Begr. — DrucksAH. 1905/06 Nr. 11 S. 205). Wäre man nun der Ansicht gewesen, daß dies nur in dem Sinne gelte, daß grundsätzlich damit für die Schulaufsichtsbehörde eine Weisung gegeben, es aber ihrem Ermessen überlassen sei, Ausnahmen zu gestatten, so würde mit der gesetzlichen Aufrechterhaltung der bisherigen Vorschriften für Nassau ein Rechtszustand anerkannt worden sein, der die Simultanschulverhältnisse in diesem Landesteil ungünstiger als in allen den Landesteilen stellte, die unter das neue Gesetz fallen. Denn für diese ist im § 36 Abs. 1 gesetzlich verordnet, daß es auch in Zukunft bei dem bestehenden Zustande sein Bewenden behalten solle, so daß also in einem Schulverband, in dem nach der bisherigen Verfassung gleichzeitig evangelische und katholische Lehrkräfte anzustellen waren, neue Volksschulen auch nur auf derselben Grundlage errichtet werden dürfen, es sei denn, daß besondere Gründe vorliegen und der Schulverband mit Genehmigung der Schulaufsichtsbehörde einen abändernden Beschluß faßt. In dem Regierungsbezirke Wiesbaden dagegen bedürfte es weder des Nachweises besonderer Gründe, noch eines Beschlusses des Schulverbandes; es würde vielmehr allein in dem pflichtmäßigen Ermessen der Schulaufsichtsbehörde liegen, ob sie in einem Nassauischen Schulverband eine bestehende Simultanschule in konfessionelle Schulen umwandeln oder in einem solchen Schulverbande neue konfessionelle Schulen ins Leben rufen wollte. Eine solche Annahme aber müßte von der Hand gewiesen werden. Es lag nicht in der Absicht der Gesetzgebung, mit dem durch § 42 des Gesetzes ausgesprochenen Vorbehalte das im ehemaligen Herzogtume Nassau bestehende Simultanschulwesen ungünstiger zu stellen, als in den Landesteilen, in denen es sonst nach besonderer Verfassung bestand. Hiernach kann, da nach § 42 die Anwendung des § 36 auf die Schulen im Regierungsbezirk Wiesbaden ausgeschlossen ist, die bezeichnete Unstimmigkeit nur gelöst werden, wenn man als die Grundanschauung des Gesetzgebers annimmt, daß § 2 des Schuledikts eine Regel enthalte, von der auch die Schulaufsichtsbehörde nicht abweichen darf. Insofern darf mit Recht für diese Auffassung auch das neue SchulUnterhG. herangezogen werden.

Die bisher stattgefundene Duldung und Billigung der in Eppstein bestehenden Konfessionsschulen durch die Behörden entbehrt daher der gesetzlichen Grundlage. Wenn jetzt die unterhaltungspflichtige Gemeinde der auf die bisher ungesetzliche Billigung begründeten Forderung der Errichtung einer zweiten

Lehrerstelle an der katholischen Schule gegenüber sich auf das Edikt beruft, so ist diese Berufung nach dem bestehenden Rechte ungerechtfertigt.

3. Schulordnung und Schulpflicht; Aufsicht über den Privatunterricht.

Nr. 1. Entsch. v. 27. März 1908 (OVG. 52 215) VIII B 41/07.

GewO. § 35; HannG., betr. das christl. Volksschulwesen v. 26. V. 45 (HannGS. I 465) §§ 7 f.; SchulAufsG. v. 11. III. 72 (GS. 183) §§ 1 f.

1. Zwei Zigarrenarbeiter erteilten zweimal wöchentlich nachmittags an Schulkinder männlichen und weiblichen Geschlechts und Lehrlinge und Arbeiter beiderlei Geschlechts im Alter von 14 bis 17 Jahren *Turnunterricht* im K.schen Lokale in V., *ohne einen Erlaubnisschein* zu haben. Sie selbst stellten nicht in Abrede, der technischen Vorbildung für die Erteilung eines solchen Unterrichts zu entbehren und solche Vorbildung nicht dartun zu können, und gaben zu, Anhänger der Sozialdemokratie zu sein. Durch Verfügung des Magistrats zu V. als Ortspolizeibehörde wurde ihnen untersagt, Kindern und Lehrlingen sowie jugendlichen Arbeitern Unterricht im Turnen zu erteilen. Der Klage auf Aufhebung dieser Verfügung gab das OVG. statt.

2. § 35 GewO. schreibt vor, daß die Erteilung von Turnunterricht als Gewerbe zu untersagen sei, wenn Tatsachen vorliegen, die die Unzuverlässigkeit des Gewerbetreibenden in bezug auf diesen Gewerbebetrieb dartun. *Als Gewerbe im Sinne der GewO. kann der von den Klägern erteilte Unterricht nicht* angesehen werden, weil sie ihn *nicht um des Erwerbes und Gewinnes willen* erteilen. Beschränkt sich aber der § 35 auf die Ordnung des Turnunterrichts als Gewerbe, so wird dieser im übrigen, weil er unter das Unterrichtswesen gehört, nach § 6 durch die GewO. nicht betroffen, und es ist also die Folgerung unrichtig: aus § 35 GewO. ergebe sich die Unzulässigkeit jedes Einschreitens gegen die Kläger. Verfehlt ist auch, wenn dies unter Berufung auf § 7 HannG., betr. das christliche Volksschulwesen, v. 26. V. 45 (Hann. GS. I 465) behauptet wird.

Zwar lautet der § 7 aaO.:

„Die Auswahl von Privatlehrern bleibt der Willkür jedes einzelnen überlassen, soweit nicht desfallsige gesetzliche Beschränkungen bereits bestehen."

Allein gerade für den Fall, der hier unstreitig vorliegt, besagt § 8 aaO. weiter:

„Die Erteilung eines gemeinsamen Privatunterrichts an Kinder von mehr als 2 Familien in einem oder mehreren der für die Volksschulen bestimmten Gegenstände kann jedoch in geeigneten Fällen nach dem Ermessen der zuständigen Behörde von deren besonderer Genehmigung abhängig gemacht werden."

Zur Ausführung dieser Bestimmung ist in Art. 10 Instr. v. 31. XII. 45 besonders vorgeschrieben: es seien die aufsichtführenden Geistlichen zu verpflichten, von jeder vorhandenen oder entstehenden Privatunterrichtsanstalt, in welcher Kinder von mehr als 2 Familien Unterweisung erhielten, dem Konsistorium Anzeige zu machen und ihre Wahrnehmungen über die Persönlichkeit des Lehrers oder der Lehrerin vorzutragen. Bei Bedenken gegen die Persönlichkeit der Unterweisenden .... könne das Bestehen einer solchen Privatunterrichtsanstalt vom Konsistorium entweder ganz untersagt oder von geeigneten Bedingungen abhängig gemacht werden. In der Instruktion werden hiermit durchaus richtig die Folgerungen gezogen, die sich aus dem Gesetze selbst ergeben. Denn, wenn es im Ermessen der Behörde steht, die Erteilung des Privatunterrichts von ihrer besonderen Genehmigung abhängig zu machen, so ist ihr damit die Befugnis gewährt, die Genehmigung nicht zu geben und die Unterrichtserteilung zu untersagen. *Auf das Volksschulgesetz* können sich daher die Kläger *zum Nachweise dafür nicht berufen*, daß ihnen das *Unterrichten überhaupt nicht* und daß es ihnen insbesondere nicht aus Gründen, die in ihrer Person liegen, *verboten werden* dürfe.

3. Nach § 1 SchulAufsG. v. 11. III. 72 (GS. 183) steht die Aufsicht über

alle Privatunterrichtsanstalten dem Staate zu. Gleichzeitig sind alle in einzelnen Landesteilen entgegenstehende Bestimmungen ausdrücklich aufgehoben worden. Für Hannover kam schon vorher die Vd. v. 13. V. 67 (GS. 667) zur Anwendung, wonach der Unterrichtsminister ermächtigt war, über Regulierung des Privatschulwesens in demselben Maße Verfügung zu treffen, wie ihm solches in den älteren Landesteilen der Monarchie (ressortmäßig) zukam. In diesen aber übte er seine Befugnisse in bezug auf das Privatschulwesen durch die Regierungen aus (§ 2 Abs. 6, § 18 Abs. 1 b d RegInstr. v. 23. X. 1817). Und zwar bestand hier nicht, wie im Hann. VolksschulG., das nur den Unterricht an Kinder vom 6. Jahre bis zur Konfirmation im Auge hat, die Beschränkung auf die Aufsicht über den an schulpflichtige Kinder erteilten Privatunterricht. Insbesondere enthielt die KabO. v. 10. VI. 34 und die StaatsMinInstr. v. 31. XII. 39 eine solche Beschränkung nicht. Da das VolksschulG. sich nur auf Schulkinder bezieht, in welcher Hinsicht die Ordnung völlig mit der in den alten Landesteilen übereinstimmt, so steht es der mit der Vd. v. 13. V. 67 erfolgten Ausdehnung auf Lehrlinge und jugendliche Arbeiter nicht entgegen.

Es ist weiter keineswegs richtig, daß die KabO. v. 10. VI. 34 insofern die Unterrichtsbehörden beschränkt habe, als ihnen Befugnisse ausschließlich solchen Personen gegenüber eingeräumt worden seien, die um des Erwerbes willen Privatunterricht erteilten. Das geht schon daraus hervor, daß in der KabO. der Betrieb einer Privatschule ohne Einschränkung als stets ein Gewerbe darstellend behandelt wird. Vollends nachdem der Art. 22 VU. vorgeschrieben hat:

„Unterricht zu erteilen . . . steht jedem frei, wenn er seine sittliche, wissenschaftliche und technische Befähigung den betr. Staatsbehörden nachgewiesen hat,“

kann ein Bedenken nicht bestehen, daß auch die Kläger, selbst wenn sie den *Unterricht* unentgeltlich erteilen und ohne Unterschied, ob sie Schulkinder oder jugendliche Arbeiter und Lehrlinge unterweisen, dies *nicht ohne staatliche Genehmigung* dürfen.

4. Die zur *Beaufsichtigung des Privatschulwesens und Erteilung der Genehmigung berufenen staatlichen Behörden* sind, unter der Leitung des Unterrichtsministers, die *Regierungen*. Ihnen liegt „die Wahrung der öffentlichen (publizistischen) Ordnung“ auf dem Unterrichtsgebiet als ein Teil der Unterrichtsverwaltung ob. Sie haben die Befugnis, ihren Verfügungen durch die gesetzlichen Zwangs- und Strafmittel Nachdruck zu geben und können sich hierbei ihrer nachgeordneten Organe sowie erforderlichenfalls der starken Hand der Polizei bedienen. Eine *Untersagung des Privatunterrichts* würde daher eine Anordnung sein, die ihrem Gegenstande nach zur *Zuständigkeit der Regierung* gehört. Diese hat nun aber die angefochtene Anordnung nicht getroffen, insbesondere hat die beklagte Polizeibehörde die Verfügung nicht als Organ der Regierung in deren Auftrage, sondern *kraft eigener Macht als Ortspolizeibehörde* erlassen. Die Polizeibehörden sind nun, in *Schulverwaltungsangelegenheiten selbsttätig mitzuwirken nur zuständig*, soweit eine solche Mitwirkung *entweder durch das Gesetz ihnen ausdrücklich zugewiesen ist*, oder soweit sie sich nicht bloß aus dem Gesichtspunkte der Ordnung im Schulwesen, sondern *aus einem allgemeinen polizeilichen Interesse* ergibt. Eine Verletzung der öffentlich-rechtlichen Normen für solche Institutionen, welche nicht in erster Linie dem Schutze und der Obhut der Polizei anvertraut sind, berechtigt die letztere vielmehr zum Einschreiten erst dann, wenn durch die Art oder durch die Ausdehnung, in welcher diese Rechtsverletzungen hervortreten (zB. Tumult . . . . oder — speziell das Schulwesen anlangend — feuergefährliche Beschaffenheit des Schulhauses), zugleich eine Störung der öffentlichen Ruhe oder Sicherheit, Gefahren für das Gemeinwesen entstehen.

Geht man von diesen Grundsätzen aus, so ist die polizeiliche Verfügung, da ein besonderes Gesetz hier die Zuständigkeit der Ortspolizeibehörde gegenüber der Befugnis der Regierung nicht begründet, nur dann von einer zuständigen Behörde erlassen, wenn ALR. § 10 II 17 in Frage steht, nicht aber schon deshalb, weil die Kläger nicht die erforderliche Erlaubnis haben.

Der Vorderrichter hält das Einschreiten des Beklagten nach § 10 aaO. für berechtigt, weil für die Zöglinge, da den Klägern die technische Vorbildung für den Turnlehrerberuf fehle, eine Gefährdung des Lebens und der Gesundheit bestehe, und weil zweitens die Kläger als Anhänger der Sozialdemokratie den Kindern sozialdemokratische Anschauungen und Lehren einzuimpfen bestrebt sein würden. Nun sollen aber nach der KabO. von 1834 und der StaatsMinInstr. von 1839 wegen der Erlaubniserteilung die technische Qualifikation und die Sittlichkeit und Lauterkeit der Gesinnungen in religiöser und politischer Hinsicht ausdrücklich geprüft werden. Daraus ist zu entnehmen, daß man gerade jene beiden vom Vorderrichter behandelten Fragen in allererster Linie der Zuständigkeit der Schulverwaltungsbehörde zuzuweisen hat. Wenn man so allgemein wie der Vorderrichter die Ortspolizeibehörde für zuständig hält, dann läßt sich kaum ein Fall des Eingriffs in den Privatturnunterricht denken, bei dem nicht neben der Regierung auch die Ortspolizeibehörde zuständig wäre. Und doch kann nach der Rechtsprechung kein Zweifel sein, daß ihre Zuständigkeit nur ausnahmsweise eintreten soll. Danach wird man zu der Ansicht gelangen müssen, daß zwar die Zuständigkeit der Ortspolizeibehörde in Schulverwaltungsangelegenheiten — abgesehen von besonderer gesetzlicher Bestimmung — nur begründet sein kann, wenn der Fall des § 10 ALR. II 17 in Frage steht, daß es aber auch dann noch anderer Voraussetzungen bedarf. Es muß nämlich entweder an einer materiell-rechtlichen Schulnorm fehlen, aus der die Schulaufsichtsbehörde die Handhabe zur Abwendung der Gefahr nehmen kann, oder, wenn sie ihr zur Seite steht, muß der Fall so dringend liegen, daß das Eingreifen der Schulaufsichtsbehörde zu spät kommen würde.

Im ersten Falle ist das Eingreifen der Polizeibehörde völlig frei, da die Unterrichtsbehörde nicht tätig werden kann. Im zweiten Falle dagegen, wenn die Voraussetzungen sowohl der allgemeinen Vorschrift des § 10 ALR. II 17 als auch einer bestehenden Schulrechtsnorm bei dem gegebenen Tatbestande zutreffen, greift die Polizeibehörde mit jeder Verfügung zugleich in das ihr an sich verschlossene Gebiet der Schulverwaltung ein. Sobald nämlich im Staatsbetriebe besondere Verwaltungszweige besonderen Behörden zugewiesen sind, soll das allgemeine Einschreiten der Polizei ausgeschlossen sein. Nur wenn und soweit die besondere Verwaltungsbehörde nach den Verhältnissen des Falls nicht einschreiten kann, tritt auch hier wieder die auf Grund des § 10 ALR. II 17 begründete Zuständigkeit der Polizeibehörde ein.

D. Die Schulunterhaltung.

Literatur: v. Bremen: Schulunterhaltungsgesetz[2] (Stuttgart 1908). — Lezius: Gesetz, betreffend die Unterhaltung der öffentlichen Volksschulen vom 28. Juli 1906[2] (Berlin-Stuttgart 1908). — Rintelen: Die Volksschule Preußens in ihrem Verhältnis zu Staat und Kirche nach Erlaß des Volksschulunterhaltungsgesetzes vom 28. Juli 1906 (Berlin 1908). — v. Rohrscheidt: Preußisches Schulunterhaltungsgesetz[3] (Berlin 1908). — Sonkel: Volksschulunterhaltungsgesetz (Tilsit 1910). — Schulz: Die Schulordnung vom 11. Dezember 1845 und das Schulunterhaltungsgesetz vom 28. Juli 1906[4] (Danzig 1910). — Schreiber: Beteiligung des Staates an den Volksschullasten in Preußen (Breslau 1907). — Werther, Gesetz, betreffend die Unterhaltung der öffentlichen Volksschulen in Preußen vom 28. Juli 1906 (Berlin 1907).

1. Feststellung von Anforderungen auf Grund des G. v. 26. V. 87; Zwangsetatisierung.

Nr. 1. Entsch. v. 5. Nov. 1907 (PrVerwBl. 30 375) VIII B 49/07.

RegInstr. § 18e; SchulAnfG. v. 26. V. 87 (GS. 175); LehrBesG. § 2.

1. Die Bestimmung darüber, was die Schulgemeinde zur Befriedigung des Unterrichtsbedürfnisses zu leisten hat, steht nach § 18e RegInstr. v. 23. X. 1817 der Schulaufsichtsbehörde zu, soweit nicht das LehrBesG. v. 3. III. 97 oder andere einschlägige Gesetze diese allgemeine Befugnis der Schulaufsichtsbehörde eingeschränkt haben. Eine solche gesetzliche Einschränkung ist bezüglich der Entschädigung für Vertretungen nicht erfolgt. Die Festsetzung der zwangsetatisierten Entschädigung durch die Schulaufsichtsbehörde bewegt sich daher innerhalb der Grenzen ihrer Zuständigkeit und beruht auf gesetzlicher Grundlage.

2. Das SchulAnfG. v. 26. V. 87 (GS. 175), das die Klägerin für anwendbar erachtet, setzt neue oder erhöhte Leistungen der Schulunterhaltungspflichtigen voraus, kann sich also nicht auf Fälle beziehen, wo eine bisher schon bewilligte Leistung durch eine andere geringere ersetzt wird. Daß dieser Fall hier vorliegt, ergibt sich aus § 2 Abs. 1 LehrBesG. ohne weiteres, denn nach den dort getroffenen Bestimmungen muß der von der Gemeinde während der Vakanzzeit ersparte Gehaltsteil die von der Schulaufsichtsbehörde geforderten Vertretungskosten unzweifelhaft übersteigen. Es ist anerkannten Rechtens, daß die Schulaufsichtsbehörde, ohne daß es einer Mitwirkung der Beschlußbehörden bedarf, die Verwendung von Ersparnissen an Besoldungen zur Bestreitung von Stellvertretungskosten anzuordnen befugt ist, sofern nur diese Kosten die Summe der Ersparnisse nicht überschreiten und in demselben Rechnungsjahr entstanden sind, für welches die Besoldungen im Haushaltsplan ausgeworfen waren (OVG. 45 215).

Nr. 2. Entsch. v. 17. Juni 1908 (OVG. **53** 189) VIII A 86/07.

G., betr. die Feststellung von Anforderungen für die Volksschulen, v. 26. V. 87 (GS. 175), § 2; SchulUnterhG. v. 28. VII. 06 (GS. 335) § 18.

1. Nach dem SchulAnfG. v. 26. V. 87 (GS. 175) haben die Beschlußbehörden, wenn von den Schulaufsichtsbehörden für eine Volksschule Anforderungen gestellt werden, die durch neue oder erhöhte Leistungen der Schulunterhaltungspflichtigen zu gewähren sind, in Ermangelung des Einverständnisses der Verpflichteten die zu gewährende Anforderung insbesondere mit Rücksicht auf das Bedürfnis der Schule und auf die Leistungsfähigkeit der Verpflichteten festzustellen. Gegen diese Vorschrift verstößt der angefochtene Beschluß in mehrfacher Hinsicht. Einmal hat der Provinzialrat nicht über die von der Schulaufsichtsbehörde beantragte bedingungslose Erhöhung Beschluß gefaßt, sondern unter Abänderung des die Zurückweisung des Antrags der Regierung aussprechenden Beschlusses des Kreisausschusses eine bedingte Erhöhung, die gar nicht beantragt war, festgesetzt. Die Festsetzung ist aber auch nur eine scheinbare; denn die Verpflichtung der Gemeinden, die zur Erhöhung des Diensteinkommens gewährten Staatsbeihilfen zu diesem Zwecke zu verwenden, ist selbstverständlich. Sie bedarf nicht der Festsetzung der Beschlußbehörden, und diese Verpflichtung war auch von den Gemeinden nicht bestritten. Das Beschlußverfahren tritt aber nur in Ermangelung des Einverständnisses der Verpflichteten ein.

Fehlte es danach dem Beschlusse an den nach § 2 erforderlichen Voraussetzungen, so ist auch die Bedingung, daß die Gemeinden nur auf solange, als die Staatsbeihilfen gewährt würden, die angesonnene Gehaltsaufbesserung zu übernehmen verpflichtet seien, unzulässig. Die Folge des Ausfalls der Bedingung würde sein, daß niemand öffentlich-rechtlich verpflichtet ist, die Gehaltserhöhung, obgleich ihr Bedürfnis anerkannt ist, zu zahlen. Zweifellos trägt die Gehaltserhöhung denselben rechtlichen Charakter, wie das Lehrerdiensteinkommen überhaupt. Der Lehrer muß also auf sie, wie auf sein Diensteinkommen sonst, einen gesetzlich klagbaren Anspruch haben. Das setzt aber voraus, daß auch für die Gehaltserhöhung unter allen Umständen ein öffentlich-rechtlich Verpflichteter vorhanden ist. Danach ist es eine unabweisliche Folge, daß die Verpflichtung ebenso, wenn sie durch freiwilligen Beschluß der Schulunterhaltungspflichtigen, wie wenn sie durch Festsetzung der Beschlußbehörden begründet wird, nach bestehendem Rechte nicht von einer solchen Bedingung abhängig gemacht werden darf, bei deren Eintritt bzw. Ausfall es an einem öffentlich-rechtlich Verpflichteten überhaupt fehlen würde. Die Möglichkeit solcher bedingten Verpflichtung würde die Gefahr des Verlustes des Diensteinkommens der Lehrer in sich tragen und damit den Bestand der Volksschule selbst gefährden.

2. Wollte man versuchen, in dem angefochtenen Beschluß ein wirklich auf Begründung einer Verpflichtung gerichtetes Element zu finden, so könnte es — da für die Zeit nach Zurückziehung der Beihilfe nichts bestimmt ist, und bis zu jenem Zeitpunkte die Verpflichtung der Gemeinden zur Verwendung der Beihilfen für die Gehaltserhöhung unbestritten und unzweifelhaft ist — nur darin bestehen: daß die Staatsregierung verpflichtet sein solle, den Gemeinden, solange sie leistungsunfähig seien, die Staatsbeihilfe zu gewähren. Offenbar aber würde der Beschluß, wenn er diesen Inhalt hat, gegen das geltende Recht verstoßen. Denn die Beschlußbehörden würden nach dem hier in Betracht kommenden Rechte und jedenfalls in dem nach § 2 FeststellungsG. stattfindenden Verfahren nicht über die Staatsbeihilfen zu befinden haben. Die Staatsbeihilfen beruhen überhaupt nicht auf gesetzlicher Verpflichtung. Im § 18 Abs. 2 SchulUnterhG. v. 28. VII. 06 (GS. 335) ist in Uebereinstimmung mit dem früheren Rechte für die an Stelle der Staatsbeihilfen getretenen „Ergänzungszuschüsse an Schulverbände wegen Unvermögens für die laufenden Ausgaben der Schulunterhaltung" verordnet, daß ein Anspruch gegen den Staat weder im Rechtswege noch im Verwaltungsstreitverfahren geltend gemacht werden könne.

3. Endlich beruht die Zufügung der mehrfach genannten Bedingung in der Formel des Beschlusses des Provinzialrats auf einer Verkennung des Begriffs der Leistungsfähigkeit. Auf die Leistungsfähigkeit des Verpflichteten soll die Beschlußbehörde bei ihrer Festsetzung nach § 2 FeststellungsG. Rücksicht nehmen. Wenn nun der Provinzialrat nach seiner dem Beschlusse zugrunde liegenden Auffassung davon ausgeht: ohne die Staatsbeihilfen seien die Gemeinden leistungsunfähig, leistungsfähig dagegen nur so lange, als die Staatsbeihilfen gewährt würden, so beurteilt er die Leistungsfähigkeit von zwei verschiedenen Standpunkten aus, während in bezug auf die gestellte Anforderung der Schulverband nur entweder leistungsfähig oder leistungsunfähig sein kann. Die Auffassung, daß die Leistungsfähigkeit einmal mit und einmal ohne Einrechnung der Beihilfen festgestellt werden könne, ist unrichtig. In letzterem Falle wird sie danach bemessen, welche rechtlich erzwingbaren Einnahmen die Gemeinde hat, und welche rechtlich erzwingbaren Verpflichtungen ihr obliegen. Damit aber wird der Begriff der Leistungsfähigkeit zu eng gefaßt. Dieser Begriff ist aus dem wirtschaftlichen Verkehrsleben entnommen, und er ist daher auch aus den Anschauungen des Verkehrs zu erklären. Legt man danach dem Begriffe der Leistungsfähigkeit einer Gemeinde den Maßstab zugrunde, ob sie unter Einrechnung der ihr voraussichtlich sicher zugehenden Einnahmen und der voraussehbaren Ausgaben

imstande sein wird, die Verpflichtung, die ihr angesonnen wird, zu tragen, so muß man die Leistungsfähigkeit unter Einrechnung der in Aussicht gestellten Staatsbeihilfe bemessen. Denn die Staatsbeihilfen werden und sollen nicht zurückgezogen werden, wenn sich nicht das Unvermögen der Gemeinde ändert, wie ja denn auch nach dem Etat die Beihilfen wegen Unvermögens gegeben werden sollen, was mit Recht dahin verstanden wird, daß sie solange das Unvermögen besteht, einer Gemeinde, der sie gewährt werden, nicht zu entziehen sind.[1])

2. Begriff und Umfang der Schulbaulast.

Nr. 1. Entsch. v. 11. Dez. 1908 (OVG. 53 204) VIII B 61/07.

1. Zutreffend ist der Vorderrichter davon ausgegangen, die Verwaltungsgerichte hätten über die Anordnung von Schul-, Neu- oder Reparaturbauten gegebenenfalls in demselben Maß und Umfange zu befinden, wie dies den Regierungen vor Einführung der Verwaltungsgerichtsbarkeit nach § 18 RegInstr. zustand. Hieraus folgt aber nicht, daß mit der Verneinung eines von der Schulaufsichtsbehörde angenommenen Schulneubaubedürfnisses und mit der daraufhin ausgesprochenen Aufhebung des Baubeschlusses die Aufgabe des Verwaltungsrichters auch dann erschöpft sei, wenn über die nach Ausscheidung des Neubaues im Schulinteresse zu ergreifenden baulichen Maßnahmen der Streit fortdauert. Dies war hier der Fall. Eine Uebereinstimmung darüber, ob und wie die alten Räume brauchbar zu gestalten sind, und was nach Verwerfung des Neubaues an dessen Stelle treten soll, ist in der Vorinstanz nicht erzielt worden. Bei solcher Sachlage durfte der Bezirksausschuß sich nicht auf die Erörterung der von ihm vorgefundenen baulichen Mängel beschränken, sondern er mußte — sei es nach Anhörung eines Sachverständigen oder nach sonstiger

---

[1]) Vgl. Entsch. v. 17. VII. 08 VIII A 131—136/07:

Der vom Provinzialrate vertretene Standpunkt: daß er zwar berechtigt sei, aus Zweckmäßigkeitsgründen die Staatsbeihilfen bei Prüfung der Leistungsfähigkeit als Einnahme der Gemeinde mitzurechnen, daß ihm aber zu solchen Zweckmäßigkeitserwägungen die vorliegenden Fälle wegen der geringen wirtschaftlichen Kräfte der in Betracht kommenden Gemeinden und ihrer im Verhältnisse zu dieser geringen Leistungsfähigkeit schon sehr hohen Belastung nicht geeignet erschienen seien, hat die irrige Annahme zur Voraussetzung, daß der Begriff der Leistungsfähigkeit nicht aus sich selbst heraus zu bestimmen sei. Dabei wird übersehen, daß die Frage, ob ein Pflichtiger fähig sei, eine Leistung zu bewirken, allein durch das Ergebnis einer Gegenüberstellung seiner Einnahmen und Ausgaben beantwortet wird. Die Frage, ob es zweckmäßig ist, ihm eine Leistung aufzuerlegen oder nicht, hat damit, ob er leistungsfähig ist, nichts zu tun. Diese Frage der Zweckmäßigkeit ist von den Beschlußbehörden mit Rücksicht auf das Bedürfnis der Schule zu beantworten, und der Provinzialrat hat sie hier, indem er die Notwendigkeit der Anforderungen anerkannte, bejaht.

Weiter führt der Provinzialrat aus: wenn er unter Einrechnung der Staatsbeihilfe die Leistungsfähigkeit beurteile, so verschöbe sich die Zuständigkeit. Dies ist nicht richtig. Ueber die Frage, ob die Staatsbeihilfe zurückzuziehen ist, steht allein den Staatsverwaltungsbehörden die Entscheidung zu, und sie haben dabei zu prüfen, ob der Schulverband ohne die Staatsbeihilfe leistungsfähig sein wird. Zu einer Nachprüfung dieser Entschließung ist die Beschlußbehörde nicht berufen. Es trifft zu, daß dann das Feststellungsverfahren nicht offen steht, da eine „neue oder erhöhte Leistung" nicht in Frage ist, und daß also die Beschlußbehörde mit ihrer einmaligen Feststellung der Anforderung endgültig die Verpflichtung des Schulverbandes ausgesprochen haben würde. Das ist aber nur die Folge davon, daß nach bisherigem Rechte über die Zurückziehung der Beihilfen die Beschlußbehörden nicht zu befinden haben, und daß anderseits mit der in sicherer Aussicht stehenden Beihilfe als einem festen Einnahmeposten gerechnet werden kann.

Beweisaufnahme — die an Stelle des verworfenen Neubaues von der Klägerin zu bewirkenden Minderleistungen selbst feststellen.

2. Die Einrichtung der Volksschule in einem anderen Zwecken dienenden Gebäude ist regelwidrig, aber nicht unzulässig. Daß der Unterricht der vierklassigen Schule in dem Rathause zu S., einer stillen Landstadt von etwa 1500 Einwohnern, durch den dienstlichen Verkehr der Gemeindebehörden, der Sparkasse und selbst des Wacht- und Arrestlokals gestört wird, hält der Gerichtshof für nicht dargetan. — Der Spielplatz, den eine Schule in der Regel haben soll, wird, wenn auch nur notdürftig, ersetzt durch eine an das Rathaus stoßende Nebenstraße von 40 m Länge und 11 m durchschnittlicher Breite. Nach der glaubwürdigen Angabe der Klägerin verkehren auf dieser Straße nur die ländlichen Fuhrwerke der 5 Anlieger, und es hat sich dort in den 40 Jahren der Unterbringung der Schule im Rathause kein Unglücksfall ereignet. — Erhebliche Bedenken erregt die Anlage der neuen Aborte. Ob diese in ausreichender Zahl und ohne üble Dünste im Hause zu verbreiten, hergerichtet werden können, ist an der Hand eines einzuholenden Gutachtens genau zu prüfen. Nach Ansicht der Beklagten rechtfertigt das Vorhandensein der Abtritte im Hause — ein anderer Ort sei nicht gegeben — allein schon die Forderung des Schulneubaues. Dem war nicht beizupflichten. Wenn der MinErl. nebst Denkschr., betr. Bau und Einrichtung ländlicher Volksschulhäuser in Preußen, v. 15. XI. 95, bei Nr. 5 der Denkschrift nur Aborte außerhalb des Schulhauses vorsieht, so kann hier die Angabe der Klägerin nicht außer acht bleiben, wonach in dem Rathause die Herrichtung von üble Gerüche beseitigenden Spülaborten möglich sei. Nicht von Belang erschien die von der Beklagten noch geäußerte Besorgnis vor einer möglichen Benutzung der Schulaborte durch erwachsene Personen. Nur darauf kommt es hauptsächlich an, ob helle und geräumige Abtritte mit übersichtlichen Zugängen ohne schädigende Dünste in ausreichender Zahl auf dem seitherigen Grundstücke zu beschaffen sind.

Nr. 2. Entsch. v. 14. Dez. 1909 (PrVerwBl. 31 377) VIII C 25/09[1]).

1. Die Normativbestimmungen für den Bau und die Einrichtung von Volksschulhäusern in Preußen v. 15. XI. 95 bestimmen über die Anlegung von Aborten nur folgendes:

„Für jede Schule sind Abtritte . . . anzulegen."

„In der Regel ist für je 40 Knaben und für je 25 Mädchen ein Sitz anzunehmen, außerdem für jeden Lehrer, welcher im Schulhause wohnt, ein besonderer abgeschlossener Sitz."

„Auf schickliche Trennung der Zugänge für die Knaben und Mädchen ist besonders Bedacht zu nehmen."

Sie sind erlassen, „um die Forderungen, welche vom gesundheitlichen, schultechnischen und bautechnischen Standpunkt gestellt werden müssen, um den Volksschulunterricht zu einem die geistige und körperliche Entwickelung der Kinder gleich förderlichen zu machen, mit den finanziellen Rücksichten in Einklang zu bringen, welche durch die wirtschaftliche Lage der ländlichen Bevölkerung und die Leistungsfähigkeit der Baupflichtigen einerseits, die Beitragslasten des Staates anderseits geboten sind".

Danach muß jede Schule einen Abtritt haben, und es soll „in der Regel" für je 40 Knaben und für je 25 Mädchen ein Sitz beschafft werden. Die Normativbestimmungen rechnen hier mit den durch das Zusammenkommen von Kindern in größerer Menge entstehenden Schwierigkeiten. Daß auch ganz kleine Schulen, namentlich eine solche wie die erwähnte alte

[1]) Vgl. § 30 Abs. 3 VolksschulUnterhG. v. 28. VII. 06.

Pfarrschule mit höchstens 5—8 Kindern, für die Kinder mindestens 2 Sitze haben müssen, ist nicht bestimmt worden.

2. Danach befindet der Vorderrichter sich in keinem nachweisbaren Irrtum, wenn er annimmt, daß trotz der Normativbestimmungen v. 15. XI. 95 auch heute noch bei einer Zwergschule, wie es die alte Pfarrschule war, mit nur 5 bis höchstens 8 Kindern ein Abort mit 2 Sitzen, einem für den Lehrer und einem für die Kinder, und mit einem Pissoir für genügend angesehen werden könne, und daß die jetzt erforderliche dritte Sitzgelegenheit eine Folge der seit 1846 wesentlich stärker gewordenen Klassenfrequenz und des dadurch veränderten Bedürfnisses sei.

3. Mithin sind nach ALR. II 11 § 737, 12 §§ 710 ff. und nach den Vorschriften des G. v. 21. VII. 46 (GS. 392) die Kirchengemeinde und der Patron zu den durch die Ausführung des projektierten Abortbaues entstandenen Kosten mit Ausnahme desjenigen Teilbetrages heranzuziehen, der auf die Herstellung der dritten Zelle entfällt.

3. Die Schulunterhaltungspflichtigen.

a) Nach dem G., betr. die Unterhaltung der öffentlichen Volksschulen, v. 28. VII. 06.

Nr. 1. Entsch. v. 5. Okt. 1909 (OVG. 55 190) VIII B 54/08.

VolksschulUnterhG. v. 28. VII. 06 §§ 4, 24.

1. Das VolksschulUnterhG. v. 28. VII. 06 läßt in 2 Fällen der Veränderung von Schulverbandsverhältnissen, nämlich in den Fällen des § 4 und des § 24 Abs. 3, eine Entscheidung der Schulaufsichtsbehörde über die Vermögensauseinandersetzung vorbehaltlich einer den Beteiligten gegen diese Entscheidung zustehenden Klage im Verwaltungsstreitverfahren zu. Keiner dieser Fälle liegt hier vor.

2. Der § 24 aaO. spricht in Abs. 1 f. zunächst aus, daß die besonderen Schulgemeinden (Sozietäten), sowie diejenigen Schulen, die bisher als selbständige Rechtssubjekte Träger der Volksschullasten waren, aufgehoben werden und daß das Vermögen einer aufgehobenen Schulgemeinde (Schule) als ganzes auf den nach § 1 Abs. 2 des Gesetzes an ihre Stelle tretenden Schulverband übergeht. Im Anschlusse hieran bestimmt Abs. 3, daß, wenn der Bezirk der aufgehobenen Schulgemeinde (Schule) sich über den Bezirk mehrerer Schulverbände erstreckt hat, die mehreren Verbände als Rechtsnachfolger eintreten. Ueber die Auseinandersetzung zwischen den beteiligten Schulverbänden beschließt die Schulaufsichtsbehörde vorbehaltlich der Entscheidung im Verwaltungsstreitverfahren. Hieraus ergibt sich, daß der § 24 Abs. 3 nur in denjenigen Fällen eine Entscheidung der Schulaufsichtsbehörde über die Vermögensauseinandersetzung vorsieht, in denen kraft des Gesetzes eine Schulsozietät oder eine ein selbständiges Rechtssubjekt bildende Schule aufgehoben ist und an deren Stelle erstmalig mehrere, auf dem Kommunalprinzipe des § 1 des Gesetzes beruhende Schulverbände treten. Dann sollen sich diese mehreren Schulverbände als Rechtsnachfolger der aufgehobenen Schulsozietät oder Schule über deren ihnen angefallenes Vermögen nach der Vorschrift des § 24 Abs. 3 auseinandersetzen. Daß etwa die Schulen in W. bisher als selbständige Rechtssubjekte Träger der Volksschullast gewesen seien, kommt hier nicht in Frage. Ebensowenig haben die zu den Volksschulen in W. gewiesenen Hausväter der Stadt W. und der Landgemeinde N. eine Schulsozietät gebildet. Im Gegenteil wurde es durch den von der Schulaufsichtsbehörde gebilligten Vertrag ausdrücklich dabei belassen, daß der Stadt W.

die Unterhaltung der Schulen oblag und die Gemeinde N. nur einen fest bestimmten Beitrag für die Benutzung der Schulen zahlte. Statt daß eine Abgrenzung von Schulbezirken vorgenommen wurde, räumte der Vertrag den Eingesessenen der Gemeinde N. sogar das Recht ein, diejenigen städtischen Volksschulen zu wählen, in welche sie ihre Kinder schicken wollten. Von der Teilnahme an der Verwaltung der Schulen und einem Anteil am Schulvermögen blieb die Gemeinde N. ausgeschlossen. Es unterliegt daher keinem Zweifel, daß lediglich eine gastweise Einschulung in Frage kam. Bestand aber keine Schulsozietät zwischen den Parteien, und waren die Schulen in W. auch nicht selbständige Rechtssubjekte, so ist für eine Vermögensauseinandersetzung auf Grund des § 24 Abs. 3 aaO. hier kein Raum.

3. Aber auch die gesetzlichen Voraussetzungen für die Zulässigkeit einer Vermögensauseinandersetzung auf Grund. des § 4 aaO. sind nicht gegeben. Während § 24 aaO. diejenigen Auseinandersetzungen regelt, die in bestimmten Fällen durch das Inkrafttreten des VolksschulUnterhG. notwendig werden, beziehen sich die Bestimmungen des § 4 nur auf Schulverbandsveränderungen, welche nach Inkrafttreten des Gesetzes eintreten. Der § 4 aaO. begründet aber eine Zuständigkeit der Schulaufsichtsbehörde zur Beschlußfassung nur für solche Vermögensauseinandersetzungen, die infolge der Bildung, Aenderung oder Auflösung der Schulverbände notwendig werden. Keine dieser Voraussetzungen liegt aber für die von der Beklagten beanspruchte „Vermögensauseinandersetzung" vor. Eine Aenderung oder Auflösung eines Schulverbandes kommt hier nicht in Frage, weil die Landgemeinde N. sich mit der Stadt W. überhaupt nicht in einem Schulverbande befunden hatte, sondern nur gastweise eingeschult war. Nun ist zwar beim Inkrafttreten des VolksschulUnterhG. aus der Landgemeinde N. ein eigener Schulverband gebildet worden. Die begehrte Schadloshaltung ist aber nicht infolge der Bildung dieses Schulverbandes notwendig geworden. Vielmehr beruht der Anspruch der Gemeinde N. ursächlich darauf, daß ihr infolge der durch die Schulaufsichtsbehörde angeordneten Zuweisung der N.er Kinder zu der im Schulverbande N. neu errichteten Schule die Ausübung ihres Vertragsrechts, die Kinder gastweise in die Schulen der Stadt W. zu schicken, unmöglich gemacht worden ist. Lediglich als Folge dieser Unterbindung der Ausübung ihrer vertragsmäßige Befugnisse ist die Veränderung in den Schullasten der Gemeinde N. eingetreten, auf welche sie ihren Anspruch auf „Vermögensauseinandersetzung" stützt. Wenn die Regierung den neuen Schulverband N. zwar gebildet, jedoch von der Errichtung eines eigenen Schulhauses in seinem Bezirk abgesehen und es bei der bisherigen gastweisen Zuweisung der Kinder aus N. zu den städtischen Schulen in W. belassen hätte, wozu sie nach § 5 aaO. rechtlich in der Lage war, würde dem Entschädigungsanspruche der Gemeinde N. jede Grundlage fehlen.

4. Selbst wenn aber anzuerkennen wäre, daß der erhobene Anspruch auf Schadloshaltung infolge der Bildung des Schulverbandes erwachsen sei, würde für eine Vermögensauseinandersetzung auf Grund des § 4 aaO. kein Raum sein, da es für eine solche an einem Gegenstande mangelt. Gegenstand der Vermögensauseinandersetzung im Sinne des § 4 aaO. können immer nur bewegliche oder unbewegliche Sachen, an welchen den Beteiligten gemeinschaftliche Rechte zustehen, sowie Schuldverhältnisse, an welchen sie als Gesamtgläubiger oder Gesamtschuldner beteiligt sind, bilden, aber nicht gegenseitige Forderungen der Beteiligten. Eine weitergehende Ausgleichung, insbesondere der öffentlich-rechtlichen Interessen, wie sie § 3 LGemO. für den Fall einer Veränderung der Grenzen der Landgemeinden und Gutsbezirke zuläßt, findet auf Grund der Vorschrift des § 4 aaO. nicht statt.

b) Uebernahme der Schullasten auf die politischen Gemeinden.

Nr. 1. Entsch. v. 25. Juni 1909 (PrVerwBl. 31 193) VIII C 45/08.

1. Zwar ist der Einwand: es handle sich nicht um eine vom Schulvorstande, sondern vom Magistrat ausgegangene Heranziehung, nicht beachtlich. Entscheidend ist, daß der Kläger den Schulvorstand verklagt hat und das Wesen dieser Klage durch den vom Schulvorstand erlassenen Einspruchsbescheid bestimmt wird. Ganz unzweifelhaft ist aber, daß der Magistrat nur im Auftrage, in Besorgung der Geschäfte des Schulvorstandes die Heranziehungsverfügung unterschrieben hat. Das beweist nicht nur die öffentliche Bekanntmachung und der Steuererhebungsbeschluß des Schulvorstandes, sowie die Belehrung in der Heranziehungsverfügung: Einspruch sei beim Schulvorstande einzulegen, sondern vor allem der Umstand, daß bloß katholische Hausväter herangezogen sind, und daß die Verteidigung der Beklagten gerade darin beruht: es handle sich nicht um eine Kommunallast, sondern eine Sozietätslast, also auch nicht um eine Gemeindeabgabe, sondern eine Schulsteuer.

2. Zu dieser Schulsteuer ist aber nach der örtlichen Schulverfassung die Stadtgemeinde, nicht aber sind dazu die katholischen Hausväter verpflichtet. Nach dem Beschlusse der städtischen Körperschaften einer Stadt in Posen, wo das VolksschulUnterhG. nicht gilt, der die Genehmigung der Schulaufsichtsbehörde erhalten hat, hatte die Stadtgemeinde die Schulsozietätslasten übernommen, während die Persönlichkeit und Organisation der Schulgemeinden, insbesondere ihre Selbständigkeit in der Vermögensverwaltung und Etatsaufstellung unberührt blieb. Der Regierungspräsident hatte demgemäß die Einstellung der jährlichen Ausgabe für den Lehrer und der außerordentlichen Ausgabe für Ausstattung, sowie für Reinigung und Beheizung der Schulstube in den Haushaltsanschlag der katholischen Schulgemeinde zwangsweise verfügt. Dem Vorstande dieser Schulgemeinde lag es danach ob, die eingestellten Beträge zu beschaffen. Da an Stelle der früher verpflichteten Hausväter die Stadtgemeinde getreten war, so konnte er nicht jene, sondern mußte diese heranziehen. Anders wäre es nur, wenn in bezug auf Schulleistungen der hier in Rede stehenden Art die Uebernahme auf die Stadt nicht erfolgt wäre. Das ist jedoch nicht der Fall. Der Beschluß der städtischen Körperschaften ergibt nach seinem Wortlaut und nach den Vorverhandlungen, namentlich dem seine Grundlage bildenden Promemoria der Regierung, daß durch die Stadtgemeinde fortan derjenige Finanzbedarf gedeckt werden sollte, der bisher von den Hausvätern aufzubringen war. Ob ausnahmsweise für größere Reparatur- und Erweiterungsbauten die Hausväter nach wie vor verpflichtet sein sollten, hat hier unerörtert zu bleiben, da es sich um derartige Aufwendungen nicht handelt. Keinesfalls können sich aber die Beklagten darauf berufen, daß die Ausgaben, für die die Umlage ausgeschrieben ist, infolge des Schulstreiks und des Verhaltens der katholischen Hausväter veranlaßt worden seien. Denn der Uebernahmebeschluß enthält eine Ausnahme dahin nicht, daß die Stadtgemeinde für Aufwendungen, die durch Schuld der Hausväter erforderlich würden, nicht aufzukommen habe.

c) Sonstige Träger der Schullasten.

α) Im Geltungsgebiete des Allgemeinen Landrechts.

aa) Abgaben und Leistungen mit Ausnahme der Schulbaulast.

αα) Begriff und Beitragspflicht der Hausväter.

Nr. 1. Entsch. v. 11. Febr. 1908 (PrVerwBl. 30 733) VIII B 10/07.

BGB. § 7; ALR. II 12 §§ 29 ff.

1. Kläger durfte zu den Schulbeiträgen für das Quartal vom 1. IV. bis 30. VI. 06 in P. herangezogen werden, falls er in dieser Zeit noch zu den

Hausvätern des evangelischen Schulverbandes P. gehörte; dies ist davon abhängig, wie lange er noch im Schulbezirk seinen Wohnsitz gehabt hat. Für den Begriff des Wohnsitzes kommt betreffs der Schulbeiträge § 7 BGB. in Betracht.

Die Aufgabe des Wohnsitzes ist danach an zwei Erfordernisse geknüpft: einerseits an den Willen, die Niederlassung aufzugeben, und andererseits an den Wegfall der tatsächlichen Voraussetzungen, die den Wohnsitz begründet haben. Es muß also zu dem Willen, die Niederlassung aufzugeben, noch der tatsächliche Vollzug des Willens hinzutreten. Die bloße Willenserklärung gegenüber der Behörde (Schulvorstand, Landrat, Polizeibehörde) genügt noch nicht; es müssen vielmehr Handlungen hinzutreten, die die behauptete Aufhebung der Niederlassung deutlich erkennbar machen; stehen die hierüber ermittelten Tatsachen mit den Erklärungen des bisherigen Wohnsitzinhabers in Widerspruch, so kann diesen Erklärungen eine entscheidende Bedeutung nicht beigemessen werden.

Zur Begründung eines Wohnsitzes ist der Aufenthalt an einem Orte weder erforderlich, noch genügend, wohl aber genügt es, wenn jemand durch vollständige Einrichtung einer Wirtschaft (Mobiliar, Gesinde und was sonst zum Haushalt gehört) in eigener Wohnung in Verbindung mit einer Lebenstätigkeit den Willen erkennbar werden läßt, diesen Ort zum räumlichen Mittelpunkt seiner Lebensverhältnisse zu machen, in dem Sinne, daß er sich an ihm so lange aufhält, als nicht bestimmte Gründe ihn abrufen, und zu ihm heimkehrt, sobald für den Aufenthalt an anderen Orten kein Grund mehr vorliegt. Ein so begründeter Wohnsitz wird aufgehoben durch facta contraria, d. h. Tatsachen, die die entgegengesetzte Absicht erkennbar machen.

Kläger hat durch Kaufvertrag v. 8. I. 06 sein Gut P. an die Ansiedelungskommission zu Posen verkauft unter folgenden Bedingungen:

„Der Käufer räumt dem Verkäufer, seiner Familie und seinem Hausgesinde für die Zeit bis zum 1. VII. 06 im Gutshause zu P. ein unentgeltliches Wohnungsrecht sowie die unentgeltliche Benutzung des Schloßgartens, des Marstalles, der Wagenremise und der Kutscherwohnung ein. Der Verkäufer ist jedoch verpflichtet, sofort die nach Ansicht des Uebernahmekommissars für die Unterbringung des staatlichen Gutsverwalters und seiner Familie erforderlichen Räumlichkeiten zur Verfügung zu stellen. Während der Dauer des Aufenthalts des Verkäufers auf Grund seines unentgeltlichen Wohnungsrechtes wird Käufer ihm für die vom Verkaufe ausgeschlossenen Pferde und Federvieh auf die gleiche Dauer Stallung, Futter und Streustroh unentgeltlich gewähren. Endlich wird Käufer dem Verkäufer das für seinen Umzug erforderliche Packstroh und Packmaterial, soweit solches auf dem Gute vorhanden ist, unentgeltlich gewähren, ihm auch für den Umzug Gespann, Wagen und Arbeitskräfte zum Transport nach dem nächsten Bahnhof unentgeltlich zur Verfügung stellen."

Die Uebergabe hat noch im Januar stattgefunden; dem Verwalter der Käuferin sind v. 1. II. 06 an 7 von den 15 „Wohnräumen" des Schlosses P. eingeräumt worden, außerdem im Souterrain noch eine Küche, Speisekammer und Gesindeküche. Der Verwalter erhielt jedoch die Weisung, falls Kläger wieder zurückkehrte, ihm die Küche wieder zur Verfügung zu stellen und in einem anderen Raum einen Küchenherd für seinen Gebrauch zu setzen. Am 1. II. 06 war daher das Sachverhältnis folgendes: Kläger hatte mit dem Verkauf des Gutes seine landwirtschaftliche Berufstätigkeit in P. aufgegeben, aber die größere Hälfte seiner Wohnung behalten, in welcher sich sein gesamtes Mobiliar befand. Er konnte damals, wenn er wollte, nach P. zurückkehren und seinen Haushalt dort weiterführen.

Am 3. II. 06 erklärte der Kläger in einem Schreiben an den Landrat und am 15. II. 06 in einem Schreiben an den evangelischen Schulvorstand, daß er seinen Wohnsitz in P. bereits im Januar aufgegeben habe. Er äußerte also den Willen, die Niederlassung in P. aufzugeben, während bisher aus dem Vorbehalt des Wohnungsrechts für die Zeit bis zum 1. Juli der Wille, die Niederlassung bis zum 1. Juli beizubehalten, gefolgert werden mußte.

Es fragt sich nun, in welcher Weise der Wille, die Niederlassung aufzugeben, verwirklicht worden ist und die tatsächlichen Voraussetzungen der Niederlassung in Wegfall gekommen sind. Unerheblich ist der Umstand, daß Kläger mit seiner Familie auf einer längeren Reise im Süden abwesend war, erst im Mai nach Deutschland zurückkehrte und auch dann nicht in P., sondern zunächst in B. sich aufhielt, von wo er ein neues Gut zu kaufen suchte. Der tatsächliche Aufenthalt am Orte der Niederlassung ist nicht erforderlich; wohl aber muß die Möglichkeit vorhanden sein, dorthin heimzukehren. Es ist zu prüfen, wie lange diese Möglichkeit noch vorlag. Nicht ohne Bedeutung ist der bald nach der Uebergabe erfolgte Verkauf des Federviehes und der 4 Wagenpferde. Er ist ein vorbereitender Schritt nach dem Ziele der Aufhebung der Niederlassung hin. Von geringerer Bedeutung erscheint die Entlassung des Verwalters, die eine selbstverständliche Konsequenz des Gutsverkaufs war.

Das Hausgesinde bestand zur Zeit des Gutsverkaufs aus:

1. einem verheirateten Kutscher,
2. einer Köchin,
3. einem Wirtschaftsfräulein.

Keine dieser Personen wurde infolge des Gutsverkaufs entlassen. Der Kutscher hat die ihm vorbehaltene Wohnung bis Ende Juni 06 bewohnt; er blieb in Diensten des Klägers und folgte ihm später nach K. Desgleichen die Köchin; sie durfte vom Verwalter in seinem Haushalt verwendet werden, so lange sie vom Kläger nicht gebraucht wurde. Das Wirtschaftsfräulein hat zeitweise ein Zimmer des Schlosses bewohnt, sich mehrfach dort aufgehalten und die Verpackung der Sachen des Klägers Ende Juni 06 bewirkt.

Kläger hätte daher, wenn er im Frühjahr nach P. zurückkehren wollte, nicht nur die nötigen Wohnräume, sondern sofort 4 Menschen zu seiner Bedienung vorgefunden. Daß er dies nicht für standesgemäß erachtet, kann nicht ausschlaggebend sein.

Aber selbst wenn das Gesinde vor dem 1. April entlassen worden wäre, würde immer noch gegen die Aufhebung der Niederlassung der Umstand sprechen, daß die größere Hälfte seiner früheren Wohnung dem Kläger mit den Möbeln zur Verfügung stand; die Zusammendrängung der überschüssigen Möbel in einzelnen Räumen machte die Wohnung zwar unbequem, aber nicht unbewohnbar. Auch als der Verwalter nachträglich ein achtes Zimmer in Gebrauch nahm, verblieb noch eine Wohnung von 8 Zimmern für den Kläger. Seine Familie bestand aus 3 Personen. Für 3 Personen waren die dem Kläger reservierten Räume für die kurze Zeit bis zum 1. VII. 06 ausreichend, trotz der Zusammendrängung der Möbel aus den anderen Zimmern. Tatsächlich hat der Kläger insoweit von dem vertragsmäßig ausbedungenen Wohnungsrecht bis Ende Juni Gebrauch gemacht, als er eine mit seinen Möbeln ausgestattete Wohnung zur Verfügung hatte. Außerdem fällt ins Gewicht, daß Kläger einen neuen Wohnsitz auf seinem jetzigen Gute K. erst seit Ende Juni 06 besitzt; zu diesem Zeitpunkt hat seine Uebersiedelung stattgefunden.

Der polizeilichen Abmeldung am 30. IV. 06 ist entscheidende Bedeutung nicht beizumessen.

Das Schreiben an die Ansiedelungskommission v. 6. IV. 06 beweist, daß der Kläger an seinem Wohnungsrecht noch festhielt und nur unter Bedingungen, die ihm nicht gewährt werden konnten, auf dasselbe verzichten wollte. Auch die Warmhauspflanzen wollte er in P. belassen. Die Wagenpferde hatte er nach Ansicht des Verwalters nur verkauft, weil er dabei viel Geld verdient hatte.

Nach dem Schreiben der Ansiedelungskommission v. 7. V. 06, die auf die Bedingungen des Klägers nicht einging, blieb das Wohnungsrecht bis zum 1. VII. 06 unverändert bestehen. Kläger hat hiervon zwar persönlich für sich und seine Familie nicht Gebrauch gemacht, außer durch Aufbewahrung der Möbel; wohl aber hat er sein Hausgesinde davon Gebrauch machen lassen. Er hat also das Wohnungsrecht in mehrfacher Beziehung genutzt. Die tatsächlichen Voraussetzungen seiner Niederlassung in P. kamen daher erst mit Ende Juni 06 sämtlich in Wegfall.

Kläger war mithin für das Quartal, April, Mai, Juni noch zu den Hausvätern von P. zu rechnen und daher dort schulsteuerpflichtig.

Nr. 2. Entsch. v. 10. Juli 1908 (PrVerwBl 31 65) VIII C 60/06.

ALR. II 12 §§ 29 ff.[1])

1. Es ist davon auszugehen, daß die Schule in S. eine landrechtliche Sozietätsschule ist. Sie ist eine evangelische Anstalt, und von keiner Seite ist das Zutreffen derjenigen Voraussetzungen behauptet worden, unter welchen ausnahmsweise auch evangelische Schulen in Schlesien den Vorschriften des kath. SchulRegl. v. 18. V. 1801 unterliegen. Es greifen mithin als gesetzliche Normen für die Unterhaltung der Schule die §§ 29 ff. II 12 ALR. Platz, soweit nicht durch Vertrag oder Observanz sich eine abweichende örtliche Schulverfassung gebildet hat. Letzteres wird hier seitens der Kläger behauptet. Ihre Ausführung, daß die Schulverfassung sich durch Urbarium und Observanz gebildet habe, ist richtig dahin aufzufassen, daß die Schulverfassung auf dem Urbarium oder der Observanz beruhe, weil das eine das andere ausschließt. Die Ortsschulverfassung könnte sich nur entweder auf Grund der im Urbarium niedergeschriebenen oder auf Grund der schriftlich nicht fixierten, lokalen Rechtsnorm gebildet haben.

2. Die beiden Vorinstanzen nehmen nun eine Befreiung der Hausväter des Gutsbezirks von Schulbeiträgen auf Grund einer im Urbarium niedergelegten örtlichen Schulverfassung an. Sie gehen davon aus, daß unter „Untertanen" im Sinne des Urbariums lediglich die bäuerlichen Wirte und nicht die Hausväter des Gutsbezirks, d. h. das Hofgesinde, aus dem damals die Insassen des Gutsbezirks lediglich bestanden, zu verstehen seien. Insoweit kann man den Vorinstanzen unbedenklich folgen. Die Urbarien wurden zwischen den Gutsherrschaften und den Gemeinden, d. h. den vom Gutsherrn auf herrschaftlichem Grund und Boden angesetzten bäuerlichen Wirten, zur Regelung der aus dem gutsherrlich-bäuerlichen Verhältnis sich ergebenden Rechte und Pflichten abgeschlossen. Unter Untertanen konnten daher nur die in den Gemeinden zusammengefaßten Untertanen gemeint sein.

So spricht auch das Obertribunal (Strieth., Arch., 4 158) aus, daß der in älteren Urkunden gebrauchte Ausdruck „Gutsuntertanen", wenn er sich dem Gutsherrn gegenüber auf dessen Hintersassen bezieht, als Kollektivname der bäuerlichen Wirte, ohne Unterschied, ob sie Eigenbehörige oder Freie waren, zu verstehen ist. Die Gutsherrschaften hatten auch keinen Anlaß, in dem Urbarium mit dem Hofgesinde Vereinbarungen zu treffen, weil die den Hofgesindedienst betreffenden, im Urbarium zu ordnenden gutsherrlich-bäuerlichen Rechtsbeziehungen nicht zwischen Herrschaft und Hofgesinde, sondern zwischen Herrschaft und Gemeinde bestanden. Aus dem gutsherrlich-bäuerlichen Verhältnis entsprang nämlich die Verpflichtung der Gemeinde, ihre Kinder

[1]) Vgl. die §§ 32, 63, 70 des für Schlesien in Kraft getretenen G., betr. die Unterhaltung der öffentlichen Volksschulen v. 28. VII. 06.

nach dem Bedürfnis der Herrschaft dieser zum Gesindedienst gegen Lohn und Kost zur Verfügung zu stellen, und nur aus diesem Grunde schrieb die Instr. v. 20. I. 1785 und die Anleitung „wie die Urbarien der Allerhöchsten Intention gemäß vollständig einzurichten seien" v. 4. III. 1785 (Kornsche EdS. 18 269 und 306) vor, daß die Urbarien auch sich aussprechen müßten über

„das Dienen der Kinder auf dem herrschaftlichen Hofe, und zwar:

a) auf was für Höfe oder Vorwerker jede Gemeinde ihre Kinder dienen zu lassen schuldig?

b) ob und wieviel gemessene Dienstjahre eingeführt sind oder ob die Herrschaft die Kinder der Untertanen, so lange sie solche braucht, im Dienste behalten kann,

c) ob und wie hoch die Dienstjahre von Manns- und Weibspersonen reluiert werden,

d) worin das Lohn eines jeden Dienstboten, ingleichen die Kost des Gesindes bestehe".

Lediglich in diesem Sinne sind in das hier fragliche Urbarium die Bestimmungen „von dem Dienen des Hofgesindes und dessen Lohn und Kost", genau der Urbarialanleitung gemäß, aufgenommen worden. Es sollte also in dem Urbarium eine Vereinbarung der Gutsherrschaft mit den zur Gemeinde gehörigen Untertanen darüber getroffen werden, in welchem Umfange sie ihre Kinder zum Hofedienst zu schicken hätten und in welcher Weise sie hierfür durch Löhnung und Beköstigung ihrer Kinder zu entschädigen seien. Das Hofgesinde selbst ist auch im vorliegenden Falle tatsächlich zur Vereinbarung und Vollziehung des Urbariums nicht herangezogen worden, was aber hätte geschehen müssen, wenn es zu den Untertanen im Sinne des Urbariums zu rechnen gewesen wäre.

3. Im vorliegenden Falle ist nun das Urbarium nur errichtet zwischen der Gutsherrschaft und folgenden Klassen von Untertanen:

A. den Bauern,
B. den Freigärtnern,
C. den Robothgärtnern,
D. der Windmüllerin,
E. den Angerhäuslern,
F. den Hausleuten (Einliegern und Auszüglern).

Da das Hofgesinde zur Errichtung des Urbariums nicht herangezogen worden ist, folgt auch hieraus, daß es nicht zu den Untertanen im Sinne des Urbariums gerechnet worden ist. Wenn aber die Unterhaltung des Schulhauses Sache der Dorfgemeinde ist, so folgt hieraus, daß nach dem Urbarium an dieser Verpflichtung das Hofgesinde nicht beteiligt war.

4. Rechtsirrtümlich ist nun aber die Folgerung, daß sich aus der Nichterwähnung des Hofgesindes, der Gutshausväter, im Urbarium ihre Befreiung von Schullasten für alle Zukunft ergebe. Die Urbarien haben an erster Stelle den Zweck, zur Vermeidung von Streitigkeiten oder Prozessen die gegenseitigen Rechte und Pflichten zwischen Herrschaften und ihren zur Errichtung des Urbariums zugezogenen Untertanen zur Feststellung zu bringen. Dritte Personen, also hier die Gutshausväter, können in gleicher Weise, wie die Gutsherrschaften und Gemeinden, zwischen welchen das Urbarium zustande gekommen ist, sich auf dessen Inhalt nicht berufen. Hierzu kommt, daß in dem Urbarium die Befreiung der Gutshausväter von künftigen Schulleistungen noch nicht einmal positiv irgendwie zum Ausdruck gebracht worden ist. Die Gutsherrschaft und die Gemeinde hatten bei Abschluß des Urbariums auch nicht den mindesten Anlaß, eine Befreiung der Gutshausväter von Schulleistungen festzustellen, weil nach dem bis zum Erlaß des ALR., also zur Zeit der Errichtung des vorliegenden Urbariums, in den preußischen Staaten geltenden gemeinen Deutschen Recht die Unterhaltung der niederen Schulen den Dominien und Gemeinden oblag. Lediglich den Beitragsmaßstab zwischen Dominium und Gemeinde urkundlich festzulegen, war der Zweck der bezüg-

lichen Bestimmungen des Urbariums, nicht aber auch, die Beitragsfreiheit der Gutshausväter, welche damals schon gesetzlich bestand, ortsrechtlich zu fixieren. Als nach Nr. 1 Pat. v. 5. II. 1794 an Stelle der gemeinrechtlichen Grundsätze, nach welchen sich bis dahin in den einzelnen Provinzen des Staates die Unterhaltung der niederen Schulen regelte, vom 1. VI. 1794 ab das ALR. trat, nach dessen Bestimmungen in §§ 29ff. II 12 sämtliche zur Schule gewiesenen Hausväter, also auch die Gutshausväter, zur Unterhaltung der Schule verpflichtet sind, bestand mithin in dem Urbarium von S. kein ortsrechtliches Hindernis, auch die Gutshausväter von S. nach dem neuen Gesetzesrechte zu Schulbeiträgen heranzuziehen.

5. Die Kläger haben sich noch eventuell auf eine Befreiung von Schulbeiträgen durch Observanz berufen. Diese Ausführungen gehen jedoch fehl. Unstreitig ist allerdings, daß die Gutshausväter von S. bis zu dem gegenwärtigen Streitfalle zu Schulbeiträgen nicht herangezogen worden sind. Indessen konnte sich aus dieser Unterlassung eine Observanz zu ihren Gunsten weder in vorlandrechtlicher Zeit noch nach Inkrafttreten des ALR. bilden.

Die in vorlandrechtlicher Zeit erfolgte Freilassung ist unwesentlich, weil sich auf Grund dieser Uebung eine die Hausväter bindende Observanz nur unter der Voraussetzung bilden konnte, daß die Gutshausväter vor Einführung des ALR. zur Unterhaltung der Schule verpflichtet gewesen seien. Dies trifft aber nach Obigem nicht zu, da nach dem in den Preußischen Staaten bis zum Inkrafttreten des ALR. geltenden gemeinen Rechte die Schulunterhaltung den Dominien und Gemeinden oblag. Die vorlandrechtliche Uebung würde sich demnach auf Grund eines die Gutshausväter befreienden damaligen Gesetzes vollzogen haben und aus diesem Grunde eine observanzbildende Wirkung nicht äußern können. Nach Inkrafttreten des ALR. hat sich aber gegen die zwingende Vorschrift der §§ 29, 34 ALR. II 12, nach welcher die Schulunterhaltung sämtlichen Hausvätern des Schulbezirks obliegt, eine abweichende Observanz nicht mehr bilden können.

bb) Die Schulbaupflichtigen.

αα) Bei gewöhnlichen Volksschulen.

Nr. 1. Entsch. v. 8. Okt. 1907 (PrVerwBl. 30 425) VIIIC 126/06.

ALR. II 12 § 36.

1. Der Vorderrichter nimmt die Klägerin hauptsächlich deshalb als Schulgutsherrin von W. in Anspruch, weil das Gut W., als die Klägerin (eine Stadtgemeinde) es im Jahre 1658 von einem Herrn adligen Standes kaufte, Rittergut gewesen sei. Ist das Gut W. im Jahre 1658 von einem Herrn adligen Standes an die Klägerin verkauft worden, so begründet das nur eine gewisse Wahrscheinlichkeit dafür, daß das Gut als ein Rittergut anzusehen war.

Wenn er seine Annahme auf die Erhebung und Einklagung von Laudemien gründet, so verkennt er die rechtliche Natur des Laudemiums, das nach seiner Stellung im System des ALR. als Kennzeichen der Gutsherrschaft nicht ohne weiteres gelten kann; denn es kann auch auf einem rein privatrechtlichen Verhältnis beruhen (§§ 680—746 ALR. I 18) und ist sowohl bei geteiltem, wie bei ungeteiltem Eigentum rechtlich möglich.

Ein Erbpachtverhältnis läßt ebenfalls keinen Schluß auf die Gutsherrneigenschaft des Verpächters zu (vgl. §§ 187ff. ALR. I 21). Grundzinsen können unter Umständen einen Rückschluß auf ein gutsherrliches Verhältnis zulassen, sind aber nur dann zum Beweise geeignet, wenn feststeht, welches Rechtsverhältnis dieser vieldeutigen Bezeichnung zugrunde liegt. Ausweislich der Akten sind solche Grundzinsen und ähnliche Abgaben auch von Rittergütern und Freigütern an die Stadtgemeinde G.-W. entrichtet worden, sogar auf einer freien Standes- und Fideikommißherrschaft haftete ein Grundzins zugunsten der Stadt G.-W.; in allen diesen Fällen erscheint es ausgeschlossen, daß der Grundzins als Kennzeichen der Gutsherrschaft zu betrachten sei.

Auch im übrigen findet die Annahme des Vorderrichters, daß die Klägerin bei der Ablösung der auf W. vorhandenen Reallasten als berechtigte Gutsherrin aufgetreten sei — wenn hiermit die Gutsherrschaft im Sinne des § 36 ALR. II 12 gemeint war — in den zur Begründung der Vorentscheidung herangezogenen Akten keinen ausreichenden Anhalt.

Unter diesen Umständen konnte die Beurteilung des angeblich zwischen der Stadtgemeinde G.-W. und der Gemeinde W. bestehenden gutsherrlich-bäuerlichen Verhältnisses durch die Ablösungsbehörde für den Verwaltungsrichter nicht ohne weiteres ausschlaggebend sein. Welche Bedeutung einer derartigen Beurteilung innewohnt, darüber hat sich der Gerichtshof in einem Falle, wo es sich um die kommunale Zugehörigkeit eines Grundstücks handelte, nämlich in der Entsch. v. 17. XI. 05 — I 1285, folgendermaßen ausgesprochen:

„Die zur Leitung von gutsherrlich-bäuerlichen Regulierungen, Ablösungen und Gemeinheitsteilungen berufenen Auseinandersetzungsbehörden sind freilich so befugt wie verpflichtet, auch die öffentlich-rechtlichen Verhältnisse der in die Auseinandersetzung einbezogenen Grundstücke zu regeln (§ 4 Vd. wegen Organisation der Generalkommissionen v. 20. VI. 1817 [GS. 161], § 9 GemhTeilO. v. 7. VI. 21 [GS. 83] und § 11 Vd. über den Geschäftsbetrieb in Angelegenheiten der GemhTeilO., Ablösungen und gutsherrlich-bäuerlichen Regulierungen v. 17. VI. 34 [GS. 96]). Sie können daher in Verbindung mit den ihnen übertragenen Auseinandersetzungen auch Bestimmungen über die kommunale Zugehörigkeit der von ihnen ausgewiesenen Landabfindungen treffen, die die Natur organisatorischer Verwaltungsakte haben und deshalb einer Nachprüfung dahin, ob sie auf richtigen Voraussetzungen über die kommunale Zugehörigkeit des von dem Auseinandersetzungsverfahren erfaßten Grundbesitzes beruhen, im Verwaltungsstreitverfahren ebensowenig unterliegen, wie die von den außerhalb des Auseinandersetzungsverfahrens zuständigen Verwaltungsbehörden angeordneten Bezirksveränderungen. Das gleiche gilt jedoch nicht von den Mitteilungen der Rezesse über den bei Einleitung der Auseinandersetzung vorgefundenen Rechtszustand. Sie sind stets daraufhin zu prüfen, ob sie tatsächliche Angaben enthalten, die für die Beurteilung der kommunalen Zugehörigkeit von Erheblichkeit sind, oder ob sie doch auf Vorgänge hinweisen, in denen derartige Tatsachen anderweit beurkundet sind, aber die in ihnen zum Ausdruck kommende Beurteilung der kommunalen Zugehörigkeit hat für den Verwaltungsrichter keine bindende Kraft und ist für seine Entscheidung nur insoweit von Bedeutung, als sie in den mitgeteilten oder anderweit ermittelten Tatsachen eine ausreichende Grundlage findet.

2. Das wesentlichste Kennzeichen einer Gutsherrschaft war das Untertänigkeitsverhältnis der Einwohner bestimmter Bezirke zu dem Besitzer eines bestimmten Gutes, als dem Träger obrigkeitlicher Befugnisse. Es kommt nicht darauf an, ob der Gutsherr Untertanen tatsächlich gehabt hat, sondern ob er sie nach der rechtlichen Qualität seines Besitzes haben konnte. Das Recht, Untertanen zu haben und herrschaftliche Rechte „über dergleichen Leute“ auszuüben, stand in der Regel nur den Besitzern von Rittergütern zu; durch Provinzialgesetze, Privilegia oder Verjährung konnten aber auch Besitzer anderer freier Landgüter dieses Vorrecht erwerben (§§ 91f., ALR. II 7). Die herrschaftlichen Rechte bestanden in dem Rechte auf Treue, Ehrfurcht, Gehorsam und auf Leistung von Diensten, sowie auf Entrichtung von Abgaben durch die Untertanen (§§ 133f., 308ff. aaO.). Gleich den Rittergütern konnten aber auch die städtischen Kämmereigüter mit herrschaftlichen Rechten ausgestattet sein; in ihnen waren die Städte als Gutsherren zu betrachten, ohne Rücksicht darauf, ob sie dort noch Grundbesitz oder Hintersassen hatten oder eine Regelung der gutsherrlich-bäuerlichen Verhältnisse erfolgt war.

Hiernach wird der Vorderrichter die rechtliche Qualität des früher der Stadtgemeinde G.-W. gehörigen Guts W. nochmals zu prüfen und die diesbezüglichen Beweise zu erheben haben. Laudemien und Grundzinsen können von Bedeutung hierfür nur dann sein, wenn sie auf einem ehemaligen Untertänigkeitsverhältnis beruhen.

3. Wenngleich die Gutsherrschaft mit der Polizei- oder richterlichen Gewalt nicht notwendig verknüpft sein mußte, diese Befugnisse vielmehr getrennt in verschiedenen Händen liegen konnten, so wird doch der erweisliche Besitz der Gerichtsbarkeit oder der Polizeigewalt als Kennzeichen der Gutsherrschaft von Erheblichkeit sein. Der Vorderrichter wird daher den von der Beklagten angebotenen Beweis, betr. die Ausübung der Ortspolizei über Dorf und Kolonie W. zu erheben und nötigenfalls von Amts wegen noch andere bezügliche Ermittelungen anzustellen haben. Insbesondere würde in Betracht kommen, ob das Königliche Staatsarchiv über das Vorhandensein einer früheren Ritterwohnung Auskunft geben kann, und ob über die Entstehung des jetzigen Forstgutsbezirks Stadtforst G.-W. die Akten des Kgl. Landratsamts oder der Kgl. Regierung Aufschlüsse geben, welche bezüglich der Gutsherrlichkeit einen Rückschluß gestatten.

4. Wenn die Klägerin als Besitzerin eines Ritterguts oder Kämmereiguts W. die Gutsherrschaft besaß, bleibt ferner zu erörtern, ob sie deren etwa bei der Parzellierung des Gutes verlustig gegangen ist. Hierbei ist folgendes zu beachten: Im allgemeinen sind privatrechtliche Dispositionen des Eigentümers am Grund und Boden ohne Einfluß auf den Besitz der Gutsherrlichkeit. Der Gutsherr kann sich seiner gutsherrlichen Pflichten nicht willkürlich durch Parzellierung, Veräußerung oder Ablösung entledigen. Es ist nicht ausgeschlossen, daß die gutsherrlichen Rechte und Pflichten auf dem Eigentum eines verhältnismäßig geringen Teils eines Gutes beruhen bleiben. Die Zerstückelung eines Gutes ist daher an sich auf den Fortbestand der Gutsherrlichkeit ohne Einfluß; sofern nicht erweislich die Gutsherrschaft auf einen Teilbesitzer des zerstückelten Gutes übergegangen ist, bleibt grundsätzlich der bisherige Inhaber Träger der gutsherrlichen Rechte und Pflichten.

Nr. 2. Entsch. v. 14. Jan. 1908 (PrVerwBl., 30 662) VIII C 107/05.
ALR. II 12 § 36; LVG. § 53.

1. Zu Unrecht hat der Vorderrichter sachlich über die Frage entschieden, ob der Baubeschluß der beklagten Regierung für vorläufig vollstreckbar erklärt werden durfte. Wenn Beschlüsse, die mit der Klage im Verwaltungsstreitverfahren angefochten sind, auf Grund des § 53 des LVG. zur Ausführung gebracht werden, weil diese nach dem Ermessen der Behörde ohne Nachteil für das Gemeinwesen nicht ausgesetzt bleiben kann, so ist gegen die Anordnung der Ausführung die Klage im Verwaltungsstreitverfahren nicht zugelassen.

2. Für einen Streit im Sinne des § 47 ZustG. bedarf es nicht eines Streites unter den Unterhaltungspflichtigen. Es genügt, wenn, wie hier, zwischen der Schulaufsichtsbehörde und einem Unterhaltungspflichtigen über dessen Baupflicht Streit entstanden ist.

3. Wenn der Vorderrichter annimmt, es habe genügt, daß der Klägerin die Bauprojekte im Laufe des Streitverfahrens und zwar des Verfahrens erster Instanz vorgelegt worden seien, so ist hierin ein Rechtsirrtum nicht zu erkennen. Wenn ferner zur Zeit der Vorlegung die Bauten größtenteils schon ausgeführt waren, sind hierdurch die beanspruchten Naturalleistungen keineswegs unmöglich geworden. Art und Maß dieser Leistungen ist in keiner Weise

beeinflußt worden. Sie können auch nach Vollendung der Bauten sehr wohl zu dem Zwecke Verwendung finden, dem sie nach der Absicht des Gesetzes dienen sollen, nämlich zur Deckung der Baukosten. Es handelt sich um vertretbare (fungible) Sachen, durch deren Lieferung der Pflichtige von seiner gesetzlichen Lieferpflicht befreit wird ohne Rücksicht darauf, ob die gelieferten Materialien auch tatsächlich bei dem Baue Verwendung finden. Auf diese Verwendung hat er keinen Anspruch. Hieran kann auch die Erwägung nichts ändern, daß der Pflichtige durch Verwendung anderer, minderwertiger Materialien seitens des Bauherrn in bezug auf den künftigen Umfang der Lieferungspflicht in seiner Lage verschlechtert werden könne, unbeschadet der nicht zur Zuständigkeit des Verwaltungsrichters gehörenden Frage, inwieweit etwa dadurch ein Anspruch auf Schadenersatz begründet werden könnte. — Ebenso erledigt sich damit die Revisionsrüge, daß die Klägerin schon deshalb nicht lieferungspflichtig sei, weil Bauholz und sonstige Baumaterialien nach Fertigstellung der Bauten nicht mehr notwendig seien. Anders würde allerdings die Sache liegen, wenn die Bauten nicht in der durch den Baubeschluß angeordnete Gestalt mit Zustimmung der Schulaufsichtsbehörde zur Ausführung gebracht worden wären.

4. Auch die übrigen Bemängelungen der Bauten durch die Klägerin verwirft der Vorderrichter ohne Rechtsirrtum und Verfahrensmangel als ungerechtfertigt. Im besonderen ist die Bemessung des Klassenraumes der Schule zu N. für 60 Kinder bemängelt. Hierbei wird verkannt, daß sich der Umfang eines vorhandenen Bedürfnisses nicht lediglich nach dem Zeitpunkte bestimmt, in welchem die Anforderung zur Ausführung des Baues von der Schulaufsichtsbehörde gestellt wird. Darf nach den schon jetzt obwaltenden tätsächlichen Verhältnissen angenommen werden, daß während eines bestimmten absehbaren Zeitraums ein erweitertes Bedürfnis zu befriedigen sein wird, so ist es nicht schlechthin unzulässig, daß die Schulaufsichsbehörde ihre Anforderungen mit Rücksicht auf solche besonderen Verhältnisse stellt.

5. Nach der Entscheidung des Bezirksausschusses hat der Kreisausschuß richtig festgestellt, daß die Klägerin Gutsherrschaft über G. und N. gewesen sei. Damit hat der Bezirksausschuß sich die Beweisaufnahme der I. Instanz angeeignet. Die Revision behauptet deshalb zu Unrecht, der Vorderrichter habe keinerlei Tatsachen festgestellt, aus denen sich der Begriff der Gutsherrschaft in bezug auf die klagende Stadtgemeinde im Verhältnisse zu den Dörfern G. und N. herleiten ließe. Im übrigen durfte der Bezirksauschuß davon ausgehen, daß die gutsherrlichen Rechte und Pflichten in Ansehung der Schulen noch heute fortbestehen.

6. Zu Unrecht rügt auch die Revision die Verletzung des § 3 G. v. 2. III. 50. Diese Vorschrift berechtigt durchaus nicht zu der von der Klägerin daraus gezogenen Schlußfolgerung: mit der Aufhebung der auf einem ehemaligen schutzherrlichen Verhältnisse beruhenden Lasten und Abgaben ohne Entschädigung habe die Gutsherrlichkeit den Ortschaften G. und N. gegenüber aufgehört. Alle dort aufgehobenen Berechtigungen bezogen sich zudem nicht auf die Schule und deren Unterhaltung. Die Vorderrichter folgern die Gutsherrlichkeit der Stadtgemeinde G. über die Dörfer N. und G. einmal daraus, daß dem Magistrat die polizeiobrigkeitliche Gewalt zustand, sodann aus dem Inhalt der Rezesse. Darüber, daß der Magistrat die gutsherrliche Polizeigewalt über die genannten Ortschaften bis zu deren Aufhebung bei Einführung der KrO. geführt hat, waltet kein Zweifel. Nach den Akten, betr. Dismembrationen von G., waren von den betr. bäuerlichen Grundstücken u. a. an die Gutsherrschaft und ferner an die Kämmereikasse Dienstgeld, Erb- und Silberzins zu entrichten, zudem die üblichen Jagddienste, Wachholzfuhren und Baufuhren zu leisten. Bei der Dismembration des S.schen Bauerguts heißt es: an die

Kämmerei zu G. als Grundherrschaft. Nach den Akten des Magistrats „von den Untertanen des Stadtdorfes R. nachgesuchte Genehmigung des Verkaufs einzelner zu ihren Nahrungen gehöriger Grundstücke betreffend" waren an gutsherrlichen und übrigen Abgaben zu entrichten: Dienstgeld, Silberzins, Eier, Kraut, Wachgeld. An anderer Stelle werden Dienstgeld, Erb- und Silberzins als herrschaftliche Abgaben bezeichnet, wieder an anderer als Abgaben an die Grundherrschaft. Bei einer Dismembration im Jahre 1850 werden Dienstgeld, Silberzins, Martinisteuer, Zinshähne, Holzfuhren als Abgaben an die Gutsherrschaft in bezug auf deren Polizeiobrigkeit (Jurisdiktionszins oder Schutzgeld) aufgeführt. Es mag noch darauf hingewiesen werden, daß die Begriffe des Grundherrn und des Gutsherrn sich nicht ohne weiteres ausschließen, daß die Bezeichnung Grundherr und Gutsherr vielmehr auch in der Gesetzessprache der betr. Zeitepoche in gleicher Bedeutung gebraucht wird (§ 88 ALR. II 7, Anhang zu § 106 aaO.). Es ist auch nicht abzusehen, wie die Stadt nach damaliger Lage der gutsherrlich-bäuerlichen Verhältnisse Grundherr von G. und R. hätte sein können, ohne daß sie zugleich Gutsherr der Orte war.

Die Vorderrichter haben sonach rechtlich nicht geirrt, wenn sie aus den genannten Urkunden die Eigenschaft der Klägerin als Gutsherrn der Gemeinden G. und R. herleiten. Ob die Klägerin in den Gemeinden gegenwärtig noch Grundbesitz oder Hintersassen hat, ist hierbei rechtlich ohne Bedeutung.

7. Der Vorderrichter ist allerdings der Klägerin insofern nicht gerecht geworden, als er deren Ausführung, ein nicht angesessener Gutsherr des Schulorts könne zu Bauleistungen nicht herangezogen werden, so ausgelegt hat, als habe sie damit sagen wollen, ein Gutsherr, der am Schulorte nicht angesessen sei, könne nicht zu Bauleistungen herangezogen werden. In dem Urteil des Gerichtshofes v. 20. VI. 91 ist auch in der Tat der Satz enthalten, den die Klägerin daraus entnommen hat, nämlich daß im Geltungsbereich des ALR. ein unangesessener Gutsherr des Schulorts zu Bauleistungen nicht herangezogen werden könne. Dieser Satz ergibt sich aus der Vorschrift des § 36 II 12 ALR., wonach die Verpflichtung zur unentgeltlichen Hergabe der Baumaterialien zum Schulbau ausschließlich auf dem Gute ruht, wo die Schule sich befindet. Die Klägerin geht aber von der irrigen Annahme aus, das Gut, das zur Abgabe der Materialien verpflichtet sei, müsse gerade in den Gemeinden belegen gewesen sein, wo die Schule liege. Entscheidend ist vielmehr allein, ob die Schule innerhalb des Territoriums belegen ist, über das dem Gutsbesitzer die gutsherrliche Gewalt zustand. Ist die Klägerin Gutsherr der Gemeinden G. und R., so ist sie als Gutsherr der dort befindlichen Schulen anzusehen. Das Gut, in dessen früherem obrigkeitlichen Gebiet eine Schule belegen ist, kann sehr wohl auch eine Gesamtbegüterung, eine sog. Herrschaft sein, so auch ein eine einheitliche Herrschaft bildendes Kämmereigebiet.

Die Behauptung der Klägerin, sie sei zur Lieferung von Materialien für die Schulbauten nur dann verpflichtet, wenn sie in dem Bezirk der Ortschaften R. und G. derartige Materialien besäße, wäre nur erheblich, wenn die Gutsherrschaft über diese Gemeinden als eine besondere, von dem (sonstigen) Grundbesitze der Klägerin unabhängige anzusehen wäre. Diesen Beweis hat die Klägerin nicht erbracht. In Ermangelung eines Nachweises für ihre Behauptung mußte die Klägerin als für das ganze Kämmereigebiet verpflichtet angesehen werden. Nun handelt es sich hier zwar wesentlich um Bauholz und der gesamte Waldbesitz der Klägerin gehört anscheinend zu der G.er Stadtforst. Daß diese räumlich ohne jede Beziehung zu den Ortschaften G. und R. ist und auf einem besonderen Grundbuchblatte eingetragen steht, ist rechtlich belanglos. Auch der Umstand, daß die G.er Stadtforst einen selbstständigen Gutsbezirk für sich bildet, befreit die Klägerin nicht von der ihr in dem Baubeschluß auferlegten Leistung. Denn dafür, daß die Stadtforst, schon zur Zeit der Einführung des ALR. ein unabhängig von dem sonstigen Kämmereigebiet bestehendes Gut mit bäuerlichen Untertanen gewesen sei — worauf es hier allein ankommt —, hat die Klägerin nichts beigebracht.

Nr. 3. Entsch. v. 17. März 1908 (OVG. 52 210) VIII C 19/07.

ALR II 12 §§ 34, 36.

1. Wie nach § 265 ZPO., so hat auch im Verwaltungsstreitverfahren die Veräußerung der im Streit befangenen Sache oder des Grundstücks, um deswillen eine Schulbaupflicht besteht, auf den Prozeß keinen Einfluß. Von dieser rein prozeßrechtlichen Vorschrift verschieden ist die Frage, ob durch Veräußerung der im Streit befangenen Sache die materielle Legitimation zur Sache entzogen wird. Es ist hierüber auf OVG. 42 232ff. und 45 240 zu verweisen, die zwar in Wegebausachen ergangen sind, aber auch für Schulbausachen passen. So lange die Klage gegen L. nicht zurückgenommen ist — es ist das nicht geschehen — und so lange die E.schen Eheleute nicht in rechtlich zulässiger Weise in den Prozeß als Partei eingetreten sind — sie haben das nicht getan, niemand hat eingewilligt, daß sie Partei werden, sie sind auch nicht Partei, sondern Beigeladene —, so lange ist auch die Parteirolle des Beklagten L. nicht beendigt. Dann fragt sich aber weiter, ob der Eigentumswechsel an der sachlichen Legitimation des L. etwas ändert, d. h. ob er, seine Verpflichtung an sich vorausgesetzt, noch verurteilt werden kann. Das ist davon abhängig, welchen rechtlichen Charakter die gutsherrliche Last des § 36 II 12 ALR. hat. Hier ist aber nicht zweifelhaft, daß sie weder eine rein dingliche noch eine rein persönliche Last, sondern eine Last ist, die „mit Rücksicht auf den Besitz des Gutes" zu leisten ist, d. h. die Leistung ist nicht nur in das Grundstück, sondern in das gesamte bewegliche und unbewegliche Vermögen des Gutsherrn vollstreckbar. Die Schulaufsichtsbehörde kann daher ihr Bauresolut nur gegen den jeweiligen Gutsherrn richten, hat sie dies aber getan, so muß der Inanspruchgenommene die Leistung persönlich erfüllen, und an seiner persönlichen Verpflichtung gegenüber der Schulaufsichtsbehörde wird dadurch nichts geändert, daß er später den Grundbesitz aufgibt.

2. In der Sache fragt sich, ob der Domänenfiskus nach örtlicher Schulverfassung die behauptete Baupflicht hat. Denn, wenn dies zu verneinen ist, sind die streitigen Baukosten nach dem Gesetze zu verteilen, während andernfalls der Baubeschluß das richtige trifft. Darin, daß aus einer Observanz die Verpflichtung des Fiskus nicht hergeleitet werden kann, ist den Vorderrichtern lediglich zu folgen. Daher ist nur noch in Frage, ob die behauptete Verpflichtung auf die Annahme einer Stiftung sich stützen läßt. Das muß ebenfalls verneint werden. (Es folgt eine Darlegung der geschichtlichen Entwickelung der Schulverhältnisse.)

Nach diesen Vorgängen liegt eine Schulstiftung nicht vor. Die Schulaufsichtsbehörde will schon in der bloßen Tatsache der Erbauung der Schule aus Staatsmitteln die Vornahme der Stiftung erkennen. Wäre das richtig, so würde daraus folgen, daß niemand eine Schule erbauen könnte, ohne die dauernde Unterhaltung zu übernehmen. Ein solcher Grundsatz ist dem Schulrecht unbekannt; im Kirchenrecht allerdings liegt das anders. Denn wer eine Kirche erbaut, erwirbt damit Anspruch auf das Patronat, und wo es eine Patronatsbaulast gibt, kann wohl die mittelbare Folge der Erbauung einer Kirche auch die sein, daß der Erbauer dauernd zur Unterhaltung verpflichtet wird. Allein bei Schulen tritt eine solche Verpflichtung nicht ein, schon weil es kein Schulpatronat gibt. Also wurde der Staat bloß dadurch, daß er die Schule im Jahre 1798 baute, nicht unterhaltungspflichtig. Nur dann, wenn in und mit dem Baue der Fiskus zu dauernder Unterhaltung stiftungsmäßig sich verpflichtet hätte, würde damals eine derartige Verpflichtung entstanden sein. Wer stiftet, muß aber einen Stiftungswillen haben und diesem Willen Ausdruck geben.

Danach fehlt es an einem den Domänenfiskus verpflichtenden Rechtsgrunde. Es sind vielmehr die Kosten nach dem Gesetz auf die Schulgemeinde (§ 34 II 12 ALR.) und den Gutsherrn (§ 36 das.) zu verteilen. Nach den obigen Ausführungen kann es nur darauf ankommen, ob L., als die Verpflichtung gegen ihn geltend gemacht wurde, Gutsherr war. War er das damals nicht, so hat der Domänenfiskus nicht den gesetzlich Verpflichteten verklagt, und er müßte deshalb abgewiesen werden. L. war aber in dem genannten Zeitpunkte Gutsherr. Der Domänenfiskus hat durch den mit Genehmigung des Königs erfolgten öffentlichen Verkaufzuschlag und den anschließenden Vertrag das Domänengut dem Kaufmann Fr. verkauft. Hatte danach Fr. die gutsherrliche Schulbaupflicht überkommen, so ging sie bei der von ihm vorgenommenen Zerstückelung des Gutes auf den Erwerber des Rittersitzes (castrum) über. Als solcher ist aber nach den unangefochtenen Feststellungen der Vorderrichter L. anzusehen. L. hat also die nach § 36 aaO. bestimmten gutsherrlichen Leistungen zu bewirken, während im übrigen die verklagte Schulgemeinde baupflichtig ist.

Nr. 4. Entsch. v. 8. Dez. 1908 (OVG. 53 201) VIII C 51/07.
ALR. II 12 § 36.

Der für eine Gesamtbegüterung in Anspruch genommene Gutsbesitzer, der die ihm von der Schulaufsichtsbehörde angesonnene Leistung auf die Schulgemeinde abbürden oder auf ein bestimmtes Gut einschränken will, hat zu beweisen, daß nicht das ganze Gebiet seiner Begüterung, sondern ein innerhalb dieser als selbständiges Rittergut bestehendes Gut dasjenige sei, mit dessen Besitze die gutsherrlichen Rechte und Pflichten verbunden seien. Durch ein einfaches Bestreiten kann der in Anspruch genommene Gutsherr die Beweislast nicht verändern. Entscheidend für die Beweislast des Gutsherrn ist allein, daß ihm durch die Schulaufsichtsbehörde die Schulbaulast für eine gewisse Gesamtbegüterung angesonnen wird und er diese Baulast entweder auf ein bestimmtes Gebiet einschränken oder auf die Schulgemeinde abbürden will.

2. Wenn auch bei teilweiser Veräußernng eines Gutes die Gutsherrlichkeit der Regel nach mit dem Besitze des castrum, des Rittersitzes, verbunden bleibt, so ist dies doch keineswegs immer der Fall. Der Besitz des den Mittelpunkt des Gutes bildenden Schlosses bildet nur ein, allerdings meist sehr wesentliches, Merkmal der Gutsherrlichkeit, dessen Bedeutsamkeit aber durch andere entgegenstehende Umstände des Einzelfalls abgeschwächt oder aufgehoben werden kann. Im vorliegenden Falle konnte aber der Vorderrichter ohne Rechtsirrtum zu der Annahme gelangen, daß die Gutsherrlichkeit über alle im Gebiete der Gesamtbegüterung angesiedelten bäuerlichen Wirte auf die Stadt B. übergegangen ist; denn er konnte aus dem Inhalte des Burglehnskaufs unbedenklich entnehmen, daß nach dem Willen des Veräußerers trotz der Zurückbehaltung des Schlosses der Inbegriff der gesamten Herrschaftsrechte, insbesondere das Recht auf Untertanendienste, im räumlichen Umfange des Gesamtguts der Klägerin verliehen werden sollte.

3. Die Auflösung eines Gutsbezirkes, der lediglich aus Bestandteilen des Gesamtguts gebildet war, ist einflußlos auf den rechtlichen Bestand der auf dem Gesamtgute ruhenden Gutsherrlichkeit.

Nr. 5. Entsch. v. 8. Jan. 1909 (OVG. 54 161) VIII C 134/07.

ALR. II 12 § 36.

1. Zu Schulbauten im Gebiete des ALR. hat der Gutsherr des Schulorts auf dem gutsherrlichen Grund und Boden gewachsene oder gewonnene Materialien nur unter der Voraussetzung zu verabfolgen, daß solche hinreichend vorhanden sind.

Eine Verpflichtung des Gutsherrn, zur Erfüllung der Baulast aus § 36 II 12 ALR. entgegen einem rationellen Forstbetriebe vorhandene Waldbestände niederzulegen, ist aus dem dort Gesagten nicht zu entnehmen. Auch neuerdings hat noch der Gerichtshof ausgesprochen, der Gutsherr solle nicht gezwungen werden, unwirtschaftlich, also unter Verwüstung des Waldes, aus diesem Holz schlagen zu lassen.

2. Der Umfang des eigenen Wirtschaftsbedarfes, die Art und die Zeit seiner Befriedigung ist nach den wirtschaftlichen Verhältnissen des Gutes und nach dem Maßstabe der Sorgfalt des gewissenhaften Landwirts zu bestimmen. Persönliche und wechselnde Neigungen des jeweiligen Besitzers sind daher nicht maßgebend, und es kommt nicht darauf an, die sämtlichen vorhandenen Baulichkeiten jederzeit in einem technisch völlig einwandfreien Zustande zu erhalten; denn sie können zum Teil wirtschaftlich entbehrlich sein oder für den Wirtschaftsbetrieb eine derart untergeordnete Bedeutung besitzen, daß ihre kostspielige Instandsetzung von Grund aus nicht wirtschaftlich erscheint, daher von einem verständigen Landwirte nicht vorgenommen zu werden pflegt. Dem von beiden Vorderrichtern gebilligten Gutachten, das von einem wesentlich technischen Maßstabe der für erforderlich erachteten baulichen Instandsetzungen ausgeht, fehlt es an der Begründung der wirtschaftlichen Notwendigkeit des angegebenen Bedarfes.

ββ) Bei Schul- und Küsterhäusern insbesondere.

Nr. 1. Entsch. v. 17. Nov. 1908 (PrVerwBl. 31 211) VIII C 70/07.

SchulKüstHG. § 3.

1. Durch § 3 G. v. 21. VII. 46 sollte, wie der Eingang des Gesetzes ergibt, den Kirchenbaupflichtigen nur die Pflicht, für das mit der Entwickelung des Schulwesens erweiterte Bedürfnis zu sorgen, abgenommen werden. Es sollte also für den Fall, daß die Erweiterung der Schulklassen bei Küsterschulen durch die Zunahme der Schülerzahl notwendig würde, die Baupflicht auf die Schulunterhaltungspflichtigen übergehen. Wo dagegen in Frage kommt, das Schullokal den jeweiligen hygienischen oder pädagogischen Anforderungen der Schulaufsichtsbehörde in seinen Abmessungen oder Einrichtungen anzupassen, ohne daß eine Erhöhung der Schülerzahl hierzu den ursächlichen Anlaß bietet, handelt es sich um keine „durch die Entwickelung des Schulwesens" bedingte Erweiterung im Sinne des § 3 aaO., sondern um eine Vervollständigung (ampliatio) der Schulanstalt. Diese Unterscheidung ist vom Gerichtshof in ständiger Rechtsprechung festgehalten worden. Vgl. OVG. 31 150, 48 197.

Auch im vorliegenden Falle hat die Schulaufsichtsbehörde die Erweiterung nur gefordert, weil nach den heutigen hygienischen Anforderungen der Raum für die bisherige Kinderzahl im gesundheitlichen Interesse unzureichend sei. Da nun die Küsterei infolge der ursprünglichen Widmung des Hauses zu Küster- und Schulzwecken in den Grenzen, in welchen sie bis zum Jahre 1846 das Schulbedürfnis befriedigte, den jeweiligen hygienischen Anforderungen anzupassen ist, ergibt sich, daß die notwendige Vergrößerung der Räume hier durch das

Bedürfnis der Küsterei selbst hervorgerufen ist, und daß es sich somit nicht um eine Erweiterung im Sinne des § 3 aaO., sondern um eine Vervollständigung handelt, deren Kosten den Kirchenbaupflichtigen zur Last fallen. Ob diese Vervollständigung durch Anbau oder, wenn er, wie hier, unmöglich, durch Neubau zu schaffen ist, macht rechtlich keinen Unterschied.

2. Es verbleibt mithin bei der gesetzlichen Regel, daß in erster Linie die Kosten des Baues aus dem Kirchenvermögen zu entnehmen und bei dessen Unvermögen vom Patron und den Eingepfarrten — der Kirchengemeinde — nach dem Verhältnisse von zwei Dritteln zu einem Drittel aufzubringen sind (§ 37 II 12 §§ 789f., 712, 720, 731, II 11 ALR.). Da nun im vorliegenden Falle das Kirchenvermögen insuffizient ist, und die patronatliche Bauverpflichtung unstreitig im Umfange der landrechtlichen Bestimmungen der Regierung zu E. obliegt, so ergibt sich hieraus, daß letztere als Patron verpflichtet ist, zwei Drittel der der Klägerin angesonnenen Kosten des Neubaues des Klassengebäudes zu tragen.

3. Ein rechtlicher Zwang, alle kirchlichen Interessenten zugleich mit der Abbürdungsklage zu belangen, besteht für die Klägerin nicht; sie kann auch gegen einzelne der kirchenbaupflichtigen Rechtssubjekte mit Abbürdungsklagen in Höhe des Anteils derselben vorgehen, bleibt dann allerdings mit dem Restanteil belastet. Es würde aber unzulässig sein, aus der einheitlichen Kirchengemeinde einen einzelnen Eingepfarrten herauszugreifen und wegen seines der Kirchengemeinde gegenüber geschuldeten Anteils zu verklagen, da dies eine Unterverteilung darstellen würde, die nur der Kirchengemeinde selbst zusteht.

4. In dem entscheidenden Teil des auf eine Abbürdungsklage ergehenden Urteils muß darüber befunden werden, wer die abgebürdeten Kosten zu übernehmen hat. Fraglich könnte nur sein, ob die Berufungsklägerin durch diese Unterlassung in ihren Rechten beschwert ist. Dies ist jedoch der Fall, da sie als Schulaufsichtsbehörde und Erlasserin des Resoluts ein rechtliches Interesse daran hat, daß in einer gegen sie als Patron wegen anteilsweiser Kostentragung anhängig gemachten Streitsache auch über diesen Anspruch entschieden wird.

Nr. 2. Entsch. v. 8. Dez. 1908 (OVG. 53 207) VIII C 85/07.

ALR. II 11 §§ 710. 731, II 12 § 73; Vd. v. 2. V. 1811 (GS. 193).

1. Nur, wenn eine Verbindung der Küsterei einer Tochterkirche mit der einer Mutterkirche bestand, kann eine Trennung im Sinne und mit den Wirkungen der Vd. v. 2. V. 1811 (GS. 193) stattfinden.

2. Wird ein bisheriges Pfarr- und Schulhaus zum Küster- und Schulhaus umgewandelt, so findet § 37 II 12 ALR. Anwendung; unerheblich ist, ob die Umwandlung in die Zeit nach Einführung des ALR. fällt.

3. Der beklagte Fiskus (als Patron der Kirche) hat sich auf eine nach § 710 II 11 ALR. an sich zulässige Observanz berufen, wonach er von der Baulast frei sei. Nun haben die sächsischen Gerichte unter Billigung der höheren Instanzen ständig angenommen, daß in den ehemals kursächsischen Landesteilen die Kirchengemeinden bei der Freilassung des Patrons von der irrtümlichen Ansicht ausgegangen seien: es habe ungeachtet der Ausdehnung des ALR. auf jene Landesteile in bezug auf die kirchliche Baulast dort das frühere sächsische Recht, das eine Baubeitragspflicht des Patrons nicht kannte, noch Geltung behalten. In einer großen Zahl von Rechtsstreitigkeiten ist deshalb die Annahme, observanzmäßig sei der Patron von der Baulast befreit, verworfen worden. Gegenüber dieser Tatsache und dem Umstande, daß der genannte Rechtsirrtum allgemein verbreitet war, hätte vom Beklagten erwartet werden dürfen, er werde, wenn er sich auf eine ihn befreiende Observanz berief, Um-

stände darlegen, aus denen zu ersehen war, daß im vorliegenden Falle jener Rechtsirrtum nicht bestand oder doch auf die behauptete Uebung einflußlos geblieben ist. Der Beklagte hat sich jedoch in dieser Hinsicht jeder Darlegung enthalten und sich darauf beschränkt, den sowohl vom OVG. als auch vom Reichsgerichte ständig befolgten Grundsatz zu bekämpfen, daß ein der Uebung zu Grunde liegender Irrtum, selbst wenn er lange festgehalten ist, das Entstehen eines Gewohnheitsrechts hindere. Der Gerichtshof ist jedoch, da auch der Beklagte keine neuen Gesichtspunkte geltend macht, bei seiner Rechtsprechung verblieben. Der oben angegebene Irrtum hat, wie in den sonst bekannt gewordenen Fällen, auch hier bestanden und die Uebung beeinflußt. Dafür, daß die Beteiligten, auch wenn sie sich des Irrtums bewußt geworden wären, dennoch die Uebung fortgesetzt haben würden, ist nichts beigebracht; das Gegenteil ist klar erkennbar. Hiernach muß die Berufung auf die Observanz versagen.

4. Endlich will der Beklagte zu seinen Gunsten die KabO. v. 11. XI. 44 (GS. 698) angewendet wissen. Diese Vd. gewährt den sächsischen Rittergutsbesitzern als Kirchenpatronen Befreiung von der landrechtlichen Patronatslast (§§ 14f.), verpflichtet sie dafür aber, als Eingepfarrte an den auf dem Parochialverbande beruhenden Leistungen für Kirchen, Pfarren und Schulen, und zwar in Ermangelung einer von den geistlichen Oberen zunächst zu versuchenden gütlichen Vereinbarung (§ 3), nach dem in den §§ 4ff. vorgesehenen Maßstabe, dh. nach Verhältnis des Grundbesitzes, sowie außerdem, wenn sie im Kirchspiele wohnen, betreffs des halben Gesamtbedarfes nach Verhältnis der Personenzahl „für sich und ihre Familie" teilzunehmen. Die Verordnung hat es hiernach lediglich mit dem dinglichen Patronate zu tun, hinsichtlich der Personalpatronate aber trifft sie keinerlei Bestimmung, so daß es bezüglich dieser bei den landrechtlichen Vorschriften verbleibt.

β) Im Geltungsbereich der PrSchulO. v. 11. XII. 45.

bb) Die Leistungen der Gutsherren.

αα) Lieferung von Brennmaterial.

Nr. 1. Entsch. v. 28. April 1908 (PrVerwBl. 30 694) VIII C 6/07.

PrSchulO. v. 11. XII. 45, § 45.

Ein Privatgutsherr, dem herkömmlich die Lieferung von Brennholz für eine bestehende Schule obliegt, muß im Fall der Errichtung einer neuen Schulstelle infolge Anwachsens der Einwohnerzahl im Schulbezirk entsprechend auch zu dem Bedarf für die erweiterten Räume beitragen. Ob eine vertragsmäßig und schulverfassungsmäßig begründete Verpflichtung ebenso oder anders zu behandeln ist, richtet sich dagegen allein nach dem in dem besonderen Rechtstitel zum Ausdruck gekommenen Willen des Uebernehmenden. Erhellt dieser Wille deutlich dahin, daß sich die Verpflichtung des Gutsherrn nach derjenigen richten soll, die gesetzlich dem Fiskus gegenüber den Schulen auf den Domänengütern obliegt, so hat mit Rücksicht auf § 45[5] SchulO. v. 11. XII. 45 der Gutsherr nur bis zum Höchstbetrage von 15 Klaftern ($50,_1$ Raummeter) für eine Klasse einzutreten.

Nr. 2. Entsch. v. 19. Okt. 1909 (OVG. 55 200) VIII C 59/08.

PrSchulO. v. 11. XII. 45 §§ 45, 50ff., 54.

1. § 54 PrSchulO. v. 11. XII. 45 bezieht sich nicht nur auf diejenigen Fälle, in denen innerhalb eines Schulbezirkes die Errichtung einer neuen

Schule notwendig wird, sondern muß auch dann zur Anwendung gelangen, wenn Gemeinden oder Gutsbezirke durch Anordnung der Schulaufsichtsbehörde von ihrem bisherigen Schulbezirk abgetrennt und einer neuen, außerhalb des letzteren errichteten Schule zugewiesen werden. Dies ist, wenngleich Zweifel hierüber sich aus der Fassung des § 54 selbst ergeben könnten, doch aus der Gliederung der §§ 50—54 aaO. zu entnehmen. Nachdem zunächst § 50 die Voraussetzungen aufgestellt hat, unter denen eine Trennung mehrerer zu einer gemeinschaftlichen Schule vereinigten Gemeinden angeordnet werden kann, behandelt § 51 die Art, in welcher die für notwendig erachtete Trennung vorzunehmen ist, nämlich entweder durch Anschluß der abzutrennenden Gemeinden an eine andere benachbarte Schule oder durch Errichtung einer eigenen Schule. Während nun die §§ 52f. für den Fall des Anschlusses an eine benachbarte Schule Bestimmung treffen, regelt § 54 die zweite Möglichkeit, nämlich die Errichtung eigener Schulen für die abgezweigten Gemeinden, dient also zur Ausführung des anderen im § 51 vorgesehenen Weges zur Befriedigung des Schulbedürfnisses. Außerdem bezieht er in den Rahmen seiner Bestimmungen aber auch diejenigen Fälle ein, in welchen innerhalb eines Schulbezirkes die Errichtung einer neuen Schule erforderlich wird. So hat schon das Obertribunal in seiner Entsch. v. 14. V. 60 (OTr. 45 313) aus dem § 54 Satz 3 aaO. hergeleitet, daß das Herkommen, das zwischen einem Gutsherrn und mehreren seiner Gutsherrlichkeit unterworfenen, von ihrem bisherigen Schulbezirk abgetrennten und zu einer neuerrichteten Schule gewiesenen Gemeinden vor der Umschulung entstanden war, auch im neuen Schulbezirke maßgebend bleibt. Dasselbe muß aber auch in einem Falle, wie dem vorliegenden, gelten, in dem ein für die Hintersassen anderer Gutsherren herkömmlich verpflichteter Gutsherr nebst diesen Hintersassen einer außerhalb des bisherigen Schulbezirkes neuerrichteten Schule zugewiesen wird. Nun ist allerdings der § 54, wie sich aus einem Zusammenhalte seines dritten und vierten Satzes ergibt, dahin auszulegen, daß es nur für die Beschaffung des bisherigen Bedarfs bei dem Herkommen verbleiben soll, während für das erweiterte Bedürfnis allein die Vorschriften der SchulO. maßgebend sind. Es handelt sich aber hier lediglich darum, daß der Fiskus im Umfange seiner bisherigen Leistungen herangezogen ist. Seine Heranziehung ist somit zu Recht erfolgt.

2. Der Kläger hat schließlich noch geltend gemacht, daß die Verpflichtungen des Fiskus aus § 45 SchulO. durch Herkommen überhaupt nicht erweitert, sondern nur eingeschränkt werden könnten. Anscheinend will er damit in Abrede stellen, daß ihm neben seinen auf § 45 aaO. beruhenden gesetzlichen Leistungen durch Herkommen noch Verpflichtungen für die Hintersassen anderer Gutsherren erwachsen könnten. Wenn eine solche Behauptung in dem gedachten Vorbringen liegen sollte, wäre sie selbstverständlich im Hinblick auf § 47 aaO. verfehlt. Das OVG. 39 173 besagt lediglich, daß die im § 45 aufgeführten einzelnen Leistungen des Fiskus als Gutsherrn über ihren dort angegebenen Umfang hinaus durch Herkommen nicht erweitert und andere als die dort vorgesehenen gutsherrlichen Leistungen durch Herkommen seinen Hintersassen gegenüber nicht begründet werden können. Keineswegs aber schließt der § 45 die Entstehung einer herkömmlichen Verpflichtung des Fiskus für Hintersassen anderer Gutsherren in dem im § 45 bezeichneten Umfang aus.

ββ) Bauverpflichtungen.

Nr. 1. Entsch. v. 7. Jan. 1908 (PrVerwBl. 30 560) VIII C 70/05.

1. Zum § 54 der SchulO. für die Elementarschulen der Prov. Preußen v. 11. XII. 45 ist bereits in OVG. 13 273ff. im Einklang mit der Ent-

scheidung des früheren Obertribunals v. 3. XI. 65 (56 361ff.) grundsätzlich ausgesprochen, daß es im Bereiche der SchulO. bei der Errichtung neuer oder der Erweiterung schon bestehender Schulen betreffs der gutsherrlichen Leistungen zuerst auf eine etwaige durch Vertrag oder Herkommen gebildete Norm ankommt, und daß die eigentlichen Vorschriften der SchulO. nur subsidiär zur Anwendung gelangen. Eine Ausnahme bestehe nur für den im letzten Satz des § 54 vorgesehenen Fall, daß die neue Schule oder die Erweiterung nicht durch den Beitritt benachbarter Gutsherren oder Ortseingesessenen, sondern durch die wachsende Einwohnerschaft der Schulgemeinde selbst notwendig geworden ist. Dann sind allein, unter Ausschluß von Herkommen und Verträgen, die eigentlichen Vorschriften der SchulO. maßgebend, also auch § 44, wonach die Gutsherren des Schulbezirks das zum Bau erforderliche Bauholz unentgeltlich herzugeben haben. Gegenüber diesen Darlegungen scheiden hier abweichende Anschauungen älterer Erkenntnisse aus.

2. Für die im letzten Satze des § 54 aaO. vorgesehene Pflicht der Gutsherren ist maßgebend, ob für das Erweiterungsbedürfnis die wachsende Einwohnerzahl der Schulgemeinde selbst den Ausschlag gibt. Die Verzögerung der Inanspruchnahme der bauverpflichteten Gutsherren um deswillen, weil die Einmietung der Schule anstatt des von der SchulO. als Regel vorgesehenen Baues (§§ 41, 44) jahrelang für ausreichend trachtet wird, ist für die Anwendbarkeit des § 54 belanglos.

4. Die Heranziehung zur Schulunterhaltung und die Rechtsmittel dagegen.

a) Allgemeine Grundsätze; Ausschreibung und Einziehung.

Nr. 1. Entsch. v. 19. Jan. 1906 (PrVerwBl. 28 356) VIII 104.

Die Ermäßigung der Staatssteuer zieht zwar kraft Gesetzes die Ermäßigung der in Form von Zuschlägen zur Staatssteuer erhobenen Gemeindesteuer, nicht aber die Ermäßigung der in gleicher Weise erhobenen Schulabgaben nach sich. Es besteht in dieser Beziehung noch der nämliche Rechtszustand, wie er vor Erlaß des KommAbgG. auch für die Gemeindesteuer galt. Die Klägerin durfte sich sonach nicht darauf beschränken, gegen die Staatssteuersätze die gegebenen Rechtsmittel einzulegen. Wollte sie sich für den Fall des Obsiegens die Rückwirkung auf die Höhe der Schulsteuer sichern, so mußte sie vielmehr, wie sie es auch getan hat, daneben noch fristzeitig Einspruch gegen die — in Form von Zuschlägen zu den Staatssteuern geltend gemachte — Schulabgabenforderung erheben.

Nr. 2. Entsch. v. 18. Mai 1909 (OVG. 54 172) VIII A 171/08.

VolksschulUnterhG. § 8.

Staatliche Forstbeamte in einem dem Fiskus gehörigen Gutsbezirke stehen im Sinne des § 8 Abs. 2 VolksschulUnterhG. nicht in einem Lohn- oder Dienstverhältnisse zum Gutsbesitzer. Auf sie können daher die Schullasten unterverteilt werden.

Es besteht in der Gesetzgebung ein ständiger und durchaus sicherer Sprachgebrauch dahin, daß unter Lohn- (oder, was damit gleichbedeutend ist, Arbeits-) oder Dienstverhältnis nur ein privatrechtliches Vertragsverhältnis zu verstehen ist, auf Grund dessen der eine Teil zur Leistung der zugesagten Arbeiten oder Dienste, der andere Teil zur Gewährung der vereinbarten Vergütung verpflichtet ist. So stellt schon die PrKonkO. v. 8. V. 55 (GS. 321) bei der Rangordnung der Realgläubiger neben die Forderung des Gesindes, sofern dieses zur Bewirtschaftung des Grundstücks gehalten wird und das Grundstück ein zur Landwirtschaft bestimmtes Gut ist, an Lohn, Kostgeld und anderen Bezügen „die Forderungen der Wirtschafts- und Forstbeamten und aller übrigen zur Verwaltung des Grundstücks oder der damit verbundenen Rechte oder zum Betriebe der damit verbundenen Nebengewerbe in dauerndem Dienst- oder Arbeitsverhältnisse zum Besitzer stehenden Personen wegen ihrer Dienstleistungen“. Diese Bestimmung kehrt wörtlich in § 26 G., betr. die Zwangsvollstreckung in das unbewegliche Vermögen, v. 13. VII. 83 (GS. 131) wieder. Auch das ZwVstG. v. 24. III. 97 (RGBl. 97) führt im § 10² unter den ein Recht auf Befriedigung aus dem Grundstück gewährenden Ansprüchen auf: „bei einem land- oder forstwirtschaftlichen Grundstücke die Ansprüche der zur Bewirtschaftung des Grundstücks oder zum Betrieb eines mit dem Grundstücke verbundenen land- oder forstwirtschaftlichen Nebengewerbes angenommenen, in einem Dienst- oder Arbeitsverhältnisse stehenden Personen, insbesondere des Gesindes, der Wirtschafts- und Forstbeamten auf Lohn, Kostgeld und andere Bezüge.“ Ferner spricht das G., betr. die Beschlagnahme des Arbeits- oder Dienstlohns, v. 21. VI. 69 (BGBl. 242) im § 1 von der Vergütung für Arbeiten oder Dienste, welche auf Grund eines Arbeits- oder Dienstverhältnisses geleistet werden, lediglich in privatrechtlichem Sinne. Die gleiche Bedeutung wohnt dem Ausdruck im § 6 G., betr. die Geschäftsfähigkeit Minderjähriger, v. 12. VII. 75 (GS. 518) sowie dem jetzt an seine Stelle getretenen § 113 BGB. bei, wenn dort der Minderjährige unter bestimmten Voraussetzungen zur selbständigen Eingehung oder Aufhebung eines Dienst- oder Arbeitsverhältnisses ermächtigt wird. Dasselbe gilt vom § 1822⁷ BGB., welcher in gewissen Fällen die Genehmigung des Vormundschaftsgerichts zu einem auf die Eingehung eines Dienst- oder Arbeitsverhältnisses gerichteten Vertrag erfordert. Den Dienstvertrag selbst bestimmt § 611 BGB. begrifflich als einen Vertrag, durch welchen derjenige, der Dienste zusagt, zur Leistung der versprochenen Dienste, der andere Teil zur Gewährung der vereinbarten Vergütung verpflichtet wird. Wenn nun der Antragsteller in der Kommission des Abgeordnetenhauses seinem Antrage zu § 8 Abs. 2 VolksschulUnterhG., ohne weitere begriffliche Erläuterung, den erwähnten Ausdruck einfügte, und wenn die gesetzgebenden Faktoren diesem Antrag in der ihm gegebenen Fassung vorbehaltlos zustimmten, so kann nur angenommen werden, daß nach der Absicht des Gesetzgebers der Begriff des Lohn- (Arbeits-) oder Dienstverhältnisses in demjenigen Sinne aufgefaßt werden sollte, der sich aus dem Sprachgebrauche der bisherigen Gesetzgebung ergibt. Das Verhältnis der Staatsbeamten zum Staate ist aber kein privatrechtliches Dienstverhältnis.

Nr. 3. Entsch. v. 4. Jan. 1910 (PrVerwBl. 31 446) VIII C 18/09.

ZustG. § 46; G. v. 18. VI. 40 (GS. 140) §§ 5 f., 14.

1. In den vormals kurhessischen Landesteilen kam vor dem Inkrafttreten des VolksschulUnterhG. v. 28. VII. 06 der Volksschule juristische Persönlichkeit zu. Ihr gegenüber waren die ihr zugewiesenen Gemeinden und Gutsbezirke zur Unterhaltung verpflichtet.

2. In den genannten Landesteilen übte nach der dort bestehenden Verfassung die Gemeindebehörde des Schulortes die den anderweit bestellten Schulvorständen gesetzlich übertragene Tätigkeit aus. In dieser Eigenschaft des Schulvorstandes hat auch im vorliegenden Falle der Gemeindevorstand

des Schulortes B. den Kläger zu einem Anteil an den Verzinsungs- und Tilgungskosten des Schulbaudarlehns für die streitigen Jahre 1903 bis einschließlich 1905 herangezogen. Dies ergibt sich klar daraus, daß er einen Einspruchsbescheid unter Berufung auf § 46 ZustG. erlassen und in diesem Bescheid ausdrücklich auf die dem Fiskus dagegen zustehende Klage nach § 46 Abs. 2 aaO. hingewiesen hat. Es fragt sich nun, ob der Beklagte berechtigt war, im Dezember 1907 den Kläger zu Schulbeiträgen für die Jahre 1903—1905 nachträglich heranzuziehen. Die Beantwortung dieser Frage ist aus dem G. v. 18. VI. 40 über die Verjährungsfristen bei öffentlichen Abgaben (GS. 140) zu entnehmen, das hinsichtlich der im § 14 bezeichneten, nicht zu den Staatskassen fließenden öffentlichen Abgaben durch das G. v. 12. IV. 82 (GS. 297) auch auf die Prov. Hessen-Nassau ausgedehnt worden ist, soweit es dort für die Verjährung von Abgaben der gedachten Art bis dahin noch nicht Geltung gehabt hatte. Nach seinem § 14 findet das G. v. 18. VI. 40 auch auf öffentliche Abgaben Anwendung, die nicht zur Staatskasse fließen, sondern „an . . . Korporationen . . . zu entrichten oder zur Unterhaltung öffentlicher Anstalten aufzubringen sind". Danach fallen an sich öffentliche Abgaben, die zur Unterhaltung der hier in Rede stehenden Schule aufzubringen sind, unter die Bestimmungen des G. v. 18. VI. 40. Nun ist es allerdings richtig, daß unter öffentlichen Abgaben im Sinne dieses Gesetzes nur steuerartige Abgaben zu verstehen sind. Allein im vorliegenden Falle handelt es sich gerade um steuerartige Abgaben, nämlich um Beiträge, die von den Trägern der Schullast behufs Erfüllung des Zweckes der Schulanstalt zu entrichten sind und die auf sie nach dem durch provinzielles Gewohnheitsrecht bestimmten Maßstabe der Staatssteuern umgelegt werden.

3. Nach §§ 5f., 14 G. v. 18. VI. 40 dürfen steuerartige Abgaben bei gänzlicher Uebergehung nur für das Jahr, in welchem die Nachforderung geltend gemacht wird, nachgefordert werden. Die im Dezember 1907 erfolgte Heranziehung des Klägers zu den streitigen Schulabgaben für die Jahre 1903—1905 war hiernach unzulässig.

d) Verwaltungsstreitverfahren.

α) Nach § 46 ZustG.

Nr. 1. Entsch. v. 2. Juli 1909 (OVG. 54 177) VIII C 39/08.

ZustG. § 46.

1. Die Vorschrift im § 46 Abs. 5 ZustG. erweitert die Zuständigkeit der Verwaltungsgerichte hinsichtlich der nach öffentlichem Rechte zu fordernden Schulabgaben nicht über die im Abs. 1—3 des § 46 aaO. gezogenen Grenzen hinaus, sondern hat lediglich dieselbe Bedeutung, wie der § 160 aaO., indem die an letzterer Stelle gegebene allgemeine Regel noch ausdrücklich auf die Schulabgaben im besonderen angewendet und zum Ausdrucke gebracht wird, daß in dem durch § 46 Abs. 1—3 geordneten Verfahren mit Ausschluß des Rechtswegs auch über die im § 160 bezeichneten Streitigkeiten zu entscheiden ist.

2. Es war daher lediglich zu prüfen, ob die vorliegende Klage den prozessualen Erfordernissen des § 46 Abs. 1—3 entspricht. Ihre Zulässigkeit nach § 46 Abs. 3 hat der Vorderrichter mit Recht aus dem Grunde verneint, weil die beklagte Schulgemeinde als forderungsberechtigtes Rechtssubjekt nicht zu den Beteiligten im Sinne der genannten Vorschrift gehört. Der Bezirksausschuß erachtet die Klage aber auch nach § 46 Abs. 1 und 2 nicht für zulässig, und zwar deshalb, weil durch diese gesetzliche Bestimmung nur

Klagen betr. die Heranziehung gegeben seien. Ueber die Rechtmäßigkeit der ursprünglichen Heranziehung bestehe aber hier kein Streit, da sie seinerzeit zu Recht erfolgt sei. Dieser Grund für die Unzulässigkeit der Klage aus § 46 Abs. 1 und 2 trifft allerdings nicht zu. Der Vorderrichter übersieht, daß § 46 Abs. 1 neben dem Einspruch auch eine die Heranziehung betreffende Beschwerde kennt. Diese unterscheidet sich von dem Einspruche dadurch, daß bei ihr nicht die Rechtmäßigkeit der ursprünglichen Steuerforderung bestritten, sondern lediglich behauptet wird, es sei die ursprünglich rechtmäßige Forderung durch den Eintritt späterer Umstände nachträglich ganz oder teilweise zu einer rechtswidrigen geworden. Klagen, die derartige, übrigens an eine Frist nicht gebundene Beschwerden zum Gegenstande haben, fallen unter § 46 Abs. 1 und 2 ZustG. und sind daher an sich zulässig.

Allein der Schulvorstand hat hier bisher den durch § 46 Abs. 1 ZustG. vorgesehenen Beschluß auf die Beschwerde nicht gefaßt. Nach § 46 Abs. 2 findet aber erst gegen einen solchen Beschluß die Klage im Verwaltungsstreitverfahren statt. Wegen Fehlens dieser unerläßlichen Voraussetzung ermangelt daher die erhobene Klage der Zulässigkeit.

Nr. 2. Entsch. v. 21. Dez. 1909 (OVG. 55 211) VIII C 9/09.

ZustG. §§ 46 ff.

1. Der Baubeschl. v. 22. XII. 06 ist unanfechtbar geworden, da die in Anspruch genommene Schulgemeinde nicht innerhalb der durch § 47 Abs. 4 ZustG. bestimmten Frist Klage im Verwaltungsstreitverfahren erhoben hat. Der Beschl. v. 20. I. 07 ist mit der Klage aus § 47 aaO. nicht angreifbar, weil hier kein Baufall vorliegt. Daß insbesondere die innere Einrichtung, die Tische und Bänke, zum Schulinventar und mit diesem nicht zu den „Schulgebäuden" und „Schulmeisterwohnungen" im Sinne der Bestimmungen des ALR. über die Schulbaulast gehören, hat das OVG. in feststehender Rechtsprechung angenommen. Der Beschl. enthält eine neue Anforderung an die Schulgemeinde. Da hierfür das G. v. 26. V. 87 in der Prov. Posen nicht gilt (§ 6), so greifen die Bestimmungen des alten Rechtes Platz, wonach eine Klage im Verwaltungsstreitverfahren nicht stattfand. Da die Repräsentanten die Ausführung des Beschlusses abgelehnt und die Bereitstellung der erforderlichen Mittel verweigert hatten, waren die Voraussetzungen der Zwangsetatisierung durch den Regierungspräsidenten (§ 48 ZustG.) gegeben. Gegen dessen Verfügung stand aber nur dem Schulvorstande, nicht den Repräsentanten das Recht der Klage beim OVG. zu. Der Schulvorstand hat davon nicht Gebrauch gemacht.

2. Die Klage stützt sich auf § 46 ZustG. und richtet sich gegen die Heranziehung zur Aufbringung derjenigen Summe, die den Gegenstand der Zwangsetatisierung gebildet hat. Die durch den Baubeschl. v. 22. XII. 06 und die durch den Beschl. v. 20. I. 07 begründete Verpflichtung der Schulgemeinde und die Zwangsetatisierungsverfügung unterliegen gesetzlich nicht der Anfechtung durch den Kläger. Insbesondere steht ihm ein Klagerecht aus § 48 ZustG. nicht zu. Seine Angriffe können sich nur noch gegen die Unterverteilung der Kosten durch den Schulvorstand richten und nötigen daher zu einer Prüfung der Sach- und Rechtslage nur insofern, als es sich fragt, ob der auf den Kläger umgelegte Betrag richtig bemessen und ob der Umlagebeschluß ordnungsmäßig zustande gekommen ist. Was die Ordnungsmäßigkeit des Umlagebeschlusses anlangt, so hatte Kläger eingewendet, daß an ihm nicht sämtliche Mitglieder des Schulvorstandes teilgenommen hätten. Der angegriffene Beschluß würde rechtsunwirksam sein, wenn zu der Sitzung, in der er gefaßt wurde, Personen, die zur Mitwirkung berufen waren, nicht zugezogen

wären oder bei seinem Zustandekommen Personen, denen die Befugnis zur Beschlußfassung fehlte, teilgenommen hätten. Eine Vorschrift, wonach der Schulvorstand nur bei Anwesenheit sämtlicher Mitglieder beschlußfähig wäre, besteht aber nicht. Aber auch die weitere Annahme des Klägers, daß der zur Sitzung des Schulvorstandes nicht eingeladene und daher in ihr auch nicht erschienene Z. damals noch Mitglied des Schulvorstandes gewesen sei, weil er nur im Wege des förmlichen Disziplinarverfahrens seines Amtes als Schulvorstandsmitglied hätte entsetzt werden können, ist irrig; denn die zu Mitgliedern des Schulvorstandes bestellten Hausväter gehören nicht zu denjenigen Beamten, auf die das G., betr. die Dienstvergehen der nicht richterlichen Beamten, v. 21. VII. 52 Anwendung findet. Der Schulaufsichtsbehörde steht daher auch eine eigentliche Disziplinargewalt gegen diese Mitglieder nicht zu. Es ist ihr nur die Möglichkeit gegeben, einen Schulvorsteher durch Androhung von Zwangsstrafen nach Maßgabe des § 11 GeschäftsInstr. v. 23. X. 1817 und § 48 Vd. v. 26. XII. 1808 zur Befolgung der Anordnungen der Schulaufsichtsbehörde anzuhalten oder, wenn es sich um die Wahrnehmung von Gerechtsamen der Schule bei einzelnen Rechtsgeschäften handelt, hierzu nach § 659 II 11 ALR. einen Bevollmächtigten von Amts wegen zu bestellen oder nach Bewandtnis der Umstände und der Schwere der begangenen Pflichtverletzung den betreffenden Schulvorsteher ohne förmliches Disziplinarverfahren aus seiner Stelle zu entfernen.

β) Nach § 47 ZustG.

Nr. 1. Entsch. v. 28. Juni 1907 (PrVerwBl. 30 157) VIII C 13/06.

ZustG. § 47.

Ist die von einem Gutsherrn gegen einen Baubeschluß (§ 47 Abs. 1 ZustG.) angestrengte, aber nur gegen die Schulaufsichtsbehörde gerichtete Klage rechtzeitig abgewiesen, so kann in einem späteren hinsichtlich desselben Baues nach § 47 Abs. 3 aaO. zwischen der Schulgemeinde und dem Gutsherrn anhängig gewordenen Verwaltungsstreitverfahren gegenüber der Klage der Schulgemeinde nicht der Einwand erhoben werden, die Sache sei in dem früheren Verfahren „rechtskräftig entschieden" worden.

Nr. 2. Entsch. v. 25. Okt. 1907 (PrVerwBl. 30 293) VIII C 37/06.

ZustG. § 47.

1. Die Frage, ob eine Gemeinde fähig ist, die durch einen Baubeschluß der Schulaufsichtsbehörde ihr angesonnenen Leistungen aufzubringen, kann nur unter Berücksichtigung der besonderen Verhältnisse der betr. Gemeinde, insbesondere der Vermögens- und Nahrungsverhältnisse der dortigen Einwohner, der Verteilung des Einkommens, des Umfanges und der Verschuldung des Grundbesitzes, des Grundsteuerreinertrages und Grundsteuernutzungswerts, der Zahl der angesessenen und nichtangesessenen, der bäuerlichen und nichtbäuerlichen Einwohner, beantwortet werden. Ferner wird es sich empfehlen, eine gutachtliche Aeußerung der Finanzabteilung der Kgl. Regierung herbeizuführen, da diese Amtsstelle nach ihrer berufsmäßigen Aufgabe besonders geeignet ist, alle hier ins Gewicht fallenden Umstände sachgemäß gegeneinander abzuwägen. Bei Aufnahme eines Baudarlehns erstreckt sich die Mehrbelastung einer Gemeinde auf eine Reihe von Jahren, daher sind auch solche Aufwendungen in Betracht zu ziehen, denen sich die Gemeinde oder ihre Mitglieder auf anderen Gebieten des öffentlichen Rechts als denen der Schulunterhaltung während der Dauer der Darlehnstilgung nicht entziehen

können. In dieser Hinsicht erscheint es beachtlich, daß die Kirchengemeinde Groß-K. nach Erlaß des Beschlusses der Regierung zur Vergrößerung des Friedhofes ein Darlehn von 2500 ℳ aufgenommen hat und daß die zur Verzinsung und Tilgung dieses Darlehns erforderlichen Beträge durch eine Umlage aufgebracht werden.

2. Das in einer Schulbaustreitigkeit ergehende Urteil darf sich nicht darauf beschränken, den Baubeschluß nur hinsichtlich der Höhe der von den klagenden Schulbaupflichtigen zu tragenden Baukosten abzuändern.

V.

Personenstand und Staatsangehörigkeit.

Literatur: Hinschius-Boschan: Reichsgesetz über die Beurkundung des Personenstandes und die Eheschließung[4] (Berlin 1909). — Meyers: Erwerb der Staatsangehörigkeit durch die Anstellung (Berlin 1910). — Ratjen: Deutsche, die nicht Deutsche sind. Der Kampf um die Reichsangehörigkeit (Hamburg 1908). — Sauer: Das deutsche Eheschließungs- und Ehescheidungsrecht (München 1909). — Teich: Die Staatsangehörigkeit im deutschen Auslieferungsrecht (Leipzig 1909).

Nr. 1. Entsch. v. 24. Sept. 1909 (OVG. 55 235) I B 2/09.

1. Der Gerichtshof hat in OVG. 13 408, 27 410 dargetan, daß die Aushändigung der von einer zuständigen Behörde erteilten Naturalisationsurkunde, auch wenn die Erteilung unter irriger Voraussetzung erfolgt ist, als rechtserzeugender Formalakt nicht als nichtig oder ungültig behandelt werden kann. Es sind allerdings Fälle möglich, in welchen eine Naturalisationsurkunde als nichtig zu behandeln ist. Beispielsweise würde dies dann anzunehmen sein, wenn eine ausgefertigte, aber nicht zur Aushändigung bestimmte Naturalisationsurkunde von einem ungetreuen Beamten im Einvernehmen oder unter Vorwissen des zu Naturalisierenden aus ihrem Gewahrsam fortgenommen und unter Verletzung der Dienstpflicht ausgehändigt wird. Um einen solchen Fall handelt es sich hier aber nicht. Vielmehr steht lediglich ein Versehen eines zur Aushändigung der Urkunde an sich befugten Polizeiorgans in Frage, von welchem der zu Naturalisierende keine Kenntnis hatte und nach Lage der Sache auch keine Kenntnis haben konnte. Derartige Versehen vermögen aber auf die Rechtsgültigkeit des Aktes an sich ebensowenig eine Einwirkung auszuüben, wie bei der Ausstellung der Urkunde selbst vorgekommene Irrtümer. Aus der Tatsache, daß der Polizeibeamte in irrtümlicher Auslegung des ihm gewordenen Auftrags dem Kläger mit der Geburts- und Eheschließungsurkunde zusammen auch die Naturalisationsurkunde aushändigte, kann daher eine Nichtigkeit dieses Verwaltungsakts nicht hergeleitet werden, auch wenn sich der betr. Beamte vielleicht disziplinarisch wegen mangelnder Achtsamkeit verantwortlich gemacht haben sollte.

2. Irrtümlich sind auch die Ausführungen des Beklagten, daß der Regierungspräsident in diesem Falle gar nicht befugt gewesen wäre, die Naturalisation auszusprechen, weil nach den bestehenden ministeriellen Vorschriften die Naturalisation des Klägers nur für den Fall habe erfolgen dürfen, daß er in dem Oberersatzgeschäft als tauglich für den aktiven Militärdienst befunden worden wäre. Nach § 6 StAngG. v. 1. VI. 70 und § 155 ZustG. übt die der höheren Verwaltungsbehörde beigelegten Befugnisse der Regierungspräsident aus. Dieser ist daher nach außen die allein maßgebende

Behörde. Etwaige ministerielle Instruktionen heben seine gesetzliche Zuständigkeit nicht auf, sind vielmehr lediglich als Anweisungen für den inneren Dienstbetrieb anzusehen.

VI.
Fürsorgeerziehung.

Literatur: Goeze: Die Fürsorgeerziehung in Preußen (Berlin 1910).

Nr. 1. Entsch. v. 11. Febr. 1908 (OVG. 52 186) I A 62/06.

BGB. § 1666.

1. Nach § 1666 BGB. erster Absatz bildet die Voraussetzung für das Einschreiten des Vormundschaftsgerichts die Befürchtung, daß das Kind durch die Schuld des Vaters der geistigen oder leiblichen Verwahrlosung ausgesetzt sei. Unter den Maßregeln, die, um die Verwahrlosung des Kindes zu verhüten, ergriffen werden können, erscheint als die schärfste die Anordnung, daß es zum Zwecke der Erziehung in einer geeigneten Familie oder in einer Erziehungs- oder Besserungsanstalt unterzubringen sei. Können die Kosten, die durch eine solche Unterbringung entstehen, aus dem Vermögen des Kindes oder seiner Unterhaltungspflichtigen bestritten werden, oder werden die Mittel hierfür im Wege freier Liebestätigkeit aufgebracht, so ist die Durchführung der Anordnung in finanzieller Beziehung gesichert.

Anders verhält es sich, wenn weder das Kind und seine Unterhaltungspflichtigen das erforderliche Vermögen besitzen, noch auch die Aufwendungen von anderer Seite freiwillig übernommen werden. Das BGB. enthält keine Bestimmung darüber, auf welche Weise in einem solchen Falle die Mittel zu beschaffen seien. Eine Aufbringung der Mittel im Wege der öffentlichen Armenunterstützung ist nicht angängig. Der Beschluß eines Vormundschaftsgerichts, wodurch die Unterbringung eines Kindes in einer geeigneten Familie oder einer Anstalt zum Zwecke der Erziehung angeordnet wird, ist für den Armenverband nicht verbindlich. Zunächst nicht insoweit, als er die Art der Unterbringung bestimmt. Denn die Entschließung darüber, in welcher Weise ein Hilfsbedürftiger zu unterstützen ist, steht innerhalb der durch die Gesetze gezogenen Schranken und unbeschadet einer anderweiten Bestimmung durch die Beschwerdeinstanz ausschließlich dem Ortsarmenverbande zu. Das Vormundschaftsgericht ist aber weder ein Organ der Armenpflege, noch auch gegenüber dem Armenverbande Beschwerdeinstanz; ebensowenig ist der Armenverband ausführendes Organ des Vormundschaftsgerichts oder des von diesem bestellten Pflegers. Die Anordnung des Vormundschaftsgerichts bewegt sich auf familienrechtlichem Gebiete. Die Verfügungsgewalt des Armenverbandes über ein hilfsbedürftiges Kind entspringt dagegen nicht dem Familienrechte, sondern findet in dem hiervon unabhängigen Armenrecht ihre selbständige Stütze. Die Unterbringung eines Kindes in einer geeigneten Familie usw. kann daher dem Armenverbande weder von dem Vormundschaftsgerichte noch von dem Pfleger aufgegeben werden.

2. Ebensowenig vermag auch die Anordnung des Vormundschaftsgerichts eine sonst nicht vorhandene Hilfsbedürftigkeit des Kindes zu begründen. Das Bundesamt für das Heimatwesen ist freilich, wiewohl es ebenfalls anerkennt, daß die Anordnung des Vormundschaftsgerichts über die anderweite Unterbringung des Kindes für den Armenverband nicht verbindlich sei, der Ansicht, daß der Armenverband jene Anordnung, soweit sie

die Trennung des Kindes von den Eltern zur Folge hat, gegen sich gelten lassen müsse (vgl. unter anderem Heft 39 S. 31), mit andern Worten, daß der Armenverband, unbeschadet des Rechtes, seinerseits über Art und Maß der Unterstützung zu befinden, verpflichtet sei, für das von den Eltern getrennte Kind zu sorgen, wenn es weder selbst Vermögen besitzt, noch auch die Eltern imstande sind, es außerhalb des Hauses zu unterhalten. Dem steht jedoch entgegen, daß die Frage, ob eine Hilfsbedürftigkeit vorliegt, nach Lage der tatsächlichen Verhältnisse zu beurteilen ist. Gewiß sind Fälle denkbar, daß ein Kind, das zufolge einer Anordnung des Vormundschaftsgerichts von seinen Eltern getrennt ist, damit in einen Zustand von Hilfsbedürftigkeit versetzt wird, wie etwa ein verirrtes oder von seinen Eltern verlassenes Kind. Aber einer solchen Tatsache steht der Armenverband nicht anders gegenüber, wie jedem andern Falle von Hilfsbedürftigkeit; durch das Vorhandensein eines Unterhaltungspflichtigen, der gegenwärtig, fähig und bereit ist, sich seiner Pflicht zu unterziehen, wird er der armenrechtlichen Fürsorge überhoben. Die dem Gebiete des Familienrechts angehörende Anordnung des Vormundschaftsgerichts steht ihm nicht entgegen. Denn Recht und Pflicht des Armenverbandes haben ihren Boden lediglich im Armenrechte, das eine Fürsorge für tatsächlich nicht hilfsbedürftige, von den Eltern durch gerichtliche Anordnung getrennte Kinder nicht kennt.

Die Anordnung des Vormundschaftsgerichts erschöpft sich nun aber nicht in der Wirkung, daß das Kind von den Eltern getrennt wird; sie fordert positiv, daß das Kind anderweit untergebracht werde. Erfolgt eine solche Forderung ausgesprochenermaßen zum Zwecke der Erziehung, so erstrebt sie einen Zweck, zu dessen Erfüllung der Armenverband nicht berufen ist. Seine Leistungen beschränken sich auf die Gewährung von Obdach, Unterhalt und Krankenpflege (§§ 1, 63 G. v. 8. III. 71). Reichen diese Leistungen nicht aus, um den vom Standpunkte des Vormundschaftsgerichts in bezug auf die Sorge für die Person des Kindes zu stellenden Anforderungen zu genügen, so ist er doch nicht verbunden, ein mehreres zu tun, auch nicht in der Weise, daß er im Vereine mit dem Erziehungsberechtigten die Erziehung des Kindes zu sichern hätte. Der Armenverband wird durch kein Gesetz verpflichtet, erziehungsbedürftige Kinder auf seine Kosten zu erziehen oder erziehen zu lassen. Allerdings mag es im einzelnen Falle schwierig sein, die Grenze für die Verpflichtung des Armenverbandes zu ziehen. So mag auf ihn unter Umständen zurückgegriffen werden können, wenn ein Kind sich im übrigen in geordneter Pflege und Erziehung befindet und es sich nur darum handelt, seinen Unterhalt an dieser Stelle zu sichern. Wo aber die Sorge für eine geordnete Erziehung im Vordergrunde steht, da hat der Armenverband nicht einzutreten. Hier fällt vielmehr, soweit es sich um Kinder unter 18 Jahren handelt, die Aufgabe den im FEG. v. 2. VII. 00 bezeichneten Kommunalverbänden zu, die verpflichtet sind, sobald das Vormundschaftsgericht die Fürsorgeerziehung anordnet, das Kind zum Zwecke der Erziehung in einer geeigneten Familie, in einer Erziehungs- oder Besserungsanstalt unterzubringen.

3. Ein Beschluß des Vormundschaftsgerichts gemäß § 1666 BGB., wonach ein Kind zum Zwecke der Erziehung in einer geeigneten Familie usw. unterzubringen sei, ist seinem Inhalte nach nichts anderes, als die Anordnung der Zwangserziehung. Dem BGB. ist freilich diese Bezeichnung fremd. Aber sie findet sich in seinem EinfG., und indem dieses die Bundesstaaten für zuständig erklärt, die Zwangserziehung auch außer den Fällen der §§ 1666, 1838 einzuführen, läßt es erkennen, daß in der Gesetzessprache der Reichsgesetzgebung eine Anordnung über die anderweite Unterbringung eines Kindes zum Zwecke der Erziehung unter den Begriff der Zwangserziehung fällt, wie denn auch bei der Beratung des BGB., so in dem auf S. 6092 der Protokolle abgedruckten Antrage, dieser Ausdruck gewählt ist.

Nichts anderes aber als eine Zwangserziehung ist die Fürsorgeerziehung im Sinne des G. v. 2. VII. 00. Wenn daher im Eingange der AusfBest. zum FEG. v. 18. XII. 00 (MBl. 01 27) gesagt ist, daß die Fürsorgeerziehung nur da zur Anwendung kommen solle, wo alle andern zur Verfügung stehenden Maßregeln, eine geordnete Erziehung herbeizuführen, versagten, so ist das ein Grundsatz, der gleichmäßig für die Zwangserziehung im Sinne des § 1666 gilt. Das G. v. 2. VII. 00 verfolgt auch ausgesprochen den Zweck, der vormundschaftsgerichtlichen Anordnung über Unterbringung eines Kindes zum Zwecke der Erziehung in einer geeigneten Familie oder in einer Anstalt in allen den Fällen auf öffentliche Kosten zur Verwirklichung zu verhelfen, wo es dazu an privaten Mitteln gebricht (aaO. S. 13).

4. Die Einleitung der Fürsorgeerziehung und ein Beschluß, durch den die anderweite Unterbringung eines Kindes zum Zwecke der Erziehung in einer geeigneten Familie oder in einer Anstalt gemäß § 1666 BGB. angeordnet wird, haben auch die gleichen Voraussetzungen, wenn von der auf Zweckmäßigkeitsgründen beruhenden Festsetzung der Altersgrenze im preußischen Gesetze abgesehen wird. Nach diesem Gesetz ist freilich laut § 1[1] die Ueberweisung zur Fürsorgeerziehung nur zulässig, „wenn die Voraussetzungen des § 1666 oder des § 1838 des BGB. vorliegen und die Fürsorgeerziehung erforderlich ist, um die Verwahrlosung des Minderjährigen zu verhüten“. Indessen mit der zweiten Bedingung wird, soweit es sich um eine Beschlußfassung auf Grund der Voraussetzungen des § 1666 handelt, nicht ein weiter gehendes Erfordernis aufgestellt. Gemäß § 1666 kann die Anordnung getroffen werden, um die Verwahrlosung des Kindes in geistiger oder leiblicher Hinsicht zu verhüten.

Geht man von den oben entwickelten Grundsätzen aus, so ergibt sich, daß der Beschluß des Bezirksausschusses, der einen Armenverband verpflichtet, dem Pfleger minderjähriger Kinder diejenigen Mittel zu gewähren, die zu ihrer Unterbringung außerhalb der Wohnung ihrer Eltern erforderlich sind, das Gesetz verletzt. Die Bestimmung über Art und Maß der Unterstützung eines Hilfsbedürftigen steht dem Armenverbande zu. Der Bezirksausschuß hat daher geirrt, indem er den Beschluß des Vormundschaftsgerichts insoweit, als er die Unterbringung der Kinder in einer geeigneten Familie oder in einer Anstalt anordnete, für den Armenverband als verbindlich erachtete. Sollte es aber in seiner Absicht gelegen haben, diese Anordnung sich zu eigen zu machen und seinerseits die zu seiner Zuständigkeit als Beschwerdeinstanz gehörige Bestimmung über die Art der Unterstützung zu treffen und damit jede andere Unterbringung der Kinder als in einer geeigneten Familie oder in einer Anstalt auszuschließen, so durfte er doch die Wahl der Familie oder der Anstalt nicht dem Armenverband entziehen und dem Pfleger überlassen. Weiter hat der Bezirksausschuß darin geirrt, daß er den Fall der Hilfsbedürftigkeit lediglich aus dem Grunde für gegeben ansah, weil die Eltern nicht imstande seien, für die Kinder, wenn sie außerhalb ihres Hauses zum Zwecke der Erziehung untergebracht sein würden, zu sorgen. Es ist nicht ersichtlich, daß die Eltern nicht bereit und fähig gewesen sein sollten, den Kindern, die sich zur Zeit der Beschlußfassung bei ihnen befanden, in ihrer Wohnung Obdach und Unterhalt weiter zu gewähren. Die anderweite Unterbringung sollte auch nicht deshalb erfolgen, um den Kindern das sonst fehlende Obdach und den sonst mangelnden Unterhalt zu sichern, sondern, wiewohl nach diesen Richtungen für sie gesorgt war, um sie dem schädlichen Einflusse der Eltern zu entziehen und sie einer geordneten Erziehung zuzuführen. Durch die Trennung der Kinder von den Eltern konnte, auch wenn ihr die vormundschaftsgerichtliche Anordnung zugrunde lag, eine tatsächlich nicht bestehende Hilfsbedürftigkeit nicht begründet werden; die Sorge für die Erziehung gehört nicht zu den Aufgaben des Armenverbandes.

Dritte Abteilung.
Polizeiliche Angelegenheiten.

I.
Besondere polizeiliche Angelegenheiten.
A. Wasserpolizei.

Literatur: Bölkel: Quellenschutzgesetz vom 14. Mai 1908 (Berlin 1909). — Bossen: Quellenschutzgesetz (Hannover 1909).

a) Wasserpolizeiliche Verfügungen im Sinne des § 66 ZustG.; Räumung von Gräben, Bächen und Wasserläufen (Privatflüssen); Streitigkeiten der Beteiligten.

Nr. 1. Entsch. v. 4. März 1907 (PrVerwBl. 29 456) III C 128/06.

ZustG. § 66.

Einem Amtsvorsteher, der Vorsteher einer Entwässerungsgenossenschaft ist, fehlt wegen persönlicher Beteiligung die Zuständigkeit, einen Anlieger zur Räumung eines der Genossenschaft zugehörigen Grabens durch polizeiliche Verfügung aufzufordern.

Nach den eigenen Angaben der Parteien ist der beklagte Distriktskommissar zugleich Vorsteher der mitbeklagten Genossenschaft. Bei dieser Sachlage war er rechtlich behindert, die polizeiliche Regelung der zwischen dem Kläger und der Genossenschaft streitigen Angelegenheit zu übernehmen. Denn für alle Gebiete des Verwaltungsrechts gilt im allgemeinen der Grundsatz, daß Beamte, deren persönliches Interesse durch eine Amtshandlung wesentlich betroffen wird, sich der Beteiligung an einer solchen zu enthalten haben. Diese Voraussetzung war im vorliegenden Falle gegeben, da es sich für den Distriktskommissar um die Frage handelte, ob er die im Streite befangene Räumung dem Kläger oder der Genossenschaft aufzugeben habe. Es war mithin das Privatinteresse der von ihm als Vorsteher vertretenen Genossenschaft beteiligt, und er hatte deshalb zu erwägen, ob sich nicht auch für ihn eine solche Beteiligung — objektiv — ergebe. Diese Frage hätte er aber bejahen müssen; denn für die Anwendung des obigen Grundsatzes kommt es nicht darauf an, ob der Distriktskommissar tatsächlich zu der angegriffenen Amtshandlung durch Rücksichten auf ein Privatinteresse bestimmt worden ist; es genügt, daß sein Privatinteresse objektiv, auch wenn es für ihn in keiner Weise maßgebend war, beteiligt ist.

Nr. 2. Entsch. v. 25. März 1907 (PrVerwBl. 30 255) III C 194/06.

ZustG. § 66; ALR. II 17 § 10.

1. Die notwendige Voraussetzung einer Räumungsanordnung im Sinne des § 66 ZustG. ist, daß der Graben, der geräumt werden

soll, besteht oder doch innerhalb eines verhältnismäßig kurzen, die Vermutung einer Veränderung des bestehenden Zustandes ausschließenden Zeitraumes vor Erlaß der Verfügung bestanden hat. Geht die Wasserpolizeibehörde, wie hier, selbst davon aus, daß ein Graben zwar früher bestanden, infolge langjähriger Vernachlässigung und Unterlassung jeder Räumung aber seit längerer Zeit zu bestehen aufgehört habe, so gibt die Vorschrift des § 66 aaO. ihr keine Unterlage, die Wiederherstellung des früheren Zustandes zu erzwingen. Eine solche Anordnung fällt vielmehr überhaupt nicht mehr unter den Begriff einer „Räumung von Gräben, Bächen und Wasserläufen", von denen Abs. 1 des § 66 aaO. spricht. Die Auflage, eine muldenförmige Vertiefung, die früher ein Graben gewesen sei, bestehen zu lassen und wie früher als Grasfläche herzustellen, kann daher begrifflich als eine auf Räumung eines Grabens gerichtete Anordnung schon deshalb nicht aufgefaßt werden, weil nach der eigenen Annahme des Beklagten ein Graben hier überhaupt nicht vorhanden ist.

2. § 66 ZustG. scheidet daher völlig aus. Dann kann es sich aber nur noch darum handeln, ob die Verfügung, so wie sie erlassen ist, in einer sonstigen gesetzlichen Vorschrift ihre Grundlage findet. Das ist aber, wie der Vorderrichter ebenfalls zutreffend dargelegt hat, nicht der Fall. Von einem Notstande, der ein polizeiliches Eingreifen auf Grund des § 10 II 17 ALR. zur Abwehr unwiderbringlicher Vermögensverluste zu rechtfertigen vermöchte, kann hier offenbar in keiner Weise die Rede sein. Abgesehen davon bestehen aber keine gesetzlichen Vorschriften außerhalb der die Räumung von Wasserläufen und die Verschaffung von Vorflut betreffenden Bestimmungen (§§ 66, 68 ff. ZustG.), die die Polizeibehörde ermächtigten, einem Grundbesitzer Beschränkungen in der Art der Benutzung und Bewirtschaftung seines Grundeigentums so, wie es hier geschehen ist, aufzuerlegen.

3. Daraus ergibt sich, daß die Revision des beklagten Amtsvorstehers nicht begründet ist. Die Revision des Beigeladenen muß schon deshalb zurückgewiesen werden, weil er durch die getroffene Entscheidung nicht in seinen eigenen, seiner Verfügung unterliegenden Rechten verletzt ist.

Nr. 3. Entsch. v. 6. Juli 1907 (PrVerwBl. 29 996) III C 76/06.

ZustG. § 66.

Die Entscheidung der vorliegenden Streitsache ist davon abhängig, ob das gegenwärtig in dem Eigentum des Beklagten F. stehende sog. Mühlengrundstück in Sch. nach der privatrechtlichen Zerstückelung der sog. Herrschaft Sch. als das Restgut des genannten Gutsbezirkes anzusehen ist, und ob der Beklagte F. in dieser seiner Eigenschaft als Restgutsbesitzer für die Erfüllung der dem Gutsbezirk obliegenden öffentlich-rechtlichen Verpflichtungen in Anspruch genommen werden kann.

Die Frage, wer in einem zerstückelten Gutsbezirk als Restgutsbesitzer anzusehen sei, ist nicht nach allgemeinen Rechtsgrundsätzen, sondern nach der Lage des jeweiligen Falles zu entscheiden. Die Stelle, an welcher der Rittersitz, das castrum, seinerzeit errichtet worden ist, kann zwar als ein wesentliches Merkmal für die Eigenschaft eines Trennstücks als Restgut in Betracht kommen, bildet aber nicht das ausschließlich hierfür maßgebende Moment.

Nr. 4. Entsch. v. 21. Okt. 1907 (PrVerwBl. 30 6) III C 257/06.

ZustG. § 66.

1. Es handelt sich um ein nach § 66 Abs. 2 ZustG. eingeleitetes Verwaltungsstreitverfahren, in dem einheitlich nicht nur über den

angefochtenen Beschluß der Wasserpolizeibehörde, sondern auch über die öffentlich-rechtliche Verpflichtung des Dritten (hier des Beklagten J.) entschieden werden muß. Daraus folgt, daß über diese beiden Fragen auch in der Revisionsinstanz zu befinden ist, nachdem der Beklagte J. in der rechtzeitig von ihm eingelegten Revisionsschrift den Antrag gestellt hat, den Kläger mit seiner Klage gegenüber ihm, dem Beklagten J., abzuweisen, ohne Rücksicht darauf, daß in dem von dem Beklagten J. eingereichten Schriftsatz noch besonders beantragt worden ist, den Kläger mit der ganzen erhobenen Klage abzuweisen.

2. In der Sache selbst hat der Bezirksausschuß eine Feststellung darüber getroffen, ob das in Frage stehende Stauwerk zur Zeit des Erlasses der angefochtenen Verfügung in Wirklichkeit noch bestanden hat. Der Vorderrichter hat diese Frage auf Grund der von ihm veranlaßten Beweisaufnahme in bejahendem Sinne entschieden. Diese Feststellung des Vorderrichters läßt weder einen Rechtsirrtum noch einen wesentlichen Mangel des Verfahrens erkennen und unterliegt daher nicht der Anfechtung in der Revisionsinstanz. Uebrigens würde ihr auch bei freier Beurteilung lediglich beizutreten sein. Der Fortbestand des Stauwerkes als einer notwendigen Voraussetzung für die Fortdauer einer früher zuungunsten des Mühlenbesitzers observanzmäßig begründeten Räumungsverbindlichkeit ist nicht davon abhängig zu machen, ob für eine eventuelle Wiederaufnahme des Betriebes auf dem Wassertriebwerke die Erteilung einer neuen Genehmigung nach Maßgabe der §§ 16ff. ReichsGewO. erforderlich sein würde; vielmehr kommt es für die hier zu treffende Entscheidung nur darauf an, ob die seinerzeit errichtete Stauanlage dergestalt beseitigt ist, daß nach deren Beseitigung die früheren regelmäßigen Wasserstands- und Vorflutsverhältnisse wieder hergestellt sind. Dies ist nach dem Ergebnis der Beweisaufnahme zu verneinen. Zur Zeit des Erlasses der angefochtenen Verfügung ist der Zustand der streitigen Stauanlage im wesentlichen derselbe gewesen wie zur Zeit der Einnahme des richterlichen Augenscheins. Damals hat insbesondere bestanden: der Mühlenteich, der durch das Flußtal gezogene Querdamm, der den Zweck hatte, das Wasser des L. für den Mühlenbetrieb aufzustauen, und die Freischleuse. Wenn der Kläger das weitere Bestehen der Freischleuse damit begründet hat, daß der Mühlenteich zugleich Fischteich sei, und daß für diesen Zweck die Freischleuse erhalten bleiben müsse, so kann dieser Nebenzweck für die Beurteilung der Bedeutung der Freischleuse nicht entscheidend sein. Entscheidend ist vielmehr, daß die ganze Anlage als Mühlenstau hergerichtet und nach Abbruch der Mühle nicht beseitigt worden ist. Die Stauanlage besteht demgemäß nach wie vor und hindert das Untergehen einer etwa für den Besitzer des Mühlengrundstücks begründeten Räumungslast. An dieser Rechtslage vermag auch der Umstand nichts zu ändern, daß der jetzige Eigentümer des Mühlengrundstücks mehrere zu diesem Grundstück früher gehörige Ländereien veräußert hat. Denn auf die Erwerber dieser Trennstücke ist das mit dem Mühlengrundstück verbundene Staurecht nicht übergegangen; es ist vielmehr nach wie vor mit demjenigen Grundstück verbunden, auf welchem seinerzeit die Mühle gestanden hat und welches unbestritten Eigentum des Beklagten J. ist. Mit Rücksicht auf diesen Fortbestand des Staurechts ist es weiter unerheblich, ob der vorerwähnte Querdamm einschließlich der Freischleuse sich gegenwärtig nicht im Eigentum des Beklagten J., sondern im Eigentum eines Dritten befindet.

Nr. 5. Entsch. v. 1. April 1909 (PrVerwBl. 31 27) III C 186/08.

1. In OVG. 46 324 ist dargelegt, daß eine den Mühlenbesitzer zur Räumung des Mühlbachs verpflichtende Observanz auch nach Untergang der

Mühle oder Einstellung des Mühlenbetriebs so lange in Kraft bleibt, als das Stauwerk fortbesteht. Derselbe Grundsatz muß gelten, wenn die Räumungspflicht nicht auf Observanz, sondern, wie hier, auf einem mit öffentlich-rechtlicher Wirkung versehenen Vertrage beruht. Voraussetzung der Räumungspflicht ist aber in allen diesen Fällen der Besitz eines auf das Stauwerk bezüglichen Verfügungsrechts. Beim Nichtbestehen einer Verfügungsberechtigung fehlt es an dem Grunde der Räumungspflicht. Auf den Verlust von Gewerbebefugnissen, zB. durch Nichtgebrauch, kommt es dabei nicht an.

2. In dem vorliegenden Falle ist das Stauwerk zum wesentlichen Teile noch vorhanden. Ueberdies wird es noch zum Aufstau des Wassers benutzt. Die Frage, ob der Aufstau behufs der Gewinnung von Triebkraft oder zu anderen Zwecken erfolgt, ist für das Fortbestehen der Gewerbebefugnis und für die Berechtigung der Polizei, die Beseitigung der Stauanlage zu erzwingen, nicht jedoch für die Fortdauer der Räumungspflicht von Belang.

3. Die Bildung einer Observanz ist ausgeschlossen, wenn die Räumungen von seiten der Mühlenbesitzer auf Grund der Annahme einer durch Vergleich geschaffenen rechtlichen Verpflichtung bewirkt sind.

Nr. 6. Entsch. v. 24. Juni 1909 (OVG. 54 357) III C 201/08.

Wer observanzmäßig zur Räumung eines Grabens in seiner ganzen Länge verpflichtet ist, bleibt auch, insofern nicht durch rechtlich wirksame Abmachungen unter den Beteiligten etwas anderes bestimmt worden ist, zur Räumung verlegter Strecken dieses Grabens verpflichtet.

Nr. 7. Entsch. v. 20. Sept. 1909 (PrVerwBl. 31 192) III B 6/09.

1. Die Feststellung der behaupteten Observanz hat zur Voraussetzung, daß der Besitzer der Mühle die Räumung behufs Erhaltung der Vorflut während einer längeren Zeit nicht bloß regelmäßig, sondern auch in der Ueberzeugung ausgeführt hat, hierzu rechtlich genötigt zu sein. Der Feststellung dieser Ueberzeugung steht nicht entgegen, daß der Besitzer der Mühle mit der Räumung behufs Erhaltung der Vorflut zugleich sein eigenes Interesse an einem besseren Zu- und Abfluß des Wassers gefördert hat. Nachdem das auch in der Rheinprovinz eingeführte G. v. 28. II. 43 für die Anlieger die Pflicht zur Räumung der Privatflüsse behufs Erhaltung der Vorflut begründet hat, kann insbesondere ohne entsprechenden Anhalt hierfür nicht unterstellt werden, daß der Mühlenbesitzer sich wegen des eigenen Interesses zur Räumung über seine Grenze hinaus bereit gefunden hat, obschon er nicht der Ueberzeugung war, hierzu rechtlich genötigt zu sein. Der Tatsache, daß er an Stelle des gesetzlich verpflichteten Anliegers geräumt hat, ohne ihn für die ihm hierdurch erwachsenen Kosten in Anspruch zu nehmen, oder daß er polizeilichen Auflagen nachgekommen ist, ohne von den zulässigen Rechtsbehelfen Gebrauch zu machen, darf mit Grund entnommen werden, daß er sich zur Räumung in der Ueberzeugung, hierzu rechtlich genötigt zu sein, verstanden hat.

2. Rechtsirrtum steht der Feststellung einer Observanz nur dann nicht entgegen, wenn es sich um eine in langen Jahren fortgesetzte, mehrere Generationen umfassende Uebung handelt.

Nr. 8. Entsch. v. 27. Nov. 1909 (PrVerwBl. 31 769) IX C 14/09.

1. Eine den Mühlenbesitzer zur Räumung des Mühlenbaches verpflichtende Observanz bleibt auch nach Untergang der Mühle so lange in

Kraft, als das Stauwerk fortbesteht. Dasselbe gilt, wenn es sich um eine durch Rezeßbestimmung festgesetzte Räumungsverbindlichkeit eines Mühlenbesitzers handelt, dessen gewerberechtliche Konzession durch Einstellung des Gewerbebetriebs während eines Zeitraums von mehr als 3 Jahren nach den §§ 49 f. GewO. erloschen ist.

Denn die hier maßgebenden Bestimmungen des Rezesses ergeben klar, daß die Räumungsverpflichtung dem damaligen Eigentümer der Mühle und seinen Nachkommen im Besitze derselben nicht etwa schlechthin als Besitzern des Grundstücks, sondern lediglich aus dem Grunde auferlegt worden ist, weil auf dem Grundstück eine Mühle und zwar eine Wassermühle betrieben wurde und somit eine Benutzung des Fließwassers und seiner bewegenden Kraft zum Vorteile der Mühle stattfand. Aus diesem Grunde erkannte damals der Mühlenbesitzer seine und seiner Nachkommen Verpflichtung an. Aus des Rezeßbestimmung selbst ergibt sich also, daß die Verbindlichkeit zur Räumung des Fließes mit dessen Benutzung als Triebkraft für die Mühle in innerem Zusammenhang stehen und dadurch bedingt sein sollte. Eine Auslegung, die diesen Zusammenhang außer acht lassen und die Verpflichtung des Besitzers des Mühlengrundstücks auch dann als fortbestehend ansehen wollte, wenn die Mühlenkonzession erloschen und die Stauanlage beseitigt ist, würde demnach Sinn und Absicht der Rezeßbestimmung nicht gerecht werden, sondern ihnen zuwiderlaufen.

2. Was sodann die weitere Frage angeht, ob eine Beseitigung der Stauanlage im vorliegenden Falle anzunehmen sei, so ist dies im wesentlichen eine Tatfrage, die nur unter Berücksichtigung der gesamten in Betracht kommenden Verhältnisse beurteilt werden kann.

Wenn in der Revisionsrechtfertigung geltend gemacht wird, es sei fraglich, ob die Bestimmung der §§ 49 f. GewO. über das Erlöschen der Genehmigung infolge Einstellens des Gewerbebetriebs während eines Zeitraums von 3 Jahren hier überhaupt Anwendung finden könne, weil es sich um eine uralte Mühle aus einer Zeit handle, wo zu ihrer Anlegung eine behördliche Genehmigung überhaupt noch nicht erforderlich gewesen sei, so übersehen die Revisionskläger, daß die Abs. 3—5 des § 49 gemäß der Vorschrift in § 50 daselbst nicht nur auf die bereits früher nach Landesrecht konzessionspflichtigen, sondern auch auf die früher nicht genehmigungspflichtigen, nunmehr aber nach der GewO. der Konzession bedürfenden Anlagen Anwendung finden.

Nr. 9. Entsch. v. 30. Nov. 1908 (OVG. 54 352) III C 158/07.

ZustG. § 66.

1. Polizeiliche Verfügungen, die ein Gebot oder Verbot enthalten, werden, wenn die Beteiligten von den zulässigen Rechtsbehelfen ohne Erfolg oder innerhalb der gesetzlichen Frist überhaupt nicht Gebrauch gemacht haben, in dem Sinne endgültig, daß sie einen Titel für ihre zwangsweise Durchführung bilden. Eine spätere Wiederholung der unanfechtbar gewordenen Verfügung ist deshalb auf die nunmehr angebrachte Klage hinsichtlich der Zulässigkeit des Gebots oder Verbots von dem Verwaltungsrichter nicht mehr nachzuprüfen, sofern sich nicht etwa den Umständen nach die Annahme rechtfertigt, daß die neue Verfügung an Stelle der vorausgegangenen, unanfechtbar gewordenen Verfügung nach Absicht der Polizeibehörde hat treten sollen, oder sofern nicht etwa die Unzuständigkeit der Polizeibehörde für das Gebot oder Verbot festzustellen ist. Dasselbe gilt für Beschlüsse, die auf Einsprüche gegen wege- oder wasserpolizeiliche Verfügungen gemäß §§ 56, 66 ZustG. ergehen, wenn die vorausgegangenen Verfügungen oder Beschlüsse überhaupt nicht oder ohne Erfolg angefochten worden sind.

2. Von diesen Grundsätzen geht der Vorderrichter ebenfalls aus. Er erachtet

aber dafür, ob die Räumung notwendig und von den Gemeinden auszuführen sei, den unangefochtenen rechtskräftigen Beschl. v. 6. XII. 05 noch als maßgebend, weil die spätere Verfügung und der mit der Klage angefochtene Beschluß sich auf die Bestimmung einer anderweitigen Frist für die Ausführung der Räumung beschränkten. Hierbei ist indes nicht gewürdigt, daß der Beschl. v. 6. XII. die Vf. v. 2. XI. vorbehaltlich anderweitiger Bestimmung der Zeit, in der die Räumung auszuführen sei, aufrechterhalten hat und daß Verfügungen und Beschlüsse der Polizeibehörden, in denen sie sich die Bestimmung der Zeit für die Befolgung ihrer Anordnung vorbehalten, der Rechtskraft in dem erörterten Sinne wegen unterlassener Anfechtung überhaupt nicht fähig sind.

In Fällen dieser Art, wie auch dann, wenn die Verfügungen eine Frist nicht bestimmen und damit erkennbar machen, daß die alsbaldige Befolgung der Anordnung verlangt wird, kann der Gewährung einer weiteren Frist allein die Bedeutung nicht zugestanden werden, daß die zweite Verfügung an Stelle der vorausgegangenen und unanfechtbar gewordenen Verfügung tritt und den Beteiligten deshalb die Rechtsbehelfe neu eröffnet. Wegen inzwischen veränderter Umstände kann jedoch die Aufhebung der unanfechtbar gewordenen Verfügung mit der Wirkung beantragt werden, daß der ablehnende Bescheid als Verfügung oder Beschluß anfechtbar ist.

Mit dem Berufe der Polizei, das jeweilig Gebotene anzuordnen und zu erzwingen, ist eine Anordnung vorbehaltlich der Bestimmung der Zeit, wann sie auszuführen sei, unvereinbar. Eine solche Anordnung entspricht auch nicht dem Gesetze. Die Vorschrift in § 127 LVG., wonach die Klage gegen polizeiliche Verfügungen nur darauf zu stützen ist, daß die rechtlichen oder tatsächlichen Voraussetzungen, welche die Polizei zum Erlasse der Verfügung berechtigt haben würden, nicht vorhanden seien, kann füglich nicht anders verstanden werden, als daß es auf das Vorhandensein dieser Voraussetzungen zu der Zeit ankommt, in der die polizeiliche Verfügung nach dem Willen der Polizei zur Ausführung gelangen soll. Dasselbe gilt für Verfügungen, die der Anfechtung gemäß §§ 56, 66 ZustG. nicht bloß in rechtlicher Beziehung, sondern auch hinsichtlich der Notwendigkeit und Angemessenheit der polizeilichen Anforderung unterliegen. Für die Notwendigkeit und Angemessenheit einer polizeilichen Anforderung kann es nur auf die Zeit ankommen, in der sie auszuführen ist. Ohne Berücksichtigung der Umstände zu dieser Zeit läßt sich die Notwendigkeit und Angemessenheit der polizeilichen Anforderung gar nicht beurteilen. Zur Entscheidung der Frage allein, wer eine polizeiliche Anforderung im Falle des Bedürfnisses oder zu einem noch zu bestimmenden Zeitpunkte zu erfüllen hat, und also lediglich zur Feststellung der Räumungspflicht sind die Polizeibehörden nicht ermächtigt. Derartige Verfügungen anzufechten, haben die Beteiligten so lange keinen Anlaß, als die Polizeibehörde nicht durch nachträgliche Bestimmung der Erfüllungszeit zu erkennen gegeben hat, daß sie von ihnen nunmehr die Erfüllung eines Gebots oder Verbots zur Meidung der zwangsweisen Durchführung fordert.

3. Das Urbarium v. 3. V. 1785 regelt die Pflichten der Gutsuntertanen gegenüber der Gutsherrschaft von K. unter Mitwirkung der Kreis-Urbarien-Kommission. Es kommt also an sich als Beweisurkunde auch für die Pflichten öffentlich-rechtlicher Art in Betracht. Nach Kapitel III lag aber die Räumung der Mühlbache nur den Robotgärtnern, auch Dreschgärtner genannt, ob und nicht auch den Freileuten, Freihäuslern und Professionisten. Darauf läßt sich deshalb die Räumungspflicht der Gemeinde K. nicht stützen.

4. Zulässig war jedoch die Bildung einer Observanz, wonach die Räumung von der Gemeinde auszuführen ist. Die Bildung solcher Observanz ist nachgewiesen. Die Zeugen (es folgen die Namen von 9 Zeugen) haben übereinstimmend bekundet, daß die Räumung auf der streitigen Strecke

auf Anordnung des Gemeindevorstehers von den Gemeindemitgliedern der Gemeinde K. alljährlich ausgeführt worden sei. Der Gemeindevorsteher hat die Ausführung der Räumung nach Aussage der genannten Zeugen beaufsichtigt. Erst um die Mitte der 1890er Jahre, als die Umlegung der Grundstücke erfolgte, vielleicht auch ein oder zwei Jahre früher, wurde nach Aussage des Zeugen S. die Räumung von der Gemeinde K. verweigert. Danach steht fest, daß sich die Observanz, wonach die Gemeinde zu räumen hat, zu der Zeit bereits gebildet hatte, als die Gemeinde die Räumung einstellte. Seitdem ist die Räumung von einem anderen nicht ausgeführt worden, wie der Aussage des Zeugen W. zu entnehmen ist; es läßt sich also nicht feststellen, daß die für die Gemeinde K. durch die Observanz begründete Räumungspflicht auf einen anderen übergegangen ist.

Nr. 10. Entsch. v. 3. Dez. 1908 (PrVerwBl. 30 801) III C 56/08.

PrivFlG. § 7.

1. Die nach § 7 G. v. 28. II. 43 dem Anlieger obliegende Räumungspflicht tritt dann nicht ein, wenn sie in ununterbrochener Gewohnheit von einem anderen Besitzer erfüllt worden ist, und daß alsdann dieser an Stelle des Anliegers räumungspflichtig ist. Es wird dies von den Beklagten an sich nicht in Abrede genommen, indes vertreten, daß nach den für die Observanz als Gewohnheitsrecht maßgebenden Grundsätzen auch im Sinne des § 7 eine ununterbrochene Gewohnheit sich nur innerhalb einer bestehenden Gemeinschaft und nicht zwischen einzelnen Personen bilden könne.

Von dem Gegenteil ist bereits in OVG. 30 297ff. ausgegangen. Durch spezielle Rechtstitel, die in § 7 neben der ununterbrochenen Gewohnheit als die zunächst die Räumungspflicht regelnde Norm genannt sind, kann zweifellos die Räumungspflicht auch zwischen einem Anlieger und einem anderen Besitzer abweichend von der gesetzlichen Regel bestimmt werden. Daß dasselbe für die ununterbrochene Gewohnheit nicht gelten soll, verfügt das Gesetz nicht, und es ergibt sich auch nicht aus dem Begriffe der ununterbrochenen Gewohnheit.

2. Anlangend die Räumung vor dem im Jahre 1902 von dem Mühlengut abgetrennten Besitze des Klägers K., so würde freilich die Räumungspflicht des Müllers P. vor dem K.schen Besitze so lange, als sich nach der Abzweigung des K.schen Besitzes eine ununterbrochene Gewohnheit im Sinne der Räumungspflicht des Müllers nicht neu ausgebildet hat, zu verneinen gewesen sein, wenn der Besitzer des Mühlengutes sich bis dahin auf die Räumung in seinen Grenzen beschränkt hätte. Für diesen Fall wäre den Beklagten zuzugeben, daß es an der Möglichkeit zur Ausbildung einer von der gesetzlichen Regel abweichenden ununterbrochenen Gewohnheit gefehlt haben würde. Dies sowohl deshalb, weil es so lange, als ein Grundstück einer Einzelperson oder einer Mehrheit von Personen ungeteilt zugehört, an dem Kreise der Beteiligten, innerhalb dessen sich eine die Räumungspflicht von der gesetzlichen Vorschrift abweichend regelnde ununterbrochene Gewohnheit ausbilden konnte, fehlt, wie auch deshalb, weil sich auf Grund einer entsprechend der gesetzlichen Regel bewirkten Räumung des Grundbesitzers innerhalb seiner Grenze eine abweichende ununterbrochene Gewohnheit überhaupt nicht stützen läßt und also auch nicht dahin, mit welchem Teile des Grundstücks die Räumungspflicht für den Fall seiner Aufteilung verbunden sein soll. Anders ist die Rechtslage aber dann, wenn der Besitzer eines Grundstücks nach einer ununterbrochenen Gewohnheit oberhalb und unterhalb des eigenen Besitzes vor fremdem Besitze zu räumen hat. Alsdann darf die Ausbildung der ununterbrochenen Gewohnheit innerhalb des Kreises dieser Beteiligten sich nicht bloß darauf erstrecken, mit welchem Teile seines Besitzes die Räumungspflicht vor dem fremden Besitze verbunden ist,

sondern auch darauf, mit welchem Teile seines Besitzes die Räumungspflicht vor den demnächst etwa abgezweigten und in fremden Besitz übergegangenen Grundstücksteilen verbunden sein soll. Daß die tatsächlich zur Ausführung gelangte Räumung vor dem Grundstücke bis zu seiner Aufteilung der für den Eigentümer als Anlieger gesetzlich begründeten Räumungspflicht entsprochen hat, steht dem nicht entgegen.

Nr. 11. Entsch. v. 5. April 1909 (PrVerwBl. 30 731) III C 106/08.

ZustG. § 66.

Wird davon ausgegangen, daß die angefochtene Verfügung eine nach den Vorschriften des § 66 ZustG. zu beurteilende Räumungsanordnung darstellt, so hängt die Entscheidung in erster Linie davon ab, ob der Burggraben in W. die Eigenschaft eines öffentlichen Flusses oder diejenige eines Privatflusses (bzw. eines Grabens) besitzt. Denn wenn das erstere der Fall ist, so greift der § 66 aaO. überhaupt nicht Platz und es war auch in dem hier in Betracht kommenden Rechtsgebiete die Ortspolizeibehörde zum Erlaß der angefochtenen Anordnung nicht zuständig (vgl. § 51 Abs. 2 Schlesw.-HolstKrO.; § 138 LVG.). Ob aber der Burggraben ein öffentlicher Fluß ist, läßt sich nach den in den Akten enthaltenen Unterlagen nicht mit Sicherheit beurteilen. Für die Oeffentlichkeit eines Wasserzuges bildet auch in der Prov. Schleswig-Holstein die natürliche oder auf künstlichem Wege herbeigeführte Schiffbarkeit das entscheidende Moment. Wenn die Beklagten die Ansicht vertreten, nach gemeinem Rechte seien nur die von Natur schiffbaren Flüsse öffentliche, so ist das rechtsirrtümlich. Die Beklagten haben nun zwar erklärt, es stehe außer Zweifel, daß der Burggraben künstlich schiffbar gemacht worden sei. Es erscheint jedoch bedenklich, auf Grund dieser Erklärung allein die Eigenschaft des Burggrabens als eines öffentlichen Gewässers festzustellen. Denn es muß berechtigten Zweifeln unterliegen, ob die Beklagten bei Abgabe ihrer Erklärung von dem richtigen Begriffe der Schiffbarkeit ausgegangen sind. Denn unter dieser ist nicht die bloße Möglichkeit zu verstehen, einen Fluß mit kleinen Kähnen und Nachen zu befahren. Es kann für sie vielmehr nur die Schiffahrt in Betracht kommen, die dem Verkehr, also dem Transport von Sachen und Personen, dient; der Fluß muß als Wasserstraße benutzt werden können.

Ist der gedachte Wasserzug dagegen als ein Privatfluß oder als ein Graben anzusehen, so wird es sich zunächst darum handeln, ob auf ihn die Vorschrift im § 66 Abs. 6 ZustG. zur Anwendung zu gelangen hat. Für die Anwendbarkeit des § 66 Abs. 6 kommt es darauf an, ob die Zuständigkeit einer Deich- oder Sielbehörde im Sinne dieser Bestimmung besteht. Dafür ist aber maßgebend, ob die Unterhaltung und Räumung des innerhalb eines Deich- oder Sielverbandes belegenen bzw. eines als Anlage eines solchen Verbandes zu betrachtenden Wasserlaufes Sache des Verbandes ist oder ob sie zwar einem anderen obliegt, ihre Regelung und Erzwingung aber den Organen des Deich- oder Sielverbandes vorbehalten ist. Das wird noch näher zu prüfen und dabei zu erörtern sein, ob der Burggrabeninteressentenschaft nach Maßgabe der in Betracht kommenden Gesetzgebung die rechtliche Eigenschaft eines Deich- oder Siel- bzw. eines Schleusen-, Wellern- usw. Verbandes (s. a. § 97 ZustG.) beizumessen ist.

Nr. 12. Entsch. v. 5. Jan. 1910 (OVG. 55 335) IX C 20/09.

ZustG. §§ 65, 66.

1. Ob die Wasserpolizeibehörde befugt ist, die Räumung eines Grabens zu dem Zwecke anzuordnen, um den Unterliegern das zur Bewässerung

ihres Landes nötige Wasser zuzuführen, bestimmt sich nach den in den einzelnen Teilen des Staates bestehenden Spezialgesetzen, nach denen der Begriff der Räumung im Sinne des § 66 ZustG. auszulegen ist. Da der Kreis B. zu den vormals Großh. Hessischen Gebietsteilen gehört, die durch G. v. 24. XII. 66 (GS. 876) mit der Preußischen Monarchie vereinigt worden sind, ist diese Frage nach dem Großh. Hess. G. v. 18. II. 53 (Großh. Hess. RegBl. 65) zu beurteilen; denn die heutige Gültigkeit dieses Gesetzes, sowie des Großh. Hess. G. v. 7. X. 30, die Wiesenkultur betr. (Großh. Hess. RegBl. 365), steht für die ehemals Großh. Hessischen Gebietsteile der Preußischen Monarchie außer Zweifel. Da § 65 ZustG. ausdrücklich auf Art. 15 G. v. 18. II. 53 Bezug nimmt und da die §§ 65f. ZustG. unter der gemeinschaftlichen Ueberschrift „A. Räumung von Gräben, Bächen und Wasserläufen" stehen, so muß unter den Begriff „Räumung" in § 66 Abs. 1 aaO., soweit Art. 15 G. v. 18. II. 53 in Betracht kommt, auch die dort mit der Aufräumung der Entwässerungsgräben völlig gleichgestellte „Aufräumung" der Bewässerungsgräben fallen. Somit ist im Geltungsbereiche des G. v. 18. II. 53 auch die Räumung der Bewässerungsgräben dem polizeilichen Schutze unterstellt und eine polizeiliche Räumungsanordnung zum Zwecke der Wasserzuführung auf Grund des § 66 ZustG. zulässig.

2. Nach Art. 42 G. v. 7. X. 30 und der WiesenPolO. für den Kreis B. v. 4. VII. 44 hat der Wiesenvorstand die Gesamtinteressen aller Wiesenbesitzer der ihm unterstellten Gemarkung zur Förderung und Erhaltung der Wiesenkultur wahrzunehmen. Er bildet hiernach ähnlich dem Genossenschaftsvorstande der auf Grund des WassGenG. gebildeten Genossenschaften die Vertretung der zwar nicht in einer organisierten Genossenschaft, aber doch durch die tatsächlichen Verhältnisse zu einer gewissen Gemeinschaft verbundenen Wiesenbesitzer einer Gemarkung, deren Vorhandensein auf einer Beschränkung der freien Wiesennutzung nach Belieben des einzelnen im Interesse der Gesamtheit beruht. Von diesem Gesichtspunkt aus muß daher auch die Vorschrift in Art. 28 WiesenPolO. beurteilt werden, die hiernach nicht eine Uebertragung wasserpolizeilicher Obliegenheiten auf die Wiesenvorstände in dem Sinne bedeuten kann, daß sie infolgedessen berechtigt wären, Räumungsanordnungen nach § 66 ZustG. an die einzelnen zu erlassen. Die dort bezeichneten Anordnungen können vielmehr nach der den Wiesenvorständen zugewiesenen Stellung und Aufgabe nur als allgemein in jedem Herbste und Frühjahre zu einer durch die Witterungsverhältnisse bestimmten Zeit zu erlassende Aufforderungen an die Wiesenbesitzer, nunmehr mit der Reinigung der Gräben vorzugehen, angesehen werden. Demnach steht die Befugnis, Räumungsverfügungen im Sinne des § 66 ZustG. zu erlassen, nicht dem Wiesenvorstande zu, da er nicht Wasserpolizeibehörde ist. Wasserpolizeibehörde ist vielmehr in Ermangelung einer Sonderbestimmung, betr. Uebertragung dieses Zweiges der örtlichen Polizeiverwaltung auf andere Behörden, die Ortspolizeibehörde, d. h. der Bürgermeister (§ 63 Hess. LGemO. v. 4. VIII. 97). Daß aber eine Räumungsanordnung auf Grund des § 66 ZustG. stets dann ergehen kann und muß, wenn sie erforderlich und ausführbar ist, bedarf keiner Erörterung.

3. Die angefochtene Verfügung beruht auf Art. 15 G. v. 18. II. 53. Diese Vorschrift lautet:

„Die Verbindlichkeit zur Aufräumung und Unterhaltung der zur Bewässerung oder Entwässerung einzelner Grundstücke, Gewannen und Fluren bestimmten Gräben liegt den Besitzern derjenigen Grundstücke ob, in deren Interesse sie angelegt worden sind. Die näheren Bestimmungen hierüber sind in Lokalreglements — hinsichtlich der Wiesen in Wiesenpolizeiverordnungen — zu treffen."

Kläger ist der Ansicht, daß es für M. an näheren Bestimmungen im Sinne dieser Vorschrift des Art. 15 fehle, und daß deshalb mangels der vorgeschriebenen gesetzlichen Grundlage ein Einschreiten der Wasserpolizeibehörde im vorliegenden Falle unzulässig gewesen sei. Diese Annahme ist verfehlt. Nach Auskunft des Oberpräsidenten sind besondere Lokalreglements für die einzelnen Gemeinden neben der Wiesenpolizeiordnung für den Kreis im Sinne des vorgenannten Art. 15 nirgends erlassen und dennoch Räumungsanordnungen auf Grund dieser Gesetzesvorschrift von den Bürgermeistern getroffen worden. Dieses Verfahren widerspricht nicht den gesetzlichen Bestimmungen; denn wenn auch der Gesetzgeber anordnet, daß nähere Bestimmungen über die Vorschrift in Satz 1 Art. 15 aaO. zu treffen sind, so erhellt hieraus noch nicht, daß er die Wirksamkeit der gesetzlichen Vorschrift von dem Erlaß oder Nichterlasse dieser näheren Bestimmungen abhängig machen wollte.

Aber auch abgesehen von dieser Erwägung läßt der Art. 15 aaO. nicht erkennen, daß die im ersten Satze daselbst bezeichnete Verbindlichkeit nur im Falle der vielfach kaum möglichen Feststellung des Interesseverhältnisses für jeden einzelnen, eventuell erst künftig zur Anlegung kommenden Graben unter den Beteiligten bestehen soll. In Ermangelung einer genaueren Darlegung in Art. 15, was der Gesetzgeber unter der „näheren Bestimmung" verstanden wissen will, wird dieser Vorschrift auch dann genügt, wenn in den LokalRegl. oder WiesenPolO. zB. nur bestimmt wird, wie und wann die Aufräumung erfolgen soll, oder welche Gräben als Be- oder Entwässerungsgräben in Frage kommen oder daß, wie es in der WiesenPolO. für den Kreis B. v. 4. VII. 44 in Art. 29 geschehen ist, die besonderen Verhältnisse entscheiden sollen, ob die Räumungsarbeiten auf Kosten der Besitzer versteigert oder durch letztere selbst ausgeführt werden sollen. Ein Einwand gegen das Einschreiten der Wasserpolizeibehörde kann demnach weder aus Art. 15 G. v. 18. II. 53, noch aus der WiesenPolO. v. 4. VII. 44 entnommen werden.

b) Oertliche Wasserpolizei; Schaurichter; Strom-, Schiffahrts- und Hafenpolizei; ihre verschiedenen Zuständigkeiten; öffentliche Flüsse und ihre Schiffbarkeit; Leinpfad; Uferbauten; Fähren; Strombauverwaltungsgesetz; Wasserbauinspektionen; Meer und Meeresufer; Schlesisches Hochwassergesetz.

Nr. 1. Entsch. v. 30. Nov. 1908 (OVG. 53 322) III B 140/07.

ZustG. § 66; FeldPolO. v. 1. XI. 47 §§ 25, 73.

1. Daß in dem hier in Frage stehenden Bezirke der Landrat nach den bestehenden gesetzlichen Bestimmungen in der Regel nicht die örtliche Wasserpolizeibehörde ist, die allein zum Erlasse von Räumungsanordnungen auf Grund des § 66 ZustG. zuständig ist, steht außer Zweifel (§ 59[1] KrO.). Er kann nach den gesetzlichen Bestimmungen nur als polizeiliche Aufsichtsinstanz in Betracht kommen. Die Rechtsprechung hat aber stets an dem Grundsatze festgehalten, daß die höhere Instanz, die polizeiliche Aufsichtsinstanz, nicht befugt ist, die Obliegenheiten der an sich gesetzlich zuständigen niederen polizeilichen Instanz an sich zu ziehen, und daß eine Ausnahme von dieser Regel nur dann gestattet ist, wenn Gefahr im Verzuge ist, oder wenn ohne ein solches Eingreifen der höheren Instanz die Zwecke der durch das Gesetz geordneten Aufsicht nicht erfüllt werden können.

2. Die Verfügung bezieht sich aber auf den § 15 Abs. 2 SchauO. für den Insterfluß v. 7. XI. 04, und der Landrat will offenbar seine Zuständigkeit aus dieser Verordnung herleiten. Diese ist vom Regierungspräsidenten zu G. als PolVd., betr. den Erlaß einer SchauO. für Teile des Insterflusses in den Kreisen

Ragnit und Insterburg, erlassen und findet ihre Grundlage im § 73 FeldPolO. v. 1. XI. 47 (GS. 376). Durch eine solche Polizeiverordnung konnte die Handhabung der örtlichen Wasserpolizei in einem bestimmten Umfange statt des Amtsvorstehers anderen Beamten, den Schaurichtern, übertragen werden. In OVG. 27 278 wird näher dargelegt, daß, wenn, wie hier der § 73 FeldPolO., ein Gesetz die zum Erlasse von Polizeiverordnungen zuständigen Organe ermächtige, andere Beamte als die ordentliche Wasserpolizeibehörde mit den Obliegenheiten zu betrauen, dieses durch den § 59[1] KrO. mit den Worten „soweit sie nicht durch besondere Gesetze dem Landrat oder anderen Beamten übertragen ist" gedeckt werde. Von dieser Befugnis wollte die PolVd. v. 7. XI. 04 Gebrauch machen.

Aus diesen Bestimmungen könnte man trotz ihrer nicht klaren Fassung entnehmen, daß nach § 2[2 und 3] aaO. der Landrat im gegenwärtigen Falle den Vorsitz in der Schaukommission übernommen und als solcher die Anordnung erlassen habe, oder daß er als Vorsitzender der Oberschaukommission nach § 3 aaO. verfügt habe. Mag nun die eine oder die andere Eigenschaft für den Landrat in Frage kommen, so können auch die beiden genannten Bestimmungen der Zuständigkeit des Landrats nicht als Grundlage dienen, da sie dem bestehenden Rechte widersprechen, also rechtsungültig sind. Eine Polizeiverordnung kann ohne besondere ausdrückliche gesetzliche Ermächtigung die Zuständigkeiten von Behörden, wie sie kraft Gesetzes einmal bestehen, nicht verschieben oder Zuständigkeiten begründen, die mit der gesetzlich geordneten Abgrenzung der behördlichen Zuständigkeiten in Widerspruch stehen. So ist es nicht angängig, daß der Regierungspräsident durch Polizeiverordnung dem Landrat ortspolizeiliche Obliegenheiten auf Rechtsgebieten überträgt, auf denen durch Gesetz eine andere Behörde dazu berufen ist. Ebenso kann er auf diesem Wege nicht statt des Landrats oder neben ihm eine besondere Behörde als Aufsichtsinstanz über die örtliche Wasserpolizeibehörde berufen. Wenn also der § 2[2 und 3] der fraglichen PolVd. den Landrat ermächtigt, jederzeit die Obliegenheiten des Vorsitzenden der mit der örtlichen Wasserpolizei betrauten Schaukommission zu übernehmen und in dieser Eigenschaft als Vorsitzender unter Umständen die Obliegenheiten der Schaukommission allein wahrzunehmen, also auch nach § 15 wasserpolizeiliche Anordnungen zu treffen, so widerspricht das der gesetzlich geordneten Abgrenzung der behördlichen Zuständigkeiten ebenso, wie die weitere Bestimmung des § 3, wonach die Schaukommissionen unter der Aufsicht und Leitung einer aus zwei Mitgliedern bestehenden Oberschaukommission stehen sollen. Beide Bestimmungen sind mithin rechtsungültig. Auch der § 73 FeldPolO. v. 1. XI. 47 ermächtigt weder den Regierungspräsidenten noch die Ortspolizei, solche Regelung der Zuständigkeiten eintreten zu lassen.

3. Zu bemerken ist noch, daß die Urteilsformel des Bezirksausschusses nicht einwandsfrei ist. Denn wenn der Beschluß des Landrats und seine Verfügung aufgehoben werden, so kann außerdem der Antrag des Klägers, einen anderen als ihn zu der Leistung zu verurteilen, den er nach § 66 Abs. 2 ZustG. stellen mußte, nicht noch zurückgewiesen werden; dieser Antrag wurde von selbst gegenstandslos. Deshalb durften dem Kläger auch keine Kosten zur Last gelegt werden, was in der Urteilsformel entsprechend zum Ausdrucke gebracht ist.

4. Schließlich soll noch darauf hingewiesen werden, daß, wie sich schon aus obigem ohne weiteres ergibt, zahlreiche Bestimmungen der PolVd. v. 7. XI. 04 zu sehr erheblichen Bedenken bezüglich ihrer Rechtsgültigkeit Anlaß geben. Es ist oben bereits erörtert, daß die Bestimmung, wonach der Landrat jederzeit die Obliegenheiten des Vorsitzenden der Schaukommission übernehmen kann, und die Bestellung der Oberschaukommission als Aufsichtsbehörde der Schaukommissionen rechtsungültig sind. Daraus folgt mit Notwendigkeit, daß auch alle die Bestimmungen der Polizeiverordnung, die mit dieser Organisation zu-

sammenhängen, der Rechtsgültigkeit entbehren. Dahin gehört unter anderem der § 2, § 3, § 5 Abs. 2, § 8 Abs. 2 letzter Satz, Abs. 3, § 9, soweit die Oberschaukommission genannt ist, usw. und endlich auch der Inhalt des § 18. In Hinsicht auf die Bestimmung des § 18 ist noch besonders darauf hinzuweisen, daß, wenn in dem Bereiche der Polizeiverordnung die örtliche Polizeiverwaltung in Wasserangelegenheiten auf Grund des § 73 FeldPolO. der Schaukommission übertragen ist, es dem § 1 G., betr. den Erlaß polizeilicher Strafverfügungen wegen Uebertretungen, v. 23. IV. 83 (GS. 65) geradezu widerspricht, daß der genannte § 18 den Erlaß solcher Strafverfügungen einer anderen als der örtlichen Wasserpolizeibehörde, nämlich hier der Schaukommission, zuweist.

Die Fassung der §§ 14f. läßt nicht erkennen, inwieweit dem gesetzlichen Verfahren des § 66 ZustG. (Einspruch auf die Anordnung, sodann Beschluß mit darauffolgender Klage) Raum gelassen ist. Die Räumungspflichtigen haben unter allen Umständen einen rechtlichen Anspruch auf die ihnen in dem genannten § 66 gegebenen Rechtsmittel. Und wenn ihnen diese auch durch die Polizeiverordnung nicht ausdrücklich genommen sind, so ist doch offenbar die Bestimmung des § 53 LVG., wonach die Anbringung der Klage, sofern nicht die Gesetze etwas anderes vorschreiben, aufschiebende Wirkung hat, durch die §§ 14–16 PolVd. außer Wirksamkeit gesetzt und die Ausnahmebestimmung desselben § 53, wonach Verfügungen, Bescheide und Beschlüsse, auch wenn sie mit den gegebenen Rechtsmitteln angefochten sind, zur Ausführung gebracht werden können, sofern diese nach dem Ermessen der Behörde ohne Nachteil für das Gemeinwesen nicht ausgesetzt werden kann, zur Regel gemacht. Das ist unzulässig.

Weiter enthält der § 15 PolVd. eine Verletzung des § 132² LVG. Dieser macht die schriftliche Androhung des Zwangsmittels mit bestimmter Frist für jeden mit einer polizeilichen Anordnung Bedachten bindend. Der § 15 PolVd. kennt aber offenbar nur eine mündliche Verwarnung, was schon daraus hervorgeht, daß besonders vorgeschrieben ist, es sei in dem Schauprotokolle zu vermerken, daß diese Aufforderung an Ort und Stelle an die Verpflichteten ergangen sei. Ein solcher Vermerk in einem Protokolle, welches nach § 17 nur von den Mitgliedern der Schaukommission vollzogen wird, kann aber die gesetzlich vorgeschriebene schriftliche Androhung des Zwangsmittels nicht ersetzen.

Nach § 14 Abs. 2 sollen die sämtlichen Räumungspflichtigen und Uferbesitzer des betreffenden Bezirkes durch eine im Kreisblatte zu veröffentlichende Bekanntmachung unter der Verwarnung vorgeladen werden, „daß von den Ausbleibenden angenommen wird, sie wollen die von der Schaukommission für notwendig erachteten Nacharbeiten selbst nicht ausführen, stellen vielmehr anheim, dieselben sofort im Zwangsweg auf ihre Kosten bewerkstelligen zu lassen“. Für eine solche Bestimmung in einer Polizeiverordnung fehlt jede gesetzliche Grundlage. Wäre sie rechtlich wirksam, so würde den Ausbleibenden damit jedes Rechtsmittel gegen die im Schautermin erfolgende oder in der nachfolgenden Ausführung enthaltene Anordnung ohne weiteres genommen.

Nr. 2. Entsch. v. 16. Mai 1907 (PrVerwBl. 29 832) III A 73/06.

Die Zurücknahme der landespolizeilichen Genehmigung zur Errichtung eines Bootshauses in einem öffentlichen Flusse kann nicht auf ein Privatinteresse des Grundstücksnachbarn, sondern nur auf das öffentliche Interesse gestützt werden; denn die Polizeibehörde ist nicht berufen, reine Privatinteressen geltend zu machen. Dies gilt auch dann, wenn die Genehmigung unter dem Vorbehalte jederzeitigen Widerrufs erteilt worden ist.

Nr. 3. Entsch. v. 1. April 1909 (PrVerwBl. 31 44) III A 64/07.

ALR. II 15 §§ 46, 62; II 14 § 21.

1. Die Saale ist auf dem hier in Betracht kommenden Teile schiffbar und deshalb ein öffentlicher Fluß. Für die an ihr möglichen Nutzungsrechte sind daher die für die öffentlichen Ströme erlassenen Vorschriften, insbesondere die §§ 38 ff., 44 ff., 62 II 15 ALR. maßgebend. Nach diesen darf aber in öffentlichen Flüssen niemand ohne Genehmigung der zuständigen Behörde etwas vornehmen, was über den Gemeingebrauch hinausgeht und es kann die Beseitigung dessen, was der Genehmigung bedurfte, diese aber nicht erhalten hat, von der Polizeibehörde lediglich deshalb verlangt werden, weil es nicht genehmigt worden ist. Eine erteilte Genehmigung ist ferner jederzeit widerruflich und es besteht mithin, abgesehen von dem Gemeingebrauch, kein Recht auf Anbringung und Beibehaltung einer Anlage in einem öffentlichen Flusse. Ein polizeiliches Gebot, eine genehmigungsbedürftige, aber ungenehmigte Anlage zu beseitigen, ist deshalb auch außer beim Mangel eines jeden polizeilichen Motivs durch die Verwaltungsklage mit Erfolg nicht anfechtbar.

2. Daß seitens des Staates, d. i. der Landespolizeibehörde, eine ausdrückliche Erlaubnis zur Errichtung der vom Kläger betriebenen Badeanstalt erteilt worden sei, ist nicht nachgewiesen. Wollte man aber auch mit Rücksicht auf das lange Bestehen der Badeanstalten an der Schiffs-Saale annehmen, daß es geschehen sei, so würde das doch nach dem Obigen unerheblich sein, weil die staatliche Genehmigung jederzeit hätte zurückgenommen werden können. Wenn in der Klage die Ansicht vertreten wird, es habe ein Recht darauf ersessen werden können, in der Saale gegen den Willen der Wasserpolizeibehörde eine Badeanstalt dauernd beizubehalten und zu betreiben, so ist dem nicht beizutreten. Die öffentlichen Flüsse gehören nach § 21 II 14 ALR. zu dem gemeinen Eigentum des Staates, d. h. zu demjenigen Staatseigentum, dessen Gebrauch jedermann offensteht, und das, soweit diese Bestimmung zum öffentlichen Gebrauche reicht, allein der Herrschaft der allgemeinen Staatsgewalt unterworfen ist. Solange eine Wasserfläche Teil eines öffentlichen Stromes ist, unterliegt sie deshalb dieser Herrschaft und es ist eine Ersitzung von Privatrechten an ihr mit der Wirkung, daß die Polizeibehörde durch sie an der Aufrechterhaltung und Durchführung der in den §§ 46, 62 II 15 ALR. enthaltenen Verbotsbestimmungen gehindert würde, nicht möglich. Im vorliegenden Falle bildet aber diejenige Wasserfläche, die zeitweise oder immer durch die Badeanstalt des Klägers bedeckt wird, einen Teil der Saale. Trifft das aber zu, so muß die Wasserpolizeibehörde für befugt angesehen werden, die Entfernung der Badeanstalt aus polizeilich von ihr wahrzunehmenden Gründen zu verlangen. Ob etwa durch Verjährung privative Nutzungsrechte erworben worden sind, für deren Aufgabe eine Entschädigung würde beansprucht werden können, ist im gegenwärtigen Verfahren nicht zu untersuchen. Zur Entscheidung darüber würden nur die Zivilgerichte zuständig sein.

Nr. 4. Entsch. v. 23. Okt. 1909 (OVG. 55 324) IX A 16/09.

1. Maßgebend für die Entscheidung, ob ein Wasserlauf ein öffentlicher Strom oder ein Privatfluß sei, ist im Gebiete des ALR. allein seine Schiffbarkeit. Die öffentliche Natur der schiffbaren Flüsse reicht so weit als ihre Schiffbarkeit reicht. Nicht entscheidend ist, ob der Fluß von Natur stets schiffbar gewesen ist; denn auch Privatflüsse verändern durch staatliche oder mit staatlicher Genehmigung erfolgte Schiffbarmachung und die darin liegende Widmung für den öffentlichen Schiffahrtsverkehr ihre Natur und werden, soweit sie schiffbar gemacht worden sind, öffentliche Ströme, die, so-

weit es sich um die auf ihnen stattfindende öffentliche Schiffahrt handelt, nicht mehr den Ortspolizeibehörden, sondern der staatlichen Strom- und Schiffahrtspolizeibehörde unterstellt sind. Es unterliegt keinem Zweifel, daß der Nottekanal mit Zustimmung aller Rechtsbeteiligten mit staatlicher Genehmigung dem öffentlichen Schiffahrtsverkehre gewidmet ist. Demnach ist er als öffentliches Gewässer dem Regierungspräsidenten zu Potsdam in strom- und schiffahrtspolizeilicher Hinsicht unterstellt. Daß der Nottekanal auch tatsächlich stets als öffentlicher Strom und demnach als der staatlichen Strom- und Schiffahrtspolizei des Regierungspräsidenten unterworfen angesehen worden ist, ergibt sowohl die PolVd. für den RegBez. Potsdam v. 17. I. 96, wie auch die Beilage zu dem Entw. eines preuß. WasserG. von 1894, wo auf S. 78 der Nottekanal in das Verzeichnis der öffentlichen Ströme und Schiffahrtskanäle aufgenommen ist. Der Ausübung der Polizeigewalt über den Nottekanal durch den Regierungspräsidenten widerspricht auch nicht das Statut des Verbandes v. 14. IV. 56; denn die einzige Stelle, die dort, abgesehen von dem dem Schaudirektor im § 34 verliehenen Straffestsetzungsrechte, von der Polizeigewalt handelt, findet sich im § 36, der besagt, daß die Regierung (also nicht der Kanalvorstand) befugt sei, auf Grund des PolVerwG. v. 11. III. 50 die Polizeiverordnungen zum Schutze der Gräben, Pflanzungen und sonstigen Anlagen des Verbandes zu erlassen.

2. Eigentums- oder Nutzungsrechte von Privatpersonen an einem Wasserlaufe stehen mit dem Charakter dieses Wasserlaufs als eines schiffbaren und der Schiffahrtspolizei des Staates unterliegenden Flusses nicht im Widerspruche, wie sich unmittelbar aus § 41 II 15 ALR. ergibt.

Nr. 5. Entsch. v. 22. Juni 1908 (OVG. 53 312) III C 209/07.

ALR. II 15 §§ 57—60; PrivFlG. v. 28. II. 43 §§ 8—10, 12; Strom-, Deich- u. UferO. für Ostpreußen u. Litauen v. 14. IV. 1806 (GS. 1) §§ 1, 3 f., 8 f., 11.

1. Das ALR. kennt eine Leinpfadberechtigung nur an öffentlichen Strömen, nicht aber an von Natur flößbaren oder flößbar gemachten Privatflüssen. Auch das PrivFlG. v. 28. II. 43 kennt eine Leinpfadberechtigung an flößbaren oder flößbar gemachten Privatflüssen nicht.

Die Polizeiverwaltung stützt nun ihre an den Kläger erlassene Anordnung, auf seinen Grundstücken längs des rechten Alleufers „einen 12 Fuß breiten Leinpfad oder Weg zum Treideln zu gestatten“, auf § 4 Allg. Strom-, Deich- u. UferO. für Ostpreußen u. Litauen v. 14. IV. 1806 (GS. 1), eventuell auf Observanz. Ihren Ausführungen kann aber nicht beigetreten werden. Die Beklagte hat in den früheren Instanzen nicht bestritten, daß die Alle auf der hier in Betracht kommenden Strecke kein öffentlicher Strom, sondern nur ein nicht schiffbarer Privatfluß ist. Sie macht aber geltend, unter schiffbaren Gewässern im Sinne der StromO. von 1806 seien nicht nur die für Lastschiffe fahrbaren, sondern auch die nur für einen Verkehr mit kleineren Booten benutzbaren oder nur flößbaren Flußstrecken zu verstehen und die Vorschriften des § 4 StromO. über die Gestattung und Reinigung des Treidelwegs müßten daher auch auf die nicht schiffbaren, sondern nur flößbaren Strecken der Alle Anwendung finden. Demgegenüber kommt folgendes in Betracht: Die StromO. von 1806 ist nach Inkrafttreten des ALR. erlassen und ihre Vorschriften über Gestattung und Reinigung des Treidelwegs im § 4 stehen im ersten Abschnitt unter der Ueberschrift: „Von den schiffbaren Gewässern“. In ihrem, demselben Abschnitt angehörigen § 7 nimmt sie in Abs. 3 ausdrücklich Bezug auf die vom Leinpfade handelnden §§ 57 f. II 15 ALR. Wenn sie im ersten Abschnitt unter der klaren Ueberschrift „Von den schiffbaren Gewässern“ nicht stets denselben Ausdruck für diese Gewässer gebraucht, sondern ohne genaue Festhaltung derselben Bezeichnung in den einzelnen Paragraphen wechselnd von „schiffbaren Gewässern", „schiffbaren Strömen", „öffentlichen Strömen" oder, wie im § 4, von „Flüssen und Kanälen" und zugleich von „Stromgefällen" spricht, so folgt sie damit nur der Ausdrucksweise des ALR., das in Teil II Titel 15 unter der Ueberschrift „Von Strömen, Häfen und Meeresufern" ebenfalls mit den Bezeichnungen wechselt. Aus der Ausdrucksweise des § 8 StromO. kann ferner überhaupt nichts gefolgert werden, da es hier auf eine erschöpfende Aufzählung und Gegenüberstellung der einzelnen Gattungen von Gewässern sachlich nicht ankam und der Zusammenhang ohne weiteres ergibt, daß eine solche auch nicht beabsichtigt wurde. Wenn endlich in dem Strafverzeichnis unter Nr. 8 derjenige mit einer Strafe bedroht wird, „wer durch einen schiffbaren oder flößbaren Kanal oder Fluß reitet oder fährt", so erklärt sich die Ausdehnung der Strafandrohung auf das Reiten oder Fahren durch bloß flößbare Flüsse oder Kanäle ohne weiteres damit, daß auch bei diesen im Interesse der Erhaltung der Flößbarkeit jeder schädlichen Einwirkung auf die Sohle des Bettes vorgebeugt werden mußte. Die in Klammern beigesetzte Bezugnahme auf § 11 trifft danach zwar nicht auf den ganzen Inhalt der Strafbestimmung, sondern nur auf ihren wesentlichsten Teil zu; diese nicht völlig genaue Bezugnahme kann aber so weitgehende Schlüsse, wie die Beklagte daraus herleiten will, in keiner Weise rechtfertigen. Die StromO. vom Jahre 1806 gebraucht vielmehr, wie die vorstehenden Ausführungen ergeben, die Ausdrücke „schiffbare Gewässer" und „Leinpfad" in keinem anderen Sinne wie das ALR. und ebensowenig wie dieses kennt sie einen Leinpfad an flößbaren Privatflüssen.

2. Wenn die Beklagte endlich ihre Behauptung, daß an der hier fraglichen Allestrecke ein Leinpfad vorhanden sei, auf das Bestehen einer Observanz stützt, so kann nach den oben angeführten gesetzlichen Bestimmungen, wonach das rechtliche Dasein eines Leinpfads an die Schiffbarkeit des Flusses geknüpft ist, bei flößbaren Privatflüssen aber das Ministerium durch besondere Reglements festzusetzen hat, „in welchem Umfange der Mitgebrauch der Ufer zum Behuf der Flößerei zu gestatten ist" (§ 10 PrivFlG.), eine **Leinpfadberechtigung an Privatflüssen durch Observanz überhaupt nicht geschaffen** werden.

Nr. 6. Entsch. v. 27. Mai 1907 (PrVerwBl. 29 912) III A 11/07.

ALR. II 15 § 80.

Soweit nicht durch besondere Gesetze eine abweichende Organisation vorgesehen ist, gehört der **polizeiliche Schutz** der **Meeresufer** (§ 80 II 15 ALR.) **zur Zuständigkeit der Landespolizeibehörde, nicht der Ortspolizeibehörde**, wie dies bereits in OVG. 11 236ff. hinsichtlich der entsprechend zu beurteilenden Ufer der öffentlichen Ströme ausgeführt worden ist. Die besonderen Vorschriften des § 6b PolVerwG. v. 11. III. 50 (GS. 265), wonach die Vorschriften über die Ordnung, Sicherheit und Leichtigkeit des Verkehrs der Ortspolizeiverwaltung überwiesen sind, und auf Grund deren seinerzeit die OVG. 33 450 ergangen ist, können auf den vorliegenden Fall keine Anwendung finden, weil die hier angefochtene Verfügung **lediglich zum Schutze der Ufer und der Dünen der Ostsee** erlassen worden ist, dh. zur Wahrung solcher polizeilichen Interessen, die nach § 59 Abs. 2 KrO. der Zuständigkeit der Ortspolizeibehörde entzogen sind. Entsprechend den Grundsätzen über die Bestimmung der Ufer öffentlicher Ströme ist unter Meeresufer in dem hier erörterten Sinne nur derjenige Streifen festen Landes zu verstehen, der nach seiner Beschaffenheit und örtlichen Lage erforderlich ist, um unter den regelmäßigen Verhältnissen des Wasserstandes das Meeresbett in seinen natürlichen Grenzen zu erhalten.

Nr. 7. Entsch. v. 5. Dez. 1907 (PrVerwBl. 30 392) III C 35/07.

1. Meeresdünen und Meeresufer sind von der ortspolizeilichen Zuständigkeit nicht ausgeschlossen. Sie müssen nach der Absicht des Gesetzes einer Ortspolizeibehörde unterstehen. Die hier fraglichen Strandländereien liegen durchweg zwischen Bestandteilen des Amtsbezirks B. und der Ostsee. Daß sie einer anderen Ortspolizeibehörde zugewiesen seien, oder daß eine besondere Ortspolizeibehörde für sie bestellt sei, ist weder behauptet worden noch sonst ersichtlich. Dagegen steht unbestritten fest, daß der beklagte Amtsvorsteher auf ihnen bisher die Polizei, namentlich betreffs des Badewesens, ausgeübt hat. Bei dieser Sachlage durfte der Bezirksausschuß annehmen, daß der Amtsbezirk B. entsprechend der Auffassung der maßgebenden Behörden räumlich auf die ihm vorgelagerten Dünen nebst Meeresufer erstreckt worden ist. Ob etwa landespolizeiliche Interessen ein Eingreifen gegenüber den ortspolizeilichen Maßnahmen des Beklagten rechtfertigen könnten, muß dahingestellt bleiben, weil ein solches Eingreifen tatsächlich nicht stattgefunden hat. Die Zuständigkeit des Amtsvorstehers zum Erlasse einer Räumungsanordnung wird durch das Obwalten eines landespolizeilichen Interesses an der Kultur der Dünen nicht berührt.

2. Ebensowenig läßt es sich mit der Revision beanstanden, daß der Bezirksausschuß die hier fraglichen Gräben für solche erachtet hat, deren Räumung polizeilich erzwungen werden kann. Nach dem Ergebnisse der Beweisaufnahme handelt es sich um Gräben, die innerhalb der natürlichen Bodensenkungen in bestimmter Länge, Breite und Tiefe, mit Seitenwänden und Sohle künstlich ausgehoben worden sind. Ihre erstmalige Herstellung ist zwar durch besondere, mit einem Eisenbahnbau zusammenhängende Verhältnisse veranlaßt. Sie sind aber in der Folge beibehalten worden nnd in mehreren Jahren auf Kosten des Fiskus geräumt. Daß die Grabenstrecken, deren Aufräumung verlangt wird, nicht über sein Eigentum gehen, ist vom Fiskus nicht eingewendet. Ob diesem nach den Grundsätzen des bürgerlichen Rechts die Pflicht zur Beibehaltung der Gräben obliegt, ist nicht im Verwaltungsstreitverfahren zu entscheiden. Daß die Gräben tatsächlich bestehen und den Wasserabfluß dauernd vermitteln, durfte vom Bezirksausschusse festgestellt werden, obwohl zwei von den vier Gräben seit einiger Zeit versandet sind und obwohl die Gräben auch sonst nicht unausgesetzt Wasser führen.

Nr 8. Entsch. v. 11. April 1908 (OVG. 52 345) III A 24/07.

1. Die Stadtgemeinde F. hatte vor einigen Jahren, um einen Lösch- und Ladeplatz im tieferen Fahrwasser zu gewinnen, vor dem bisherigen Lösch- und Ladeplatz eine etwa 128 qm große Wasserfläche aufgefüllt. Die Genehmigung hatte sie von dem Regierungspräsidenten erlangt, nachdem sie sich vorher entsprechend der mit Vertretern des Ministers für öffentliche Arbeiten getroffenen Abrede zum Abschluß eines Vertrags über die von ihr zu zahlende Entschädigung bereit erklärt hatte.

2. In OVG. 33 450 ist der Polizeibehörde die Befugnis zum Verbot einer über den Gemeingebrauch nicht hinausgehenden Nutzung des Meeresstrandes für den Fall abgesprochen worden, daß es sich nicht aus besonderen polizeilichen Rücksichten rechtfertigt. Was die Klägerin in der Föhrde ausführen will, geht über die im Gemeingebrauch enthaltene Befugnis hinaus. Der Regierungspräsident erachtet es jedoch, mit dem von ihm zu wahrenden Gemeingebrauche für vereinbar und er beanstandet es auch sonst nicht aus einer polizeilichen Rücksicht. Die förmliche Genehmigung will er auch aussprechen, sobald die Klägerin zuvor sich dem von ihm zu vertretenden

Staate gegenüber zur Erlegung einer noch zu bestimmenden Gebühr verpflichtet. In diesem Vorbehalte der Genehmigung müßte eine unzulässige Vorenthaltung derselben dann erblickt werden, wenn die Klägerin bereits ein ausschließliches Verfügungsrecht über die anzuschüttende Fläche der Föhrde oder doch das Recht auf ihre Anschüttung und Verlandung erlangt hätte. Dies wird nicht behauptet und läßt sich jedenfalls nicht schon auf die der Klägerin seinerzeit verliehene Hafengerechtigkeit stützen.

In Ermangelung eines solchen Sonderrechts der Klägerin läßt sich aber der von dem Regierungspräsidenten unter Billigung des Ministers vertretene Standpunkt, daß die Klägerin das Recht zu der über den Gemeingebrauch hinausgehenden Anschüttung von dem Staate zu erwerben habe, nicht beanstanden, weil dem Staate wie über öffentliche Gewässer überhaupt, so auch über die Föhrde als eine Bucht der Ostsee das Verfügungs- und Nutzungsrecht, soweit es mit dem Gemeingebrauche vereinbar ist, ausschließlich zusteht. Ob eine über den Gemeingebrauch hinausgehende Verfügung überhaupt und unter welchen Bedingungen sie zuzulassen sei, steht in dem Ermessen des Staates. Sofern die Wahrnehmung dieser Staatsgewalt einem anderen Organ als dem Regierungspräsidenten zustände, ließe sich mit Grund die Ansicht vertreten, daß der Regierungspräsident in Uebung seiner Landespolizeigewalt sich auf die Wahrung des Gemeingebrauches und der sonst in Betracht kommenden Rücksichten polizeilicher Art zu beschränken und die Entschließung, ob und unter welchen Bedingungen eine über den Gemeingebrauch hinausgehende Inanspruchnahme zuzulassen sei, dem hierfür zuständigen Organe zu überlassen habe.

Der Regierungspräsident nimmt jedoch für sich sowohl die Landespolizeigewalt wie auch die Wahrnehmung der für den Staat begründeten Verfügungsgewalt über die Föhrde in Anspruch. Diese auch von dem Minister anerkannte Zuständigkeit läßt sich für die Meeresbuchten weder zufolge einer besonderen gesetzlichen Vorschrift, noch nach der Art der Regelung der Staatsverwaltung beanstanden. Wäre der Regierungspräsident etwa derart vorgegangen, daß er die polizeiliche Genehmigung erklärt, zugleich aber ausgesprochen hätte, er werde die Ausführung der polizeilich genehmigten Anschüttung behufs der Landgewinnung erst nach Vereinbarung der hierfür an die Staatskasse zu erlegenden Gebühr zulassen, dann wäre auch diese Verfügung im Verwaltungsstreitverfahren mit Erfolg nicht anfechtbar gewesen. Die polizeiliche Genehmigung war alsdann erteilt, und ob die Ausführung auf Grund der dem Staate zustehenden Verfügungsgewalt über die Bucht ohne die Erlegung einer Gebühr behindert werden durfte, wäre, weil hierfür die Zuständigkeit der Verwaltungsgerichte nicht begründet ist, nur mit der Beschwerde im Aufsichtsweg anzufechten gewesen. Es kann indes, obschon grundsätzlich die Polizeibehörden bei Uebung der Polizeigewalt sich auf die Wahrung polizeilicher Rücksichten zu beschränken haben, nicht für unstatthaft erachtet werden, daß der um die polizeiliche Genehmigung angegangene Regierungspräsident, weil er beide Gewalten in sich vereinigt, die förmliche Erteilung der für zulässig erachteten Genehmigung von der vorgängigen Bereitwilligkeit zur Erlegung derjenigen Gebühr abhängig macht, die er in Wahrung des staatlichen Verfügungs- und Nutzungsrechts fordern zu müssen vermeinte. Auch insoweit kann Abhilfe nur im Aufsichtsweg erreicht werden.

Nr. 9. Entsch. v. 19. Okt. 1908 (PrVerwBl. 30 676) III B 37/08.

Die Polizei ist befugt, gegen Störungen des ihrer Aufsicht unterliegenden Gemeingebrauches am Strande, soweit dieser zum Meeresufer gehört, einzuschreiten. Dazu gehört ein Verbot des Aufstellens von Strandkörben und des Auswerfens von Löchern auf dem Strande. Für die zahlreichen in Z. weilenden Kurgäste ist ein ausgiebiger Aufenthalt auf dem Strande von wesentlicher Bedeutung, und für die Möglichkeit eines solchen ist nach heutigen Gewohnheiten die Aufstellung und Benutzung von Strandkörben eine selbstverständliche Voraussetzung. Daran vermag auch der Umstand, daß von den einzelnen Kurgästen an die Verleiher der Badekörbe eine Miete gezahlt wird, nichts zu ändern. Ebensowenig kann das Auswerfen von Löchern als eine die Grenzen des zulässigen Gemeingebrauches überschreitende Benutzung des Strandes angesehen werden. Wenn den auf dem Strande sich bewegenden zahlreichen Kindern der Strand überhaupt als eine Erholungsstätte belassen werden soll, so kann dies nur dadurch geschehen, daß er ihnen als Spielplatz dient. Mit der Bedeutung eines Spielplatzes ist aber das ganz allgemein gefaßte Verbot des Auswerfens von Löchern unvereinbar. Sollten durch eine derartige Uebung des Gemeingebrauches auf dem Strande polizeiwidrige Zustände entstehen, so muß es, falls nicht ein polizeiliches Einschreiten dagegen von Amtswegen erfolgt, dem Kläger überlassen bleiben, ein solches Einschreiten bei der zuständigen Polizeibehörde und ev. im Beschwerdewege zu beantragen.

Nr. 10. Entsch. v. 18. Mai 1909 (OVG. 54 262) I A 19/09.

1. Der Meeresstrand steht nach § 21 II 14 und § 80 II 15 ALR. im gemeinen Eigentume des Staates und unterliegt danach dem Gemeingebrauche des Publikums. Beim Seebadestrande gehört die Aufstellung von Strandkörben zum Gemeingebrauche. Diesen Gemeingebrauch zu regeln und zu schützen, namentlich einer Ueberschreitung der danach dem einzelnen zustehenden Befugnisse im Interesse der übrigen Gleichberechtigten entgegenzutreten, gebührt der Polizei, und zwar da, wo es sich, wie hier, wesentlich um die Ausgleichung von Interessen des gemeinen Verkehrs handelt, der Ortspolizeibehörde. Dagegen steht es dem Fiskus nicht zu, auf Grund des gemeinen Eigentums des Staates diesen Gemeingebrauch auszuschließen oder einzelne Berechtigte daran zu hindern; insbesondere ist er nicht befugt, für die Aufstellung von Strandkörben zugunsten einzelner oder einer Gemeinde ein Monopol zu begründen, wodurch jedem Dritten das ihm zustehende Gebrauchsrecht am Strande genommen oder eingeschränkt werden könnte. Der Kläger war daher zum Mitgebrauch am Strande auch durch Aufstellen eines Strandkorbes berechtigt ohne Rücksicht darauf, ob dies dem zwischen dem Fiskus und der Gemeinde getroffenen vertraglichen Abkommen entsprach oder nicht. Die Ausübung seines Gebrauchsrechts unterlag lediglich denjenigen Beschränkungen, zu deren Festsetzung die Polizeibehörde aus polizeilichen Gesichtspunkten berufen war. Dazu gehörte die Wahrnehmung etwaiger Interessen des Fiskus oder der finanziell beteiligten Gemeinde nicht. Glaubte die letztere aus Anlaß der Aufstellung des Strandkorbes Forderungen irgendwelcher Art gegen den Kläger erheben zu können, so hatte der Amtsvorsteher es ihr zu überlassen, diese Forderungen auf dem ihr geeignet erscheinenden Wege geltend zu machen. Dagegen war er nicht berechtigt, zugunsten dieser Forderungen von seiner polizeilichen Verfügungsgewalt Gebrauch zu machen; denn diese ist nicht zur Wahrung der Interessen des Fiskus oder der kommunalen Finanzwirtschaft von Gemeinden gegeben. Daran änderte auch der Umstand nichts, daß er in seiner Person die Dienstbefugnisse der Ortspolizeibehörde mit denjenigen des Vertreters der fordernden Gemeinde vereinigte.

2. Die Polizei ist befugt, sofern ein hinreichender Anlaß vorliegt, zum Ausgleiche der beteiligten Interessen die Aufstellung der Strand-

körbe nach Zeit und Ort zu regeln und insbesondere auch dahin einzuschränken, daß die Körbe außerhalb der Zeit ihrer Benutzung aus dem Bereiche des Strandverkehrs entfernt werden. Der Strand wird nicht nur vom Kläger, sondern neben der Gemeinde auch von anderen Privatpersonen zum Aufstellen von Strandkörben benutzt. Will die Polizei diese Art des Gemeingebrauchs regeln, so kann sie sich nicht nach Belieben einen der Strandkorbbesitzer auswählen und in seinem Gebrauchsrechte beschränken, alle übrigen aber unbehelligt lassen. Das wäre Willkür, zu der die Polizei niemals berechtigt ist. Das konnte nur geschehen, wenn besondere Gründe gerade der Belassung des dem Kläger gehörigen Korbes am Strande entgegenstanden. Ein berechtigter Grund dieser Art war die Nichtentrichtung der von der Gemeinde geforderten Gebühr nicht.

Nr. 11. Entsch. v. 22. Okt. 1909 (PrVerwBl. 31 345) III C 150/08.

Ein polizeiliches Verbot von Ausschachtungen am Meeresufer darf nicht mit der Möglichkeit begründet werden, daß auch an anderen Uferstellen Ausschachtungen vorgenommen werden könnten. Dieser Gesichtspunkt würde nur für den Erlaß einer Polizeiverordnung in Betracht kommen.

Ebensowenig ist die Polizei schlechtweg zum Schutze aller Teile der Insel Sylt, die am Meeresufer liegen, berufen, noch ist für ihr Einschreiten maßgebend, ob das auszuschachtende Vorland zum wirtschaftlichen Gedeihen einer Gemeinde unentbehrlich ist. Der Verwaltungsrichter hat vielmehr die unmittelbaren, aber auch die weitergehenden mittelbaren Folgen der polizeilich untersagten Ausschachtungen festzustellen und danach zu prüfen, ob die Gefahr als eine gemeine, nach Art und Umfang nicht übersehbare zu erachten ist und, sofern es sich um die Bedrohung des Bestandes wesentlicher Teile der Insel Sylt handelt, wie diese Teile sich abgrenzen und aus welchen Gründen sie als wesentliche Teile erscheinen.

Nr. 12. Entsch. v. 3. Nov. 1909 (PrVerwBl. 31 703) IX C 9/09.

ALR. II 17 § 10.

1. Die Verfügung des Amtsvorstehers enthält das Gebot an die Klägerin (eine Grunderwerbsgesellschaft) zur Unterlassung von Handlungen, die den Gemeingebrauch des Ostseeufers hindern und die unter Ziff. 2 der Anordnung aufgezählt werden. Sie stellt sich somit als eine polizeiliche Verfügung im Sinne des 4. Titels LVG. zum Schutze des Gemeingebrauchs am Meeresufer dar, zu deren Erlaß der beklagte Amtsvorsteher als Ortspolizeibehörde zuständig war. Die von der Klägerin behauptete Unzuständigkeit der Ortspolizeibehörde beruht auf einer mißverständlichen Auslegung des OVG. v. 27. V. 07 — III A 11/07, in welcher der Schutz der Ufer- und Dünenbefestigungen als landespolizeiliche Angelegenheit erachtet wird. Daß die Polizei des Gemeingebrauchs am Meeresufer der Ortspolizeibehörde zusteht, ist in OVG. 33 450 ausgesprochen worden.

2. In Ermangelung spezieller Vorschriften ist die Rechtsgültigkeit der angefochtenen polizeilichen Verfügung nach der allgemeinen Bestimmung in § 10 II 17 ALR. zu beurteilen, wonach die gesetzliche Grundlage, die sie trägt, in ihrer Notwendigkeit zur Erhaltung der öffentlichen Ruhe, Sicherheit und Ordnung und zur Abwendung der dem Publikum oder einzelnen Mitgliedern bevorstehenden Gefahr zu suchen ist. Die Verfügung kann also nur dann aufrechterhalten werden, wenn eine Gefährdung des polizeilich zu schützenden Gemeingebrauchs am Meeresufer eingetreten oder mit Wahrscheinlichkeit zu erwarten war. Ohne Rechtsirrtum hat der Vorderrichter festgestellt, daß in

dem Schreiben der Klägerin an den Gemeindevorstand in O., das zum Erlasse der Verfügung die Veranlassung gab, eine Gefährdung des Gemeingebrauchs am Meeresufer oder eine durch Tatsachen begründete Wahrscheinlichkeit einer Gefährdung nicht erblickt werden kann. Denn dieses Schreiben enthält nur das höfliche Ersuchen an die Gemeinde, die nach Ansicht der Klägerin unberechtigterweise auf ihrem Terrain errichtete Badeanstalt zu entfernen, stellt also weder einen der unter Ziff. 2 der Anordnung benannten Eingriffe in den Gemeingebrauch dar, noch läßt es den Schluß zu, daß ein solcher Eingriff mit Wahrscheinlichkeit bevorstehe. Es fehlt demnach an der gesetzlichen Voraussetzung für den Erlaß der Verfügung.

3. Verfehlt ist die Berufung auf OVG. 37 223. Dort handelt es sich um einen Fall, in dem der zuständigen Wegepolizeibehörde gegenüber die Behauptung erhoben wurde, daß ein von dieser als öffentlicher angesprochener Weg ein Privatweg sei und das Verlangen gestellt wurde, gegen die Benutzung des Weges zum öffentlichen Verkehr einzuschreiten. Die hierauf erfolgte Inanspruchnahme des Weges für den öffentlichen Verkehr durch die Wegepolizeibehörde wurde für gerechtfertigt erachtet, weil die Gefahr nahe lag, daß künftig auf Grund des behaupteten Rechts der Verkehr auf dem Wege gestört werden könnte und die Wegepolizei für berechtigt erachtet wurde, solchen Störungen durch ihre Anordnungen vorzubeugen. Damit ist der vorliegende Fall nicht vergleichbar. Denn hier handelt es sich nicht um einen von der Klägerin der zuständigen Polizeibehörde gegenüber erhobenen Anspruch auf Ausschluß des Gemeingebrauchs für das ihr gehörige Terrain. Die Klägerin hat weder dem Amtsvorsteher noch der Gemeinde O. gegenüber die Unzulässigkeit des Gemeingebrauchs an dem betr. Uferteil behauptet, sondern nur von der Gemeinde die Entfernung der Badeanstalt verlangt, weil sie deren Betrieb als einen über den Gemeingebrauch hinausgehenden, in ihr Eigentumsrecht eingreifenden Privatgebrauch des Meeresufers ansah. Zum Schutze der Gemeinde gegenüber privatrechtlichen Ansprüchen Dritter ist aber die Polizeibehörde nicht befugt. Ein polizeiliches Vorgehen wäre nur dann und nur gegen die Gemeinde gerechtfertigt gewesen, wenn etwa die Polizeibehörde in dem Betrieb der Badeanstalt einen den Gemeingebrauch am Meeresufer schädigenden Eingriff der Gemeinde erblickt hätte.

4. Unzutreffend ist die Behauptung, daß die Polizeibehörde ein Recht darauf habe, den Gemeingebrauch am Ostseeufer durch Verfügung in seinem Umfange festzustellen und anderseits der Klägerin ein Recht zustehe, diese Feststellung durch polizeiliche Verfügung zu verlangen. Ein derartiges Recht auf Erlaß abstrakter Polizeiverfügungen kennt das geltende Recht nicht, da polizeiliche Verfügungen nur immer für den konkreten Fall, der das Eintreten der polizeilichen Verfügungsgewalt erfordert, erlassen werden können. Daher kann auch das Einverständnis der Parteien, durch Erlaß einer polizeilichen Verfügung die Entscheidung eines streitigen Rechtsverhältnisses im Verwaltungsstreitverfahren herbeizuführen — wie es anscheinend hier beabsichtigt wird — den beabsichtigten Zweck nicht erreichen, wenn die gesetzlichen Voraussetzungen für eine solche Feststellung auf dem vereinbarten Wege der polizeilichen Verfügung mit nachfolgender Klage nicht vorhanden sind.

c) Wassergenossenschaften.

Nr. 1. Entsch. v. 30. Sept. 1907 (PrVerwBl 30 119) III C 184/06.

Aeltere Wassergenossenschaften, bezüglich deren es nach § 59 PrivFlG. v. 28. II. 43 bei ihren bisherigen Statuten verbleibt, können als Genossenschaften, die auf Grund des § 59 aaO. errichtet sind (§ 89 Abs. 1

WassGenG. v. 1. IV. 79) nicht angesehen werden. Auf sie sind deshalb die im WassGenG. geordneten Zuständigkeiten nicht anwendbar.

Es verbleibt vielmehr nach § 90 G. v. 1. IV. 79 bei den vor dessen Erlasse geltenden Bestimmungen. Diese aber haben das Verwaltungsstreitverfahren über die Verpflichtung zu den Genossenschaftslasten nicht eingeführt.

Nr. 2. Entsch. v. 22. Juni 1908 (PrVerwBl. 30 577) III B 114/07.

In OVG. 50 332 hat der Gerichtshof ausgesprochen, daß ein Genosse den Erlaß der Genossenschaftsbeiträge verlangen kann, wenn die gewerbliche Anlage aufhört zu bestehen oder wenn bei einer Anlage, die mittelst eines Stauwehrs die Triebkraft des vom Sammelbecken gespeisten Wasserlaufs ausnutzt, das Stauwehr niedergelegt und damit die Benutzung des Wassers zu den Zwecken der Anlage unmöglich gemacht wird. An den Grundsätzen dieser Entscheidung ist festzuhalten. Im vorliegenden Falle hat aber weder die gewerbliche Anlage der Kläger, d. h. ihre Brauerei, zu bestehen aufgehört, noch ist das Stauwehr niedergelegt. Im Gegenteil besteht, wie der von den Klägern eingereichte Lageplan ergibt, sowohl bei dem Punkte C im linken, wie beim Punkte D im rechten Arme des sich hier teilenden Hasperbachs eine Stauvorrichtung oberhalb des Sammelteichs der Kläger. Ob diese Stauvorrichtungen oder eine derselben reparaturbedürftig ist, ist für die hier zu entscheidende Frage, für die es nur auf das Bestehen oder Nichtbestehen des Stauwerkes ankommt, gleichgültig. Bei D des Lageplanes befindet sich ferner eine Schleusenanlage zur Regulierung des Zuflusses des durch die Stauwerke bei C und D aufgestauten Hasperbachwassers in den Sammelteich der Kläger. Endlich kann das Wasser aus diesem Teiche durch eine zum Hasperbache zurückführende Graben- oder Rohrleitung, wie der Lageplan ergibt, wieder abgeleitet werden. Wie die Kläger selbst zugeben, benutzen sie das Wasser des Sammelteichs und somit des von dem Sammelbecken der Beklagten gespeisten und ihnen durch die Wehranlagen dienstbar gemachten Hasperbachs zur Gewinnung von Eis zu den Zwecken ihrer Brauereianlage. Aber auch abgesehen davon sind sie, solange sie die oben beschriebenen Wehr- und Schleusenanlagen, deren alleiniger Zweck die Regelung des Zuflusses des Hasperbachwassers zu ihrem Sammelteich ist, bestehen lassen, jederzeit in der Lage, sobald ihnen dies vorteilhaft erscheint, durch entsprechende Anlagen lediglich auf ihrem Grundstücke das Wasser des aufgestauten Sammelteichs als Triebkraft für ihre gewerbliche Anlage zu benutzen. Darüber, ob die Kläger mit einem zu hohen Beitrage zu den Kosten der Genossenschaft herangezogen sind, ist in diesem Verfahren nicht zu befinden. Hier ist nach Maßgabe des § 66 Abs. 2 WassGenG. nur darüber zu entscheiden, ob sie den gänzlichen Erlaß der Genossenschaftsbeiträge verlangen können, weil ihre gewerbliche Anlage überhaupt keinen Vorteil von dem Unternehmen der Beklagten hat. Das war zu verneinen.

Nr. 3. Entsch. v. 29. Sept. 1909 (PrVerwBl. 31 751) IX A 64/09.

WassGenG. §§ 54, 56; ZustG. § 94.

1. Nach § 54 WassGenG. v. 1. IV. 79 in Verbindung mit § 94 Abs. 4 ZustG. stand dem Kläger die Klage im Verwaltungsstreitverfahren oder wahlweise die Beschwerde mit nachfolgender Klage gegen die vom Genossenschaftsvorsteher auf seine Gegenvorstellung an ihn gerichtete neue Anordnung zu. Eine Regelung dahin, daß der in § 54 aaO. vorgesehene Rechtsmittelweg gegen die vom Vorstande in Ausübung seiner Befugnisse gegen einzelne Genossen gerichteten Anordnungen ausgeschlossen oder anders gestaltet

sein solle, darf das Statut überhaupt nicht treffen, insbesondere wird ihm diese Befugnis auch nicht etwa durch § 56[11] WassGenG. verliehen. § 19 Abs. 3 des Statuts, worauf in dem Bescheide des Landrats Bezug genommen ist, betrifft aber auch gar nicht Beschwerden gegen von Amts wegen erlassene Anordnungen des Vorstandes, und ebensowenig lag hier der Fall des § 10 Abs. 2 des Statuts vor, da der Kläger keine Entschädigungsansprüche erhob, sondern ausdrücklich die Aufhebung der von ihm angefochtenen Anordnung begehrte. Die Klage gegen den in der zweiten Beschwerdeinstanz erlassenen Bescheid des Beklagten ist daher zulässig. Ihr steht auch nicht etwa entgegen, daß der Landrat dem Kläger keinen Beschwerdebescheid hat zugehen lassen; denn durch die Abgabe der Beschwerde an den Vorsitzenden des Schiedsgerichts hat er erklärt, nicht selbst entscheiden zu wollen und diese Erklärung steht einem ablehnenden Bescheide gleich. Erst durch die Zustellung der Entscheidung des Schiedsgerichts erfuhr der Kläger aber, daß sein Protest gegen das schiedsgerichtliche Verfahren ohne Erfolg geblieben sei und er einen Beschwerdebescheid des Landrats nicht zu erwarten habe. Von der Zustellung ab lief daher für ihn die Beschwerdefrist von 2 Wochen, und diese hat er eingehalten, so daß die Fristen gewahrt sind.

2. Die Klage kann aber keinen Erfolg haben. Die beiden Beschwerdeinstanzen haben zwar, wie die vorstehenden Ausführungen ergeben, die Erteilung eines sachlichen Beschwerdebescheids zu Unrecht abgelehnt und entgegen den gesetzlichen Vorschriften das schiedsgerichtliche Verfahren für gegeben erachtet; zur Aufhebung des angefochtenen Bescheids könnte das aber nur dann führen, wenn diese Verfügung selbst keinen rechtlichen Bestand hätte und der ihre Aufhebung ablehnende Bescheid des Beklagten daher den Kläger in seinen Rechten verletzte. Das ist aber nicht der Fall.

Die Verfügung von 1908 ist dahin zu verstehen, daß der Kläger mit seinem Zaun wenigstens 60 cm von der Kante des Grabens entfernt bleiben und daher den näherstehenden Teil des Zaunes beseitigen solle; ob er in der zulässigen Entfernung einen neuen Zaun errichten will, ist seinem freien Ermessen überlassen. Einen Zwang hierzu legt die Verfügung dem Kläger nicht auf, wie sich aus der Sachlage ohne weiteres ergibt. Die Beseitigung des Zaunes in einer Entfernung von 60 cm von der Grabenkante war aber im Interesse der ordnungsmäßigen Unterhaltung des Grabens und zur Ermöglichung seiner Begehung bei der Schau geboten. Nach § 10 des Statuts muß sich jeder Genosse die Einrichtung der nach dem Meliorationsplan in Aussicht genommenen Anlagen, diese Anlagen selbst und deren Unterhaltung, soweit sein Grundstück davon vorübergehend oder dauernd betroffen wird, gefallen lassen. Daraus folgt ohne weiteres, daß kein Genosse eine Einrichtung auf seinem Grundstücke treffen darf, die die Unterhaltung der Anlagen und ihre Schau hindert; eine solche Befugnis kann auch, wie sich aus dem Genossenschaftszweck von selbst ergibt, keinem Genossen zustehen, da der ordnungsmäßige Bestand der Genossenschaft damit unvereinbar sein würde. Nach § 14 des Statuts hat der Genossenschaftsvorsteher, soweit nicht im Statut einzelne Verwaltungsbefugnisse dem Vorstande oder der Generalversammlung vorbehalten sind, die selbständige Leitung und Verwaltung aller Angelegenheiten der Genossenschaft. Ihm liegt es daher auch ob, gegen Ordnungswidrigkeiten, deren Abstellung im Interesse der Genossenschaft geboten ist, einzuschreiten, und demgegenüber kann sich der Betroffene auch nicht darauf berufen, daß bisher Ausführungsvorschriften über die Unterhaltung der Anlagen, welche nach § 14 Abs. 2[b] des Statuts der Vorsteher mit Zustimmung des Vorstandes zu treffen hat, noch nicht erlassen worden seien. Das Fehlen derartiger Ausführungsvorschriften, deren Erlaß allerdings im allgemeinen geeignet sein wird, Streitigkeiten der hier vorliegenden Art vorzubeugen, berechtigt den einzelnen Genossen doch keineswegs, Einrichtungen auf seinem Grundstücke zu treffen, die mit der Durchführung der Genossenschaftszwecke unverträglich sind, und kann den Vorsteher deshalb auch nicht hindern, dagegen einzuschreiten. Die Frage, ob der Genosse im einzelnen Falle Entschädigungsansprüche geltend machen kann, ist im Verwaltungsstreitverfahren nicht zu entscheiden.

Nr. 4. Entsch. v. 15. Okt. 1908 (OVG. 53 338) III C 249/07.

WassGenG. v. 1. IV. 79 § 6.

Im Sinne des § 6 WassGenG., wonach dem Eigentümer derjenige gleichzuachten ist, der ein erbliches unbeschränktes Nutzungsrecht an einem Grundstücke hat, ist unter einem „erblichen" ein dauernd vererbliches Nutzungsrecht zu verstehen. Ist ein Grundstück dergestalt in „Erbpacht" ausgetan worden, daß der Vertragschließende „und seine Nachkommende, doch diese nur zu dreien Leibern oder Nachfolgern" Erbpächter sein sollen, so liegt ein erbliches Nutzungsrecht im Sinne des § 6 nicht vor.

Nr. 5. Entsch. v. 29. Okt. 1908 (OVG. 53 341) IIIB 43/08.

G., betr. die Anlegung, Benutzung u. Unterhaltung von Sammelbecken im Gebiete der Wupper und ihrer Nebenflüsse v. 19. V. 91 (GS. 97), Art. 1; WassGenG. v. 1. IV. 79 § 65.

1. Die öffentlichen Ent- und Bewässerungsgenossenschaften verfolgen Zwecke der Landeskultur. Ihr Ziel ist also darauf gerichtet, durch Ent- oder Bewässerung den Besitzern eine vorteilhaftere Nutzung der Grundstücke zu ermöglichen. Die zwangsweise Anschließung an die Genossenschaft darf auf alle Grundstücke erstreckt werden, für die die genossenschaftliche Ent- oder Bewässerungsanlage eine erhöhte Ertragsfähigkeit in Aussicht stellt, sofern nicht deren besondere Nutzungsart für den Eigentümer von größerem Vorteil ist (§ 65 WassGenG.). Hieraus folgt, daß es, wie für die Zugehörigkeit zur Genossenschaft, so auch für die Beitragspflicht nur darauf ankommt, ob der Besitzer des einer besonderen vorteilhafteren Benutzungsart nicht bestimmten Grundstücks für dessen Kultur von der genossenschaftlichen Anlage einen vorteilhaften Gebrauch machen kann, und nicht darauf, ob er es auch will. Die genossenschaftliche Anlage kann derart sein, daß sie unmittelbar die Ertragsfähigkeit eines Grundstücks steigert, wie auch derart, daß die höhere Ertragsfähigkeit erst durch eine anderweitige Benutzung oder Kultur des Grundstücks oder auch durch Anlage von Gräben usw. ermöglicht wird. Die Einführung der erforderlichen Folgeeinrichtungen liegt dem Besitzer ob. Es gilt dies allerdings nur dann, wenn der durch die Folgeeinrichtungen bedingte Aufwand den mit ihnen und mit der genossenschaftlichen Anlage erzielbaren Vorteil nicht aufwiegt oder gar übersteigt.

2. Für die Zugehörigkeit gewerblicher Anlagen zu einer Genossenschaft, deren Ziel auf die Ansammlung und Darbietung von Betriebswasser gerichtet ist, kommt es nicht darauf an, ob die gewerbliche Anlage innerhalb desjenigen räumlichen Bezirkes liegt, bis zu dem die genossenschaftliche Anlage durch Ableitung von Wasser vorteilhaft noch ausnutzbar ist. Das Ziel des Gesetzes geht nicht dahin, daß die Besitzer gewerblicher Anlagen zur Entnahme des Wassers von der Genossenschaft für ihren Betrieb haben genötigt werden sollen, sondern dahin, daß sie der Genossenschaft zugehören sollen, wenn sie deren angesammeltes Wasser für ihren Betrieb nutzen und hierdurch eine erhöhte Ertragsfähigkeit ihrer Anlage erreichen. Die Vorschrift im 3. Absatze des Art. 1 G. v. 19. V. 91 (GS. 97), daß ein Zwang zum Eintritt in die Genossenschaft hinsichtlich solcher gewerblicher Anlagen nicht

stattfindet, für die nach der Art des (dh. ihres) Betriebs das Unternehmen eine erhöhte Ertragsfähigkeit nicht in Aussicht stellt, schließt auch solche Anlagen von dem Beitrittszwang aus, die das Wasser der Genossenschaft weder als Betriebskraft noch sonst nutzen. Es kommt also für die Zugehörigkeit zur Genossenschaft und für die Beitragspflicht in der Tat nicht darauf an, ob der Besitzer der gewerblichen Anlage das Wasser der Genossenschaft sich nutzbar machen kann, sondern darauf, ob er es sich nutzbar macht.

3. Das G. v. 19. V. 91 eröffnet die Erzwingbarkeit des Eintritts in eine Genossenschaft zur Anlegung, Benutzung und Unterhaltung von Sammelbecken ausschließlich gegen die Eigentümer gewerblicher Anlagen. Es ist dabei mit Absicht von der Eröffnung des Beitrittszwanges gegen die Eigentümer landwirtschaftlich oder in anderer Art genutzter Grundstücke abgesehen, obschon nicht verkannt wurde, daß sie von der durch die Sammelbecken bedingten vermehrten Zuführung von Wasser in Flüsse und Graben auch Vorteil haben können. Das Gesetz hat überhaupt an der durch § 13 PrivFlG. v. 28. II. 43 begründeten Befugnis der Anlieger zur Errichtung von Stauanlagen in Privatflüssen behufs der Benutzung des fließenden Wassers nichts geändert und also auch nichts daran, daß die bei seinem Erlasse bestehenden Stauanlagen weiter genutzt werden. Nur sofern die Nutzung des Wassers für gewerbliche Anlagen stattfindet, ist nunmehr hinsichtlich ihrer, weil sie das dem Privatflusse durch die genossenschaftliche Anlage zugeführte Wasser mitbenutzen, die Eintrittspflicht begründet, wenn die genossenschaftliche Anlage wirtschaftlich zweckmäßig nicht anders ausgeführt werden kann als derart, daß die vermehrte Wasserzuführung auch den zum freiwilligen Eintritte nicht geneigten Eigentümern gewerblicher Anlagen zugute kommt. Der Eigentümer eines mit einer gewerblichen Anlage besetzten Grundstücks ist danach so lange, als er mit seinem Grundstücke nicht freiwillig der Genossenschaft beitritt, nur rücksichtlich der gewerblichen Anlage der Genossenschaft angeschlossen und beitragspflichtig, vorausgesetzt, daß ihm die Anlage gehört. Andernfalls besteht die Beitragspflicht für den Eigentümer der gewerblichen Anlage nach dem klaren Wortlaute des Gesetzes.

Der Vorderrichter irrt darin, daß die Begriffe gewerbliche Anlage und gewerbliches Grundstück gleichartig seien. Wenn ein Grundstück mit einer einem Dritten gehörigen gewerblichen Anlage besetzt ist, so hat die Anlage nicht die Eigenschaft als Bestandteil oder Zubehör dieses Grundstücks (§ 95 BGB.). Ein gewerbliches Grundstück kommt dann überhaupt nicht in Frage. Er verkennt indes auch den Wortlaut und Sinn des Gesetzes mit seiner Annahme, daß das Grundstück und nicht die gewerbliche Anlage der Genossenschaft zugehöre und beitragspflichtig sei. Damit fällt seine Ansicht, daß die Beitragspflicht auch nach dem Wegfalle der gewerblichen Anlage fortbestehe. Ganz abgesehen ferner davon, daß es nach dem Fortfalle der Anlage an der Möglichkeit zur Ermittelung des Beitrags nach dem gesetzlichen Maßstabe, nämlich nach dem Vorteil, im Fall einer Revision des bestehenden Maßstabs fehlt, so ist auch nicht abzusehen, für wen und wie lange die Beitragspflicht bestehen soll.

Nr. 6. Entsch. v. 22. Dez. 1909 (PrVerwBl. 31 802) IX B 53/09.

G. v. 19. V. 91 (GS. 297) Art. 3 § 3.

1. Parteien sind darüber einig, daß ein nach § 53 WassGenG. v. 1. IV. 79 anfechtbarer Bescheid der Beklagten über die Heranziehung der Klägerin zu den Genossenschaftslasten wegen des Betriebes der Sengbachtalsperre nicht ergangen ist. Klägerin behauptet, daß die Beklagte ihr Vorgehen auf Art. 3 G. v. 19. V. 91 wegen Abänderung des WassGenG. v. 1. IV. 79 für das Gebiet der Wupper und ihrer Nebenflüsse gestützt habe, und hat daher die Klage beim Bezirksausschuß als bei der nach Art. 3 § 3 aaO. zur Entscheidung zuständigen Behörde erhoben.

Die Beklagte hat die Zulässigkeit der Klage bestritten, da das im § 8 ihres Statuts vorgeschriebene Verfahren noch nicht abgeschlossen und ein Bescheid im Sinne des § 53 WassGenG. noch nicht ergangen sei. Der Vorderrichter hat seine Zuständigkeit auf Grund des G. v. 19. V. 91 verneint, indem er annimmt, daß die Klage auf Grund des § 53 WassGenG. erhoben sei.

Dies ist irrig.

Am 9. II. 04 richtete die Beklagte unter Uebersendung einer Beitragsberechnung für die Entnahme von Nutzwasser aus der Sengbach-Talsperre an die Klägerin ein Schreiben folgenden Inhalts:

„Auf Grund der anliegenden Beitragsberechnung hat der Vorstand der Wupper-Talsperren-Genossenschaft in Gemäßheit des § 8 Abs. 8 des Statuts beschlossen, das Beitragsverhältnis der Stadt Solingen aus ihrem Wasserwerk an der Wupper derart zu regeln, daß neben der in der Anlage berechneten Abgabe für Kraftzwecke v. 1. VII. 01 ab ein Normalbeitrag von 50 ₰ jährlich für die tägliche Entnahme von 1 cbm Nutzwasser aus dem Sengbach, dem Nebenfluß der Wupper, erhoben wird.

Indem ich Ihnen hiervon ergebenst Mitteilung mache, bemerke ich, daß etwaige Abänderungsanträge binnen 4 Wochen schriftlich bei mir angebracht werden müssen."

Die Bezugnahme in diesem Schreiben auf § 8 Abs. 8 des Genossenschaftsstatuts, welcher lautet:

„In den Fällen des Art. 3 G. v. 19. V. 91 findet die Neuregelung des Beitragsverhältnisses jederzeit von Amtswegen durch den Vorstand statt.",

läßt zweifelsfrei erkennen, daß die Beklagte hier den Fall des Art. 3 G. v. 19. V. 91 für gegeben und die Klägerin auf Grund dieser gesetzlichen Bestimmung zu der geforderten Leistung für verpflichtet erachtete. Im Art. 3 aaO. werden zwei verschiedene Fälle behandelt, und zwar

erfolgt entweder die Neuregelung des Beitragsverhältnisses, weil ein Genosse durch Erweiterung oder Verbesserung seiner gewerblichen Anlage eine größere Ausnutzung des Wassers der Sammelbecken oder der aus denselben fließenden Wasserläufe bewirkt (Art 3 § 1), oder die erstmalige Regelung tritt ein, weil ein Nichtgenosse, der nach Begründung der Genossenschaft seinen Betrieb auf Benutzung des Wassers der Sammelbecken oder der aus denselben fließenden Wasserläufe eingerichtet hat, in die Genossenschaft aufgenommen wird (Art. 3 § 2).

Beide Fälle sind offenbar in § 8 Abs. 8 des Statuts gemeint, wenn auch von einer Neuregelung, die ein bereits früher geregeltes Beitragsverhältnis voraussetzt, nur im ersten Falle gesprochen werden kann. Es folgt dies aus der Bezugnahme auf den ganzen Art. 3 und aus der Erwägung, daß es andernfalls an einer Bestimmung über Vornahme der erstmaligen Regelung im Falle des Art. 3 § 2 fehlen würde. Auf Grund welches Paragraphen des Art. 3 die Regelung des Beitragsverhältnisses stattfinden sollte, ist in dem Schreiben der Beklagten v. 9. II. 04 nicht gesagt worden. Es ist daher möglich, daß die Beklagte beide Fälle für vorliegend erachtete, wahrscheinlicher jedoch, daß die Neuregelung auf Grund des Art. 3 § 1 beabsichtigt war, da die Klägerin bereits zur Genossenschaft gehörte. Die Beklagte war der Ansicht, daß über die Neuregelung des Beitragsverhältnisses in dem in § 8 Abs. 3f. des Statuts vorgeschriebenen Verfahren von der Aufsichtsbehörde zu entscheiden sei, und legte deshalb dieser die Verhandlungen zur Entscheidung vor. Dies war unzulässig, da eine Neuregelung des Beitragsverhältnisses gemäß § 8 Abs. 8 des Statuts nur dann stattfinden kann, wenn die Beitragspflicht nach Art. 3 G. v. 19. V. 91 feststeht. Dagegen fehlt es für die Neuregelung an der im § 8 Abs. 8 des Statuts vorgeschriebenen gesetzlichen Grundlage, solange darüber Streit herrscht, ob ein Fall des Art. 3 aaO. überhaupt vorliegt. Von der Klägerin war nun bestritten worden, daß für sie auf Grund des Art. 3 aaO. die von der Beklagten behauptete Verpflichtung, für die Entnahme von Nutzwasser aus der Sengbach-Talsperre Beiträge an die Genossenschaft zu zahlen, vorhanden sei. Dieser Streit mußte demnach erst zum Austrag gebracht werden, bevor die Neuregelung durch den Vorstand erfolgen konnte. Dazu war aber nach Art. 3 § 3 aaO. der Bezirksausschuß zuständig. Dies ist vom Vorderrichter verkannt worden. Er begeht einen Trugschluß, wenn er daraus, daß materiell die Voraussetzungen des Art. 3 nicht vorliegen, schließen will, daß eine Streitigkeit aus Art. 3 nicht vorliege. Handelt es sich aber um eine Streitigkeit im Sinne des Art. 3 § 3, so kann ein nach § 53 WassGenG. zum Austrag zu bringendes Verfahren nicht in Frage kommen. Denn im Falle des Art. 3 G. v. 19. V. 91 hat über die Verpflichtung zur Teilnahme an den Genossenschaftslasten der Bezirksausschuß zu entscheiden, ohne daß die vorherige Erteilung eines Bescheides durch den Genossenschaftsvorstand als Voraussetzung des Streitverfahrens vorgeschrieben ist. Dieses Verfahren ist für die Fälle des Art. 3 für die diesem Gesetz unterstellten Genossenschaften vorgeschrieben und schließt daher jedes andere für Wassergenossenschaften geltende Verfahren in solchen Fällen aus. Die Klage ist gleich der Klage aus § 70 WassGenG. unbefristet. Während aber für die Klage aus § 70 aaO. die Parteirollen klar sind, ist für eine Streitigkeit aus § 1 Art. 3 G. v. 19. V. 91 die Frage offen gelassen, ob die Genossenschaft die Rolle der Klägerin oder der Beklagten zu übernehmen hat. Denn § 3 des Art. 3 aaO. bestimmt allgemein, daß alle Streitigkeiten in den Fällen der §§ 1 f. der Entscheidung des Bezirksausschusses unterliegen, ohne für die Einleitung des Verfahrens Formen oder Fristen vorzuschreiben. Die Genossenschaft kann demnach, wenn sie sich auf Grund des § 1 aaO. für berechtigt hält, einen Genossen zu einem entsprechend höheren Beitrage heranzuziehen, während von der Gegenseite diese Berechtigung bestritten wird, sogleich die Klage beim Bezirksausschuß erheben. Sie kann aber auch ohne Erhebung der Klage versuchen, den Genossen zu dem entsprechend höheren Beitrage heranzuziehen und seine Klage gegen die Heranziehung abwarten. Den letzteren Weg hat die Beklagte eingeschlagen, indem sie durch Schreiben v. 9. II. 04 die Klägerin zu Genossenschaftsbeiträgen wegen Entnahme von Nutz- und Trinkwasser aus der Sengbach-Talsperre heranzog. Infolge dieser Heranziehung und der daran geknüpften Einleitung des Verfahrens wegen Neuregelung des Beitragsverhältnisses sah sich die Klägerin zur Erhebung der Klage in der Form der negativen Feststellungsklage veranlaßt. Gegen die Zulässigkeit von Feststellungsklagen, positiven wie negativen, liegen in den Fällen des Art. 3 G. v. 19. V. 91 Bedenken nicht vor.

2. Materiell erscheint die Klage begründet. Unstreitig ist die Klägerin durch Erwerb des sog. Neuenkottens, einer früher zur Wupper-Talsperren-Genossenschaft gehörigen gewerblichen Anlage (Schleiferei), Mitglied der Genossenschaft geworden und dies auch nach Abbruch des Neuenkottens und Errichtung einer mit Wupperwasser betriebenen Kraftstation auf der anderen Seite der Wupper geblieben. Benutzt wird von der früheren gewerblichen Anlage noch das Wehr des Neuenkottens in der Wupper. Die Kraftstation dient sowohl zur Erzeugung von Elektrizität für die Klägerin, wie zum Hinaufpumpen des aus der Sengbach-Talsperre entnommenen Nutz- und Trinkwassers in das Hochbassin, von wo es in die Stadt Solingen gelangt. Für Ausnutzung der Triebkraft des Wassers zahlt die Klägerin an die Beklagte unbestritten einen Genossenschaftsbeitrag von 5829 *M.* Sie hält sich aber nicht für verpflichtet, auch noch für die Entnahme von Nutz- und Trinkwasser aus der Sengbach-Talsperre einen weiteren Beitrag an die Beklagte zu zahlen. Den dahingehenden Anspruch stützt die Beklagte auf Art. 3 G. v. 19. V. 91, indem sie die Sengbach-Talsperre auf Grund eines von ihr behaupteten Rechts zur ausschließlichen Anlage, Benutzung und Unterhaltung von Sammelbecken im Gebiete der Wupper und ihrer Nebenflüsse als eine genossenschaftliche Anlage angesehen wissen will, die zwar von der Stadt Solingen angelegt ist und unterhalten wird, für deren Benutzung aber die verlangte Abgabe zu zahlen ist. Die Beklagte leitet dieses ihr nach ihrer Ansicht zustehende Recht aus den Bestimmungen des Statuts und des PrivFlG. v. 28. II. 43 her, die sie im Sinne der Begründung eines solchen

Rechts auslegt. Es kann dahingestellt bleiben, ob ihre Rechtsausführungen zutreffend sind und das behauptete ausschließliche Recht zur Anlage von Talsperren im Wuppergebiet begründen können, weil, selbst wenn ein solches Recht bestände, daraus nicht gefolgert werden könnte, daß die Sengbach-Talsperre eine genossenschaftliche Anlage sei. Denn ein etwa bestehendes ausschließliches Recht einer Genossenschaft zur Errichtung genossenschaftlicher Anlagen innerhalb eines bestimmten Gebiets macht die von anderen unbefugterweise errichteten Anlagen nicht zu genossenschaftlichen, sondern gewährt der Genossenschaft nur einen Anspruch auf Schadensersatz und eventuell auf Entfernung der Anlage. Unstreitig ist die Sengbach-Talsperre nicht von der Beklagten, sondern von der Klägerin auf ihre Kosten mit ministerieller Genehmigung angelegt worden und wird von dieser auch allein benutzt und unterhalten. Sie ist daher eine Anlage der Klägerin und keine genossenschaftliche.

Ob der beklagten Genossenschaft oder einzelnen ihrer Mitglieder wegen Anlage der Sengbach-Talsperre durch die Klägerin auf Grund des PrivFlG. oder sonstiger Bestimmungen ein Schadensersatzanspruch zusteht, kann nur im ordentlichen Rechtswege entschieden werden. Im vorliegenden Streitverfahren handelt es sich lediglich um eine Entscheidung der Frage, ob Art. 3 G. v. 19. V. 91 den Anspruch der Beklagten gegen die Klägerin auf Zahlung von Genossenschaftsbeiträgen für Entnahme von Nutzwasser aus dieser Talsperre begründen kann. Dies ist zu verneinen. Denn wollte man auch das Wasserwerk der Klägerin als eine Erweiterung oder Verbesserung ihrer gewerblichen Anlage — dh. der Kraftstation —, mit der sie zur Genossenschaft gehört, ansehen, so fehlt es doch an dem für die Heranziehung nach § 1 aaO. vorgeschriebenen Erfordernis, daß durch diese Erweiterung oder Verbesserung eine größere Ausnutzung des Wassers der genossenschaftlichen Sammelbecken oder der aus denselben fließenden Wasserläufe bewirkt wird, weil das Wasserwerk der Sengbach-Talsperre nicht durch das aus einem genossenschaftlichen Sammelbecken entnommene Wasser gespeist wird. Nur der von der Beklagten für dieses Nutzwasser beanspruchte Beitrag ist streitig, nicht auch die bessere Ausnutzung der Triebkraft der Wupper an der Pumpstation zum Heraufpumpen des Sengbachwassers in das Hochbassin, da hierfür bereits die von der Beklagten beanspruchten höheren Beiträge von der Klägerin gezahlt werden.

e) Uferbesitz; Eigentum an Privatflüssen und an Flußbetten; Nutzungen; Wassernutzung; Bewässerung.

Nr. 1. Entsch. v. 2. Mai 1907 (OVG. 52 339) III C 270/06.

PrivFlG. § 16 Abs. 1 b.

1. Für den Richter kommen die Sachverständigen freilich nur als Gehilfen für die Urteilsfindung in Betracht. Deshalb läßt sich eine Revision mit Erfolg nicht schon darauf stützen, daß der Richter die beantragte Anhörung von Sachverständigen nicht in dem beantragten Umfange hat eintreten lassen. Die Kenntnisnahme von dem Inhalte der von einer Partei vorgelegten Gutachten Sachverständiger darf der Richter indes überhaupt nicht und vollends nicht schon deshalb ablehnen, weil er sich über die zu treffende Entscheidung bereits schlüssig gemacht habe. Er ist zur Kenntnisnahme von ihrem Inhalt ebenso verpflichtet, wie es für vorgelegte Beweisurkunden und tatsächliche Anführungen überhaupt zutrifft. Ihr Inhalt muß bei der mündlichen Verhandlung zum Vortrage gelangen. Für die Entscheidung darf von ihrer Würdigung dann nicht abgesehen werden, wenn sie eine von dem Richter für die Entscheidung als wesentlich erachtete Tatfrage betreffen.

2. Abgesehen von diesem wesentlichen Mangel im Verfahren ist der Vorderrichter aber auch unter Verkennung der Rechtslage dazu gelangt, seine Entscheidung auf die von ihm berücksichtigten Gutachten zu stützen. Der Beklagte nimmt einen besonderen Rechtstitel zur ausschließlichen Benutzung des seiner Mühle zufließenden ganzen Wassers oder eines bestimmten Teiles desselben nicht in Anspruch. Sein Widerspruch ist gleichwohl gemäß § 16 Abs. 1 b PrivFlG. v. 28. II. 43 dann begründet, wenn seiner Mühle „das zum Betriebe in dem bisherigen Umfange notwendige Wasser entzogen wird". Im Anschluß an die Rechtsprechung des vormaligen OTr. legt der Vorderrichter diese Vorschrift dahin aus, daß es nicht darauf ankomme, was vom ersten Richter angenommen worden war, nämlich ob das übrigbleibende Wasser zum Betriebe der Mühle in dem Umfange genüge, wie er bei Verkündung des Gesetzes rechtmäßig stattgefunden hat, sondern darauf, ob die Berieselung die Wassermasse in dem zum Betriebe der Mühle bei Verkündung des Gesetzes notwendigen Umfang entzieht. Was der Vorderrichter hiermit aussprechen will, geht dahin, daß es für die Bestimmung des „in dem bisherigen Umfange notwendigen Wassers" nicht darauf ankomme, wie sich der Betrieb der Mühle bei Verkündung des Gesetzes tatsächlich gestaltet hat, sondern darauf, wie er sich nach der Art der Einrichtung der Mühle zur Zeit der Verkündung des Gesetzes gestalten konnte. Dem ist beizutreten. Danach soll sich der Umfang der Wassermasse, auf die der Müller in Ermangelung eines besonderen Rechtstitels Anspruch hat, bestimmen nicht nach der Quantität des Mahlgutes, sondern einerseits nach der konzessionierten oder hergebrachten Beschaffenheit und Größe des Mühlenwerkes, der Zahl der Gänge, vorausgesetzlich einer zweckmäßigen Einrichtung, anderseits nach der konzessionierten oder hergebrachten Zeit zum Mahlen. Was der Müller hiernach an Wasser bedürfe, müsse ihm verbleiben, mehr könne er nicht verlangen.

Die Rechte der Besitzer von Mühlen, die bei dem Inkrafttreten des PrivFlG. bereits bestanden haben, gehen danach weiter, als die Rechte der Besitzer erst später errichteter Mühlen. Die letzteren sind gegenüber Stauanlagen der Oberlieger, die sich in den Grenzen der dem Uferbesitzer in den §§ 1, 13 aaO. zugestandenen Befugnisse halten, auf den Schutz beschränkt, den § 13 2 jedem Unterlieger eröffnet, nämlich darauf, daß das abgeleitete Wasser, soweit es nicht verdunstet oder versickert, dem Flusse wieder zugeleitet wird, bevor er das Ufer eines fremden Grundstücks berührt.

Die ersteren sind in dem Besitzstande bezüglich derjenigen Wassermenge geschützt, deren sie nach der Art ihrer Mühle zur Zeit des Inkrafttretens des Gesetzes bei zweckmäßiger Einrichtung und Unterhaltung bedurften, um ihre Mühle in der für den Mühlenbetrieb offenen Zeit dauernd in Betrieb zu halten, gleichviel, welche Menge an Mahlgut damals zur Verfügung stand und jetzt zur Verfügung steht, und gleichviel, ob die Mühle jetzt infolge verbesserter Einrichtung, wie zB. Turbinenanlage, den gleichen Nutzeffekt mit einer geringeren Wasserkraft erzielen kann. In dem Wortlaute des § 16 b kommt nicht zum Ausdrucke, daß der Müller an dem zum Betrieb in dem bisherigen Umfange notwendigen Wasser infolge einer Bewässerungsanlage einen gewissen Verlust dauernd oder vorübergehend dulden muß.

Für die Anwendung des § 16 Abs. 1 b des geltenden PrivFlG. ist demnach in Ermangelung einer einschränkenden Vorschrift davon auszugehen, daß der Müller den durch die Verdunstung bei der Berieselung eintretenden Verlust an Wasser weder ganz noch zu einem gewissen Teile dauernd oder für eine gewisse vorübergehende Zeit zu dulden genötigt ist, wenn ihm dadurch das zum Betrieb im bisherigen Umfang im vorerörterten Sinne nötige Wasser ganz oder zum Teil entzogen wird. Ob eine Entziehung des nötigen Wassers im Einzelfalle vorliegt, ist freilich eine Frage tatsächlicher Art, die im verneinenden Sinne auch dann entschieden werden darf, wenn der Verlust an Wasser so geringfügig ist, daß er den Betrieb der Mühle nicht eigentlich zu stören vermag. Daran jedoch ist festzuhalten, daß der Müller einer weitergehenden Entziehung von Wasser widersprechen darf, auch wenn sie nur zeitweilig stattfindet, vorausgesetzt, daß es sich nicht etwa um eine Störung des Wasserzuflusses für einen geringfügigen Zeitraum handelt. Erweist sich danach der Widerspruch des Müllers als berechtigt, dann kommt es auch darauf nicht an, ob ihm infolge der Berieselung zu gewissen Zeiten das Wasser stärker und regelmäßiger zufließt. Für die Frage, ob der Widerspruch berechtigt ist, findet eine Ausgleichung zwischen der Zeit, in der dem Müller das nötige Wasser entzogen wird, und der Zeit, in der es ihm stärker oder gleichmäßiger durch die Berieselung zugeführt wird, nicht statt. Was der Müller durch die Berieselung gewinnt, kommt ausgleichend gegenüber seinem durch sie bedingten Verlust an dem nötigen Wasser allein bei Feststellung der Entschädigung in Betracht, die ihm der Unternehmer der Berieselungsanlage für die Aufgabe seines Widerspruchs zu gewähren hat.

Nr. 2. Entsch. v. 27. Okt. 1909 (OVG. 55 329) IX C 7/09.

FeldPolO. v. 1. XI. 47 §§ 25, 73; KrO. § 59.

1. In OVG. 27 278 ist dargelegt, daß auf Grund der §§ 25 und 73 FeldPolO. v. 1. XI. 47 (GS. 376) durch Lokalordnungen den Schaukommissionen eine eigene polizeiliche Amtsgewalt übertragen werden konnte und hieran durch § 59 KrO. nichts geändert worden ist.

2. Zu der Verlegung des Laufes eines Privatflusses ist niemand ohne zuvorige Genehmigung der zuständigen Wasserpolizeibehörde befugt, und dies gilt auch dann, wenn der Uferbesitzer die Verlegung auf seinem eigenen Grund und Boden ausführen und den Fluß noch innerhalb seines Besitztums in das alte Bett wieder zurückführen will. Die Unzulässigkeit eines derartigen Eingriffs in den bisherigen Bestand des Privatflusses muß notwendig aus dem Begriff und Wesen des Privatflusses, wie sie vom Gerichtshof in gleichmäßiger Rechtsprechung dargelegt worden sind, gefolgert werden. Vgl. OVG. 33 305, 37 292, 39 259, 47 304.

Daß nun die Verlegung eines Privatflusses auf einer Strecke seines Laufes in ein anderes Bett unter Kassierung des bisherigen Bettes, die im vorliegenden Falle in Frage steht, ein außerordentlich erheblicher Eingriff in den Bestand des Privatflusses ist und die von der Wasserpolizeibehörde zu wahrenden öffentlichen Interessen in hohem Maße berührt, bedarf einer weiteren Darlegung nicht. Es erhellt auch ohne weiteres, daß die bei der Verlegung in Betracht zu ziehenden Fragen, ob zB. die Gefäll- und Vorflutverhältnisse bei der beabsichtigten Anlage genügend berücksichtigt sind, ob das neue Bett ein ausreichendes Profil hat und mit dem bisherigen Bette ordnungsmäßig verbunden ist und ob nicht in gesundheitlicher Beziehung Bedenken bestehen, nur unter Beteiligung der zur Vertretung der öffentlichen Interessen berufenen Polizeibehörde bei Aufstellung und Bearbeitung des Verlegungsprojekts in einer allen Anforderungen von vornherein entsprechenden Weise gewürdigt und entschieden werden können. In Uebereinstimmung mit der bisherigen Rechtsprechung nimmt der Gerichtshof daher an, daß die Verlegung eines Privatflusses auf einer Strecke seines Laufes in ein anderes Bett — und zwar auch innerhalb der Grenzen des Besitztums eines und desselben Uferanliegers — ohne zuvorige Genehmigung der zuständigen Polizeibehörde nicht erfolgen darf.

3. Gleichgültig ist, ob das Einschreiten des Beklagten, wie Kläger behauptet, hauptsächlich auf Andrängen der vom Wasser abgeschnittenen Unterlieger am Wasserlauf erfolgt ist. Es genügt, daß es überhaupt aus poli-

zeilichen Gründen stattgefunden hat und es an solchen nicht etwa vollständig fehlt. Ob das Auenrecht für das hier in Betracht kommende Besitztum Anwendung finden muß, wie Kläger behauptet, bedarf der Entscheidung nicht, da die obigen Erwägungen auch dann Platz greifen, wenn es sich um einen kraft Auenrechts im Eigentum eines Gutsbesitzers befindlichen Privatfluß handelt. Wenn der Kläger ferner geltend macht, daß der Beklagte erst geraume Zeit nach Zuschüttung der alten Flußstrecke eingeschritten sei und daher von einem noch vorhandenen Wasserlaufe, dessen Räumung begriffsmäßig allein möglich sei, gar nicht mehr gesprochen werden könne, so würde es darauf nur dann ankommen, wenn der neue Zustand durch einen so langen Zeitraum unbeanstandet fortgedauert hätte, daß auf eine stillschweigende Genehmigung der zuständigen Polizeibehörde geschlossen werden könnte. Davon kann hier nach der ganzen Sachlage bei der Kürze der seit der Verlegung verflossenen Zeit aber keine Rede sein. Endlich bedarf es nach den obigen Ausführungen auch eines Eingehens darauf nicht, ob die neue Flußstrecke keinen vollwertigen Ersatz der eingezogenen Strecke bietet. Glaubt der Kläger, daß die neue Strecke den polizeilich zu wahrenden Interessen vollständig entspricht, so muß ihm überlassen bleiben, unter Darlegung seiner Auffassung bei der zuständigen Behörde vorstellig zu werden und die Genehmigung zu der ausgeführten Flußverlegung nachträglich herbeizuführen.

f) Stauanlagen für Wassertriebwerke; Merkpfahlsetzung.

Nr. 1. Entsch. v. 22. März 1906 (PrVerwBl. 29 1054) III C 2/06.

VorflutG. v. 15. XI. 1811, §§ 1ff.; ZustG. § 67.

Nach §§ 27, 36, 38 PrGewO. v. 17. I. 45 war zu der im Jahre 1848 ausgeführten Aenderung des Wassertriebwerks die Genehmigung der Regierung erforderlich. Sie hatte sich zugleich auf die anderweite Festsetzung des zulässigen höchsten Wasserstandes und die Setzung des Merkpfahls zu erstrecken, da es mit Rücksicht auf die Aenderung des Triebwerks bei der im Jahr 1837/39 erfolgten Festsetzung des zulässigen höchsten Wasserstandes und dem danach geschlagenen Merkpfahl nicht bewenden konnte. Hierbei war die Regierung an die Verfahrensvorschriften des G. v. 15. XI. 1811 nicht gebunden. Ueber die der Regierung bei der Erteilung der gewerbepolizeilichen Genehmigung vorbehaltene anderweite Setzung des Merkpfahls und über die Festsetzung des zulässigen höchsten Wasserstandes ist nach §§ 16, 25 ReichsGewO. in Verbindung mit §§ 109, 112 ZustG. von dem Kreisausschuß vorbehaltlich der Beschwerde an den Minister für Handel und Gewerbe zu beschließen.

Ein Verfahren nach dem VorflutG. v. 15. XI. 1811 und nach § 67 ZustG. findet nicht statt, wenn an einer Stauanlage nach dem Inkrafttreten der Preuß. oder der ReichsGewO. eine wesentliche Aenderung eingetreten ist. Haben in einem danach unzulässigen Verfahren vom Kreisausschuß ernannte Kommissare den zulässigen höchsten Wasserstand festgesetzt, so ist diese Festsetzung auf die Klage des Mühlenbesitzers auch dann aufzuheben, wenn dieser eine ihm günstigere Festsetzung des Wasserstandes beantragt hatte.

Nr. 2. Entsch. v. 7. Febr. 1907 (PrVerwBl. 29 225) III C 231/05.

VorflutEd. §§ 2f.

1. Das Merkpfahlsetzungsverfahren nach dem Ed. v. 15. XI. 1811 ist nur bei Stauanlagen zulässig, die vor dem Inkrafttreten der

PrGewO. v. 17. I. 45 errichtet sind und seitdem eine wesentliche Aenderung nicht erfahren haben.

2. Die Bestimmungen des LVG. über das Verfahren sind auf das Merkpfahlsetzungsverfahren nicht anwendbar; dasselbe richtet sich nach den §§ 2f. Ed. v. 15. XI. 1811.

3. Das Merkpfahlsetzungsverfahren findet auch in dem Falle statt, wo der früher gesetzte Merkpfahl abhanden gekommen oder in seiner Lage geändert ist. Gegen die von den Kommissarien bewirkte Erneuerung des Merkpfahls steht den Beteiligten die Klage im Verwaltungsstreitverfahren zu. Die Ortspolizeibehörde ist zur Erneuerung eines abhanden gekommenen oder in seiner Lage veränderten Merkpfahls nicht befugt.

4. Ob das Merkpfahlsetzungsverfahren auch zum Schutz eines oberhalb der Stauanlage belegenen Wassertriebwerks gegeben ist, mag dahingestellt bleiben.

Selbst wenn diese vom Gerichtshofe bisher noch nicht entschiedene Frage zu verneinen wäre, so würde doch die Berechtigung der Klägerinnen zur Erhebung der gegenwärtigen an eine Frist nicht gebundenen Klage anzuerkennen sein. Da das hier in Rede stehende Merkpfahlsetzungsverfahren auf den Antrag der Klägerinnen und auf ihre Kosten eingeleitet worden ist, so kann ihnen die Befugnis nicht abgesprochen werden, zum Zwecke der Anfechtung der in jenem Verfahren getroffenen Festsetzungen in dem durch den § 67 LVG. eingeführten Verwaltungsstreitverfahren als Prozeßpartei aufzutreten (vgl. auch das Urteil des erkennenden Senats v. 27. XI. 05 III 2304/III B 58/05.

Nr. 3. Entsch. v. 28. Nov. 1907 (PrVerwBl. 30 275) III B 33/06.

VorflutG. § 2.

1. Entbehrt eine Merkpfahlsetzung wegen unterbliebener Zuziehung des Gerichts (§ 2 VorflutG. v. 15. XI. 1811) der Rechtsgültigkeit, so können zwar unter Umständen die im Merkpfahlsetzungsverfahren abgegebenen Erklärungen der Beteiligten den Abschluß eines Vertrages über die zulässige Stauhöhe darstellen. Bei einem Zuwiderhandeln gegen die Bestimmungen dieses Vertrages handelt es sich aber nur um die Verletzung von Privatrechten, deren Schutz im allgemeinen nicht zu den polizeilichen Aufgaben gehört. Die Annahme eines Vertrages ist unzulässig, wenn die Erklärungen der Beteiligten nicht in der Absicht, einen Vertragsabschluß herbeizuführen, abgegeben worden sind, sondern lediglich im Merkpfahlsetzungsverfahren, um die zur Durchführung dieses Verfahrens erforderlichen Erklärungen der Beteiligten zu schaffen. Solche Erklärungen ermächtigen zu einem polizeilichen Einschreiten nicht.

2. Abgesehen von dem Vorliegen eines Notstandes darf die Polizeibehörde einem Mühlenbesitzer die Einhaltung einer bestimmten Stauhöhe nur vorschreiben, wenn für die betr. Mühle der zulässige höchste Wasserstand in rechtsverbindlicher Weise festgesetzt worden ist. Ob diese Festsetzung in einem gesetzlich gültigen Verfahren erfolgt ist, hat der Verwaltungsrichter in diesem Falle von Amtswegen zu prüfen. Es kommt daher nicht darauf an, ob der Müller selbst die gegen das Verfahren zulässigen Rechtsmittel ergriffen hat.

3. Zu einer „Vollziehung“ und einer „Verschreibung zu Protokoll“ im Sinne des § 2 VorflutG. gehört zum mindesten, daß die beiden Sachverständigen-Kommissarien selbst sich unter Zuziehung der Beteiligten von der Richtigkeit der vorgenommenen Setzung des Merkpfahls überzeugen und die Richtigkeit von den Beteiligten anerkennen lassen.

Nr. 4. Entsch. v. 12. Nov. 1908 (PrVerwBl. 30 815) III C 246/07.

VorflutEd. v. 15. XI. 1811 §§ 5f; ZustG § 65.

1. In Verbindung mit § 65 Abs. 3 ZustG. überweist der § 5 VorflutEd. v. 15. XI. 1811 Streitigkeiten darüber, ob die Höhe des Wasserstandes durch gültige Verträge, Verleihungen oder rechtsverjährten Besitz bestimmt ist, der Erörterung im Verwaltungsstreitverfahren. Durch die in diesem Verfahren ergehende Entscheidung soll für den Fall, daß die Streitfrage in bejahendem Sinne beantwortet wird, die Möglichkeit, daß künftig aufs neue Streitigkeiten über den höchsten zulässigen Wasserstand entstehen, ausgeschlossen werden. Dieser Zweck kann nur erreicht werden, wenn in dem verwaltungsgerichtlichen Urteile selbst bestimmt und deutlich ausgesprochen wird, bis zu welcher Höhe der Stauberechtigte das Wasser aufstauen darf.

2. Zu Unrecht erblickt der Vorderrichter in der Verhandlung v. 5. VII. 1818 einen gültigen Vertrag über die einzuhaltende Stauhöhe im Sinne des § 5 VorflutEd. Diese Verhandlung hat nicht die Setzung eines Merkpfahls, sondern die Setzung eines die Festlegung der Lage des Fachbaums bezweckenden sogenannten Sicherpfahls zum Gegenstand. Sie würde mithin als ein gültiger Vertrag in der obigen Bedeutung nur dann in Betracht kommen können, wenn die Beteiligten in ihr neben den die Anbringung des Sicherpfahls betreffenden Abmachungen rechtsverbindliche Vereinbarungen über die Höhe des Wasserstandes getroffen hätten. Das ist aber nicht der Fall. Abgesehen davon, daß der Wille der Verhandelnden damals nicht darauf gerichtet war, hierüber einen Vertrag abzuschließen, fehlt es an Erklärungen, aus denen mit Sicherheit zu entnehmen wäre, daß der vom beklagten Müller einzuhaltende Wasserstand auf eine bestimmte Höhe hätte festgestellt werden sollen. In der Möglichkeit, auf Grund eines Gutachtens in Verbindung mit einer Verhandlung die Höhe des Wasserstandes zu bestimmen, kann der nach § 5 aaO. erforderliche Rechtstitel eines gültigen Vertrages nicht gefunden werden.

3. Die Erhebung der vorliegenden Klage würde nur in einem anhängigen Merkpfahlsetzungsverfahren zulässig sein. Es kommt deshalb in Frage, ob das von den Klägern beantragte Merkpfahlsetzungsverfahren überhaupt gesetzlich statthaft war oder ob die Festsetzung des zulässigen höchsten Wasserstandes nicht vielmehr im gewerbepolizeilichen Verfahren bewirkt werden muß. Letzteres würde der Fall sein, wenn die Stauanlagen nach dem Inkrafttreten der PrGewO. wesentliche Aenderungen erfahren haben.

4. Der als „Gutsvorsteher" bezeichnete Kläger Udo L. würde in dieser Eigenschaft nicht befugt sein, einen Antrag gemäß § 1 VorflutEd. zu stellen, weil der Gutsvorsteher den Gutsherrn in vermögensrechtlichen Angelegenheiten nicht vertritt. Ist er dagegen zugleich der Gutsherr, so würde er zur Antragstellung berechtigt und aktiv legitimiert sein, wenn er nachweisen kann, daß Grundstücke des Gutes durch den Rückstau Nachteil erleiden. Denselben Nachweis würden die unter 2f. aufgeführten Gemeindevorsteher hinsichtlich Grundbesitzungen der betr. Gemeinden zu führen haben. Gelingt den genannten Klägern der fragliche Nachweis nicht, so müssen ihre Klagen ohne weiteres zurückgewiesen werden. Anders läge die Sache selbstverständlich, wenn die drei in Rede stehenden Personen den Antrag auf Merkpfahlsetzung nicht als Guts- bzw. Gemeindevorsteher, sondern als Eigentümer von durch den Rückstau geschädigten Ländereien gestellt haben sollten. Alsdann muß ihre Sachlegitimation anerkannt werden.

Nr. 5. Entsch. v. 8. Juli 1909 (OVG. 55 321) III C 46/09.

So lange die zulässige Höhe des Staues bei Wassertriebwerken noch nicht bestimmt ist, kann der Stauberechtigte nicht polizeilich angehalten werden, einen Merkpfahl anzubringen.

Nach den §§ 36, 38 GewO. v. 17. I. 45 war die Veränderung der Triebwerke von Wassermühlen und also auch die Veränderung der Wasserräder von der Genehmigung der Regierung abhängig. Die Regierung hatte sich jedoch nicht hierauf zu beschränken. Wie für den Fall der Errichtung neuer Wassermühlen, lag ihr auch für den Fall der Veränderung die Bestimmung darüber ob, in welcher Höhe die Anstauung des Wassers für den Betrieb der Mühle zulässig sei. Hierüber hatte sie nach denjenigen Grundsätzen zu beschließen, die das G. v. 15. XI. 1811 für den Fall als maßgebend erklärt, daß der zulässige Wasserstand noch nicht bestimmt worden ist. Die Veränderung der Triebwerke hatte zur Folge, daß das von dem Besitzer der Mühle etwa erworbene Recht auf einen bestimmten Wasserstau hinfällig wurde. Die Regierung war auch nicht an Anträge der Beteiligten gebunden, sondern hatte von Amtswegen über die nach Ausführung der Veränderung zulässige Stauhöhe und auch darüber Bestimmung zu treffen, in welcher Art die festgesetzte Stauhöhe äußerlich erkennbar zu machen sei.

Nach der ReichsGewO. ist die Rechtslage die gleiche. Der an die Stelle der Regierung getretene Kreisausschuß ist deshalb ermächtigt und auch verpflichtet, den der Genehmigung der Regierung anhaftenden Mangel durch nachträgliche Festsetzung der Stauhöhe zu ergänzen. Dem Besitzer der Mühle steht hiergegen um deswillen, weil er inzwischen nach Ermessen das Wasser gestaut hat, ein Widerspruchsrecht nicht zu.

Die Rechtslage ist indes nicht derart, daß es dem Kreisausschuß an dem geeigneten Mittel fehlte, den Mühlenbesitzer zur Ermöglichung der Setzung des Merkpfahls zu nötigen. Die Fortsetzung des Verfahrens findet für Rechnung des Mühlenbesitzers als des Antragstellers jetzt ebenso statt, wie es zulässig gewesen wäre, wenn die Regierung alsbald die Stauhöhe festgesetzt und die Anbringung des Merkpfahls durchgeführt hätte. Die hierfür erforderlichen Unterlagen zu beschaffen und die sonst entstehenden Auslagen zu übernehmen, lag dem Mühlenbesitzer damals ob und liegt ihm auch jetzt ob. Weigert er sich, dann ist der Kreisausschuß in der Lage, ihm zu eröffnen, daß der Betrieb der Mühle fortan nicht statthaft sei. Die Genehmigung, die der Vorbesitzer des Klägers von der Regierung erlangt hat, deckt, weil sie unvollständig ist, den Betrieb der Stauanlage nicht mehr, sobald der Kreisausschuß ihm die angegebene Eröffnung hat zugehen lassen. Alsdann ist die Polizeibehörde auch in der Lage, den Betrieb der Stauanlage im Zwangswege zu verhindern.

g) Hannoversches Wasserrecht.

Nr. 1. Entsch. v. 21. Febr. 1907 (PrVerwBl. 29 433) III B 138/04.

HannG. v. 22. VIII. 47 über Ent- und Bewässerung der Grundstücke §§ 1 f.

Der Grundsatz, daß ein Wasserlauf natürlichen Ursprunges auf der Strecke, auf der er an Stelle seines natürlichen Bettes ein anderes künstliches erhalten hat, seinen Charakter als natürlicher Wasserlauf nicht verliert und auch in diesem Teile den sonst für ihn bestehenden rechtlichen Bestimmungen unterworfen bleibt, befindet sich in allgemeiner Geltung und ist vom OVG. mehrfach anerkannt worden. Dies gilt auch von Kanälen, die an die Stelle natürlicher Wasserläufe treten.

Folgt Anwendung auf den Hahnenmoorkanal und den Renslager Kanal im Bez. Osnabrück.

Nr. 2. Entsch. v. 18. April 1907 (PrVerwBl. 29 787) III C 135/06.

ZustG. § 84; HannWassG. v. 22. VIII. 47 §§ 75 ff., 79, 97.

1. Nach § 84 Abs. 1[1] ZustG., welcher lautet:

„Der Kreis(Stadt-)Ausschuß beschließt über Anträge: 1. auf Zulassung neuer Ent-

wässerungs-, Bewässerungs- oder Stauanlagen, oder auf Aenderung oder Wegräumung derartiger Anlagen gegen den Widerspruch Beteiligter (§97 aaO." — d. i. des G. v. 22. VIII. 47 —)
ist allerdings, wenn Widersprüche Dritter gegen eine Stauanlage oder deren Aenderung geltend gemacht werden, über ihre Zulassung gegen die Widersprüche unabhängig von der gemäß § 83 zu erledigenden Genehmigung zwischen dem Unternehmer und dem Widersprechenden zu beschließen und auf Antrag im Verwaltungsstreitverfahren zu entscheiden. Nach der gleichmäßigen Rechtsprechung des Gerichtshofes sind dabei aber nur auf Gesetz oder auf besonderen Rechtstiteln beruhende Widerspruchsrechte zu berücksichtigen. Der Widersprechende muß befugt sein, kraft eigenen Rechts die Ausführung oder Veränderung (im vorliegenden Falle die anderweite Benutzung) der Anlage zu verhindern. Wenn aber der Vorderrichter die Auffassung vertritt, daß den Klägern derartige Widerspruchsrechte zur Seite stünden, so beruht das auf einem Rechtsirrtum. Die sämtlichen in Betracht kommenden Einwendungen der Kläger gegen das vom Beklagten beabsichtigte Unternehmen laufen darauf hinaus, daß dieses ihrem Grundbesitze bzw. der vom Kläger M. in dem Forellenbache ausgeübten Fischerei nachteilig sein werde. Diese Behauptung stellt weder ein Widerspruchsrecht im obigen Sinne dar, noch reicht sie zum Nachweise eines solchen aus.

2. § 84 Abs. 1² ZustG. lautet:

„Der Kreis-(Stadt-)Ausschuß beschließt über Anträge: 2. auf Setzung eines Stauziels usw. (§§ 75 ff. aaO.) für vorhandene Stauanlagen (§ 79 aaO.)" — d. i. wiederum des G. v. 22. VIII. 47.

Die Kläger haben nun jedenfalls die Setzung eines Stauziels nicht beantragt; denn sie widersprechen dem Unternehmen des Beklagten überhaupt; sie wollen die Benutzung der Stauschleuse zur Speisung des Fischteiches unter keinen Umständen zulassen. Ebensowenig konnte, selbst wenn man annehmen wollte, daß auch der Stauberechtigte zur Anbringung des Antrags auf Setzung eines Stauziels befugt sei, der Beklagte einen solchen Antrag stellen. Denn die vorhandene Stauanlage besteht unbestritten nur für den Winterstau. Im vorliegenden Falle handelt es sich aber um ihre Genehmigung für den Sommerstau. Es kann mithin von einem „Antrag auf Setzung eines Stauziels für vorhandene Stauanlagen" in bezug auf das hier in Betracht kommende Verfahren nicht die Rede sein.

3. Hiernach ist im vorliegenden Falle das Verwaltungsstreitverfahren nicht gegeben.

Nr. 3. Entsch. v. 16. Mai 1907 (PrVerwBl. 29 852) III C 5/07.

1. Die Polizeibehörde ist kraft ihres Amtes nach § 10 II 17 ALR. für die erforderliche Anordnung behufs Abwendung von Gefahren für die Gesundheit der Menschen zuständig. Für die Beseitigung des hier in Betracht kommenden gesundheitsschädlichen Zustandes durfte der Beklagte den Kläger sowohl dann in Anspruch nehmen, wenn er ihn durch Zuführung von Sinkstoffen oder anderen Flüssigkeiten veranlaßt hat, wie auch dann, wenn der Graben in seinem Eigentum steht. Wer einen polizeiwidrigen Zustand verursacht, darf als dessen Urheber zur Beseitigung desselben polizeilich genötigt werden, und wer Eigentümer einer Sache ist, dem liegt die polizeilich erzwingbare Pflicht ob, sein Eigentum in einem polizeimäßigen Zustand zu erhalten.

2. Daß Gräben, — abgesehen von dem in ihnen fließenden Wasser —, auch nach den Grundsätzen des gemeinen Rechts Gegenstand des Privateigentums sind, ist außer Zweifel. Die Aushebung eines Grabens auf einem Grundstück ändert an sich und wenn nicht ein anderes bestimmt wird, nichts an dessen fortdauernder Zugehörigkeit zu diesem Grundstück. Daß

der streitige Graben aber auf Grund und Boden ausgehoben worden ist, der damals ganz oder zum Teil ein Bestandteil des jetzt dem Kläger gehörigen Grundstücks war, mußte der Beklagte dartun. Eine gesetzliche Vermutung besteht für das gemeinrechtliche Gebiet nicht dafür, daß Scheidegräben ein Bestandteil der angrenzenden Grundstücke sind oder ihnen je zur Hälfte angehören. Ob eine solche Annahme sich den Umständen nach rechtfertigt, bedarf für den einzelnen Fall der Feststellung unter Berücksichtigung des Zweckes des Grabens und, wenn es sich um einen Graben handelt, der bereits bei Ausführung der Gemeinheitsteilung bestanden hat oder gelegentlich der Gemeinheitsteilung angelegt worden ist, unter Berücksichtigung insbesondere auch der in dem Gemeinheitsteilungsrezeß bezüglich des Eigentums der Gräben getroffenen Regelung.

3. Es läßt sich danach nicht beanstanden, daß der Vorderrichter davon abgesehen hat, dem Kläger das Eigentum an dem Graben zuzusprechen und hierauf seine Räumungspflicht zu stützen. Rechtsirrtümlich verneint der Vorderrichter jedoch die Zulässigkeit einer Observanzbildung, wonach die Anlieger die zur Vermeidung einer Gefährdung der Gesundheit der Anwohner gebotene Räumung von Gräben, die nicht in ihrem Eigentum stehen, auszuführen haben.

Soweit ein Verbotsgesetz nicht entgegenstand, konnte sich im Gebiet des gemeinen Rechts auf Grund des gleichmäßigen Verhaltens aller Beteiligten eines Bezirks eine für sie maßgebende Rechtsnorm als örtliches Gewohnheitsrecht ausbilden. Hierbei ist es auch nach Einführung des BGB. für Rechtsangelegenheiten verblieben, bezüglich deren das BGB. keine Vorschriften gibt, wie dies für die Räumung von Gräben zutrifft. Welchem Zweck die Räumung dient, ob der Erhaltung der Vorflut oder der Beseitigung gesundheitsschädlicher Stoffe aus den Gräben, ist für die Frage der Zulässigkeit der Observanzbildung grundsätzlich nicht wesentlich. Aus dem verschiedenartigen Zweck der Räumung ergibt sich indes so viel, daß für die Feststellung der Observanz zu unterscheiden ist, welchem Zweck die in gleichmäßiger Uebung der Beteiligten betätigte Räumung diente und ob in der Uebung die allgemeine Rechtsansicht von der Pflicht der Anlieger zur Räumung behufs Erhaltung der Vorflut oder behufs Beseitigung einer Gefahr für die Gesundheit der Anwohner zum Ausdruck gelangt ist. Für die Feststellung der Observanz behufs Erhaltung der Vorflut kommen Räumungen, die behufs Beseitigung einer Gefahr für die Gesundheit der Anwohner gedient haben, nicht in Betracht und für die Feststellung der Observanz behufs Beseitigung gesundheitsschädlicher Stoffe nicht solche Räumungen, die der Erhaltung der Vorflut gedient haben.

h) Schleswig-Holsteinisches und Lauenburgisches Wasserrecht.

Nr. 1. Entsch. v. 25. April 1907 (PrVerwBl. 29 788) III C 123/06.

1. Ist, wo Marsch und Geest aneinanderstoßen, ein eine längs der Grenze verlegte Flußstrecke begleitender Deich herkömmlich stets als Teil der in Betracht kommenden Geestwasserlösung behandelt worden, so bildet er einen organischen Bestandteil derselben, mag er auf Marsch- oder Geestland errichtet sein.

2. Hat der Deich „Nutzen von und Interesse an der Instandhaltung des Wasserlaufs“, so kann sein Eigentümer nach den Vorschriften der §§ 9ff. Provisorischen Vf. für die Geestdistrikte des Herzogtums Schleswig v. 6. IX. 63 zur Unterhaltung des Wasserlaufes herangezogen werden.

Nr. 2. Entsch. v. 21. Mai 1908 (OVG. 52 352) III C 29/07.

1. Für den vorliegenden Streit sind die Vorschriften der Provisorischen Vf. für die Geestdistrikte des Herzogtums Schleswig, betr. die Ableitung und Benutzung des Wassers behufs Verbesserung der Ländereien, v. 6. IX. 63, maßgebend. Denn sowohl die Ländereien der Parteien als auch diejenigen Gräben und Wasserzüge, auf die sich das mit der Klage angefochtene Erkenntnis der Schauungsmänner bezieht, liegen in einem Geestdistrikte des Herzogtums Schleswig, sind kein Marschland und gehören weder zu einem Deichverbande noch zu einer Marschwasserlösung (§ 62 aaO).

2. Nach der Provisorischen Verfügung haben die Schauungsmänner für die kleineren Wasserläufe sowohl die Befugnis zu obrigkeitlichen Anordnungen als die zur Entscheidung von Streitigkeiten zwischen den Beteiligten. Bei Wahrnehmung des letzteren Amtes sind sie jedoch nicht bloß auf die Abgabe von Entscheidungen im engeren Sinne beschränkt. Sie üben vielmehr eine vermittelnde und schiedsrichterliche Tätigkeit aus, indem sie innerhalb der aus den §§ 29—39 aaO. sich ergebenden Grenzen auch Rücksichten der Billigkeit Rechnung tragen und in erster Linie stets auf den Abschluß von Vergleichen hinwirken sollen (vgl. zB. §§ 35⁵ u. ⁶, 38 f.). Eine gleiche Stellung nahmen nach § 42 aaO. die Oberbeamten ein, an die nach § 41 aaO. die Apellation gegen die Erkenntnisse der Schauungsmänner stattfand. Ebendasselbe muß aber auch für die jetzt nach § 81 ZustG. zur Entscheidung berufenen Verwaltungsgerichte gelten. Diese treten, wenn sie von den Beteiligten angegangen werden, völlig an die Stelle der Schauungsmänner und haben deren Rechte und Pflichten.

3. Das Maß der behufs Befriedigung der Vorflut zulässigen Anforderung an den Besitzer des Grundstücks, über das die Vorflut nach dem gegebenen Gefälle geht, bestimmt sich zurzeit lediglich nach den Vorschriften der Provisorischen Verfügung. Danach hat der Besitzer des oberhalb gelegenen Grundstücks Anspruch auf die Erhaltung bestehender Gräben in ihrer normalen Breite und Tiefe und auch auf deren Verbreiterung und Vertiefung, soweit es für die Vorflut erforderlich ist (§§ 2f. aaO.). Die Anlage neuer Gräben darf zwar auch in Anspruch genommen werden, jedoch nur gegen Entschädigung, die derjenige Besitzer aufzubringen hat, welcher die Anlage eines Grabens auf fremdem Besitz in Anspruch nimmt (§§ 44—48 aaO.).

Zu der durch das Vorflutsbedürfnis bedingten Vertiefung und Verbreiterung eines Grabens verpflichtet die Provisorische Verfügung den Grundbesitzer, über dessen Land der Graben geht, ohne hierfür zu unterscheiden, ob es sich um einen Grenzgraben handelt oder ob der Graben nicht die Grenze bildet. Soweit also nach dem zeitigen Stande der Bodenkultur die Verbreiterung und Vertiefung eines Grabens als notwendig anzuerkennen ist, kann sie nicht ganz oder zur Hälfte deshalb abgelehnt werden, weil der Graben die Grenze mit dem Grundstücke des Nachbarn bildet. Der Vorderrichter hat demnach an sich darin recht, daß die notwendige Verbreiterung und Vertiefung des Randgrabens, obschon er Grenzgraben ist, dem Kläger obliegt. Ein Zweifel könnte insoweit nur dann obwalten, wenn dem Vorflutsbedürfnisse durch eine Verbreiterung des Grabens auf dem Besitze des Klägers nicht genügt werden könnte, hierfür vielmehr das Grundstück des Nachbarn in Anspruch genommen werden müßte. Dies trifft aber nach den bisherigen Ermittelungen nicht zu. Ob die Pflicht zur Verbreiterung und Vertiefung eines Grabens im Sinne der Verfügung für dessen Eigentümer auch die Pflicht zur Ausführung der durch die Veränderung des Grabens bedingten Abänderung der über den Graben führenden Brücken und der in dem Graben befindlichen Schleusen mitumfaßt, kann dahingestellt bleiben. Die hier in Betracht kommende Schleuse bei G., deren Neubau und Tieferlegung dem Kläger aufgegeben worden ist, befindet sich in einem Deiche, der das eingedeichte Land gegen die Fluten der Ostsee schützen soll. Gegenüber diesem Tatbestande durfte der Bezirksausschuß seine Annahme, dem Kläger könne jene Auflage auf Grund der Bestimmungen der Provisorischen Verfügung gemacht werden, nicht lediglich auf die Erwägung stützen, daß „die fragliche Schleuse ein integrierender Teil des Umlaufgrabens und demgemäß auch als solcher zu behandeln sei". Bei dem gegebenen Sachverhältnisse hätte ihm vielmehr eine Prüfung auch der Frage obgelegen, ob nicht die Schleuse einen Bestandteil des Seedeichs bilde und ob nicht infolgedessen auf sie die Vorschriften über das Deichwesen Anwendung zu finden haben. Den Umständen nach ist aber festzustellen, daß die Schleuse im Seedeich ein Bestandteil des Deiches ist, da sie nicht nur der Abführung des ihr zufließenden Binnenwassers, sondern auch der Verhinderung des Zuflusses des Seewassers bei einem Wasserstand über die Höhe des Binnenwasserstandes zu dienen hat. Die Frage, ob eine Abänderung der Schleuse auf Grund der Provisorischen Verfügung erzwungen werden darf, ist deshalb für die Schleuse nach denselben Grundsätzen zu beantworten, die für die Erzwingung einer Aenderung des Deiches gelten. Eine Aenderung der Deiche, die einem Deichverband angehören, kann auf Grund der Provisorischen Verfügung nicht erzwungen werden, wie sich schon daraus ergibt, daß die Provisorische Verfügung auf das Gebiet von Deichverbänden überhaupt keine Anwendung findet. Der Seedeich gehört allerdings einem Deichverbande nicht an, gleichwohl kann sein rechtmäßiger Bestand mit Rücksicht auf sein langes Bestehen nicht mehr in Zweifel gezogen werden. Deshalb finden die Bestimmungen des G. v. 11. IV. 72 (GS. 377), betr. die Ausdehnung des G. v. 28. I. 48 über das Deichwesen auf die Prov. Schleswig-Holstein und Hannover, Anwendung, nicht dagegen diejenigen des Pat., betr. die einzuführende Aufsicht über die Deiche der sämtlichen Marschkommunen usw., v. 29. I. 1800 (Chron. Samml. Kiel 1801 4) und die des Allg. DeichRegl. für die sämtlichen Marschkommunen usw. v. 6. IV. 1803 (das. Jahrg. 1803 S. 17).

Nach dem G. v. 11. IV. 72 ist die Verlegung, Erhöhung sowie die gänzliche oder teilweise Zerstörung der Deiche allgemein und also auch, wenn sie keinem Deichverband angehören, von der Genehmigung der Regierung abhängig, an deren Stelle für Deiche, die einem Deichverbande nicht angehören, der Bezirksausschuß nach § 96 ZustG. getreten ist. Als Deich im Sinne dieses Gesetzes kommt auch die einen Bestandteil eines Deiches bildende und in ihm belegene Schleuse in Betracht. Genehmigungspflichtig ist im Sinne des Gesetzes jede Aenderung des Deiches. Danach kann die Aenderung der Schleuse ohne die Genehmigung des Bezirksausschusses nicht stattfinden. Es findet aber auch ein behördlicher Zwang auf Aenderung eines Deiches weder auf Grund der Provisorischen Verfügung, noch — von den einem Deichverband angehörigen Deichen abgesehen — auf Grund des Deichgesetzes oder eines anderen Gesetzes im Verwaltungswege statt. Sofern sich also der Kläger zur Aenderung der Schleuse nicht freiwillig erbietet oder hierüber nicht eine Vereinbarung der Beteiligten unter Genehmigung des Bezirksausschusses zustande kommt, kann die nach der Provisorischen Verfügung an sich erzwingbare Verbreiterung und Vertiefung des Randgrabens in diesem Verfahren nur dann und so weit angeordnet werden, als eine Vermehrung des Wasserzuflusses mit der durch die zeitige Beschaffenheit der Schleuse nebst Pumpvorrichtung ermöglichten Wasserabführung vereinbar ist. Nach dieser Richtung hat eine Prüfung stattzufinden.

Der Bezirksausschuß hat ferner den Kläger, ohne eine nähere Begründung hierfür zu geben, für verpflichtet erachtet, längs der an dem Randgraben belegenen Viehweiden Schutzeinfriedigungen aufzustellen. Mit Recht rügt der Kläger, daß weder die Provisorische Verfügung noch das bürgerliche Recht

Bestimmungen enthalte, aus denen diese Verpflichtung hergeleitet werden könnte.

Die Räumung der vorhandenen Gräben auf die normale Sohle ist, wie bereits bemerkt, erzwingbar. Dies gilt insbesondere auch für die etwa bestehenden Gräben, die vor dem sog. Walle des Randgrabens nach dem Mittelgraben führen. Als Gräben gelten künstliche Wasserläufe dann, wenn den Umständen nach anzunehmen ist, daß sie mit Vorwissen des Grundeigentümers, also hier des Klägers, angelegt sind, und dies kann freilich auch schon aus dem längeren tatsächlichen Bestehen der Gräben entnommen werden. Anderseits kann im Wege der Räumung die Wiederherstellung inzwischen beseitigter Gräben nur dann erreicht werden, wenn die Beseitigung der Gräben noch nicht längere Zeit zurückliegt. Der Streit, ob Gräben von dem Randgraben nach dem Mittelgraben führen, ist nach diesen Grundsätzen zu entscheiden.

Nr. 3. Entsch. v. 26. Nov. 1908 (OVG. 53 318) III B 66/08.

WaſſLöſO. für die Geestdistrikte des Herzogtums Holstein v. 16. VII. 57 §§ 1—4. 6, 8ff.; ZustG. § 82.

1. Der erste Satz des § 6 Vd. v. 16. VII. 57 lautet:

„Neue Stauanlagen vor fließenden Gewässern oder Umleitungen der letzteren sind, insoweit anderen wirtschaftliche Nachteile daraus erwachsen, auch auf dem eigenen Grund und Boden ohne Entschädigung der dadurch Benachteiligten nicht zulässig."

In den weiteren Sätzen ist bestimmt, daß derartige bestehende Anlagen gegen Entschädigung der Berechtigten beseitigt oder beschränkt werden können, wenn es den landwirtschaftlichen Erfordernissen entsprechend ist.

Das Ziel des ersten Absatzes geht, wie insbesondere dem Worte „auch" zu entnehmen ist, dahin, daß fortan die Errichtung von Stauanlagen und Umleitungen sowohl dann, wenn sie ohne Inanspruchnahme fremden Landes und also in den Grenzen des eigenen Besitzes erfolgen soll, wie auch dann, wenn hierfür fremder Besitz in Anspruch genommen wird, nur gegen Entschädigung der Benachteiligten zugelassen wird. Entschädigung ist zu gewähren, insoweit ein wirtschaftlicher Nachteil erwächst. Daß der wirtschaftliche Nachteil indes nicht in der Beschränkung auf landwirtschaftlichen gemeint ist, läßt sich der Verordnung insofern entnehmen, als sie in § 6 und auch in §§ 1f., 8 wegen Berücksichtigung landwirtschaftlicher Interessen besondere Anordnungen trifft und als sie auch in §§ 3f. das wirtschaftliche und nicht bloß das landwirtschaftliche Interesse berücksichtigt wissen will.

2. Nach § 9 aaO. gehört die Regulierung und Beaufsichtigung von Wasserlösungen und Stauanlagen sowie die Entscheidung der betr. Streitigkeiten nach Maßgabe der §§ 1—8 zum Geschäftskreise der administrativen Polizei. In dem durch die §§ 10ff. geregelten Verfahren war demnach auf Antrag desjenigen, der die Errichtung einer Stauanlage oder eine Umleitung beabsichtigte, über deren Zulässigkeit und die Entschädigung zu befinden.

Das ZustG. unterscheidet in § 82 für das fortan bei Ausführung der Verordnung zu beobachtende Verfahren zwischen der Entscheidung über Beschwerden gegen Verfügungen der Behörden und über Streitigkeiten unter Beteiligten und zwischen Regulierungen, insbesondere dem Erlasse von Regulativen nach Maßgabe der §§ 2, 10f. Um eine Regulierung dieser Art handelt es sich bei der Umleitung eines fließenden Gewässers. Der unter den Beteiligten bestehende Streit, ob eine Umleitung überhaupt und unter welchen Voraussetzungen sie statthaft sein soll, ist auf Antrag des Unternehmers in dem für derartige Regulierungen in Abs. 3 des § 82 vorgesehenen Verfahren zum Austrage zu bringen. Der Kreisausschuß hat nach Inanspruchnahme der Schaukommission für die Untersuchung und für die Vermittelung hierüber zu beschließen. Gegen seinen Beschluß findet der Antrag auf mündliche Verhandlung im Verwaltungsstreitverfahren statt.

Solange eine derartige Regulierung nicht stattgefunden hat, ist der vermeintlich benachteiligte Anlieger nicht genötigt, eine eigenmächtig ausgeführte Umleitung zu dulden. Er darf die Wiederherstellung des alten Zustandes verlangen und diesen Anspruch, wenn er mit seinem dahingehenden Antrage bei der Schaukommission und dem Landrate keinen Erfolg gehabt hat, in einem Streitverfahren nach § 82 Abs. 1^{2} gegen den Unternehmer der Umleitung verfolgen.

Nr. 4. Entsch. v. 7. Jan. 1909 (OVG. 53 331) III C 84/08.

ZustG. § 82; WassLösO. für die Geestdistrikte des Herz. Holstein v. 16. VII. 57 §§ 10, 12; WassLösO. für den Kr. Lauenburg v. 22. V. 57 §§ 9, 11, 15; Regul., betr. die Reinigung der Bille zwischen dem Kr. Stormarn u. dem Kr. Lauenburg, v. 2. IV. 00.

1. Die Fassung der Abs. 1f. des § 82 ZustG. spricht allerdings ihrem Wortlaute nach für die Auffassung, daß gegen die Verfügung der Wasserpolizeibehörde zunächst Beschwerde bei dieser Behörde erhoben werden müsse und die Klage alsdann erst gegen die auf die Beschwerde ergehende Entscheidung zulässig sei. Trotz des Wortlauts ist aber diese Auslegung nicht zulässig. Ihr steht entgegen, daß die Beschwerde gegen die Verfügung einer Behörde nach der feststehenden, dem Worte „Beschwerde" im Sprachgebrauche beigelegten Bedeutung ein an die höhere Instanz gerichtetes Rechtsmittel und nicht eine bloße Gegenvorstellung an die verfügende Behörde selbst ist, und daß es hier ferner an jeder Fristbestimmung für die Einlegung der Beschwerde fehlen würde, während die Zulassung eines unbefristeten Rechtsbehelfs gegen die wasserpolizeilichen Anordnungen der Behörde die ordnungsmäßige Durchführung der vielfach der Beschleunigung besonders bedürftigen wasserpolizeilichen Maßnahmen in hohem Grade gefährden würde und daher von dem Gesetzgeber unmöglich gewollt sein kann. Dies geht auch daraus hervor, daß für das Gebiet des § 66 ZustG. die Erhebung des Einspruchs gegen die Anordnungen der Wasserpolizeibehörde in Abs. 1 daselbst ausdrücklich an eine Frist von 2 Wochen geknüpft worden ist. Der § 82 beruft sich aber ferner im Abs. 1 ausdrücklich auf die §§ 10 und 12 WassLösO. für die Geestdistrikte des Herzogtums Holsteins v. 16. VII. 57 und die im wesentlichen damit gleichlautenden §§ 9 und 11 WassLösO. für den Kreis Herzogtum Lauenburg v. 22. V. 57. In diesen Paragraphen ist ein Verfahren, wonach gegen die Verfügung der Wasserpolizeibehörde zunächst Beschwerde zu erheben und erst gegen die auf Beschwerde ergehende Entscheidung der in § 15 (14) daselbst zugelassene, jetzt durch die Klage im Verwaltungsstreitverfahren ersetzte Rekurs zulässig wäre, in keiner Weise vorgesehen. Das OVG. ist denn auch in gleichmäßiger Rechtsprechung davon ausgegangen, daß die Klage in den in § 82 Abs. $1^{1 \text{ und } 2}$ und Abs. 2 vorgesehenen Fällen ohne vorherige Beschreitung eines Beschwerde- oder Einspruchsverfahrens unmittelbar gegen die Verfügung (Abs. 1^{1}) oder die Entscheidung (Abs. 1^{2}) der Wasserpolizeibehörde stattfinde.

2. Eine von dem Amtsvorsteher auf die Beschwerde getroffene Entscheidung ist aber als eine neue polizeiliche Verfügung anzusehen und kann daher mit der Klage angegriffen werden. In dem Geltungsgebiete des § 66 ZustG. ist der Gerichtshof stets davon ausgegangen, daß der Einspruch gegen eine wasserpolizeiliche, dem Verfahren gemäß § 127 LVG. unterliegende Verfügung als Gegenvorstellung und der darauf in irrtümlicher Anwendung des § 66 ZustG. erlassene, auf nochmaliger Erwägung des Sachverhältnisses beruhende Beschluß als neue polizeiliche Verfügung zu behandeln sei. Es besteht keinerlei Grund, in dem vorliegenden Falle davon abzuweichen.

3. Der Amtsvorsteher stützt seine Verfügung und seine Entscheidung auf das Regul., betr. die Reinigung der Bille zwischen dem Kreise Stormarn und dem Kreise Herzogtum Lauenburg, v. 2. IV. 00. Dieses Regulativ kann als rechtsgültig nicht erachtet werden.

Nach § 82 Abs. 3 ZustG. beschließt der Kreisausschuß „über Anträge auf Regulierungen, insbesondere über den Erlaß von Regulativen, durch welche die Rechte und Pflichten der an einer Wasserlösung Beteiligten nach Maßgabe der §§ 2—9 und 11 bzw. §§ 2—8 und 10 der gedachten Verordnungen bestimmt werden sollen“. Im vorliegenden Falle ist nun das Regulativ nicht für den Geltungsbezirk der Lauenburgschen WassLöfO. von dem nach § 82 aaO. zuständigen Kreisausschusse des Kreises Herzogtum Lauenburg und für den Geltungsbezirk der Holsteinschen WassLöfO., deren §§ 14 und 16 den §§ 13 und 15 der Lauenburgschen WassLöfO. entsprechen, von dem Kreisausschusse des Kreises Stormarn erlassen worden. Der Regierungspräsident zu Schleswig hat vielmehr auf Grund des § 58 Abs. 1² LVG. den Kreisausschuß des Kreises Segeberg als die zuständige Behörde bestimmt und dieser hat das Regulativ erlassen. Die Voraussetzungen für die Anwendung der Vorschrift des § 58 LVG. lagen hier aber überhaupt nicht vor. Denn wenn die Vorschriften der Holsteinschen und der Lauenburgschen WassLöfO. auch in vielen Punkten übereinstimmen, so handelt es sich doch um zwei voneinander völlig unabhängige Rechtsgebiete. Daher kann, da auch § 82 Abs. 3 ZustG. irgendeine dahingehende Bestimmung nicht enthält, weder für den in Lauenburg belegenen Teil der Bille eine Vorschrift der Holsteinschen WassLöfO., noch umgekehrt für den zu Holstein gehörigen Teil der Bille eine Vorschrift der Lauenburgschen WassLöfO. Anwendung finden. Lagen aber die rechtlichen Voraussetzungen für die einheitliche Regelung der die Reinigung der Bille betreffenden Verhältnisse auf Grund einer für beide Rechtsgebiete gleichmäßig geltenden Rechtsnorm nicht vor, so konnte auch der § 58 Abs. 1² LVG. hier nicht zur Anwendung kommen. Denn er bezweckt nur, die in § 57 daselbst geregelte örtliche Zuständigkeit der Behörden für den Fall zu ordnen, daß die Grundstücke in mehreren Bezirken liegen oder daß es zweifelhaft ist, in welchem Bezirke sie liegen; hier aber liegen die demselben Rechtsgebiet angehörigen Grundstücke unbestritten nicht in mehreren, sondern in einem und demselben Gebiete. Selbst wenn aber § 58 Anwendung finden könnte, so hätte der Regierungspräsident auf Grund dieser Vorschrift nur einen der beiden Kreisausschüsse, in deren Bezirken die beteiligten Grundstücke belegen waren, keineswegs aber einen dritten Kreisausschuß, dessen örtliche Zuständigkeit gemäß § 57 überhaupt nicht in Betracht kam, als zuständige Behörde bestimmen können.

B. Deichpolizei.

Nr. 1. Entsch. v. 10. Okt. 1907 (PrVerwBl. 29 745) IV C 81/06.

DeichG. v. 28. I. 48 § 15.

1. Die Auffassung, auf einem Deiche könne niemals ein öffentlicher Weg sein, es könne sich bei der Benutzung der Deichkrone als Fußweg durch das Publikum grundsätzlich nur um eine Duldung des öffentlichen Verkehrs handeln, die kein Recht in sich schließe, ist unrichtig. Die rechtliche Möglichkeit der Entstehung eines öffentlichen Weges auf einem Deiche ist vom OVG. stets anerkannt worden, und es ist Tatsache, daß es Deiche, über die sich öffentliche Wege hinziehen, gibt. Es trifft ferner zu, daß die Deichpolizei die Wegepolizei über die auf dem Deich befindlichen öffentlichen Wege der Regel nach

nicht mitumfaßt. Sie kann durch ein gemäß § 15 DeichG. v. 28. I. 48 erlassenes Deichstatut und somit im Sinne des § 59[1] KO. durch ein besonderes Gesetz dem die Deichpolizei gemäß § 29 AllgBest. v. 14. XI. 53 ausübenden Deichhauptmann übertragen werden; dies gilt auch für die Prov. Schlesien. Das Schlesische Provinzialrecht, insbesondere die dort geltende Ufer-, Ward- und HegungsO. für das Herzogtum Schlesien v. 28. X./7. XI. 1763, enthält mit Bezug hierauf keine Bestimmungen, und auch sonst besteht keine Vorschrift, die die Wegepolizei mit der Deichpolizei vereinigt hätte. Es bleibt mithin bei der Regel, daß die Wegepolizei, wenn sie nicht durch Statut dem Deichhauptmann übertragen worden ist, der Ortspolizeibehörde zusteht. Wegepolizeibehörde ist demnach, immer vorausgesetzt, daß es sich um einen öffentlichen Weg auf dem Deiche handelt, der Amtsvorsteher.

2. Bei dieser Sachlage ist zu prüfen, welchen Charakter die vom Amtsvorsteher an den Deichhauptmann erlassene Verfügung in Wirklichkeit hat, und ob darin eine an die Deichpolizeibehörde erlassene, im polizeilichen Zwangsverfahren zu vollstreckende Anordnung zu erkennen ist, so daß es sich um einen Konflikt zwischen zwei Polizeibehörden handle, der nur von der Aufsichtsbehörde gelöst werden könne. Diese Prüfung steht auch dem Revisionsrichter frei zu und führt zu dem Schluß, daß der Bezirksausschuß die rechtliche Eigenschaft der Verfügung verkannt hat. Wenn der Amtsvorsteher den streitigen Weg auf dem Deich für einen öffentlichen hielt, so konnte er nicht anders verfahren, als daß er ihn gemäß den Vorschriften des § 56 ZustG. für den öffentlichen Verkehr in Anspruch nahm. Das ist geschehen; er hat sich dabei auch richtig an den Deichhauptmann gewandt. Dieser kommt hierbei aber nicht als Deichpolizeibehörde, sondern als Vertreter des Deichverbandes (vgl. § 30d AllgBest. v. 14. XI. 53) in Betracht. Denn der Deichverband ist es, der den Weg als seinen Privatweg ansieht und in dessen Rechte der Amtsvorsteher eingreift, wenn er die Beseitigung der aufgestellten Warnungstafeln fordert.

3. Muß sonach die Vorentscheidung aufgehoben werden, weil der Bezirksausschuß die Klage zu Unrecht als eine solche der Deichpolizeibehörde, nicht des Deichverbandes, angesehen hat, so kommt es für die Entscheidung darauf an, ob die Inanspruchnahme des Weges für den öffentlichen Verkehr gerechtfertigt war, d. h. ob der Amtsvorsteher den ihm obliegenden Nachweis, daß der Weg ein öffentlicher sei, erbracht hat. Dies hat der Gerichtshof nach dem vorliegenden Beweismaterial nicht bejahen können. Vorab sei bemerkt, daß der Auffassung des Vorderrichters beizutreten war, wonach sowohl der Antrag des Klägers, den streitigen Weg für einen nicht öffentlichen zu erklären, als auch die Entscheidung des Kreisausschusses, die dem Gegenantrage des Beklagten entsprechend den Weg im Tenor für einen öffentlichen erklärte, mit den vom Gerichtshof OVG 35 285 ff. entwickelten Grundsätzen in Widerspruch stehen, daß nämlich die Oeffentlichkeit des Weges nicht einen selbständigen Gegenstand, sondern immer nur eine Zwischenfrage des Streites bilde und lediglich als Unterlage für das Urteil über die Aufrechterhaltung oder Aufhebung der angegriffenen wegepolizeilichen Verfügung in Betracht komme. Diese Grundsätze treffen in gleicher Weise zu, mag es sich bei der Anordnung der Wegepolizeibehörde um den Bau und die Unterhaltung eines öffentlichen Weges oder um die Inanspruchnahme eines Weges für den öffentlichen Verkehr handeln.

Dagegen reichen, zumal die Oeffentlichkeit bei Wegen auf Deichen die Ausnahme bildet, die Beweise, die der Amtsvorsteher vorgebracht hat, um die Oeffentlichkeit des streitigen Weges darzutun, nicht aus, um darauf die Feststellung zu stützen, daß der Weg von allen Rechtsbeteiligten dem öffentlichen Verkehr gewidmet worden oder daß auf eine solche Widmung zu schließen sei. Freilich ist dargetan, daß seit 1856, in welchem Jahre der Oderdamm neu hergestellt wurde, der Deichweg ungehindert nicht bloß von Schulkindern und Kirchgängern, sondern überhaupt von allen Anwohnern des Deiches begangen worden ist, und daß auch ein starkes Verkehrsbedürfnis dafür spricht, den Weg dem Fußverkehr offen zu halten. Allein nichts deutet darauf hin, daß der Deichhauptmann als Vertreter des Deichverbandes jemals das Verfügungsrecht über die Deichkrone aufgegeben, daß er dem Publikum ein Recht auf ihre Benutzung als öffentlichen Weg habe einräumen wollen. Was aber vor allem vermißt werden muß, ist der Nachweis, daß die Wegepolizeibehörde sich jemals um den Weg bekümmert habe oder für seinen Bestand eingetreten sei. Auch das ist nicht erwiesen, daß sie etwa bei der behaupteten Verlegung des Weges von dem alten auf den neuen Deich mitgewirkt habe, oder daß sie jemals bei Errichtung der Schranken auf dem Deich von den Deichbehörden zugezogen worden sei. Sie hat also bei keiner Gelegenheit ihre angeblichen Befugnisse zur Geltung zu bringen versucht. Ebensowenig können jene Schranken, die mehrfachen Aufgänge zur Deichkrone, die Uebergänge über den Deich den Beweis liefern, daß der Fußweg auf der Krone des Deiches ein öffentlicher ist. Die auf beiden Seiten des Deichüberganges von T. zu der D.er Fähre aufgestellten Wegeschranken sind verschließbar und werden verschlossen gehalten; den Schlüssel haben die Deich- und Wasserbaubeamten. Sie sperren die ganze Deichkrone ab, so daß die Fußgänger die Deichböschungen betreten müssen, um auf die Deichkrone zu gelangen. Daß die Wegepolizeibehörde hiergegen Widerspruch erhoben habe, ist nicht ersichtlich und nicht behauptet. Unbeachtet kann zudem nicht bleiben, daß die Aufgänge auf den Deich und der auf der Krone befindliche Weg vor allem zugleich der Verteidigung des Deiches dienen, bei Hochwassergefahren nicht zu entbehren sind, und schon aus diesem Grunde bloß aus ihrem Vorhandensein auf das Bestehen eines öffentlichen Weges auf dem Deich nicht geschlossen werden kann. Es fehlt also überall an Anhaltspunkten, die für eine Widmung des Weges zum öffentlichen Verkehr geltend gemacht werden könnten, und es bleibt nur die Annahme übrig, daß der öffentliche Verkehr auf dem Deich lediglich auf eine weitreichende Duldung von seiten der Deichverwaltung zurückzuführen ist.

Nr. 2. Entsch. v. 27. Mai 1909 (OVG. 54 363) III A 40/08.

DeichG. v. 28 I 48 § 1.

1. Nach der ausdrücklichen Bestimmung des § 1 DeichG. gehört zum Inundationsgebiete das ganze Gebiet, das das Wasser bei der höchsten Ueberschwemmung einnimmt; dazu sind nur diejenigen Flächen nicht zu rechnen, welche das Hochwasser bei regelmäßigem Verlaufe nicht überschwemmt haben würde, die vielmehr nur durch das Hinzutreten außergewöhnlichen Begleitumstände (zB.: Bruch von Deichen oder Talsperren, Eisverstopfungen u. dgl.) ausnahmsweise mit unter Wasser gesetzt worden sind. Daß derartig außergewöhnliche Verhältnisse vorgelegen haben, muß im einzelnen Falle nachgewiesen werden; der Umstand allein, daß häufigere Ueberschwemmungen der in Betracht kommenden Fläche nicht nachweisbar sind, genügt dazu nicht. Ebensowenig schließt der Umstand, daß eine Reihe von Ueberflutungen der Fläche im Laufe der Jahre vorgekommen sind, den Nachweis aus, daß in allen diesen Fällen außergewöhnliche Verhältnisse (Deichbrüche, Eisverstopfungen usw.) vorgelegen haben. Im allgemeinen wird sich nur sagen lassen, daß häufigere Ueberschwemmungen derselben Fläche bei Hochwasser wesentlich für die Annahme ins Gewicht fallen, die Fläche gehöre zum Inundationsgebiete, während der Nachweis, daß die Ueberschwemmung nur durch das Zusammentreffen abnormer Verhältnisse verursacht sei, leichter zu erbringen sein wird, wenn es sich um eine Fläche handelt, die früher nach Menschengedenken nicht überflutet gewesen ist.

2. Wenn der Kläger noch geltend gemacht hat, die Vorschrift des § 1 DeichG. könne hier keine Anwendung finden, da das in Frage stehende Gebiet durch einen Ringdeich (Sommerdeich) geschützt sei, so trifft dieser Einwand nicht zu, weil die Fläche nicht hochwasserfrei eingedeicht ist und daher nach Sinn und Wortlaut des § 1 aaO. zum Inundationsgebiet gehört.

Nr. 3. Entsch. v. 9. Juli 1908 (PrVerwBl. 30 592) III A 63/07.

1. Im Geltungsgebiete der Deich- und SielO. für Ostfriesland v. 12. VI. 53/5. I. 64 sind die Beamten der Deich- und Sielachten (Deichrichter, Sielrichter; § 128 aaO.) zum Erlasse deichpolizeilicher Anordnungen unter Androhung der gesetzlichen Zwangsmittel befugt.

Diese Beamten haben nach § 136 aaO. unter der oberen Aufsicht des Deich- und Sielamtes alle Geschäfte in Deich- und Sielsachen ihres Bezirks, womit sie kraft ihres Amtes oder besonders beauftragt sind, zu verrichten. Zu denjenigen Geschäften, die ihnen hiernach kraft ihres Amtes übertragen sind, gehören alle diejenigen, die nach Maßgabe der Vorschriften der Deich- und SielO. überhaupt von den Behörden wahrzunehmen sind, soweit nicht spezielle Bestimmungen einzelne dieser Verrichtungen von der Zuständigkeit der Deich- und Sielrichter ausgeschlossen bzw. anderen Behörden überwiesen haben. Die §§ 50ff. aaO. enthalten erschöpfende Bestimmungen über die Zulässigkeit der Benutzungen der Hauptdeiche bzw. ihrer Zubehörungen, und um eine hierauf bezügliche Anordnung handelt es sich im vorliegenden Falle. Eine derartige Anordnung ist durch keine spezielle Bestimmung von der Zuständigkeit der Deichrichter ausgeschlossen bzw. ausschließlich anderen Behörden, etwa dem Deichamt oder der Landdrostei (jetzt dem Regierungspräsidenten) überwiesen.

2. Gegen eine deichpolizeiliche Anordnung der vorliegenden Art ist aber nach dem zurzeit geltenden Recht das Verwaltungsstreitverfahren überhaupt nicht gegeben, indem es durch keine gesetzliche Vorschrift für zulässig erklärt ist (§ 7 LVG.). Insbesondere kann die Zulässigkeit der vorliegenden Klage nicht aus dem § 127 LVG. hergeleitet werden, weil es sich bei der angefochtenen Anordnung der Deichrichter weder um eine ortspolizeiliche noch um eine kreispolizeiliche, noch endlich um eine landespolizeiliche Verfügung handelt. Daß die Anfechtung einer deichpolizeilichen Verfügung, die, wie im vorliegenden Falle, von einer Spezialbehörde erlassen worden, im Verwaltungsstreitverfahren nicht zulässig ist, hat der Gerichtshof bereits in OVG. 36 323 nachgewiesen.

C. Fischereipolizei.

Nr. 1. Entsch. v. 2. April 1906 (PrVerwBl. 30 339) III A 60/05.

FischereiG. § 20.

1. Das FischereiG. v. 30. V. 74 verordnet in dem Abschnitte „Beseitigung der Hindernisse für den Wechsel der Fische“

„§ 20.

Die Breite der Gewässer darf zum Zwecke des Fischfanges durch ständige Fischereivorrichtungen niemals auf mehr als die Hälfte der Wasserfläche, bei gewöhnlichem niedrigen Wasserstande vom Ufer aus gemessen, für den Wechsel der Fische versperrt werden usw.“

Eine Stauanlage, die der Anspannung des Wassers behufs des Mühlenbetriebes oder für einen anderen Zweck dient, behindert den Wechsel der Fische, ist aber so lange keine Fischereivorrichtung, als nicht in ihr oder an ihr eine Einrichtung für den Fischfang angebracht ist. Sofern es geschieht, ist sie eine Fischereivorrichtung, und zwar eine ständige, da das Wehr eine ständige Anlage ist.

Das Kammergericht hat freilich in dem Urt. v. 6. X. 92 (Johow 13 358) den § 20 auf eine Stauanlage dann für unanwendbar erachtet, wenn die Gerinne, in denen Aalfänge für den Fischfang angebracht sind, nicht die halbe Breite des Gewässers einnehmen. Von dem gegenteiligen Standpunkt und daß § 20 anwendbar ist, auch wenn der Aalfang weniger als die halbe Breite des Gewässers einnimmt, ist seitens des OVG. wiederholt ausgegangen.

Unerheblich ist also, daß vorliegend das Gerinne für die Fangvorrichtung nur eine Breite von 0,75 m einnimmt, während die Breite des Flusses, wenn von der Insel abgesehen wird, sich auf 12,55 m beläuft. Ebenso ist es unerheblich, daß die Fangvorrichtung beweglich und nicht als eine feste im Gerinne eingebaut ist, und daß sie auch tatsächlich nicht ständig im Gerinne sich befindet, und daß sie nur für die Nachtzeit in gewissen Jahreszeiten oder gar nur, wenn Gewitter erwartet wird, angebracht und in Betrieb gesetzt wird.

2. Der Kläger vertritt die Ansicht, daß eine ständige Fischereivorrichtung begrifflich örtlich und zeitlich ständig bestehen muß. In gewissem Sinn ist sie berechtigt, nämlich für Fischereivorrichtungen, die nach ihrer Eigenart keine ständigen Anlagen sind. So hat das Kammergericht in dem Urt. v. 9. III. 99 (Johow 19 293) einem behufs des Fischfanges über die Breite des Gewässers hergestellten Steindamme die Eigenschaft einer ständigen Fischereivorrichtung abgesprochen, weil er nicht für unbestimmte Zeit und also ständig, sondern nur für wenige Stunden und für einen Fischfang errichtet war. Auch das RG. beurteilt in dem Urt. v. 6. V. 04 eine Fischereivorrichtung, die ihrer Eigenart nach nicht, wie es bei Wehren, Fachen zutrifft, ständig besteht, sondern aus Netzen hergestellt wird, als eine ständige nur dann, wenn es sich nach der Dauer ihres Gebrauches rechtfertigt. Eine ständige Anlage, die das Gewässer auf seiner ganzen Breite oder doch über die Hälfte versperrt, darf niemals und also auch nicht vorübergehend zum Zwecke des Fischfanges benutzt werden, sofern nicht, wie § 20 Abs. 3 besagt, ein Recht hierauf erworben ist. Auch darauf kommt es nicht an, ob der Kläger während der Benutzung des Aalfanges die Schützen derartig zieht, daß das Wasser über die halbe Breite der Alle fließen kann. Abgesehen davon, daß Mißbrauch nicht ausgeschlossen ist, so kann auch der Fischereivorrichtung die Eigenschaft, daß sie mehr als die Hälfte des Gewässers versperrt, nur durch eine derartige Einrichtung genommen werden, daß der Fischfang ausschließlich bei freiem Abfluß des Wassers auf der halben Breite ermöglicht wird.

3. Die Berechtigung des Klägers, einen Aalfang in seiner Stauanlage zu halten, läßt sich daraus nicht herleiten, daß dem Besitzer der Mühle durch das Privilegium die Berechtigung zum Fischfang mit kleinen Netzen und Werkzeugen verliehen worden ist. Nicht das ist entscheidend, daß der Besitzer der Mühle zum Fang von Aalen überhaupt ermächtigt ist, sondern allein darauf kommt es an, ob ihm das Recht auf das Fangmittel verliehen worden ist, in oder an seinem Wehr einen Aalfang einzurichten und zu betreiben. Anlangend die Ersitzung, so konnte das Recht auf den Aalfang im Geltungsbereiche des FischereiG. nach dessen Inkrafttreten gegenüber dem Verbot in § 20 nicht mehr erworben werden. In Ostpreußen war die Ersitzung bereits mit dem Inkrafttreten der FischereiO. für die Binnengewässer der Prov. Preußen v. 7. III. 45 ausgeschlossen, da fortan die Neuanlage von Aalfängen verboten ist.

D. Jagdpolizei.

Literatur: Bauer: Die Jagdgesetze Preußens⁴ (Neudamm 1909). — Borberger: Das Reichsvogelschutzgesetz vom 30. V. 08 (Berlin 1909). — Gersbach: Das preußische Jagdrecht. Jagdordnung vom 15. VII. 07 usw. (Berlin 1909). — Görcke: Das Reichsvogelschutzgesetz vom 30. V. 08 (Berlin 1909). — Heindl: Vogelschutzgesetz (München 1910). — Buschmann: Jagd-, Forst- und Vogelschutz im Königreich Preußen (Gießen 1909). — Stelling: Die hannoverschen Jagdgesetze in ihrer heutigen Gestalt (Hannover 1908). — Freiherr von Welser: Der Vogelschutz nach deutschem Reichsrecht (München 1910)

b) Allgemeine jagdpolizeiliche Verfügungen; Tötung von Hunden; Streitigkeiten der Beteiligten; gemeinschaftliche und Einzeljagdbezirke; Waldenklaven; Jagdpachtverträge; Verteilung der Erträge.

Nr. 1. Entsch. v. 7. Mai 1909 (OVG. 54 475) I A 218/08.

JagdO. §§ 8, 12 Abs. 2, 17, 20, 24 Abs. 4.

1. Die der Strafverfügung zugrunde liegende Anweisung zerfällt in zwei Teile. In dem ersten wird der Kläger (ein Gemeindevorsteher) darauf hingewiesen, daß er nicht mehr befugt sei, die Jagd durch Jäger beschießen zu lassen, da dies nach § 20 Abs. 2 JagdO. nur mit Genehmigung des Kreisausschusses zulässig sei. Im zweiten Teile wird ihm eröffnet, daß die Ausübung der Jagd durch angestellte Jäger oder durch selbständige Nutznießung jetzt überhaupt ausgeschlossen sei, weil die Grundflächen des Kommunalbezirkes keinen gemeinschaftlichen Jagdbezirk im Sinne der JagdO. bilden. Was den letzteren Teil der Anweisung betrifft, so entbehrt er der gesetzlichen Begründung. Die Untersagung der Jagdausübung ist nur in den vom Gesetz ausdrücklich zugelassenen Fällen (vgl. § 24 Abs. 4 aaO.) zulässig. Eine Ausdehnung auf andere Fälle ist bei dem Fehlen dahingehender gesetzlicher Bestimmungen um so mehr ausgeschlossen, als, wie aus §§ 20 Abs. 1 und 24 Abs. 4 aaO. zu entnehmen ist, die JagdO. auf dem grundsätzlichen Standpunkte steht, daß bei gemeinschaftlichen Jagdbezirken im Interesse der wirtschaftlichen Nutzung der Jagd und zur Verhütung von Wildschaden die Jagd auch ausgeübt werden muß, und als sie hiervon eine Ausnahme nur mit Genehmigung der Aufsichtsbehörde für zulässig erklärt. Dementsprechend war der Landrat nicht befugt, der Ausübung der Jagd auf den Grundflächen der Gemeinde J., die unbestritten bisher einen selbständigen gemeinschaftlichen Jagdbezirk gebildet hatten, entgegenzutreten, solange nicht entsprechend der Vorschrift im § 8 aaO. über die anderweitige jagdliche Nutzung der Flächen Bestimmung getroffen worden war.

2. Konnte bei dieser Sachlage gegen den Kläger ein Vorwurf nicht daraus hergeleitet werden, daß er diesen Teil der landrätlichen Verfügung nicht beachtet hat, und ist daher aus diesem Grunde seine Bestrafung als zu Recht erfolgt nicht anzusehen, so erscheint diese doch mit Rücksicht auf die in der landrätlichen Verfügung an erster Stelle enthaltene Anweisung gerechtfertigt. Die Gemeindejagd zu J. war bisher nicht im Wege der Verpachtung genutzt, sondern durch angestellte Jäger, meist durch den Kläger selbst, beschossen worden. Eine derartige Regelung der Jagdausübung stand der Gemeinde nach § 10^b JagdPolG. v. 7. III. 50 frei. Bereits durch § 3 Abs. 2 JagdverwG. v. 4. VII. 05 (GS. 271) war indessen diese Befugnis dahin eingeschränkt worden, daß sie an die Genehmigung des Kreisausschusses gebunden war. Eine gleiche Bestimmung ist in die JagdO. aufgenommen worden. Gleichwohl hatte der Kläger eine Genehmigung des Kreisausschusses, ohne welche somit die Beibehaltung des von der Gemeinde beschlossenen Abschusses der Jagd durch angestellte Jäger seit dem Inkrafttreten des G. v. 4. VII. 05

nicht mehr angängig war, nicht eingeholt. Mag ihm nun auch zugute gehalten werden, daß er die neueren Bestimmungen vielleicht übersehen und aus diesem Grunde die Einholung der erforderlichen Genehmigung unterlassen hat, so steht ihm eine solche Entschuldigung doch nicht mehr zur Seite, nachdem er durch den Landrat unter Anführung der Vorschrift des § 20 aaO. besonders darauf hingewiesen worden war, daß fortan der Abschuß der Jagd durch Jäger nur mit Genehmigung des Kreisausschusses zulässig ist. Nach dieser Eröffnung konnte der Kläger nicht mehr im Zweifel darüber sein, daß er sich der Ausübung der Jagd zu enthalten habe, bis die erforderliche Genehmigung des Kreisausschusses nachgesucht und erteilt sein würde. Hat er trotzdem, entgegen der klaren Vorschrift des Gesetzes und entgegen der ihm erteilten ausdrücklichen Weisung des Landrats, die erforderliche Genehmigung nicht nachgesucht und die Jagd in der bisherigen Weise weiter ausgeübt, so hat er sowohl dem Gesetze wie der Anweisung seiner vorgesetzten Dienstbehörde in bewußter Weise zuwidergehandelt. Dadurch hat er sich aber einer gröblichen Verletzung der ihm obliegenden Dienstpflichten schuldig gemacht, da er als Vorsteher der Gemeinde dafür verantwortlich ist, daß die Verwaltung der in seine Hand gelegten öffentlichen Angelegenheiten dem Gesetze und den Weisungen der vorgesetzten Behörde entsprechend geführt wird. Von dieser Verantwortung vermag ihn auch der Umstand nicht zu befreien, daß der von ihm für die Jagdgenossenschaft ausgeübte Abschuß der Gemeindejagd seine Stellung als Gemeindevorsteher nicht unmittelbar berührte. Auch bei Wahrnehmung dieser Tätigkeit durfte er seine Pflichten als Gemeindevorsteher nicht außer Augen lassen und sich zu einem gesetzwidrigen Verhalten nicht verleiten lassen.

Nr. 2. Entsch. v. 24. Juni 1909 (OVG. 15 374) III A 41/07.

Die Verfügung, die unter Bezugnahme auf das Interesse der Aufrechterhaltung der jagdlichen öffentlichen Ordnung dem Pächter der Teiche zeitweilig die Jagdausübung auf den Teichdämmen untersagt, verletzt weder durch unrichtige Anwendung des bestehenden Rechts die Kläger in ihren Rechten, noch fehlt es an den die Polizeibehörde zu ihrem Vorgehen berechtigenden tatsächlichen Voraussetzungen. Das streitige Verbot ist nicht zu dem Zwecke ergangen, das feindliche Zusammenstoßen mehrerer die Jagd in Anspruch nehmender Personen zu verhüten. Zu einer dahingehenden Voraussicht lag kein Anlaß vor. Indessen bildet auch die Aufrechterhaltung der Grenzen der gemeinschaftlichen Jagdbezirke einen Bestandteil der jagdlichen öffentlichen Ordnung. Streitigkeiten über die Grenzen können eine Störung dieser Ordnung herbeiführen. Das Einschreiten behufs Aufrechterhaltung der Grenzen ist alsdann der Jagdpolizeibehörde nicht versagt. Im vorliegenden Falle waren die Teichdämme als Teile des gemeinschaftlichen Jagdbezirkes in Anspruch genommen worden. Der Pächter des gemeinschaftlichen Jagdbezirkes hatte erklärt, die Jagdausübung auf den Dämmen unterlassen zu wollen. Der Pächter der Teiche hatte dagegen, trotz vorangegangener Verwarnung durch den Landrat, im Einverständnisse mit den Eigentümern die Bejagung der Teichdämme nicht ausgesetzt. An ihn durfte daher das streitige Verbot gerichtet werden.

Nr. 3. Entsch. v. 21. März 1907 (OVG. 12 1326) III 681.

(JagdO. § 5.

Der dagegen, daß die streitigen Grundstücke mit dem angrenzenden Fideikommißbesitz einen eigenen Jagdbezirk bilden konnten, erhobene Einwand ist rechtsirrtümlich. Nach Art. 59 EG z. BGB. bleiben die landesgesetzlichen Vorschriften über Familienfideikommisse usw. unberührt. Es wird daher auch nach dem Inkrafttreten des BGB. für das hier in Betracht kommende Gebiet des preuß. Staates die rechtliche Stellung des Fideikommißbesitzes durch die Satzungen des ALR. bestimmt. Nach § 72 II 4 des letzteren gebührt dem jedesmaligen Fideikommißbesitzer das nutzbare Eigentum des Fideikommisses. Ein solches nutzbares Eigentum legt der landrechtliche Gesetzgeber, wie sich aus dem im übrigen durch Art. 89 preuß. AG. z. BGB. v. 20. IX. 99 beseitigten § 20 I 8 ALR. ergibt, demjenigen bei, der Miteigner der Proprietät ist und zugleich das Nutzungsrecht hat. Danach hat im Sinne des ALR. der Fideikommißbesitzer ein Eigentumsrecht an dem Fideikommiß und das Recht auf die Nutzung. Es kann dahingestellt bleiben, inwieweit sein Eigentumsrecht in privatrechtlicher Beziehung Einschränkungen erleidet; auf dem Gebiete des JagdPolG. spielen die Sonderverhältnisse des Fideikommißrechts keine Rolle. Der Fideikommißbesitzer ist bezüglich der Jagdausübung der einzige unter den Fideikommißberechtigten, der als Eigentümer im Sinne des JagdPolG. in Betracht kommen kann. Die Motive zum JagdPolG. schließen diese Auffassung nicht aus, und vom Gesichtspunkte der ordnungsmäßigen Jagdausübung stehen ihr keine Bedenken entgegen. Vom bloßen Nießbraucher unterscheidet sich der Fideikommißbesitzer dadurch, daß er ein Eigentumsrecht hat, während jenem nur die Nutzung zusteht, und vom Miteigentümer dadurch, daß das Nutzungsrecht des letzteren seinem Wesen nach durch das gleiche Recht der übrigen Miteigentümer beschränkt ist, er dagegen — abgesehen von besonderen Bestimmungen des Stiftungsbriefs (§ 74 II 8 ALR.) — grundsätzlich der zur Nutzung allein Berechtigte ist. Deshalb hat der Gerichtshof dem Nießbraucher und dem Miteigentümer den nach § 2ᵃ JagdPolG. zur Zusammenlegung mit eigenen Grundstücken erforderlichen Besitz abgesprochen und hat anderseits bereits den Lehns- und Fideikommißbesitz dem vollen Eigentume bezüglich des § 2ᵃ gleichgestellt. Für den Bereich des hann. G., betr. Aufhebung des Jagdrechts auf fremdem Grund und Boden und Ausübung der Jagd, v. 29. VII. 50 ist diese Gleichstellung im Gesetze selbst ausdrücklich anerkannt; denn sein § 3 bestimmt, daß jedem Grundeigentümer — auch dem mit erblichem Nutzungsrechte versehenen Besitzer (dominus utilis) unter Ausschluß des Obereigentümers (dominus directus) — das Jagdrecht auf eigenem Grund und Boden zusteht (vgl. jetzt § 5 Abs. 2 JagdO. v. 15. VII. 07).

Nr. 4. Entsch. v. 9. April 1908 (OVG. 52 361) III C 78/06.

JagdO. v. 15. VII. 07 § 4².

Im § 4 Abs. 1² der JagdO. v. 15. VII. 07 ist die Mindestgröße des nicht eingefriedigten eigenen Jagdbezirkes gegenüber dem JagdPolG. v. 7. III. 50 von 300 Morgen auf 75 ha = 293,775 Morgen herabgesetzt und die im JagdPolG. nur bezüglich der Wege und Gewässer getroffene Vorschrift auf Deiche, Kanäle und Eisenbahnen mit Zubehörfläche (Schutzstreifen, Ausschachtungs-, Anschüttungsflächen, Bahnhöfe und ähnliches) ausgedehnt. Alle diese Flächen bewirken nunmehr keine Unterbrechung des Zusammenhanges. Ferner ist die Bestimmung des JagdPolG., daß Seen ohne Rücksicht auf ihre Größe einen eigenen Jagdbezirk bilden, in die JagdO. nicht aufgenommen. Es besteht also nach dem Inkrafttreten der JagdO. noch weniger als vordem ein Grund zu der Annahme, daß der nur 26 Morgen große S.-See den jagdlichen Zusammenhang der Grundstücke des Klägers unterbreche. Dasselbe gilt von einem zwischen dem einen der Grundstücke des Klägers und dem S.-See entlang führenden Wege. Denn es handelt sich um einen mit für das Grundstück des Klägers bestimmten Interessentenweg. Ein solcher Weg unterbricht den jagdlichen Zusammenhang der Grundstücke des Klägers nicht.

Nr. 5. Entsch. v. 5. Nov. 1908 (OVG. 53 352) III C 72/08.

JagdO. § 4.

1. Wenn die beklagte Jagdgenossenschaft geltend macht, daß der größere Grundstückskomplex zwar unmittelbar an den Eigenjagdbezirk des Klägers grenze, jedoch in seinem eigenen Zusammenhange durch fremde Grundstücke unterbrochen werde, so ist dies nicht zutreffend. Die trennenden Grundstücke sollen nach der Behauptung der Beklagten eine Wasserfurche und ein Interessentenweg sein. Die Wasserfurche kann eine trennende Eigenschaft hier deshalb in keinem Falle haben, weil das durch sie abgeschnittene dreieckige Landstück in der ganzen Ausdehnung einer anderen seiner drei Seiten unmittelbar an den Eigenjagdbezirk des Klägers grenzt. Der fragliche Weg aber ist ein im Separationsrezeß unter Buchst. f der Zusammenstellung der Wege und Fußsteige ausgewiesener und beschriebener Interessentenweg. Derartigen Wegen ist die nichttrennende Eigenschaft im Sinne der JagdPolG. durchweg beizumessen.

2. Begründet ist dagegen die Revision des Klägers, die sich darauf stützt, daß der Zusammenhang der kleineren Neuerwerbung mit dem Eigenjagdbezirke zu Unrecht verneint sei. Denn der nach der Annahme des Bezirksausschusses den Zusammenhang unterbrechende 3 m breite Landstreifen ist im Separationsrezeß unter Buchst. c der Zusammenstellung der Gräben als „Abzugsgraben" ausgewiesen und beschrieben. Ferner hat die Beklagte in der Klagebeantwortung ausdrücklich erklärt, daß dort ein „Abzugsgraben" von 3 m Breite besteht, „welcher lediglich zur Abführung des Oberwassers fraglicher Grundstücke dienen soll und der Gemeinde K. angehört". Endlich hat der Bezirksausschuß das Bestehen einer muldenförmigen Vertiefung, die an einigen Stellen Wasser enthielt, an anderen aber trocken dalag, durch Ortsbesichtigung festgestellt. Es handelt sich also um eine langgestreckte Vertiefung in der Erdoberfläche, die in dem Separationsrezeß als Abzugsgraben ausgewiesen ist. Die zur Wasserableitung bestimmten Vorflutgräben aber müssen grundsätzlich als Gewässer im jagdpolizeilichen Sinne angesehen werden. Denn es muß für ausgeschlossen gelten, daß Abzugsgräben den jagdlichen Zusammenhang unterbrechen, während dieses bei viel bedeutenderen Gewässern, wie Seen, Flüssen und Kanälen, nicht der Fall ist, und es ist ferner unannehmbar, daß Vorflutgräben, die bei Separationen, bei der Ausführung von Ent- und Bewässerungen u. dgl. angelegt und dem Eigentume der Anlieger entzogen werden, fortan die jagdliche Trennung der von ihnen durchschnittenen Ländereien bewirken sollen. Der Umstand, daß ein Vorflutgraben zeitweilig kein Wasser führt, ist dabei unerheblich, solange das Grabenbett seine Eigenschaft als solches nicht dauernd verloren hat.

Nr. 6. Entsch. v. 11. Nov. 1909 (PrVerwBl. 31 360) III C 168/09.

JagdO. § 4.

Das erste Erfordernis für die Bildung eines Eigenjagdbezirks ist die Identität des Eigentums an den in Frage stehenden Grundstücken. Sie müssen, wenn Einzeleigentum in Frage kommt, derselben physischen oder juristischen Person, beim Miteigentum derselben Mehrheit von physischen oder juristischen Personen gehören.

Nr. 7. Entsch. v. 8. Okt. 1908 (PrVerwBl. 30 741) III C 19/08.

HannJagdO. v. 11. III. 59 §§ 3ff., 7, 10.

1. Die Vorschriften der JagdO. v. 11. III. 59 über die Voraussetzungen, unter denen eine Grundfläche als Jagdbezirk gilt und

über den Anschluß von Grundstücken an die nach den Grundsätzen des Gesetzes gegebenen Jagdbezirke sind zwingendes Recht. Für eine Vereinbarung der beteiligten Besitzer ist nur in den im Gesetz ausdrücklich zugelassenen Fällen Raum.

2. Die Feldmark im Sinne der JagdO. deckt sich mit dem Gemeindebezirk. Auch wenn die bei der Verkoppelung den Gemeinden zugewiesenen Feldmarken vorher eine gemeinschaftliche Feldmark waren, so trifft es doch nach der Verkoppelung nicht mehr zu. Die Zulässigkeit der Vereinbarung über die Bildung besonderer Jagdbezirke durch Teilung der früher gemeinschaftlichen Feldmark kann deshalb nicht darauf gestützt werden, daß auf jeden Jagdbezirk im Zusammenhang mehr als 1000 Morgen entfallen und daß in § 7 Abs. 2 die Bildung derartiger Jagdbezirke aus einer Feldmark gestattet ist.

3. Dem Vorderrichter ist jedoch auch darin beizutreten, daß die Rechtsgültigkeit der Vereinbarung nicht auf § 7 Abs. 1 zu stützen ist. Die hier gegebene Vorschrift, daß „einzelne Grundstücke der Feldmark, die in einen fremden Jagdbezirk eingreifen, dem Inhaber dieses Bezirks, sowie kleinere Forstteile dem im angrenzenden Hauptforst Jagdberechtigten“ besonders verpachtet werden können, ist eine Ausnahme von der Regel, wonach die Feldmark ungeteilt und an einen Pächter zu verpachten ist. Die Entschließung darüber, ob eine besondere Verpachtung einzutreten hat, gebührt der nach §§ 3, 5 zur Verwaltung der Jagd berufenen Gesamtheit der beteiligten Grundeigentümer der Feldmark, weil sie den Besitzern der in einen fremden Jagdbezirk eingreifenden Grundstücke nicht zugestanden worden ist. Die Verpachtung erfolgt, weil ein anderes nicht bestimmt worden ist, vorbehaltlich der Zugehörigkeit der Grundstücke zu ihrem Feldmarksjagdbezirk und vorbehaltlich der Berechtigung der Gesamtheit der Grundbesitzer dieses Bezirks auf den Pachtzins behufs seiner Verteilung mit dem für die Feldmarksjagd sonst aufkommenden Pachtzins unter die Gesamtheit der Berechtigten nach dem gesetzlichen Maßstab. Sofern es sich um derart in den fremden Jagdbezirk eingreifende Grundstücke handelt, würde die Vereinbarung dem Gesetz nicht entsprechen, da ihr Ziel nicht auf den Abschluß eines Pachtverhältnisses gerichtet ist. Indes auch wenn die Vereinbarung sich dahin auslegen ließe, daß die Grundstücke den Jagdgenossen des Gemeindebezirks, denen sie zugewiesen sind, vorbehaltlich der Abführung des Anteiles an den für den ganzen Jagdbezirk zur Erhebung gelangenden Pachtzins verpachtet worden sind, so würde doch die Gesamtheit der Genossen des Jagdbezirks, von dem die Grundstücke abgezweigt sind, und nicht der Besitzer des einzelnen Grundstückes zur Geltendmachung des Anspruches auf den anteilmäßigen Pachtzins legitimiert sein. Für den Pachtanspruch der Gesamtheit der Jagdgenossen eines Jagdbezirks gegenüber der Gesamtheit der Jagdgenossen eines anderen Jagdbezirks ist die Zuständigkeit der Verwaltungsgerichte gesetzlich nicht begründet. In dem Verfahren nach § 106 ZustG. insbesondere ist der Streit des bei der Verteilung des Pachtzinses übergangenen oder gekürzten Jagdgenossen gegenüber der Gesamtheit der übrigen Genossen zum Austrage zu bringen. Vorausgesetzt ist hier, daß sowohl das Grundstück des Jagdgenossen, der bei der Verteilung übergangen oder gekürzt zu sein behauptet, wie auch die Grundstücke der Jagdgenossen, gegen welche der Anspruch auf eine anderweite Verteilung des Pachtzinses geltend gemacht wird, demselben Jagdbezirk zugehören.

Nr. 8. Entsch. v. 24. Juni 1909 (OVG. 54 372) III C 34/09.

JagdO. §§ 13, 24.

1. Nur die Wasserflächen der Teiche und nicht auch die sie umgebenden, mit der Fischerei im Zusammenhange stehenden Grundstücke dürfen

von dem gemeinschaftlichen Jagdbezirk ausgeschlossen werden. Freilich sind dadurch, daß man die Wasserfläche im Gegensatze zu ihrer Umgebung nennt, die Grenzen der Wasserfläche noch nicht festgestellt. Namentlich ist der Unterschied zwischen einem natürlichen und einem durch Ablassen und Anstauen geregelten Wasserstande keineswegs zu verkennen. Die Kläger gehen aber zu weit, wenn sie dabei der Stauungsmöglichkeit die ausschlaggebende Bedeutung beimessen. Richtig ist, daß bei einem mit Stau- und Ablaßvorrichtungen versehenen Fischteiche der Umfang der Wasserfläche zum wesentlichen Teile durch den Willen des Inhabers bestimmt wird. Daraus folgt indessen nicht, daß die Grenzen des Teiches nach Maßgabe einer bloßen Möglichkeit festzusetzen sind. Vielmehr ergibt sich aus der Einschränkung des Teichbegriffs auf die mit Wasser bedeckte Fläche, daß der Umfang entscheidend sein muß, in welchem der Teich unter normalen Verhältnissen von dem Inhaber tatsächlich erhalten wird, daß also nur diejenige Fläche von dem gemeinschaftlichen Jagdbezirk ausgeschlossen werden darf, die in der Regel von Wasser bedeckt ist. Damit stimmt der Sprachgebrauch überein, der Flächen, die zwar überstaut werden können, tatsächlich aber nie oder nur ausnahmsweise unter Wasser stehen, nicht als Teich bezeichnet.

2. Den Klägern läßt sich ferner nicht zugeben, daß die Wasserstandsgrenzen bei Kunstteichen nicht feststellbar und daß sie für die Teiche der Kläger nicht mit deren Zustimmung ermittelt seien. Durch das Vorhandensein von Stauvorrichtungen wird ebensowenig bei Fischteichen wie bei anderen Gewässern, zB. bei Mühlengräben, die Feststellung eines normalen Wasserstandes ausgeschlossen. Es kommt nur darauf an, ob sich ein die Regel bildender Wasserstand ermitteln läßt.

3. Die Zulässigkeit des Verwaltungsstreitverfahrens ist durch § 24 Abs. 2 JagdO. auf solche Streitigkeiten über die Frage der Richtigkeit von Jagdpachtverträgen beschränkt, die zwischen dem Jagdvorsteher und dem Jagdpächter stattfinden.

4. Aber auch der Revision des beklagten Jagdvorstehers kann nicht stattgegeben werden. Dieser will den Ausschluß aus dem gemeinschaftlichen Jagdbezirk auf die jeweils mit Wasser bedeckte Fläche der Teiche beschränken. Dem steht zunächst die Notwendigkeit entgegen, die Grenzen des gemeinschaftlichen Jagdbezirkes mit dauernder Gültigkeit festzustellen. Ferner läßt es sich nicht beanstanden, daß der Bezirksausschuß die Innen- und Querdämme, soweit sie innerhalb der durch den normalen Wasserstand bestimmten Grenzen der Teiche liegen, für Bestandteile der Teiche erachtet hat. Denn soweit diese Voraussetzung zutrifft, dienen nicht nur die Innen-, sondern auch die Querdämme lediglich dazu, bestimmte Teichflächen gegeneinander abzugrenzen und auch das Wasser aufzustauen. Sie können also nicht anders beurteilt werden, als etwa Spundwände, die zu dem gleichen Zwecke innerhalb der Teiche errichtet sind und deshalb zu den Teichen gehören.

Nr. 9. Entsch. v. 6. Dez. 1909 (OVG. 55 349) III C 99/09.

JagdO. §§ 12, 19, 26.

1. Nach § 12 JagdO. hat der Anschluß von Enklaven an einen Eigenjagdbezirk pachtweise nach dem Werte der Jagdnutzung zu erfolgen und dieser Wert ist nach den Grundsätzen einer pfleglichen Behandlung der Jagd zu ermitteln, jedoch mindestens nach den Pachtpreisen benachbarter Jagdbezirke unter Berücksichtigung der besonderen jagdlichen Verhältnisse der Enklave. In diesem Wortlaute fehlt es an jeglichem Anhalte dafür, daß der Wert der Jagdnutzung, wie der Vorderrichter ausführt, unter

Ausschluß des Wechselwildes nach dem auf der Enklave vorhandenen Standwilde zu ermitteln sei.

Unter der Jagdnutzung eines Grundstücks im Sinne der JagdO. kann nur die auf ihm in der gesetzlich zugelassenen Grenze mögliche Aneignung jagdbarer Tiere verstanden werden. Zulässig ist gesetzlich die Aneignung auf dem Grundstück ohne Rücksicht darauf, wo die jagdbaren Tiere ihren Standort haben. Sollte, hiervon abweichend, der Wert der Jagdnutzung auf den einem Eigenjagdbezirk anzuschließenden Enklaven nur nach dem auf ihnen vorhandenen Standwilde bemessen werden, dann konnte der hierauf gerichteten Absicht des Gesetzgebers mit dem vom Vorderrichter als entscheidend erachteten Hinweis auf die Grundsätze einer pfleglichen Behandlung der Jagd nicht Ausdruck gegeben werden. Pflegliche Behandlung der Jagd heißt pflegliche Ausübung der Jagd und nicht pflegliche Behandlung des Wildes. Mit der Verweisung auf die Wertermittelung nach den Grundsätzen einer pfleglichen Behandlung der Jagd hat die Wertermittelung nach dem Erträgnis einer außergewöhnlichen Jagdnutzung ausgeschlossen werden sollen.

Die Wertermittelung hat hiernach auch für § 12 JagdO. in der von dem Gerichtshofe seither schon als maßgebend erachteten Art zu erfolgen. (Vgl. OVG. 11 301.) Dabei wird jedoch hinsichtlich solcher jagdbaren Tiere, für die wegen ihrer Schädlichkeit für die Bodenkultur von Einführung einer gesetzlichen Schonzeit, wie es zB. für Schwarzwild zutrifft, abgesehen worden ist, an dem Erfordernis einer pfleglichen Behandlung der Jagd nicht festzuhalten sein. Verändert ist die Rechtslage insofern, als nunmehr mindestens die Pachtpreise benachbarter Jagdbezirke unter Berücksichtigung der besonderen jagdlichen Verhältnisse der Enklave zugrunde zu legen sind. Aus der Anordnung, daß die besonderen jagdlichen Verhältnisse der Enklave zu berücksichtigen seien, ergibt sich jedoch, daß die Pachtpreise benachbarter Jagdbezirke außer Betracht bleiben, wenn deren jagdliche Verhältnisse denen der zu verpachtenden Enklave nicht im wesentlichen gleichartig sind. Auch können Pachtpreise benachbarter Jagdbezirke dann nicht für maßgebend erachtet werden, wenn sie auf einer ungebührlichen oder außergewöhnlichen Steigerung über den eigentlichen Wert der Jagdnutzung hinaus beruhen oder wesentlich unter diesem Werte bemessen worden sind.

2. Von dem nach diesen Grundsätzen zu ermittelnden Werte der Jagdnutzung ist der auf der Enklave zu erwartende Wildschaden nicht abzuziehen. Für die Ermittelung des Wertes einer Jagdnutzung kommt begrifflich der Wert des mutmaßlich erlegbaren Wildes, abzüglich der durch die Aneignung und Verwertung des Wildes entstehenden Unkosten, in Betracht. Mit dieser Wertsermittelung steht die Berechnung des an den Feldfrüchten vom Wilde verursachten oder zu gewärtigenden Schadens in keinem Zusammenhange. Deshalb ist der Abzug dieses Schadens vom Werte der Jagdnutzung bei Bemessung des Pachtpreises so lange unzulässig, als das Gesetz ihn nicht vorgeschrieben hat. An einer derartigen Vorschrift fehlt es in der JagdO. Es ist aber auch daraus, daß in dem die Art der Wertermittelung der Jagdnutzung regelnden § 12 der Abzug des Wildschadens nicht vorgeschrieben und der Eigenjagdbesitzer gleichwohl in § 53 als Pächter für den Wildschaden ersatzpflichtig gemacht ist, zu entnehmen, daß der Eigenjagdbesitzer neben dem vollen Werte der Jagdnutzung den Wildschaden zu tragen hat.

3. Die durch Beschluß oder Urteil festgestellte Höhe der Jagdpachtentschädigung wird für die Partei, welche die Einlegung des Rechtsmittels unterläßt, unanfechtbar.

In Ermangelung jeglichen Anhalts kann nicht unterstellt werden, daß die Unanfechtbarkeit für die mit einem anderen Rechtsbehelf anfechtbaren Beschlüsse derjenigen Parteien gegenüber, die sie unangefochten gelassen hat, nicht einzutreten hat. Aus der Eigenart des Antrags auf mündliche Verhandlung im

Verwaltungsstreitverfahren kann es nicht hergeleitet werden. Zugelassen ist ein solcher Antrag als Rechtsbehelf statt der Klage im Verwaltungsstreitverfahren; er soll auch den Erfordernissen einer Klage entsprechen. Für die behufs Anfechtung behördlicher Beschlüsse zugelassenen Klagen läßt sich aber schlechterdings nicht vertreten, daß ihre Erhebung der Gegenpartei zugute kommt. Dasselbe muß für den statt der Klage zugelassenen Antrag auf mündliche Verhandlung im Verwaltungsstreitverfahren gelten.

Nr. 10. Entsch. v. 15. April 1907 (PrVerwBl. 30 141) III C 210/06.

JagdO. § 7, Abs. 5.

Ein Streit über die jagdrechtliche Stellung einer Grundfläche als Waldenklave darf grundsätzlich nur zwischen allen Beteiligten, das sind der Jagdvorsteher als Vertreter der Eigentümer der Grundstücke des gemeinschaftlichen Jagdbezirks (der Jagdgenossenschaft), der Waldbesitzer und die Eigentümer der Grundfläche, ausgetragen werden. Eine Abweichung von diesem Grundsatze ist nur statthaft, wenn das besondere Verhalten eines Beteiligten eine Ausnahme rechtfertigt und seine Zuziehung zum Verfahren entbehrlich macht.

Nr. 11. Entsch. v. 30. Jan. 1908 (OVG. 52 359) III C 241/07.

JagdverwG. v. 4. VII. 05 (GS. 271) § 7; ZuftG. § 105.

Die Vorschrift des § 7 Abs. 2 G. v. 4. VII. 05 (gleichlautend mit § 24 Abs. 2 JagdO. v. 15. VII. 07), wonach Streitigkeiten über die Frage der Richtigkeit von Jagdpachtverträgen zwischen dem Jagdvorsteher und dem Jagdpächter der Entscheidung im Verwaltungsstreitverfahren unterliegen, findet auf Jagdpachtverträge, die vor dem Inkrafttreten des G. v. 4. VII. 05 abgeschlossen worden sind, keine Anwendung.

Denn ein Verwaltungsstreitverfahren war durch § 105 ZuftG. nur eröffnet für Streitigkeiten Beteiligter über ihre in dem öffentlichen Rechte begründeten Berechtigungen und Verpflichtungen hinsichtlich der Ausübung der Jagd, und der Jadpächter als solcher gehörte nicht zu den Beteiligten im Sinne der angeführten gesetzlichen Vorschrift. Erst durch § 7 G. v. 4. VII 05 hat dieser Grundsatz zur Förderung der Einheitlichkeit in der Rechtsprechung insofern eine Einschränkung erfahren, als auch die Stellung des Jagdpächters, wenngleich nur in einem bestimmten beschränkten Umfange, den Vorschriften des öffentlichen Rechtes unterworfen worden ist. Dies ist durch Abs. 1 und 2 des § 7 aaO., welche beiden Vorschriften in einem untrennbaren Zusammenhange stehen, geschehen.

Nr. 12. Entsch. v. 13. Okt. 1908 (PrVerwBl. 30 391) I A 13/08.

AAnw. z. JagdO. v. 29. VII. 07 (LandwMBl. 279) Ziff. 41.

Die Landräte dürfen in ihrer Eigenschaft als Jagdaufsichtsbehörde anordnen, daß bei der Verpachtung von Gemeindejagden die Verträge vor der Vollziehung ihnen zur Prüfung der formellen Gültigkeit vorzulegen sind. Gegen diese Dienstvorschrift verstößt ein Jagdvorsteher auch dann, wenn er dem Landrat ein als „Entwurf zum Jagdpachtvertrage" bezeichnetes Vertragsexemplar mit den Unterschriften vollzogen vorlegt.

Nr. 13. Entsch. v. 18. März 1909 (OVG. 54 368) III C 125/08.

JagdverwG. v. 4. VII. 05 (GS. 271) §§ 4, 7; JagdO. §§ 21, 24.

1. Das G. v. 4. VII. 05 enthält keine Bestimmung, die nötigt, Jagdverpachtungen entweder als öffentlich meistbietende oder, sofern sie

dieses nicht sind, als freihändige zu betrachten. Namentlich ist nach § 4 Abs. 5, der für die öffentlich meistbietende Verpachtung Sondervorschriften aufstellt, nur zwischen öffentlich meistbietender und nicht öffentlich meistbietender Verpachtung zu unterscheiden Die Verpachtungen der letzteren Art sind deshalb noch nicht freihändige. Damit übereinstimmend nennt die AAnw. v. 25. VIII. 05 (MBl. 142) zu § 4 ausdrücklich 3 Arten der Verpachtung, nämlich freihändige, ferner öffentliche und drittens meistbietende in einem vorher beschränkten Kreise von Bietern. Auch in ihrem weiteren Texte stellt sie der öffentlich meistbietenden Verpachtung die Verpachtung mit beschränkter Konkurrenz ausdrücklich gegenüber. Bei beschränkter Konkurrenz aber fällt der Grund fort, der für das im § 4 Abs. 5 aufgestellte Verlangen einer Bekanntmachung durch die Presse offenbar maßgebend gewesen ist, nämlich der, daß die Nachricht von einer öffentlich meistbietenden Verpachtung jedermann zugänglich gemacht werden soll. Eine derartige Bekanntmachung ist bei beschränkter Konkurrenz zwecklos und in einem solchen Falle vielmehr die ortsübliche Bekanntmachung an die Konkurrenten vollkommen ausreichend. Hiernach ist unbedenklich festzustellen, daß die fragliche Jagdverpachtung, die, laut vorheriger Bekanntmachung, auf den Kreis der Interessenten der Jagdgenossenschaft B. beschränkt war, eine öffentlich meistbietende im Sinne des § 4 Abs. 5 nicht gewesen ist.

2. Hinfällig sind die vom Kreisausschuß angenommenen Nichtigkeitsgründe, daß der Gemeindevorsteher S. als Jagdpachtlustiger die Vorbereitungen zur Verpachtung nicht selbst habe treffen dürfen und daß es an einem rechtlich zu schützenden Interesse der Kläger fehle. Denn durch die bloße Absicht, unter Umständen selbst zu pachten, wird der Gemeindevorsteher noch nicht in einer seine amtliche Tätigkeit ausschließenden Weise persönlich beteiligt, und die im § 7 Abs. 2 des Gesetzes bezeichneten Streitigkeiten werden durch ein auf Seite des Klägers fehlendes Geldinteresse nicht ausgeschlossen. Ueber die Art der Jagdverpachtung hat, vorbehaltlich des Einspruchsverfahrens, der Jagdvorsteher selbständig zu befinden. Ein Genehmigungs- oder Anweisungsrecht steht der Aufsichtsbehörde insoweit nicht zu.

3. Die im Abs. 2 des § 7 enthaltene Einführung des Verwaltungsstreitverfahrens beschränkt sich auf die im Abs. 1 des § 7 bezeichneten Nichtigkeitsgründe. Zu diesen gehört aber der von den Klägern geltend gemachte nicht. Die Kläger stützen die Behauptung der Nichtigkeit des Vertrags vielmehr ausschließlich darauf, daß der vorangegangene Vertrag nicht nichtig, sondern rechtsgültig sei. Der Nichtigkeitsgrund, der daraus hergeleitet wird, daß bereits ein rechtsgültiger Vertrag über denselben Gegenstand bestehe, fällt aber nicht unter § 7 Abs. 1 des Gesetzes, denn er bezieht sich nicht auf die im § 7 Abs. 1 genannten „vorstehenden Vorschriften". Dafür, daß die Zulässigkeit des Verwaltungsstreitverfahrens sich hierauf beschränkt, kann auch auf die AAnw. v. 25. VIII. 05 Bezug genommen werden, woselbst zu § 7 bemerkt ist, daß die Entscheidung über die Nichtigkeit der Jagdpachtverträge in den angegebenen Fällen den Verwaltungsgerichten überwiesen ist.

Nr. 14. Entsch. v. 8. Nov. 1909 (PrVerwBl. 31 294) III C 111/09.

JagdO. v. 15. VII. 07 §§ 14, 84.

Der § 84 Abs. 1 JagdO. v. 15. VII. 07 hat nicht die Wirkung, daß bei der Neubildung oder Vergrößerung eines Eigenjagdbezirks durch Grundstücke, die zu einem gemeinschaftlichen Jagdbezirk gehörten und mit diesem durch einen vor dem 1. V. 07 abgeschlossenen Pachtvertrag verpachtet waren, die im § 14 JagdO. vorgeschriebene Kündigung entbehrlich wird. Die im § 84 Abs. 1 Satz 1 festgesetzte Aufrechterhaltung der abgeschlossenen Jagdpachtverträge beruht auf Erwägungen der Billigkeit. Der Umstand, daß die Verträge den Bestimmungen der JagdO. nicht genügen, soll ihre fortdauernde Gültigkeit nicht hindern. Im vorliegenden Falle bestehen hinsichtlich der Gültigkeit des im Jahre 1906 abgeschlossenen Jagdpachtvertrages keine Zweifel, ein Abweichen von einer Bestimmung des älteren Jagdrechts ist nicht einmal behauptet. Er ist also durch § 84 Abs. 1 Satz 2 in Kraft erhalten. Auf Rechtsverhältnisse dagegen, die mit dem Pachtvertrage in keiner Beziehung stehen, läßt sich die Vorschrift des § 84 Abs. 1 Satz 1 nicht anwenden. Dieser Fall liegt hier vor. Denn die streitige Forderung des Klägers wird nicht auf den Jagdpachtvertrag, sondern auf das Gesetz gegründet. Sie stützt sich ausschließlich auf den Eigentumserwerb und den Zusammenhang der erworbenen Grundstücke mit dem Eigenjagdbezirke des Klägers. Diese von dem Pachtvertrage unabhängige Veränderung hat sich unter der Herrschaft der JagdO. v. 15. VII. 07 vollzogen. Ihre Rechtsfolgen können daher auch nur nach der JagdO. beurteilt werden. Daß die Bestimmung des § 84 Abs. 1 Satz 1 sich auf die Inkrafthaltung der älteren Jagdpachtverträge beschränkt, den vom Kläger ihr beigemessenen weitergehenden Inhalt aber nicht besitzt, ergibt sich auch aus den in demselben Paragraphen darauf folgenden Vorschriften. Die Abs. 2 und 3 des § 84 regeln das Fortbestehen der dem älteren Rechte entsprechenden Eigenjagdbezirke in denjenigen Gemeinde- oder Gutsbezirken, deren Jagdpachtverträge nach Abs. 1 Satz 1 in Kraft bleiben. Diese Bestimmungen wären überflüssig, wenn ganz allgemein mit den Jagdpachtverträgen gleichzeitig auch das sonstige ältere Recht für ihren Bereich hätte aufrecht erhalten werden sollen.

Nr. 15. Entsch. v. 8. Nov. 1909 (OVG. 55 344) III C 111/09.

JagdO. §§ 14, 84.

Die Kündigung, die der § 14 Abs. 1 JagdO. vom 15. VII. 07 für die eigene Ausübung des Jagdrechts auf Grundstücken verlangt, die aus einem verpachteten gemeinschaftlichen Jagdbezirk ausscheiden, ist auch gegenüber solchen Jagdpachtverträgen erforderlich, die vor dem 1. V. 07 abgeschlossen sind und daher nach § 84 Abs. 1 JagdO. bis zu ihrem Ablauf in Kraft bleiben.

Die im § 84 Abs. 1 Satz 1 festgesetzte Aufrechterhaltung der abgeschlossenen Jagdpachtverträge beruht auf Erwägungen der Billigkeit. Der Umstand, daß die Verträge den Bestimmungen der JagdO. nicht genügen, soll ihre fortdauernde Gültigkeit nicht hindern. Im vorliegenden Falle bestehen hinsichtlich der Gültigkeit des im Jahre 1906 abgeschlossenen Jagdpachtvertrags keine Zweifel, ein Abweichen von einer Bestimmung des älteren Jagdrechts ist nicht einmal behauptet. Er ist also durch § 84 Abs. 1 Satz 1 in Kraft erhalten. Auf Rechtsverhältnisse dagegen, die mit dem Pachtvertrag in keiner Beziehung stehen, läßt sich die Vorschrift des § 84 Abs. 1 Satz 1 nicht anwenden. Dieser Fall liegt hier vor; denn die streitige Forderung des Klägers wird nicht auf den Jagdpachtvertrag, sondern auf das Gesetz gegründet. Sie stützt sich ausschließlich auf den Eigentumserwerb und den Zusammenhang der erworbenen Grundstücke mit dem Eigenjagdbezirke des Klägers. Diese von dem Pachtvertrag unabhängige Veränderung hat sich unter der Herrschaft der JagdO. vollzogen; ihre Rechtsfolgen können daher auch nur nach der JagdO. beurteilt werden. Daß die Bestimmung des § 84 Abs. 1 Satz 1 sich auf die Inkrafthaltung der älteren Jagdpachtverträge beschränkt, den vom Kläger ihr beigemessenen weitergehenden Inhalt aber nicht besitzt, ergibt sich auch aus den weiteren Vorschriften desselben Paragraphen. Die Abs. 2 und 3 des § 84 regeln das Fortbestehen der dem älteren Rechte entsprechenden Eigenjagdbezirke in denjenigen Gemeinde- oder Gutsbezirken, deren Jagdpachtverträge nach Abs. 1 Satz 1 in Kraft bleiben. Diese Bestimmungen wären überflüssig, wenn ganz allgemein mit den Jagdpachtverträgen gleichzeitig auch das sonstige ältere Recht für ihren Bereich hätte aufrechterhalten werden sollen.

Nr. 16. Entsch. v. 24. Jan. 1910 (OVG. 55 356) III C 166/09.

JagdO. §§ 8, 12, 19, 26.

Bereits in OVG. 36 356 hat der Gerichtshof auf Grund des § 7 Abs 2 JagdPolG. v. 7. III. 50 und des § 105[3] ZustG. dargelegt, daß lediglich zur Vorbereitung eines bloß für die Zukunft beabsichtigten Pachtverhältnisses ein Rechtsstreit wegen Festsetzung der Entschädigung nicht anhängig gemacht werden könne, daß vielmehr jener Feststellung die auf das Zustandekommen eines Pachtverhältnisses gerichtete Willensübereinstimmung vorangehen müsse. Diese Rechtslage ist durch das Inkrafttreten der JagdO. v. 15. VII. 07 nicht geändert. Wenn insbesondere nach § 8 Abs. 2 JagdO. das Angebot und nach § 19 das Bereitsein zur Anpachtung vorliegen müssen, ehe das Beschluß- und Verwaltungsstreitverfahren (§ 26) behufs der Festsetzung der Höhe der Pachtentschädigung eintritt, so ist damit ebensowenig wie durch § 7 Abs. 2 JagdPolG. den Parteien freigestellt, sich ihre Entschließung darüber, ob überhaupt ein Pachtverhältnis zustande kommen solle, bis nach erfolgter Festsetzung der Pachtentschädigung vorzubehalten und die Ergebnisse des zu diesem Zwecke stattfindenden Verfahrens auf eine bedingte Wirksamkeit zu verweisen.

f) Wildschaden.

Nr. 1. Entsch. v. 2. Juli 1908 (OVG. 53 355) III C 190/07.

JagdO. §§ 62, 69.

Lehnt die Ortspolizeibehörde im Falle des § 62 JagdO. die beantragte Feststellung von Wildschaden ab oder erklärt sie, daß kein Wildschaden vorliege, so kann ihre Verfügung nicht mit den Rechtsmitteln der §§ 127ff. LVG., sondern nur durch Beschwerde im Aufsichtsweg angefochten werden.

Durch § 62 JagdO. hat der Gesetzgeber nicht ein neues Recht auf Feststellung von Wildschaden gegenüber der Ortspolizeibehörde, sondern die Pflicht der Jagdpolizeibehörde begründen wollen, die Schonzeit aufzuheben, wenn in einem Kalenderjahre wiederholt Wildschaden von der Ortspolizeibehörde festgestellt worden ist. Auf welchem Wege dies geschehen kann, ergibt sich aus dem Beispiele, daß der Antrag auf Aufhebung der Schonzeit an die Jagdpolizeibehörde gerichtet wird und diese nun die Ortspolizeibehörde mit den erforderlichen Feststellungen beauftragt. Die endgültige Entscheidung erfolgt, wenn Beschwerde gegen den Beschluß der Jagdpolizeibehörde erhoben wird, gemäß § 69 JagdO. durch den Bezirksausschuß im Beschlußverfahren.

Nr. 2. Entsch. v. 29. Okt. 1908 (PrVerwBl. 30 692) III C 20/08.

JagdO. § 58.

Die Verfolgung des Anspruchs auf Wildschadenersatz im Verwaltungsstreitverfahren steht der Umstand nicht entgegen, daß bei den dem Erlasse des Vorbescheides der Ortspolizeibehörde vorausgegangenen Verhandlungen die gesetzlichen Vorschriften nicht beobachtet worden sind.

E. Schutzwaldungen; Waldgenossenschaften; gemeinschaftliche Holzungen.

Nr. 1. Entsch. v. 16. Okt. 1908 (OVG. 53 346) I A 29/07.

1. Nach § 130 der für die Aemter, Landschaften und Städte in den Herzogtümern Schleswig und Holstein erlassenen Forst- und JagdVO. v. 2. VII. 1784 (Chron. Samml. 35) dürfen alle, die „eigentümliche Holzungen" besitzen, zwar

für sich selbst — ohne Zuziehung der Forstbedienten — zu ihren Bedürfnissen Holz fällen, jedoch nur haushälterisch und wirtschaftlich, und es soll ihnen, wenn sie so ungebührlich hauen, daß der Untergang ihrer Holzungen zu besorgen ist, dies von ihrer Obrigkeit untersagt werden. Wer ungeachtet des Verbots ferner ungebührlich Holz fällt, soll zuerst mit einer „Brüche" belegt werden, im Falle der Wiederholung aber die Verfügung über seine Holzung gänzlich verlieren, so daß er sich dann das Holz zu seinen Bedürfnissen durch die Forstbedienten ausweisen lassen muß (§ 131). Wo es bisher üblich gewesen ist, daß den Untertanen in ihren Bondenholzungen das nötige Holz ausgewiesen wird, soll es hierbei bleiben und sich jeder Bondenholzeigentümer alles „eigenrätigen Holzfällens" enthalten (§ 132). Die Vorschriften ergehen nach § 136 in der landesväterlichen Absicht, zum Besten der Nachkommenschaft dafür zu sorgen, daß sorglose Hauswirte ihre Eigentumsholzungen nicht zum unwiederbringlichen Schaden der Hufen verwüsten und mißbrauchen. Ergänzend hat das Pat. v. 15. VI. 1785 (aaO. S. 67) unter Nr. 6 zur Erreichung der „auf Erhaltung der Eigentumsholzungen für die Nachkommenschaft gerichteten landesväterlichen Absicht" hinzugefügt, die den landesherrlichen Beamten in den §§ 130 und 136 der Forst- und JagdVd. anbefohlene „Aufsicht auf die haushälterische Nutzung der Bondenholzungen" habe sich nicht nur auf die Fällung der vorhandenen Bäume, sondern auch auf die Kultur der Holzungen zu erstrecken. Weiterhin ist dort noch von dem „auf das eigene Beste unserer lieben Untertanen abzielenden Willen" die Rede. Somit liegt der Obrigkeit die Aufsicht darüber ob, daß die Bondenholzungen haushälterisch genutzt werden. Die Eigentümer der Bondenholzungen sind der öffentlichen Aufsicht in ihrem eigenen Interesse und dem ihrer Nachkommenschaft unterworfen, damit nicht die Holzungen zum unwiederbringlichen Schaden der Höfe verwüstet und mißbraucht werden. Allerdings liegt die Erhaltung der Holzungen auch im öffentlichen Interesse der Landeskultur, aber nach der Auffassung des Gesetzgebers in erster Linie in dem wirtschaftlichen Interesse der Eigentümer und ihrer Rechtsnachfolger. Die staatliche Aufsicht über die Benutzung der Bondenholzungen ist ihrem Wesen und Inhalte nach ähnlicher Art, wie die Aufsicht des Staates über die Holzungen der Gemeinden und öffentlichen Anstalten (vgl. G. v. 14. VIII. 76 — GS. 373), neben der auch die Beaufsichtigung der Bondenholzungen im § 1 Abs. 2 SchutzwaldGenG. v. 6. VII. 75 aufgeführt wird. Bei der Beaufsichtigung der Bondenholzungen tritt das privatwirtschaftliche Interesse noch mehr hervor.

Eine solche Aufsicht ist, obgleich sie zugleich im Landeskulturinteresse geübt wird, doch nicht polizeilicher Natur im heutigen Sinne, so wenig wie die Aufsicht es war, die auf Grund der §§ 8ff. II 7 ALR. darüber stattfand, daß der Landmann die Kultur seines Grundstücks wirtschaftlich betrieb. Wiewohl der Begriff der Polizei über die Fälle des § 10 II 17 ALR. insofern hinausreicht, als durch Spezialgesetze der Polizei im Wohlfahrtsinteresse Zwangsbefugnisse verliehen sein können und verliehen worden sind, so kann doch die Aufsicht über eine Vermögensverwaltung, bei der die Fürsorge für den Besitz des Eigentümers und seiner Nachkommen sowie deren eigenes Beste im Vordergrunde stehen, nicht als polizeiliche Tätigkeit aufgefaßt werden. Denn die Beschränkungen der Handlungsfähigkeit der einzelnen sind nur dann polizeiliche, wenn sie zugunsten des Gemeinwohls auferlegt werden. Wäre die Rücksicht auf das Gemeinwohl entscheidend gewesen, so würden mutmaßlich allen Eigentümern von Forsten gleichmäßig dieselben Beschränkungen auferlegt worden sein. Sie galten aber nicht für die zu den adligen Distrikten gehörigen Wälder, und auch sonst bestehen in bezug auf das Maß der Beschränkungen Verschiedenheiten, zu denen vom polizeilichen Standpunkt aus keine Veranlassung vorgelegen hätte (vgl. §§ 132ff., §§ 67ff. Forst- und JagdVd.).

Die Verschiedenheiten erklären sich aus der historischen Entwickelung, aus der verschiedenen Art des Besitzes und der verschiedenen rechtlichen Stellung der Eigentümer. Das Eigentumsrecht an den Bondenholzungen ist insofern beschränkt, als der Eigentümer sie nur haushälterisch nutzen darf. Den Bauerhöfen sind die Holzungen von Staatswegen zur Befriedigung des eigenen Holzbedarfes mit der Verpflichtung zur Benutzung nach Art eines guten Hausvaters zugelegt worden; ein unbeschränktes Eigentum hat an diesen Holzungen niemals bestanden. Beruht danach das Recht der Obrigkeit zur Einwirkung auf die Verwaltung der Holzungen auf einer besonderen Beschränkung des Eigentumsrechts des Besitzers (Bonden), so kann die Befugnis der Obrigkeit nicht als eine der Staatsgewalt zum Wohle des gemeinen Besten allgemein verliehene – polizeiliche — erachtet werden.

2. Hiernach sind die Anordnungen, die auf Grund der Forst- und JagdVd. v. 1784 und des Patents v. 1785 gegen die Besitzer der Bondenholzungen erlassen werden, keine polizeilichen Verfügungen im Sinne des § 127 LVG.; gegen sie finden daher die dort zugelassenen Rechtsmittel nicht statt. Infolgedessen kann auch die Frage, ob eine Holzung zu den Bondenholzungen gehöre und den Beschränkungen, die für Bondenholzungen bestehen, unterworfen sei, nicht im Wege des Verwaltungsstreitverfahrens zum Austrage gebracht werden.

F. Ansiedelungen und Kolonien; Errichtung von Feuerstellen in der Nähe von Waldungen.

Gesetzliche Grundlagen: Verordnung v. 29. IX 08 (GS 195) über die Kommission für deutsche Ansiedelungen in den Provinzen Westpreußen u. Posen.

a) Ansiedelungen nach dem G. v. 10. VIII. 04.

Nr. 1. Entsch. v. 18. Nov. 1907 (PrVerwBl. 30 7) IV A 42/07.

AnsiedlG. §§ 13, 20.

Handelt es sich bei einem geplanten Anbau um eine verhältnismäßig nicht erhebliche Vergrößerung der Wohnstätte für dieselbe Familie und demnach um eine bloße Umgestaltung eines bereits bestehenden Wohnhauses, nicht aber um die Herstellung einer neuen weiteren Wohnstätte, so bedarf es nicht einer Ansiedelungsgenehmigung nach § 13 Abs. 1 Satz 1 AnsiedlG. v. 10. VIII. 04. Dagegen hat der Hauseigentümer ein Einschreiten aus § 20 aaO. zu gewärtigen, wenn er entgegen den von ihm gemachten Angaben den Anbau zur Herstellung einer zweiten besonderen Wohnstätte verwendet.

Nr. 2. Bescheid v. 12. Dez. 1907 (PrVerwBl. 30 175) IV A 51/07.

AnsiedlG. v. 10. VIII. 04 § 13; LVG. §§ 132, 133.

1. Gegen die Festsetzung eines angedrohten Zwangsmittels findet nach § 133 Abs. 2 LVG. in allen Fällen nur die Beschwerde im Aufsichtswege statt. Gegen die erneute Androhung einer Zwangsstrafe von 60 ℳ oder 6 Tagen Haft finden nach § 133 aaO. Abs. 1 Satz 1 dieselben Rechtsmittel statt, wie gegen die Anordnung, um deren Durchsetzung es sich handelt. Die Klage gegen die Androhung war also zulässig, sie ist aber unbegründet, weil die Androhung dem Gesetz entspricht, insbesondere die Höhe der Strafe die den Ortspolizeibehörden in § 132 [2a] aaO. gezogene Grenze nicht überschreitet. Endlich erstreckt sich nach

§ 133 Abs. 1 Satz 2 die gegen die neue Androhung zulässige Klage nicht auf die Anordnung, die in der Schmiede eingerichtete Wohnung zu räumen, weil diese Anordnung bereits Gegenstand eines besonderen, durch den unangefochten gebliebenen Bescheid des Landrats v. 2. I. 07 abgeschlossenen Beschwerdeverfahrens geworden ist.

2. Die Klage gegen den Bescheid des Regierungspräsidenten muß gleichfalls zurückgewiesen werden, weil die ihm zugrunde liegende Verfügung des Distriktskommissars zu Recht ergangen ist. Durch diese Verfügung war der Antrag des Klägers abgelehnt worden, dem Kläger zur Benutzung seiner Schmiede als Wohnung die „erforderliche" Erlaubnis zu erteilen. Das Grundstück des Klägers liegt, wie der von ihm selbst überreichte Lageplan ergibt, nicht innerhalb, sondern außerhalb einer im Zusammenhange gebauten Ortschaft. Mag selbst die auf dem Plane dargestellte Häusergruppe eine Ortschaft oder ein Ortsteil sein, dem diese Eigenschaft zukommt, so liegt doch die Schmiede des Klägers außerhalb der Ortschaft, da sie sich zwar nahe an die äußersten Wohnhäuser anschließt, aber darum nicht innerhalb der Ortschaft oder des Ortsteils liegt. Der Kläger bedarf deshalb für die Einrichtung der vorhandenen Schmiede zum Wohnhause nach § 13 AnsiedlG. v. 10. VIII. 04 der vom Kreisausschusse zu erteilenden Ansiedelungsgenehmigung. Ob die Einrichtung zum Wohnhause ohne bauliche Veränderungen durchgeführt ist, kann dahingestellt bleiben, weil die angezogene Gesetzesstelle das Erfordernis baulicher Veränderungen nicht aufstellt. Nicht minder unerheblich ist es, ob der Kläger das Grundstück noch vor dem Inkrafttreten des G. v. 10. VIII. 04 gekauft hat, da es allein darauf ankommt, daß die Genehmigung zur Umwandlung der Schmiede in ein Wohnhaus unter der Herrschaft des Gesetzes erteilt werden soll. Die von dem Kläger nachgesuchte „erforderliche" Erlaubnis zur Benutzung seiner Schmiede als Wohnung war daher die Ansiedelungsgenehmigung, zu deren Erteilung aber nicht der Distriktskommissar, sondern der Kreisausschuß zuständig ist.

Sollte der Kläger jedoch die Absicht gehabt haben, nicht die Ansiedelungsgenehmigung, sondern die polizeiliche Bauerlaubnis zu erbitten, so würde der Distriktskommissar für deren Erteilung allerdings zuständig gewesen sein. Er durfte dem Antrag aber nach § 13 aaO. nicht stattgeben, weil es an der, wie dargelegt, erforderlichen Ansiedelungsgenehmigung fehlt.

Nr. 3. Bescheid v. 11. Juni 1908 (OVG. 53 248) IV A 35/08.

AnsiedlG. v. 10. VIII. 04; Art. I §§ 13, 20.

1. Nach Art. I § 13 G. v. 10. VIII. 04 (GS. 227) bedarf einer Ansiedelungsgenehmigung, wer außerhalb einer im Zusammenhange gebauten Ortschaft ein Wohnhaus errichten will, und nach § 20 aaO. kann die Ortspolizeibehörde die Weiterführung der vor Erteilung der Ansiedelungsgenehmigung begonnenen Ansiedelung verhindern und die Wegschaffung der errichteten Anlagen anordnen. Der Kläger hat nicht behauptet, daß wegen der Lage seines Grundstücks innerhalb einer im Zusammenhange gebauten Ortschaft oder aus einem der im zweiten Absatze des § 13 aaO. enthaltenen Gründe keine Ansiedelungsgenehmigung erforderlich sei. Es kommt daher darauf an, ob er ein Wohnhaus errichtet hat. Daß dies in demjenigen Sinne der Fall ist, in welchem der angeführte § 13 den Begriff der Errichtung eines Wohnhauses mit dem Erfordernis einer Ansiedelungsgenehmigung verbindet, unterliegt nach der eigenen Darstellung des Klägers keinem Zweifel. Der Wohnwagen befindet sich bereits seit längerer Zeit auf dem Grundstück und soll darauf auch noch ferner bleiben. Mit Recht hat hiernach der Beklagte die Benutzung des Wohnwagens des Klägers anstatt eines Wohnhauses der Errichtung eines solchen

für die Anwendung des § 13 gleichgestellt. Eine Verpflichtung des Amtsvorstehers, in seiner Verfügung anzugeben, auf Grund welcher gesetzlichen Bestimmungen er die Entfernung des Wagens verlangt, besteht nicht. Die polizeiliche Auflage, die Wohngelegenheit von dem Grundstücke zu entfernen, kann nur dahin verstanden werden, daß das weitere Bewohnen des Wagens auf dem Grundstücke des Klägers unterbleiben soll.

Nr. 4. **Entsch. v. 28. Mai 1909** (OVG. 54 230) I A 199/08.

1. Die angegriffene Verfügung ordnet die Räumung des Wohnwagens aus baupolizeilichen Erwägungen an, weil der Wagen „den an Wohnräume zu stellenden gesetzlichen Anforderungen nicht entspreche", ohne die vermeintlichen Mängel näher zu bezeichnen. Diese Unterlassung war unstatthaft; denn polizeiliche Verfügungen sind in tatsächlicher und rechtlicher Hinsicht so zu begründen, daß dem Betroffenen die Möglichkeit gewährt ist, die Verfügung in ihren Grundlagen durch das ihm zustehende Rechtsmittel anzugreifen. Aber zur Aufhebung der Verfügung vermag dies nicht zu führen, weil der Mangel durch die Bescheide der Beschwerdeinstanzen geheilt ist, die nähere Angaben darüber enthalten, inwiefern die Räume des Wohnwagens den für Wohnräume bestehenden polizeilichen Anforderungen nicht entsprechen.

2. Ebensowenig kann der Räumungsverfügung entgegengehalten werden, die Polizei habe zunächst den Kläger zur Abstellung der ihrer Meinung nach bestehenden Mängel auffordern dürfen und müssen. Fiel der Wohnwagen überhaupt unter die Bestimmungen der zuständigen BauO., die für Wohnräume eine lichte Höhe von 2,5 m verlangt (§ 32^2 Abs. 2), und genügten seine Innenräume dieser Anforderung nicht, so war deren Benutzung zu Wohnzwecken polizeiwidrig und die Polizei berufen, dieser Benutzung entgegenzutreten. Wenn sie zu diesem Behufe die Räumung des Wagens anordnete, so handelte sie im Rahmen ihrer Befugnisse; sie war nicht verpflichtet, eine vorschriftswidrige Benutzung einstweilen weiter zu dulden und sich darauf zu beschränken, dem Kläger eine entsprechende Abänderung der Räume des Wagens aufzugeben. Es war vielmehr seine Sache, die Räume vorschriftsmäßig herzurichten und damit deren Benutzung zu Wohnzwecken zu sichern.

3. Im übrigen erledigt sich aber dieser Einwand dadurch, daß die BauO. auf den Wohnwagen überhaupt keine Anwendung finden kann. Die BauO. ist nach Inhalt wie Wesen dazu bestimmt, die Errichtung, Einrichtung und Benutzung baulicher Anlagen zu regeln. Dies gilt insbesondere auch von den Bestimmungen des § 32, der diejenigen Anforderungen feststellt, die an Wohnungen und Wohnräume im polizeilichen Interesse zu erheben sind. Und wenn unter Nr. 8 das. gesagt wird, daß, was vorstehend von Wohnungen und Wohnräumen verordnet sei, von allen zum dauernden Aufenthalte von Menschen bestimmten Gelassen — und zwar auch von Küchen und Waschräumen — zu gelten habe, so sind, wie namentlich auch die Hervorhebung dieser Räume ersehen läßt, unter „Gelassen" nur solche zu verstehen, die bauliche Anlagen oder Teile von solchen darstellen. Zu den baulichen Anlagen oder Gelassen in diesem Sinne gehört ein Wohnwagen nicht, und er erhält solche Eigenschaft auch weder dadurch, daß der Inbegriff der auf seine Herstellung gerichteten Tätigkeit als „Bauen" bezeichnet wird, noch dadurch, daß er auf einem Grundstücke dauernd stehen bleibt. Er ist ein Transportmittel, aber kein Bauwerk im Sinne der Bauordnung, und dieser gegenüber nicht anders zu beurteilen als ein Eisenbahnwaggon oder ein Schiff, die ebenfalls zum dauernden Aufenthalte von Menschen dienen. Ob ein solcher Wagen unter Umständen — dann, wenn er seiner Eigenschaft als Transportmittel entkleidet und

in dauernde, wenn auch nicht feste, Verbindung mit seinem Standorte gebracht wird — dadurch zu einer baulichen Anlage im Sinne der Bauordnung werden kann, braucht nicht erörtert zu werden; denn so liegt der Fall hier nicht. Hier handelt es sich lediglich darum, daß der Wohnwagen, wennschon in der Absicht dauernder Benutzung als wohnliche Unterkunft, auf dem Grundstücke des Klägers stehen gelassen ist. Auf eine derartige Unterkunft beziehen sich die Vorschriften der Bauordnung nicht, und da diese auch kein Verbot enthält, andere als bauliche Anlagen oder Gelasse zum Wohnen oder zum dauernden Aufenthalte von Menschen zu benutzen, so kann dieser Benutzung nicht mit dem Hinweise darauf entgegengetreten werden, daß die Innenräume des Wagens den Anforderungen der Bauordnung nicht entsprechen. Dafür aber, daß diese Räume, abgesehen von den allgemeinen Vorschriften der Bauordnung, aus Gesichtspunkten des § 10 II 17 ALR. zu Wohnzwecken nicht geeignet wären, liegt kein erkennbarer Anhalt vor.

4. Hiernach kann die angefochtene Anordnung auf baupolizeiliche Gesichtspunkte nicht gestützt werden; wohl aber steht ihr das Ansiedelungsgesetz zur Seite. Der Heranziehung dieses Gesetzes steht der Umstand nicht entgegen, daß die polizeiliche Verfügung wie auch die Bescheide der Beschwerdeinstanzen nichts davon erwähnen. Denn eine polizeiliche Verfügung ist auch dann aufrechtzuerhalten, wenn sie sich zwar nicht aus den bei ihrem Erlasse für die Polizeibehörde bestimmend gewesenen, wohl aber aus anderen rechtlichen Gesichtspunkten als dem bestehenden Rechte entsprechend erweist, mögen diese Gesichtspunkte den Beteiligten mitgeteilt sein oder nicht. Hier handelt es sich um ein Grundstück, für dessen Besiedelung die Ansiedelungsgenehmigung erforderlich, dem Kläger aber versagt worden ist. Beim Mangel dieser Genehmigung war die Polizei in der Lage, gegen die weitere Benutzung der vom Kläger gleichwohl durch die Aufstellung des Wohnwagens auf seinem Grundstücke geschaffenen Wohnstätte einzuschreiten und zu diesem Behufe das weitere Bewohnen des Wagens auf dem Grundstücke zu untersagen, mithin die Räumung des Wohnwagens anzuordnen.

Nr. 5. Entsch. v. 15. März 1909 (PrVerwBl. 31 408) IV A 71/08.

AnsiedlG. §§ 13, 20.

1. Aus § 20 AnsiedlG. ergibt sich die Zuständigkeit des Amtsvorstehers zum Erlasse der angefochtenen polizeilichen Verfügung, die durch das Verbot des Weiterbauens unter Androhung von 30 ℳ Zwangsstrafe die Weiterführung der Ansiedelung zu verhindern bestimmt ist, solange nicht die Aushändigung der für erforderlich gehaltenen Ansiedelungsgenehmigung stattgefunden hat.

2. Die Verfügung ist gerechtfertigt, sofern die Annahme der Ortspolizeibehörde und der Beschwerdeinstanzen, der Kläger bedürfe für das geplante Wohnhaus einer Ansiedelungsgenehmigung, zutreffend ist. Dies muß auf Grund des § 13 aaO. bejaht werden. Unzweifelhaft will der Kläger außerhalb einer im Zusammenhange gebauten Ortschaft ein Wohnhaus errichten. Denn nach den vom Kläger vorgelegten Lageplänen bilden die dargestellten Gebäude keine im Zusammenhange gebaute Ortschaft und ebensowenig einen im Zusammenhange gebauten Ortsteil, der für die Anwendung des § 13 Abs. 1 einer solchen Ortschaft gleichzustellen sein würde. Ueberdies liegt das neue Wohnhaus nicht innerhalb, sondern außerhalb der Häusergruppe, die der Kläger als eine im Zusammenhange gebaute Ortschaft angesehen wissen will. Auch insoweit würde die in der Rechtsprechung des Gerichtshofs festgehaltene Voraussetzung nicht erfüllt sein, daß ein Wohnhaus innerhalb einer im Zusammenhange gebauten Ortschaft liegen muß, wenn es nicht als Ansiedelung

außerhalb einer solchen Ortschaft im Sinne des § 13 Abs. 1 aaO. gelten soll. Es genügt nicht, daß das neue Wohnhaus an die Ortschaft unmittelbar anschließt.

3. Unter Berufung auf § 13 Abs. 2 aaO. hat der Kläger geltend gemacht, die Ansiedelungsgenehmigung sei nicht erforderlich, weil sein neues Wohnhaus auf einem bereits bebauten Grundstück im Zusammenhange mit bewohnten Gebäuden errichtet werden solle. Demgegenüber ist aus den Plänen ohne weiteres zu entnehmen, daß die für einen Zusammenhang im Sinne des Abs. 2 unerläßliche räumliche Nähe fehlt, insoweit sich der Kläger auf andere zu der Bahnhofsanlage in L. gehörige Gebäude, als das Wohnhaus Nr. 2, stützt. Dieses soll von dem Neubau 100 m entfernt sein; der Beklagte hat als Entfernung 112 m angenommen. Ob es das bereits mit dem Wohnhause Nr. 2 bebaute Grundstück ist, auf welchem das Haus Nr. 3 errichtet werden soll, kann dahingestellt bleiben. Denn jedenfalls ist das letztere Wohnhaus nicht zum wirtschaftlichen Gebrauche des bestehenden Gebäudes selbst bestimmt und dadurch wird ein Zusammenhang im Sinne des § 13 Abs. 2 aaO. ausgeschlossen.

Nr. 6. Entsch. v. 15. April 1909 (OVG. 54 235) IV A 52/08.

AnsiedlG. v. 10. VIII. 04 (GS. 227) § 13.

Der Beklagte hat angeführt: das alte Wohnhaus des Klägers sei seit mindestens 7 Jahren unbewohnt geblieben und unbewohnbar gewesen; durch Reparaturen und dgl. hätte es nicht mehr bewohnbar gemacht werden können. Er hat weiter beantragt, den Gemeindeschöffen R. als Zeugen über den verfallenen Zustand des alten Hauses zu vernehmen, wogegen der Kläger 3 Zeugen dafür benannt hat, daß das Haus während der letzten 7 Jahre vor seinem Abbruche bewohnbar gewesen sei, und daß es nur einer Reparatur bedurft hätte. Die Frage, ob das abgebrochene Gebäude sich in einem solchen Zustande befunden hat, daß es nicht mehr als ein Wohnhaus angesehen werden konnte, war allerdings auf Grund der Angaben der vernommenen Zeugen zu verneinen. Dagegen haben die Zeugen unter anderem folgendes bekundet. R.: Nach dem Tode des Vaters des Klägers vor ungefähr 8 Jahren sei die Mutter des Klägers aus dem alten Hause fort und zu dem Sohne gezogen. Einige Zeit — etwa 1—2 Jahre — darauf sei er einmal in dem Hause gewesen und habe gesehen, daß die Decke der links vom Hauseingange gelegenen großen Stube, welche den größten Teil des Hauses ausmache, heruntergebrochen gewesen sei und ein etwa 1 qm großes Loch gehabt habe. In der Stube hätten ein Waschzuber und verschiedenes Wirtschaftsgerät gestanden und in einer Ecke ein Haufen Getreidespreu gelegen. Zeuge B: Zu der Zeit, als das Haus niedergerissen worden sei, habe der Kläger einen Zuber und anderes Hausgerät in dem Hause aufbewahrt gehabt. Zeuge S.: Er wisse nicht, weshalb die Mutter des Klägers aus dem nach dem Tode des Vaters nicht mehr bewohnt gewesenen Hause fortgezogen sei. Ueber den baulichen Zustand bei dem Tode des Vaters und dem Auszuge der Mutter sowie über den weiteren Verfall des Hauses bis zum Abbruche haben die Zeugen, im wesentlichen übereinstimmend, nähere Einzelheiten angegeben.

Hiernach sind ausreichende Unterlagen für die Folgerung vorhanden, daß der Kläger mindestens 7 Jahre, bevor er die Erlaubnis zu dem geplanten Neubau nachsuchte, das später abgebrochene Gebäude endgültig als Wohnstätte aufgegeben hat. 7 Jahre sind eine so geraume Zeit, daß von einem das Erfordernis der Ansiedlungsgenehmigung ausschließenden Ersatze des Wohnhauses — solange es ein solches gewesen — oder von einer Wiederherstellung desselben schon deshalb keine Rede mehr sein kann. Im vorliegenden Falle scheidet somit der Begriff des Ersatzbaues aus. Da der Kläger außerhalb einer im Zusammenhange gebauten Ortschaft ein Wohnhaus errichten will, bedarf er nach § 13 AnsiedlG. einer Ansiedlungsgenehmigung.

Nr. 7. Entsch. v. 9. Juli 1908 (OVG. 52 272) IV A 57/07.

AnsiedlG. § 13b.

Nach den positiven Vorschriften des AnsiedlG. v. 10. VIII. 04 ist es unerheblich, ob sich die klagende Kirchengemeinde bei der Verzögerung des Wiederaufbauens in einem Verschulden befindet oder nicht, und ob und welche wirtschaftlichen Nachteile ihr aus der Versagung der nachgesuchten Bauerlaubnis erwachsen. Auch darüber kann kein Zweifel bestehen, daß ihre weite Auffassung des Begriffs „Ersatzbau", für den das Gesetz selbst nicht ausdrücklich eine Ausnahme von dem Erfordernisse der Ansiedlungsgenehmigung macht, den es überhaupt nicht erwähnt, und hinsichtlich dessen nur deshalb von der Ansiedlungsgenehmigung abgesehen werden kann, weil dabei keine neue Wohnstätte errichtet werden soll, für die sinngemäß das AnsiedlG. allein gilt, weder im Wesen der Sache noch in demjenigen eine Unterstützung findet, was hierüber beim Zustandekommen des Gesetzes nach dem Berichte der Kommission des Abgeordnetenhauses verhandelt worden ist. Es ist namentlich nicht die Annahme eines Ersatzbaues nur dann ausgeschlossen, wenn beim Abbruch der alten Gebäude die Absicht der Wiederherstellung aufgegeben war. Vielmehr muß gerade mit Rücksicht auf jene Verhandlungen daran festgehalten werden, daß im vorliegenden Falle, wenn nicht schon schlechthin wegen „der langen Frist, die zwischen dem Verschwinden des alten und dem Wiederaufbau des neuen Hauses liegen" würde, so doch in Verbindung mit den obwaltenden Umständen von einem bloßen Ersatzbau keine Rede sein kann. Es ist insoweit entscheidendes Gewicht darauf zu legen, daß bis zur Aufstellung des Bauplans mit Kostenanschlag im Jahre 1906 bei der Klägerin und noch mehr bei den Stellen, ohne deren Zustimmung und Mitwirkung überhaupt nicht gebaut werden konnte (Patrone, Aufsichtsbehörden), es an jeder bestimmten Entschließung darüber fehlte, wo und wie, mithin, daß in einer Weise, bei der wegen der Gleichheit des Bauplatzes und der Größe des Gebäudes allein ein bloßer Ersatzbau vorliegen würde, gebaut werden sollte. Es mag sein, daß einem solchen Bauplan etwas, was mit derselben Gewißheit zum Ausdruck bringt und erkennbar macht, es werde lediglich ein Ersatzbau beabsichtigt, gleichzustellen und damit zu rechnen wäre, wenn es dem Verschwinden des alten Gebäudes wesentlich näher als 10 Jahre läge. Allein derartiges ist hier nicht vorhanden. Daß die Fundamente des alten baufälligen Wohnhauses nicht mitbeseitigt worden sind, und daß man bald nach dem Abbruch der Gebäude angefangen hat, einen Baufonds zu sammeln, beweist noch nicht die Absicht, die Fundamente zu einem bloßen Ersatzbau wieder verwenden und über einen Ersatzbau nicht hinausgehen zu wollen, zumal der Höchstbetrag des aufzubringenden Baufonds nicht festgesetzt worden war. Die eigenen Angaben der Klägerin bestätigen im Gegenteil, daß von vornherein nichts weiter vorgelegen hat als ein allgemeiner und unbestimmter Plan, das Propsteivorwerk einmal wieder zu bebauen, welchen Plan man, den späteren Verhältnissen Rechnung tragend, auch entweder gar nicht oder doch in anderer Art als durch einen bloßen Ersatzbau zur Ausführung gebracht hätte.

Nr. 8. Entsch. v. 28. Okt. 1909 (PrVerwBl. 31 820) IV A 32/09.

AnsiedlG. v. 10. VIII. 04 § 13.

Streitig ist nur, ob der geplante Neubau einen Ersatzbau darstellt, für den die Einholung der Ansiedlungsgenehmigung nicht erforderlich ist. Der

Gerichtshof hat bei der Prüfung dieser Frage nicht allein Gewicht darauf gelegt, daß das an die Stelle des alten Wohnhauses tretende Wohngebäude mehr und größere Wohnräume enthalten soll als jenes, sondern vor allem auch darauf, ob durch diese Erweiterung die Zahl der in dem alten Hause befindlichen Wohnungen eine Steigerung erfahren soll, oder ob bei dem Antragsteller die Absicht besteht, nicht nur die für die seitherigen Bewohner bestimmten Räume den gesteigerten Bedürfnissen und den Anforderungen einer fortgeschrittenen Zeit entsprechend zu vermehren und zu vergrößern, sondern den Neubau für eine größere Zahl von Haushaltungen herzurichten.

Im vorliegenden Falle kann eine solche Absicht aus dem größeren Umfange — soweit ein solcher überhaupt vorhanden ist — und der vermehrten Zahl der Räume noch nicht gefolgert werden. Die Angabe des Klägers, seine Familie bestehe aus 8 Köpfen, ist unbestritten; für eine solche Personenzahl, für die mindestens 2, wenn nicht 3 Schlafzimmer erforderlich sind, sind aber die neu zu schaffenden Räume selbst dann nur gerade genügend, wenn mit der Möglichkeit gerechnet wird, in dem Dachgeschoß noch 1 Zimmer einzurichten. Bei dieser Sachlage kann auch der Umstand, daß in der Bauzeichnung neben der Küche noch ein zweiter Raum als Sommerküche bezeichnet ist, und daß 2 Ausgänge geplant sind, während das gegenwärtige Wohnhaus nur einen Ausgang besitzt, noch nicht dazu führen, die Versicherung des Klägers, daß er nicht beabsichtige, durch den Neubau eine weitere Wohnstätte für eine zweite Haushaltung zu schaffen, als unglaubwürdig erscheinen zu lassen.

Nr. 9. Entsch. v. 7. März 1910 (OVG. 55 244) IV C 181/07.

AnsiedlG. § 13.

Es handelt sich in erster Linie darum, ob für selbständige Gutsbezirke die Festsetzung von Fluchtlinien nach Maßgabe und mit den Wirkungen des BauflG. zulässig ist. Der Achte Senat des OVG. hat ausgesprochen, daß zu den bei der Festsetzung von Fluchtlinien beteiligten mehreren „Ortschaften", deren der § 9 gedenke, ein Gutsbezirk nicht gehöre; in einem Gutsbezirke gebe es weder einen „Gemeindevorstand" noch eine „Gemeinde", welchen nach § 1 des Gesetzes die Festsetzung von Fluchtlinien übertragen sei. Damit ist die Möglichkeit, in einem Gutsbezirke nach Maßgabe und mit den Wirkungen des Baufluchtengesetzes einen Bebauungsplan aufzustellen, überhaupt verneint worden.

Das Plenum des OVG. hat darauf in seiner Sitzung v. 24. XI. 09 dahin entschieden, daß die streitige Rechtsfrage zu verneinen sei. Hieraus ergibt sich ohne weiteres für den vorliegenden Rechtsfall, daß der Kläger mit seinem auf § 13 Abs. 2 AnsiedlG. gestützten Einwande, daß die Ansiedlungsgenehmigung entbehrlich sei, nicht durchdringen kann; denn ein Bebauungsplan nach Maßgabe und mit den Wirkungen des G. v. 2. VII. 75 konnte in dem Gutsbezirke nach der getroffenen Entscheidung nicht festgestellt werden. Daran vermag auch der Umstand nichts zu ändern, daß der hier in Betracht kommende Bebauungsplan auf Grund des Statuts für den Verband der Gemeinde und des Gutsbezirkes R. zur gemeinsamen Förderung kommunaler Interessen von den Organen dieses Verbandes aufgestellt worden ist; denn Rechte, die der Gutsbezirk selbst nicht hatte, konnte er nicht auf den Verband übertragen oder dadurch erlangen, daß er ein Glied des Verbandes wurde.

Nr. 10. Besch. v. 16. Dez. 1907 — IV A 47/07 und Entsch. v. 30. März 1908 (PrVerwBl. 30 490) IV A 47/07.

AnsiedlG. § 13, 13a.

1. Nach den vorliegenden Plänen und dem Meßtischblatt ist der in Betracht kommende Teil der Landstraße von B. nach R. auf beiden Seiten stark bebaut. Allerdings stehen die Gebäude nicht unmittelbar nebeneinander. Indessen für eine Ortschaft und einen Ortsteil mit ländlichem Charakter wird die zusammenhängende Bebauung im Sinne des § 13 Abs. 1 AnsiedlG. v. 10. VIII. 04 (GS. 227) nicht schon dadurch ausgeschlossen, daß sich zwischen den einzelnen Gebäuden unbebaute, als Höfe und Gärten oder auch als Aecker dienende Flächen von nicht großem Umfange befinden.

2. Auch die Voraussetzungen des § 13a daselbst sind nicht gegeben. Von den 48,67 a, die das Grundstück des Klägers im ganzen nur umfaßt, geht für einen landwirtschaftlichen Betrieb außer der Fläche, auf der bereits die Scheune steht, bei Errichtung des Wohnhauses noch die hierzu benutzte Fläche ab. Was dann noch bleibt, ist zu klein für einen selbständigen landwirtschaftlichen Betrieb, selbst wenn es gärtnerisch oder zur Viehzucht benutzt würde. Daß der Kläger nicht ländlicher Arbeiter, sondern Eisenbahnarbeiter ist, haben weder die Polizeiverwaltung zu B. und die Beschwerdeinstanzen noch hat es im jetzigen Verfahren der Beklagte bezweifelt. Es ist somit keine ländliche Stelle vorhanden.

Nr. 11. Entsch. v. 7. Mai 1908 (OVG. 52 269) IV A 3/08.

AnsiedlG. v. 10. VIII. 04 (GS. 227) § 13a.

1. Für den § 13a des G. v. 10. VIII. 04 (GS. 227) ist zu unterscheiden 1. die ländliche Stelle, die dies für sich, objektiv, ist, und 2. die ländliche Stelle, die dies lediglich subjektiv, d. i. wegen der Person des Ansiedlers oder der sonstigen Bewohner, nämlich deshalb ist, weil sie für selbständige ländliche Arbeiter bestimmt ist. Im ersteren Falle muß die Größe erheblicher sein; denn sie muß ausreichen für einen selbständigen landwirtschaftlichen Betrieb, wobei freilich auch Gartenbau und Viehzucht in Betracht kommen. Im letzter n Falle genügt eine geringere Größe.

2. Nach der Angabe des Beklagten ist das fragliche Grundstück nur 50 a groß und läßt nach der Bebauung etwa $1^3/_4$ Morgen als nutzbares Ackerland übrig. Das ist zweifellos zu wenig für eine ländliche Stelle im Sinne der Nr. 1. Es handelt sich also nur noch um eine ländliche Stelle im Sinne der Nr. 2. Dabei führt aber der Beklagte selbst an, daß die Klägerin landwirtschaftlich nicht berufsmäßig tätig, sie also keine selbständig ländliche Arbeiterin ist. Der Schwiegersohn scheidet schon deshalb aus, weil auch er kein selbständiger ländlicher Arbeiter, sondern Ziegeleiarbeiter ist, d. i. ein Industriearbeiter im Sinne der Nr. 3 AAnw. v. 28. XII. 04. Bei den beiden Töchtern aber fehlt das Erfordernis der selbständigen ländlichen Arbeiter, weil sie nach der Angabe des Beklagten lediglich als landwirtschaftliche Arbeiterinnen auf dem benachbarten Vorwerke R. beschäftigt sind und jeder Anhalt dafür mangelt, daß sie demnächst statt dessen oder daneben das Grundstück der Mutter nicht etwa bloß für diese, sondern für sich landwirtschaftlich benutzen werden.

Das dargelegte Erfordernis der Selbständigkeit des ländlichen Arbeiters für die Anwendung des § 13a aaO. bedeutet, daß der ländliche Arbeiter willens und imstande sein muß, das Grundstück, dessen Eigenschaft als ländliche Stelle zweifelhaft ist, für sich landwirtschaftlich — wenn auch bloß gärtnerisch oder durch Viehzucht — zu nutzen, hinsichtlich dieser Nutzung mithin selbständig ist. Bei der Nutzung für sich und nach seiner eigenen Bestimmung, d. i. eben mit Selbständigkeit, kann er sich der Dienste Dritter bedienen. Solchen Dritten geht natürlich die Eigenschaft der Selbständigkeit ab. Die Töchter der Klägerin sind daher, selbst wenn sie für die Mutter deren $1^3/_4$ Morgen Ackerland mit Kartoffeln o. dgl. bestellen sollten, immer nur ländliche Arbeiterinnen, aber keine selbständigen ländlichen Arbeiterinen. Der Schwiegersohn aber würde, falls er sich an einer derartigen Bestellung für die Klägerin beteiligte, dadurch noch nicht aufhören, lediglich Industriearbeiter zu sein, und auch nicht einmal daneben zum ländlichen Arbeiter werden, so wenig, wie die Klägerin zur ländlichen Arbeiterin wird, wenn und weil sie die $1^3/_4$ Morgen für sich als Ackerland benutzt.

Nr. 12. Entsch. v. 12. Nov. 1908 (PrVerwBl. 30 626) VII C 68/08.

AnsiedlG. v. 10. VIII. 04 § 13a.

Noch § 13a AnsiedlG. v. 10. VIII. 04 (GS. 227) ist die Ansiedlungsgenehmigung erforderlich, wenn infolge oder zum Zwecke der Umwandlung eines Landguts oder eines Teiles eines solchen in mehrere ländliche Stellen innerhalb einer im Zusammenhange gebauten Ortschaft ein Wohnhaus errichtet werden soll. Das Wohnhaus in E. soll infolge der Umwandlung des Landgutes R. in mehrere ländliche Stellen, bei dessen Aufteilung vor einigen Jahren der Kläger 6—7 ha Land in der Gemeinde R. erworben hat, errichtet werden. Daß eine solche Stelle auch mit diesem seiner Größe wegen ohne weiteres für eine selbständige Ackernahrung ausreichenden Grundbesitz des Klägers gebildet werden soll und der Kläger das geplante Wohnhaus hierfür erbauen will, ergibt sich aus der Lage des bereits mit einer Scheune besetzten Bauplatzes in der Nähe des von dort aus zu bewirtschaftenden Ackerstückes, das mit jenem durch einen Weg verbunden ist. Daß er in dem Nachbardorfe R. eine kleine Wirtschaft besitze, hat der Kläger selbst angegeben. Er irrt aber, wenn er meint, das sei ohne Belang. Denn die Anwendung des § 13a aaO. hat nicht zur Voraussetzung, daß nach der Parzellierung einer ländlichen Besitzung die Wohnhäuser für die neuen ländlichen Stellen auf den durch die Aufteilung entstandenen Trennstücken selbst errichtet werden. Hiernach ist die polizeiliche Bauerlaubnis wegen des Fehlens der Ansiedlungsgenehmigung mit Recht versagt worden.

Nr. 13. Entsch. v. 4. Febr. 1909 (OVG. 54 240) IV C 1/09.

AnsiedlG. v. 10. VIII. 04 (GS. 227) § 13a.

„Zwei“ ist eine Mehrzahl, und es entspricht dem allgemeinen Sprachgebrauch, auch schon unter 2 ländlichen Stellen „mehrere“ Stellen zu verstehen. Für die Annahme, daß der Gesetzgeber in dem § 13a AnsiedlG. v. 10. VIII. 04 diesem Sprachgebrauche nicht gefolgt sein sollte, fehlt jeder Anhalt.

Nr. 14. Entsch. v. 11. März 1909 (OVG. 54 238) IV A 63/08.

AnsiedlG. v. 10. VIII. 04 (GS. 227) §§ 13a, 20.

Die Vorschrift des § 13a AnsiedlG. v. 10. VIII. 04 der in dem AnsiedlG. v. 25. VIII. 76 (GS. 405) fehlte, kann nicht auf die vor ihrem Inkrafttreten vorgenommene Einrichtung eines vorhandenen Gebäudes zum Wohnhaus angewendet werden. Dies gilt selbst in dem Falle, daß zu der Einrichtung zum Wohnhaus eine polizeiliche Bauerlaubnis erforderlich gewesen und nicht erteilt sein sollte. Es mag zwar deswegen polizeilich eingeschritten werden können, aber jedenfalls nicht auf Grund des in dem vorliegenden Falle allein zur Anwendung gebrachten § 20 G. v. 10. VIII. 04.

Nr. 15. Entsch. v. 25 Nov. 1909 (OVG. 55 242) IV A 27/09.

AnsiedlG. § 13a.

1. Der Gerichtshof hat angenommen, daß der Kläger seinen Grundbesitz veräußert und sich des Eigentumsrechts begeben hat; nur das Baugrundstück hat er behalten das wegen seiner geringen Größe für sich allein nicht zu einer ländlichen Stelle im Sinne des § 13a AnsiedlG. werden kann. Steht ihm nicht mehr Land als 13 a (= etwa 1/2 Morgen) zur Verfügung, so kann keine Rede davon sein, daß das geplante Wohnhaus infolge der Umwandlung des Landguts R. oder eines Teiles dieses Landguts in mehrere ländliche Stellen errichtet werden soll, ganz abgesehen davon, daß auch sonst jeder ursächliche Zusammenhang zwischen dem Baue und der Gutsteilung fehlt.

2. Die bloße Vermutung, daß der Kläger später die veräußerten Grundflächen oder Teile davon zurückerwerben werde, genügt nicht, um damit die Annahme zu begründen, es solle in Verbindung mit dem geplanten Wohnhaus eine ländliche Stelle errichtet werden; lediglich mit Vermutungen und Möglichkeiten kann die Anwendung des § 13a aaO. nicht gerechtfertigt werden.

Nr. 16. Entsch. v. 13. April 1908 (OVG. 52 266) IV C 28/08.

AnsiedlG. § 13b.

Die Aufteilung eines Grundstücks im Sinne des § 13b Abs. 4 AnsiedlG. liegt vor, sobald ein bisher als Ganzes bewirtschaftetes Grundstück einmalig zwischen gesetzlichen Erben geteilt oder, worauf es gegenwärtig ankommt, im Wege der Teilung seitens der Eltern an ihre Kinder überlassen wird. Für die Auslegung des Wortes Grundstück ist aus den Materialien des Gesetzes nichts zu entnehmen.

Es ist jedoch irrig, daß für die Frage der Einheitlichkeit eines Grundstücks im Sinne des § 13b Abs. 4 aaO. die Art der Eintragung in das Grundbuch von Erheblichkeit sei. Der Gerichtshof hat bereits dargelegt, daß unter einem „Grundstück" im Sinne des § 13 Abs. 2 aaO. nicht jede einzelne im Kataster oder Grundbuche besonders bezeichnete Parzelle, sondern jedes bebaute Grundstück in seiner wirtschaftlichen Begrenzung als Baugrundstück gemeint sei (OVG. 50 226). Ebenso hat er bei der Handhabung des Baupolizeirechts stets daran festgehalten, daß dafür, ob es sich um ein bebautes Grundstück oder um mehrere selbständige und deshalb gegeneinander abgegrenzte Grundstücke handle, keineswegs an erster Stelle entscheidend sei, ob der Baugrund im Grundbuch als Einheit behandelt oder in verschiedene Grundstücke geteilt sei, sondern daß es hauptsächlich auf die wirtschaftliche Bestimmung und die dieser entsprechende Konstruktion der Bauten sowie darauf ankomme, ob die räumlich zusammenhängenden Grundstücke in der Hand eines und desselben Eigentümers eine wirtschaftliche Einheit bilden (OVG. 23 334 und 32 356). Bei Anwendung gleicher Grundsätze kann unter einem Grundstück im Sinne des § 13b Abs. 4 G. v. 10. VIII. 04 nur ein Grundstück in seiner wirtschaftlichen Begrenzung, ein bisher als Ganzes bewirtschaftetes Grundstück, verstanden werden. Es ist hierbei auch unerheblich, daß das Grundstück in zwei verschiedenen Kommunalbezirken liegt. Wie das G. v. 25. VIII. 76 (GS. 405) läßt das jetzt geltende v. 10. VIII. 04 die kommunalen Rücksichten überall den wirtschaftlichen Interessen gegenüber zurücktreten. Daß die Bestandteile des Grundstücks nur auf einer kleinen Strecke aneinander grenzen, steht ihrer wirtschaftlichen Einheit im Sinne des § 13b Abs. 4 nicht entgegen.

Endlich kann die Einheit des Grundstücks nicht aus dem Grunde verneint werden, weil die Eltern des Klägers den einen Bestandteil vor 20, den anderen vor 7 Jahren erworben haben. Die Voraussetzung, daß das ganze Grundstück zu derselben Zeit erworben sein müsse, kann nicht in den Abs. 4 des § 13b hineingetragen werden.

Nr. 17. Entsch. v. 30. März 1908 (PrVerwBl. 30 374) IV B 75/07.
AnsiedlG. v. 10. VIII. 04 (GS. 227) §§ 14 f.

1. Die Frage, ob der Platz, auf dem die Ansiedelung gegründet werden soll, durch einen jederzeit offenen fahrbaren Weg zugänglich ist, ist von Amts wegen zu prüfen. Die Ansiedelungsgenehmigung darf dann nicht erteilt werden, wenn der Weg, an dem die Ansiedelung gegründet werden soll, ein lediglich landwirtschaftlichen Zwecken dienender Interessentenweg ist. Nach § 15 G. v. 10. VIII. 04 (GS. 227) kann die Ansiedelungsgenehmigung versagt werden, wenn gegen die Ansiedelung von dem Eigentümer eines benachbarten Grundstücks Einspruch erhoben und der Einspruch durch Tatsachen begründet wird, welche die Annahme rechtfertigen, daß die Ansiedelung den Schutz der Nutzungen benachbarter Grundstücke aus der Land- oder Forstwirtschaft, aus dem Gartenbau, der Jagd oder der Fischerei gefährden werde. Zwar besteht kein Bedenken dagegen, die Frage, ob die Klägerin als Eigentümerin des Wegegeländes auch als Eigentümerin eines benachbarten Grundstücks gelten könne, zu bejahen. Auch kann in der Grasnutzung ohne weiteres eine Nutzung aus der Landwirtschaft erblickt werden. Aber die im § 15 aaO. vorausgesetzte „Gefährdung" muß eine solche sein, die durch strafbare Handlungen von Bewohnern der Ansiedelung oder Personen, die mit ihnen im Verkehr stehen, hervorgerufen werden kann. Tatsachen, die eine derartige Annahme rechtfertigen, sind jedoch weder zur Begründung des Einspruchs geltend gemacht worden, noch sonst zu erkennen. Insbesondere liegt auch nichts für die Annahme von Handlungen, die im FFPolG. v. 1. IV. 80 (GS. 230) unter Strafe gestellt sind, vor. Wie das Ansiedelungsgesetz zB. gegen eine bloße Störung der Ruhe des Wildes oder den Schutz der Fischereinutzungen gegen die Verunreinigung eines Wasserlaufs durch Abwässer der Ansiedelung keinen Schutz gewährt, so kann auch in der von der Klägerin behaupteten vermehrten Benutzung ihrer Wege keine den Einspruch rechtfertigende Tatsache gefunden werden.

3. Wenn hiernach der Einspruch teils unzulässig, teils unbegründet ist, so ist die Klägerin dessen ungeachtet, gegen eine ihrer Meinung nach unberechtigte Erteilung der Ansiedelungsgenehmigung durch die Ortspolizeibehörde nicht schutzlos; es dürfte ihr namentlich zustehen, einen etwaigen Mißbrauch ihrer Wege von seiten des Beklagten zu 2 oder anderer Personen abzuwehren, auch — falls sie das Recht hat, die Wegebenutzung für die Zwecke einer Ansiedelung zu untersagen — dieses Recht im Zivilprozesse geltend zu machen.

Nr. 18. Entsch. v. 4. Juni 1908 (PrVerwBl. 30 677) IV C 66/08.
AnsiedlG. v. 10. VIII. 04 § 15.

1. Die Klage gegen einen Bescheid des Kreisausschusses, durch den ein Einspruch gegen die Erteilung einer Ansiedelungsgenehmigung zurückgewiesen wird, ist außer gegen den vom Kreisausschusse zu bestellenden Vertreter des öffentlichen Interesses gegen denjenigen zu richten, der die Genehmigung nachgesucht hat. Beide bilden eine notwendige Streitgenossenschaft. Der Verein „G.er Walderholungsstätte" hätte daher nicht als „Beigeladener" zugezogen, sondern als Partei mitbeklagt werden müssen. Es besteht aber kein Bedenken, auch noch in der Revisionsinstanz ihm die Stellung als Beklagter zuzuweisen, da er bis zur Aufhebung des Urteils des ersten

Richters als (alleiniger) Beklagter, seitdem als „Beigeladener" an dem Verfahren beteiligt worden ist und somit Gelegenheit gehabt hat, alle seine Interessen im Verwaltungsstreitverfahren wahrzunehmen.

2. Die „Gefährdung" im Sinne des § 15 AnsiedlG. v. 10. VIII. 04 muß durch strafbare Handlungen von Bewohnern der Ansiedelung oder Personen, die mit ihnen in Verbindung stehen, hervorgerufen werden; sie kann daher nicht bestehen in der Möglichkeit der Uebertragung von Krankheiten der Bewohner der Ansiedelung auf diejenigen Personen, die sich auf den benachbarten Grundstücken aufhalten.

Nr. 19. Entsch. v. 3. Mai 1909 (PrVerwBl. 31 565) IV C 253/08.

AnsiedlG. v. 10 VIII. 04 § 15.

1. Der Bezirksausschuß hat nicht mit der Ansiedelung des Klägers für sich allein, sondern damit gerechnet, daß „bald eine ganze Reihe von Ansiedelungsanträgen für die dortige Gegend den Kreisausschuß beschäftigen wird, denen gegenüber dieser sich nach erst einmal erfolgter Genehmigung kaum wird ablehnend verhalten können; in wenigen Jahren kann somit eine ganze Kolonie von Arbeiter- und Beamtenhäusern entstehen, deren Bewohner trotz Sperrung und Warnungstafeln ihren Weg über den Grundbesitz des Freiherrn von T. nehmen werden usw.", und im Anschlusse daran ausgesprochen: „Weiteren Schädigungen seines Waldes und seiner Felder, die durch ein Anwachsen von Ansiedelungen in der Nähe des Grundbesitzes des Freiherrn von T. unausbleiblich sein würden, war danach unter allen Umständen vorzubeugen." Hierbei hat er verkannt, daß das AnsiedlG. v. 10. VIII. 04 nicht mehr den Unterschied zwischen Einzelansiedelungen und Kolonien kennt und jede Ansiedelung für sich lediglich nach der Gestaltung und dem Umfange zu beurteilen ist, welche der dem Antrage zugrunde liegende Plan darstellt.

2. Außerdem haben die Vorinstanzen das Wort „gefährden" im § 15 AnsiedlG. unrichtig ausgelegt, indem sie nicht beachteten, daß die Gefährdung im Sinne des § 15 eine solche sein muß, die durch strafbare Handlungen von Bewohnern der Ansiedelung oder Personen, die mit ihnen im Verkehr stehen, hervorgerufen wird.

Nach § 15 aaO. kann die Ansiedelungsgenehmigung versagt werden, wenn gegen die Ansiedelung von dem Eigentümer eines benachbarten Grundstücks Einspruch erhoben und der Einspruch durch Tatsachen begründet wird, die die Annahme rechtfertigen, daß die Ansiedelung den Schutz der Nutzungen benachbarter Grundstücke aus der Land- oder Forstwirtschaft, aus dem Gartenbau, der Jagd oder der Fischerei gefährden werde. Gefährdung der Nutzungen aus der Landwirtschaft, dem Gartenbau oder der Fischerei ist in dem Einspruche des beklagten Rittergutsbesitzers nicht behauptet worden. Was die Nutzungen aus der Forstwirtschaft und aus der Jagd anbelangt, so können für die Annahme, daß die Ansiedelung den Schutz der Nutzungen des benachbarten, im ganzen 17,30 ha großen Waldgrundstücks gefährden werde, nur Tatsachen berücksichtigt werden, die den Eigenschaften des Grundstücks, dem Bauprojekt und den persönlichen Eigenschaften derjenigen, für die die Wohnstätte bestimmt wird, entnommen werden. Ueber die Lageverhältnisse haben die bei der mündlichen Verhandlung dem Revisionsgerichte vorgelegten Karten und Pläne ausreichenden Aufschluß gegeben. Die das einstöckige kleine Haus des Klägers mit vier Zimmern und einer Küche im Erdgeschosse darstellende Bauzeichnung ist in den vorgelegten Akten des Amtes D. enthalten. Mag dieses Haus nun von dem Kläger selbst mit Familienangehörigen oder von irgendwelchen Erwerbern, an die es veräußert werden könnte, oder von Mietern, die dem Arbeiterstande oder anderen Berufszweigen angehören, bewohnt werden sollen, so sind von dem Einspruchserheber keine Tatsachen beigebracht worden, die die Annahme rechtfertigen, daß strafbare Handlungen der Bewohner oder solche, die überhaupt von der Ansiedelung ihren Ausgang nehmen könnten, den Schutz der Nutzungen seines Waldes gefährden werden. Bloße Besorgnisse und Befürchtungen genügen nicht, um den Einspruch gegen eine Ansiedelungsgenehmigung zu begründen. Auf die aus dem Anbau in der Nähe eines Waldes sich ergebende Feuersgefahr kann der auf Grund des § 15 aaO. erhobene Einspruch gegen eine Ansiedelung nicht gestützt werden.

Nr. 20. Entsch. v. 23. Sept. 1909 (PrVerwBl. 31 666) IV C 61/09.

Die nach Art. I § 18 Abs. 2 AnsiedlG. v. 10. VIII. 04 (GS. 227) zulässige Klage des Gegners eines Ansiedelungsvorhabens hat zur Voraussetzung, daß Einspruch auf Grund der §§ 15f. aaO. — § 15a, der dem Besitzer eines Bergwerkes ein besonderes Einspruchsrecht gewährt, kommt hier nicht in Betracht — erhoben und zurückgewiesen worden ist. Einsprüche von Eigentümern usw. eines benachbarten Grundstücks, von Gemeindevorstehern oder Gutsvorstehern müssen durch Tatsachen begründet werden, die die Annahme rechtfertigen, daß die Ansiedelung den Schutz der Nutzungen benachbarter Grundstücke aus der Land- oder Forstwirtschaft, aus dem Gartenbau, der Jagd oder der Fischerei gefährden werde. Der Kläger hat überhaupt keine Tatsache solcher Art geltend gemacht, woraus zu entnehmen ist, daß er weder in der Eigenschaft als Gutsvorsteher noch in der als Eigentümer eines benachbarten Grundstücks gegen die von dem beklagten Fiskus geplante Ansiedelung Einspruch erhoben hat. Auch fehlt es an jedem Anhalte für die Besorgnis einer Gefährdung der im § 15 bezeichneten Art. Dagegen läßt der Inhalt der Einspruchsschrift für sich allein wie im Zusammenhange mit den späteren Schriftsätzen des Klägers klar erkennen, daß dieser, abgesehen von dem vor dem Bezirksausschusse zurückgenommenen Widerspruche bezüglich der Schulverhältnisse, lediglich seine Interessen als Kirchenpatron hat zur Geltung bringen wollen, allerdings in der rechtsirrtümlichen Meinung, daß dafür der Einspruch und das Verwaltungsstreitverfahren der richtige Weg seien. Dies ist nicht der Fall, da das Gesetz anderen Interessenten kein Einspruchsrecht gibt, als den in den §§ 15f. aaO. bezeichneten, und hierzu ein Kirchenpatron in solcher Eigenschaft nicht gehört. Ob und inwieweit der Kläger, vielleicht als Vorsteher der beteiligten Kirchengemeinde oder durch dessen Vermittelung, die Festsetzung besonderer Leistungen des beklagten Ansiedelungsunternehmers zu fordern und auf dem im § 17 aaO. angegebenen Wege zu betreiben in der Lage sein möchte, muß im Verwaltungsstreitverfahren außer Betracht bleiben (vgl. § 18 Abs. 3 und 6 aaO.).

Nr. 21. Entsch. v. 4. Nov. 1909 (OVG. 55 239) IV C 8/09.

AnsiedlG. v. 10. VIII. 04 §§ 17f.

1. Indem der Vorderrichter besondere Leistungen des die Ansiedelungsgenehmigung beantragenden Klägers zugunsten der politischen, der Schul- und der Kirchengemeinde festsetzte und als Bedingungen, unter denen die Ansiedelungsgenehmigung erteilt werde, in das angefochtene Urteil aufnahm, hat er verkannt, daß eine solche Festsetznng durch Art. I § 17 Abs. 2 in Verbindung mit § 18 Abs. 3 und 6 AnsiedlG. v. 10. VIII. 04 dem Beschlußverfahren vorbehalten worden und im Verwaltungsstreitverfahren für sie kein Raum ist. Diesem Rechtsirrtum ist ein zweiter hinzugetreten, indem der Bezirksausschuß sich für befugt gehalten hat, die Erteilung der Ansiedelungsgenehmigung auszusprechen. Das ist aber, mag es schlechthin oder unter Bedingungen geschehen, unzulässig.

2. Wenn der Grund und Boden, über welchen der Weg führt, von dem Eigentümer L. der Eisenbahngesellschaft unter Vorbehalt einer entsprechenden Wegeservitut verkauft, auch wohl an die Käuferin aufgelassen worden ist, so bedurfte es früher nicht der Eintragung der Grundgerechtigkeit in das Grundbuch (vgl. §§ 13ff. I 22 ALR.; § 12 Abs. 2 EigErwG. usw. v. 5. V. 72 — GS. 433). Jetzt sind allerdings für Grundgerechtigkeiten die Einigung der Beteiligten und die Eintragung in das Grundbuch vorgeschrieben (vgl. §§ 1018ff., 873ff. BGB.). Für die am 1. I. 00 schon bestehenden Grunddienstbarkeiten ist jedoch zur Erhaltung ihrer dinglichen Wirksamkeit gegenüber dem öffentlichen Glauben des Grundbuchs nicht die Eintragung nötig, soweit die Landesgesetzgebung sie nicht vorschreibt (Art. 187 EGBGB.), und das PAG. v. 20. IX. 99 bestimmt hierüber nichts. Eine vorher zur Entstehung gelangte Grundgerechtigkeit des Klägers würde also auch uneingetragen weiterbestehen.

b) Ansiedelungen in den Provinzen Hannover und Hessen-Nassau.

Nr. 1. Entsch. v. 11. März 1909 (OVG. 54 228) IV B 29/08.

Für die Frage, was mit Rücksicht auf den im § 2 G. v. 11. VI. 90, betr. die Gründung neuer Ansiedelungen in der Prov. Hessen-Nassau, bezeichneten fahrbaren, jederzeit offenen Weg als „Ansiedelungsplatz" anzusehen ist, kommt in Betracht, daß der Ausdruck „Platz" nicht die Beschränkung auf denjenigen Teil der Erdoberfläche in sich schließt, auf welchem das Wohnhaus errichtet werden soll. Anderseits ist es nicht die bloße Zugänglichkeit des zu besiedelnden Grundstücks, ohne Rücksicht auf dessen Größe und Ausdehnung, durch die beim Vorhandensein eines fahrbaren, jederzeit offenen Weges dem Erfordernisse des § 2 Abs. 1 Genüge geschieht.

H. Baupolizei.

Literatur: Alexander-Katz: Grundzüge des preußischen Baurechts (Berlin 1910). — Baltz: Preußisches Baupolizeirecht[4] (Berlin 1910). — Dick: Das Baurecht im neuen Bürgerlichen Gesetzbuche[3] (Köln 1909). — Köpping: Nachbar-, Bau- und Wegerecht[2] (Königsberg N.-M. 1909). — Lindenberg: Der Schutz des Reichsgerichts gegen widerrechtliche Versagung der Bauerlaubnis (Leipzig 1908). — Piutti und Bredt: Das kommunale Bauverbot (Marburg 1909). — Saß: Baupolizeirecht mit Kommentar der Baupolizeiordnung für die Vororte von Berlin vom 28. V. 07 (Berlin 1909). — Schönwälder: Breslauer Baupolizeirecht (Breslau 1908). — Techow: Baupolizeiordnung für die Städte und für das platte Land der Regierungsbezirke Potsdam und Frankfurt a. O. (Berlin 1908).

a) Baupolizeiliche Vorschriften im allgemeinen; Zuständigkeit der Behörden; Verfahren in Baupolizeisachen; örtliche Bauordnungen.

Nr. 1. Entsch. v. 6. Juli 1906 (PrVerwBl. 29 895) VIII B 16/05.

ALR. II 17 § 10.

1. Der im § 10 II 17 ALR. zum Ausdruck gebrachte Grundsatz ergibt sich aus dem Begriffe der Polizei und besteht für den ganzen Umfang des Staatsgebiets zu Recht. Nach den dort gegebenen Bestimmungen darf die

Polizei nicht mehr als die zur Abwendung und Minderung der „Gefahr" nötigen Anstalten verlangen.

2. Bei der Bestimmung des Maßes des Erforderlichen findet, soweit es sich dabei um eine Frage der Zweckmäßigkeit und Angemessenheit handelt, eine Nachprüfung des Verwaltungsrichters nicht statt; der letztere muß sich auf die Beurteilung beschränken, ob die Auflage sachwidrig, dh. ungeeignet ist, die vorhandene Gefahr abzuwehren und zu vermindern, oder ob die Ausführung des Geforderten unmöglich ist. Beides war hier zu verneinen. Die Beklagte hat bei ihren Anordnungen den MErl. v. 6. V. 01 (MBl. 106) beachtet. Dieser enthält keine bindenden polizeilichen Vorschriften; er soll, wie auch der angezogene spätere Erl. v. 17. V. 04 (MBl. 141) hervorhebt, für die Polizeibehörden nur die Richtschnur bilden, nach der die Entwürfe für neu zu errichtende Waren-, Geschäftshäuser usw. geprüft und Mißstände bei schon bestehenden derartigen Häusern beseitigt werden sollen. Kommen die Geschäftsinhaber nicht freiwillig den an der Hand der ministeriellen Bestimmungen gestellten Anforderungen nach, so ist es Sache der Polizei, durch Verfügung gemäß den bestehenden örtlichen Verordnungen, oder wo diese keine oder keine erschöpfenden Vorschriften enthalten, auf Grund des § 10 II 17 ALR. die im einzelnen Falle für nötig befundenen Maßnahmen zu verlangen. Unbedenklich waren aber die Gebäude des Klägers als solche anzusehen, die zur Aufbewahrung einer größeren Menge brennbarer Stoffe bestimmt sind. Mit Recht hat schon der Vorderrichter für belanglos gehalten die Ausführungen des Klägers, sein Anwesen enthalte nicht Warengattungen aller Art, sondern vorwiegend nur Ausstattungsgut der Manufakturwarenbranche und Möbel, sowie die Darlegung des Sachverständigen, das Haus könne jederzeit nach Vermauern einiger Türen in der Grenzwand wieder als selbständiges Grundstück abgetrennt werden, und in mehreren Obergeschossen der 3 übrigen Häuser seien die ursprünglich zum Wohnen bestimmten Räume unverändert geblieben. Nicht darauf kommt es an, ob die unbestritten zum einheitlichen Geschäftsbetriebe eingerichteten 4 Häuser des Klägers in allen ihren Teilen modernen, von vornherein nach einheitlichem Plane gebauten Warenhäusern gleichen und ob das Publikum die oberen Stockwerke nur in Begleitung eines Geschäftsangestellten betreten darf, sondern darauf, ob in den dem Personal und dem Publikum zugänglichen Räumen größere Mengen brennbarer Stoffe gelagert sind.

Nr. 2. Entsch. v. 6. Dez. 1906 (DJZ. 12 886) IV 1940.

Der Vorderrichter hat die Frage, ob für den Bau der Klägerin die Ansiedelungsgenehmigung erforderlich sei, nicht geprüft, die Versagung der Bauerlaubnis vielmehr deshalb für berechtigt erachtet, weil dem Antrage nicht die nach der Baupolizeiordnung notwendigen Bauzeichnungen beigefügt waren. Diese Ausführungen beruhen auf Rechtsirrtum. Allerdings hat das OVG. ausgesprochen, daß die Klage gegen die Ablehnung eines Baugesuchs schon wegen formeller Mängel — insbesondere beim Fehlen ordnungsmäßiger Bauzeichnungen — abgewiesen werden kann, ohne daß dann noch die von der Baupolizeibehörde im einzelnen gegen die Art der Ausführung des Baues erhobenen sachlichen Bedenken weiter nachzuprüfen sind. Aber um einen solchen Fall handelt es sich hier nicht. Denn der Distriktskommissar hat weder die Einreichung von Bauzeichnungen verlangt, noch einzelne Mängel der Bauausführung gerügt, sondern er hat seine Zustimmung zur Errichtung des Gebäudes wegen fehlender Ansiedelungsgenehmigung überhaupt versagt. Dann kann von dem Bauunternehmer nicht verlangt werden, daß er zunächst noch Bauzeichnungen einreiche, den Bauplan im einzelnen ausarbeite, da ja die Polizeibehörde die Erlaubnis zum Bau aus einem Grunde versagt, der ihrer

Ansicht nach unter allen Umständen dem Bau entgegensteht, mag das Projekt im einzelnen gestaltet sein, wie es wolle. Ueberdies hatte hier der Distriktskommissar in seiner Verfügung noch deutlich zum Ausdrucke gebracht, daß er die Einreichung von Bauzeichnungen gar nicht verlange, vielmehr den Baukonsens in keinem Falle eher erteilen werde, als bis die Ansiedelungsgenehmigung beigebracht sei.

Nr. 3. Entsch. v. 19. Febr. 1907 (PrVerwBl. 29 245) VIII A 66/05.

ALR. I 8 § 149, II 17 § 10.

Es kann dahingestellt bleiben, ob die beiden Grundstücke Nr. .. und Nr. .. früher für sich allein mit getrennten Höfen bestanden haben, und ferner, ob dieser Zustand, wenn er wirklich bestanden hätte, den damals geltenden baupolizeilichen Bestimmungen entsprochen, ob er der polizeilichen Genehmigung bedurft und diese erhalten hat. Denn nachdem im Juli 1903 ein auf der damals angenommenen Grenze der Parzellen 1075 und 1076 errichteter Zaun auf Erfordern der Polizei wieder beseitigt worden, hat der nunmehr wieder frei und unabgeteilt daliegende Hofraum fortlaufend, auch während der Ende 1903 beginnenden Besitzzeit des Klägers als Nießbrauchers des Grundstücks (1075), der polizeilichen Kontrolle darauf unterlegen, ob etwa eine Scheidung irgendwelcher Art zwischen den Parzellen 1075 und 1076 (Nr. . .) errichtet sei. Dieser tatsächliche Zustand, bei welchem der Hof für die Nutzung der Besitzer der Parzellen 1075 und 1076 offen stand, darf nicht vom Kläger als dem Besitzer der Parzelle . . in einer Weise verändert werden, daß polizeilich zu schützende Interessen beeinträchtigt werden, polizeiwidrige Zustände entstehen. Eine Verschlechterung des Zustandes aber ist in den Verhältnissen des Hofraums dadurch eingetreten, daß der Kläger im Dezember 1904 die Scheidewand auf der Grenze der genannten Parzellen zog. Denn die Tätigkeit der Feuerwehr wird durch den Zaun, der mit mehr oder weniger erheblichem Zeitaufwande erst entfernt werden müßte, insofern wesentlich erschwert, als sie nun nicht mehr in der Lage ist, auf die Parzelle 1076 unverzüglich überzutreten, wozu sie im Notfalle auch dann befugt sein würde, wenn es sich bei dieser Parzelle um ein selbständiges Nachbargrundstück handeln sollte. Die Polizei war hiernach schon auf Grund des § 10 ALR. II 17 befugt, die Beseitigung des in Rede stehenden Zaunes zu fordern, und zwar vom Kläger als dem Urheber des neu geschaffenen polizeiwidrigen Zustandes. Auf die Bestimmung des § 149 I 8 ALR. kann sich der Kläger nicht berufen. Denn dieser § 149 gehört dem Nachbarrechte an, regelt lediglich die privatrechtlichen Beziehungen zwischen Nachbarn, begründet aber keine Rechte gegenüber den öffentlichrechtlichen Befugnissen der Polizeibehörde.

Nr. 4. Entsch. v. 9. April 1907 (PrVerwBl. 29 326) VIII A 115/05.

1. Die Unterstellung vorhandener Bauwerke unter neue baupolizeiliche Vorschriften ist zulässig, wenn die betr. Bauordnungen dies ausdrücklich vorschreiben.

2. Hat die Baupolizeibehörde einer keine Ausnahme zulassenden und ihr freies Ermessen ausschließenden Bestimmung einer Polizeiverordnung zuwider einen Bau genehmigt, so kann sie die Beseitigung oder Umänderung des zu Unrecht genehmigten Baues nach Maßgabe des jeweilig bestehenden materiellen Baurechts jederzeit fordern.

Nr. 5. Beschd. v. 17. Dez. 1907 (PrVerwBl. 30 784) VIII B 14/07.

1. Die mit der Klage angefochtene polizeiliche Verfügung ist darauf gestützt, daß bei einem etwaigen Verkaufe und weiterer Bebauung des an

der L.-Straße belegenen Grundstücks die Hofraumgröße für das Gesamtgrundstück und insbesondere für das jetzt zu bebauende Grundstück zu gering sein würde. Es kann dahingestellt bleiben, welchen Grad von Wahrscheinlichkeit die Annahme, daß der an der L.-Straße belegene Grundstücksteil verkauft und weiter bebaut werden solle, beanspruchen darf; denn bei der Entscheidung über das Baugesuch durfte sie keinesfalls ausschlaggebend sein. Die Polizeibehörde hat bei Prüfung der Baugesuche nur mit den zur Zeit vorhandenen tatsächlichen Verhältnissen zu rechnen, keineswegs aber Vorsorge zu treffen, daß nicht von dem Eigentümer in Zukunft Veränderungen mit dem Grundbesitze — Grenzveränderungen — vorgenommen werden, die möglicherweise polizeilich unzulässige Zustände hervorrufen können. Gegen solche Zustände einzuschreiten, sobald sie eingetreten sind, bleibt der Polizei unter allen Umständen unbenommen; vor ihrem Eintritte jedoch darf sich die Polizei nicht auf sie berufen.

2. Allerdings ist der Umstand, daß das Gesamtgrundstück nur eine Parzellennummer hat, noch nicht entscheidend. Denn die Eintragung im Grundbuche fällt unter andere Gesichtspunkte und beeinflußt in keiner Weise die tatsächliche Abgrenzung der Grundstücke in bezug auf ihre Verwendung und Benutzung. Aber wenn es auch vorzugsweise auf die wirtschaftliche Einheit des Grundstücks ankommt, so wird doch die katastermäßige Abgrenzung daneben von einer gewissen Bedeutung sein können. Jedenfalls wird ein Grundstück, das nicht nur im Grundbuch als rechtliche Einheit behandelt wird, sondern sich auch im ununterbrochenen Zusammenhang ausdehnt, in seiner ganzen Ausdehnung demselben Eigentümer gehört und wirtschaftlich als ein einheitliches Ganzes benutzt wird, als ein Grundstück zu betrachten sein.

Nr. 6. Entsch. v. 8. Mai 1908 (PrVerwBl. 30 769) VIII A 25/07.

1. Wenn die maßgebende Baupolizeiverordnung vorschreibt, daß eine Brandmauer über Dach geführt werden muß, so kommt eine Prüfung des Inhalts, ob es nach Lage des Einzelfalles als erforderlich erscheine, die Erhöhung zu bewirken, überhaupt nicht in Frage.

2. Die Polizeibehörde hat bei Prüfung der Baugesuche nur mit den zurzeit vorhandenen tatsächlichen Verhältnissen zu rechnen, keineswegs aber Vorsorge zu treffen, daß nicht von dem Eigentümer in Zukunft Veränderungen mit dem Grundbesitze — Grenzveränderungen — vorgenommen werden, die möglicherweise polizeilich unzulässige Zustände hervorrufen können.

Als der Kläger sein Baugesuch, betr. die Errichtung der „Doppelvilla", einreichte, handelte es sich bei dem zu bebauenden Grundstücke um ein einheitliches Baugrundstück des Klägers. Wenn der Amtsvorsteher das Gesuch genehmigte, so standen dem die in § 16 BauPolVd. enthaltenen Vorschriften nicht entgegen. Das als „Doppelvilla" bezeichnete Bauwerk stellte dasjenige „neue Gebäude" dar, für dessen „Außenwand" beim Nichtvorhandensein eines gewissen Abstandes von einem „anderen Gebäude" oder von der „Grenze" eines „Nachbargrundstücks" im § 16[1] die Herstellung „als Brandmauer" in Gemäßheit der näheren Vorschrift des § 16[2] (darunter Hochführung „bis 20 cm über die Bedachung") vorgeschrieben ist. Der Umstand, daß die inmitten des Bauwerks vorgesehene Mauer eine Scheidung desselben in 2 voneinander abgeschlossene, zu getrennter Nutzung bestimmte Teile bewirkte, benimmt der Mauer nicht die Eigenschaft einer Zwischenmauer, stempelt sie nicht zur Außenwand, welche einem „andern Gebäude zugekehrt" wäre (§ 16[1]). So heißt es denn auch im § 16[3]: Ist die „gegenüberliegende" Wand des „anderen Gebäudes" schon eine Brandmauer, so darf die betr. Wand des Neubaues

Oeffnungen erhalten, wenn" ... Von einer „dem Nachbargrundstücke zugekehrten Außenwand" konnte bei der Zwischenmauer von vornherein um deswillen keine Rede sein, weil der ganze Bau des Klägers auf einer Grundfläche errichtet wurde, die seinem einheitlichen Baugrundstücke angehörte. Könnte man aber auch dem Kläger zugeben, daß das von ihm geplante Bauwerk nicht als ein Haus genehmigt sei, so kommt in Betracht, daß ein Grundstück, auf dem mehrere Gebäude errichtet sind, baupolizeilich so lange und insoweit als ein Grundstück zu behandeln ist, als das mit mehreren Gebäuden besetzte Grundstück eine wirtschaftliche Einheit bildet; daß aber zur Zeit der Erteilung der Baugenehmigung ein Grundstück dieser Art in Frage stand, ist unter den Parteien nicht streitig, zwei nebeneinander liegende, demselben Eigentümer gehörige Häuser sind baupolizeilich nur dann als selbständige Bauten zu behandeln, wenn jedes Hausgrundstück — nicht nur jedes Haus — für sich allein eine selbständige wirtschaftliche Einheit bildet. — Für die Zwischenmauer blieb daher auch die Vorschrift des § 16[5] Abs. 1 Satz 3 außer Betracht, wonach „mit Nachbarn gemeinschaftliche Brandmauern" nicht gestattet sind, und ebenso die in Ziff. 5 Abs. 2 aaO. enthaltene Einschränkung dieses Verbots, wonach „gemeinschaftliche Brandmauern für Doppelhäuser im Landhausbezirk und sonstige kleine Reihehäuser nach Ermessen der Polizeibehörde zulässig sind." Um ein „ausgedehntes Gebäude", in welchem — nach § 16[5] — in Abständen von höchstens 40 m „trennende Brandmauern" zu errichten sind, handelt es sich hier endlich nicht. Nach alledem entsprach es der BauPolVd., wenn der Amtsvorsteher bei Erteilung der Bauerlaubnis das Projekt des Klägers um deswillen nicht beanstandet hat, weil eine Hochführung der Zwischenmauer über Dach nicht vorgesehen war.

3. Wenn es zutreffen sollte, daß durch die Teilung des früher einheitlichen Grundstücks die verkauften Teile, die vorher keine Selbständigkeit hatten, zu besonderen selbständigen Grundstücken wurden, auf die in ihrer Eigenschaft als selbständige Gebäudegrundstücke das zur Zeit der Selbständigwerdung geltende Baurecht Anwendung finden würde, so könnten doch die nach Maßgabe des Baurechts zu fordernden Vorkehrungen nur den Erwerbern der selbständig gewordenen Gebäudegrundstücke auferlegt werden. Das bringt der § 70 BauO. zu klarem Ausdrucke; es liegt auch auf der Hand, daß dem Kläger nicht angesonnen werden dürfte, an den durch den Verkauf seiner Dispositionsbefugnis entzogenen Gebäudegrundstücken bauliche Aenderungen vorzunehmen. Sollte aber der Kläger den gedachten Verkauf noch nicht bewirkt haben, so ist nach den obigen Darlegungen nicht ersichtlich, wie er zur Hochführung der in Rede stehenden Mauer über Dach verpflichtet wäre. Die wirtschaftliche Einheit des Grundstücks, auf dem die Doppelvilla steht, wurde nicht schon dadurch in Frage gestellt, daß der Kläger die bloße katastermäßige Teilung des Grundstücks zur Zeit des Erlasses der polizeilichen Verfügungen beantragt oder auch schon erreicht hatte.

Nr. 7. Entsch. v. 9. März 1909 (OVG. 54 436) VIII B 65/08.

BauflG. §§ 11 f.

1. In der Versagung der Baugenehmigung kommt überhaupt kein polizeiliches Verlangen zur Herstellung baulicher Maßnahmen zum Ausdrucke; wie die Genehmigung eines Baugesuchs die polizeiliche Erklärung ist, daß der geplante Bau dem öffentlichen Rechte entspreche, so liegt in der Versagung der Baugenehmigung die Erklärung, der geplante Bau stehe im Widerspruche zu dem bestehenden öffentlichen Rechte. Wurde unter Zufügung der Bedingungen das Baugesuch genehmigt, so erklärte hiernach die Polizeibehörde, der Bau sei, bei Erfüllung der Bedingungen, dem öffentlichen Rechte

gemäß; mit der Versagung der Genehmigung würde das Gegenteil ausgesprochen gewesen sein. Nur entweder auf Versagung oder auf Erteilung der Bauerlaubnis konnte die Bescheidung auf das Baugesuch lauten; die erteilte Genehmigung kann deshalb nicht etwas Geringeres als die Versagung sein, sondern sie ist etwas anderes. Es ergibt sich somit, daß die Polizeibehörde, die zur Versagung einer Baugenehmigung berechtigt ist, nicht ohne weiteres befugt ist, die Erlaubnis unter ihr genehmen Bedingungen zu erteilen.

2. Vielleicht hat der Beklagten bei ihrer Ansicht die Erinnerung vorgeschwebt, daß nach der Rechtsprechung die Zufügung von Bedingungen zu einer Bauerlaubnis, die nach § 11 BauflG. hätte versagt werden können, und zu einer von der Gemeinde ausgesprochenen, ihrem Ermessen ortsstatutarisch überlassenen Ausnahmebewilligung im Falle des § 12 aaO. nicht bemängelt worden ist. Diese Fälle handeln aber von einem freien Ermessen der Baupolizeibehörde (§ 11) und der Gemeinde (§ 12); bei ihnen wird mit der Erlaubnis und mit der Ausnahmebewilligung dem Antragsteller etwas gewährt, worauf er kein Recht hat. Das ist dagegen anders bei der Baugenehmigung im allgemeinen, die, wenn das Bauvorhaben dem objektiven öffentlichen Rechte entspricht, nicht versagt werden darf. Hier kann daher, wenn der Bau dem öffentlichen Rechte widerspricht, die Behörde nicht unter Bedingungen, die sie nach ihrem Ermessen für nützlich befindet, die Genehmigung erteilen; vielmehr ist die Erteilung unter Bedingungen nur dann zulässig, wenn gerade mit der Erfüllung der Bedingungen den Vorschriften des öffentlichen Rechtes genügt wird.

3. Dagegen könnte in Frage kommen, ob die Beklagte, indem sie die Befugnis zur Stellung der Baubedingungen aus ihrer vermeintlichen Berechtigung zur Untersagung einer Einfriedigung überhaupt ableitet, die Zufügung der Bedingungen als eine wegepolizeiliche Anordnung kennzeichnet. Allein es ist von einer wegepolizeilichen Verfügung keine Rede. Könnte in der Untersagung der Einfriedigung und also in einer Zurückweisung des Baugesuchs das Verlangen, kein Verkehrshindernis zu schaffen, und gegenüber einer Behauptung des Gesuchstellers, ihm stehe an dem mit der Einfriedigung zu besetzenden Gelände ein den öffentlichen Verkehr ausschließendes Privatrecht zu, eine Inanspruchnahme für den öffentlichen Verkehr zu finden sein, so beweist die Zulassung der Einfriedigung unter den bezeichneten Bedingungen, daß hier ein wegepolizeiliches Vorgehen nicht stattgefunden hat. Denn ein solches würde unvereinbar sein einmal mit der Forderung der Schließung durch eine Tür, wodurch die einzufriedigende Fläche völlig vom Gemeingebrauch abgeschlossen werden würde, und anderseits mit dem Verlangen einer dauernden gärtnerischen Unterhaltung jenes angeblich zum öffentlichen Wege gehörenden Geländes.

4. Als baupolizeiliche Auflagen lassen sich die auferlegten Bedingungen aber nicht halten.

Wenn die Beklagte in der Berufung das Verlangen wegen der Tür gewissermaßen aus der Natur einer Einfriedigung zu rechtfertigen sucht, so ist dem lediglich entgegenzuhalten, daß es im geltenden Rechte keine Vorschrift gibt, die gebietet, daß eine Einfriedigung nur dann hergestellt werden dürfe, wenn sie mit einer Gittertür versehen sei.

Nr. 8. Entsch. v. 14. Dez. 1909 (PrVerwBl. 31 545) I C 53/09.

Daraus, daß die Baupolizeibehörde in den Bauerlaubnisschein eine Bedingung zugunsten der Gemeinde aufnimmt, kann für den die Bauerlaubnis Nachsuchenden ein Recht, gegen die Gemeinde vor den Verwaltungsgerichten zu klagen, nicht erwachsen.

Es hätte dem Kläger zwar freigestanden, gegen die — nur bedingt erteilte — Bauerlaubnis sich der Rechtsbehelfe zu bedienen, welche die §§ 127ff. LVG. gegen polizeiliche Verfügungen zulassen; er hätte also über die so beschränkte Bauerlaubnis Beschwerde führen oder bei dem Kreisausschuß Klage erheben können (§ 128[1] aaO.); die Klage wäre aber lediglich der Baupolizeibehörde als Beklagten gegenüber zulässig gewesen.

Nr. 9. Beschd. v. 14. Dez. 1906 (PrVerwBl. 29 914) VIII B 18/06.

BauflG. § 11.

1. Zutreffend ist der Vorderrichter davon ausgegangen, daß das im § 11 BauflG. bezüglich der Neubauten, Um- und Ausbauten gegebene Versagungsrecht von der Baupolizeibehörde auszuüben ist. Erläßt diese eine Verfügung, in der sie, gestützt auf den Widerspruch der Gemeindebehörde, die Genehmigung zu der Errichtung eines Neubaues, Um- oder Ausbaues über die Fluchtlinie hinaus verweigert, so ist diese Verfügung nach den §§ 127ff. LVG. der Baupolizeibehörde gegenüber anfechtbar. Wenn hier aus dem Wortlaute des Klageantrages und aus der Klagebegründung zu entnehmen war, daß die Klage auf Beseitigung des Widerspruchs hinzielt, den der Beklagte als Gemeindebehörde gegen eine Erteilung der Bauerlaubnis durch die Baupolizeibehörde erhoben hat, so konnte ihr deswegen nicht stattgegeben werden, weil es an einer gesetzlichen Vorschrift fehlt, die eine derartige Klage für zulässig erklärt. Aber selbst wenn der von den Klägern nachträglich eingenommene Standpunkt richtig wäre, daß hier der Magistrat zu Breslau als Baupolizeibehörde verklagt sei, so hätte der Klage doch aus den vom Vorderrichter angegebenen Gründen der Erfolg versagt werden müssen.

2. Nach dem Erl. des M. d. J. v. 6. VIII. 99 (ABl. 331) ist der Stadtgemeinde B. die Verwaltung der Bau- (Hochbau-, Tiefbau- und Wegebau-) Polizei mit Ausschluß der aus dem BauflG. v. 2. VII. 75 sich ergebenden Befugnisse der Polizeiverwaltung unter Vorbehalt des Widerrufs v. 1. I. 00 ab überwiesen worden. Die Nr. 6 des Erl. bestimmt, daß dem Kgl. Polizeipräsidenten die ausschließliche Ausübung aller ortspolizeilichen Rechte und Pflichten soweit verbleiben solle, als der Gemeinde durch den Erlaß nicht ausdrücklich polizeiliche Befugnisse gewährt seien. Zu den aus dem G. v. 2. VII. 75 sich ergebenden polizeilichen Befugnissen, die danach dem Polizeipräsidenten belassen worden sind, gehört die Funktion, über ein Baugesuch zu befinden, nicht. Wenn im § 11 aaO. ein besonderer Versagungsgrund neu eingeführt worden ist, so ergibt sich doch nicht aus dem G. v. 2. VII. 75, sondern aus den Bauordnungen, daß die Befugnis, das Baugesuch zu genehmigen oder abzulehnen, der Baupolizeibehörde zusteht. Unter den Befugnissen der Polizeiverwaltung, die sich aus dem BauflG. ergeben, werden vielmehr im Sinne des MErl. v. 6. VIII. 99 die durch § 1 desselben Gesetzes der Ortspolizeibehörde verliehenen Befugnisse verstanden, die Festsetzung der Fluchtlinien zu verlangen und ihre Zustimmung zu der von dem Gemeindevorstande erfolgten Fluchtlinienfestsetzung zu verweigern. Gemäß der Nr. 2 des Erl. soll sich die Handhabung des unter Nr. 1 genannten Zweiges der Ortspolizei nach den allgemeinen gesetzlichen Bestimmungen regeln. Es kommt somit hier der § 1 PolVerwG. v. 11. III. 50 zur Anwendung, wonach die örtliche Polizeiverwaltung von den nach den Vorschriften der Gemeindeordnung dazu bestimmten Beamten im Namen des Königs geführt wird. Der § 62 StO. überträgt jedoch dem Bürgermeister die Handhabung der Ortspolizei, falls diese nicht Kgl. Behörden zusteht (Ziff. I 1 des § 62 aaO.). Demnach liegt in Breslau die Verwaltung der Baupolizei mit dem in der Nr. 1 des MErl. v. 6. VIII. 99 ausgesprochenen Vorbehalte dem Oberbürgermeister

oder demjenigen Magistratsmitgliede ob, das auf Grund des 2. Abs. des § 62 aaO. mit der Handhabung der Ortspolizei betraut worden ist. Daß ein Magistratsassessor als Dezernent in der Baupolizeiverwaltung tätig ist, ist unerheblich.

Nr. 10. Entsch. v. 19. März 1909 (PrVerwBl. 30 864) I B 43/07.

ALR. II 17 § 10.

1. Die angefochtene Verfügung ist erlassen worden im gesundheitspolizeilichen Interesse und auf Grund der PolVd. v. 10. V. 03. In dieser — von dem Amtsvorsteher zu Wilmersdorf erlassenen — PolVd. hat der Bezirksausschuß eine den Erlaß der angefochtenen Verfügung begründende Vorschrift erblickt und deshalb ein Eingehen auf die Frage, ob die Verfügung auch aus allgemeinen Gründen mit Rücksicht auf den Schutz des Publikums vor Gesundheitsgefahren (§ 10 II 17 ALR.) hätte erlassen werden dürfen, für nicht erforderlich erklärt. Die an den Kläger erlassene Verfügung kann jedoch weder auf den § 10 II 17 ALR. noch auf die PolVd. v. 10. V. 03 gestützt werden.

2. Durch letztere wird die Errichtung und Erweiterung von Anlagen, die starken Rauch, Ruß, üble Gerüche und schädliche Ausdünstungen verbreiten oder ungewöhnliches Geräusch verursachen, in einer Entfernung von weniger als 50 m von den Baufluchtlinien und den Nachbargrenzen verboten. Die Verordnung enthält sonach eine baupolizeiliche Vorschrift. Solche Vorschriften zu erlassen war aber die Ortspolizeibehörde für das hier in Betracht kommende — innerhalb der Ringbahn belegene — Gebiet von Wilmersdorf deshalb nicht befugt, weil durch die von dem Regierungspräsidenten zu Potsdam als der Landespolizeibehörde unter dem 22. VIII. 98 erlassene BauPolVd. für einen Teil der Stadt Charlottenburg, einen Teil des Forstgutsbezirks Tegel und die Gemeinden Rummelsburg, Lichtenberg, Stralau, Deutsch-Wilmersdorf, Schöneberg, Tempelhof, Rixdorf und Treptow, soweit diese innerhalb der Ringbahn liegen, die Materie erschöpfend geregelt ist. Eine Abänderung oder Ergänzung der landespolizeilichen Vorschriften, wie sie die Vd. v. 10. V. 03 darstellt, konnte demnach nur durch die Landespolizeibehörde, nicht durch die Ortspolizeibehörde vorgenommen werden. Die Polizeiverordnung entbehrt daher der Gültigkeit.

2. Aber auch die Bestimmung des § 10 II 17 ALR. berechtigte die Polizei zum Erlasse der angefochtenen Verfügung nicht. Weder das Verbot, Automobile in den auf dem Grundstück errichteten Baulichkeiten unterzustellen, noch die Untersagung der Benutzung des Grundstücks selbst zu Automobilzwecken kann durch den Hinweis darauf, daß die Polizei im gesundheitspolizeilichen Interesse zum Vorgehen befugt sei, begründet werden. Zunächst ist die Polizei zum Einschreiten nicht schon dann berechtigt, wenn die Nachbarn durch das Geräusch und die üblen Gerüche, wie sie der Verkehr der Automobile auf dem Grundstück des Klägers im Gefolge hat, belästigt werden, sondern erst dann, wenn jene Geräusche und Gerüche die Gesundheit zu gefährden geeignet sind. Unterstellt man aber auch, daß dies hier der Fall sei, so geht doch die Verfügung zu weit, wenn sie dem Kläger jegliches Unterstellen von Kraftfahrzeugen in den Baulichkeiten und jede Benutzung des Grundstücks zu Automobilzwecken verbietet. Nur die zur Erreichung ihrer Zwecke nötigen Anstalten hat die Polizei nach § 10 II 17 ALR. zu treffen, es fehlt aber an jeder tatsächlichen Unterlage dafür, daß es nötig gewesen wäre, das Unterstellen aller Automobile — namentlich auch solcher, die mit elektrischer Kraft betrieben werden und deshalb weder geräuschvoll arbeiten noch üble Gerüche verbreiten — und die Benutzung des Grundstücks „zu Automobilzwecken" ohne jede Einschränkung zu untersagen. Verstanden werden muß hierunter mangels näherer Angabe in der polizeilichen

Verfügung jede Benutzung des Grundstücks zu Verrichtungen, die mit oder an Automobilen vorgenommen werden können, also außer dem Fahren vor allem das Reinigen der Fahrzeuge, die Vornahme von Reparaturen u. a. m. Derartige Verrichtungen sind aber nicht notwendig mit üblen Gerüchen verbunden, noch brauchen sie ungewöhnliche Geräusche zu verursachen. Waren sonach die tatsächlichen Voraussetzungen nicht vorhanden, die die Polizei zum Erlasse der Verfügung berechtigt haben würden, so entbehrt die im Streit befangene Anordnung der rechtlichen Grundlage. Sie muß deshalb außer Kraft gesetzt werden.

3. Verfehlt ist der auf § 51 GewO. gestützte Einwand. Die Anwendbarkeit des § 51 beschränkt sich auf gewerbliche Anlagen, zu deren Betriebe der Unternehmer durch die erteilte Genehmigung ein Recht erlangt hat, und auf solche der Genehmigung nicht bedürfende Anlagen, deren Betrieb, wenn er auch mit Nachteil für das Gemeinwohl verbunden ist, sich doch innerhalb der gesetzlichen und polizeilichen Vorschriften bewegt. Dagegen bilden nichtgenehmigungspflichtige Anlagen, die den Gesetzen oder polizeilichen Vorschriften zuwiderlaufen, keinen Gegenstand der im § 51 vorgesehenen Zwangsenteignung, und die Befugnis der Polizeibehörden, gegen sie auf Grund des § 10 II 17 ALR. einzuschreiten, wird durch § 51 nicht berührt.

4. Unzutreffend ist ferner die Ausführung, daß die Polizei sich deshalb nicht an den Kläger hätte halten dürfen, weil dieser das Grundstück verpachtet habe. Anordnungen, die die Polizei im öffentlichen Interesse für geboten erachtet und die rechtlich begründet sind, dürfen wegen privatrechtlicher Abmachungen nicht unterbleiben, sind vielmehr, wenn sie sich auf die Erhaltung eines Grundstücks im polizeimäßigen Zustande beziehen, sowohl dem Grundstückseigentümer als auch dem Mieter (Pächter) gegenüber durchzuführen.

Nr. 11. Entsch. v. 5. Jan. 1910 (OVG. 55 313) IX B 2/09.

1. Dem Bauunternehmer F. wurde durch Verfügung der städtischen Polizeiverwaltung zu H. aufgegeben, die ihm bei Erteilung der baupolizeilichen Genehmigung zur Erbauung von 4 Wohnhäusern in H. unweit des linken Kinzigufers auferlegte Regulierung einer Strecke dieses Ufers binnen 4 Wochen zur Ausführung zu bringen, widrigenfalls dies auf seine Kosten durch die Polizei geschehen werde.

Der Vorderrichter hat die Klage hiergegen abgewiesen, weil nach seiner Ansicht die Auflage der Kinzigregulierung dadurch, daß sie zur Bedingung der Baugenehmigung gemacht worden war, und daß der Kläger von dieser Genehmigung, ohne sie mit den gesetzlichen Rechtsmitteln anzufechten, Gebrauch gemacht hatte, für den Kläger verbindlich geworden sei. Diese Entscheidung setzt voraus, daß die Baupolizeibehörde zum Erlasse der angefochtenen Verfügung zuständig war, und die gegebene Begründung läßt vermuten, daß der Bezirksausschuß die Auflage, um deren Durchsetzung es sich handelte, als eine ortspolizeiliche, und zwar baupolizeiliche, aufgefaßt hat. Auf der Grundlage dieser Auffassung konnte er jedoch nicht zur Abweisung der Klage gelangen; denn durch die Verfügung ist dem Kläger die Erfüllung der bis dahin nicht angefochtenen Baubedingung unter Androhung der Ausführung durch einen Dritten aufgegeben worden. Die gegen diese Verfügung gerichtete Klage würde sich also gemäß § 133 Abs. 1 LVG. sowohl auf die Androhung des Zwangsmittels, als auch auf die Baubedingung erstreckt haben. Völlig abwegig wäre es, wenn der Vorderrichter von der Auffassung ausgegangen sein sollte, der Kläger habe sich dadurch, daß er auf die unter Bedingungen erteilte Bauerlaubnis hin baute, diesen Bedingungen unterworfen. Diese Auffassung ist mit dem rechtlichen Wesen der Bauerlaubnis und der Baubedingung durchaus unvereinbar. Die Bauerlaubnis ist nichts anderes als die Erklärung der zuständigen Behörde, daß dem beabsichtigten Baue Hindernisse aus dem öffentlichen Rechte nicht entgegenstehen. Sie ist kein Vertragsanerbieten und enthält ein solches auch nicht in ihren Bedingungen. Diese sind polizeiliche Verfügungen und können mit den gegen diese gegebenen Rechtsmitteln ohne jede Rücksicht darauf angefochten werden, ob von der Bauerlaubnis Gebrauch gemacht ist oder nicht. Die Unterlassung der Anfechtung hat keine weitergehenden Wirkungen als bei anderen polizeilichen Verfügungen.

2. Die Forderung der Kinzigregulierung war aber weder eine ortspolizeiliche noch eine baupolizeiliche Verfügung, und sie konnte dies auch nicht dadurch werden, daß sie zur Bedingung der Baugenehmigung gemacht wurde. Sie ist nicht von der beklagten Baupolizeibehörde, sondern von dem Regierungspräsidenten gestellt worden. Dessen Genehmigung zu dem Bauvorhaben des Klägers war von der beklagten Baupolizeibehörde unter Bezugnahme auf § 1³ BauPolO. I für den RegBez. Cassel v. 23. XI 00, wonach die Erteilung der Bauerlaubnis zu allen Bauten im Ueberschwemmungsgebiete der Kinzig und anderer bestimmt bezeichneter Flüsse dem Regierungspräsidenten vorbehalten blieb, nachgesucht worden, und sie wurde von ihm bedingt erteilt unter Berufung auf § 16 und § 20 KurhVd. v. 31. XII. 1824, den Wasserbau betreffend (KurhGS. 99).

Ergibt sich hieraus, daß die Auflage der Kinzigregulierung nach ihrer partikulargesetzlichen Rechtsgrundlage wie auch nach ihrem Gegenstand eine wasserpolizeiliche Anordnung war, so konnte sie von der beklagten städtischen Polizeiverwaltung schon deshalb nicht im Verfügungswege durchgesetzt werden, weil diese nach der amtlichen Auskunft des Regierungspräsidenten nicht Wasserpolizeibehörde ist.

3. Ein Anwendungsfall des § 20 Vd. v. 31. XII. 1824 liegt nicht vor. Nach den allein maßgebenden Bauvorlagen sollte weder das Flußbett noch die Uferböschung mit baulichen Anlagen oder sonstigen Hindernissen des freien Flußlaufs besetzt werden, noch waren entferntere Zäune, Dämme oder andere „Befriedigungen" vorgesehen. Die streitige Baubedingung hatte somit ihre Stütze in § 16 aaO. zu finden. Ein anderer Rechtsgrund ist dafür nicht geltend gemacht worden und besteht auch nicht. Nun beschließt nach § 85 ZustG. über die Erteilung der nach § 16 und § 17 Abs. 2 Vd. v. 31. XII. 1824 erforderlichen Genehmigung „zu den dort bezeichneten Wasserbauanlagen und zu Veränderungen an vorhandenen derartigen Anlagen" (von solchen Veränderungen handelt § 17 aaO.) — vorbehaltlich der in § 86¹ ᵘⁿᵈ ³ ZustG. geordneten Zuständigkeit des Kreis-(Stadt-)Ausschusses in gewissen Streitfällen — der Bezirksausschuß.

Eine solche Genehmigung ist weder bei dem Bezirksausschusse nachgesucht, noch von ihm erteilt worden.

Ohne weiteres ist anzuerkennen, daß nach gemeinem Sprachgebrauche Gebäude und namentlich Wohnhäuser „unweit der Ufer" nicht als „Wasserbauanlagen" bezeichnet zu werden pflegen. Nach dem hier obwaltenden Zusammenhange kann es aber nur darauf ankommen, was die kurh. WasserbauVd. v. 31. XII. 1824 unter Wasserbauanlagen versteht. Den Ausdruck „Wasserbauanlagen" gebraucht sie in der Ueberschrift des zweiten Abschnitts. Wenn unmittelbar unter dieser Ueberschrift in der ersten und sachlich wichtigsten Bestimmung des Abschnitts, in § 16, „neue Anlagen von Mühlen und ähnlichen Wassermaschinen, sowie von Wehren, Schleusen und Aalfängen oder Fischwehren und Wasserdämmen, desgleichen an den Flüssen: von Wässerungen und von Gebäuden unweit der Ufer", einheitlich der Genehmigung der Oberbaudirektion unterworfen werden, so ist schon hiernach zu vermuten, daß die aufgeführten „neuen Anlagen" eben „Wasserbauanlagen" sind und daß somit zu diesen auch die „Gebäude unweit der Ufer" gehören. Daß dem in der Tat so ist, ergibt die Fassung des § 17 aaO. mit ausreichender Sicherheit; denn hier wird unter der Sonderüberschrift „Veränderungen an Wasserbauwerken" von „bereits vorhandenen Anlagen der obgedachten Art" gesprochen. Damit werden die in § 16 aufgeführten Anlagen ohne Ausnahme ausdrücklich als „Wasserbauwerke" bezeichnet. Der Zusatz „Wasserbau" hat somit in der Sprache der Vd. v. 31. XII. 1824 um so weniger eine die „Gebäude unweit der Ufer" ausschließende Bedeutung, als bei der Wahl des Ausdrucks „Wasserbauanlagen" in der Ueberschrift des Abschnitts ersichtlich das Bedürfnis nach einer einheitlichen, zusammenfassenden Bezeichnung bestimmend war. Die Unterstellung der Gebäude unweit der Ufer unter diese Bezeichnung wird daher auch nicht etwa durch die Erwägung ausgeschlossen, daß es sich um „Maßregeln zur Sicherung der Wasserbauanlagen" handelt, während die Unterwerfung der Errichtung von Gebäuden in der Nähe von Flußufern unter die Genehmigungspflicht vor allem dem Interesse eines ungehinderten Hochwasserabflusses dient und insoweit vielfach zu einer Verhinderung oder Einschränkung dieser Errichtung führt. Denn es kann nicht bestritten werden, daß sie daneben auch zu deren — der Gebäude — Sicherung dient und dienen soll.

Auch in der Entstehungsgeschichte des § 85, wie des ZustG. überhaupt, findet die Rechtsauffassung des Bezirksausschusses und des Regierungspräsidenten keine Stütze.

Bei dem Erlasse des G. zur Verhütung von Hochwassergefahren v. 16. VIII. 05 (GS. 342) ist jedenfalls davon ausgegangen worden, daß für die Erteilung der Genehmigung zur Errichtung von Gebäuden unweit der Ufer nach § 16 Vd. v. 31. XII. 24 der Bezirksausschuß zuständig sei. In § 12 Abs. 2 des genannten Gesetzes ist bestimmt, daß bis zu dem in Abs. 1 aaO. geregelten vollen Inkrafttreten des Gesetzes die für die Freihaltung der Ueberschwemmungsgebiete bestehenden gesetzlichen Vorschriften mit der Maßgabe in Kraft bleiben, daß die Bestimmung des § 1 DeichG. v. 28. I. 48 (GS. 54) auch auf die Errichtung von Gebäuden Anwendung findet.

4. Einerseits bedurfte also der Kläger zur Erbauung seines Hauses der Genehmigung des Bezirksausschusses, anderseits konnte nur dieser ihm die streitige Baubedingung stellen. Wäre dies geschehen, so wäre für die Durchsetzung der Erfüllung übrigens nicht nur die städtische Polizeiverwaltung, die überhaupt nicht Wasserpolizeibehörde ist, sondern auch der Kgl. Polizeidirektor zu H., der als allgemeine Ortspolizeibehörde auch die örtliche Wasserpolizei verwaltet, unzuständig gewesen. Die kurh. Oberbaudirektion, deren Obliegenheiten der Bezirksausschuß nach §§ 85 und 96 ZustG. wahrnimmt, war überhaupt die Trägerin der staatlichen Wasserbauverwaltung und der höheren Wasserpolizei für das kurh. Staatsgebiet. Sie hatte, wie die kurh. Vd., die Umbildung der bisherigen Staatsverwaltung betreffend, v. 29. VI. 1821 (KurhGS. 29) ausspricht, nicht nur „als beratende und aufsehende Zentralstelle" „sämtlichen Ministerien in allen technischen Bauangelegenheiten zur Hilfe zu sein" (§ 76 aaO.), sondern war in bezug auf Straßen- und Wasserbau zugleich verwaltende Behörde (§ 77 aaO.). Im besonderen stand ihr auch nach § 7 WasserbauVd. v. 31. XII. 24 die Wasserbauverwaltung und Wasserpolizei in bezug auf die dort aufgeführten bedeutenderen Flüsse, darunter die Kinzig, zu. Ihre partikulargesetzlich begründete Zuständigkeit als Wasserpolizeibehörde ist im Rahmen der geltenden Organisation der allgemeinen Landesverwaltung auf den Regierungspräsidenten übergegangen, soweit nicht durch besondere Vorschrift (§§ 85 und 96 ZustG.) der Bezirksausschuß hierzu berufen worden ist.

Nr. 12. Entsch. v. 23. März 1906 (PrVerwBl. 30 25) VIII A 82/05.

Eine Baupolizeiverordnung, die allein und ausschließlich die Errichtung gewerblicher Anlagen bestimmter Art sowie schlechthin die Errichtung gewerblicher Viehhaltungen (im vorliegenden Falle einer Milchkuranstalt mit Kuhstalleinrichtung) für gewisse Stadtviertel verbietet, tritt mit den §§ 1, 16 RGewO. in Widerspruch und entbehrt deshalb der Rechtsgültigkeit. (vgl. OVG. 41 322).

Nr. 13. Entsch. v. 4. Mai 1906 (PrVerwBl. 29 605) VIII B 34/04.

1. Aus der Bestimmung im § 48 BauO. für die Städte des RegBez. L. v. 25. III. 82 folgt nicht, daß bei Erlaß dieser Ordnung bereits vorhandene Gebäudeteile, an denen Veränderungen vorgenommen werden sollen, zu dem Ende niedergelegt werden müßten, damit die nach der neuen Baupolizeiordnung erforderliche Größe des Hofraums hergestellt werde.

2. Eine Durchfahrt von mindestens 2,30 m lichter Breite ist als das Minimalmaß anzusehen, um das Durchfahren von Feuerlöschfahrzeugen ohne Schwierigkeit zu ermöglichen.

3. Widerspricht ein Bauprojekt dem materiellen Baurecht, so ist die Baupolizeibehörde nicht verpflichtet, eine entsprechende Aenderung des Projektes in Form einer Baubedingung vorzuschreiben, sondern befugt, die Bauerlaubnis zu versagen.

Nr. 14. Entsch. v. 25. Mai 1906 (PrVerwBl. 29 687) VIII B 1/05.

Nach den Vorschriften der RegBauPolO. I für die Residenzstadt C., die Städte H. und M. usw. v. 23. XI. 00, sowie der BauO. v. 1. XI. 02 — Beil. zum ABl. 48 der Regierung zu Cassel — ist die Auflage, die der Straße zugekehrte Giebelseite eines Hauses verputzen zu lassen, bei einem vor Inkrafttreten dieser Bauordnung legal hergestellten Hause nur dann gerechtfertigt, wenn überwiegende Gründe der öffentlichen Sicherheit die Verputzung unerläßlich machen.

Nr. 15. Entsch. v. 23. April 1907 (PrVerwBl. 29 1055) VIII A 44/05.

Der § 7[7] BauPolO. für den Stadtkreis B. v. 15. VIII. 97 gibt dem Bauherrn und Grundstückseigentümer kein klagbares Recht auf Zulassung einer Ausnahme von der Regelvorschrift der Ziff. 6 aaO., sondern stellt die Zulassung von Oeffnungen in sonst undurchbrochenen Brandmauern in das pflichtmäßige Ermessen der Polizeibehörde. Die Handhabung dieses Ermessens unterliegt aber der Rechtskontrolle im Verwaltungsstreitverfahren insoweit, als die angefochtene Entschließung der Polizeibehörde außer Kraft zu setzen ist, falls sie auf rechtlich nicht zulässigen oder tatsächlich jeden Anhalts entbehrenden Erwägungen beruht.

Wollte man dementsprechend auch hier prüfen, ob willkürlich verfahren sei, so müßte die Frage unbedingt verneint werden. Die Feuersgefahr, zu deren Bekämpfung die Vorschriften über die Beschaffenheit der Wände in § 7 vorwiegend dienen, ist von der Polizeibehörde von Anfang an abgewogen worden. Das Ergebnis ihrer örtlichen Besichtigungen — unterstützt von den Erfahrungen bei Bränden unter ähnlichen Verhältnissen — wonach eine Brandübertragung mittels Stichflamme durch das Treppenhaus des Warenhauses und durch die

Oeffnungen in den beiden Brandmauern nach dem Gebäude Nr. . . möglich ist, wird auch durch das vom Kläger beigebrachte Gutachten des Geheimen Regierungsrates Professor Rietschel nicht widerlegt. Seine Berechnungen schaffen den Erfahrungssatz nicht aus der Welt, der wie in anderen Bauordnungen auch in § 7⁶ Berliner BauO. Ausdruck gefunden hat,

> daß die undurchbrochene Brandmauer der beste Schutz gegen die Feuersgefahr aus dem Nachbarhause ist,

und daß jede Abweichung hiervon diesen Schutz mindert. Die Polizei ist dem Kläger weit entgegengekommen, als sie ihm wegen der Benutzung einiger Räume des III. Stocks in Nr. . . den Durchbruch der Brandmauern dieses Stockwerks gestattete unter Anordnung von Sicherheitsmaßregeln im Interesse der Bewohner des IV. Stocks und des Dachgeschosses von Nr. . . In der Eingabe des Klägers findet sich dann die Bemerkung, der Bequemlichkeit halber sei der Durchbruch nach dem Warenhause hergestellt worden. Wenn ferner damals schon angedeutet und in den Streitschriften besonders betont ist, der Durchbruch führe auch eine erhöhte Sicherheit der obersten Geschosse des Hauses Nr. . . herbei, so rechtfertigte dieses Vorbringen keineswegs das Begehren, die fraglichen Oeffnungen zuzulassen. Denn bestand das Bedürfnis, für die Bewohner von Nr. . . neben der nur vorhandenen einen Treppe noch einen anderen Rückzugsweg gegen Feuersgefahr zu schaffen, so mußten entsprechende Vorkehrungen auf dem Grundstück Nr. . . getroffen werden, da es seine wirtschaftliche Selbständigkeit durch die seitherige Verbindung mit dem Warenhause nicht verloren hatte. Nach allem konnte von einer willkürlichen Versagung des Baukonsenses für die fragliche Tür nicht die Rede sein.

Nr. 16. Entsch. v. 6. Okt. 1909 (PrVerwBl. 31 620) IX A 4/09.

Nach Ziff. 1a des von der Höhe der Gebäude handelnden § 3 BauPolO. für den Stadtkreis B. v. 15. VIII. 97 dürfen innerhalb der für die Höhe der Frontwände bestimmten Grenzen von 12—22 m alle Baulichkeiten an Straßen so hoch sein, wie die Straße oder der Straßenteil vor ihnen zwischen den Straßenfluchtlinien breit ist. Dieser Vorschrift genügt das vor mehr als 100 Jahren errichtete und auf Grund des Bauscheins vom 10. IV. 07 umgebaute Haus F.-Straße Nr. . . nicht. Ferner dürfen nach § 3² BauO. oberhalb der zulässigen Fronthöhe die Dächer über eine im Winkel von 45⁰ zu der Front gedachte Luftlinie nicht hinausgehen. Auch dieser Vorschrift entsprach das alte, bis 1907 vorhandene Dach nicht. Der dem geltenden Baurecht widersprechende Zustand des alten Hauses wurde dann durch das in Eisenkonstruktion mit einem gegen früher steileren Winkel von 45⁰ zu der Front hergestellte neue Dach noch verschlechtert. Gegen den illegalen Zustand an der Hand der heutigen Bauordnung einzuschreiten, war die Polizeibehörde unzweifelhaft befugt (§ 40 Abs. 1 BauO., § 42 idFass. der Nachtrags-PolO. v. 2. VII. 04 und § 44). Dies ist dann mit der Auflage einer Dachänderung in der umstrittenen Verfügung und dem darin angezogenen Nachtrag V zum Bauschein geschehen.

Nr. 17. Entsch. v. 21. Juni 1907 (PrVerwBl. 30 142) VIII A 8/06.

1. Der § 29 Abs. 2 Ziff. 2 BauPolO. für die Städte der Prov. Pommern v. 7. III. 03, wonach von zwei sich gegenüberliegenden Außenwänden desselben Grundstücks, die nicht mindestens 5 m voneinander entfernt sind, die eine Wand als Brandmauer aufgeführt werden muß, ist dahin auszulegen, daß die eine der beiden Außenwände nur so weit als Brandmauer und daher ohne Oeffnungen herzustellen ist, als sie von der anderen Wand weniger als 5 m entfernt ist.

2. Wenn nur ein Teil einer Oeffnung, zB. eines Fensters, eine Entfernung von der gegenüberliegenden Wand hat, die kleiner als 5 m ist, so kann die Polizei mit Rücksicht auf den einheitlichen Charakter der Oeffnung deren gänzliche Beseitigung fordern.

3. Die §§ 29, 31 aaO. untersagen die Herstellung von Oeffnungen in Wänden, die nach § 29 Brandmauern sein müssen, sowohl für bereits bestehende wie für neu zu errichtende Bauwerke. Denn es ist nicht anzunehmen, daß die neue Bauordnung die Herbeiführung eines Zustandes, der als gefahrdrohend angesehen wird, bei Neubauten verbieten, bei vorhandenen Anlagen dagegen gestatten will. Konnte die Polizei demnach, ohne daß die Voraussetzungen des § 31 aaO. vorlagen, von dem Kläger fordern, daß die nach Beseitigung des alten Wandteils in dem neu aufgebauten Teile der Wand angelegten beiden Oeffnungen geschlossen werden, so ist es unerheblich, daß der Außenwand des südlichen Seitenflügels im übrigen die Eigenschaften einer Brandmauer fehlen, daß sie insbesondere noch mehr Oeffnungen hat.

Nr. 18. Entsch. v. 8. Juni 1909 (PrVerwBl. 31 97) VIII C 19/09.

1. Nach § 14 BauPolVd. für die Städte der Prov. Westpreußen v. 13. VI. 91 bleibt es den städtischen Ortspolizeibehörden überlassen, nach Anhörung der städtischen Behörden diejenigen Teile des städtischen Gebietes zu bestimmen, in denen keine Scheunen errichtet werden dürfen. Die BauPolVd. enthält sich also absichtlich der Regelung der Frage, inwieweit die städtischen Bezirke von der Bebauung mit Scheunen freizuhalten seien, überläßt vielmehr die Ausfüllung dieser Lücke den Ortspolizeibehörden. Die Beklagte war demnach an und für sich befugt, Bestimmungen im Rahmen des § 14 zu erlassen. Nach feststehender Rechtsprechung des Gerichtshofes können einzelne Teile eines Polizeibezirks aus polizeilich zulässigen Rücksichten Beschränkungen hinsichtlich der Baufreiheit unterworfen werden. Ein solches allgemeines polizeiliches Verbot muß aber in der Form einer Polizeiverordnung und unter Beobachtung der über die Art ihrer Verkündigung erlassenen Vorschriften ergehen.

2. Wie aber der Vorderrichter zutreffend ausgeführt hat, rechtfertigt sich die Versagung der Bauerlaubnis aus § 14 Abs. 2 BauPolVd., der die Errichtung von Scheunen regelmäßig nur bei einem Abstande von wenigstens 100 m von Wohnhäusern gestattet. Gegen diese Bestimmung verstößt der geplante Anbau. Der Kläger hat zwar geltend gemacht, das Bauvorhaben richte sich nicht auf einen Neubau, sondern nur auf einen Erweiterungsbau, auch handle es sich nicht um eine Scheune, sondern nur um einen Geräteschuppen. Die letztere Ausführung steht aber im Widerspruch mit seinen eigenen Angaben in den Vorinstanzen. Nach diesen soll der Schuppen dazu dienen, die Dresch- und Häckselmaschine aufzunehmen, um dort dreschen und Häcksel schneiden zu lassen. Da ihm von der Beklagten verboten worden sei, beim Dreschen Stroh vor die Scheune zu legen, in der Scheune aber dann wegen der Enge des Raumes ohne Lebensgefahr für seine Leute nicht gearbeitet werden könne, sollten die genannten Arbeiten in den Anbau verlegt werden. Der Kläger will also die zu enge Scheune erweitern und den Anbau zu denselben wirtschaftlichen Zwecken verwenden, zu welchen bisher die Scheune diente. Der geplante Bau kennzeichnet sich demzufolge als ein Erweiterungsbau der Scheune und nicht etwa lediglich als die Errichtung eines zur Aufbewahrung von Geräten bestimmten Schuppens. Eine Vergrößerung des Scheunenraums ist aber im Sinne des § 14 Abs. 2 aaO. dem Neubau einer Scheune gleichzuerachten. Denn wenn der Neubau einer Scheune in einer geringeren Entfernung als 100 m von einem Wohnhause nicht gestattet ist, so muß auch

die Vergrößerung einer bereits näher als 100 m an einem Wohnhause stehenden Scheune als unzulässig gelten. Die Polizeibehörde war daher berechtigt, bei dem Fehlen der Voraussetzungen des § 14 Abs. 2 aaO. die Genehmigung zu dem Scheunenerweiterungsbau zu versagen. Aber auch die Bestimmung des § 10 Abs. 1 aaO. rechtfertigte die Ablehnung der nachgesuchten Bauerlaubnis. Nach dieser Bestimmung muß bei jedem Neubau ein freier Hofraum liegen bleiben, der mindestens ein Viertel der bebauten Grundfläche beträgt, nicht unter 40 qm groß ist und hierbei nach keiner Richtung eine geringere Ausdehnung als 5 m hat. Der Kläger hat zugegeben, daß der Hof zwischen dem geplanten Anbau und dem bereits vorhandenen Schuppen nicht überall die durch § 10 aaO. vorgeschriebene Mindestausdehnung von 5 m hat, sondern stellenweise nur 3,5 m breit ist. Die Polizeibehörde war daher auch auf Grund des § 10 aaO. berechtigt, die Genehmigung zu dem auch im Sinne dieser Vorschrift als Neubau anzusehenden Anbau zu versagen.

Nr. 19. Entsch. v. 23. Okt. 1909 (OVG. 55 451) IX B 9/09.

1. Der Berufung würde stattzugeben sein, wenn der Grund und Boden, den der S.-Bach überströmt, im Verhältnisse zu dem daneben gelegenen Baugrundstücke des Klägers ein Nachbargrundstück im Sinne des § 16 der hier in Betracht kommenden BauO. für die kleineren Städte und Flecken des RegBez. Schleswig wäre. Nach dieser Vorschrift ist, wenn ein neues Gebäude in geringerer Entfernung als 2,50 m von der Grenze eines Nachbargrundstücks errichtet wird, die diesem zugekehrte Außenwand als Brandmauer herzustellen. Die Grenze des Baugrundstücks bildet auch die Grenze des klägerischen Besitzes. Nach dem RG. v. 28. X. 02 (RGZ. 52 380 ff.) gehören im Gebiete des Gemeinen Rechtes die ständig fließenden Wasserläufe zwar im allgemeinen zu den öffentlichen Gewässern, doch können auch sie im Privateigentume stehen, wenn sie weder schiffbar noch flößbar sind.

2. Ist hiernach am Bette des S.-Baches, der weder schiffbar noch flößbar ist, Privateigentum an und für sich möglich, so ist doch dem Vorderrichter darin beizutreten, daß gleichwohl das Bett des S.-Bachs ein Nachbargrundstück im Sinne des § 16 aaO. nicht ist.

Zwar enthält weder diese noch eine andere Vorschrift der genannten BauPolVd. eine ausdrückliche Beschränkung in der Richtung, daß nur ein in bestimmter Art benutztes, insbesondere bebautes oder bebaubares bzw. zur Bebauung bestimmtes oder ihr erschlossenes Nachbargrundstück in Betracht komme. Auch ist an und für sich ohne Zweifel die Gesamtheit wie der einzelne vielfach in gleichem oder ähnlichem Grade dabei beteiligt, daß beispielsweise ein benachbarter Holzhof oder ein sonstiger Lagerplatz für ähnliche Gegenstände vor dem brennenden Nachbarhause geschützt und daß das Feuer überhaupt auf seinen Herd beschränkt wird. Ferner ist es nicht richtig, daß die Möglichkeit der Bebauung bei einem Flusse völlig ausgeschlossen sei. Mit Genehmigung der Wasserpolizeibehörde kann das Bett von Bächen und Flüssen überbaut und nach Ersetzung durch Verlegung völlig der Bebauung erschlossen werden. Anderseits liegt zunächst auf der Hand, daß der feuerpolizeiliche Schutz, den die streitige Vorschrift etwa den nicht bebauten Nachbargrundstücken ohne Rücksicht auf deren mögliche Bebauung bietet, für ein Fluß- oder Bachbett in seinem natürlichen Zustand ohne Bedeutung ist. Weder bedarf das von Wasser überströmte Bachbett eines feuerpolizeilichen Schutzes, noch macht es einen solchen für die Umgebung notwendig. Vielmehr wirkt es durch sein Vorhandensein regelmäßig ebenso oder besser schützend, wie der durch § 16 (in Verbindung mit § 4) aaO. geschaffene Schutzstreifen. Nicht minder klar ist, daß die Möglichkeit einer Ueberbauung oder Bebauung eine sehr entlegene, nur in einer verhältnismäßig geradezu verschwindend geringen Zahl von Fällen praktisch wirksame ist. Ihre Verwirklichung hängt nicht von dem Belieben des Eigentümers, sondern von dem freien Ermessen der Wasserpolizeibehörde ab und bedingt, wenn nicht die Aufhebung der Eigenschaft eines Grundstücks als Bachbett, so doch eine erhebliche Veränderung seines Wesens. Jedenfalls entspricht sie nicht der dieses Wesen maßgebend bestimmenden natürlichen Zweckbestimmung des Bachbetts, sondern steht zu ihr in entschiedenem Gegensatze. Hierzu kommt mit durchgreifender Wirkung folgende Erwägung: Die natürlichen Wasserläufe, sowohl die öffentlichen Flüsse wie die Privatflüsse, sind keineswegs gleich gewöhnlichen Privatgrundstücken grundsätzlich der rechtlichen Einwirkung der Anlieger und dritter Personen entzogen. Vielmehr besteht sogar an den „im gemeinen Eigentume des Staates" stehenden öffentlichen Flüssen ein weitgehendes Recht des Gemeingebrauchs zum Schöpfen, Baden, Tränken, Anlegung von Wasserleitungen usw. Bei Privatflüssen gilt für die Uferbesitzer entsprechendes in erhöhtem Maße. Diese Rechtsverhältnisse haben eine eingehende positive Feststellung und Regelung durch das ALR. und das PrivFlG. v. 28. II. 43 (GS. 41) erfahren; sie entsprechen und entspringen aber der wirtschaftlichen und rechtlichen Natur der Flüsse und Bäche und bestehen daher auch in anderen Rechtsgebieten. In diese Rechtsverhältnisse würde eingegriffen werden, wenn dem baulustigen Anlieger die Bedingung gestellt würde, sich durch eine öffnungslose Wand den Zugang zu dem Bache zu verschließen. Möchte auch eine Polizeiverordnung, falls sie eine derartige Forderung in bezug auf einen Privatfluß erhöbe, der Rechtsgültigkeit nicht entbehren, so tritt doch in dieser Wirkung einer Anwendung der streitigen Vorschrift auf Bauten an Flüssen oder Bächen vollends mit überzeugender Deutlichkeit hervor, daß das Bett von Flüssen oder Bächen seiner rechtlichen Natur nach etwas wesentlich anderes ist, als ein gewöhnliches Privatgrundstück, und daher durch die einfache Bezeichnung „Nachbargrundstück" in den Brandmauervorschriften mindestens so lange nicht getroffen wird, als es sich in einem seiner natürlichen Zweckbestimmung entsprechenden Zustande befindet, also nicht etwa durch besondere Maßnahmen, wie Ueberwölben u. dgl., regelwidrig der Bebauung erschlossen und damit zum Baugrundstücke geworden ist.

Wenn der Gerichtshof in OVG. 43 379 und in der Entsch. v 19. IX. 01 — PrVerwBl. 23 358 — sich geneigt gezeigt hat, die Grenzen des streitigen Begriffs weiter zu ziehen und ihm auch Bachbetten zu unterstellen, so kann hierbei nach näherem Eingehen auf die hier zur Entscheidung stehende — dort nur beiläufig berührte — Frage nicht verblieben werden.

b) Begriff eines Wohnhauses, eines Baues, von Umbauten, Ausbauten usw.; Baubeschränkungen auf Grund des BauflG.

Nr. 1. Entsch. v. 8. März 1907 (PrVerwBl. 29 284) VIII C 125/05.

1. Der Gerichtshof hat wiederholt ausgesprochen, daß durch ein auf 4 Pfähle gesetztes festes Dach ein „Gebäude" geschaffen werde, und dabei bemerkt, es sei hierfür auch gleichgültig, daß statt der 4 Pfähle die Befestigung des Daches an den Wänden erfolgt sei. Auch hier wie in jenem Fall reicht die Bedeckung von hüben nach drüben, es wird durch sie ein geschlossener Raum auf dem Hofe geschaffen und der Hauptteil des Hofes seiner Eigenart entkleidet und seiner Zweckbestimmung entfremdet.

Die bauliche Anlage könnte zudem auch als „Anbau" angesprochen werden, sie ist „an" die vorhandenen Gebäude (Wohnhaus und Stall) als neuer, mit einer gewissen Selbständigkeit ausgerüsteter Raum angegliedert. Der

Kläger hatte in der ersten Instanz wie bei dem Einholen der Baugenehmigung angegeben, der Zweck der Ueberdachung solle sein, dort die Marktpferde unterzustellen. Eine gleiche Erklärung hatte er auch vor dem Kreisausschuß abgegeben. In der Berufungsschrift hat er das widerrufen und behauptet, die Ueberdachung sei im alleinigen Interesse seiner Familie und seiner Gäste (Kläger ist Gastwirt) erfolgt. An der Tatsache, daß durch die Anlage ein neuer, mit einer gewissen Selbständigkeit ausgerüsteter Raum geschaffen worden ist, würde indessen durch die letzte Angabe des Klägers nichts geändert sein.

Wird die bauliche Anlage entweder als „neues Gebäude“ oder „als Anbau“ angesehen, so ist sie unzulässig, da dann unstreitig die vorgeschriebene Hofgröße nicht mehr frei bleibt.

2. Im übrigen ist es ohne Belang, ob die überdachte Hoffläche gewerblichen Nutzungszwecken dient oder nicht. Der Kläger irrt auch in der weiteren Annahme, die Beseitigung der Ueberdachung dürfe nur gefordert werden, falls ein öffentliches Interesse dies erheische. Die in einer gültigen Polizeiverordnung enthaltenen Gebote und Verbote sind mit gesetzlicher Kraft ausgestattet; infolgedessen müssen alle Fälle, die von den aufgestellten Normen getroffen werden, unbedingt und ausnahmslos nach diesen Normen beurteilt und erledigt werden, auch wenn sie, an und für sich betrachtet, ein polizeiliches Einschreiten wegen Mangels eines besonderen polizeilichen Interesses nicht rechtfertigen würden.

3. Für die Rechtsgültigkeit einer polizeilichen Verfügung ist es unwesentlich, ob die Polizei bei ihrem Erlaß überall von zutreffenden rechtlichen Gesichtspunkten geleitet gewesen ist, und ob die angezogene Vorschrift die Verfügung zu stützen geeignet ist. Entscheidend ist allein, ob der Inhalt der Anordnung objektiv dem bestehenden öffentlichen Recht entspricht.

Nr. 2. Entsch. v. 15. Okt. 1907 (PrVerwBl. 30 340) VII A 97/06.

1. Dem Kläger ist aufgegeben, den beanstandeten Teil des dritten Geschosses bis auf bestimmte Höhe abzubrechen. Es ist ihm aber freigestellt, zur Abwendung des Abbruchs andere, näher angegebene bauliche Aenderungen auszuführen. Letzteres ist ein in das Belieben des Klägers gegebenes Anheimstellen, keine — mit Zwangsandrohung ausgerüstete — Anordnung, gereicht ihm also nicht zur Beschwerde.

2. Für das Urteil kommt es nur auf das zur Zeit der Konsenserteilung und der Urteilsfällung geltende Baurecht an.

Zunächst ist daher einzugehen auf den Einwand des Klägers, sein Bau sei nach dem Rechte, unter dessen Herrschaft der Konsens erteilt worden, weder konsens- noch normwidrig; er entspreche der Bauerlaubnis, und nachdem einmal diese erteilt worden sei, entbehre die von der Ortspolizeibehörde geforderte Aenderung des Baues der Rechtsbeständigkeit. Vorab ist diese Ausführung tatsächlich dahin richtigzustellen, daß Zeichnungen über die innere Ausgestaltung des obersten Geschosses nicht vorgelegt, also auch nicht genehmigt worden sind. Aber auch soweit diese Einschränkung nicht Platz greift, steht die Erteilung der Bauerlaubnis dem angefochtenen Einschreiten der Polizei nicht entgegen. Denn die Bauerlaubnis widersprach, wie später zu zeigen, bezüglich der beabsichtigten, in den Bauzeichnungen dargestellten Gestaltung des östlichen Teiles des Gebäudes dem geltenden Baurecht. Insoweit konnte der irrtümlich erteilte Konsens Rechtswirkungen zugunsten des Klägers nicht erzeugen, also auch die jetzt erhobene Forderung der Polizei, einen polizeigemäßen, d. i. dem geltenden Baurecht entsprechenden Zustand herbeizuführen, nicht ausschließen.

3. Wenn für ein im Landhausviertel belegenes Gebäude nur zwei zum dauernden Aufenthalt von Menschen bestimmte Geschosse, also nur zwei Vollgeschosse zulässig sind mit der Maßgabe, daß im „Dachgeschoß“ „einzelne Stuben“ als Zubehör zu den unteren Wohnungen eingerichtet werden dürfen, so muß auch bei Einrichtung einzelner Zimmer im „Dachgeschoß“ letzteres immer ein Dachgeschoß sein und bleiben, d. i. den Charakter eines solchen haben. Vollgeschoß und Dachgeschoß sind aber Gegensätze, so daß dann von einem „Dachgeschoß“ nicht mehr die Rede sein kann, wenn es als Vollgeschoß ausgebaut ist, mag letzteres für die Gesamtfläche oder nur für einen Teil derselben zutreffen. Es ist nämlich sehr wohl möglich und auch tatsächlich oft zu beobachten, daß das oberste Geschoß zum Teil als Vollgeschoß, zum Teil als Dachgeschoß ausgebaut wird. Beide Begriffe sind in der BauPolVd. nicht definiert, also für den vorliegenden Fall der allgemein üblichen Auffassung des Verkehrs und der Bautechnik zu entnehmen. Danach aber ist unter einem Dachgeschoß ein Geschoß zu verstehen, das unmittelbar unter dem Dache liegt, von den Dachschrägen eingeschlossen wird und den Dachstuhl enthält. Ein Vollgeschoß dagegen wird von der Dachkonstruktion nicht beeinflußt. Im Gebäude des Klägers greift nun die Dachkonstruktion in keiner Weise in den Gebäudeteil ein, der die 3 Stuben enthält. Das Hauptgesims dieses Gebäudeteils beginnt vielmehr erst über der Decke der 3 Stuben. Dieser Gebäudeteil hat also tatsächlich 3 Vollgeschosse und ein über diesen liegendes Dachgeschoß, dessen Dachkonstruktion, nach den Bauzeichnungen gegriffen, nur $1\frac{1}{2}$ m rund hoch ist. Der Kläger hat also nicht „im Dachgeschoß“ einzelne Stuben eingerichtet, sondern ein drittes Vollgeschoß hergestellt, was zweifellos mit den Vorschriften der BauPolVd. unvereinbar ist.

Nr. 3. Beschd. v. 23. Mai 1907 (DIZ. 13 142) IV 836.

Die Ausführung der Klägerin, daß ihr „Arbeiterraum“ kein Wohnhaus sei, ist verfehlt. Das Gebäude soll unstreitig dazu dienen, etwa 15 Arbeitern ein Unterkommen zu gewähren. Die Arbeiter sollen dort — abgesehen von der Arbeitszeit selbst — sich aufhalten, auch dort nächtigen. Danach ist das Gebäude bestimmt, für diese Arbeiter Wohngelegenheit zu schaffen, also ein Wohnhaus. Ob es sich hierbei nur um Saisonarbeiter handelt, die anderswo ihre Heimat haben und bloß einige Monate bei der Klägerin in Arbeitsstellung sind, ist gleichgültig. Solange sie sich bei der Klägerin befinden, wohnen sie in dem Gebäude. Auch verliert ein Wohnhaus nicht deshalb seinen Charakter als solches, weil es etwa einige Zeit des Jahres nicht zum Wohnen benutzt wird. Zu Unrecht beruft sich die Klägerin auf das FreizG. v. 1. XI. 67. Wenn hier in § 1[1] zwischen „Unterkommen“ und „eigener Wohnung“ unterschieden wird, so ist damit keineswegs gesagt, daß ein Gebäude, in dem Arbeiter ihr „Unterkommen“ finden, sich während der Dauer des Arbeitsvertrages ständig aufhalten und schlafen, kein Wohnhaus wäre.

Nr. 4. Entsch. v. 18. Okt. 1907 (PrVerwBl. 30 358) VIII B 54/06.

1. Begrifflich sind zu unterscheiden „Unterkellerung“ und „Bebauung“ eines Hofes. Erstere ist eine das Niveau des Hofes nicht übersteigende, also unter der Oberfläche des Hofes bleibende Anlage. „Bebaut“ wird dagegen ein Hof, sobald sich die Anlage über das Hofniveau erhebt. Ueber „Hofunterkellerung“ sagt die schon aus dem Jahre 1887 stammende Königsberger BauPolVd. nichts. Sie schreibt dagegen in § 19[6] vor, auf jedem Grundstücke müsse mindestens ein freier, weder bebauter noch über-

deckter . . . Hofraum von wenigstens 40 qm Grundfläche vorhanden sein. Ist der Hof im Sinne des § 19⁶ aaO. kein freier, sondern ein bebauter, so ist die Rechtsauffassung unhaltbar, die Kelleranlage sei keine polizeiwidrige; eine Aenderung der Hofüberdachung könne nicht gefordert werden, sondern nur die Nichtbenutzung der an den Hof anstoßenden Wohnräume. Gerade das Umgekehrte trifft vielmehr zu. Die norm- und konsenswidrige Hochführung des Hofkellers bis 30 cm über den Fußboden des Erdgeschosses hat für sich allein einen polizeiwidrigen Dauerzustand geschaffen. Dessen Beseitigung war also zunächst zu fordern. Nur eine sekundäre Folgewirkung dieses polizeiwidrigen Zustandes des Hofkellers ist es, daß nunmehr die an den Hof stoßenden Wohnräume nicht mehr 30 cm über dem angrenzenden Terrain liegen, also insoweit gegen § 45[1] BauPolVd. von 1887 verstoßen. Wird die primäre polizeiwidrige Ursache, Höhenlage des Hofkellers beseitigt, so fällt damit ohne weiteres der jetzige polizeiwidrige Zustand der Hofräume fort. Die Nichtbenutzung dieser Räume zu Wohn- und Schlafzwecken konnte also nur vorübergehend, nämlich bis der Hofkeller in einen polizeigemäßen Zustand gebracht sein wird, gefordert werden.

2. Eine dauernde, auf unbegrenzte Zeit gedachte Anordnung ist nicht rechtsbeständig. Gültige Polizeiverordnungen binden auch die Behörden, nach § 61 BauPolVd. von 1887 war die Ortspolizei zu einer Dispensation von der Vorschrift des § 45[1] oder § 19⁶ nicht zuständig. Laut § 59 sind vorschriftswidrige Bauanlagen zu beseitigen. Die Hofkelleranlage ist nach der BauPolVd. von 1887 vorschriftswidrig. Also hatte die Ortsbehörde bei ihrem Einschreiten zunächst und in erster Reihe die Tieferlegung der Kellerdecke zu betreiben und nur bis zur Durchführung dieser primären Anordnung durfte sie vorübergehend die zeitige Verwendung der 4 Hofräume verbieten.

3. Da der Hof nicht bebaut werden darf (§ 19⁶ BauPolVd.), bei gleicher Höhenlage der Kellerdecke mit dem Fußboden des Erdgeschosses aber das Hofniveau überschritten, der Hof also bebaut wird, so widersprach die Genehmigung dem geltenden Rechte. Dieser Konsens ist also rechtsunwirksam und rechtlich muß er als nicht vorhanden gelten.

4. Richtig ist die Ausführung des Klägers, § 45 trage die Ueberschrift „Kellerwohnungen". Aber daraus läßt sich nicht ableiten, die Norm des § 45[1] sei auf den vorliegenden Fall nicht anwendbar, weil die 4 Erdgeschoßräume keine „Kellerwohnung" seien. Die Ueberschrift „Kellerwohnungen" deckt offensichtlich nicht den ganzen Inhalt des § 45. Nur Ziff. 2 handelt recht eigentlich von „Kellerwohnungen"; unter solchen sind nach dem Zusammenhange Wohn- und Schlafräume zu verstehen, die in das Erdreich, und zwar bis zu 50 cm unter Terrain (d. i. Hofniveau), eingesenkt sind. Ziff. 1 dagegen verbietetet die Benutzung von Räumen, deren Fußboden nicht mindestens 30 cm über dem Terrain (Bürgersteig oder Hof) liegt, zu Wohn- und Schlafzwecken. Geschosse, die allseits über Terrain liegen, können aber niemals als Kellergeschosse angesprochen werden. In solchen Geschossen können also auch keine „Keller"wohnungen liegen. Maßgebend ist also allein die Höhenlage über dem Hofniveau; nicht aber auch, ob sie genügend gegen Feuchtigkeit geschützt sind.

Nr. 5. Entsch. v. 27. Nov. 1909 (PrVerwBl. 31 566) IX B 15/09.

ALR. II 17 § 10.

1. Der Umstand, daß in unter der Erdoberfläche gelegenen Räumen Menschen nicht ständig, sondern meist nur abends und zur Nachtzeit sich aufhalten und daß viele nur stundenweise bleiben, schließt weder den Begriff

des zum dauernden Aufenthalte von Menschen bestimmten Raumes, noch Gesundheitsgefahren aus, weil die Möglichkeit des langen Verweilens für die Gäste bestand, dies auch für den Wirt und seine Angestellten die Regel bildete und die Polizei die auch nur einzelnen Mitgliedern des Publikums drohenden Gefahren abzuwenden hat. War nach den tatsächlichen Verhältnissen eine ernste Gefahr und damit die Anwendbarkeit des § 40⁴ BauPolO. für Berlin v. 15. VIII. 97 anzunehmen, so fragte sich noch, ob ohne weiteres § 37 Abs. 2 BauPolO. Platz greift und — weil den dortigen Vorschriften (Ziff. 1—3) die fraglichen Räume keineswegs genügen können — dauernde Nichtbenutzung der letzteren zum Aufenthalt gefordert werden darf, oder ob der Kläger zum Nachweise der Beseitigung der Gesundheitsgefahr durch sonstige Mittel zuzulassen ist. Unzweideutig enthält § 37 von vornherein für alle Neubauten und für alle nicht zu Recht bestehenden baulichen Anlagen (§ 40⁴) zwingende nur im Dispenswege (§ 42²) zu mildernde Vorschriften. Dagegen kann hinsichtlich der vorhandenen legalen Gebäude, gegen die aus § 40⁴ eingeschritten werden soll, von einer unmittelbaren Anwendung des § 37 Abs. 2 nicht überall die Rede sein, sondern nur das Nötige (§ 10 II 17 ALR.) zur Abwendung der Gefahr gefordert werden.

2. Hiermit befindet sich auch die angefochtene Verfügung nicht im Widerspruch. Denn es ist nicht Aufgabe der Polizei, ihrerseits nach allen irgendwie möglichen Mitteln zur Abstellung eines polizeiwidrigen Zustandes zu forschen, um dann dem Eigentümer das ihn am wenigsten Belastende aufzugeben. Sie handelte hier nicht sachwidrig, wenn sie die Benutzung der ungeeigneten Kellerräume verbot und dem Kläger überließ, etwaige Mittel zur Abstellung der Mängel vorzuschlagen. Letzteres ist nicht geschehen. Auf den in einem Schriftsatz des Streitverfahrens gemachten bloßen Vorschlag, einen künstlichen Ventilator anzubringen, war nicht einzugehen, denn aus dem Vorbringen war die Tauglichkeit des Mittels zur wirksamen Bekämpfung des Licht- und Luftmangels namentlich in dem straßenwärts gelegenen großen Keller nicht zu entnehmen. Glaubt der Kläger etwa die fraglichen Räume durch besondere Anlagen noch in einen ihre frühere Benutzung als Geschäftskeller ermöglichenden Zustand versetzen zu können, so ist ihm die Stellung dahingehender Anträge bei der Polizeibehörde unbenommen.

3. Das in der Verfügung noch enthaltene Gebot, die in den fraglichen Kellerräumen befindlichen Feuerungsanlagen unter Zumauerung der Rauchrohröffnungen in den Schornsteinen beseitigen zu lassen, war einwandfrei, denn diese Anlagen unterstützen wesentlich die unzulässige Benutzung der Räume zum dauernden Aufenthalt im Sinne des § 37 der heutigen BauO.

Nr. 6. Entsch. v. 3. Mai 1907 (PrVerwBl. 29 854) VIII A 119/05.

1. Irrig ist zunächst die Annahme im ersten Beschwerdebescheide: schon der Mangel der Einholung und Genehmigung einer baulichen Anlage rechtfertige ihre Beseitigung. Ein von der Polizeibehörde abzustellender Zustand ist erst dann vorhanden, wenn der Bau gegen das bestehende, dem Schutze der Polizeibehörde anvertraute öffentliche Recht verstößt. Die Polizei darf nicht willkürlich die Beseitigung oder Aenderung eines beanstandeten Bauwerks fordern.

2. Von dem beklagten RegPräs. ist die Erwägung des ersten Bescheides anscheinend auch nicht gebilligt worden. Er hat seinerseits angenommen, der Zaun, zu dessen Errichtung der Konsens nötig sei, widerspreche dem öffentlichen Baurecht, weil bei seiner Errichtung das ihn tragende Gelände bereits Eigentum der Gemeinde A. gewesen sei und deshalb der Konsens

schon damals hätte abgelehnt werden müssen, falls er nachgesucht worden wäre. Die Polizei halte sich innerhalb ihrer Befugnisse, wenn sie derartig klare Eigentumsverhältnisse bei ihren Maßnahmen mitberücksichtige. Auch diese Erwägung rechtfertigt nicht die angefochtene Verfügung. Zwar ist anerkannt, daß die Polizeibehörde bei Baugesuchen sich nicht jeder Prüfung der obwaltenden Eigentumsverhältnisse zu enthalten und nicht auch da Baukonsense zu erteilen hat, wo von einem wirklichen Bauvorhaben nicht mehr die Rede sein kann und die tatsächliche und rechtliche Unmöglichkeit, über den Bauplatz zu verfügen, von vornherein offenkundig ist. So lag der Fall hier aber nicht. Hinsichtlich der Eigentumsverhältnisse hat der Kläger zu der in dem ersten Beschwerdebescheide erwähnten Auflassung der fraglichen Grundfläche an die Gemeinde schon in der weiteren Beschwerde v. 23. VIII. 05 und später in der Klageschrift angegeben, er sei zu der Auflassung unter dem Drucke und Zwange der ihm sonst verweigerten Bauerlaubnis zu einem eiligen Fabrikneubau veranlaßt worden und habe nachher die Auflassungserklärung aus §§ 119 und 123 BGB. angefochten, er sei Besitzer der aufgelassenen Fläche geblieben und letztere ebenso wie der andere, als Straßenland vorgesehene Streifen als Acker benutzt worden. Nach einem bei den Vorgängen befindlichen Bericht ist die Auflassung am 12. XI. 04 geschehen und mit der Herstellung des Zaunes am 9. XII. 04 begonnen worden. Wollte man hiernach auch anerkennen, daß die fragliche Fläche im Dezember 1904 der Gemeinde gehörte und ein damals vom Nichteigentümer etwa gestelltes Baugesuch bei der Polizeibehörde hätte Bedenken hervorrufen können, so folgte daraus nicht die Befugnis der Polizei, in jedem Falle auch die Beseitigung der konsenslos hergestellten baulichen Anlage zu verlangen. Bei den nicht geklärten Besitzverhältnissen, die auch in der angegriffenen Verfügung noch Ausdruck gefunden haben, sofern darin von dem Grundstück des Klägers (der Firma), nicht von dem der Gemeinde die Rede ist, war es lediglich der Gemeinde zu überlassen, gegen die Bebauung einer ihr gehörenden Grundfläche, ev. im Wege des Zivilprozesses, vorzugehen. Ein Einschreiten der Polizei war um so weniger am Platze, weil Umzäunungen der Grundstücke nicht zu den Bauten gehören, denen ein gesetzliches Hindernis aus § 11 BauflG. entgegensteht.

Nr. 7. Entsch. v. 22. März 1907 (PrVerwBl. 29 393) VIII A 55/05.

BauflG. § 11.

1. Wenn der Beklagte geltend gemacht hat, es dürfe die Beseitigung der ohne polizeiliche Genehmigung, also illegal errichteten Schuppen, soweit sie über die Fluchtlinien vorspringen, auf Grund des § 11 BauflG. gefordert werden, so kann dem nicht beigetreten werden. Denn in OVG. 40 380ff. und 44 395ff. ist bereits ausgesprochen worden, es sei den Polizeibehörden nicht gestattet, auf Grund jenes § 11, nach Maßgabe eines förmlich festgestellten Fluchtlinienplans, die Entfernung einer im Zuge der projektierten Straße liegenden Baulichkeit nur deshalb zu verlangen, weil diese vor Festsetzung der Fluchtlinien die vorgeschriebene polizeiliche Genehmigung nicht erhalten hat. In der ersterwähnten Entscheidung ist eingehend dargelegt, aus welchem Grunde der vom Beklagten betonte Gesichtspunkt, der § 11 enthalte eine Norm des Baupolizeirechts, welche auf illegale Bauten angewandt werden müsse, auf die vor Festsetzung der Fluchtlinie konsenslos errichteten Gebäude nicht Anwendung finden kann. An diesem Standpunkte hält der Gerichtshof auch bei nochmaliger Prüfung fest. Gegenüber der Ausführung des Beklagten: die Auffassung des OVG. führe zu praktisch unhaltbaren Konsequenzen, „denn die Polizeibehörde würde hinsichtlich der ohne Konsens aufgeführten, gesetzwidrigen Baulichkeiten die Verpflichtung

haben, den Antrag auf nachträgliche Erteilung der Bauerlaubnis herbeizuführen und nach den Bestimmungen der BauPolO. zu prüfen", ist auf OVG. 48 360ff. hinzuweisen, wonach niemand polizeilich zur Stellung eines Konzessionsgesuchs, welcher Art es auch sei, daher auch nicht zu einem Antrage auf nachträgliche polizeiliche Genehmigung eines Baues, der genehmigungspflichtig war, aber ohne Genehmigung ausgeführt worden ist, gezwungen werden kann.

2. In zweiter Linie hat der Beklagte die dem Kläger gemachte Auflage, die Schuppen zu beseitigen, sowohl insoweit, als sie über die Fluchtlinie nördlich und südlich vorspringen, als auch insoweit, als sie zwischen den Fluchtlinien stehen, auf die im § 1⁵ PolVd. v. 2. IV. 04 (für Schöneberg bei Berlin) enthaltene Vorschrift gestützt, wonach „die Gebäude in allen Teilen von den Nachbargrenzen mindestens 6 m entfernt bleiben müssen" (vgl. § 1⁵ Satz 1). Dieser Bestimmung widerstreiten die Schuppen, da sie unmittelbar an der westlichen und östlichen Grenze des Grundstücks des Klägers stehen. Der im Beschwerdeverfahren erhobene Einwand des Klägers, diese auch vom Polizeipräsidenten angezogene Verordnung („§ 1 Abs. 1") habe „keine rückwirkende Kraft", enthält eine Verkennung der Rechtslage. Denn bei nicht zu Recht bestehenden, weil unkonsentierten Bauten hat die Prüfung so stattzufinden, als ob die fragliche Baulichkeit erst gebaut werden sollte, das Baugesuch erst zu prüfen wäre; es kommt mithin die zur Zeit des polizeilichen Vorgehens, der Entscheidung über Beschwerden und auf Klage bestehende Lage des materiellen örtlichen Baupolizeirechts in Betracht. Die PolVd. v. 2. IV. 04 aber ist — nach ihrem § 2 — mit dem Tage der Veröffentlichung in Kraft getreten. Daß sie ungültig wäre, bzw. daß ihre vom Beklagten angerufene Einzelvorschrift der Rechtsbeständigkeit entbehrte, ist nicht anzunehmen; dazu sei bemerkt, daß etwaige gegen sonstige Einzelvorschriften dieser Polizeiverordnung zu erhebende Bedenken nicht die Wirkung haben würden, die Gültigkeit der Polizeiverordnung im ganzen oder der demnächst noch näher zu erörternden Vorschrift des § 1⁵ in Frage zu stellen. Auf den Umstand, daß die zuständige Behörde die Schuppen 13 Jahre lang nicht beanstandet habe, kann der Kläger eine „Verjährung" nicht begründen; denn die Befugnis der Polizei, gegen einen ungesetzlichen Zustand einzuschreiten, geht durch Zeitablauf nicht verloren[1]).

Nr. 8. Entsch. v. 7. Juli 1908 (OVG. 53 403) VIII B 18/08.

BauflG. §§ 11, 12.

1. Der § 11 BauflG. begründet keine Verpflichtung, sondern nur eine Befugnis zur Bauversagung (vgl. OVG. 25 379). Diese Befugnis steht der Baupolizeibehörde, nicht aber der Gemeinde zu. Auch ist nicht vorgeschrieben, daß die Baupolizeibehörde bei ihrer Entschließung sich mit der Gemeinde nicht in Widerspruch setzen dürfe. Sie greift daher, wenn sie die Baugenehmigung gegen den Willen der Gemeinde erteilt, in deren Rechte nicht ein.

Das OVG. hat niemals daran gezweifelt, daß allein die Ortspolizeibehörde für die Handhabung der in § 11 Satz 1 bestimmten Angelegenheit zuständig ist. Auch die Verwaltungspraxis hat stets diesen Standpunkt vertreten. So ist insbesondere diese Auffassung die Grundlage und Voraussetzung des MErl. v. 15. II. 87 (MBl. 70). In diesem Erlasse werden Weisungen erteilt, wie die Polizeibehörden bei der Behandlung von Baugesuchen der in § 11 bezeichneten Art sich verhalten sollen. Da die Bestimmung den Zweck

---

[1]) Es folgen eine Anzahl Fragen aus der örtlichen Polizeiverordnung, bezüglich der Art und Lage der Schuppen.

verfolge, die Gemeinden dagegen zu schützen, daß durch eine bauliche Veränderung der Wert eines ganz oder teilweise zu Straßenzwecken bestimmten Grundstücks gesteigert und die Gemeinde dadurch in die Lage versetzt werde, dem Eigentümer bei der demnächstigen Abtretung eine höhere Entschädigung als zur Zeit der Fluchtlinienfestsetzung zahlen zu müssen, sollen die Polizeibehörden in eine Prüfung der Baugesuche erst eintreten, wenn von dem Unternehmer die Einwilligung der Gemeinde zu dem beabsichtigten Bau in einer der Polizeibehörde genügende Sicherheit bietenden Weise beigebracht sei, und es soll, wenn diese Einwilligung entweder nicht erteilt oder eine zur Beibringung derselben bestimmte Frist versäumt sei, die nachgesuchte Genehmigung auf Grund des § 11 versagt werden. Wenn jedoch die Polizeibehörden die pflichtmäßige Ueberzeugung gewinnen sollten, daß von den Gemeinden die Einwilligung zur Ausführung des Baues an Bedingungen geknüpft würde, die über das Maß des Notwendigen hinaus der Gemeinde Vorteile zu verschaffen bezweckten, oder aber die Einwilligung nicht erteilt sei, weil der Unternehmer sich derartigen Bedingungen nicht fügen wolle, so sollten die Polizeibehörden der ihnen vorgesetzten Behörde Anzeige erstatten, und diese habe dann, wenn sie nicht zugleich Kommunalaufsichtsbehörde sei, nach Benehmen mit dieser Abhilfe zu schaffen, sonst aber selbst darüber Entscheidung zu treffen, ob trotz der versagten Einwilligung die Baugenehmigung zu erteilen sei.

Der Hauptzweck des § 11 war nicht der, eine baupolizeiliche Norm zu schaffen, sondern der, den Gemeinden in ihrem wirtschaftlichen Interesse den Erwerb des in die projektierte Straße fallenden Geländes ohne Nachsuchung einer Kgl. Verordnung zu ermöglichen und zu erleichtern, und demselben wirtschaftlichen Zwecke diente auch die Aufnahme des ersten Satzes des § 11. Daneben aber bestand und besteht kein Zweifel, daß der Inhalt jenes ersten Satzes zugleich polizeilicher Natur ist. Es ergibt sich also, daß die Polizeibehörde, wenn ihr das Versagungsrecht zusteht, zugleich Gemeindeinteressen wahrzunehmen hat, deren Vertretung nicht in den Kreis der ihr allgemein zugewiesenen Aufgaben fällt. Ebenso würde, wenn die Gemeinde das entscheidende Wort zu sprechen hätte, sie zugleich die ihr sonst fernliegenden polizeilichen Obliegenheiten erfüllen müssen. Bei dieser Sachlage läßt sich daraus, daß die Baubeschränkung das Interesse der Gemeinden fördert, nicht folgern: es müsse auch die Befugnis, im Einzelfalle den die Fluchtlinie überschreitenden Bau zu verbieten, in die Hand der Gemeinde gelegt sein. Dem der Gemeinde eingeräumten Rechte, die durch die festgesetzten Straßenfluchtlinien für Straßen und Plätze bestimmten Grundflächen dem Eigentümer zu entziehen, konnte ebensogut die Befugnis der Polizeibehörde, Bauten über die Fluchtlinie hinaus zu versagen, an die Seite gestellt werden, wie eine eigene Versagungsbefugnis der Gemeinde.

2. Ebensowenig läßt sich aus einer Vergleichung des § 12 des Gesetzes mit der Baubeschränkung des § 11 der Schluß ziehen, daß das Gesetz die Gemeinde zur Geltendmachung und Durchführung der Baubeschränkung berufen habe. Wenn ein nach § 12 erlassenes Ortsstatut zuläßt, daß die Gemeinde eine Ausnahme von dem statutarischen Bauverbote bewillige, so gehört diese Befugnis der Gemeinde dem objektiv bestehenden Baurecht an und es läge beim Ausbleiben der Ausnahmebewilligung ein Verstoß gegen das bestehende Baurecht vor; die Baupolizeibehörde könnte also die Baugenehmigung, mit der sie bezeugen würde, daß das Bauprojekt dem bestehenden Baurecht entspreche, nicht erteilen. Dagegen fragt es sich gerade, ob ein die Fluchtlinie überschreitender Bau schon deshalb allein, weil die Gemeinde die Einwilligung versagt, dem objektiven Rechte widerspricht. Dies

könnte aber nur dann bejaht werden, wenn es, ebenso wie im Falle des § 12, aus dem Gesetze selbst folgte.

3. Unberechtigt ist ferner, wenn man aus den Vorschriften über das Fluchtlinienfestsetzungsverfahren die Meinung, daß der Gemeinde die Bestimmung oder die entscheidende Stimme bei der Bauversagung des § 11 zukomme, herleitet. Daraus, daß bei der Fluchtlinienfestsetzung die Tätigkeit und Einwirkung der Gemeinde das Uebergewicht über diejenige der Ortspolizeibehörde erhalten hat, darf nicht geschlossen werden, daß der Gemeinde die Bestimmung oder das bestimmende Wort darüber eingeräumt worden sei, ob ein Bau über die Fluchtlinie hinaus zu versagen sei. Es handelt sich hier überall um die Ordnung von Zuständigkeiten; die Zuständigkeit einer Behörde aus der Analogie abzuleiten, ist aber regelmäßig ausgeschlossen. Außerdem kommen aber auch für die Fluchtlinienfestsetzung andere Gesichtspunkte in Betracht als für die Bauversagung d. h. für die Geltendmachung einer aus der Fluchtlinienfestsetzung erwachsenden Befugnis.

4. Die Annahme: die Zuständigkeit aus § 11 Abs. 1 sei der Gemeinde übertragen, scheitert aber weiter noch daran, daß es in jedem Falle an einer Ordnung fehlen würde, wie denn die Gemeinde die neue Zuständigkeit handhaben sollte. In dieser Beziehung hatte, was auch unentbehrlich war, hinsichtlich des Fluchtlinienverfahrens das Gesetz die eingehendsten Bestimmungen getroffen. Dagegen fehlt in § 11 jede Vorschrift.

5. Nach neuerlichen Darlegungen soll sich das Verfahren so abspielen: Es soll das Baugesuch, wie es bisher üblich war, bei der Baupolizeibehörde eingereicht werden. Diese habe zu prüfen, ob der Erteilung der Baugenehmigung ein Hindernis aus den Bestimmungen des öffentlichen Rechtes entgegensteht. Als ein solches Hindernis habe sie auch die von der Gemeinde festgestellte Fluchtlinie anzusehen; und sie habe deshalb auch zu prüfen, ob eine ordnungsmäßig festgesetzte Fluchtlinie und ob eine Ueberschreitung der Fluchtlinie vorliege. Komme sie hierbei zur Bejahung, so habe sie die Erklärung der Gemeinde darüber einzuholen, ob diese ihr Versagungsrecht ausüben wolle oder nicht. Versage die Gemeinde, so habe dann auch die Polizeibehörde das Baugesuch abzulehnen. Mache aber die Gemeinde von ihrem Versagungsrechte keinen Gebrauch, so habe die Baupolizeibehörde nach Maßgabe der von ihr wahrzunehmenden polizeilichen Gesichtspunkte über das Baugesuch zu befinden. Auch dieser Versuch, mit welchem der Polizeibehörde ihre polizeiliche Zuständigkeit gewahrt werden soll, muß, abgesehen davon, daß er im Gesetze keine Stütze findet, als verfehlt bezeichnet werden. Denn es ist offenbar zwecklos, daß, wenn schon die Polizeibehörde ihre Genehmigung aus rein baupolizeilichen Gründen versagen muß, noch die Gemeinde vorher mit der Sache befaßt wird. Anderseits wird die mit solchem Verfahren beabsichtigte bestimmende Mitwirkung nicht erreicht. Steht nämlich der Polizeibehörde zunächst die Prüfung zu, ob eine ordnungsmäßige Fluchtlinie festgesetzt ist und diese überschritten wird, so hat sie, falls sie eine dieser Fragen verneint, das Baugesuch aber sonst keinem Bedenken unterliegt, die Baugenehmigung auszusprechen; und es ist jede Mitwirkung der Gemeinde ausgeschaltet, wenn diese auch der Ansicht sein sollte, daß die Voraussetzungen des § 11 Abs. 1 vorliegen.

Nr. 9. Entsch. v. 3. April 1906 (DJZ. 12 72) VIII 548.

BauflG. § 11.

Der § 11 G. v. 2. VII. 75 enthält in seinem ersten Satze eine sich auf Baubeschränkungen beziehende Vorschrift und betrifft nach seinem Wortlaute Neu-, Um- und Ausbauten. Für jeden dieser drei Begriffe ist es daher wesentlich, daß es sich um einen Bau handelt. Für einen Umbau ist charakteristisch, daß es sich um eine mehr oder weniger eingreifende, das Bauwerk teilweise umgestaltende Veränderung der Substanz im Innern oder Aeußern handelt. Nicht jede solche Veränderung stellt einen Umbau dar; es kann insbesondere unter Umständen eine geringfügige Aenderung der Substanz des Bauwerkes noch nicht als ein Umbau angesehen werden; es ist auch möglich, daß eine Aenderung der Substanz des Bauwerkes als Reparatur und nicht als ein Umbau zu bezeichnen ist. Das aber ist gewiß, daß dann, wenn es sich überhaupt nicht um die Aenderung der Substanz des Bauwerkes handelt, mit anderen Worten, an dem vorhandenen Bauwerk nicht gebaut wird, von einem Umbau keine Rede ist.

Von diesen Gesichtspunkten aus ist es besonders für gerechtfertigt erachtet worden, auch bei einer geringfügigeren baulichen Veränderung, zB. bei dem Durchbrechen einer Tür, dem Ziehen einer neuen oder der Entfernung einer alten Wand oder bei der Vergrößerung eines Fensters, insbesondere eines Schaufensters, schon dann einen Umbau anzunehmen, wenn diese Aenderung dazu dient, dem von ihr betroffenen Raume eine andere Zweckbestimmung zu geben, etwa ein Geschäftszimmer in einen Speisesaal oder einen Wohn- oder Lagerraum in einen Laden zu verwandeln. Wenn nämlich nach den obigen Ausführungen die Möglichkeit besteht, eine bauliche Veränderung als einen Umbau im Sinne des § 11 aufzufassen, so bedarf es für die Auslegung, ob im einzelnen Falle ein Umbau in einer baulichen Veränderung zu sehen ist, noch anderweitiger Anhaltspunkte. Insbesondere wird dafür der Zweck der durch § 11 eingeführten Versagungsbefugnis von Bedeutung sein. Die Bestimmung „verfolgt aber den Zweck, die Gemeinden dagegen zu schützen, daß durch eine inzwischen vorgenommene bauliche Veränderung der Wert eines ganz oder teilweise zu Straßenzwecken bestimmten Grundstücks gesteigert und die Gemeinde dadurch in die Lage versetzt wird, dem Eigentümer bei der demnächstigen Abtretung eine höhere Entschädigung als zum Zeitpunkte der Fluchtlinienfestsetzung zahlen zu müssen". Nun liegt aber auf der Hand, daß die Umwandlung der Zweckbestimmung eines Raumes, wie sie zB. bei der Umänderung eines Wohnzimmers in einen Laden erfolgt, regelmäßig eine Wertsteigerung des Hauses zur Folge haben wird. Es wird daher dem Sinne und Zwecke des Gesetzes entsprechen, daß bei einer Raumveränderung der bezeichneten Art in der sie bewirkenden baulichen Veränderung ein Umbau schon dann erkannt wird, wenn die Veränderung auch nur weniger erheblich und eingreifend ist.

Aber daran muß festgehalten werden, daß nur dann, wenn eine bauliche Veränderung, d. h. eine Aenderung in der Substanz des Bauwerkes, vorgenommen wird, von einem Umbau gesprochen werden darf. Dies übersieht der Beklagte, wenn er jede verbessernde und wertsteigernde Aenderung und namentlich jede zur Ergänzung der inneren Umgestaltung des Hauses bestimmte Aenderung dieser Art für einen Umbau erklärt. Die Tatsache der Verbesserung und Wertsteigerung kann für die Frage, ob ein Umbau vorliegt, vielmehr nur, wie dargelegt, dann, wenn überhaupt eine bauliche Veränderung stattfindet, in Betracht gezogen werden. Sonst würde zB. in der Ausstattung eines ordnungsmäßig tapezierten Raumes mit einer neuen, wertvollen Tapete ein Umbau gesehen werden können.

Nr. 10. Entsch. v. 8. Dez. 1908 (OVG. 54 430) VIII C 69/07.

BauflG. §§ 8, 11.

1. Wenn der § 11 BauflG. ausspricht, daß Umbauten „über die Fluchtlinie hinaus" versagt werden können, so hat er dabei selbstverständlich die

Baufluchtlinien, d. h. „die Grenzen, über welche hinaus die Bebauung ausgeschlossen ist" (§ 1 Abs. 4 aaO.), im Auge. Zwar bildet die Straßenfluchtlinie regelmäßig zugleich die Baufluchtlinie. Im vorliegenden Falle war aber eine von der Straßenfluchtlinie verschiedene, von dieser zurückweichende Baufluchtlinie gemäß § 1 Abs. 4 aaO. durch den Fluchtlinienplan festgestellt worden. Der Vorderrichter hätte somit prüfen müssen, ob ein Umbau über die Baufluchtlinie hinaus vom Kläger vorgenommen worden ist.

2. Im vorliegenden Falle liegt das Bauwerk, an dem die baulichen Aenderungen vorgenommen worden sind, in seinem ganzen Umfange vor der Baufluchtlinie. Wenn also diese baulichen Aenderungen einen Umbau im Sinne des § 11 aaO. darstellen — ein Neubau oder Ausbau kommt hier nicht in Frage —, so hat zweifellos ein Umbau „über die Fluchtlinie hinaus" stattgefunden. Ein Umbau im Sinne des Gesetzes liegt dann vor, wenn eine mehr oder minder eingreifende, das Bauwerk teilweise umgestaltende Veränderung der Substanz vorgenommen wird. Daß hiernach im vorliegenden Falle ein Umbau bewirkt worden ist, kann nicht dem mindesten Zweifel unterliegen. Denn der Kläger hat durch die Abtragung eines 1,7 m hohen Teiles der massiven Mauer und durch die Einfügung einer Glaswand an Stelle desselben, ferner durch die Entfernung der 7 hölzernen Stiele, Einziehung eines neuen Rahmholzes als Abschluß der Glaswand, Lagerung der Dachsparren auf letzterem anstatt auf dem alten Rahmholz, Unterstützung des neuen Rahmholzes durch 3 neue in der Glaswand befindliche Eisenpfosten, ganz wesentlich in die Substanz des Bauwerkes eingegriffen: das Material, die Konstruktion und die statischen Verhältnisse der Halle sind in erheblich eingreifender Weise umgestaltet worden. Der Landrat als Baupolizeibehörde war daher berechtigt, auf das Gesuch des Klägers die Genehmigung zu dem hier unzweifelhaft in Frage kommenden Umbau über die Fluchtlinie hinaus zu versagen.

3. Ein entgegen der polizeilichen Versagung über die Fluchtlinie hinaus vorgenommener Umbau schafft ein polizeilich unzulässiges Bauwerk. Beim Vorhandensein eines solchen hat sich das polizeiliche Einschreiten zunächst nur auf eine Umänderung des Baues in einen den bestehenden gesetzlichen Vorschriften entsprechenden Zustand zu richten, während die Beseitigung des ganzen Bauwerkes erst für den Fall gefordert werden darf, daß der Bau auf keine andere Weise in einen dem Gesetz entsprechenden Zustand versetzt werden kann. Einem der polizeilichen Versagung zuwider vorgenommenen Umbaue gegenüber ist der ursprüngliche, vor dem Umbaue vorhanden gewesene Zustand ein dem Gesetz entsprechender. Die Polizeibehörde ist daher an sich zunächst nur berechtigt, die Wiederherstellung des Bauwerkes in seinen früheren Zustand zu verlangen. Dies hat aber zur Voraussetzung, daß durch die Rückgängigmachung des Umbaues im Ergebnisse lediglich ein Zustand geschaffen wird, der den Rahmen einer Reparatur des ursprünglichen Bauwerkes nicht überschreitet. Denn da es dem Eigentümer eines Gebäudes gesetzlich nicht verwehrt ist, an diesem auch über die Baufluchtlinie hinaus Reparaturen vorzunehmen, ohne daß diese einem Umbau, Ausbau oder Neubau gleichkommen, so muß ihm auch freigestellt bleiben, einen unzulässigen Umbau in den früheren Zustand zurückzuverwandeln, sofern dadurch im Erfolge nicht mehr erzielt wird als eine Reparatur des ursprünglichen Bauwerkes. Denn der durch eine Reparatur geschaffene bauliche Zustand ist noch ein gesetzmäßiger. Wenn dagegen die Wiederherstellung des früheren Zustandes nur dadurch möglich ist, daß eine das Bauwerk seiner ursprünglichen Beschaffenheit gegenüber ganz oder teilweise umgestaltende Veränderung der Substanz vorgenommen wird, die im Ergebnis einem Neubau, Um- oder Ausbau gleichkommt, zB. wenn in-

folge der Wiederherstellungsarbeiten wesentliche Bauteile im Material, in der Konstruktion oder in den statischen Verhältnissen gegen den ursprünglichen Zustand umgestaltet werden müssen, würde der durch die Wiederherstellung geschaffene Zustand kein gesetzmäßiger mehr sein, da er dem § 11 BauflG. widerstreiten würde. In solchen Fällen würde also die Polizeibehörde berechtigt sein, die Beseitigung des unzulässigerweise umgebauten Bauwerkes zu fordern, da es in einen dem Gesetz entsprechenden Zustand nicht gebracht werden kann.

Es kommt nicht etwa darauf an, ob im Vergleiche mit dem umgebauten derzeitigen Zustande die Rückgängigmachung des Umbaues wiederum einen Umbau darstellen würde. Denn der umgebaute Zustand ist ein polizeiwidriger, abzustellender, er kann also nicht den gesetzlichen Schutz genießen, daß ihm gegenüber Umbauten versagt werden können. Außerdem würde bei solcher Auslegung die Wiederherstellung des früheren Zustandes stets ausgeschlossen sein: denn wenn die Herstellung des gegenwärtigen Zustandes ein Umbau war, ist auch die Rückgängigmachung dieser Herstellung gegenüber dem gegenwärtigen Zustande stets ein Umbau. Entscheidend ist vielmehr lediglich, ob das bauliche Ergebnis der Rückgängigmachung des vorgenommenen Umbaues im Vergleiche zu dem ursprünglichen Zustande des Bauwerkes mit einer Reparatur, d. h. der Auswechselung einzelner abgängiger Bauteile, gleichzubewerten ist oder darüber hinausreicht.

Nr. 11. Entsch. v. 26. Febr. 1909 (PrVerwBl. 31 145) VIII A 107/07.

BauflG. §§ 11 f.

1. Es ist darüber zu entscheiden, ob das Grundstück des Klägers im Sinne der angezogenen Bestimmungen mit einem „Wohngebäude“ oder — was bei der vorhandenen Streitlage gleichwertig ist — einem „Neubau“ besetzt, ob es „bebaut“ ist. Es versteht sich von selbst, daß nur das Gesetz maßgebend sein kann. Gesetz ist die im Einzelfalle anzuwendende Rechtsnorm. Und da es vorkommt, daß Baupolizeiverordnungen den Begriff des „Baues“ oder des „Gebäudes“ durch positive Bestimmungen ihren Zwecken und Gesichtspunkten gemäß feststellen, so ist ohne weiteres klar, daß die Begrenzung dieses Wortbegriffes nach den für die einzelne Rechtsnorm maßgebenden Zwecken und Gesichtspunkten auch ohne besondere positive Bestimmung eine verschiedene sein kann. Eine Schranke findet diese Möglichkeit, wo es an positiven Bestimmungen fehlt, in dem allgemeinen Sprachgebrauche. Wenn das Reichsgericht annimmt, daß nach „dem herrschenden Sprachgebrauch“ oder nach „dem Sprachgebrauche des gewöhnlichen Lebens“ als „Bauwerke“, „Gebäude“ oder „Bauten“ nur solche Anlagen anzusehen sind, die sich vermöge einer ausreichend festen Verbindung mit dem Erdboden als unbeweglich kennzeichnen, so hat demgegenüber das OVG. sich zunächst in der Entsch. v. 15. IV. 90, wie folgt ausgesprochen:

„Den Begriff eines ‚Gebäudes‘ oder einer ‚baulichen Anlage‘ festzustellen, unterliegt den erheblichsten Schwierigkeiten; hier ist davon um so mehr abzusehen, als sich nicht verkennen läßt, daß die Begriffsbestimmung je nach dem Gebiet, um welches es sich handelt, möglicherweise verschieden ausfallen kann. Für das allein in Betracht kommende Gebiet des polizeilichen Baurechts scheiden jedenfalls alle diejenigen Erwägungen aus, welche nur für das Zivilrecht von Bedeutung sind, namentlich also die Fragen, ob eine bauliche Anlage als eine bewegliche Sache im Sinne des § 6 I 2 ALR. anzusehen ist oder die Eigenschaft eines Zubehörs der Grundfläche annehmen wird; die Entscheidung des vorliegenden Streites muß auf anderer Grundlage gesucht werden. Sowohl nach älterem Rechte wie nach dem G. v. 2. VII. 75 (vgl. insbesondere § 1 Abs. 4) kann nur die ‚Bebauung‘ der zu einer Straße oder einem Platze bestimmten Fläche verhindert werden; kann nicht mehr, ohne der Sprache Gewalt anzutun, behauptet werden, daß mit der Anlage der Grund und Boden ‚bebaut‘ werde, so erscheint die Anlage nicht unzulässig, ohne daß es irgendwie darauf ankommt, ob durch die Anlage der Wert des Grundstückes oder

— was auf dasselbe hinauslaufen würde — sein Ertrag erhöht wird. Nun mag auch der Ausdruck ‚Bebauung' noch Raum für Zweifel übrig lassen; immerhin ist eine Bebauung nicht denkbar, ohne daß eine Verbindung des Grund und Bodens mit der Anlage hergestellt werde; da es eben der Grund und Boden ist, welcher ‚bebaut' wird, kann eine Verbindung zwischen ihm und der Anlage nicht fehlen. Dieser Verbindung wird regelmäßig auch eine gewisse Festigkeit und Dauer beiwohnen, indes ist damit nichts gewonnen, wenn der Vorderrichter eine ‚feste und dauernde' Verbindung verlangt; denn es würde jedenfalls erst einer näheren Abgrenzung bedürfen, was unter den hervorgehobenen Worten zu verstehen sei; die Art der Verbindung richtet sich außerdem meistens nach der Beschaffenheit des Bauwerks und kann deshalb je nach Lage des Falles sehr verschieden sein. Während bei einem größeren Gebäude regelmäßig eine Fundamentierung und damit eine feste, dauernde Verbindung mit dem Grund und Boden unvermeidlich sein wird — die Auffassung der Beigeladenen, daß auch bei Fundamentierung jede Verbindung mit dem Grund und Boden mangele, legt dem Ausdrucke „Verbindung" einen offenbar viel zu engen Sinn unter —, läßt sich ein leichter Holzschuppen oder eine Bude errichten, indem man vier genügend starke Balken ohne Fundamentierung auf den Erdboden legt und auf ihnen das Ständerwerk aufstellt. Hier besteht die Verbindung mit der Grundfläche nur darin, daß die Balken auf dem Erdboden lagern; aber dies genügt auch; in der Errichtung eines derartigen Werkes wird die Bebauung des zur Unterlage dienenden Platzes in der Regel gefunden werden müssen."

„Die Anwendung der entwickelten Grundsätze auf den vorliegenden Streit begegnet nun um deswillen einiger Schwierigkeit, weil man es mit einer durchaus eigenartigen Anlage zu tun hat. In der Aufstellung der fraglichen Hallen würde zweifelsohne eine Bebauung des L.Platzes erblickt werden müssen, wenn die Hallen ohne Räder konstruiert wären; sie würden sich dann von den erwähnten Schuppen oder Buden nicht wesentlich unterscheiden. Die Frage aber, ob die Anbringung der Räder unter den Hallen eine anderweite Beurteilung zur Folge haben muß, ist lediglich nach dem Zwecke zu beantworten, welchem die Räder dienen sollen. Wären sie nur deshalb vorgesehen, um den Schein zu erwecken, als sei eine Beweglichkeit der Hallen in Aussicht genommen, während in Wirklichkeit die Hallen auf dem einmal gewählten Platze unverändert stehen bleiben sollen, die Räder also lediglich die Stelle einer anderweiten Unterlage vertreten, wie sie sonst etwa in Balken oder dergleichen besteht, hier aber an sich völlig entbehrlich erscheine, so würde allerdings eine Umgehung des Gesetzes vorliegen, welcher die Polizeibehörde mit Recht entgegentreten könnte."

In Anwendung dieser Grundsätze hat der Gerichtshof zunächst eine „Bebauung" des L.Platzes durch die streitigen Hallen nicht angenommen, weil die Behauptung, daß diese in der Tat zu bestimmten Zwecken bewegt werden sollten, nicht ausreichend widerlegt erschien. Nachdem jedoch neue Tatsachen hinzugetreten waren, gelangte der Gerichtshof unter ausdrücklicher Aufrechterhaltung der dargelegten Grundsätze in der Entsch. v. 2. VI. 91 zu dem entgegengesetzten Ergebnis. Aus der Gesamtheit der vorhandenen Tatsachen wurde die Feststellung gewonnen, daß die streitigen Hallen gleich anderen Bauwerken, Buden, Schuppen und dergleichen, deren Fundament lediglich in auf dem Erdboden lagernden Balken besteht, auf dem für sie gewählten Standort dauernd verbleiben sollten und ihre Fortbewegung nicht bezweckt war. Hierbei wurde ausgesprochen:

„Bei der heutigen Entwickelung der Technik, welche — wie die Beklagte mit Recht hervorhebt — selbst Häuser zu versetzen imstande ist, kann aber der bloßen abstrakten Möglichkeit der Fortbewegung für die Entscheidung der Frage, ob eine Anlage als eine bauliche anzusehen ist, nicht entscheidende Bedeutung beigemessen werden. Es kommt vielmehr — wie wiederholt betont wird — hinsichtlich der Hallen lediglich auf den aus der Art ihrer Konstruktion und Aufstellung erkennbaren Zweck an, dem sie zur Zeit des Erlasses der angefochtenen Verfügung dienen sollten, und da die angeführten Umstände den Gerichtshof in Uebereinstimmung mit dem Vorderrichter zu der Ueberzeugung geführt haben, daß die Hallen, wie sie bestanden, nicht dazu bestimmt waren, transportiert zu werden, sondern dazu, auf der bei ihrer Aufstellung gewählten Stelle dauernd stehen zu bleiben, so mußten dieselben als bauliche Anlagen im Sinne des maßgebenden Gesetzes angesehen werden."

An diesen Grundsätzen ist auch jetzt lediglich festzuhalten. Auch wenn von der Unbeweglichkeit der „Gebäude" usw. im Sinne einer ihrem normalen Wesen entsprechenden Regel ausgegangen wird, so kann doch nicht verkannt werden, daß häufig und mit dem Fortschreiten der Technik immer häufiger Anlagen, die gemeingewöhnlich als „unbewegliche" hergestellt werden oder wurden, wie Baracken, Schuppen, Jagdhütten, Buden u. dergl., auch ohne entsprechend feste Verbindung mit dem Erdboden hergestellt werden, ohne daß das Sprachempfinden davor zurückschreckte, sie ebenso wie die ihnen nach Konstruktion, Größe und Zweckbestimmung gleichen oder verwandten unbeweglichen Anlagen als Bauten oder Bauwerke zu bezeichnen.

2. Was die Anwendung jener Grundsätze auf den vorliegenden Streit angeht, so kann zunächst kein Zweifel darüber obwalten, daß die streitige Anlage sich nach der Art der Ausführung, der Ausmessung, dem Gebrauchszweck usw. als Bau kennzeichnen würde, wenn sie nicht auf Rädern, sondern etwa auf einer Balkenlage stünde. Es kommt darauf an, ob die Räder nach ihrer Zweckbestimmung lediglich einen solchen Unterbau ersetzen, den „Wohnwagen" also dauernd auf der einmal gewählten Stelle tragen oder aber bestimmt sind, als Mittel zu seiner Fortbewegung zu dienen. Für das letztere fehlt es an bestimmten Anhaltspunkten fast völlig. Insbesondere hat der Kläger nicht einmal angedeutet, daß die Beweglichkeit des „Wagens" irgendeinem sachlichen Zwecke dienen, insbesondere etwa die Verbringung des „Wagens" an den noch endgültig zu wählenden besten Standort oder an verschiedene mit dem Bedürfnisse oder dem Belieben des Klägers wechselnde Standorte innerhalb des Gartens oder etwa die Entfernung des Wagens aus dem Garten beim Eintritt schlechter Jahreszeit und die Zurückschaffung nach deren Ablauf ermöglichen solle. Dagegen spricht nahezu alles dafür, daß die Anlage dauernd auf dem gewählten Platze bleiben soll. Sie ruht auf vier 0,50 m dicken Zementplatten. Mit ihr war ein Abort verbunden, und vor dem mittleren der drei vorhandenen Zimmer befand sich jedenfalls im April des Jahres 1907 eine eiserne Terrasse mit eisernem Treppenaufgang, die auf eisernen Pfählen ruhte. Das Wagengestell war mit Brettern verdeckt und ist nach deren Entfernung mit Nadelhölzern umpflanzt worden. Der auf dem Wagengestell ruhende Aufbau überschreitet ein Gesamtgewicht von 80 Zentnern nicht, ist also — insbesondere mit dem Untergestell — wohl bedeutend schwerer als die erwähnten Hallen auf dem Lützowplatze, die im ganzen 50—60 Zentner wogen. Er ist 1 m länger und 0,70 m höher als die in Cöln im Gebrauche befindlichen Möbelwagen, also zwar nicht zur Fortbewegung völlig ungeeignet, aber doch jedenfalls ein ganz ungewöhnlich schwerfälliges Gefährt. Seine Zweckbestimmung ist die eines zum Aufenthalte von Menschen, also Wohnzwecken dienenden Gartenhauses, und er soll ersichtlich die massive Halle ersetzen, die der Kläger ursprünglich erbauen wollte. Mag auch jeder einzelne dieser Umstände nicht von durchschlagendem Gewichte sein. Ihrer Gesamtheit gegenüber kann der vorhandenen bloßen Möglichkeit, den „Wagen" mittels seiner Räder zu bewegen, eine entscheidende Bedeutung nicht beigemessen werden. Der Gerichtshof mußte vielmehr zu der Ueberzeugung gelangen, daß die vorhandenen Räder zur Fortbewegung der streitigen Anlage nicht zu dienen bestimmt waren, sich vielmehr nach ihrer Zweckbestimmung und damit nach ihrem wahren Wesen nur als ein auf Täuschung berechnetes Ersatzmittel für eine gewöhnliche feststehende Tragekonstruktion kennzeichneten.

Nr. 12. Entsch. v. 22. Sept. 1909 (OVG. 55 441) IX B 5/09.

BauflG. § 11.

1. Mit Rücksicht auf den in der angefochtenen Verfügung enthaltenen Hinweis auf das Verkehrsinteresse, das die Beseitigung der Ausluchten erheische,

konnte zunächst zweifelhaft sein, ob von dem beklagten Magistrat eine bau- oder wegepolizeiliche Verfügung erlassen worden ist. Letztere Eigenschaft würde der Verfügung trotz der darin ausgesprochenen Bauversagung dann beizumessen sein und demnach gegen sie als erstes Rechtsmittel nur der Einspruch aus § 56 Abs. 1 ZustG. offengestanden haben, wenn der Beklagte die von dem Vorbaue des Klägers eingenommene Bodenfläche von vornherein als Teil der öffentlichen Straße bezeichnet und aus diesem Grunde die Bauerlaubnis versagt hätte. Eine solche Inanspruchnahme war aber aus der Verfügung und ihren Vorgängen nicht zu entnehmen; es ist darin für das Bauverbot nur allgemein auf die wünschenswerte Erbreiterung des Bürgersteigs im Verkehrsinteresse hingewiesen.

2. Bei der weiteren Prüfung der Rechtmäßigkeit der Verfügung war dem Bezirksausschuß unbedenklich darin zuzustimmen, daß das vom Beklagten abgelehnte Bauvorhaben einen Umbau im Sinne des BauflG. darstellt; denn nach den beigebrachten Zeichnungen und den eigenen Angaben des Klägers soll behufs Anbringung eines größeren Schaufensters aus der Straßenwand des rechts von der Haustür gelegenen Vorbaues Mauerwerk im Umfange von mehreren Quadratmetern herausgebrochen und sodann nach Beseitigung des kleinen Rutenfensters in die vergrößerte Oeffnung das neue Schaufenster eingesetzt werden. Das Wesen (die Substanz) des Hauses wird somit im Aeußern erheblich verändert, auch der Wert des Hauses gesteigert. Darin ist nach feststehender Rechtsprechung ein Umbau zu erblicken.

3. Gibt man zu, daß die BauO. obwohl sie sonst da, wo von Straßen- und Baufluchtlinien die Rede ist, an die nach dem G. v. 2. VII. 75 getroffenen Festsetzungen gedacht haben wird, mit § 23[1] auch die vor Erlaß dieses Gesetzes gezogenen Straßenfluchtlinien ergreift, und daß ferner auch für die letzteren schon die Norm des § 11 G. v. 2. VII. 75 bestand, wonach über die Fluchtlinien hinaus nicht gebaut werden darf, so bleibt im Streitfalle doch der Nachweis des Bestehens der Fluchtlinien, derentwegen ein Baukonsens verweigert wird, unentbehrlich.

Nr. 13. Entsch. v. 4. Okt. 1909 (OVG. 55 446) IV B 46/07.

BauflG. § 12.

1. Die im § 12 G. v. 2. VII. 75 enthaltene gesetzliche Regel unterwirft alle Straßen oder Straßenteile dem Bauverbote, die noch nicht gemäß der baupolizeilichen Bestimmungen des Ortes fertig hergestellt sind, während die Nichtanwendung des Bauverbotes auf sog. „historische" Straßen eine Ausnahme darstellt, die von demjenigen zu beweisen ist, der sie behauptet.

2. Eine Ortsstraße muß, um als historische Straße gelten zu können, zur Zeit des Inkrafttretens des ortsstatutarischen Bauverbots in ihrer Entwickelung bezüglich des Ausbaues im wesentlichen ihren Abschluß gefunden haben, so daß von einer Weiterentwickelung in den wesentlichsten Beziehungen nicht mehr gesprochen werden kann. Ob eine Straße eine historische Straße ist, entscheidet lediglich der Wille der Gemeinde. Diesen Willen der Gemeinde, d. h. der für die Straßenanlegung zuständigen Organe der Gemeinde zu ermitteln, ist die Aufgabe des Verwaltungsrichters, wenn er mit der Entscheidung über die Anwendung des § 12 aaO. auf eine angeblich historische Straße befaßt ist.

Nr. 14. Entsch. v. 13. Okt. 1909 (DJZ. 15 655) IX A 10/09.

BauflG. § 11.

Für die Bestimmung dessen, was unter einem Umbau i. S. des § 11 BauflG. zu verstehen ist, findet sich weder gesetzlich noch technisch eine feste Begrenzung. Es muß vielmehr in jedem einzelnen Falle untersucht werden, ob ein Umbau vorliegt. Er steht in der Mitte zwischen Neubau und Reparatur und bildet zu der letzteren, also zur bloßen Wiederherstellung einzelner, abgängig gewordener Teile eines Bauwerkes, den Gegensatz. Im allgemeinen kann man einen Umbau da annehmen, wo es sich um eine mehr oder minder eingreifende, das Bauwerk teilweise umgestaltende Veränderung der Substanz im Aeußeren oder Inneren handelt, und zwar insbesondere dann, wenn die Umgestaltung zu einer von der bisherigen abweichenden Benutzung des Bauwerkes vorgenommen wird. Dabei ist der Umfang der Arbeiten nicht von entscheidender Bedeutung. Auch wenn im vorliegenden Falle die einzelnen Arbeiten so geringfügig wären, daß sie einer baupolizeilichen Genehmigung durch die geltende Baupolizeiordnung nicht bedürfen, kann doch ein Umbau im Sinne des § 11 vorliegen, der von dem dort ausgesprochenen Verbote getroffen wird. Mit Rücksicht auf Art und Zweck der Arbeiten im vorliegenden Falle kann es nicht zweifelhaft sein, daß hier ein Umbau stattgefunden hat, weil mit diesen Arbeiten eine Veränderung der Substanz und der Benutzungsart des Kellers durch dessen Umgestaltung zu einem Aufnahmeraum für die Reinigungsvorrichtung der Dreschmaschine erfolgt ist.

Nr. 15. Entsch. v. 22. Sept. 1909 (OVG. 55 436) IX A 13/09.

1. Nach feststehender Rechtsprechung kann die polizeilich erteilte Bauerlaubnis, die begrifflich die Erklärung enthält, es ständen dem Bauvorhaben Hindernisse des geltenden öffentlichen Rechtes nicht entgegen, zurückgenommen oder abgeändert werden, wenn die Polizeibehörde nachträglich zu der Ueberzeugung gelangt ist, daß sie sich hinsichtlich des anzuwendenden materiellen Baurechts in einem Irrtume befunden hat. Ein Baukonsens, worin zwingende Vorschriften unbeachtet geblieben sind, erzeugt zugunsten des Bauherrn keine Rechtswirkungen, und die Polizei hat ungeachtet ihrer anfänglichen — irrigen — Zustimmung gegen einen rechtswidrigen Bauzustand einzuschreiten, ohne Rücksicht darauf, ob der Bau schon ausgeführt worden ist oder nicht. Anders sind diese Fälle zu beurteilen, wo die Polizeibehörde bei einem Bauvorhaben nach freiem Ermessen zu befinden hat, zB. wo das maßgebende Baurecht für die Bauherstellung verschiedene Möglichkeiten gewährt und die Zulassung der einen oder anderen derselben behördlich abzuwägen ist, oder wo der Polizeibehörde die Gewährung von Ausnahmen gestattet ist. In solchen Fällen kann von einem den Widerruf rechtfertigenden Irrtume nicht die Rede sein, wenn nach Erteilung des Konsenses — ohne Veränderung der Sach- und Rechtslage, besonders ohne das Hervortreten eines von der Polizei wahrzunehmenden öffentlichen Interesses — nur die Anschauung der Behörde hinsichtlich der Angemessenheit und Zweckmäßigkeit der Zulassung des Bauvorhabens wechselt, die Behörde in dem ihr zustehenden Ermessen geirrt zu haben glaubt und sie zu der Ansicht gelangt, daß die Verhältnisse anders, als geschehen, zu beurteilen seien.

2. Geht man hiervon auch bei dem vorliegenden Streitfall aus, so hatte die Polizeiverwaltung im Hinblick auf § 11 BauflG. und den MErl. v. 15. II. 87 sich zunächst darüber schlüssig zu machen, ob sie dem Kläger zu der nachgesuchten Vergrößerung des Ladens, womit jedenfalls ein die bestehende Baufluchtlinie der H.-Straße überschreitender Um- und Ausbau entstand, die Erlaubnis erteilen oder versagen sollte. Sie gewährte die Erlaubnis am 13. April und zog sie am nächsten Tage, als der Bau noch nicht begonnen war, zurück. Wäre diese dem Kläger am 14. April mitgeteilte Entschließung nur das Ergebnis nochmaliger Abwägung der bei der ersten Prüfung schon bekannt gewesenen, für und gegen das Baugesuch sprechenden Umstände gewesen, so würde nach dem

oben Gesagten die Zulässigkeit des Widerrufs bezweifelt werden können. Aber die Akten ließen erkennen, daß die Polizeibehörde sich bei Erteilung des Konsenses in einem die Ausübung pflichtmäßigen Ermessens hindernden Irrtume befand, nämlich über den Inhalt des anläßlich der Fluchtlinienfestsetzung der H.-Straße zwischen dem Bürgermeister als Gemeinde- und Polizeibehörde und der Gemeindevertretung getroffenen Abkommens.

3. Hinfällig ist der weitere Einwand des Klägers, es dürfe die gewerbliche Benutzung von Bauten nicht mittels der Fluchtlinienfestsetzung, sondern nur durch Polizeiverordnung verboten werden. Der Kläger übersieht, daß das erstere hier nicht geschehen ist; denn die von der Gemeinde nach Vorschlag des Bürgermeisters gutgeheißenen Bestimmungen bilden keinen Teil der Fluchtlinienfestsetzung, sondern nur eine die Durchführung der Fluchtlinien im Gemeindeinteresse sichernde Verständigung der beteiligten Gemeinde- und Polizeiorgane[1]). Wenn danach eine beschränkte Bebauung des Landstreifens zwischen den beiden Fluchtlinien, des sog. Vorgartenlandes (vgl. § 1 Abs. 4 BauflG.) noch zugelassen ist, obwohl der § 11 das. ein Verbot jeglicher Neu-, Um- und Ausbauten gestattet, so kann darin keine Verletzung der Rechte baulustiger Eigentümer erblickt werden.

Nr. 16. Entsch. v. 9. Jan. 1908 (PrVerwBl. 29 1032) IV B 69/06.

BauflG. § 12.

1. Ein Ortsstatut bestimmte in § 1, daß an Straßen oder Straßenteilen, die noch nicht gemäß den baupolizeilichen Bestimmungen des Ortes für den öffentlichen Verkehr und den Anbau fertig hergestellt worden sind, Wohngebäude, die nach diesen Straßen unmittelbar oder mittelbar einen Ausgang haben, nicht errichtet werden dürfen, und sah in § 3 vor, daß Ausnahmen vorbehaltlich der Zustimmung der Baupolizeibehörde durch Gemeindebeschluß bewilligt werden können, „wenn Umfang, Bestimmung und örtliche Lage der beabsichtigten Bauten und sonstige Umstände dies fordern“.

2. Der Vorderrichter gründet seine Entscheidung darauf, daß das baupolizeilich genehmigte Wohnhausprojekt die architektonisch ausgebildete Front nach der Pulvergasse hin zeigte, und daß die in dieser Front vorgesehenen 3 Türen offensichtlich die Haupteingänge für die zukünftigen Bewohner bilden sollten. Bereits bei der Erbauung des polizeilich genehmigten Hauses sei somit der dem Ortsstatut widersprechende Zustand geschaffen, schon damals seien

---

[1]) Vgl. hierzu Beschd. v. 22. XII. 09 (OVG. 55 440 i. d. Anm.) IX A 15/09: „Wenn der Bürgermeister von O., der Gemeindevorstand und Ortspolizeibehörde zugleich ist, im Einverständnisse mit den Stadtverordneten die Straßen- und Baufluchtlinien für die H.-Straße nach einem vorliegenden Plane festgesetzt, zugleich jedoch „Bestimmungen“ über die bedingte Zulassung von Veranden vor der Baufluchtlinie hinzugefügt hat, so sind diese „Bestimmungen“ nichts anderes als eine von der Polizeibehörde gebilligte programmatische Feststellung der Grundsätze, nach denen sich die Mitwirkung der Gemeinde bei der Anwendung des § 11 BauflG. sachlich regeln soll. Sie bilden nicht etwa einen Bestandteil (eine Maßgabe) des Aktes der Fluchtlinienfestsetzung selbst und damit seines Ergebnisses. Durch die Fluchtlinienfestsetzung werden bestimmte Linien zu Straßen- oder Baufluchtlinien im Sinne des Gesetzes, d. h. mit den gesetzlichen Rechtswirkungen. Den Eintritt dieser Rechtswirkungen kann weder der Gemeindevorstand noch die Polizeibehörde ganz oder teilweise ausschließen. Beide können vielmehr nur auf der Grundlage des erfolgten Eintritts, in Anwendung des § 11 aaO., in bezug auf die Zulassung von Bauten über die festgesetzte Fluchtlinie hinaus eine rechtswirksame Tätigkeit entfalten. Selbstverständlich bleibt es ihnen unbenommen, sich über die Grundsätze, nach denen dies geschehen soll, schon bei oder vor der Fluchtlinienfestsetzung zu verständigen.

Ausgänge nach der P.=Gasse hergestellt und durch Niederreißung des Bretterzaunes, für die es einer polizeilichen Erlaubnis nicht bedurft habe, der tatsächlichen Benutzung freigegeben worden. Der Vorderrichter hat hierbei jedoch nicht geprüft, ob auf die P.=Gasse bei Erteilung der Bauerlaubnis und der Herstellung des Hauses der § 1 des Ortsstatuts überhaupt Anwendung zu finden hatte. Er scheint anzunehmen, daß das ortsstatutarische Bauverbot ohne weiteres für jeden öffentlichen Weg innerhalb des Stadtbezirks Geltung besitzt, auch wenn der Weg nicht als Ortsstraße projektiert oder doch tatsächlich in der Entwickelung zu einer solchen begriffen sei. Auch die von dem Kläger bereits in der ersten Instanz aufgestellte und von der Beklagten nicht bestrittene Behauptung hat er nicht gewürdigt, daß sich bereits zur Zeit der Erteilung der Bauerlaubnis ein Ausgang nach der P.=Gasse in dem Plankenzaune befand. Auf Grund des von ihm unterstellten Tatbestandes hätte er nur zu der Abweisung der Klage gelangen können, da die Anbringung von Ausgängen in der nach der P.=Gasse zu liegenden Frontseite des Hauses mit der Schaffung von Ausgängen, die tatsächlich das Betreten dieser Straße ermöglichen, keineswegs gleichbedeutend ist. Hätte der Kläger nachträglich — ohne Ausnahmebewilligung der Gemeinde — durch Beseitigung des Plankenzaunes die Verbindung nach der P.=Gasse erst geschaffen, so hätte sein Vorgehen, gleichviel, ob für die Niederlegung des Plankenzaunes eine baupolizeiliche Genehmigung notwendig war oder nicht, gegen das Bauverbot des § 1 aaO. verstoßen, und die angefochtene Anordnung wäre berechtigt gewesen. In der Berufungsschrift hat aber die Beklagte ausdrücklich anerkannt, daß der Plankenzaun bereits im Jahre 1903 und schon geraume Zeit vorher eine den Zugang nach der P.=Gasse vermittelnde Oeffnung besaß. Danach kommt es auf die Niederlegung dieses Zaunes und die spätere Herstellung des Drahtzaunes überhaupt nicht an. Die Entscheidung hängt vielmehr lediglich davon ab, ob das ortsstatutarische Bauverbot im Jahre 1903 auf die P.=Gasse bereits angewendet werden durfte. Nach der ständigen Rechtsprechung des OVG. fällt unter ein solches Verbot nicht jeder in dem Gemeindebezirke, für den das Ortsstatut erlassen ist, befindliche Weg. Es werden nur projektierte Straßen dadurch getroffen, denen solche Wege gleichzustellen sind, bei denen sich wegen ihrer den bereits bebauten Stadtteilen benachbarten Lage infolge des Anbaues mit Notwendigkeit ein straßenmäßiger Verkehr entwickeln und die Gemeinde zwingen würde, die Straße als Ortsstraße herzustellen, also das städtische Straßennetz weiter auszudehnen, als sie zurzeit beabsichtigt.

3. Eine von der Gemeinde projektierte Straße war die P.=Gasse im Jahre 1903 keinesfalls. Es ist erst im Jahre 1905 mit einer Fluchtlinienfestsetzung für sie begonnen worden, und die Beklagte sagt in der Berufungsbeantwortung ausdrücklich, die Stadt habe früher nicht daran gedacht, sie einmal auszubauen. Es kann aber auch nicht anerkannt werden, daß die P.=Gasse im Jahre 1903 eine tatsächlich in der Entstehung begriffene Straße war. Sie diente damals nur als Fußsteig für zwei kleine Besitzer und war auf einer kurzen Strecke an der Einmündung in die Gartenstraße 3,40 m, im übrigen bloß 2,58 m breit. Sie war und ist noch ungepflastert und wurde durch einen Graben gekreuzt, über den ein erst im Jahre 1905 durch einen festen, aus alten Zementrohren mit Erdbeschüttung hergestellten Uebergang ersetzter Steg führte. An ihr standen nur zwei alte Häuschen und anscheinend noch ein Arbeiterwohnhaus des Vorbesitzers des Klägers. Sie führte zu Gärten und Ackerländereien und diente auch als Spazierweg. Diese Tatsachen genügen in ihrem Zusammenhang nicht, um die Annahme zu rechtfertigen, die P.=Gasse sei bereits im Jahre 1903 eine in der Entstehung begriffene Straße gewesen. Damit war aber die Anwendung des ortsstatutarischen Bauverbots auf den dem Jahre 1903 angehörigen Baufall ausgeschlossen.

Nr. 17. Entsch. v. 17. Mai 1909 (DJZ. 15 150) IV A 4/08.

BauflG. § 12.

Dem Kläger ist allerdings darin beizutreten, daß die Publikation des Ortsstatuts im Jahre 1903 nicht in allen Beziehungen den gesetzlichen Anforderungen genügte. Der Mangel ist indessen in der Folge behoben worden. Das durch seine ordnungsmäßige Publikation nunmehr rechtsgültig gewordene Ortsstatut besitzt allerdings keine rückwirkende Kraft für den zwischen seinem Erlaß und der ordnungsmäßigen Veröffentlichung liegenden Zeitraum. Dies ist aber deshalb unerheblich, weil für die Beurteilung der Frage ob eine Bauerlaubnis mit Recht versagt worden ist, nicht das zur Zeit der Antragstellung oder der Versagung, sondern das zur Zeit der Urteilsfällung in Kraft befindliche Baurecht maßgebend ist. Die auf Grund des § 12 BauflG. erlassenen ortsstatutarischen Bestimmungen bilden aber einen Bestandteil des für die Gemeinden geltenden öffentlichen Baurechts und sind bei der Entscheidung über die Versagung von Baugenehmigungen in derselben Weise von Amtswegen zu beachten wie die baupolizeilichen Vorschriften im engeren Sinne.

Nr. 18. Entsch. v. 29. Sept. 1909 (PrVerwBl. 31 668) IX A 9/09.

BauflG. §§ 12, 15; LVG. §§ 127 ff.

1. Nach §§ 127 ff. LVG. hat der Verwaltungsrichter nur über die Aufrechterhaltung oder die Aufhebung der angefochtenen Verfügung, d. h. hier der Versagung der Bauerlaubnis, zu befinden, nicht aber die Bauerlaubnis selbst zu erteilen.

2. Nach §§ 1 f. Ortsstatuts für die Stadt H. v. 3. II. 93 dürfen an Straßen und Straßenteilen, die noch nicht gemäß den geltenden baupolizeilichen Bestimmungen für den öffentlichen Verkehr und den Anbau fertig hergestellt sind, Wohngebäude, die nach diesen Straßen einen Ausgang haben, nicht errichtet werden. Ausnahmen können vom Magistrat gestattet werden, für welchen Fall die Erfüllung bestimmter Bedingungen im Ortsstatut vorgesehen ist. Die Voraussetzungen des ortsstatutarischen Bauverbots liegen insofern vor, als der Kläger an der G.Straße ein Wohngebäude mit einem Ausgang nach dieser errichten will, und die G.Straße, da Fluchtlinien für sie festgesetzt sind, mindestens eine projektierte Straße ist. Sie ist aber noch nicht den baupolizeilichen Bestimmungen entsprechend fertiggestellt, weil der Bürgersteig noch nicht mit Klinkertrottoir befestigt ist. Mit Unrecht behauptet der Kläger, daß die G.Straße deshalb als eine fertige Ortsstraße anzuerkennen sei, weil die städtischen Kollegien allgemein beschlossen hätten, die Befestigung der Bürgersteige immer erst nach der Bebauung der anliegenden Grundstücke auszuführen, und in diesem Beschlusse deren Wille zum Ausdruck käme, die Straße auch vor endgültigem Ausbau der Bürgersteige als fertig und anbaufähig anzusehen. Ob und unter welchen Umständen einem solchen Beschlusse überhaupt Rechtswirksamkeit dahin beigelegt werden könnte, daß die Polizeibehörde verpflichtet wäre, im einzelnen Falle ohne Zustimmung der Kommunalbehörde und auch gegen deren Widerspruch das ortsstatutarische Bauverbot außer Anwendung zu lassen und die Bauerlaubnis vorbehaltlos zu erteilen, braucht nicht erörtert zu werden. Der Annahme des Klägers, daß die angeblichen Beschlüsse der städtischen Kollegien die Bedeutung gehabt hätten, die Straße ungeachtet des Fehlens der Bürgersteigbefestigung als fertiggestellt anzuerkennen, steht seine eigene Anführung entgegen, daß der Magistrat bei Erteilung der Baugenehmigung für Wohngebäude an der G.Straße stets Sicherheitleistung für die noch nicht hergestellte Klinkerbefestigung verlangt hat. Denn wenn die Bauerlaubnis immer nur gegen Sicherheitleistung für die Bürger-

steigkosten erteilt worden ist, so ist dies nur dahin zu verstehen, daß eine Ausnahme von dem Bauverbote unter der Bedingung dieser Sicherheitleistung bewilligt wurde.

3. Unbegründet ist auch die Berufung des Klägers auf die Vereinbarungen zwischen dem Magistrat der Stadt H. und den H. C. M.schen Erben, angeblich den Vorbesitzern des Klägers. Es kann dahingestellt bleiben, ob aus diesen Vereinbarungen die Bestimmung zu entnehmen ist, daß die G.-Straße als für den Verkehr und den Anbau fertig hergestellt angesehen werden solle, sobald die Kantsteine, die Gossen und die Pflasterung nebst Beleuchtungseinrichtung ausgeführt seien, und daß, sobald diesen Anforderungen Genüge geschehen sei, ohne Rücksicht auf die Fertigstellung des Trottoirs den Anliegern das Recht zum Anbau zustehen solle, und ferner, ob aus ihnen der Kläger Rechte herzuleiten vermag. Sie können jedenfalls nur die Grundlage privatrechtlicher Ansprüche gegen die Stadtgemeinde bilden, sind aber nicht geeignet, die Polizeibehörde für ihre Entschließung über die Anwendbarkeit oder Nichtanwendbarkeit des ortsstatutarischen Bauverbots und die Erteilung oder Versagung der Bauerlaubnis zu binden.

4. Findet hiernach auf die G.Straße als eine noch nicht gemäß den baupolizeilichen Bestimmungen fertiggestellte Straße das Bauverbot des § 1 Ortsstatuts v. 3. II. 93 Anwendung, so ist die Versagung der Bauerlaubnis gerechtfertigt, weil der Magistrat eine Ausnahme von dem Bauverbot nur unter Bedingungen zu erfüllen bereit ist, deren Erfüllung der Kläger ablehnt. Die Bewilligung oder Versagung einer Ausnahme von dem Bauverbot unterliegt nach § 2 Satz 1 des Ortsstatuts dem freien Ermessen des Magistrats, und zwar, da es sich dabei um die Wahrnehmung kommunaler Rechte handelt, des Magistrats als Kommunalbehörde, und ist deshalb der Nachprüfung durch die Polizeibehörde und den Verwaltungsrichter entzogen. Ebenso haben diese die Berechtigung der aufgestellten Bedingungen nicht nachzuprüfen, obgleich der zweite Satz des § 2 aaO. eine zwingende Vorschrift enthält, weil es sich dabei ausschließlich um die Wahrnehmung kommunaler Rechte handelt, und diese nicht zur Zuständigkeit der Polizeibehörde gehört, außerdem auch die Kommunalbehörde nicht gehindert ist, weitergehende Bedingungen für die Ausnahmebewilligung zu stellen, als das Statut als notwendig vorschreibt.

Nr. 19. Entsch. v. 9. Jan. 1908 (OVG. 52 424) IV B 97/06.

BauflG. § 12.

Die Frage, ob die Bestimmung des § 1 Abs. 2 des Ortsstatuts, wonach die Erweiterung eines Wohngebäudes durch Aufbau neuer Wohnräume der Errichtung eines Wohngebäudes gleichstehen soll, sich innerhalb der durch § 12 BauflG. für das ortsstatutarische Bauverbot gesteckten Grenzen hält, ist zu verneinen. Der Gerichtshof hat bereits mehrfach ausgesprochen, daß die Veränderung eines vorhandenen Gebäudes der Errichtung eines Gebäudes im Sinne des § 15 aaO. in der Regel nur dann gleichzuachten ist, wenn dabei die Bebauung einer bis dahin unbebauten Fläche stattfindet, und daß insbesondere die Aufsetzung eines neuen Obergeschosses nicht unter den Begriff der Errichtung eines Gebäudes nach § 15 aaO. fällt. Der § 12 aaO. betrifft die Errichtung von Wohngebäuden, also eine unter den Gesamtbegriff der Gebäude fallende Einzelgattung, und es fehlt an einer Unterlage für die Annahme, daß der Gebäudebegriff in den §§ 12 und 15 desselben Gesetzes ein verschiedener sein soll. Mag auch der Beklagten zugegeben werden, daß der Aufbau eines oder mehrerer Stockwerke auf einem bereits vorhandenen Gebäude unter Umständen für die

Notwendigkeit der Straßenanlegung ebensoviel, ja vielleicht im Einzelfalle noch mehr Bedeutung haben kann, wie der Anbau an ein solches Gebäude unter Bebauung einer bisher unbebauten Fläche, so kann doch dieser Erwägung der Fassung des § 12 und der Auslegung des § 15 gegenüber kein ausschlaggebendes Gewicht beigelegt werden. Allerdings hatte der Gesetzgeber bei Erlaß des § 12 aaO. die Absicht, die Gemeinden gegen den Nachteil zu schützen, der erfahrungsmäßig durch ein unregelmäßiges Bebauen unfertiger Straßen herbeigeführt wird, indem dadurch die Gemeinden schließlich zur Herstellung an sich entbehrlicher Straßenzüge genötigt werden. Allein hieraus folgt noch nicht, daß jede bauliche Anlage, welche geeignet ist, derartige Folgen hervorzurufen, unter den § 12 fällt.

Nr. 20. Entsch. v. 11. Juni 1908 (PrVerwBl. 30 715) IV A 9/08.

BauflG. §§ 12, 15.

1. Der Klageantrag ist neben der Aufhebung der angefochtenen Bescheide auf Erteilung der Bauerlaubnis gerichtet. Hierbei ist außer acht gelassen worden, daß der Verwaltungsrichter nicht auf Erteilung einer zu Unrecht versagten baupolizeilichen Genehmigung erkennen kann.

2. In der Sache hängt die Entscheidung davon ab, ob in den geplanten baulichen Veränderungen an dem in seinem äußeren Umfange unverändert bleibenden Gebäude und der damit erreichten Vermehrung der Wohnräume die Errichtung eines Wohngebäudes im Sinne des § 12 BauflG. zu erblicken ist. Der Gerichtshof hat bereits mehrfach ausgesprochen, daß die Veränderung eines vorhandenen Gebäudes der Errichtung eines Gebäudes im Sinne des § 15 aaO. in der Regel nur dann gleichzuachten ist, wenn dabei die Bebauung einer bis dahin unbebauten Fläche stattfindet, und daß insbesondere auch die Aufsetzung eines neuen Obergeschosses, also eine über die hier vorliegenden baulichen Aenderungen wesentlich hinausgehende Erweiterung des Gebäudes nicht unter den Begriff der Errichtung eines Gebäudes nach § 15 aaO. fällt. Der § 12 aaO. betrifft die Errichtung von Wohngebäuden, also eine unter den Gesamtbegriff der Gebäude fallende Einzelgattung, und es fehlt an einer Unterlage für die Annahme, daß der Gebäudebegriff in den §§ 12 und 15 desselben Gesetzes ein verschiedener sein soll. Mag auch zugegeben werden, daß der Aufbau eines oder mehrerer Stockwerke auf einem bereits vorhandenen Gebäude oder eine durchgreifende Umwandlung bisheriger Geschäftsräume in Wohnungen unter Umständen für die Notwendigkeit der Straßenanlegung ebensoviel, ja vielleicht im Einzelfalle noch mehr Bedeutung haben kann, wie der Anbau an ein solches Gebäude unter Bebauung einer bisher unbebauten Fläche, so kann doch dieser Erwägung der Fassung des § 12 und der Auslegung des § 15 gegenüber kein ausschlaggebendes Gewicht beigelegt werden. Allerdings hatte der Gesetzgeber bei Erlaß des § 12 aaO. die Absicht, die Gemeinden gegen den Nachteil zu schützen, der erfahrungsmäßig durch ein unregelmäßiges Bebauen unfertiger Straßen herbeigeführt wird, indem dadurch die Gemeinden schließlich zur Herstellung an sich entbehrlicher Straßenzüge genötigt werden. Allein hieraus folgt noch nicht, daß jede bauliche Anlage, welche geeignet ist, derartige Folgen hervorzurufen, unter den § 12 fällt.

Nr. 21. Entsch. v. 21. Dez. 1908 (OVG. 53 418) IV C 118/08.

BauflG. §§ 12, 14.

1. Für die Anwendung des Bauverbots ist nicht die objektive Beschaffenheit des Gebäudes, sondern seine Bestimmung als Wohngebäude entscheidend. Die objektive Beschaffenheit des Gebäudes kann allerdings ermöglichen, es nachträglich, auch wenn es nicht zum Wohnen bestimmt war,

dazu doch zu benutzen. In einem solchen Falle ist die Polizeibehörde berechtigt, auch wenn keine baulichen Aenderungen vorgenommen worden sind, die Benutzung zum Wohnen zu verbieten und zu verhindern. Wegen dieser Möglichkeit darf aber die Bauerlaubnis nicht von vornherein versagt werden.

2. Nachdem der Kläger schon früher in der mündlichen Verhandlung versichert hat, daß die sämtlichen Räume ausschließlich zu gewerblichen Zwecken, nämlich zur Erweiterung der Apotheke, Verwendung finden sollen, und nachdem er durch seinen Vertreter in der Revisionsinstanz die Versicherung hat abgeben lassen, es sollen die Spülküche und die Küche des Anbaues als Laboratoriumsküche und Laboratoriumsspülküche und alle übrigen Räume als Lager- und Arbeitsräume für die Apotheke Verwendung finden, hat der Gerichtshof kein Bedenken getragen, den Angaben des Klägers Glauben zu schenken. Ist aber davon auszugehen, daß trotz der Verbindung des Anbaues mit dem Haupthause die Absicht des Klägers, nur gewerblichen Zwecken dienende Räume zu schaffen, unzweifelhaft feststeht, so ist das ortsstatutarische Bauverbot, das sich nur auf Wohngebäude bezieht, auf den vom Kläger beabsichtigten Bau nicht anwendbar.

c) Schutz gegen Feuersgefahr.

Nr. 1. Entsch. v. 29. Mai 1906 (PrVerwBl. 29 813) VIII A 107/03.

ALR II 17 § 10.

1. Das im Jahre 1890 erbaute Grundstück B.Straße Nr. . . zu Berlin besteht aus einem Vorderhause und einem durch ein längeres Seitengebäude damit verbundenen Quergebäude. Außer dem Keller- und Erdgeschoß hat der Gebäudekomplex vier bewohnte Stockwerke. Im Vorderhause und in dem hinteren Teile des Seitengebäudes befindet sich je eine durch alle Geschosse hindurchgehende Treppe. Ursprünglich war es, mit Ausnahme des Erdgeschosses, ganz zu Wohnzwecken bestimmt. Später sind im ersten Stockwerk des Vorderhauses ein Konfektionsgeschäft und ein Damengarderobegeschäft (Handlung mit alten Kleidern) untergebracht. Als diese Gebäude von der Revisionskommission für feuergefährliche Geschäfts- und Lagerräume einer Besichtigung unterzogen wurden, gab die Kommission dem Eigentümer des Hauses die Beseitigung einer Anzahl von Mängeln, u. a. die Anlegung eiserner Notleitern und die feuersichere Bekleidung von Türen auf. Als dieser Aufforderung nicht Genüge geleistet wurde, gab der Polizeipräsident dem Eigentümer durch Polizeiverfügung auf Grund des § 10 II 17 ALR. auf, den Anforderungen binnen bestimmter Frist zu genügen. Die Klage hiergegen war unbegründet.

2. Es ist zunächst ohne Belang, wenn der Kläger geltend gemacht hat, das Grundstück B.Straße Nr. . . sei inzwischen von ihm veräußert. Die polizeiliche Verfügung kann zwar gegen den neuen Eigentümer nicht vollstreckt werden; vielmehr würde es des Erlasses einer neuen polizeilichen Verfügung wider den jetzigen Eigentümer bedürfen, falls ein polizeiliches Einschreiten noch erforderlich ist. Das gegenwärtige Streitverfahren wird aber durch den Besitzwechsel insofern nicht berührt, als hier lediglich zu entscheiden ist, ob die polizeiliche Verfügung nach den zur Zeit ihres Erlasses gegebenen Verhältnissen berechtigt war.

3. Wenn der Kläger geltend macht, nach dem genehmigten Bauplan v. 15. XII. 89 sei für die Vorderwohnungen eine massive Haupttreppe zugelassen und meint, deshalb könne die Behörde weitere Anforderungen in dieser Richtung nicht stellen, so übersieht er, daß der § 10 II 17 ALR. wie § 6[f] PolVerwG. v. 11. III. 50 der Polizei ganz allgemein den Schutz und die Sorge für Leben und Gesundheit des Publikums übertragen. Nach der ständigen Rechtsprechung darf die Polizeibehörde auch bei konsentierten Baulichkeiten nachträglich diejenigen Vorkehrungen fordern, die sich im Interesse der Fürsorge gegen Feuersgefahr als notwendig herausstellen. Daß so-

wohl in einem Konfektionsgeschäft als in einem Damengarderobegeschäft naturgemäß eine große Menge leicht brennbarer Stoffe sich befindet, ist nicht zu bezweifeln. Nach dem Bericht des Polizeipräsidenten sind denn auch bei der Besichtigung der Damengarderobe die Räume so stark angefüllt gewesen, daß nur die allernotwendigsten schmalen Gänge verblieben waren. Durch den Betrieb der genannten Geschäfte ist jedenfalls eine Erhöhung der Feuersgefahr verursacht und diese kommt namentlich für die in den darüberliegenden Stockwerken sich aufhaltenden Menschen wesentlich in Betracht. Ob sich heute nur noch eins der beiden Geschäfte im Hause befindet, ist für die Entscheidung belanglos, da es hier allein auf den zur Zeit des Erlasses der angefochtenen Verfügung vorhandenen Zustand ankommt.

4. Auf dem Gebiete der Angemessenheit und Zweckmäßigkeit bewegen sich die gesamten Angriffe gegen die Forderung von eisernen Notleitern. Offenbar sachwidrig ist deren Anbringung keineswegs. Nun hat allerdings der Kläger in der letzten mündlichen Verhandlung ausgeführt, beim Anbringen der Rettungsleitern würde die Durchfahrt derartig verengt werden, daß ein Passieren der Durchfahrt seitens der Feuerwehr und somit ein Beherrschen des Hofes durch letztere unmöglich würde. Der Kläger übersieht dabei indessen, daß der Ort, wo die Leitern anzubringen sind, bisher nicht vorgeschrieben ist. Die angefochtene Verfügung bemerkt vielmehr ausdrücklich, der Kläger solle dazu vorher die baupolizeiliche Genehmigung nachsuchen. Es war ihm mithin freigestellt, ein Projekt vorzulegen, durch welches eine zweckmäßige Anlage sichergestellt wird. (Es folgen tatsächliche Erwägungen).

Nr. 2. Entsch. v. 20. Sept. 1907 (PrVerwBl. 30 188) VIII A 64/06.

ALR. II 17 § 10; PolVerwG. § 6 f.

1. Nach feststehender Rechtsprechung ist der Polizei durch § 10 II 17 ALR. und § 6 f. PolVerwG. v. 11. III. 50 die Sorge für Leben und Gesundheit des Publikums, der Schutz vor Feuersgefahr für Menschen und Gebäude ganz allgemein übertragen. Sie kann mithin auch bei konsentierten Gebäuden und für Plätze, auf denen die Lagerung von Holzmengen polizeilich genehmigt ist, jederzeit und auch über den Inhalt des Konsenses hinaus neue Anforderungen stellen, wenn die inzwischen auf dem Gebiete des Feuerwesens gesammelten neuen Erfahrungen oder veränderte Umstände ein Einschreiten im öffentlichen Interesse wie hier erheischen. Eine Schranke würde ein polizeiliches Einschreiten nur finden in etwaigen Vorschriften einer Polizeiverordnung, wenn solche das einschlägige Gebiet erschöpfend regeln sollte, oder in den etwaigen Genehmigungsbedingungen einer gewerblichen Anlage, die laut § 16 GewO. einer besonderen Genehmigung (hier des Kreisausschusses) bedürfte.

2. Es mag sein, daß dem Kläger bei Durchführung der Anordnung ein gewisser Schaden entsteht, aber dieser kann nach der ganzen Sachlage nur ein verhältnismäßig geringer sein und auf alle Fälle schlägt der Gesichtspunkt durch, daß finanzielle Nachteile nicht in Betracht kommen können, wenn es sich wie hier um Minderung einer außergewöhnlichen, ganz erheblichen Feuersgefahr, um den Schutz von Menschen gegen Gefahren für Leib und Leben handelt.

Nr. 3. Entsch. v. 4. Okt. 1907 (PrVerwBl. 30 237) VIII A 89/06.

ALR. II 17 § 10.

Die Fenster sollen den Zimmern nicht nur Luft und Licht zuführen, sondern im Brandfalle auch den letzten Rückzugsweg für Menschen bilden. Die Polizeibehörde kann deshalb auf Grund des § 10 II 17 ALR. verlangen, daß die Fenster von Wohnräumen in einer diesem Zwecke entsprechenden Größe zum Oeffnen eingerichtet werden. Eine Oeffnung von nur 43 : 47 cm im Geviert mag manchen Menschen allenfalls ein „Durchkriechen“ ermöglichen; daß aber auch nur, wenn sie inner- und außerhalb geeignete Stützpunkte finden. Für gebrechliche, kranke, besonders starke Personen, für kleine Kinder usw. erscheint es ausgeschlossen, durch eine kleine und hoch über dem Fußboden gelegene Oeffnung im Fall eines Brandes bei Verqualmung oder sonstiger Sperrung des gewöhnlichen Ausgangs alsbald ins Freie zu gelangen; namentlich wenn man der in einem Brandfalle erfahrungsmäßig leicht eintretenden Kopflosigkeit Rechnung trägt.

Nr. 4. Entsch. v. 26. März 1909 (OVG. 54 245) I B 28/08.

ALR. II 17. § 10; PolVerwG. v. 11. III. 50 § 6f.

1. Abwegig ist zunächst die Ansicht des Klägers, daß die Polizeibehörde nicht berechtigt sei, in bezug auf die Benutzung des Schuppens, weil er vor 4 Jahren der erteilten Baugenehmigung entsprechend ausgeführt worden sei, nachträglich im feuerpolizeilichen Interesse beschränkende Anordnungen zu treffen oder die Benutzung ganz zu untersagen. Nach feststehender Rechtsprechung ist der Polizei durch § 10 II 17 ALR. und § 6f. PolVerwG. v. 11. III. 50 die Sorge für Leben und Gesundheit des Publikums, der Schutz vor Feuersgefahr für Menschen und Gebäude allgemein übertragen. Auf Grund dieser ihr zufallenden Aufgabe ist sie berechtigt, auch bei genehmigten Gebäuden über den Inhalt der Genehmigung hinaus dann neue Anforderungen zu stellen, wenn die inzwischen auf dem Gebiete des Feuerschutzes gesammelten Erfahrungen oder veränderte Umstände ein Einschreiten im öffentlichen Interesse erheischen.

2. Unbegründet ist auch die Behauptung des Klägers, daß für das Eingreifen der Polizei im vorliegenden Falle nicht das Interesse der öffentlichen Sicherheit maßgebend gewesen sei; denn es kann einem berechtigten Zweifel nicht unterliegen, daß die Aufstapelung großer Holzvorräte in der Nähe bewohnter Gebäude eine Gefährdung dieser und der in ihnen wohnenden Personen bedeutet.

3. Es blieb nur zu prüfen, ob für die Anordnung die tatsächlichen Voraussetzungen im Sinne des § 127 LVG. vorlagen Diese Frage hat der Gerichtshof verneinen müssen. Soweit es sich um das in dem Schuppen gelagerte Holz handelt, hat der Beklagte sein Verlangen nach dem Gutachten des Branddirektors dahin erläutert, daß die Beseitigung des Schuppens selbst nicht notwendig sei, da er in seiner offenen leichten Konstruktion für das Haus keine Gefahr bilde. Nach dem Gutachten des als Sachverständiger gehörten Baurats H. ist das Gegenteil der Fall. An der Richtigkeit des Gutachtens zu zweifeln, liegt nach der gesamten örtlichen Lage kein Anlaß vor; es war daher für die Entscheidung zugrunde zu legen. Wird ihm aber gefolgt, so leuchtet ohne weiteres ein, daß mit der den Gegenstand des Streites bildenden polizeilichen Anordnung der angestrebte Zweck, die Feuersgefahr von dem Wohnhaus abzuwenden, nicht erreicht wird. Dies würde vielmehr nur dann eintreten, wenn auch der Schuppen aus der gefahrdrohenden Nähe von 5 m entfernt oder Maßnahmen getroffen werden, durch welche er seiner gegenwärtigen Feuergefährlichkeit entkleidet wird. Das Verbot der Lagerung des Holzes in dem Schuppen in einer geringeren Entfernung als 10 m von dem Wohnhaus ist unter diesen Umständen ohne den Hinzutritt der vorstehend angegebenen Maßnahmen wertlos und ist als eine geeignete polizeiliche Vorkehrung im Sinne des § 10 II 17 ALR. nicht anzusehen.

Nr. 5. Entsch. v. 16. Okt. 1909 (PrVerwBl. 31 685) IX A 12/09.
ALR. II 17 § 10.

1. Werden dem Eigentümer eines Hauses wegen der in diesem betriebenen feuergefährlichen Gewerbe polizeiliche Auflagen gemacht, so ist ihm unbenommen, diese Auflagen dadurch von sich abzuwenden, daß er die Einstellung der gedachten Gewerbe in dem Hause bewirkt.

Bei Erlaß der Vf. v. 11. I. 08 wurden unstreitig in dem Hause T.Gasse Nr. . . Gewerbe unter Verarbeitung leichtentzündlicher Stoffe betrieben und wurde hierdurch eine erhebliche Feuersgefahr hervorgerufen. Selbstverständliche Voraussetzung der Verfügung ist demnach der fortdauernde Betrieb dieser Gewerbe, so daß, wenn dieser Betrieb aufhört, auch die getroffenen Anordnungen gegenstandslos werden. Ausdrücklich ausgesprochen ist dies in Ziff. 6 der Anordnung, wo dem Kläger die Auflage für den Fall gemacht wird, daß der Betrieb der Bürstenmacherwerkstätte weiter fortdauern soll. Das gleiche gilt nach Sinn und Zweck der Verfügung als stillschweigende Voraussetzung auch für alle übrigen Auflagen hinsichtlich der sonst in der Verfügung benannten Betriebe und Lager leichtentzündlicher Stoffe. Ziff. 1 der Verfügung läßt dem Kläger freie Hand, auch auf andere Weise als dort vorgeschlagen, die feuersichere Herstellung der Türen zu bewirken. Kläger sollte durch Einholung des Gutachtens der Branddirektion nur davor geschützt werden, daß die von ihm abweichend von dem Vorschlage erfolgte Herstellung sich nach Fertigstellung der Arbeit als ungenügend erweise.

2. Nicht zutreffend ist die fernere Behauptung des Klägers, daß die Polizeibehörde nicht nachträglich neue Anforderungen bei Bauten stellen könne, die seit langer Zeit unverändert und der seinerzeit erteilten Baugenehmigung entsprechend bestehen. Abgesehen davon, daß nach der Verfügung bauliche Veränderungen in dem Hause, wie das Ausbrechen von 2 Fenstern von dem Geschäftsraume des elektrotechnischen Geschäfts nach dem Treppenhause, neuerdings ausgeführt worden sind, darf die Polizeibehörde auch bei konsentierten und konsensmäßig ausgeführten Bauten nachträglich neue Anforderungen stellen, die sich aus der Benutzung des Gebäudes im Interesse der Abwendung von Feuersgefahr als notwendig ergeben. Es folgt dies aus den Aufgaben der Polizei, der in § 10 II 17 ALR. ganz allgemein der Schutz und die Sorge für Leben und Gesundheit des Publikums übertragen worden ist.

3. Wenn Kläger das Vorhandensein der tatsächlichen Voraussetzungen, die die Polizei zu ihrem Vorgehen berechtigt haben würden, mit der Begründung bestreitet, daß das Haus ein Steinbau mit steinernen Wänden sei, so ist diese Begründung deshalb nicht zutreffend, weil ungeachtet dieser Beschaffenheit des Hauses infolge der darin betriebenen Gewerbe Gefahren für die im Hause wohnenden oder dort verkehrenden Personen bestehen, deren Beseitigung oder Verminderung mit den dem Kläger gemachten Auflagen bewirkt werden soll. Es steht unbestritten fest, daß diese Gewerbebetriebe, wie das elektrotechnische Geschäft, die Schreinerei, die Holzdreherei, die Bürstenmacherwerkstatt leicht brennbare Stoffe verarbeiten oder vertreiben, und daß Lager feuergefährlicher Stoffe im Hause vorhanden sind. Durch die von der Polizei getroffenen Maßnahmen (Vermauerung und feuersichere Herstellung von Türen und Gängen namentlich nach den Treppen hin) soll eine zu schnelle Verbreitung ausbrechenden Feuers und das leicht eintretende gefährliche Verqualmen der Treppen verhütet werden. Die gemachten Auflagen erscheinen zur Erreichung dieses Zwecks geeignet und können daher als sachwidrig nicht angesehen werden. Ob es geboten oder zweckmäßig gewesen wäre, an Stelle der geforderten baulichen Aenderungen die Aufgabe der feuergefährlichen Gewerbebetriebe zu verlangen, ist hier nicht zu erörtern, da die Notwendigkeit

und Zweckmäßigkeit polizeilicher Verfügungen der Nachprüfung durch den Verwaltungsrichter entzogen ist. Jedoch kommt in dieser Hinsicht in Betracht, daß die Polizei auf Grund des § 10 II 17 ALR. nicht mehr als die nötigen Anstalten zum Schutze des Publikums oder einzelner Mitglieder desselben treffen darf, und daß die Einstellung der Gewerbebetriebe in dem Hause T.Gasse Nr. . . . als die in ihrer Wirkung am weitesten gehende Maßregel nur dann verlangt werden könnte, wenn sich die Abwendung oder Minderung der Gefahr auf andere Weise nicht erreichen ließe.

4. Der weiter vom Kläger erhobene Einwand, daß die angefochtene Verfügung nicht an ihn, sondern an seinen Mieter W. hätte gerichtet werden müssen, weil er nach dem mit W. geschlossenen Mietvertrage nicht in der Lage gewesen wäre, den gestellten Anforderungen nachzukommen, ist verfehlt, weil privatrechtliche Abmachungen die Behörde nicht hindern können, die im öffentlichen Interesse für geboten erachteten, rechtlich begründeten Anordnungen dem Hauseigentümer gegenüber durchzusetzen. Denn der Eigentümer eines Grundstücks ist verpflichtet, es in einem polizeimäßigen Zustande zu erhalten und kann immer in Anspruch genommen werden, wenn es sich um Anordnungen in bezug auf das Grundstück handelt. Neben dieser aus dem Eigentum folgenden Verpflichtung des Eigentümers besteht allerdings auch die öffentlich-rechtliche Verpflichtung eines jeden Dritten, der auf Grund privatrechtlicher Abmachungen tatsächlich die Herrschaft über das Grundstück oder Teile desselben ausübt, auch seinerseits den polizeilichen Anforderungen zu genügen, und deshalb kann die Polizeibehörde statt des Eigentümers in gewissen Fällen auch den Mieter in Anspruch nehmen. Sie ist aber dazu nicht verpflichtet, sondern kann sich bei der Wahl des in Anspruch zu Nehmenden von Zweckmäßigkeitsgründen leiten lassen. Hat die Polizeibehörde in Ausübung ihres Wahlrechts dem Eigentümer Auflagen gemacht, so kann sich dieser der Erfüllung seiner öffentlich-rechtlichen Pflicht, für einen polizeimäßigen Zustand seines Grundstücks zu sorgen, nicht durch den Hinweis entziehen, daß die Behörde sich hätte an den Mieter halten können.

5. Zurückzuweisen ist endlich noch der Einwand des Klägers, daß er als Miteigentümer nicht in der Lage sei, der an ihn gerichteten Verfügung nachzukommen, da er nicht verwaltender Eigentümer sei und ohne Einwilligung seiner Miteigentümer nichts an dem gemeinschaftlichen Hause ändern könne. Zur Sicherung des polizeimäßigen Zustandes eines im ungeteilten Eigentume mehrerer befindlichen Grundstücks ist das polizeiliche Einschreiten auch gegen einen einzelnen Miteigentümer zulässig ohne Rücksicht darauf, ob die Benutzung des Grundstücks von dem in Anspruch genommenen Miteigentümer geübt wird oder nicht. Nur wenn diesem nicht die tatsächliche oder rechtliche Verfügungsgewalt über das Grundstück zusteht, die ihn in den Stand setzt, der gemachten polizeilichen Auflage zu genügen, würde er die Auflage von sich abwenden können. Aus dem Miteigentum allein und der privatrechtlichen Stellung der Miteigentümer untereinander ist aber ein Einwand mangelnder Verfügungsgewalt über das gemeinschaftliche Grundstück den öffentlich-rechtlichen Anforderungen der Polizei gegenüber nicht herzuleiten, da jedem einzelnen Miteigentümer die öffentlich-rechtliche Pflicht obliegt, das gemeinschaftliche Grundstück in polizeimäßigem Zustande zu erhalten. Er kann sich gegen die zur Erfüllung dieser Pflicht ihm gemachte polizeiliche Auflage nur durch den Nachweis schützen, daß er durch besondere rechtliche oder tatsächliche Verhältnisse gehindert sei, der Auflage nachzukommen.

d) Schutz gegen Gesundheitsschädigungen.

Nr. 1. Entsch. v. 21. Sept. 1906 (PrVerwBl. 29 749) VIII B 15/05.

ALR. II 17 § 10.

1. Neue baurechtliche Bestimmungen finden der Regel nach keine Anwendung auf Bauten, die nach dem zur Zeit der Konsenserteilung gültig gewesenen örtlichen Baurechte ordnungsmäßig ausgeführt sind. Dagegen ist die Polizeibehörde nach § 10 II 17 ALR. befugt, auf Grund neuer Erfahrungen über Gesundheitsschädigungen neue Anforderungen auch hinsichtlich konsentierter Gebäude zu stellen.

Unstreitig liegen die Kellerräume gänzlich unter Terrain und sind nur 2,30 m hoch. Es wird darin unter anderem Wurstfleisch gehackt, Wurst gekocht und gestopft, frisches Fleisch und Schmalz aufbewahrt. In solchen Gelassen ohne natürliches Licht und ohne Luftbewegung wirkt längerer Aufenthalt und längeres Arbeiten nach heutiger Auffassung gesundheitsschädigend.

2. Eine „Werkstätte" ist begrifflich ein Raum zum dauernden Aufenthalt von Menschen, gleichviel ob sie täglich oder nur mit Unterbrechungen benutzt wird.

Nr. 2. Entsch. v. 12. April 1907 (PrVerwBl. 29 350) VIII A 13/06.

Die Polizei ist zwar nicht befugt, Einrichtungen zu fordern, durch die jede Belästigung der Nachbarschaft durch Rauch abgestellt wird, wohl aber darf sie Einrichtungen verlangen, durch welche eine Gefährdung der menschlichen Gesundheit in der Nachbarschaft ausgeschlossen wird. Wenn in den hier vorliegenden polizeilichen Verhandlungen auch von Belästigung durch Rauch die Rede ist, so ergibt der Bescheid der Beschwerdeinstanzen doch bestimmt, daß das Einschreiten der Polizei für gerechtfertigt erachtet worden ist, weil der Rauch die Gesundheit der Umwohner schädige. Der Gerichtshof hat die Ueberzeugung gewonnen, daß die Polizei bei Erlaß der Verfügung mit einer Gesundheitsgefährdung rechnen durfte. Unstreitig ist die nur aus einem Erdgeschoß bestehende Waschküche des Klägers erheblich niedriger als das anstoßende dreigeschossige Wohnhaus des Nachbarn, so daß bei entsprechender Windrichtung der Rauch durch offenstehende Fenster und Türen in das Haus getrieben wird. Nach der Angabe des Polizeikommissars wohnten in des Klägers Hause 9 Mieter, von denen die Waschküche fast täglich benutzt wurde. Dieser Gebrauch nötigte den Nachbarn und seine Mieter zum fast täglichen Verschließen der nach der Hofseite gelegenen Fenster in dem Nachbarhause, dieses wurde mit Rauch erfüllt, wenn das Schließen unterblieb. Sowohl der Mangel an Lüftung wie das Eindringen des Rauches konnte erfahrungsgemäß die Gesundheit der Einwohner gefährden. Zu einem Einschreiten ist aber die Behörde nicht nur bei einer täglich sich erneuernden Gefährdung, sondern auch bei nur zeitweisen Gefährdungen befugt. Der Kläger hatte bemerkt, er müsse nach den von ihm eingezogenen Erkundigungen bestreiten, daß der Polizeiarzt die Oertlichkeit besichtigt und ein Gutachten erstattet habe. Letzteres trifft nicht zu, eine — zwar nur kurze — Aeußerung des Arztes befindet sich bei den Akten, ob der Arzt vorher sich an Ort und Stelle begeben hat, konnte dahingestellt bleiben, denn die Kenntnis von den örtlichen Verhältnissen konnte er bereits früher sich verschafft haben.

Daß der Polizeiverwalter und der Stadtbaumeister vor Erlaß der angefochtenen Verfügung die Oertlichkeit besichtigt haben, erhellt aus den Akten.

Belanglos ist, daß das Haus des Nachbarn später erbaut ist als das Anwesen des Klägers. Von diesem, der niedrigen Lage des Schornsteins der Waschküche, gehen die Gesundheitsgefährdungen aus. Diesen polizeiwidrigen

Zustand hat der Kläger als Eigentümer zu beseitigen. Dadurch, daß der Schornstein früher keinen Schaden anrichtete, wird der Kläger nicht von der Pflicht befreit, das Nötige vorzukehren, sobald Schaden entsteht. Wenn der Nachbar das Haus in seiner jetzigen Höhe aufgeführt hat, so übte er damit ein ihm nach dem geltenden Baurecht zustehendes Recht aus. Er war nicht verpflichtet, das Haus aus Rücksicht auf den Schornstein eines anderen weniger hoch zu bauen. Wohl aber ist der Kläger verpflichtet, sein Haus jederzeit in einem polizeigemäßen Zustande zu erhalten. Was alles dazu gehört, steht nicht schon bei Erbauung eines Hauses unwandelbar für alle Zeiten fest; es ergibt sich vielmehr erst aus der Gesamtheit der jeweilig vorliegenden, dem Wechsel unterworfenen Umstände. Mit den Umständen wechseln die Anforderungen.

Nr. 3. Entsch. v. 7. Juni 1907 (PrVerwBl. 30 74) VIII A 95/06.

ALR. II 17 § 10.

1. Darüber, daß die Polizeibehörde an sich verlangen kann, die Dungstätte solle mit einer wasserdichten Umwehrung versehen sein, besteht kein Zweifel. Wenn Regen auf Mist fällt, so entwickelt sich Mistjauche. Mistjauche soll nicht auf die Straße und in die Straßenrinnsteine ablaufen. Das erschwert den Verkehr auf der Straße, es verpestet die Luft und ist gesundheitsgefährlich; auch das Weiterlaufen der Jauche durch die Straßenrinne bringt Gesundheitsgefahren mit sich. Solchem Uebelstande abzuhelfen, ist nach § 10 II 17 ALR. Recht der Polizei. Das Abhilfemittel hat sie der geltenden BauPolO. zu entnehmen. Zur Anwendung würde hier § 10 BauPolO. für den RegBez. Trier v. 4. V. 01 (ABl. 159) kommen. Nach Abs. 2 das. müssen Dungstätten gepflastert oder mit Ton, Lehm oder Zement gedichtet und mit entsprechend großen wasserdicht hergestellten und gedeckten Jauchegruben, sowie mit undurchlässiger Umwehrung versehen, überhaupt so eingerichtet werden, daß der flüssige Inhalt weder auf die Straße noch in deren Rinnen abfließen kann. Danach ist an sich das Verlangen einer wasserdichten Umwehrung, die das Abfließen des flüssigen Inhalts der Düngerstätte nach der Straße verhindert, berechtigt.

2. Unberechtigt würde es nur sein, wenn der Kläger schon Einrichtungen hätte, die jenes Abfließen verhindern. Das behauptet nun allerdings der Kläger. Es ist auch richtig, daß in der nordöstlichen Ecke der Düngerstätte sich eine Vertiefung befindet, in der sich zunächst die Mistjauche ansammelt. Aber der Kläger bestreitet selbst nicht, daß, falls sich dort die Jauche bis zur Höhe der Straßenrinne anstaut, eine weitere Abwehr erforderlich ist. Er glaubt nur, daß die Steinplattenumwehrung, die nach seiner Angabe 10 cm dick ist, und die er im Sommer 1905 vom Fundament aus verzementiert zu haben behauptet, ausreiche. Das Gutachten des Kreisbaumeisters ergibt jedoch, daß dies nicht zutrifft. Die als Umwehrung angebrachten Platten sind roh zugerichtete Sandsteinplatten. Die Stöße sind unregelmäßig und mit Zement ausgegossen. Nach Ansicht des Sachverständigen kann eine derartige Anlage niemals als wasserdicht angesehen werden, da die geringste Bewegung einer einzelnen Platte, die ja unausbleiblich ist, einen Riß zwischen Zementausguß und Platte hervorruft. Die Folge ist, daß durch den so entstandenen Riß die Jauche nach der Straße unbedingt abfließt.

3. Bei dieser Lage der Sache kann es nicht darauf ankommen, ob wirklich festgestellt ist, daß Jauche auf die Straße geflossen, insbesondere ob dies bei der Besichtigung durch den Kreisbaumeister der Fall gewesen ist. Es genügt, daß ein Abfließen möglich ist und die Gefahr besteht. Der Kläger muß also dafür sorgen, daß seine Dungstätte eine wasserdichte Umwehrung, die sie zurzeit nicht hat, erhält. Er muß an die Stelle der jetzigen Um-

wehrung eine wasserdichte Ummwehrung setzen, d. h. er muß, wie es im landrätlichen Bescheide heißt, die vorhandene Ummwehrung durch eine wasserdichte ersetzen. Wie er das macht, ist seine Sache. Als zweckmäßig ist ihm die Mauer empfohlen. Glaubt er den Ersatz dadurch beschaffen zu können, daß er die vorhandenen Steinplatten zurichtet, mit Falzen versieht und eine feste, nicht bewegliche, in sich zusammengefügte, undurchlässige Ummwehrung herstellt, so mag er auf seine Gefahr die nötigen Schritte tun. Jedenfalls wird er aber beachten müssen, daß er zuvor die nach § 1[8] BauPolO. erforderliche Bauerlaubnis einzuholen hat.

Nr. 4. Entsch. v. 11. Juni 1907 (PrVerwBl. 30 88) VIII A 127/05.

Ein Behälter zum Lagern von Rübenschnitzeln und Rübenlaub fällt nicht unter den Begriff der „anderen Abfallbehälter" im Sinne des § 30[1] BauPolO. für die Landgemeinden des RegBez. Cöln v. 10. XI. 04 (ABl. 371), weil Rübenschnitzel und Rübenblätter nicht zu den Stoffen gehören, die im wirtschaftlichen oder gewerblichen Betriebe abfallen. Rübenblätter sollen, ähnlich wie beispielsweise das Stroh geernteten Getreides, nicht ohne weiteres oder in erster Linie als minderwertig oder wertlos weggeworfen werden, und die Rübenschnitzel sind ein besonderes Nebenprodukt der Zuckerfabrikation.

Es kann sich hiernach, weil § 30 BauPolVd. nicht anwendbar, eine andere spezialgesetzliche, zur Rechtfertigung der Verfügung dienliche Vorschrift weder angeführt noch auffindbar ist, nur fragen, ob die Verfügung aus § 10 II 17 ALR. begründet werden kann. Dies muß verneint werden. Denn wenn man auch, namentlich im Hinblick auf das Gutachten des Kreisarztes, annehmen wollte, daß der jetzt bestehende Zustand der Grube die Gesundheit gefährde und ein polizeiliches Einschreiten rechtfertige, so gewährt § 10 aaO. der Polizeibehörde doch nur die Befugnis zur Anordnung der für die Gefahrabwendung nötigen Anstalten. Nun sprechen hier nicht nur die ermittelten Umstände nicht dafür, daß sich der schädigende Geruch nur durch Beseitigung der Grube beheben ließe, sondern es liegt im Gegenteil die Annahme nahe, daß ein Entgegenwirken durch einfachere, die Klägerin viel weniger beschwerende Maßnahmen, seien es Anordnungen baulicher Aenderungen, seien es allgemeine Benutzungsverbote für gewisse Zeitperioden oder dauernde Benutzungsverbote für gewisse Stoffe, erfolgen kann.

Nr. 5. Entsch. v. 1. Okt. 1909 (PrVerwBl. 31 291) I B 37/08.

1. Dem Kläger sind behufs Verhütung der Verbreitung gesundheitsgefährdender Ausdünstungen verschiedene bauliche Aenderungen seiner Schweinemastanstalt aufgegeben worden. Ausweislich der Akten der Polizeidirektion hat die Schweinemastanstalt seit Jahren verschiedenen Umwohnern Anlaß zu fortgesetzten Beschwerden gegeben. Sie haben zu einer fortgesetzten polizeilichen Ueberwachung der Anstalt und wiederholt zu örtlichen Feststellungen von seiten Sachverständiger geführt, durch welche die Beschwerden als begründet anerkannt worden sind. Daß durch derartige Ausdünstungen die Umwohner erheblich belästigt und insbesondere im Genusse der frischen Luft beeinträchtigt werden, entspricht der Natur der Sache und der Erfahrung des Lebens. Daß die Beeinträchtigung des Genusses frischer Luft eine polizeilich zu beanstandende Gefährdung der Gesundheit begründet, hat der Gerichtshof in ständiger Rechtsprechung insbesondere auch bei Anlagen der vorliegenden Art anerkannt. Die Umwohner und die zu ihrem Schutze berufene Polizei haben nicht nötig, die gesundheitsgefährdenden Ausdünstungen zu dulden und zu versuchen, ob es durch Gewöhnung an sie gelingen möchte, ernstlicheren

Gesundheitsschädigungen vorzubeugen. Sache des Klägers ist es vielmehr, sein Grundstück und seinen Betrieb in einem derartige Gesundheitsgefährdungen nach Möglichkeit ausschließenden polizeimäßigen Zustande zu halten und die zur Verhütung solcher Gefährdungen erforderlichen Vorkehrungen zu treffen. Wenn der Kläger demgegenüber geltend macht, daß die angeordneten Vorkehrungen sachwidrig seien, da sie die sachgemäße Weiterbenutzung seiner Mastanstalt hinderten, so kann er für diesen Einwand kein Gehör beanspruchen. Daß die von der Polizei verlangten Maßnahmen geeignet sind — und darauf kommt es allein an —, die Verbreitung der beanstandeten Ausdünstungen, wenn nicht völlig auszuschließen, so doch auf ein erträgliches Maß einzuschränken, wird durch die übereinstimmende Begutachtung der Sachverständigen, auf deren Vorschlägen sie beruhen, außer Zweifel gestellt. Ob und welche Rückwirkungen ihre Durchführung für den Betrieb des Klägers zur Folge hat, kommt für das vorliegende Verfahren nicht in Betracht, da diese Fragen lediglich das Gebiet der Notwendigkeit und Zweckmäßigkeit der polizeilichen Auflage berühren, welche nach diesen Richtungen hin der Nachprüfung durch den Verwaltungsrichter nicht unterliegt.

2. Aus eben diesem Grunde erledigt sich weiter ein Bedenken, zu dem die Sachlage Anlaß geben könnte. Der Zweck der polizeilichen Aktion besteht in der Fernhaltung der beanstandeten Ausdünstungen. Zur Erreichung dieses Zweckes mögen die streitigen Auflagen nicht den allein möglichen Weg bieten. Und in der Rechtsprechung ist anerkannt, daß überall da, wo zur Beseitigung eines polizeiwidrigen Zustandes verschiedene gleichberechtigte Mittel gegeben sind, dem Verpflichteten die Wahl unter ihnen offen gelassen werden muß. Das schließt aber nicht aus, daß die Polizei das Mindestmaß dessen bezeichnet, was von ihr nach pflichtmäßigem Ermessen zur Abhilfe als erforderlich erachtet wird. Das ist hier in den streitigen Auflagen geschehen, und die Betätigung dieses Ermessens nicht näher nachzuprüfen. Glaubt der Kläger dem polizeilichen Zwecke auf andere, für ihn minder beschwerliche Weise genügen zu können, so bleibt es ihm unbenommen, mit entsprechenden Vorschlägen an die Polizeibehörde heranzutreten, die ihrerseits darüber zu befinden hat, ob und inwieweit die etwaigen Vorschläge als vollwertiger Ersatz der angeordneten Maßnahmen gelten können. Ist der Kläger nicht Willens oder nicht in der Lage, derartige Vorschläge zu machen, so muß es bei jenen Maßnahmen lediglich bewenden.

3. Daß endlich die baupolizeiliche Genehmigung der bisherigen Anlagen dem Einschreiten der Polizei gegen die aus deren Benutzung herrührenden gesundheitsgefährdenden Ausdünstungen nicht entgegensteht, bedarf keiner näheren Erörterung.

e) Entwässerung der Hausgrundstücke.

Nr. 1. Entsch. v. 20. Nov. 1906 (PrVerwBl. 29 186) VIII B 23/06.

ALR. II 17 § 10.

1. Die polizeiliche Forderung an einen Hausbesitzer, vorhandene Zinkrohre in einer Hausentwässerungsanlage durch eiserne Rohre zu ersetzen wegen Gefährdung der Gesundheit der Hausbewohner durch die Zinkrohre, wurde für begründet erklärt. Nach dem Baukonsens war der Kläger, entsprechend seinem Baugesuch, zum Ersatz der Zinkrohre durch Eisenrohre verpflichtet. Aber aus der Nichteinhaltung bzw. Nichtausführung dieser Konsensverpflichtung allein folgt noch nicht, daß der Kläger nachträglich zur Anbringung von Eisenrohren

gezwungen werden könnte. Daraus folgt nämlich nur die Konsenswidrigkeit der Belassung der Zinkrohre. Bloße Konsenswidrigkeit begründet noch nicht die Forderung, daß die Anlage geändert werde. Dazu bedurfte es vielmehr in erster Reihe der Tatsache, daß die jetzige Anlage, d. i. die Verwendung von Zinkrohren, den materiellen Vorschriften der Polizeiverordnung selbst, also dem bestehenden Rechte, widerspräche. Das aber ist nicht der Fall, weil die Polizeiverordnung selbst keinerlei Vorschrift über die Art des Materials enthält. Es erübrigt demgemäß nur ein Zurückgreifen auf die Generalklausel des § 10 II 17 ALR., wonach es das Amt der Polizei ist, die nötigen Anstalten zur Erhaltung der Sicherheit .... und zur Abwendung der dem Publikum oder einzelnen Mitgliedern desselben bevorstehenden Gefahr zu treffen. Die Anordnung des Ersatzes der Zinkrohre durch Eisenrohre ist somit rechtsbeständig, wenn die Verwendung von Zinkrohren eine Gefährdung der Gesundheit der Hausbewohner wahrscheinlich macht. Das aber ist nach dem überzeugenden Gutachten des Stadtbaurats N. zweifellos anzunehmen.

Die Auffassung des Stadtbaurats ist um so berechtigter, als nach der unwidersprochenen Ausführung der Beklagten die im Jahre 1905 vom Verbande deutscher Architekten und Ingenieure herausgegebenen Normalien für die Herstellung von Hausentwässerungen auf demselben Standpunkt stehen. Wenn der Kläger aufstellt, die Polizei habe überhaupt kein Interesse daran, wie das Abflußwasser in den Kanal gelange, so ist das gegenüber der in § 10 II 17 ALR. umschriebenen Aufgabe der Polizei, Gefahren von Menschen abzuwenden, geradezu unverständlich.

Nr. 2. Entsch. v. 5. Mai 1908 (OVG. 52 419) VIII B 46/07.

1. Ein Zwang zum Anschluß an den städtischen Entwässerungskanal besteht regelmäßig dann nicht, wenn die vorhandene Gestaltung des Grundstücks die vorgeschriebene Tiefe unter der Erdoberfläche für die Leitungsröhren bei Beachtung des notwendigen Gefälles nicht gestattet. Der Grundstückseigentümer kann regelmäßig nicht gezwungen werden, seinen Hof behufs Erlangung des Gefälles zum Straßenkanale durch Erdauftrag auf die Bodenfläche umzugestalten, und ebensowenig, eine solche Hoferhöhung zur Schaffung der nötigen Tiefenlage der Leitungen zu bewirken. Ist aber die Klägerin nicht pflichtig, unter Aufhöhung des Bodens an die Kanalisation anzuschließen, so kann ein polizeilicher Zwang, der so gestellten Anforderung nachzukommen, auch nicht etwa aus dem Gesichtspunkte gegen sie ausgeübt werden, daß die Stadtgemeinde ihre Bereitwilligkeit erklärt habe, die Hoffläche auf ihre Kosten umzugestalten. Zur Duldung solchen Eintretens der Stadt für eine der Klägerin nicht obliegende Leistung ist letztere nicht gehalten. Es ist auch noch darauf hinzuweisen, daß bei Vornahme der in dem Gutachten des Stadtbaurats vorgesehenen Hofaufschüttung die Notwendigkeit einer baulichen Umgestaltung des Seitenflügels, mag diese nun mehr oder weniger eingreifend und bedeutsam sein, an die Klägerin herantreten würde. Die von der Polizeiverwaltung vorausgesetzte, aus der Pflicht der Klägerin zur Bodenerhöhung abgeleitete Verbindlichkeit der Klägerin zur Beschaffung jener baulichen Aenderungen kann jedoch bei der Hinfälligkeit der Voraussetzung von vornherein nicht anerkannt werden.

Nr. 3. Entsch. v. 3. Nov. 1908 (OVG. 53 400) VIII A 32/07.

ALR. II 17 § 10; PolVerwG. v. 11. III. 50, § 6.

1. Nach der in Betracht kommenden BauPolO. ist jeder Grundbesitzer verpflichtet, für die Entwässerung seines Grundstücks und der auf ihm befindlichen

oder zu errichtenden Gebäude nach Maßgabe der ortspolizeilichen Vorschriften Sorge zu tragen. Beim Fehlen allgemeiner polizeilicher Vorschriften muß vielmehr der im öffentlichen Rechte begründete Grundsatz zur Anwendung gelangen, daß jeder Grundstückseigentümer verpflichtet ist, sein Grundstück in einem solchen Zustande zu erhalten oder in einen solchen Zustand zu versetzen, daß polizeilich zu schützende öffentliche Interessen nicht beeinträchtigt oder gefährdet werden. Tritt eine derartige Beeinträchtigung oder Gefährdung polizeilich zu schützender Interessen ein, wird insbesondere im vorliegenden Falle durch mangelhafte Entwässerung des Grundstücks eine Gefahr für die öffentliche Gesundheit oder für die Ordnung, Sicherheit und Leichtigkeit des Verkehrs auf der öffentlichen Straße verursacht, so ist die Polizeibehörde auf Grund des § 10 II 17 ALR. und des § 6 G. v. 11. III. 50 (GS. 265) berechtigt, dem Grundstückseigentümer die Abstellung des Mißstandes aufzugeben. Dem steht im vorliegenden Falle auch nicht etwa der Umstand entgegen, daß die beanstandete Entwässerungsanlage sich außerhalb des Grundstücks der Klägerin im Bürgersteige befindet und daß nach dem im Ortsstatute wiedergegebenen Rechtszustand die Unterhaltung der Bürgersteige der Stadt obliegt. Denn die Abflußrinnen sind keine Bestandteile des Bürgersteigs, vielmehr handelt es sich bei ihnen um unmittelbar mit dem Gebäude für dessen Zwecke verbundene bauliche Anlagen. Es kommt daher nicht eine wegebauliche Leistung, sondern eine baupolizeiliche Anforderung in Frage, die an den Grundstückseigentümer zu richten ist.

2. Sonach war die Polizeibehörde an sich berechtigt, im Falle der Gefährdung der ihrem Schutze anvertrauten öffentlichen Interessen der Klägerin als der Grundstückseigentümerin die Herstellung einer die vorhandenen Mißstände ausschließenden Abflußrinne aufzugeben. Aber auch die weitere Frage, ob im vorliegenden Falle die ein Einschreiten der Polizeibehörde rechtfertigenden tatsächlichen Voraussetzungen gegeben waren, ist unbedenklich zu bejahen. Denn bei einem im Bürgersteige befindlichen, geschlossenen, eisernen Rohre liegt die begründete Besorgnis sehr nahe, daß wegen Unmöglichkeit einer ausreichenden Reinigung des Rohres die Abwässer bei Verschlammung auf den Bürgersteig laufen und dort durch Stagnation die öffentliche Gesundheit gefährden oder im Winter durch Eisbildung eine Gefahr für die Sicherheit des Verkehrs hervorrufen können. Auch rechtfertigt die glatte Oberfläche des Kastenrohrs die Befürchtung, daß auf ihr bei Frost oder Schneewetter Fußgänger leicht zu Falle kommen können. Der Zustand der vorhandenen Abflußrinne schließt also tatsächlich Gefahren für die öffentliche Gesundheit sowie für die Sicherheit und Leichtigkeit des Verkehrs auf der öffentlichen Straße in sich, zu deren Verhütung die Polizei auf Grund des § 10 II 17 ALR. und des § 6b und f G. v. 11. III. 50 berufen ist. Nach § 10 II 17 aaO. hatte die Polizeibehörde daher die zur Abwendung dieser Gefahren „nötigen Anstalten zu treffen". Das Verlangen der Abhilfe durch Anlegung einer Rinne mit geripptem Deckel, die sich leicht reinigen läßt, geht über das Maß des Notwendigen und Sachdienlichen nicht hinaus.

Nr. 4. Entsch. v. 19. April 1907 (PrVerwBl. 29 9 VIII 732).

ALR. II 17 § 10.

1. Ein polizeiliches Verbot der Einleitung in einen seit ältesten Zeiten zur Hausentwässerung verwendeten Kanal, auf dessen Benutzung der Hauseigentümer ein privates Recht zu haben behauptet, wegen Gesundheitsgefahr (ALR. II 17 § 10) wurde in folgendem Falle für gerechtfertigt erklärt.

Nach dem vom Kreisarzt erstatteten Gutachten, das unbeanstandet geblieben ist, gelangen die Haus- und Küchenabwässer des Grundstücks, vermischt mit Regenwasser und Jauche, vom Hofe aus — in der Nähe des Backofens — vermittels einer flachen Rinne von Feldsteinen in den am Hintergebäude beginnenden Zuleitungskanal und aus diesem — durch eine enge Gasse mit hohen Gebäuden und durch den Hof des Siedemeisters geführten — Kanal bei der Friedhofshalle in den größeren und uralten Kanal, die sog. Eizucht. Beide Kanäle sind baufällig, sie enthalten stagnierende Schlammassen, ihre Sohle, Seitenwandungen und Decke sind undicht. Nach den amtsärztlichen Ermittelungen, die noch unterstützt werden durch frühere Anzeigen des Kgl. Salzamts an die Polizeibehörde, konnte kein Zweifel bestehen, daß durch die Ableitung der Abwässer vom S.schen Grundstück der Erdboden verseucht und die Luft verpestet wird. Beides ist geeignet, Gesundheitsstörungen herbeizuführen. Am meisten ist dieses nach dem Gutachten der Fall bei den Bewohnern der östlich, bzw. südöstlich von dem mit Holzbohlen überdeckten Teil des Zuleitungsgrabens gelegenen Häusern, da diesen die mit Fäulnisdünsten geschwängerte Luft bei der vorherrschenden Windrichtung in vollem Strome durch den schmalen Gang und enge Höfe zugeführt wird. Auch für das S.sche Grundstück hält der Arzt Abhilfe für dringend geboten; auf dem Hofe und in dem Hintergebäude, besonders an dem dort befindlichen Backofen machten sich die üblen Dünste des Zuleitungsgrabens sehr bemerkbar. Hiernach waren schon zur Zeit des Erlasses der Verfügung die tatsächlichen Voraussetzungen für ein Einschreiten der Polizei in den ihr durch § 10 II 17 ALR. eingeräumten Grenzen offenbar vorhanden. Das Verbot fernerer Entwässerung des Hofes durch Benutzung der fraglichen Kanäle diente der Abwehr von Gesundheitsgefahren. Auf das Vorbringen des Klägers in der Beschwerdeinstanz über sein vermeintliches privates Recht auf Entwässerung in den von der Kgl. Saline zu unterhaltenden Kanal war nicht einzugehen, da dem Kläger öffentlich-rechtlich die Pflicht obliegt, sein Grundstück in einem Zustande zu erhalten, daß polizeilich zu schützende Interessen nicht gefährdet werden.

Nr. 5. Entsch. v. 8. Okt. 1909 (OVG. 55 247) I C 12/09.

RheinBGB. Art. 681; PrAGBGB. v. 20. IX. 99 Art. 89².

1. Straßengräben und Rinnsteine sind in der Regel nur zur Entwässerung der Straße und nicht dazu bestimmt, zur Aufnahme der Abwässer von den unbebauten oder bebauten anliegenden Grundstücken zu dienen, ohne Rücksicht darauf, ob es sich dabei um Gebrauchswasser oder Niederschlagswasser handelt. Soweit diese Regel Platz greift, kann die Polizei zwar die Benutzung der Straßenrinnsteine zur Entwässerung der anliegenden Grundstücke gestatten oder dulden; aber dadurch wird für die Anlieger ein Recht auf diese Benutzung weder durch Zeitablauf noch dann begründet, wenn zu ihrer Regelung polizeiliche Vorschriften ergehen oder wenn diese Art der Grundstücksentwässerung als die allgemein übliche und die polizeilich zulässige vorausgesetzt wird. Durch die Gestattung oder Duldung begibt sich die Polizei nicht des Rechtes, dagegen einzuschreiten, und zwar kann dies Einschreiten bis zur Untersagung jeder Wasserzuführung erstreckt werden ohne Rücksicht darauf, ob diese gesundheitgefährlich oder auch nur belästigend ist. Indem die Polizei der Einführung von Abwässern aus den anliegenden Grundstücken in den Straßenrinnstein entgegentritt, wahrt sie nur die öffentlich-rechtliche Bestimmung der Wegeentwässerungsanlagen.

2. Jene Regel mit den daraus abgeleiteten Folgerungen erleidet aber Ausnahmen, und zwar dann, wenn die Benutzung der Straßenrinnsteine zur Entwässerung der anliegenden Grundstücke einer auch für die Polizei verbindlichen ortsrechtlichen Ordnung ent-

spricht oder wenn den Anliegern anderweit ein auch von der Polizei zu beachtendes Recht auf jene Benutzung der Straßenrinnsteine zusteht. Besteht eine derartige Ausnahme, dann hat die Polizeibehörde zur Wahrung der einschlagenden polizeilichen Interessen sich in der Regel zunächst an den Straßenunterhaltungspflichtigen und nicht an den Anlieger zu halten. Gegen den letzteren kann sie nur dann und insoweit vorgehen, als die Benutzung des Straßenrinnsteins zur Grundstücksentwässerung zu Mißständen führt, die aus polizeilichen Rücksichten abgestellt werden müssen und sich in keiner anderen Weise als durch einen Eingriff in die dem Anlieger zustehende Benutzung des Straßenrinnsteins sachgemäß beheben lassen.

3. Hier liegt eine derartige Ausnahme vor. Nach Art. 681 RheinBGB., der nach Art. 89² PrAGBGB. v. 20. IX. 99 in fortdauernder Geltung steht, hat im Geltungsbereiche des ersteren jeder Hauseigentümer sein Dach so einzurichten, daß das Regenwasser auf seinen Grund und Boden oder auf die öffentliche Straße niederfällt. Nach der Auslegung, die diese Bestimmung gefunden hat, steht demzufolge jedem Hausbesitzer das Recht zu, nicht bloß das Regenwasser, sondern auch das sog. Hauswasser wie das zu geschäftlichem Betriebe benutzte Wasser auf die öffentliche Straße zu leiten, vorbehaltlich der polizeilichen Bestimmungen, die erlassen werden können, um einen Mißbrauch und eine Schädigung des öffentlichen Interesses zu verhüten. Danach war der Kläger berechtigt, nicht nur das Dachwasser, sondern auch das Hauswasser aus seinem Grundstück in den Straßenrinnstein abzuführen. Die Ausübung dieses Rechtes hat in der PolVd. v. 30. X. 63 eine zulässige Einschränkung dahin erfahren, daß schmutziges Wasser usw. nicht mit abgeführt werden darf. Das so bestehende Recht hat auch die Polizei zu beachten und sie war nicht befugt, ohne weiteres dem Kläger die Beseitigung seiner Entwässerungsanlage überhaupt aufzugeben und ihm damit die Ausübung jenes Rechtes unmöglich zu machen. Einer mißbräuchlichen Benutzung hatte die Polizei mit der ihr zustehenden Zwangsgewalt, insbesondere auch durch Anwendung der Strafvorschrift der Polizeiverordnung entgegenzutreten. Erwiesen sich diese Mittel auch trotz sachgemäßer Kontrolle nicht als ausreichend, so mochte die Polizei in der Lage sein, dem Kläger eine derartige Einrichtung seiner Entwässerungsanlage aufzugeben, daß einer Verunreinigung des Straßenrinnsteins wirksam vorgebeugt wurde. Dagegen erhellt nicht, daß dieser Zweck nicht anders als durch völlige Beseitigung der Entwässerungsanlage zu erreichen gewesen wäre. Ein derartiger Eingriff in das dem Kläger gesetzlich eingeräumte Recht der Wasserabführung kann weder mit der vom beklagten Bürgermeister behaupteten Schwierigkeit genügender Kontrolle, noch auch mit der bloßen Möglichkeit eines Mißbrauchs begründet werden. Soweit etwa infolge Stehenbleibens befugterweise abgeleiteter Wässer im Straßenrinnsteine Mißstände entstehen, hat diese der Kläger überhaupt nicht zu vertreten, vielmehr ist dieserhalb von der Polizei lediglich derjenige in Anspruch zu nehmen, dem die Unterhaltung des Straßenrinnsteins obliegt.

Nr. 6. Entsch. v. 3. Nov. 1909 (PrVerwBl. 31 634) IX B 3/09.

ALR. II 17 § 10.

Die Polizei ist auf Grund des § 10 II 17 ALR. berechtigt, zur Abwendung der gesundheitsgefährlichen Verunreinigung eines Grabens die Beseitigung des Anschlusses einer Sammelgrube an einen in den Graben mündenden Kanal zu verlangen. Neben der Verpflichtung des Eigentümers zur Beseitigung polizeiwidriger Zustände auf seinem Grundstücke besteht auch die öffentlich-rechtliche Verpflichtung jedes Dritten, der — wie zB. der Nießbraucher — auf Grund privatrechtlicher Abmachungen tatsächlich die Herrschaft über das Grundstück ausübt, auch seinerseits den polizeilichen Anforderungen nachzukommen.

Unstreitig gelangen im vorliegenden Falle in die Sammelgrube die Fäkalien der Hausbewohner, so daß das daraus durch den Kanal in den Graben abfließende Wasser mit Fäkalienstoffen durchsetzt ist, auch wenn die gröberen Fäkalstoffe selbst in der Grube zurückbleiben. Gelangen solche Fäkalienwässer in einen offenen Graben, so ist zweifellos eine Infektionsgefahr vorhanden, da es niemals ausgeschlossen ist, daß sie Keime ansteckender Krankheiten aus den menschlichen Abgängen aufnehmen und dem andern Personen zugänglichen, weil offenen Graben zuführen. Diese Gefahr ist jedenfalls hier eine beträchtliche, da der Graben im Ortsbering einer großen Stadt gelegen ist.

f) Schutz des Verkehrs auf öffentlichen Straßen und Plätzen.

Nr. 1. Entsch. v. 12. Juni 1906 (PrVerwBl. 29 709) VIII A 109/04.

ALR. II 17 § 10.

Die Anordnung, die den Gegenstand der Klage bildet, geht dahin, vor den Schaufenstern des Hauses D.Straße Nr. 8 zu St. zwei genügend starke Schutzstangen von Metall 80 cm hoch über dem Bürgersteig anzubringen. Sie soll das auf der Straße verkehrende Publikum vor der Gefahr schützen, daß Personen in die Scheiben hineingedrängt und dadurch verletzt werden können. Wenn hiernach auch ihr Zweck auf die Sicherung des Straßenverkehrs gerichtet ist, so besteht doch ihr Inhalt in der polizeimäßigen Aptierung eines Gebäudes durch eine bauliche Maßnahme. Für die Charakterisierung der Anordnung als baupolizeilicher Natur ist dieser Inhalt maßgebend. Die polizeiliche Verfügung ist denn auch von derjenigen Behörde erlassen worden, der die Wahrnehmung der Baupolizei in St. zusteht, und der Oberpräsident hat die Zuständigkeit dieser Behörde gegenüber dem Angriffe des Klägers noch besonders betont. Rechtlich gestützt ist die fragliche Auflage nicht auf eine Polizeiverordnung, insbesondere nicht auf die Bauordnung für die Stadt St. Es kam somit nur die in § 10 II 17 ALR. enthaltene allgemeine Norm in Betracht, wonach die Polizei die nötigen Anstalten . . . zur Abwendung der dem Publikum oder einzelnen Mitgliedern desselben bevorstehenden Gefahr zu treffen hat. Gefahr ist die erkennbare Möglichkeit des Eintritts einer Beschädigung. Wie aber das OVG. mehrfach ausgesprochen hat, berechtigt nicht jede bloß denkbare, entfernte Möglichkeit die Polizei zum Einschreiten, sondern nur diejenige, bei welcher der Eintritt des Schadens im natürlichen Verlauf der Dinge nach verständigem Ermessen mit größerer oder geringerer, aber immerhin einiger Wahrscheinlichkeit zu erwarten ist. Dies wird im vorliegenden Falle auf Grund tatsächlicher Erwägungen verneint.

Nr. 2. Entsch. v. 29. Jan. 1907 (PrVerwBl. 29 110) VIII B 49/05.

Sind zur Abwendung einer Verkehrsgefahr auf einem öffentlichen Wege Leistungen erforderlich, so hat die Polizeibehörde sich an den Wegebaupflichtigen zu wenden, dessen Verpflichtung auch da besteht, wo die Gefahr ohne sein Verschulden von außen herantritt. Dem Inanspruchgenommenen stehen zu, je nach der geforderten Leistung, die Rechtsbehelfe aus § 56 ZustG. oder aus § 55 aaO. in Verbindung mit §§ 127 ff. LVG. Die hier erlassene und jetzt umstrittene Verfügung enthält aber keine wegepolizeiliche Auflage, sie verlangt unter Hinweis auf § 54³ der örtlichen BauPolVd. von der Klägerin als Grundstücksbesitzerin die Wiederherrichtung der eingestürzten, unstreitig vor vielen Jahren von dem verstorbenen Ehemann der Klägerin auf seinem Grund und Boden erbauten und als Einfriedigung dienenden Mauer. Dazu ist die Polizeibehörde nicht befugt, denn inhalts des von den Einfriedigungen handelnden § 20 BauPolVd. kann sie zwar mindestens 1,50 m hohe Grundstückseinfriedigungen an öffentlichen Straßen verlangen, nicht aber ohne weiteres Futtermauern. Die Wahl bezüglich der Art der Einfriedigung ist dem Eigentümer nach § 20 freigestellt. Glaubt die Beklagte aber, zum Schutz des Weges eine Mauer fordern zu sollen, so muß sie sich nach dem oben Gesagten an den Straßenbaupflichtigen halten.

Nr. 3. Entsch. v. 9. April 1907 (PrVerwBl. 29 437) VIII A 108/05.
ALR. II 17 § 10.

1. Für die dem Kläger auferlegte Einfriedigung des Grundstücks sind von keiner Seite orts- oder bezirkspolizeiliche Vorschriften angerufen worden, im sicherheitspolizeilichen Interesse erschien die Auflage aber aus § 10 II 17 ALR. gerechtfertigt. Nach den polizeilichen Ermittelungen lagerten auf dem Platze Steinhaufen, Bauschutt u. dgl., ferner enthielt der Platz infolge von Erdausschachtungen Unebenheiten, Löcher und Gruben; bei einer späteren Besichtigung wurden auch noch Bretter gefunden, aus denen lange Nägel hervorragten. Die Lage des Platzes an der belebten B.Straße und die Gelegenheit, über ihn zu einem am Bach entlang führenden öffentlichen Wege zu gelangen, brachten sein häufiges Betreten durch das Publikum mit sich. Für die Passanten bestand daher bei dem Zustande des Platzes zweifellos, besonders in der Dunkelheit, die Gefahr körperlicher Beschädigung. Ihr entgegenzuwirken ohne Rücksicht darauf, ob das Betreten ein befugtes war oder nicht, gehörte zu den begriffsmäßigen Aufgaben der Polizei. Die verlangte Einfriedigung mußte als ein zweckdienliches Mittel angesehen werden.

2. Auf dem Grundstück sind Löcher und Gruben gefunden, die zur Ablagerung von Küchenabfällen und Unrat benutzt worden sind. Daß aus der Zersetzung solcher Stoffe, namentlich bei warmer und feuchter Witterung, üble Dünste hervorgehen und diese die Gesundheit der nahen Umwohner gefährden können, auch das auf der belebten Straße verkehrende Publikum belästigen, zumal in dem während des ganzen Jahres von Kranken zur Wiedererlangung der Gesundheit besuchten Badeorte, war unbedenklich anzunehmen. Ob der Zustand des Grundstücks auch eine das polizeiliche Einschreiten rechtfertigende Verunstaltung der Straße zur Folge hatte, konnte dahingestellt bleiben, weil in den angefochtenen Bescheiden auf diesen von der Polizeibehörde miterwähnten Gesichtspunkt nicht eingegangen ist.

3. Der Kläger hat dann besonders eingewendet, die Polizei hätte nicht an ihn, sondern an S. als Käufer und Besitzer des Grundstücks und an dessen Konkursmasse sich halten müssen. Dem war nicht beizutreten. Mit dem notariellen Vertrage v. 7. V. 05 wurde zwar das Grundstück an S. übergeben, das Eigentum verblieb aber dem Kläger, weil die Auflassung erst mit der Zahlung des Preises geschehen sollte (§ 873[1] BGB.). Für jeden Eigentümer besteht nach der Rechtsprechung die Pflicht, sein Grundstück in einem solchen Zustande zu erhalten, daß polizeilich zu schützende öffentliche Interessen nicht gefährdet werden. Dieser Pflicht kann er sich nach § 903 BGB. und Art. 111 EinfG. auch nicht entziehen durch Hinweis auf die Befugnis des Eigentümers zu privatrechtlichen Verfügungen; daher enthielt das polizeiliche Verlangen an den Kläger, trotz der vorhergegangenen Besitzübertragung des Grundstücks, dieses in einem Sicherheits- und Gesundheitsgefahren

für Dritte ausschließenden Zustande zu erhalten, keine rechtlich unmögliche Auflage. Jene öffentlich-rechtliche Pflicht liegt allerdings auch jedem anderen ob, sofern er auf Grund des Gesetzes oder eines Rechtsgeschäfts tatsächlich die Herrschaft über das Grundstück ausübt. Eine zweckmäßige Wahl zwischen mehreren Verpflichteten zu treffen, ist Sache der Polizei, der Verwaltungsrichter hat darüber nicht zu befinden.

Nr. 4. Entsch. v. 21. Sept. 1908 (PrVerwBl. 30 848) IV C 218/07.

ALR. II 17 § 10.

Jeder Eigentümer ist zur Abstellung polizeiwidriger Zustände seines Grundstücks verpflichtet. Im vorliegenden Falle lag eine Kiesgrube fast unmittelbar an der öffentlichen Straße, an manchen Stellen 1—1½ m von dieser entfernt, hatte eine sehr steile Böschung und neben der Straße eine Tiefe von 12—15 m. Daß die Ortspolizeibehörde gegen einen derartigen polizeiwidrigen Zustand einzuschreiten so berechtigt wie verpflichtet ist, unterliegt keinem Zweifel. Ebensowenig ist das polizeiliche Verlangen, daß die Eigentümerin der Kiesgrube binnen 3 Wochen den gefahrdrohenden Zustand beseitige und die gefährdete Stelle in ihrer ganzen Ausdehnung mit einem stand- und dauerhaften Geländer versehen lasse, rechtlich zu beanstanden. Auch kommt es nicht darauf an, ob sich die Verpflichtung der Klägerin zu der ihr aufgegebenen Leistung außer aus ihrer Eigenschaft als Eigentümerin eines in polizeiwidrigem Zustande befindlichen Grundstücks und der allgemeinen Vorschrift des § 10 II 17 ALR. auch noch aus dem § 2 einer PolVd. herleiten ließe. Es genügt, daß die angefochtene polizeiliche Verfügung weder mit der Polizeiverordnung, noch mit sonstigen Verordnungen einer höheren Instanz oder mit den Gesetzen, insbesondere auch nicht mit dem FFPolG. v. 1. IV. 80 (GS. 230), im Widerspruche steht.

Nr. 5. Entsch. v. 22. Okt. 1908 (OVG. 55 257) IV B 48/07.

ALR. I 8 §§ 74 f, II 17 § 10.

1. Der Umstand, daß ein Schild tatsächlich auf die Straße heruntergestürzt und hierdurch eine Gefährdung von Leben und Gesundheit des verkehrenden Publikums hervorgerufen worden war, berechtigte die Polizeibehörde zu der Annahme, daß auch für die übrigen, im wesentlichen gleichartigen und in gleicher Höhe angebrachten Schilder die Möglichkeit des Herabfallens insbesondere bei stärkerem Sturme gegeben war. Wenn der Kläger geltend macht, daß die Befestigung des Schildes eine solche gewesen sei, daß unter normalen Verhältnissen ein Herabstürzen als ausgeschlossen angesehen werden mußte, so übersieht er, daß bei Einrichtungen der vorliegenden Art auch damit gerechnet werden muß, daß sie nicht selten auch Stürmen von mehr oder minder großer Heftigkeit standhalten müssen. Das Einschreiten der Polizeiverwaltung war hiernach gemäß § 10 II 17 und §§ 74f. I 8 ALR. an sich zulässig.

2. Zutreffend ist allerdings, daß die Beklagte nach dem § 10 in ihrer Anforderung nicht über dasjenige hinausgehen durfte, was zur Verhütung eines Unfalls notwendig war. Es könnte sich daher, wenn nur diese Bestimmung in Betracht zu ziehen wäre, fragen, ob die Beklagte nicht bloß die bessere, eine Gefahr ausschließende Befestigung der Schilder, nicht aber deren gänzliche Beseitigung hätte verlangen können. Im Anschluß an die Vorschrift, daß niemand in Gegenden, die zum Ab- und Zugange des Publikums bestimmt sind, an seinem Hause etwas aufhängen darf, durch dessen Herabsturz jemand beschädigt werden könnte, verordnet aber § 75 aaO. ausdrücklich, daß der Uebertreter das Aufgehängte sofort wegzuschaffen angehalten werden muß. Von dieser durch § 75 für den hier vorgesehenen besonderen

Fall der Polizei über den allgemeinen § 10 hinaus erteilten Befugnis durfte die Beklagte nach der Sachlage Gebrauch machen und sie hat von ihr Gebrauch gemacht.

Nr. 6. Entsch. v. 21. Okt. 1909 (OVG. 55 271) IV A 12/09.

ALR. II 17 § 10; PolVerwG. v. 11. III. 50 § 6b; ZustG. § 55.

1. Eine Polizeiverwaltung erließ folgende Verfügung: „Es ist festgestellt worden, daß die Flügel beider Tore Ihrer an der S.Straße hierselbst belegenen Scheune nach außen aufschlagen, wodurch der öffentliche Verkehr auf dem Bürgersteige gehemmt wird. Sie werden daher im öffentlichen Verkehrsinteresse auf Grund des § 132 LVG. hierdurch aufgefordert, die beiden Tore Ihrer vorbezeichneten Scheune derartig abzuändern, daß ein Aufschlagen der Torflügel nach außen unmöglich ist, diese Arbeit innerhalb 4 Wochen, von Zustellung dieser Verfügung ab gerechnet, auszuführen und zu dem Zwecke vorher gemäß den §§ 1 f. BauPolVd. für die Städte der Prov. Westpreußen v. 13. VI. 91 unter Einreichung einer Bauzeichnung in 2 Exemplaren bei der unterzeichneten Polizeiverwaltung die baupolizeiliche Genehmigung nachzusuchen, widrigenfalls eine gegen Sie angedrohte Zwangsstrafe von 30 ℳ, an deren Stelle im Unvermögensfalle eine Haftstrafe von 3 Tagen tritt, festgesetzt werden wird." Nach erfolglosen Beschwerden klagte M. auf Aufhebung des Beschwerdebescheids des Regierungspräsidenten und der Verfügung. Das OVG. wies die Klage ab.

2. Die angefochtene Verfügung ist eine verkehrs- und ordnungspolizeiliche Anordnung, die auf § 10 II 17 ALR., § 6b PolVerwG. v. 11. III. 50, in Verbindung mit § 55 ZustG. beruht. Dagegen stellt sie sich weder als eine wegebaupolizeiliche Verfügung noch als Inanspruchnahme eines Weges für den öffentlichen Verkehr gemäß § 56 Abs. 1 ZustG. dar. Das Vorliegen einer Inanspruchnahme insbesondere ist deshalb zu verneinen, weil der Kläger seine Befugnis zur Aufrechterhaltung des gegenwärtigen Zustandes der Scheunen und zu der von der Polizei angenommenen Beeinträchtigung des Verkehrs in der S.Straße nicht auf ein Privatrecht stützt.

3. Aus dem oben beschriebenen Zustande der Scheunen des Klägers, deren Tore so eingerichtet sind, daß ihre Flügel beim Aufschlagen den größeren Teil des vorüberführenden Fußgängerwegs, wenn auch nur vorübergehend, versperren, in Verbindung mit der Art und Weise, wie die Scheunen fortdauernd und bestimmungsgemäß mittels Öffnens der Torflügel nach der Straße hin genutzt werden, ergibt sich ein Gebrauch der S.Straße durch den Kläger, der sich nicht innerhalb der Grenzen des Gemeingebrauchs hält, auch nicht desjenigen, der einem Anlieger der Straße zusteht; denn wenn der Kläger die Scheunentorflügel über das Trottoir hin aufschlägt, so werden dadurch die Fußgänger behindert, den Weg seiner Bestimmung entsprechend zu benutzen. Hieran wird auch dadurch nichts geändert, daß der Kläger eine Vorrichtung zum Anhaken der Torflügel an der Scheune angebracht hat; die Beeinträchtigung des Fußgängerverkehrs durch deren Auf- und Zuschlagen bleibt bestehen. Dem Kläger steht auch kein besonderes Recht auf Ueberschreitung dieser Grenzen des Gemeingebrauchs zu. Ein solches kann namentlich nicht daraus hergeleitet werden, daß die Scheunen seit 30 Jahren in dem jetzigen Zustande vorhanden sind. Nach öffentlich-rechtlichen Grundsätzen konnte von ihm hierdurch kein Recht erworben werden; eine Ersitzung privatrechtlicher Natur steht nicht in Frage. Ebensowenig hat der Kläger ein Recht dadurch erlangt, daß ihm früher die Bauerlaubnis zur Errichtung der Scheunen im bisherigen Zustande erteilt worden ist. Die Bauerlaubnis ist nichts anderes als die Erklärung der zuständigen Behörde, daß dem beabsichtigten Baue ihrerseits Hindernisse nicht entgegenstehen. Es kann ihr also nicht die Bedeutung beigemessen werden, daß durch sie dem Bauherrn ein festes Recht auf Nichteinhaltung der Grenzen für den Gemeingebrauch des anliegenden öffentlichen Weges eingeräumt werde.

4. Für den vorliegenden Fall kann dahingestellt bleiben, ob die Polizeibehörde ganz allgemein bei jeder Ueberschreitung der Grenzen des Gemeingebrauchs eines öffentlichen Weges durch einen Anlieger ohne weiteres die Befugnis hat, gegen ihn behufs Verhinderung einer Fortsetzung der Ueberschreitung vorzugehen, und zwar auch dann, wenn davon eine Hemmung oder Gefährdung des öffentlichen Verkehrs nicht zu besorgen ist. Hier liegt die Sache so, daß tatsächlich der Fußgängerverkehr auf der Straße durch den gegenwärtigen Zustand und den Gebrauch, den der Kläger hiervon macht, zeitweilig behindert wird. Hiernach ist unbedenklich als erwiesen anzunehmen, daß das Aufschlagen der Torflügel über das 1,25 m breite Trottoir in der Weise, daß zeitweilig für die Fußgänger nur ein Streifen von 0,40 m freibleibt, mit dem dort stattfindenden Verkehr unverträglich ist. Es liegt also nach der gegenwärtigen Beschaffenheit der Scheunen in Anbetracht ihrer Benutzungsart die andauernde Gefahr der Behinderung des Verkehrs auf dem Bürgersteige vor. Dagegen einzuschreiten ist aber die Polizeibehörde jedenfalls berechtigt.

Sie hat dies nach dem Inhalte der streitigen Verfügung in der Weise getan, daß sie dem Kläger die Benutzung der Scheunen hinsichtlich der aufschlagenden Torflügel in der bisherigen Weise untersagt und ihm gleichzeitig die Abänderung des gegenwärtigen Zustandes binnen einer Frist von 4 Wochen aufgegeben hat. Diese Anordnungen sind ihrer Art nach nicht zu beanstanden. Sie gehen nicht über das Maß des Notwendigen und Sachdienlichen hinaus. Es wird auch von dem Kläger nichts Unmögliches verlangt. Was den weiteren Teil der Verfügung anbetrifft, daß der Kläger zum Zwecke der Erfüllung der vorher getroffenen Anordnung gemäß den §§ 1 f. BauPolO. für die Städte der Prov. Westpreußen v. 13. VI. 91 unter Einreichung einer Bauzeichnung in 2 Exemplaren bei der Polizeiverwaltung die baupolizeiliche Genehmigung nachzusuchen habe, so ist nach Lage der Sache hierin nur die Erteilung eines Rates an den Kläger zu erblicken, wie er bei der von ihm vorzunehmenden Abänderung zu verfahren habe, nicht aber eine bestimmte polizeiliche Auflage.

5. Endlich liegen auch gegen die in der angefochtenen Verfügung enthaltene Strafandrohung keine Bedenken vor. Wenn die Polizeibehörde von der Androhung der Ausführung des Abänderungsbaues durch einen Dritten gemäß § 132¹ LVG. abgesehen und statt dessen die Erzwingung der Bauausführung durch den Kläger selbst nach Nr. 2 ebenda gewählt hat, so erscheint dies im gegebenen Falle durchaus zulässig. Das Gesetz hat in der letzteren Vorschrift keineswegs den Fall der völligen Unmöglichkeit im Auge gehabt. Es hat vielmehr, wie der Ausdruck „tunlich" in Nr. 1 zeigt, der Polizeibehörde freigestellt, auch die Angemessenheit und Zweckdienlichkeit der Ausführung der zu erzwingenden Handlung durch einen Dritten zu berücksichtigen. Wenn die Polizei bei dieser Prüfung es für angezeigt erachtet hat, die betreffende Aenderung zur Vermeidung von Unzuträglichkeiten nicht durch einen Dritten ausführen zu lassen, sondern sie dem Kläger selbst zu überlassen, so ist dagegen nichts zu erinnern.

Nr. 7. Entsch. v. 25. Nov. 1909 (OVG. 55 275) IV C 31/09.

Oeffentliche Wege dürfen, insoweit es ihre Bestimmung als Fußwege, Reitwege, Fahrwege usw. bedingt, für diese Verkehrszwecke von jedermann ungehindert benutzt werden. Die Fahrwege insbesondere sind allgemeine Anstalten für den öffentlichen Personen- und Güterverkehr und stehen jedem in einem solchen Verkehr üblichen Verkehrsmittel ohne weiteres offen. Uebereinstimmend hiermit bestimmt der von dem Kläger angezogene § 7 II 15 ALR.: „Der freie Gebrauch der Land- und Heerstraßen ist einem jeden zum

Reisen und Fortbringen seiner Sachen gestattet." Die §§ 25—37 aaO. erweitern den hierin begrenzten Umfang des Gemeingebrauchs der Fahrwege nicht, sondern regeln nur seine Ausübung — insbesondere für Landstraßen — innerhalb der durch § 7 gesteckten Grenzen. Entsprechend dem § 7 fassen auch die neueren ProvWegeO. den Gemeingebrauch an Fahrwegen auf; so sagt § 3 WegeO. für die Prov. Sachsen v. 11. VII. 91: „Oeffentliche Fahrwege dürfen von jedermann zum Gehen, Reiten, Fahren und zum Viehtransport . . . benutzt werden."

Die über den Gemeingebrauch hinausgehende Benutzung eines öffentlichen Fahrwegs ist jedenfalls dann unzulässig, wenn sie dessen bestimmungsmäßigen Gebrauch hindert oder erschwert. Die Benutzung eines öffentlichen Weges durch ein Göpelwerk fällt zweifellos nicht unter den Gemeingebrauch eines Fahrwegs. Der Kläger hat vielmehr eine maschinelle Einrichtung auf seinem Grundstücke hergestellt, deren durch Pferdekraft in Bewegung gesetzter Betrieb in den öffentlichen Weg hineinreicht.

g) Schutz gegen Verunstaltung der Ortschaften usw.

Nr. 1. Entsch. v. 20. Nov. 1908 (OVG. 53 397) VIII B 55/07.

ALR. II 17 § 10; G. gegen die Verunstaltung der Ortschaften usw. v. 15. VII. 07 (GS. 260) § 1.

1. Wenn die BauPolO. im Kellergeschosse die Anlegung eines Verkaufsraumes gestattet, so ist damit als selbstverständlich vorausgesetzt, daß der Verkaufsraum auch einen Zugang von der Straße aus haben muß, durch den das Publikum den Laden betritt. Die Polizeibehörde behauptet auch selbst nicht, daß das Bestehen des Zuganges gegen das geltende Baurecht verstoße, sondern stützt ihre Anordnung ausdrücklich auf § 10 II 17 ALR. — Aber auch ein die Anwendung dieser Vorschrift rechtfertigender Tatbestand ist nicht gegeben. Die Polizeiverwaltung versucht die Anwendung dieser Vorschrift in verschiedener Weise zu begründen. Einmal wird das Verlangen der Beseitigung des Zuganges darauf gestützt, daß dieser vom Ladeninhaber zu gewerblichen Zwecken (als Lagerplatz und Aufbewahrungsraum für Handkarren u. dgl.) benutzt werde, und daß durch diese Benutzung das Aussehen des Vorgartens beeinträchtigt und eine grobe Verunstaltung der Straße herbeigeführt werde. Daher sei dem Ladeninhaber die Benutzung des Vorgartens zu gewerblichen Zwecken untersagt und die durchgehende Einfriedigung des Vorgartens aufgegeben worden. Es liegt auf der Hand, daß zur Abstellung des Zustandes der polizeiwidrigen Benutzung des Zuganges nur die Unterlassung dieser Benutzung, nicht aber die Beseitigung des Zuganges gefordert werden kann.

2. Eine grobe Verunstaltung im Sinne des § 66 I 8 ALR. und des § 1 G. v. 15. VII. 07 (GS. 260) liegt ebenfalls nicht vor. Unschönheiten, die das künstlerische Auge verletzen, fallen noch nicht unter den Begriff der groben Verunstaltung. Die Polizeiverwaltung hatte ja auch 3 Vierteljahre vor ihrem Einschreiten den Zugang durch den Vorgarten selbst genehmigt, also eine grobe Verunstaltung in der Unterbrechung des Vorgartens an dieser Stelle damals nicht erblickt. Für die Gestaltung des Straßenbildes durch die Unterbrechung des Vorgartens ist es aber gleichgültig, ob hinter dem Zugang ein Verkaufsraum oder eine Kellerwohnung liegt. Die Polizeibehörde würde zur Zurücknahme der für den Vorgartenzugang erteilten Bauerlaubnis nur berechtigt gewesen sein, wenn sie durch offenbar sach- oder pflichtwidrige Handhabung des ihr zustehenden Ermessens die ihr als Richtschnur gegebenen Grundsätze des Polizeirechts derart verletzt hätte, daß das öffentliche Interesse eine Abhilfe dringend erheischte. Davon kann aber nach obigem keine Rede sein.

3. Endlich ist zur rechtlichen Begründung der angefochtenen Verfügung von der Polizeiverwaltung ausgeführt worden, daß die Beseitigung des Zuganges deshalb gefordert werde, weil der Verkehr nach dem Laden, insbesondere die Anlieferung der Waren, Bier in Tonnen oder Flaschen, Grünzeug, Milch und Vorkostwaren störende Geräusche, mithin „eine Belästigung der Anwohner und eine Gefährdung der öffentlichen Ruhe, Sicherheit und Ordnung" verursache. Es ist indessen ohne weiteres klar, daß der Betrieb einer Milch- und Vorkosthandlung so kleinen Umfanges weder Gefahren für die Gesundheit der Anwohner noch eine Belästigung des auf der Straße verkehrenden Publikums mit sich bringen kann. Jedenfalls ist die von der Polizeibehörde aufgestellte, dahingehende Behauptung in keiner Weise durch Angabe von Tatsachen begründet worden. Endlich könnte das Vorliegen derartiger, Gesundheitsgefahren für die Anwohner oder Belästigungen des Straßenpublikums verursachender Geräusche die Polizei nur dazu berechtigen, die Verursachung derartiger Geräusche zu verbieten, nicht aber dazu, dem Laden den Zugang zu sperren.

Nr. 2. Entsch. v. 11. Juni 1909 (OVG. 15 318) VIII B 43/08.

Der Begriff der gröblichen Verunstaltung in § 1 G. v. 15. VII. 07 (GS. 159) fällt mit dem der groben Verunstaltung im Sinne des § 71 I 8 ALR. zusammen. Soweit der Wortsinn vermöge des Gegensatzes zwischen dem Ausdrucke „gröblich" und dem etwas schrofferen „grob" eine Milderung bedingt, kann diese nur als eine unwesentliche, praktisch kaum wirksame angesehen werden. Jener Begriff stellt also der Rechtsprechung keine neue Aufgabe. Der Begriff der groben Verunstaltung ist ein längst feststehender und setzt die Schaffung eines positiv häßlichen und daher jedes für ästhetische Gestaltung offene Auge verletzenden Zustandes voraus.

Nr. 3. Entsch. v. 2. Okt. 1909 (OVG. 55 410) IX A 6/09.

Gesetz gegen die Verunstaltung der Ortschaften usw. v. 15. VII. 07 §§ 1 f.

1. Die polizeiliche Forderung der Beseitigung der beiden Erker im 4. Geschosse war nicht schon um deswillen berechtigt, weil die beanstandete Höherführung gegen die von dem Provinzialkonservator und der Polizeibehörde in den Zeichnungen gebilligte Bauausführung und damit auch gegen § 3[8] K.er BauO. verstieß; denn ein polizeilich abzustellender unstatthafter Zustand ist erst dann vorhanden, wenn das bestehende, dem Schutze der Polizeibehörde anvertraute materielle öffentliche Recht verletzt ist. Liegt nur ein Verstoß in der Form vor, wie ein Bauen ohne Konsens oder ein Abweichen vom Konsense, so steht der Polizeibehörde zwar ein strafendes Vorgehen gemäß § 63 Abs. 1 BauO. frei, nicht aber kann von ihr auch die Beseitigung des Bauwerkes des formalen Mangels wegen gefordert werden.

2. Von den materiellen Vorschriften der BauO. kam zunächst der von „vortretenden Bauteilen" handelnde § 26, besonders Ziff. 4 in Betracht. Daß die hier fraglichen Erker diesen Vorschriften entsprechen, hat der Kläger schon in der Beschwerde ohne Widerspruch der Polizeibehörde behauptet. Zu prüfen ist daher nur noch, ob der in den polizeilichen Verfügungen hervorgehobene Grund durchgreift: durch die beiden Erker im 4. Geschosse werde das Ortsbild — gröblich — verunstaltet. Maßgebend müßte hierbei das G. v. 15. VII. 07 gegen die Verunstaltung von Ortschaften und landschaftlich hervorragenden Gegenden (GS. 260) sein, nach dessen § 1 die baupolizeiliche Genehmigung zur Ausführung von Bauten und baulichen Aenderungen zu versagen ist, wenn dadurch Straßen und

Plätze der Ortschaft oder das Ortsbild gröblich verunstaltet werden würden. Nach der feststehenden Rechtsprechung des OVG. zu §§ 65ff. ALR I 8 war unter der Verunstaltung einer Straße oder eines Platzes nur eine grobe Verunstaltung (s. § 71) zu verstehen und diese nur da anzunehmen, wo durch den Bau ein positiv häßlicher und daher jedes für ästhetische Gestaltung offene Auge verletzender Zustand geschaffen wird. Dabei wurde aber ausdrücklich anerkannt, daß die Wirkung eines Baues in ästhetischer Beziehung nicht überall die gleiche ist, vielmehr nach der Anlage, Bedeutung und architektonischen Ausgestaltung der umgebenden Straßen und Plätze eine sehr verschiedene sein kann (s. OVG. 33 404ff., 45 401/2, 53 399). Weiter hat das OVG. in einer Entsch. v. 11. VI. 09 festgestellt, daß der Begriff der gröblichen Verunstaltung des § 1 G. v. 15. VII. 07 mit dem der groben Verunstaltung im Sinne des § 71 I 8 ALR. zusammenfalle. An dieser Rechtsauffassung war auch in der vorliegenden Sache festzuhalten. Dabei ergibt sich zunächst, daß die Anbringung von Erkern, die in der Regel gemäß § 26[1] und [4] BauO. in allen Obergeschossen gestattet ist, nur unter außergewöhnlichen Verhältnissen eine gröbliche Verunstaltung hervorrufen kann. Unter diesen Begriff fallen aber nach der vorgedachten Rechtsprechung nicht bloße Unschönheiten, die eine künstlerisches Auge oder ästhetisch besonders vorgebildete Personen verletzen.

3. Soll über den Rahmen des § 1 des Gesetzes hinaus die Eigenart eines Bauwerkes von geschichtlicher oder künstlerischer Bedeutung oder der Eindruck, den es hervorruft, auch vor einer Beeinträchtigung durch Ausführung von Bauten und baulichen Aenderungen in der Umgebung bewahrt werden, so ist der Weg des § 2 des Gesetzes — der Erlaß von Ortsstatuten — gegeben, nicht aber kann dieser Schutz schon mittelst polizeilicher Verfügung in dem hier angestrebten Maße bewirkt werden.

Nr. 4. Entsch. v. 29. Jan. 1910 (OVG. 55 416) IX A 68/09.

Gesetz gegen die Verunstaltung der Ortschaften usw. v. 15. VII. 07 §§ 4f.

1. Der § 4 G. v. 15. VII. 07 lautet:

„Durch Ortsstatut können für die Bebauung bestimmter Flächen, wie Landhausviertel, Badeorte, Prachtstraßen besondere, über das sonst baupolizeilich zulässige Maß hinausgehende Anforderungen gestellt werden."

Mit Aufnahme der Worte wie „Landhausviertel, Badeorte, Prachtstraßen" ist zum Ausdrucke gebracht, daß nur dementsprechend qualifizierte Flächen besonderen baulichen Anforderungen aus § 4 zu unterwerfen sind. Daher geht die Ansicht zu weit, es genüge für den Erlaß eines Ortsstatuts schon, daß damit nur irgendwie erkennbare ästhetische Zwecke verfolgt werden. Anderseits aber auch da, wo die Analogie anzuerkennen ist, die Anwendung des § 4 überhaupt auszuschließen, würde außer mit dem Wortlaute des § 4 mit dem Inhalte der zu ihm in der Kommission und im Plenum des Abgeordneten- und Herrenhauses geführten Verhandlungen nicht vereinbar sein. Unbedenklich sind dann zu den im § 4 gedachten Flächen nicht nur die der Bebauung erst neu zu erschließenden, sondern auch solche zu rechnen, auf denen eine Bebauung bereits Platz gegriffen hat.

Endlich ist nach § 4 auch die Auslegung nicht von der Hand zu weisen, daß unter den „Flächen" nicht überall bloß einzelne qualifizierte Abschnitte des Gemeindegebiets zu verstehen sind, daß vielmehr bei vorhandener Sonderart der Gemeindebezirk bis zu seinem ganzen Umfange darunter begriffen werden kann; denn wenn die Worte „Landhausviertel" und „Prachtstraßen" nur Gebietsteile bezeichnen, so gilt dasselbe nicht von dem Worte „Badeort". Ein Ortsstatut, das zur Wahrung der vom Gesetz unter Schutz gestellten Eigenart das ganze Gemeindegebiet ergreift, würde somit gegen § 4 des Gesetzes nicht verstoßen.

2. Tritt man hiernach in die dem Verwaltungsrichter zweifellos zustehende Prüfung zwar nicht der Zweckmäßigkeit, sondern der Rechtmäßigkeit des Z.er Statuts ein, so ergeben zunächst die Gemeindeakten, daß vor der Beschlußfassung der Gemeindevertretung über das Statut Sachverständige gehört worden sind (§ 5 des Gesetzes), nämlich außer dem Gemeindebaurate mehrere Architekten und ein Maurermeister. Daß einzelne von diesen der Gemeindevertretung angehörten und auch an den Beratungen des Statutentwurfs teilgenommen haben, widerspricht dem Gesetze und der AusfAnw. nicht (s. das. unter II[4]). Die Einwendungen des Klägers wider die Art des Zustandekommens des vom Kreisausschusse genehmigten und in ortsüblicher Weise bekanntgemachten Statuts waren deshalb hinfällig. Hinsichtlich des Inhalts des Statuts kam in Betracht, daß Z. aus einer kleinen Dorfgemeinde binnen kurzer Zeit einer der bedeutendsten Vororte Berlins mit weit überwiegendem Landhausbau geworden und daß diese Entwickelung auch in dem seitherigen öffentlichen Baurechte zum Ausdrucke gelangt ist. Abgesehen von dem an den neuerbauten T.Kanal stoßenden und für Fabriken freigelassenen Gelände ist nämlich in der Gemarkung Z. nur ein kleiner Ortsteil um den W.Bahnhof der geschlossenen Bauweise überlassen und zwar unter dem Verbote der Anlage störender Betriebe. Weicht dieser Teil mit seinem meist dicht aneinander gebauten und vielfach Geschäftszwecken dienenden dreigeschossigen Häusern auch jetzt schon von dem landhausmäßig bebauten Gelände nicht unerheblich ab, so ist er doch ein Bestandteil der durchgängig als Villenort geplanten und rasch anwachsenden ehemaligen Dorfgemeinde geblieben.

Diesen Charakter mit Hilfe des § 4 für den ganzen Ort zu schützen, war nach dem oben Gesagten der Gemeinde mit Zustimmung des Kreisausschusses gestattet. Wenn dabei in dem Statute nur für das verhältnismäßig kleine, den geschäftlichen Ortskern bildende Gebiet am W.Bahnhof gesorgt worden ist, so war dies zulässig, weil, abgesehen von dem am T.Kanale gelegenen Teile, das weitausgedehnte übrige Gemeindegebiet durch die BezirksbauO. des Regierungspräsidenten vor einer seinen ländlichen und landhausmäßigen Charakter beeinträchtigenden Bauweise bewahrt bleibt.

Die baulichen Mehrforderungen des Statuts halten sich allem Anscheine nach in bescheidenen Grenzen. Nach § 50[3] und [4] BauO. v. 1907 dürfen im Gebiete der geschlossenen Bauweise, Bauklasse I, bewohnte Gebäude 4 Hauptgeschosse erhalten; dabei soll aber das Dachgeschoß zum dauernden Aufenthalte von Menschen nicht eingerichtet werden, wenn zu dem gleichen Zwecke schon Räume im 4. Hauptgeschoß angelegt sind. Das Ortsstatut läßt dagegen im § 3[1] nur 3 Hauptgeschosse zu und gestattet dabei den Ausbau des ganzen Daches zum dauernden Aufenthalte von Menschen. Weiter ist in Ziff. 2 die Dachkonstruktion und das Maß etwaiger Aufbauten vorgeschrieben. Uebrigens sind vom Verwaltungsrichter die den Grundeigentümer mit dem Erlaß eines im Rahmen des § 4 des Gesetzes sich haltenden Statuts etwa treffenden finanziellen Nachteile nicht zu untersuchen; darüber zu befinden, ist — wie auch für Z. geschehen — Sache der zur Prüfung der Angemessenheit und zur Genehmigung des Statuts berufenen Behörde. Daß aber an sich mit dem Erlaß eines Statuts mehr oder minder fühlbare Beschränkungen des Eigentums verbunden sein können, ist schon bei den parlamentarischen Verhandlungen über § 4 wiederholt zur Sprache gekommen.

Nr. 5. Entsch. v. 29. Jan. 1910 (OVG. 55 425) IX A 96/09.

Gesetz gegen die Verunstaltung von Ortschaften usw. v. 15. VII. 07 §§ 1 f., 4, 7 f.

1. Aus den gesetzgeberischen Verhandlungen über die Auslegung des Begriffs der gröblichen Verunstaltung in § 1 G. v. 15. VII. 07, wonach die baupolizeiliche Genehmigung zur Ausführung von Bauten und baulichen Aenderungen zu versagen ist, wenn dadurch Straßen oder Plätze der Ortschaft oder das Ortsbild gröblich verunstaltet werden würden, geht hervor, daß die Versagung der Genehmigung zur Ausführung der im § 1 genannten Bauten nicht von dem freien Ermessen der Polizeibehörde abhängt, sondern eine ihr vom Gesetz auferlegte Pflicht ist. Die Aufsichtsbehörde ist daher befugt, von der ihr unterstellten Polizeibehörde ein Einschreiten auch da zu verlangen, wo diese ihrerseits eine gröbliche Verunstaltung nicht für gegeben erachtet und daher die Genehmigung erteilt hat.

Daran ändert der Umstand nichts, daß der Begriff der gröblichen Verunstaltung, wonach ein positiv häßlicher Zustand vorliegen muß, der jedes für ästhetische Gestaltung offene Auge verletzt, der subjektiven Auffassung Raum gewährt, und daß die Beurteilung im einzelnen Falle bei den Beteiligten zu verschiedenen Ergebnissen führen kann. Dies trifft ebenso bei vielen anderen polizeilichen Aufgaben zu, so bei den Fragen nach dem Vorhandensein einer Gefahr, der Störung der öffentlichen Sicherheit und Ordnung (§ 10 II 17 ALR.). Die Herbeiführung einer gröblichen Verunstaltung durch genehmigungspflichtige Bauausführungen darf aber die Polizei niemals gestatten, vielmehr gebietet das Gesetz ein Einschreiten.

2. Hiernach hängt der Ausgang des Streites von der Entscheidung der Frage ab, ob durch den Neubau des Kuhstalls auf dem städtischen Gute G. das Ortsbild gröblich verunstaltet wird. Bei einem Gute, das wie G. eine größere Anzahl von den inneren Gutshof umgebenden Gebäuden (Herrenhaus, Scheune, Ställe u. a.) besitzt, überhaupt von einem Ortsbilde zu sprechen, ist unbedenklich. Ein Ortsbild (Bild einer Ortschaft) im Sinne des § 1 des Gesetzes ist gegeben, wo ein Bauwerk in der Stadt oder auf dem Lande auf eine bereits vorhandene Gebäudegruppe und deren nächste Umgebung einwirken kann (s. auch §§ 7 f. des Gesetzes).

Ueber das Wesen der polizeilich zu hindernden groben Verunstaltung hat der Gerichtshof schon in OVG. 33 407/08 und auch später u. a. ausgeführt, den Polizeibehörden sei auf baulichem Gebiete nicht die Pflege ästhetischer Interessen oder solcher Anforderungen anvertraut, die von einem feineren Gefühle, von einem höheren als im Durchschnitte vorhandenen, nach einer bestimmten künstlerischen Richtung hin entwickelten Bildungsgrade geltend gemacht werden. Damit würden der Polizei Aufgaben gestellt werden, zu deren Lösung ihren weitaus meisten Organen die ausreichende Befähigung mangele und die gar nicht durchgeführt werden könnten, ohne damit das gesamte Bauwesen auf Kosten des Publikums einem völlig unsicheren, fortgesetzt schwankenden und jeder Kontrolle sich entziehenden Einflusse zu unterwerfen. Der hier fragliche, von dem Stadtkollegium beschlossene und polizeilich genehmigte Bau ist zuerst von dem Ausschusse des Kunstgewerbevereins und des Dürerbundes sowie von dem Konservator der Kunstdenkmäler der Prov. Sachsen bekämpft worden. Der erstere hat zufolge einer Umfrage auch von nahmhaften auswärtigen Architekten ihm zustimmende Aeußerungen über die Wirkung des Gebäudes auf die Umgebung erhalten und den Beschwerdeinstanzen vorgelegt. Gewiß sind alle diese Personen wohl geeignet, zu der Durchführung der §§ 2, 4, 8 des auf die Anregung auch ihrer Kreise zurückzuführenden G. v. 15. VII. 07 beizutragen; nicht aber sind sie nach dem Gesetze mehr als andere, gebildeten Kreisen angehörende, Personen berufen, die Polizeibehörde bei Anwendung des

§ 1 des Gesetzes zu beraten. Die Zahl derer, die das Stallgebäude trotz der gelben Verblendziegel und des flachen Pappdachs neben den alten Gebäuden mit hohen Dächern und verputzten Wänden nicht häßlich und abstoßend finden, wird groß sein; ist doch der Angabe der Klägerin und des Architekten G. nicht widersprochen worden, daß erst vor einigen Jahren unter der Leitung des damaligen Konservators ein Stall und eine Scheune des Gutes in dem jetzt wiederum gewählten Material und mit der flachen Dachneigung errichtet worden sind. Daß aber bei dem Wechsel der künstlerischen Anschauung nicht ohne dringenden Anlaß der Baulustige polizeilich zu einer von ihm nicht gewollten Bauart genötigt werden sollte, ist in den Verhandlungen zu dem G. v. 15. VII. 07 oft betont worden. Verkannt wird dabei nicht, daß, wie der Begriff des Notwendigen, der Gesundheits- und Feuersgefahren im Bauwesen dem Wandel unterliegt, dies auch bei dem Geschmack und der Feststellung dessen, wodurch ein Ortsbild gröblich verunstaltet wird, zutrifft.

J. Wegepolizei.

Literatur: Hecht: Die Wegeordnung für die Provinz Posen (Berlin 1909). — Köpping: Nachbar-, Bau- und Wegerecht² (Königsberg N/M. 1909).

1. Begriff und Umfang öffentlicher Wege; Fuß- und Schulsteige.

Nr. 1. Entsch. v. 19. Dez. 1907 (PrVerwBl. 29 833) IV C 70/06.

1. Auch für das Gebiet des Schleswig-Holsteinischen Wegerechts ergibt sich aus der tatsächlichen, wenn auch langjährigen Benutzung eines Weges für den Verkehr noch nicht notwendig dessen Oeffentlichkeit. Diese Benutzung ist vielmehr nur insoweit ein Beweismittel, als sie unter Berücksichtigung der begleitenden Umstände dafür sprechen kann, daß der Weg unter — wenn auch stillschweigender — Zustimmung der Rechtsbeteiligten dem öffentlichen Verkehre gewidmet worden ist. Die WegeVO. v. 1. III. 42 enthält keine entgegenstehende Bestimmung, wie insbesondere aus ihrem § 6 erhellt. Der § 5 daselbst enthält eine für die Frage der Oeffentlichkeit nicht maßgebende Begriffsbestimmung der Nebenwege, die den Gegensatz dieser Wegeart zu den in den §§ 3f. aaO. behandelten Hauptlandstraßen und Nebenlandstraßen zum Ausdruck bringen soll. Vorbedingung dafür, daß ein Weg Nebenweg im Sinne des § 5 sein kann, ist, daß er nach § 6 ein für den gemeinen Verkehr bestimmter Weg ist, der diesem Verkehr nicht mittels Anerkennung eines entgegenstehenden Privatrechts entzogen ist. Auch der Unterschied zwischen öffentlichen und Interessentenwegen ist dem Schleswig-Holsteinschen Wegerecht nicht fremd.

2. Der streitige Weg soll „bei der Separation im Jahre 1794 als Verkehrsweg ausgelegt und in den Maßen abgezogen worden sein". Es wird daher zunächst unter Prüfung der dem Erdbuch angehörigen Urkunden, deren Inhalt in die deutsche Sprache zu übertragen ist, sowie nötigenfalls unter Heranziehung etwa vorhandener Separationsakten und Karten aus älterer Zeit, und, soweit erforderlich, durch Vernehmung von Zeugen und Erhebung anderer geeigneter Beweismittel festzustellen sein, ob der streitige Weg jemals ausdrücklich oder stillschweigend — durch konkludente Handlungen — von dem Eigentümer des Wegekörpers unter Zustimmung des öffentlich-rechtlich Unterhaltungspflichtigen und der Wegepolizeibehörde für den öffentlichen Verkehr gewidmet worden ist. Stellt sich hierbei heraus, daß weder eine Widmung des gesamten Wegekörpers als Fahrweg noch eines Teiles davon als Fußweg anzuerkennen ist, so war der Beklagte (die Wegepolizeibehörde)

zum Erlasse seiner Anordnung unzuständig, und der Einspruchsbescheid wird außer Kraft zu setzen sein. Wird nur die Oeffentlichkeit eines Wegeteiles als Fußweg erwiesen, so bleibt zu erwägen, ob die für die gesamte Wegebreite ergangene Anordnung aufzuheben sein wird oder, weil damit keine Modifikation, sondern nur eine teilweise Aufhebung bewirkt wird, sich entsprechend einschränken läßt.

3. Sollte die Zuständigkeit des Beklagten keinem Bedenken unterliegen, so ist weiter zu prüfen, ob aus dem Erdbuch ersichtlich ist, daß — und unter welchen Voraussetzungen und Bedingungen — den beteiligten Anliegern bei der Schaffung des Weges als eines öffentlichen die Aufstellung von Hecktoren auf den an ihren Grundbesitz angrenzenden Wegestrecken gestattet worden ist. War eine solche Berechtigung von Anfang an vorhanden, so hat die Widmung mit dieser Beschränkung stattgefunden, und die hieraus folgende Berechtigung des Klägers muß von der Wegepolizeibehörde beachtet werden. Sollte eine solche Berechtigung sich nicht aus dem Erdbuche ergeben, so würde der Kläger allerdings keinen Rechtsanspruch auf die Aufstellung von Hecktoren haben, wenn er und seine Vorbesitzer auch seit langer Zeit derartige Vorrichtungen zur Zeit der Außenweide aufgestellt hätten.

Es bleibt dann aber noch folgendes zu beachten: Die Eigenschaft eines Weges als öffentlicher Kommunikationsweg wird nicht dadurch ausgeschlossen werden, daß seit alter Zeit an den Stellen, wo er in die Hofstatt eines Besitzers eintritt, Schranken bestehen. Solche Einrichtungen finden sich unter ähnlichen Verhältnissen öfter und dienen vor allem für die wirtschaftlichen Zwecke des Eigentümers, indem sie das Entlaufen des Viehs verhindern. Die Oeffentlichkeit des Weges berechtigt die Wegepolizeibehörde noch nicht ohne weiteres dazu, die Beseitigung dieser Schranken zu verlangen; sie hat in einem solchen Falle vorgängig zu prüfen, ob eine solche Maßnahme notwendig oder zweckmäßig sei.

Bei der Bedeutung, die die Viehzucht für die Prov. Schleswig-Holstein besitzt, und dem großen Umfange, in welchem das Vieh einen Teil des Jahres hindurch auf der Weide bleibt, ist der dauernde oder doch zeitweilige Abschluß der die Koppeln durchziehenden öffentlichen Wege durch Hecktore in dieser Provinz eine nicht ungewöhnliche und teilweise weitverbreitete Einrichtung. Einen Rückschluß auf die Duldung von Hecktoren bei den für den Verkehr weniger bedeutsamen Gemeindewegen bietet auch der Umstand, daß die WegeVd. v. 1. III. 42 in § 190 die Hecktore zwar für die Landstraßen untersagt und die sofortige Wegschaffung der noch vorhandenen Hecktore vorschreibt, daß sie aber eine gleiche Bestimmung für die Nebenwege und Fußsteige nicht enthält. Bei dieser Sachlage wird die Errichtung von Hecktoren im Interesse der Viehhaltung da, wo sie seit Jahrzehnten unbeanstandet stattgefunden hat, nicht ohne weiteres mit jeder von der Wegepolizeibehörde unter allen Umständen zu beseitigenden Störung des öffentlichen Verkehrs durch einen Unbefugten auf eine Stufe zu stellen, vielmehr im Einzelfalle von dem Verwaltungsrichter noch zu prüfen sein, ob die von der Wegepolizeibehörde getroffene Anordnung sich als notwendig und zweckmäßig erweist.

Nr. 2. Entsch. v. 5. Okt. 1908 (PrVerwBl. 31 46) IVC 131/07.

Wenn in einem zwischen 2 Gemeinden über die Anlegung eines Weges abgeschlossenen Vergleiche der einen Gemeinde, die den Weg anlegen und unterhalten soll, jederzeit das Recht eingeräumt ist, den Weg so lange zu behalten, als sie ihn behalten will, mithin auch die Unterhaltung einzustellen, sobald sie dies in ihrem Interesse findet, so fehlt es für die Entstehung eines öffentlichen Weges an der notwendigen Voraussetzung der dauernden Sicherstellung der Unterhaltung.

Nr. 3. Entsch. v. 3. Dez. 1908 (OVG. 53 292) IV C 72/08.

ZustG. § 56.

Ein vor dem Inkrafttreten des § 56 ZustG. ergangener Regierungsbeschluß, dessen Gegenstand im Sprachgebrauche jenes Gesetzes als eine Inanspruchnahme zu bezeichnen ist, bindet für die Frage, ob der davon betroffene Weg öffentlich ist, die Wegepolizeibehörde und den Verwaltungsrichter nicht mehr und nicht anders, als die über eine solche Inanspruchnahme im Verwaltungsstreitverfahren getroffene Entscheidung. Wie der Regierung selbst und der vorgesetzten Behörde unbenommen blieb, jederzeit von Amtswegen oder auf Antrag der Beteiligten in eine erneute Prüfung einzutreten und die Oeffentlichkeit auf Grund besserer Ueberzeugung zu verneinen, so bindet ein solcher, die Oeffentlichkeit des betr. Weges nicht feststellender, sondern voraussetzender Beschluß weder die jetzt für die Wegepolizei zuständigen Verwaltungsbeamten noch die Verwaltungsgerichte, diese haben vielmehr im Streitfalle die Prüfung der Frage nach der Oeffentlichkeit des Weges zu wiederholen und hierüber von neuem zu entscheiden.

Nr. 4. Entsch. v. 1. Febr. 1909 (OVG. 54 342) IV C 185/07.

LVG. §§ 70, 94; ZustG. § 56.

1. Nach § 70 LVG. ist die Entscheidung dem Beigeladenen gegenüber gültig, ohne daß es dabei auf sein prozessuales Verhalten vor oder nach der Beiladung ankommt. War die Einlegung der Revision seitens der Beigeladenen somit zulässig, so erweist sie sich doch deshalb als unbegründet, weil die Revisionsklägerin durch die angefochtene Entscheidung nicht in ihren eigenen, ihrer Verfügung unterliegenden Rechten verletzt wird. Die Verfügung, die den Gegenstand des Streitverfahrens bildet, war nicht ihr gegenüber ergangen, und die Beigeladene wird durch die hier zu treffende Entscheidung nicht gehindert, einer in Zukunft gegen sie selbst erlassenen Verfügung der Wegepolizeibehörde mit den gesetzlichen Rechtsbehelfen entgegenzutreten.

2. Ein Revisionsgrund gemäß § 94 LVG. ist nicht erkennbar. Verfehlt ist zunächst die Behauptung, der Vorderrichter habe es an der ordnungsmäßigen Ausübung seines gleichzeitig eine Pflicht darstellenden Fragerechts fehlen lassen. Die Beurteilung, ob durch die Parteierklärungen eine vollständige Aufklärung des Sachverhalts stattgefunden hat, ist Sache des pflichtmäßigen Ermessens des Verwaltungsrichters. Dem Kläger war genau bekannt, wovon die Entscheidung abhing, und es wäre seine Sache gewesen, das für die Revisionsinstanz neue und deshalb nicht zu berücksichtigende tatsächliche Vorbringen bereits vor dem Bezirksausschusse zu verwerten, falls er ihm Bedeutung für das Endergebnis beimaß. Zum Fragen fehlte daher für den Vorderrichter jeder Anlaß.

3. Der Kläger vermißt weiter in der angefochtenen Entscheidung einen Nachweis dafür, daß die Beteiligten nach dem Rezeßabschlusse gleichzeitig und übereinstimmend einen Widmungsakt vorgenommen haben. Der Rechtsprechung des OVG. ist ein Erfordernis dieser Art fremd. Der ganze Angriff entbehrt aber schon deshalb der Erheblichkeit, weil der Vorderrichter gerade festgestellt hat, daß eine ausdrückliche Widmung nicht vorliegt, sondern daß sich eine stillschweigende Widmung aus einer Reihe von Tatumständen ergibt, die selbstverständlich nicht derselben Zeit anzugehören brauchen. Der Vorderrichter hat auch gar nicht angenommen,

daß der Weg infolge des Rezeßabschlusses beseitigt worden ist, hat aber aus dem gesamten Beweismaterial die Ueberzeugung gewonnen, daß der streitige Weg bereits vor der Separation als ein öffentlicher bestand, und daß er nur versehentlich in die Rezeßkarte nicht eingetragen worden, aber während und nach der Rezeßaufstellung bis zur Gegenwart als ein öffentlicher Weg bestehen geblieben ist. Daß diese Feststellung mit einem Rechtsverstoß oder einem wesentlichen Verfahrensmangel behaftet sei, erhellt nicht; sie ist daher, als dem tatsächlichen Gebiet angehörig, bei der beschränkten Natur des Rechtsmittels mit der Revision nicht anfechtbar und trägt die Entscheidung.

Nr. 5. Entsch. v. 11. Nov. 1909 (OVG. 55 294) IV B 8/09.

ZustG. § 56.

1. Die Vereinigung von Anordnungen, die sich auf Inanspruchnahme von Wegen für den öffentlichen Verkehr und auf Wegebau beziehen, in einer und derselben Verfügung, gegen welche die Rechtsbehelfe die gleichen sind, ist unbedenklich zulässig.

2. Es kommt hiernach lediglich darauf an, ob der der Polizeibehörde obliegende Beweis der Oeffentlichkeit des Weges geführt ist. Die in der Vorinstanz bewirkte Beweisaufnahme hat lediglich ergeben, daß der Weg seit länger als 50 Jahren offen und ungestört benutzt worden ist, und daß die Stadt im Jahre 1878 bei Anlegung eines neuen Weges, dessen Verbindung mit dem streitigen Fußwege hergestellt, diese Verbindung also für notwendig gehalten hat. Es fehlt aber jeder Nachweis, daß die Klägerinnen oder ihre Besitzvorgänger den Körper des Weges dem öffentlichen Verkehre gewidmet haben, und ebenso auch der Nachweis, daß die Klägerinnen die Unterhaltungspflicht des Weges übernommen haben, oder daß dies sonst irgend jemand getan hat. Beides ist aber nach allgemeinen Grundsätzen wie insbesondere auch nach bergischem Wegerecht erforderlich. Der Gerichtshof hat hinsichtlich der Wegebaulast wiederholt anerkannt, daß die Jülich-Bergische PolO. v. 10. X. 1554, namentlich in ihrem 13. Abschnitt, eine Pflicht zur Unterhaltung von öffentlichen Fußwegen, von den Brücken abgesehen, nicht eingeführt hat, und daß daher in jedem Falle, wo öffentliche Fußwege in Frage sind und die Unterhaltungslast zweifelhaft wird, zu prüfen ist, wer diese Last seinerzeit der Wegepolizeibehörde gegenüber übernommen hat.

Nr. 6. Entsch. v. 21. Mai 1908 (DJZ. 14 89) IV 1005.

ALR. I 22 § 63.

Der § 63 I 22 ALR. handelt nur von Fußsteigen auf offenen Feldern und kann auf Fußwege innerhalb der Ortschaften nicht entsprechend angewendet werden; denn hier sind die tatsächlichen und rechtlichen Verhältnisse wesentlich andere.

Nr. 7. Entsch. v. 18. März 1909 (PrVerwBl. 31 531) IV C 151/08.

Der Kläger bestreitet seine Verpflichtung zur Freigabe des neuen Schulsteiges, weil weder er noch seine Besitzvorgänger irgendwelche Veränderung an dem alten vorgenommen oder den letzteren verlegt hätten und der neue Weg nicht als Ersatz für den alten Schulsteig oder überhaupt für die Schulkinder, sondern lediglich zu dem Zweck angelegt worden sei, um den wirtschaftlichen Zwecken des Gutes S. zu dienen. Hierauf kommt es jedoch nicht entscheidend an. Es steht fest, daß früher ein öffentlicher, das Gehöft des Klägers durchziehender Fußsteig vorhanden gewesen, daß dieser

Fußsteig aber tatsächlich für die Schulkinder nicht mehr benutzbar ist, da er seit langer Zeit von dem Kläger und seinen Besitzvorgängern nicht mehr offen gehalten ist. Das Verhalten des Klägers, der den Kindern die Möglichkeit entzog, den alten Weg weiter zu benutzen, und sie damit stillschweigend auf den neuen Weg anwies, ist hiernach die Ursache, daß der neue Weg Ersatzweg geworden ist. Die Wegepolizeibehörde ist berechtigt, den neuen, seit dem Jahre 1881 tatsächlich als Schulsteig benutzten Pfad so lange als öffentlich zu behandeln, bis der alte Wegezug wiederhergestellt oder die Verschiebung des Weges ordnungsmäßig genehmigt wird. Der Beklagte konnte die Beseitigung der Sperre soweit, als es für die unbehinderte Benutzung des Weges durch die Kinder notwendig war, also, da die Sperre jede Benutzung durch die Kinder hindert, die Beseitigung der ganzen Sperre fordern. Wenn er dem Kläger bloß aufgegeben hat, die Benutzung des Weges in einer Breite von 1 m nicht zu hindern, so war dies nicht zu beanstanden.

2. Gemeingebrauch an öffentlichen Wegen.

Nr. 1. Entsch. v. 27. Febr. 1908 (OVG. 52 320) IV B 53/07.

Ein Gemeingebrauch der Anlieger zur Ueberbrückung des vor ihrem Grundstücke belegenen Teiles des Straßengrabens kann nicht angenommen werden. Allerdings hat der Gerichtshof bereits anerkannt, daß der Anlieger vielfach einen ausgedehnteren Gemeingebrauch an öffentlichen Wegen hat als jeder andere; so zB. kann er den Bürgersteig auch zur Ueberfahrt zu seinem Grundstücke benutzen (vgl. OVG. 39 225). Indessen auch für ihn erstreckt sich der Gemeingebrauch nicht auf die Herstellung von besonderen Anlagen, wie Grabenüberbrückungen. Eine solche Herstellung setzt vielmehr stets jedenfalls das Einverständnis der Wegepolizeibehörde voraus.

3. Wegebaulast.

a) Allgemeine Wegebaulast, Begriff und Umfang.

Nr. 1. Entsch. v. 26. Nov. 1907 (DJZ. 13 710) VIII 2069.

Gewiß läßt sich nicht allgemein sagen, ein rechtskräftiges Urteil, daß das Bestehen einer Observanz verneint, bewirke stets deren Untergang. Es ist nicht ausgeschlossen, daß des Urteils ungeachtet der Kläger an der Annahme, die Observanz bestehe zu Recht, festhält, auch der Beklagte zu der nämlichen Ueberzeugung gelangt und demnächst beide die Uebung, wie sie bis dahin bestanden hatte, fortsetzen. Dann ist die etwa bestehende Observanz nicht durchbrochen. Es kommt mithin auf die Umstände des einzelnen Falles an. Aus dem Begriffe der Observanz als einer Rechtsnorm, die sich durch gleichmäßige, langdauernde Uebung in der Ueberzeugung von der rechtlichen Notwendigkeit kundgibt, folgt von selbst, daß von denselben Voraussetzungen wie das Entstehen auch das Fortbestehen der Observanz abhängt. Nehmen daher die Beteiligten eine von der bisherigen abweichende Uebung vor, oder stellt sich ihr Handeln nicht mehr dar als Betätigung der übereinstimmenden Auffassung, daß es das aus den Umständen geschöpfte notwendige Recht verwirkliche, so ist damit die Observanz durch desuetudo untergegangen.

Nr. 2. Entsch. v. 16. Jan. 1908 (PrVerwBl. 29 813) VI B 50/07.

Wenn in einem neueren Rezesse Grundstückseigentümern die Unterhaltung eines Weges schlechthin ohne Einschränkung auferlegt ist, so muß diese Bestimmung, falls nicht etwa die Vorverhandlungen für eine andere Auffassung Anhalt geben, dahin verstanden werden, daß die Unterhaltung auch eine etwa notwendig werdende Wegeverbreiterung mit umfaßt.

Wenn der Bezirksausschuß demgegenüber geltend macht, daß das umfassendere Wort „Wegebaulast“ nicht gebraucht sei, so ist entgegenzuhalten, daß dies Wort in Rezessen seltener angewendet zu werden pflegt als die den Laien verständlichere Bezeichnung „Wegeunterhaltung“, und was den Zusatz hinsichtlich der Freihaltung von Schnee anlangt, so ist zu betonen, daß deren besondere Hervorhebung sich oft in Rezessen findet, weil in dieser Beziehung manchmal abweichende Abmachungen getroffen werden, und daß deswegen hieraus hinsichtlich des Umfangs der Wegebaulast Schlüsse nicht zu ziehen sind. Schließlich ist auch aus der Regelung als einer „interimistischen“ nichts zu folgern; das zeigt nur, daß man, allerdings irrigerweise, mit dem baldigen Inkrafttreten einer neuen WegeO. gerechnet hat.

Nr. 3. Entsch. v. 4. Jan. 1909 (OVG. 53 273) IV C 129/08.

Die Wegepolizeibehörde kann allerdings von dem zur Unterhaltung eines öffentlichen Weges Verpflichteten verlangen, in Erfüllung seiner Wegebaupflicht auf dem öffentlichen Wege, wenn hierzu ein Bedürfnis vorhanden ist, erkennbar zu machen, daß ein von diesem sich abzweigender Weg nicht einen Teil jenes öffentlichen Weges bilde. Der Beklagte ist jedoch darüber hinausgegangen, indem er gefordert hat, daß die Klägerin entweder einen nach Z. mit Angabe der Entfernung weisenden Arm an dem von ihr aufzustellenden Wegweiser anbringe oder eine Tafel errichte, aus deren Inschrift unzweifelhaft hervorgehe, daß das Wegestück den Charakter eines Privatwegs habe und für fremdes Fuhrwerk verboten sei.

Der dritte Wegweiserarm mit der nach Z. weisenden Inschrift würde, da auf ihm in gleicher Weise wie bei den beiden anderen Armen nicht bloß die Bezeichnung der Ortschaft, sondern auch die Entfernung angegeben werden soll, den Anschein erwecken, als ob der sich von dem öffentlichen Wege abzweigende Weg nach Z. ebenfalls ein öffentlicher sei, obgleich der Beklagte selbst ihn als solchen nach der Begründung seines Einspruchsbescheids gar nicht in Anspruch nehmen will. Eine Bezeichnung, die einen Weg als öffentlichen erscheinen läßt, kann die Wegepolizeibehörde nur bezüglich eines unstreitig öffentlichen Weges oder als öffentlich von ihr in Anspruch genommenen Weges verlangen. Aber auch die vom Beklagten der Klägerin zur Wahl gestellte Errichtung einer Tafel mit der geforderten Inschrift kann von der Klägerin nicht verlangt werden. Die Polizeibehörde darf bei Privatwegen nur im sicherheitspolizeilichen Interesse einschreiten. Die Notwendigkeit, um der Sicherheit auf jenem Privatwege willen die Tafel anzubringen, ist von der Polizeibehörde weder behauptet noch begründet. Vor allem aber wird durch die Anordnung in unzulässiger Weise die Klägerin als Unterhaltungspflichtige des öffentlichen Weges veranlaßt, in den freien Willen der Klägerin als Eigentümerin des Privatweges nach Z., ob sie die Benutzung dieses ihres Privatweges durch fremdes Fuhrwerk gestatten will oder nicht, einzugreifen.

c) Verpflichtung der Anlieger zur Straßenreinigung.

Nr. 1. Entsch. v. 11. Juli 1907 (PrVerwBl. 29 204) IV B 91/05.

1. Zur Entscheidung steht zunächst, ob sich in N. eine Observanz gebildet hat, wonach die Straßenanlieger innerhalb der inneren, von Mauern und Toren umgrenzten oder umgrenzt gewesenen Stadt verpflichtet sind, die vor ihren Grundstücken liegenden Teile der Ortsstraßen bis zur Hälfte des Straßendammes polizeimäßig zu reinigen. Richtig ist es allerdings, daß durch Polizeiverordnung den Anliegern die Reinigungspflicht hinsichtlich der Ortsstraßen nicht auferlegt werden kann. Polizeiverordnungen begründen nicht neue, bisher nicht vorhandene Verpflichtungen dieser Art, sondern regeln nur die Art und Weise der Erfüllung solcher auf anderweitigen Unterlagen beruhenden Verbindlichkeiten. Wohl aber bezeugen sie, insbesondere wenn sie zeitlich weit zurückliegen, vielfach, daß bei ihrem Erlasse bereits eine durch sie nur verordnungsmäßig zum Ausdruck gebrachte und der Ausübung nach im Anschluß an die obwaltenden Verhältnisse geregelte Rechtspflicht bestand, so daß diese Verordnungen nicht als konstituierende Akte, wohl aber als Beweismittel des bei ihrem Erlasse geltenden Gewohnheitsrechts Beachtung zu finden haben. Im vorliegenden Falle behandelt die PolVd. v. 1. VIII. 50 erstmalig die Straßenreinigungspflicht der Anlieger. Der Gerichtshof hat nach dem Ergebnis der Beweisaufnahme unbedenklich angenommen, daß sich für die Innenstadt bereits vor dem Jahre 1850 die von der Beklagten behauptete Observanz gebildet hatte. (Folgt Begründung.)

2. Nach der Rechtsprechung des OVG. besitzt die Observanz als objektive Rechtsnorm für das gesamte Gebiet der Stadtgemeinde Geltung, soweit nicht besondere örtliche Beschränkungen für ihren Geltungsbereich nachweisbar sind. Sie tritt aber immer nur dann und da in Wirksamkeit, wenn und wo die tatsächlichen Voraussetzungen für ihre Anwendung vorliegen. Die Reinigungspflicht der Anlieger kommt daher für die einzelnen Straßen erst dann zur Ausführung, wenn sich für sie das Bedürfnis einer straßenmäßigen Reinigung geltend macht. Anderseits verliert eine solche Observanz, die den Träger der Reinigungspflicht für alle Ortsstraßen bestimmt, nicht schon dadurch ihre Kraft, daß die Leistungen, die den Inhalt der Uebung ausmachen, weder von der zuständigen Behörde gefordert noch von dritter Seite bewirkt worden sind. Die observanzmäßige Pflicht der Anlieger an neuen Ortsstraßen, und diesen stehen auch Fortsetzungen städtischer Straßen gleich, bei denen sich die Notwendigkeit einer polizeimäßigen Reinigung erst infolge des wachsenden Anbaues, also einer oft Jahrzehnte und länger andauernden Entwickelung, herausstellt, kann hiernach nur durch die Bildung einer entgegenstehenden Observanz beseitigt werden.

Nr. 2. Entsch. v. 12. Dez. 1907 (PrVerwBl. 29 497) IV A 38/07.

1. Wie bereits in OVG. v. 20. V. 91 (PrVerwBl. 12 616ff.) ausgesprochen ist, ergibt die Gassen- und KarrenO. für die Stadt E. v. 23. XII. 1773, daß schon damals die Straßenreinigungspflicht der Anlieger bestand. Sie ordnet die Reinigung der städtischen Straßen durch ein von der Gemeinde eingerichtetes Karrenfuhrwerk für die Altstadt und Neustadt, die inneren Vorstädte und die vornehmsten Straßen der äußeren Vorstädte, während bis dahin nur die Bürger und Einwohner der Altstadt und Neustadt das Straßenreinigungsgeld erlegt, den Einwohnern der sowohl innerhalb als außerhalb der Wille gelegenen Vorstädte aber es selbst überlassen gewesen, ihr Gassengemüll aus den Straßen zu schaffen, und setzt hinzu: „Jedoch sollen die Einwohner der abgelegenen und ungepflasterten Straßen der Vorstädte, so zum Anschlage des Karrengeldes nicht gezogen werden, in der Verbindlichkeit die

Straßen zu fegen und den Unlust selbst wegzuschaffen, bleiben." Daraus ist zu entnehmen, daß schon vor dem Erlasse der Gassen- und KarrenO. für den ganzen damaligen Bezirk der Stadt E. einschließlich der Vorstädte eine Observanz bestand, der zufolge die Anlieger zur Straßenreinigung verpflichtet waren.

2. Eine observanzmäßige Pflicht, die einmal besteht, ergreift von selbst auch die nachträglich dem Wegenetze der Gemeinde neu hinzutretenden öffentlichen Wege. Eine Abweichung hiervon tritt ein, wenn die Observanz sich nur für gewisse Gemeindestraßen oder soweit sich eine entgegenstehende besondere Observanz gebildet hat. Wie dargelegt, hatte sich bereits vor dem Jahre 1773 eine das ganze damalige Stadtgebiet umfassende Observanz gebildet, und diese Observanz dehnte sich bei der Erweiterung des Stadtgebiets ohne weiteres auf die eingemeindeten Wege aus; für diese kam mithin die Neubildung einer Observanz zu Lasten der Anlieger gar nicht in Frage. Die Anlieger des G.Dammes würden nur dann von der allgemeinen Observanz ausgenommen sein, wenn sich für diese Straße eine entgegenstehende Observanz gebildet hätte, wonach dort die Straßenreinigungspflicht einem andern Rechtssubjekt obläge. Das ist aber nicht der Fall.

In der nächsten Zeit nach der Eingemeindung fand überhaupt noch keine polizeimäßige Reinigung statt. Wenn bis zum Jahre 1890 die Kreisverwaltung die Straße, die noch jetzt Kreischaussee ist, reinigte, so hat es sich dabei offenbar um die im Verkehrsinteresse erforderliche Reinigung gehandelt, welche dem Wegebaupflichtigen obliegt, nicht um die darüber hinausgehende, hauptsächlich im Interesse der Gesundheitspolizei erforderliche sog. polizeimäßige Straßenreinigung, die nicht zur Wegebaupflicht gehört. Im Jahre 1890 forderte die Polizeiverwaltung, offenbar in der Annahme, daß die fortgeschrittene Entwickelung der Straße nunmehr ihre polizeimäßige Reinigung nötig mache, die Anlieger zur Straßenreinigung auf. Diese sollen Widerspruch und Beschwerde erhoben haben, ohne daß darauf eine endgültige Entscheidung der Verwaltungsbehörden erfolgt wäre. Seit mehreren Jahren haben aber die Anlieger des G.Damms die Straße auf jedesmalige polizeiliche Aufforderung gereinigt und bei Glätte bestreut, jedoch die Leistungen neuerdings verweigert und unterlassen, als die Polizeibehörde von ihnen vor kurzem die regelmäßige Reinigung als Anwohnerpflicht verlangte.

Es kann dahingestellt bleiben, ob diese Umstände für die Entstehung einer observanzmäßigen Verpflichtung der Anlieger genügen würden. Jedenfalls kann aus ihnen nicht entnommen werden, daß sich, worauf es allein ankommt, für den äußeren G.Damm eine Gegenobservanz gegen die allgemein in der Stadt E. zu Lasten der Anlieger bestehende Observanz gebildet hätte. Dazu wäre vor allem der Nachweis erforderlich gewesen, daß die polizeimäßige Reinigung des äußeren G.Damms während eines längeren Zeitraums in gleichmäßiger Uebung und in der Ueberzeugung rechtlicher Verpflichtung von jemand anderem als den Anliegern ausgeführt worden sei. Es ist aber nicht einmal erkennbar, wer der Träger dieser Verpflichtung sein sollte.

3. Ist der Anbau oder der Verkehr einer Chausseestrecke so weit entwickelt, daß sie der polizeimäßigen Reinigung bedarf, so unterliegen auch die zu der Chaussee gehörigen Gräben dieser Verpflichtung.

Nr. 3. Entsch. v. 30. Jan. 1908 (PrVerwBl. 30 220) IV A 90/03.

1. Es fragt sich zunächst, ob die Kläger mit Rücksicht auf den zwischen ihren Grundstücken und der Straße belegenen Graben als Anlieger der Straße zu betrachten sind. Zu einem Zweifel dieser Art konnten die Breite und die Tiefe des Grabens Anlaß bieten, die, über das gewöhnliche

Maß hinausgehend, darauf berechnet sind, daß der Graben auch die von den Höhen auf die Straße niedergehenden Wassermengen aufzunehmen vermag, und dazu nötigen, für den Verkehr der Anwohner nach der B.Straße hin teilweise als Ueberfahrten angelegte feste Ueberbrückungen herzustellen. Diese Umstände reichen indessen nicht aus, um den Graben als eine gesondert von der Chaussee bestehende, selbständige Anlage erscheinen zu lassen. Er ist unstreitig als Chausseegraben hergestellt und wird als solcher unterhalten, und seine verhältnismäßige Breite und Tiefe erklären sich aus den eigenartigen örtlichen Verhältnissen.

2. Nach dem Ergebnis der Beweisaufnahme muß es ferner als erwiesen erachtet werden, daß für die Stadtgemeinde C. eine Observanz besteht, nach welcher die Grundbesitzer verpflichtet sind, die vor ihren Grundstücken liegenden Teile der Ortsstraßen bis zur Mitte des Straßendammes polizeimäßig zu reinigen.

3. Eine Observanz dieser Art ergreift ohne weiteres alle Straßen ihres kommunalen Geltungsbereichs, bei welchen das Bedürfnis der polizeimäßigen Reinigung hervortritt. Die Kläger haben nun allerdings behauptet, daß die Observanz sich auf den auf dem linken Oderufer belegenen Stadtteil beschränke; sie haben auch Zeugen dafür benannt, daß 4 außerhalb dieses Stadtteils belegene Straßen bisher niemals von den Anliegern gereinigt, diese auch niemals hierzu aufgefordert seien. Der Beweisantritt ist indessen unerheblich, weil nach der unbestrittenen amtlichen Angabe des Landrats die F.er Chaussee, die B.Straße und der S.Weg bisher von der Provinzialverwaltung, und nur im Verkehrsinteresse gereinigt worden sind, während die nicht gepflasterte alte Z.er Chaussee seither anscheinend überhaupt nicht, jedenfalls aber nicht polizeimäßig gereinigt worden ist. Hätten die Kläger dartun wollen, daß der räumliche Geltungsbereich der Observanz sich auf den Stadtteil links der Oder beschränke, oder daß sich für die auf dem jenseitigen Oderufer belegenen Straßen eine gegenteilige Observanz zu ihren Gunsten gebildet habe, so hätten sie den Nachweis erbringen müssen, daß die genannten Straßen seit längerer Zeit gleichmäßig und in der Ueberzeugung rechtlicher Notwendigkeit von der Stadtgemeinde oder einem sonstigen Rechtssubjekt polizeimäßig gegereinigt worden seien, oder daß die dortigen Anwohner sich seit längerer Zeit der ihnen gemachten Auflage zur polizeimäßigen Reinigung mit Erfolg widersetzt hätten. Ein Nachweis dieser Art ist nach Lage der tatsächlichen Verhältnisse ausgeschlossen. Die Observanz gilt daher nach der allgemeinen Rechtsregel für alle Straßenzüge, bei denen die Notwendigkeit der polizeimäßigen Reinigung eintritt. Diese Voraussetzung ist für die B.Straße zweifellos als vorhanden anzuerkennen. Wie in OVG. 47 409 ausgeführt worden, ist die Polizeibehörde befugt, die Reinigung aller Wegestrecken des Ortsbezirks zu verlangen, die durch Einwirkung von Wirtschafts- und Gewerbebetrieb, durch Verweilen von Fuhrwerken oder ungewöhnlich starken Verkehr und die dadurch bedingte Häufung tierischer Exkremente stark verunreinigt werden. Es kommt dabei nicht darauf an, ob die Wege Ortsstraßen sind, es genügt, daß der Umfang und die sonstige Art der Benutzung eine über die Interessen des öffentlichen Verkehrs hinausgehende Reinhaltung aus anderen polizeilichen Gesichtspunkten, insbesondere im Interesse der Gesundheitspflege geboten erscheinen lassen. Dies trifft auch für ungepflasterte Wege, insbesondere für Chausseen mit Sommerwegen zu, wenngleich die Beschaffenheit des Wegekörpers auf die Art der Ausführung der Reinigung nicht ohne Einfluß bleiben kann. — Die in dieser Entsch. als wesentlich mitangeführten Merkmale für die Notwendigkeit einer polizeimäßigen Reinigung: Anschluß der Wegestrecke an die bebaute Ortslage, teilweiser Anbau und durch die Nähe des eigentlichen Stadtkerns vermehrter Wagenverkehr, sind auch hier vorhanden.

Eine die Kläger entlastende Observanz zuungunsten des Kreises kann sich für die B.Straße nicht gebildet haben, weil der Kreis naturgemäß bisher die Straße nicht polizeimäßig, sondern nur im Verkehrsinteresse gereinigt habe.

4. Die polizeimäßige Reinigung begreift als die weitergehende auch die im Verkehrsinteresse erforderliche Reinhaltung der Straße in sich. Der Umstand, daß sie nur mit Schwierigkeit durchführbar ist und oft wiederholt werden muß, steht der Berechtigung der Polizeibehörde, ihre Ausführung von den Pflichtigen zu fordern, nicht entgegen. Diesen kann nur überlassen bleiben, im Wege der Antragstellung bei der Stadtgemeinde oder der Beschwerdeführung bei den Aufsichtsbehörden auf die Uebernahme der Straße in die städtische Verwaltung und deren sachgemäße Herrichtung hinzuwirken. Da, wo pflichtige Anlieger nicht vorhanden sind, muß die Stadtgemeinde, welcher in erster Reihe die polizeimäßige Reinigungspflicht obliegt, eintreten. Es ist daher nicht von Belang, daß die Pflichtigen die Straße nur bis zur Mitte zu reingen haben, und daß es vielleicht an pflichtigen Anliegern für die nach der Oder zu liegende Straßenhälfte fehlt.

Nr. 4. Entsch. v. 6. Febr. 1908 (PrVerwBl. 30 471) IV A 111/02.

LVG. § 127.

1. Der Klägerin kann zunächst darin nicht beigetreten werden, daß es an einer nach den Vorschriften der §§ 127 ff. LVG. anfechtbaren Verfügung fehlt. Wäre dies der Fall, so würde damit der Klage der Boden entzogen sein und sie als unzulässig der Abweisung unterliegen. Das Polizeirevier hat indessen hier in Ausführung eines von dem Polizeipräsidenten im Hinblick auf die Dringlichkeit der alsbaldigen Abhilfe ausdrücklich erteilten Auftrages gehandelt. Der Polizeipräsident hat die in Erledigung des Auftrages erlassene Verfügung gutgeheißen, und die Beschwerdeinstanzen haben diese Verfügung übereinstimmend aufrechterhalten. Das OVG. hat aber in ständiger Rechtsprechung daran festgehalten, daß die Anordnungen von Exekutivorganen der Ortspolizei als Verfügungen der Ortspolizeibehörde selbst zu gelten haben, sofern und soweit erstere dabei im Auftrage des Inhabers der ortspolizeilichen Gewalt handelten oder ihr Handeln von dem Inhaber dieser Gewalt nachträglich gebilligt wurde.

2. In sachlicher Beziehung wird die Entscheidung zunächst durch die Feststellung bedingt, ob für S eine die Anlieger zur Straßenreinigung verpflichtende Observanz besteht oder nicht, und — bejahendenfalls — welchen Inhalt sie hat. Hierbei war davon auszugehen, daß in diesen noch vor nicht langer Zeit den Charakter ländlicher Ortschaften tragenden Vororten die Fußsteige der Dorfstraße und ihrer Nebenwege als Bürgersteige im Rechtssinn zu gelten haben, und daß sich die tatsächlichen Voraussetzungen für die Bildung einer die polizeimäßige Reinigung der Bürgersteige regelnden Observanz in derartigen ländlichen Ortschaften ebenso vorfinden wie in höher entwickelten Stadtgemeinden. Naturgemäß wird aber die Reinigung solcher vielfach ganz unvollkommener Fußsteige erst dann einsetzen, wenn der Anbau dies notwendig macht. Sie wird in der ersten Entwickelungsperiode keine regelmäßige und sorgfältige und der Nachweis der Uebung zumeist erst dann möglich sein, wenn sich die Bebauung in weiterem Umfange vollzogen hat und ein innerer Ortsverkehr sich entwickelt. Es muß in Fällen dieser Art noch mehr als sonst darauf entscheidendes Gewicht gelegt werden, ob die Reinigung der Anlieger seit einer längeren Zeitperiode fortdauernd und bereitwillig erfolgt ist, und ob ein Nachweis dafür, daß die Gemeinde sich an den Reinigungsarbeiten ebenfalls beteiligt hat, nicht erbracht werden kann.

Nach den vorliegenden Beweisen ist der Gerichtshof zu der Auffassung gelangt, daß die Straßenanlieger von S. die Bürgersteige vor ihren bebauten Grundstücken und zum mindesten auch vor den noch unbebauten Baugrundstücken an den dem Anbau und dem inneren Verkehre dienenden Ortsstraßen seit Jahrzehnten in der Ueberzeugung einer ihnen rechtlich obliegenden Verpflichtung gereinigt haben, und daß sich zum wenigsten in diesem Umfang eine sie hierzu verpflichtende Observanz gebildet hat. Hierfür spricht neben den umfangreichen Akten für 1882 und für die Zeit von 1887—1902, aus welchen kein Fall ersichtlich ist, in dem Widersprechende ihre rechtliche Pflicht bestritten oder gar ihre Weigerung aus diesem Gesichtspunkte mit Erfolg zur Geltung gebracht hätten, auch der Umstand, daß eine mehr oder minder gleichartige Observanz bereits für eine Anzahl von innerhalb der Prov. Brandenburg belegenen Gemeinden festgestellt worden ist, und daß zu diesem auch die Gemeinde Deutsch-W. gehört, die in unmittelbarem örtlichem Zusammenhange mit S. steht und mit ihr einen gemeinsamen Amtsbezirk bildete. Nicht erwiesen ist dagegen, daß die Uebung der S. Grundstücksbesitzer ihren Ausgang lediglich aus der PolVd. v. 19. V. 74 genommen hat. Es ist vielmehr anzunehmen, daß sie nur die bereits in der Umgegend von B. fast allgemein bestehende Auffassung der Einwohner zum Ausdrucke gebracht hat.

3. Wenn die Klägerin ihre Eigenschaft als Straßenanliegerin bestreitet und sich hierbei auf § 15 BauflG. bezieht, so ist dem entgegenzuhalten, daß dieses Gesetz die nicht ortsstatutarisch der Gemeinde, sondern observanzmäßig der Polizeibehörde gegenüber bestehende Reinigungspflicht der Grundbesitzer nicht berührt, und daß daher weder die Grundsätze des § 15 noch diejenigen des § 12 aaO. in Frage kommen. Nach der ständigen Rechtsprechung des OVG. ergreift die Observanz alle städtischen Straßen, die sich neu bilden oder zu dem Stadtbezirke — beispielsweise im Wege der Eingemeindung — hinzutreten. Wie und durch wen ihre Anlegung erfolgt ist, und ob sie insbesondere vor oder nach dem Inkrafttreten des G. v. 2. VII. 75, sowie ob sie mit oder ohne Zustimmung und Beteiligung der Anlieger angelegt worden sind, ist belanglos.

Nr. 5. Entsch. v. 5. März 1908 (PrVerwBl. 30 255) IV A 18/07.

1. In S. liegt observanzmäßig die Straßenreinigungspflicht den Besitzern von — bebauten oder unbebauten — Baugrundstücken ob. Diese Pflicht trifft, nachdem infolge des AhErl. v. 27. I. 07 die Baubeschränkungen für den ersten Festungsrayon aufgehört haben, auch die Besitzer der in diesem belegenen Baugrundstücke.

2. Die Stadtgemeinden können die Ausführung der observanzmäßig den Anliegern zufallenden Straßenreinigung auch nur zu einem Teile übernehmen. Ist dies der Fall, so folgt daraus noch nicht die Verpflichtung, den Anliegern auch solche Leistungen, wie sie die Polizei von dem Kläger nach der StraßenPolVd. fordert (Reinigung des Bürgersteiges von Schnee und Sandstreuen daselbst bei Glätte), abzunehmen.

Nr. 6. Entsch. v. 7. Mai 1908 (OVG. 52 302) IV A 75/06.

1. Die Verpflichtung der Anlieger zur Straßenreinigung auch vor unbebauten Grundstücken ist bereits durch die Jülich-Bergische PolO. v. 15. V. 1558 mit der Aufschrift „vom Bauen in den Städten" festgelegt, also gesetzlich geregelt. Es heißt in dem dem Gerichtshofe vorliegenden, im Jahre 1751 auf Befehl des Kurfürsten Johann Wilhelm von der Kurfürstlichen Hofdruckerei in Düsseldorf herausgegebenen Exemplare: „Ein jeder Bürger soll auf ein Peen von sechs Albus, alle Saterdag die Straß vor seinem Hauß und Erbe fleißig und rein keren lassen, und die Unreinigkeit, welche also zusammen-

gekehrt, auf sein Mist, Land oder Gärten führen möge. So er aber solches alsbald nicht tun wird, soll es mit den gemeinen Karren, die der Bürgermeister in einer jeden Stadt darzu bestellen soll, hinweggeführt werden und keineswegs liegen bleiben."

Es ist irrig, wenn die Klägerin glaubt, unter dem Erbe seien nur die Zubehörungen des Hauses, die Höfe, aber nicht mehr die unbebauten Gärten zu verstehen. Der Begriff „Erb" ist umfassender; er begreift das ganze Grundeigentum ohne Einschränkung und ohne Rücksicht darauf, ob es bebaut ist oder nicht. Darin sind die Grundstücke, die nicht im Zusammenhange mit einem Hause liegen, eingeschlossen. Ueberall, wo in den beiden Bergischen PolO., sowohl der v. 10. X. 1554 als der v. 15. V. 1558, auch von der Unterhaltung der Wege und Straßen die Rede ist, ergibt sich dieser Grundsatz von vornherein als selbstverständlich: alle Anlieger sind pflichtig, soweit ihr Erbe sich erstreckt.

Wenn daher die unter preußischer Herrschaft ergangene PolVd. v. 8. II. 27 wieder auf das alte Recht zurückgreift und unter ausdrücklicher Bezugnahme auf die Vd. v. 26. VIII. 1760 im Art. 2 bestimmt: „Jeder Hausbewohner ist schuldig, vor seinem Hause, soweit dasselbe mit seinen Zubehörungen geht, die Seitenstraße, die Straßenrinne und die Fahrbahn bis zur Mitte derselben kehren zu lassen . . .," und weiter vorschreibt: „Die nämliche Verpflichtung zur Straßenreinigung haben die Eigentümer unbewohnter Gebäude und unbebauter, an den Straßen liegender Plätze", so ist das nicht neues Recht, sondern lediglich Regelung der längst in D. geltend gewesenen Straßenreinigungspflicht der Anlieger. Denselben Standpunkt nimmt die gegenwärtig geltende StraßenPolO. v. 1. II. 88 ein.

2. Eine andere Frage ist, ob die Polizeiverwaltung gemäß § 2 Abs. 2 PolVd. v. 1. II. 88 im Rechte war, den Ehemann der Klägerin bei Vermeidung einer Exekutivstrafe von 30 ℳ aufzufordern, die Ausführung der Straßenreinigung bei dem städtischen Fuhrparke zu beantragen. Das war, soweit dabei in Betracht kommt, ob jener öffentlich-rechtlich verpflichtet war, der Aufforderung Folge zu leisten, nur anzunehmen unter einer zwiefachen Voraussetzung. In erster Linie kommt es darauf an, ob durchschlagende polizeiliche Gesichtspunkte, überwiegende Interessen des Verkehrs und der Gesundheitspflege vorliegen, die es rechtfertigen, daß eine Gemeinde nicht etwa dazu übergeht, die polizeiliche Reinigung der Straße selbst an Stelle der dazu verpflichteten Anlieger auf eigene Kosten zu übernehmen — was ihr jederzeit freisteht —, sondern Einrichtungen trifft, um die Reinigung für die Verpflichteten unter deren Heranziehung zu den Kosten des diesen Zwecken dienenden Straßenreinigungsinstituts vornehmen zu lassen. Daß die Gemeinde vermöge ihrer Autonomie nicht befugt ist, einen solchen Zwang den Anliegern gegenüber durch Ortsstatut zur Durchführung zu bringen, ist in OVG. 26 43ff. dargelegt. Die Gemeinde bedarf also, wenn sie jenen Plan verwirklichen will, unbedingt der Mitwirkung der Polizeibehörde, die sie in einem Falle der vorliegenden Art auch schon aus dem Grunde nicht entbehren könnte, weil die Anlieger nicht der Stadt, sondern der Polizeibehörde gegenüber zur Straßenreinigung verpflichtet sind und es sich also zugleich um die Regelung dieses zwischen den Anliegern und der Polizeibehörde bestehenden Rechtsverhältnisses handelt. Zu den Aufgaben der Polizei gehört es, wenn die allgemeinen Verkehrsverhältnisse und die von ihr wahrzunehmenden Gesundheitsinteressen solches erfordern, zu bestimmen, daß die den Anliegern — sei es gesetzlich oder observanzmäßig — obliegende polizeiliche Reinigung der Straßen nicht mehr den einzelnen Privaten überlassen, sondern mit allen damit verbundenen Verrichtungen von einem Reinigungsinstitut übernommen werde; nach § 10 II 17 ALR. sowie § 6b und g PolVerwG. v. 11. III. 50 (GS. 265) kann das keinem Zweifel

unterliegen. Vor allem muß dies gelten, wenn ein wirksamer Erfolg von der Reinigung durch die einzelnen Verpflichteten nicht mehr zu erwarten ist, wenn daher die Wahl der zweckmäßigen Mittel dem einzelnen nicht mehr freigestellt werden kann und nur ein einheitliches Verfahren, das von jeder Teilung der Straße nach den Frontlängen der Grundstücke absieht, geeignetenfalls unter Verwendung besonderer Geräte und Werkzeuge, den Verkehrsbedürfnissen und den Anforderungen der Gesundheitspflege gerecht zu werden vermag. Für asphaltierte Straßen in einem großen Gemeinwesen mit sehr lebhaftem Verkehr und zahlreicher Bevölkerung wie D. trifft dies aber ohne weiteres zu. Es leuchtet ein, daß derartige Straßen wirksam und allen Anforderungen genügend nur nach einheitlichem Plane gereinigt werden können.

Die zweite Vorbedingung für den Erlaß der Verordnung waren das Bestehen eines städtischen Reinigungsinstituts, das die Pflichten der Anlieger asphaltierter Straßen zur Reinigung übernimmt, und die Regelung der Benutzung des Instituts durch die Anlieger im Sinne der §§ 4 und 8 KommAbgG. durch eine nach festen Normen und Sätzen (§ 7) bestimmte und von der Aufsichtsbehörde genehmigte GebührenO. Auch in dieser Beziehung besteht kein Bedenken. Darüber, ob die Stadt befugt ist, Gebühren zu erheben, hat der Gerichtshof im gegenwärtigen Verfahren nicht zu befinden, ebensowenig darüber, ob die Gebühren zu hoch bemessen seien. Alle diese Fragen gehören entweder vor die Aufsichtsinstanz oder in das Verfahren wegen Heranziehung zu den Gebühren gemäß §§ 69ff. KommAbgG. Gegenwärtig ist nur wesentlich, ob die PolVd. rechtsgültig erlassen worden ist, und ob auch im übrigen in Ansehung des Ueberganges der Straßenreinigungslast auf den städtischen Fuhrpark gesetzlich verfahren ist. Das aber ist beides zu bejahen.

3. Es kann auch nicht die Rede davon sein, daß die Polizeiverwaltung die Privatinteressen der Stadt wahrnehme und dadurch, daß sie die Anlieger zwinge, das Reinigungsinstitut zu benutzen, ihnen Kosten auferlege, die sie nur als Wegeunterhaltungspflichtige zu tragen haben würden. Nicht minder geht die Auffassung der Klägerin fehl, die Reinigungspflicht der Anlieger in D. verbürge ihnen das Recht, die Reinigung selbst vorzunehmen, und sie brauchten sich die Vornahme durch das Reinigungsinstitut nicht gefallen zu lassen. Die Anlieger sind, wie oben dargetan, durch Gesetz verpflichtet, die Reinigung der Straße in der dem öffentlichen Bedürfnis entsprechenden Weise durchzuführen, über die Art der Reinigung entscheiden nur polizeiliche Gesichtspunkte, und wenn nach diesen, wie es übrigens bei asphaltierten Straßen wohl verständlich erscheint, die Reinigung durch die einzelnen Privaten sich als unzulänglich erweist, so war es ein Recht der Polizeiverwaltung und lag im Rahmen ihrer Befugnisse, dafür zu sorgen, daß die den polizeilichen Interessen Genüge leistende Anstalt von der Gemeinde ins Leben gerufen werde. Ein Widerspruchsrecht hatten die Anlieger hiergegen nicht.

4. Endlich kommt es noch auf die Prüfung an, ob der Klägerin die Bestellung der Reinigung bei dem städtischen Fuhrparke bei Vermeidung einer Exekutivstrafe aufgegeben werden konnte. Die Klägerin hält dies für unzulässig und mit den Grundsätzen, die sich aus der Regel ne bis in idem ergeben, unvereinbar. Die Polizeiverwaltung vertritt dagegen den Standpunkt, die Straßenpolizeiordnung wolle nur die zur Reinhaltung der Straße erforderlichen tatsächlichen Maßnahmen bestimmen, ihr sei also stets dann genügt, wenn der städtische Fuhrpark die Reinigung vornehme, einerlei, ob er es auf Grund einer Bestellung tue oder ohne eine solche. Die angefochtene Verfügung aber wolle die Bestellung, nicht die Reinigung selbst erzwingen, ihr Inhalt decke sich daher nicht mit dem der Vorschrift im § 2 Abs. 2 StraßenPolO. Dieser Auffassung der Polizeiverwaltung kann nicht beigepflichtet werden. Der § 55 aaO. bedroht jeden mit Strafe, der sich eine Zuwiderhand-

lung gegen die Bestimmungen der StraßenPolO. zuschulden kommen läßt; § 2 Abs. 2 gebietet den Anwohnern, die Reinigung durch den städtischen Fuhrpark vornehmen zu lassen. Um diesem Gebote nachzukommen, muß der Anwohner die Ausführung der Reinigung bei dem städtischen Fuhrparke beantragen (bestellen). Der Anwohner, der das unterläßt, handelt mithin dem § 2 Abs. 2 zuwider und macht sich nach § 55 strafbar. Dasselbe verlangt an sich die angefochtene Verfügung unter Androhung einer Exekutivstrafe.

Dennoch hat der Gerichtshof die Androhung der Exekutivstrafe als unzulässig nicht ansehen können. Es mag dahingestellt bleiben, ob nicht die sich mehrenden Bedenken neuerer Schriftsteller dahin führen, die zu erheblichen Mißverständnissen und Unzuträglichkeiten Anlaß gebende bisherige Anwendung des Satzes ne bis in idem auf Exekutivstrafen ganz fallen zu lassen. Daß dieser Satz dann unanwendbar ist, wenn durch die polizeiliche Verfügung die Beseitigung der Fortdauer eines polizeiwidrigen Zustandes bezweckt wird, ist allgemein anerkannt.

Nr. 8. Entsch. v. 15. Okt. 1908 (PrVerwBl. 31 28) IV B 51/07.

1. Die in E. bestehende Observanz, die die Anlieger zur Unterhaltung der Bürgersteige vor ihren Grundstücken verpflichtet, findet auch auf unbebaute Grundstücke Anwendung.

Die Observanz hat ihren Ausgang von der Jülich-Bergischen PolO. v. 10. X. 1554 genommen, die die Wegeunterhaltung den anschießenden Beerbten ihrem ganzen Umfange nach auferlegt. Wenn der Kläger vermeint, daß das in der PolO. gebrauchte Wort „Erbe“ nur die bebauten Grundstücke treffe, so ist das verfehlt. Nach dem allgemeinen Sprachgebrauch ist Erbe alles, was eigentümlich, also auch jedes Grundstück, das eigentümlich besessen wird. In dieser Bedeutung ist der Ausdruck auch in der PolO. von 1554 und ebenso in der hernach ergangenen PolO. v. 15. V. 1558 „Von Bauen in den Städten“ gebraucht. Von einer Beschränkung des Begriffs auf bebaute Grundstücke kann deshalb keine Rede sein.

Mit Recht hat ferner der Bezirksausschuß noch auf die Verhandlungen über den Entwurf einer BauPolVd. in E. aus den Jahren 1858 und 1859 hingewiesen, aus denen mit Bestimmtheit hervorgeht, daß die damaligen städtischen Behörden und ebenso die Stadtverordnetenversammlung von der Auffassung ausgegangen sind, die Unterhaltung der Bürgersteige liege in keinem Falle, wo sie nicht selbst Grundeigentümerin ist, der Stadt, sondern überall den anschießenden Beerbten ob.

2. Endlich mag noch folgendes bemerkt werden. Auch für E. trifft es zu, daß die Stadt ihrerseits niemals, weder vor Häusern, noch vor unbebauten Grundstücken, Trottoirs für eigene Rechnung angelegt hat. Dies spricht entscheidend für die unbeschränkte Observanz. Es ist selbstverständlich nicht ausgeschlossen, daß die Bürgersteigobservanz in einer Gemeinde sich auch in Beschränkung auf bebaute Grundstücke bilden kann. Jedoch wäre dies ungewöhnlich. Die Tatsache, daß der Regel nach ordnungsmäßige Bürgersteige zunächst nur vor bebauten Grundstücken angelegt werden, und vor den unbebauten Grundstücken die Bürgersteigflächen mehr oder minder unfertig liegen bleiben, ist fast überall wahrnehmbar. Einmal liegt ein dringendes Bedürfnis für die Herstellung ordnungsmäßiger und zugleich durchgehender Bürgersteige nicht vor, solange eine Straße erst lückenhaft bebaut ist und eines lebhaften Verkehrs noch entbehrt, und zum andern ist es begreiflich, daß die Polizeibehörden an die pflichtigen Anlieger nicht früher mit Anforderungen herantreten, als der Verkehr dies notwendig erheischt. Daher kommt es, daß in vielen Polizeiverordnungen der trottoirmäßige Ausbau der Bürgersteige erst mit der Bebauung des Grundstücks und außerdem nur, wenn der Verkehr dies erfordert, verlangt wird. Daraus allein ergibt sich aber nichts Entscheidendes

für die Verneinung einer observanzmäßigen Verpflichtung der Anlieger, sobald unbebaute Grundstücke in Frage kommen. Die Wahrscheinlichkeit spricht vielmehr dafür, daß, wo nicht durch klare Tatsachen, etwa durch Beschlüsse der Gemeinden, in denen die Herstellung der Bürgersteige vor unbebauten Grundstücken auf Gemeindekosten übernommen worden, oder sonst erwiesen ist, daß die Besitzer unbebauter Grundstücke von der Verpflichtung zur Unterhaltung der Bürgersteige haben befreit sein sollen, eine Einschränkung der Observanz nicht zur Entstehung gelangt ist. An solchen Tatsachen und Nachweisen fehlt es aber auch für den Gemeindebezirk von E.

Nr. 9. Entsch. v. 24. Sept. 1908 (OVG. 53 259) IV C 42/07.

1. Sowenig wie eine Polizeiverordnung Pflichten neu schaffen oder abändern, sondern nur bereits auf anderweitiger rechtlicher Grundlage beruhende Pflichten regeln und ausgestalten kann, sowenig vermag ein Ortsstatut der Polizeibehörde gegenüber Verpflichtungen zu begründen. Dasselbe muß aber auch dann gelten, wenn eine Polizeiverordnung sich auf ein Ortsstatut, das den Anliegern die Verpflichtung zur Straßenreinigung auferlegt, stützt und deren Nichterfüllung unter Strafe stellt. Da weder die Polizei noch die Gemeinde befugt ist, den Anliegern eine Polizeilast aufzubürden, so folgt hieraus mit Notwendigkeit, daß auch ein Zusammenwirken von Polizei und Gemeinde diesen Erfolg nicht haben kann.

2. Die Reinigung umfaßt auch die ordnungsmäßige Räumung des Chausseegrabens. Dieser ist zweifellos für die Entwässerung der streitigen Straßenstrecke bestimmt und bildet einen Bestandteil von ihr. Der Umstand, daß der Graben kein Rinnstein im eigentlichen Sinne ist, kommt nicht in Betracht. Abwegig aber ist es, wenn der Revisionskläger geltend macht, für die Räumungspflicht bei Gräben und Wasserläufen gelte der Grundsatz, daß derjenige die Räumungspflicht zu erfüllen habe, dem das Eigentum des Wasserlaufs oder die Gesamtheit seiner Nutzungen zustehe. Dieser Grundsatz mag für die Räumung im Vorflutinteresse gelten, auf die einen Teil der Straßenreinigung bildende Räumung eines Wegegrabens findet er keine Anwendung.

Nr. 10. Entsch. v. 4. Febr. 1909 (OVG. 54 267) IV A 36/08.

Zwar hat auch das OVG. stets anerkannt, daß durch Polizeiverordnung den Anliegern die Verpflichtung zur Straßenreinigung nicht auferlegt werden und sich eine Observanz nicht bilden kann, wenn die Uebung, wonach die Anlieger reinigen, lediglich auf solchen Polizeiverordnungen beruht und durch sie vermöge eines Irrtums über ihre rechtliche Wirksamkeit und verbindliche Kraft veranlaßt worden ist. Der vorliegende Fall liegt indes anders. Durch die Ermittelungen in dem Strafverfahren gegen die Kläger ist festgestellt worden, daß in S. die Anlieger bereits vor dem Jahre 1845 die Straße gereinigt haben. Daß dies ausnahmslos von allen Anliegern geschehen sei, ist nicht erforderlich; es genügt, daß es, wie aus den Feststellungen des landgerichtlichen Urteils zu entnehmen ist, im wesentlichen allgemein und gleichmäßig geschah. Wenn die Anlieger ferner die Reinigung nicht regelmäßig zu bestimmten Zeiten vornahmen, sondern nur nach Maßgabe des auf Grund persönlicher Anschauungen mehr oder weniger stark empfundenen Bedürfnisses, so beweist das nicht, daß sie lediglich freiwillig handelten. Das Bedürfnis ist selbstverständlich die Triebfeder für die Reinigung der Straße gewesen. Die Anlieger führten sie aber aus, weil sie annahmen, daß dies ihre Sache sei, d. h. weil sie sich dazu für verpflichtet hielten. Letzteres ist als in der Natur der Sache liegend ohne weiteres anzunehmen, solange nicht entgegenstehende Umstände erhellen. Dies ist aber hier nicht der Fall. Ebenso bleibt es bedeutungslos, daß die Reinigung früher nur mangelhaft war; denn das Maß der notwendigen Reinigung hängt von dem durch die tatsächlichen Verhältnisse bedingten Bedürfnis und den herrschenden Anschauungen über die Voraussetzungen eines solchen Bedürfnisses ab, und die Mangelhaftigkeit der Ausführung schließt nicht, wie die Kläger meinen, aus, daß diese Ausführung auf einer im wesentlichen allgemeinen und gleichmäßigen Uebung und auf der Ueberzeugung ihrer Rechtsnotwendigkeit beruhte. Zweifellos fällt endlich die von den Anliegern vorgenommene Reinigung unter den Begriff der polizeimäßigen Reinigung, auch wenn sie nicht regelmäßig und gelegentlich auch zur Aufrechterhaltung des Verkehrs erfolgte. Hiernach spricht vieles dafür, daß sich bereits vor 1845 in S. die streitige Observanz, welche die Anlieger zur Straßenreinigung verpflichtete, gebildet hatte. Jedenfalls aber bestand die Observanz, als die PolVd. v. 6. VI. 03 erlassen wurde. Wenn die Ausführung der Straßenreinigung durch die Hausbesitzer schon vor Erlaß der PolVd. v. 1. II. 45 üblich war, so hat diese Verordnung sie nicht durch die ihr innewohnende Autorität und den Druck ihrer Strafandrohung veranlaßt, sondern eine mehr oder weniger gleichmäßige und allgemeine Uebung bereits vorgefunden und geregelt. Der Erlaß der PolVd. war dann aber der Weiterentwickelung der nach obigen Darlegungen mindestens bereits in der Entstehung begriffenen Observanz nicht hinderlich, da durch sie nur dasjenige festgestellt wurde, was auch ohne sie bereits geübt wurde und sich zu einer observanzmäßigen Verpflichtung ausgebildet hätte. Wenn dann die Uebung, gefördert und ausgestaltet durch die PolVd., bis in die neueste Zeit allgemein und anstandslos fortgesetzt worden ist, so muß es als ausgeschlossen gelten, daß dies lediglich unter dem Drucke der PolVd. geschehen ist; vielmehr ist anzunehmen, daß die Beteiligten in dieser PolVd. nur die Feststellung dessen erblickten, was ohnehin Rechtens war. Die streitige Observanz ist also als vorhanden anzusehen. Die observanzmäßige Pflicht der Anlieger zur Straßenreinigung ist eine polizeimäßige Pflicht, die von der Polizeibehörde geltend zu machen ist.

Nr. 11. Entsch. v. 1. Nov. 1909 (PrVerwBl. 31 800) IV A 8/09.

1. Es unterliegt keinem Zweifel, daß eine Verpflichtung der Kläger zur Straßenreinigung nicht durch Polizeiverordnungen begründet werden konnte. Vielmehr kommt es darauf an, ob zur Zeit des Erlasses der polizeilichen Verfügungen vom Jahre 1908 in der Stadt M. eine Observanz in Geltung war, aus deren Inhalte die Pflicht der Kläger zur Erfüllung der von ihnen geforderten Leistungen abgeleitet werden kann. Daß dieses der Fall ist, hat der Beklagte mit Recht angenommen. Die im Laufe von mehr als 150 Jahren oft und vielfach bezeugte Observanz, nach der die Straßenreinigung in M. den Anliegern — und nicht der Stadtgemeinde als solcher — obliegt, hat sich schon vor dem Jahre 1751 gebildet und bestand unzweifelhaft zu Recht, als im Eingange des am 16. IV. 1751 ergangenen und am 18. desselben Monats in der Kirche veröffentlichten MagistratsErl. ausgesprochen wurde: Es sei schon oftmals den sämtlichen Eingesessenen bekanntgemacht und anbefohlen worden, daß ein jeder vor seinem Haus und Erbe die Straße alle Sonnabend reinige. Verhältnisse, die die Observanzbildung verhindert haben würden, namentlich ein polizeilicher Druck oder Zwang mit solcher Wirkung, sind für die Zeit vor jener Bekanntmachung weder nachgewiesen noch anzunehmen. War aber, wie festgestellt, im Jahre 1751 die Observanz bereits vorhanden, so sind alle seitdem wegen der Straßenreinigung gegen die Anlieger getroffenen polizeilichen Maßnahmen für die Frage der Entstehung

der observanzmäßigen Verpflichtung unerheblich. Gegen die Annahme des Fortbestehens der alten Observanz bis zur Gegenwart hat sich nichts ergeben. Insbesondere trifft nicht zu, daß eine Observanz, wie die in Rede stehende, durch die französische Gesetzgebung im Ausgange des 18. und zu Anfang des 19. Jahrhunderts beseitigt sein würde. Das G. v. 11. frimaire VII (1. XII. 1798) zählt zwar unter Nr. 9 des § 2 Art. IV die Kosten der Straßenreinigung zu den Gemeindeausgaben, und die Verpflichtung der Gemeinden zur polizeimäßigen Reinigung der innerhalb der Ortschaften belegenen Straßen auf Grund dieser und anderer in M. in Kraft getretener französisch-rechtlicher gesetzlicher Bestimmungen ist als feststehend anzusehen. Ob für den Geltungsbereich dieser Gesetze die Neubildung von Lokalobservanzen über die Straßenreinigung ausgeschlossen ist oder nicht, kann jedoch dahingestellt bleiben. Denn es ist nichts bekannt, woraus eine Aufhebung der vor dem G. v. 11. frimaire VII entstandenen Observanz, um die es sich hier handelt, entnommen werden kann. Von den auf dem Gebiete des Wegerechts liegenden Observanzen sind Observanzen, die die polizeimäßige Straßenreinigung zum Gegenstande haben, rechtlich und tatsächlich verschieden; denn diese Reinigung ist kein Teil der Wegebaulast und zwar in der Rheinprovinz so wenig, wie sonst in Preußen. Auch andere Gesetze, als die erwähnten, insbesondere der Code civil, haben für das linksrheinische Rechtsgebiet der Rheinprovinz, also auch für M., keine Aufhebung früherer, dem öffentlichen Rechte angehörender Straßenreinigungsobservanzen herbeigeführt.

2. Kann hiernach die Klage nicht mit Erfolg darauf gestützt werden, daß eine die Anlieger zur Straßenreinigung verpflichtende Observanz in M. nicht bestehe, so kommt in Frage, ob sich für die H.Straße oder denjenigen Straßenteil, dessen Reinigung die Polizeiverwaltung von den Klägern als Anliegern gefordert hat, eine diese befreiende, von der allgemeinen Observanz abweichende Gegenobservanz gebildet hat. Für eine dahingehende Annahme hat sich jedoch kein Anhalt ergeben. Namentlich ist nicht erwiesen, daß die Stadtgemeinde oder irgendein anderer in der Ueberzeugung rechtlicher Notwendigkeit die polizeimäßige Straßenreinigung vor dem Grundbesitze der Kläger ausgeführt und lange Zeit hindurch in gleichmäßiger Uebung bewirkt habe. Selbst wenn die städtische Verwaltung bis in die Gegenwart städtische Straßen auf Gemeindekosten hat reinigen lassen, so folgt daraus nicht, daß sich eine die Kläger als Anlieger der H.Straße befreiende Gegenobservanz gebildet habe.

3. Keineswegs braucht nachgewiesen zu werden, daß sich die allgemeine Observanz besonders in Beziehung auf die H.Straße oder für einen Teil des Stadtgebiets, in dem die von den Klägern zu reinigende Straßenstrecke liegt, gebildet habe. Diese Strecke wurde von der Observanz ergriffen, sobald für sie das Bedürfnis einer polizeimäßigen Straßenreinigung hervortrat, und das ist jedenfalls vor dem Jahre 1908 geschehen. Daraus folgt die Berechtigung der Polizeiverwaltung, die Kläger zu den dem Bedürfnis entsprechenden und mit dem Inhalte der Observanz im Einklange stehenden Reinigungsleistungen anzuhalten.

Daß die Polizei bestimmen darf, wann die Straßen gereinigt werden sollen, unterliegt keinem Zweifel. Auch hat sie hinsichtlich der Reinigungszeiten von den Klägern nicht mehr gefordert, als die Straßenanlieger in M. zu leisten observanzmäßig verpflichtet sind.

Nr. 12. Entsch. v. 4. Nov. 1909 (PrVerwBl. 31 836) IV B 3/09.

1. Nach dem Inhalte der Beweisaufnahme muß zunächst das Bestehen einer Observanz angenommen werden, infolge deren der Eigentümer jedenfalls eines an einer gepflasterten Straße belegenen Hausgrundstücks

zu C. Bürgersteig, Straßendamm und Rinnstein, den Straßendamm bis zur Mitte, vor der Grundstücksfront reinigen oder reinigen lassen muß. Daß die Bildung einer solchen Observanz auch nach dem Erlaß des ALR. erfolgen konnte, ist in der ständigen Rechtsprechung des Gerichtshofes anerkannt.

2. Die innerhalb einer Gemeinde einmal entstandene Observanz ergreift ohne weiteres alle in derselben Gemeinde vorhandenen öffentlichen Wege, wenn und insoweit bei ihnen das Bedürfnis der polizeimäßigen Reinigung hervortritt. Eine Ausnahme von dieser Regel ist zwar in der Weise möglich, daß sich die Observanz von vornherein nur als eine auf einen räumlich bestimmten Teil eines Gemeindebezirks beschränkte gebildet hat, oder daß sich nachträglich für einzelne Gebietsteile oder Straßen eine diese von dem Geltungsbereiche der allgemeinen Observanz ausschließende Gegenobservanz bildet. Für jede der beiden Ausnahmen fehlt es aber an einer tatsächlichen Unterlage. Verfehlt sind die Einwendungen, die sich auf die Entwickelung von C., die Art und Weise der Besiedelung des Ortsteils W. und die nur vorübergehende Benutzung der Mehrzahl der dortigen Häuser durch die in der übrigen Zeit in Berlin wohnhaften Besitzer richten. Ein Zweifel kann hier um so weniger obwalten, als es sich bei der L.Straße, wie bei den sonstigen Straßen von W., um planmäßig für den Anbau und den inneren Verkehr angelegte oder in der Anlegung befindliche Ortsstraßen handelt, die teilweise schon angebaut sind, deren Anwohner rechtlich und tatsächlich auf den amtlichen und sonstigen Verkehr mit der Stadt C. angewiesen sind, und die unstreitig zum Kommunalverbande C. gehören. Daß das zwischen der eigentlichen Stadt, der Vorstadt K. und dem Ortsteil W. belegene Gelände teilweise noch für den Ackerbau genutzt wird, und daß die Reinhaltung der Straßen für die Anlieger mit Schwierigkeiten und unliebsamen Ausgaben verknüpft sein mag, ist belangslos.

3. Es ist auch nicht ersichtlich, daß dem Kläger eine über den Umfang seiner observanzmäßigen Pflicht hinausgehende Auflage gemacht worden ist. Die polizeimäßige Reinigung umfaßt zweifellos auch die Reinhaltung der Gräben und Rinnsteine und die Entfernung von Schnee und Eis. Sie reicht weiter als die in ihr aufgehende verkehrspolizeiliche Reinigung. Es fällt den zu ihrer Vornahme Verpflichteten daher auch die verkehrspolizeiliche Beseitigung von den Verkehr hindernden Schneewehen zur Last, die an sich Sache des Wegeunterhaltungspflichtigen sein würde. Erhellen nicht besondere Beschränkungen, was hier nicht der Fall ist, so muß der zur polizeimäßigen Reinigung Verpflichtete alles leisten, was für die Befriedigung des jeweiligen Reinigungsbedürfnisses notwendig ist. Hierzu gehört auch die Fortschaffung des zusammengefegten Schmutzes und Schnees, für deren Vornahme die Polizeibehörde durch Polizeiverordnung eine nähere Regelung im polizeilichen Interesse treffen konnte. Ob der Anlieger Gespann besitzt, ist dabei belanglos, da es sich nicht um die Leistung von Spanndiensten handelt und es dem Pflichtigen unbenommen ist, wie er den angesammelten Schnee und Unrat fortschafft, wenn dies nur in polizeilich nicht zu beanstandender Weise geschieht.

d) Unterhaltung der Bürgersteige.

Nr. 1. Entsch. v. 25. Jan. 1909 (PrVerwBl. 31 429) IV C 127/07.

ZustG. § 56.

1. Der Vorderrichter geht von der Erwägung aus, daß die von dem Kläger ausgeführten Arbeiten nur als Neuanlegung oder Umlegung des Bürgersteiges,

nicht aber als Leistungen für dessen Unterhaltung angesehen werden könnten. Hätte er damit einer allgemein gültigen Auffassung Ausdruck geben wollen, so wäre diese rechtsirrig. Denn der Bürgersteig bestand unstreitig zur Zeit der von dem Strafanstaltsfiskus ausgeführten Arbeiten; es handelte sich lediglich um seine den gesteigerten Verkehrsbedürfnissen angepaßte Instandsetzung. Derartige Verbesserungen eines vorhandenen Bürgersteiges fallen aber ohne Rücksicht auf Art, Umfang und Kosten unter den Begriff der Unterhaltung, der nur in Gegensatz zu dem der ersten Anlegung gebracht werden kann. Die Auslassungen des Vorderrichters zu diesem Punkte sind aber nicht in einem solchen allgemeinen Sinne aufzufassen. Sie sind vielmehr nach dem Zusammenhang auf die für den Einzelfall in Betracht kommende Vorschrift des § 1 des Ortsstatuts zu beziehen, die zwischen Neuanlegung, Umlegung und Unterhaltung unterscheidet und, wie auch § 2 aaO. bestätigt, den Fall der Umlegung, soweit die Aufbringung der Kosten in Frage kommt, nicht unter die Unterhaltung mit einbegreift.

2. Die Feststellung, daß die von dem Fiskus ausgeführten Arbeiten unter Berücksichtigung aller Verhältnisse nicht als notwendig, d. h. nicht als technisch und wirschaftlich sachgemäß anzuerkennen sind, liegt wesentlich auf tatsächlichem Gebiete und ist, da sie ohne ersichtlichen Rechtsverstoß oder Verfahrensmangel getroffen worden ist, der Nachprüfung durch den Revisionsrichter bei der beschränkten Natur des Rechtsmittels entzogen. Damit fehlt aber für die gemäß § 56 Abs. 6 ZustG. angestrengte Erstattungsklage auf der Grundlage einer ungerechtfertigten Bereicherung nach §§ 812 ff. BGB. oder dgl. eine ihren Erfolg mitbedingende Voraussetzung, da der Fiskus die Erstattung des Geleisteten von der Stadtgemeide immer nur insoweit beanspruchen kann, als dieser durch seine Leistung eine notwendige Ausgabe erspart worden ist.

e) Provinzialrechte.

Nr. 1. Entsch. v. 8. Juli 1907 (PrVerwBl. 29 303) IV C 240/06.

ZustG. § 56.

Nach dem im Kreise Dramburg geltenden märkischen Rechte (Kunow, Provinzialrecht der Neumark Abt. I 5, 188, § 663, Abt. II 282) haben die Gemeinden die öffentlichen Wege, also auch die in deren Zuge liegenden Brücken, zu unterhalten. Diese Pflicht kann aber ebenso wie eine auf besonderen rezessualen Bestimmungen beruhende öffentlich-rechtliche Wegeunterhaltungspflicht durch Observanz ausgeschlossen und beseitigt werden. Nach den übereinstimmenden Aussagen der Zeugen und den eigenen Angaben des Klägers haben dessen Vorgänger im Eigentum seit 1861 stets allein die in einer größeren Anzahl von Fällen erforderlich gewordenen Reparaturen der nördlichen Hälfte der Brücke ausgeführt. Die Länge der Zeit und die Zahl der Fälle unter Berücksichtigung des Umstandes, daß insoweit niemals ein anderer, namentlich nicht die Gemeinde, die die Instandhaltung der südlichen Hälfte der Brücke besorgt hat, eine Reparatur vorgenommen hat, reichen unbedenklich zur Observanzbildung aus, namentlich auch dazu, um ohne weiteres anzunehmen, daß die Eigentümer die Reparaturen in der Meinung, zu ihnen rechtlich verpflichtet zu sein, bewirkt haben. Wenn der Kläger letzteres besonders für seinen Vater bestreitet und einwendet, sein Vater habe sich im Jahre 1885 von der Brückenunterhaltung im Klagewege befreien wollen, auch sonst sich gegen die Brückenunterhaltung gesträubt und sie schließlich nur ausgeführt, um sich Scherereien, Kosten und Zeitversäumnis zu ersparen, und weil er als Gastwirt es mit den Gemeindemitgliedern nicht habe verderben wollen, so wird hierdurch noch nicht ausgeschlossen, daß auch der Vater des Klägers sich für rechtlich verpflichtet gehalten hat.

Von einer Observanz könnte allerdings keine Rede sein, wenn die Vorbesitzer des Klägers durch einen Vertrag verpflichtet gewesen wären, die Brücke zu unterhalten, und zwar würde hierbei nicht bloß ein öffentlich-rechtlicher Vertrag zu berücksichtigen sein. Denn auch dasjenige, was zur Erfüllung eines privatrechtlichen Vertrages getan worden ist, stellt sich nicht als eine Uebung dar, aus welcher eine observanzmäßige Pflicht zu entnehmen wäre. Allein über einen die Unterhaltung der F.Brücke regelnden Vertrag ist bei den deswegen angestellten Nachforschungen nichts Sicheres festzustellen gewesen, und es fehlt an einem bestimmten Anhalte für weitere Ermittelungen. Es muß daher davon ausgegangen werden, daß ein solcher Vertrag nicht vorhanden ist, weder ein öffentlich-rechtlicher noch ein privatrechtlicher.

Hat sich aber schon, bevor der Kläger Besitznachfolger seiner Eltern wurde, eine Observanz gebildet, wonach die Eigentümer des Schulzenhofs — und des Büdnergrundstücks Nr. . . — die nördliche Hälfte der F.Brücke zu unterhalten haben, so ist es unerheblich, ob diese Brücke ganz im Gebiete der Gemeinde Deutsch-F. oder teilweise in dem der Gemeinde Groß-L. liegt, also möglicherweise eine Grenzbrücke ist, und daß nach dem am 5. IV. 57 bestätigten Rezeß über die Gemeinheitsteilung in dem Dorfe Groß-L., § 62, sämtliche Wege und Triften auf der Feldmark von den Interessenten in näher bestimmter Art anzulegen und zu unterhalten sind, und nach dem am 16. IV. 61 bestätigten Rezeß über die Separation der Feldmark Deutsch-F., § 16, die Wege und Triften von den Planbesitzern im Stande erhalten werden, deren Pläne sie durchschneiden, und ob diese Bestimmungen auf die nicht genannten Brücken, insbesondere die F.Brücke, mitzubeziehen sind. Ebenso ist ohne Bedeutung, daß der Kläger nicht auch Eigentümer des seinem Bruder gehörigen Grundstücks geworden, also nicht Anlieger der Brücke ist, und daß er selbst bisher keine Reparatur der nördlichen Hälfte der Brücke ausgeführt hat. Lediglich darauf kommt es an, daß er der Eigentümer des Schulzenhofs ist, auf welchem die observanzmäßige Pflicht ruht. Endlich ist er von dieser besonderen Pflicht nicht deshalb frei, weil, während seine Vorbesitzer, die die Hälfte der Brücke unterhalten haben, keine Beiträge von dem betreffenden Acker an die Gemeindekasse geleistet hätten, er solche entrichten müsse. Die polizeiliche Pflicht zur Brückenunterhaltung wird davon, wie es sich mit der Beteiligung an den Gemeindelasten verhält, nicht berührt.

Nr. 2. Entsch. v. 7. Okt. 1907 (PrVerwBl. 29 457) IV B 24/07.

Die streitige Strecke hat von jeher lediglich die Eigenschaft eines öffentlichen Kommunikationsweges gehabt und wäre daher nach dem ostpreußischen Wegerecht immer von der beklagten Stadtgemeinde zu unterhalten gewesen, sofern nicht durch einen öffentlich-rechtlichen Titel, wie durch Rezeß oder Observanz, eine andere Regelung stattgefunden hat. Daran, daß dies bei Kommunikationswegen, abweichend von Landstraßen, wo nur durch Provinzialgesetze und Wegeordnungen ein anderes bestimmt werden kann, möglich ist, hat der Gerichtshof in ständiger Rechtsprechung festgehalten.

Was zunächst den Rezeß von den Weideländereien der Kreisstadt T. v. 14. IV. 53 betrifft, so kann aus ihm nicht entnommen werden, daß die Klägerin hiernach unterhaltungspflichtig werden sollte. Es fragt sich mithin, ob sich eine Observanz zu ihren Lasten gebildet hat. Tatsächlich hat stets die Klägerin und niemals die beklagte Stadtgemeinde die streitige Strecke unterhalten.

Die Voraussetzungen für eine den Regelfall abändernde Observanz sind somit gegeben. Auch der erwähnte Rezeß spricht eher für als gegen die Annahme einer Observanz, die vielleicht aus seinen Bestimmungen den Ausgang genommen hat. Was die Klägerin hiergegen geltend macht, ist nicht stichhaltig. Es ist zunächst verfehlt, wenn sie anführt, zu ihren Lasten habe sich eine Observanz überhaupt nicht bilden können. Es kann dahingestellt bleiben, ob sie in früheren Jahrhunderten bereits Rechtspersönlichkeit besaß. Bereits in den Statuten v. 27. IV./14. V. 1822 aber erscheint sie als Gesellschaft mit selbständiger Verwaltung und Kasseneinrichtung, ihre Repräsentanten führten unter dem Namen „Die Landadministration" die Verwaltung, und der Vorsteher der äußeren Angelegenheiten hatte das Recht, wegen einer Reihe von Uebertretungen Geldstrafen zu verhängen, die zur Landadministrationskasse flossen. In der Folgezeit prägte sich ihr Charakter als Gesellschaft des öffentlichen Rechts immer mehr aus. In dem Statut v. 3. XII. 55 wird ihre Befugnis zum Erwerb und zur Veräußerung von Grundstücken, zur Anstellung von Prozessen usw., mithin eine weitgehende Rechtsfähigkeit anerkannt, und es ist nicht abzusehen, warum sich nicht, ebenso wie sie klagen und verklagt werden kann und im gegenwärtigen Falle auch geklagt hat, eine Observanz zu ihren Lasten habe bilden können.

Wenn die Klägerin ferner anführt, die Observanzbildung sei wegen Irrtums ihrerseits über die Person des Wegebaupflichtigen nicht möglich gewesen, so ist einmal nicht ersichtlich, worauf der Irrtum beruhen soll, und, selbst wenn ein Irrtum zu der Unterhaltung des Streitweges durch die Klägerin Anlaß gegeben haben sollte, so schließt dies doch die Bildung der Observanz nicht aus. Vielfach verdankt ein Gewohnheitsrecht seine Entstehung einem Irrtum.

Nr. 3. Entsch. v. 20. Febr. 1908 (PrVerwBl. 30 187) IV C 221/06.

1. Dem § 42 WegeO. für die Prov. Sachsen v. 11. VII. 91 ist der Wille des Gesetzgebers zu entnehmen, für den Geltungsbereich der WegeO. auch die Bildung neuer Observanzen in Beziehung auf die Wegebaulast auszuschließen.

2. Brückenrampen im Zuge öffentlicher Wege fallen mit unter die Wegebaupflicht. Auf die Eigentumsverhältnisse der Anrampungen kommt es dabei nicht an.

Nr. 4. Entsch. v. 14. Jan. 1909 (OVG. 53 275) IV C 29/08.

WestprWegeO. v. 27. IX. 05 § 44.

Im § 44 WegeO. v. 27. IX. 05 sind unter den bisherigen Verpflichtungen des Reichs zur Unterhaltung von Wegen nur solche zu verstehen, die auf Observanzen oder besonderen Titeln beruhen. Denn es ist an und für sich unwahrscheinlich, daß es bei einer allgemeinen Regelung des Wegerechts innerhalb der Provinz, bei der alle Beteiligten darüber einig waren, daß die auf dem Gebiete der Wegeunterhaltung in Westpreußen bestehenden vielfachen und mannigfaltigen Verschiedenheiten beseitigt werden müßten, und daß eine einheitliche Reform auf dem Boden des Kommunalprinzips stattfinden solle, in der Absicht gelegen hätte, für ein einzelnes Rechtssubjekt, den Reichsfiskus, das Gesetz außer Anwendung zu lassen und das bisherige Recht aufrecht zu erhalten. Anderseits ist aber nicht zu verkennen, daß der Wortlaut des § 44 der Auslegung entgegenzustehen scheint, als ob durch ihn nur diejenigen Verpflichtungen des Reichs zur Unterhaltung von Wegen aufrechterhalten werden sollten, die auf Observanzen und besonderen Titeln beruhen, weil abweichend von der Fassung des unmittelbar vorhergehenden, die Verbindlichkeiten des Staates in Beziehung auf den Wegebau betreffenden § 43 allgemein und ohne Einschränkung die bisherigen Verpflichtungen des Reichs zur Unterhaltung von Wegen als solche bezeichnet sind, die von den Bestimmungen des Gesetzes nicht berührt werden sollen.

Die Gesetzesmaterialien geben keinen sicheren Anhalt für die Auslegung. Daher muß entscheidendes Gewicht darauf gelegt werden, daß sich bei einer Auslegung dahin, daß bezüglich der wegebaulichen Verpflichtungen des Reichs die WegeO. v. 27. IX. 05 überhaupt außer Anwendung zu bleiben habe und das frühere Recht anzuwenden sei, ein unerträglicher und in vielen Beziehungen unklarer Rechtszustand ergeben würde, der unmöglich gewollt sein kann. Da nicht anzunehmen ist, daß der Reichsfiskus bei den für seine Unterhaltungspflicht nach der bisherigen Rechtslage in Frage kommenden Wegen immer in ihrer ganzen Ausdehnung innerhalb eines Kommunalverbandes alleiniger Anlieger ist, müßte eine Verteilung der Wegebaulast gemäß § 5 WegeRegl. für Westpreußen und die Netzedistrikte v. 4. V. 1796 stattfinden und damit wäre entgegen dem Geiste und dem Zwecke der WegeO. v. 27. IX. 05 für eine vielleicht nicht geringe Zahl von Wegen der veraltete und für die heutigen Verhältnisse nicht mehr passende Verteilungsmaßstab des Hufenstandes aufrechterhalten worden. Nach § 5 WegeRegl. sind vielmehr die sämtlichen innerhalb eines Kommunalbezirkes vorhandenen Wegeanlieger als die zur Unterhaltung der ganzen Wegestrecke im Verbande gemeinsam Verpflichteten anzusehen und ist unter ihnen die Wegebaulast nach dem Maßstabe der an die Stelle des alten Hufenstandes zu setzenden Grundsteuer ihres gesamten Besitzes innerhalb des Kommunalbezirkes zu verteilen. Da dann die neben dem Reichsfiskus in Frage kommenden Anlieger unmöglich auch nach dem alten Rechte behandelt werden können, für diese vielmehr die Gemeinde einzutreten hat, so ergibt sich eine eigenartige Verquickung des alten mit dem neuen Rechte. Abgesehen von anderen Schwierigkeiten fragt es sich dann, in welcher Weise und in welcher Form nun der Reichsfiskus sich neben der Gemeinde an der Unterhaltung des Weges zu beteiligen hat, eine Frage, die bei dem Fehlen einer gesetzlichen Regelung leicht zu erheblichen Unzuträglichkeiten führt. Da ferner der Besitzstand der Wegeanlieger naturgemäß Veränderungen unterworfen ist, müßte in jedem Falle einer Wegebesserung der Besitzstand der Anlieger geprüft und, falls eine Aenderung eingetreten ist, eine neue Verteilung vorgenommen werden. Dies würde natürlich auch gelten, wenn der Besitzstand des Reichs sich ändert. Dabei entsteht dann der Zweifel, ob im Falle einer Veräußerung reichsfiskalischen Besitzes die für diesen gemäß § 44 WegeO. aufrechterhaltenen wegebaulichen Verpflichtungen als eine auf dem Grundstücke ruhende öffentlich-rechtliche Last auf den Erwerber übergehen. Auf der anderen Seite wird ungewiß, was Rechtens ist, wenn das Reich unter der Herrschaft der WegeO. seinen Grundbesitz, mit dem es als Anlieger wegeunterhaltungspflichtig ist, vergrößert. Sollen auch bezüglich dieses hinzuerworbenen Besitzes die wegebaulichen Verpflichtungen des Reichs durch die neue WegeO. nicht berührt werden und sich nach dem früheren Rechte richten, so würde insoweit das letztere zuungunsten des Reichs wieder aufleben; dasselbe müßte dann folgerichtig auch gelten, wenn das Reich durch Neuerwerbungen Anlieger an Wegen wird, welche, weil das Reich nicht angrenzte, bisher von der Gemeinde allein unterhalten wurden. Soll anderseits angenommen werden, daß die bei dem Inkrafttreten der WegeO. bestehenden Verpflichtungen des Reichs durch spätere Grundstückserwerbungen keine Erweiterung erfahren, so würde folgen, daß dem Reiche gegenüber unter Umständen innerhalb desselben Kommunalbezirkes und bezüglich desselben Weges sowohl das neue wie das frühere Recht zur Anwendung zu bringen ist, was praktisch naturgemäß die größten Unzuträglichkeiten zur Folge haben müßte. Beide Auffassungen lassen sich mit dem Wortlaute des § 44 aaO. vereinigen. Wäre daher die Absicht dahin gegangen, durch den § 44 dem Reiche gegenüber die Anwendung der WegeO. v. 27. IX. 05 überhaupt auszuschließen, so hätte dieser Punkt notwendig eine Regelung im Gesetze erfordert. Nach alledem muß es als ausgeschlossen gelten, den § 44 dahin auszulegen, daß dem Reiche gegenüber die WegeO. überhaupt außer Anwendung bleiben solle.

Nr. 5. Entsch. v. 3. März 1908 (PrVerwBl. 30 42) II C 108/07.

Vd., betr. Regulierung der während der westfälischen Zwischenregierung entstandenen Verhältnisse, v. 31. III. 33, §§ 2f.

1. Nach §§ 2f. KabO. v. 31. III. 33 hören die Beiträge der aus der Verbindung mit einer Stadt- oder Landgemeinde ausscheidenden Rittergüter und Domänen zu den Gemeindebedürfnissen und Anstalten, von denen sie keinen Nutzen haben, auf, wogegen sie weiter zu denjenigen Gemeindeanstalten beizutragen haben, an denen sie Anteil haben. Zu welchen Gemeindeanstalten ein Gut beizutragen hat, wird durch den abzuschließenden Vergleich bestimmt, das Objekt der Gemeinschaft und die Beitragspflicht werden durch die stattfindenden Festsetzungen fixiert. Daraus folgt aber mit Notwendigkeit, daß später der Einwand, das Gut habe an den Anstalten, zu denen es nach dem abgeschlossenen Vergleiche beizutragen verpflichtet ist, keinen Anteil und von ihnen keinen Nutzen, nicht mehr mit Erfolg erhoben werden kann.

2. In dem Vergleiche v. 28. VIII. 34 ist ausdrücklich bestimmt, daß das Kgl. Amt, das damals auch die Domäne A. mitumfaßte, zu Leistungen für Unterhaltung des Straßenpflasters usw. verpflichtet bleibe. Damit ist die Frage, ob der Fiskus in Ansehung seines damals zu dem Amt O. gehörenden Besitzes von den städtischen Straßen usw. einen Nutzen habe, endgültig in bejahendem Sinne entschieden worden. Wenn nun das Kgl. Amt durch Bildung eines Gutsbezirks aus der in Privatbesitz übergegangenen Besitzung Burg O. und eines zweiten aus dem früheren Vorwerk A. in mehrere Teile zerlegt worden ist, so ist der Kläger dadurch nicht beschwert, daß ihm für den ihm verbliebenen Besitz ein Beitrag zur Straßenunterhaltung, bemessen nach dem im Vergleich von 1834 vereinbarten Maßstabe, abgefordert worden ist. Zur Leistung dieses ihm durch jenen Vergleich auferlegten Beitrags bleibt er jedenfalls so lange verpflichtet, als er nicht durch eine aus Anlaß der Bezirksveränderung gemäß § 3 LGemO. bewirkte Auseinandersetzung zwischen ihm und dem Eigentümer der Besitzung Burg O. von dieser Last ganz oder teilweise befreit worden ist.

3. Ohne Rechtsirrtum hält aber auch der Bezirksausschuß den Kläger für verpflichtet, zu den Kosten der Pflasterung von städtischen Straßen beizutragen, die im Jahre 1833 noch ungepflastert waren. Die Annahme, daß die Pflasterung einer Straße einen Akt der Straßenunterhaltungslast bilde, entspricht dem geltenden Rechte. Die Ausführung der Revision, in der Pflasterung einer bisher ungepflasterten Straße liege ein Ausbau der Straße, und ein solcher bilde den Gegensatz zu der Unterhaltung, ist verfehlt. Zu unterscheiden ist zwischen der Anlegung eines Weges und dessen Unterhaltung (vgl. § 4 WegeO. für die Prov. Sachsen v. 11. VII. 91), es kann aber nicht von der Anlegung eines Weges gesprochen werden, wenn ein schon vorhandener Weg gepflastert wird. Ueber die Art, wie die Unterhaltung der städtischen Straßen zu erfolgen hat, hat die — wegebaupflichtige — Gemeinde nach pflichtmäßigem Ermessen zu befinden. Sie ist berechtigt, bisher ungepflasterte Wege, wenn dies im Verkehrsinteresse erforderlich ist, auf gemeinschaftliche Kosten der Beitragspflichtigen zu pflastern, gleichviel, ob die Pflasterung von der Wegepolizeibehörde angeordnet worden ist oder nicht.

Nr. 6. Entsch. v. 11. Juni 1908 (PrVerwBl. 30 848) IV C 46/07.

1. Richtig geht der Vorderrichter davon aus, daß in dem ehemaligen Herzogtum — nicht Großherzogtum — Berg, zu dem die Gemeinden H. und B. gehört haben, die Jülich-Bergische PolO. v. 10. X. 1554 das noch gegenwärtig geltende Wegerecht ist. Während auf dem linken Rheinufer die französischen Gesetze schon in den ersten Jahren der Fremdherrschaft Eingang fanden, blieb in dem östlichen Teile der Rheinprovinz das Landesrecht zunächst unberührt. Erst mit dem 1. I. 1810 zufolge Art. 1 Dekr. v. 12. XI. 1809 (vgl. v. Daniels, Handbuch der für die preußischen Rheinprovinzen verkündigten Gesetze aus der Zeit der Fremdherrschaft 7 107) wurde in dem Großherzogtum Berg, zu dem das Herzogtum Berg gehörte, der code Napoléon eingeführt. Dieser verweist zwar in seinem Art. 650 hinsichtlich der Anlegung und Unterhaltung der öffentlichen Wege auf die besonderen Gesetze und Verordnungen (lois ou réglements particuliers), allein diese Gesetze und Verordnungen sind im Großherzogtum Berg nicht mehr, wie beabsichtigt gewesen ist, zur Einführung gelangt, und so haben sich in den zum Großherzogtum gehörigen Teilen der Rheinprovinz die provinziellen und partikularen Wegerechte erhalten, wobei es in Anbetracht der zum ehemaligen Herzogtum Berg gehörigen Landesteile auch nach der Auflösung des Großherzogtums geblieben ist. Die Jülich-Bergische PolO. v. 10. X. 1554 ist also auch heute noch diejenige Rechtsquelle, auf die für die Entscheidung der Frage, wem die Wegeunterhaltungslast obliegt, zurückgegangen werden muß.

2. Richtig ist ferner, daß an diesem Rechtszustande durch das Reglement für die Kommunalwege im Regierungsbezirk Düsseldorf v. 10. VII. 68 nichts geändert worden ist. Die Bedeutung eines objektives Wegerecht schaffenden Gesetzes kann diesem Reglement nicht beigelegt werden. Seine Bestimmungen haben daher keinen zwingenden Charakter, sondern sind nur instruktioneller Natur. Dies gilt insbesondere auch in Ansehung der Klasseneinteilung in Wege erster, zweiter und dritter Klasse, d. h. die Zugehörigkeit zu der einen oder anderen Klasse ist für die Wegebaupflicht nicht entscheidend. Wie demnach aus dem Umstande allein, daß ein Kommunalweg zur ersten oder zweiten Klasse gehört, nicht unmittelbar zu folgern ist, er müsse nun, weil das Reglement dies anordne, von der Gemeinde unterhalten werden, so sind auch die anschießenden Beerbten eines Kommunalweges dritter Klasse nicht um deswillen als wegebaupflichtig anzusehen, weil das Reglement ihnen die Unterhaltungspflicht überträgt. Es kommt vielmehr bei allen Wegen auf die Prüfung an, wer nach den Vorschriften der PolO. v. 10. X. 1554 unterhaltungspflichtig ist.

3. Nun ist grundsätzlich nach dieser Ordnung die Wegebaulast eine Pflicht der „anschießenden" Beerbten. Die Polizeiordnung unterscheidet auch insoweit noch nicht zwischen Land- und Heerstraßen, gemeinen Wegen und Nachbarwegen. Erst im Laufe der Zeit hat die Erkenntnis, daß die ordnungsmäßige Unterhaltung der Wege bloß durch die Beerbten nicht mehr gesichert war, im Anschluß an die Ausnahmebestimmungen der Polizeiordnung dahin geführt, die Wegebaupflicht in Ansehung der wichtigeren Wege, der Landstraßen und gemeinen Wege, auf breitere Schultern zu legen und den Kreis der Pflichtigen zu erweitern.

Die Kläger haben behauptet, die K.Straße sei im Jahre 1842 von der Gemeinde H. mit erheblicher Verbreiterung zu einem durchgehenden Verbindungsweg über S. nach E. ausgebaut und es sei damals zugleich die Unterhaltung von der Gemeinde übernommen worden. Ersteres steht nach dem Ergebnisse der Beweisaufnahme unzweifelhaft fest. Bei dieser Sachlage müßte es schon ungewöhnlich erscheinen, wenn die Gemeinde H. den Willen gehabt hätte, im Jahre 1842 den Weg nur auszubauen, die Unterhaltung jedoch den anschießenden, wenig bemittelten Beerbten zu überlassen. Daß aber in der ersten Hälfte des vorigen Jahrhunderts im Gebiete des ehemaligen Herzogtums Berg zahlreiche Kommunikationswege, auch Nachbarwege, von den Gemeinden ausgebaut und zugleich in Unterhaltung übernommen worden sind, ist eine feststehende Tatsache. Ebenso ist vom Gerichtshof bereits früher anerkannt worden, daß eine solche Uebernahme der Unterhaltung durch die Gemeinde die öffentlich-rechtliche Unterhaltungspflicht des Weges auf die Gemeinde überträgt und den Vorschriften der Jülich-Bergischen PolO. v. 10. X. 1554 nicht widerspricht. Allerdings bedarf es hierzu eines Beschlusses der Gemeindevertretung, und es trifft nicht zu, wenn der Vorderrichter meint, es genüge, um die Unterhaltungspflicht zu begründen, daß die Gemeinde die Unterhaltung tatsächlich übernommen habe. Daß indessen ein nach der damaligen Lage der Gesetzgebung ordnungsmäßiger, auch behördlich genehmigter Beschluß der Samtgemeinde H. sowohl über den Ausbau des Weges als über die Unterhaltungspflicht der Gemeinde anfangs der vierziger Jahre zustande gekommen ist, hat der Gerichtshof nach dem Gesamtergebnis der Beweisaufnahme angenommen. Auch ergibt sich die Unterhaltungspflicht der Gemeinde aus dem Umstande, daß sie nach Ausbau des Weges für dessen Benutzung Barrieregelder erhoben hat. Schon die PolO. v. 1554 verbindet mit der Verleihung des Rechts auf Wegegelderhebung die Pflicht zur Unterhaltung des Weges. Daß die Gemeinde H. sich weder dadurch von ihrer Unterhaltungspflicht befreien konnte, daß sie die Unterhaltung ihrerseits einstellte, noch dadurch, daß sie die Hebestelle eingehen ließ, kann einem Zweifel nicht unterliegen.

Nr. 7. Entsch. v. 16. Dez. 1909 (OVG. 55 292) IV B 20/09.

Im Gebiete des linksrheinischen (französischen) Wegerechts besteht keine Verpflichtung des Wegebaupflichtigen als solchen zur Unterhaltung der von der Klägerin hergestellten Durchlässe unter den zu den Anliegergrundstücken führenden Grabenüberbrückungen: weder für Provinzialstraßen, noch für Vizinalwege, noch für Prämienstraßen. Ob diese Straße zu den Vizinalwegen im Sinne des rheinischen Wegerechts zu rechnen sein möchte oder nicht, kann daher dahingestellt bleiben. Das Eigentum am Wegekörper einschließlich der Straßengräben, Durchlässe und Brücken ist für die vorliegende Streitigkeit aus § 56 Abs. 5f. aaO. unerheblich. Auch wenn der Beklagte früher die Durchlässe hergestellt und unterhalten oder die von der Klägerin behauptete Erklärung hinsichtlich der Unterhaltung abgegeben hat, so ist dadurch keine öffentlich-rechtliche Wegebaupflicht für ihn über das Maß desjenigen hinaus begründet worden, was er nach dem Privilegium v. 10. III. 56 (GS. 225 und Ah. Erlaß, der sich in beglaubigter Abschrift bei den Wegebauakten befindet) zu leisten hat. Das Privilegium aber hat dem Unternehmer der Prämienstraße von A. nach H. keine Unterhaltungspflicht für die Grabenüberbrückungen auferlegt.

4. Land- und Heerstraßen; Unterhaltungspflicht des Fiskus.

Nr. 1. Entsch. v. 28. Okt. 1909 (OVG. 55 288) IV C 263/08.

ZustG. § 56; ALR. II 15 §§ 11, 13, 15.

1. Die Zulässigkeit und die Art eines Rechtsmittels bestimmen sich nicht danach, wie die Entscheidung, gegen welche es gerichtet ist, hätte getroffen werden sollen, und welchen Erfolg es haben wird und demnächst hat,

namentlich nicht, ob und in welchem Umfange die angefochtene Entscheidung bei ihrer Prüfung durch die höhere Instanz sich als richtig erweist. Maßgebend sind vielmehr allein der Zeitpunkt, wo es einzulegen war und eingelegt worden ist, und die Rechtslage, die damals gegenüber den Parteien bestand. Dies gilt auch insofern, als es sich darum handelt, ob die Berufung oder die Revision als Rechtsmittel gegeben ist. Im vorliegenden Falle war ein Urteil I. Instanz ergangen, nämlich das des Kreisausschusses und hiergegen die Berufung eingelegt worden. Auf diese Berufung und damit jedenfalls zunächst und an sich als Berufungsinstanz hat der Bezirksausschuß erkannt. Hatten aber hiernach bereits 2 Instanzen entschieden, so kommt der § 93 LVG. zur Anwendung. Gegen das Urteil des Bezirksausschusses fand also nicht die Berufung, sondern die Revision statt.

2. Auch als Revision ist aber das Rechtsmittel insoweit, als der Bezirksausschuß das Urteil des Kreisausschusses aufgehoben hat, unbegründet. Denn dadurch, daß dieser den Kreis G. beigeladen hat, wurde der Kreiskommunalverband G. im Sinne des § 56 Abs. 7 ZustG. beteiligt am Verwaltungsstreitverfahren, der Kreisausschuß unzuständig und der Bezirksausschuß zur zuständigen I. Instanz.

Die Folge hiervon ist, daß darauf mit Recht der Bezirksausschuß als I. Instanz erkannt hat, und daß für die weitere Entscheidung das OVG., obwohl es als Revisionsgericht angerufen werden mußte und sich zunächst als Revisionsgericht mit der Sache zu befassen hatte, die Stellung eines Berufungsgerichts hat.

3. Der Gerichtshof konnte jedoch dem Bezirksausschuß in der Annahme, daß durch die Verfügung des Regierungspräsidenten eine Deklassierung der streitigen Landstraße erfolgt sei, nicht beitreten. Dieser Verfügung gingen Verhandlungen voraus, in welchen eine Einigung über den Anfangspunkt der Landstraße G.-A. nicht erzielt wurde. Der Regierungspräsident verfügte dann, daß der Beginn der Landstraße bei den Punkten c und d der eingereichten Handzeichnung anzunehmen und die — hier streitige — Strecke bis c—d somit in der Ablösungsberechnung nicht zu berücksichtigen sei. Durch die Verfügung ist nicht ausgesprochen, daß eine bisherige Landstraßenstrecke diese ihre Eigenschaft verlieren solle, sondern es ist zum Ausdrucke gebracht, daß die streitige Strecke nicht als Landstraße anzusehen sei. Die Verfügung hatte also keine konstitutive, sondern eine lediglich deklaratorische Bedeutung. In einer solchen Verfügung kann aber nicht eine Deklassierung gefunden werden, da hierzu die Absicht des Staates gehört, einer bisherigen Landstraßenstrecke diese Eigenschaft zu entziehen. Um so weniger läßt sich der Verfügung die Bedeutung, daß sie die rechtlichen Verhältnisse der Straßenstrecke zu ändern bestimmt gewesen sei, beilegen, als nichts dafür erhellt, auch von dem klagenden Wegebaufiskus gar nicht geltend gemacht worden ist, daß auf der streitigen Wegestrecke der Durchgangsverkehr aufgehört habe oder sonst Gründe vorgelegen hätten, aus denen eine Deklassierung geboten gewesen wäre.

4. Der Fiskus ist nach den §§ 11, 13, 15 II 15 ALR. zur Unterhaltung der Landstraßen nur mit Ausschluß der Hand- und Spanndienste verpflichtet. Die Pflicht, Hand- und Spanndienste zu leisten, kann allein von der Wegepolizeibehörde erzwungen werden; dem Fiskus steht ein solcher Zwang gegen den Wegebaupflichtigen nicht zu.

5. Chausseen; Chausseegelderhebung.

Nr. 1. Entsch. v. 21. März 1907 (PrVerwBl. 29 129) IV C 160/06.

1. Ein Weg erlangt, ganz abgesehen von der Art seines Ausbaus, Chausseeeigenschaft dadurch, daß er den für die Chausseen erlassenen gesetzlichen und reglementarischen Bestimmungen unterstellt wird, was in § 12 G. v. 20. VI. 87 (GS. 301) auch Ausdruck gefunden hat. Dies ist hinsichtlich des Streitwegs durch die Vf. des Regierungspräsidenten v. 11. VII. 46 (ABl. 284), in der gemäß KabO. v. 31. VIII. 32 (GS. 214) die dem Chausseegeldtarif v. 29. II. 40 (GS. 94) beigefügten Strafbestimmungen sowie die weiteren Vorschriften des Regul. v. 7. VI. 44 (GS. 167) für anwendbar erklärt werden, geschehen. Die E.Straße ist auch in dem „Verzeichnis der im RegBez. E. vorhandenen Kunststraßen" (ExtraBeil. z. ABl. Nr. 6 v. 2. II. 88) unter Nr. 351 aufgeführt. Auf die äußere Beschaffenheit — der Weg scheint schmäler zu sein und stärkere Steigungen aufzuweisen als sonstige Chausseen — kann es unter diesen Umständen nicht ankommen. Ebensowenig ist für das gegenwärtige Streitverfahren von Belang, daß der Streitweg nach Erlaß des Einspruchsbeschlusses v. 18. X. 05 durch die Vf. des Regierungspräsidenten v. 27. XII. 05 (ABl. 341) die Chausseeeigenschaft verloren hat — worauf auch seine Löschung im Kunststraßenverzeichnis erfolgte (ABl. 1906 192) —, und daß die beklagte Wegepolizeibehörde seitdem zuständig geworden ist, da der Zeitpunkt des Einspruchsbeschlusses maßgebend ist.

2. Wird nach zeitweiser Uebernahme die Unterhaltungspflicht eines öffentlichen Gemeindeweges seitens des Fiskus, welcher den Weg zum Transport des Eisens aus fiskalischen Gruben zu einer ihm gehörigen Hütte ausgebaut und für Unterstellung des Weges unter die für Chausseen erlassenen gesetzlichen Bestimmungen gesorgt hat, der Weg nicht mehr vom Fiskus benutzt und ihm durch Verfügung der zuständigen Behörde die Chausseeeigenschaft entzogen, so lebt die Verpflichtung der Gemeinde zur Unterhaltung des Weges wieder auf.

Nr. 2. Entsch. v. 5. März 1908 (OVG. 52 311) IV B 59/07.

ALR. II 15 § 138; ZustG. § 56.

1. Der Bau der Chausseen wurde in Preußen von Anfang an teils durch den Staat, teils durch Privatunternehmer, insbesondere durch Aktienvereine, aber auch durch Gemeinden und ständische Korporationen, ausgeführt. Die Pflicht des Erbauers zur Unterhaltung bestehender Chausseen ist durch die Rechtsprechung des Gerichtshofs anerkannt worden, wenn sie durch die Verleihung eines Heberechts gemäß § 138 II 15 ALR. begründet, sowie wenn sie ohne Verleihung eines Heberechts durch bestätigte Beschlüsse einer Kreiskorporation übernommen worden war. Nun übernimmt eine Kreiskorporation, wenn sie, insbesondere unter Verleihung eines Heberechts, vorschriftsmäßig beschließt, eine Chaussee zu bauen und zu unterhalten, eine öffentlich-rechtliche Verpflichtung nicht nur in letzterer, sondern auch in ersterer Hinsicht. Durch die allerdings freiwillige Uebernahme der Verpflichtung zur Anlegung einer Chaussee tritt der Verpflichtete in den Kreis der Träger einer öffentlichen Wegebaulast; denn die Wegebaulast begreift die Verpflichtung in sich, die Wege anzulegen. Zur Neuanlegung einer Chaussee kann durch die Chausseebaupolizeibehörde unter Berufung auf die Bedürfnisse des öffentlichen Verkehrs niemand gezwungen werden. Wenn aber die Verpflichtuug dazu gegenüber den dafür bestimmten Organen des Staates in bindender Weise freiwillig übernommen worden ist, so kann die Erfüllung der Verpflichtung nicht mit der Begründung abgelehnt werden, daß es dafür an einem unabweisbaren Verkehrsbedürfnisse fehle.

2. Dagegen sind die Bedürfnisse des öffentlichen Verkehrs ebenso wie die sonstigen wirtschaftlichen Interessen, welchen die Chaussee dienen soll, bei der Erteilung der Genehmigung zur Anlegung einer Chaussee und bei der Verleihung des Heberechts von den dafür zuständigen Stellen zu prüfen. Dabei wird die Durchführung des ganzen geplanten Unternehmens und der Eintritt der davon für die Gesamtheit erwarteten wirtschaftlichen Vorteile in Betracht gezogen, die Durchführung des ganzen Unternehmens ist die Voraussetzung für die Erteilung der Genehmigung und für die Verleihung des Heberechts. Nun kann unentschieden bleiben, ob die Ausführung eines beschlossenen und genehmigten Chausseebauprojekts erzwungen werden kann, wenn es noch gar nicht in Angriff genommen worden ist, weil dieser Tatbestand nicht vorliegt. Hat, wie im gegenwärtigen Falle, der Unternehmer seine Verpflichtung, eine Chaussee neu anzulegen, teilweise erfüllt und von dem ihm verliehenen Heberechte Gebrauch gemacht, so kann er jedenfalls nicht für befugt erachtet werden, die planmäßige Fertigstellung der ganzen Chaussee zu unterlassen, weil dabei tatsächliche oder rechtliche Schwierigkeiten zu überwinden sind. Vielmehr darf er zur vollständigen Herstellung der genehmigten Chausseeanlage gezwungen werden, und zwar, da es sich um die Erfüllung einer zur öffentlich-rechtlichen Wegebaulast gehörigen Verpflichtung handelt, durch die Chausseebaupolizeibehörde, den Regierungspräsidenten, gemäß § 56 ZustG. Dieser konnte sich zur zwangsweisen Durchführung ihrer Anordnung der Zwangsmittel des § 132 LVG. bedienen, in erster Reihe, wie es hier geschehen ist, der Androhung der Ausführung durch einen Dritten auf Kosten des Pflichtigen.

Nr. 3. Entsch. v. 19. Okt. 1908 (OVG. 53 283) IV B 86/07.

ZustG. § 56.

1. Die Erstattungsklage aus § 56 Abs. 5f. ZustG. hat als solche nicht zur Voraussetzung, daß die streitige Leistung auf einer Anordnung der Wegepolizeibehörde beruht. Im vorliegenden Falle handelt es sich um einen Streit über den Umfang der dem Beklagten (einem Provinzialverbande) neben der für die städtischen Straßen unterhaltungspflichtigen Klägerin obliegenden öffentlich-rechtlichen Chausseeunterhaltungspflicht. Die Klägerin behauptet, dadurch, daß sie die Kosten der Pflasterung in der 7,6 m übersteigenden Breite übernahm, um die ihrer Meinung nach im Verkehrsinteresse notwendige Verbreiterung der Fahrbahn der D.Straße durchzuführen, eine nicht ihr, sondern dem Beklagten nach öffentlichem Rechte obliegende Leistung erfüllt zu haben, und stützt ihren Erstattungsanspruch ausdrücklich auf Geschäftsführung ohne Auftrag oder Bereicherung. Es liegt demnach eine Klage im Sinne des § 56 Abs. 5f. ZustG. vor. Der zweite Teil des Klageantrags findet in § 56 Abs. 5 aaO. seine Stütze. Er ist zulässig, da er nur auf die Feststellung der Unterhaltungspflicht des Beklagten für die größere, 7,6 m übersteigende Chausseebreite, nicht auf die Verpflichtung zu deren Unterhaltung in einer bestimmten Art, insbesondere als Pflasterbahn, gerichtet ist. Die Verbindung der Erstattungsklage mit der Feststellungsklage ist bei der Gleichheit der Parteien unbedenklich.

2. In der Sache ist zunächst der Umfang der dem Beklagten obliegenden Chausseeunterhaltungspflicht, sowohl hinsichtlich der räumlichen Begrenzung der Chaussee, wie hinsichtlich ihres Inhalts, Gegenstand des Streites der Parteien. Die D.Straße fällt auf der hier in Frage kommenden Strecke mit der ehemaligen Staatschaussee B.—S. zusammen, die auf Grund DotAusfG. v. 8. VII. 75 (GS. 497) in die Unterhaltung des Provinzialverbandes übergegangen ist. Mit Unrecht behauptet der Beklagte, daß nur die 7,6 m breite Pflasterbahn zur Chaussee gehöre und von ihm zu unterhalten sei.

Das Chausseeinventar vom Jahre 1863 spricht in den Abschn. III, IX und XII ausdrücklich aus, daß die auf beiden Seiten neben der Fahrbahn liegenden Promenadenkieswege mit den aufstehenden Baumreihen und die daran sich anschließenden muldenförmigen Entwässerungsrinnen Bestandteile der Chaussee und früher vom Fiskus, jetzt vom Beklagten zu unterhalten seien. Hiernach stellt sich die auf Kosten der Stadt bewirkte Verbreiterung der gepflasterten Fahrbahn von 7,6 m auf 11 m nicht als eine Verbreiterung des Chausseekörpers, sondern als eine Veränderung in dessen baulicher Ausgestaltung dar.

3. Der Beklagte behauptet weiter, zur Unterhaltung der Chaussee und insbesondere der 7,6 m breiten Fahrbahn nur in demjenigen Zustand und in derjenigen Ausdehnung verpflichtet zu sein, wie er sie auf Grund des DotG. übernommen habe. Insbesondere bestreitet er seine Verpflichtung, die Fahrbahn überhaupt und namentlich dann zu verbreitern, wenn eine solche Verbreiterung nur durch den vermehrten inneren Verkehr der Stadt B., nicht einen vermehrten Durchgangsverkehr notwendig wird. Diese Auffassung ist rechtsirrtümlich. Den Provinzen ist durch § 18 DotG. zwar keine Chausseebaupflicht, aber doch auch nicht bloß die Pflicht zu Erhaltung der ehemaligen Staatschausseen in ihrem bisherigen Zustande, sondern die Pflicht zu deren Unterhaltung in vollem Umfang und ohne Einschränkung, d. h. also nach Maßgabe des jeweiligen Verkehrsbedürfnisses, übertragen worden. Diese Unterhaltungspflicht begreift aber auch die zur Befriedigung des Verkehrsbedürfnisses notwendige Umgestaltung des Chausseekörpers in sich, also die Ersetzung der Chaussierung durch Pflasterung, die Verbreiterung der Fahrbahn, sowie erforderlichenfalls, worauf es aber hier nach dem oben Ausgeführten nicht ankommt, auch die Verbreiterung der Chaussee selbst.

4. Die hier vorgenommene Verbreiterung der von dem Beklagten aus eigener Entschließung neu gepflasterten Fahrbahn von 7,6 m auf 11 m ist — ohne daß eine entsprechende Anordnung der Chausseebaupolizeibehörde vorangegangen war — auf Verlangen und auf Kosten der Klägerin durch den Beklagten ausgeführt worden. Der Beklagte ist dem Verlangen der Klägerin unter ausdrücklicher Ablehnung einer entsprechenden Verpflichtung nachgekommen, nachdem die Klägerin die Kosten rechtsverbindlich unter Vorbehalt des Erstattungsanspruchs übernommen hatte. Die Verbreiterung der Fahrbahn stellt sich demnach als eine Umgestaltung des Chausseekörpers dar, die durch einen von dem Wegeunterhaltungspflichtigen verschiedenen Dritten ausgeführt worden ist. Wegen einer solchen Umgestaltung des Weges ist zwar die Klage auf Kostenerstattung dann nicht begründet, wenn sie in Erfüllung einer besonderen, von der streitigen Wegeunterhaltungspflicht unabhängigen Verpflichtung oder in Wahrnehmung irgend welcher Interessen lediglich freiwillig von der Klägerin ausgeführt worden ist. Denn dann handelt es sich um ein aus dem Rahmen der öffentlichen Wegeunterhaltungspflicht heraustretendes, selbständiges und anders geartetes Unternehmen. Für ein solches Unternehmen ist der Wegebaupflichtige aufzukommen nicht gehalten. Dieser Fall liegt aber nicht vor. Die Klägerin hat wegen des vorhandenen starken Verkehrs die Verbreiterung der nur 7,6 m breiten Fahrbahn im verkehrs- und sicherheitspolizeilichen Interesse für notwendig gehalten, sie hat bei dem Beklagten als dem ihrer Meinung nach dazu Verpflichteten, als dieser die Neupflasterung der Fahrbahn in die Wege leitete, die Durchführung der Verbreiterung in Anregung gebracht und hat, als der Beklagte das Ansinnen ablehnte und im Begriffe stand, die Neupflasterung in 7,6 m Breite vorzunehmen, um die Durchführung der Verbreiterung in Verbindung mit der Neupflasterung zu sichern, die Kosten der Verbreiterung unter Vorbehalt übernommen. Sie hat demnach

lediglich eine in den Rahmen der streitig gewordenen Wegebau- und Unterhaltungspflicht fallende Maßnahme ausführen wollen. Da die durch das Verkehrsbedürfnis bedingte Verbreiterung der Fahrbahn, wie erörtert, unter die dem Beklagten obliegende Unterhaltungspflicht fällt, so hat die Klägerin die Geschäfte des Beklagten besorgt. Insoweit ist der Erstattungsanspruch, dessen sonstige Erfordernisse vorausgesetzt, begründet.

5. Der Wegebaupflichtige ist zwar bei seinen Unterhaltungsmaßnahmen der Aufsicht der Wegepolizeibehörde unterworfen, doch braucht er dazu nicht deren Genehmigung. Auch zu einer Veränderung der Wegekonstruktion, die er für zweckmäßig oder zur Befriedigung des Verkehrsbedürfnisses für notwendig hält, ist er ohne Genehmigung berechtigt. Er setzt sich lediglich einem Eingreifen der Polizeibehörde aus, wenn seine Maßnahmen den Verkehr erschweren oder ihm nicht genügen. Ist aber für den Wegeunterhaltungspflichtigen die Genehmigung oder Zustimmung der Polizeibehörde nicht erforderlich, so kann sie auch nicht Voraussetzung der Erstattungsklage sein, wenn der klagende Dritte die Umgestaltung des Wegekörpers in Erfüllung der streitigen Wegeunterhaltungspflicht vorgenommen hat. Die Erstattungsforderung ist aber — mangels einer Anordnung oder Genehmigung der Wegebaupolizeibehörde — nur dann begründet, wenn das Geleistete dergestalt notwendig und zweckmäßig war, daß es polizeilich hätte gefordert werden können. Hierüber hat der Verwaltungsrichter selbständig und unabhängig von der Stellungnahme der Wegepolizeibehörde zu befinden. Es kommt deshalb nicht darauf an, aus welchen Gründen der Regierungspräsident das polizeiliche Einschreiten gegen den Beklagten abgelehnt hat. Die Notwendigkeit der Verbreiterung der bisher nur 7,6 m breiten Fahrbahn auf 11 m ist anzuerkennen. Insbesondere war es gerechtfertigt, der Beurteilung des Verkehrsbedürfnisses den stärkeren Verkehr an Markttagen zugrunde zu legen. Denn ein größerer Verkehrsandrang, der im ordentlichen Laufe der Dinge regelmäßig wiederzukehren pflegt, ist für das Maß des Verkehrsbedürfnisses bestimmend.

6. Bezüglich der Höhe des Erstattungsanspruchs wendet der Beklagte ein, daß die Art der Pflasterung in Reihensteinen aus schwedischem Granit über das Maß des Notwendigen hinausgehe und polizeilich nicht hätte gefordert werden können, jedenfalls nicht für die hier streitigen Seitenstreifen von zusammen 3,4 m Breite. Dieser Einwand ist an sich erheblich. Ihm steht aber entgegen, daß der Beklagte für die ursprüngliche 7,6 m breite Fahrbahn aus eigener Entschließung Reihensteinpflaster in gleicher Weise wie bei anderen im Zuge von Chausseen liegenden Straßen der Stadt gewählt hat. Außerdem ist aus den Verhandlungen anzunehmen, daß über das Material zwischen den Parteien Einverständnis bestand. War aber der Provinzialverband mit dem gewählten Pflastermaterial einverstanden, so kann er gegenüber der Erstattungsforderung aus der Art dieses Materials keinen Einwand herleiten. Dasselbe gilt bezüglich des Maßes der Verbreiterung der Fahrbahn auf 11 m.

Nr. 4. Entsch. v. 27. Febr. 1908 (PrVerwBl. 30 236) IV A 5/08.

Die Polizeibehörde ist berechtigt, die Beleuchtung einer Kreischaussee von der bebauten Ortslage der Stadt ab bis zum Staatsbahnhofe der Stadtgemeinde als der Trägerin der Kosten der örtlichen Polizeiverwaltung aufzugeben. Ob der Kreis als Eigentümer der Chaussee oder der Eisenbahnfiskus, weil er den Bahnhof angelegt hat, zu der Beleuchtung verpflichtet sei, muß dahingestellt bleiben; denn jedenfalls wird durch das Vorhandensein der Pflicht des einen oder des anderen die Klägerin von ihrer Pflicht nicht frei.

Nr. 5. Entsch. v. 17. Mai 1909 (OVG. 54 331) IV C 238/08.

ZustG. § 56.

1. Allerdings ist der Wegebaupflichtige im Gutsbezirke nicht der Gutsvorsteher, sondern der Gutsherr, und die Verfügung hätte an diesen gerichtet werden sollen, da der Gutsvorsteher nicht befugt ist, den Gutsherrn bei der Heranziehung zu öffentlichen Lasten zu vertreten. Um die Berücksichtigung dieses Umstandes im Streitverfahren zu ermöglichen, brauchte jedoch der Kläger nicht den Gutsbesitzer als den tatsächlich Verpflichteten mitzuverklagen (§ 56 Abs. 4 Satz 2 aaO.). Die Annahme des Bezirksausschusses, daß der von der Wegepolizei als unterhaltungspflichtig in Anspruch Genommene, soweit die Verpflichtungsfrage in Betracht kommt, den Dritten, dem die Wegebaulast an seiner Stelle obliegt, mitverklagen müsse, um mit der Klage durchzudringen, ist allerdings richtig. Hier handelt es sich aber gar nicht darum, daß der Kläger auf Grund des bestehenden Wegerechts zu der ihm aufgegebenen Leistung nicht verpflichtet ist, sondern darum, daß ihm die Passivlegitimation infolge eines Rechtsgrundsatzes allgemeiner Art fehlt, und in diesem Falle kann die wegebaupolizeiliche Verfügung lediglich auf die Klage gegen die Wegepolizeibehörde hin aufgehoben werden. Ein Dritter, der von dem Kläger mitverklagt werden könnte, ist auch nicht vorhanden; denn der Distriktskommissar wollte den im Gutsbezirke Wegebaupflichtigen in Anspruch nehmen und irrte sich nur in dem Adressaten, indem er den Gutsvorsteher für den Vertreter des Verpflichteten ansah.

2. Im übrigen ist zunächst zu berücksichtigen, daß für die Entscheidung des vorliegenden Rechtsstreits in I. Instanz nicht der Kreisausschuß, sondern der Bezirksausschuß zuständig war, da die Klage nicht nur gegen den Distriktskommissar, sondern auch gegen einen Provinzialverband gerichtet und daher dieser als solcher bei dem Rechtsstreite beteiligt war (§ 56 Abs. 7 ZustG.). Dies hat der Bezirksausschuß übersehen.

3. Bei freier Beurteilung konnte die Entscheidung des Bezirksausschusses als Erkenntnis I. Instanz behandelt werden, da der Vorderrichter durch die Berufung der Provinz in die Lage gekommen ist, über den Streit in seinem ganzen Umfange zu entscheiden, und dies unter Zuziehung aller Beteiligten getan hat. Daraus folgt dann für den Gerichtshof ohne weiteres das Recht und die Pflicht, ganz frei und ohne das Erfordernis der Spruchreifheit als Berufungsrichter über den vorliegenden Tatbestand zu erkennen.

Hierbei gibt den Ausschlag, daß der Distriktskommissar, wie die Ausführung seiner Anforderung zeigt, die Aufstellung des Wegweisers auf dem Chausseekörper selbst verlangt und dadurch in die Zuständigkeit des Regierungspräsidenten, dem die wegebaupolizeiliche Aufsicht über die Chaussee zusteht, eingegriffen hat. Ob dem Distriktskommissar jede Befugnis fehlt, eine solche den Bestand der Chaussee berührende Anordnung zu erlassen, kann dahingestellt bleiben. Mindestens aber hatte er sich vor dem Erlasse der Verfügung der Zustimmung des Regierungspräsidenten als Chausseebaupolizeibehörde zu versichern und, weil er dies versäumt hat, müssen sein Einspruchsbescheid und die dadurch aufrechterhaltene Verfügung außer Kraft gesetzt werden.

Nr. 6. Entsch. v. 9. Dez. 1909 (OVG. 55 302) IV B 73/06.

1. Dem Bezirksausschuß ist darin beizutreten, daß es sich um die Herrichtung der zur Landstraße gehörigen Böschung, um die Standfähigkeit des Landstraßenkörpers handelt. Die bisher nicht befestigte Böschung, die die unmittelbar am Böschungsrand entlang führende Straße trägt, ist nicht mehr standfähig und muß kunstgerecht befestigt werden. Diese Befestigung ist also Teil der Wegebaulast, und es handelt sich nicht um eine etwa zur

Räumung des Mühlengrabens gehörige Uferbefestigung. Auch aus der Kurh. Vd. v. 31. XII. 24, den Wasserbau betreffend (Kurh. GS. 99), ist Gegenteiliges nicht herzuleiten. Die Besserung des Ufers bei Landstraßen bildet im ehemaligen Kurfürstentume Hessen, soweit sie im Verkehrsinteresse erforderlich wird, und soweit nicht abweichende Bestimmungen bestehen, einen Teil der Landstraßenbaulast, und für die Anordnung ist diejenige Behörde zuständig, die für die Unterhaltung dieser Straßen zu sorgen hat.

2. Allein der Kläger hat auch in der Berufungsinstanz die Zuständigkeit des Regierungspräsidenten als Wegepolizeibehörde in Abrede gestellt. Dies trifft nicht zu. Aus der Entwickelung der kurh. Gesetzgebung geht vielmehr hervor, daß, mag auch die Verwaltung der Landstraßen durch den Landrat und den Landbaumeister eine nahezu selbständige gewesen sein, doch die eigentliche Leitung des Landstraßenbaues der Regierung verbleiben sollte, und daß keinesfalls von einer Befugnis des Landrats, dem Staate in Beziehung auf die Unterhaltung Auflagen zu machen, die Rede sein kann. Der Oberpräsident bezeugt dementsprechend, daß es in kurh. Zeit bei diesem Rechtszustande verblieben und daß kein Fall bekannt ist, in dem ein Landrat als Wegepolizeibehörde an den Staat mit Anforderungen herangetreten sei, aber auch kein derartiger Fall bekannt ist aus der nachfolgenden preußischen Zeit. Für diese kommt ebenso wie in den alten Provinzen der § 3[2] RegInstr. v. 23. X. 1817 (GS. 248) in Betracht, die die Chausseebaupolizei der Regierung übertragen hat, an deren Stelle demnächst mit dem Erlasse der neuen Organisationsgesetze über die allgemeine Landesverwaltung der Regierungspräsident getreten ist. Danach ist auch der Regierungspräsident in Cassel für seinen Bezirk, und nicht der Landrat für seinen Kreis, Chausseepolizeibehörde. Daß die Landstraßen des RegBez. Cassel zu den hier in Frage kommenden Chausseen gehören, ist nicht streitig.

Muß hiernach die Zuständigkeit des Regierungspräsidenten zum Erlasse der angefochtenen Verfügung bejaht werden, so folgt hieraus zugleich die Abweisung der Klage. Denn auf die Frage, ob etwa, wie der Kläger weiter behauptet hat, an seiner Stelle der Wasserbaufiskus zu der ihm angesonnenen Leistung verpflichtet sei, kann nicht eingegangen werden, da er diesen nicht mitverklagt hat und deshalb die Verpflichtungsfrage von der Erörterung ausscheidet. Allerdings trifft es zu, daß nach dem OVG. 7 1, an dessen Ausführungen auch stets in der Folge festgehalten worden ist (vgl. 37 267 und 47 282), zu den Chausseen gehörige Bauwerke, insbesondere Brücken, dann nicht von den Provinzialverbänden zu unterhalten sind, wenn sie bei Uebergang der Chausseen auf die Provinzen nicht aus Chausseebaufonds, insbesondere also aus Fonds der Wasserbauverwaltung, unterhalten wurden. Diese Frage ist aber für jedes einzelne Bauwerk besonders zu beantworten. Selbst wenn also einzelne Uferschutzwerke bei dem Uebergange der Chausseen, hier der Landstraßen, aus Wasserbaufonds unterhalten wurden, so würde daraus keineswegs folgen, daß nun alle Uferschutzbauten an Landstraßen vom Wasserbaufiskus auszuführen wären. Im vorliegenden Falle könnte indessen von einer solchen Verpflichtung des Fiskus um deswillen nicht die Rede sein, weil dieses Uferschutzwerk neu gebaut werden soll, und keinerlei Anhalt dafür erbracht ist, daß etwa früher ein ähnliches Uferschutzwerk zu der maßgebenden Zeit aus Wasserbaufonds unterhalten worden ist.

6. Eisenbahnzufuhrwege und Ähnliches.

Nr. 1. Entsch. v. 1. Febr. 1909 (OVG. 54 314) IV C 145/08.

ZustG. § 56.

1. Ein Eisenbahnbau kann nicht erfolgen, ohne daß durch ihn in weitem Umfang in den Bestand polizeilicher, dem öffentlichen Interesse dienender

Anstalten, namentlich in den der öffentlichen Wege, eingegriffen wird. Dazu bedarf es polizeilicher Genehmigung. Diejenige Instanz, der die Obhut über die verschiedenen Einrichtungen für den öffentlichen Verkehr zusteht, soll über den Ausgleich der widerstreitenden Interessen der einzelnen Verkehrsanstalten befinden. In diesem Sinne soll nach § 4 EisenbG. v. 3. XI. 38 die Bahnlinie in ihrer vollständigen Durchführung durch alle Zwischenpunkte, also auch bezüglich der Veränderung öffentlicher Wege, von dem Minister (jetzt dem der öffentlichen Arbeiten) genehmigt werden. In diesem Sinne hat weiter ebenfalls auf Grund des § 4 aaO. die Landespolizeibehörde als Organ des Ministers bei der Genehmigung des Bauprojekts oder später bei der Abnahme des ausgeführten Baues genau festzusetzen, in welchem Umfange der Eisenbahnverwaltung die Pflicht zur Unterhaltung der durch den Eisenbahnbau veranlaßten neuen Anlagen, darunter auch der Wegeveränderungen, obliegt, wodurch die Eisenbahnverwaltung innerhalb des Rahmens dieser Bestimmung in den Kreis der nach öffentlichem Rechte Wegebaupflichtigen gestellt wird.

2. Auch im vorliegenden Falle ist davon auszugehen, daß nicht nur die ursprüngliche Rampenanlage, sondern auch ihre nachträgliche Verlängerung und mit dieser der Bau der streitigen Brücke von der Landespolizei gemäß § 4 aaO. genehmigt worden ist. Unter den Parteien ist unstreitig, daß die Landespolizeibehörde über die Unterhaltung der Rampenverlängerung und Brücke nichts angeordnet hat. Hieraus folgt aber nicht, daß der ordentliche Wegebaupflichtige diese Anlage allein zu unterhalten habe und seine etwaigen Entschädigungsansprüche zivilrechtlich verfolgen müsse. Ohne daß es eines ausdrücklichen Ausspruchs der Landespolizeibehörde bedarf, fällt vielmehr eine Vermehrung der Unterhaltungslast, die sich als Folge einer durch die Eisenbahnanlage veranlaßten Veränderung oder Verlegung eines öffentlichen Weges ergibt, dem Eisenbahnunternehmer zur Last. Von diesem Rechtssatze sind auch die Vorderrichter ausgegangen, sie irren aber in seiner Bedeutung und Tragweite.

3. Wenn nämlich der Eisenbahnunternehmer nach dem bestehenden Rechte die Vermehrung der Unterhaltungslast eines durch den Bahnbau veränderten oder verlegten Weges zu tragen hat, so liegt ihm nicht, wie die Vorderrichter annehmen, bei einer Wegeänderung gerade nur die Unterhaltung des veränderten unselbständigen Wegestücks, das die Mehrunterhaltungslast veranlaßt, oder bei einer Wegeverlegung nicht nur die Baulast bezüglich der Wegestrecke ob, um die der alte Weg etwa verlängert ist; er hat sich vielmehr an der Unterhaltung des ganzen in Betracht kommenden Weges neben dem ordentlichen Wegebaupflichtigen in dem Verhältnisse zu beteiligen, in welchem die Unterhaltungslast des Weges durch die Veränderung oder Verlegung vermehrt ist. Insoweit tritt der Eisenbahnunternehmer für den ganzen Weg in den Kreis der nach öffentlichem Rechte Wegebaupflichtigen ein, so daß der Wegepolizeibehörde für den ganzen Weg, nicht nur für einen unselbständigen Teil davon, mehrere Wegebaupflichtige gegenüberstehen, zwischen denen die Wegebaulast in dem Verhältnisse der Vermehrung zu der ursprünglichen Baulast geteilt ist.

7. Fähren und Brücken und deren Unterhaltung.

Nr. 1. Entsch. v. 13. April 1908 (PrVerwBl. 30 491) IV C 53/06.

1. Die Rechtsprechung des OVG. unterscheidet, soweit das Gebiet des ALR. in Frage kommt, zwischen der Neuanlegung und der Unterhaltung von Brücken über öffentliche Ströme. Während es einen unberechtigten

Eingriff in die Hoheitsrechte des Staates darstellen würde, wenn die örtliche Polizeibehörde gegen den Willen des Fiskus die Neuanlegung einer solchen Brücke im öffentlichen Verkehrsinteresse erzwingen wollte, weil die Anlegung und Verlegung von Brücken über öffentliche Gewässer ein Regal des Staates bildet, reihen sich die mit staatlicher Genehmigung hergestellten Bauwerke dieser Art den bestehenden Kommunikationsmitteln ein, für deren Unterhaltung die zuständige Wegepolizeibehörde zu sorgen hat. Diese ist daher auch zuständig, die hierauf bezüglichen Anordnungen zu treffen und mit den ihr gesetzlich zu Gebote stehenden Mitteln zur Durchführung zu bringen. Dabei macht es keinen Unterschied, ob die Brücken rechtlich als Bestandteile der angrenzenden Wege oder als selbständige Kommunikationsanstalten gelten. Die Zuständigkeit ist für die Polizeibehörde begründet, der der Weg unterstellt ist, in dessen Zuge die einzelne Brücke tatsächlich liegt. Allerdings kann es auch bei der Instandsetzung vorhandener Brücken vorkommen, daß die Zuständigkeit der Wegepolizeibehörde in das Gebiet der strombaupolizeilichen Interessen übergreift. Ein solcher Konflikt muß dann aber durch Benehmen der beteiligten Behörden und, falls ein Einverständnis nicht zu erzielen, durch Anrufen der Aufsichtsbehörde ausgetragen werden.

2. Im vorliegenden Falle handelt es sich allerdings nicht um die Ausführung bloßer Reparaturen, oder die Beschaffung einzelner Ersatzteile, sondern um die Beseitigung der gesamten baufälligen Holzbrücke und die Herstellung eines Neubaues in Stein und Eisen. Hierdurch erfährt aber der rechtliche Charakter der geforderten Leistung keine Aenderung. Der Streit bewegt sich dabei nicht um die Neuschaffung einer Ueberbrückung, sondern um die Ersetzung einer schon vorhandenen, aber schadhaften Brücke durch ein an demselben Standort und in wesentlich gleichen Maßen für denselben Verkehrszweck von dem zum Träger der Anlegung und Unterhaltung bestellten Pflichtigen zu errichtendes Bauwerk. Einer staatlichen Genehmigung für die Ueberbrückung bedarf es demnach auch nicht. In Frage kommt nur die Zustimmung der Strom- und Schiffahrtspolizeibehörde zu der Art der Ausführung des Ersatzbaues, und diese liegt unstreitig vor.

3. Von entscheidender Bedeutung für das Vorhandensein einer öffentlich-rechtlichen Unterhaltungspflicht der unmittelbar bei F. gelegenen Allebrücke durch die Stadtgemeinde F. auf seiten der Klägerin ist die Auslegung des Privilegiums von 1469, das nach der amtlichen Auskunft des Staatsarchivs zu Königsberg i. Pr. am 18. XII. 1557 durch Herzog Albrecht ohne Aenderung seines Inhalts lediglich bestätigt worden ist. Dieses läßt darüber keinen Zweifel, daß der Stadtgemeinde die öffentlich-rechtliche Unterhaltungspflicht hinsichtlich der streitigen Brücke dauernd auferlegt werden sollte. Der Umstand, daß zu jener Zeit Holz das allgemein benutzte Brückenbaumaterial bildete, ist für den Umfang der auferlegten Pflicht belanglos. Die letztere wurde uneingeschränkt begründet, und die auf ihrer Grundlage zu stellenden Anforderungen müssen sich dem jeweiligen Verkehrsbedürfnisse anpassen. Es ist demnach auch unrichtig, wenn die Klägerin ihre Verpflichtung auf den Bau und die Unterhaltung einer in Holzkonstruktion hergestellten Brücke beschränkt wissen will.

4. Belanglos ist weiter der Einwand, der der angeblichen Landstraßeneigenschaft der Straße entnommen ist, in deren Zuge die Brücke nach der Behauptung der Klägerin vor der Herstellung der Chaussee sich befunden haben soll. Die durch das Privilegium von 1469 begründete Unterhaltungspflicht ging infolge der späteren Gesetzgebung nicht ohne weiteres unter, blieb vielmehr als ein besonderer Titel des öffentlichen Rechts bestehen. Eine die Stadtgemeinde befreiende Observanz hat sich nicht gebildet.

Nach dem Privilegium von 1469 hat die Stadt die Brücke zu halten, zu bauen und zu bessern. Dieser Pflicht hat sie, soweit ersichtlich, bei vorkommenden Reparaturfällen genügt, ohne daß es auf den größeren oder geringeren Umfang der Reparaturarbeiten ankam. Die Regierungsakten ergeben vielmehr, daß auch in den Fällen, in denen die Brücke vollständig zerstört war und ganz wieder aufgebaut werden mußte, der Stadt Staatszuschüsse nur in der Form von Unterstützungen gewährt worden sind, und daß die Stadtgemeinde ihre Pflicht bei Gelegenheit des Neubaues von 1845 noch ausdrücklich anerkannt hat.

Nr. 2. Entsch. v. 17. Dez. 1908 (PrVerwBl. 30 714) III A 88/07.

ALR. II 15 §§ 52 f.

Brücken über öffentliche Flüsse sind freilich im Gebiete des ALR., wenn nicht ein anderes rechtlich wirksam ausgemacht worden ist, nicht ein Bestandteil des öffentlichen Wegezuges, sondern ein selbständiges Kommunikationsmittel. Ihre Anlage gehört zu den Regalien des Staates (§ 52 II 15 ALR.). Sie darf polizeilich nicht erzwungen und ebensowenig darf ihre Beseitigung polizeilich behindert werden. Solange sie aber bestehen, ist ihre Unterhaltung in dem durch die wege- und strompolizeiliche Rücksicht bedingten Zustand polizeilich erzwingbar. Die Pflicht zur Unterhaltung liegt nach § 53 aaO. dem Staat nur in der Regel ob, sie kann also öffentlich-rechtlich wirksam auch abweichend geregelt sein. Aus der Eigenschaft der Brücke als eines selbständigen Kommunikationsmittels folgt indes nicht, daß sie der Aufsicht und der Verfügungsgewalt der Wegepolizeibehörde entzogen ist oder daß die Wegepolizeibehörde zu den nach vorstehenden Ausführungen erzwingbaren Auflagen nur unter Mitwirkung der Strompolizeibehörde zuständig ist. Ihr kommt vielmehr nach der Zweckbestimmung der Brücken ausschließlich die Verfügungsgewalt zu und deshalb auch die Wahrung der strom- und schiffahrtspolizeilichen Rücksichten. Zu diesem Behuf hat sich die Strom- und Schiffahrtspolizeibehörde mit der Wegepolizeibehörde ins Benehmen zu setzen. Zwischen beiden Behörden entstehende Anstände sind von der Aufsichtsbehörde auszugleichen.

Eine ausschließliche Zuständigkeit der Strompolizeibehörde kann nur bei Maßnahmen in Betracht kommen, die den Bestand der Brücke und ihre Bestimmung für den öffentlichen Verkehr nicht berühren.

Nr. 3. Entsch. v. 25. März 1909 (OVG. 54 335) IV B 53/08.

1. Nach hannoverschem Wegerechte sind Brücken über öffentliche Flüsse nicht selbständige Verkehrsanstalten, sondern gehören in der Regel wegerechtlich zu den öffentlichen Wegen, in deren Zuge sie liegen. Eine wegebaupolizeiliche Verfügung hinsichtlich der A.Brücke konnte daher nur gegen den Träger der Wegebaulast für den öffentlichen Weg, in welchem die Brücke liegt, gerichtet werden. Die Vf. v. 26. X. 07 war aber auch diesem gegenüber als eine wegebaupolizeiliche nicht zulässig. Denn die Beleuchtungspflicht fällt bloß ausnahmsweise unter die Wegebaulast, namentlich nur dann, wenn sich ein Weg oder eine Brücke in einem abnormen, die öffentliche Sicherheit gefährdenden Zustande befindet. Eine solche Ausnahme kann im vorliegenden Falle nicht angenommen werden.

2. Soweit die Beleuchtung eines öffentlichen Weges nicht zur Wegebaulast gehört, liegt sie der Gemeinde ob, und zwar entweder in der Art, daß die Pflicht, wenn die Gemeinde die selbsttätige Ausführung der Beleuchtung übernommen hat, gegen sie als eine polizeiliche Pflicht geltend zu

machen ist oder in der Art, daß die Gemeinde durch die Kommunalaufsichtsbehörde unmittelbar oder mittelbar — im Wege der Zwangsetatisierung — angehalten werden kann, die erforderliche Beleuchtung zu bewirken. Immer ist also die Pflicht der Beleuchtung öffentlicher Wege und Brücken besonders geregelt. Insoweit scheidet die Pflicht des Eigentümers (hier des Wasserbaufiskus) sein Eigentum in ordnungsmäßigem Zustande zu erhalten und deshalb zu beleuchten, aus; denn nach feststehender Rechtsprechung des Gerichtshofs fällt die allgemeine Pflicht des Eigentümers zur Erhaltung seines Grundstücks in einem polizeimäßigen Zustande bei solchen Verhältnissen fort, für welche die öffentlich-rechtlichen Pflichten durch besondere Rechtsnormen anderweit geregelt sind und in diesen ihre rechtliche Schranke finden.

Nr. 4. Entsch. v. 21. Mai 1908 (PrVerwBl. 30 608) IV B 62/07.

ALR. II 14 § 21; II 15 §§ 38, 53, 138.

1. Ist die Verleihung der Chausseegeld-Hebeberechtigung ausdrücklich gegen Uebernahme der künftigen chausseemäßigen Unterhaltung erfolgt, so erstreckt die für den Kläger gemäß § 138 II 15 ALR. neu begründete öffentlich-rechtliche Unterhaltungspflicht sich notwendig auf alle Bestandteile der Chausseen und damit auch auf die Brücken, und zwar um so mehr, als in der Berechtigung zur Erhebung von Chausseegeld auch die Berechtigung zur Hebung von Brückengeld für die im Zuge der Straße liegenden Brücken mitenthalten ist. Sie beseitigt gleichzeitig die Verpflichtungen, die vorher wegen Unterhaltung der Wege und der Brücken bestanden haben. Es kann deshalb nicht weiter darauf ankommen, welche Folgerungen etwa aus dem vom Kläger angezogenen Brückenkataster bezüglich der Unterhaltungspflicht herzuleiten sein möchten. Ebenso ist es unerheblich, daß der Fiskus die beiden Brücken auch nach Anlegung der Chausseen tatsächlich unterhalten und in den Jahren 1888/89 und 1891 neu gebaut hat. Denn an der rechtswirksam begründeten Verpflichtung des Klägers kann hierdurch allein nichts geändert werden. Die etwaige Bildung einer den Fiskus verpflichtenden Observanz insbesondere ist gegenüber der Vorschrift des § 138 ausgeschlossen.

2. Rechtsirrtümlich ist endlich die Meinung des Klägers, die Verpflichtung des Beklagten zur Unterhaltung der streitigen Brücken gründe sich auf § 53 II 15 ALR. Eine entsprechende Anwendung des § 53 aaO. auf die über den Kanal führenden Brücken ist nicht zulässig. Denn das entscheidende Merkmal des öffentlichen Stromes ist nach § 21 II 14 und § 38 II 15 ALR. darin zu finden, daß er ein von Natur schiffbarer Wasserlauf ist, und dieses Merkmal fehlt bei einem künstlichen Schiffahrtskanal. Der Hinweis des Klägers auf künstliche Durchstiche bei öffentlichen Strömen ist verfehlt. Der Durchstich ist mit seiner Anlage dazu bestimmt, ein Teil des öffentlichen Stromes zu werden. Er ist also einem Kanal rechtlich nicht gleichzustellen.

Nr. 5. Entsch. v. 22. Okt. 1908 (PrVerwBl. 31 114) IV C 196/07.

WegeO. v. 11. VII. 91 §§ 5 f., 27.

Aus den von der Beklagten nicht bemängelten und vom Gerichtshof aus den vorliegenden Akten nachgeprüften Feststellungen hat der Bezirksausschuß mit Recht in Ermangelung jeglichen Anhalts für die Annahme, daß die Hebeberechtigung rechtsgültig aufgehoben worden sei, den unveränderten Fortbestand des Heberechts der beiden Rittergüter und mithin zugleich der damit verbundenen Brückenbaupflicht gefolgert. Insbesondere konnte weder der Abschluß des erwähnten Rezesses eine Veränderung dieses Rechtszustandes herbeiführen, da die Bestimmung des damals auf letzteren anzuwendenden § 138 II 15 ALR zwingender Natur ist und durch Rezesse nicht außer Wirksamkeit gesetzt werden kann, noch der Nichtgebrauch des Hebungsrechts die öffentlich-rechtliche Verpflichtung zur Brückenunterhaltung zum Erlöschen bringen. Bestand aber beim Inkrafttreten der WegeO. für die Prov. Sachsen v. 11. VII. 91 die Hebeberechtigung noch, so liegt nach §§ 27, 5f. aaO. den Beklagten an Stelle der sonst Verpflichteten die Baulast ob. Ob in früheren Fällen der Baupflicht ohne Widerspruch genügt worden ist, ist ohne Bedeutung.

Nr. 6. Entsch. v. 1. Juni 1908 (OVG. 52 330) IV C 29/07.

Die Zuständigkeit einer preußischen Polizeibehörde beschränkt sich auf den ihr innerhalb des preußischen Staatsgebiets zugewiesenen Bezirk; sie ist keinesfalls berechtigt, Anordnungen für einen nicht zur preußischen Monarchie gehörigen Landesteil des Fürstentums Lippe zu erlassen. Der angefochtene Beschluß ist daher mit Recht außer Kraft gesetzt worden, weil die Beklagte sich bei seinem Erlasse nicht in den Grenzen ihrer örtlichen Zuständigkeit gehalten hat. Denn es ist nicht angängig, die Anordnung dahin einzuschränken, daß die Klägerin nur den auf dem preußischen Staatsgebiete herzustellenden Teil der Brücke erbauen soll. Grenzbrücken sind einheitliche Bauwerke, deren Neuanlage der Regel nach nur von einer einheitlichen Polizeibehörde angeordnet werden kann. Diese Regel muß allerdings eine Einschränkung erfahren, wenn es sich um eine 2 Staaten gemeinsame Grenzbrücke handelt, da hier notwendigerweise die beiden örtlich zuständigen Polizeibehörden der beiden beteiligten Staaten die Anordnungen an die Wegebaupflichtigen innerhalb ihrer Bezirke gesondert erlassen müssen. Auch hier kann indessen der Inhalt der Anordnung nur dahin gehen, daß die Wegebaupflichtigen eines jeden der beiden Grenzbezirke den auf sie fallenden Teil der Arbeiten an dem einheitlichen Bau in Gemeinschaft mit dem Unterhaltungspflichtigen des anderen Staates ausführen sollen.

Nr. 7. Entsch. v. 24. Juni 1909 (OVG. 54 307) IV C 152/08.

ZustG. § 56; LVG. § 52.

1. Ein jedes Rechtsmittel hat aber zur selbstverständlichen Voraussetzung, daß die damit angefochtene Entscheidung demjenigen, der sich des Rechtsmittels bedient, zur Beschwerde gereicht. Daß die Gemeinde die Verpflichtung des Klägers zu der streitigen Leistung festgestellt sehen möchte, gibt ihr nicht die Berechtigung zur Einlegung der Revision. Der Umstand, daß auch der beklagte Amtsvorsteher Revision eingelegt hat und hierdurch zuungunsten der Gemeinde die Möglichkeit entsteht, daß sie, wenn dessen Revision Erfolg hat, ihrerseits zu der geforderten Leistung verurteilt wird, ändert nichts. Durch diese Folge der Revision des Amtsvorstehers wird das Urteil des Bezirksausschusses noch nicht zu einem solchen, welches die Gemeinde beschwert. Ihre Rechte zur Abwehr einer ihr ungünstigen Endentscheidung wahrzunehmen, ist sie trotz der Unzulässigkeit ihrer Revision nicht gehindert, da sie ohnehin auch in der Revisionsinstanz als Mitbeklagte zum Verfahren zuzuziehen ist.

2. Die Revision des beklagten Amtsvorstehers ist unbegründet. Die angefochtene Verfügung ist, wenn sie auch gemäß dessen Angaben aus sicherheitspolizeilichen Gründen erlassen worden ist, eine wegebaupolizeiliche Verfügung im Sinne des § 56 ZustG., für die als Rechtsmittel der Einspruch und gegen den diesen zurückweisenden Beschluß die Klage im Verwaltungsstreitverfahren,

je binnen einer Frist von 2 Wochen, in Frage kommen. Die vom Kläger gegen den Einspruchsbescheid angestrengte Klage ist ungeachtet der Versäumung der Einspruchsfrist zulässig. Der beklagte Amtsvorsteher hat in der mündlichen Verhandlung vor dem Bezirksausschuß erklärt, daß er bei Erlaß des Einspruchsbescheids die Fristversäumnis absichtlich nicht habe rügen, vielmehr Wiedereinsetzung in den vorigen Stand habe gewähren wollen. Auf Grund dieser Erklärung ist mit dem Vorderrichter anzunehmen, daß der Beklagte sich der vorliegenden Fristversäumnis bewußt war und durch die trotzdem erfolgte Erteilung eines sachlichen Bescheids auf den Einspruch dem Kläger stillschweigend Wiedereinsetzung auf Grund des § 52 LVG. bewilligt hat. Hiernach ist der Mangel geheilt und die Fristversäumnis in ihren rechtlichen Folgen beseitigt. Die wiedereinsetzende Behörde hatte auf Grund des § 52 aaO. nach freiem Ermessen darüber zu befinden, ob eine unverschuldete Fristversäumnis vorliegt, und dem Verwaltungsrichter steht in dem nachfolgenden Streitverfahren keine Nachprüfung darüber zu, ob es nach Lage der Sache sachlich berechtigt war, jenes zu bejahen.

3. In der Vf. v. 10. I. 07 ist die Errichtung einer festen Fußgängerbrücke über die W.Schleuse neben der vorhandenen Zugbrücke angeordnet. Die W.Schleuse ist unstreitig eine der öffentlichen Schiffahrt dienende Wasserstraße. Mit dieser Verfügung ist der Amtsvorsteher über die Grenzen seiner Zuständigkeit hinausgegangen. Die Zuständigkeit war überhaupt nicht gegeben, wenn als Gegenstand der Verfügung der Bau einer neuen Brücke über einen öffentlichen Fluß angesehen werden muß. Denn da nach §§ 38, 50ff. II 15 ALR. der Bau neuer Brücken über öffentliche Ströme als ein Vorbehalt des Staates anzusehen ist, der ohne dessen besondere Erlaubnis nicht vorgenommen werden darf, so wäre es ein ungerechtfertigter Eingriff in die Hoheitsrechte des Staates, wollte man die örtliche Wegepolizeibehörde für zuständig erachten, die Neuanlegung einer Brücke über einen öffentlichen Strom gegen den Fiskus im öffentlichen Verkehrsinteresse zu erzwingen. Ist dagegen die Verfügung nicht in vorstehendem Sinne aufzufassen, so ist die Zuständigkeit des Amtsvorstehers als Wegepolizeibehörde, da es sich um eine wegebaupolizeiliche Anordnung bezüglich einer in den Zug eines öffentlichen Kommunikationswegs fallenden Brücke handelt, an sich begründet. Sie wird auch dadurch nicht ausgeschlossen, daß es sich um eine Anlage handelt, die über eine der Zuständigkeit der Strom- und Schiffahrtspolizeibehörde unterstehende öffentliche Wasserstraße führt, und daß deshalb bezüglich ihrer Zulässigkeit oder mindestens bezüglich der Art und Weise ihrer Ausführung die Konkurrenz strom- und schiffahrtspolizeilicher Interessen eintritt oder eintreten kann, welche von letzterer wahrzunehmen sind. Die Wegepolizeibehörde bleibt vielmehr zum Erlasse der wegebaupolizeilichen Anordnung an sich zuständig. Doch erleidet ihre Zuständigkeit dahin eine Einschränkung, daß sie nicht in die Zuständigkeit einer anderen Behörde, insbesondere der Landespolizeibehörde, eingreifen darf. Sie ist deshalb jedenfalls nicht befugt, einen Bau anzuordnen, der nur mit Genehmigung der Strom- und Schiffahrtspolizeibehörde zulässig ist, ohne sich vorher des Einverständnisses dieser Behörde versichert zu haben. Dieser Fall liegt hier vor, wenn der Wasserlauf der sog. W.Schleuse ein öffentlicher Fluß ist (§ 62 II 15 ALR.); denn als Wasserbau im Sinne dieser Bestimmung ist der angeordnete Bau schon wegen seiner Einwirkung auf die Schiffahrt zweifellos anzusehen. Dasselbe gilt, wenn der Wasserlauf ursprünglich ein auf Grund der §§ 40f. II 15 ALR. künstlich schiffbar gemachter Privatfluß ist. Auch in diesem Falle ist er, da er unzweifelhaft dem staatlichen Willen entsprechend der öffentlichen Schiffahrt dient, mit der aus § 41 sich ergebenden, hier nicht in Betracht kommenden Einschränkung jedenfalls in polizeilicher Beziehung rechtlich

dem öffentlichen Flusse gleichgestellt, so daß § 62 aaO. ebenfalls Anwendung findet.

Handelt es sich dagegen um einen Kanal, so ist der nur von öffentlichen Strömen handelnde § 62 aaO. nicht, auch nicht analog, anwendbar; denn das entscheidende Merkmal des öffentlichen Stromes ist nach § 21 II 14 und § 38 II 15 ALR. darin zu finden, daß er ein von Natur schiffbarer Wasserlauf ist. Dieses Merkmal fehlt bei einem künstlichen Schiffahrtskanal und eine Vorschrift, wonach Schiffahrtskanäle den öffentlichen Flüssen gleichzuachten seien, ist nicht vorhanden. Sonst besteht keine allgemeine gesetzliche Bestimmung, daß Wasserbauten oder ähnliche Anlagen in oder an Schiffahrtskanälen der Genehmigung bedürfen.

Die W.Schleuse ist aber unstreitig eine dem öffentlichen Schiffahrtsverkehre dienende und vom Staate dazu bestimmte Wasserstraße. Daraus folgt, daß alle Anlagen in und an ihr unzulässig sind, die die Schiffahrt zu gefährden und zu behindern geeignet sind. Hiernach bestimmt sich auch, ob, an welcher Stelle und in welcher Form und Bauart Brücken über die Wasserstraße geführt werden dürfen. Die Wahrung der öffentlichen Interessen der Schiffahrt und deren Schutz gegen Beeinträchtigung und Behinderung sind Sache des Regierungspräsidenten als der zuständigen Strom- und Schiffahrtspolizeibehörde. Dieser hat deshalb auch über die Zulässigkeit von Brückenanlagen jedenfalls insoweit zu befinden, als sie die Schiffahrt zu beeinträchtigen geeignet erscheinen. Die Möglichkeit einer solchen Beeinträchtigung ist aber im vorliegenden Falle zweifellos als gegeben anzunehmen, da an einer Stelle lebhaften und infolge des Schleusenbetriebs sich zusammendrängenden Schiffahrtsverkehrs die Herstellung einer festen Fußgängerbrücke gefordert wird, „deren Benutzung durch den Schleusenbetrieb in keiner Weise behindert wird“. Hieraus folgt, daß der beklagte Amtsvorsteher ohne vorheriges Einvernehmen mit der Strom- und Schiffahrtspolizeibehörde die angefochtene Verfügung auch dann nicht erlassen durfte, wenn die W.Schleuse die Eigenschaft eines Schiffahrtskanals hat.

Nr. 8. Entsch. v. 29. April 1909 (OVG. 54 337) IV B 1/09.

1. Die gesetzliche Grundlage für die Pflicht des Fiskus zur Unterhaltung der streitigen Brücke und demgemäß auch eintretendenfalls zu ihrer Erneuerung ist in § 56 Abs. 2[1] Hann.G. über Gemeindewege und Landstraßen v. 28. VII. 51 (Hann. GS. Abt. I 141) enthalten. Nicht bestritten ist, daß die Brücke der Erneuerung bedarf, daß nach den heutigen Verkehrsbedürfnissen eine Erweiterung und Verstärkung der Brückenanlage erforderlich ist, und daß die in dieser Hinsicht durch die angefochtene Verfügung getroffenen Anordnungen notwendig und zweckmäßig sind. Streitig ist allein, ob der Fiskus verpflichtet ist, bei der vorzunehmenden Erneuerung der Brücke nur den bisherigen Zustand wiederherzustellen, oder ob er die im Verkehrsinteresse erforderliche Verbreiterung und Verstärkung der Bauart vorzunehmen und deren Kosten zu tragen hat.

2. Der Fiskus erachtet zu dieser Mehrleistung auf Grund des § 56 Abs. 3 Hann. G. über die Gemeindewege und Landstraßen in Verbindung mit § 17 ChausseebauG. v. 20. VI. 51 (Hann. GS. Abt. I 119) den rücksichtlich der Landstraße wegebaupflichtigen Verband, d. h. den mitbeklagten Kreis N., für verpflichtet. Der Bezirksausschuß folgert dagegen aus dem Wortlaute des § 56 Abs. 3 aaO., daß die Bestimmung des § 17 ChausseebauG. auf die im Zuge von Landstraßen liegenden Domanialbrücken (§ 56 Abs. 2[1]) keine entsprechende Anwendung finden kann, weil der § 17 nur rücksichtlich der im § 16[1 und 2] das. genannten Brücken, welche den in § 56 Abs. 2[2 und 3] GemeindewegeG. be-

zeichneten Brücken entsprechen, nicht aber auch bezüglich der in § 56 Abs. 2[1] das. aufgeführten Brücken Bestimmung treffe. Dieser Auslegung ist lediglich beizupflichten. Mag man den Abs. 3 des § 56 aaO. auf den vorhergehenden zweiten oder auf den ersten Absatz zurückbeziehen, so fehlt es, wenn danach die rücksichtlich solcher Brücken in Chausseelinien in §§ 17—21 ChausseebauG. getroffenen Bestimmungen für die in Landstraßen belegenen sinngemäß zur Anwendung kommen sollen, für die in § 56 Abs. 2[1] bezeichneten Brücken an Bestimmungen, die angewendet werden könnten. Die vorstehende Auslegung des § 56 Abs. 3 findet auch in der Begründung des Gesetzes ihre Bestätigung.

8. Verfahren in Wegeunterhaltungsangelegenheiten nach §§ 55f. ZustG. Streitigkeiten der Beteiligten.

Nr 1. Entsch. v. 30. Jan. 1908 (OVG. 52 322) IV C 145/05.

ZustG. § 56; LVG. §§ 127ff.

Dem Vorderrichter ist allerdings dahin beizutreten, daß nach § 6[b] G. v. 11. III. 50 (GS. 265) zu den Gegenständen ortspolizeilicher Vorschriften auch „Ordnung, Sicherheit und Leichtigkeit des Verkehrs auf öffentlichen Straßen, Wegen und Plätzen" gehören, und daß die Ortspolizeibehörde daher auch befugt ist, durch Polizeiverordnungen und polizeiliche Verfügungen das auf öffentlichen Straßen, Wegen und Plätzen verkehrende Publikum nicht nur vor Gefahren, sondern auch vor Nachteilen und Belästigungen sicherzustellen, die durch Verbreitung schädlicher Dünste entstehen. Ist dieser Zweck aber nur durch eine in das Gebiet der Wegeunterhaltung fallende Leistung zu erreichen, die von dem nach öffentlichem Rechte Wegeunterhaltungspflichtigen gefordert wird, so liegt eine unter § 56 ZustG. fallende wegebaupolizeiliche Anordnung vor, die nur mit den in diesem Paragraphen Abs. 1—4 gegebenen Rechtsmitteln angefochten werden kann. Diese Auffassung ist auch in der Rechtsprechung des OVG. stets als zutreffend anerkannt worden. Der Gerichtshof hat allerdings in OVG. 38 444 (445) und 40 434 (436), zum Ausdrucke gebracht, daß auf gesundheitspolizeiliche Erwägungen gestützte Verfügungen von der Ortspolizeibehörde auch dann zu erlassen sind, wenn sie mit dem Zustande von Chausseen im Zusammenhange stehen, zB. die Ableitung von Hausabwässern in Chausseegräben betreffen. Allein gerade die ersterwähnte Entscheidung führt aus, daß, falls ein Verbot der Zuleitung von Schmutzwässern in den Chausseegraben nicht angängig sei oder nicht zum Ziele führe, nur der Wegeunterhaltungspflichtige angehalten werden könne, den Straßengraben, etwa durch Pflasterung, Regulierung des Gefälles oder andere Vorkehrungen, in einen Zustand zu versetzen, der gesundheitsschädliche Mißstände nicht aufkommen lasse. In keiner dieser Entscheidungen ist aber ausgesprochen worden, daß — der klaren Vorschrift des § 56 Abs. 1 ZustG. zuwider — gegen Verfügungen, die eine wegebaupolizeiliche Anordnung hinsichtlich eines öffentlichen Weges oder seines Zubehörs enthalten, deshalb, weil sie aus gesundheitspolizeilichen Beweggründen erlassen worden sind, die Rechtsmittel der §§ 127ff. LVG. Anwendung finden sollen.

Nr. 2. Entsch. v. 26. März 1908 (PrVerwBl. 30 325) IV C 241/06.

ZustG. §§ 55f.; ALR. II 17 § 10.

1. Dafür, ob eine sicherheits- oder eine wegebaupolizeiliche Verfügung vorliegt, kommt es nicht, oder wenigstens nicht in erster Linie, darauf an, welche rechtliche Bedeutung dieser Verfügung in den Erklärungen der Par-

teien während des schwebenden Streitverfahrens beigelegt worden ist; entscheidend ist vielmehr ihr Inhalt und Gegenstand. Bei der grundsätzlichen Einheit der Ortspolizeibehörde ist es ferner ohne Belang, wenn die Verfügung am Kopfe und in der Unterschrift als von der Ortspolizeibehörde und nicht von der Wegepolizeibehörde ausgehend bezeichnet worden ist. Wenn eine Verfügung sagt, der Weg befände sich in einem derart ordnungswidrigen Zustande, daß ein Einschreiten der Ortspolizeibehörde im verkehrspolizeilichen Interesse notwendig sei, und dem Kläger aufgibt, den Weg so instand zu setzen, daß sein Zustand billigen Anforderungen entspricht und wenn die Art der geforderten Instandsetzung genau angegeben wird, so ist in keiner Weise angedeutet, daß sicherheitspolizeiliche Gesichtspunkte für den Erlaß der Verfügung bestimmend waren, und daß die Abwendung von Gefahren für das Publikum und welcher Gefahren bezweckt wurde. Sicherheitspolizeilich können ferner nur diejenigen Maßnahmen angeordnet werden, die dazu dienen, die Gefahr zu beseitigen. Solches ist hier nicht geschehen, sondern die allgemeine bauliche Instandsetzung des Weges ist Gegenstand der Anordnung, und dies ist etwas wesentlich anderes. Die Verfügung kann hiernach nicht als eine sicherheitspolizeiliche, sondern muß als eine wegebaupolizeiliche im Sinne des § 56 ZustG. angesehen werden.

2. Der rechtliche Charakter einer polizeilichen Verfügung unterliegt der freien Beurteilung des Revisionsrichters, weil davon die Zuständigkeit der Polizeibehörde zu ihrem Erlaß und die Art der gegen sie gegebenen Rechtsmittel abhängt.

3. Bei Privatwegen kann die Polizeibehörde nur auf Grund des § 10 II 17 ALR. aus sicherheitspolizeilichen und dergleichen Gründen einschreiten.

Nr. 3. Entsch. v. 18. Febr. 1909 (OVG. 54 328) IV C 121/08.

ZustG. §§ 55f.

Der beklagte Amtsvorsteher hat der Klägerin aufgegeben, an ihn 2400 *M* zur Besserung des streitigen Weges zu zahlen. Eine solche Verpflichtung besteht nach dem geltenden Rechte für die Gemeinde nicht. Nach §§ 55f. ZustG. hat die Wegepolizeibehörde, wenn für den Bau oder die Unterhaltung der öffentlichen Wege Leistungen einer Gemeinde erforderlich sind, die Gemeinde zur Erfüllung ihrer sich aus dem Gesetz ergebenden Verpflichtung binnen angemessener Frist aufzufordern und erforderlichenfalls mit den gesetzlichen Zwangsmitteln anzuhalten. Darauf beschränkt sich die Befugnis der Wegepolizei, wenn nicht etwa der Ausnahmefall der Schlußbestimmung des § 55 aaO. vorliegt, wonach die Wegepolizeibehörde bei Gefahr im Verzuge die notwendigen Arbeiten auch ohne vorgängige Aufforderung des Verpflichteten für dessen Rechnung in Ausführung bringen darf. Davon ist hier keine Rede. Der Beklagte mag freilich davon ausgegangen sein, daß erhebliche Zweckmäßigkeitsgründe, namentlich die Zusage der Kreisbeihilfe, die Aufforderung zur Geldzahlung anstatt zur Wegebesserung ratsam erscheinen ließen. Aber auch dies rechtfertigt sein Vorgehen nicht. Er hätte dann wenigstens der Gemeinde die Wahl lassen müssen, ob sie den Bau selbst bewirken oder die erforderliche Geldsumme zahlen wolle. Ein Mittel, daß das Vorgehen des Beklagten hätte rechtfertigen können, wäre gewesen, daß er vor Erlaß seiner Verfügung die Zustimmung der Gemeinde zur Geldzahlung, falls sie überhaupt verpflichtet sein sollte, eingeholt hätte, und ebenso würde es vielleicht genügt haben, wenn die Gemeinde nachträglich ihr Einverständnis damit ausdrücklich oder stillschweigend erklärt hätte. Dies ist aber nicht geschehen.

Nr. 4. Entsch. v. 25. Febr. 1909 (PrVerwBl. 31 444) IV C 181/08.

ZustG. § 56.

Die Feststellungsklage aus § 56^5 ZustG. kann nur darauf gerichtet werden, daß über die öffentlich-rechtliche Unterhaltungspflicht eines Weges als solche erkannt werde, dagegen kann mit ihr keine Feststellung darüber angestrebt werden, wie diese Pflicht zu erfüllen sei. Ueber den Umfang der Unterhaltungspflicht entscheidet vielmehr das Verkehrsbedürfnis, und was dieses erfordert, hat wieder nur die Wegepolizeibehörde zu bestimmen. Das Klagebegehren der Klägerin lag daher von vornherein insoweit außerhalb des Rahmens der Feststellungsklage, als es auf die Feststellung abzielt, daß die Beklagte die streitige Wegestrecke nicht nur überhaupt, sondern als tatsächlich chaussierten Weg, wenn auch nicht als Chaussee im Rechtssinne, unterhalten müsse. Dieses Hinausgehen über die Grenzen der Feststellungsklage hat schon der Kreisausschuß verkannt, wenn er feststellt, daß die Beklagte den „öffentlichen chaussierten" Weg W.-St. in bestimmten Grenzen zu unterhalten habe, und damit nicht bloß den streitigen Weg bezeichnen, sondern, wie die Urteilsgründe ergeben, den Umfang der Unterhaltungspflicht zum Ausdruck bringen will. Weiter hat aber auch der Bezirksausschuß es übersehen. Denn da er dahin erkennt, daß die Beklagte die streitige Wegestrecke nur als gewöhnlichen Kommunikationsweg unterhalten müsse, und in den Gründen seines Erkenntnisses dazu ausführt, sie brauche ihn nicht als Chaussee zu unterhalten, und deshalb habe das Urteil des Kreisausschusses, soweit es sich über den Umfang der Verpflichtung ausspreche, abgeändert werden müssen, so ist zweifellos, daß den Hauptgegenstand seiner Entscheidung nicht die Unterhaltungspflicht an sich, sondern deren Umfang bildet.

Bei freier Beurteilung erwies sich die Sache mit Rücksicht darauf, daß nur über die Unterhaltungspflicht an sich zu erkennen ist, als spruchreif. Denn daß diese der Beklagten observanzmäßig obliegt, kann nach den Ausführungen des Kreisausschusses, auf die verwiesen wird, keinem Zweifel unterliegen.

Nr. 5. Entsch. v. 3. Mai 1909 (OVG. 54 321) IV B 58/08.

ZustG. § 56.

1. Der Erstattungsanspruch aus § 56 Abs. 5 f. ZustG. hat nicht nur zur Voraussetzung, daß dem Beklagten die öffentlich-rechtliche Wegebaupflicht obliegt und der Kläger behauptet, sie seinerseits erfüllt zu haben, sondern erfordert noch als weitere Grundlage, daß eine privatrechtliche Anspruchsform hinzukommt.

2. Ob eine solche gegeben ist, ist im vorliegenden Falle, soweit die Klägerin vor dem 1. I. 00 Kosten aufgewendet zu haben behauptet, nach dem ALR. und, soweit sie Aufwendungen nach dieser Zeit geltend macht, nach dem BGB. zu entscheiden, und zwar kommen nach dem ALR. die Uebernehmung fremder Geschäfte ohne vorhergegangenen Auftrag, die nützliche Verwendung und die Bereicherung (ALR. I 13 Abschn. 2 f.), nach dem BGB. die Geschäftsführung ohne Auftrag und die ungerechtfertigte Bereicherung (BGB. §§ 677 ff. und 812) als diejenigen Rechtseinrichtungen in Betracht, die den Erstattungsanspruch der Klägerin privatrechtlich stützen könnten.

Die Geschäftsbesorgung, Geschäftsführung ohne Auftrag hat sowohl nach dem ALR. wie nach dem BGB. zur Voraussetzung, daß der Geschäftsführer fremde, d. h. solche Geschäfte besorgt hat, die infolge ihres Inhalts oder Gegenstandes nicht in seinem Interessenkreise, sondern in dem eines anderen liegen. Dies ergibt der Wortlaut des § 228 I 13 ALR. wie des § 677 BGB., folgt auch aus der Natur der Sache.

Ein fremdes Geschäft in diesem Sinne aber hat die Klägerin mit der Unterhaltung ihres Wehres vor und nach der Anlegung der Chaussee nicht geführt. Was sie für das Wehr getan hat, geschah vielmehr ausschließlich in ihrem eigenen Interesse, um sich die Wasserkraft der U. für ihren Fabrikbetrieb zu erhalten, und wenn der Beklagte dadurch einen Vorteil hatte, so war das eine mehr oder weniger rein zufällige, jedenfalls nur mittelbare Folge der Besorgung eines eigenen Geschäfts der Klägerin, die dieses nicht zum fremden Geschäfte macht.

Damit hängt eng zusammen, daß die Klägerin sich auch nicht auf die nützliche Verwendung des ALR. stützen kann; denn eine solche war nur da vorhanden, wo etwas aus dem Vermögen des Klägers zum Vorteile des Beklagten in dessen Vermögen in der Weise übergangen ist, daß jener benachteiligt, dieser bereichert ist (§ 262 I 13 ALR.). Auch an dieser Voraussetzung fehlt es. Die Klägerin hat dadurch, daß sie ihr Wehr unterhielt, lediglich Verwendungen in ihr eigenes Vermögen gemacht; sie ist nicht ärmer geworden zum Vorteile des Beklagten, und dieser hatte seinen Nutzen nicht einer Verwendung in sein Vermögen, sondern einem mit der Verwendung in das Vermögen der Klägerin verbundenen, bloß deren mittelbare Folge bildenden Umstande zu verdanken. Damit fällt gleichzeitig nicht nur die auf § 230 I 13 ALR. fußende Bereicherung des ALR., sondern auch die ungerechtfertigte Bereicherung des BGB.; denn auch sie erfordert, wenn § 812 sagt, daß etwas „auf Kosten eines anderen" erlangt sein müsse, eine Vermögensverschiebung zum Schaden des anderen, wie er hier auf seiten der Klägerin nicht gegeben ist.

Anders wäre dies alles nur, wenn die Wehranlage Bestandteil oder Zubehörung der Chaussee des Beklagten wäre, da die Klägerin dann, indem sie das Wehr unterhielt und damit eine eigene Angelegenheit besorgte, gleichzeitig ein Geschäft des Beklagten, also ein gemeinschaftliches Geschäft, geführt und den Beklagten dann auch zu ihrem Schaden bereichert hätte. Dies ist aber nicht der Fall. Ein Bestandteil der Chaussee ist das Wehr jedenfalls nicht, und ebensowenig kann es als deren Zubehörung gelten, soweit man auch den Begriff der Zubehörung für das öffentliche Recht auffassen mag; denn es ist eine ersichtlich selbständige, eigenen Zwecken dienende Vorrichtung und nicht dazu bestimmt, den Schutz oder die Sicherheit der Chaussee und des auf ihr sich bewegenden Verkehrs zu fördern.

3. Die Klägerin stützt ihren Anspruch außerdem allerdings noch auf die Vorschriften über unerlaubte Handlungen und auf § 11 I 21 ALR., der lautet: „Wer den Gebrauch oder die Nutzung einer Sache hat, muß diejenigen Kosten und Lasten tragen, ohne welche er der daraus zu ziehenden Vorteile nicht genußbar werden kann." Die Vorschriften über unerlaubte Handlungen kommen aber, abgesehen davon, daß ihr Tatbestand nicht gegeben ist, schon deshalb nicht in Betracht, weil sie nur einen Schadensersatzanspruch, der hier nicht in Frage steht, und keinen Erstattungsanspruch gewähren, und § 11 I 21 ALR. ist deshalb nicht anwendbar, weil er, wie die Ueberschrift des 21. Titels und der Wortlaut der §§ 1—10 desselben zeigen, nur von der Ausübung eines Rechtes zum Gebrauch und zur Nutzung fremden Eigentums handelt, von einem solchen Rechte des Beklagten hier aber nicht die Rede sein kann.

Nr. 6. Entsch. v. 17. Mai 1909 (DJZ. 15 206) IV C 95/08.

ZustG. § 56.

Notwendige Voraussetzung für jede Anordnung der Wegepolizeibehörde aus § 56 Abs. 1 ZustG. ist, daß sie sich auf einen öffentlichen Weg bezieht. Nun hat aber der beklagte Amtsvorsteher in diesem ganzen Verfahren niemals behauptet oder sich sonst erkennbar auf den Standpunkt gestellt, daß der in Frage stehende Landstreifen Teil eines öffentlichen Weges sei. Die von dem Kreisausschuß in seinem Urteil ausgesprochene Ansicht, daß der Streifen ein Privatgrundstück sei, hat er in der Berufungsinstanz nicht bemängelt und in seiner Revisionsschrift ausdrücklich das gleiche behauptet. Danach fehlt es an jener unerläßlichen Voraussetzung für das wegebaupolizeiliche Einschreiten des Amtsvorstehers. Denn gegen dessen Willen das Gelände als einen öffentlichen Weg anzusehen, dazu ist das Gericht nicht befugt; vielmehr hat es in dieser Beziehung lediglich die von dem Amtsvorsteher selbst in dem Streitverfahren vertretene Auffassung seiner Entscheidung zugrunde zu legen.

Nr. 7. Entsch. v. 7. Juni 1909 (PrVerwBl. 31 665) IV B 67/08.

ZustG. §§ 55f.; ALR II 17 § 10.

1. Auch in der Berufungsinstanz hat der Kläger geltend gemacht: die angefochtene polizeiliche Verfügung sei ordnungswidrig zugestellt worden; ihre Zustellung hätte an den Landeshauptmann erfolgen müssen, und in dem Umstande, daß der Landeshauptmann trotz dieses Einwandes nach erfolglosem Einspruche gegen die Verfügung der Polizeibehörde Klage erhoben habe, könne kein Anerkenntnis ordnungsmäßiger Zustellung gefunden werden. Der Einwand ist mit Recht zurückgewiesen worden. Weder Gesetze noch auf solche sich gründende Vorschriften machen die Gültigkeit einer polizeilichen Verfügung der vorliegenden Art von einer förmlichen Zustellung abhängig. Ueberdies ist der mit der Klage angefochtene Beschl. v. 24. IV. 07, der als die Unterlage des Verwaltungsstreitverfahrens in erster Linie in Betracht kommt, an den Landeshauptmann gerichtet und diesem zugestellt worden.

2. Es handelt sich um eine Anordnung der Wegepolizeibehörde, die den Bau und die Unterhaltung der öffentlichen Wege betrifft. Wäre die Anordnung insoweit hinsichtlich einer Chaussee im Rechtssinne ergangen, so würde zu ihrem Erlasse nicht die beklagte Ortspolizeibehörde, sondern die Landespolizeibehörde zuständig gewesen sein, es sei denn, daß ausnahmsweise die besonderen Voraussetzungen für ein ortspolizeiliches Einschreiten wegen Gefahr im Verzuge vorgelegen hätten. Die angefochtene Anordnung betrifft aber nicht den Bau oder die Unterhaltung der Provinzialchaussee. Denn die instand zu setzende Ueberbrückung ist kein Teil der Chaussee, sondern gehört zu dem von dieser bei der Wirtschaft „Zur Post" abzweigenden Wege, der auf dem von den Parteien anerkannten Lageplane mit den Buchstaben E C bezeichnet ist. Je nachdem dieser Weg, der nicht Chausseeeigenschaft hat, öffentlich ist oder nicht, ist die Rechtslage verschieden zu beurteilen. Ist der Weg öffentlich, so unterliegt die Zuständigkeit der beklagten Polizeibehörde als Wegepolizeibehörde keinem Zweifel. In diesem Falle ergibt sich die Verpflichtung des Klägers zu der ihm aufgegebenen Wegebauleistung aus § 56 Abs. 4 ZustG., da die Klage gegen die Beklagten zu 2 bis 4 unbegründet ist. Diese Beklagten würden nur dann nach dem Antrage des Klägers verurteilt werden können, wenn sie zu der ihm angesonnenen Leistung aus Gründen des öffentlichen Rechtes verpflichtet wären. Zum Nachweise einer solchen Verpflichtung hat der Kläger nichts von Erheblichkeit beigebracht, ebensowenig haben sich sonst Anhaltspunkte für die Annahme irgendeines die neben der Wegepolizeibehörde beklagten Grundbesitzer verpflichtenden Titels des öffentlichen Rechtes ergeben. Ob sie, oder sie allein, Vorteil von der Wegeverbindung haben, ist unerheblich.

Ist dieser Weg nicht öffentlich, so fehlte der beklagten Polizeibehörde in ihrer Eigenschaft als Wegepolizeibehörde die Zuständigkeit zum Erlasse der angefochtenen Verfügung. Denn den Wegepolizeibehörden steht nur die

Aufsicht über die öffentlichen Wege und deren Zubehörungen zu (§ 55 aaO.). Für den hier unterstellten Fall kommt jedoch in Betracht, daß auch die allgemeinen Befugnisse der Ortspolizeibehörden unabhängig von der im XI. Titel ZustG. besonders geregelten Zuständigkeit für die Wegepolizei, die beklagte Polizeibehörde berechtigen konnten, von dem Kläger als dem Eigentümer des in einem polizeiwidrigen Zustande befindlichen Grundstücks die Abstellung der sich daraus ergebenden Gefährdung für Menschen auf Grund des § 10 II 17 ALR. zu fordern. Weder der Inhalt der polizeilichen Verfügung, noch die Stellungnahme der beklagten Polizeibehörde im Verwaltungsstreitverfahren schließen eine Prüfung der angefochtenen Anordnung auf ihre Berechtigung aus diesem — nicht wegepolizeilichen — Gesichtspunkte aus.

Nr. 8. Beschl. v. 13. Febr. 1908 (OVG. 52 327) IV 173.

ZustG. § 56 Abs. 7; LVG. § 70.

Darauf, ob der Kreiskommunalverband beteiligt im Sinne des § 56 Abs. 7 ZustG. ist, kommt es nur für die Zuständigkeit des Kreisausschusses oder des Bezirksausschusses für das Verwaltungsstreitverfahren, nicht aber dafür an, ob eine Beiladung erfolgen oder nicht erfolgen soll. Ein Zusammenhang zwischen dem Abs. 7 und einem Antrag auf Beiladung besteht in einem Falle der vorliegenden Art nur dahin, daß der Bezirksausschuß über den Antrag auf Beiladung zu befinden hat und, nachdem die Beiladung beschlossen worden ist, auch zur Entscheidung der Streitsache zuständig wird. Dagegen kann der Antrag auf Beiladung nicht deshalb abgelehnt werden, weil der Kreiskommunalverband nicht im Sinne des Abs. 7 beteiligt, d. h. nicht Partei oder Beigeladener oder nicht wenigstens seine Beiladung beantragt sei. Entscheidend ist vielmehr allein, ob der Kreiskommunalverband im Sinne des § 70 LVG. ein Interesse hat, das durch die zu erlassende Entscheidung berührt wird.

Nr. 9. Entsch. v. 21. Sept. 1908 (PrVerwBl. 30 783) IV B 46/08.

LVG. § 7; ZustG. § 56.

Gemäß § 7 Abs. 2 LVG. wird die sachliche Zuständigkeit der Verwaltungsgerichte zur Entscheidung in I. Instanz durch besondere Bestimmungen geregelt. Insoweit solche fehlen, ist keine Klage im Verwaltungsstreitverfahren gegeben. Daß nicht auf Grund des § 56 ZustG. geklagt werden konnte, unterliegt keinem Zweifel. Denn es erhellt ohne weiteres, daß die mit der Klage angefochtenen Beschlüsse des Beklagten keine Anordnung der Wegepolizeibehörde, die den Bau und die Unterhaltung der öffentlichen Wege oder die Aufbringung und Verteilung der dazu erforderlichen Kosten oder die Inanspruchnahme von Wegen für den öffentlichen Verkehr betrifft, sondern nur einen allgemeinen Ausspruch über die rechtliche Eigenschaft des streitigen Weges enthalten. Ebensowenig kann von Streitigkeiten der Beteiligten darüber, wem von ihnen die öffentlich-rechtliche Verpflichtung zur Anlegung oder Unterhaltung eines öffentlichen Weges obliegt, die Rede sein. Eine Klage im Verwaltungsstreitverfahren gegen den Ausspruch einer Polizei- oder Verwaltungsbehörde, daß ein Weg ein öffentlicher sei, mit dem Ziele, die Oeffentlichkeit oder Nichtöffentlichkeit zum alleinigen Gegenstande der Entscheidung zu machen, gibt es nicht.

Nr. 10. Entsch. v. 10. Dez. 1908 (OVG. 53 296) IV C 100/08.

ZustG. § 56.

1. Der Uebergang der Zuständigkeit des Kreisausschusses in Wegebaupolizeisachen gemäß § 56 Abs. 7 ZustG. auf den Bezirksaus-

schuß, nachdem eine Landgemeinde in eine Stadt mit mehr als 10 000 Einwohnern umgewandelt worden ist, kann sich, falls die sämtlichen Beteiligten einverstanden sind, ohne weiteres in der Weise vollziehen, daß die Akten an den Bezirksausschuß abgegeben werden und dieser sich mit dem Rechtsstreite befaßt. Ein Einverständnis bestand hier jedoch nicht bei dem Bezirksausschusse. Es wurde daher erforderlich, daß der Kreisausschuß über seine Zuständigkeit durch Urteil entschied. Das Urteil des Kreisausschusses mußte dahin ergehen, daß er sich für unzuständig erklärte, sich aber auf einen Ausspruch dieser seiner Unzuständigkeit beschränkte. Durch ein solches Urteil, nachdem es die Rechtskraft beschritten hatte oder rechtzeitig mit der Berufung angefochten worden war, wurde der Bezirksausschuß genötigt, sich mit dem Rechtsstreite zu befassen, und zwar in der Weise, daß er über die Sache selbst eine Entscheidung in erster Instanz zu treffen hatte.

2. Die in dem G. v. 27. III. 07 hinsichtlich der Stadtgemeinde D.-W. enthaltene Bezugnahme auf das G. v. 13. VI. 00 ist dahin zu verstehen, daß die Zuständigkeit des Bezirksausschusses zu Potsdam in polizeilichen Angelegenheiten vom 1. IV. 07 an auf den Bezirksausschuß zu Berlin übergegangen ist, daß aber diese Bestimmung für die vor dem 1. IV. 07 anhängig gemachten Sachen keine Anwendung findet.

Nr. 11. Entsch. v. 18. Febr. 1909 (OVG. 54 298) IV C 56/08.

ZustG. § 56.

1. Da das BGB. in den §§ 2212f. ebenso wie die ZPO. in den §§ 327, 748f. den Testamentsvollstreckern Parteifähigkeit beilegt, so waren B., C. und D. in ihrer Eigenschaft als Vollstrecker des Testaments des Rentiers M. als Kläger zu bezeichnen.

2. Die Klage stellt sich als eine Feststellungsklage auf Grund des § 56 Abs. 5 ZustG. dar, wonach Streitigkeiten zwischen den Beteiligten darüber, wem von ihnen die öffentlich-rechtliche Verpflichtung zur Anlegung und Unterhaltung eines öffentlichen Weges obliegt, im Verwaltungsstreitverfahren zu entscheiden sind. Die Zulässigkeit einer solchen Klage wird nicht dadurch ausgeschlossen, daß die Beklagte lediglich die von den Klägern behauptete Oeffentlichkeit des von M. straßenmäßig ausgebauten Holzwegs bestreitet und ihrerseits nicht behauptet, daß die öffentlich-rechtliche Unterhaltungslast hinsichtlich dieses Weges den Erben des M. oder den Testamentsvollstreckern obliege. Die Kläger bezwecken mit der Klage nicht bloß eine richterliche Feststellung der Oeffentlichkeit der Wegeanlage, was zweifellos nach dem Inhalte des § 56 aaO. unzuläßig sein würde, sondern sie wollen die zwischen ihnen und der Beklagten streitige öffentlich-rechtliche Unterhaltungspflicht eines, wie sie behaupten, öffentlichen Weges festgestellt wissen, um so die nach ihrer Angabe ihnen und den M.schen Erben angesonnene Verpflichtung, den Weg nach dem Verlangen der Beklagten gemäß den jetzt für Ortsstraßen in R. maßgebenden Grundsätzen auszubauen und nach den Anordnungen der Wegepolizeibehörde instand zu setzen und zu unterhalten, von sich und den Erben abzuwälzen. Hierzu bietet § 56 Abs. 5 die gesetzliche Handhabe. Der Charakter einer solchen Klage wird nicht dadurch verändert, daß die Beklagte die behauptete Oeffentlichkeit des Weges bestreitet. Der Verwaltungsrichter hat vielmehr über diese als über eine Zwischenfrage mit zu entscheiden. Von der Bestimmung des § 56 Abs. 5 aaO. werden ferner ungeachtet ihrer Fassung nicht nur solche Streitigkeiten betroffen, bei denen jede der streitenden Parteien von der anderen behauptet, daß sie die Wegebaulast zu tragen habe. Die Voraussetzung ihrer Anwendung ist vielmehr schon dann gegeben, wenn die klagende Partei ihren Anspruch auf eine angeblich dem Gegner obliegende öffentlich-recht-

liche Verpflichtung zur Unterhaltung eines öffentlichen Weges stützt. Damit kennzeichnet sich der Streit als ein Streit über diese öffentlich-rechtliche Verpflichtung, und die hierdurch begründete Zulässigkeit des Verwaltungsstreitverfahrens kann nicht bloß deswegen wieder wegfallen, weil der Beklagte einen Einwand erhebt, der das streitige Rechtsverhältnis in anderer Weise charakterisiert und somit die Behauptung in sich schließt, es stehe jene öffentlich-rechtliche Verpflichtung nicht in Frage. Voraussetzung der Klage aus § 56 Abs. 5 aaO. ist aber ferner, daß es sich um einen Streit zwischen Beteiligten handelt, daß also namentlich auch die Kläger Beteiligte im Sinne des Gesetzes sind. Als solche sind sie jedoch nicht nur dann zu betrachten, wenn der Streit sich darum dreht, welcher der beiden Parteien die öffentlich-rechtliche Wegeunterhaltungspflicht obliegt, sondern auch schon dann, wenn die Kläger die öffentlich-rechtliche Verpflichtung zu solchen Leistungen von sich abwehren wollen, die nach dem Klagevorbringen nicht ihnen, sondern der Beklagten als der nach öffentlichem Rechte Wegeunterhaltungspflichtigen zur Last fallen. Diese Voraussetzung trifft hier zu. Die Kläger tragen vor, und darüber besteht an sich kein Streit, daß ihnen oder den Erben M. durch polizeiliche Anordnungen die Instandsetzung und Besserung des Holzwegs aufgegeben worden sei. Hierzu würden sie und die Erben rechtlich nicht verpflichtet sein, wenn die Wegeunterhaltungslast der Beklagten obliegt, und zwar gleichviel, ob die Polizeibehörde jene Auflage den Klägern und den Erben als Wegebaupflichtigen oder, wie die Beklagte behauptet, als den Eigentümern und den Vertretern der Eigentümer des Wegekörpers nur aus sicherheitspolizeilichen Gründen gemacht hat. Die Voraussetzungen der Feststellungsklage aus § 56 Abs. 5 ZustG. sind hiernach gegeben. Wenn in früheren Entscheidungen des OVG. (vgl. 21 226ff., 229f., 28 208ff., 214) in Anwendung der Grundsätze der ZPO. außerdem der Nachweis für erforderlich erachtet worden ist, daß der Kläger ein rechtliches Interesse an der alsbaldigen Feststellung des Rechtsverhältnisses habe, so ist daran mangels einer entsprechenden Bestimmung in § 56 aaO. nicht festzuhalten.

2. Das Bedenken des Vorderrichters, daß der Klageantrag der erforderlichen Bestimmtheit entbehre, ist nicht gerechtfertigt. Der Klageantrag spricht von dem „sogenannten“ Holzweg, und die Begründung der Klage läßt klar und zweifelsfrei erkennen, daß der Feststellungsantrag diejenige Straßenstrecke betrifft, die von M. als Ersatz für den alten Holzweg in den Grenzen und in der Richtung des später aufgestellten Fluchtlinienplans ausgebaut worden ist, die jetzt den öffentlichen Verkehr zwischen der K.Straße und der A.Straße aufgenommen hat, und die als „Holzweg“ bezeichnet wird und nach dem neuen Bebauungsplane verlängerte F.Straße heißen soll.

3. Hat M. den Bau der Straße eigenmächtig und im eigenen Interesse vorgenommen, so konnte er weder eine öffentliche Straße schaffen noch die öffentlich-rechtliche Verpflichtung der Beklagten zu deren Unterhaltung begründen. Mit Unrecht nehmen die Kläger an, daß die Maßnahmen des M. sich als Regulierung und Geradelegung des alten Holzwegs darstellten, und daß, weil dieser ein öffentlicher Weg sei, auch die ausgebaute Straße als ein von der Beklagten zu unterhaltender öffentlicher Weg anzuerkennen sei. Ein Verfahren nach § 57 ZustG. wegen Verlegung des alten Holzwegs in den neuen Straßenzug hat unstreitig nicht stattgefunden. Während dieser, offenbar als unregulierter Feldweg, in Windungen und in verhältnismäßig geringer Breite von der A.Straße durch die M.schen Grundstücke über die K.Straße hinweg bis zur P.Brücke verlief, ist die streitige Straße in gerader, von dem alten Wege größtenteils abweichender Richtung von der Westgrenze des M.schen Grundstücks bis zur K.Straße 20 m breit mit Bürgersteigen und gepflasterter Fahrbahn straßenmäßig und zum Zwecke der Bebauung aus-

gebaut worden. Demnach stellte sie sich nach ihrer ganzen Konstruktion und Bestimmung als eine von dem alten Holzwege völlig verschiedene, neue, selbständige und einheitliche Straßenanlage dar, auf die die Rechtsverhältnisse des alten Holzwegs nicht ohne weiteres übertragen werden können. Es ist somit auch unerheblich, daß sie auf ihrer westlichen Strecke Teile des alten Holzwegs in sich aufgenommen hat. Dieser letztere ist allerdings rechtlich in seiner ganzen Ausdehnung als öffentlicher Weg bestehen geblieben und deshalb in gleicher Weise wie früher zu unterhalten, so daß die Wegepolizeibehörde jederzeit mit entsprechenden Anforderungen an den Pflichtigen, d. h., wie unstreitig, die beklagte Gemeinde, heranzutreten in der Lage ist. Daraus folgt aber nicht, daß da, wo er mit der neuen Straße zusammenfällt, die Beklagte verpflichtet ist, entsprechende Teile dieser davon völlig verschiedenen Anlage zu unterhalten. Unerheblich ist es ferner auch, daß die neue Straßenanlage tatsächlich vollständig an die Stelle des alten Holzwegs getreten ist und statt seiner dem öffentlichen Verkehre dient. Wenn auch die Polizeibehörde unter Umständen berechtigt ist, falls ein Weg oder Wegeteil eigenmächtig und ohne förmliches Verfahren verlegt worden ist, den Ersatzweg so lange als öffentliches Kommunikationsmittel in Anspruch zu nehmen und seine Instandsetzung von dem Wegeunterhaltungspflichtigen zu fordern, als nicht der ursprüngliche und rechtmäßige Zustand wiederhergestellt wird, so folgt daraus nicht, daß, wer einen solchen Ersatzweg eigenmächtig angelegt hat, berechtigt ist, ein entsprechendes Verlangen auch seinerseits an jemanden als den Wegebaupflichtigen zu stellen oder gar von ihm, wie hier, die Anerkennung der dauernden Unterhaltungspflicht hinsichtlich dieses Weges zu fordern.

4. Sonach kann es nur darauf ankommen, ob die von M. als Privatstraße angelegte Straße rechtswirksam in eine der öffentlich-rechtlichen Unterhaltungspflicht der Gemeinde R. unterliegende öffentliche Straße umgewandelt worden ist. Hierfür genügt nicht, wie die Kläger meinen, die bloße ausdrückliche oder stillschweigende Genehmigung der Maßnahmen des M., sondern es ist festzustellen, ob die Straße von der Beklagten mit Zustimmung der Wegepolizeibehörde dem öffentlichen Verkehre gewidmet und, als wesentliche Voraussetzung hierfür, ob sie von ihr in ihre Unterhaltung übernommen worden ist. Eine ausdrückliche Uebernahme der Straße seitens der Beklagten ist offenbar nicht erfolgt. Daß sie stillschweigend durch konkludente Handlungen erfolgt sei, ist aus den von den Klägern behaupteten Tatsachen nicht zu entnehmen. Die Aufstellung eines Fluchtlinienplans für die von M. bereits angelegte Straße ist hierfür unerheblich. Denn die bloße Fluchtlinienfestsetzung bringt weder eine öffentliche Straße zur Entstehung, noch ändert sie, wenn sie einen vorhandenen Weg trifft, etwas an dessen rechtlichem Charakter oder bedeutet dessen Uebernahme in die Unterhaltung der Gemeinde. Aus der Verlegung der Kanalisationsröhren durch den neuen Holzweg und der Heranziehuug des M. zu den Kosten kann eine Uebernahme der Straße in die Unterhaltung der Gemeinde und deren Widmung für den öffentlichen Verkehr gleichfalls nicht geschlossen werden. Es steht dem nichts entgegen, eine Kanalisationsleitung auch durch eine erst projektierte Straße zu verlegen, und diese Eigenschaft hatte die streitige Straße infolge ihrer Aufnahme in den Bebauungsplan. Ist hiernach nicht festzustellen, daß die Beklagte den von M. angelegten Holzweg als öffentliche Straße in ihre Unterhaltung übernommen hat, so ist die Klage abzuweisen.

Nr. 12. Entsch. v. 25. Jan. 1909 (PrVerwBl. 31 429) IV C 127/07.

ZustG. § 56.

Die Verwaltungsgerichte sind auch zuständig zur Entscheidung über Ersatzansprüche für ohne vorausgegangene polizeiliche Anordnung an öffentlichen Wegen ausgeführte Bauten.

Nr. 13. Entsch. v. 12. Juni 1909 (OVG. 54 325) VI C 93/08.

ZustG. § 56.

Die Vertretung einer nach der WestfLGemO. verwalteteten Stadt in dem auf § 56 Abs. 1—4 ZustG. beruhenden Einspruchs- und Verwaltungsstreitverfahren durch die Stadtverordnetenversammlung ist ungesetzlich.

§ 66 Westf. LGemO. bestimmt u. a.: „2. Die Stadtgemeinde wird überall durch eine Gemeinde- (Stadt-) Verordnetenversammlung vertreten, und muß mindestens die Hälfte der Mitglieder aus Hausbesitzern bestehen". Diese Bestimmung ist nicht etwa dahin aufzufassen, daß die Gemeindeverordnetenversammlung in solchen Städten in allen Beziehungen die Obliegenheiten des Gemeindevorstehers ausüben muß oder doch kann. Es soll damit nur gesagt sein, daß in diesen Stadtgemeinden die Vorschrift des § 24 LGemO. nicht gilt, wonach unter bestimmten Voraussetzungen die Gesamtheit aller stimmberechtigten Gemeindemitglieder und nicht eine aus ihnen gewählte Gemeindevertretung — § 26 aaO. — über alle Gemeindeangelegenheiten zu beschließen hat, soweit sie nicht gesetzlich dem Gemeindevorstand ausschließlich überwiesen sind — § 32 aaO. Unter „Gemeindeversammlung" faßt das Gesetz sowohl die Gesamtheit der Stimmberechtigten wie die Gemeindevertretung zusammen (vgl. § 24 aaO.). Letztere hat nach § 32 ihre Beschlüsse niemals selbst auszuführen. Die Verwaltung der Gemeindeangelegenheiten ist vielmehr nach § 41 aaO. Sache des Gemeindevorstehers; ihm allein steht auch, soweit das Gesetz nicht ausdrücklich etwas anderes bestimmt, das Recht zu, die Gemeinde in Rechtsstreitigkeiten, also auch im Verwaltungsstreitverfahren, zu vertreten. Die Gemeindeversammlung ist keine juristische Person; sie ist parteifähig nur insoweit, als ihr eine Parteifähigkeit durch die Gesetzgebung ausdrücklich beigelegt worden ist. Dies ist, soweit Westfalen in Frage kommt, für eine Anzahl von Fällen geschehen, die sich in dem Tit. V ZustG. „Angelegenheiten der Landgemeinden und der selbständigen Gutsbezirke" zusammengestellt finden — §§ 27ff. — Der Abs. 2 des § 37 das., wonach die Gemeindeversammlung und die Gemeindevertretung zur Wahrnehmung ihrer Rechte im Verwaltungsstreitverfahren einen besonderen Vertreter bestellen können, bezieht sich nur auf die im Tit. V vorgesehenen Fälle. Die klagende Stadtverordnetenversammlung war hiernach zu der Prozeßführung nicht befugt.

9. Inanspruchnahme von Wegen für den öffentlichen Verkehr; Privatrechte an öffentlichen Wegen.

Nr. 1. Entsch. v. 6. Juni 1907 (PrVerwBl. 29 996) IV C 71/07.

ZustG. § 56.

1. Der Vorderrichter nimmt als erwiesen an, daß der Grundstücksstreifen, den die Kläger durch das Vorrücken des Stakets miteingefriedigt haben, im Eigentum der Kläger stehe; er läßt dann dahingestellt, ob der Streifen etwa trotzdem die Eigenschaft des öffentlichen Weges besitze, hält die angeordnete Zurücksetzung des Stakets aber aus dem Grunde für berechtigt, „weil durch das Vorrücken des Zauns die ohnehin schon schmale H.Gasse in erheblichem Maße verengt würde", und danach „der vom Beklagten besonders betonte feuerpolizeiliche Gesichtspunkt" — die Bewegungsfreiheit der Feuerspritzen in der H.Gasse bei einem Brande — „nicht unbeachtet bleiben könnte". Diese Ausführungen beruhen auf Rechtsirrtum. Besitzt der Streifen nicht die Eigenschaft des öffentlichen Weges, ge-

hört er also gar nicht zu der H.Gasse, so kann durch seine Einzäunung nicht „die H.Gasse" verengt, d. h. verschmälert werden; ihr Bestand wird durch die Einzäunung dann überhaupt nicht verändert. Ferner sind die Kläger nicht verpflichtet, ihr nicht zum Wege gehörendes Privateigentum (jenen Streifen) um deswillen uneingefriedigt zu lassen, damit bei einem in der Nähe des Gartens ausbrechenden Feuer die Spritzen sich besser auf der H.Gasse bewegen können. Die Polizei darf in das Eigentum eines unbeteiligten Dritten nur dann eingreifen, wenn es sich um die Beseitigung unmittelbar bevorstehender Gefahren handelt, welche nicht auf andere Weise abgewendet werden können. Ob die Polizei nicht bei unmittelbarer Gefahr im Interesse der Bewältigung eines Brandes den Zaun niederreißen darf, braucht hier nicht erörtert zu werden.

2. Es handelt sich um die Inanspruchnahme einer Grundfläche für den öffentlichen Verkehr im Sinne von § 56 Abs. 1 ZustG.; denn der Beklagte ist der Ansicht, daß der Streifen, den die Kläger eingefriedigt haben, zu der H.Gasse gehört, während die Kläger dies bestreiten und ihr freies Eigentum an dem Streifen behaupten. Dieser Behauptung gegenüber muß der Beklagte die Zugehörigkeit des Streifens zu dem öffentlichen Wege (der H.Gasse) dartun. Dafür kann er sich nicht darauf berufen, daß er die Fläche schon mit der Vf. v. 27. XI. 03 in Anspruch genommen habe und die Kläger mit ihrer Klage gegen diesen Beschluß abgewiesen worden seien. Abgesehen davon, daß diese Abweisung lediglich aus formellen Gründen erfolgte ohne Prüfung, ob die Fläche zur H.Gasse gehört, erstrecken sich die Urteile bei Streitigkeiten über Inanspruchnahmen immer nur auf die einzelnen polizeilichen Anordnungen und stellen deshalb nicht die Oeffentlichkeit des Weges oder der Zugehörigkeit der in Anspruch genommenen Flächen zum Wege rechtskräftig fest. Aus den Bekundungen der Zeugen ist nicht zu entnehmen, daß die Fläche tatsächlich immer als Weg mitbenutzt worden ist, noch weniger, daß sie rechtlich einen Teil des Weges bildet. Nach der Aussage des Katasterkontrolleurs B. spricht große Wahrscheinlichkeit dafür, daß die Fläche zu dem Eigentum der Kläger gehört; und es fehlt anderseits jeder genügende Anhalt dafür, daß die Kläger oder ihre Vorbesitzer die Fläche dem öffentlichen Verkehr gewidmet haben. Es mag sein, daß sie es duldeten, wenn dann und wann Fuhrwerke die Fläche mitbenutzten. Aber aus dieser Duldung kann der Wille, die Fläche dem öffentlichen Verkehr zu überlassen, nicht gefolgert werden. Fehlt es danach an einem ausreichenden Nachweise, daß der Streifen zur H.Gasse gehört, so ist die Inanspruchnahme nicht berechtigt.

3. Gegen die Festsetzung und Ausführung der Zwangsmittel findet in allen Fällen nur die Beschwerde im Aufsichtswege statt (§ 133 Abs. 2 LVG.). Insoweit war daher die Klage abzuweisen. Doch sei noch bemerkt, daß der Amtsvorsteher nicht eine Exekutivstrafe und die zwangsweise Ausführung durch einen Dritten nebeneinander androhen durfte. Wie aus OVG. 35 285 folgt, bleibt es den Beklagten unbenommen, die Inanspruchnahme der streitigen Fläche zu wiederholen, falls er etwa neue Beweismittel für ihre Zugehörigkeit zur H.Gasse ermittelt. Findet er solche Beweismittel nicht und hält er anderseits eine Verbreiterung der H.Gasse für notwendig, so wird er diese von dem Wegebaupflichtigen zu fordern haben (vgl. §§ 4^2 17 WegeO. für die Prov. Sachsen v. 11. VII. 91).

Nr. 2. Entsch. v. 5. Dez. 1907 (PrVerwBl. 29 853) IV C 64/06.

1. Nach § 20 Vd. v. 20. VI. 1817 wegen Organisation der Generalkommissionen usw. „tritt das Ressort der ordentlichen Gerichte und Verwaltungsbehörden erst wieder ein, sobald die Auseinandersetzungsrezesse von der General-

kommission und die Nachträge wegen der in dem Hauptauseinandersetzungsplan zu besonderer Regulierung vorbehaltenen Gegenstände bestätigt und jedem Teile die ihm hiernach zukommenden Abfindungen überwiesen sind". Gemäß § 12 Vd. v. 30. VI. 34 gehören zu den von der Generalkommission nach Bestätigung des Rezesses noch zu regulierenden Gegenständen auch die in den §§ 196—200 Vd. v. 20. VI. 1817 besonders benannten, zur Ausführung gerechneten und zur nachträglichen Berichtigung vorbehaltenen Angelegenheiten. In § 200 aaO. heißt es unter der Ueberschrift: „IX. Ausführung der Auseinandersetzung" von der Spezialkommission: „Ebenso muß sie die etwa bei der Hauptregulierung außer acht gelassenen Nebenpunkte in Rücksicht der Wege, Trifte, Wässerungen usw. regulieren und im Mangel eines Vergleichs die Entscheidung der Generalkommission vorbereiten." In § 206 aaO. wird weiter gesagt, daß nach vollständiger Ausführung der Auseinandersetzung das Hauptexemplar des bestätigten Auseinandersetzungsrezesses mit einer vidimierten Abschrift des von der Spezialkommission über die Ausführung aufgenommenen Realisierungsprotokolls und den dazugehörigen Karten und Vermessungsregistern dem Kreislandrat übersandt werden soll, in dessen Registratur diese Verhandlungen fernerhin asserviert bleiben. § 55 aaO. bestimmt, daß die von den Spezialkommissionen aufgenommenen Verhandlungen die Wirkung öffentlicher Urkunden und bezüglich der von ihnen instruierten Streitigkeiten der gerichtlichen Protokolle haben. Im vorliegenden Falle war der Rezeß am 19. XI. 43 von der Generalkommission bestätigt worden. Am 12. V. 45 bestätigte die Generalkommission eine Nachtragsverhandlung. Demnächst ordnete die Generalkommission durch Vf. v. 17. VII. 45 eine Nachverhandlung, die Ausführung namentlich der Wege betreffend, an. Der Distriktskommissar, also die Wegepolizeibehörde, war zugegen, und in dieser Verhandlung v. 14. VIII. 45 wurde die Beseitigung des früher eingerichteten und die Herstellung des neuen Wegezuges genehmigt. Eine Veränderung im Besitzstande erfolgte dabei nicht. In der Verhandlung v. 29. VIII. 45 fand die anderweitige Flächenregulierung statt; dann wurde der neue Weg abgesteckt und übergeben. Das Protokoll bemerkt hierzu: „Der Weg ist 1 Rute 7 Fuß breit, nur ein selten befahrener Kommunikationsweg und durch die Rückung desselben die nutzbaren Flächen der beteiligten Interessenten nicht geändert." Darauf ist ein Nachtrag zum Behügelungsregister aufgestellt und mit Schreiben des Spezialkommissars v. 6. IX. 45 nebst Abschrift der Verhandlungen v. 14. u. 29. VIII. 45 „als Nachtrag zur Ausführungsverhandlung" dem Landratsamt übersandt, um sie mit den früher gesandten Schriftstücken und dem Rezeß zu asservieren". Hiernach sind die beiden vorbezeichneten Verhandlungen ein Bestandteil des Rezesses geworden.

2. Auch der weitere Angriff der Revision, der Einwand der Verjährung sei nicht genügend geprüft worden, entbehrt der rechtlichen Begründung. War, wie im vorstehenden dargelegt, ein 1 Rute 7 Fuß breiter Landstreifen als öffentlicher Weg gewidmet worden, so konnte die hierdurch entstandene öffentlich-rechtliche Verfügungsgewalt der Wegepolizeibehörde über den Wegekörper nicht gegen ihren Willen durch privatrechtliche Titel eingeschränkt werden. Der Vorderrichter hätte daher von einem Eingehen auf die hinsichtlich der Verjährung aufgestellten tatsächlichen Behauptungen des Klägers überhaupt absehen können und sollen.

Nr. 3. Entsch. v. 1. Juni 1908 (PrVerwBl. 30 645) IV A 48/07.

ZustG. § 56.

Es besteht keine öffentlich-rechtliche, polizeilich erzwingbare Verpflichtung, einen über Privatbesitz führenden, nicht öffentlichen Weg deshalb offen zu halten, weil dieser im Falle der Feuersgefahr zum

Wasserholen notwendig gebraucht werde, mag auch die Polizeibehörde aus diesem Grunde unter Umständen vielleicht berechtigt sein, zur Beseitigung eines Notstandes die Oeffnung eines solchen Weges zu fordern und zu erzwingen. Insbesondere aus den gelegentlich einer Grenzregulierung getroffenen Verabredungen ist eine solche öffentlich-rechtliche Verpflichtung nicht herzuleiten. Die Bezeichnung der Trift als F.Straße in den Verfügungen des Amtsvorstehers und die Begründung des Bescheides des Landrats lassen anderseits erkennen, daß die Polizeibehörde davon ausgegangen ist, die Trift sei ein, wenn auch nur bestimmten Zwecken dienender öffentlicher Weg, und daß die Aufrechterhaltung des öffentlichen Verkehrs auf ihm den Gegenstand und den Zweck der Anordnung bildete. Da der Kläger behauptet, daß der Weg ein über sein Eigentum führender und von ihm hergestellter Privatweg sei, der dem öffentlichen Verkehre, sei es allgemein, sei es in gewissen begrenzten Beziehungen, nicht gewidmet sei, so stellten sich die angefochtenen Verfügungen als Inanspruchnahme des Weges für den öffentlichen Verkehr dar. Gegen solche Verfügungen ist aber gemäß § 56 Abs. 1 und 4 ZustG. zunächst der Einspruch bei der Wegepolizeibehörde einzulegen und erst gegen den diesen zurückweisenden Beschluß die Klage im Verwaltungsstreitverfahren zulässig.

Nr. 4. Entsch. v. 21. Dez. 1908 (PrVerwBl. 31 243) IV A 56/07.

Den Charakter einer Inanspruchnahme für den öffentlichen Verkehr verliert eine Verfügung dadurch nicht, daß sie sich zugleich auf die Räumung eines Geländestreifens von den darauf stehenden Gegenständen, zB. von einer zu Schankzwecken benutzten offenen Veranda, miterstreckt, der unbestrittenes Straßenland ist, und ebensowenig dadurch, daß der Beklagte geltend macht, es sei die ganze Fläche, auf der die Veranda steht, seit über 30 Jahren im Besitz der Stadt, von dieser gepflastert und längst durch Widmung für den öffentlichen Verkehr seitens aller Rechtsbeteiligten ein Teil der Straße geworden. Alles dies kann daran nichts ändern, daß der entstandene Streit über den Bestand eines öffentlichen Weges in dem hierfür vorgeschriebenen Verfahren seine Erledigung finden muß.

Nr. 5. Entsch. v. 21. Dez. 1908 (PrVerwBl. 31 361) IV C 71/08.

Der Kläger trägt vor, sein Antrag sei ausdrücklich an die Baupolizeiverwaltung gerichtet gewesen, da die Erteilung der Bauerlaubnis für an öffentlichen Straßen zu errichtende Zäune Sache der Baupolizeibehörde sei. Die Polizeiverwaltung hätte, wenn sie eine Verfügung in ihrer Eigenschaft als Wegepolizeibehörde hätte erlassen wollen, diese Absicht in der Verfügung klar und deutlich ersichtlich machen müssen. Dies sei nicht geschehen. Aus dem in der Verfügung enthaltenen Satze, daß die Fluchtlinie nicht innegehalten worden sei, sei die Erwägung der Polizeiverwaltung nicht klar ersichtlich, insbesondere, ob sie zum Ausdruck habe bringen wollen, daß die beabsichtigte Errichtung des Zaunes einen Verstoß gegen das BauflG. v. 2. VII. 75 oder gegen § 14 PolVd. für den Umfang der Gemeindebezirke W. und H. enthalte. Auch diese Rügen gehen fehl. Der Gerichtshof, dem in der Frage nach der rechtlichen Natur der angegriffenen Verfügung freie Beurteilung zusteht, tritt der Auffassung der Vorinstanzen bei, daß es sich um eine Verfügung im Sinne des § 56 Abs. 1 ZustG. handele, durch die der Beklagte eine Grundfläche als Teil eines öffentlichen Weges für den öffentlichen Verkehr in Anspruch nimmt. Allerdings hatte über den Antrag des Klägers, wenn es auch unzutreffend ist, daß er ausdrücklich an die Baupolizeiverwaltung gerichtet gewesen sei, der Beklagte in seiner Eigenschaft als Baupolizeibehörde zu entscheiden, da die Erteilung der Bauerlaubnis zwecks Einfriedigung der bebauten Grundstücke Gegenstand der Baupolizei ist. Jedoch ergibt sich daraus nicht, daß der Beklagte bei Erlaß der angefochtenen Verfügung vom Kläger als Baupolizeibehörde anzusehen gewesen sei, weil er seine polizeiliche Eigenschaft nicht näher bezeichnete. Der Kläger konnte nicht annehmen, daß die Bauerlaubnis auf Grund des § 11 BauflG. versagt werde, da Fluchtlinien gemäß diesem Gesetze nicht festgesetzt waren und bloße Umzäunungen auch nicht als Bauten im Sinne dieser Bestimmung gelten. Ebensowenig Veranlassung hatte er zu der Annahme, daß der Beklagte seine Verfügung auf den nur für Gebäude geltenden § 14 PolVd. stütze. Es war daher nur die Auffassung möglich, daß der Beklagte die Linie, bis zu der das Gebäude auf dem Grundstücke der Firma H., J. & Co. nach der S.Straße zu reichte, und deren Verlängerung als Grenze des Bürgersteigs ansah und die Grundfläche zwischen dieser und dem zu errichtenden Zaune als Teil des Bürgersteigs für den öffentlichen Verkehr erhalten wollte. Die angefochtene Verfügung war mithin für den Kläger als eine die Inanspruchnahme eines Wegeteils für den öffentlichen Verkehr betreffende und daher vom Beklagten als Wegepolizeibehörde ausgehende Verfügung erkennbar.

Nr. 6. Entsch. v. 7. Jan. 1909 (PrVerwBl. 31 346) IV C 117/08.

ZustG. § 56.

1. Dem Vorderrichter ist zwar darin beizutreten, daß in der Anordnung der Umwandlung eines Privatwegs in einen öffenlichen Weg keine Inanspruchnahme zu erblicken ist. Dagegen ist es unrichtig, wenn er annimmt, daß eine solche Anordnung nicht unter den Begriff der Anordnungen, „welche den Bau und die Unterhaltung der öffentlichen Wege betreffen“, im Sinne des § 56[1] ZustG. falle. Anordnungen gemäß § 56 sind alle, die den Gegenstand der Wegebaulast bilden und gegen den Wegebaupflichtigen erlassen werden. Zu den sonstigen wegepolizeilichen Angelegenheiten, welche nach §§ 127ff. LVG. zu behandeln sind, gehören diejenigen, durch die dritten Personen im Verkehrsinteresse Auflagen gemacht werden.

2. Die Anlegung neuer Wege sowie die Umwandlung von Privatwegen in öffentliche kann dem Wegebaupflichtigen nur aufgegeben werden, wenn für eine solche Maßregel ein unabweisbares Verkehrsbedürfnis vorhanden ist.

10. Einziehung und Verlegung öffentlicher Wege.

Nr. 1. Entsch. v. 9. Juli 1906 (DJZ. 12 542) IV 1112.

ZustG. § 57.

Die Begründung des Anspruchs auf eine größere Breite des statt des einzuziehenden Weges herzustellenden Zufuhrwegs ist nicht durchschlagend. Der Kläger meint, er habe ein Recht darauf, sein Grundstück so auszunutzen, wie es ihm rechtlich nicht verwehrt werden kann, und dazu gehöre die Benutzung als Lagerplatz für größere landwirtschaftliche Maschinen, wozu eine Breite von 4,50 m erforderlich sei. Daß er bis dahin in der gedachten Weise das Grundstück benutzt habe, behauptet er nicht; es fehlt auch an jedem Anhalte dafür, daß er beim Ankauf des Grundstücks oder nachher zu irgendeiner Zeit eine solche Benutzung beabsichtigt habe oder gegenwärtig mit diesem Plane umgehe. Er will eben nur zu dieser Art von Benutzung berechtigt sein und glaubt, es müsse deshalb hierauf Rücksicht genommen werden. Dazu ist aber der Schutz, den § 57 ZustG. gegen die Einziehung öffentlicher Wege bietet, nicht gegeben. Wohl hatte der Kläger Anspruch darauf, weil sein

Grundstück an der einzuziehenden Wegestrecke lag, daß der Zugang zur öffentlichen Straße als öffentlicher Weg angelegt werde. Er konnte auch erwarten, daß der bisherigen Benutzung des Grundstücks bei Bemessung der Breite des Zuganges Rechnung getragen und desgleichen bei den veränderten Verhältnissen bis zur etwaigen Verwertung des Grundstücks als Hinterland der umgebenden Bauplätze auf eine dieser Sachlage und möglichst den Interessen des Klägers entsprechende Ausnutzung des Grundstücks Rücksicht genommen werde. Dazu gehört aber nicht die Berücksichtigung aller entfernten Möglichkeiten einer Ausnutzung, insbesondere nicht der Möglichkeit einer Lagerung größerer landwirtschaftlicher Maschinen.

Nr. 2. Entsch. v. 4. April 1907 (PrVerwBl. 29 186) IV C 135/06.

ZustG. §§ 56 f.; BauflG. § 10.

1. Der Grundsatz, daß im Streitverfahren über eine Verfügung der Wegepolizeibehörde, betr. die Inanspruchnahme von Wegen für den öffentlichen Verkehr, den Gegenstand der Entscheidung die Aufhebung, Einschränkung oder Aufrechterhaltung der polizeilichen Anordnung bildet, die Frage der Oeffentlichkeit des Wegs nur als Inzidentpunkt in Betracht kommt, gilt für ein späteres Verwaltungsstreitverfahren, gleichgültig ob dieses auf §§ 56 oder 57 ZustG. beruht. Die Rechtskraft derartiger Urteile erstreckt sich daher nur auf die einzelne polizeiliche Anordnung, nicht auf die Oeffentlichkeit des Weges im allgemeinen.

2. Dem Wegeeinziehungsverfahren auf Grund des § 57 aaO. muß, wenn Fluchtlinien für den Weg festgesetzt sind, das durch § 10 BauflG. vorgesehene Verfahren vorausgehen.

Nr. 3. Entsch. v. 4. April 1907 (PrVerwBl. 29 324) IV C 121/06.

ZustG. § 57.

1. Der Einziehung eines öffentlichen Weges, der als Interessentenweg bestehen bleiben soll, müssen die zur Entstehung eines Interessentenweges notwendigen Verhandlungen mit dem Eigentümer des Wegelandes und den Interessenten vorausgehen und zu rechtsverbindlichen Festsetzungen über die Hergabe des erforderlichen Grund und Bodens sowie die Unterhaltung des zu schaffenden Interessentenweges geführt haben.

2. Das Interesse der Grundbesitzer an der Erhaltung der Zugänglichkeit und Bebaubarkeit ihrer an einem öffentlichen Wege belegenen Grundstücke darf bei der Frage, ob die Einziehung eines öffentlichen Weges statthaft ist, nicht außer acht gelassen werden.

Nr. 4. Entsch. v. 18. April 1907 (PrVerwBl. 29 203) IV C 23/06.

ZustG. § 57.

Dem Vorderrichter war zunächst darin beizutreten, daß ein für den öffentlichen Verkehr bestimmter Auenteil einer solchen Art der Benutzung im Wege des auf § 57 ZustG. beruhenden Einziehungsverfahrens mit der Wirkung, daß das bisher als öffentlicher Weg benutzte Auenstück auch nach der Einziehung Aue bleibt, entzogen werden kann. Gegenstand dieses Verfahrens ist im vorliegenden Falle nur ein als Weg zum Gehen, Reiten und Fahren benutzter Auenstreifen, nicht aber auch das anstoßende, von öffentlichen Wegen umschlossene Auenstück, das allerdings öffentlichen Interessen dient, aber nicht für den öffentlichen Verkehr bestimmt, auch mit Bäumen bestanden ist. Soweit ein Auenteil nicht dem öffentlichen Verkehr, sondern nur anderweitigen öffentlichen Interessen dient, ist nach schlesischem Auenrecht der auenberechtigte Gutsbesitzer befugt, den Teil unter Zustimmung der Polizeibehörde der allgemeinen Benutzung zu entziehen, ohne daß ein Verfahren aus § 57 aaO. zur Anwendung gelangt und gelangen kann.

Nr. 5. Entsch. v. 23. Mai 1907 (PrVerwBl. 29 48) IV 904.

ZustG. § 57.

Es ist irrig, wenn die Revisionskläger vermeinen, es reiche, um einen Weg nach den Bestimmungen des Gesetzes einziehen zu dürfen, der bloße Beschluß der Gemeinde, die Ersatzwege auszubauen und zu unterhalten, nicht aus, der Beschluß müsse vorerst in die Tat umgesetzt werden. Lediglich darauf kam es für die Entscheidung an, daß der Ausbau und die Unterhaltung durch bindende Beschlüsse sichergestellt wurden. Sache der Wegepolizeibehörde nach dieser Entscheidung ist es alsdann, für deren Durchführung Sorge zu tragen und, solange dies nicht geschehen ist, auch mit der Ausführung des Einziehungsbeschlusses zu warten. Daß der Ausbau und die Unterhaltung sichergestellt sind, trifft insbesondere auch in Ansehung der neuen Wegeverbindung zwischen dem B.Weg und dem G.Weg zu. Freilich liegt diese Wegestrecke nicht im Gebiet der Gemeinde P., sondern, wie die Handzeichnung ausweist, in dem der Gemeinde K. und nach der Rechtsprechung des Gerichtshofs kann eine dem linksrheinischen Teile der Rheinprovinz angehörende Gemeinde sich nicht öffentlich-rechtlich zu einer Wegebaulast in einem anderen Gemeindebezirk verpflichten; dem steht das französische Wegerecht entgegen (vgl. OVG. 47 257). Der Kreisausschuß hätte daher neben der Gemeinde P. die Gemeinde K. und die dortige Wegepolizeibehörde über das Projekt hören und deren Entschließungen herbeiführen sollen. Es ist jedoch anzunehmen, daß, nachdem die Gemeinde P. sich verpflichtet hat, für die entstehenden Kosten aufzukommen, die Gemeinde K. bereit sein wird, zugunsten der zweifellos in ihrem eigenen Interesse liegenden Wegeregulierung die öffentlich-rechtliche Unterhaltung hinsichtlich der kurzen Wegestrecke zu übernehmen und damit das Zustandekommen des Wegeprojektes auch ihrerseits sicherzustellen.

Endlich müssen die Ausführungen der Revisionsbeschwerde, daß der Vorderrichter ein öffentliches Interesse, welches für die Wegeeinziehung spreche, nicht festgestellt habe, als verfehlt bezeichnet werden. Ein öffentliches Interesse ist es, wenn die Gemeinde P. infolge der Einziehung des S.Weges in die Lage kommt, die Ersatzwege besser instand zu setzen und dem Verkehr zugänglicher zu machen. Auch in der Ersparung der Unterhaltungskosten überflüssig gewordener Wegeteile hat der Gerichtshof ein von der Wegepolizeibehörde zu berücksichtigendes Interesse erkannt. Nicht minder entbehrt die Auffassung, es könne von einem öffentlichen Interesse des beigeladenen Gutsbesitzers Sch. an der Einziehung des S.Weges nicht die Rede sein, der Begründung. Letzterer hatte unter anderem auf die Seuchengefahr hingewiesen, die seinem bedeutenden Viehstande dadurch erwachse, daß das zum G.er Markt getriebene und von dort abgetriebene Vieh über den S.Weg transportiert werde, wodurch ganz besonders die Einschleppung der häufigen Maul- und Klauenseuche begünstigt werde. Wenn der Vorderrichter diesen Umstand mit in den Bereich seiner Erwägungen gezogen und darin nicht lediglich ein Privatinteresse des Gutsbesitzers erblickt hat, so befindet er sich im Einklang mit der Rechtsprechung des Gerichtshofs, der in ähnlichen Fällen von dem gleichen Standpunkt ausgegangen ist.

Nr. 6. Entsch. v. 9. Jan. 1908 (PrVerwBl. 30 86) IV C 133/07.

ZustG. §§ 56 f.

1. Die Wegepolizeibehörde kann nach ihrem Ermessen zunächst die Wegeverlegung gemäß § 57 ZustG. oder die Herstellung des Ersatzweges gemäß § 56 aaO. oder beide Angelegenheiten, wenn auch gesondert, so doch gleichzeitig betreiben, muß aber in jedem Falle zum Ausdruck bringen, daß die eine Maßregel durch die andere bedingt sei. Es bedarf deshalb bei Wegeverlegungen der Feststellung, ob der Ersatzweg in rechtswirksamer Weise, d. h. mit Einwilligung der Wegepolizeibehörde, des Wegebaupflichtigen und des von diesem verschiedenen Grundeigentümers, oder aber im Wege des durch § 56 ZustG. geordneten polizeilichen Zwanges als öffentlicher Weg dem Verkehr gewidmet, insbesondere ob die öffentlich-rechtliche Verpflichtung zu seiner dauernden Unterhaltung geregelt ist.

2. Was die im § 57 ZustG. vorgeschriebene Bekanntmachung „in ortsüblicher Weise" anbelangt, so steht fest, daß ein Aushang nicht stattgefunden hat. Auf die Behauptung der Kläger, es sei in der Stadt D. ortsüblich, daß derartige Bekanntmachungen in einem sog. amtlichen Veröffentlichungskasten im Rathausflur und an mehreren anderen Stellen öffentlich ausgehängt würden, hat die beklagte Behörde erwidert: „Ein Aushang von Bekanntmachungen ist nicht allgemein üblich und erfolgt meistens nur in Standesamtsangelegenheiten." Wenn die Kläger hierauf lediglich dabei verblieben sind, daß eine gesetzmäßige Veröffentlichung des Vorhabens nicht geschehen sei, so ist ihr Vorbringen nicht geeignet, die durchaus glaubhafte Erklärung der Polizeibehörde, daß der Aushang für die hier in Frage kommende polizeiliche Bekanntmachung nicht ortsüblich gewesen sei, zu entkräften, zumal ein Anhalt dafür fehlt, daß der Abdruck in 2 D.er Zeitungen nicht ausreichen sollte, das Erfordernis der ortsüblichen Bekanntmachung zu erfüllen. Daß diese Zeitungen in W. und S. gedruckt und herausgegeben werden, ist unerheblich.

Nr. 7. Entsch. v. 15. Okt. 1908 (PrVerwBl. 31 82) IV C 111/07.

ZustG § 57.

1. Der Bezirksausschuß geht von der Auffassung aus, daß, weil ein den Bedürfnissen entsprechender Ersatzweg für den einzuziehenden sog. G.er Weg noch nicht vorhanden sei, zurzeit nicht ausgesprochen werden könne, daß der alte Weg entbehrlich sei oder durch den neuen Weg entbehrlich werden würde. Damit setzt er sich in Widerspruch mit der Rechtsprechung des Gerichtshofs, der nirgends entschieden hat, daß, im Falle die Wegepolizeibehörde die Verlegung eines öffentlichen Weges beschließt, stets zunächst die Herstellung des Ersatzweges von dem Wegebaupflichtigen zu fordern und erst nach erfolgreicher Durchführung dieser Anordnung das Verfahren gemäß § 57 ZustG. einzuleiten sei. Vielmehr ist der Gerichtshof immer davon ausgegangen, daß ein solcher Rechtssatz aus dem Gesetze nicht zu entnehmen sei und der Wegepolizeibehörde die Wahl freistehe, welche von beiden Angelegenheiten sie zuerst betreiben, ob sie zunächst auf die Herstellung des Ersatzweges dringen, oder ob sie hiervon absehen und erst dem einzuleitenden Verfahren die erforderlichen Abmachungen über den Ersatzweg überlassen wolle. Wenn daher im vorliegenden Falle in der Bekanntmachung nur das Vorhaben kundgegeben wird, den G.er Weg einziehen oder verlegen zu wollen, die Einziehung selbst also nicht ausgesprochen wird, und alsdann im Laufe des an den Einspruch der Gemeinde B. sich anknüpfenden Verwaltungsstreitverfahrens in einer Verhandlung das Erforderliche geschehen ist, um die Herstellung eines dem Bedürfnis genügenden Ersatzweges sicherzustellen, derart, daß die Wegepolizeibehörde in die Lage kam, die Anlegung und Unterhaltung

dieses Weges zu erzwingen, so konnte ein solches dem Gesetz und der Rechtsprechung des Gerichtshofs entsprechendes Verfahren vom Bezirksausschuß nicht beanstandet und als ein Grund für die Aufhebung des Beschlusses der Wegepolizeibehörde verwertet werden.

2. Allerdings dürfen die Abmachungen zwischen dem Besitzer des Gutes und dem Amtsvorsteher über den anzulegenden Ersatzweg und die Erhaltung des Fußweges in der Richtung der alten Wegestrecke als ausreichend angesehen werden, um die öffentlich-rechtliche Unterhaltungspflicht des Gutsbesitzers in vollem Umfange rücksichtlich beider Wege zu begründen. In dieser Hinsicht bestehen also keine Bedenken gegen die Durchführung des Planes. Daß die Einziehung der alten Wegestrecke nicht eher verfügt werden darf, als bis die Ersatzwege hergestellt und dem öffentlichen Verkehre übergeben sind, ist eine selbstverständliche Voraussetzung der Abmachungen, die sich im übrigen aus den Vorschriften über das Verlegungsverfahren ohne weiteres ergibt. Dagegen ist die Frage, ob die geplante Verlegung sich rechtfertigen läßt, ob der sich auf dem G.er Wege bewegende Fuhrverkehr ohne Beeinträchtigung von Verkehrsinteressen auf den Ersatzweg gewiesen werden kann und öffentliche Interessen, welche die Polizei wahrzunehmen hat, für die Verlegung sprechen, noch nicht als völlig geklärt anzusehen. Der Gerichtshof ist zwar darüber nicht im Zweifel, daß die Herstellung eines Fahrweges, der nicht nur in der Richtung von B. nach G., sondern auch von G. nach B. mit beladenem Fuhrwerk ohne Beschwerden benutzt werden kann, ein öffentliches Interesse darstellt, das die Wegepolizeibehörde geltend zu machen hat, und daß auch darin eine Verbesserung zu erblicken ist, wenn der Ersatzweg nahezu eben verläuft sowie eine Befestigung mit Chausseeschlick, Lehm usw. erhält, wodurch zugleich die Verbindung mit der Chaussee gebessert wird. Demgegenüber würde ein Umweg von 200 m bedeutungslos erscheinen. Nicht minder würde die bessere Vorflut in Betracht kommen und unbedenklich auch die Erleichterung der Wegebaulast des Gutsbesitzers. Denn ein Gutsbezirk steht in diesem Punkte der Gemeinde gleich, und es ist nicht zutreffend, wenn die Klägerin ausführt, es kämen hierbei ausschließlich Privatinteressen des Gutsherrn in Frage, die deshalb eine Berücksichtigung nicht zuließen. Allein das Gutachten des Landesbaurats T. ist sowohl im ganzen als in Einzelheiten angefochten, insbesondere ist bestritten worden, daß die Herstellung des Ersatzweges eine Verbesserung der zu verlegenden Wegestrecke sei, und es werden eine Reihe von Umständen hervorgehoben, die die Vorteile, die der Ersatzweg bieten solle, ausglichen. Die Befestigung der alten Wegestrecke werde keine größeren Kosten verursachen, wie die der neuen Strecke, die Steigungsverhältnisse seien annähernd dieselben und Ueberflutungen seien beide Wege ausgesetzt. Es wird notwendig sein, daraufhin die gesamte Sachlage einer erneuten Prüfung zu unterziehen.

3. Endlich sagt der Bezirksausschuß in seinem Urteil: Das zeitweise Umpflügen des auf dem alten Wege zu belassenden Fußsteiges könnte nicht zugelassen werden. Es muß zugegeben werden, daß eine Vereinbarung mit der Wegepolizeibehörde dahin gehend, daß es dem Grundeigentümer gestattet sein solle, einen über seinen Grund und Boden führenden öffentlichen Fußsteig von Zeit zu Zeit umzupflügen, dem rechtlichen Begriff der Oeffentlichkeit eines Weges widerstrebt. Dem steht jedoch nicht entgegen, wenn einmal ausnahmsweise, soweit die Verkehrsinteressen es gestatten, unter Duldung der Wegepolizeibehörde und mit deren Zustimmung ein über einen Acker führender Fußweg, beispielsweise, wenn der Acker brach gelegen hat oder der Fußweg von Unkraut überwuchert ist, umgeackert und von neuem hergerichtet werden sollte.

11. Heranziehung von Fabriken, Bergwerken und ähnlichen Unternehmungen zu Vorausleistungen.

Nr. 1. Entsch. v. 9. April 1906 (DJZ. 12 73) IV 553.

Die Wegevorausleistungspflicht stellt keine Wegeabgabe, sondern eine Beteiligung an der Unterhaltungslast des Wegebaupflichtigen dar; sie legt dem Unternehmer des einen öffentlichen Weg erheblich abnutzenden Betriebs die Pflicht zur teilweisen Erstattung der verauslagten Unterhaltungskosten auf.

Nr. 2. Entsch. v. 23. Jan. 1908 (OVG. 52 336) IV B 14/06.

VorLeistG. § 1.

Insoweit ein Kreiskommunalverband die gesetzlich einer Gemeinde obliegende Unterhaltung eines Weges auszuführen hat, muß er bei der Stellung von Anträgen gemäß § 1 VorLeistG. v. 18. VIII. 02 von den aufgewendeten Unterhaltungskosten den Beitrag in Abzug bringen, den die Gemeinde für die Unterhaltung der andernfalls von ihr zu unterhaltenden Wegestrecke an ihn entrichtet.

Nr. 3. Entsch. v. 12. Nov. 1908 (OVG. 53 299) IV C 76/08.

VorLeistG. §§ 1, 4.

1. Im Geltungsbereiche des § 11 II 15 ALR. besteht die Landstraßenunterhaltungspflicht des Staates nicht, wo Provinzialgesetze anderes bestimmen (§ 15 aaO.). Ein Provinzialgesetz, durch das die Verbindlichkeit zur Unterhaltung der Landstraßen anders als im § 11 aaO. bestimmt ist, ist das Ed. v. 18. IV. 1792 „über die Verbindlichkeiten der Untertanen in der Kurmark, in Ansehung des Chausseebaues usw.", welches durch die Vd. v. 15. VI. 1803 (Rabe, Samml. 13 562) auf die Neumark ausgedehnt worden ist. Daß § 2 dieses Edikts auch auf Landstraßen und nicht chaussierte öffentliche Wege anderer Art Anwendung findet, unterliegt keinem Zweifel. Das Edikt gilt auch noch für den Kreis Cottbus, und zwar obwohl er eine Zeitlang zum Königreiche — früheren Kurfürstentume — Sachsen gehört hat. Wenn der Beklagte demgegenüber auf das Pat. v. 9. IX. 1814 Bezug genommen hat, so hat er übersehen, daß am 1. I. 1815 der Kreis Cottbus noch nicht mit dem Preußischen Staate wieder vereinigt war, und daß erst am 21. VI. 1815 das Patent wegen Besitzergreifung der mit dem Preußischen Staate wieder vereinigten vormals preußischen Provinzen im Nieder- und Obersächsischen Kreise erging, kraft dessen auch der Kreis Cottbus in Besitz genommen und dem Preußischen Staate einverleibt worden ist (GS. 193).

2. Demnach findet das Ed. v. 18. IV. 1792 in Verbindung mit dem § 15 II 15 ALR. auf den vorliegenden Fall Anwendung. Daraus folgt, daß der Gutsherr als solcher — nicht in seiner etwaigen Eigenschaft als bloßer Wegeanlieger — für den im Gutsbezirke der Domäne P. belegenen öffentlichen Weg von M. nach P. die öffentlich-rechtliche Unterhaltungslast zu tragen hat, es sei denn, daß sich eine Observanz gebildet hätte, wonach nicht der für den Staat als Gutsherrn klagend auftretende Domänenfiskus, sondern ein anderer unterhaltungspflichtig geworden wäre. Als Träger der Wegebaulast vermöge Observanz kommt nur der Wegebaufiskus in Frage, dem der Beklagte die Unterhaltungspflicht zuschreibt, um darzutun, daß im vorliegenden Falle der Staat nicht als Gutsherr wegebaupflichtig sei. Nach dem Ergebnisse der Beweisaufnahme über diese Frage mußte als feststehend angenommen werden, daß sich die vom Beklagten behauptete Observanz zu Lasten des Wegebaufiskus nicht gebildet hat. Für die Entstehung einer Obser-

vanz, die den Domänenfiskus von der öffentlich-rechtlichen Wegebaupflicht befreit haben würde, fehlt es an der dazu erforderlichen Uebung. Bei dieser Lage des Falles konnte dahingestellt bleiben, ob sich dem Ed. v. 18. IV. 1792 gegenüber eine solche Observanz hätte bilden können, ob ferner eine Observanzbildung nicht dadurch ausgeschlossen war, daß sich im Wegebaufiskus und im Domänenfiskus zwei den Staatsfiskus — der als der Inbegriff des gesamten Vermögens des Staates nur eine juristische Person bildet — vertretende fiskalische Stationen gegenüberstehen.

3. Aus den Erklärungen der Parteien ist als feststehend zu entnehmen, daß die ganze Wegestrecke, wegen deren Abnutzung der eingeklagte Vorausleistungsbeitrag beansprucht wird, im Gutsbezirke der Domäne P. liegt. Es ist daher unerheblich, wer außerhalb des Gutsbezirkes liegende Wegeteile zu unterhalten verpflichtet ist. Jedenfalls kommt für den Weg, zu dessen Unterhaltung der Beklagte beitragen soll, der Staat als Gutsherr in Betracht. Der Kläger ist sonach zur Stellung von Anträgen auf Grund des § 3 VorLeistG. befugt.

Nr. 4. Entsch. v. 13. Mai 1909 (OVG. 54 349) IV B 4/08.

VorLeistG. §§ 1 f.

Zweifellos ist die Provinz nach § 1 VorLeistG. v. 18. VIII. 02 befugt, von den Unternehmern von Fabriken, Bergwerken usw., durch deren Betriebe die von ihr unterhaltenen Chausseen dauernd und erheblich abgenutzt werden, Vorausleistungsbeiträge zu erheben. Sie ist dazu befugt, trotzdem sie zu gleichem Zwecke nach Maßgabe der DotG. v. 30. IV. 73 (GS. 187) und 8. VII. 75 (GS. 497) aus der Staatskasse eine Jahresrente bezieht, die ihr die zur Unterhaltung erforderlichen Mittel zuweist, und sie ist nicht gehalten, sich diese Rente auf die Unterhaltungskosten in Anrechnung bringen zu lassen. Das Recht, Vorausleistungsbeiträge zu erheben, ist ihr unabhängig hiervon gewährt. Dasselbe muß aber gelten, wenn gegenwärtig auf Grund des § 2 des Gesetzes der an die Stelle der Provinz tretende Kreis von der Befugnis, die § 1 jener verleiht, Gebrauch macht. Wie die Provinz durch das DotG. und die ihr gewährte Jahresrente erst instand gesetzt worden ist, sich den ihr hiermit übertragenen Aufgaben zu unterziehen, ebenso ist es der Kreis durch die ihm von der Provinz zugesicherte Rente. Ob er damit auskommt, ob er Ersparnisse macht oder zusetzt, berührt die vorausleistungspflichtigen Betriebe nicht. Diese können daraus, daß als Wegebaupflichtiger an die Stelle der Provinz der Kreis getreten ist, keinen Vorteil ziehen, vielmehr kommt es für ihre Beitragspflicht nur darauf an, ob der Kläger die der Provinz gesetzlich obliegende Unterhaltung ausführt; ob und wie er dafür, daß er die Unterhaltung übernommen hat, entschädigt wird, ist gleichgültig.

Nr. 5. Entsch. v. 21. Mai 1908 (OVG. 52 332) IV C 63/07.

VorLeistG. §§ 1, 3, 6.

Nach der Fassung des § 1 G. v. 18. VIII. 02 fallen alle öffentlichen Wege unter das Gesetz, ohne daß zu unterscheiden ist, wer die Wegebaulast trägt. Berechtigt sind danach zur Erhebung von Beiträgen nicht nur die sämtlichen Kommunalverbände, Gemeinden, Kreise, Provinzen usw., sondern auch, sofern sie nicht ausdrücklich ausgenommen sind, der Staat, das Deutsche Reich, selbst Privatpersonen, Korporationen usw., sofern ihnen eine öffentlich-rechtliche Wegebaulast obliegt. In Frage kommt daher für die Prüfung, ob das Deutsche Reich zum Kreise der Berechtigten gehört, bloß, wie der § 3 des Gesetzes zu verstehen ist, der den „Staat" zur Stellung von Anträgen auf Festsetzung von Vorausleistungsbeiträgen nur für befugt erklärt, sofern er als Gutsherr in Betracht kommt, und ob unter dem Ausdrucke „Staat" das Deutsche Reich mit einbegriffen ist. Es muß anerkannt werden, daß früher im Anschluß an die Entwürfe einer AllgWegeO. und die Gesetzgebung des ehemaligen Königreichs Hannover das Recht auf Vorausleistungen für den Wegebau in der Form von Sondergesetzen ausschließlich für diejenigen Landesteile geordnet worden ist, in welchen ein Bedürfnis dafür hervortrat. Das Maß dieses Bedürfnisses war zugleich entscheidend für die Abgrenzung des Kreises der Berechtigten. In dem Umfang, in welchem eine über die Leistungsfähigkeit der Verpflichteten hinausgehende Steigerung der Wegeunterhaltungslast infolge der Abnutzung der Wege durch gewerbliche Unternehmungen für kommunale Verbände des betr. Landesteils anerkannt werden mußte, wurde ihnen das Recht zur Vorausbelastung solcher Unternehmungen beigelegt. So kam es, daß in einzelnen Landesteilen (Prov. Sachsen, RegBez. Wiesbaden) nur die Gemeinden, in anderen (Schleswig-Holstein und Brandenburg) ebenfalls nur die Gemeinden aber mit Ausnahme derjenigen, die Stadtkreise bilden, in Hannover, im RegBez. Cassel sowie in den Prov. Westfalen, Pommern und Schlesien auch die Kreise das Vorausbelastungsrecht erhalten hatten, während der Staat und die Provinzialverbände als solche — mit Ausnahme der Rheinprovinz in Ansehung bestimmter Straßen — davon ausgeschlossen blieben, weil auf sie der gesetzgeberische Grund der Vorausleistungsgesetzgebung, die Verhütung einer Ueberbürdung minder leistungsfähiger Kommunalverbände, nicht anwendbar erschien. Bei dieser Sachlage konnte es allerdings zweifelhaft sein, ob nach den früheren Sondergesetzen das Deutsche Reich dem Kreise der Berechtigten zuzuzählen war. Allein an dem Grundsatze, daß für die Abgrenzung des Kreises der Berechtigten das Bedürfnis entscheide, ist in dem neuen Gesetze nicht festgehalten worden.

Ist somit das Deutsche Reich nach den Zielen, die das neue Gesetz verfolgte, als von dem Kreise der Berechtigten ausgeschlossen nicht anzusehen, so kann auch aus dem § 3 gegen seine Berechtigung, Vorausleistungsbeiträge zu erheben, an sich nichts hergeleitet werden. Der Gerichtshof hat angenommen, daß unter dem Ausdrucke „Staat" nur der Preußische Staat zu verstehen ist. Die Annahme, daß das Wort Staat nur ungenau statt „Staat und Deutsches Reich" gebraucht worden sei, geht fehl. Ihr steht entgegen, daß auch sonst in den Gesetzen, wo etwas, was für den Preußischen Staat gilt, für das Reich mit gelten soll, das Reich besonders genannt wird. Desgleichen ist aus den allgemeinen oder den besonderen Bestimmungen über die Stellung des Deutschen Reichs zu den Bundesstaaten, insbesondere zu Preußen, nichts zu entnehmen, was ein anderes Ergebnis zur Folge haben könnte. Das Reich ist weder überhaupt noch auch nur hinsichtlich der sog. privilegia favorabilia den Bundesstaaten gleichgestellt; um so weniger erscheint die Annahme berechtigt, daß ein privilegium odiosum, worum es sich hier handeln würde, dem Reiche gegenüber bestehe. Endlich kann die Nichtberechtigung des Deutschen Reichs zur Erhebung von Vorausleistungsbeiträgen nicht auf § 6 des Gesetzes, der die Zuständigkeit der Verwaltungsgerichte regelt, zurückgeführt werden.

Nr. 6. Entsch. v. 25. Mai 1908 (PrVerwBl. 30 609) IV B 77/07.

VorLeistG. §§ 1, 4.

Wenn in OVG. 25 274 und 26 306 ausgesprochen worden ist, für die Frage nach der Verpflichtung zu Vorausleistungen sei nicht entscheidend, ob lediglich die Abnutzung durch den Verkehr oder auch Naturkräfte, wie die starken Regengüsse, die Reparaturbedürftigkeit eines Weges verursachten, und der Beitragspflichtige könne die Art der Herstellung des Weges nicht bemängeln, denn darüber entscheide lediglich das Ermessen des Wegebaupflichtigen und der Wegepolizei, so unterliegt es keinem Bedenken, aus Erwägungen der gleichen Art als Regel anzuerkennen, daß bei der Feststellung angemessener Beiträge auf Grund der §§ 1 und 4 G. v. 18. VIII. 02 Einwendungen, wie die im vorliegenden Falle von der Beklagten erhobenen, nicht zu berücksichtigen sind. Soweit die Wegeunterhaltungskosten den Maßstab für den erhobenen Vorausleistungsanspruch abgeben, sind es die von dem Unterhaltungspflichtigen tatsächlich aufgewendeten Kosten, deren Höhe sich nach dem Ermessen des Trägers der Wegebaulast, unter Umständen auch nach den Bestimmungen der Wegepolizeibehörde oder der Aufsichtsbehörde richtet. Ob solche Kosten ganz oder zu einem Teile die Folge von Fehlern in der Wegeanlage oder durch sachwidrige Maßnahmen bei der Ausführung der Wegeunterhaltung verursacht worden sind, kommt für die Bemessung der Vorausleistungsbeiträge nicht in Betracht. Das Gesetz bietet auch keinen Anhalt dafür, daß, etwa aus Billigkeitsgründen, wenn ein Weg fehlerhaft angelegt, vernachlässigt oder schlecht unterhalten worden oder wenn zum Beispiel eine Reparatur mißglückt ist, der Vorausleistungspflichtige eine Kürzung des Beitrages beanspruchen könne. Beiträge für die Zukunft in diesem Punkte anders zu behandeln, als solche für die Vergangenheit, liegt kein Grund vor.

Nr. 7. Entsch. v. 19. Nov. 1908 (OVG. 53 309) IV B 51/08.

VorLeistG. § 9.

Als Zeitraum, für den die auf Grund des § 9 G. v. 18. VIII. 02 geforderten Beiträge den Unternehmern gewerblicher Betriebe aufzuerlegen sind, kommt das Kalenderjahr in Betracht. Die Vorausleistungspflicht ist daher, wenn die Wegeabnutzung durch den Betrieb einer gewerblichen Unternehmung nicht mindestens in einem jeden von zwei aufeinander folgenden Kalenderjahren erheblich gewesen ist, wegen des Mangels der Dauer zu verneinen.

Nr. 8. Entsch. v. 2. Dez. 1909 (OVG. 55 296) VII C 247/09.

1. Begründet wird die Klage damit, daß es sich um Wegebauvorausleistungen handele, die bezahlt worden, aber nicht geschuldet seien; die Zahlungen seien nur erfolgt, um dem angedrohten, unangenehmen Verwaltungszwangsverfahren zu entgehen. Es fragt sich zunächst, ob für eine Klage, wie die danach vorliegende, die Zuständigkeit des Verwaltungsgerichts begründet ist. Diese Frage ist zu verneinen. Eine ausdrückliche Vorschrift, aus der sich die Zuständigkeit des Verwaltungsgerichts für die hier erhobene Bereicherungsklage ergäbe, besteht nicht, und ebensowenig kann die Zuständigkeit aus allgemeinen Grundsätzen abgeleitet werden. Fragen könnte sich somit nur noch, ob die Zuständigkeit aus den besonderen gesetzlichen Vorschriften über die Wegebauvorausleistungen herzuleiten ist. Aber auch diese Frage ist zu verneinen. Die Zahlungen sind bewirkt teils unter der Herrschaft des G., betr. die Heranziehung der Fabriken usw. mit Vorausleistungen für den Wegebau in der Rheinprovinz, v. 4. VIII. 91 (GS. 334) und des ErgG., betr. die Vorausleistungen zu Wegebauten, v. 11. VII. 91 (GS. 329), teils unter der Herrschaft des VorLeistG. v. 18. VIII. 02 (GS. 315). Die Klage ist erhoben unter der Herrschaft des letzteren Gesetzes. Nach diesen Gesetzen kann die Verpflichtung zur Zahlung von Wegebauvorausleistungen begründet werden durch „gütliche Vereinbarung“ oder durch Festsetzung des zu leistenden Betrags seitens des Verwaltungsrichters. Auch im Falle der Festsetzung durch den Verwaltungsrichter entsteht das Recht auf die Leistung erst durch die Fest-

setzung. Bis dahin ist der Wegebaupflichtige nur antrags-, nicht forderungsberechtigt. Die durch Festsetzung bewirkte Verpflichtung des Unternehmers betrifft keine Abgabe im technischen Sinne, mithin auch keine Kommunallast. Sie ist auch keine dingliche Last, sondern nur eine persönliche Schuld, beruhend lediglich auf der Abnutzung des Weges. Die Schuld ist indessen öffentlich-rechtlicher Natur. Gleiches gilt von der im Wege „gütlicher Vereinbarung" zustande gekommenen Verpflichtung. Auch diese Vereinbarung ist nach § 7 G. v. 18. VIII. 02, ebenso wie die durch den Verwaltungsrichter bewirkte Festsetzung im Verwaltungszwangsverfahren vollstreckbar.

Im vorliegenden Falle sollen Zahlungen als Vorausleistungen bewirkt sein, ohne daß eine Feststellung durch den Verwaltungsrichter stattgefunden hat, und ohne daß eine rechtsgültige „gütliche Vereinbarung" zustande gekommen wäre. Von der Gegenseite wird eingewendet, daß die Zahlungen auf Grund „gütlicher Vereinbarung" bewirkt seien. Es ist nicht erfindlich, wie bei dieser Sachlage für die Klage auf Rückzahlung der gezahlten Beträge — ganz oder teilweise — die Zuständigkeit des Verwaltungsrichters aus den im vorstehenden erwähnten Gesetzen sollte gefolgert werden können, durch die der Verwaltungsrichter nur zur Festsetzung nicht im Wege „gütlicher Vereinbarung" zugesagter Vorausleistungen berufen wird.

2. An zweiter Stelle ist der Antrag gestellt, der Gemeinde W. eine regelrechte Vereinbarung des zu leistenden Beitrags aufzugeben.

Hierfür fehlt es an der gesetzlichen Grundlage. Vielmehr kann, soweit Wegebauvorausleistungen in Betracht kommen, im Verwaltungsstreitverfahren nur geklagt werden entweder — allein vom Wegebaupflichtigen — auf Festsetzung von Vorausleistungen, wenn eine „gütliche Vereinbarung" nicht getroffen ist, oder — von beiden Beteiligten — unter der gleichen Voraussetzung auf anderweitige Festsetzung eines festgesetzten oder vereinbarten Beitrags oder Beitragsverhältnisses, §§ 4, 6 G. v. 18. VIII. 02. Die Festsetzung hat dann aber durch den Verwaltungsrichter zu erfolgen und, wie sich von selbst ergibt, nicht etwa durch Vereinbarung zwischen den Beteiligten.

Sollte aber mit dem Antrage gemeint sein, daß eine anderweitige Festsetzung durch den Verwaltungsrichter gefordert wird, so würde auch dieser Antrag nach Lage des Falles der rechtlichen Grundlage entbehren. Eine anderweitige Festsetzung setzt voraus, daß zwischen den Prozeßgegnern bereits früher eine Festsetzung getroffen oder eine gütliche Vereinbarung zustande gekommen war, die nur abgeändert werden soll. Zur Begründung der Klage würde also die Behauptung erforderlich sein, daß bereits früher zwischen den Parteien eine gütliche Vereinbarung über Vorausleistungen zustande gekommen sei oder daß insoweit eine Festsetzung durch den Verwaltungsrichter stattgefunden habe.

Nr. 9. Entsch. v. 9. Jan. 1908 (DJZ. 13 879) IV 43.

VorLeistG. § 1.

Es handelt sich nicht darum, einen Vorausleistungsbeitrag der beklagten Gesellschaft für das Jahr 1903 festzustellen, sondern es braucht nur ermittelt zu werden, ob die erhebliche Abnutzung des Jahres 1904 mit Rücksicht auf das Befahren desselben Weges im Jahre 1903 auch als eine dauernde im Sinne des § 1 G. v. 18. VIII. 02 (GS. 315) angesehen werden kann. Das ist zu bejahen; denn nach Lage der Verhältnisse in dem vorliegenden Streitfalle reicht es dafür aus, festzustellen, daß die Provinzialstraße auf denselben Strecken wie im Jahre 1904 auch im Jahre 1903 von den Holzfuhren für die Beklagte befahren worden ist, und daß sich das Bruttogewicht der Fuhrwerke auf diesem Wege zum Gesamtverkehr wie 1:51 und 1:53 verhalten hat, Zahlenverhältnisse, bei denen die Annahme einer erheblichen Abnutzung keinem Bedenken unterliegt. Hiernach bestreitet die Beklagte zu Unrecht, daß die erhebliche Abnutzung der Provinzialstraße durch ihren Betrieb, wegen deren der Provinzialverband einen Vorausleistungsbeitrag für das Jahr 1904 eingeklagt hat, dauernd gewesen sei.

Nr. 10. Entsch. v. 14. Mai 1908 (PrVerwBl. 30 543) IV B 76/07.

VorLeistG. §§ 1, 5.

1. Der Beklagte hat unter Benennung von Zeugen geltend gemacht, seit der Inbetriebsetzung der Bahn Bielefeld—Lage, die in einer Entfernung von etwa 1,5 km parallel laufe, sei der Verkehr auf der Provinzialstraße ein sehr geringer und von einer erheblichen Abnutzung könne nicht die Rede sein. Dieser Einwand ist unerheblich, denn es kommt für die Anwendung des § 1 G. v. 18. VIII. 02 nicht darauf an, ob der öffentliche Weg, für den Vorausleistungsbeiträge beansprucht werden, durch den Gesamtverkehr in erheblichem Maße abgenutzt wird, sondern ob der Einzelverkehr des Unternehmers nach dem Verhältnis, in welchem er zum Gesamtverkehr steht, eine erhebliche Abnutzung herbeigeführt hat. Die OVG. v. 24. I. 07 (PrVerwBl. 28 770) führt aus, daß sich die Abnutzung durch den Einzelverkehr, um als eine erhebliche im Sinne des Gesetzes anerkannt werden zu können, als eine außerordentliche, das gewöhnliche Maß übersteigende kennzeichnen müsse. Im vorliegende Falle ist diese Voraussetzung erfüllt; denn die schweren Steinfuhren des Beklagten im Jahre 1905, deren Anzahl aus der Klagenachweisung zu berechnen ist — 304 solche Fuhren hat der Beklagte selbst angegeben —, haben unzweifelhaft eine über das gewöhnliche Maß hinausgehende Abnutzung der Provinzialstraße zur Folge gehabt.

2. Die Erheblichkeit der Abnutzung und insbesondere, daß sich sein Verkehr zur Gesamtbenutzung der Straße wie 1 : 27 verhalte, bestreitet der Beklagte und meint, das möge wohl hinsichtlich der Steinfuhren zutreffen, keineswegs aber gegenüber dem sonstigen bedeutenden Verkehr. Er hat beantragt, die von ihm als Zeugen benannten an der Chaussee wohnenden Wirte über den Verkehr zu vernehmen. Dazu liegt keine Veranlassung vor. Der Kläger hat dem Bezirksausschuß die von der Landesbauinspektion in B. zusammengestellten, die Zählungsergebnisse aus den 12 Monaten Februar 1905 bis Januar 1906 enthaltenden tabellarischen Uebersichten eingereicht, in denen als Name des Zählers für die dem Beklagten gegenüber in Betracht kommende Straßenstrecke S. angegeben ist. Aus ihnen ergibt sich die Richtigkeit der Berechnung des Gesamtverkehrs auf 54200 t, und sie sind, nur mit der Bemerkung bemängelt worden, die Ergebnisse der Zählkarten beruhten auf den Wahrnehmungen und Schätzungen einfacher Wegearbeiter, sie seien deshalb von geringer Beweiskraft, die Feststellungen der im Dienste des Klägers stehenden Wegearbeiter könnten nicht als richtig anerkannt werden. Der nicht näher begründete Einwand gegen die Befähigung oder Zuverlässigkeit des Zählers — dessen Eigenschaft, wenn er als Wegewärter im Dienst des Klägers steht, seine Verwendung für das Zählgeschäft nicht ausschließt — war ohne weiteres zu verwerfen, und es unterliegt keinem Bedenken, die Feststellung des Gesamtverkehrs auf 54200 t als richtig anzunehmen. Den Einzelverkehr anlangend hat der Beklagte nur eingewendet, das Eigengewicht seiner Wagen betrage nicht, wie vom Kläger angegeben, 1,5 t = 30 Ztr., sondern nur 17 Ztr. im Durchschnitt. Durch die Beweisaufnahme ist festgestellt worden, daß die beiden Steinwagen des Beklagten im November 1906 28 1/3 und 26 1/2 Ztr. gewogen haben. Dazu hat der Landesbauinspektor in B., in dessen Gegenwart die Verwiegung vorgenommen worden ist, erklärt, die Wagen seien vollständig gesäubert und die Bretter recht schadhaft gewesen; die Wagen würden mit guter Aus-

rüstung und mit Schmutz und Steinresten, wie sie derartige Wagen im Gebrauche immer enthalten, wohl das vom Kläger angenommene Gewicht ergeben. Dieser sachverständigen und glaubwürdigen Beurteilung gegenüber ist die weitere Bemängelung des Beklagten, die Wagen hätten wegen der feuchten Witterung im November zweifellos mehrere Zentner Wasser aufgesogen, um so mehr unerheblich, als bei den Vorausleistungsberechnungen in der Regel nur schätzungsweise der Wirklichkeit nahekommende Zahlen Verwertung finden können und naturgemäß die Fuhrwerksgewichte im Laufe eines Jahres beträchtlichen Schwankungen unterliegen. Hiernach hat der Vorderrichter mit Recht angenommen, daß sich das Verhältnis des Einzelverkehrs zum Gesamtverkehr wie 1 : 27 stelle und demgemäß die Erheblichkeit der Abnutzung keinem Zweifel unterliege.

3. Die Unterhaltungskostenberechnung des Klägers hat der Beklagte insoweit nicht als richtig anerkannt, als er die ihr zugrunde gelegte Annahme einer Deckendauer von 15 Jahren als zu kurz bemessen angefochten und unter Berufung auf Sachverständige behauptet hat, die Straßendecke von Basaltkleinpflaster halte bei dem ermittelten Verkehr mindestens 20 Jahre. Was den Straßenverkehr im ganzen anbelangt, so hat sich der Beklagte mit seinen eigenen Angaben insofern in Widerspruch gesetzt, als er einmal die Geringfügigkeit des Verkehrs durch Zeugen beweisen will, anderseits aber behauptet hat, die Detmolder Chaussee gehöre zu den befahrensten des Bezirks, und wenn der Beklagte täglich eine Fuhre befördert habe, so könne die Abnutzung durch ihn höchstens den hundertsten Teil der Gesamtabnutzung betragen. Der Vorderrichter hat den Einwand des Beklagten wegen der Deckendauer nicht für begründet erachtet, da Straßen von der Herstellungsart, wie die hier in Betracht kommende, und bei dem auf ihr sich vollziehenden Verkehr nicht länger als 15 Jahre zu halten pflegten, der Erhebung eines Beweises durch Sachverständige habe es hiernach nicht bedurft. Dem ist ohne weiteres beizutreten.

4. Daß dem Beklagten der sich für das Vorausleistungsjahr und die befahrene Straßenstrecke aus dem einfachen Verhältnis seiner Vekturanz zum Gesamtverkehr ergebende Anteil an den Unterhaltungskosten als Beitrag auferlegt wird — wobei es nicht darauf ankommt, ob und in welchem Umfange auch andere vorausleistungspflichtige Betriebsunternehmer herangezogen worden sind —, entspricht dem Gesetz.

Nr. 11. Entsch. v. 24. Sept. 1908 (PrVerwBl. 31 63) IV B 88/07.

VorLeistG. § 1.

Die Firma L. hat durch Vertrag die Verwaltung der von der Beklagten (einer Petroleumgesellschaft) in B. errichteten Petroleumanlage übernommen und sich verpflichtet, von der Anlage aus im Namen und für Rechnung der Beklagten den Vertrieb des Petroleums zu besorgen. Hiernach besteht in B. eine feste Betriebsstätte der Beklagten für den Vertrieb von Massengütern unter dauernder Abnutzung von öffentlichen Wegen des dafür unterhaltungspflichtigen Klägers. Die Abnutzung hat indessen im Jahre 1905 nicht in erheblichem Maße stattgefunden. Um das Gegenteil anzunehmen, müßte festgestellt werden, daß einer oder mehrere Wege des Klägers durch den Betrieb der Beklagten in solchem Umfange befahren worden seien, daß dabei das Maß der Mindestbenutzung, ohne das von einer Erheblichkeit der Abnutzung im Sinne des § 1 VorLeistG. überhaupt keine Rede sein kann, erreicht worden wäre. Erst wenn diese Voraussetzung erfüllt wäre, könnte dazu übergegangen werden, aus dem Verhältnisse des Einzelverkehrs zum Gesamtverkehr zu ermitteln, ob hiernach eine erhebliche Abnutzung stattgefunden hat und nach welchem Maßstabe der beklagten Unternehmerin ein angemessener Beitrag zu den dem Kläger erwachsenen Wegeunterhaltungskosten aufzuerlegen sein möchte. Aber auch dann könnte es sich nicht um die Festsetzung eines Pauschalbeitrags für das Wegenetz oder für eine Mehrheit von Wegen des klagenden Kreises handeln, sondern es würde notwendig sein, für jeden einzelnen Weg zu ermitteln, ob dessen Abnutzung durch die Beklagte in erheblichem Maße stattgefunden hat. Das Gesetz bietet keine Handhabe, mehrere in einem Bezirke belegene und von demselben Pflichtigen zu unterhaltende Wege als Einheit zu behandeln, wenn auch ein und derselbe gewerbliche Betrieb diese Wege abnutzt.

Nr. 12. Entsch. v. 5. Okt. 1908 (PrVerwBl. 30 508) IV C 6/08.

Auf Grund des § 1 VorLeistG. v. 18. VIII. 02 (GS. 315) kann derjenige einen Vorausleistungsbeitrag fordern, dessen Unterhaltungslast dadurch vermehrt wird, daß ein öffentlicher Weg (oder eine Brücke) in erheblichem Maße abgenutzt wird. Leistungspflichtig sind die Unternehmer von Fabriken, Bergwerken, Steinbrüchen, Ziegeleien oder ähnlichen Unternehmungen unter der weiteren Voraussetzung, daß die erhebliche Wegeabnutzung

a) infolge der Anlegung von Fabriken usw. vorübergehend, oder

b) durch deren Betrieb dauernd erfolgt.

Eine dauernde Abnutzung „infolge der Anlegung" kennt das Gesetz nicht, eine vorübergehende Abnutzung „durch den Betrieb" bringt keine Beitragspflicht zur Entstehung. Hiernach verkennt die Klägerin die Rechtslage, wenn sie meint, der Beklagte könne deswegen, weil er Steinbrüche angelegt habe, auch als Unternehmer wegen der durch deren Betrieb verursachten dauernden Wegeabnutzung zu Vorausleistungen herangezogen werden. Nur wer selbst einen Steinbruch betreibt, kann durch den Betrieb vorausleistungspflichtig werden, sofern dieser eine dauernde und erhebliche Wegeabnutzung bewirkt.

Nr. 13. Entsch. v. 16. Nov. 1908 (OVG. 53 307) IV C 75/08.

VorLeistG. § 1.

Die Klage könnte nur Erfolg haben, sofern die der Beklagten zur Last gelegte Wegeabnutzung infolge der Anlegung von Fabriken, Bergwerken, Steinbrüchen, Ziegeleien oder ähnlichen Unternehmungen vorübergehend, oder durch deren Betrieb dauernd, in erheblichem Maße stattgefunden hätte. Daß weder eine Fabrik noch ein Steinbruch oder eine Ziegelei vorhanden ist, liegt auf der Hand. Daß die Beklagte ein Bergwerk angelegt oder betrieben habe, ist von der Klägerin nicht behauptet worden. Bei Bohrtürmen von der Art, wie die durch die Beklagte in der Gemeinde S. und deren Umgebung aufgestellten, handelt es sich nicht um die Anlegung eines Bergwerkes im Sinne des § 1 G. v. 18. VIII. 02, zumal nicht um die Anlegung eines Bergwerkes der beklagten Bohrgesellschaft. Höchstens die Vorbereitung der Anlegung eines Bergwerkes könnte in Frage kommen: eine Tätigkeit, durch die keine Vorausleistungspflicht eines Unternehmers entsteht. Ob die Vorbereitungshandlungen auf die Anlegung eines Bergwerkes der Beklagten abzielen oder sich auf die Anlegung eines Bergwerkes durch einen anderen als die Bohrgesellschaft beziehen, macht für die Verneinung der Vorausleistungspflicht als solcher keinen Unterschied. Ein Bergwerk, durch dessen Betrieb bei dauernder und erheblicher Abnutzung von Wegen der Klägerin die Verpflichtung der Beklagten zu Wegebauvorausleistungen begründet werden könnte, ist ein Bohrturm nicht, was keines besonderen Nachweises bedarf.

Ist hiernach die Unternehmung der Beklagten weder Bergwerk noch Fabrik, Steinbruch oder Ziegelei, so muß geprüft werden, ob sie eine ähnliche Unternehmung im Sinne des § 1 aaO. ist. Auch das ist zu verneinen. An den in der Rechtsprechung des Gerichtshofs dafür aufgestellten Merkmalen muß festgehalten werden, insbesondere daran, daß ohne den Vertrieb von Massengütern keine den Fabriken, Bergwerken, Steinbrüchen, Ziegeleien ähnliche Unternehmung vorhanden ist. Wenngleich in dem Bohrturm ein Betrieb stattfindet, bei dem Maschinen, Kohlen usw. zur Verwendung kommen, und obwohl die Herbeischaffung der Ausrüstungsgegenstände mit schweren, die in Anspruch genommenen Wege in ganz außerordentlichem Maße abnutzenden Transporten verbunden ist, so genügt alles dieses nicht, um damit die Aehnlichkeit der Unternehmung der Beklagten mit den im § 1 aaO. einzeln genannten Unternehmungen zu begründen. Der gleiche Erfolg tritt beispielsweise bei der Aufführung von Bauwerken, Errichtung großer Anstalten u. dgl. ein, sofern es sich nicht etwa um Fabriken usw. handelt, und doch findet das VorLeistG. v. 18. VIII. 02 in solchen Fällen keine Anwendung.

Nr. 14. Entsch. v. 26. Nov. 1908 (PrVerwBl. 31 258) IV B 45/07.

VorLeistG. §§ 2, 4.

1. Dem Kreisverband Lüben ist durch Vertrag seitens des Provinzialverbandes der Prov. Schlesien die Unterhaltung einer Teilstrecke der L.—B.er Provinzialstraße auf Zeit übertragen worden. Ob hierdurch dem Kreise die öffentlich-rechtliche Verpflichtung zur Unterhaltung der Chaussee überkommen ist, ist für die Anwendung des VorLeistG. nicht entscheidend. Denn nach § 2 ist der engere Kommunalverband, insoweit er die gesetzlich einem anderen Kommunalverbande obliegende Unterhaltung von Wegen auszuführen hat, ohne weiteres zur Stellung von Anträgen auf Festsetzung von Vorausleistungsbeiträgen selbständig berechtigt, auch wenn die Uebertragung der Wegebaulast nur auf Grund eines privatrechtlichen Vertrages erfolgt und die öffentlich-rechtliche, der Wegepolizeibehörde gegenüber zu erfüllende Wegebaulast bei dem übertragenden Verbande verbleiben sollte. Es ist demnach unzutreffend, wenn der Beklagte ausführt, daß die Berechtigung des Kreises Lüben, von dem Beklagten Vorausleistungen zu fordern, davon abhänge, ob dem Kreise die öffentlich-rechtliche Unterhaltungslast übertragen sei. Dasselbe gilt von seiner Auffassung, der § 18 Abs. 3, betr. die Ausführung der §§ 5 f. DotG. v. 8. VII. 75 (GS. 497) und ebenso der § 2 VorLeistG. habe nur dauernde Vertragsverhältnisse im Auge. Das G. v. 8. VII. 75 läßt vielmehr der Provinz freie Hand, ob sie die Chausseeverwaltung und Unterhaltung dem engeren Kommunalverbande dauernd oder auf Zeit übertragen will. Desgleichen macht der § 2 VorLeistG. das Recht, Vorausleistungen zu erheben, nicht davon abhängig, daß eine dauernde Uebertragung der Unterhaltungslast auf den engeren Verband stattgefunden hat.

2. Weiter ist aber dem Bezirksausschuß auch darin beizupflichten, daß die Tatsache, derzufolge der Kreis von dem Provinzialverbande für die Uebernahme der Unterhaltung der Chaussee eine Rente erhält, dem Anspruch auf Vorausleistungen an den Beklagten nicht entgegensteht, selbst dann nicht, wenn die Rente die Unterhaltungskosten der Chaussee übersteigen sollte. Durch die Rente war der Kreis erst befähigt worden, die Verwaltung und Unterhaltung der Chaussee zu übernehmen. Er steht dabei nicht anders, als die Provinzen, die auch erst durch das DotG. in Stand gesetzt wurden, sich der Aufgabe, die früher vom Staat unterhaltenen Chausseen in eigene Verwaltung und Unterhaltung zu übernehmen, zu unterziehen.

3. Es kommt hiernach auf die Prüfung der Frage an, ob durch den

Ziegeleibetrieb des Beklagten die L.—B.er Chaussee zunächst im Jahre 1903 erheblich und dauernd abgenutzt worden ist, ob die dauernde und erhebliche Abnutzung auch für die Folgezeit anzunehmen ist, wie hoch sich die Gesamtvekturanz und die Vekturanz des Betriebes gestellt haben, welche Unterhaltungskosten in Ansatz zu bringen sind, und wie danach der Beitrag für 1903 und die folgenden Jahre zu berechnen ist.

Daß es sich hier um eine dauernde und ebenso um eine erhebliche Abnutzung handelt, kann von vornherein nicht zweifelhaft sein. Wenn auch die Parteien über das hierfür als maßgebend in Betracht kommende Verhältnis zwischen Gesamt- und Einzelverkehr streiten, so ist doch unstreitig der Anteil der Vekturanz des Betriebes an der Gesamtvekturanz ein so bedeutender, daß diese erste Voraussetzung der Beitragspflicht, die dauernde erhebliche Abnutzung, unter allen Umständen zutrifft. Das gilt für alle hier in Frage kommenden Jahre, sowohl die zurückliegenden Jahre 1903 bis einschließlich 1907 als die folgenden Jahre. Der Bezirksausschuß hat zwischen den Jahren, die im Zeitpunkt seiner Entscheidung bereits abgeschlossen waren, den Jahren 1903 bis 1905, und den darauf folgenden Jahren nicht geschieden. Soweit aber nach § 8 aaO. die Vorausleistungen schon endgültig festgesetzt werden konnten, hatte auch der Kläger Anspruch darauf, daß dies geschah. Der § 4 aaO. sieht nur die Festsetzung eines Beitrages oder Beitragsverhältnisses für die Zukunft vor, und es entspricht diesen gesetzlichen Vorschriften, daß die Scheidung im Tenor zum Ausdruck kommt. Demgemäß sind die Beiträge für 1903 bis einschließlich 1907 endgültig festzusetzen.

Was nun vorab die Ermittelung der Einzelvekturanz anlangt, so ist der Gerichtshof hierbei den Ausführungen des Bezirksausschusses gefolgt.

(Es folgen nähere Angaben).

Desgleichen ist der Gerichtshof der Berechnung der durchschnittlichen Unterhaltungskosten, wie sie der Bezirksausschuß vorgenommen hat, beigetreten.

4. Dagegen müssen die Einwendungen des Beklagten gegen die auf Grund von Verkehrszählungen erfolgte Ermittelung der Gesamtvekturanz allerdings zum Teil als gerechtfertigt anerkannt werden. Eine Verkehrszählung muß, wenn darauf zutreffende Schlüsse gegründet werden sollen, planmäßig vorbereitet sein. Es kann nicht genügen, daß der Kreisbaumeister kurzerhand beauftragt wird, die Zahl der die Chaussee benutzenden Lastfuhrwerke für 3 Monate durch Zähler feststellen zu lassen. Ein solcher Auftrag läßt nicht erkennen, wie gezählt werden soll und welche Anweisung den Zählern gegeben ist. Es muß aber so gezählt werden, daß die Zusammenstellung der Zählergebnisse nach den Zählheften nachgeprüft werden kann. Das ist im vorliegenden Falle schwer möglich, und es kann hierfür auch die vom Kreisbaumeister abgegebene Versicherung, es seien bei der Einzelzählung Fuhrwerke von allen 3 Wärtern gezählt worden, aber bei der Zusammenstellung seien die doppelt und dreifach gezählten nur einmal in Ansatz gebracht, keinen Ersatz bieten. Die vorgenommene Einteilung der ganzen Strecke in 3 Verkehrsstrecken, auf denen nur je 1 Zähler mit dem Zählgeschäft beauftragt wurde, gibt gleichfalls zu Bedenken Anlaß. Allen 3 Strecken wird, wie das Meßtischblatt zeigt, von Zufahrtstraßen Verkehr zugeführt. Der Kläger gibt selbst zu, daß den Zählern ein bestimmter Standort nicht angewiesen war, sie haben also da gezählt, wo sie gerade arbeiteten. Daß ihnen auf diese Weise ein Teil des Verkehrs auf Zwischenstrecken, insbesondere auf der ersten von L. ausgehenden Strecke mit ihren verschiedenen Zufahrtstraßen entgehen mußte, läßt sich kaum von der Hand weisen. Der Sonntagsverkehr und der ganze Personenfuhrwerksverkehr sind überhaupt nicht gezählt worden, auch sonst finden sich Lücken in den Zählbüchern, so daß mit einer Vollständigkeit des Zählmaterials nicht zu rechnen ist.

Anderseits ist nicht zu verkennen, daß eine sehr erhebliche Abnutzung der L.—B.er Chaussee durch den Ziegeleibetrieb des Beklagten stattgefunden hat und dauernd stattfindet. Es soll auch der Nachweisung des Kreisbaumeisters nicht jede Beweiskraft abgesprochen werden. Es fragt sich daher, ob im vorliegenden Falle die Verkehrsverhältnisse doch so klargestellt sind, daß eine Ergänzung der Lücken, ohne den Beklagten zu schädigen, möglich ist. Dies hat der Gerichtshof nach Lage der Sache zu bejahen keine Bedenken getragen. Es ist hierfür in Betracht gezogen worden, daß zunächst gegen die Berechnung der Gesamtvekturanz nach den Zählergebnissen der 3 Monate August, September und Oktober 1904 vom Beklagten nichts eingewendet ist. Wie sodann die vorgelegte Nachweisung über die Zählergebnisse ergibt, ist im Monat Oktober auch der Rüben- und Schnitzelverkehr schon berücksichtigt. Wenn nach der Vekturanz in 3 lebhaften Verkehrsmonaten die Jahresvekturanz berechnet worden ist, so kann dies jedenfalls dem Beklagten nicht zum Nachteil gereichen. Es kommt ferner in Betracht, daß die Vekturanz der 3 gebildeten Verkehrsstrecken zusammengezählt worden ist, als handle es sich um eine einzige einheitliche Verkehrsstrecke. Auch das war nicht zum Nachteil des Beklagten. Unzweifelhaft ist dieser im Recht, wenn er ausführt, es hätte für jede Verkehrsstrecke die Vekturanz besonders und ebenso der Beitrag besonders berechnet werden müssen. Daß sich aber bei dieser Scheidung das Verhältnis zwischen Einzel- und Gesamtvekturanz zugunsten des Beklagten verschoben und der Beitrag sich verringert haben würde, ist nicht anzunehmen.

5. Schließlich bleibt noch ein Einwand des Beklagten zu erörtern, der indessen gleichfalls unbegründet ist. Der Beklagte meint, da die Ziegelfuhrwerke durchschnittlich nur eine Strecke von 5,1 km zurücklegten, so sei es nicht gerechtfertigt, ihn an den Kosten der ganzen Chausseestrecke von 13 km zu beteiligen. Das ist ein Fehlschluß; denn so gut wie bei Feststellung der Gesamtvekturanz unterstellt worden ist, daß die gezählten Fuhrwerke die ganze Strecke benutzen, mußte dies auch bei Feststellung der Einzelvekturanz geschehen, und dadurch wird der Beklagte wiederum nicht benachteiligt, da es keine Frage ist, daß im Vergleich die der Gesamtvekturanz angehörigen Fuhren zu einem großen Teil kürzere Chausseestrecken zurückgelegt haben als die Ziegelfuhren des Beklagten. Wurde im übrigen für die Feststellung der Gesamtvekturanz die ganze Strecke zugrunde gelegt, so mußte solches auch für die der Einzelvekturanz geschehen.

Nr. 15. Entsch. v. 1. Juli 1909 (PrVerwBl. 31 821) IV B 20/08.

VorLeistG. §§ 1, 4 f.

1. Wenn eine Brennerei eine Fabrik ist, so fällt sie mit allen ihren Nebenanlagen unter den § 1 VorLeistG. v. 18. VIII. 02. Der Umstand, daß der Besitzer der Fabrik in Ställen Vieh unterhält, macht das Unternehmen nicht zu einem landwirtschaftlichen Betriebe, auch nicht zu einem teilweise landwirtschaftlichen Betriebe. Das ganze Unternehmen kann nur als einheitliches gewerbliches Unternehmen angesehen werden.

2. Für die Prüfung, ob die Abnutzung als eine erhebliche im Sinne des G. zu gelten habe, kommt es hauptsächlich auf die quantitative Belastung der Straßen durch den Betrieb gegenüber der Belastung durch den Gesamtverkehr an.

Die Beklagte hat gegen den Umfang der eigenen ihr angerechneten Verfrachtungen keine Einwendungen erhoben. Wollte sie dies, so wäre es ihre Aufgabe gewesen, auf Grund ihrer Bücher ihre Vekturanz genau nachzuweisen; sie durfte sich nicht etwa mit allgemeinen Bemängelungen der Verkehrszählungen begnügen. Die Vekturanz der Beklagten ist aber, wie jetzt schon mit

Sicherheit aus den Verkehrszählungen und auch aus den eigenen Erklärungen der Beklagten hervorgeht, eine so bedeutende gewesen, daß selbst, wenn die Gesamtvekturanz einen weit größeren Umfang gehabt hätte, wie angenommen, die durch den Betrieb verursachte erhebliche Abnutzung keineswegs zweifelhaft sein konnte, da sie den Umfang einer in der Rechtsprechung des Gerichtshofs nicht mehr als vorausleistungspflichtig erachteten Vekturanz ganz ungewöhnlich überschreitet.

3. Was die Gesamtvekturanz anbelangt, so enthalten die über das Ergebnis der Verkehrszählungen zu den Akten eingereichten Zusammenstellungen nur die Endziffern des gezählten Verkehrs. Daraus konnte freilich eine Ueberzeugung von der Zuverlässigkeit der Zählungen nicht gewonnen werden. Auch die Beklagte konnte daraus nichts ersehen, und wenngleich der Kläger ausdrücklich erklärt hatte, tatsächlich seien alle Wagen, insbesondere auch der gesamte Verkehr mit landwirtschaftlichem Fuhrwerk, gezählt worden, so durfte die Beklagte in Anspruch nehmen, daß ihr dies nachgewiesen werde. Darnach hätte der Vorderrichter Beweis erheben und vor allem das gesamte Zählmaterial heranziehen sowie zum Gegenstand der Verhandlung machen müssen. Keinesfalls konnte der Vorderrichter unter Abstandnahme von dieser Beweiserhebung sich für ermächtigt halten, die Beiträge nach freiem billigen Ermessen zu bestimmen. Der § 5 G. v. 18. VIII. 02 entbindet den Verwaltungsrichter nicht, die Mehrbelastung festzustellen, die nach § 1 für die Bemessung des Beitrags entscheidend sein soll. An diese im Gesetz selbst gezogene Schranke sind die Behörden und der an ihre Stelle tretende Verwaltungsrichter bei Anwendung des § 5 gebunden.

4. Weiter bedarf es einer Umrechnung der Unterhaltungskosten. Der Sachverständige rechnet zunächst mit den laufenden jährlichen Unterhaltungskosten, die er für jede Straßenstrecke in üblicher Weise ermittelt. Dann aber rechnet er mit sog. Rücklagen, das heißt, er prüft, welche Summe für jede Straßenstrecke jährlich zurückgelegt werden müßte, um mit Zins und Zinseszins denjenigen Betrag zu ergeben, der nach Ablauf der Umlegungs- (Umdeckungs-) Periode erforderlich sein würde, die Neudeckung vorzunehmen. Hierauf kommt es jedoch für die Bemessung des Vorausleistungsbeitrages nicht an. Wie sich der Kreis nach Ablauf der Umlegungsperioden die Mittel zur Neudeckung beschafft, und welchen Umfang diese erreichen, ist für diesen Zweck gleichgültig. Grundsätzlich soll der Unternehmer die entstandenen Wegelasten tragen, die dem Wegebaupflichtigen durch die Vekturanz seines Betriebes erwachsen. Dabei hat sich der Gerichtshof, wenn es sich in dem Jahre, für welches die Vorausleistungspflicht geltend gemacht werden soll, um eine Neudeckung handelte, die eine Reihe von Jahren halten wird, stets auf den Standpunkt gestellt, es sei besonders wegen der darin liegenden Unbilligkeit das Gesetz nicht dahin auszulegen, daß der Beitrag nach den ganzen Kosten, die in diesem Jahre dem Wegebaupflichtigen zur Last gefallen sind, zu bestimmen ist. Es sollen vielmehr solche Kosten auf die Reihe der Jahre verteilt werden, und von diesen Teilbeträgen wird nach Verhältnis der Einzel- zur Gesamtvekturanz der Beitrag berechnet. Die Berechnung, die der Sachverständige angestellt hat, war daher überflüssig, und es kam nur darauf an, die Umbaukosten für jede Wegestrecke festzustellen und auf die vom Beginn des Umbaus laufende Umlegungsperiode zu verteilen.

5. Schließlich bleibt zu prüfen, inwieweit die Beklagte mit zur Deckung von Zinsen beizutragen hat. Vorab kann es sich dabei nicht um die Zinsen der aufgewendeten Bausummen handeln, sondern nur um die Zinsen derjenigen Anleihe, die der Kreis genötigt war, für den Umbau der Straßenstrecken aufzunehmen. Ferner sind nicht die Amortisationszinsen, sondern lediglich die als eigentliche Zinsen verausgabten und zu verausgabenden

Summen zu berechnen. Denn die Amortisationszinsen bilden keine Ausgabe zur Unterhaltung des Weges, sondern dienen lediglich dem Zweck, das Anleihekapital zu tilgen. Nach OVG. 46 305 sind nicht, wie es in dem Gutachten geschehen ist, die Zinsen als laufende Unterhaltungskosten in Ansatz zu bringen, sondern die Summe der auflaufenden Zinsen ist mit dem aufgewendeten Kapitalbetrage auf die Umlegungsperioden zu verteilen.

K. Gewerbepolizei.

Gesetzliche Grundlagen: G. v. 7. VI. 09 (RGBl. 499), gegen den unlauteren Wettbewerb. VhdlRT.: Drucks. Nr. 1109, 1390, 1414, 1419, 1420, 1421, 1422, 1423, 1424, 1431; StenB. 6523, 8496, 8542, 8543.

Litteratur: Alfeld: Grundriß des gewerblichen Rechtsschutzes (Leipzig 1910). — Baer: Das Reichsgesetz gegen den unlauteren Wettbewerb (Berlin 1910). — Berger und Flesch: Gewerbeordnung[18] (Berlin 1910). — Cohn: Kinematographenrecht (Berlin 1910). — Dierig: Die Koalitionsfreiheit der Gewerbetreibenden und gewerblichen Arbeiter (Tübingen 1910). — Engel: Das Reichsgesetz gegen den unlauteren Wettbewerb (Berlin 1910). — Finger: Desgl. (Berlin 1910). — Fuld: Desgl. (Hannover 1910.) — Hoffmann: Gewerbeordnung[7-10] (Berlin 1910). — Kahn und Weiß: Das Reichsgesetz gegen den unlauteren Wettbewerb[2] (München 1910). — Landmann: Kommentar zur Gewerbeordnung[5] 2. Bd. Nachtrag (München 1909). — Manes: Das Reichsgesetz gegen den unlauteren Wettbewerb (Düsseldorf 1910). — Müller: Desgl. (Leipzig 1910). — Neukamp: Gewerbeordnung[8] (Tübingen 1910). — Neukamp: Die deutsche Gewerbegesetzgebung, mit Erläuterungen, 1. Bd. Die Gewerbeordnung für das Deutsche Reich[9] (Tübingen 1910). — Pinner und Eyck: Das Reichsgesetz gegen den unlauteren Wettbewerb[2] (Berlin 1910). — Pinner: Desgl.[5] (Berlin 1909). — Rosenthal und Wehner: Desgl. (München 1910). - Schecher: Gewerbepolizeirecht des Deutschen Reichs (Tübingen 1910). — Seelow: Das Reichsgesetz gegen den unlauteren Wettbewerb[2] (Berlin 1910). — Seyfferth: Desgl. (Leipzig 1910). — Spielhagen: Gesetz, betr. die Abänderung der Gewerbeordnung v. 30. V. 1908 (Berlin 1908). — Troitzsch: Die Gewerbeordnung für das Deutsche Reich[6] (Leipzig 1910). — Voßen: Der Schutz der Gewerbefreiheit und der Verfassungsrechte durch das preußische Oberverwaltungsgericht[2] (Berlin 1910). — Weiß: Das Reichsgesetz gegen den unlauteren Wettbewerb[2] (München 1910).

1. Reichsgewerbeordnung.

a) Allgemeine Bestimmungen. Gewerbefreiheit; Ablösung von Gewerbeberechtigungen.

Nr. 1. Entsch. v. 15. April 1907 (PrVerwBl. 29 706) III A 38/06.

ALR. II 17 § 10; PolVerwG. § 6.

Ein auf eine vollständige Untersagung der Darbietung von Lustbarkeiten auf einem Grundstücke abzielendes polizeiliches Verbot kann nur auf Grund des § 10 II 17 ALR. in Verbindung mit § 6 PolVerwG. ergehen. Das infolge der Darbietung von Lustbarkeiten zu erwartende Stehenbleiben einiger Wagen und Karren auf den Straßen vermag eine Einschränkung der gesetzlich gewährleisteten Gewerbefreiheit durch ein derartiges Verbot noch nicht zu rechtfertigen.

Nr. 2. Entsch. v. 7. Dez. 1908 (PrVerwBl. 30 783) III A 19/08.

1. Wenn die Polizeibehörde zum Zwecke der Abwendung von Gesundheitsgefahr die Einschränkung der Geräusche gewerblicher Veranstaltungen, im vorliegenden Falle des Betriebes eines Karussells, auf be-

stimmte Tagesstunden verlangt, so kommt es auf die sachgemäße Abwägung der widerstrebenden Interessen an.

2. Sind die Geräusche ohne Rücksicht auf ihre Zeitdauer noch nicht gesundheitsgefährlich, so ist ihre Einschränkung auf bestimmte Tagesstunden nur unter der Voraussetzung zulässig, daß erst durch die über die Einschränkung hinausgehende Fortdauer die Gesundheitsgefahr entsteht. Nach der herrschenden Anschauung ist der Beginn der Nachtruhe auf einen vor 10 Uhr abends liegenden Zeitpunkt nicht zu setzen.

Einerseits ist ohne weiteres klar, daß für einen Karussellbetrieb mit Musikbegleitung die Abendstunden die wertvollsten sind. Anderseits ist ein erhöhter Anspruch der Nachbarn auf die Fernhaltung von Geräuschen für die Zeit von 7 Uhr abends ab nicht anzuerkennen. Wenn für diese Zeit ein vermehrtes Bedürfnis des Ausruhens behauptet ist, so könnte ebensogut für die vorhergehende Zeit ein Bedürfnis nach Stille behufs geistiger Arbeit geltend gemacht werden. Eines gesteigerten polizeilichen Schutzes bedürftig ist nur die Zeit der Nachtruhe.

Nr. 3. Entsch. v. 21. Juni 1909 (PrVerwBl. 31 241) III B 116/08.

ALR. II 17 § 10; GewO. § 1; PreßG. v. 7. V. 74 § 3.

1. Die PolVd. des Polizeipräsidenten zu Berlin v. 5. V. 06, die kinematographische Vorstellungen den Theatervorstellungen im Sinne der PolVd. v. 10. VII. 51 und v. 8. XII. 74 gleichstellt, ist rechtsgültig, da sie ihre Grundlage im § 10 II 17 ALR. findet.

Insbesondere steht sie nicht mit den Bestimmungen des PreßG. v. 7. V. 74 (RGBl. 65) in Widerspruch. In dieser Beziehung ist bereits in OVG. 52 286, 289 folgendes ausgeführt:

„Wäre eine solche Vorführung als ein Ausstellen im Sinne des § 3 PreßG. zu betrachten, so würden auch hierfür die Bestimmungen des PreßG. gelten und würde danach ein präventives polizeiliches Einschreiten gleichfalls für unzulässig erachtet werden müssen. Aber eine kinematographische Vorführung geht über ein bloßes Ausstellen von Bildern im Sinne des § 3 PreßG. — als eine Form der Verbreitung von Druckschriften und was diesen gleichsteht — hinaus und ist eine zu den Lustbarkeiten gehörige Schaustellung. Denn § 3 PreßG. betrifft ein Zugänglichmachen der Bilder mittelst des Ausstellens, während durch den kinematographischen Apparat ein neues, bisher nicht vorhandenes Bild eines bewegten Vorganges erzeugt und vorgeführt wird. Daher kommen hier die Vorschriften des PreßG. nicht in Betracht."

Ebensowenig steht die Vorschrift des § 1 Abs. 1 GewO. der Rechtsgültigkeit der PolVd. entgegen. § 1 GewO., der das Prinzip der Gewerbefreiheit zum Ausdrucke bringt, bezieht sich nur auf die persönliche Zulassung zum Gewerbebetrieb und schließt in keiner Weise polizeiliche Anordnungen aus, welche die Regelung der Ausübung der Gewerbe, namentlich im Interesse der öffentlichen Ordnung und Sittlichkeit, zum Gegenstande haben. Ebenso wie bei der Uebung der Theaterzensur handelt es sich aber hier lediglich um eine Regelung der Ausübung des Gewerbes als Unternehmer kinematographischer Vorstellungen im Interesse der öffentlichen Ordnung und der Sittlichkeit. Die angefochtenen polizeilichen Verfügungen laufen nicht darauf hinaus die gewerbsmäßige Darbietung kinematographischer Vorstellungen durch den Kläger von einer besonderen polizeilichen Erlaubnis abhängig zu machen, was unzulässig sein würde, sondern sie beschränken die Ausübung seines Gewerbebetriebes dahin, daß er die von ihm zur Darstellung bestimmten Bilder nicht eher vorführen darf, als die Polizei ihre Unbedenklichkeit geprüft und festgestellt hat.

2. Steht demnach weder das PreßG. noch die GewO. der Gültigkeit der PolVd., soweit ihre Vorschriften hier in Betracht kommen, entgegen, so fragt sich nur noch, ob die Verordnung ihre Grundlage in § 10 II 17 ALR. und

§ 6 PolVerwG. v. 11. III. 50 findet, wonach es das Amt der Polizei ist, die nötigen Anstalten zur Erhaltung der öffentlichen Ruhe, Sicherheit und Ordnung und zur Abwendung der dem Publikum oder einzelnen Mitgliedern desselben bevorstehenden Gefahr zu treffen. Daß darunter insbesondere auch solche Gefahren zu verstehen sind, die dem Publikum in sittlicher Beziehung drohen, ist anerkannten Rechtens, und es bedarf auch keiner weiteren Ausführung, daß kinematographische Vorstellungen, die beispielsweise unzüchtige Szenen zum Gegenstande haben, derartige Gefahren mit sich bringen und daß dies in ganz besonderem Grade dann zutrifft, wenn die Vorführungen vor Personen jugendlichen Alters erfolgen. Wenn der Beklagte danach berechtigt ist, die vorzuführenden Bilder einer polizeilichen Zensur in bezug auf ihre Unbedenklichkeit zu unterwerfen, so folgt daraus weiter, daß er auch die zur Durchführung dieser Zensur notwendigen allgemeinen Anordnungen treffen kann. In dieser Beziehung ist aber klar, daß die Prüfung der zur Vorführung bestimmten Bilder nur einheitlich von einer Stelle aus erfolgen kann, schon damit widersprechende Verfügungen in bezug auf ein und dasselbe Bild vermieden werden, und daß es daher ausgeschlossen ist, daß bei der großen Zahl der in Betracht kommenden kinematographischen Unternehmungen die Vorführungen an allen einzelnen Orten, an denen sie stattfinden sollen, einer Prüfung unterzogen werden können. Der Beklagte konnte daher anordnen, daß die Vorführung der einzelnen Bilder auf dem Polizeipräsidium zu erfolgen habe, sofern der Kläger nicht durch die Angabe der Ursprungsfirma die Prüfung, ob das Bild bereits genehmigt sei, ermögliche und dadurch die erneute Vorführung unnötig mache.

Nr. 4. Entsch. v. 25. Juni 1909 (PrVerwBl. 31 329) VIII A 121/08.

Die Polizei ist nicht verpflichtet, ihrerseits zu ermitteln, welche verschiedenen baulichen und technischen Vorkehrungen zur Erreichung des erstrebten Zweckes im gegebenen Falle in Frage kommen könnten, und aus ihnen die den Pflichtigen am wenigsten belastenden auszuwählen. Sie hat im vorliegenden Falle ein ebenso naheliegendes als sachdienliches Mittel gewählt und sie durfte dies um so mehr tun und es dem Kläger überlassen, seinerseits mit Vorschlägen wegen Anwendung etwaiger anderer, ihm genehmerer Mittel an sie heranzutreten, als sie ihm hierzu schon vorher im Verhandlungswege Gelegenheit geboten hatte.

Es handelte sich um ein polizeiliches Einschreiten gegen den Besitzer eines Kinematographentheaters zum Zwecke der Erreichung genügender Feuersicherheit.

Als für einen konkreten Fall berechnet, können die polizeilichen Vorschriften hier nicht näher dargelegt werden. Es mag aber darauf hingewiesen werden, daß sie ebenso wie die erstatteten Sachverständigengutachten zur Beurteilung des gegen solche Theater geeigneten Vorgehens gute Anhaltspunkte bieten.

Nr. 5. Entsch. v. 29. Okt. 1909 (OVG. 55 258) I A 31/09.

GewO. §§ 15a, 148.

Indem die Bestimmung im § 15a Abs. 1 GewO. den Gewerbetreibenden mit offenem Laden die Anbringung ihres Namens in der näher bezeichneten Weise zur Pflicht macht, verbietet sie ihnen zugleich, sich dabei eines anderen als ihres eigenen Namens zu bedienen. Der § 148 das., welcher unter Ziff. 14 Zuwiderhandlungen gegen die Vorschriften des § 15a mit Strafe bedroht, findet daher auch Anwendung auf denjenigen Geschäftsinhaber, der einen Strohmann vorschiebt, d. h. den Namen einer Person anbringt, auf deren Rechnung tatsächlich das Gewerbe nicht betrieben wird. Der Geschäftsmann, der einen falschen Namen an seinem offenen Laden anbringt, begeht sonach eine strafbare Handlung und verletzt damit die öffentliche Ordnung. Die Polizei, zu deren Amte es gehört, die zur Aufrechterhaltung der öffentlichen Ordnung nötigen Anstalten zu treffen, ist daher so berechtigt wie verpflichtet, die Beseitigung einer unrichtigen Namensangabe an einem offenen Laden anzuordnen.

Nr. 6. Entsch. v. 5. Jan. 1909 (OVG. 54 399) III B 122/07.

1. Nach § 2 G., betr. die Ablösung der Abdeckereiberechtigungen, v. 17. XII. 72 (GS. 717) unterliegen der Ablösung „diejenigen Zwangs- und Bannrechte der Abdecker, welche nicht durch § 1 aufgehoben sind, sofern die Verpflichtung auf Grundbesitz haftet, die Mitglieder einer Korporation als solche betrifft oder Bewohnern eines Ortes oder Distrikts vermöge ihres Wohnsitzes obliegt". Ohne die in diesem Paragraphen genannten Voraussetzungen hätte das Ablösungsverfahren überhaupt nicht eingeleitet werden dürfen. An ihrem Vorhandensein besteht auch nach Sinn und Wortlaut des hier in Betracht kommenden Privilegiums kein Zweifel („so befehlen wir hiermit kraft dieses allen und jeden unserer Unterthanen . . . in nachverzeichneten Orten, als . . . L. . . ."). Die gesamte Ablösungsgesetzgebung wird aber von dem Grundsatze beherrscht, daß die Entschädigungen an die Stelle der aufgehobenen Berechtigungen treten und daß insbesondere die Ablösungsrente nicht ihre rechtliche Beziehung zu dem belasteten Gute völlig verliert. Es konnte für den Gesetzgeber auch nicht in Frage kommen, den Berechtigten, der sich kraft zwingender Vorschrift des Gesetzes auf den nur dem Verpflichteten zustehenden Ablösungsantrag einlassen muß, für die an die Stelle seiner auf Grundbesitz ruhenden Berechtigung tretende Rente lediglich an die Person des zur Zeit der Antragstellung im Besitze des Gutes befindlichen Provokanten zu verweisen und ihn somit der Gefahr des Verlustes der gesamten Entschädigung für den Fall auszusetzen, daß dieser das Gut verkauft und alsdann in Vermögensverfall gerät. Der § 19 des hier maßgebenden AblösG. v. 17. III. 68 (GS. 249) bestimmt denn auch ausdrücklich, daß rücksichtlich aller Eigentums- und Nutzungsansprüche sowie aller sonstigen Realansprüche die Entschädigungen an die Stelle der aufgehobenen oder abgelösten Berechtigungen treten. Wird die Entschädigung nicht in Kapital, sondern, wie hier, auf Verlangen des Klägers in Rente gewährt, so folgt daraus ohne weiteres, daß die Rente in gleicher Weise auf dem belasteten Grundbesitze ruht, wie die aufgehobene Berechtigung.

2. Zur Vertretung des Ritterguts L. in dem vorliegenden, auf Ablösung der Abdeckereigerechtigkeit gegen Rente gerichteten Verfahren war der Kläger, nachdem er durch Auflassung das Eigentum auf den Rittergutsbesitzer H. übertragen und damit die Befugnis, verbindliche Erklärungen für das Gut abzugeben, verloren hatte, nicht mehr legitimiert. Die von ihm erhobene Klage würde daher abgewiesen werden müssen, sofern nicht aus den Bestimmungen des AblösG. v. 17. III. 68 zu entnehmen ist, daß das einmal begonnene Ablösungsverfahren unabhängig von einem etwaigen Eigentumswechsel zur Durchführung gebracht werden muß und der Rechtsnachfolger des Klägers daher kraft Gesetzes unabhängig von etwaigen privatrechtlichen Vereinbarungen mit seinem Vorbesitzer in den Rechtsstreit in der Lage, in welcher er sich zur Zeit seines Eigentumserwerbs befindet, an Stelle seines Rechtsvorgängers einzutreten gehalten ist. Das ist zu bejahen.

In den Fällen der Abs. 3f. des § 10 G. v. 17. III. 68 verleiht das Gesetz dem Besitzer des Gutes für den ganzen Umfang der zu dem Gutsbezirke gehörigen Besitzungen in derselben Weise wie der Gemeinde für den ganzen Umfang des Gemeindebezirkes die Befugnis, auf Ablösung anzutragen. Diese Befugnis beschränkt sich also nicht lediglich auf den in seinem Eigentume befindlichen Grundbesitz, sondern erstreckt sich über die Grenzen seines Privateigentums hinaus auf den anderen Personen innerhalb des Gutsbezirkes gehörenden Besitz. Wenn das Gesetz den Besitzer des Gutes aber in bezug auf die Provokationsbefugnis der Gemeinde gleichstellt und ihn somit zum Träger öffentlich-rechtlicher, aus seinem Privateigentum an sich nicht herzuleitender Befugnisse macht und ferner in § 9 Abs. 2 bestimmt, daß der Antrag auf Ablösung nicht zurückgenommen werden kann, so muß daraus gefolgert werden, daß, wenn einmal der Ablösungsantrag gemäß § 10 in rechtsgültiger Weise gestellt worden ist, das Verfahren wie in bezug auf eine Gemeinde, so in gleicher Weise auch in bezug auf die zu einem Gutsbezirke gehörigen gesamten Besitzungen zur Durchführung gebracht werden muß und von einem dem Gebiete des Privatrechts angehörenden Wechsel im Eigentume des Gutes nicht berührt werden kann. Der jeweilige Eigentümer ist vielmehr zur Vertretung der zu dem Gute gehörigen Besitzungen im Verfahren kraft Gesetzes berufen und muß in den Rechtsstreit in der Lage, in welcher er sich zur Zeit seines Eigentumserwerbes befindet, an Stelle des bisherigen Besitzers eintreten.

b) Gewerbliche Einrichtungen und Anlagen; Erfordernis besonderer Genehmigung gemäß §§ 16ff. GewO.

Literatur: Bossen: Das Recht der konzessionierten gewerblichen Anlagen (Hannover 1910).

Nr. 1. Entsch. v. 6. Juni 1907 (PrVerwBl. 29 1012) III B 12/07.

1. Abgesehen von besonderen Umständen ist ein polizeiliches Einschreiten nur gegen solche Geräusche gerechtfertigt, die bei Mitberücksichtigung einer, namentlich in den Städten allgemein verminderten Widerstandsfähigkeit, den als normal anzusehenden Gesundheitszustand der zusammenlebenden Menschen zu gefährden geeignet sind.

2. Die Frage, ob das durch das klatschende Aufschlagen herabrieselnden Wassers entstehende Geräusch, zB. in der Kühlanlage einer Brauerei, gesundheitsgefährlich ist, ist zu verneinen. Es ist weder laut, noch schrill, noch plötzlich einsetzend und daher an sich zu einer ungewöhnlichen Erregung der menschlichen Nerven nicht geeignet. Daß hier besondere, die Wirkung verstärkende Nebenumstände vorliegen, ist nicht behauptet. Daher muß angenommen werden, daß das Geräusch demjenigen gleicht, welches sich bei stark strömenden Wasserläufen, bei Wasserfällen und Springbrunnen findet. Ein solches Geräusch wirkt nach der allgemeinen menschlichen Erfahrung nicht gesundheitgefährdend. Wegen seiner Gleichmäßigkeit stört es namentlich den Schlaf auf die Dauer nicht.

Nr. 2. Entsch. v. 13. Juni 1907 (PrVerwBl. 29 891) III A 51/06.

1. Nach § 3 PrivFlG. v. 28. II. 43 war die Polizeibehörde befugt, der Klägerin (einer Papierfabrik) die Einleitung ihrer Abwässer in den vorbeifließenden Bach zu untersagen, wenn dadurch eine erhebliche Belästigung des Publikums verursacht wurde. Nach § 10 II 17 ALR. war es ferner die Aufgabe der Polizei, die Einleitung der Abwässer zu verbieten, soweit dies „zur

Abwendung der dem Publikum oder einzelnen Mitgliedern desselben bevorstehenden Gefahr" nötig war. Auf diese beiden gesetzlichen Bestimmungen hat der Beklagte in dem angefochtenen Bescheide ausdrücklich Bezug genommen. Es trifft auch nicht zu, daß die Verfügung der Polizeiverwaltung, wie die Klägerin geltend macht, der erforderlichen Bestimmtheit entbehre und schon deshalb aufgehoben werden müßte. Die Verfügung verbietet der Klägerin „im öffentlichen Gesundheitsinteresse", „fernerhin ungenügend geklärte Abwässer" aus der Fabrik in den Bach abfließen zu lassen. Unter ungenügend geklärten Abwässern können, wie der Inhalt der Verfügung und die in ihr und dem Bescheide des Beklagten angeführten gesetzlichen Bestimmungen ergeben, nur solche Abwässer verstanden werden, die eine Gesundheitsgefahr für das Publikum oder eine erhebliche Belästigung desselben hervorzurufen geeignet sind. Der Klägerin ist danach die Einleitung der Fabrikwässer untersagt, bis sie sie insoweit gereinigt hat, daß eine Gesundheitsgefahr oder eine erhebliche Belästigung im Sinne der angeführten Vorschriften nicht mehr von ihnen ausgehen kann. Die von der Klägerin zum Zwecke der erforderlichen Reinigung anzuwendenden Mittel anzugeben, ist aber nicht Sache der Polizeibehörde. Die Wahl unter den verschiedenen etwa möglichen Mitteln und Reinigungsmethoden zu treffen, ist vielmehr Sache der Klägerin selbst, die offenbar auch besser wie die Polizeiverwaltung imstande ist festzustellen, welche Mittel und Wege nach den Interessen ihres Betriebes am zweckmäßigsten zur Anwendung zu bringen sind.

2. Danach kommt nur noch in Frage, ob die tatsächlichen Voraussetzungen für das angefochtene Vorgehen der Polizeibehörde hier gegeben waren. Das ist aber auf Grund des Ergebnisses der bisherigen Verhandlungen und Parteierklärungen zu bejahen.

Es kann daher keine Rede davon sein, daß die Ableitung der ungeklärten oder nicht ausreichend geklärten Abwässer der klagenden Fabrik in den vorbeifließenden wasserarmen Bach unschädlich sei und weder eine Gesundheitsgefahr, noch eine erhebliche Belästigung des Publikums herbeizuführen vermöge, daß etwaige Unzuträglichkeiten, wie die Klage geltend macht, vielmehr nur von den Kläranlagen, von dem Bache und den in ihn eingeleiteten Abwässern aber überhaupt nicht herrührten. Unerheblich ist es auch, ob die Fabrik früher errichtet ist, als die unterhalb am Bache liegenden Gebäude. Dadurch erlangt sie kein Recht, das Bachwasser zu verunreinigen.

Nr. 3. Entsch. v. 11. April 1907 (PrVerwBl. 30 324) III A 55/05.

RGewO. § 16; ALR. II 17 § 10; Vd. v. 20. IX. 67 (GS. 1529) § 6 b.

1. Durch Polizeiverordnung kann vorgeschrieben werden, daß Lager-, Sortier- und Verpackungsräume für Lumpen, Knochen, frische und trockene Tierhäute und tierische Abfallstoffe sich nur in unbewohnten Gebäuden befinden dürfen und mindestens 20 m von der Nachbargrenze, von bewohnten oder zum längeren Aufenthalte von Menschen dienenden Gebäuden und von öffentlichen Wegen oder Anlagen entfernt sein müssen. Daß von solchen Räumen eine Gefährdung menschlicher Gesundheit und eine Belästigung des Verkehrs auf öffentlichen Straßen ausgehen kann, ist durch die Erfahrung unzweifelhaft festgestellt. Es handelt sich dabei in erster Linie um üble Gerüche; für die Gesundheitsgefährdung aber auch um die Verbreitung von Ansteckungsstoffen durch Insekten und Ratten.

2. Auch die Ausdehnung solcher Vorschriften auf bereits bestehende Anstalten unterliegt keinem Bedenken. Eine Ausnahmestellung nehmen nur diejenigen Anlagen ein, die die nach § 16 RGewO. zu

ihrer Errichtung erforderliche besondere Genehmigung erhalten haben. Bei ihnen findet die Zulässigkeit nachträglicher polizeilicher Auflagen an dem Inhalte der Genehmigung ihre Schranke. Es kann dahingestellt bleiben, ob Anstalten zum Trocknen und Einsalzen ungegerbter Tierfelle, die diese Genehmigung erhalten haben, in dem Bereiche der PolVd. überhaupt bestehen und ob, sofern dieses der Fall ist, dem Inhaber einer solchen Genehmigung zwar nicht das Trocknen und Einsalzen von Tierfellen sowie das Lagern zu salzender und zu trocknender Felle, wohl aber das Lagern, Sortieren und Verpacken gesalzener und getrockneter Felle polizeilich untersagt werden könnte. Denn der Kläger hat unstreitig die im § 16 vorgeschriebene Genehmigung nicht erhalten. Er bedarf ihrer zwar nicht, weil die Anlage bereits vor der Einführung der Genehmigungspflicht bestanden hat. Jedoch steht infolgedessen seine Anstalt nicht einer genehmigten, sondern vielmehr einer nicht genehmigungspflichtigen gleich.

Nr. 4. Entsch. v. 20. Juni 1907 (PrVerwBl. 29 932) III B 135/06.

GewO. §§ 16ff., 25, 147.

Zur Betriebsstätte gehört der ganze zur Ausübung des Gewerbes benutzte Raum samt seinen Zubehörungen, insoweit sie integrierende Bestandteile der Anlage bilden. Ob eine Veränderung wesentlich ist, ist nach den Umständen zu bemessen. Maßgebend ist, ob die Veränderung auf diejenigen Rücksichten einwirken kann, die der Eingang des § 16 GewO. hervorhebt, also wenn sie Anlagen und Einrichtungen betrifft, die Gefahren, Nachteile oder Belästigungen für Nachbarn, Publikum und die im Betriebe beschäftigten Arbeiter herbeiführen können. Derartige wesentliche Veränderungen werden nicht dadurch unwesentliche, daß sie durch andere Einrichtungen, mit denen dieselben Zwecke erreicht werden, ersetzt werden. Es kommt vielmehr darauf an, welche Einrichtungen die konzessionierende Behörde tatsächlich genehmigt hat. Andernfalls würde an die Stelle der ursprünglich genehmigten Anlage nebst Betrieb eine völlig anders gestaltete gleicher Kategorie treten dürfen, so daß vom Vorhandensein einer Genehmigung dieser so geänderten Anlage überhaupt nicht mehr gesprochen werden könnte.

Nr. 5. Entsch. v. 6. Juli 1908 (OVG. 54 377) III A 74/07.

GewO. §§ 16ff., 147 Abs. 3.

1. Für die Ortspolizeibehörden sind die Bedingungen maßgebend, unter denen die Genehmigung für eine nach §§ 16ff. GewO. genehmigungspflichtige gewerbliche Anlage von der hierfür zuständigen Behörde erteilt worden ist. Ihr ist — von der Abstellung vorübergehender dringender Notstände abgesehen — grundsätzlich versagt, für den genehmigten gewerblichen Betrieb die Bedingungen, unter denen er zugelassen worden ist, zu erweitern oder einzuschränken. Sie hat aber darüber zu wachen, daß der Betrieb den genehmigten Bedingungen gemäß stattfindet, und sie darf die Wegschaffung der gewerblichen Anlage oder die Herstellung des den Bedingungen entsprechenden Zustandes anordnen und erzwingen, wenn wesentliche Bedingungen nicht eingehalten werden oder eine wesentliche Aenderung der Betriebsstätte ohne Genehmigung vorgenommen wird (§ 147 Abs. 3 GewO.).

2. Die der Genehmigungsurkunde angeheftete Zeichnung ergibt, daß der Kreisausschuß dem Kläger genehmigt hat, bei der Stauanlage einen Wasserstand von 323,01 m über N. N. dauernd zu halten. Zur Herabsetzung dieses Wasserstandes erachtet die Ortspolizeibehörde sich auf Grund der Nr. 2 der

Bedingungen für ermächtigt, wie daraus zu entnehmen ist, daß sie in ihrer Verfügung auf diese Nr. 2 Bezug nimmt. Der Wortlaut dieser Bedingung ist nicht klar. Denn wenn es hier heißt, daß dem Kreisausschusse die Befugnis vorbehalten bleibt, durch polizeiliche Verfügung die später als notwendig erkannte Veränderung in der Einrichtung oder im Betriebe vorzuschreiben, so erhellt nicht, was unter der polizeilichen Verfügung gemeint ist. Da dem Kreisausschusse die Befugnis zur polizeilichen Verfügung vorbehalten ist, wird man annehmen können, daß unter der polizeilichen Verfügung die Anordnung gemeint ist, die der Kreisausschuß auf Grund seiner gewerbepolizeilichen Zuständigkeit unmittelbar trifft. Wäre es aber anders und insbesondere in dem Sinne gemeint, daß die Ortspolizeibehörde nach ihrem Ermessen die erforderliche Anordnung treffen solle, so wäre dies wider das Gesetz. Der Kreisausschuß darf seine gesetzlich begründete Zuständigkeit zur Regelung der Bedingungen, unter denen eine genehmigungspflichtige gewerbliche Anlage zuzulassen ist, nicht auf eine andere Behörde, also auch nicht auf die Ortspolizeibehörde, übertragen.

Wenn die Ortspolizeibehörde der Ueberzeugung war, daß zur Vermeidung von Nachteilen und Gefahren eine Herabsetzung des genehmigten Wasserstandes geboten sei, dann hätte sie bei dem Kreisausschuß eine Aenderung des genehmigten Wasserstandes in Anregung bringen sollen. Zur selbständigen Herabsetzung des genehmigten Wasserstandes war sie nicht befugt. Eine vorübergehende Anordnung zur Verhütung eines dringenden Notstandes hat sie nicht getroffen, wie es denn auch an der tatsächlichen Voraussetzung für die Feststellung eines solchen Notstandes fehlt.

3. Soweit die Verfügung die Herabsetzung des Wasserstandes betrifft, unterliegt sie der Aufhebung. Daraus folgt, daß sie auch insoweit nicht haltbar ist, als sie zur Kennzeichnung des von ihr bestimmten Wasserstandes die Setzung zweier Merkpfähle angeordnet hat. Was sie verlangen darf, ist die Setzung des Merkpfahls zur Kennzeichnung des von dem Kreisausschusse genehmigten Wasserstandes. Da indes aus der Genehmigungsurkunde nicht erkennbar ist, wo dieser Merkpfahl zu setzen ist, hat die Ortspolizeibehörde bei dem Kreisausschusse die nähere Bestimmung hierüber in Antrag zu bringen.

Nr. 6. Entsch. v. 20. Nov. 1908 (PrVerwBl. 30 527) I C 58/07.

GewO. §§ 16ff.

1. Neben der von der Beschlußbehörde zu erteilenden gewerbepolizeilichen Genehmigung ist für eine ortspolizeiliche Baugenehmigung kein Raum. Auch die Entscheidung über die Erteilung einer bloß provisorischen Bauerlaubnis steht alsdann nach § 19a GewO. der Beschlußbehörde zu.

2. Ist anläßlich eines Verfahrens nach den §§ 16ff. aaO. eine ortspolizeiliche Prüfung des Projektes vorgenommen worden und findet nach der maßgebenden BauPolGebO. eine Liquidation von Gebühren für eine solche Prüfung auch statt, wenn die Genehmigung nicht erfolgt, so würden diese Gebühren, falls sie überhaupt liquidiert werden dürfen, Auslagen des gewerbepolizeilichen Verfahrens (§ 22 aaO., § 124 LVG.) bilden und deshalb nur in dem durch Nr. 33 AAnwGewO. geregelten Verfahren zur Festsetzung und Einziehung zu bringen sein.

Nr. 7. Entsch. v. 18. Juni 1908 (PrVerwBl. 30 529) III A 95/07.

ALR. II 17 § 10; GewO. §§ 16ff.

1. Die neben der Benzinwäscherei des Klägers belegene Schießwollfabrik ist eine nach § 16 GewO. genehmigungspflichtige Anlage; ihre Zulassung und

innere Gestaltung ist der Konzessionsbehörde überlassen und der Einwirkung der Ortspolizeibehörde entzogen; sie ist von der zuständigen Behörde genehmigt. Die Benzinwäscherei des Klägers dagegen fällt nicht unter den § 16 aaO. und die Polizeibehörde hat ihr gegenüber die ihr im allgemeinen im Gesetze (§ 10 II 17 ALR.) gegebenen Befugnisse. Bei dieser Rechtslage ist die Polizeibehörde, selbst wenn Gefahren für die Umgebung in dem Betriebe der Schießwollfabrik liegen, nicht berechtigt, gegen die letztere Maßnahmen zu treffen; es bleibt aber anderseits ihre Pflicht, gegen die Anlage des Klägers einzuschreiten, sofern sie Gefahren für die Nachbarschaft hervorruft. Daß dies der Fall ist, unterliegt nach den gutachtlichen Aeußerungen des Gewerbeinspektors und des Regierungs- und Gewerberats keinem Zweifel, denn beide Sachverständige weisen darauf hin, daß durch die im Betriebe einer Benzinwäscherei unvermeidlich entstehenden Benzinluftmischungen, die durch Funken zur Entzündung gelangen können, der Umgebung wesentliche Gefährdungen drohen. Diese Gefahren werden im gegenwärtigen Falle noch dadurch erhöht, daß eine Explosion in der Anlage des Klägers auch in der benachbarten Schießwollfabrik weitere Explosionen leicht zur Folge haben kann. Danach war die Polizeibehörde wohl befugt, dem Kläger den ferneren Gebrauch von Benzin zu untersagen, da auf andere Weise die von seinem Betriebe ausgehende Gefahr nicht zu beseitigen ist. Darauf, daß an anderen Orten Benzinwäschereien inmitten der Wohnhäuser liegen und von der Polizei geduldet werden, kommt es für die Entscheidung des vorliegenden Streites nicht an, denn der Betrieb des Klägers verstößt jedenfalls gegen den § 10 II 17 ALR.

2. Die Androhung einer Geldstrafe „für jeden Tag" des Zuwiderhandelns ist gesetzlich unzulässig.

Nr. 8. Entsch. v. 30. Nov. 1908 (PrVerwBl. 30 644) III B 144/07.

GewO. §§ 16ff., 25, 147.

In rechtlicher Beziehung ist mit dem Bezirksausschusse davon auszugehen, daß nach § 27 GewO. v. 17. I. 45 von den hier in Betracht kommenden Anlagen nur Metallgießereien und Dampfmaschinen genehmigungspflichtig waren, nicht aber „Fabriken, in welchen Dampfkessel oder andere Blechgefäße durch Vernieten hergestellt werden" und auch nicht „Maschinenfabriken". Genehmigt konnte dem Kläger durch die Konzession v. 18. XI. 57 daher neben der Inbetriebsetzung der Dampfmaschine nur die Eisengießerei werden. Zur Vornahme von Kesselschmiedearbeiten bedurfte er damals einer Genehmigung nicht und er konnte diese Arbeiten auch nach Inkrafttreten der Nov. v. 2. III. 74 ohne Nachsuchung einer Konzession so lange fortsetzen, als er keine Aenderung in der Lage oder Beschaffenheit der Betriebsstätte oder keine wesentlichen Veränderungen in dem Betriebe gemäß § 25 GewO. vornahm. Nahm er dagegen solche Aenderungen vor, so bedurfte er dazu der in § 25 vorgeschriebenen neuen Genehmigung in gleicher Weise, wie auch der Inhaber einer konzessionierten Anlage bei derartigen Aenderungen einer neuen Genehmigung bedarf. Die Frage aber, ob eine genehmigungspflichtige Veränderung der Betriebsstätte vorliegt, kann nicht danach beurteilt werden, ob die Gießhalle für sich allein betrachtet eine Veränderung erlitten hat; vielmehr ist die gesamte Fabrikanlage, die der Herstellung von Dampfkesseln und sonstigen Blechgefäßen durch Vernieten dient und in der sich der darauf bezügliche Fabrikationsbetrieb vollzieht, bei der Beurteilung dieser Frage als ein zusammenhängendes Ganzes zu betrachten. Von diesem Standpunkt aus aber kann es keinem Zweifel unterliegen, daß die nach den oben erwähnten eigenen Angaben der Kläger nach dem Inkrafttreten der

Nov. v. 2. III. 74 vorgenommenen Bauten, durch die der Schuppen an der K.Straße erweitert und der Maschinenraum am D.Wege neu erbaut ist, eine Veränderung darstellen, die auf diejenigen Rücksichten einwirken kann, die der Gesetzgeber bei Einführung der Genehmigungspflicht für ausschlaggebend erachtet hat, daß nämlich die Anlagen durch die Beschaffenheit der Betriebsstätte für die Besitzer oder Bewohner der benachbarten Grundstücke oder für das Publikum überhaupt erhebliche Nachteile, Gefahren oder Belästigungen herbeiführen können. Die beklagte Polizeiverwaltung war demnach auf Grund des § 147 Abs. 3 GewO. befugt, die Einstellung des Betriebs anzuordnen.

Nr. 9. Entsch. v. 21. April 1910 (PrVerwBl. 31 868) III A 1/09.

GewO. §§ 16ff., 51.

Die Entscheidung hängt davon ab, ob die Schlachthausanlage des Klägers im Jahre 1877 auf Grund der §§ 16ff. GewO. gewerbepolizeilich genehmigt worden, oder ob eine solche Genehmigung niemals erteilt worden ist. Während im ersteren Falle dem Kläger nach dem von ihm angezogenen § 51 aaO. die fernere Benutzung seiner Schlächterei nur wegen überwiegender Nachteile und Gefahren für das Gemeinwohl durch die höhere Verwaltungsbehörde gegen Entschädigung untersagt werden könnte, müßte im letzteren Falle die Polizeibehörde für befugt angesehen werden, den nicht konzessionierten Betrieb zu untersagen, und zwar ohne Rücksicht darauf, ob durch ihn Gefahren für das Publikum entstehen, lediglich deshalb, weil er der gewerblichen Ordnung zuwiderläuft. Dagegen ist die Ansicht der Polizeibehörde, daß dem Kläger, auch wenn er eine Konzession besitzt, die weitere Benutzung seiner jetzigen Betriebsstätte ohne Entschädigung (§ 51 aaO.) verboten werden könne, eine irrige. Es fragt sich demnach in erster Linie, ob die Schlachthausanlage des Klägers im Jahre 1877 gemäß den §§ 16ff. GewO. genehmigt worden ist. Der Gerichtshof nimmt an, daß dies durch die vom Kläger vorgelegte Urkunde v. 14. VIII. 77 in Verbindung mit dem langjährigen Bestehen der Anlage dargetan ist.

Durch diese Urkunde ist dem Kläger die Erteilung der von ihm nachgesuchten gewerbepolizeilichen Genehmigung von der damals zuständigen Genehmigungsbehörde unter bestimmten Bedingungen in Aussicht gestellt worden. Die Angabe des Klägers, daß er mit diesen Bedingungen völlig einverstanden gewesen sei, daß er deshalb Rekurs an den Handelsminister nicht eingelegt habe, daß er infolgedessen die Genehmigung erteilt erhalten, die Konzessionsurkunde aber verloren habe, ist an sich völlig glaubwürdig und nicht widerlegt. Nach Ansicht des erkennenden Senats ist deshalb, da die Konzessionsurkunde ein bloßes Beweismittel darstellt, der Nachweis, daß dem Kläger die in der Urkunde v. 14. VIII. 77 in Aussicht gestellte gewerbepolizeiliche Genehmigung später tatsächlich erteilt worden ist, als geführt anzusehen. Diese Auffassung ist eine um so berechtigtere, als füglich nicht angenommen werden kann, daß die Polizeibehörde seit 1877 nach der Einleitung des Konzessionierungsverfahrens den Betrieb einer unkonzessionierten genehmigungspflichtigen Anlage geduldet habe.

c) Gewerbetreibende, die einer besonderen Genehmigung bedürfen.

α) Aerzte und Apotheker (§ 29 GewO.).

Nr. 1. Entsch. v. 5. Nov. 1908 (OVG. 53 357) III A 71/07.

In OVG. 50 381 ist dargetan, daß die außerordentlichen Besichtigungen und die Nachbesichtigungen der Apotheken ganz denselben

Zwecken dienen wie deren regelmäßige Besichtigungen, daß beide Arten von Besichtigungen mithin einen rein polizeilichen Gegenstand bilden, und daß demgemäß die Kosten der sämtlichen genannten Besichtigungen die Eigenschaft von Polizeikosten besitzen. Auch ist dort bereits hervorgehoben, daß derartige Kosten nach preußischem Verwaltungsrechte grundsätzlich nicht den beteiligten Privatpersonen zur Last fallen, gleichviel, ob sie von diesen verschuldet sind oder nicht. Dadurch, daß der mangelhafte Zustand der Apotheke, der die Nachbesichtigung erforderlich gemacht hat, auf ein Verschulden des Apothekers zurückzuführen ist, wird an der rechtlichen Eigenschaft der Nachbesichtigungskosten nichts geändert. Auch in diesem Falle handelt es sich nicht etwa um die Verhängung einer Strafe, sondern um die Auferlegung von Polizeikosten. Die durch besondere gesetzliche Vorschriften oder durch allgemeine Grundsätze geregelte Verpflichtung zur Tragung von Polizeikosten ist aber der Abänderung durch Gewohnheitsrecht entzogen. Die durch die Vornahme eines polizeilichen Aktes verursachten Kosten (Polizeikosten) sind nicht etwas Selbständiges, für sich Bestehendes; sie stellen vielmehr lediglich notwendige Folgen des gedachten Aktes dar, ohne den sie überhaupt nicht entstehen und gar nicht gedacht werden können. Aus dieser Gebundenheit der fraglichen Kosten an die jeweilig in Betracht kommenden polizeilichen Handlungen ergibt sich, daß jene im allgemeinen nach denselben rechtlichen Normen beurteilt werden müssen wie diese. Daß aber die in Ausübung eines Staatshoheitsrechts von den Polizeibehörden im öffentlichen Interesse vorzunehmenden Besichtigungen der Apotheken nicht einen Gegenstand der gewohnheitsrechtlichen Uebung bilden können, bedarf keiner weiteren Darlegung.

β) Unternehmer von Privatkranken-, Privatentbindungs- und Privatirrenanstalten. Hebammen. (§ 30 GewO.)

Nr. 1. Entsch. v. 25. März 1909 (DJZ. 14 1502) III 743.

GewO. § 30.

Unter den benachbarten Grundstücken im Sinne des § 30^d GewO. sind nicht bloß die an das Gelände der Kläger grenzenden Grundstücke, sondern auch diejenigen der weiteren Nachbarschaft zu verstehen. Wenn der Vorderrichter zu der letzteren das ganze Land, von dem aus Vorgänge auf dem für die Irrenanstalt der Kläger bestimmten Grundstücke wahrgenommen werden können, rechnet, so ist dies nicht zu weitgehend. Dasselbe trifft bezüglich des Umstandes zu, daß er neben den bereits bebauten auch die zur Bebauung bestimmten benachbarten Grundstücke in Betracht zieht. Die Tatsache, daß angeblich das Terrain des Gutsbezirks nicht in absehbarer Zeit bebaut werden wird, kann nicht entscheidend ins Gewicht fallen, da andere zahlreiche Grundstücke der vom Vorderrichter bezeichneten Art sich in der Nachbarschaft befinden.

Nr. 2. Entsch. v. 6. Dez. 1906 (PrVerwBl. 30 56) III B 10/05.

1. Das Hebammenlehrbuch enthält die für die Ausübung des Hebammenberufs maßgebenden Vorschriften. Ihrer Kenntnis bedarf es daher, um den Beruf zuverlässig ausüben zu können. Zur zuverlässigen Ausübung ist also diejenige Hebamme außerstande, die von dem Inhalte des Buches keine Kenntnis erlangt hat. Dieser Fall trifft auf die Beklagte zu und zwar wiegt die Unterlassung um so schwerer, als das Buch bereits vor 2 Jahren erschienen und seitdem im Buchhandel käuflich ist. Es ergibt sich

mithin daraus der Mangel an Zuverlässigkeit der Beklagten für den Hebammenberuf.

2. Daß der Beklagten die Zuverlässigkeit fehlt, ist aber auch anderweitig dargetan, es folgt dies aus den dem Gerichtshofe vorliegenden Gutachten der Kreisärzte. Der Kreisarzt zu W. hat bescheinigt, daß die mit der Beklagten vorgenommenen Nachprüfungen ein ungenügendes Ergebnis gehabt haben. Der Kreisarzt zu O. hat bei einer Nachprüfung mangelhafte Kenntnisse festgestellt, gleichzeitig aber auch die allgemeine körperliche und geistige Fähigkeit der Beklagten für unzulänglich erklärt und sich dahin ausgesprochen, daß sie nicht mehr imstande sei, ihren Beruf auszuüben. Der Gerichtshof gewann die Ueberzeugung von der Richtigkeit dieses Urteils, das namentlich in dem vorgerückten Lebensalter der Beklagten seine Stütze finde. Und zwar wurde diese Ueberzeugung dadurch befestigt, daß die Beklagte die ihr von dem Gerichtshofe in weitgehendem Maße gebotene Gelegenheit, sich zu einer Nachprüfung vorzubereiten und in dieser ihre Zuverlässigkeit für den Hebammenberuf darzutun, unbenutzt hat vorübergehen lassen.

Nr. 3. Entsch. v. 15. Okt. 1908 (PrVerwBl. 30 625) III B 15/08.

GewO. §§ 30, 53.

1. Die auf die Klage der Polizeibehörde desjenigen Bezirks in dem der Gewerbetreibende seinen Wohnsitz hat, ergangenen Entscheidungen sind, wenn die Untersagung des Gewerbebetriebes rechtskräftig ausgesprochen worden ist, maßgebend, wenn nicht für das Reichsgebiet, so doch für das Staatsgebiet. Sie binden deshalb auch alle Polizeibehörden des Staates derart, daß ein neues Verfahren wegen Untersagung desselben Gewerbebetriebes nicht mehr stattfindet. Für Urteile, durch die die Klage abgewiesen wird, muß dasselbe gelten, soweit sie der Rechtskraft überhaupt fähig sind.

2. Die Entziehung des Prüfungszeugnisses, dessen Hebammen für die Ausübung des Gewerbes bedürfen, ist zulässig, wenn aus Handlungen oder Unterlassungen der Mangel derjenigen Eigenschaften klar erhellt, welche bei der Erteilung des Zeugnisses vorausgesetzt werden mußten. Als solche Eigenschaft kommt nach der AllgVf. des Ministers der geistlichen, Unterrichts- und Medizinalangelegenheiten v. 6. VIII. 83 auch der unbescholtene Ruf in Betracht. Da der Verlust des unbescholtenen Rufes nicht an einen bestimmten Tatbestand geknüpft ist, hat der Verwaltungsrichter nach freiem Ermessen darüber zu entscheiden, ob einem bestimmten Tatbestand die Bedeutung beizumessen ist, daß er den Verlust des unbescholtenen Rufes zur Folge gehabt hat. Die Abweisung der Klage kann deshalb sowohl darin ihren Grund haben, daß der Tatbestand, aus welchem in der Klage der Verlust des unbescholtenen Rufes gefolgert worden ist, für nicht bewiesen erachtet worden ist, wie auch darin, daß der Tatbestand zwar für erwiesen, aber zum Nachweis des Verlustes des unbescholtenen Rufes für ungeeignet erachtet worden ist. In einem wie in dem anderen Falle erstreckt sich die Rechtskraft des die Klage abweisenden Urteils nicht auf die Feststellung, daß der in der Klage behauptete Tatbestand sich nicht oder daß er sich ereignet hat, sondern auf die Feststellung, daß der beklagten Hebamme zur Zeit der Urteilsfällung der unbescholtene Ruf noch nicht verloren gegangen war. Gleichwohl kann die Frage, inwieweit der letztgedachten Feststellung gegenüber einer neuen Klage dieser Art die Rechtskraft beizumessen ist, nicht ohne Berücksichtigung des im Vorstreit für den Verlust des unbescholtenen Rufes geltend gemachten Tatbestandes beantwortet werden. Die materielle Rechtskraft hat zur Voraussetzung, daß in dem vorausgegangenen wie in dem neuen Streitverfahren über die gleiche rechtliche

Folge aus dem gleichen Tatbestand zu entscheiden war und ist. Der Erhebung einer neuen Klage mit demselben Ziel auf Grund eines anderweiten Tatbestandes steht die vorausgegangene rechtskräftige Entscheidung nicht entgegen, gleichviel, ob der anderweite Tatbestand zur Zeit, als das vorausgegangene Urteil erging, bereits gegeben und der Polizeibehörde bekanntgeworden war oder ob der Tatbestand nach dem Erlaß jenes Urteils eingetreten ist. In Ermangelung einer Vorschrift, wie sie für Ehescheidungssachen im § 616 ZPO. gegeben ist, kommt der Abweisung der auf einen bestimmten Tatbestand gegründeten Klage die Bedeutung nicht zu, daß hiermit die für die Verfolgung derselben Ansprüche in Betracht kommenden anderweiten Tatbestände verbraucht sind. Bei der auf einen anderen Tatbestand gestützten Klage handelt es sich, weil zur Entscheidung steht, ob sich hieraus der Verlust des unbescholtenen Rufes rechtfertigt, um einen Streit anderer Art, und für diesen ist die Berücksichtigung auch des im Vorstreit zum Nachweis des Verlustes des unbescholtenen Rufes geltend gemachten Tatbestandes zweifellos dann zulässig, wenn der Tatbestand zwar für erwiesen, für sich allein aber zur Feststellung des Verlustes des unbescholtenen Rufes nicht für geeignet erachtet worden ist. Zulässig ist jedoch auch die Mitberücksichtigung des im Vorstreit nicht für bewiesen erachteten Tatbestandes, weil die Rechtskraft sich auf die Feststellung des Tatbestandes nicht erstreckt und die Vorentscheidung deshalb dessen freie Würdigung in einem Streitverfahren anderer Art nicht ausschließt.

3. Die Klage ist vorliegend auf den Ehebruch der Beklagten mit H. und auf den nach der Ehetrennung betätigten Geschlechtsverkehr mit A. gestützt. Dem Vorderrichter kann darin nicht beigetreten werden, daß der Geschlechtsverkehr mit A. auszuscheiden hat, weil es zur Zeit des Geschlechtsverkehrs auf eine Heirat abgesehen war. Es würde sich eine mildere Beurteilung rechtfertigen können, wenn ein förmliches Verlöbnis zwischen der Beklagten und A. unter Umständen bestanden hätte, daß auf eine alsbaldige Heirat zu rechnen war. Hierfür fehlt es aber an dem erforderlichen Anhalt. Der Verlust des unbescholtenen Rufes ist auf Grund des Verkehrs mit A. jedenfalls dann festzustellen, wenn die Beklagte sich vorher des Ehebruchs mit H. schuldig gemacht hat.

Nr. 4. Entsch. v. 17. Febr. 1910 (PrVerwBl. 31 648) III B 70/07.

Der Vorderrichter hat der Beklagten das Prüfungszeugnis als Hebamme entzogen, weil die Kreisärzte Dr. K. und Dr. Sch. begutachtet haben, daß sie nicht mehr die erforderlichen Kenntnisse besitze. Die Beklagte will das Ergebnis der Prüfung der genannten Aerzte nicht gelten lassen, da sie nur der polnischen Sprache mächtig sei und die Prüfung in der deutschen Sprache stattgefunden habe.

Ausgebildet ist die Beklagte in der polnischen Sprache und es ist ihr auch in dieser Sprache das Zeugnis ausgefertigt. Sie hat deshalb darauf Anspruch, in der polnischen Sprache darauf geprüft zu werden, ob sie noch die erforderlichen Kenntnisse besitzt, wenn sie nur dieser Sprache mächtig ist. Anderseits kann sie ihre Unkenntnis mit den Vorschriften des neuen Lehrbuchs nicht damit entschuldigen, daß es nicht mehr in polnischer Sprache herausgegeben wird und daß auch der Unterricht in den Lehranstalten nur noch in deutscher Sprache stattfindet. Der Beklagten lag es ob, sich mit Hilfe von Personen, die der deutschen Sprache mächtig sind, mit den neueren Vorschriften ausreichend bekannt zu machen. Die Kreisärzte haben indes bereits sich dahin ausgelassen, daß ihrer Ueberzeugung nach die Beklagte der deutschen Sprache so weit mächtig ist, als es zum Verständnis und zur Beantwortung der ihr gestellten Fragen erforderlich war. Sie haben weiter bekundet, daß sie selbst die polnische Sprache so weit beherrschen, um nachhelfen zu können.

Der Beklagten wird zum Vorwurf gemacht, daß sie bei der Entbindung der Frau O. einen Arzt erst nach Verlauf von 2 Stunden zugezogen hat, obschon sie einen Nabelschnurvorfall bemerkt und der Ehemann die sofortige Zuziehung eines Arztes angeregt hatte. Am 24. XI. 09 hat sie die innere Untersuchung der Frau R. ausgeführt, ohne ihre Hände der Vorschrift gemäß gereinigt zu haben. Der Kreisarzt fand ihre Hände und Nägel schmutzig und die Nagelbürste trocken. Die Beklagte hatte danach ihre Hände und Nägel nicht mit der Bürste gereinigt. Sie war aber auch nicht mit reinem Anzug und weißer Schürze bekleidet; sie hatte nicht alle zur Entbindung erforderlichen Instrumente bei sich und auch nicht Alkohol und Sublimatlösung, womit sie die Hände und Nägel nach vorausgegangener Waschung mit der Bürste zu reinigen hatte. Hiernach hat sie die in den §§ 192ff., 348f. des Lehrbuches gegebenen Vorschriften nicht beachtet. Insbesondere muß es ihr als eine grobe Leichtfertigkeit angerechnet werden, daß sie die innere Untersuchung der Frau R. ausgeführt hat, ohne sich vorher mit der vorschriftsmäßigen Bekleidung versehen und ohne vorher ihre Hände gehörig gereinigt zu haben. Sie hat sich also als derartig **unzuverlässig** für ihren Beruf erwiesen, daß sich deshalb die Entziehung des Prüfungszeugnisses rechtfertigt.

δ) Schauspielunternehmer. Gewerbsmäßige Darbietung von Singspielen, Gesangs- und deklamatorischen Vorträgen, Schaustellungen von Personen und theatralische Vorstellungen ohne höheres Interesse von Kunst und Wissenschaft (§§ 32, 33a GewO.).

Nr. 1. Entsch. v. 25. Okt. 1909 (OVG. 55 362) III B 84/09.

GewO. § 32.

Daß der mehrfache außereheliche Geschlechtsverkehr mit dem Gewerbe des Beklagten als Schauspielunternehmer in unmittelbarem Zusammenhange stand, kann keinem Zweifel unterliegen, weil die Schauspielerin B. sich dem Beklagten gegenüber zunächst in der Stellung einer Beschäftigung Nachsuchenden, sodann einer in dem Unternehmen Angestellten befand und überdies die dem Theaterbetriebe dienenden Räume in der Regel den Schauplatz des Verkehrs bildeten. Erhöht wird die Schuld des verheirateten Beklagten durch die Jugend der bei dem Verkehr erst 21jährigen Schauspielerin B., ferner durch das Nichtwissen des Beklagten von einem bereits vorausgegangenen Geschlechtsverkehre der Genannten, endlich durch den Umstand, daß der Verkehr schon vor dem Abschlusse des Annahmevertrags, also zu einer Zeit begann, in der die Schauspielerin ihr Verhalten gegenüber dem Beklagten mit der Erlangung der Anstellung notwendig in Verbindung bringen mußte. Hierin ist ein **schwerer Mißbrauch der dem Beklagten durch seine Konzessionierung als Schauspielunternehmer zugewiesenen Stellung** zu finden. Unzweifelhaft bezieht sich die nach § 32 GewO. vorauszusetzende sittliche Zuverlässigkeit wesentlich mit auf das Verhältnis des Unternehmers zum Personale. Gerade in diesem Verhältnis aber hat der Beklagte sich so erheblich vergangen, daß der Schluß auf den **Mangel der zu dem Gewerbebetrieb erforderlichen sittlichen Zuverlässigkeit** nicht **abzuweisen** ist.

Nr. 2. Entsch. v. 17. Mai 1906 (PrVerwBl. 29 282) III B 16/06.

§§ 32, 33a GewO.; ALR. II 17 § 10.

1. Der Kläger bestreitet nicht, daß die Aufführung der beiden Stücke eine **Darbietung theatralischer Vorstellungen ohne höheren Kunstwert**

im Sinne des § 33a GewO. ist. Nach den bei den Akten befindlichen Theaterprogrammen, in denen die Sänger und Schauspieler als Darsteller bestimmter Rollen aufgeführt stehen, kann hierüber auch ein Zweifel nicht obwalten. Handelte es sich aber bei der Veranstaltung des Klägers um die Darbietung theatralischer Vorstellungen ohne höheren Kunstwert, so ist dem Vorderrichter darin beizutreten, daß der Kläger zur Aufführung der beiden Stücke neben der Erlaubnis aus § 33a GewO. noch derjenigen aus § 32 aaO. bedurfte und daß mithin die Beklagte berechtigt war, gegen das Vorhaben des Klägers einzuschreiten. Denn es ist anerkannten Rechtens, daß zur Veranstaltung der im § 33a genannten theatralischen Vorstellungen die im § 32 vorgeschriebene Genehmigung erforderlich ist.

2. Dagegen konnte den weiteren Erwägungen des Vorderrichters nicht zugestimmt werden. Die angefochtene Verfügung ist dahin zu verstehen, daß die Schließung des Theaters nicht erfolgen soll, wenn der Kläger sein Programm ändert und keine theatralischen Vorstellungen veranstaltet. Wird sie so ausgelegt, so ist sie, zunächst jedenfalls nicht sachwidrig. Sie geht aber auch nicht über das Maß der der Polizeibehörde zustehenden Befugnisse hinaus. Nach § 10 II 17 ALR. soll die Polizei sich allerdings darauf beschränken, die nötigen Anstalten zur Erhaltung der öffentlichen Ordnung zu treffen, und es steht dem Verwaltungsrichter die Nachprüfung darüber zu, ob sie diese Schranke innegehalten hat. Das muß aber von Fall zu Fall unter Berücksichtigung der besonderen Umstände untersucht werden. Geschieht dies hier, so hat die Beklagte die ihr durch den § 10 II 17 ALR. gesteckten Grenzen nicht überschritten. Nach der Rechtsprechung des Gerichtshofes war die Polizeibehörde im vorliegenden Falle wegen der Strafvorschrift im § 147[1] GewO. auf die Androhung und Anwendung unmittelbaren Zwanges angewiesen. Sie hätte diesen nun zwar in der Weise anwenden können, daß sie nicht die völlige Schließung des Theaters anordnete, sondern nur die Aufführung der Stücke bei deren Beginn durch einen ihrer Beamten verhinderte. Eine Verpflichtung, so zu verfahren, lag aber für sie nicht vor. Nachdem der Kläger ihrem vorausgegangenen Verbote entgegengehandelt hatte, konnte die Polizeibehörde gleich zur völligen Schließung des Theaters schreiten, wenn sie befürchten mußte, daß eine Schließung des Theaters während der Aufführung Lärm- und Tumultszenen herbeiführen würde. Daß aber zu einer solchen Besorgnis ein berechtigter Grund vorlag, kann ihr ohne weiteres geglaubt werden. Darauf, daß der Kläger durch die Maßregel der Polizei in die Lage versetzt wurde, von der ihm aus § 33a GewO. zustehenden Erlaubnis keinen Gebrauch machen zu können, kann es nicht ankommen, weil er es in der Hand hatte, die Schließung des Theaters durch Befolgung des polizeilichen Gebots abzuwenden. Und endlich kann auch der vom Vorderrichter hervorgehobenen Benachteiligung der vom Kläger angenommenen Künstler für die Beurteilung der der Polizeibehörde zustehenden Befugnis, das ungesetzliche Vorhaben des Klägers zu verhindern, eine Bedeutung nicht beigemessen werden.

Nr. 3. Entsch. v. 14. Mai 1909 (OVG. 54 444) VIII B 12/08.

GewO. §§ 32, 33a.

1. Die vom Kläger vertretene Auffassung, daß die Polizeibehörde mit Rücksicht auf die ihm gemäß § 33a GewO. erteilte gewerbliche Genehmigung nicht befugt sei, bauliche Anforderungen hinsichtlich des Theatergebäudes zu erheben, befindet sich im Einklange mit OVG. 5 286. Danach hat die zur Erteilung der gewerblichen Genehmigung berufene Behörde zu prüfen, ob das zum Betriebe des Gewerbes bestimmte Lokal wegen seiner Beschaffenheit den polizeilichen Anforderungen genügt (§ 33a Abs. 2[2] aaO.). Unter den poli-

zeilichen Anforderungen sind nicht die von der Polizeibehörde gestellten, sondern die im polizeilichen Interesse notwendigen Anforderungen zu verstehen, und zwar finden hierbei alle von der Polizeibehörde wahrzunehmenden Interessen in gleicher Weise Berücksichtigung, soweit sie von dem Gewerbebetriebe berührt werden. Die Konzessionsbehörde hat also selbständig zu prüfen, welche Anforderungen an die Beschaffenheit des Lokals mit Rücksicht auf den Gewerbebetrieb zu stellen sind. Sie ist hierbei an die von der Polizeibehörde gestellten Anforderungen nicht gebunden. Ihre Selbständigkeit schließt aber zugleich auch die Befugnis der Polizeibehörde aus, nachträglich innerhalb des bezeichneten Rahmens besondere Anforderungen zu stellen.

2. Anders verhält es sich dagegen mit den im ersten Teile der Verfügung dem Kläger gemachten Auflagen. Die unter Ziff. 1—4, 6 und 7 aufgezählten Anforderungen an das Theatergebäude sind nur für den Fall gestellt, daß der Kläger, wie er es nach Annahme der Beklagten bisher getan hat, so auch künftig in Ausübung der ihm gemäß § 32 aaO. erteilten Genehmigung das Gewerbe eines Schauspielunternehmers in dem Gebäude betreibt. Der § 32 aaO. gewährt dem Konzessionsinhaber gegenüber polizeilichen Maßnahmen nicht einen gleichen Schutz wie § 33a aaO.; denn die nach § 32 erteilte Genehmigung ist rein persönlicher Art, sie bezieht sich nicht auf ein bestimmtes Lokal, sondern nur auf ein bestimmtes Unternehmen. Ihre Erteilung erfordert, auch soweit ein ständiges Lokal für den Gewerbebetrieb benutzt wird, keine Prüfung der Räumlichkeiten und läßt deshalb die Befugnisse der Polizeibehörde gegenüber dem Theatergebäude unberührt. Der Anwendung der für den RegBez. Merseburg erlassenen PolVO., betr. die bauliche Anlage und die innere Einrichtung von Theatern, v. 21. XI. 89 stehen daher Bedenken nicht entgegen.

Nr. 4. Entsch. v. 20. Sept. 1909 (OVG. 55 359) III B 107/08.

GewO. § 33a.

1. Der Schausteller H. veranstaltete ohne Erlaubnis „mnemotechnische" Vorstellungen, die von ihm und seiner Ehefrau ausgeführt wurden, und ferner eine Reihe von sog. Illusionsvorstellungen. Diese, die er „Die Lotosblume", „Der mysteriöse Sarg", „Die Arche Noah", „Die schöne Galathee oder die Marmorbraut" nannte, bestanden im wesentlichen darin, daß durch Spiegelungen vorher nicht sichtbare weibliche Personen an bestimmten Stellen, z. B. auf der Lotosblume, in dem Sarge usw., erschienen. Die Abhaltung aller genannten Vorstellungen wurde von der Ortspolizeibehörde untersagt, weil es sich dabei um Schaustellungen von Personen handle, die nach § 33a GewO. nur mit Erlaubnis zulässig seien. Auf die Klage des H. setzte der Bezirksausschuß das polizeiliche Verbot, soweit es sich auf die mnemotechnischen Vorstellungen bezog, außer Kraft; im übrigen wies er die Klage ab.

Der sowohl vom Kläger als auch von der Ortspolizeibehörde eingelegten Berufung versagte das Oberverwaltungsgericht den Erfolg.

Die Entscheidung hängt davon ab, was unter einer „Schaustellung von Personen" im Sinne des § 33a der Reichsgewerbeordnung zu verstehen ist, ob, wie der Kläger annimmt, in einem engeren Sinne nur diejenige Vorführung, worin Personen, die, wie zB. Riesen, Zwerge usw., um ihrer selbst willen, weil sie eine Sehenswürdigkeit sind, zur Schau gestellt werden, oder, wie die Beklagte behauptet, auch eine solche, bei der nicht die körperliche Beschaffenheit von Menschen, sondern die von ihnen gezeigten Kunstfertigkeiten und Leistungen den Gegenstand der Vorstellung bilden.

2. Schon der Wortlaut des § 33a GewO. und die Nebeneinanderstellung der „Singspiele, Gesangs- und deklamatorischen Vorträge und theatralischen Vorstellungen" einerseits und der „Schaustellungen von Personen" anderseits sprechen dafür, daß der zuletzt genannte Begriff nicht im weitesten Sinne von jeder Vorführung von Personen aufzufassen ist. Der angewendete Ausdruck

steht jedenfalls der Auslegung nicht entgegen, daß nur solche Vorführungen gemeint sind, bei denen Menschen in ihrer körperlichen Erscheinung, nicht in ihren Leistungen Gegenstände (Objekte) der Beschauung sind. Nach der Entstehungsgeschichte des § 33a wird vielmehr im allgemeinen davon auszugehen sein, daß der Begriff der Schaustellung von Personen nicht im weitesten Sinne zu nehmen ist und daß jedenfalls nicht solche Fälle darunter zu rechnen sind, in denen es sich lediglich um die Vorführung von Kunstfertigkeiten, zumal von solchen handelt, die im wesentlichen auf geistigen Fähigkeiten beruhen oder solche kundtun sollen, wo also die Person und die körperliche Beschaffenheit völlig zurücktreten. Hiernach kann es nicht zweifelhaft sein, daß die Vorführung der mnemotechnischen Fertigkeiten nicht unter die Schaustellung von Personen fällt.

Die übrigen Vorführungen müssen dagegen als Schaustellungen von Personen angesehen werden. Bei ihnen tritt gegenüber dem Umstande, daß und in welcher Weise durch Spiegelungen Illusionen bei dem Beschauer hervorgerufen werden können, die darstellende Person keineswegs zurück. Die Vorführung der Person in ihrer körperlichen Erscheinung bildet vielmehr den wesentlichen Gegenstand der Darbietung. Das wird auch dadurch bestätigt, daß gerade weibliche Personen gezeigt werden, und daß es offenbar darauf angelegt ist, dem Beschauer diese in einem reizvollen Bilde darzustellen.

ε) Gast- und Schankwirtschaft; Kleinhandel mit Branntwein oder Spiritus (§ 33 GewO.).

Literatur: Müller: Die Gast- und Schankwirtschaftspolizei in Preußen (Halle 1908).

Nr. 1. Entsch. v. 10. Mai 1906 (PrVerwBl. 29 744) III C 26/06.

GewO. §§ 33, 40.

Der einer Konzession zum Betriebe der Gast- und Schankwirtschaft hinzugefügte beschränkende Zusatz: „Die Konzession bleibt nur so lange in Kraft, als der Konzessionar im Besitze der Herberge ist" läßt sich nur als eine unzulässige Zeitbeschränkung oder als eine unzulässige Resolutivbedingung auffassen und hat die Ungültigkeit der Konzession zur Folge.

Im vorliegenden Falle handelt es sich nicht um eine Gast- oder Schankwirtschaft, die für einen bestimmt abgegrenzten Teil des Publikums konzessioniert worden ist, und es kann deshalb auch dahingestellt bleiben, ob die Erteilung einer Wirtschaftskonzession unter Beschränkung auf die Aufnahme und Verpflegung von Handwerks- und Wanderburschen rechtlich überhaupt als zulässig erachtet werden könnte, oder ob es nicht vielmehr dem so abgegrenzten Personenkreise für die praktische Ausübung des Gewerbebetriebes an der erforderlichen Unterscheidbarkeit von vornherein fehlen würde. Die hier fragliche Konzession ist vielmehr ohne Beschränkung auf einen bestimmten Personenkreis für das Publikum im allgemeinen erteilt worden. Der Zusatz, daß sie nur so lange in Kraft bleibe, „als G. im Besitze der Herberge ist", ist im Interesse der Gemeinde J. aufgenommen worden, da es an einer Möglichkeit zur Unterbringung von reisenden Handwerksburschen in J. fehlte und die Gemeinde sich mit der Erteilung der Konzession nur unter der Bedingung, daß der Wirt dauernd die Herberge halte, einverstanden erklärte.

Unter einer solchen Beschränkung durfte aber die Konzession nicht erteilt werden. Der oben erörterte Fall, daß durch Wegfall des Personenkreises, dessen Bedürfnissen sie zu dienen bestimmt war, ihrer Ausübung der Boden entzogen würde, liegt hier offenbar nicht vor, da sie weder für einen beschränkten

Personenkreis erteilt, noch auch das Bedürfnis der Fürsorge für Logis und Verpflegung reisender Handwerksburschen in J. in Wegfall gekommen ist. Der beschränkende Zusatz in der Konzession „so lange, als G. im Besitze der Herberge ist" läßt sich daher nur als Hinzufügung einer Zeitbeschränkung oder einer Resolutivbedingung auffassen. Weder das eine noch das andere ist aber gesetzlich zulässig. Die Erteilung einer solchen Konzession widersprach vielmehr der zwingenden Bestimmung des § 40 Abs. 1 GewO. Die unzulässige Beschränkung bezieht sich auch nicht nur auf einen Nebenpunkt, sondern auf die Konzession an sich derart, daß die Erlaubnis nur unter dieser als wesentlich erachteten Beschränkung erteilt werden sollte und ohne sie, worüber Wortlaut und Akten keinen Zweifel lassen, überhaupt nicht erteilt sein würde. Es ist daher nicht zulässig, die Beschränkung als nicht beigefügt und die Konzession als unbeschränkt erteilt anzusehen. Die Polizeiverwaltung war danach berechtigt, die Schließung des Wirtschaftsbetriebes unter Androhung der Anwendung unmittelbaren Zwanges anzuordnen.

Nr. 2. Entsch. v. 4. Juli 1907 (PrVerwBl. 29 950) III C 233/06.
GewO. §§ 33, 53.

1. **Zur Entziehung der Schankkonzession** bedarf es der Feststellung, daß der **Schankwirt zukünftig sein Gewerbe zur Förderung der Völlerei** usw. mißbrauchen werde.

2. **Unmäßigkeit im Trinken** fällt unter den Begriff der **Völlerei** im Sinne des § 33 GewO.

Durch die Beweisaufnahme hat sich als unzweifelhaft herausgestellt, daß die in dem Schanklokal der Beklagten verkehrenden, meistens dem Grubenarbeiterstande angehörigen Gäste dort unter Billigung der Beklagten in sehr zahlreichen Fällen Schnaps in einem derartigen Maße getrunken haben, daß sie dadurch in den Zustand der Angetrunkenheit versetzt worden sind. Damit ist der Tatbestand der Völlerei erwiesen und es bedarf in dieser Beziehung einer näheren Feststellung darüber nicht, in wie vielen dieser Fälle der Zustand der Angetrunkenheit sich bis zu dem Zustande sinnloser Trunkenheit gesteigert hat. Dieser durch die geschilderte Art des Verkehrs dem Gewerbebetriebe der Beklagten aufgeprägte Charakter kann auch deshalb nicht in einem wesentlich anderen Lichte erscheinen, weil die Beklagte in einzelnen Fällen den in ihrem Lokale anwesenden trunkenen Personen die weitere Verabfolgung von Schnaps verweigert hat, oder weil nicht erwiesen ist, daß die zahlreichen Personen, welche in trunkenem Zustande das Lokal der Beklagten verlassen haben, in allen diesen Fällen **durch den in dem Lokale der Beklagten von ihnen getrunkenen Schnaps in den gekennzeichneten Zustand versetzt** worden sind. Hat hiernach die Beklagte schon durch eine unmäßige Verabfolgung von Schnaps an ihre Gäste sich des Mißbrauches ihres Gewerbes zur Förderung der Völlerei schuldig gemacht, so ist ein gleicher Schluß auch zu ziehen **aus der von ihr in vielen Fällen befolgten Art des Kreditgebens.** Durch diese Art des Kreditgebens wurde es zweifellos ermöglicht, daß mancher Arbeiter, der sich nicht im Besitz der zum Ankauf von Schnaps erforderlichen Barmittel befand, sich dieses Getränk im Wege des Kredits verschaffte, und es wurde dadurch der übermäßige Verbrauch von Schnaps, der in dem Gewerbebetriebe der Beklagten seitens eines Teiles ihrer Gäste stattgefunden hat, gefördert.

Nr. 3. Entsch. v. 3. Okt. 1907 (PrVerwBl. 30 85) III A 27/06.

Als eine **Schankwirtschaft mit Kellnerinnenbedienung** ist auch eine Wirtschaft anzusehen, in der ein **vom Wirte als Dienstmädchen** gemietetes Mädchen öfters in der Gaststube anwesend ist, dort Aufträge der Gäste entgegengenommen, auch einige Male selbst Bier eingeschenkt und den Gästen gebracht hat.

Als Dienstmädchen hatte es nach den in Betracht kommenden Berliner Verhältnissen mit dem Verkehr der Gäste in der Schankwirtschaft der Klägerin nichts zu tun. Bei ihrem Dienstantritt wurde sie von der letzteren gefragt, ob sie auch verstände, ein Glas Bier einzuschenken, wenn die Klägerin einmal nicht da wäre, was sie bejahte. Die Zeugin ist dann öfters mit Wissen der Klägerin in der Gaststube gewesen. Sie hat sich auf Verlangen der Gäste zu diesen an den Tisch gesetzt und von ihnen Getränke bekommen. Sie hat dies öfters der Klägerin mitgeteilt und von dieser zur Antwort erhalten, daß sie sich zu den Gästen setzen könne, wenn sie es verlangten. Die Zeugin erklärt es auch für möglich, daß sie „mal" die Bezahlung für die Getränke hingenommen.

Nr. 4. Entsch. v. 9. Jan. 1908 (PrVerwBl. 30 308) III A 1/07.

RGewO. § 33; LVG. § 82; ZustG. § 114.

Die im § 33 RGewO. vorgeschriebene Schankkonzession ist dem sie Nachsuchenden erst dann erteilt, wenn das auf ihre Erteilung lautende Urteil des Verwaltungsgerichts I. Instanz rechtskräftig geworden ist. Wird die Gewerbepolizei von verschiedenen Polizeibehörden wahrgenommen (wie zB. in der Stadt Hannover von dem Magistrat und dem Polizeipräsidenten), so kommt es dabei nicht darauf an, ob diejenige Behörde, die die Gewerbepolizeibehörde in der I. Instanz als Beklagte vertreten hat und die demgemäß nach § 82 LVG. zum Gebrauche des Rechtsmittels der Berufung befugt war, in der I. Instanz nicht als Partei hätte zugelassen werden dürfen.

Die Entscheidung über diese Frage stand überdies lediglich dem durch § 82 aaO. und § 114 ZustG. als Berufungsgericht bestellten Bezirksausschusse zu, der die Legitimation des Polizeipräsidenten zur Einlegung des Rechtsmittels anerkannte.

Nr. 5. Entsch. v. 18. Juni 1908 (OVG. 52 374) III A 7/08.

GewO. §§ 33, 40.

Die Erteilung der Erlaubnis zum Betriebe der Gastwirtschaft und der sonstigen in § 33 GewO. genannten Gewerbe für einen bestimmten Zeitraum ist dann zwar für zulässig zu erachten, wenn das Betriebslokal nur für einen im voraus bestimmten Zeitraum, zB. für die Dauer eines Baues, eines Schützenfestes eröffnet wird, nicht aber auch dann, wenn die Erlaubnis für ein nicht bloß für eine vorübergehende Zeit errichtetes Lokal nachgesucht wird. Der in den Kommentaren zur RGewO. bei Schicker, Schenkel und Kayser-Steiniger in den Anmerkungen zu § 40 vertretenen Ansicht, daß die Erteilung der Erlaubnis auf Zeit bei Einverständnis des Antragstellers auch in Fällen der letztgedachten Art zulässig sei, kann nicht beigetreten werden.

Nr. 6. Entsch. v. 30. Nov. 1908 (OVG. 53 364) III A 5/08.

Durch Polizeiverordnung kann rechtsgültig nicht bestimmt werden, daß an Stelle der zur Handhabung der Gewerbepolizei gesetzlich berufenen Ortspolizeibehörde der Landrat zuständig sein solle, für einzelne Schankwirtschaften Ausnahmen von der allgemein geltenden Polizeistunde festzusetzen. Denn es ist anerkannten Rechtens, daß die Zuständigkeiten der Behörden, wie sie kraft Gesetzes bestehen, durch Polizeiverordnung nicht geändert und verschoben werden dürfen.

Nr. 7. Entsch. v. 5. April 1909 (PrVerwBl. 30 816) III B 27/08.

GewO. §§ 33, 53.

1. Stellvertreter im Schankgewerbe im Sinne der GewO. ist derjenige, der das Schankgewerbe oder dessen einzelne Zweige im Namen und auf Rechnung des Inhabers verwaltet, d. h. Rechtsgeschäfte für denselben abschließt, und zwar nicht einzelne, ihm nur hin und wieder übertragene, sondern alle, die den ganzen Umfang des Gewerbes oder dessen ihm anvertrauter Zweige umfassen, einschließlich der öffentlich-rechtlichen, dem Inhaber zustehenden oder obliegenden Befugnisse und Verpflichtungen.

2. Liegt eine Unklarheit der Rechtsverhältnisse zwischen dem Schankwirte und dem vermeintlichen Stellvertreter vor, so rechtfertigt sich unter Umständen eine polizeiliche Anordnung, die dem letzteren die fernere Betätigung in dem Schanklokale mit der doppelseitigen Begründung untersagt, daß es sich bei seiner Tätigkeit entweder um eine wegen seiner Persönlichkeit unzulässige Stellvertretung oder um einen eigenen ungenehmigten Schankbetrieb handle.

ζ) Gewerbsmäßige Musikaufführungen, Schaustellungen, theatralische Vorstellungen oder sonstige Lustbarkeiten ohne höheres Interesse von Kunst und Wissenschaft von Haus zu Haus usw.; Tanzlustbarkeiten. (§§ 33^b, 33^c GewO.)

Nr. 1. Entsch. v. 17. Febr. 1908 (OVG. 52 372) III B 107/07.

ALR. II 17 § 10; GewO. § 33b.

In § 10 II 17 ALR. ist die Aufgabe der Polizei dahin umgrenzt, daß sie die nötigen Anstalten zur Erhaltung der öffentlichen Ruhe, Sicherheit und Ordnung und zur Abwendung der dem Publikum oder einzelnen Mitgliedern desselben bevorstehenden Gefahr zu treffen hat. Die Befugnis des Klägers, auf dem von ihm gemieteten Platze auf Grund seines Mietvertrags gewerbliche Betriebe zuzulassen, die sich innerhalb der von der GewO. getroffenen Vorschriften hielten, durfte daher von dem Beklagten nur insoweit beschränkt werden, als es zur Erhaltung der öffentlichen Ordnung oder zur Abwendung von Gefahren nötig war. An sich vollkommen zulässige Handlungen und Vorgänge im täglichen Leben können von der Polizei nicht lediglich aus dem Grunde untersagt werden, weil sie die Neugierde und Schaulust zu erregen und deshalb eine Ansammlung des Publikums hervorzurufen pflegen und weil dessen roherer Teil daraus Anlaß nehmen kann, seine Skandalsucht zu befriedigen. Das gilt insbesondere auch für gewerbliche Betriebe. Unzulässig ist es also, die Veranstaltung und Zulassung solcher gewerblichen Betriebe, die nach ihrer Einrichtung und Handhabung weder die öffentliche Ordnung noch die Gesundheit der Anwohner gefährden, deshalb zu verbieten, weil etwa andere auf demselben Grundstücke befindliche Betriebe durch die Art ihrer Einrichtung und Handhabung eine derartige Gefährdung mit sich bringen. Nur gegen solche eine Gefährdung verursachenden Veranstaltungen kann von der Polizeibehörde nach dem geltenden öffentlichen Rechte eingeschritten werden. Da der § 33^b GewO. die gewerbemäßige Darbietung von Musikaufführungen, Schaustellungen, theatralischen Vorstellungen oder sonstigen Lustbarkeiten an anderen öffentlichen Orten als auf öffentlichen Wegen, Straßen und Plätzen von einer vorgängigen Erlaubnis der Polizeibehörde nicht abhängig macht, kann die Polizeibehörde die Benutzung eines Privatgrundstücks zu derartigen Veranstaltungen auch nicht durch ein allgemeines, sich gegen Lustbarkeiten jeder Art richtendes Verbot verhindern. Die Handhabe dazu würde vielmehr nur durch eine Abänderung der einschlägigen gesetzlichen Vorschriften geboten werden können.

Nr. 2. Entsch. v. 30. April 1908 (PrVerwBl. 30 442) III A 75/07.

Der Bescheid des Beklagten, der den Gegenstand des Klageangriffes bildet, ist ausschließlich mit der Gesundheitsschädigung begründet, die den Mannschaften der Kaserne insbesondere wegen des mit dem Betriebe verbundenen Geräusches drohe. Diese Begründung entbehrt aber der erforderlichen tatsächlichen Unterlagen. Es ist nicht zu verkennen, daß die Rücksicht auf die Gesundheit der Bewohner einer benachbarten Kaserne einer Polizeibehörde hinreichenden Anlaß bieten kann, in den Betrieb eines Vergnügungsplatzes einzugreifen. Denn es sind Veranstaltungen denkbar, die ihrer Art nach entweder schlechthin oder bei der Ueberschreitung eines gewissen Umfanges die Gesundheit der Nachbarn gefährden. Ferner können sich durch die gleiche Rücksicht zeitliche Einschränkungen rechtfertigen, die, soweit es sich um Nachtruhe handelt, wegen der besonderen Verhältnisse des Militärdienstes, an die im bürgerlichen Leben üblichen Zeiten nicht gebunden sind. Anderseits aber finden erfahrungsgemäß auf Vergnügungsplätzen in beträchtlichem Umfange auch solche Veranstaltungen statt, die zu einer Gefährdung der Gesundheit der Anwohner, namentlich durch Geräusch, überhaupt nicht geeignet sind, oder bei denen sich die Gefährdung ohne wesentliche Nachteile für den Betrieb vermeiden läßt. Auch solche Darbietungen waren von dem Kläger in Aussicht genommen, da er angegeben hatte, daß Lustbarkeitsgeschäfte aller Art eingerichtet werden sollten. Die Untersagung aller Veranstaltungen ging danach über das zur Erreichung des polizeilichen Zweckes Nötige hinaus.

Ueber Beschränkungen der Art und Dauer des Betriebes, die sich durch gesundheitspolizeiliche Erwägungen gerechtfertigt haben würden, kann in dem vorliegenden Streitverfahren nicht befunden werden, weil die Polizeibehörde Beschränkungen nicht angeordnet, sondern ein unbedingtes Verbot ausgesprochen hat und eine Abänderung polizeilicher Verfügungen im Verwaltungsstreitverfahren nicht stattfindet. — Der Besuch des Platzes konnte übrigens den Soldaten von ihren Vorgesetzten ohne weiteres untersagt werden.

Nr. 3. Entsch. v. 2. Nov. 1908 (OVG. 53 361) III B 39/08.

1. In § 286 StGB. wird mit Strafe bedroht, wer ohne obrigkeitliche Erlaubnis Ausspielungen beweglicher Sachen öffentlich veranstaltet. Hiermit ist für die bezeichneten Ausspielungen eine Genehmigungspflichtigkeit festgesetzt, die selbstverständlich davon unabhängig ist, ob die Ausspielung nach Lage des Einzelfalls gleichzeitig eine Lustbarkeit darstellt und ob sie als Lustbarkeit der obrigkeitlichen Genehmigung bedarf oder nicht. Ferner ist bereits vom Bezirksausschuß zutreffend nachgewiesen, daß es sich bei den Veranstaltungen der Kläger um Ausspielungen handelt. Der Einwand der Kläger, daß sie es stets nur mit einem einzelnen Kontrahenten zu tun haben, ist hinfällig, weil sie sich mit ihrem Angebot an das Publikum schlechthin wenden (vgl. auch § 56c GewO.). Endlich ist die Oeffentlichkeit des Betriebes außer Zweifel, weil sowohl der Vergnügungsplatz als auch die Spielbuden selbst jedermann zugänglich sind.

2. Zur Erteilung der hiernach erforderlichen Erlaubnis war die Ortspolizeibehörde zuständig. Maßgebend ist gegenwärtig der AhErl. v. 2. XI. 68 (GS. 991), wonach die im StGB. vorbehaltene Erlaubnis zur Vornahme öffentlicher inländischer Ausspielungen fortan von den Oberpräsidenten

für den Umfang ihrer Verwaltungsbezirke, für den ganzen Umfang der Monarchie aber nur von dem Minister des Innern erteilt werden soll, mit Ausnahme der Ausspielungen geringfügiger Gegenstände, die bei Volksbelustigungen vorgenommen werden und zu welchen die Genehmigung von den Ortspolizeibehörden erteilt werden darf. Es unterliegt keinem Bedenken, unter den in dem AhErl. genannten „Volksbelustigungen" auch den Betrieb der sog. Vergnügungsplätze zu verstehen, da dieser Betrieb darin besteht, dem Volke gegen Entgelt Belustigungen darzubieten. Der Wortlaut des Erlasses bietet keinen Grund, den Begriff „Volksbelustigungen" einschränkend im Sinne von „Volksfesten" auszulegen. Muß aber der Betrieb des hier fraglichen Vergnügungsplatzes als Volksbelustigung angesehen werden, so werden die von den Klägern auf diesem Platze beabsichtigten Ausspielungen „bei" einer Volksbelustigung vorgenommen. Damit sind die in dem AhErl. angegebenen Voraussetzungen für die Zuständigkeit der Ortspolizeibehörde zur Erteilung der Genehmigung erfüllt.

η) Pfandleiher, Gesindevermieter, Stellenvermittler, Handel mit Giften, Markscheider (§ 34 GewO.).

Gesetzliche Grundlagen: Stellenvermittlergesetz v. 2. VI. 10 (RGBl. 860); VhdlRT.: Druck. Nr. 231, 421, 426, 430, 450, 451, 455, 457, 464, 465, 474; StenB.: 1270, 2815, 2889. Preuß. Verordnung zur Ausführung des Stellenvermittlergesetzes v. 2. VI. 10 v. 25. Juli 1910 (GS. 155).

Literatur: Hoffmann: Das Stellenvermittlergesetz (Berlin 1910). — Räuber: Die Bestimmungen über den Verkehr mit Giften, Arzneimitteln und Geheimmitteln außerhalb der Apotheken² (Düsseldorf 1910). — Sztesny: Stellenvermittlergesetz vom 2. Juni 1910 (Berlin 1910).

ϑ) Gewerbe der §§ 35 und 35a GewO.

Nr. 1. Entsch. v. 7. Jan. 1907 (PrVerwBl. 29 307) III C 100/06.

GewO. § 35.

1. Die Untersagung des Betriebes eines der in § 35 GewO. genannten Gewerbe kann nicht auf die Feststellung gerichtlich gegen den Gewerbetreibenden erkannter Strafen gestützt werden, sondern der Verwaltungsrichter hat das den Bestrafungen zugrunde liegende Verhalten des Gewerbetreibenden festzustellen und zu würdigen.

2. Die Unzuverlässigkeit eines Gewerbetreibenden zur gewerbsmäßigen Besorgung fremder Rechtsangelegenheiten ist erwiesen, wenn seine in eigner Sache eingereichten Schriftsätze der Verständlichkeit entbehren.

Nr. 2. Entsch. v. 31. Jan. 1907 (PrVerwBl. 29 347) III B 75/06.

GewO. § 35.

Die Unzuverlässigkeit eines Gewerbetreibenden in bezug auf seinen Gewerbebetrieb (§ 35 GewO.) kann durch eine zeitlich weit zurückliegende Verurteilung wegen Untreue nicht dargetan werden. Auch reicht es zum Nachweise einer solchen Unzuverlässigkeit nicht hin, wenn in einem Strafverfahren der Betreffende als ein an Querulantenwahn leidender Geisteskranker außer Verfolgung gesetzt ist, die zuständige Behörde aber seine Entmündigung nicht herbeigeführt hat, so daß er in der Wahrnehmung seiner eigenen Angelegenheiten unbeschränkt ist. Es müssen vielmehr noch andere Tatsachen hinzukommen.

Nr. 3. Entsch. v. 17. Febr. 1908 (PrVerwBl. 30 425) III B 85/07.

GewO. § 35.

Die Polizeibehörde ist gesetzlich nicht ermächtigt, sich in ihrer pflichtmäßigen Entschließung darüber, ob nach Lage der Sache eine derartige Klage wegen Unzuverlässigkeit des Gewerbetreibenden anzustellen sei, durch ein Versprechen gegenüber dem Gewerbetreibenden zu binden. Wenn sie dies nichtsdestoweniger in einem bestimmten Falle unter Ueberschreitung ihrer Befugnisse doch tut, nachträglich aber zu der Ueberzeugung gelangt, daß sie pflichtmäßig die Erhebung der Klage nicht unterlassen dürfe und demgemäß entgegen ihrer dem Gewerbetreibenden gemachten Erklärung zur Anstellung der Klage schreitet, so hat der Verwaltungsrichter wie bei jeder anderen auf Grund des § 35 aaO. erhobenen Klage sich lediglich darüber schlüssig zu machen, ob Tatsachen vorliegen, welche die Unzuverlässigkeit des Beklagten in bezug auf seinen Gewerbebetrieb dartun.

Nr. 4. Entsch. v. 8. Febr. 1909 (PrVerwBl. 30 407) III B 45/08.

GewO. § 35.

Bei Beurteilung der Frage, ob gemäß § 35 GewO. einem Gewerbetreibenden der Betrieb des Gewerbes wegen Unzuverlässigkeit in bezug auf diesen Gewerbebetrieb zu untersagen ist, kommt es auf die Lage der Verhältnisse zur Zeit der Urteilsfällung an. Die neuen Anführungen des Beklagten in der Berufungsinstanz waren daher zu berücksichtigen. Die von dem Gerichtshof bewirkte Beweisaufnahme hat aber ein dem Beklagten durchaus günstiges Ergebnis gehabt. Der Beklagte hat sich danach seit seinem Eintritt in den Guttemplerorden, wie nicht nur von den vernommenen Auskunftspersonen glaubhaft bekundet, sondern auch von der klägerischen Polizeiverwaltung ausdrücklich bestätigt worden ist, unter Enthaltung von dem Genusse geistiger Getränke eines ordentlichen und einwandfreien Lebenswandels befleißigt. Die Erwägungen, die den Bezirksausschuß mit Rücksicht auf die zur Zeit des Erlasses seiner Entscheidung bestehenden Verhältnisse zu der Annahme bestimmt haben, daß der Beklagte eine infolge Alkoholgenusses herabgekommene Persönlichkeit sei und die erforderliche Zuverlässigkeit nicht mehr besitze, treffen daher gegenwärtig nicht mehr zu. Da der Beklagte seine Absicht, sich emporzuraffen und dem Alkoholgenusse zu entsagen, durch den Beitritt zum Guttemplerorden bewiesen und sich seitdem während eines längeren Zeitraumes ordentlich geführt hat, so darf ihm das Vertrauen geschenkt werden, daß er sich auch in Zukunft eines ordentlichen Lebenswandels befleißigen und als zuverlässig in bezug auf seinen Gewerbebetrieb erweisen werde.

Nr. 5. Entsch. v. 11. Juni 1906 (PrVerwBl. 29 731) III B 40/06.

GewO. § 35; AAnw. v. 1. V. 04 Ziff. 60.

1. Der Einwand des Beklagten, daß die im § 60 AAnw. v. 1. V. 04 vorgeschriebene Aufforderung zur Einstellung des Gewerbebetriebes an ihn nicht ergangen sei, ist auszuscheiden. Denn es handelt sich dabei um eine instruktionelle Vorschrift, deren Beobachtung der Kontrolle des Verwaltungsrichters nicht untersteht und die daher für das Verwaltungsstreitverfahren ohne Bedeutung ist.

2. Zu Unrecht behauptet ferner der Beklagte, daß er die gewerbsmäßige Besorgung fremder Rechtsangelegenheiten gar nicht betreibe. Er folgert dieses allein daraus, daß er in Patentsachen, mit denen er sich ausschließlich beschäftigt, das sog. Vertretungsgeschäft nicht ausüben darf. Dieser

Schluß ist aber nicht gerechtfertigt. Zwar ist dem Beklagten nicht nur die auf Grund des § 20 Abs. 2 Ges., betr. die Patentanwälte, v. 21. V. 00 nachgesuchte Eintragung in die Liste der Patentanwälte in dem im § 20 Abs. 3 bezeichneten Verfahren endgültig versagt, sondern er ist außerdem auch auf Grund des § 17 aaO. vom Vertretungsgeschäfte ausgeschlossen. Er darf danach nicht mehr „andere in Angelegenheiten, die zum Geschäftskreise des Patentamts gehören, vor demselben für eigene Rechnung berufsmäßig vertreten“ (§ 1 aaO.) und ist dadurch in seinem auf die Beschäftigung mit Patentsachen für Auftraggeber gerichteten Gewerbebetriebe erheblich beschränkt. Jedoch ist die Tätigkeit des Beklagten, die er nach seinen eigenen Angaben seither ausgeübt hat und auch ferner auszuüben beabsichtigt, darum noch nicht *eine rein technische, von der Besorgung fremder Rechtsangelegenheiten verschiedene.* Auf zwei wichtigen Gebieten seines Fachs, nämlich auf dem der Erwirkung ausländischer Patente und auf dem der Patentverwertung, ist der Beklagte überhaupt durch nichts in seiner Tätigkeit beschränkt. Aber auch hinsichtlich der Patenterlangung im Inlande darf er, wenngleich ihm die Befugnis zur berufsmäßigen Vertretung anderer vor dem Patentamte für eigene Rechnung fehlt, doch die Interessenten uneingeschränkt beraten und alle Arbeiten für sie anfertigen. Nach den Anführungen des Beklagten unterliegt es keinem Zweifel, daß er die ihm hiernach verbliebene Tätigkeit eines sog. Patentagenten fortsetzen will. Er will also nach wie vor durch seine Arbeit anderen die Vorteile des Patentschutzes verschaffen. Hierin liegt, weil der *Patentschutz* durchaus eine *Rechtseinrichtung* ist, die *Besorgung fremder Rechtsangelegenheiten.*

Nr. 6. Entsch. v. 31. Okt. 1907 (PrVerwBl. 29 953) III B 49/07.

GewO. § 35.

Die *Untersagung des Betriebes der Badeanstalt* ist, obschon der Beklagte die Bäder zum Zweck der Heilbehandlung verabfolgt, an sich *zulässig,* wenn dem Beklagten die *Zuverlässigkeit abzusprechen* ist. Mit dem Vorderrichter erachtet der Gerichtshof die Unzuverlässigkeit des Beklagten für seinen Gewerbebetrieb als dargetan und zwar sowohl deshalb, weil er auch *nach erfolgter Vorbestrafung den Betrieb einer Krankenanstalt ohne die erforderliche Genehmigung* unternommen hat, wie auch deshalb, weil er die *Broschüre seinerzeit verbreitet hat, obschon in ihr unrichtige Angaben über die durch seine Bäder erreichte Heilung aufgenommen waren.* Daß der Beklagte nach seiner zweiten Bestrafung von dem Betrieb einer Krankenanstalt abgesehen hat, steht dem nicht entgegen, daß sein früheres Verhalten bei der Beantwortung der Frage, ob er für den Betrieb seines Gewerbes als zuverlässig zu erachten ist, mitberücksichtigt wird. Ebensowenig schließt der Umstand, daß der Beklagte nach seiner Bestrafung wegen unlauteren Wettbewerbes von jeder Reklame, wie er behauptet, Abstand genommen hat, die Berücksichtigung seines Verhaltens bei Verbreitung der Broschüre für die Beantwortung der Frage aus, ob der Beklagte noch als zuverlässig zu erachten ist. Die Verantwortung für die Verbreitung der Broschüre lehnt der Beklagte zu Unrecht deshalb ab, weil er sie sich von einer Persönlichkeit habe anfertigen lassen, der eine größere Schriftgewandtheit als ihm zur Verfügung stehe. Dies konnte den Beklagten von der Pflicht nicht entbinden, sich vor der Verbreitung der Broschüre darüber zu vergewissern, ob ihr Inhalt an sich und insbesondere hinsichtlich der Bescheinigungen über die durch seine Bäder erzielten Heilerfolge der Wahrheit entspricht. Nach dem im Strafverfahren abgegebenen Zeugnis des Schutzmanns a. D. H. steht fest, daß er Heilung von seinem Blasenkatarrh infolge des Gebrauches der Bäder nicht gefunden hat. Gleichwohl wird in der Broschüre bemerkt, daß das Leiden nach fortgesetztem Baden in der Anstalt des Beklagten nach kurzer Zeit verschwunden ist. Der Buchbinder Z. hat infolge des Gebrauches der Bäder nur eine vorübergehende Besserung und nicht Heilung erzielt. Er hat deshalb auch das bezüglich seiner Person in der Broschüre aufgenommene Zeugnis mit dem ausdrücklichen Vorbehalt unterschrieben, daß der Vermerk, wonach er nach dem Gebrauch von 40 Bädern völlig gesund sei, gestrichen werde. Dies ist nicht geschehen. Die Aufnahme derartig unrichtiger Zeugnisse in die Broschüre läßt sich nur damit erklären, daß es auf eine Täuschung des Publikums über die Heilkraft der Bäder abgesehen war.

Ob und in welchem Maße Tannolbäder heilkräftig sind, bedarf nicht der Feststellung. Denn auch wenn sie mit Grund deshalb von denjenigen Aerzten, deren Anweisungen der Beklagte überreicht hat, verordnet sein sollten, so schließt doch die Heilkraft der Bäder nicht aus, daß der Beklagte für seinen Betrieb als unzuverlässig erachtet wird.

Nr. 7. Entsch. v. 25. März 1909 (PrVerwBl. 31 480) III B 83/08.

GewO. § 35.

Nach § 35 Abs. 5 GewO. ist der Betrieb des Gewerbes als Bauunternehmer zu untersagen, wenn Tatsachen vorliegen, die die Unzuverlässigkeit des Gewerbetreibenden in bezug auf diesen Gewerbebetrieb dartun. Wie der Beklagte selbst nicht bestreitet, hat er die westliche, südliche und östliche Außenwand des von ihm erbauten Doppelhauses anstatt der vorgeschriebenen 38 cm nur 32 cm stark aufgeführt und überdies noch mit einem 7 cm breiten Hohlraum, so daß in Wirklichkeit nur Mauerwerk in Stärke von 25 cm vorhanden war. Irgend etwas Wesentliches zu seiner Entlastung in bezug hierauf hat der Beklagte nicht vorzubringen vermocht. Wenn er in der Gegenerklärung zu seiner Rechtfertigung geltend macht, es habe sich bei Ausführung des Baues herausgestellt, daß bei einer Mauerstärke von 38 cm die Zimmer übermäßig klein werden würden, so bedarf es keiner weiteren Ausführung, daß dieser Einwand, zumal der Beklagte selbst die Bauzeichnung entworfen und eingereicht hatte, völlig haltlos ist und das Vorgehen des Beklagten in keiner Richtung zu entschuldigen vermag. Ein Bauunternehmer, der in so leichtfertiger Weise unter bewußter Abweichung von den genehmigten Bauzeichnungen das Leben und die Sicherheit der Bewohner des von ihm erbauten Hauses in Gefahr bringt, kann nicht mehr als zuverlässig in bezug auf seinen Gewerbebetrieb erachtet werden. Hinzu kommt die große Zahl der in dem Gutachten sonst überzeugend nachgewiesenen und von dem Vorderrichter einzeln erörterten Verstöße des Beklagten gegen die von ihm zu beobachtenden Vorschriften und die anerkannten Regeln des Baugewerbes, unter denen noch besonders hervorzuheben ist, daß er unbestritten an Stelle der durch Polizeiverordnung vorgeschriebenen Eisenträger in den Vorfluren des östlichen Baues gewöhnliche Deckbalken verwandt hat. Wie leichtfertig der Beklagte sich über die in der Baugenehmigung ausdrücklich gestellten Bedingungen hinwegzusetzen geneigt ist, hat er auch dadurch bewiesen, daß er die Fenster der Kammer und Tür des östlichen Baues zur Ausführung gebracht hat, während die Baugenehmigung nur unter der besonders hervorgehobenen Bedingung erteilt ist, daß sie fortfallen sollten.

Nr. 8. Entsch. v. 7. Juni 1909 (OVG. 54 381) III B 19/09.

GewO. § 35 Abs. 5.

Nach § 35 Abs. 5 GewO. ist der Betrieb des Gewerbes als Bauunternehmer und Bauleiter zu untersagen, wenn Tatsachen vorliegen, die

die Unzuverlässigkeit des Gewerbetreibenden in bezug auf diesen Gewerbebetrieb dartun. Diese Tatsachen können sowohl auf dem Gebiete der beruflichen Sachkunde, als auch auf moralischem und wirtschaftlichem Gebiete liegen. Nur das letztere kommt hier in Frage und als einzige Tatsache, die die Unzuverlässigkeit des Beklagten nachweisen soll, ist angegeben, daß er 3 Jahre lang mit den Unfallversicherungsbeiträgen für die von ihm beschäftigten Arbeiter im Rückstande geblieben sei, auch die Zwangsvollstreckung gegen ihn keinen Erfolg gehabt und er einmal den Offenbarungseid geleistet habe.

Dem kann nicht beigetreten werden.

Es ist gewiß denkbar, daß bei einem Bauunternehmer der Umstand, daß er die erwähnten Beiträge fortgesetzt nicht zahlt, für das Vorhandensein seiner wirtschaftlichen und moralischen Unzuverlässigkeit verwertet werden kann; das ist aber doch nur dann zulässig, wenn ihm eine Verschuldung nach dieser Richtung hin zur Last fällt, also wenn er etwa seinen Verdienst leichtsinnig für sich verschwendet und deshalb seinen Verpflichtungen nicht nachkommen kann. Das ist aber hier nicht einmal behauptet worden. Dafür, daß der Beklagte leichtsinnig lebe, seine Kunden oder seine Arbeiter durch sein Geschäftsgebaren irgendwie aus Leichtsinn oder arglistig geschädigt habe, liegt gar nichts vor. Wenn aber ein Unternehmer in seinem Betrieb Unglück hat und deshalb aus Mangel an Mitteln seine Steuern und Versicherungsbeiträge nicht bezahlen kann, so bedeutet das keine wirtschaftliche und moralische Unzuverlässigkeit.

Nr. 9. Entsch. v. 9. Dez. 1909 (DJZ. 15 887) III B 68/09.

Die Kosten einer Revision von Drogengeschäften sind von dem Inhaber des Geschäfts nicht zu tragen. Es handelt sich dabei um Polizeikosten, die in Ermangelung einer abweichenden gesetzlichen Sondervorschrift nicht den beteiligten Privatpersonen zur Last fallen.

x) Straßengewerbe (§ 37 GewO.).

Nr. 1. Entsch. v. 22. März 1909 (OVG. 54 358) III B 78/08.

LVG. §§ 136, 138; GewO. § 37.

1. Nach § 138 LVG. steht die Befugnis, Polizeivorschriften über Gegenstände der Strom-, Schiffahrts- und Hafenpolizei zu erlassen, vorbehaltlich der hier nicht in Betracht kommenden Bestimmungen des § 136 Abs. 2² aaO., ausschließlich dem Regierungspräsidenten und, wenn die Vorschriften sich auf mehr als einen Regierungsbezirk oder auf die ganze Provinz erstrecken sollen, dem Oberpräsidenten, soweit aber mit der Verwaltung dieser Zweige der Polizei besondere, unmittelbar von dem Minister für Handel und Gewerbe ressortierende Behörden beauftragt sind, den letzteren zu. Der Polizeipräsident zu K., auf den unbestritten keine der Voraussetzungen des § 138 aaO. zutrifft, war daher zum Erlasse der fraglichen PolVd. (betr. Personenbeförderung mit Booten auf der Kieler Föhrde) nur dann zuständig, wenn die dem Reichsrecht angehörige Vorschrift des § 37 GewO., wonach die Unterhaltung des öffentlichen Verkehrs innerhalb der Orte mit Wagen, Gondeln usw. der Regelung durch die Ortspolizeibehörde unterliegt, auch auf den Verkehr auf der Kieler Föhrde Anwendung findet. Das muß aber verneint werden.

In dem Urt. v. 5. I. 03 (Jahrb. 25 C 76) hat das Kammergericht eine PolVd. der Ortspolizeibehörde zu A. über die Beförderung von Personen mit

Motorbooten auf dem Rheine im Bezirke der Gemeinde A. für rechtsungültig erklärt, weil eine Ortspolizeibehörde nicht befugt sei, durch PolVd. den Verkehr von Motorbooten auf dem öffentlichen Strome, an dem der Ort liegt, zu regeln. In dem Urteil ist ausgeführt, daß die Entsch. mit der Streitfrage nichts zu tun habe, ob § 37 GewO. denjenigen öffentlichen Verkehr umfasse, welcher in dem einen Orte beginne, in dem anderen endige; denn auch die bejahende Ansicht stütze sich lediglich darauf, daß der Verkehr sich, wenigstens teilweise, in dem ersten Orte vollziehe. Im Anschluß an diese Ausführung, der lediglich beizutreten ist, heißt es weiter:

„Nun kann es keinem Zweifel unterliegen, daß der Motorbootverkehr auf dem Rheine sich nicht, auch nicht zu einem Teile, innerhalb des Ortes A. vollzieht; A. liegt zwar am Rheine, aber der Rhein nicht in A. Es braucht hier nicht erörtert zu werden, ob die Entsch. für Städte, die sich auf beiden Seiten des öffentlichen Stromes ausbreiten, anders ausfallen müßte, oder ob man nicht auch bei ihnen der natürlichen, mit dem Sprachgebrauch übereinstimmenden Auffassung zu folgen hätte, wonach auch sie an dem öffentlichen Strome liegen, wenn auch auf beiden Ufern. Nur darauf mag hingewiesen werden, daß die gegenteilige Auslegung des § 37 GewO., wenn sie auch formell in die Strom- und Schiffahrtspolizei nicht eingreifen mag, doch geeignet ist, die unter deren Schutze und Aufsicht stehende öffentliche Schiffahrt weitgehenden Beschränkungen und Belästigungen zu unterwerfen. Identifiziert man nämlich im § 37 ‚Ort' und ‚Gemeindebezirk' oder ‚Polizeibezirk' und unterstellt man dem § 37 auch den öffentlichen Verkehr aus dem einen Orte in den anderen — und letzteres darf als die herrschende Meinung bezeichnet werden —, so ist jede Ortspolizeibehörde, deren Bezirk die Fahrzeuge passieren, befugt, sogar den internationalen Schiffahrtsverkehr auf dem Rheine oder auf sonstigen öffentlichen Strömen ihren zusätzlichen polizeilichen Anforderungen und Vorschriften zu unterwerfen und ihm Fesseln anzulegen, die die Strompolizei zum Schutze des Publikums oder des Güterverkehrs nicht für erforderlich erachtet."

Es kann nun dahingestellt bleiben, ob es nicht unter gewissen Voraussetzungen zulässig und mit dem Sprachgebrauche vereinbar sein würde, von einem Hafen oder Stromteile zu sagen, er liege innerhalb des ihn umgebenden Ortes (zB. der von Berlin eingeschlossene Teil des Spreelaufs innerhalb der Stadt Berlin); denn jedenfalls muß in Uebereinstimmung mit den oben wiedergegebenen Ausführungen des Kammergerichts angenommen werden, daß bei Erlaß des § 37 GewO. keineswegs beabsichtigt worden ist, einen so wesentlichen Teil der Strom-, Schiffahrts- und Hafenpolizei, wie die Regelung des öffentlichen Strom- oder Hafenverkehrs innerhalb der den Strom oder Hafen umgebenden oder daran angrenzenden Orte es ist, den nach öffentlichem Rechte der einzelnen deutschen Staaten dafür zuständigen Behörden zu entziehen und durch seine Ueberweisung an die Ortspolizeibehörde auf diesem der einheitlichen Regelung dringend bedürftigen Gebiet eine zwiespältige Zuständigkeit mit allen daraus hervorgehenden Unzuträglichkeiten zu schaffen. Das muß vielmehr als gänzlich ausgeschlossen erachtet werden.

d) Gewerbebetrieb im Umherziehen.

Nr. 1. Entsch. v. 23. Sept. 1907 (PrVerwBl. 29 1031) III A 6/07.

RGewO. §§ 33 b, 55[4], 60 a.

Der Kläger bedurfte des Wandergewerbescheines, wenn seinem Vortrag mit Lichtbildern die Bedeutung einer Lustbarkeit ohne höheres Interesse der Kunst und Wissenschaft beizumessen und er zu dem Vortrag nicht bestellt war (§ 55[4] RGewO.). Es ist jedoch nicht Rechtens, daß die Polizeibehörde hiervon ausgehen durfte, weil ihr das Gegenteil nicht schon bei Nachsuchung der Genehmigung nachgewiesen worden war. Hatte der Polizeipräsident insoweit Bedenken, dann durfte er den Vortrag freilich bis zu dem Nachweise, daß es an dem höheren Interesse der Kunst oder Wissenschaft, oder an der vorgängigen Bestellung nicht fehle, dem Kläger untersagen. Es mußte aber an den Kläger eine entsprechende Aufforderung zur Führung des Nachweises ergehen, was nicht geschehen ist.

Ob dem Vortrage mit Lichtbildern die Bedeutung einer Lustbarkeit ohne höheres Interesse der Kunst oder Wissenschaft beizumessen war, läßt sich ohne Kenntnisnahme von seinem Inhalt nicht beurteilen. Einer nachträglichen Feststellung bedarf es insoweit jedoch nicht, da als dargetan angenommen werden darf, daß der Kläger zum Halten des Vortrages bestellt war. Die von dem Beklagten betreffs ihrer Glaubwürdigkeit nicht angezweifelte Aeußerung des Kassierers kann nur dahin verstanden werden, daß der Kläger auf Bestellung dieses Vereins den Vortrag hat halten sollen. Es ist auch nichts dafür beigebracht, daß der Kläger die Anregung hierzu gegeben hat. Träfe es indes zu, daß der Kläger von Berlin aus sich zu dem Vortrag erboten hat, so würde doch nicht schon um deswillen der Tatbestand der Bestellung zu verneinen sein. Ein anderweiter Grund als der Mangel des Wandergewerbescheines ist zur Rechtfertigung der Verfügung nicht geltend gemacht. Mit Rücksicht auf die vorgängige Bestellung und da der Kläger von dem Veranstalter gegen Ablohnung gewonnen war, bedurfte es insbesondere selbst dann, wenn der Vortrag in einem jedermann zugänglichen Raume eines Schankwirtes gehalten werden sollte, der ortspolizeilichen Erlaubnis weder gemäß § 60ᵃ noch gemäß § 33ᵇ RGewO. (s. hierfür OVG. 47 328ff.).

Nr. 2. Entsch. v. 18. März 1909 (OVG. 54 391) III C 200/08.

GewO. § 56.

Die fortdauernde Rechtsgültigkeit der Bek. des Preuß. Zivilkommissarius für das Herzogtum Schleswig v. 28. VIII. 66, die den Vertrieb dänischer Lieder, insofern sie beleidigenden oder aufreizenden Inhalts in nationaler Beziehung sind, für das Herzogtum Schleswig verbietet, steht außer Zweifel.

(Es folgt eingehende Begründung, daß sie weder durch eine RegPolVd. v. 28. X. 72, ABl. 363, noch durch das Preuß. oder RStGB., die Preuß. Verf. — Art. 27f. —, die GewO. oder das RPreßG. v. 7. V. 74 aufgehoben sei.)

Die Gültigkeit der Bekanntmachung ist auch durch die gleichmäßige Rechtsprechung der ordentlichen Gerichte der Prov. Schleswig-Holstein und des Kammergerichts anerkannt. Es ist dafür auf die Urteile des KG. v. 5. III. 85 (Johow und Küntzel 4 367), v. 5. III. 06 (Johow und Ring 32 C 65), v. 26. X. 03 — S 1072 03, v. 26. X. 03 — S 1073 03 und v. 19. XI. 08 — 1 S 891 08 — Bezug zu nehmen.

Nach Feststellung der Rechtsbeständigkeit der Bekanntmachung fragt es sich weiter, ob das Feilbieten des Dansk Sangbog unter das erlassene Verbot fällt, ob also die Lieder des Sangbog einen in nationaler Beziehung aufreizenden Inhalt haben. Diese Frage ist unbedenklich zu bejahen. Der Gerichtshof hat in dem Verhandlungstermin eine Anzahl der Lieder, namentlich die unter den Nummern 3, 11, 14, 29, 32, 37, 39, 41, 44, 49, 55, 56, 80, 81, 86, 90 und 101 abgedruckten, in der deutschen Uebersetzung des Professors S. in H. zum Vortrage gebracht. Die Lieder verherrlichen die dänische Heimat, ihre Natur, ihre Sprache und ihre Geschichte. Im Gegensatz zu ihr wird das Fremde gebracht, dessen Bekämpfung und Ueberwindung es gilt. Unter dem Fremden muß von den dänisch redenden Schleswigern in erster Linie das Deutschtum verstanden werden. In zahlreichen Liedern wird überdies das deutsche Wesen ausdrücklich als der Gegner bezeichnet, welcher besiegt werden müsse, um dänisches Heldentum sowie dänische Sprache, Art und Sitte zu neuen

Ehren zu bringen. In vielen Liedern gelangt die Klage über nationale Unfreiheit unverkennbar zum Ausdruck und ebenso die Hoffnung auf Befreiung und auf Wiedervereinigung mit Dänemark. Diesem Inhalte der Lieder gegenüber können die Einwendungen des Klägers, die sich auf die Entstehungszeiten einzelner Lieder und die Absichten der Dichter gründen, keine Berücksichtigung finden; denn es kommt für die hier zu entscheidende Frage ausschließlich auf die Wirkung an, welche die Lieder gegenwärtig auszuüben geeignet sind. Die in nationaler Beziehung aufreizende Wirkung der Lieder kann aber angesichts der Tatsache, daß die Gebietsteile, in denen der Kläger sie vertreiben will, für immer mit dem Preußischen Staate und durch diesen mit dem Deutschen Reiche vereinigt sind, nicht in Zweifel gezogen werden. Hiernach war die Versagung des Wandergewerbescheins zum Feilbieten des „Dansk Sangbog" gerechtfertigt.

Nr. 3. Entsch. v. 18. Mai 1908 (OVG. 52 367) III A 2/08.

GewO. § 60a.

Eine von der Ortspolizeibehörde gemäß § 60a GewO. erteilte Erlaubnis zur Darbietung von Musikaufführungen, Schaustellungen usw. von Haus zu Haus oder auf öffentlichen Wegen, Straßen, Plätzen usw. darf von ihr nicht lediglich nach freiem Ermessen, sondern nur aus bestimmten polizeilichen Gründen zurückgezogen werden.

Allerdings macht § 60a den Betrieb von der ortspolizeilichen Erlaubnis insofern abhängig, als er ohne eine solche nicht begonnen werden konnte; die Polizeibehörde war nach freiem Ermessen befugt, dem Betriebe die Erlaubnis zu versagen, ihn auf eine bestimmte oder unbestimmte Zeit zuzulassen oder sonst Bedingungen für ihn, soweit solche gesetzlich statthaft sind, vorzuschreiben. Nachdem sie jedoch im vorliegenden Falle die erforderliche Erlaubnis einschließlich des 26. V. 07 erteilt hatte, war sie weder nach § 60a noch nach allgemeinen Grundsätzen des öffentlichen Rechtes befugt, die Erlaubnis für diesen Tag ohne weiteres zurückzunehmen. Sie hatte die Pflicht, vor der Erteilung der Erlaubnis die einer solchen etwa entgegenstehenden Umstände zu erwägen. Durch die Erteilung auch für den 26. Mai brachte sie zum Ausdrucke, daß polizeiliche Bedenken gegen die Ausübung des Gewerbebetriebs an diesem Tage nicht vorhanden seien, und gab dem Kläger das Recht, auch an diesem Tage sein Gewerbe am Orte zu betreiben. Sie konnte ihm dies Recht nur dann wieder entziehen, wenn hinreichende polizeiliche Gründe für eine solche Maßnahme eingetreten oder ihr bekanntgeworden waren. Ein polizeilicher Grund aber kann in der Abhaltung eines Konzerts in einem benachbarten öffentlichen Garten nicht gefunden werden, da es sich hierbei nur um Privatinteressen handelt.

g) Innungen; gewerbliche Arbeiter.

Nr. 1. Entsch. v. 1. Febr. 1909 (OVG. 54 383) III C 190/08.

GewO. § 84.

Abs. 3 des § 84 GewO. bestimmt:

„Außerdem darf die Genehmigung (des Innungsstatuts) nur versagt werden, wenn in dem durch das Innungsstatut vorgesehenen Innungsbezirke für die gleichen Gewerbe eine Innung bereits besteht"

und Abs. 5 das.:

„Abänderungen des Innungsstatuts unterliegen den gleichen Vorschriften."

Danach durfte der Beklagte die Genehmigung versagen, wenn im Bezirke der Klägerin für das Installateurgewerbe bereits eine

Innung vorhanden war. Dabei ist es nicht entscheidend, ob diese letztere Innung die Arbeiten, die unter den Begriff des Installateurgewerbes fallen, sämtlich umfaßt, sondern es genügt, wenn dies zu einem wesentlichen Teile der Fall ist.

Ob der Beklagte von dieser Befugnis Gebrauch machen wollte, stand nach § 84 Abs. 3 aaO. in seinem Ermessen. Der Verwaltungsrichter hat daher nur nachzuprüfen, ob hierbei die Grenzen des pflichtmäßigen Ermessens verletzt worden sind. Dafür ist jedoch kein Anhalt geboten. Es kann vielmehr für die Auffassung des Beklagten hervorgehoben werden, daß mit Rücksicht darauf, daß die Installationstätigkeit in verschiedene Gewerbe eingreift, notwendig Unzuträglichkeiten im Innungsleben entstehen müßten, wenn einem einzelnen der beteiligten Gewerbe die Bezeichnung „Installateurgewerbe" und der für das betreffende Gewerbe bestehenden Innung die Bezeichnung „Installateurinnung" gegeben würde, obwohl eine Innung am Orte vorhanden ist, welche nur für Zwecke des Installationsgewerbes errichtet ist. Die Installationstätigkeit geht über den ursprünglichen Begriff der Klempnerei zweifellos hinaus und die klagende Innung hat nicht, wie sie meint, ein sich von selbst verstehendes Recht, sich als Installateurinnung zu bezeichnen; es konkurrieren mit ihr aus demselben Grunde, weil sie auch Installateurarbeiten neben ihrer eigentlichen gewerblichen Tätigkeit ausführen, die Schlosser, Kupferschmiede, Gürtler, welche zu selbständigen Innungen verbunden sind. Würde der Klägerin die Benennung als Installateurinnung gestattet werden, so wäre sie berechtigt, Installateure als Innungsmitglieder aufzunehmen, welche niemals im Klempnereigewerbe beschäftigt gewesen sind.

Nr. 2. Entsch. v. 21. Juni 1909 (PrVerwBl. 31 158) III B 144/08.

GewO. §§ 127a, b, d.

1. Ueber die Frage, ob Lehrherr oder Lehrling berechtigt sind, das Lehrverhältnis aufzulösen, haben nicht die Verwaltungsgerichte, sondern die Zivilgerichte zu entscheiden. Den letzteren steht es auch zu, dem Lehrlinge durch einstweilige Verfügung das Fernbleiben von der Lehre zu gestatten. An die hiernach von den Gerichten getroffenen Maßnahmen ist die Polizeibehörde gebunden. Sind gerichtliche Entscheidungen nicht ergangen, so kann die Polizeibehörde das Verbleiben in der Lehre dann anordnen, wenn der Lehrling in einem durch das Gesetz nicht vorgesehenen Falle die Lehre verlassen hat.

2. Danach fragt es sich, ob dem Kläger ein gesetzlicher Grund zum Verlassen der Lehre zur Seite stand. In Betracht kommt dabei allein die im § 127b Abs. 3^2 GewO. enthaltene Vorschrift, wonach das Lehrverhältnis von seiten des Lehrlings aufgelöst werden kann, wenn der Lehrherr seine gesetzlichen Verpflichtungen gegen den Lehrling in einer die Gesundheit oder die Ausbildung des Lehrlings gefährdenden Weise vernachlässigt. Durch die Beweisaufnahme ist festgestellt, daß den Lehrlingen des Musikdirektors Sch. häufig schimmeliges Brot, ebenfalls häufig übelriechende Wurst verabreicht ist, desgleichen, daß die Unsauberkeit von Töpfen und Tellern den Genuß des Dargebotenen verhindert hat. Erwiesen ist ferner in bezug auf den Schlafraum zu große Engigkeit, Vorhandensein von Wanzen und zeitweiliges Fehlen von Fensterscheiben. Hinsichtlich der Ausbildung ist festgestellt, daß infolge einer von dem Musikdirektor Sch. mit seinem Gehilfen und Vertreter 3 Tage und 3 Nächte hindurch fortgesetzten Zecherei die Lehrlinge 4 Tage hindurch ohne Unterweisung und Aufsicht geblieben sind. Hierdurch hat der Lehrherr seine gesetzlichen Verpflichtungen gegen den Kläger (§ 127 Abs. 1, § 127a Abs. 2 GewO.) in einer dessen Gesundheit und Ausbildung gefährdenden Weise vernach-

lässigt. Daß die Gesundheit oder die Ausbildung bereits gelitten habe, ist dazu nicht erforderlich. Die auf das körperliche und geistige Wohl des Lehrlings bedachten Angehörigen waren unter den bezeichneten Umständen zur Fortführung des Lehrverhältnisses nicht gehalten.

2. Sonstige gewerbliche Gesetze; Genossenschaftsgesetz; Gewerbegerichte; Maß- und Gewichtsrevisionen; Privatversicherungswesen; Aufsicht über Privatversicherungsanstalten.

Gesetzliche Grundlagen (einschl. Materialien): Maß- und Gewichtsordnung v. 30. V. 08 (RGBl. 349); VhdlRT.: Drucks. Nr. 537, 595, 597—599, 606, 953, 959, 961, 984; StenB.: 2325, 5059, 5228. — G. v. 24. VII. 09 (RGBl. 891) wegen Aenderung des Schankgefäßgesetzes; VhdlRT.: Drucks. Nr. 1459, 1580, 1611, 1612, 1623, 1624, 1724; StenB.: 8748, 9434, 9448. — G. v. 25. VII. 10 (GS. 24), betr. die öffentlichen Feuerversicherungsanstalten. VhdlAH.: Drucks. Nr. 360, 525, 546, 552—554, 556, 560; StenB.: 5930, 6869, 6903, 6944, 6965/66; VhdlHH.: Drucks. Nr. 116, 122; StenB.: 351.

Litteratur: Albrecht: Das Kinderschutzgesetz (Frankfurt a. O. 1910). — Bretzfeld: Reichsgesetz, betr. den Verkehr mit Nahrungsmitteln usw., v. 14. V. 79 (Nürnberg 1909). — Cantor: Gesetz, betr. den Schutz von Gebrauchsmustern (Berlin 1910). — Gerhard: Praxis des Privatversicherungsrechts 2. Bd. (Berlin 1909). — Gugel: Reichsgesetz über den Versicherungsvertrag (Stuttgart 1910). — Hagen und Manes: Gesetz, betr. die öffentlichen Feuerversicherungsanstalten (Berlin 1910). — Hager und Behrnd: Reichsgesetz über den Versicherungsvertrag[2] (v. Hager u. Bruck) (Berlin 1910). — Lindner und Fell: Reichsgesetz über den Versicherungsvertrag (Berlin 1909). — Parisius und Crüger: Das Reichsgesetz, betr. die Erwerbs- und Wirtschaftsgenossenschaften[6] (Berlin 1908). — Prenner: Gewerbegerichtsgesetz[3] (München 1910). — Rosenthal: Genossenschaftsgesetz[2] (Leipzig 1909). — Seligsohn: Patentgesetz und Gesetz, betr. den Schutz von Gebrauchsmustern (Berlin 1909).

Nr. 1. Entsch. v. 29. Jan. 1908 (OVG. 52 391) III A 25/07.

PrivVUntG. §§ 1, 15, 20, 53.

Dem beklagten Regierungspräsidenten ist darin beizutreten, daß Vereine, die sich dem ReichsG. v. 12. V. 01 unterstellen und insbesondere die Rechtsfähigkeit nach Maßgabe des § 15 aaO. erwerben wollen, sich innerhalb derjenigen Grenzen halten müssen, die das Gesetz selbst bei der nach seiner Absicht erschöpfenden Regelung der Verhältnisse der privaten Versicherungsunternehmungen gezogen hat. Deshalb ist solchen Vereinen, die außer dem Betriebe von Versicherungsgeschäften (§ 1 aaO.) auch noch andere Zwecke verfolgen, von der staatlichen Aufsichtsbehörde die Erlaubnis zum Geschäftsbetrieb und die Genehmigung ihrer Satzungen zu versagen. Im vorliegenden Falle ist nach § 1 der beanstandeten Satzung sein Zweck dahin festgestellt, daß er seinen Mitgliedern nach dem Grundsatze der Gegenseitigkeit Entschädigung für unverschuldete Verluste an ihrem Viehstande gewähren soll, und es ist klar, daß durch diese Zweckbestimmung nicht die Grenzen der durch das G. v. 12. V. 01 für die privaten Versicherungsvereine gegebenen Vorschriften überschritten werden. Nach den eigenen Ausführungen des Beklagten bleibt nur noch die Frage zu erörtern, ob dies etwa deshalb anzunehmen ist, weil der § 3 Abs. 1 der Satzung den Erwerb der Mitgliedschaft an die Voraussetzung knüpft, daß das aufzunehmende Vereinsmitglied auch Mitglied des R.schen Bauernvereins ist. Dies ist zu verneinen. Der § 20 aaO. überläßt der Satzung, d. h. den Festsetzungen der Beteiligten, die Bestimmung über den Erwerb der Mitgliedschaft, und solche Festsetzungen berechtigen die Aufsichtsbehörde nur dann, die Genehmigung der Satzung zu versagen, wenn eine der im § 7 aaO. aufgeführten Voraussetzungen vorliegt. Durch die angenommene Begrenzung des Kreises der Mitglieder wird der Zweck der Unternehmung an sich nicht verändert; er besteht auch bei der gegenwärtigen Fassung der vorgelegten Satzung lediglich darin, den Mitgliedern des Vereins nach dem Grundsatze der Gegenseitigkeit Entschädigung für unverschuldete Verluste an ihrem Viehstande zu gewähren.

Was insbesondere die einzelnen, im § 7 aaO. aufgeführten Voraussetzungen für die Versagung der Erlaubnis zum Geschäftsbetriebe betrifft, so kann hier nur in Frage kommen, ob der von den Beteiligten gefaßte Beschluß, die Zugehörigkeit zu dem R.schen Bauernverein als Bedingung für den Erwerb der Mitgliedschaft bei dem klagenden Verein aufzustellen, den gesetzlichen Vorschriften zuwiderläuft. Gegenüber den hierauf bezüglichen Ausführungen des Beklagten ist zu bemerken, daß das Bestehen eines allgemeinen Rechtssatzes, der es verbietet, den Beitritt zu einem Vereine von der Beteiligung an einem anderen Verein abhängig zu machen, nicht anzuerkennen ist.

Nr. 2. Entsch. v. 7. Jan. 1909 (OVG. 54 403) III A 27/08.

PrivVUntG. v. 12. V. 01 § 1.

Die den Gegenstand des Klageangriffs bildende Anordnung geht dahin, daß die Kasse die zur Klarlegung ihres Geschäftsplans erforderlichen Angaben machen und zwar in erster Linie durch Einreichung eines versicherungsmathematischen Gutachtens den Nachweis erbringen solle, daß sie zur Erfüllung der von ihr in den Statuten übernommenen Verpflichtungen imstande sei. Diese Anordnung ist ausdrücklich auf das G. v. 12. V. 01 gestützt und findet in dessen Vorschriften (§§ 64, 69, 73 Abs. 1, § 84) ihre alleinige Begründung. Nach § 1 Abs. 2 aaO. sind aber als Versicherungsunternehmungen im Sinne dieses Gesetzes solche Personenvereinigungen nicht anzusehen, die ihren Mitgliedern Unterstützung gewähren, ohne ihnen einen Rechtsanspruch darauf einzuräumen. Solche Personenvereinigungen unterliegen der in jenem Gesetze geregelten Aufsicht nicht. Deren Ausübung ist also unzulässig, wenn die E.sche Sterbekasse nach ihren neueren Satzungen den Mitgliedern einen Rechtsanspruch auf Unterstützung nicht mehr gewährt. Diese Voraussetzung trifft aber zu.

Die Satzungen der Sterbekasse enthalten keinen Hinweis auf einen den Mitgliedern zustehenden Rechtsanspruch. Jedes auf die Gewährung von Sterbegeld gerichtete Rechtsmittel, selbst das Anrufen der Mitgliederversammlung, ist ausdrücklich ausgeschlossen (§ 10). Von besonderer Bedeutung ist ferner der Umstand, daß die Höhe des Sterbegeldes an keiner Stelle der Satzungen irgendwie bezeichnet ist. Die älteren Kassenmitglieder, deren vor der Abänderung der Satzungen erworbenen Rechtsansprüche gegen die Kasse anderenfalls erhalten bleiben würden, haben durchweg der Abänderung ausdrücklich und vorbehaltlos zugestimmt. Dafür endlich, daß der Ausschluß des Rechtsanspruchs nicht ernstlich gemeint und nur zum Scheine erfolgt sei, fehlt es an einem genügenden Anhalte. Für die Ernstlichkeit einer auf den Ausschluß gerichteten Absicht spricht hingegen die Erwägung, daß es der Kasse um die Beseitigung der Staatsaufsicht zu tun war, und daß sie dieses Ziel nur durch den Ausschluß des Rechtsanspruchs erreichen konnte.

Die Festsetzung genau bestimmter Bedingungen für die Erlangung und die Erhaltung der Mitgliedschaft (§§ 3—5 der Satzungen), die Zahlung von Eintrittsgeld und Jahresbeiträgen (§§ 7 und 8 das.), ferner die Regelung der Auszahlung des Sterbegeldes (§ 20), die Bestimmung des Empfängers (§ 11) und selbst die Bezugnahme auf die Höhe des Sterbegeldes (§ 11) stehen nicht damit im Widerspruche, daß der Vorstand für jeden einzelnen Fall auf Grund der nach freiem Ermessen zu beurteilenden Lage des Vereinsvermögens darüber entscheidet, ob überhaupt und in welcher Höhe Sterbegeld gewährt werden soll. Diese Rechtslage ist für Sterbekassen freilich eine ungewöhnliche. Der Zweck der Sterbekassen ist es, ihren Mitgliedern für bestimmte Sterbefälle eine feste Aussicht auf Sterbegeld zu eröffnen. Hierzu bietet die Einräumung eines Rechtsanspruchs auf ein für die einzelnen Fälle im voraus bestimmtes Sterbegeld das geeignetste und weitaus gebräuchlichste Mittel. Daß jedoch bei einer Sterbekasse — namentlich dann, wenn sie, wie die E.sche, ihre Mitglieder unbeschränkt wirbt — der Ausschluß des Rechtsanspruchs sinnwidrig und daß deshalb der Rechtsanspruch, trotz der entgegenstehenden Statutenbestimmung, erhalten geblieben sei, läßt sich nicht anerkennen. Es fehlt an einem zwingenden Grunde, den bei anderen Unterstützungskassen zulässigen Ausschluß des Rechtsanspruchs (§ 1 Abs. 2 G. v. 12. V. 01) hier für bedeutungslos und unwirksam zu erachten. Der sonstige Inhalt der Satzungen nötigt dazu nicht. Ebensowenig der Begriff der Sterbekasse, zu dessen Merkmalen das Vorhandensein eines Rechtsanspruchs nicht gehört. Auch die Mitglieder einer Sterbekasse sind danach nicht gehindert, die Freiheit der Kasse von der Staatsaufsicht und von der Tragung der mit ihr verbundenen Kosten durch das Aufgeben des Rechtsanspruchs zu erkaufen und sich an dessen Stelle fortan mit dem Vertrauen auf die Geschäftsführung des Kassenvorstandes zu begnügen.

Nr. 3. Entsch. v. 28. Juni 1909 (PrVerwBl. 31 257) III A 43/08.

PrivVUntG. v. 12. V. 01 § 7.

1. Die Nichtberücksichtigung des Gesetzes über den Versicherungsvertrag v. 30. V. 08 ist kein im § 7 G. v. 12. V. 01 zugelassener Versagungsgrund. Insbesondere muß, wenn die Versagung auf Ziff. 1 des Abs. 1 des § 7 gestützt werden soll, ein Zuwiderlaufen des Geschäftsplans gegen gesetzliche Vorschriften behauptet werden.

2. Gerechtfertigt ist dagegen das in dem vorliegenden Streitverfahren zum Ausdrucke gebrachte Verlangen des klagenden Vereins, die seinem Zulassungsantrage entgegenstehenden Gründe sobald als tunlich zusammenfassend und vollständig zu erfahren. Zwar fehlt es an einer Gesetzesvorschrift, die die Zulassungsbehörde ausdrücklich verpflichtet, alle Versagungsgründe, welche derzeit erkennbar sind, gleichzeitig anzugeben. Indessen muß es für selbstverständlich gelten, daß nach der Absicht des Gesetzes das dort vorgesehene Zulassungsverfahren ohne vermeidbare Weiterungen und Kosten, so schnell als die Umstände es gestatten, zum Abschlusse gebracht werden soll. Dieses Ziel ist nur bei zusammenfassender Darlegung aller die Zulassung hindernden Gründe erreichbar, während deren ungenaue und stückweise Angabe die Dauer des Zulassungsverfahrens und die Anzahl der sich aus ihm entwickelnden Verwaltungsstreitsachen unabsehbar macht.

3. In der Sache selbst enthält auch die jetzt angefochtene Entscheidung des Beklagten keinen der nach § 7 G. v. 12. V. 01 allein zulässigen Versagungsgründe. Selbst wenn man die Worte der Entscheidung: „weil nicht dargetan ist, daß der Verein dauernd lebensfähig ist" im Sinne des § 7 Abs. 1² aaO. dahin auslegen könnte, daß die dauernde Erfüllbarkeit der aus den Versicherungen sich ergebenden Verpflichtungen nicht genügend dargetan sei, so hat es der Beklagte doch an jeglicher Begründung einer dahingehenden Annahme fehlen lassen. Die Angabe, weshalb die dauernde Erfüllbarkeit der Verpflich-

lungen des Vereins bezweifelt wird, kann für die Nachprüfung des Versagungsgrundes nicht entbehrt werden. Ueber die Bedeutung des § 7 Abs. 1² des Gesetzes hat sich der Gerichtshof in OVG. 49 320f. und 50 388—392 ausgesprochen.

L. Vereins- und Versammlungsrecht.

Literatur: v. Bose-Hallbauer: Vereinsrecht des BGB. (Berlin 1909). — Ebner: Das deutsche Vereinsrecht (Hannover 1910). — Göhrke: Reichsvereinsgesetz³ (Dortmund 1910). — Heine: Vereinsgesetz³ (Berlin 1909). — Maaßen: Reichsvereinsgesetz (Cöln 1908). — Müller: Vereins- und Versammlungspolizei in Preußen (Halle 1910). — Müller und Schmid: Vereinsgesetz (München 1908). — Stier-Somlo: Reichsvereinsgesetz (Stuttgart 1909). — Boßen: Kommentar und System des öffentlichen und privaten deutschen Reichsvereinigungsrechts (Berlin-Wilmersdorf 1908).

1. Polizeiliches Einschreiten gegen Versammlungen, namentlich gegen Vereinsversammlungen.

Nr. 1. Entsch. v. 21. Jan. 1908 (PrVerwBl. 29 1053) I A 201/06.

Die Polizeibehörde ist berechtigt, die Abhaltung einer Versammlung in einem eines besonderen Zuganges von der Straße ermangelnden Raume zu untersagen, wenn zum Schutze der Hausbewohner und der Versammlungsteilnehmer im Falle einer Feuersgefahr usw. die direkte Verbindung zwischen dem Versammlungsraum und der Straße nicht entbehrt werden kann.

Nach § 62 RegPolVd. v. 23. XI. 89 kann für Versammlungsräume, welche Teile eines im übrigen für anderweitige Zwecke bestimmten Gebäudes bilden, die Anlage besonderer Flure oder Durchfahrten vorgeschrieben werden, die mit der Straße in Verbindung stehen und von anderen Teilen desselben Gebäudes durch massive Wände getrennt werden müssen. Durfte hiernach die Polizeibehörde für den Versammlungsraum, der im Hinterhause des im übrigen für Wohnzwecke benutzten Gebäudes liegt, die Herstellung eines besonderen Flurs oder einer besonderen Durchfahrt bis zur Straße hin verlangen, so war der Raum bis zur Herstellung des Flurs oder der Durchfahrt als Versammlungsraum untauglich und daher ein Verbot aller Versammlungen daselbst so lange statthaft, bis der polizeilichen Forderung entsprochen oder deren Unzulässigkeit festgestellt war. In der angefochtenen Verfügung kommt nun hinlänglich zum Ausdrucke, daß die Polizei die Anlegung eines den Verkehr von der Straße bis zu dem Versammlungslokale vermittelnden direkten Zuganges für erforderlich erachtete, wenn auch die Bestimmung des § 62 Vd. v. 23. XI. 89 nicht ausdrücklich herangezogen war. Nach den Erörterungen, die in den Beschwerdeinstanzen gepflogen sind, unterliegt es keinem Zweifel, daß das Verlangen auf objektiven polizeilichen Gesichtspunkten beruhte; die Polizei war der Ueberzeugung, daß zum Schutze der Hausbewohner und der Versammlungsteilnehmer im Falle von Feuersgefahr usw. die direkte Verbindung zwischen dem Versammlungsraum und der Straße nicht entbehrt werden könne. Allerdings wäre es folgerichtig gewesen, das Lokal bis zur Herstellung dieser Verbindung als gänzlich ungeeignet für die Abhaltung von Versammlungen anzusehen und demgemäß Versammlungen nicht nur nach 9 Uhr abends, sondern überhaupt zu verbieten. Indessen liegt in der Befugnis zum Verbote jeder Versammlung auch die mindere des Verbots für gewisse Zeiten, und darum ist die Einschränkung auf Versammlungen nach 9 Uhr abends unschädlich.

Nr. 2. Entsch. v. 10. Nov. 1908 (OVG. 53 266) I A 173/07.

PreußVerG. §§ 5, 8.

1. Den Ausländern ist auf dem Gebiete des Vereins- und Versammlungsrechts weder im PreußVerG. v. 11. III. 50, noch im RVerG. v. 19. IV. 08 dieselbe Rechtsstellung eingeräumt wie den Inländern. Ob und inwieweit Ausländern die Teilnahme an Vereinen und Versammlungen im Sinne des VerG. zu gestatten ist, unterliegt dem pflichtmäßigen Ermessen der Polizei.

Ob es für die rechtliche Begründung dieser Befugnis des Zurückgehens auf das den Ausländern gegenüber bestehende Ausweisungsrecht und der Ableitung der Befugnis als des minderen aus jenem Rechte als dem stärkeren bedürfen möchte, kann dahingestellt bleiben; denn die Befugnis ergibt sich schon aus der Stellung, die das Gesetz der Polizei gegenüber der Ausübung des Vereins- und Versammlungsrechts zugewiesen hat. Indem es diese Ausübung in bestimmtem Umfange der Ueberwachung durch die Polizei unterstellt und diese unter anderem dazu beruft, der Teilnahme solcher Personen an Vereinen und Versammlungen entgegenzutreten, denen es dieselbe verbietet (vgl. §§ 5, 8 VerG.), gibt es ihr auch das Recht, solche Personen auszuschließen, die der gesetzlichen Gewährleistung des Vereins- und Versammlungsrechts entbehren, und deren Teilnahme den von der Behörde wahrzunehmenden Interessen nach ihrem pflichtmäßigen Ermessen widerstreitet.

2. Wenn ein Ausländer entgegen dem polizeilichen Verbot an einer inländischen Versammlung teilnimmt, so berührt das die Ausübung des den Inländern gewährleisteten Rechtes nicht. Durch die Zulassung oder Duldung des Ausländers mißbrauchen die Inländer das ihnen zustehende Recht nicht. Allerdings ist unter Umständen auch die Versammlung oder deren Leiter für die Teilnahme Unberufener verantwortlich; so, wenn Bewaffnete in der Versammlung erscheinen oder wenn Frauenspersonen, Schüler oder Lehrlinge den Versammlungen politischer Vereine beiwohnen (§§ 5, 8 aaO.), aber in allen diesen Fällen handelt es sich um eine ausdrückliche gesetzliche Begründung dieser Haftung. Für die Entfernung eines von der Polizei ausgeschlossenen Ausländers fehlt es an einer entsprechenden Bestimmung im Gesetze.

3. Mangels einer im Gesetze begründeten Verpflichtung haftet daher die Versammlung oder deren Leiter nicht für die Entfernung eines Ausländers, dem die Polizei die Teilnahme an der Versammlung versagt. Aus der verbotwidrigen Teilnahme entwickeln sich vielmehr rechtliche Beziehungen nur zwischen dem Ausländer und der Polizei. Nur insofern berühren diese die Versammlung, als die Polizei in ihrem etwaigen Vorgehen gegen den Ausländer nicht dadurch behindert werden kann, daß ihre Maßnahmen auch die Ausübung des Vereins- oder Versammlungsrechts der Inländer in Mitleidenschaft ziehen können. Wenn die Polizei gegebenenfalls in die Notwendigkeit versetzt wird, im Wege unmittelbaren Zwanges den Ausschluß des Ausländers durchzuführen, und die Folge hiervon eine Störung oder selbst zeitweilige Unterbrechung der Versammlung sein sollte, so kann hieraus die Versammlung oder deren Leiter einen auf die gesetzliche Gewährleistung des Vereins- und Versammlungsrechts gegründeten Einwand gegen das Vorgehen der Polizei nicht entnehmen. Denn ebensowenig wie die Teilnahme des Aus-

länders ein Vorgehen der Polizei gegen die Versammlung zu rechtfertigen vermag, weil für ein derartiges Vorgehen das bestehende Vereinsrecht eine gesetzliche Handhabe nicht darbietet, kann auf der anderen Seite auch die Versammlung dem Vorgehen der Polizei gegen den Ausländer unter Berufung auf das Vereinsgesetz einen Widerstand entgegensetzen, da dessen Schutz nicht weiter reicht, als durch das Gesetz bestimmt ist. Eine Bestimmung aber, durch die im Interesse der Vereins- und Versammlungsfreiheit die Polizei von der Erfüllung der ihr auf anderen Gebieten obliegenden Aufgaben lediglich deshalb zurückgehalten würde, weil unter Umständen mittelbar eine Einwirkung auf den Verlauf einer Versammlung ausgeübt werden kann, ist nicht vorhanden und konnte füglich auch nicht erlassen werden, da die Erfüllung dieser Aufgaben und der Schutz des Vereins- und Versammlungsrechts voneinander unabhängig sind und die erstere daher durch den letzteren nicht beeinträchtigt werden kann. In gleicher Weise, wie die Polizei für befugt zu erachten ist, in einer Versammlung einen von ihr gesuchten Verbrecher zu verhaften, ist sie daher auch berechtigt, zur Durchführung der von ihr angeordneten Entfernung von Ausländern aus einer Versammlung die für erforderlich erachteten Maßnahmen in Anwendung zu bringen, ohne dabei an diejenigen Schranken gebunden zu sein, die im übrigen durch das Vereins- und Versammlungsrecht, insbesondere auch in bezug auf die Zahl der zugelassenen Abgeordneten der Polizei, vorgesehen sind. Die alleinige Grenze, die sie innezuhalten hat, ist die, daß ihre Maßnahmen in keinem Falle auf den Boden des Vereins- und Versammlungsrechts über- und in dieses eingreifen dürfen. Insbesondere ist die Auflösung der Versammlung aus dem Grunde, weil der Ausländer nicht entfernt wird, gesetzlich unzulässig.

Nr. 3. Entsch. v. 27. Nov. 1908 (OVG. 53 271) I A 86/07.

PreußVerG. §§ 5, 8.

Ausländern ist das Vereins- und Versammlungsrecht durch die preußische Gesetzgebung ebensowenig wie durch das RVerG. v. 19. IV. 08 gewährleistet. Daher ist die Polizeibehörde befugt, Ausländer von der Teilnahme an einer Versammlung — im Sinne des Vereins- und Versammlungsrechts — auszuschließen. Hier handelt es sich aber darum, ob die Polizeibehörde, wenn sie die Ausschließung eines Ausländers von einer Versammlung herbeiführen will, dazu die Mitwirkung eines inländischen Teilnehmers der Versammlung in Anspruch zu nehmen berechtigt ist. Diese Frage ist zu verneinen. Denn die Fälle, in denen eine Versammlung bzw. deren Unternehmer, Ordner oder Leiter für die Teilnahme Unberufener verantwortlich sind, hat das VerG. v. 11. III. 50 erschöpfend geregelt. Danach sind Personen, die bewaffnet erscheinen sowie in Versammlungen und Sitzungen politischer Vereine Frauenspersonen, Schüler und Lehrlinge auf Aufforderung des Abgeordneten der Obrigkeit zu entfernen (§§ 5, 8 Abs. 3). Zur Entfernung anderer Personen, somit auch eines Ausländers lediglich aus dem Grunde, weil er Ausländer ist, kann dagegen kein Mitglied der Versammlung herangezogen werden.

Nr. 4. Entsch. v. 12. Febr. 1909 (OVG. 53 263) I A 169/08.

RVerG. § 7.

1. Nach § 7 RVerG. bedürfen öffentliche Versammlungen unter freiem Himmel und Aufzüge auf öffentlichen Straßen oder Plätzen der Genehmigung

der Polizeibehörde. Die Genehmigung ist schriftlich zu erteilen und darf nur dann versagt werden, wenn aus der Abhaltung der Versammlung oder der Veranstaltung des Aufzugs Gefahr für die öffentliche Sicherheit zu befürchten ist. Im vorliegenden Falle war die von dem Kläger für die Veranstaltung des Aufzugs nachgesuchte Genehmigung zunächst erteilt worden, später aber wurde sie von der Polizeiverwaltung zurückgenommen, nachdem bekannt geworden war, daß zu dem Feste, das sich an den Aufzug anschließen sollte, außer den Mitgliedern der Gewerkschaft auch die von diesen eingeführten Gäste Zutritt haben sollten. Es ist daher zu prüfen, ob die Polizeiverwaltung berechtigt war, die einmal erteilte Genehmigung zurückzunehmen. Das Gesetz selbst bietet für die Beurteilung dieser Frage keinen ausdrücklichen Anhalt; es kann indes kein Zweifel darüber bestehen, daß die Polizei zur Zurücknahme einer von ihr auf Grund des § 7 aaO. erteilten Genehmigung jedenfalls dann befugt ist, wenn ihr nachträglich neue Tatsachen bekannt werden, die zu einer anderen Auffassung führen können, oder wenn sich, was dem rechtlich gleichsteht, nachträglich herausstellt, daß die Polizei durch unrichtige Angaben über den Sachverhalt getäuscht worden ist.

2. Lag hiernach die Voraussetzung vor, unter der die Polizeiverwaltung formell zur Zurücknahme der erteilten Genehmigung befugt war, so ist weiter zu untersuchen, ob diese Zurücknahme — und damit die Versagung der nachgesuchten Genehmigung — auch sachlich begründet war. Das würde nach der in Betracht kommenden Vorschrift des § 7 aaO. nur dann der Fall gewesen sein, wenn aus der Veranstaltung des Aufzugs Gefahr für die öffentliche Sicherheit zu befürchten gewesen wäre. Für eine solche Befürchtung lag kein Anlaß vor. Die nachträglich bekanntgewordene Tatsache, daß nicht nur die Mitglieder der Gewerkschaft, sondern auch die von ihnen eingeführten Gäste an dem Aufzuge sollen teilnehmen dürfen, bildete keine geeignete Grundlage für eine solche Beurteilung. Der Umstand, daß nunmehr damit gerechnet werden konnte, an dem Aufzuge würden sich mehr Personen beteiligen als früher angenommen worden war, rechtfertigte für sich allein noch nicht die Befürchtung einer Gefährdung der öffentlichen Sicherheit.

Nr. 5. Entsch. v. 4. Juni 1909 (OVG. 54 295).

RVerG. §§ 5, 13, 17.

Ob die Ausführungen des Bezirksausschusses, daß am Tage der Versammlung Frauen nicht Mitglieder des sozialdemokratischen Vereins hätten sein können, zutreffend sind, bedarf aus dem Grunde keiner näheren Prüfung, weil mit dem Bezirksausschusse davon auszugehen ist, daß tatsächlich Nichtmitglieder — nämlich alle sozialdemokratisch gesonnenen Frauen aus B., also ein nicht bestimmter Personenkreis — zu der Versammlung eingeladen worden sind. Die in den beiden Artikeln in der „Volkswacht" enthaltene Stelle,

„In derselben Versammlung wird auch über den Anschluß der sozialdemokratischen Frauen und Mädchen an den sozialdemokratischen Verein das Nähere beschlossen werden. Aus diesem Grunde werden auch die Frauen gebeten, recht zahlreich zu erscheinen",

mußte für jeden Unbefangenen den Eindruck hervorrufen, daß der Verein zur Aufnahme von Frauen und Mädchen bereit sei, und daß solche zahlreich erscheinen möchten, um über ihren Anschluß an den Verein zu beraten oder sich aufnehmen zu lassen. Der Kläger versucht allerdings, jenem Satze eine minder weitgehende Deutung zu geben. Er führt aus: Wenn dort gesagt sei, es solle über den Anschluß der Frauen an den Verein das Nähere beschlossen werden, so beweise das gerade, daß die Aufnahme der erschienenen Frauen als Mitglieder nicht mehr in Frage gestanden habe. Es habe sich nur darum gehandelt, ob für die Frauen ein besonderer Beitrag bestimmt werden sollte, ob ihnen Anspruch auf eine besondere Vertretung im Vorstand einzuräumen wäre und anderes mehr, was alles die Mitgliedschaft der bereits Beigetretenen nicht ausschließe. Diese Auslegung ist indessen so gesucht und so unwahrscheinlich, daß ihr nicht gefolgt werden kann.

War aber die Versammlung außer für Vereinsmitglieder auch für einen nicht individuell abgegrenzten Personenkreis — sozialdemokratische Frauen und Mädchen, die bis dahin außerhalb des Vereins standen — bestimmt, so ist sie vom Bezirksausschusse mit Recht als eine öffentliche Versammlung angesehen worden. Eine solche Versammlung überwachen und aus dem Grunde auflösen zu lassen, weil ihren Beauftragten die Zulassung verweigert wurde, war die Polizeibehörde nach den Vorschriften des Reichsvereinsgesetzes berechtigt.

Nr. 6. Entsch. v. 4. Juni 1909 (OVG. 54 282) I A 171/08.

RVerG. §§ 5, 13. f, 17.

1. Die Entscheidung des Streites ist davon abhängig, ob die Versammlung als eine öffentliche Versammlung anzusehen ist. Der Kläger stellt dies in Abrede mit der Begründung, daß es sich um eine Vereinsversammlung gehandelt habe, solche aber niemals öffentliche Versammlungen sein könnten. Es ist daher zu prüfen, ob die im Reichsvereinsgesetze für öffentliche Versammlungen gegebenen Vorschriften auch auf Vereinsversammlungen angewendet werden können. Diese Frage ist zu bejahen. Um darzutun, daß nach dem RVerG. Vereinsversammlungen nicht als öffentliche Versammlungen angesehen werden dürften, hat der Kläger auf den § 17 aaO. hingewiesen und folgert daraus, daß, da das Gesetz einen Unterschied zwischen öffentlichen Versammlungen und den Versammlungen politischer Vereine mache, auch in den §§ 5 und 13 Versammlungen der politischen Vereine nicht gemeint sein könnten, sondern lediglich Versammlungen, deren Unternehmer nicht ein politischer Verein sei. Das ist irrig. Die „Versammlungen der politischen Vereine“ können geschlossene oder öffentliche sein. Infolgedessen würde eine Vorschrift, die sich darauf beschränkte, jugendlichen Personen die Anwesenheit in öffentlichen politischen Versammlungen zu verbieten, zwar diejenigen Versammlungen der politischen Vereine treffen, die als öffentliche anzusehen sind, nicht aber auch die nichtöffentlichen Versammlungen solcher Vereine umfassen, denen nach der Absicht des § 17 die jugendlichen Personen ebenfalls nicht sollen beiwohnen dürfen. Demnach bedurfte es hier einer besonderen Bestimmung, wonach die Personen unter 18 Jahren in den Versammlungen der politischen Vereine nicht anwesend sein dürfen. Durch den § 17 wird daher die Frage, ob nach dem RVerG. Vereinsversammlungen als öffentliche Versammlungen angesehen und ob auf sie die für solche Versammlungen gegebenen Vorschriften angewendet werden können, nicht entschieden. Aber auch sonst fehlt es im Gesetz an einer Bestimmung, welche diese Frage entscheidet. Es ist an keiner Stelle gesagt, daß Vereinsversammlungen unter bestimmten Voraussetzungen als öffentliche Versammlungen zu behandeln seien; anderseits ist aber auch nirgends vorgeschrieben, daß die Vereinsversammlungen den für die öffentlichen Versammlungen gegebenen Vorschriften nicht unterliegen sollen. Aus der Entstehungsgeschichte des Gesetzes geht hervor, daß man es absichtlich unterlassen hat, eine Bestimmung, durch die diese Frage nach der einen oder der anderen Seite hin beantwortet würde, in das Gesetz aufzunehmen.

(Folgt eingehende Darlegung)

Weder der Wortlaut des RVerG. noch die seinem Erlasse voraufgegangenen Verhandlungen gewähren infolgedessen einen Anhalt dafür, unter welchen Voraussetzungen einer von einem Vereine veranstalteten Versammlung, die nicht ausdrücklich als öffentliche einberufen worden ist, der Charakter der Oeffentlichkeit beizulegen ist.

2. Die Frage, ob auf eine Versammlung im gegebenen Falle der Begriff der „Oeffentlichkeit" zutrifft, ist freilich schon vielfach Gegenstand der Rechtsprechung der höchsten Gerichtshöfe gewesen. Aber alle Entscheidungen enthalten keine erschöpfende Bestimmung des Begriffs der Oeffentlichkeit für das Gebiet des Vereinsrechts. Eine solche läßt sich auch mit Anspruch auf Anwendung für alle Tatbestände nicht wohl aufstellen. Für die Beurteilung der Frage, ob eine Versammlung als eine öffentliche anzusehen ist, können vielmehr allein die Tatumstände des einzelnen Falles und die gesamte mit demselben zusammenhängende Sachlage maßgebend sein.

Wird hiervon ausgegangen, so ist zunächst festzustellen, daß die betr. Generalversammlung des sozialdemokratischen Vereins ausschließlich für dessen Mitglieder zugänglich sein sollte. Dagegen hat der beklagte Oberpräsident den Beweis, daß es sich um eine öffentliche Versammlung gehandelt habe, durch folgende Ausführungen zu führen gesucht. Der sozialdemokratische Verein in M. entbehre schon im Hinblick auf die große Zahl und den ständigen Wechsel der Mitglieder einer festen Organisation und eines individuellen Personenkreises. Die Versammlungen eines solchen Vereins seien daher schon im Hinblick auf die Mitgliedschaft von mehreren tausend, vermutlich in sehr kurzen Zwischenräumen ihrer Zusammensetzung nach wechselnden Personen mit dem Begriffe der Oeffentlichkeit im Sinne des RVerG. auf das engste verbunden. Diese Ausführungen gehen fehl. Die Organisation des Vereins ist nach dem vorgelegten Statut eine verhältnismäßig straffe und entspricht derjenigen, die ähnliche Vereine in der Regel besitzen. Die Aufnahme ist keine jedermann zustehende; sie wird von der Entschließung des Vorstandes abhängig gemacht und kann von der Bezirksversammlung beanstandet werden. Der Vereinsbeitrag ist an sich nicht hoch, immerhin aber auch nicht niedriger, als bei anderen großen politischen Vereinen; zudem können außerordentliche Beiträge erhoben werden. Nichtzahlung des Beitrags während einer bestimmten Zeit hat die Streichung des betr. Mitglieds aus der Mitgliederliste zur Folge. Der Austritt aus dem Verein ist allerdings zu jeder Zeit gestattet; auch hierin ist indessen keine Bestimmung zu erblicken, die dafür geltend gemacht werden könnte, daß es sich nur um eine lose oder gar etwa um eine Scheinorganisation handele. Abgesehen davon, daß in diesem Punkte sich das Statut ebenfalls den Statuten anderer gleichartiger Vereine anlehnt, legen die dort vorgesehenen Kommissionen, das Vorhandensein eines eigenen Vereinsorgans und Ähnliches Zeugnis für das Bestehen eines festen Zusammenhanges unter den Vereinsmitgliedern ab. Auch die räumliche Ausdehnung des Gebiets, in dem der Verein wirken will, ist keine solche, daß ein innerer Zusammenhang unter den Mitgliedern als ausgeschlossen erachtet werden müßte; der Verein erstreckt sich ausschließlich auf die Stadt M. in ihrer gegenwärtigen Begrenzung, umfaßt also lediglich den Bezirk einer Gemeinde. Der einzige Punkt, der Bedenken hervorzurufen geeignet ist, und der auch, soweit ersichtlich, die Polizeibehörde zu ihrem Vorgehen veranlaßt hat, beruht in der Zahl der Mitglieder. Eine Mitgliederzahl von 4300 ist sicherlich eine hohe, und es ist daher die Erwägung wohl am Platze, ob bei dieser großen Zahl der Verein noch als eine von der übrigen Bevölkerung abgesonderte Gemeinschaft betrachtet werden kann. Bei der Erörterung dieser Frage müssen indessen die Verhältnisse der Großstadt in Betracht gezogen werden. Bei allen in großen Städten bestehenden Vereinen, soweit sie nicht

Ziele beschränkter Art verfolgen, insbesondere bei solchen, welche eine Einwirkung auf politische Angelegenheiten bezwecken, wird die Zahl der Vereinsmitglieder eine verhältnismäßig große und der Wechsel im Mitgliederbestand ein häufiger sein. Im Hinblick hierauf würde es nicht gerechtfertigt sein, für die Frage, ob die Versammlungen eines Vereins öffentliche sind oder nicht, die mehr oder minder hohe Zahl der Vereinsmitglieder für sich allein als ausschlaggebend anzusehen.

Nr. 7. Entsch. v. 19. April 1910 (PrVerwBl. 31 618) I A 145/09.

RVerG. § 7.

Nach § 7 RVerG. bedürfen Versammlungen unter freiem Himmel und Aufzüge auf öffentlichen Straßen oder Plätzen der Genehmigung der Polizeibehörde. Die Genehmigung darf nur dann versagt werden, wenn aus der Abhaltung der Versammlung oder der Veranstaltung des Aufzugs Gefahr für die öffentliche Sicherheit zu befürchten ist. Im Falle der Verweigerung ist dem Veranstalter ein kostenfreier Bescheid mit Angabe der Gründe zu erteilen. Bei der Versagung der nachgesuchten Genehmigung für die Veranstaltung des geplanten Aufzugs sind von der Polizeiverwaltung Gründe nicht angegeben worden. Wenn es dort heißt, die Genehmigung zur Veranstaltung des beabsichtigten Umzugs werde versagt, weil durch ihn Gefahr für die öffentliche Sicherheit zu befürchten sei, so wird damit der Vorschrift des Gesetzes nicht genügt; denn diese Wiederholung der Worte des Gesetzes stellt keine Angabe von Gründen für die Versagung der Genehmigung dar. Jene Vorschrift bezweckt, dem Anfechtungsberechtigten die Möglichkeit einer Nachprüfung der Gründe zu geben, die für die polizeiliche Entschließung maßgebend gewesen sind, und dem wird nur durch Angabe bestimmter Tatsachen genügt.

Die Frage, ob und wann die Befürchtung einer Gefährdung der öffentlichen Sicherheit im Anwendungsbereiche des § 7 RVerG. als gerechtfertigt zu erachten ist, hat der Gerichtshof in einer am 9. XI. 09 ergangenen Entscheidung einer eingehenden Erörterung unterzogen. Dort ist ausgeführt, daß zur Begründung der Annahme einer solchen Gefährdung allgemeine Vermutungen und der bloße Hinweis auf das Bestehen eines gespannten Verhältnisses zwischen den am Orte vertretenen politischen Parteien nicht ausreichen, daß es vielmehr zur Rechtfertigung der Versagung einer nach § 7 erforderlichen Genehmigung konkreter Tatsachen bedarf, die nicht bloß die mehr oder weniger entfernte Möglichkeit einer Gefährdung der öffentlichen Sicherheit eröffnen, sondern eine solche Gefährdung absehbarerweise besorgen lassen. Hier fehlt es an dem Nachweise, daß solche in den örtlichen Verhältnissen begründeten Tatsachen vorhanden waren. Wenn der Beklagte zur Rechtfertigung der Verweigerung der nachgesuchten Genehmigung anführt, daß es bei dem sonntäglichen Zusammenströmen der Bewohner aus Stadt und Land leicht zu Reibungen zwischen den sozialdemokratischen Festteilnehmern und der vorwiegend kleinbürgerlich-agrarischen Bevölkerung hätte kommen können, und daß diese Befürchtung um so näherliegend gewesen sei, als die politischen Gegensätze zwischen der gewerkschaftlich organisierten Arbeiterschaft und der ländlichen Bevölkerung gerade zu jener Zeit durch die Haltung der politischen Parteipresse eine erhebliche Verschärfung erfahren hätten, so rechtfertigt dies noch nicht die Befürchtung, es würde, falls der Aufzug stattfände, zu Streitigkeiten und Gewalttätigkeiten und damit zu einer Gefährdung der öffentlichen Sicherheit kommen. Es sind das nur allgemeine Vermutungen, die, wenn sie für erheblich zu achten wären, überall, wo ähnliche örtliche Verhältnisse obwalten, zur Versagung der Genehmigung eines jeden Aufzugs und einer jeden Versammlung unter freiem Himmel führen müßten. Das Gleiche gilt von dem

Hinweise des Beklagten darauf, daß die Teilnehmer sich in einer durch den Festtrubel und durch Alkoholgenuß gesteigerten Erregung befinden würden, zumal der Festmarsch an einem Gasthause beginnen sollte. Solche allgemeinen Vermutungen genügen nicht, um die Annahme des Vorliegens einer Gefahr für die öffentliche Sicherheit zu begründen und somit das erlassene Verbot zu rechtfertigen.

Nr. 8. Entsch. v. 12. April 1910 (PrVerwBl. 31 616) I A 116/09.

RVerG. §§ 7 f.

1. In der Klageschrift hat der Vertreter des Klägers in Zweifel gezogen, ob in Anbetracht des Umstandes, daß als Versammlungsplatz ein zwar unüberdachter, im übrigen aber ringsumbauter oder ummauerter Hof dienen sollte, die Versammlung als eine solche unter freiem Himmel anzusehen gewesen sei. Der Begriff der unter freiem Himmel tagenden Versammlung ist aus dem preußischen Vereinsrecht in das RVerG. übernommen worden. Schon im Bereiche des Landesrechtes hat die Rechtsprechung einen rings umschlossenen Garten als einen unter freiem Himmel liegenden Versammlungsplatz angesehen und daß das RVerG. auf dem nämlichen Standpunkt steht, ergibt sich aus § 8 aaO., demzufolge eine Versammlung, die in einem geschlossenen Raume veranstaltet wird, nicht schon dann als eine solche unter freiem Himmel anzusehen sein soll, wenn sie in einen mit dem Verhandlungsraum zusammenhängenden umfriedeten Hof oder Garten verlegt wird. Die Entstehungsgeschichte dieser Bestimmung hat wesentlich unter dem Einflusse der Umgrenzung gestanden, die der Begriff eines unter freiem Himmel liegenden Versammlungsplatzes in der Rechtsprechung, insbesondere auch des OVG. (46 435 ff.), gefunden hatte. Im Interesse der Wahrung einer namentlich in Süddeutschland verbreiteten Sitte sollte die Verlegung einer Versammlung aus dem geschlossenen Raume in den damit zusammenhängenden Hof oder Garten von den für Versammlungen unter freiem Himmel bestehenden Beschränkungen ausgenommen werden. Für eine derartige Bestimmung war nur dann Anlaß und Raum, wenn der Gesetzgeber davon ausging, daß die Abhaltung einer Versammlung in einem umfriedeten Hof oder Garten an sich die Voraussetzung des § 7 aaO. erfülle, daß also ein derartiger Hof oder Garten einen unter freiem Himmel liegenden Versammlungsplatz bilde. Wie die Entstehungsgeschichte der Vorschrift ergibt, hat denn auch diese Auffassung in der Tat bei der Beratung des Gesetzes wiederholt Ausdruck gefunden und zwar, ohne daß dabei nach der Art der Umfriedigung des Hofes oder Gartens oder nach dem Einflusse, den sie auf die Zugänglichkeit für Draußenstehende hat, ein Unterschied gemacht worden wäre. Hiernach kommt es im vorliegenden Falle nicht darauf an, ob, und wie der Hof, der als Versammlungsplatz dienen sollte, mit Gebäuden oder Mauern umgeben ist. Nach der Begründung des Entwurfes des RVerG. beruht die Einführung beschränkender Bestimmungen für öffentliche Versammlungen unter freiem Himmel auf der Erwägung, daß durch die Möglichkeit des Zusammenströmens unbegrenzter Menschenmengen bei solchen Versammlungen in besonderem Maße eine Gefährdung der öffentlichen Sicherheit hervorgerufen werden kann. Mag nun auch hier infolge der Umschließung des übrigens von der Straße unmittelbar zugänglichen Hofes durch Gebäude und Mauern jene Möglichkeit nicht in voller Unbeschränktheit bestehen, so reicht das doch nicht aus, der nach Sprachgebrauch und Wortlaut völlig unzweideutigen Begriffsbestimmung die Anwendung zu versagen.

2. Das RVerG. schreibt in § 7 vor, daß im Falle der Verweigerung der Genehmigung dem Veranstalter der Versammlung sofort ein Bescheid mit Angabe der Gründe zu erteilen ist. Diese Vorschrift bezweckt, dem

Anfechtungsberechtigten die Möglichkeit einer Nachprüfung der Gründe zu eröffnen, die für die polizeiliche Entschließung maßgebend gewesen sind. Dies rechtfertigt sich umsomehr als der Kläger darzutun hat, daß die tatsächlichen Voraussetzungen, auf die die Polizeibehörde ihre Verfügung stützt oder welche sonst die Behörde zum Erlasse der Verfügung berechtigt haben würden, nicht vorliegen. Die Rechtsprechung hat stets zugegeben, daß Mängel, die die Begründung einer polizeilichen Verfügung aufzuweisen hat, nicht nur durch die Bescheide der Beschwerdeinstanzen, sondern auch durch nachträgliche Erklärungen der Behörde im Verwaltungsstreitverfahren beseitigt werden können. Ob dieser Grundsatz durch § 7 RVerG. für die danach zu erteilenden Bescheide im übrigen eine Einschränkung erfahren hat, kann unerörtert bleiben, keinesfalls hat jene Gesetzesvorschrift ihn dahin eingeschränkt, daß eine nachträgliche erläuternde Ergänzung der im Bescheide gegebenen Begründung ausgeschlossen wäre. Hier hatte die Polizei die Versagung der Genehmigung damit begründet, die Vorgänge der letzten Monate hätten zur Genüge bewiesen, daß sich die sozialdemokratische Partei und die antisozialdemokratische Partei derart feindlich gegenüberständen, daß die Gefährdung der öffentlichen Ruhe und Ordnung durch die geplante Versammlung zu befürchten sei. Sie hatten sich danach nicht auf die Eröffnung beschränkt, daß eine Gefährdung der öffentlichen Sicherheit zu besorgen sei, sondern gleichzeitig auch auf diejenigen tatsächlichen Verhältnisse hingewiesen, auf die sie ihre Annahme stützte. Wenn dies in gedrängter Zusammenfassung geschehen ist, so vermag das dem Kläger um so weniger zur Beschwerde zu gereichen, als der dieser Zusammenfassung zugrunde liegende Inbegriff von Umständen und Vorgängen mit allen Einzelheiten in der mündlichen Verhandlung zum Vortrage gelangt und dem Kläger oder dessen Vertreter Gelegenheit gegeben worden ist, dazu seinerseits Stellung zu nehmen. Da es sich dabei überall nur um eine genauere Klarlegung der von den beteiligten Behörden in bezug genommenen örtlichen Verhältnisse handelt, so erledigt sich damit zugleich der weitere Einwand des Klägers, daß für die Entscheidung nur dasjenige maßgebend sein dürfe, was in den Verfügungen und Bescheiden der beteiligten Behörden an tatsächlichem Anhalt für die Entschließungen der Polizei beigebracht sei.

3. In der Sache selbst ist für festgestellt zu erachten, daß in H. über 4 der dortigen Gastwirtschaften von sozialdemokratischer Seite der Boykott verhängt worden war, weil die Inhaber dieser Wirtschaften sich geweigert hatten, ihre Lokale zur Abhaltung sozialdemokratischer Versammlungen herzugeben, daß dieser Boykott zu gewalttätigen Angriffen gegen das diese Wirtschaften besuchende Publikum und zu einem derart gespannten Verhältnis zwischen den bürgerlichen Parteien und der Sozialdemokratie geführt hat, daß sich der Landrat gelegentlich des Pfingstfestes sogar veranlaßt sah, die polizeilichen Exekutivorgane zu verstärken, um die Aufrechterhaltung der öffentlichen Ruhe, Sicherheit und Ordnung zu wahren. Das Vorhandensein dieser Voraussetzung kann nicht durch einfaches Bestreiten der behördlichen Angaben in Frage gestellt werden, vielmehr wäre es Sache des Klägers gewesen, zur Widerlegung dieser Angaben geeigneten Gegenbeweis anzutreten, denn es liegt ihm ob, darzutun, daß die angefochtene Verfügung der erforderlichen tatsächlichen Voraussetzungen entbehrt. Die Frage, ob und wann eine Gefährdung der öffentlichen Sicherheit im Anwendungsbereiche des § 7 RVerG. anzuerkennen ist, hat der Gerichtshof in der Entsch. v. 9. XI. 09 einer eingehenden Erörterung unterzogen. Dort ist ausgeführt, daß zur Begründung der Annahme einer solchen Gefährdung allgemeine Vermutungen und der bloße Hinweis auf das Bestehen eines gespannten Verhältnisses zwischen den am Orte vertretenen politischen Parteien nicht ausreichen, daß es vielmehr zur Rechtfertigung der Versagung einer nach § 7 aaO. erforderlichen Genehmigung **konkreter Tatsachen** bedarf, die **nicht bloß** die **mehr oder**

minder entfernte Möglichkeit einer Gefährdung der öffentlichen Sicherheit eröffnen, sondern eine solche Gefährdung absehbarerweise besorgen lassen. Hier fehlt es an solchen Tatsachen nicht. Nachdem das zwischen den bürgerlichen Parteien und der Sozialdemokratie bestehende gespannte Verhältnis in Verfolg der Boykottierung der Gastwirtschaften zu Gewalttätigkeiten geführt hatte, die sogar in späterer Zeit gelegentlich des Pfingstfestes Anlaß zu zeitweiliger Verstärkung der polizeilichen Exekutivorgane gaben, durfte die Polizei sehr wohl damit rechnen, daß die vom Kläger, überdies für einen Sonntag geplante Versammlung Gelegenheit und Anlaß zu Reibungen und Ausschreitungen unter den einander gegenüberstehenden Parteien und somit zur Störung der öffentlichen Sicherheit bieten konnte. Und wenn sie unter diesen Umständen die nachgesuchte Genehmigung versagte, so entbehrte ihre Entschließung der vom Gesetze erforderten tatsächlichen Voraussetzungen nicht.

Nr. 9. Entsch. v. 12. April 1910 (PrVerwBl. 31 580) I C 22/09.

RVerG. §§ 2, 14 f.; LVG. §§ 127 ff.

1. Die Anordnungen der Organe der Ortspolizei gelten als ortspolizeiliche Verfügungen, solange sie nicht von der Ortspolizeibehörde mißbilligt worden sind. Daraus aber, daß die Anordnungen eines Beauftragten der Polizeibehörde, sofern letztere nicht hinterher erklärt, daß jene von ihr nicht gutgeheißen werden, als Verfügungen der Polizeiverwaltung selbst anzusehen sind, folgt, daß die zur Anfechtung polizeilicher Verfügungen in den §§ 127 ff. LVG. gegebenen Rechtsbehelfe ausschließlich gegen die von dem Beauftragten getroffenen Anordnungen stattfinden. Dementsprechend läuft auch die zweiwöchige Frist zur Einlegung der Beschwerde und zur Anbringung der Klage (§ 129 Abs. 3 aaO.) von dem Zeitpunkt ab, in welchem der von der Anordnung Betroffene von ihrem Erlasse Kenntnis erhält, also, sofern es sich um die Auflösung einer Versammlung handelt, regelmäßig von dem Tage ab, an dem die Versammlung für aufgelöst erklärt worden ist. Freilich ist es demjenigen, der durch die Anordnung des Organs einer Polizeibehörde in seinen Rechten verletzt wird, unverwehrt, sich mit der Anfrage an die Behörde zu wenden, ob sie die erlassene Anordnung gutheiße. Er tut das aber auf seine Gefahr. Denn lautet die Antwort bejahend, und ist inzwischen die durch die Anordnung des Beauftragten in Lauf gesetzte Anfechtungsfrist abgelaufen, so ist die polizeiliche Verfügung unanfechtbar geworden. In dem Bescheide der Polizeibehörde, durch den sie es ablehnt, die Anordnung ihres Organs zu mißbilligen, ist keine neue polizeiliche Verfügung zu finden, gegen die die Rechtsbehelfe der §§ 127 ff. aaO. statthaft wären, und es gibt auch keine andere, einem solchen Bescheide gegenüber die Klage im Verwaltungsstreitverfahren zulassende Vorschrift. Auch das RVerG. enthält keine abweichende Vorschrift. Nach § 15 finden auf die Auflösung einer Versammlung die Vorschriften des § 2 Abs. 2 Anwendung. Dort ist vorgeschrieben, daß die Verfügung, durch die ein Verein aufgelöst wird, im Wege des Verwaltungsstreitverfahrens angefochten werden kann. Indem daher das Gesetz die Tatsache der Auflösung einer Versammlung mit der Verfügung, durch die ein Verein aufgelöst wird, auf gleiche Stufe stellt, nimmt es in beiden Fällen den Standpunkt ein, daß die polizeiliche Aktion ihre Wirkung in dem Augenblicke auszuüben beginnt, in dem sie in die äußere Erscheinung tritt. Dies ist aber, wie bei der Auflösung eines Vereins die Auflösungsverfügung, so bei der Auflösung einer Versammlung die Erklärung, daß die Versammlung aufgelöst werde. Zu dieser Erklärung sind, sofern nicht der Inhaber der Polizeiverwaltung selbst die Ueberwachung einer Versammlung wahrnimmt, die von ihm hiermit Beauftragten durch § 14 aaO. ausdrücklich ermächtigt. Die von

ihnen abgegebene Erklärung ist demnach auch nach dem RVerG. für alles Weitere die maßgebende, und durch sie allein wird mithin auch die Frist zur Anfechtung der Auflösungsmaßregel in Bewegung gesetzt.

2. Die Auflösung einer Versammlung ist eine polizeiliche Verfügung. Zur Anfechtung einer solchen ist ein jeder berechtigt, in dessen Rechtsgebiet durch die Verfügung wider seinen Willen eingegriffen wird. Das trifft auf einen jeden zu, der einer Versammlung beiwohnt, wie auch nach §§ 16 und 18[4] RVerG. die Auflösungserklärung sich gegen einen jeden, der bei einer Versammlung anwesend ist, mit krimineller Wirkung richtet. Demnach muß, da das VerG. Bestimmungen darüber, wer zur Anfechtung der Auflösung einer Versammlung befugt sein soll, nicht enthält, jeder Teilnehmer zur Anfechtung für berechtigt erachtet werden.

Nr. 10. Entsch. v. 18. Febr. 1910 (PrVerwBl. 31 597) I A 34/09.
RVerG. §§ 5, 13, 17.

1. Der Beklagte nimmt das Recht, Beauftragte in die beiden Versammlungen zu entsenden, für die Polizeibehörde deshalb in Anspruch, weil es sich um politische Versammlungen im Sinne des § 5 RVerG. gehandelt habe. Es ist daher zu prüfen, ob Tatsachen vorliegen, die für die Polizei die Annahme oder den Verdacht begründen konnten, daß es sich um öffentliche politische Versammlungen handele. Wäre diese Frage zu bejahen, so würde an der Befugnis der Polizeiverwaltung, Beauftragte in die Veranstaltungen zu entsenden, nach der Vorschrift des § 13 aaO. nicht gezweifelt werden können. Die zugleich ausgesprochene Rüge des Klägers, daß die Beauftragten sich in beiden Fällen bei dem Leiter nicht gemeldet hätten, ist für die zu treffende Entscheidung ohne Bedeutung. Die Nichtbeachtung der hierfür in Betracht kommenden Vorschrift im § 13 Abs. 1 kann nur durch Beschwerde im Aufsichtswege verfolgt werden.

2. Zur Rechtfertigung der Annahme, daß es sich bei beiden Veranstaltungen um politische Versammlungen gehandelt habe, wird nun einmal geltend gemacht, daß das katholische Vereinshaus nach den eigenen Angaben des Klägers auch politischen Zwecken zu dienen bestimmt sei, wie denn auch schon eine Wählerversammlung darin abgehalten worden sei. Ferner stützt der Landrat sich darauf, daß beide Versammlungen polizeilich angemeldet worden seien, und endlich führt er hinsichtlich der Veranstaltung vom 13. IX. noch an, daß sie neben geselligen Zwecken offenbar auch politische, nämlich die der Erhaltung und Hebung des polnischen Nationalgefühls, verfolgt habe.

Was zunächst die polizeiliche Anmeldung der Veranstaltung vom 6. IX. anlangt, so können hieraus keinerlei Schlüsse dahin gezogen werden, daß der Kläger selbst angenommen und dementsprechend bei der Polizei die Annahme wachgerufen habe, es handele sich um eine Versammlung, und zwar um eine unter den § 5 RVerG. fallende politische Versammlung. Der Kläger hat dies dem Vertreter der Polizei gegenüber ausdrücklich in Abrede gestellt und nur für den Fall, daß die Polizei bei ihrer abweichenden Meinung verbleibe, anheimgegeben, seine Mitteilung als Anmeldung anzusehen. Die Veranstaltung vom 13. IX. aber ist als öffentliche politische Versammlung nicht angemeldet, sondern es ist der Polizei angezeigt worden, daß eine Theatervorstellung stattfinden solle, und zur Veranstaltung dieser Vorstellung ist unter Ueberreichung des Textes der aufzuführenden Stücke um Erteilung der polizeilichen Erlaubnis gebeten worden.

Was den Charakter der Veranstaltungen anlangt, so hat am 13. IX. die Aufführung eines Theaterstücks neben musikalischen und deklamatorischen Vorträgen und lebenden Bildern stattgefunden, alles mit harmlosem und nicht politischem Inhalt. Das Gleiche trifft auch für die Einweihungsfeier vom 6. IX. zu. Es handelt sich demnach in beiden Fällen lediglich um Veranstaltungen zu geselligen Zwecken, woran der Umstand nichts ändert, daß bei der Festlichkeit am 6. IX. auch einzelne, auf die Feier bezügliche Ansprachen nichtpolitischen Inhalts gehalten worden sind. Ob die weitere Annahme des Beklagten richtig ist, daß die Errichtung des polnischen Vereinshauses in S. politischen Beweggründen entsprungen ist, und daß sie sich als ein Glied in der Kette derjenigen Maßnahmen darstellt, die von der polnischen Nationalpartei ergriffen werden, um die Agitation rege zu erhalten und für ihre Bestrebungen Anhänger zu gewinnen, kann dahingestellt bleiben. Selbst wenn derartige Beweggründe für die Erbauung des Hauses nicht maßgebend gewesen sein sollten, läßt sich unter den Verhältnissen, wie sie sich in der Provinz Posen gestaltet haben, schwerlich behaupten, daß das Haus politischen Zwecken nicht dienstbar gemacht werde. Indem das Vereinshaus dazu bestimmt ist, für die polnische Bevölkerung in der Stadt S. und deren Umgebung einen Vereinigungs- und Mittelpunkt zu bilden, trägt seine Existenz an sich dazu bei, auf der einen Seite den Gegensatz zu den Deutschen zu vertiefen, anderseits aber den Zusammenschluß der Polen zu befördern und ihr Nationalgefühl zu stärken. Von diesem Gesichtspunkt aus betrachtet, ist die Folgerung nicht abzuweisen, daß auch die Veranstaltungen, denen das Haus zu dienen bestimmt ist, eine politische Wirkung zu äußern wohl geeignet sind. Gleichwohl erscheint es verfehlt, derartige Veranstaltungen, soweit sich bei ihnen eine Mehrheit von Personen zusammenfindet, ohne Unterschied den Vorschriften des Vereins- und Versammlungsrechts unterstellen zu wollen. Hierfür bietet das Vereinsgesetz keinen Anhalt. Dasselbe versteht unter politischen Versammlungen nur solche, bei welchen die Erörterung politischer Angelegenheiten den Zweck und Gegenstand der Versammlung bildet, bei denen also die Absicht obwaltet, eine unmittelbare politische Einwirkung auszuüben. Davon ist bei Zusammenkünften, welche lediglich zu Zwecken der Geselligkeit erfolgen, keine Rede. Bei solchen findet eine Erörterung politischer Angelegenheiten nicht statt, für eine unmittelbare politische Einwirkung ist mithin kein Raum gegeben, und infolgedessen fallen die in Rede stehenden Zusammenkünfte weder unter den Begriff politischer Versammlungen im Sinne des VerG., noch überhaupt unter den Begriff von Versammlungen, da auch bei diesen als maßgebende Voraussetzung anzusehen ist, daß eine Einwirkung auf die Allgemeinheit, sei es, daß dieselbe als breite Oeffentlichkeit gedacht ist, sei es, daß dieselbe sich auf einen bestimmt abgegrenzten Personenkreis beschränkt, beabsichtigt wird. Diese Auffassung findet ihre Bestätigung auch in dem VerG. selbst. Wenn im § 17 die sonst verbotene Teilnahme von Personen unter 18 Jahren an politischen Vereinen für den Fall zugelassen wird, daß es sich um Veranstaltungen zu geselligen Zwecken handelt, so wird damit zum Ausdruck gebracht, daß insoweit die betreffenden Vereine ihres politischen Charakters entkleidet werden und die Vorschriften des Vereinsgesetzes auf sie nicht anwendbar sind. Nur in dem Falle würden die vorstehenden Ausführungen eine Ausnahme erleiden, wenn Tatsachen vorlägen, aus denen hervorginge, daß der gesellige Zweck vorgeschützt sei, um unter seinem Deckmantel zur Umgehung des Gesetzes und zur Täuschung der Behörden politische Angelegenheiten zur Erörterung zu bringen.

Nr. 11. Entsch. v. 9. Nov. 1909 (OVG. 55 278) I A 200/08.

RVerG. §§ 7 f.; ALR. II 17 § 10.

1. Dadurch, daß der Zutritt zu Turnübungen in einem Gartenlokal nur Mitgliedern der Sokolturnvereine und deren Familienmitgliedern sowie einer beschränkten Zahl von Gästen gestattet werden

soll, wird die Oeffentlichkeit nicht ausgeschlossen. Auch wenn man von den Familienmitgliedern und Gästen absieht, bleibt bestehen, daß die Mitglieder der etwa 70 Vereine des Sokolverbandes Zutritt haben sollten. Damit verlor der Kreis der Teilnehmer die individuelle Abgrenzung, und die Veranstaltung blieb nach wie vor eine öffentliche; denn zum Begriffe der Oeffentlichkeit gehört es nicht notwendig, daß diese unbeschränkt ist.

2. In der Sache selbst legen die Parteien ihren Ausführungen die Auffassung zugrunde, daß es sich bei den fraglichen Veranstaltungen um Versammlungen im Sinne des RVerG., und zwar um solche unter freiem Himmel im Sinne von § 7 aaO., gehandelt habe; der Streit bewegt sich nur darum, ob die erforderlichen tatsächlichen Voraussetzungen vorgelegen haben, die eine Versagung der in jener Gesetzesvorschrift vorgesehenen Genehmigung rechtfertigen. Mit Rücksicht darauf, daß die Veranstaltung im Garten eines Restaurants stattfinden sollte, könnte die Frage aufgeworfen werden, ob hier nicht der Ausnahmefall des § 8 aaO. vorliegt. Denn wenn dort bestimmt ist, daß eine Versammlung, die in einem geschlossenen Raume veranstaltet wird, nicht schon deshalb als eine Versammlung unter freiem Himmel anzusehen ist, weil die Versammlung in einen mit dem Versammlungsraume zusammenhängenden umfriedeten Hof oder Garten verlegt wird, so können Zweifel darüber entstehen, ob nicht diese Bestimmung auch auf eine von vornherein in das Zubehör eines geschlossenen Raumes einberufene Versammlung Anwendung finden muß. Diese Frage ist indessen zu verneinen.

Nach der Entstehungsgeschichte des § 8 besteht für seine Tragweite die unter allen Umständen maßgebliche Schranke darin, daß der Versammlungsort nicht von einem geschlossenen Raume losgelöst und unabhängig davon bestimmt werden darf. Wird eine Versammlung ausdrücklich nur in den Hof oder Garten eines Etablissements einberufen, so bleibt sie eine Versammlung unter freiem Himmel auch dann, wenn der Hof oder Garten ein Zubehör eines geschlossenen Raumes bildet. Wollte man weiter gehen, so wäre nicht einzusehen, was die Konkurrenz eines geschlossenen Raumes überhaupt noch sollte; dann müßte vielmehr jede Versammlung auf einem umfriedeten Grundstück, einerlei, ob darauf ein geschlossener Versammlungsraum sich befindet oder nicht, unter dem Privilegium des § 8 stehen. Damit würde an Stelle des Gegensatzes zwischen Versammlungen in geschlossenen Räumen und solchen unter freiem Himmel ein völlig anderer, nämlich der zwischen Versammlungen in umfriedeten Räumen und solchen unter freiem Himmel, gesetzt sein, der in Wahrheit einen Gegensatz überhaupt nicht bildet. Das RVerG. hat den Begriff des geschlossenen Raumes erweitern, aber nicht beseitigen wollen.

3. Wird angenommen, daß die Veranstaltung als öffentliche Versammlung unter freiem Himmel anzusehen sei, so durfte die Polizei die Genehmigung nach § 7 RVerG. nur dann versagen, wenn hieraus Gefahr für die öffentliche Sicherheit zu befürchten war. In dieser Hinsicht ist seitens des Beklagten in erster Linie auf das gespannte Verhältnis, wie es in der Prov. Posen zwischen Deutschen und Polen bestehe, und ferner auf die nationalpolnischen Tendenzen der Sokolvereine hingewiesen worden. Zur Begründung der Annahme, daß die öffentliche Sicherheit durch die Abhaltung der Turnübungen gefährdet werden würde, reichen jedoch derartige allgemeine Vermutungen nicht aus. Es bedarf vielmehr für die Rechtfertigung der Versagung der Genehmigung konkreter Tatsachen, die eine absehbare Gefährdung der öffentlichen Sicherheit besorgen lassen.

4. Als Grund für die Versagung der Genehmigung ist außer dem Hinweis auf die bestehenden nationalen Gegensätze von der Polizeibehörde weiter angegeben worden, daß der Garten, in welchem die Turnübungen stattfinden

sollten, an eine von Spaziergängern und Besuchern der in der Nähe liegenden Vergnügungsorte stark besuchte Straße grenzt. Auch dies ist nicht geeignet, die Entschließung der Polizei zu rechtfertigen. Daß es, wenn die Turnübungen in dem Garten des Restaurants stattgefunden hätten, zu einem Zusammenstoße zwischen Polen und Deutschen hätte kommen können, läßt sich freilich nicht in Abrede stellen; aber die nahe Möglichkeit der Verwirklichung dieser Gefahr, wie sie nach vernünftigem Ermessen bestehen muß, um die Versagung der Genehmigung zulässig erscheinen zu lassen, wird durch die angeführten Umstände nicht wahrscheinlich gemacht.

5. Nach alledem reicht die Sachlage nicht aus, um die Befürchtung einer Gefährdung der öffentlichen Sicherheit im Sinne des § 7 RVerG. für gerechtfertigt anzusehen. Sie bietet aber auch nicht hinreichenden Anhalt, um eine Gefährdung der öffentlichen Ruhe, Sicherheit und Ordnung oder des Publikums im Sinne des preußischen Polizeirechts (§ 10 II 17 ALR.) anzunehmen. Eine Prüfung des in der Versagung der Genehmigung liegenden Verbots der geplanten Veranstaltungen nach diesen Gesichtspunkten wird nicht schon dadurch ausgeschlossen, daß das RVerG. die Voraussetzungen für die Versagung der Genehmigung selbständig regelt und eine solche nur im Falle einer Gefährdung der öffentlichen Sicherheit zuläßt. Soweit der sachliche Anwendungsbereich des Reichsrechts Platz greift, kann freilich nicht das Landesrecht ergänzend herangezogen werden (vgl. § 1 Abs. 1 RVerG.). Wohl aber läßt sich die Frage aufwerfen, ob Schaustellungen und gesellige Veranstaltungen, wie solche hier in Betracht stehen, zu den öffentlichen Versammlungen gehören, deren Rechtsverhältnisse in §§ 7 f. RVerG. geordnet sind. Nach der zum PreußVerG. ergangenen Rechtsprechung wurden allerdings auch Veranstaltungen dieser Art, sofern und soweit sie im Freien stattfanden, dem Begriff einer Versammlung unter freiem Himmel unterstellt. Demgegenüber würde es sich fragen, ob dieser Begriff auch nach dem nunmehr geltenden RVerG. im gleichen Sinne auszulegen oder ob er nach seinem Wesen wie nach der Entstehungsgeschichte des Reichsgesetzes von der Anwendung auf Veranstaltungen der hier fraglichen Art auszuschließen ist. Bei Annahme der letzteren Alternative würde alsdann die Zuständigkeit der Polizei aus § 10 II 17 ALR. in Betracht kommen. Es braucht indessen auf diese Fragen nicht weiter eingegangen zu werden, weil die tatsächlichen Voraussetzungen in keinem Falle, weder für die Versagung der Genehmigung aus § 7 RVerG. noch auch für ein Verbot der Veranstaltungen aus § 10 aaO., als gegeben anzuerkennen sind und unter diesen Umständen die Entscheidung nicht davon abhängt, ob die geplanten Veranstaltungen in der Tat als Versammlungen unter freiem Himmel zu gelten hatten oder nicht.

2. Sonstiges polizeiliches Einschreiten gegen Vereine.

Nr. 1. Entsch. v. 29. Jan. 1909 (PrVerwBl. 30 488) I A 137/07.

VerG. v. 11. III. 50 § 2.

1. In bezug auf die Filialen des Verbandes deutscher Textilarbeiter ist bereits in der Entsch. v. 18. II. 08 (I. 304) dargelegt worden, daß sie als Zweigvereine zu betrachten sind. Hinsichtlich der Zahlstelle in P. muß dasselbe gelten. Nach § 13 des Statuts kann der Vorstand an allen Orten, wo mindestens 10 Mitglieder vorhanden sind, eine Zahlstelle errichten. Zur Leitung der Geschäfte in der Zahlstelle soll von den Mitgliedern ein Beitragssammler und ein Stellvertreter gewählt werden. Zur Bestreitung der örtlichen Ausgaben in den Zahlstellen, die vierteljährlich mit dem Zentralvorstand abzurechnen haben, dürfen bestimmte Beträge zurückbehalten werden

(§§ 15f. des Statuts). Zahlstellen haben — wie die Filialen — das Recht, Anträge zur Verhandlung und Beschlußfassung durch die Generalversammlung zu stellen (§ 23) und, falls die Zahl ihrer Mitglieder 300 beträgt, einen Delegierten zu entsenden, während sich kleine Zahlstellen in Wahlabteilungen zusammenzuschließen haben (§ 26). Im § 27 ist von Zweigvereinen die Rede, ohne daß indes zu ersehen ist, ob hiermit nur die Filialen oder auch die Zahlstellen gemeint sind.

Hiernach könnte es zweifelhaft sein, ob die Bestimmungen des Statuts für sich allein die Annahme rechtfertigen würden, daß die Zahlstelle in P. als ein besonderer Verein anzusehen ist. Aber entscheidend kommt in Betracht, daß in P. auch nach der im Januar 1905 erfolgten Auflösung der dortigen Filiale ein Vereinsleben geführt worden ist. Sind Versammlungen der Mitglieder der Zahlstelle abgehalten worden, in welchen über gemeinschaftliche Angelegenheiten, wie die Rechnungsführung und den Kassenbestand, die Anberaumung fernerer Mitgliederversammlungen, die Ergänzung der örtlichen Verwaltung durch Wahl von Revisoren usw., verhandelt worden ist, so steht fest, daß sich unter den Mitgliedern der Zahlstelle ein Vereinsleben entwickelt hatte. Die Selbständigkeit gehört nicht zu dem Begriffe des Vereins im Sinne des VereinsG. Daher sind die Anführungen des Klägers über die Abhängigkeit der Zahlstelle und ihres Leiters von den Anordnungen des Zentralvorstandes unerheblich.

2. Was sodann die weitere Frage betrifft, ob die Zahlstelle in P. ein Verein war, der eine Einwirkung auf öffentliche Angelegenheiten bezweckte, so ist lediglich auf die Ausführungen in der die Filiale desselben Verbandes zu L. betreffenden Entsch. v. 18. II. 08 (I 304) und die dort in Bezug genommenen älteren Entsch. des Gerichtshofs zu verweisen. Hervorzuheben ist, daß der Verein nicht bloß die Interessen eines begrenzten Personenkreises fördern will, da er bestrebt ist, sich alle in der Textilindustrie beschäftigten Arbeiter und Arbeiterinnen anzugliedern, und auch den Angehörigen anderer Industrien den Zutritt gestattet, wenn für sie keine Organisation besteht (§ 3 des Statuts). Da die wirtschaftliche und gesellschaftliche Stellung der Textilarbeiter in ihrer Gesamtheit gehoben und namentlich den Arbeitgebern gegenüber gestärkt werden soll, so gehen die Ziele des Vereins über private Angelegenheiten einzelner hinaus und erstrecken sich auf die sozialen Verhältnisse der Arbeiter überhaupt. Auch wenn die gewerkschaftliche Bewegung nur darauf gerichtet ist, die wirtschaftliche Lage der Arbeiter zu verbessern, so bezweckt sie doch einen Einfluß auf soziale Verhältnisse und damit auf öffentliche Angelegenheiten.

3. Die Ansicht, daß nach dem Inkrafttreten des RVerG. v. 19. IV. 08 nur dieses zur Anwendung kommen könne, nicht das frühere PreußVerG. v. 11. III. 50, ist unzutreffend, weil der angefochtene Bescheid und die dadurch aufrecht erhaltene polizeiliche Verfügung noch unter der Herrschaft des letzteren ergangen sind. Bei der Frage, ob der angefochtene Bescheid den Kläger durch Nichtanwendung oder unrichtige Anwendung des bestehenden Rechtes in seinen Rechten verletze (§ 127 Abs. 3[1] LVG.), kann nur das Recht entscheiden, das zur Zeit des angefochtenen Bescheids gegolten hat. War die polizeiliche Verfügung zu der Zeit, als sie erlassen wurde, gerechtfertigt, so kann ihr nicht darum, weil später das objektive Recht geändert wurde, die Rechtmäßigkeit abgesprochen werden. Wenn die polizeiliche Verfügung dem neueren Rechte nicht entspricht, so verliert sie allerdings mit dessen Inkrafttreten die Fähigkeit, weitere rechtliche Wirkungen zu äußern, so daß ihre Ausführung nicht mehr erzwungen werden darf. Aber bei Anfechtung der polizeilichen Verfügung selbst — die längst ausgeführt sein kann — hat der Verwaltungsrichter nur nach dem früheren Rechte über ihre Rechtmäßigkeit zu entscheiden.

3. Kriegervereine.

Nr. 1. Entsch. v. 29. Jan. 1909 (OVG. 54 277) I B 20/08.

1. Dem Vorderrichter ist darin beizutreten, daß der Gardeverein M. in W. ein Kriegerverein ist, auf den die KabO. v. 22. II. 42 (MBl. 98) Anwendung findet. Die Ansicht, er sei kein Kriegerverein, weil und solange er dem Landeskriegerverbande nicht beigetreten sei, ist verfehlt. Wesentlich ist allein, ob eine Vereinigung ehemaliger Angehöriger des Heeres sich unter Bedingungen zusammengeschlossen hat, die der KabO. v. 22. II. 42 entsprechen. Dies muß bei dem klagenden Vereine bejaht werden. Eine Zugehörigkeit der Kriegervereine zum Landeskriegerverband ist nirgends vorgeschrieben; es bestehen auch noch zahlreiche Kriegervereine außerhalb des Landeskriegerverbandes.

2. Ist aber der klagende Verein ein Kriegerverein im Sinne der KabO v. 22. II. 42, so hat er einerseits mit seiner Bestätigung Befugnisse erhalten, die über das im G. v. 11. III. 50 geregelte Vereinsrecht hinausgehen, anderseits eine Ausnahmestellung gegenüber anderen Vereinen insofern bekommen, als die Polizeibehörde einmal befugt ist, die Bestätigung zurückzunehmen, wenn die Tätigkeit des Vereins mit dem ihm zur Förderung anvertrauten öffentlichen Interesse in Widerspruch tritt, und zweitens zu diesem Behufe berechtigt ist, fortgesetzt eine Kontrolle über die Vereinstätigkeit zu üben. Die KabO. wollte nach ihrer Einleitung den Kriegervereinen „die zu ihrem Bestehen notwendige allgemeine gesetzliche Uebereinstimmung geben" und ist nach dem damaligen Rechtszustande veröffentlicht worden, hat also Gesetzeskraft. Danach hat die bevorrechtigte Stellung der Kriegervereine, welche sich hauptsächlich darin zeigt, daß sie ein für alle Male die Erlaubnis haben, die Leichen verstorbener Waffengefährten militärisch zu begleiten (§ 5 aaO.) und von den Beschränkungen der §§ 7, 9 VerG. v. 11. III. 50 befreit sind, ihre Kehrseite in dem besonderen Kontrollrechte der Polizeibehörde; ohne dieses würde die Ausübung des Rechtes, dem Vereine die Bestätigung bei ordnungswidrigem Verhalten zu entziehen, nicht möglich und durchführbar sein. Alle Anordnungen gegenüber Kriegervereinen, die die Polizeibehörde in Ausübung des ihr nach der KabO. zustehenden Aufsichtsrechts trifft, haben ihre rechtliche Grundlage nicht in dem gemeinen Vereinsrechte, sondern in den Sondervorschriften dieser Order und sind daher keine polizeilichen Verfügungen im Sinne der §§ 127 ff. LVG. In der Rechtsprechung des OVG. ist bereits dargelegt, daß weder gegen die Versagung noch gegen die Zurücknahme der Bestätigung der Statuten eines Kriegervereins die Rechtskontrolle durch den Verwaltungsrichter stattfindet, weil ein polizeilicher Eingriff in die subjektiven Rechte der Beteiligten nicht vorliegt. Dasselbe muß bezüglich solcher Anordnungen der Polizeibehörden gelten, die sich mit der Frage befassen, ob und wie ein Kriegerverein eine Fahne führen dürfe. Gegenüber der Versagung und der Zurücknahme der Bestätigung von Kriegervereinsstatuten bedeutet das Verbot der Fahnenführung ein Geringeres; denn es betrifft nur die Art und Weise des Bestehens des Kriegervereins, die äußeren Umstände, unter denen er in der Oeffentlichkeit auftreten darf, während jene Verfügungen sein Bestehen selbst zum Gegenstande haben. Enthalten letztere keine Eingriffe in die subjektiven Rechte der Beteiligten, so ist es bei der Regelung der Art und Weise des Bestehens erst recht nicht der Fall. Daraus folgt, daß selbst dann, wenn das Verbot, eine Fahne zu führen, nicht gerechtfertigt sein sollte, ein Verwaltungsstreitverfahren dagegen nicht statthaft ist, dem Vereine vielmehr nur übrig bleibt, gegen die polizeiliche Anordnung die Beschwerde im Aufsichtsweg einzulegen.

M. Gesindepolizei.

Literatur: Süßkind: Das Gesinderecht der Provinz Hessen-Nassau (Marburg 1908).

Nr. 1. Entsch. v. 11. Okt. 1907 (DJZ. 13 431) I 1307.

GesO. v. 8. XI. 1810 § 1.

Nach § 1 GesO. v. 8. XI. 1810 gründet sich das Verhältnis zwischen Herrschaft und Gesinde auf einen Vertrag, wodurch der eine Teil zur Leistung gewisser häuslicher oder wirtschaftlicher Dienste auf eine bestimmte Zeit sowie der andere zu einer dafür zu gebenden bestimmten Belohnung sich verpflichtet. Daß diese Belohnung ganz oder zum Teil in der Aufnahme des Dienstpflichtigen in die häusliche Gemeinschaft der Herrschaft bestehen müsse, wird weder hier, noch an einer anderen Stelle der GesO. gesagt. Immerhin wird eine solche Aufnahme die Regel bilden, namentlich in früherer Zeit gebildet haben, und dieser Umstand mag Dernburg veranlaßt haben, in der 3. Aufl. seines Preuß. Privatrechts 2 § 195, worauf sich die Klägerin beruft, als Gesinde solche Personen zu bezeichnen, die ihre Dienste dem Hausstande des Dienstherrn widmen, zu diesem Zwecke in sein Haus aufgenommen werden und der Hausgewalt des Dienstherrn unterstellt sind. Aber notwendig ist die Aufnahme des Pflichtigen in die häusliche Gemeinschaft des Berechtigten nicht, sofern darunter das Wohnen und Schlafen in seinem Hause verstanden wird. Der Pflichtige, dessen Wirkungskreis in häuslichen oder wirtschaftlichen Diensten im Hausstande oder in der Wirtschaft des Berechtigten besteht, kann auch dann, wenn er nicht bei diesem wohnt oder schläft, als Glied seiner häuslichen Gesellschaft gelten und seiner Hausgewalt unterstellt sein.

Nr. 2. Entsch. v. 10. März 1908 (OVG. 52 275) I A 84/07.

GesOrdn. v. 8. XI. 1810 §§ 22 f., 27; EGBGB. Art. 95.

1. Nach Art. 95 EGBGB. sind unberührt geblieben die Vorschriften, „welche dem Gesinderecht angehören“. Zu diesen Vorschriften gehören die Bestimmungen der GesO. v. 8. XI. 1810:

§ 22. Zur Annehmung des gemeinen Gesindes bedarf es keines schriftlichen Vertrages.

§ 23. Die Gebung und Annehmung des Mietgeldes vertritt die Stelle desselben.

nicht. Der § 23 führt lediglich ein Ersatzmittel für die Form ein, deren es sonst für die Schließung von Verträgen, sofern sie überhaupt an eine Form gebunden waren, bedurfte. Als Ersatzmittel aber hat er mit dem Inkrafttreten des BGB., da dieses Formvorschriften für die Eingehung von Dienstverträgen nicht kennt, seine Bedeutung verloren. Seit dem 1. I. 00 genügt daher im Gebiete der GesO. v. 8. XI. 1810 zur Schließung eines Gesindedienstvertrags die formlose Willenseinigung beider Teile.

2. Geht man nun davon aus, daß die Zeit, für die sich die Klägerin später bei dem Besitzer P. vermietet hat, mit dem 11. XI. 06, also mit dem nämlichen Tage (Martini) beginnen sollte, an dem sie den Dienst bei H. anzutreten hatte, daß sie sich mithin im Sinne des § 27 GesO.:

„Hat sich ein Dienstbote bei mehreren Herrschaften zugleich vermietet, so gebührt derjenigen, von welcher er das Mietgeld zuerst angenommen hat, der Vorzug.“

bei beiden Herrschaften „zugleich“ vermietet hatte, so läßt sich doch die polizeiliche Anordnung nicht um deswillen auf diese Bestimmung stützen, weil die Klägerin allein von P. und darum auch zuerst von ihm ein Mietgeld erhalten und angenommen hat. Wie oben hervorgehoben, bildete das Geben und Nehmen von Mietgeld nur ein Ersatzmittel für die Form, indem bei Gegenständen von mehr als 150 ℳ die Schriftlichkeit vorgeschrieben war. Daher konnten vor Inkrafttreten des BGB. Gesindedienstverträge gültig auch schriftlich oder, bei einem Werte von nicht mehr als 150 ℳ, formlos geschlossen werden; damit war die Möglichkeit gegeben, daß mehrere Verträge, die gültig, aber unter Beachtung verschiedener Formen oder formlos eingegangen waren, nebeneinander bestanden. Es ist nun kein triftiger Grund für die Annahme ersichtlich, daß der Gesetzgeber beabsichtigt habe, lediglich den Fall, daß mehrere unter Nehmen und Geben von Mietgeld geschlossene Verträge vorliegen, zu regeln, alle anderen Fälle aber von der Regelung auszuschließen oder sie der Beurteilung nach den Grundsätzen über die Kollision von Rechten (§§ 95 ff. Einl. z. ALR.) zu überlassen. Vielmehr ist anzunehmen, daß der Gesetzgeber sich bei der Vorschrift des § 27 von der Erwägung hat leiten lassen, bei den weitaus meisten Gesindedienstverträgen werde ein höherer Wert als 150 ℳ in Betracht kommen, daß daher für gewöhnlich der Vertrag einer Form bedürfe und daß unter den zulässigen Formen der Schriftlichkeit und der Hingabe des Mietgeldes die letztere die übliche sei. Mit dem § 27 hat also der Gesetzgeber, indem er an den regelmäßigen Fall dachte, den Grundsatz festlegen wollen, der für das Gebiet des gemeinen Rechtes galt, nämlich daß, wenn dieselbe Person sich für dieselbe Zeit bei verschiedenen Personen verdungen hat, dem älteren Mieter der Vorzug gebührt.

Dem ALR. und dem BGB. ist der Grundsatz fremd, daß, wenn mehrere Dienstverträge für dieselbe Zeit geschlossen sind, die Priorität entscheide. Infolgedessen enthält der § 27 GesO., wo dieser Grundsatz zum Ausdrucke gelangt, für ihren Geltungsbereich eine dem Gesinderecht eigentümliche und daher eine durch das BGB. unberührt gebliebene Vorschrift. Für das Bürgerliche Recht hat der § 27 freilich seine Bedeutung verloren, nachdem durch § 888 Abs. 2 ZPO. angeordnet ist, daß dem Dienstschuldner die Leistung von Diensten aus einem Dienstvertrage nicht im Wege der Zwangsvollstreckung abgezwungen werden kann. Aber für das Gebiet des öffentlichen Rechtes ist an seiner fortdauernden Geltung in dem klargestellten Sinne nicht zu zweifeln. Hat ein Dienstbote sich bei mehreren Herrschaften zugleich vermietet, so kann er polizeilich zum Antritte des Dienstes nur bei derjenigen Herrschaft angehalten werden, bei der er sich zuerst, wenn auch formlos, vermietet hat.

Nr. 3. Entsch. v. 19. Juni 1908 (PrVerwBl. 30 355) I A 6/08.

BGB. §§ 108, 113.

Der von einem Minderjährigen geschlossene Gesindedienstvertrag ist, wenn er der erforderlichen Einwilligung des gesetzlichen Vertreters entbehrt, nicht schon ohne weiteres wegen dieses Mangels unwirksam; die Wirksamkeit des Vertrages hängt vielmehr von der Genehmigung des gesetzlichen Vertreters ab (§ 108 BGB.). Die Genehmigung ist eine nachträgliche Gutheißung; sie braucht nicht ausdrücklich erklärt zu werden; sie kann auch aus Handlungen oder Unterlassungen des gesetzlichen Vertreters offenbar werden. Denn wo, wie hier, für eine Willensäußerung keine Form vom Gesetze vorgeschrieben ist, kann sie auch stillschweigend durch ein entsprechendes Verhalten kundgegeben werden.

Der Vormund der Klägerin hat, als sie im Oktober 1906 in den Dienst trat, dagegen keinen Widerspruch erhoben, auch eine Lösung des Dienstverhältnisses nicht herbeigeführt. Er hat dies auch während der Dauer eines ganzen Jahres nicht getan. Diese Unterlassung erheischt den Schluß, daß er den Vertrag gebilligt, ihn nachträglich stillschweigend genehmigt hat. Diese Genehmigung schloß zugleich die Ermächtigung für die Klägerin ein, sich auch weiterhin selbständig vermieten zu können (§ 113 Abs. 4 BGB.). Da die

Klägerin das durch die nachträgliche Genehmigung des Vormundes wirksam gewordene Dienstverhältnis einseitig und vorzeitig ohne gesetzmäßige Ursache gelöst hat, so war auch der Amtsvorsteher berechtigt, sie zur Wiederaufnahme des Dienstes anzuhalten*).

Besaß die Klägerin für den ursprünglichen Abschluß des Gesindedienstvertrages die Genehmigung eines ordnungsmäßig bestellten Vormundes nicht, so war sie auch nicht zur selbständigen Fortsetzung des Dienstverhältnisses ermächtigt, und fehlt es nicht minder an der Genehmigung dieser Fortsetzung durch den hierzu berufenen Vormund, so ist es überhaupt nicht zur Begründung eines rechtsverbindlichen Gesindedienstverhältnisses der Klägerin gekommen. Die Ortspolizeibehörde war daher nicht berechtigt, die Klägerin zur Wiederaufnahme des von ihr verlassenen Dienstes anzuhalten.

Nr. 4. Entsch. v. 5. Okt. 1906 (DJZ. 12 603) I 1202.

GesO. v. 8. XI. 1810 § 142.

Die Klage gründet sich auf den § 142 GesO. v. 8. XI. 1810, wonach ein Dienstbote ohne vorhergehende Aufkündigung befugt ist, den Dienst aufzugeben, wenn er durch schwere Krankheit zur Fortsetzung des Dienstes unvermögend wird. Voraussetzung ist hiernach einmal das Unvermögen, den Dienst fortzusetzen, und zweitens, daß das Unvermögen auf einer schweren Krankheit beruht. Nicht jedes Unvermögen kommt in Betracht. Wenn das Gesetz von dem Falle spricht, wo ein Dienstbote zur Fortsetzung des Dienstes unvermögend wird, so hat es nur den Mangel an Kräften und Fähigkeiten im Auge, der dem Dienstboten die Erfüllung gerade derjenigen Leistungen unmöglich macht, zu denen er sich vermietet hatte. Fortgesetzt werden kann nur, was zuvor angefangen war; die Fortsetzung eines Dienstes kann nur bestehen in der weiteren Verrichtung derjenigen Beschäftigung, zu der der Dienstbote angenommen war. Ein Dienstbote, der zu leichten Arbeiten gemietet ist, wird daher dadurch, daß er die Kräfte, schwere Arbeiten zu verrichten, einbüßt, nicht unvermögend zur Fortsetzung des lediglich in leichten Arbeiten bestehenden Dienstes. Umgekehrt wird ein zu schweren Arbeiten angenommener Dienstbote, der zu ihrer weiteren Verrichtung unfähig wird, damit auch zur Fortsetzung des Dienstes unvermögend. Für die Frage, ob er befugt ist, den Dienst ohne Aufkündigung aufzugeben, ist diese Festsetzung allein entscheidend. Bleibt er gleichwohl imstande, leichte Arbeiten auszuführen, so mag dieser Umstand geeignet sein, zwischen Herrschaft und Gesinde eine Vereinbarung herbeizuführen, durch welche an Stelle des seitherigen Dienstverhältnisses ein neues begründet wird, durch das der Dienstbote nur zu leichten Arbeiten verpflichtet wird. Keineswegs kann dagegen ohne ein solches Uebereinkommen der Dienstbote für verpflichtet erachtet werden, im Dienste zu bleiben und abzuwarten, ob ihm leichtere Geschäfte zugewiesen werden. Dasselbe gilt auch für den Fall, daß ein Dienstbote sich zu Leistungen vermietet hatte, die teils in schweren, teils in leichten Arbeiten bestehen. Wird er zur Erfüllung der mit dem Dienste verbundenen schweren Arbeiten unfähig, so wird er damit überhaupt zur Fortsetzung des Dienstverhältnisses so, wie es geschlossen war, unvermögend.

Nr. 5. Entsch. v. 24. Jan. 1908 (PrVerwBl. 30 41) I C 20/07.

1. Wenn auch die Polizeibehörde sich, bevor sie dem Antrage der Herrschaft, Gesinde zur Fortsetzung des Dienstes anzuhalten, entspricht, darüber

*) Vgl. Entsch. v. 25. IX. 08 (PrVerwBl. 30 355) I A 6/08.

schlüssig zu machen hat, ob in der Tat ein Gesindedienstverhältnis besteht, so erschöpft sich doch ihre Aufgabe, die durch die Lösung des Dienstverhältnisses gestörte öffentliche Ordnung wiederherzustellen, in dem Gebote, daß das Gesinde in den Dienst zurückzukehren habe. Nicht dagegen ist sie befugt, in das dem Zivilrichter vorbehaltene Gebiet übergreifend, eine Anordnung über die Fortsetzung des Dienstes bis zum Ablaufe der Dienstzeit zu treffen. Eine solche Anordnung entbehrt auch insofern der tatsächlichen Voraussetzung, als sie die Möglichkeit unberücksichtigt läßt, daß inzwischen Umstände eintreten können, welche das Gesinde kraft Gesetzes zur einseitigen und vorzeitigen Lösung des Verhältnisses ermächtigen.

2. Die Frage, ob eine Vereinbarung, wonach der Dienstpflichtige nur an Werktagen seine Dienste zu leisten habe und zu gewissen Zeiten, zB. während der Ernte gegen Akkord arbeiten könne, mit der Natur eines Gesindedienstverhältnisses verträglich ist, bedarf keiner Erörterung. Sie kann erst entstehen, wenn feststeht, daß die Absicht der den Vertrag schließenden Teile darauf gerichtet war, ein Gesindedienstverhältnis zu begründen. Das trifft im vorliegenden Falle nicht zu. Freilich nicht deswegen, weil der Kläger nicht in die häusliche Gemeinschaft des Dienstherrn aufgenommen ist. Wohl aber kommt in Betracht, daß der Lohn für jeden Arbeitstag verabredet ist und daß die Beköstigung auf diese Tage beschränkt war. Diese Tatsachen sprechen gegen die Annahme eines Gesindedienstverhältnisses. Der Dienstherr A. bezeichnet denn auch selbst den Kläger als „Tagelöhner“ oder als „Arbeiter“. Er rechnet ihn auch selbst nicht zum Gesinde; dies ergibt sich aus seiner Aeußerung, er würde dem Kläger im Falle seiner Erkrankung oder sonstigen Verhinderung den Lohn gezahlt haben, „wenn eine gesetzliche Pflicht dazu bestehe“. Demgegenüber kann der Umstand, daß der Kläger sich zu den Arbeiten an den Werktagen für die Dauer eines Jahres verpflichtet hatte, nicht ins Gewicht fallen, selbst dann nicht, wenn bei dem Vertragschlusse ein Mietgeld gegeben ist. Auch landwirtschaftliche Arbeiter können ihre Dienste für einen längeren Zeitraum zusichern; ein Mietgeld, dessen Geben und Nehmen es zur Begründung eines Gesindeverhältnisses nicht bedarf, kann als Draufgabe auch bei jedem Dienstvertrag vorkommen. An Momenten, die darauf schließen lassen könnten, daß mit der Verpflichtung für ein Jahr und mit dem Mietgeld, von dem übrigens der Vorderrichter keine Erwähnung tut, gleichwohl die Eingehung eines Gesindedienstverhältnisses trotz der Annahme des Klägers auf Tagelohn und die Einschränkung seiner Beköstigung auf die Werktage beabsichtigt sei, fehlte es. Solcher hätte es aber um so mehr bedurft, da der Kläger selbst Besitzer landwirtschaftlicher Grundstücke ist und sich ihre Bewirtschaftung ausdrücklich vorbehalten hat. Denn es ist vorbehaltlich des Nachweises des Gegenteils, der im vorliegenden Falle nicht geführt ist, nicht anzunehmen, daß ein, wenn auch nur kleinerer Grundbesitzer, der sein Eigentum selbst bewirtschaftet, ein dieser Selbständigkeit zuwiderlaufendes Gesindedienstverhältnis übernimmt.

Nr. 6. Entsch. v. 4. Juni 1909 (OVG. 15 262) I A 163/08.

Die polizeiliche Befugnis gemäß KabO. v. 8. VIII. 37, einen Instmann, der ohne gesetzliche Ursache seinen Dienst verläßt, zu dessen Wiederaufnahme mit denjenigen Zwangsmitteln anzuhalten, die ihr unter gleicher Voraussetzung gegenüber einem Dienstboten zustehen, ist weder durch Art. 95 EGBGB. noch durch § 888 ZPO. beseitigt worden.

N. Sonstige polizeiliche Verfügungen.

Literatur: Kestner: Der Impfzwang und das Impfgesetz v. 8. April 1874 (Berlin 1909). — Lindemann: Gesetz, betr. das Urheberrecht an Werken der Literatur und der Tonkunst[3] (Berlin 1910). — Räuber: Zusammenstellung der gesetzlichen Bestimmungen, Erlasse und Verfügungen für das Medizinalwesen in Preußen[2] (Leipzig 1910).

1. Gesundheitspolizei.

Nr. 1. Entsch. v. 6. Dez. 1907 (PrVerwBl. 29 684) I A 87/06.

1. Allerdings ist die Feststellung, daß das Brunnenwasser gesundheitsschädliche Wirkungen ausübt oder doch ausüben kann, die Voraussetzung für ein polizeiliches Einschreiten gegen die Entnahme von Brunnenwasser, aber der Beweis für das Bestehen dieser Voraussetzung kann auch auf andere Weise als durch chemische Untersuchung des Brunnenwassers geführt werden. Das Einschreiten der Polizeibehörde ist nicht erst dann geboten, wenn das Brunnenwasser gesundheitsschädliche Stoffe enthält, sondern schon dann, wenn sich aus der Lage und Beschaffenheit des Brunnens die Gefahr ergibt, daß gesundheitsschädliche Stoffe in das Brunnenwasser eindringen. Diese Gefahr besteht aber bei der tiefen Lage des Brunnens in der Nähe höher belegener nach der Dorfaue geneigter Felder und der undichten Beschaffenheit seiner Einfassung in hohem Grade; die Befugnis der Polizeibehörde, gegen die Benutzung des Brunnenwassers zum Trinken und Kochen einzuschreiten, war daher nicht in Zweifel zu ziehen. Fraglich könnte eher sein, ob die Polizeibehörde dadurch, daß sie das Zuschütten des Brunnens anordnete, nicht gegen die Regel verstoßen hat, daß unter mehreren zur Beseitigung des polizeiwidrigen Zustandes in gleicher Weise dienlichen Mitteln dem Verpflichteten die Wahl zu lassen ist. Es war aber auch dies zu verneinen; denn der Kläger hat ein gleichwertiges, den Eigentümer des Brunnens weniger belastendes Mittel nicht angegeben. Daß ein solches Mittel in der Aufstellung einer Tafel mit einer die Entnahme des Brunnenwassers verbietenden oder auf die Gesundheitsgefährlichkeit des Wassers hinweisenden Aufschrift nicht zu finden ist, bedarf keiner Erörterung, da eine wirksame Kontrolle über die Beachtung des Verbots nicht möglich ist. Aber auch der Verschluß des Brunnens durch Anlegung eines Vorhängeschlosses war als ein gleichwertiges Mittel bei der Beschaffenheit des Brunnens nicht zu erachten. Deshalb hängt die Beantwortung der Frage, ob die von der Polizeibehörde geforderte Zuschüttung des Brunnens erforderlich ist, oder ob die anderen vom Kläger bezeichneten Maßregeln zur Abwendung der Gesundheitsgefahr genügt hätten, von der Prüfung der Notwendigkeit und Angemessenheit der angefochtenen Verfügung ab, die dem Verwaltungsrichter entzogen ist.

2. Uebrig blieb demnach nur die Prüfung des Einwandes, daß der Kläger nicht Eigentümer des Brunnens sei. Träfe dies zu, so würden allerdings die Voraussetzungen fehlen, die die Polizeibehörde berechtigen, die Beseitigung des polizeiwidrigen Zustandes gerade vom Kläger zu fordern, aber der Kläger hat den schon nach allgemeinen Grundsätzen ihm obliegenden Beweis, daß diese Voraussetzung fehlt, nicht geführt. Dieser Beweis muß aber von ihm um so mehr gefordert werden, als er zugibt, daß er Eigentümer der Dorfaue ist, auf der der Brunnen sich befindet, und nur einen auf Grund der Anwendung der §§ 327 ff. I 9 ALR. eingetretenen Eigentumswechsel, also eine Aenderung in den bestehenden Rechtsverhältnissen, die nicht vermutet werden darf, behauptet. Die Voraussetzungen für eine solche sind aber den tatsächlichen

Angaben der Klage nicht zu entnehmen. Es kann dahingestellt bleiben, ob der Brunnen als ein selbständiges Gebäude anzusehen ist. Selbst wenn dies angenommen wird, folgt noch nicht ohne weiteres die Anwendbarkeit des § 332 des angeführten Titels. Denn es fehlt jeder Beweisantritt dafür, daß der Brunnen von einem anderen angelegt ist, ja sogar jede genauere Angabe darüber, von wem und zu welcher Zeit der Brunnen angelegt ist.

Die Berechtigung der Polizeibehörde, sich mit ihren Anforderungen an den Kläger zu halten, folgt daher aus seiner Verpflichtung, die ihm gehörige Dorfaue in einem den polizeilich zu schützenden Interessen entsprechenden Zustand zu halten.

Nr. 2. Entsch. v. 13. März 1908 (OVG. 52 279) I B 32/06.

ReichsG., betr. die Bekämpfung gemeingefährlicher Krankheiten, v. 30. VI. 00 §§ 23, 35; PreußG., betr. Bekämpfung gemeingefährlicher Krankheiten, v. 28. VIII. 05 § 29.

1. Die Verfügungen des Polizeipräsidenten verfolgen das Ziel, die städtischen Einrichtungen zur Versorgung der Bevölkerung, besonders des die Schiffahrt treibenden Teiles, mit Trink- und Wirtschaftswasser zu verbessern. Wenn auch das damalige Auftreten der Cholera im St. Hafen den Anlaß zu den polizeilichen Anordnungen bot, so sollte die Verbesserung der Wasserversorgung doch nicht bloß ein Mittel zur Bekämpfung der Cholera sein und nicht bloß für die Zeit stattfinden, während der die Stadt von der Cholera bedroht war, sondern es sollte die Versorgung mit einwandfreiem Wasser dauernd erweitert werden. Hinsichtlich der Anlage von Brunnen und der Aufstellung von Wasserstöcken, die von der städtischen Wasserleitung gespeist werden, leuchtet ein, daß dies Einrichtungen sind, die über den Zweck einer Bekämpfung der augenblicklichen Choleragefahr hinausgingen und zur dauernden allgemeinen Verbesserung der hygienischen Verhältnisse dienen sollten. Die durch die Verfügungen geforderte Wasserversorgung der Schiffe mittels des Tankdampfers sollte freilich nur so lange geschehen, bis die mit Rücksicht auf die Schiffahrt treibende Bevölkerung für erforderlich erachteten neuen Wasserentnahmestellen eingerichtet sein würden. Aber die Wasserversorgung mittels des Tankdampfers sollte die noch fehlenden Wasserentnahmestellen bis zu deren Einrichtung ersetzen und muß daher ebenso wie diese beurteilt werden. Mit den einzurichtenden Wasserentnahmestellen zusammen bildete die als vorläufiger Notbehelf gebotene Wasserversorgung mittels des Tankdampfers diejenigen Einrichtungen, die zur Verbesserung der sanitären Verhältnisse behufs Versorgung der Schiffsbevölkerung mit einwandfreiem Wasser gefordert wurden.

Hiernach handelt es sich um Verfügungen, die sich auf § 35 ReichsG. v. 30. VI. 00 gründen. Dort ist bestimmt, daß die Gemeinden nach Maßgabe ihrer Leistungsfähigkeit zur Herstellung von Einrichtungen für Versorgung mit Trink- und Wirtschaftswasser, die dem allgemeinen Gebrauche dienen, jederzeit angehalten werden können, wenn die Einrichtungen zum Schutze gegen übertragbare Krankheiten erforderlich sind. Diese Voraussetzungen waren hier gegeben. Der Streit bewegt sich im wesentlichen auch nicht darum, ob die städtischen Einrichtungen für die Versorgung mit Wasser ganz ausreichten, sondern um das Maß des zur ausreichenden Ausgestaltung Erforderlichen, also um eine Frage der Notwendigkeit und Angemessenheit der polizeilichen Anforderungen, die der Nachprüfung des Verwaltungsrichters entzogen ist.

2. Die Klägerin irrt, wenn sie behauptet, daß die angefochtenen Verfügungen über den Rahmen des § 35 ReichsG. v. 30. VI. 00 hinausgingen, weil die Einrichtungen nur dem Gebrauch einer bestimmten Be-

völkerungsklasse, nämlich der die Schiffahrt treibenden, dienen sollten. Denn ein allgemeiner Gebrauch im Sinne der gesetzlichen Bestimmung muß auch da angenommen werden, wo die Benutzung durch eine gewisse Klasse der Bevölkerung allein oder vorzugsweise in Betracht kommt, und ist nur da für ausgeschlossen zu erachten, wo die Einrichtung für einen individuellen Personenkreis bestimmt ist. Nicht minder unrichtig ist die Absicht der Klägerin, daß der Betrieb einer Wasserversorgung nicht zur Herstellung der Einrichtungen im Sinne des § 35 gehöre, weil von den Einrichtungen, die § 35 im Auge hat, manche (insbesondere die für Fortschaffung der Abfallstoffe) einen regelmäßigen Betrieb voraussetzen und daher nicht die bloße Anlegung ohne den Betrieb gemeint sein kann.

3. Wenn die Klägerin geltend macht, daß die Versorgung der Schiffsbevölkerung mit einwandfreiem Wasser Aufgabe der Landespolizei sei und daher der Klägerin nicht gesetzlich obliege, so trifft dies schon deshalb nicht zu, weil dadurch, daß im § 35 ReichsG. v. 30. VI. 00 den Gemeinden die Verpflichtung auferlegt worden ist, Einrichtungen für Versorgung mit einwandfreiem Wasser herzustellen, anerkannt worden ist, daß die Herstellung der hierzu nach den örtlichen Verhältnissen erforderlichen Einrichtungen zu den Angelegenheiten der örtlichen Gemeinschaft gehört. Dabei macht es keinen Unterschied, daß sich das Bedürfnis zu einer Erweiterung der Einrichtungen aus den besonderen Verhältnissen desjenigen Teiles der Bevölkerung, der die Schiffahrt betreibt, ergibt und gerade dieser Teil der Bevölkerung leicht Krankheiten nach anderen Orten hin übertragen kann. Auch hier entspringt das Bedürfnis aus den örtlichen Verhältnissen des Gemeindebezirkes. Folgt aber aus § 35, daß die Einrichtung der erforderlichen Wasserversorgung, wozu die Gemeinden angehalten werden können, zu dem polizeimäßigen Zustande der örtlichen Gemeindeverhältnisse gehört, so war auch die Ortspolizeibehörde nach den gesetzlichen Bestimmungen diejenige Behörde, die für die Verbesserung dieses Zustandes zu sorgen hatte.

4. Die Zuständigkeit der Ortspolizeibehörde wird auch nicht dadurch ausgeschlossen, daß nach § 30 PreußG., betr. die Bekämpfung übertragbarer Krankheiten, v. 28. VIII. 05 die Anordnung zur Beschaffung der in § 29 bezeichneten Einrichtungen von der Kommunalaufsichtsbehörde zu erlassen ist. Denn zu den zur Bekämpfung der übertragbaren Krankheiten notwendigen Einrichtungen im Sinne des § 29 G. v. 28. VIII. 05 (vgl. auch § 23 ReichsG. v. 30. VI. 00) gehören nicht die zu einer Verbesserung der allgemeinen hygienischen Zustände dienenden Einrichtungen, zu deren Herstellung die Gemeinden nach § 35 aaO. angehalten werden dürfen.

Nr. 3. Entsch. v. 30. April 1908 (OVG. 52 376) III C 261/06.

ALR. II 17 § 10.

1. Der durch Polizeiverordnung eingeführte Anschlußzwang, ohne den eine Gemeinde den mit der Errichtung einer öffentlichen Wasserleitung verbundenen Zweck einer Versorgung mit gutem Trinkwasser nicht würde erreichen können, hat nicht eine so weitgehende Wirkung, daß er die angeschlossenen Grundstückseigentümer verpflichtete, ihr Trink- und Gebrauchswasser nur aus der städtischen Wasserleitung zu entnehmen. Diese Annahme wäre mit dem im § 10 II 17 ALR. zum Ausdrucke gebrachten Grundsatze, wonach die Polizei bloß die zur Abwendung von Gefahren nötigen Anstalten zu treffen befugt ist, nicht in Einklang zu bringen. Denn es liegt auf der Hand, daß die Benutzung von einwandsfreiem Brunnen- oder Seewasser usw. neben dem Leitungswasser oder an dessen Stelle mit der Erreichung des mit dem zwangsweisen Anschlusse verfolgten polizeilichen Zweckes sehr wohl

vereinbar sein kann. Der Polizei ist daher nur die Berechtigung zuerkannt worden, zur Einführung des Anschlußzwanges und zu dessen Durchführung ihre Hilfe zu bieten; dagegen ist sie nicht ermächtigt, den einmal angeschlossenen Grundbesitzern die Benutzung einwandsfreien Wassers zu verbieten, um dadurch das Bestehen oder den besseren Erfolg einer kommunalen Wasserleitung zu sichern.

2. Erweist sich hiernach der bisher erörterte Einwand der Beklagten als hinfällig, so hängt die zu treffende Entscheidung lediglich davon ab, ob die angefochtene Verfügung in der nach Ansicht der Polizeibehörde mit der Entnahme von Seewasser zu Zwecken des Brauereibetriebs verbundenen Gesundheitsgefahr ihre Grundlage findet. Aber auch diese Frage mußte in einem der Beklagten ungünstigen Sinne beantwortet werden. Nach ihrem oben wiedergegebenen Wortlaut untersagt sie der Klägerin „die Entnahme von Wasser aus dem L.See zu gewerblichen Zwecken, insbesondere zur Herstellung von Bier“ und gibt ihr außerdem auf, „die Rohrleitung sofort zu beseitigen“. Sie erklärt also jede Benutzung des Seewassers zu Zwecken des klägerischen Gewerbebetriebs für unstatthaft. Ein derartiges unbeschränktes Verbot wird aber durch die in Betracht kommenden Verhältnisse nicht gerechtfertigt. Denn nach den Gutachten der in den Vorinstanzen gehörten Sachverständigen muß angenommen werden, daß das fragliche Wasser zu einer ganzen Reihe von Handlungen, die im Gewerbebetriebe der Klägerin vorkommen — wie zB. im gekochten Zustande zum Sude und zur Gefäßreinigung, im ungekochten Zustande zum Speisen der Kessel, zur Reinigung der Brauereiräume, zum Scheuern der Treppen usw. — ohne Gefährdung der menschlichen Gesundheit verwendet werden kann. Die Polizeibehörde hat daher ihre gesetzlichen Befugnisse überschritten, wenn sie der Klägerin jede Benutzung von Seewasser zu gewerblichen Zwecken, also auch jede mit Gefahren für die Gesundheit nicht verbundene Benutzung, untersagte. Hiernach geht die angegriffene Verfügung in ihrem Verbote jedenfalls zu weit. Das in ihr enthaltene Gebot der Entfernung der Rohrleitung steht aber mit jenem Verbot in einem so engen inneren Zusammenhange, daß es ausgeschlossen ist, eine Trennung der Verfügung in 2 Teile nach Verbot und Gebot vorzunehmen. Die angefochtene Verfügung muß vielmehr als eine einheitliche angesehen und nach den vorstehenden Ausführungen in ihrem ganzen Umfange aufgehoben werden.

Nr. 4. Entsch. v. 12. Jan. 1909 (PrVerwBl. 31 223) I A 48/07.

1. Aus einer Einstellung der städtischen Wasserlieferung, die die notwendige Folge der von der Klägerin (einer Aktiengesellschaft) betriebenen Entfernung der Zuleitungsröhren aus ihrem Grundstücke gewesen wäre, war der unmittelbare Eintritt von argen gesundheitlichen Mißständen für die Bewohner der betroffenen Hausgrundstücke und von Feuersgefahren für die ganze Gegend zu besorgen, solange nicht eine auskömmliche anderweitige Wasserversorgung der Häuser gesichert war. Die Gefahren waren um so erheblicher, als einem ganzen zusammenhängenden Häuserblocke das Wasser entzogen und zugleich auch der vor dem Hause ..... Nr. . . . liegende Hydrant außer Tätigkeit gesetzt werden sollte; bei Ausbruch eines Feuers hätte auf den 125 m entfernt liegenden nächsten Hydranten zurückgegriffen werden müssen, wodurch die Bekämpfung des Feuers verzögert und erschwert gewesen sein würde. Derartige offenbare Notstände in gesundheits- und feuerpolizeilicher Hinsicht durften von der Polizeibehörde in dem bebauten Gebiet einer Großstadt unter keinen Umständen, sei es auch nur für eine gewisse Dauer, zugelassen werden. Da die sofortige Eröffnung einer anderen geeigneten Wasserquelle für die betroffenen Häuser nicht möglich war, so war die Polizei-

behörde berechtigt, zur Vermeidung eines polizeiwidrigen Zustandes die einstweilige Aufrechterhaltung des bestehenden polizeimäßigen Zustandes zu erzwingen, bis es möglich geworden war, durch Inanspruchnahme der Hauseigentümer dauernde Abhilfe der zu erwartenden Gefahren zu schaffen. Diesem Vorgehen der Polizei steht nicht entgegen, daß es einen Eingriff in die Privatrechte eines unbeteiligten Dritten, nämlich der Klägerin, in sich schloß. Als beteiligt an der Entstehung der Gefahren kann die Klägerin deshalb nicht gelten, weil sie nach öffentlichem Rechte nicht verpflichtet ist, ihren Grund und Boden für eine Wasserversorgung anderer Grundstücke bereitzuhalten, und deshalb mit ihrem dies ablehnenden Verhalten sich nicht zur Urheberin des in der unzureichenden Wasserzufuhr liegenden polizeiwidrigen Zustandes jener anderen Grundstücke macht. Aber die Polizei kann ausnahmsweise auch in die Privatrechte unbeteiligter Dritter eingreifen, wenn und solange das Vorgehen gegen die Nächstbeteiligten den Eintritt offenbarer Notstände nicht fernzuhalten vermag.

2. Die Klägerin kann sich demgegenüber nicht mit Erfolg darauf berufen, daß die Polizeibehörde auch mit einer sofortigen Räumung der Häuser den zu erwartenden Gefahren hätte begegnen können. Durch eine Räumung der Häuser würde wohl den Gesundheitsgefahren, die aus dem Wohnen in Häusern ohne ausreichende Wasserspeisung drohen, vorgebeugt werden, dagegen hätten dadurch nicht auch die oben erwähnten Feuersgefahren behoben werden können. Denn die Möglichkeit eines Brandes besteht in unbewohnten Häusern ebensosehr wie in bewohnten; böswillige Brandstiftungen finden dort wegen der geringeren Aufsicht sogar einen geeigneteren Boden als in bewohnten Gebäuden. Außerdem würde eine Räumung der Häuser gleichfalls an der Gefahr nicht beteiligte Dritte betroffen haben. Allerdings ist die Polizei allgemein berechtigt, auch den Mietern gegenüber die Erhaltung eines polizeimäßigen Zustandes der von ihnen gemieteten Räume durchzuführen, regelmäßig aber nicht deshalb, weil die Mieter an sich an der Ursache des polizeiwidrigen Zustandes beteiligt wären, sondern lediglich darum, weil privatrechtliche Abmachungen die Behörde nicht hindern können, die im öffentlichen Interesse für geboten erachteten, rechtlich begründeten Anordnungen, sei es dem Hauseigentümer, sei es den Mietern gegenüber, durchzuführen. Deshalb durfte die Polizeibehörde zunächst von einem Räumungsgebot absehen und, wie geschehen, vorgehen, wenn die Nachteile einer Räumung für die Mieter außer allem Verhältnisse zu den Nachteilen standen, welche das hier gewählte Vorgehen für die Klägerin mit sich brachte. Im vorliegenden Falle wären die aus einer Räumung der Häuser sich ergebenden Nachteile außerordentlich erheblich gewesen, weil ein sehr großer Personenkreis in seinen wichtigsten Lebensbeziehungen geschädigt worden wäre; dagegen erscheinen die aus den beanstandeten Maßnahmen der Klägerin erwachsenen Nachteile äußerst gering, weil der Wert ihres Grundstücks, welches ohnehin privatrechtlich als Zugang und Weg für die anliegenden Grundstücke zu dienen hatte, durch die einstweilige Belassung der Zuleitungsröhren keine nennenswerte Einbuße erlitt.

3. Die Polizeibehörde hat daher durch ihre beanstandeten Anordnungen, die nur für eine kurze Zeit gelten sollten und von Maßnahmen zur anderweitigen dauernden Abhilfe der zu erwartenden Gefahren begleitet waren, ihre Befugnisse nicht überschritten. Ob und inwieweit die Anordnungen der Klägerin einen Anspruch auf Entschädigung wegen der ihr erwachsenen Nachteile gewähren, kann auf sich beruhen, da die hier allein zu prüfende Frage der Rechtmäßigkeit der Anordnungen dadurch nicht berührt wird. Die Fragen, ob die in den Anordnungen gesetzte Frist richtig bemessen worden ist, und ob sich erwarten ließ, daß binnen dieser Frist die Hauseigentümer für eine andere

Wasserquelle sorgen würden, liegen auf dem dem Verwaltungsrichter verschlossenen Gebiete der Notwendigkeit und Zweckmäßigkeit der Anordnungen und bedurften deshalb keiner Erörterung.

Nr. 5. Entsch. v. 30. Okt. 1908 (PrVerwBl. 30 338) I A 18/08.

RImpfG. v. 8. IV. 74 (RGBl. 31) §§ 1f.

Die Einführung eines Impfzwanges für Kinder entspricht der Absicht des G. v. 8. IV. 74, und die Polizei ist berechtigt, ohne Rücksicht auf eine seitens der säumigen Pflegeberechtigten verwirkte Bestrafung, die zwangsweise Vorführung der Kinder zur Impfung anzuordnen. An dem früheren Rechtszustande ist durch die inzwischen ergangene reichs- und landesrechtliche Seuchengesetzgebung (ReichsG., betr. die Bekämpfung gemeingefährlicher Krankheiten, v. 30. VI. 00, RGBl. 306ff., Preuß. G., betr. die Bekämpfung übertragbarer Krankheiten, v. 28. VIII. 05, GS. 373, § 37 Abs. 3) nichts geändert worden (vgl. auch ABest. v. 28. I. 04, RGBl. 67 unter II). Besteht aber der Impfzwang zu Recht, so kann den auf seine Durchführung gerichteten Anordnungen der zuständigen Polizeibehörde nicht die Möglichkeit einer als Folge der Impfung befürchteten Erkrankung des Impflings entgegengehalten werden. Der Impfzwang ist gerade zum Schutze des Impflings wie des Publikums vor gemeingefährlicher Krankheit eingeführt, und dabei den individuellen Verhältnissen des einzelnen Falles insoweit Rechnung getragen, als, abgesehen von dem hier nicht in Betracht kommenden Befreiungsgrunde des § 1, nach § 2 G. v. 8. IV. 74 ein Impfpflichtiger so lange von jenem Zwange befreit bleibt, wie er ohne Gefahr für sein Leben oder für seine Gesundheit nicht geimpft werden kann. Die Feststellung dieser Voraussetzung ist aber nicht der subjektiven Anschauung des Pflegeberechtigten überlassen, sondern dem sachverständigen Urteil des zugezogenen Arztes bzw. des zuständigen Impfarztes vorbehalten.

Nr. 6. Entsch. v. 24. Sept. 1909 (DJZ. 15 541) I C 17/08.

ImpfG. v. 8. IV. 74 § 14.

Gegen denjenigen, der auf Grund des § 14 Abs. 2 ImpfG. v. 8. IV. 74 bestraft worden ist, danach also bereits einmal eine Aufforderung zur Nachholung der Impfung des Kindes erhalten hat, ist der Erlaß einer zweiten polizeilichen Aufforderung zulässig. Dabei kann angedroht werden, daß das Kind dem Arzte zur Impfung vorgeführt werden solle, und zwar auch, obwohl das Kind inzwischen 15 Jahre alt geworden ist und die Schule verlassen hat.

Nr. 7. Entsch. v. 20. Nov. 1908 (PrVerwBl. 30 526) I A 123/07.

PolVerwG. v. 11. III. 50 § 6.

Im Interesse der Leichtigkeit des Verkehrs auf öffentlichen Straßen, Wegen und Plätzen kann die Polizei nach § 6^b PolVerwG. v. 11. III. 50 auch die Abstellung von Belästigungen fordern, die den Verkehr zu beeinträchtigen geeignet sind. Dazu gehören auch üble Gerüche.

Die Polizei war daher befugt, einzuschreiten, um die mit dem Transporte von Knochen verbundenen Belästigungen von dem Verkehre fernzuhalten. Daß aber eine solche Belästigung vorhanden ist, darüber kann nach dem Gutachten des Kreisarztes kein Zweifel sein. Dieser legt sogar dar, daß mit dem Einatmen der stinkenden Luft eine Gesundheitsschädigung verbunden sein kann. Damit findet das polizeiliche Verbot auch aus sanitätspolizeilichen

Gründen seine Rechtfertigung. Das Gutachten ist freilich auf Grund einer Beobachtung abgegeben, die erst nach Erlaß des Verbots gemacht ist. Da es jedoch lediglich bestätigt, daß die tatsächlichen Voraussetzungen, von denen die Polizei bei Erlaß des Verbotes ausgegangen ist, auch in der Folge vorhanden waren, so steht seiner Berücksichtigung nichts im Wege. Nun hat der Kläger allerdings erklärt, der von dem Kreisarzte wahrgenommene Geruch habe von einer Knochenladung auf einem Eisenbahngüterwagen hergerührt. Indessen liegt es auf der Hand, daß Knochen, die, solange sie sich im Waggon befinden, Ausdünstungen mit sich führen, auch diesen Uebelstand zur Folge haben, nachdem sie auf ein Fuhrwerk verladen sind, es sei denn, daß hier ausreichende Schutzvorrichtungen dagegen getroffen wären. Das ist nicht der Fall. Die Bedeckung der Knochen mag die Gerüche abschwächen, so daß völlig gesunde und unempfindliche Personen darunter nicht leiden und entsprechende Bescheinigungen ausstellen; aber gänzlich beseitigt wird der Uebelstand nicht.

Nr. 8. Entsch. v. 26. Jan. 1909 (PrVerwBl. 30 606) I A 139/08.

1. Die Befugnis der Polizei, die Abfuhr von Schnee, Eis, Schutt, Müll, Scherben, Küchenabgängen und jederlei anderen Unrats im Wege der Polizeiverordnung zu regeln, insbesondere die Abladeplätze zu bestimmen, folgt aus § 6b und f. PolVerwG. v. 11. III. 50. Die Anhäufung derartiger Massen ist ihrer Natur nach geeignet, durch Entwickelung von Staub, Verunreinigung der Straßen infolge Ausstreuung von Papierresten und anderen leicht verwehbaren Gegenständen, Erzeugung übler Gerüche, sowie Verbreitung von Ansteckungsstoffen nicht nur eine Belästigung des Verkehrs, sondern auch eine Gefährdung der menschlichen Gesundheit herbeizuführen. Ueberall da, wo Mißstände dieser Art, sei es infolge der Bebauungsweise, sei es infolge des gedrängten Zusammenlebens der Menschen oder aus sonstigen Ursachen sich fühlbar machen, ist es daher die Aufgabe der Polizei, regelnd einzugreifen. Es würde mit den notwendigsten Anforderungen im verkehrs- und gesundheitspolizeilichen Interesse nicht vereinbar sein, wenn es jedermann unbeschränkt gestattet sein sollte, auf seinem Grundstücke derartige Ansammlungen vorzunehmen oder vornehmen zu lassen. Die Polizei muß somit als berechtigt angesehen werden, die Anlage derartiger Abladeplätze von ihrer Genehmigung abhängig zu machen, und die Abladung an anderen, als den von ihr dazu bestimmten Stellen zu verbieten. Ist aber eine dahingehende Polizeiverordnung erlassen, so kommt es nicht darauf an, ob im Einzelfalle die Anhäufungen geeignet sind, durch ihre Beschaffenheit die menschliche Gesundheit zu gefährden oder den Verkehr zu belästigen. Der polizeiwidrige Zustand, dessen Beseitigung Aufgabe der Polizei ist, liegt vielmehr ohne Rücksicht hierauf auch dann vor, wenn an einem behördlich nicht dazu bestimmten Platze solche Massen abgelagert sind.

2. In ständiger Rechtsprechung ist vom Gerichtshof das Recht der Polizei anerkannt, den Eigentümer eines Grundstücks, dessen Beschaffenheit das Publikum mit Gefahr bedroht oder sonst einen polizeilich unzulässigen Zustand aufweist, zur Abstellung der vorhandenen Mängel anzuhalten, ohne Rücksicht darauf, ob er für seine Person dieselben verschuldet hat oder ob sie auf die Einwirkung eines Dritten zurückzuführen sind. Es ist Sache des Eigentümers, die erforderlichen Maßregeln zu treffen, um die mißbräuchliche Benutzung seines Grundstücks zu polizeiwidrigen Zwecken zu verhindern und es gehört keineswegs zu den Obliegenheiten der Polizei, ihrerseits durch besondere Veranstaltungen derartigen Eingriffen anderer in das Eigentum vorzubeugen. Es muß daher den Klägerinnen überlassen bleiben, in

welcher Weise sie sich gegen die unbefugte Ablagerung von Unrat auf ihrer Wiese schützen wollen, sei es durch eine Einfriedigung, sei es durch andere geeignete Vorkehrungen. Etwas Unmögliches wird ihnen durch die polizeiliche Verfügung nicht angesonnen.

Nr. 9. Entsch. v. 5. März 1909 (PrVerwBl. **30** 730) I A 198/08.

ALR. II 17 § 10.

1. Der Kläger beabsichtigt, diejenigen Leichen, deren Transport nach auswärts er übernommen hat, in einem seinem Gewerbebetriebe dienenden Raume vorschriftsmäßig einzusargen und bis zur Bewerkstelligung des Transports aufzubewahren. Er will auf diesem Wege sich einen Ersatz für die städtischen Leichenhallen schaffen, deren Benutzung ihm wegen der damit verbundenen Gebühren zu teuer ist. Daß die Polizei berufen ist, zu einem derartigen Unternehmen Stellung zu nehmen, und dabei alle von ihr wahrzunehmenden Gesichtspunkte in den Kreis ihrer Erwägungen zu ziehen, unterliegt keinem Bedenken. Sie erachtet das Vorhaben des Klägers aus sanitären, kriminellen und ordnungspolizeilichen Rücksichten nicht für statthaft, und es ist anzuerkennen, daß ihr hierfür überall Motive zur Seite stehen, welche das von ihr ausgesprochene Verbot rechtfertigen.

2. Was zunächst die sanitären Bedenken anlangt, so hat der Kläger ihnen nur dies entgegengehalten, daß die Aufbewahrung der Leichen in geschlossenen Metallsärgen und nur wenige Stunden hindurch stattfinden solle, während die Aufbewahrung in Privatwohnungen Tage hindurch in Holzsärgen nicht beanstandet werde. Demgegenüber kommt in Betracht, daß in dem Geschäftsraume des Klägers nicht nur die Aufbewahrung, sondern auch die Einsargung der Leichen stattfinden soll. Die Leichen befinden sich also nicht schon bei ihrer Einbringung in geschlossenen Metallsärgen. Es steht völlig dahin, wann die Einsargung und Verlötung der Metallsärge erfolgt, sie kann sich unter Umständen erheblich verzögern, und es besteht auch keine Gewähr dafür, daß sie in einer jede Gefährdung der Umgebung ausschließenden Weise stattfindet. Danach können die vom Kreisarzt erhobenen sanitären Bedenken nicht als widerlegt gelten, und hierzu ist auch der Hinweis auf die Aufbahrung der Leichen in Privatwohnungen nicht geeignet. Einmal ist die Polizei völlig in der Lage, auch einer solchen Aufbahrung entgegenzutreten, sofern die Umstände des Falles ihr hierzu Anlaß bieten, und im übrigen kann mit solchen Aufbahrungen das Vorhaben des Klägers, der je nach dem Stande seines Unternehmens fortgesetzt Leichen in nicht bestimmter Zahl unterbringen will, offenbar nicht auf gleiche Stufe gestellt werden.

3. Nicht minder bewegt sich die Polizei auf dem Boden sachlich berechtigter Erwägungen, wenn sie jede Gewähr dafür vermißt, daß die Leichen bei der Unterbringung in einem Raume, zu dem jeder Zutritt hat, der im Hause oder Geschäfte des Klägers verkehrt, nicht Eingriffen von unbefugter Seite oder Verwechselungen ausgesetzt sind.

4. Endlich kommt hinzu, und diese Erwägung würde unter allen Umständen auch dann entscheidend sein, wenn nicht schon die vorerwähnten Bedenken durchschlügen, daß die, wenn auch nur vorübergehende Unterbringung der Leichen in einem offenen, jedermann zugänglichen Geschäftslokal, in dem sich der tägliche Geschäftsverkehr abspielt, mit derjenigen Pietät völlig unvereinbar ist, die nach der elementaren Empfindung des öffentlichen Anstandes jedermann einem menschlichen Leichnam gegenüber zu beachten hat. Hieran ändert der Umstand nichts, daß der Geschäftsbetrieb des Klägers die Bestattung der Leichen zum Gegenstande hat.

Nr. 10. Entsch. v. 1. April 1909 (OVG. 54 386) III A 60/07.

GewO. §§ 120a—120e; ALR. II 17 § 10; PolVerwG. v. 11. III. 50 § 6f.

1. Durch Polizeiverordnung kann rechtsgültig vorgeschrieben werden, daß für Arbeiterunterkunftsräume eine das Verhalten der Bewohner regelnde Hausordnung zu erlassen und in jedem Wohn- oder Schlafraum auszuhängen ist.

Die §§ 120a bis 120e GewO. und die nach ihrer Maßgabe erlassenen Vorschriften kommen im vorliegenden Falle nicht in Betracht, weil es sich hier nicht um Räume handelt, die dem Betriebe selbst dienen, sondern lediglich um Unterkunftsräume für die Arbeiter, solange sie im Betriebe nicht beschäftigt sind. Für die Regelung der Verhältnisse in derartigen Arbeiterwohnhäusern sind daher die Bestimmungen der Landesgesetzgebung maßgebend; die polizeilicher Befugnisse richten sich mithin in Preußen nach den Vorschriften des § 10 II 17 ALR. und des § 6f. PolVerwG. v. 11. III. 50, wonach die Sorge für Leben und Gesundheit zu den Gegenständen der polizeilichen Fürsorge und der ortspolizeilichen Vorschriften gehört. In Uebereinstimmung mit den Ausführungen des KG. (Jahrb. 30 C 3) ist aber anzuerkennen, daß es sich bei der durch die hier in Betracht kommende PolVd. getroffenen Regelung der Unterkunftsverhältnisse auswärtiger Arbeiter in Arbeiterwohnhäusern um Bestimmungen handelt, die nicht auf dem Gebiete der bloßen Wohlfahrtspolizei liegen, sondern den Schutz der menschlichen Gesundheit gegen drohende, anders nicht zu beseitigende Gefahren betreffen und zugleich der Aufrechterhaltung der Sittlichkeit dienen. Unter den auswärtigen Arbeitern der von der PolVd. betroffenen Art befinden sich erfahrungsmäßig vielfach Persönlichkeiten, die nicht seßhaft sind, sondern umherziehen und daher, wie das Kammergericht zutreffend ausführt, in sanitärer und sittlicher Beziehung Schäden für die Allgemeinheit herbeiführen, insbesondere Krankheit und Sittenlosigkeit in den Unterkunftsräumen verbreiten können. Ist danach aber anzuerkennen, daß auf Grund der angezogenen gesetzlichen Bestimmungen im Interesse des Schutzes der Gesundheit und Sittlichkeit der Erlaß von Hausordnungen für solche Arbeiterhäuser polizeilich vorgeschrieben und ihre Uebertretung durch die Arbeiter mit Strafe bedroht werden kann, so folgt daraus ohne weiteres, daß auch die Vorschrift, wonach die Hausordnung nebst den Strafandrohungen in allen Wohn- und Schlafräumen des Hauses anzuschlagen ist, rechtsgültig getroffen werden kann. Denn nur der Anschlag der Vorschriften vermag Gewähr dafür zu bieten, daß die Arbeiter von den einzelnen Bestimmungen und den auf ihre Uebertretung sich beziehenden Strafandrohungen Kenntnis erlangen und bei Zweifelsfällen sich über den Wortlaut zu vergewissern jederzeit in der Lage sind. Die Wirksamkeit der polizeilichen Vorschrift ist somit geradezu durch den Anschlag bedingt.

Im vorliegenden Falle ist die Hausordnung, deren Anschlag in den Unterkunftsräumen der Arbeiterhäuser auch in einem gemeinsamen Erlasse der beteiligten 4 Minister (MBl. d. Hand.- u. GewVerw. 1901, S. 15) vorgesehen und für erzwingbar erachtet worden ist, von dem Amtsvorsteher in Gestalt einer PolVd. erlassen worden. Ob die Beobachtung dieser Form für den Erlaß solcher Hausordnungen notwendig ist, kann hier dahingestellt bleiben. Denn auch wenn es zu verneinen wäre, so ist die Hausordnung doch jedenfalls nicht etwa deshalb ungültig, weil der Amtsvorsteher sie in den Formen einer PolVd. erlassen hat.

2. Konnte der Amtsvorsteher aber nach den vorstehenden Ausführungen den Anschlag der von ihm in Gestalt einer PolVd. erlassenen Hausordnung in allen Wohn- und Schlafräumen der hier in Betracht kommenden Arbeiterhäuser anordnen, so muß ferner auch den Ausführungen in den angefochtenen Bescheiden dahin beigetreten werden, daß er keineswegs genötigt war, die Verfügung, wie die Klägerin geltend macht, an die von ihr beauf-

tragte Baufirma zu richten, daß er sich vielmehr, wie er getan hat, an die Klägerin selbst halten konnte. Denn unbestritten ist sie Eigentümerin des Grund und Bodens, auf dem die Arbeiterhäuser errichtet sind, und nur ihr ist die Bauerlaubnis erteilt worden. Durch einen privatrechtlichen Vertrag, durch den sie den Bau ihrer Fabrik- und Nebengebäude auf einen dritten Unternehmer übertrug, konnte sie sich von den ihr obliegenden öffentlich-rechtlichen Verpflichtungen nicht frei machen. Für deren ordnungsmäßige Erfüllung blieb sie der Polizeibehörde vielmehr nach wie vor verantwortlich, und lediglich ihre Sache war es, die von ihr mit dem Baue beauftragte Firma zur Ausführung der vorgeschriebenen Anschläge, wenn sie sie nicht selbst vornehmen wollte, anzuhalten.

2. Theaterzensur.

Nr. 1. Entsch. v. 16. Dez. 1907 (DJZ. 13 766) III 2940.

ALR. II 17 § 10.

Es handelt sich nicht um ein Theaterstück, in das eine mit dem Verlaufe der den Gegenstand des Stückes bildenden Handlung eng zusammenhängende Gerichtsszene lediglich eingeflochten worden ist. Den alleinigen Gegenstand des Stückes bildet vielmehr die naturgetreue Darstellung eines auf Grund der geltenden StPrO. vor dem Schöffengerichte stattfindenden Verfahrens in einer Strafsache. Daß es sich bei der Wiedergabe der Gerichtsszene nicht lediglich um eine Episode handelt, die durch den Stoff des Stückes gegeben und mit ihm organisch verknüpft ist, daß der eigentliche Gegenstand des Stückes vielmehr gerade die prozessualische Verhandlung vor dem Schöffengericht als solche ist, tritt besonders augenfällig darin hervor, daß die Darstellung sich nicht auf die Verhandlung gegen den Arbeiter S. beschränkt, sondern daß Bruchstücke der vorhergehenden und der nachfolgenden Strafsache, deren Inhalt ohne Einfluß auf den Verlauf der S.schen Strafsache ist, und von dem daher auch nichts weiter mitgeteilt wird, in den Anfang und das Ende des Stückes einbezogen worden sind. Das gerichtliche Verfahren als solches aber in den Formen, in denen es nach der geltenden Gesetzgebung unter der Autorität des Staates ausgeübt wird, zum Gegenstande der Darstellung auf der Schaubühne zu machen, ist mit der öffentlichen Ordnung, deren Aufrechterhaltung nach der Vorschrift des § 10 II 17 ALR. der Polizei obliegt, nicht vereinbar. Es bedarf daher eines weiteren Eingehens darauf nicht, ob auch gegen die Art der Darstellung der gerichtlichen Szene und gegen die auf der Bühne vor sich gehenden wiederholten Eidesleistungen vom Standpunkte der öffentlichen Ordnung Bedenken zu erheben sind. Demnach kann die gegen das Verbot der öffentlichen Aufführung des Stückes gerichtete Klage, obwohl der Gerichtshof in die Versicherung des Verfassers des Stückes, daß es ihm ferngelegen habe, durch seine Bearbeitung der Szene die Strafrechtspflege in den Augen des Publikums herabzusetzen oder gar lächerlich zu machen, keinen Zweifel setzt, doch einen Erfolg nicht haben.

Nr. 2. Entsch. v. 18. Sept. 1908 (OVG. 53 250) I A 67/08.

ALR. II 17 § 10.

Es handelt sich darum, ob den Polizeibehörden das Recht zusteht, im Falle der beabsichtigten Aufführung eines in fremder Sprache verfaßten Theaterstücks von dem Veranstalter der Aufführung die Vorlegung einer deutschen Uebersetzung zu verlangen. Diese Frage ist bereits in

OVG. 32 406, das ebenfalls eine polnische Theateraufführung betrifft, geprüft worden. In den Gründen dieser Entsch. ist zunächst nachgewiesen, daß sich das Verlangen nach Vorlegung einer deutschen Uebersetzung aus den Vorschriften des G., betr. die Geschäftssprache der Behörden, Beamten und politischen Körperschaften des Staates, v. 28. VIII. 76 (GS. 389), nicht herleiten läßt. Hieran ist lediglich festzuhalten. Erweist sich aber die Anwendbarkeit des G. v. 28. VIII. 76 als ausgeschlossen, so fehlt es an einer besonderen gesetzlichen Bestimmung, die dem Vorgehen der Polizeiverwaltung zur Seite stehen könnte, und es bleibt nur festzustellen, ob etwa allgemeine Grundsätze, insbesondere der auch für die Handhabung der Theaterzensur maßgebende § 10 II 17 ALR., das polizeiliche Verlangen zu begründen vermögen. Diese Frage ist in OVG. 32 406 verneint worden, weil es im allgemeinen Sache der Behörden sei, sich zum Zwecke der Entschließung, ob Anlaß zu einem polizeilichen Einschreiten vorliegt, die erforderlichen Mittel selbst zu beschaffen, wobei es ihr unbenommen bleibe, erforderlichenfalls Auskunft von dem dazu Verpflichteten zu verlangen. Auch an diesen Grundsätzen kann nur festgehalten werden. Danach sind die Polizeibehörden zwar für berechtigt zu erachten, über die zur Darstellung oder sonstigen öffentlichen Wiedergabe bestimmten, in fremder Sprache verfaßten literarischen Erzeugnisse insoweit eine Auskunft zu erfordern, als davon die zu treffende polizeiliche Entschließung abhängig ist, und zu diesem Behuf insbesondere auch eine Uebersetzung von Sätzen oder unter Umständen auch von Teilen der vorgelegten fremdsprachigen Schriftwerke dann zu verlangen, wenn die Bedeutung der gebrauchten Redewendungen in der fremden Sprache zu Meinungsverschiedenheiten oder Zweifeln Anlaß gibt. Dagegen kann ihnen nicht die Befugnis zuerkannt werden, von vornherein, also ohne Rücksicht darauf, ob ein besonderes polizeiliches Interesse in Frage steht und es zu dessen Wahrnehmung einer weiteren Auskunft überhaupt bedarf, die Einreichung einer deutschen Uebersetzung des ganzen in fremder Sprache verfaßten Schriftwerkes zu beanspruchen. Ein solches Verlangen und eine diesem entsprechende Verpflichtung würden über den Begriff eines Auskunftsersuchens und einer Auskunfterteilung hinausgehen.

Nr. 3. Entsch. v. 22. Sept. 1908 (PrVerwBl. 30 172) I A 61/08.

ALR. II 17 § 10.

1. Soweit der Klageantrag dahin geht, die von den Klägern erbetene Genehmigung zu erteilen, ist er unzulässig, da der Verwaltungsrichter nur zu entscheiden hat, ob die Versagung einer erforderlichen Genehmigung gerechtfertigt war, nicht aber selbst das der Polizei zustehende Ermessen zu handhaben hat. Nachdem der Oberpräsident die früher vom Landrat und vom Regierungspräsidenten vertretene Meinung, es handele sich um die genehmigungspflichtige Veranstaltung einer gewerbsmäßigen Theateraufführung, aufgegeben hat, kann überdies die Erteilung einer Genehmigung nicht mehr in Frage kommen. Vielmehr ist allein zu prüfen, ob die Polizeibehörde befugt war, die Aufführung zu untersagen. Für diese Untersagung durfte der Oberpräsident einen anderen Gesichtspunkt geltend machen als der Landrat und der Regierungspräsident, da er als Beschwerdeinstanz statt der in erster Instanz berufenen Ortspolizeibehörde jeden polizeilichen Grund zu berücksichtigen hatte, der dem Unternehmen etwa entgegenstand. Der Streit betrifft mithin nur noch die Frage, ob die Aufführung des Stückes „Die Fahnen des Kommerzienrats" mit Recht auf Grund des § 10 II 17 ALR. verboten worden ist.

2. In der Rechtsprechung des Gerichtshofs ist nun wiederholt nachgewiesen, daß dieser § 10 auch der sog. Theaterzensur die rechtliche Grundlage

bietet und einen sich aus dem Wesen der Polizei ergebenden Grundsatz enthält, der in der ganzen Monarchie, also auch in Hannover, wo das ALR. nicht eingeführt ist, angewendet werden muß. Danach hängt die Rechtmäßigkeit des polizeilichen Verbots der Aufführung des Stückes davon ab, ob durch letztere die öffentliche Ruhe, Sicherheit und Ordnung gefährdet worden wäre. Dies ist nach der voraussichtlichen Wirkung der Aufführung zu beurteilen, und dabei sind die örtlichen sowie zeitlichen Verhältnisse in Rücksicht zu ziehen, unter denen sie stattfinden sollte. Eine Gefahr für die öffentliche Ruhe, Sicherheit und Ordnung kann darin bestehen, daß von den Zuschauern äußere Ausschreitungen durch Lärm oder Ruhestörungen zu erwarten sind. Sie ist aber auch in Kundgebungen zu finden, die geeignet sind, durch Verletzung des berechtigten Vaterlandsgefühls öffentlich ein Aergernis zu geben. Nach beiden Richtungen hin müssen die tatsächlichen Voraussetzungen, welche der Polizei zu einem Einschreiten Anlaß bieten konnten, als vorhanden angesehen werden. Das zur Aufführung bestimmte Lustspiel „Die Fahnen des Kommerzienrats" ist unzweifelhaft ein Tendenzstück, das auf eine Verherrlichung des Welfenhauses und auf eine Verunglimpfung der Hohenzollerndynastie hinausläuft; es gibt eine Kritik der Ereignisse des Jahres 1866 im welfischen Sinne und sucht die Zuschauer gegen die bestehende Ordnung aufzureizen, indem es diese als ein Unrecht gegen das Welfenhaus hinstellt. Die Anhänger des letzteren werden als die am alten Rechte festhaltenden Ehrlichen und Treuen bezeichnet, während denen, die sich in die jetzige Ordnung fügen, zum Vorwurfe gemacht wird, daß sie ihren Fürsten und ihr Land mitverraten und mitverkaufen, sich über den Huldigungseid hinwegsetzen und charakter- und gedankenlos sind. Die Bestrebungen der Welfenpartei werden als „Kampf ums Recht gegen Unwissenheit und Lüge, gegen Feigheit und Verrat" empfohlen, die durch den Krieg von 1866 herbeigeführte Neuordnung der Verhältnisse wird als unhaltbar verurteilt, weil sie auf deutschem Bruderblut, auf Bundes- und Verfassungsbruch, Lüge und Verrat, Annexion und brutaler Gewalt beruhe. Gegen den Fürsten Bismarck wird die Anschuldigung erhoben, er habe 12 Millionen Deutsche dem Messer der Slawen ausgeliefert und Deutschland zerrissen. Die preußischen Herrscher werden geschmäht und in Gegensatz gestellt zu den Welfenfürsten, denen ruhmreiche, unsterbliche Taten nachgerühmt werden. In dieser Weise zieht sich die bekannte Tendenz der Deutsch-Hannoverschen Partei durch das ganze Stück. Wenn die Kläger seinen Inhalt deshalb als harmlos betrachtet wissen wollen, weil es in Braunschweig spielt, so ist dies unbegründet, da keineswegs die besondere Lage der braunschweigischen Thronfolgefrage erörtert, sondern ganz allgemein die Lage des Welfenhauses zum Ausgangspunkte für die Angriffe gegen die Herrschaft des preußischen Königshauses, gegen die bestehende Staatsordnung und gegen ihre Anhänger gemacht wird.

Will somit das Stück Erregung und Erbitterung wecken gegen Preußen und für das Welfenhaus Stimmung machen, und ist es nach Inhalt und Fassung dazu auch geeignet, so kommt hinzu, daß die begleitenden Umstände den Eintritt dieser Wirkung befördern mußten. Der Kommers sollte als Deutsch-Hannoverscher bekanntgemacht werden, also von vornherein für die Anhänger der Welfenpartei bestimmt sein und nach dem Programm der Geburtstagsfeier des Herzogs und der Herzogin von Cumberland gelten, mithin unter die bekannten Demonstrationen fallen, die in den hannoverschen Landesteilen für das Welfenhaus veranstaltet werden. In dem Prolog sollte dies Ziel näher dahin erläutert werden, daß Gott das Geschick der Welfen wieder günstig wenden, d. h. die Welfen wieder auf den hannoverschen Thron zurückführen möge. Durch gemeinschaftliches Singen von Liedern zu Ehren der Welfen und durch das Spielen von Märschen hannoverscher Regimenter sollte die

Stimmung der Teilnehmer auf die Tendenz des Stückes hingelenkt und so die aufreizende Wirkung der Aufführung gesichert werden. Wenn die Polizei unter diesen Umständen und bei Berücksichtigung der Tatsache, daß der Alkoholgenuß bei Kommersen reichlich zu sein und die Erregung der Massen zu steigern pflegt, die Befürchtung hegte, es werde infolge der Theateraufführung zu Ausschreitungen gegen die Ruhe und Ordnung kommen, und aus diesem Grunde der Aufführung des Stückes entgegentrat, so kann ihr hieraus ein begründeter Vorwurf nicht gemacht werden. Aber selbst in dem Falle, daß eine unmittelbare Wirkung von dem Stücke, wie sie vorstehend gekennzeichnet worden ist, nicht zu erwarten gewesen wäre, muß das polizeiliche Vorgehen aus dem Grunde für gerechtfertigt erachtet werden, weil das Stück ausgesprochenermaßen die Absicht verfolgt, die Ereignisse des Jahres 1866 als einen Rechtsbruch darzustellen, und die Führer aus jener Zeit, deren Andenken dem deutschen Volke teuer und heilig ist, herabzuwürdigen. Allerdings sollte die Aufführung des Stückes in einem Kreise stattfinden, welcher sich zu den Anschauungen des Verfassers bekannte. Damit wurde indessen nicht verhindert, daß der Vorgang selbst und seine näheren Umstände in weiteren Kreisen bekannt wurden, und es würde daher für den Fall, daß die Aufführung zustande gekommen wäre, nicht ausgeblieben sein, daß dieselbe bei dem patriotisch denkenden Teil der Bevölkerung ein schweres Aergernis erregt hätte. In Voraussicht dessen hatte die Polizeibehörde allen Anlaß, dem Vorhaben der Kläger entgegenzutreten, und auch mit Rücksicht hierauf erscheint das von ihr erlassene Verbot der Aufführung begründet.

3. Ausweisung; Untersagung des Aufenthalts.

Nr. 1. Entsch. v. 3. Juli 1906 (DJZ. 12 486) I 858.

Bei dem Zuzuge fremder Personen entbehrt die Behörde meistens der tatsächlichen Unterlagen, um beurteilen zu können, ob die Voraussetzungen gegeben sind, unter denen der neu Anziehende gemäß § 2² G. v. 31. XII. 42 von dem Aufenthalt an gewissen Orten ausgeschlossen werden kann; zur Vorbereitung der Entschließung bedarf es alsdann der Anstellung von Ermittelungen. Schließt sich daher das Ermittelungsverfahren unmittelbar an den Zuzug an und bildet die Ausweisung das unmittelbare Ergebnis dieses Verfahrens, so kann der von der Verfügung Betroffene mit dem Einwande nicht gehört werden, er könne, weil bei Erlaß der Verfügung bereits geraume Zeit seit seinem Zuzuge verstrichen sei, nicht mehr als neu Anziehender angesehen werden. Bei entgegengesetzter Auffassung würde eine sachliche Handhabung des Gesetzes oft unmöglich sein.

Nr. 2. Entsch. v. 2. Nov. 1909 (OVG. 55 261) I A 57/09.

StGB. §§ 38 f., 361; StPO. § 490; LVG. § 130.

1. Ist durch ein rechtskräftiges strafgerichtliches Erkenntnis neben der Freiheitsstrafe auf die Zulässigkeit von Polizeiaufsicht erkannt worden, so erhält damit gemäß § 38 Abs. 2 f. StGB. die Landespolizeibehörde die Befugnis, nach Anhörung der Gefängnisverwaltung den Verurteilten auf die Dauer von höchstens 5 Jahren, von dem Tage ab, an welchem die Freiheitsstrafe verbüßt, verjährt oder erlassen ist, unter Polizeiaufsicht zu stellen. Nach § 39¹ aaO. hat die Polizeiaufsicht die Wirkung, daß dem Verurteilten der Aufenthalt an einzelnen bestimmten Orten von der Landespolizeibehörde untersagt werden kann.

Indem daher der Polizeipräsident den Kläger unter Polizeiaufsicht stellte und ihn gleichzeitig als Folge davon in der Freiheit der Wahl seines Aufenthalts beschränkte, vollstreckte er die durch das Urteil des Strafrichters über ihn verhängte Nebenstrafe. Die Frage, ob diese Verfügung nur mittels Beschwerde bei dem Gericht angefochten werden kann, ist aus folgenden Gründen zu verneinen. Die StPO. bezeichnet im 7. Buche als Organe der Strafvollstreckung die Staatsanwaltschaft und — kraft Anordnung der Landesjustizverwaltung — den Amtsrichter; sie regelt die Strafvollstreckung nur im Rahmen der Zuständigkeit der Justizbehörden. Wird daher in dem von der Strafvollstreckung handelnden Abschnitte von der Landespolizei als einem Organe der Vollstreckung nicht gesprochen, so ist auch für die Anwendung der Vorschrift des § 490 in denjenigen Fällen kein Raum, wo die Strafvollstreckung nicht in die Hand der Justizbehörden gelegt ist. Daraus folgt, daß die streitige Verfügung wie jede andere landespolizeiliche Verfügung der Anfechtung durch die in § 130 LVG. gegebenen Rechtsmittel unterliegt.

2. Der § 361 StGB. unterstellt in Ziff. 1 denjenigen einer Strafe, der, „nachdem er unter Polizeiaufsicht gestellt worden ist, den infolge derselben ihm auferlegten Beschränkungen zuwiderhandelt". Daher darf die in einem Aufenthaltsverbot enthaltene Beschränkung, um wirksam zu sein, nicht über die durch das Strafgesetz zugelassenen räumlichen Grenzen hinausgehen. Zugelassen ist die Untersagung des Aufenthalts „an einzelnen bestimmten Orten". Steht nun auch diese durch § 39[1] StGB. festgesetzte Beschränkung nicht der Möglichkeit entgegen, einen Verurteilten von dem Aufenthalt in einem größeren Distrikt auszuschließen, sofern nur die sämtlichen innerhalb des Distrikts belegenen Orte einzeln in der Verfügung bezeichnet werden, so ist es doch nicht statthaft, ohne Bestimmung der Orte im einzelnen einem Verurteilten den Aufenthalt in einem Verwaltungsbezirke zu untersagen. Soweit daher die angefochtene Verfügung den Kläger aus einer Reihe von Amtsbezirken ohne Angabe der dazu gehörigen Ortschaften ausweist, ist sie unzulässig. Daran ändert auch der Umstand nichts, daß der Umfang einiger Amtsbezirke sich mit den Grenzen der gleichnamigen Gemeinden deckt.

3. Der Kläger ist der Ansicht, daß er aus Berlin, weil er daselbst ortsangehörig sei, nicht ausgewiesen werden könne. Es gibt jedoch kein Gesetz, das die Landespolizei in der Ausübung der ihr durch § 39[1] StGB. zugewiesenen Befugnis dahin einschränkte, daß sie einer unter Polizeiaufsicht gestellten Person den Aufenthalt gerade an einem bestimmten Orte nicht untersagen dürfe. Insbesondere gilt dies nicht von dem Orte des Unterstützungswohnsitzes, den der Kläger im Auge zu haben scheint, wenn er behauptet, in Berlin sei er ortsangehörig. Durch den Erwerb des Unterstützungswohnsitzes wird kein Aufenthaltsrecht begründet; das UWG. v 6. VI. 70 regelt überhaupt nicht das Recht zum Aufenthalt oder zur Niederlassung; davon handelt vielmehr das FreizG. v. 1. XI. 67. Dieses gewährt aber kein unbedingtes Aufenthaltsrecht, wie sich aus seiner Vorschrift in § 3 ergibt; denn danach behält es, insoweit bestrafte Personen nach den Landesgesetzen Aufenthaltsbeschränkungen durch die Polizeibehörde unterworfen werden können, sein Bewenden. Ist aber gegenüber bestraften Personen auf Grund Landesrechts die Einschränkung des Aufenthaltsrechts zulässig, so ist eine solche nicht minder statthaft auf Grund des später als das FreizG. erlassenen StGB. Dieses aber macht von der in § 39[1] der Landespolizei gegebenen Befugnis, einem Verurteilten den Aufenthalt an einzelnen bestimmten Orten zu untersagen, keine Ausnahme zugunsten irgendeines Ortes.

4. Ordnungs- und sicherheitspolizeiliche Verfügungen verschiedenen Inhalts.

Nr. 1. Entsch. v. 7. Juni 1907 (DJZ. 13 199) I 754.

Erweist sich zwar die Verfügung, soweit sie den Kläger für einen Trunkenbold erklärt, als gerechtfertigt, so gilt doch nicht dasselbe von dem an ihn gerichteten Verbote, Lokale, die zum Ausschanke geistiger Getränke dienen, zu betreten. Das KG. hat in Entsch. v. 20. II. 90 (Jahrb. 10 275) dargelegt, daß eine PolVd., die den Gastwirten untersagt, einen erklärten Trunkenbold in ihren Lokalen zu dulden, nur dahin verstanden werden könne, daß der Trunkenbold nicht als Gast zu dulden sei, und daß daher eine Verordnung, die unter allen Umständen einem Schankwirte verbieten würde, einem Trunkenbolde den Aufenthalt in seinem Lokale zu gestatten, also auch wenn dessen Verkehr sich auf Verhandlungen und Gegenstände beschränkt, die den Schankbetrieb gar nicht berühren, unzulässigerweise in das Gebiet der Handlungsfreiheit eingreife. Dieser Ansicht, der beizutreten ist, entspricht es, daß auch dem erklärten Trunkenbolde nicht ausnahmslos jedes Betreten eines zum Ausschanke geistiger Getränke bestimmten Lokals untersagt werden darf. Die öffentliche Ordnung und Sicherheit werden nicht gefährdet, wenn ein Trunkenbold ein solches Lokal lediglich zB. zu dem Zwecke betritt, um dort Arbeiten, die in sein Fach schlagen, auszuführen. Das öffentliche Interesse wird erst dann beeinträchtigt, wenn er das Lokal allein oder mit zu dem Zwecke betritt, um dort geistige Getränke, sei es zum Mitnehmen, sei es zum Genuß auf der Stelle, zu erwerben. Das an den Kläger gerichtete Verbot macht diese Unterscheidung nicht und unterliegt daher der Aufhebung.

Nr. 2. Entsch. v. 21. Jan. 1908 (PrVerwBl. 30 5) I A 212/06.

Die Pflicht, vor der Polizei über bestimmte Tatsachen Auskunft zu erteilen, ist eine in dem Staatsbürgerverhältnisse begründete allgemeine Pflicht. Wird der zur Auskunft Verpflichtete durch die Wahrnehmung des polizeilichen Termins zeitweilig verhindert, die ihm zufolge eines privatrechtlichen Verhältnisses obliegenden Pflichten gegen einen Dritten zu erfüllen, so kann gegenüber der öffentlich-rechtlichen Pflicht nicht davon die Rede sein, daß die polizeiliche Vorladung zur Vernehmung in die Rechtssphäre desjenigen eingreife, der privatrechtlich auf die Leistungen des Vorgeladenen Ansprüche hat; vielmehr müssen diese Ansprüche zurücktreten, weil der Pflicht des Geladenen, sich vernehmen zu lassen, auch die Verpflichtung jedes mit der zu vernehmenden Person in Vertragsbeziehungen stehenden Staatsbürgers entspricht, dem Geladenen die zur Auskunfterteilung an die Polizei notwendige Zeit zu gewähren. Der Kläger war hiernach nicht befugt, die Verfügung aus dem Grunde anzufechten, weil der vor den Amtsvorsteher geladene Dr. W. durch die Vernehmung zeitweise verhindert wurde, die dem Kläger geschuldeten Dienste zu leisten.

Nr. 3. Entsch. v. 23. Jan. 1908 (OVG. 52 364) III A 9/07.

ALR. II 17 § 10.

Die Verleihung und Führung des Hoflieferantenprädikats liegt auf öffentlich-rechtlichem Gebiete, und die Polizeibehörde ist befugt, auf Grund des § 10 II 17 ALR. gegen eine mißbräuchliche Führung einzuschreiten. Dem Kläger ist als dem Repräsentanten seines Geschäfts das Hoflieferantenprädikat verliehen worden; diese Repräsentation gelangte insbesondere durch die Eintragung seines Namens als Inhaber der Firma im Handelsregister zum Ausdrucke. Mit dem Zeitpunkte seiner Löschung im Handelsregister gab er in diesem Sinne das Geschäft auf, da er nunmehr als dessen Repräsentant nicht mehr anzusehen war, gleichviel ob er noch privatrechtlich, weil sein Ausscheiden nur vorgespiegelt war, zu dem Geschäft in Beziehung stand. Der Kläger hatte daher infolge solcher Aufgabe seines Geschäfts das Recht zur Führung des Hoflieferantenprädikats verloren und war zur Zeit des Erlasses der angefochtenen polizeilichen Verfügung nicht befugt, sich des Prädikats zu bedienen.

Nr. 4. Entsch. v. 6. April 1908 (OVG. 52 380) III B 41/07.

1. Die NassVd. v. 7. VII. 60 (VdBl. 137), die Erhaltung der Mineralquellen betr., ist rechtsgültig erlassen und noch jetzt als geltend anzusehen. Dies hat das OVG. bereits in einer Entscheidung v. 26. V. 97 III A 17/96 wie folgt näher begründet:

„Wenn der Kläger diese Verordnung deshalb für ungültig ansieht, weil sie der landständischen Bewilligung bedurft habe, so erledigt sich das damit, daß nach dem § 6 Eingang und Nr. 13 NassG. über die Umbildung der oberen Verwaltungsbehörden v. 24. VII. 54 (VdBl. 151) die Landesregierung die obere Verwaltungsbehörde für die inneren Angelegenheiten war und ihr die Handhabung der öffentlichen Ordnung und Sicherheit sowie die Erlassung polizeilicher Verordnungen zustanden. Die Vd. v. 7. VII. 60 ist denn auch bei den zahlreichen Gelegenheiten, wo sie der Gegenstand von Entscheidungen und sonstigen Erörterungen gewesen ist, stets als gültig erlassen und — abgesehen von dem Abs. 2 des § 1, der dadurch eine Aenderung erfahren hat, daß an die Stelle der hier angezogenen NassBergO. v. 18. II. 57 das AllgBergG. für die preußischen Staaten getreten ist —, als noch jetzt geltend teils stillschweigend angesehen, teils ausdrücklich bezeichnet worden."

An diesen Ausführungen ist auch jetzt festzuhalten. An der fortdauernden Geltung der Verordnung ist auch durch die Einführung des BGB. nichts geändert worden; denn die Vorschriften des BGB. stehen Beschränkungen, die der Ausübung der Rechte des Eigentümers im öffentlichen Interesse gesetzt werden, nicht entgegen.

2. Der § 23 BauPolVd. für den Stadtkreis Wiesbaden v. 7. II. 05 lautet:

„1. Zu Eingrabungen unter der Oberfläche des Bodens ist die im § 1 Vd. der vormaligen Nass. Landesregierung, betr. die Erhaltung der Mineralquellen v. 7. VII. 60 (VdBl. 137) vorgeschriebene besondere Erlaubnis in allen Fällen erforderlich, wo sie vorgenommen werden in dem Gebiet, das begrenzt wird durch die obere W.Straße, T.Straße, S.Gasse, einer Linie von W.Gasse 38 bis M.Berg 11, M.Berg bis zur M.Straße und einer geraden Linie vom sog. scharfen Eck bis zur Ecke der W.- und B.Straße. Die Erlaubnis wird auf schriftlichen Antrag schriftlich von der Polizeidirektion erteilt.

Dem Antrag ist beizufügen:

1. ein Lageplan, aus dem die benachbarten Thermalquellen im Umkreise von 50 m nach ihrer Lage und Höhenlage (Höhen nach Amsterdamer Pegel) zu ersehen sind;
2. ein Entwässerungsplan des Grundstücks.

Zur Abgabe der im § 2 der genannten Vd. v. 7. VII. 60 vorgeschriebenen technischen Gutachten sowie zur Aufsicht über Eingrabungen usw. wird von der Polizeidirektion nach Anhörung des Magistrats eine aus mindestens 3 Mitgliedern bestehende Kommission ernannt. Die Kommission, deren Mitglieder vor Antritt ihres Amtes zu verpflichten sind, führt den Namen „Kommission zum Schutze der Thermalquellen".

Die Kosten der Gutachten sind auf Erfordern der Polizeidirektion seitens der Antragsteller vor Abgabe der Gutachten sicherzustellen.

2. Tritt bei Grundarbeiten innerhalb oder außerhalb des in Ziff. 1 umschriebenen Gebiets Thermalwasser zutage, so ist ohne Rücksicht auf etwa bereits erfolgte polizeiliche Erlaubnis die Arbeit sofort einzustellen. Der Bauherr sowie der die Arbeit leitende Werkmeister sind verpflichtet, sofort der Polizeidirektion Anzeige zu machen.

3. Jede Veränderung an Thermalquellen, insbesondere die Ausführung von Neufassungen, Veränderungen der Höhe des Wasserspiegels u. dgl., ebenso die Aufstellung von Pumpanlagen, sofern hierdurch in der bisherigen Art der Entnahme des Wassers etwas geändert wird, bedarf der Erlaubnis der Polizeidirektion."

Diese Bestimmung ist rechtsgültig, weil bei dem allgemeinen Interesse an dem Fortbestande der gemeinnützigen Wiesbadener Thermalquellen die Polizeibehörde befugt erscheine, deren Fortbestand durch Polizeiverordnungen zu sichern und zu dem Zwecke alle Veränderungen bestehender Thermalquellen an eine vorherige polizeiliche Genehmigung zu knüpfen, die versagt werden dürfe, sobald bestehende Quellen gefährdet würden.

3. Daß der hier fragliche Brunnen in dem in § 23 BauPolVd. näher bezeichneten Gebiete liegt, ist nicht streitig. Wenn der Kläger auszuführen versucht, das polizeiliche Einschreiten gegen ihn sei schon deshalb unzulässig, weil es sich lediglich um den Schutz der umliegenden, sämtlich im Privatbesitze stehenden Brunnen handle und die Polizei nicht berufen sei, Privatrechte zu schützen, so kann ein solcher Einwand gegenüber den rechtsgültigen Bestimmungen der NassVd. v. 7. VII. 60, die in § 2 die Versagung der Erlaubnis unter bestimmten Voraussetzungen ausdrücklich vorschreibt, überhaupt nicht erhoben werden. Aber auch abgesehen davon, trifft es nicht zu, daß es sich bei dem Schutze der bestehenden Thermalquellen lediglich um ein privates Interesse handle. Dieser Schutz ist vielmehr im öffentlichen Interesse gegeben worden, und der Umstand, daß im einzelnen Falle der aus diesem Grunde eingeführte Schutz den Privatbesitzern von Thermalquellen mit zugute kommt, ändert daran nichts, daß das polizeiliche Einschreiten in öffentlichen und nicht in privaten Interessen seine Grundlage hat. Auf welche Weise das Thermalwasser an den einzelnen Punkten der Erdoberfläche gewonnen wird und welche künstlichen Vorrichtungen (Brunnen, Quellkammern usw.) zum Zwecke seiner leichteren und ausgiebigeren Gewinnung angewandt werden, erscheint im Sinne der Verordnung, die die vorhandenen, den menschlichen Zwecken dienstbar gemachten Thermalwasserschätze bewahren und erhalten will, durchaus gleichgültig.

4. Unbestritten handelt es sich hier um die Anlage eines neuen Pumpschachts an einer anderen Stelle des Grundstücks mit einer von der früheren völlig verschiedenen, weit leistungsfähigeren Pumpvorrichtung. Auf diese neue Anlage finden die Vorschriften der Vd. v. 7. VII. 60 und des § 23 BauPolVd. Anwendung. Nach den angeführten Vorschriften war die Erlaubnis von der Polizeibehörde zu versagen, wenn nicht nach eingeholtem technischen Gutachten als unzweifelhaft angenommen werden mußte, daß durch die beabsichtigte Anlage eine bestehende Mineralquelle nicht werde beeinträchtigt werden. Den Ausführungen des von dem Bezirksausschuß eingeforderten Gutachtens der Kommission zum Schutze der Thermalquellen kann nun zwar darin nicht beigetreten werden, daß bei der Frage, ob eine Beeinträchtigung der Nachbarquellen durch die Anlage des Klägers eintreten könne, nicht nur mit dieser Anlage allein, sondern zugleich auch mit der Möglichkeit gerechnet werden müsse, daß die Nachbarbesitzer gleiche Anlagen würden herstellen und genehmigt erhalten wollen. Die Prüfung des einzelnen Antrags kann vielmehr nur nach Maßgabe der bestehenden Verhältnisse erfolgen und nicht mit Rücksicht auf etwa mögliche künftige Gesuche, deren Prüfung nach den dann vorliegenden Umständen vorbehalten bleibt. Aber auch von diesem Standpunkt aus ergeben die Ausführungen des Gutachtens, daß die nach § 2 aaO. erforderlichen Voraussetzungen für die Erteilung der Erlaubnis zur Zeit des Erlasses der angefochtenen polizeilichen Verfügung nicht vorhanden waren. Sache des Klägers war es, wenn er die Genehmigung nur zur Förderung einer beschränkten

Wassermenge nachsuchen wollte, diese Menge bestimmt zu bezeichnen und anzugeben, durch welche Einrichtungen die Beschränkung der Wasserentnahme hierauf sichergestellt werden sollte. Solange der Kläger seinen Antrag nicht in dieser bestimmten Weise beschränkte, was er nicht getan hat, mußte der Beklagte mit einer Wasserentnahme rechnen, wie sie der Leistungsfähigkeit der klägerischen Pumpanlage und der Möglichkeit, das gewonnene Wasser nutzbringend zu verwenden, entsprach. Daß aber bei einer derartigen nicht beschränkten Wasserentnahme aus dem Brunnen des Klägers die Annahme, durch diesen Brunnen werde eine bestehende Mineralquelle nicht beeinträchtigt werden, nicht als unzweifelhaft begründet erachtet werden kann, hat der Gerichtshof auf Grund der vom Kläger nicht widerlegten Ausführungen des Gutachtens der Quellenkommission als erwiesen angenommen.

Nr. 5. Entsch. v. 1. Mai 1908 (OVG. 52 286) I B 11/07.

PrPreßG. v. 12. V. 51 §§ 9 f.; PreßG. v. 7. V. 74 §§ 2 f.; ALR. II 17 § 10.

1. Das Verbot, ein auf eine Hinrichtung bezügliches Plakat auszuhängen, findet in dem noch geltenden § 9 PreußPreßG. v. 12. V. 51 keine Stütze, weil das Plakat eine auf den Gewerbebetrieb des Klägers bezügliche Ankündigung enthält. Wenn ferner nach § 10 aaO. niemand an öffentlichen Orten Bilderwerke anheften oder anschlagen darf, ohne dazu die Erlaubnis der Ortspolizeibehörde erlangt zu haben und den Erlaubnisschein bei sich zu führen, so ist es doch ausgeschlossen, daß der Gesetzgeber den Gewerbetreibenden die Verpflichtung auferlegen wollte, für Anschläge innerhalb ihres Geschäftslokals, die sich auf ihren Gewerbebetrieb beziehen, eine polizeiliche Genehmigung einzuholen, weil die Befugnis zu derartigen Ankündigungen zu dem Wesen des erlaubten Gewerbebetriebs gehört.

Wenn die Polizei geltend macht, durch Anbringung eines derartigen, Aufsehen erregenden Plakats werde das Publikum zum Stehenbleiben veranlaßt und dadurch der Verkehr gestört, so ist dieser Grund nicht geeignet, das allgemeine Verbot des Aufhängens des Bildes „in“ den Geschäftsräumen zu stützen; denn danach darf es auch nicht an solchen Stellen aufgehängt werden, wo es den Vorübergehenden nicht sichtbar ist und sie daher auch nicht zum Stillstehen veranlassen kann.

Ebensowenig erscheint die Besorgnis, durch das Aufhängen des Bildes in den Geschäftsräumen werde die Gesundheit eines Teils der Beschauer gefährdet, genügend begründet. Wenn auch der Anblick des Scharfrichters mit dem abgeschlagenen, bluttriefenden Haupte in der Hand und dem Rumpfe, aus dem Blut strömt, zu seinen Füßen vielleicht auf nervenschwache und leicht erregbare Naturen einen ihr Wohlbefinden störenden Eindruck machen kann, so muß doch jeder, der derartige Schaulokale, wie die „Wunderhalle“ des Klägers, betritt, darauf gefaßt sein, daß er dort Gegenstände zu sehen bekommt, die sein Nervensystem erregen, und er kann sich davon fernhalten, wenn ihm solche Darbietungen schädlich sind.

Gerechtfertigt aber ist das Verbot aus einem anderen Grunde, nämlich darum, weil durch das Aushängen des Bildes unter Bezugnahme auf die bevorstehende Hinrichtung ein schweres Verbrechen dazu benutzt wird, Aufsehen zu erregen und die Schaulust der Menge zu reizen. Eine solche Ausbeutung eines Verbrechens zu gewerblichen Zwecken, zur Anlockung des Publikums und zur Befriedigung seiner Schaulust kann das sittliche Gefühl empören und für diejenigen, von denen das Verbrechen verabscheut wird, ein Aergernis bilden. Wenn auch das Bild zunächst einen französischen Scharfrichter darstellen sollte und keinen Hinweis auf den Raubmord enthielt, den die B. verübt hatten, so standen doch unter dem Bilde, das der

Kläger zu Reklamezwecken hatte aushängen lassen, mit großen Buchstaben die Worte „Hinrichtung der drei Raubmörder von M. findet bald statt“, und es war außerdem eine Postkarte mit den Photographien der B. darunter geklebt. Das von diesen verübte Verbrechen, das die Bevölkerung in ihren tiefsten Tiefen erregt hatte, diente also als Mittel der Reklame. Die Empörung hierüber konnte sich so steigern, daß Störungen der Ruhe und Ordnung und namentlich auch Ausschreitungen gegen den Besitzer der „Wunderhalle“, wo das Plakat aufgestellt war, zu befürchten waren. Wie in der Rechtsprechung anerkannt ist, daß die Polizei zum Schutze der öffentlichen Sittlichkeit und des öffentlichen Anstandes sowie gegen öffentliche Störungen der religiösen Empfindungen und des berechtigten Vaterlandsgefühls einschreiten darf, so darf sie auch einer das sittliche Gefühl des Abscheues vor einem begangenen Verbrechen schwer verletzenden öffentlichen Schaustellung entgegentreten.

2. Ferner ist dem Kläger untersagt worden, Postkarten usw. mit den Bildern der Raubmörder B. zu verkaufen. Auf der dem Gerichtshofe vorgelegten Postkarte befinden sich die Photographien des Leonhard und des Adolf B. sowie der Frau des letzteren, worunter gedruckt steht: „Die Raubmörder des Oberstleutnants a. D. R., † am 23. Oktober 1905 in M., vom Schwurgericht in D. am 22. März 1906 zum Tode verurteilt.“ Derartige Photographien gehören zu den Vervielfältigungen im Sinne des § 2 PreßG., auf welche dieses Gesetz Anwendung findet. Daraus folgt, daß ein präventives polizeiliches Einschreiten auf Grund des § 10 II 17 ALR. gegen den Verkauf der Photographien unzulässig ist, so anstößig der Vertrieb der Postkarten mit den Photographien auch an sich erscheint.

3. Endlich ist dem Kläger noch verboten worden, Abbildungen der Raubmörder B. in kinematographischen Apparaten usw. vorzuführen. Wäre eine solche Vorführung als ein Ausstellen im Sinne des § 3 PreßG. zu betrachten, so würden auch hierfür die Bestimmungen des PreßG. gelten und es würde danach ein präventives polizeiliches Einschreiten gleichfalls für unzulässig erachtet werden müssen. Aber eine kinematographische Vorführung geht über ein bloßes Ausstellen von Bildern im Sinne des § 3 PreßG. — als einer Form der Verbreitung von Druckschriften und was diesen gleichsteht — hinaus und ist eine zu den Lustbarkeiten gehörige Schaustellung. Denn § 3 betrifft ein Zugänglichmachen der Bilder mittels des Ausstellens, während durch den kinematographischen Apparat ein neues, bisher nicht vorhandenes Bild eines bewegten Vorganges erzeugt und vorgeführt wird. Daher kommen hier die Vorschriften des PreßG. nicht in Betracht. Anderseits stehen jedoch dem polizeilichen Vorgehen gegen die kinematographischen Vorführungen der Bilder der Verbrecher B. dieselben tatsächlichen und rechtlichen Erwägungen zur Seite, wie dem Verbote der Ausstellung des Plakats. Auch hier soll das Verbrechen dazu dienen, das Publikum anzulocken und dessen Schaulust zu reizen. Daher rechtfertigt sich — ebenso wie hinsichtlich des Aushängens des Plakats — auch in betreff der kinematographischen und ähnlichen Vorführungen von Abbildungen der Raubmörder B. die Abweisung der Klage.

Nr. 6. Entsch. v. 12. Febr. 1909 (PrVerwBl. 30 690) I A 99/08.

ALR. II 17 § 10.

1. Durch die Bekanntmachung an den Anschlagsäulen war angekündigt worden, daß der Ingenieur G. einen Lichtbildervortrag über Rußland und Sibirien (Leben und Leiden des russischen Volkes) gegen Eintrittsgeld halten werde. Daß hierbei öffentliche Angelegenheiten erörtert werden sollten, ging aus der Ankündigung in keiner Weise hervor. Die Bezeichnung des Gegenstandes, auf den der Lichtbildervortrag Bezug haben sollte,

konnte vielmehr bei der Polizeibehörde nur die Annahme erwecken, daß öffentliche Angelegenheiten nicht berührt werden würden, da die Zustände in Rußland und Sibirien der heimischen Bevölkerung völlig fernliegen und nicht erkennbar war, wie sie zu einer Erörterung öffentlicher Angelegenheiten sollten verwertet werden können. Für die Anwendung der Vorschriften des VerG. v. 11. III. 50 war unter diesen Umständen kein Raum gegeben und die Polizeibehörde war deshalb durchaus befugt, von einer solchen abzusehen. Nur darüber konnten bei der Polizeibehörde Zweifel bestehen, ob bei der beabsichtigten Veranstaltung als Hauptzweck der Vortrag des G. oder die Vorführung der Lichtbilder anzusehen sei. Wäre ersichtlich gewesen, daß die Vorführung der Bilder nur das Vorgetragene erläutern sollte, so konnte in Frage kommen, ob nicht aus diesem Grunde doch das ganze Unternehmen als Veranstaltung einer Versammlung hätte angesehen und demgemäß ein Vorausverbot wegen des voraussichtlichen Inhalts des Vortrags für unzulässig hätte erachtet werden müssen. Der Polizeibehörde kann indessen daraus kein Vorwurf gemacht werden, daß sie bei dem Zweifel über den Charakter der Veranstaltung annahm, nicht der Vortrag, sondern die Vorführung der Lichtbilder solle der Hauptzweck sein und das, was G. dazu vortragen werde, solle nur der Erklärung der Bilder dienen, also bei der Veranstaltung das Nebensächliche sein. Schon aus dem in der Ankündigung gebrauchten Worte „Lichtbildervortrag" war zu entnehmen, daß die Vorführung von bildlichen Darstellungen aus Rußland und Sibirien im Vordergrunde stehen und G. dazu nur Erläuterungen geben sollte.

2. War dies aber der Fall, so handelte es sich in Wahrheit um eine zur Unterhaltung und Belehrung des Publikums dienende Schaustellung, die von dem Gesichtspunkte der öffentlichen Ruhe, Sicherheit und Ordnung aus zu prüfen, nach § 10 II 17 ALR. Recht und Pflicht der Polizeibehörde war. Um dieser Aufgabe nachzukommen, forderte sie in durchaus sachgemäßer Weise zunächst vom Kläger Auskunft, erhielt von ihm aber nur die Erwiderung, er könne weitere Unterlagen nicht geben. Darauf wartete sie bis zum Tage der geplanten Veranstaltung, daß ihr ein Anhalt zur Beurteilung der Bilder und des erläuternden oder begleitenden G.schen Vortrags gegeben würde, ohne daß von den Veranstaltern irgend etwas geschehen wäre, um die erforderliche Prüfung möglich zu machen. Erst am Nachmittag des 21. X. 07 meldeten sich S. und G., erteilten jedoch auch dann die geforderte Auskunft noch nicht, sondern ergingen sich in Aeußerungen, aus denen eine zuverlässige Grundlage für die Beurteilung nicht zu entnehmen war. G. sprach dabei von der Abhaltung einer öffentlichen Volksversammlung und erklärte, die Polizeibeamten könnten sich die Bilder in der Versammlung ansehen, verweigerte also indirekt eine Vorlegung der Bilder zur vorherigen Prüfung; S. dagegen äußerte, die Plakate an den Anschlagsäulen träfen nicht zu, es sollten nur „Karrikaturen" vorgeführt werden. Unter diesen Umständen blieb der Polizeibehörde nur übrig, den Bericht des mit der Ueberwachung der früheren, denselben Lichtbildervortrag des G. betreffenden Veranstaltung betrauten Polizeibeamten für die Beurteilung der neuen Veranstaltung zugrunde zu legen. Nach diesem Berichte waren aber die am 24. VIII. 07 vorgeführten Bilder nach ihrer Art und in Verbindung mit den von G. gegebenen Erläuterungen aufreizend und die ganze Veranstaltung geeignet gewesen, die Ruhe und Ordnung zu stören. Danach war die Polizeibehörde zu der Annahme berechtigt, daß auch die für den 21. X. beabsichtigte Schaustellung derselben Bilder mit den Erläuterungen, die G. geben würde, zu einer Gefährdung der öffentlichen Ruhe, Sicherheit und Ordnung führen werde, und dementsprechend verpflichtet, gemäß § 10 II 17 ALR. mit den nötigen Mitteln einer derartigen Gefährdung entgegenzutreten. Unter den Maßregeln zu ihrer Verhütung wäre, wenn S. oder G. die Bilder vorgezeigt und über die Er-

läuterungen dazu Auskunft gegeben hätte, in Frage gekommen, ob etwa einzelne Bilder unbeanstandet zu lassen und nur andere von der Schaustellung auszuschließen, gewisse Erläuterungen zuzulassen und andere zu verbieten gewesen sein möchten. Bei der durch das Verhalten des Klägers S. und des G. geschaffenen Sachlage war indessen die Anwendung einer solchen milderen Maßnahme nicht tunlich, vielmehr blieb allein übrig, die ganze Veranstaltung zu verbieten.

Nr. 7. Entsch. v. 16. Febr. 1909 (OVG. 54 241) I A 114/07.

Pr. PreßG. v. 12. V. 51 § 9; RPreßG. v. 7. V. 74 § 30.

1. Nach dem durch § 30 RPreßG. v. 7. V. 74 aufrechterhaltenen § 9 Pr. PreßG. v. 12. V. 51 dürfen Anschlagzettel und Plakate, die einen anderen Inhalt haben, als Ankündigungen über gesetzlich nicht verbotene Versammlungen, über öffentliche Vergnügungen, über gestohlene, verlorene oder gefundene Sachen, über Verkäufe oder andere Nachrichten für den gewerblichen Verkehr, nicht angeschlagen, angeheftet oder in sonstiger Weise öffentlich ausgestellt werden. Hier kann nur in Frage kommen, ob die Plakate — als solche sind auch die Karten, die den Verkauf „boykottfreier Backware" ankündigten, zu betrachten — Nachrichten für den gewerblichen Verkehr enthielten. Dies muß verneint werden. Daraus, daß in der angeführten Gesetzesstelle Ankündigungen über Verkäufe und andere Nachrichten für den gewerblichen Verkehr zusammengestellt werden, ist zu entnehmen, daß der Gesetzgeber hierbei lediglich gewerbliche Nachrichten, Reklamen, Ankündigungen für das große Publikum, wie zB. Angebote von Waren, Mietwohnungen u. dgl. im Auge gehabt hat. Daher wird der Rahmen der „Nachrichten für den gewerblichen Verkehr" überschritten, wenn mit einer Ankündigung geschäftlicher Art völlig anders geartete politische Hinweise verbunden werden und hierdurch dem Plakate der rein geschäftliche Charakter genommen wird. Demgemäß hat das Kammergericht ausgesprochen, es handle sich nicht um eine Nachricht für den gewerblichen Verkehr, einmal bei Ausstellung eines Plakats, auf dem das Wappen des ehemaligen Königreichs Hannover, getragen von Soldaten in hannoverscher Uniform, mit der Unterschrift „Jung hol fest" angebracht war, und auf dem „echter alter hannoverscher Kümmel" empfohlen wurde (DJZ. 3 62), und ferner in einem Falle, als in Schankwirtschaften Plakate ausgehängt worden waren, wonach daselbst boykottfreies Bier verzapft wurde (Jahrb. 31 C 36). In dem letzteren Falle führte das KG. aus, durch die Plakate solle auf die Brauereien ein Druck ausgeübt und ihnen ein Schaden angedroht werden, wenn sie dem Verbande der Brauereiarbeiter Widerstand entgegensetzten. Wenn die Plakate auch nebenbei gewerblichen Zwecken der Wirte dienten, so sei das nicht entscheidend.

2. Nicht anders ist der vorliegende Fall zu beurteilen. Weder mit der Mitteilung an die Kundschaft, daß der Geschäftsinhaber die Forderungen des Verbandes der Bäcker bewilligt habe, noch mit der Ankündigung, der Geschäftsinhaber verkaufe nur boykottfreie Backwaren, die unter dem vom Bäckerverband aufgestellten Lohn- und Arbeitsbedingungen hergestellt seien, werden rein geschäftliche Zwecke verfolgt. Mögen die Kläger bei Ausstellung der Plakate auch beabsichtigt haben, ihren Geschäften neue Kunden zuzuführen oder sich ihre alten Kunden zu erhalten, so ist doch bei der Verbreitung der Plakate von der Streikleitung offensichtlich der Zweck verfolgt worden, einen Druck auf die Bäckermeister auszuüben, die die Forderungen des Verbandes der Bäcker nicht bewilligt und ihre Waren nicht unter den von diesem Verband aufgestellten Lohn- und Arbeitsbedingungen hatten herstellen lassen, und die Kläger haben sich durch die Ausstellung der Plakate diesem Zwecke dienstbar gemacht. Dafür spricht überzeugend die auf den Ankündigungen befindliche

Bestätigung der Richtigkeit durch den Verbandsstempel der Bäcker und Berufsgenossen Deutschlands. Sonach beschränkt sich der Inhalt der Plakate nicht auf Nachrichten für den gewerblichen Verkehr. Der Aushang in den Schaufenstern war ein öffentliches Ausstellen im Sinne des § 9 G. v. 12. V. 51. Da die Plakate einen andern Inhalt hatten, als das Gesetz erlaubt, so war die Polizei berechtigt, ihre Entfernung anzuordnen und die ihr zur Durchführung polizeilicher Verfügungen zustehenden Zwangsmaßregeln — darunter unmittelbaren Zwang — anzudrohen.

Nr. 8. Entsch. v. 15. Mai 1908 (OVG. 52 290) I B 45/07.

ALR. II 17 § 10; II 11 §§ 453 ff.

1. Eine gesetzliche Bestimmung, die die Feuerbestattung für unzulässig erklärte, besteht in Preußen nicht. Die §§ 453 ff. II 11 ALR., die sich mit der Bestattung der Toten beschäftigen, haben allerdings, ebenso wie die sonstigen für die Totenbestattung geltenden gesetzlichen Vorschriften, die Erdbestattung zur Voraussetzung, weil, abgesehen von der Beisetzung in Gewölben und Grüften, nur diese Art der Bestattung zur Zeit des Erlasses des ALR. in Preußen üblich war. Hieraus die Folgerung herleiten zu wollen, daß eine andere Art der Bestattung, insbesondere eine solche durch Einäscherung der Leichen, an sich verboten wäre, würde indessen verfehlt sein. Ein derartiges Verbot ist nirgends ausgesprochen. Demgemäß stützt sich auch die angefochtene Verfügung der beklagten Polizeiverwaltung nicht auf eine besondere gesetzliche Bestimmung, sondern sie entnimmt ihre Begründung der allgemeinen Vorschrift des § 10 II 17 ALR., wonach es zu den Aufgaben der Polizei gehört, für die öffentliche Ruhe, Sicherheit und Ordnung Sorge zu tragen und Gefahren abzuwenden, die dem Publikum oder einzelnen seiner Mitglieder drohen könnten. Daß bei Einführung der Feuerbestattung von einer Gefahr für das Publikum im Sinne des § 10 II 17 ALR. nicht die Rede sein kann, hat der Bezirksausschuß zutreffend ausgeführt, und ebensowenig ist eine Beeinträchtigung der öffentlichen Ruhe und Sicherheit von der Benutzung des bei H. erbauten Krematoriums zu befürchten. Das von der Polizeiverwaltung ausgesprochene Verbot der Inbetriebnahme dieses Krematoriums läßt sich daher nur von dem Gesichtspunkt einer hiermit verbundenen Gefährdung der öffentlichen Ordnung aus begründen. Auf diesen Standpunkt stellt sich auch die angefochtene Verfügung. Nach zweifacher Richtung hin wird in dem Vorhaben des Vereins für Feuerbestattung zu H. eine solche Gefährdung gefunden. Einerseits wird darauf hingewiesen, daß die Feuerbestattung den vorherrschenden religiösen Anschauungen und den in weiten Kreisen sich kundgebenden in dem Gemüte beruhenden Gefühlen der Pietät widerstrebe; anderseits wird geltend gemacht, daß die Regelung, die das Leichenwesen in den bestehenden Gesetzen erfahren habe, sich der Feuerbestattung nicht ohne weiteres anpassen lasse und daß bei ihr die Beachtung derjenigen Vorschriften, die in betreff der bisherigen Bestattung erlassen seien, nicht ausreichend gegen eine Verletzung der in Betracht kommenden Interessen, insbesondere der staatlichen und sanitären, sichere.

2. Anlangend den Gegensatz zu den herrschenden religiösen Auffassungen, so ist es unbestritten, daß die Feuerbestattung mit den Anschauungen der christlichen Kirchen, wie dies in wiederholten öffentlichen Kundgebungen zum Ausdrucke gekommen ist, in Widerspruch steht. Die katholische Kirche erlaubt keinem ihrer Angehörigen, einem Leichenverbrennungsvereine beizutreten oder zu bestimmen, daß seine Leiche oder die eines andern verbrannt werde. Die evangelischen Kirchen und insbesondere die preußischen Landeskirchen untersagen überwiegend ihren Geistlichen die amtliche Beteiligung bei

einer Feuerbestattung und allen mit ihr zusammenhängenden Feierlichkeiten. Daher war die Polizeiverwaltung wohl berechtigt, bei der Frage, ob sie der Inbetriebnahme des Krematoriums entgegentreten sollte, auch diese Seite der Sache im Hinblick auf frühere Entscheidungen des OVG. in den Kreis ihrer Erwägungen zu ziehen. Die Verletzung der religiösen Empfindungen würde indessen eine Störung der öffentlichen Ordnung im Sinne des § 10 II 17 ALR. nur dann begründen, wenn sie nach außen hin sich in einer Weise betätigte, die ein öffentliches Aergernis zu erregen geeignet ist. Daß dies bei Zulassung der Feuerbestattung der Fall sein würde, ist nicht anzuerkennen. Mag die Feuerbestattung der kirchlichen Sitte entgegenstehen und infolgedessen dem Widerspruche der Kirche begegnen, so fehlt es doch an einem Anhalte dafür, daß mit ihrer Einführung die Absicht einer Nichtachtung oder gar einer Verhöhnung der Religion oder der religiösen Sitte verbunden ist. Daß sich aber aus der Vollziehung der Feuerbestattung selbst ein öffentliches Aergernis ergeben könnte, erscheint gleichfalls ausgeschlossen, da sie mit äußeren Formen umkleidet werden kann und auch, soweit sie besteht, umkleidet wird, die dem Vorgange jede in die Oeffentlichkeit tretende anstößige Wirkung benehmen. Noch weniger kann in der Feuerbestattung ein Angriff auf die äußeren Einrichtungen der Kirche gefunden werden, die ein polizeiliches Eingreifen zu ihrem Schutze zu rechtfertigen vermöchten. Abgesehen davon, daß in einer großen Zahl von deutschen und anderen Staaten die Feuerbestattung bereits vollzogen wird, ohne daß sie zu einer Störung dieser Einrichtungen geführt hätte, ist der Umstand von entscheidender Bedeutung, daß eine Feuerbestattung im Falle einer Zulassung nach allgemeiner Anschauung nur dann stattfinden soll, wen sie ausdrücklich begehrt wird. Die Kirche wird daher durch die Feuerbestattung in ihren Ordnungen nicht unmittelbar berührt, Diese bleiben unverändert bestehen, und die Feuerbestattung tritt neben die Erdbestattung, ohne daß die Möglichkeit bestände, die kirchlichen Ordnungen zu ändern oder zu beseitigen, sofern nicht die Kirche selbst ihre Zustimmung dazu erteilt. Niemand, der an den kirchlichen Ordnungen festhält und die Gebote der Kirche beobachten will, ist gezwungen, sich der Feuerbestattung zu unterwerfen, und ebensowenig ist die Kirche genötigt, diese entgegen ihren Ordnungen als gleichberechtigt anzuerkennen. Wenn eine Rückwirkung auf religiös-kirchliche Verhältnisse durch die Feuerbestattung stattfindet, so macht sie sich eben nur in bezug auf das christliche Glaubens- und Gefühlsleben geltend. Eine solche Rückwirkung durch äußeren polizeilichen Zwang zu verhindern, ist aber ebensowenig möglich, wie dies bei anderen Vorgängen der Fall ist, durch die das christliche Glaubens- und Gefühlsleben beeinträchtigt werden kann. Aus diesen Gründen ist ein polizeiliches Eingreifen gegen die Feuerbestattung zum Schutze der kirchlichen Interessen nicht für angängig zu erachten, und zwar um so weniger, als die Frage keineswegs allein die Angehörigen der christlichen Kirchen berührt.

3. Muß hiernach der religiös-kirchliche Gesichtspunkt ausscheiden, so stützt sich doch die angegriffene polizeiliche Verfügung zutreffend auch die Interessen der staatlichen Rechtsordnung.

Das Begräbniswesen hat im ALR. seine Regelung im Zusammenhange mit der Ordnung der kirchlichen Verhältnisse gefunden. Es ist dies erklärlich und auch gerechtfertigt, weil sich das Begräbniswesen im engsten Anschluß an die Kirche entwickelt hat. Das Begräbnis war von alters her ein religiöser Akt von hervorragender Bedeutung, der von den Dienern der Kirche vollzogen wurde. Ganz von selbst fiel infolgedessen der Kirche im allgemeinen die Aufgabe zu, auch im übrigen für die Bestattung der Toten durch Anlegung und Unterhaltung der Begräbnisplätze Sorge zu tragen. Dadurch ist indessen nicht gehindert worden, daß mit der fortschreitenden Ausbildung des Staatsgedankens auch die Mitwirkung des Staates bei der Ordnung des Begräbniswesens eine immer umfassendere wurde. Schon im § 764 II 11 ALR. wird dies in deutlicher Weise zum Ausdrucke gebracht, indem jede Anlegung neuer Begräbnisplätze von der Einwilligung der Polizeivorgesetzten des Ortes abhängig gemacht ist. Fernere Vorschriften, welche die Sicherstellung allgemeiner staatlicher Interessen bezwecken, sind in den §§ 184, 188 f. sowie in den §§ 463 f. und 467 II 11 ALR. enthalten. In der neueren Gesetzgebung ist das Erfordernis der staatlichen Genehmigung zur Anlegung kirchlicher Begräbnisplätze noch schärfer hervorgetreten (vgl. Art. 24⁶ G. v. 3. VI. 76 — GS. 125, § 50⁵ G. v. 20. VI. 75 — GS. 241 — und Vd. v. 30. I. 93 — GS. 10 und 13 —); ebenso ist die Genehmigung zum Erlasse von Kirchhofsordnungen, soweit dabei polizeiliche Gesichtspunkte in Betracht kommen, und die von Gebührentaxen für die Kirchhöfe dem Staate vorbehalten (Art. 24 ⁴ ᵘⁿᵈ ⁶ und § 50 ⁵ ᵘⁿᵈ ⁶ der angezogenen Gesetze). Als weitere Vorschriften sind, abgesehen von den Bestimmungen, die sich auf die Behandlung der Leichen von Personen beziehen, die an ansteckenden Krankheiten verstorben sind (vgl. § 10 G. 30. VI. 00 — RGBl. 306 — und § 6 G. 28. VIII. 05 — GS. 373), hervorzuheben der § 60 PersonenstandsG. v. 6. II. 75, wonach keine Beerdigung ohne Genehmigung der Ortspolizeibehörde vor der Eintragung in das Sterberegister stattfinden darf; der § 157 StPO., wonach die Beerdigung des Leichnams eines Unbekannten oder einer eines nicht natürlichen Todes verstorbenen Person nur auf Grund einer schriftlichen Genehmigung der Staatsanwaltschaft oder des Amtsrichters erfolgen darf; die zur Feststellung etwaiger Verbrechen gegebene Vorschrift des § 87 Abs. 3 StPO., die die Ausgrabung schon beerdigter Leichen zum Zwecke ihrer Besichtigung oder Oeffnung vorsieht; der § 168 StGB., der sich mit dem Schutze der Gräber beschäftigt; sowie endlich die Vorschriften im § 367 ¹ ᵘⁿᵈ ² StGB. über die Bestrafungen derjenigen Personen, die ohne Vorwissen der Behörde einen Leichnam beerdigen oder beiseite schaffen oder den polizeilichen Anordnungen über vorzeitige Beerdigungen entgegenhandeln.

Diese Bestimmungen haben *ausschließlich die Bestattung mittels Beerdigung zur Voraussetzung.* Sie reichen indessen in ihrer Bedeutung darüber hinaus und schließen die *gesetzgeberische Festlegung desjenigen Standpunkts* in sich, den der Staat gegenüber dem Leichenwesen überhaupt einnimmt, und derjenigen Rechte, welche er im Interesse der Allgemeinheit in bezug hierauf beansprucht. Die in den gedachten Bestimmungen niedergelegten Grundsätze sind daher nicht nur für die Erdbestattung, sondern allgemein für jeden Vorgang, durch den die irdische Hülle eines Menschen der Auflösung übergeben wird, und demnach *auch für die Feuerbestattung als maßgebend* anzusehen. Aber es fehlt hinsichtlich der Feuerbestattung an ausreichenden, die Beobachtung aller dieser Grundsätze sichernden und ermöglichenden Vorschriften.

Vor allem kommen diejenigen Vorschriften in Betracht, die das Maß der Einwirkung festlegen, das im Interesse der Allgemeinheit dem Staate in bezug auf das Bestattungswesen gesichert ist. Ihre Uebertragung auf die Feuerbestattung, für die sie grundsätzlich mit Geltung haben, erweist sich ohne vorherige Aenderung oder Ergänzung als undurchführbar. Das bestehende Recht stellt für die Anlegung von Begräbnisplätzen unterschiedslos das Erfordernis einer staatlichen Genehmigung auf. Dies Erfordernis greift daher auch für diejenigen Einrichtungen Platz, die bei der Feuerbestattung in den Leichenverbrennungsöfen und ähnlichen Anlagen an die Stelle der Begräbnisplätze treten. Begräbnisplätze und Leichenverbrennungsanstalten haben indessen im übrigen nichts miteinander gemein. Die Bedingungen, von welchen die Anlegung der ersteren abhängig zu machen ist, sind infolgedessen von denjenigen Bedingungen, unter welchen Krematorien usw. zuzulassen sein würden, grundverschieden. An einer Feststellung solcher Bedingungen fehlt es, was insbesondere von der Frage des Bedürfnisses und einer etwaigen näheren Begrenzung desselben gilt. Auch in bezug auf die staatliche Stelle, von der die Genehmigung zu erteilen sein würde, können Zweifel obwalten. Es sind somit Lücken vorhanden, deren Ausfüllung vor Zulassung der Feuerbestattung gefordert werden muß. Die Anlegung von Begräbnisplätzen ist ferner nach dem geltenden Rechte regelmäßig nur Kirchengemeinden oder bürgerlichen Gemeinden gestattet (§§ 183ff. II 11 ALR.), die auch als öffentlich-rechtliche Korporationen für die Wahrnehmung der staatlichen Interessen eine ganz andere Gewähr bieten als private Vereine. Ein Abweichen hiervon in der Weise, daß auch private Vereinigungen, wie eine solche im vorliegenden Falle in Betracht kommt, oder private Unternehmer zur Einrichtung von Feuerbestattungsanlagen zugelassen werden, würde sich daher mit dem bestehenden Rechte in Widerspruch setzen. Auch in diesem Punkte würden daher ergänzende Vorschriften erforderlich sein. Dem Staate steht weiter nach den bestehenden Gesetzen eine Mitwirkung bei Festsetzung der für die Bestattungen zu erhebenden Gebühren zu. Sowohl die für kirchliche, wie für kommunale Begräbnisplätze zu erlassenden Gebührentaxen bedürfen der staatlichen Genehmigung (Art. 24^4 G. v. 3. VI. 76 und § 50^6 G. v. 20. VI. 75; §§ 4 und 8 KommAbgG.). Bei Leichenverbrennungsanlagen, die im Eigentume von Privaten stehen, fehlt jede gesetzliche Handhabe zur Sicherstellung dieses staatlichen Rechtes, trotzdem gerade bei der Regelung des Gebührenwesens die staatliche Mitwirkung unentbehrlich ist, um einer mit dem Wesen der Leichenbestattung im öffentlichen Interesse unvereinbaren gewerbsmäßigen Ausbeutung entgegenzutreten. Auch auf die Aufbewahrung der Aschenreste lassen sich die gesetzlichen Vorschriften über die Beerdigungen, wie keiner näheren Darlegung bedarf, nicht anwenden. Bestimmungen hierüber sind indessen unerläßlich, um den Feuerbestattungen die äußere Würde zu wahren und der Pietät, die den irdischen Ueberresten eines Menschen geschuldet wird, ausreichend Rechnung zu tragen. Endlich fehlt es, wenn die Feuerbestattung neben der Beerdigung zugelassen wird, an ausreichenden Vorschriften darüber, wer zu entscheiden hat, ob die eine oder die andere Art der Bestattung erfolgen soll, inwieweit die Anordnungen des Verstorbenen maßgebend sind und wem bezüglich der Leichen geschäftsunfähiger und minderjähriger Personen die Bestimmung zusteht. Ob in bezug auf die Wahl der Bestattungsform die allgemeinen Grundsätze über die gesetzliche Vertretung geschäftsunfähiger Personen für anwendbar erachtet werden könnten, muß für zweifelhaft erachtet werden, zumal in Anbetracht des Umstandes, daß diese Vorschriften für die Wahl der Konfession nicht gelten (§ 84 II 2 ALR.).

Aus alledem ergibt sich, daß es nicht möglich ist, auf dem Boden der jetzigen Rechtsordnung, die dem Staate zustehenden Rechte der Feuerbestattung gegenüber zur Geltung zu bringen. Nach verschiedenen Richtungen hin bedarf dieselbe infolgedessen, wenn diesem Erfordernisse genügt werden soll, der Ergänzung. Solange eine solche nicht stattgefunden hat, ist für die Einführung der Feuerbestattung kein Raum gegeben. Ihre Zulassung ohne die erforderliche vorgängige Regelung würde mit der bestehenden Rechtsordnung in Widerspruch treten und sie unter Verletzung der staatlichen Befugnisse durchbrechen. Dies im Interesse der öffentlichen Ordnung zu verhindern, ist die Polizei ebenso berechtigt wie verpflichtet.

4. Auch die Verbrennung von Leichen und Leichenteilen, die aus anatomischen Anstalten eingeliefert werden, kann nicht als ein Grund für die Zulässigkeit der Feuerbestattung überhaupt angeführt werden. In solchen Fällen handelt es sich sich um Ausnahmeverhältnisse, welche eine von der Regel abweichende Behandlung rechtfertigen. Diese als Grundlage für eine allgemeine Regelung hinzustellen, ist nicht angängig.

Nr. 9. Entsch. v. 2. April 1909 (OVG. **54** 248) I B 17/08.

ALR. II 17 § 10.

1. Die Klägerin K. will nach ihrer eigenen Angabe diejenigen Personen, die sich auf die Bekanntgabe ihrer Vorträge hin zusammenfinden, über gewisse Funktionen der menschlichen Organe, deren Pflege und Heilung aufklären und belehren, damit sie „gesund und glücklich" bleiben oder werden. Wie nach diesen Angaben der K. die von ihr veranstalteten Zusammenkünfte dazu bestimmt sind, sich an den einzelnen zu wenden und ihm für seine der Oeffentlichkeit entzogene Lebensführung Belehrungen, Winke und Ratschläge zu erteilen, so werden in gleichem Sinne auch die Veranstaltungen aufgesucht. Je nach der Individualität wird dabei der Wunsch nach Belehrung und Aufklärung, die Befriedigung des Sensationsbedürfnisses, die Erwartung eines Sinnenreizes usw. überwiegen. Immer sind es jedoch Interessen rein persönlicher Art, die die Hörer der K.schen Vorträge zusammenführen, ohne daß die Verfolgung eines gemeinsamen Zweckes und eine Einwirkung auf die Allgemeinheit in Frage kommt. Veranstaltungen solcher Art fallen aber nicht unter die vom VerG. behandelten Versammlungen. Sie tragen den Charakter der letzteren ebensowenig an sich, wie wissenschaftliche Vorträge, Theateraufführungen und sonstige jedermann zugängliche Unternehmungen, bei denen die Unterhaltung oder Belehrung des Publikums den Hauptzweck bildet. Die Polizeibehörden zu Frankfurt a. O., Sommerfeld, Sorau, Breslau und Celle haben sich danach zutreffend auf den Standpunkt gestellt, daß sie befugt sind, auf Grund des § 10 II 17 ALR. gegen die Veranstaltungen der Kläger einzuschreiten. In der Rechtsprechung des Gerichtshofs ist stets daran festgehalten worden, daß nach dieser Vorschrift die Polizei zur Aufrechterhaltung der öffentlichen Ordnung, deren Schutz ihr übertragen ist, die bürgerliche Gesellschaft in ihrer Allgemeinheit auch gegen solche Störungen der öffentlichen Ordnung zu schützen berechtigt und verpflichtet ist, die sich in erheblichen Verletzungen des Anstandes und der Sittlichkeit in geschlechtlicher Beziehung äußern; denn die öffentliche Sittlichkeit ist in diesem Sinne ein Teil der öffentlichen Ordnung. Die Entscheidung darüber, ob das polizeiliche Vorgehen gerechtfertigt war, hängt somit allein davon ab, ob von den Lichtbildervorträgen der K. eine Gefährdung der öffentlichen Sittlichkeit zu besorgen war.

2. Es kann davon abgesehen werden, zu prüfen, ob und inwieweit eine Behandlung sexueller Fragen in der Oeffentlichkeit angebracht ist, und ob die Vorbildung der Klägerin K. ausreicht, um sie zu öffentlichen Vorträgen über geschlechtliche Krankheiten usw. zu befähigen. Der Gerichtshof hat ferner keinen Anhalt dafür gefunden, daß etwa die Form, in der Fräulein K. ihre Vorträge gehalten hat und zu halten pflegt, in sittlicher Beziehung anstößig gewesen ist, und sieht davon ab, nach dieser Richtung in weitere Erörterungen einzutreten. Dagegen hat die Würdigung des gesamten von den beklagten Polizeiverwaltungen beigebrachten Materials zu der Ueberzeugung geführt, daß die Lichtbildervorträge der K. nach ihrem Inhalt und ihrer Wirkung auf die Oeffentlichkeit wegen Gefährdung der öffentlichen Sittlichkeit polizeilich nicht geduldet werden dürfen.

(Folgt Inhaltsangabe der Vorträge.)

Am Schlusse des 1. Vortragsabends wurde zur Bildung eines Frauenvereins aufgefordert, dessen Mitglieder die K.sche Zeitschrift mit Artikeln zur Aufklärung „über die Kinderfrage und das Geschlechtsleben" erhalten, in die K.schen Institute zu ermäßigten Preisen aufgenommen werden und die Schutzartikel zu geringeren Preisen beziehen sollten. Im 2. Vortrage wurden der Zeugungsakt, die Geburt und anschließend an die Erläuterung nicht normaler Entbindungen die Notwendigkeit erörtert, die Empfängnis unter gewissen Umständen zu verhüten. Die Bücher der K., auf welche sie hingewiesen hatte, lagen im Saale zum Verkauf aus.

Danach sollten die Vorträge neben allgemeinen Ausführungen und Anweisungen über Lebensweise und Körperpflege eingehende Schilderungen bringen über die Erzeugung des Menschen, die Geschlechtsorgane, den Entwickelungsprozeß, die Vorgänge bei der Geburt, Geschlechtskrankheiten, geschlechtliche Laster, die Gefahren der Schwangerschaft und die Notwendigkeit, unter gewissen Voraussetzungen die Empfängnis zu verhüten. Alle diese Dinge werden bei den Vorträgen durch Vorführung der Lichtbilder veranschaulicht und vor den Zuhörerinnen ohne Unterschied, ob sie verheiratet sind oder nicht, in breiter Ausführlichkeit besprochen. Die Kläger bestreiten nicht, daß auch junge Mädchen hinunter bis zum 18. Lebensjahre zu den Vorträgen zugelassen werden und in Gegenwart von Frauen die Ausführungen über die geschlechtlichen Vorgänge mit angehört haben; ja die Mitklägerin K. verteidigt sogar ausdrücklich die Zulassung junger Mädchen mit der Behauptung, gerade ihnen müsse die Aufklärung zuteil werden, damit sie „mit vollem Verständnis dessen, was ihrer in der Ehe wartet, in die Ehe eintreten". Selbst wenn man den Klägern zugibt, daß für verheiratete Frauen aufklärende Vorträge über gewisse Gebiete des Geschlechtslebens nützlich sein können, so verträgt es sich doch nicht mit den allgemeinen Anschauungen über Anstand und gute Sitte, daß vor jungen Mädchen bis zur Altersgrenze von 18 Jahren hinab geschlechtliche Dinge mit derjenigen Offenheit erörtert werden, welche unter Umständen vor Frauen notwendig und darum statthaft sein mag. Es widerspricht vielmehr dem Anstandsgefühle, der Anschauung von Ehrbarkeit und Zucht, wie sie in der Allgemeinheit lebt, daß jungen Mädchen in öffentlichen Vorträgen Belehrungen über den Zeugungsakt, die Entwickelung der menschlichen Frucht, die Niederkunft, die Verhütung der Empfängnis gegeben werden, und es gilt als unvereinbar mit den Geboten der Schamhaftigkeit, daß Aufklärungen über geschlechtliche Verhältnisse, wenn sie vor jungen Mädchen stattfinden müssen, in derselben Weise wie vor Frauen erfolgen, denen gegenüber in Rücksicht auf das Eheleben eine wesentlich andere Art der Erörterung dieser Dinge möglich ist, ohne daß ihrem sittlichen Empfinden dadurch zu nahe getreten wird.

Die Klägerin K. hat aber weiter die durch das Interesse der öffentlichen Ordnung gezogenen Grenzen in nicht zu duldender Weise dadurch verletzt, daß sie bei der Erörterung über gewisse Frauenkrankheiten, welche eine Schwangerschaft als gefährlich erscheinen lassen, nicht nur in ausführlicher Weise die mannigfachen Arten, wie einer Empfängnis vorgebeugt werden könne, besprochen, sondern auch Schutzmittel gegen die Folgen des Beischlafs empfohlen hat. Aus allen diesen Tatsachen folgt die Berechtigung der Annahme, daß die Klägerin K. die öffentliche Sittlichkeit gefährdet. Denn es ist vor allem nicht ausgeschlossen, daß die von ihr angegebenen Verhütungsmittel auch zur Verhinderung der Folgen außerehelichen Geschlechtsverkehrs und damit zur Förderung dieses der Zucht und guten Sitte nicht entsprechenden Verkehrs angewendet werden. Gerade die Zulassung von jungen Mädchen zu den Vorträgen legt diese Gefahr besonders nahe.

Wenn auch manche Teile der Vorträge unbedenklich nur der Belehrung über eine zweckmäßige Lebensweise gewidmet sind, so ist doch nach den gesamten Umständen und der Persönlichkeit der Klägerin K. die Ueberzeugung gerechtfertigt, daß auch die einwandfreien Kapitel der Vorträge, insbesondere die sehr umfangreichen Erörterungen über Frauenkrankheiten, im Grunde nur des Endzweckes wegen eingefügt sind; die Zuhörerinnen sollen geneigt gemacht werden, die K.schen Schutzmittel zu kaufen und sich bei ihr oder in den ihr nahestehenden Instituten in Behandlung zu geben, um die Anwendung der Schutzmittel kennen zu lernen. In Verbindung mit diesem Endzwecke werden offenbar auch die Lichtbilder vorgeführt, in denen die weiblichen Geschlechtsteile in gesundem und krankem Zustande, die verschiedenen Stadien der Schwangerschaft, nackte weibliche Körper in schönen und in häßlichen Formen gezeigt werden. Mögen die Bilder für die Erläuterung der Vorträge, wie die Kläger behaupten, nicht entbehrt werden können und bei der sachlich gehaltenen Vortragsweise der Klägerin bei denjenigen Zuhörerinnen, welche lediglich zu ihrer Belehrung die Vorträge besuchen, an sich das Schamgefühl nicht verletzen, so ist doch in Rücksicht auf die Zusammensetzung der Zuhörerschaft, in der sich auch junge Mädchen befinden, keineswegs ausgeschlossen, daß die Bildervorführung mit dazu beiträgt, die Sinnlichkeit anzureizen.

Hiernach rechtfertigt sich aus einer Reihe von Gesichtspunkten die Feststellung, daß die Vorträge der Klägerin K. mit den erläuternden Lichtbildern geeignet sind, bei gesitteten Frauen und Mädchen das Scham- und Sittlichkeitsgefühl gröblich zu verletzen. Das Verbot dieser Veranstaltungen war deshalb auf Grund des § 10 II 17 ALR begründet.

Nr. 10. Entsch. v. 23. Juni 1908 (PrVerwBl. 30 306) I A 4/08.

1. Am 3. VI. 07 fand in P. die alljährlich übliche Fronleichnamsprozession statt. Bei dieser Gelegenheit pflegen die katholischen Einwohner ihre Häuser mit Fahnen, Draperien, frischem Grün usw. zu schmücken. Der Rechtsanwalt v. C. hatte aus diesem Anlasse den Balkon und die Außenwände seiner Wohnung, an der die Prozession vorüberziehen mußte, unter anderem mit rot-weißem Satin dekoriert. Die dazu benutzten roten und weißen Satinstreifen hatten eine Länge von 12—13 m, eine Breite von 3 m und waren in verschlungener Drapierung angebracht. Der Polizeipräsident erblickte hierin eine auffällige und demonstrative Dekorierung des Hauses mit den polnischen Nationalfarben, die gegen die PolVd. v. 17. IV. 91 (ABl. 136) verstoße.

Der Polizeipräsident nahm an, daß die demonstrative nationalpolnische Dekoration die Ausstellung eines Zeichens darstelle, das in Anbetracht des gespannten Verhältnisses zwischen Deutschen und Polen, insbesondere gelegentlich des Zusammenseins einer so großen Menschenmenge verschiedener Nationalität, wie eine solche an den Prozessionen in der Regel teilzunehmen pflege, geeignet sei, öffentliches Aergernis zu erregen, sowie eine Entfachung der nationalen Leidenschaften und dadurch eine Gefährdung der öffentlichen Ruhe, Sicherheit und Ordnung zu verursachen. Er ließ deshalb den Rechtsanwalt v. C. durch den Revierpolizeikommissar mündlich auffordern, die Draperien entweder zu ändern oder abzunehmen, und da jener es ablehnte, dieser Aufforderung nachzukommen, demnächst nach entsprechender Mitteilung die Draperien im Zwangswege beseitigen. Die Satinstreifen wurden in polizeiliche Verwahrung genommen und nach Schluß der Prozession am Abend dem Eigentümer zurückgegeben.

2. Das OVG. war der gleichen Ansicht. Daß die Dekoration keine Fahne oder Flagge im Sinne der Vd. v. 17. IV. 91 darstellt, mag zugegeben werden. Weiter kann dahingestellt bleiben, ob sie unter den Begriff der Zeichen fällt, deren öffentliche Ausstellung jene Vd. verbietet. Auch wenn dies nicht der Fall wäre, die Dekoration aber objektiv geeignet war, den Eindruck einer die öffentliche Ordnung oder Sicherheit gefährdenden politischen Demonstration hervorzurufen, konnte die Polizei ihre Beseitigung verlangen. (Vgl. OVG. 41 432ff) Der Kläger stellt freilich in Abrede, daß jene Voraussetzung bei der von ihm angebrachten Dekoration vorläge, und beruft sich zur Widerlegung der von der Polizei vertretenen Auffassung vornehmlich darauf, daß die Dekoration in den kirchlichen Farben gehalten sei und daß die darin gewählte Farbenzusammenstellung nicht den polnischen Nationalfarben entspräche, weil diese aus weiß und karmesinrot beständen. Für diese Einwendungen kann jedoch der Kläger keinen Erfolg beanspruchen. Mögen auch die beiden Farben rot und weiß, sei es jede für sich, sei es in ihrer Zusammenstellung, zu den kirchlichen Farben gehören, so vermag doch dieser zufällige

Umstand dem Kläger nicht die Berechtigung zu gewähren, gegen die die Verwendung jener Farben zur Ausschmückung seines Hauses beanstandende, auf anderen Erwägungen beruhende Verfügung der Polizei einen Einwand zu erheben. Und was die Abweichung von den polnischen Nationalfarben anlangt, so ist, falls eine solche in der Tat vorliegen sollte, der Unterschied zwischen rot und karmesinrot nicht so groß, daß dadurch die demonstrative Wirkung der Dekoration ausgeschlossen würde. Die Entscheidung hängt daher davon ab, ob die Polizei nach den obwaltenden Verhältnissen überhaupt in der Lage war, mit einer derartigen Wirkung der Dekoration zu rechnen. Nach den Feststellungen der Polizei trifft es nicht zu, daß es in der Stadt P. allgemein üblich sei, die Häuser gelegentlich kirchlicher Feiern, insbesondere von Fronleichnamsprozessionen in den Farben rot-weiß zu dekorieren. Vielmehr ist seit langer Zeit seitens der Polizei strengstens darauf gehalten worden, daß dies nicht geschehe. Vereinzelte Dekorationen in diesen Farben sind auf mündliche Vorstellungen der zuständigen Polizeibeamten ohne Widerspruch stets rechtzeitig beseitigt worden. Dekorationen in anderen Farben sind zugelassen worden, wenn sie lediglich kirchlichen Charakter trugen. Unter diesen Umständen konnte die Polizei zu der Annahme kommen, daß die streitige Dekoration mindestens der Wirkung nach den Charakter einer Demonstration an sich trage und als solche, zumal in Anbetracht der bestehenden Spannung in den nationalen Gegensätzen, wenn nicht aus dem Gesichtspunkte einer Gefährdung der öffentlichen Ruhe und Sicherheit, so doch aus demjenigen einer Störung der öffentlichen Ordnung zu beanstanden sei. Daran ändert es nichts, wenn der Kläger, wie er behauptet, aber von den zuständigen Polizeibeamten aus eigener Wissenschaft nicht hat bestätigt werden können, in früheren Jahren die gleiche Dekoration unbeanstandet verwendet haben sollte. Dadurch wurde die Polizei in ihrem Rechte zum nunmehrigen Einschreiten nicht beschränkt. Ob im übrigen nach Lage der Verhältnisse diese Beanstandung notwendig oder zweckmäßig war, unterliegt der Nachprüfung durch den Verwaltungsrichter nicht. Daß durch die Beanstandung der gewählten Farbenzusammenstellung die Ausschmückung der Häuser für kirchliche Anlässe nicht unmöglich gemacht wird, bedarf keiner näheren Erörterung.

Nr. 11. Entsch. v. 16. Okt. 1908 (PrVerwBl. 30 423) I C 55/07.

ALR. II 17 § 10.

1. Wenn die Kläger zunächst einen wesentlichen Verfahrensmangel daraus abzuleiten suchen, daß der Vorderrichter die angefochtenen Verfügungen, entgegen ihrem Inhalte, als hinreichend bestimmt angesehen habe, so entbehrt dieser Vorwurf der Begründung. Es kann dahingestellt bleiben, wie weit die Würdigung des Inhaltes einer polizeilichen Verfügung überhaupt mit der Revision angegriffen werden kann, denn hier fehlt es für einen solchen Angriff an jedem Anhalte. Die Bedeutung der Anordnung ergab sich aus dem absoluten Verbote der Vornahme von Sprengarbeiten im westlichen Teile des Steinbruches von selbst, und die Tragweite desselben war durch die vom Amtsvorsteher persönlich bewirkte Bezeichnung an Ort und Stelle hinreichend klargestellt. Die Rüge der Kläger scheint denn auch mehr dahin zu gehen, daß die Verfügung eine hinreichende Begründung insbesondere in rechtlicher Beziehung vermissen lasse. Indessen darf nicht übersehen werden, daß das Verbot die Kläger keineswegs unvorbereitet traf, daß vielmehr wiederholte Warnungen und Verfügungen des Amtsvorstehers vorangegangen waren, die die Gefährdung der Umgebung durch die Sprengarbeiten im Steinbruche zum Gegenstande hatten, wobei bereits auf ein eventuelles Verbot dieser Arbeiten hingewiesen war. Die Angabe der gesetzlichen oder gesetzesgleichen Norm, auf die das Verbot von der Polizei gestützt wurde, war um so weniger er-

forderlich, als die Rechtsbeständigkeit einer polizeilichen Verfügung nicht davon abhängt, ob die Polizeibehörde dabei überall von zutreffenden rechtlichen Gesichtspunkten ausgegangen, und ob die etwa angezogene Vorschrift die Verfügung zu stützen geeignet ist. Worauf es vielmehr allein ankommt, ist dies, ob der Inhalt der Anordnung objektiv dem bestehenden öffentlichen Rechte entspricht und ob durch die beigegebene Begründung dem Betroffenen die Möglichkeit gewahrt ist, die Verfügung in ihren Grundlagen durch das zulässige und ihm für den gegebenen Fall geeignet erscheinende Rechtsmittel anzugreifen. Für die Entscheidung kam und kommt es lediglich darauf an, inwieweit das Hinüberfliegen von Steinen ein polizeiliches Einschreiten zu rechtfertigen vermochte, insbesondere, ob dem Mißstande so, wie geschehen, durch ein Verbot der Sprengarbeiten entgegengetreten werden durfte. Die Kläger sind im Irrtum, wenn sie, wie es scheint, meinen, der Betriebsunternehmer habe ein unbeschränktes und unbeschränkbares Recht darauf, den Steinbruch durch Sprengarbeiten auszubeuten, ohne Rücksicht darauf, ob dadurch die Umgebung gefährdet wird. Wie der Eigentümer für sein Grundstück, so hat regelmäßig der Betriebsunternehmer für seinen Betrieb die Pflicht, diesen so einzurichten, daß dadurch die polizeilich zu schützenden Interessen, insbesondere Leben und Gesundheit Dritter nicht gefährdet werden. Ob die Gefährdung auf gewollten oder nicht gewollten, vorhersehbaren oder nicht vorhersehbaren Wirkungen des Betriebes beruht, ist ebenso unerheblich, wie die Frage, ob erst infolge späterer Besiedelung benachbarter Grundstücke die gefährdende Wirkung des Betriebes in die Erscheinung getreten ist. Entscheidend bleibt allein, ob durch den Betrieb eine Gefährdung der dem Schutze der Polizei unterstellten Interessen verursacht wird.

2. Nach § 10 II 17 ALR. hat die Polizei nur die zur Abwendung polizeiwidriger Gefahren nötigen Anstalten zu treffen. Zwar hat der Verwaltungsrichter die Notwendigkeit oder Zweckmäßigkeit einer polizeilichen Anordnung nicht zu prüfen, wohl aber ist durch § 127 Abs. 3 LVG. seiner Prüfung auch die Frage unterstellt, ob die tatsächlichen Voraussetzungen vorhanden sind, die die Polizei zum Erlasse ihrer Verfügung berechtigen. Der Vorderrichter hat diese Frage, auf der Grundlage des von ihm eingezogenen Gutachtens, dahin beantwortet, daß mit einer Gefährdung der Umgebung nicht schlechthin bei jeder Art von Sprengarbeit, sondern nur dann zu rechnen sei, wenn Schüsse von mehr als 7,5 kg Pulverladung abgebrannt werden, wogegen bei schwächeren Schüssen und gleichzeitiger Anwendung der in der PolVd. vorgesehenen Schutzmaßregeln in der vom Sachverständigen als erforderlich bezeichneten Gestaltung eine solche Gefährdung ausgeschlossen erscheine. Er hat demzufolge das Verbot dahin eingeschränkt, daß es für die Anwendung schwächerer Schüsse bei Voraussetzung jener besonderen Deckung in Wegfall kommt. Dies ist nicht zu beanstanden und vermag den Klägern nicht zur Beschwerde zu gereichen. Sollte das Verbot auch in dieser Einschränkung einen sachgemäßen Sprengbetrieb im Steinbruche nicht mehr zulassen, so ändert das an der Sache nichts. Können die Sprengarbeiten nicht in polizeilich einwandsfreier Weise fortgesetzt werden, so müssen sie eben unterbleiben. Uebrigens ist das Verbot kein unbedingtes, es reicht nicht weiter wie die Gefahr, der es begegnen will. Kann und will der Unternehmer durch besondere Einrichtungen dem Herausfliegen von Steinen beim Sprengen in wirklich erfolgreicher Weise vorbeugen, so ist dem Zwecke des Verbotes genügt. Kann oder will er es nicht, dann muß es freilich bei dem Verbote bewenden. Es ist daher Sache des Unternehmers, die etwa von ihm beabsichtigten Vorkehrungen der Polizei zur Prüfung zu unterbreiten und daraufhin die Aufhebung des Verbotes zu beantragen. Gegen die etwa ablehnende Stellungnahme der Polizei würden alsdann die in §§ 127 ff. LVG. vorgesehenen Rechtsmittel wiederum zulässig sein.

Nr. 12. Entsch. v. 9. März 1909 (PrVerwBl. 30 862) I A 89/08.

ALR. II 17 § 10; PolVerwG. v. 11. III. 50 § 6.

1. Die Bezeichnung der Straßen mit Namen erfolgt im Interesse der öffentlichen Ordnung, speziell der Ordnung, Sicherheit und Leichtigkeit des Verkehrs auf öffentlichen Straßen. Sie gehört mithin zu den der Polizei gemäß § 10 II 17 ALR. und § 6 b PolVerwG. v. 11. III. 50 zugewiesenen Aufgaben. Hieraus folgt — mangels anderer gesetzlicher Bestimmungen —, daß ihr auch die Befugnis zustehen muß, die Namen der Straßen zu bestimmen. Auch die KabO. v. 3. VII. 74, mitgeteilt durch Erl. v. 9. VII. 74, geht davon aus, daß die Benennung von Wegen und Straßen Sache der Wegepolizeibehörde sei. Der Umstand, daß die Gemeinde in der Regel Eigentümerin des Straßenkörpers und zugleich Trägerin der Baulast ist, vermag hierin nichts zu ändern. Allerdings wird dieses Verhältnis der Polizeibehörde Anlaß geben, vor ihrer Entschließung über die Benennung kommunaler Straßenzüge die beteiligte Gemeindeverwaltung zu hören, um die Wünsche der Gemeinde kennen zu lernen, und diesen, soweit die Sachlage es gestattet, zu entsprechen. Ein solches Verfahren ist fast durchweg üblich, und es kann seine Anwendung, soweit dies nicht der Fall sein sollte, im Hinblick auf die in Betracht kommenden kommunalen Interessen nur empfohlen werden. Ein gesetzlicher Anspruch auf eine Anhörung über die von der Polizeibehörde festzusetzenden Straßenbezeichnungen steht indessen der Gemeinde ebensowenig zu wie eine Berücksichtigung der von ihr etwa anderweit bei der Polizeibehörde geltend gemachten, hierauf gerichteten Wünsche. Das Recht der Polizeibehörde auf Benennung der Straßen ist ein selbständiges und unabhängiges, und sie ist — abgesehen von den Residenzstädten Berlin, Potsdam und Charlottenburg, für welche besondere Vorschriften gelten — an die Mitwirkung anderer Instanzen nicht gebunden. Dementsprechend kann nicht behauptet werden, daß eine Gemeinde durch eine gegen ihren Willen polizeilicherseits erfolgte Straßenbenennung in ihren Rechten verletzt werde. Da dies aber nicht der Fall ist, so kommt auch einer entsprechenden Kundgebung der Polizeibehörde, gleichgültig, in welche Form sie gekleidet ist, der Charakter einer polizeilichen Verfügung im Sinne der §§ 127 ff. LVG. nicht zu. Eine derartige Anordnung kann mithin auch nicht in dem allein für polizeiliche Verfügungen vorgesehenen Klagewege angefochten werden, vielmehr steht gegen sie nur die Beschwerde bei der Aufsichtsbehörde offen. Ein Gleiches gilt von der Anbringung der Straßenschilder. Die Anbringung der Straßenschilder ist nicht ein Teil der Wegebaulast, sondern gehört ebenfalls zu den Obliegenheiten der Polizei; die daraus erwachsenden Kosten stellen sich als mittelbare Polizeikosten dar. Durch wen die Polizeibehörde die Anbringung der Schilder vornehmen läßt, ist ihre Sache. Die Gemeinde hat nicht den Anspruch darauf, daß ihr die Anbringung übertragen wird. Daraus, daß der Bauunternehmer K. von dem Amtsvorsteher ermächtigt wurde, die Namensschilder an der Ecke der von ihm angelegten Straße anzubringen, kann daher der Kläger einen Eingriff in seine Rechtssphäre ebenfalls nicht herleiten, zumal im vorliegenden Falle der Gemeinde Kosten hierdurch nicht erwachsen, im Gegenteil solche erspart worden sind.

Nr. 13. Entsch. v. 27. April 1909 (PrVerwBl. 31 8) I A 108/08.

1. Die Aenderung von Ortsnamen ist landesherrlicher Entschließung vorbehalten, während die Feststellung ihrer Schreibweise einen Gegenstand landespolizeilicher Regelung bildet. Die öffentliche Ordnung gebietet, daß im amtlichen Verkehre für jede Ortschaft eine allgemein maßgebende Bezeichnung bzw. Schreibweise besteht.

Die Ersetzung der polnischen Silben „zyce" durch die deutsche Endung „schütz" müßte, ohne daß es einer Erörterung über die Bedeutung beider und des Stadtnamens überhaupt bedarf, als eine Aenderung des Namens angesehen werden, weil nicht bloß für mehrere Buchstaben andere eingestellt sind, sondern auch der Klang des zweiten Wortteils ein anderer geworden und die Betonung des ganzen Wortes dadurch geändert ist. Mit einer solchen Namensänderung würde der Regierungspräsident seine Zuständigkeit überschritten haben. Allein es steht in Wahrheit keine Namensänderung in Frage, sondern eine im Interesse der öffentlichen Ordnung erlassene polizeiliche Anordnung, für welche die Zuständigkeit des Regierungspräsidenten als Landespolizeibehörde deshalb begründet war, weil das polizeilich zu schützende Interesse sich über die räumliche Beschränkung der nachbarlichen örtlichen Gemeinschaft hinaus auf weitere Bezirke, ja auf den ganzen Umfang des Staates erstreckt. Die Veranlassung zum Einschreiten des Regierungspräsidenten liegt darin, daß bis dahin zwei Bezeichnungen des Namens der Klägerin nebeneinander bestanden.

(Folgt Beweisführung.)

2. Gegen die Richtigkeit der von den Behörden erteilten Auskünfte walten Bedenken nicht ob; das Verlangen der Klägerin, für den Inhalt der Auskünfte sollten Beweise eingefordert werden, ist unbegründet. Die Klägerin übersieht, daß die amtliche Auskunft einer Behörde selbst ein Beweismittel darstellt und eine Behörde nicht beweispflichtig für dasjenige ist, was sie als den Gegenstand ihrer Beobachtung oder Uebung bezeichnet. Ebenso unterliegt es keinem Bedenken, die W.sche Karte, welche von den Parteien nicht bemängelt worden ist, als beweiskräftige Urkunde anzusehen, der Verfertiger war ein Beamter, den Anlaß zur Aufnahme der Karte bot ein Grenzstreit mit der Provinzialverwaltung, und es ist deshalb die Annahme gerechtfertigt, daß die Karte im amtlichen Auftrage von W. aufgenommen worden ist. Daß bei solchem Anlasse willkürlich die Stadt S . . . zyce auch mit dem Namen S . . . schütz bezeichnet sein sollte, erscheint ausgeschlossen. Ihre Erklärung findet die Doppelbenennung, insbesondere der Städte, darin, daß sie zu einem großen Teile mit Deutschen besiedelt und mit deutschem (Magdeburgischem) Rechte beliehen worden sind. Für S . . . schütz hat das sonstige Beweisergebnis gezeigt, daß die aus der W.schen Karte ersichtliche zweifache Bezeichnung in deutscher und in polnischer Form auch in den letzten 3—4 Jahrzehnten nebeneinander angewendet worden ist, und danach rechtfertigt sich die Annahme, daß die Stadt bis in die neueste Zeit hinein tatsächlich beide Namen als gleichberechtigte geführt hat. Da nun die öffentliche Ordnung gebietet, daß im amtlichen Verkehre für jede Ortschaft eine allgemein maßgebende Bezeichnung bzw. Schreibweise besteht, so war die tatsächliche Voraussetzung für das Einschreiten der Landespolizeibehörde gegeben. Welchen der verschiedenen nebeneinander im Gebrauche befindlichen Namen die Behörde bei ihrer Festsetzung gewählt hat, ist eine Frage der Angemessenheit, über die im Verwaltungsstreitverfahren nicht zu entscheiden ist. In diesem wird nur die Rechtmäßigkeit der Anordnung geprüft, und diese mußte bejaht werden, weil die Voraussetzung des Einschreitens in den angegebenen Tatsachen vorlag und nicht erkennbar ist, daß die Polizeibehörde sich aus anderen als sachlichen Beweggründen bei ihrer Entscheidung habe leiten lassen.

Nr. 14. Entsch. v. 15. Okt. 1909 (OVG. 55 256) I B 14/08.

ALR. II 17 § 10.

Wo in einer Ortschaft zur Kennzeichnung der Grundstücke Hausnummern eingeführt sind, gehört es zur öffentlichen Ordnung, daß jedes

Haus die ihm zukommende Nummer und nur diese trägt. Ein Zustand, wonach ein Haus neben der ihm zukommenden Nummer noch mit einer anderen Nummer versehen ist, verstößt daher gegen die öffentliche Ordnung. Die Polizei, zu deren Amte es gehört, die zur Aufrechterhaltung der öffentlichen Ordnung nötigen Anstalten zu treffen (§ 10 II 17 ALR.), ist deshalb befugt, die zur Beseitigung einer falschen Nummer erforderlichen Schritte zu tun.

Der Kläger bestreitet, daß im vorliegenden Falle ein Anlaß zu einem solchen Einschreiten gegeben sei, und behauptet, daß beide Schilder sich jahrelang an seinem Hause befunden hätten, ohne daß aus ihrem Nebeneinanderbestehen Unzuträglichkeiten entstanden wären; auch sei das alte Schild mit derselben grauen Farbe, mit der das Haus angestrichen sei, übermalt und falle als Hausnummerschild nicht mehr auf. Diese Behauptungen betreffen vorwiegend die Notwendigkeit der angeordneten Maßregel, zu deren Prüfung der auf die Rechtskontrolle beschränkte Verwaltungsrichter nicht berechtigt ist. Abgesehen hiervon entspricht es aber auch der Aufgabe der Polizei, Uebelständen vorbeugend entgegenzutreten und nicht erst abzuwarten, bis die alte Nummer, falls sie beim Erlasse der Verfügung völlig unkenntlich gewesen ist, wieder hervortritt, eine Möglichkeit, mit welcher gerechnet werden muß, da die Farbe, mit der das Schild übermalt ist, unter den Einflüssen der Witterung verblassen und schwinden kann.

Zu der Entfernung des alten Schildes ist der Kläger auch mit Recht in Anspruch genommen worden. Seine Behauptung, daß er für das Nebeneinanderbestehen beider Schilder nicht verantwortlich gemacht werden könne, weil es bei der von der Polizei bewirkten Anbringung der neuen Nummer unterlassen sei, das alte Schild fortzunehmen, ist unerheblich. Das Bestehen der falschen Nummer am Hause bildet, da sie mit der öffentlichen Ordnung unvereinbar ist, einen polizeiwidrigen Zustand. Zu der Beseitigung eines solchen kann nicht nur dessen Urheber, sondern auch der Eigentümer herangezogen werden.

Nr. 15. Entsch. v. 29. Juni 1909 (DJZ. 15 319) I B 11/09.

Wird auf einem an dem bisher bewohnten Hause angebrachten Firmenschilde eines Gewerbetreibenden bei Angabe der neuen Wohnung die Straße nicht bloß deutsch, sondern auch polnisch bezeichnet, so ist dies mit der öffentlichen Ordnung nicht verträglich, und es kann die polnische — nicht amtliche — Straßenbezeichnung polizeilich verboten werden.

Nr. 16. Entsch. v. 8. Okt. 1909 (OVG. 55 252) I B 23/08.

1. Die Polizeibehörde ist nicht befugt, einem Chemiker aufzugeben, daß er das an seinem Hause angebrachte Schild mit der Aufschrift „Oeffentliches Chemisches Laboratorium Dr. M. . . .“ oder wenigstens das Wort „Oeffentliches“ entferne, und ihm zu untersagen, auf seinen Geschäftspapieren, in Zeitungsankündigungen oder sonst sein Laboratorium als ein „öffentliches“ zu bezeichnen.

2. Die Forderung, der Kläger solle auf seinen Geschäftspapieren, Annoncen und sonst sein Laboratorium künftig nicht mehr als ein „öffentliches“ bezeichnen, erweist sich ohne weiteres als unstatthaft, weil sie gegen den Art. 27 VerfUrk. und den § 1 RPreßG. v. 7. V. 74 (RGBl. 65) verstößt, wonach die Freiheit der Presse gewährleistet ist und nur den durch das PreßG. selbst zugelassenen oder vorgeschriebenen Beschränkungen unterliegt, ein vorbeugendes polizeiliches Einschreiten der vorliegenden Art aber nicht zuläßig ist.

3. Bei der Erörterung der weiteren Frage, ob der Beklagte befugt war, dem Kläger die Entfernung des Schildes bzw. die Beseitigung des Wortes

„Oeffentliches“ auf dem Schilde aufzugeben, kommt allein in Betracht, ob die Art der Bezeichnung objektiv geeignet ist, eine Täuschung zu erzeugen und so die öffentliche Ordnung, Ruhe und Sicherheit zu schädigen. Es kommt also allein auf die Wirkung an, mit der bei der Bezeichnung des Laboratoriums als eines öffentlichen zu rechnen ist. Hierbei ist zu berücksichtigen, daß der Begriff der „Oeffentlichkeit“ verschiedenen Inhalts fähig ist; behufs Feststellung, in welchem Sinne im einzelnen Falle das Wort „öffentlich“ zu verstehen ist, kommt es stets auf den Zusammenhang an, in welchem es angewendet wird.

Als eine dem Einschreiten der Polizei überhaupt zugängliche Irreführung könnte nur eine solche in Betracht kommen, die geeignet ist, einer Verwechselung der Anstalt des Klägers mit einer „öffentlichen Anstalt zur technischen Untersuchung von Nahrungs- und Genußmitteln“ im Sinne des § 17 RMG. v. 14. V. 79, also einer Anstalt, die einen amtlichen Charakter hat (in dem Sinne zu 3), Vorschub zu leisten. Eine Prüfung in der Hinsicht aber, ob die vom Kläger auf dem Schilde angebrachte Bezeichnung „Oeffentliches Chemisches Laboratorium Dr. M.“ die Wirkung haben kann, daß das Publikum in den irrigen Glauben versetzt wird, es handle sich um eine „öffentliche Anstalt zur technischen Untersuchung von Nahrungs- und Genußmitteln“ im Sinne des § 17 aaO., führt zu dem Ergebnisse, daß diese Frage zu verneinen ist. Wenn der § 17 von „öffentlichen Anstalten zur technischen Untersuchung von Nahrungs- und Genußmitteln“ spricht, so sind darunter nur solche Anstalten zu verstehen, die von der zuständigen Behörde als solche, nämlich als öffentliche, anerkannt worden sind. Solche Anstalten brauchen nicht notwendig vom Staate oder einer öffentlich-rechtlichen Korporation unterhalten zu werden; es können vielmehr auch Anstalten, die privaten Unternehmern gehören, als „öffentliche Anstalten zur technischen Untersuchung von Nahrungs- und Genußmitteln“ im Sinne des § 17 aaO. von der zuständigen Behörde anerkannt werden. Daher irrt der Kläger, wenn er ausführt, der Zusatz des Namens „Dr. M.“ auf dem Schilde schließe jede Möglichkeit einer solchen Irreführung des Publikums aus. Allein wenn durch eine Aufschrift die Möglichkeit einer Täuschung des Publikums in der Art begründet werden soll, daß ein mehr oder minder großer Teil derjenigen, die die Aufschrift lesen, in den irrigen Glauben versetzt wird, es handele sich um eine öffentliche Anstalt zur technischen Untersuchung von Nahrungs- und Genußmitteln im Sinne des § 17, so müßte doch in der gewählten Bezeichnung irgendeine Beziehung zu diesem § 17 oder dessen Inhalt oder ein Hinweis enthalten sein, aus welchem das Publikum eine derartige Beziehung herleiten könnte. Durch die Bezeichnung einer Untersuchungsanstalt als „Oeffentliches chemisches Laboratorium“ allein wird aber noch nicht die Annahme hervorgerufen, daß es sich um eine von zuständiger Stelle als „Oeffentliche Anstalt zur technischen Untersuchung von Nahrungs- und Genußmitteln“ im Sinne des § 17 anerkannte Anstalt handele.

Nr. 17. Entsch. v. 27. April 1909 (PrVerwBl. 31 24) I A 10/08.

1. Es bedeutet eine Störung der öffentlichen Ordnung, wenn jemand ein Geschäftsschild aushängt, auf dem sein Familienname nicht so angegeben ist, wie er ihn zu führen berechtigt und darum zugleich verpflichtet ist. Zur Beseitigung der Störung darf die Polizei das weitere Aushängen des unrichtigen Geschäftsschildes verbieten oder eine Aenderung des Schildes durch Anbringung des richtigen Namens fordern. Gegenüber dem polizeilichen Verlangen kann sich der Geschäftsinhaber nicht darauf berufen, daß er den auf dem Schilde angegebenen Namen schon von seiner Geburt an führe; denn der dem Staatsbürger „zukommende“ Name ist nur derjenige, den er durch seine Abstammung erworben hat. Durch die Geburt

erwirbt das eheliche Kind nicht den vom Vater tatsächlich geführten Namen, sondern den dem Vater rechtlich zukommenden Familiennamen; „beigelegt" wird dem Kinde allein der Vorname. Ist bereits vom Vater — oder von den weiteren Vorfahren — der Familienname unbefugt geändert worden, so bleibt dies ohne rechtlichen Einfluß auf den Bestand des durch die Abstammung bestimmten Namens; die Fortführung des widerrechtlich geänderten Namens ist unzulässig und der in Wahrheit ererbte Name ist allein derjenige, der zu führen ist. Danach irrt der Kläger, wenn er sein Verlangen, sich K.... cki zu nennen, auf die Tatsache stützen zu können meint, daß er im Taufregister des Kirchenbuchs als Joannes K.... cki eingetragen war.

2. Unzutreffend ist es ferner, daß der Beschluß des Amtsgerichts, worin der Familienname K.... cich als der richtige festgestellt wurde, nur für die Berichtigung des Standesregisters Bedeutung gehabt habe. Die Eintragungen im Standesregister stehen vor allem unter dem Gesichtspunkte des öffentlichen Rechtes. Nicht das Interesse, das der einzelne Staatsbürger an der Feststellung seiner Standesrechte hat, sondern das öffentliche Interesse, das der Staat daran hat, daß der Personenstand seiner Bürger in einer jede Irrung möglichst ausschließenden Form festgestellt wird, hat zur Errichtung der Standesregister geführt. Die Wahrnehmung des diesem öffentlichen Interesse entsprechenden öffentlichen Rechtes liegt der staatlichen Aufsichtsbehörde ob, die deshalb von Amtswegen eine etwa erforderliche Berichtigung des Standesregisters veranlaßt. Die Berichtigung ist eine nachträgliche Aenderung einer vollzogenen Eintragung um deswillen, weil die Eintragung, wie sich später ergab, eine Unrichtigkeit enthielt. Nach Durchführung des gesetzlich geregelten Verfahrens (vgl. §§ 65f., 70 G. v. 6. II. 75, §§ 31, 70 G. über die Angelegenheiten der freiw. Gerichtsbarkeit v. 17. V. 98) erhält der beigeschriebene Berichtigungsvermerk dieselbe rechtliche Bedeutung, die jeder Eintragung der ordnungsmäßig geführten Standesregister durch § 15 PersonenstandsG. beigelegt ist; sie beweist die Tatsache, zu deren Beurkundung sie bestimmt und die in ihr eingetragen ist, bis der Nachweis der Fälschung, der unrichtigen Eintragung oder der Unrichtigkeit der Anzeigen und Feststellungen, auf Grund deren die Eintragung stattgefunden hat, erbracht wird. Auch diejenigen Eintragungen sind beweiskräftig, die sich auf die näheren Umstände der im Standesregister vermerkten Haupttatsache beziehen, insbesondere bei den registrierten Geburtsfällen derjenige Teil der Eintragung, der den Familiennamen des Geborenen betrifft, also bei ehelichen Kindern den Familiennamen des Ehemanns der Mutter des Kindes. Mit der Beischreibung des berichtigenden Vermerkes bei den Geburten der Kinder des Klägers stand mithin öffentlich-rechtlich einstweilen fest, daß der richtige Name des Klägers nicht K.... cki, sondern K.... cich heiße.

3. Allein ebenso wie einer ursprünglichen Eintragung in das Standesregister nach § 15 PersonenstandsG. nur die Vermutung der Richtigkeit bis zum Nachweise des Gegenteils zukommt, ist auch ein Berichtigungsvermerk nicht unabänderlich. Der in § 15 aaO. zugelassene Beweis, daß er gefälscht, unrichtig eingetragen sei, auf unrichtigen Anzeigen oder unrichtigen Feststellungen beruhe, ist auch ihm gegenüber statthaft und es kann, obwohl das Gesetz davon nicht ausdrücklich spricht, gegen ihn ein neues Berichtigungsverfahren mit dem Ziele stattfinden, daß er aufgehoben oder abgeändert werde; denn er hat keine andere rechtliche Natur als die ursprüngliche Eintragung, an deren Stelle er getreten ist. Gegenüber jedem, der sich auf den Berichtigungsvermerk beruft, ist deshalb der durch die Berichtigung Betroffene befugt, in dem durch § 15 zugelassenen Umfange den Einwand zu erheben, daß die vermerkte Tatsache falsch sei. Da die Regel des § 15 nicht etwa nur für den Zivilprozeß, sondern überhaupt im Rechtsleben gilt, durfte

also dem Kläger nicht verwehrt werden, gegenüber der Polizeibehörde bzw. dem Beklagten, der deren Verfügung gebilligt hat, den Beweis zu erbringen, daß der Name K . . . . cich ihm nicht zukomme; er macht damit nur von dem Rechte Gebrauch, darzutun, daß die tatsächlichen Voraussetzungen nicht vorhanden sind, von deren Vorliegen die Polizeibehörde bei ihrer Anordnung ausgegangen ist (§ 127 LVG.).

4. Bei der Prüfung, welchen Familiennamen der Kläger durch seine Abstammung erworben habe, ergibt sich nun, daß die Annahme, die die Regierung zu B. und das Amtsgericht zu W. bei der Berichtigung des Kirchenbuchs und des Standesregisters zugrunde gelegt haben, nicht mehr aufrechterhalten werden kann. Denn das Pfarramt zu K., dessen Bescheinigung, daß Simeon K . . . . cich der Urgroßvater des Klägers sei, den alleinigen Anhalt für jene Annahme gebildet hatte, hat im gegenwärtigen Verfahren diese Auskunft als zweifelhaft bezeichnet und erklärt, das Kirchenbuch ergebe nicht mit Sicherheit, daß der Großvater des Klägers ein Sohn des Simeon K . . . . cich gewesen sei. Ob die Gründe, die das Pfarramt für seine veränderte Stellungnahme angeführt hat, stichhaltig sind, bedarf keiner Erörterung. Die Kirchenbucheintragungen beweisen, daß der Ehemann der Magdalena geborenen J. bei den 8 Geburtsfällen in der Zeit vom Jahre 1786 bis zum Jahre 1802 seinen Familiennamen in 3 verschiedenen Formen — K . . . c, K . . . . cich, K . . . . cik — angegeben, oder daß der Pfarrer den Familiennamen mit diesen 3 Abweichungen in das Trauregister eingetragen hat. Welche der 3 Formen die richtige war, ist nicht festzustellen, da weiter zurückliegende Eintragungen nicht ermittelt sind; insbesondere spricht nichts dafür, daß der nur bei einem Geburtsfalle vermerkte Name K . . . . cich der dem Simeon K . . . c — K . . . . cich — K . . . . cik zukommende gewesen sei. Durch die KabO. v. 15. IV. 22 (GS. 108) trat, wie auch die Rechtslage hinsichtlich der Namensänderungen bis dahin gewesen sein mag, jedenfalls der Zustand ein, daß die damals gebrauchten Familiennamen ohne Genehmigung des Landesherrn (seit der Vo. v. 12. VII. 67 in der Regel des Regierungspräsidenten) einer Aenderung nicht mehr unterzogen werden durften. Folglich vererbte Johannes K . . . . ski seinen von 1822 ab geborenen Kindern, insbesondere dem am 12. X. 35 geborenen Franziskus — dem Vater des Klägers —, den ohne Genehmigung nicht mehr veränderlichen Familiennamen K . . . . ski. Das Recht und die Pflicht, sich K . . . . ski zu nennen, hatte der Vater des Klägers auch zu der Zeit, als der Kläger selbst geboren wurde (21. II. 68). Daß der Vater des Klägers sich hierbei mit dem Namen K . . . . cki in das Kirchenbuch eintragen ließ, war ein Verstoß gegen die KabO. v. 15. IV. 22, also eine unerlaubte Handlung, durch welche für den Kläger Rechte nicht entstehen konnten. Der Kläger ist deshalb verpflichtet, sich desjenigen Namens zu bedienen, der seinem Vater zustand; das ist der seit 1822 unabänderliche Name K . . . . ski, den damals sein Großvater führte.

Nr. 18. Entsch. v. 2. April 1909 (OVG. 54 441) VIII C 1/08.

1. Der Amtsvorsteher zu K. (Regierungsbezirk D.) gab auf Grund einer Polizeiverordnung dem Rendanten B. auf, sein in der M.straße zu K. belegenes Haus an die öffentliche Wasserleitung anzuschließen. Der Kreisausschuß wies die Klage des B., der Bezirksausschuß die Berufung zurück. Auf die Revision des Klägers bestätigte das Oberverwaltungsgericht die Vorentscheidung.

2. Daß die Polizeiverordnung nicht von polizeilichen Gesichtspunkten beherrscht sei, ist nicht ersichtlich. Wasserleitungen, durch welche ganze Ortschaften einheitlich mit Wasser versorgt werden, sind ihrem Wesen nach in hohem Grade zur Erhöhung der Feuersicherheit und zum Schutze der menschlichen Gesundheit geeignet. Objektive Umstände, welche die in jener Polizeiverordnung gegebene

Regel außer Anwendung setzen könnten, sind in keiner Weise dargetan oder auch nur behauptet worden. Inwieweit bei der Anwendung der Polizeiverordnung und des zugehörigen Ortsstatuts Rücksichten auf das Geldinteresse der Gemeinde wirksam sind, ist für die Rechtsgültigkeit dieser Vorschriften selbst ohne Belang.

3. Nicht unbegründet ist der Vorwurf der Rechtsungültigkeit. Dem Zwange zum Anschlusse muß das Recht auf Anschluß entsprechen. Dieses Recht wird allerdings nicht dadurch unwirksam, daß die Wasserabgabe bis zur Entrichtung rückständiger Wassergebühren versagt wird; denn der Wasserentnehmer kann sich den Wasserbezug jederzeit durch Erlegung der geforderten Gebühren wieder verschaffen. Wird ihm aber diese Möglichkeit genommen, so wird sein Recht auf den Anschluß außer Kraft gesetzt. Eine Vorschrift, wonach ihm die Wasserentnahme auch dann versagt werden darf, wenn die Bezahlung rückständiger Gebühren erfolgt ist, entbehrt daher der Rechtsgültigkeit. Ist hiernach die Bestimmung in § 15 Abs. 2 Satz 2 des Ortsstatuts ungültig, so ist sie doch gegenüber dem sonstigen Inhalte des Ortsstatuts nicht von solcher Bedeutung, daß von ihrer Rechtsbeständigkeit auch die der übrigen Vorschriften abhängig wäre. Diese bleiben vielmehr anwendbar, auch wenn jener zu weit gehenden Vollstreckungsbestimmung die Anwendbarkeit abgesprochen wird. Eine vertragliche Unterwerfung das Wasserentnehmers unter das Ortsstatut wird durch den Anschluß an die Leitung nicht bewirkt; denn dieser beruht auf öffentlich-rechtlicher Zwangsverpflichtung, aus deren freiwilliger oder nicht freiwilliger Erfüllung jene Unterwerfung nicht gefolgert werden kann.

4. Völlig unhaltbar ist die Annahme des Klägers, daß die den Anschluß herstellende Hausleitung schon mit dem sog. Absperrhahn endige. Ein Haus ist angeschlossen, wenn die öffentliche Wasserleitung mit der Hausleitung verbunden ist. Selbstverständlich muß diese Verbindung wirksam sein, sie muß gemäß dem Wesen und Zwecke der Gesamtanlage die Leitung von Wasser zum Gebrauche der Hausbewohner in das Haus oder das Grundstück bewirken. Dies ist begrifflich schon dann gegeben, wenn eine einzige den Hausbewohnern zugängliche Wasserentnahmestelle (ein Zapfhahn) auf dem Grundstücke vorhanden ist, aber auch nicht früher. Ein mit dem Absperrhahn endigender Leitungsstrang ist höchstens eine Vorbereitung der Verbindung, nicht die Verbindung selbst; eine Vorschrift, die sich abschließend damit begnügte, einen solchen Absperrhahn zu fordern, würde als sinnlose Belastung des Hausbesitzers der Rechtsgültigkeit entbehren.

Besteht aber der geforderte Hausanschluß begrifflich nur in einer wirksamen, die Wasserentnahme ermöglichenden Verbindung des Hausgrundstücks mit der Hauptleitung, so umfaßt er nach positiver Bestimmung des Ortsstatuts (§ 8) auch die Anbringung eines Wassermessers, da die Abgabe des Wassers nur unter Kontrolle durch Wassermesser erfolgt. Dagegen umfaßt er nicht die Herstellung innerer Hausleitungen, den Anschluß der Obergeschosse. Ein solcher Anschluß wird zwar in § 4 des Ortsstatuts erkennbar als vorkommend oder auch als gewöhnlich vorkommend vorausgesetzt, aber nicht vorgeschrieben, und zwar auch nicht für den Fall, daß Mieter vorhanden sind und die Wasserabgabe beanspruchen; denn die Wasserabgabe bedingt noch nicht notwendig die Herstellung von inneren Leitungen zu den Wohnungen der Mieter. Ohne weiteres und in allen Fällen ist der Grundstücksbesitzer zur Anlegung innerer Leitungen jedenfalls nicht verpflichtet. Vielmehr bestimmt § 18 des Ortsstatuts klar und ausdrücklich, daß „die Ausführung und Unterhaltung der Leitung innerhalb der Häuser und Grundstücke vom Wassermesser ab ausschließlich Sache der Wasserabnehmer" ist, die „hierbei an die bestehenden Bestimmungen sowie die noch etwa ergehenden Nachträge und Abänderungen gebunden" sind. Diese Bestimmung kann nach ihrem Wortsinn in Verbindung mit § 2 aaO., der schon erschöpfend bestimmt, wer auszuführen und zu bezahlen hat, nur den Inhalt haben, daß der Hauseigentümer jenseits des Wassermessers freie Hand hat und auch von der Herstellung innerer Leitungen absehen kann, daß er aber, wenn er solche Leitungen anlegt, sich nach den hierfür bestehenden und ergehenden Vorschriften richten muß.

Nr. 19. Entsch. v. 29. Juni 1909 (PrVerwBl. 31 224) I A 42/09.

ALR. II 17 § 10.

1. Soll auch die Polizei bei der Erfüllung der ihr durch § 10 II 17 ALR. übertragenen Aufgaben nicht ohne dringende Not in privatrechtliche Streitigkeiten eingreifen, so ist doch anerkannt, daß sie solche Eingriffe vornehmen darf, wenn eine unmittelbar bevorstehende Gefahr auf andere Weise nicht abzuwenden ist. Daß unter solcher Voraussetzung die Polizei sogar der Vollstreckung eines zivilgerichtlichen Urteils entgegentreten kann, hat der Senat schon in ähnlich liegenden Streitsachen angenommen.

2. Nach dem Urteile des OLG. zu B. v. 29. IV. 08 waren die Kläger zur Zeit des Erlasses der angefochtenen Verfügung in der Lage, die Rohrleitung der . . . . Hütte aus ihrem als öffentliche Straße dienenden Grundstücksteil entfernen zu lassen. Ist es richtig, daß die Wasserleitung der . . . . Hütte neben den hier nicht in Betracht kommenden Zwecken der Hüttenverwaltung bestimmt ist, das Wasser für öffentliche Zwecke insoweit zu liefern, als die Gemeindewasserleitung für diese nicht ausreicht, so mußte die Polizeibehörde befürchten, daß für öffentliche Zwecke nicht immer genügend Wasser zur Verfügung stehen werde, wenn die Leitung der . . . . Hütte entfernt sein würde; es war dann mit der Möglichkeit zu rechnen, daß bei starker Inanspruchnahme der Gemeindewasserleitung, wie sie insbesondere bei Feuersbrünsten eintritt, dem öffentlichen Bedürfnis, im angenommenen Falle also für die Bekämpfung der Feuersgefahr, nicht mit dem vorhandenen Wasser würde genügt werden können. Es ist zweifellos Aufgabe der Polizei, Vorsorge zu treffen, daß für Fälle gemeiner Gefahr stets ausreichende Wasserzuführung vorhanden ist, und daher durfte der Amtsvorsteher in der Möglichkeit, daß die Kläger durch Entfernung der Wasserleitungsröhren der . . . . Hütte die Wasserzufuhr für öffentliche Zwecke verminderten, eine dem Publikum drohende Gefahr erblicken und demgemäß die Entfernung der Hüttenleitung untersagen. Den Klägern kann zugegeben werden, daß die polizeiliche Verfügung in ihrer Wirkung auch dem Interesse der . . . . . Hütte diente, die die Entfernung der Röhren aus dem Grundstücke der Kläger, zu der sie verurteilt ist, nicht vornehmen möchte. Für die weitere Annahme der Kläger, daß der Amtsvorsteher dieses Privatinteresse der . . . . Hütte zu schützen beabsichtigt habe, fehlt jedoch jede tatsächliche Unterlage.

3. Ob nun in der Tat die Wasserleitung der Gemeinde nicht ausreicht, um bei Feuersgefahr dem Wasserbedarfe voll zu genügen, bedarf keiner Untersuchung. Denn auch in dem Falle, daß die Polizeibehörde und die Beschwerdeinstanzen von tatsächlich zutreffenden Voraussetzungen ausgegangen sind, muß doch aus einem von den Klägern nicht geltend gemachten Gesichtspunkte, der von Amts wegen zu berücksichtigen ist, die angefochtene Verfügung als zuweitgehend erachtet werden. Der Amtsvorsteher hat nämlich dadurch, daß er ohne zeitliche Begrenzung den bisherigen Zustand aufrechterhielt und bis auf weiteres gegen Handlungen der Kläger und der Hüttenverwaltung sicherte, den Klägern dauernd die Verwirklichung eines Rechtes unmöglich gemacht, das ihnen von dem zuständigen ordentlichen Gerichte rechtskräftig zugesprochen ist.

Obwohl sie kraft der Freiheit ihres Grundeigentums die Entfernung der Röhren der . . . . Hütte verlangen dürfen, sollen sie zur Förderung des gemeinen Wohles sich dieses Rechtes dauernd nicht bedienen dürfen. Auf diese Weise wird ihr Privateigentum durch die Polizeigewalt in einem wesentlichen Teile beschränkt. Die Polizeibehörde ist damit zur Abwendung der Gefahr, der sie vorzubeugen berechtigt und verpflichtet war, mit einem Mittel vorgegangen, welches über das Maß des Nötigen hinausgreift. Denn nötig ist der jetzige Zustand — das Bestehen der Wasserleitung der . . . . . Hütte neben derjenigen der Gemeinde im Grund und Boden der Kläger — nur so lange, als es nicht möglich ist, auf andere Weise für die Zuführung einer allen Anforderungen genügenden Wassermenge in das Gebiet der Gemeinde zu sorgen. Dies kann aber auf verschiedene Weise geschehen, ohne daß den Klägern dauernd das ihnen zugesprochene Recht verkümmert zu werden brauchte. Einmal kann die . . . . Hütte, welche nach dem Berichte des Amtsvorstehers und dem Bescheide des Landrats das Wasser ihrer Leitung zu öffentlichen Zwecken zur Verfügung halten muß, angehalten werden, ihre Rohrleitung aus der O.-Straße zu verlegen, was nach dem Gutachten des Ingenieurs G. in den Prozeßakten sehr gut durchführbar ist; sodann kann die Gemeinde M. veranlaßt werden, ihre Wasserleitung so zu vervollständigen, daß sie dem bestehenden Bedürfnis entspricht; und endlich wird auch die Einleitung des Enteignungsverfahrens bezüglich der O.-Straße die Möglichkeit gewähren, die Kläger gegen Entschädigung zur Hergabe desjenigen Landstreifens zu nötigen, in welchem die Wasserleitungsröhren der Gemeinde und der . . . . Hütte liegen. Um die polizeilich zu schützenden Interessen zu wahren, bedurfte es angesichts dieser verschiedenen Wege zur endgültigen Abhilfe des befürchteten Wassermangels bei Feuersbrünsten nicht eines dauernden Verbots an die Kläger, an der Wasserleitung Unterbrechungen oder Veränderungen zu unterlassen; vielmehr hätte es genügt, einstweilen die Vollstreckung des Urt. v. 29. IV. 08 zu untersagen und dabei den Zeitpunkt zu bestimmen, bis zu dem voraussichtlich auf andere Weise die Beschaffung hinreichenden Wasservorrates für die Gemeinde durchgeführt sein würde. Dies hätte um so mehr nahegelegen, als der Amtsvorsteher und die . . . . . Hütte selbst die Einleitung des Enteignungsverfahrens erwogen haben, so daß auch nach dieser Auffassung eine Regelung der Angelegenheit durch polizeiliche Verfügung nur bis zu dem Augenblicke nötig gewesen wäre, in welchem das Enteignungsverfahren einsetzen kann.

Hätte der Amtsvorsteher für das an die Kläger gerichtete Verbot eine angemessene Frist, in welcher es gelten sollte, festgesetzt, so würde — unter der Voraussetzung, daß die angenommene Gefahr wirklich bestand — gegen seine Maßnahme nichts zu erinnern gewesen sein. Im vorliegenden Verfahren war es nicht angängig, eine solche Frist zu bestimmen und die angefochtene Verfügung mit dieser Maßgabe aufrechtzuerhalten, weil der Verwaltungsrichter nicht auf eine Modifikation polizeilicher Verfügungen erkennen darf. Die Polizeibehörde ist jedoch durch die Außerkraftsetzung ihrer unbefristet erlassenen Anordnung nicht gehindert, nunmehr eine neue Verfügung desselben Inhalts unter Festsetzung eines angemessenen Zeitraums, bis zu welchem die Kläger sich einer Störung des gegenwärtig bestehenden Zustandes zu enthalten haben, an die Kläger zu erlassen, und diese werden sich so lange dem Eingriff in ihre Privatrechte fügen müssen.

Nr. 20. Entsch. v. 22. April 1909 (OVG. 54 271) IV B 32/08.

ALR. II 17 § 10; TelWG. v. 18. XII. 99 § 10.

1. Die angefochtene Verfügung ist auf Anweisung des Regierungspräsidenten erlassen worden, und dieser hat in seinen Verfügungen an die beklagte Polizei-

verwaltung wiederholt auf den Erl. der Minister der öffentlichen Arbeiten und des Innern v. 3. IV. 04 (MBl. 120) Bezug genommen, wo in Uebereinstimmung mit dem Erl. v. 9. II. 04 (aaO. 67) ausgeführt wird, daß der durch die Reichsgesetzgebung, insbesondere das TelWG. v. 18. XII. 99, gewährleistete behördliche Schutz der in den Telegraphen- und Fernsprechlinien verkörperten öffentlichen Interessen gegen störende Beeinflussung dieser Anlagen durch andere elektrische Anlagen nicht Aufgabe der Polizeibehörden sei, daß der polizeiliche Schutz der Telegraphen- und Fernsprechanlagen sich vielmehr auf den allgemeinen Schutz für Leben und Eigentum, also auf den Schutz für den Bestand (die Substanz) der Anlagen und den Schutz für die Sicherheit des Bedienungspersonals beschränke. Nach der zugrunde liegenden Absicht stützt sich hiernach die Verf. lediglich auf polizeiliche Gesichtspunkte, in Ermangelung besonderer gesetzlicher Bestimmungen also auf § 10 II 17 ALR. in Verbindung mit § 6a PolVerwG. v. 11. III. 50 (GS. 265). Daß die allgemeinen Befugnisse der Polizeibehörden, auch zum Schutze der Reichstelegraphen- und Fernsprechanlagen auf Grund des § 10 aaO. einzuschreiten, durch das TelWG. nicht berührt worden sind, folgt aus dem oben Gesagten. Hier kommt neben dem Schutze der Telegraphen- und Fernsprechanlagen, dh. dem Schutze für deren Bestand und für Leben und Gesundheit des Bedienungspersonals, auch der Schutz für die Sicherheit Dritter, die nicht zum Bedienungspersonale gehören, zB. derjenigen, die die Fernsprechanlagen benutzen, und der Schutz gegen die durch Kurzschlüsse u. dgl. etwa begründete Feuersgefahr in Betracht. Das Einschreiten der Polizeibehörde entbehrt hiernach nicht der rechtlichen Grundlage.

2. Die Polizeibehörde war auch berechtigt, sich mit ihren Anforderungen an die Klägerin zu halten; denn wenn durch das Nebeneinanderbestehen zweier an sich nach öffentlichem Rechte nicht zu beanstandenden Anlagen und durch ihre Wechselwirkung aufeinander eine öffentliche Gefahr verursacht und ein polizeilich nicht zu duldender Zustand herbeigeführt wird, so hat die Polizeibehörde die Wahl, an welchen der beiden Eigentümer der Anlagen sie sich halten will, um den unzulässigen Zustand zu beseitigen.

3. Mit Unrecht behauptet die Klägerin, dadurch, daß sie von der Polizeibehörde in Anspruch genommen ist, seien ihr Leistungen auferlegt worden, die nach dem TelWG. der Reichstelegraphenverwaltung oblägen, und seien die Bestimmungen dieses G. in ihr Gegenteil verkehrt worden. Allerdings würde die Polizeibehörde nicht berechtigt sein, der Stadtgemeinde derartige Auflagen zu machen, daß sie zu einem Zurückweichen vor den Telegraphenanlagen in einem Falle genötigt würde, wo nach § 6 aaO. die Telegraphenverwaltung zu weichen hat. Dies ist jedoch hier nicht geschehen. Die Verf. trifft in ihrem allein in Betracht kommenden 2. Abs. nur Bestimmung für den Fall, daß die Starkstromkabel in den angegebenen Entfernungen von den Telegraphenleitungen wirklich verlegt werden. Aber selbst wenn die Einhaltung einer gewissen Mindestentfernung für die Verlegung der Starkstromkabel vorgeschrieben wäre, würde die Stadtgemeinde durch die Verf. nicht gehindert sein, ihre aus § 6 Abs. 2 folgenden Rechte geltend zu machen, wenn infolge der polizeilichen Anordnung deren Voraussetzungen gegeben wären. Die Bestimmungen des TelWG. darüber, wer die Kosten der Schutzvorrichtungen zu tragen hat, kommen überhaupt nicht in Betracht. Diese hindern schon ihrem Wortlaute nach die Polizeiverwaltung nicht, die Anbringung der Schutzvorrichtungen von der Klägerin zu fordern. Sodann handelt es sich hier um Vorkehrungen zur Verhütung von Gefahren für Leben und Eigentum, nicht um solche zur Verhütung störender Beeinflussung der Telegraphenlinien. Endlich ist die Stadtgemeinde nicht gehindert, sich wegen des Ersatzes der Kosten auf Grund des § 6 aaO. oder sonstiger Bestimmungen an den ihrer Meinung nach dazu Verpflichteten

zu halten. Demgemäß kommt es lediglich darauf an, ob die tatsächlichen Voraussetzungen für das Einschreiten der Polizeibehörde gegeben sind.

4. Zurzeit läßt sich nicht beurteilen, ob und unter welchen Verhältnissen eine Annäherung der Starkstromkabel des städtischen Elektrizitätswerkes an die Reichstelegraphen- und Fernsprechlinien und deren Konstruktionsteile auf weniger als 0,5 m zu erwarten und damit — vorausgesetzt, daß nicht schon auf Grund der Bestimmungen des § 6 TelWG. die erforderlichen Schutzvorrichtungen angebracht werden — der Eintritt der nach Annahme der Beklagten bei solcher Annäherung begründeten Gefahr zu besorgen ist. Dies ist vielmehr abhängig von der Gestaltung der Pläne über die Verlegung neuer Starkstromkabel. Nun ist allerdings anzunehmen, daß das Kabelnetz des städtischen Elektrizitätswerkes bei dessen fortschreitender Entwickelung Erweiterungen erfahren wird, und im Falle einer solchen Erweiterung ist, sobald davon Straßen berührt werden, in welchen sich Telegraphen- oder Fernsprechlinien befinden, die Möglichkeit der beiderseitigen Annäherung auf weniger als 0,5 m begründet. Allein diese bloße Möglichkeit genügt nicht, um das Einschreiten der Polizeibehörde auf Grund des § 10 II 17 ALR. zu rechtfertigen. Denn nach § 10 aaO. ist die Polizeibehörde nur berechtigt, die nötigen Anstalten zur Abwendung der dem Publikum und den einzelnen Mitgliedern desselben bevorstehenden Gefahr zu treffen. Als bevorstehend kann aber eine Gefahr nicht angesehen werden, wenn nur eine ungewisse Möglichkeit ihres Eintritts vorhanden ist.

Nr. 21. Entsch. v. 4. Jan. 1910 (OVG. 55 266) I B 45/09.

Der Eigentümer eines Miethauses ist nicht befugt, denjenigen Beamten, die kraft obrigkeitlichen Auftrags zur Durchführung des ihnen im öffentlichen Interesse übertragenen Pflichtenkreises in dem Hause dienstliche Verrichtungen zu erledigen haben, die Benutzung des nach der Hausordnung „nur für Herrschaften" bestimmten Vordereinganges zu verbieten, muß ihnen vielmehr die Benutzung eines jeden Hauseinganges gestatten, der überhaupt dem gewöhnlichen Verkehre nach dem Hause offen steht. Die Beamten haben zu ermessen, welcher Hauseingang in jedem Falle zur Erledigung der ihnen aufgetragenen dienstlichen Verrichtungen geeignet und zweckentsprechend ist. Die Hausordnung ist verbindlich für die Bewohner des Hauses und für andere, die in privaten Angelegenheiten sich zu ihnen begeben, nicht dagegen für Beamte, die kraft obrigkeitlichen Auftrags im Hause ihres Dienstes zu walten haben.

II.

Allgemeines über polizeiliche Verfügungen.

Gesetzliche Grundlagen (nebst Materialien): G., betr. die Erweiterung des Landespolizeibezirks Berlin v. 23. VI. 09 (GS. 533). VhdlHH.: Drucks. Nr. 12, 15; StenB. 70; VhdlAH.: Drucks. Nr. 389, 584; StenB. 4509, 7247.

Literatur: Grotefend-Hildebrand: Polizeihandbuch[6] (Leipzig 1910). — v. Hippel: Handbuch der Polizeiverwaltung[2] (Berlin 1910). — Maraun — v. Rohrscheidt: Verwaltungsvorschriften für preuß. Gemeinde-, Polizei- u. Kreisbehörden, 6. Jahrg. (Berlin 1908).

A. Inhalt und Form; Rechtsbeständigkeit; persönliche Beteiligung; Rechtsmittel.

Nr. 1. Entsch. v. 4. Okt. 1907 (PrVerwBl. 30 206) VIII A 60/07.

Daß in der Regel dem Eigentümer als solchem die öffentlich-rechtliche Pflicht obliegt, sein Grundstück in polizeigemäßem Zustand zu erhalten, ist anerkannten Rechtens. Die Polizeibehörde ist jedoch nicht verpflichtet, sich unter allen Umständen nur an den Eigentümer zu halten. Wie sie befugt ist, den Urheber eines polizeiwidrigen Zustandes in Anspruch zu nehmen, so hat sie das gleiche Recht auch gegenüber demjenigen, der — ohne Eigentümer zu sein — über ein Grundstück zu verfügen berechtigt ist. Dies kann unter Umständen der Pächter, Mieter, Verwalter und insbesondere auch der Nießbraucher sein. Maßgebend für die Auswahl seitens der Polizeibehörde wird die Erwägung sein, auf welchem Wege das Ziel des polizeilichen Eingriffs im einzelnen Falle am leichtesten erreichbar erscheint. Diese Erwägung liegt jedoch auf dem Gebiete der Zweckmäßigkeit und ist der Nachprüfung des Verwaltungsrichters nicht unterworfen.

Nr. 2. Entsch. v. 22. Juni 1909 (PrVerwBl. 31 61) I A 145/08.
ALR. II 17 § 10.

1. Eine polizeiliche Verfügung, durch welche die Abstellung eines polizeiwidrigen Zustandes eines im Eigentum einer Aktiengesellschaft stehenden Grundstücks gefordert wird, ist richtigerweise an die Gesellschaft selbst (z. H. ihrer Direktion) zu richten. Ist die Verfügung an die Direktion ergangen, so kann man aber von einer Unbestimmtheit der Verfügung noch nicht sprechen, wenn nach deren Inhalte ein Mißverständnis auf seiten sowohl des Empfängers wie der Polizeibehörde darüber ausgeschlossen ist, wer tatsächlich in Anspruch genommen werden soll.

In vorliegendem Falle konnte es nach Lage der Sache einem berechtigten Zweifel nicht unterliegen, daß mit der polizeilichen Anordnung die Gesellschaft als solche und nicht die ihr Organ bildenden natürlichen Personen getroffen werden sollten. Es handelte sich um die Beseitigung eines polizeiwidrigen Zustandes auf einem der Gesellschaft gehörigen Grundstücke, für die diese als Eigentümerin haftbar gemacht wurde. Zu einem Einschreiten gegen die Mitglieder der Direktion gab der dem polizeilichen Gebot zugrunde liegende Tatbestand keinen Anlaß. Daß es auch nicht in der Absicht des Amtsvorstehers gelegen hat, diese persönlich verantwortlich zu machen, geht aus seinen späteren Verfügungen hervor, in welchen die Bezahlung der polizeilicherseits aufgewendeten Kosten von der Gesellschaft erfordert ist. Der Gerichtshof hat in ständiger Praxis in ähnlichen Fällen, wenn zB. in einer Klage irrtümlich der Magistrat statt der von ihm vertretenen Stadtgemeinde als Partei aufgeführt war, dieser unrichtigen Bezeichnung keine Bedeutung beigelegt, vielmehr kurzerhand die Urteilsaufschrift berichtigt, ohne deshalb die Klage abzuweisen.

2. Daß der Eigentümer eines Grundstücks zur Abstellung eines polizeiwidrigen Zustandes verpflichtet und die Polizei befugt ist, sich ohne Rücksicht auf etwaige privatrechtliche Abmachungen zwischen dem Eigentümer und einem Dritten an den ersteren zu wenden, ist vom OVG. in ständiger Rechtsprechung anerkannt. Der Amtsvorsteher war daher berechtigt, sich unmittelbar an die Gesellschaft als eingetragene Eigentümerin des streitigen Grundstücks zu halten. Zu einem polizeilichen Einschreiten lagen aber auch die tatsächlichen Voraussetzungen vor. Die Annahme der Polizei, daß die Vertiefung längs des Zaunes eine Gefahr für das Leben und die Gesundheit der auf dem Grundstücke befindlichen Kinder bilde, ist von dem Kläger nicht widerlegt worden. Er gibt selbst zu, daß die Kinder die Böschung herunterfallen können. Dies genügt, wenn man die besonderen Verhältnisse einer Kinderbewahranstalt in Betracht zieht, um das Eingreifen der Polizei zu rechtfertigen.

3. Unerheblich ist die Behauptung des Klägers, daß es sich um einen Zustand im Innern eines Grundstücks handle. Seine Annahme, daß aus diesem Grunde die Polizei zu einem Einschreiten nicht befugt sei, ist nicht zutreffend, denn es ist nach § 10 II 17 ALR. das Amt der Polizei, Gefahren, die dem Publikum oder einzelnen Mitgliedern desselben drohen, abzuwenden ohne Rücksicht darauf, ob der gefährdende Zustand an öffentlicher Straße oder im Innern eines Grundstücks sich zeigt. Jede derartige Abwendung liegt im öffentlichen Interesse.

4. Endlich hat der Kläger noch eingewendet, die Polizei hätte den Betrieb der auf dem Grundstücke befindlichen Kinderbewahranstalt untersagen müssen, statt der Gesellschaft die Anbringung des Drahtzaunes aufzugeben. Es mag dahingestellt bleiben, ob die Polizei hierzu berechtigt gewesen wäre; zutreffendenfalls würde jedenfalls diese Art des Vorgehens die durchgreifendere gewesen sein. Die Auswahl der anzuwendenden polizeilichen Mittel gehört indessen in das dem Verwaltungsrichter entzogene Gebiet der Zweckdienlichkeit. Keineswegs geht die vom Amtsvorsteher getroffene Anordnung über das Maß des Notwendigen und Sachdienlichen hinaus, so daß zu ihrer Aufhebung auch aus diesem Gesichtspunkte kein Anlaß vorliegt.

Nr. 3. Entsch. v. 5. März 1909 (PrVerwBl. 30 797) I A 148/08.

Ausweislich der eingereichten Vorgänge hat der Regierungspräsident zu Stralsund die angefochtene Verfügung als Landespolizeibehörde erlassen und deren Befugnis zum Einschreiten gegen die Klägerin auf die Erwägung gestützt, daß „der Rechtstitel für die Verpflichtung der Genossenschaft zur dauernden Unterhaltung der Brunnenanlage landespolizeilichen Ursprungs und nicht aus der Wahrnehmung der der Ortspolizeibehörde überlassenen generellen Obsorge für die Gesundheit der Einwohner von T. herzuleiten“ sei. Diese Auffassung kann nicht für zutreffend erachtet werden. Wenn zu ihrer Rechtfertigung darauf verwiesen worden ist, daß nach OVG. 42 371 und 38 360 bei Kleinbahnunternehmen die Erfüllung der Genehmigungsbedingungen nur von derjenigen Behörde erzwungen werden dürfe, die die Genehmigung erteilt und dabei gewisse Bedingungen aufgestellt hat, so kann, abgesehen von der Verschiedenheit der tatsächlichen Lage der früher abgeurteilten Fälle von dem gegenwärtig zur Entscheidung stehenden, aus jenen Urteilen nicht ein allgemeiner Grundsatz des Inhalts hergeleitet werden, daß die zur Genehmigung einer Anlage berufene Behörde stets zuständig sei, die Beobachtung der bei der Genehmigung gestellten Bedingungen zu erzwingen. Das KleinBG. v. 28. VII. 92 ist ein Spezialgesetz, dessen Vorschriften über die Aufstellung und Ueberwachung gewisser dem Unternehmer aufzuerlegender Bedingungen nicht durch Analogie verallgemeinert werden können. Für Kanalisationsunternehmen besteht eine ähnliche Vorschrift wie im Kleinbahngesetze nicht, und darum ist die Frage, welche Behörde berufen sei, gegen den Unternehmer einer Kanalisation polizeilich einzuschreiten, wenn er die ihm in der Genehmigungsurkunde auferlegten Pflichten nicht erfüllt, nach den allgemeinen Grundsätzen des Polizeirechts zu beantworten. Der Regierungspräsident geht zwar zutreffend davon aus, daß eine öffentlich-rechtliche Verpflichtung der Klägerin, die Brunnen in T. zu unterhalten, nur aus den von ihm ausgestellten Genehmigungsurkunden herzuleiten sei; allein daraus folgt noch nicht, daß die Landespolizeibehörde zum Einschreiten befugt sei, wenn der Weg der polizeilichen Verfügung gewählt wird, um die Klägerin zur Erfüllung der ihr auferlegten Bedingungen anzuhalten. Es gibt weder einen Rechtssatz noch einen auf der Rechtsprechung beruhenden Grundsatz, in dem ausgesprochen wäre, daß die Zuständigkeit der Polizeibehörden zum Erlasse polizeilicher Verfügungen sich nach dem rechtlichen Ursprunge der Verpflichtung richte, zu deren Erfüllung die Verfügung den Pflichtigen zwingen soll. Soweit nicht besondere Vorschriften bestehen, kommt es vielmehr auf die Art des Gegenstandes an, auf den sich die polizeiliche Verfügung bezieht. Insbesondere sind auf dem Gebiete der Sicherheitspolizei die Interessen der nachbarlichen örtlichen Gemeinschaft von den Ortspolizeibehörden zu schützen, während die Landespolizeibehörde einzugreifen hat, sobald über diese räumliche Beschränkung hinaus die Interessen weiterer Bezirke des Schutzes bedürfen. Mag nun auch die Brunnenanlage in T. als ein Bestandteil des ganzen Kanalisationsunternehmens der Klägerin anzusehen sein, so handelt es sich doch bei dem Verlangen, daß die Brunnen in T. wieder instand gesetzt werden, immer nur um die im gesundheitspolizeilichen Interesse zu regelnde Angelegenheit einer räumlich auf 5 Gehöfte beschränkten örtlichen Gemeinschaft. Da es sich dabei um den Schutz weniger, auf räumlich beschränktem Gebiete wohnender Personen handelt, liegt das polizeiliche Vorgehen der Ortspolizeibehörde, nicht aber der Landespolizeibehörde ob. Daß für die letztere ein besonderer Grund vorgelegen hätte, die ortspolizeiliche Angelegenheit ausnahmsweise an sich zu ziehen, ist weder behauptet worden, noch aus den Vorgängen ersichtlich.

Nr. 4. Entsch. v. 23. Sept. 1909 (OVG. 55 268) IV A 37/08.

1. Die polizeiliche Aufforderung für eine vermehrte gründliche Reinigung vor dem Grundstücke der Kläger Sorge zu tragen, entbehrt der nötigen Bestimmtheit. Ist schon an sich nicht zu erkennen, was die Worte „vermehrte gründliche Reinigung“ bedeuten, so wird die Unklarheit der gestellten polizeilichen Forderung dadurch ganz augenfällig, daß in den §§ 1—8 der zuständigen StraßenPolVd. im einzelnen bestimmt vorgeschrieben ist, in welcher Weise, wie oft und zu welchen Zeiten die Reinigungsverpflichteten die ihnen obliegende Straßenreinigung auszuführen haben. Eine polizeiliche Verfügung, in der nicht genügend zum Ausdrucke gelangt, was der von der Polizeibehörde in Anspruch genommene leisten soll, muß auf Anrufen des Beteiligten beseitigt werden.

2. Die erste der in der Verfügung enthaltenen Auflagen betrifft nicht Straßenland, sondern ein neben der Straße liegendes Feldgrundstück der Kläger. Als Eigentümer haben diese zwar die Verpflichtung zur Abstellung polizeiwidriger Zustände ihres Grundstücks, immer indessen bloß insoweit, als die Pflicht nicht durch besondere gesetzliche Bestimmung abweichend geregelt ist. Der Umstand, daß die Verhältnisse der Straße durch die Vorschriften über die Wegebaupflicht besonders geordnet sind, schließt freilich die Pflicht, das Grundstück an der Straße in polizeimäßigem Zustande zu erhalten, nicht aus. Das kann nur eine besondere Regelung der Verhältnisse dieses Grundstücks tun. Jene Pflicht scheidet aber hier ohne weiteres deshalb aus, weil nicht erkennbar ist, inwiefern das Grundstück der Kläger polizeiwidrig beschaffen sein soll. Daß es sandig ist und Böschungen hat, ist an und für sich noch kein polizeiwidriger Zustand.

3. Aber auch als Urheber eines der Abstellung bedürftigen polizeiwidrigen Zustandes können die Kläger nicht in Anspruch genommen werden, weil sie nichts Positives tun oder getan haben, sondern sich nur passiv verhalten. Für die Frage nach der Urheberschaft eines polizeiwidrigen Zustandes und dem ursächlichen Zusammenhange hierbei darf das Nichthandeln dem Handeln nur dann gleichgestellt werden, wenn der Nichthandelnde verpflichtet war, zu handeln, insofern also sich nicht bloß rein passiv verhalten durfte. Die Kläger haben keine Pflicht zum Handeln, sind daher in keinem Falle

Urheber oder auch nur Miturheber der Polizeiwidrigkeit der Straße, zu deren Verhinderung die Polizeiverwaltung eingeschritten ist.

Nr. 5. Entsch. v. 5. Okt. 1909 (DJZ. 15 654) VIII B 28/08.

Der Kläger ist, da die Polizei von seiner Mieterin die Räumung nicht erzwingen kann, außerstande, der gegen ihn erlassenen Anordnung nachzukommen. Er ist nicht berechtigt, zur Selbsthilfe zu greifen; einen privatrechtlichen Grund, die Mieterin auszuweisen, hat er nicht; es würde ihm daher nichts nützen, den ordentlichen Richter anzugehen. Die Polizeiverwaltung aber müßte ihm ihren Beistand, wenn er ihn erbittet, versagen. Was die Beklagte ihm aufgab, war daher auszuführen ihm rechtlich unmöglich. Eine polizeiliche Anordnung solcher Art kann nicht aufrechterhalten werden.

Nr. 6. Entsch. v. 26. März 1908 (PrVerwBl. 30 309).

KrO. § 57 Abs. 5; LVG. §§ 61 ff.

1. Die Frage der persönlichen Beteiligung der Wegepolizeibehörde ist von dem Revisionsrichter frei zu prüfen.

2. Wenn der beklagte Amtsvorsteher ein Privatbeamter des mitbeklagten Grafen ist, so war er daher rechtlich behindert, in seiner amtlichen Eigenschaft eine Anordnung zu treffen, durch die die Besserung eines seit Jahrzehnten von seiner Dienstherrschaft unterhaltenen öffentlichen Weges einem Dritten als dem öffentlich-rechtlich Verpflichteten auferlegt wird. Zu welchen Unzuträglichkeiten eine anderweitige Auffassung führen kann, zeigt die von dem Vorderrichter hervorgehobene Tatsache, daß sich der Genannte bereits bei den im Jahre 1898 mit den Gemeinden K. und Kr. geführten Verhandlungen in seiner Eigenschaft als Wegepolizeibehörde und als herrschaftlicher Beamter bemüht hat, auf diese Gemeinden zugunsten der Entlastung der Standesherrschaft von der hier streitigen Wegeunterhaltungspflicht einzuwirken.

3. Der Umstand, daß der Vertreter der Klägerin in der I. Instanz erklärt hat, er erblicke in dem Dienstverhältnis des Amtsvorstehers zu dem Grafen X. keinen Verfahrensmangel, ist nicht geeignet, zu einer anderen Sachbeurteilung zu führen. Die Vorschrift des § 57 Abs. 5 KrO., die dahin lautet:

„Ist der Amtsvorsteher bei der Erledigung eines Amtsgeschäfts persönlich beteiligt, so hat der Kreisausschuß den Stellvertreter oder einen der benachbarten Amtsvorsteher bzw. Bürgermeister damit zu betrauen",

stellt einen zwingenden Satz des öffentlichen Rechts dar, der Ausnahmen nicht zuläßt und in seiner Anwendung auf den einzelnen Fall nicht durch Erklärungen oder Abmachungen der Parteien ausgeschlossen werden kann. Die Bestimmungen der §§ 61 ff. LVG. über die Ausschließung und Ablehnung der Gerichtspersonen, die die Ablehnung wegen Besorgnis der Befangenheit in das Ermessen der Parteien stellen, kommen nicht in Betracht.

Nr. 7. Entsch. v. 18. März 1909 (OVG. 54 345) IV C 128/08.

KrO. § 57.

Der Gerichtshof hat sich überzeugen müssen, daß der Beklagte (Kgl. Oberförster als Amtsvorsteher) als persönlich beteiligt zum Erlasse der angefochtenen Verfügung nicht befugt war. Ersichtlich ist es nicht allein das wegepolizeiliche Interesse an der Erhaltung des Bestandes der Dorfstraße, das ihn zu der Verfügung veranlaßt hat. In seinem Bericht an den Landrat begründet er deren Erlaß auch damit, daß die dahinter liegende forstfiskalische Ablage als solche nur benutzt werden könne, wenn die ganze Parzelle als Zufahrtweg für

Langholzwagen frei bleibe, und führt weiter an, daß der Kläger damit umgehe, ein Grundbuchblatt für die streitige Fläche anlegen zu lassen, um sie vielleicht als Baustelle zu verwenden, wodurch die forstfiskalische Ablage ihren Wert als Baustelle völlig verlieren würde. In demselben Berichte weist der Beklagte darauf hin, daß außer dem Kläger der Forstfiskus Eigentumsansprüche auf die streitige Fläche als Dorfaue geltend mache. Bei dieser Sachlage kann kein Zweifel bestehen, daß der Beklagte nicht nur aus wegepolizeilichen Rücksichten, sondern vornehmlich aus dem Grunde, weil er die Interessen des Forstfiskus wahren wollte, gegen den Kläger vorgegangen ist. Hierin liegt aber eine persönliche Beteiligung im Sinne des § 57 Abs. 5 KrO. Denn darunter ist nicht bloß eine solche Beteiligung zu verstehen, die ihren Grund in einem rein persönlichen und privaten Interesse des Amtsvorstehers hat, sonderen in weiterem Sinne muß auch das Interesse, das der Amtsvorsteher in seiner Eigenschaft als Vertreter des Forstfiskus wahrnimmt und wahrzunehmen verpflichtet ist, weil es geeignet ist, bei den Beteiligten Zweifel an seiner Unparteilichkeit zu erregen, als persönliche Beteiligung angesehen werden.

Nr. 8. Entsch. v. 9. April 1907 (PrVerwBl. 29 326) VIII A 115/05.

LVG. § 127.

Die Klage gegen den auf Beschwerde gegen das Vorgehen einer Ortspolizeibehörde erlassenen Bescheid des Regierungspräsidenten ist unzulässig, wenn dem Vorgehen der Ortspolizeibehörde die Erfordernisse einer polizeilichen Verfügung im Sinne des § 127 LVG. fehlen.

Dadurch, daß der Amtsvorsteher das an ihn gerichtete Schreiben des Landrats dem Kläger vorlegen und von diesem unterschreiben ließ, stellte er lediglich ein polizeiliches Einschreiten in Aussicht. Allerdings bezweckte er bei jenem Vorgehen, nunmehr seinerseits, als Ortspolizeibehörde, gegen den Kläger einzuschreiten. Zum Erlaß einer polizeilichen Verfügung aber war erforderlich, daß der Amtsvorsteher in die Mitteilung an den Kläger eine an diesen gerichtete Auflage, ein bestimmtes Gebot aufnahm; davon durfte auch nicht etwa aus dem Gesichtspunkte Abstand genommen werden, es habe aus den Vorgängen entnommen werden können, welche Leistung für den Kläger in Frage komme. Auch ist in Betracht zu ziehen, daß die Mitteilung des Amtsvorstehers des Datums entbehrt und daß nicht ersichtlich ist, wann sie dem Kläger zuging, daß sie ferner völlig ungeeignet ist, die Grundlage zur Vollstreckung zu bieten.

Nr. 9. Entsch. v. 10. Mai 1907 (PrVerwBl. 29 1033) VIII A 16/06.

In OVG. 38 378f. ist dargelegt, daß allerdings zur Einlegung der Rechtsmittel gegen eine polizeiliche Verfügung nicht nur derjenige befugt sei, an den sie gerichtet werden, sondern auch derjenige Dritte, dessen Rechtssphäre durch die Verfügung unmittelbar berührt werde. Die Rechtsmittel gegen polizeiliche Verfügungen — so heißt es aaO. weiter — „sind also dritten Personen nur im Falle eines unmittelbaren Eingriffs in ihre Vermögensrechte gegeben. Ein mittelbares finanzielles Interesse genügt nicht. Wollte man das Gegenteil annehmen, so würde man beispielsweise dazu gelangen müssen, den Hypothekengläubiger zur Einlegung von Rechtsmitteln gegen eine polizeiliche Verfügung für legitimiert zu erachten, welche dem Eigentümer des verpfändeten Grundstücks Beschränkungen auferlegt und dadurch dessen Wert mindert.“ Wenn daher aus der an M. als den damaligen Eigentümer und Besitzer des Grundstücks erlassenen polizeilichen Verfügung von M. ein Entschädigungsanspruch gegen die früheren Eigentümer abgeleitet wird, so handelt es sich dabei für diese lediglich um ein mittelbares finanzielles Interesse, das für sie den Anspruch nicht begründet, die an M. erlassene Verfügung zur Nachprüfung der Beschwerdeinstanzen und des OVG. zu verstellen.

Nr. 10. Entsch. v. 2. Jan. 1908 (PrVerwBl. 30 187) III A 28/07.

LVG. §§ 7, 127—130.

Gegen die Verfügung eines Magistrates, durch die ein Gewerbetreibender aufgefordert wird, ein von der Handwerkskammer für ungültig erklärtes Gesellenprüfungszeugnis an den Magistrat abzuliefern, ist die Klage im Verwaltungsstreitverfahren nicht gegeben.

Diese Zuständigkeit greift nach § 7 LVG. nur auf Grund besonderer gesetzlicher Bestimmung Platz. An der letzteren fehlt es hier. Nach Lage der Gesetzgebung ließe sich die Zulässigkeit des Verwaltungsstreitverfahrens allein auf die Annahme stützen, daß die Verfügung eine polizeiliche Verfügung im Sinne der §§ 127 und 130 LVG. sei. Diese Annahme wird aber dadurch ausgeschlossen, daß der Magistrat zu den in den §§ 127 und 130 bezeichneten Polizeibehörden nicht gehört, daß er eine Polizeigewalt überhaupt nicht besitzt.

Nr. 11. Entsch. v. 30. März 1908 (OVG. 52 369) III A 32/07

GewO. §§ 120a—120d.

Die Klage des Hauseigentümers gegen eine polizeiliche Verfügung, die zur Durchführung der in den §§ 120a—120c GewO. enthaltenen Grundsätze gegen einen Gewerbeunternehmer erlassen ist, der in dem Hause mietweise Arbeitsräume inne hat, ist zulässig, da sie in seine Vermögensrechte eingreift. Gegen die unter § 120d fallenden Verfügungen findet aber nach der dort im Abs. 4 gegebenen Bestimmung nur die Beschwerde an die höhere Verwaltungsbehörde und gegen deren Bescheid die weitere Beschwerde an die Zentralbehörde statt, die endgültig entscheidet.

Nr. 12. Entsch. v. 7. Jan. 1908 (OVG. 53 255) IV A 18/08.

ALR. II 17 § 10; PolVerwG. v. 11. III. 50 § 6.

Es kann dahingestellt bleiben, ob die Polizeibehörde berechtigt ist, Straßennamenschilder auch an Privatstraßen in gleicher Weise und von gleicher Art wie bei öffentlichen Straßen anbringen zu lassen, namentlich mit einer Bezeichnung, die den Eindruck macht, als habe man es nicht mit einer Privatstraße, sondern mit einer öffentlichen Straße zu tun, und ob im vorliegenden Falle im Interesse der Ordnung, Ruhe und Sicherheit (§ 10 II 17 ALR., § 6 PolVerwG. v. 11. III. 50) eine solche Maßregel geboten war. In keinem Falle waren die Kläger befugt, das auf polizeiliche Anordnung angebrachte Schild eigenmächtig zu beseitigen. Die Selbsthilfe ist eine Einrichtung des positiven Rechtes und gilt nur, wenn und soweit sie durch dieses anerkannt wird. Dem Verwaltungsrecht ist sie in der Regel fremd. Ihrem Wesen nach steht sie lediglich dem Privatmanne gegenüber einem anderen gleichartigen Rechtssubjekt, aber nicht der Obrigkeit gegenüber zu. Wer sich durch eine polizeiliche Anordnung beschwert fühlt, hat daher nur die im Gesetze zugelassenen Rechtsbehelfe, nicht die Befugnis zur Selbsthilfe. War aber die von den Klägern hier geübte Selbsthilfe unberechtigt, so sind sie ohne weiteres verpflichtet, wie es von ihnen verlangt worden ist, den früheren Zustand herzustellen und das entfernte Schild wieder anzubringen, auch sich jeder ferneren eigenmächtigen Aenderung dieses Zustandes zu enthalten.

Nr. 13. Entsch. v. 24. Jan. 1910 (OVG. 55 497) III A 41/08.

LVG. §§ 127–130.

Die Frist von 2 Wochen, innerhalb deren nach § 130 Abs. 1 LVG. gegen polizeiliche Verfügungen des Regierungspräsidenten die Beschwerde an den Oberpräsidenten stattfindet, wird durch die Anbringung der Beschwerde bei einer anderen Behörde, zB. bei dem Regierungspräsidenten, nicht gewahrt.

Dem klaren Wortlaute des § 130 Abs. 1 aaO. ist zu entnehmen, daß die Beschwerde innerhalb der 2wöchigen Frist an den Oberpräsidenten gelangen muß. Daß sie auch bei einer anderen Behörde, insbesondere auch bei derjenigen, gegen deren Verfügung sie sich richtet, angebracht werden könne, ist im § 130 nicht bestimmt worden. Der Abs. 1 des § 129, der dies für die Beschwerde im Falle des § 127 Abs. 1 aaO. vorschreibt, kann hier nicht Anwendung finden. Denn er stellt eine Ausnahme von der Regel dar, die ihren Grund in der wahlweisen Zulassung der Beschwerde und der auf § 128 aaO. beruhenden Klage hat.

B. Polizeiliche Zwangsmittel.

Nr. 1. Entsch. v. 27. Febr. 1908 (DJZ. 13 1110) IV 391.

Gemäß dem geltenden Ortsrecht ist der Kläger zur Reinigung der Straße vor seinen Grundstücken öffentlich-rechtlich verpflichtet. Eine ganz andere Frage ist, ob die Polizeiverwaltung gemäß der PolVd. v. 1. II. 88 im Rechte war, ihn bei Vermeidung einer Exekutivstrafe von 30 ℳ aufzufordern, die Ausführung der städtischen Straßenreinigung bei dem städtischen Fuhrparke zu beantragen. Das war, soweit dabei die Frage in Betracht kommt, ob der Kläger öffentlich-rechtlich verpflichtet ist, der Aufforderung Folge zu leisten, anzunehmen. Dies wird eingehend begründet, dann heißt es weiter: Schließlich kam es noch auf die Prüfung an, ob dem Kläger die Bestellung der Reinigung bei dem städtischen Fuhrparke bei Vermeidung einer Exekutivstrafe aufgegeben werden konnte. Der Kläger hält dies für unzulässig und mit den Grundsätzen, die sich aus der Regel ne bis in idem ergeben, unvereinbar. Die Polizeiverwaltung vertritt dagegen den Standpunkt, die Straßen-PolVd. wolle nur die zur Reinhaltung der Straße erforderlichen tatsächlichen Maßnahmen bestimmen, ihr sei also stets dann genügt, wenn der städtische Fuhrpark die Reinigung vornehme, einerlei ob er es auf Grund einer Bestellung tue oder ohne eine solche. Die angefochtene Verfügung wolle die Bestellung, nicht die Reinigung selbst, erzwingen, ihr Inhalt decke sich daher nicht mit dem der Vorschrift in der Straßenpolizeiverordnung. Letzterer Auffassung kann nicht beigetreten werden. Der § 55 aaO. bedroht jeden mit Strafe, der sich eine Zuwiderhandlung gegen die Bestimmungen der Straßenpolizeiordnung zuschulden kommen läßt; § 2 Abs. 2 gebietet den Anwohnern, die Reinigung durch den städtischen Fuhrpark vornehmen zu lassen. Um diesem Gebote nachzukommen, muß der Anwohner die Ausführung der Reinigung bei dem städtischen Fuhrparke beantragen (bestellen). Der Anwohner, der das unterläßt, handelt mithin dem § 2 Abs. 2 zuwider und macht sich nach § 55 strafbar. Das gleiche verlangt an sich die angefochtene Verfügung unter Androhung einer Exekutivstrafe. Dennoch hat der Gerichtshof die Androhung einer solchen als unzulässig nicht ansehen können. Es mag dahingestellt bleiben, ob nicht die sich mehrenden Bedenken neuerer Schriftsteller dahin führen, die zu erheblichen Mißverständnissen und Unzuträglichkeiten Anlaß gebende bisherige Anwendung des Satzes ne bis in idem auf Exekutivstrafen ganz fallen zu lassen. Daß dieser

Satz dann unanwendbar ist, wenn durch die polizeiliche Verfügung die Beseitigung der Fortdauer eines polizeiwidrigen Zustandes bezweckt wird, ist allgemein anerkannt. Im Anschlusse hieran muß dasselbe auch für einen Fall der vorliegenden Art angenommen werden. Durch die hier angedrohte Exekutivstrafe soll der Kläger veranlaßt werden, dadurch, daß er das städtische Straßenreinigungsinstitut in Anspruch nimmt, zwischen sich und der Stadtgemeinde ein dauerndes Verhältnis herzustellen. Das ist etwas von demjenigen Verschiedenes dessen Tun oder Unterlassen die Straßenpolizeiordnung unter Strafe stellt. Es fehlt sonach das idem.

III.

Polizeiverordnungen.

Litteratur: Brogsitter: Die Rechtsprechung des Kammergerichts auf dem Gebiete des Polizeiverordnungsrechts (Cöln 1908). — Koch: Eingemeindungsrecht und Polizeiverordnung (Berlin 1909). — Wolf: Die Gesetzgebung über das Polizeiverordnungsrecht in Preußen (Halle a. S. 1910).

Nr. 1. Entsch. v. 18. Febr. 1908 (PrVerwBl. 30 273) I A 107/07.

1. Bei der Auslegung einer PolVd. darf nicht der Wortlaut allein in Betracht kommen, es muß vielmehr der aus dem Zwecke und Zusammenhange erkennbare Gedanke entscheiden.

2. Wenn eine PolVd. vorschreibt: „Besitzer von Grundstücken oder abgesonderten Teilen derselben, insbesondere von Wohn- oder Geschäftsräumen, sind, vorbehaltlich der Beobachtung der baupolizeilichen Vorschriften, berechtigt, Anzeigen, welche lediglich ihr eigenes Interesse betreffen, an diesen Grundstücken anzubringen", so darf hiernach der Mieter eines auf einem fremden Grundstücke befindlichen Bodengelasses infolge des Mietbesitzes nur solche Anzeigen auf dem fremden Grundstücke anbringen, die sich auf dieses Gelaß beziehen. Denn unter Anzeigen, die „lediglich ihr eigenes Interesse betreffen", sind nicht alle Ankündigungen, die irgendeinem Interesse des Eigentümers oder Mieters eines Grundstücks oder Grundstücksteils entsprechen, sondern nur diejenigen zu verstehen, die eine Beziehung zu dem Grundstücke haben, auf oder an dem sie angebracht werden.

3. Zwischen der Erlaubnis zur Anbringung eines Hängegerüstes und derjenigen zur Anbringung des mit Hilfe des Hängegerüstes anzubringenden Plakats ist wohl zu unterscheiden. Der Umstand, daß in dem Antrage bemerkt war, das Gerüst solle „zwecks Anbringung eines Reklameschildes" angebracht werden, beweist nicht, daß die lediglich auf einen Monat gewährte Erlaubnis für das Gerüst auch auf das Plakat bezogen werden dürfte, das die Kläger doch für längere Zeit anmalen lassen wollten. Die Polizei hatte auch keinen Anlaß, bei dem nur nach baupolizeilichen Gesichtspunkten zu prüfenden Gesuche zu erörtern, ob der Zweck des Gerüsts, das Anmalen des Plakats, der polizeilichen Genehmigung bedürfe oder sie schon erhalten habe oder nicht.

Nr. 2. Entsch. v. 1. Mai 1908 (PrVerwBl. 30 24) I B 8/07.

PreußPreßG. v. 12. V. 51 §§ 9f.; RGewO. § 43; PolVerwG. v. 11. III. 50 § 6b.

1. Im § 1 einer PolVd. ist bestimmt:

„Oeffentliche Anzeigen an Häusern, Umzäunungen, an öffentlichen Straßen oder Plätzen oder sonstwie an Stellen, welche für jedermann zugänglich sind, anzubringen, ist verboten, mit Ausnahme an den von der Polizeibehörde auf öffentlichen Straßen und Plätzen genehmigten Einrichtungen."

Eine derartige PolVd., die ihre rechtliche Stütze im § 6 b PolVerwG. v. 11. III. 50 findet, weil die Regelung des Anschlagwesens die Aufrechterhaltung der Ordnung, Sicherheit und Leichtigkeit des Verkehrs auf den Straßen bezweckt, ist gültig. Hieran muß festgehalten werden. Aus dem noch geltenden § 10 PreußPreßG. v. 12. V. 51 oder aus § 43 RGewO. kann ein Bedenken gegen die Gültigkeit einer solchen PolVd. nicht hergeleitet werden; denn § 10 enthält — ebenso wie § 43 GewO. — nur Beschränkungen bezüglich der Personen, die Schriften oder Bildwerke an öffentlichen Orten anheften oder anschlagen dürfen, regelt aber nicht das öffentliche Anschlagswesen hinsichtlich der Orte auf den öffentlichen Wegen usw., wo das Anheften oder Anschlagen stattfinden kann.

2. Daraus folgt zugleich, daß eine gemäß § 10 PreußPreßG. oder gemäß § 43 GewO. der Klägerin oder ihren Angestellten etwa erteilte Erlaubnis zur Anbringung von öffentlichen Anzeigen, weil sie nur für die Personen gelten würde, gegenüber dem § 1 PolVd. ohne Bedeutung wäre. Ferner ist im § 9 PreußPreßG. nur bestimmt, welchen Inhalt die Plakate haben müssen, die angeschlagen, angeheftet oder in sonstiger Weise öffentlich ausgestellt werden dürfen. Diese Bestimmungen des PreußPreßG. sowie die Bestimmungen des § 43 GewO. können daher einer Regelung des Anschlagswesens durch eine alle Plakate an bestimmte Anschlagsvorrichtungen verweisende PolVd. nicht entgegenstehen. Zwar ist die Bestimmung im § 8 Abs. 2 Vd. v. 30. VI. 49 (GS. 226), wonach Plakate an den von der Ortspolizeibehörde als nicht geeignet bezeichneten Stellen nicht angebracht werden durften, durch das PreußPreßG. beseitigt worden, aber nur deshalb, weil angenommen wurde, daß eine solche Bestimmung nicht in das PreßG. gehöre.

3. Ist somit von der Rechtsgültigkeit der PolVd. auszugehen, so muß auch das Verbot des Anbringens und Anheftens von Anzeigen an den Geschäftswagen der Klägerin für gerechtfertigt erachtet werden. Denn wenn die Anbringung öffentlicher Anzeigen an öffentlichen Straßen oder Plätzen oder sonstwie an Stellen, die für jedermann zugänglich sind, mit Ausnahme der von der Polizeibehörde genehmigten Einrichtungen verboten ist, so verfolgt die PolVd. den Zweck, alle Anzeigen, die unter Benutzung der öffentlichen Straßen zur Kenntnis des Publikums gebracht werden sollen, an bestimmten Stellen zu vereinigen. Daher liegt es im Sinne der PolVd., das Verbot auch auf Anzeigen an den auf den öffentlichen Straßen und Plätzen verkehrenden Geschäftswagen, die von dem Publikum gesehen und gelesen werden können, mitzubeziehen. Daß das Verbot nur gilt, wenn und solange sich die Wagen auf den öffentlichen Straßen und Plätzen befinden, versteht sich von selbst.

Nr. 3. Entsch. v. 12. Mai 1908 (PrVerwBl. 30 74) I A 35/08.

PolVerwG. § 6.

1. Rechtsgültig ist eine zur Ordnung, Sicherung und Erleichterung des Verkehrs auf öffentlichen Straßen, Plätzen usw. erlassene PolVd., wonach Grundstücksbesitzer und Mieter nur solche Anzeigen auf ihren Grundstücken oder in ihren Mietsräumen aushängen oder anschlagen dürfen, die lediglich ihr eigenes Interesse berühren, im übrigen aber alle Anzeigen an die dazu bestimmten Tafeln, Säulen oder sonstigen Vorrichtungen verwiesen werden. Sie findet ihre Rechtfertigung in § 6 b und i PolVerwG. v. 11. III. 50; denn die Regelung des Anschlagwesens bezweckt, den Verkehr auf öffentlichen Straßen, Wegen und Plätzen zu ordnen, zu sichern und zu erleichtern, weil erfahrungsmäßig der Verkehr gehemmt wird, wenn das die Straßen, Plätze usw. benutzende Publikum durch Anzeigen irgendwelcher Art zum Stehenbleiben, Lesen und Anschauen veranlaßt wird.

2. Die PolVd. v. 3. IV. 76 (ABl. Posen 159) verbietet jede Art der Veröffentlichung von Plakaten, sofern sie sich nicht der Anschlagssäulen bedient, **insbesondere auch eine Reklame für Geschäfte durch Lichtbilder auf einer Tafel, die oberhalb des Daches eines Hauses angebracht wird.**

Verfehlt ist insbesondere die Meinung, die Verordnung dürfe darum auf die Lichtbilderreklame nicht angewendet werden, weil durch sie der öffentliche Verkehr nicht gefährdet werde; denn im Hinblick auf die Verordnung, die das gesamte Anschlagwesen **auf die Anschlagssäulen** verweist, bedarf es nicht der tatsächlichen Voraussetzung, daß aus den Lichtbildern auf dem Hausdache Verkehrsstörungen zu befürchten seien. Einen Zweifel darüber, daß die beabsichtigten Lichtbilderreklamen von den Straßen gesehen werden können und darum als solche zu beurteilen sind, die „auf den öffentlichen Plätzen, Straßen und Wegen angeschlagen oder befestigt werden", hat der Kläger nicht erhoben; es kann auch nach dieser Richtung ein Zweifel nicht bestehen. Ebensowenig ist es von Belang, daß bei den Lichtbildern von einem „Anschlagen" und „Befestigen" im engeren Sinne nicht gesprochen werden kann, da mit den in § 1 aaO. gebrauchten Worten jedwede Art des Anbringens gemeint ist, ohne daß gerade ein Anbringen durch Schlag, Druck usw. oder eine Befestigung für längere Dauer nötig wäre. Die Lichtbilder sollen doch auf der Tafel, auf die sie geworfen werden, durch den Apparat mindestens so lange festgehalten werden, daß sie vom Publikum gelesen werden können, wenn auch gerade der häufige Wechsel des im Lichtbild erscheinenden Plakats für diese Art der Reklame charakteristisch ist; dies Festhalten zum Zwecke des Anschauens und Lesens genügt, um den Begriff der Befestigung im weiteren Sinne als erfüllt anzusehen. Wollte man indessen auch Bedenken tragen, den in der PolVd. v. 3. IV. 76 gebrauchten Ausdruck „anschlagen oder sonst befestigen" auf die mittels eines Projektionsapparats auf eine Tafel geworfenen Plakate anzuwenden, so würde der Kläger dennoch mit seiner Klage nicht durchdringen können. Denn da erfahrungsmäßig gerade solche Art der Veröffentlichung von Geschäftsanzeigen, wie sie vom Kläger beabsichtigt war, das Publikum anzieht und zum Stehenbleiben auf den Straßen und Plätzen veranlaßt, um die durch den Lichtbilderapparat projektierten Anzeigen zu lesen und ihren beständigen Wechsel zu beobachten, so war das Vorhaben des Klägers **geeignet, Verkehrsstörungen hervorzurufen,** und konnte deshalb von der Polizeibehörde aus diesem Gesichtspunkt **auch dann verboten** werden, wenn die Vd. v. 3. IV. 76 nicht bestände oder nicht anwendbar wäre.

Nr. 4. Entsch. v. 22. Mai 1908 (PrVerwBl. 31 12) VIII B 4/08.

1. **Die Polizeibehörden sind nicht befugt, die Polizeigewalt einer anderen Stelle zur Ausübung kraft eigenen Rechtes zu übertragen.** Auch der Regierungspräsident darf eine solche Uebertragung nicht etwa auf Grund seiner Befugnis vornehmen über die Einrichtungen, die die örtliche Polizeiverwaltung erfordert, besondere Vorschriften zu erlassen.

2. **Rechtsungültig** ist die **Vorschrift** einer **PolVd.**, durch welche die **Bezirksschornsteinfeger und** die unter bestimmten Voraussetzungen an ihre Stelle tretenden **Bausachverständigen und Baubeamten mit der Ausübung der gesetzlich den Ortspolizeibehörden zustehenden Verfügungsgewalt** in bezug auf die Benutzung und das Verputzen neuer Schornsteine betraut werden, **ohne daß eine sachliche Mitwirkung der Ortspolizeibehörde** vorgesehen wäre.

Im vorliegenden Fall war insbesondere ein Eingreifen der letzteren durch Aufhebung oder Bestätigung (Ratihabition) der getroffenen Entscheidungen oder durch deren Vertretung gegenüber den gesetzlichen Rechtsmitteln (§§ 127 ff. LVG.)

nicht vorgesehen, vielmehr ausdrücklich bestimmt, daß im Falle von Meinungsverschiedenheiten zwischen dem Bezirksschornsteinfeger und dem Bauherrn usw. die Entscheidung des nächstberufenen Bausachverständigen anzurufen ist. Dies muß für ausreichend zur Ausschließung der Annahme erachtet werden, daß durch die PolVd. die Bezirksschornsteinfeger usw. lediglich zu Organen der Polizeibehörde bestellt seien dergestalt, daß ihre Verfügungen durch die letztere jederzeit mißbilligt und zurückgenommen werden könnten oder aber von ihr gegenüber den gesetzlichen Rechtsmitteln (§§ 127ff. LVG.) zu vertreten wären.

Nr. 5. Entsch. v. 28. Jan. 1909 (OVG. 54 417) III C 180/08.

AllgBergG. §§ 192a, 197.

Das BergG. eröffnet in dem durch G. v. 14. VII. 05 (GS. 307) eingeführten § 192a Abs. 2I gegen die Entscheidung des Oberbergamts auf Grund des § 197 Abs. 1 innerhalb 2 Wochen von der Zustellung an die Klage im Verwaltungsstreitverfahren bei dem Bergausschuß und gegen dessen Entscheidung die Revision bei dem OVG. Das G. v. 18. VI. 07 (GS. 119) erweitert diese Zuständigkeit für hier nicht in Betracht kommende Angelegenheiten.

Der Bergausschuß erachtet den Wortlaut des § 192a Abs. 2 für nicht klar, gelangt aber zu der Ansicht, daß hiermit seine Zuständigkeit auf die Anordnungen zufolge der von den Oberbergämtern nach § 197 Abs. 1 Satz 1 erlassenen Polizeiverordnungen nicht ausgedehnt worden sei, indem er ausführt, daß diese Auslegung der bei der Beratung der Novelle im Abgeordnetenhause kundgegebenen Absicht entspreche. Die Klägerin erachtet dagegen den Wortlaut des § 192a in dem Sinne für klar und unzweideutig, daß die Zuständigkeit des Bergausschusses sich auch auf die Entscheidungen der Oberbergämter auf Grund der Polizeiverordnungen erstrecke, und hält deshalb für unerheblich, ob dies auch der bei der Beratung der Novelle kundgegebenen Absicht entspreche. Der Klägerin kann nicht beigetreten werden.

Es kommt darauf an, was unter der „Entscheidung auf Grund des § 197 Abs. 1" zu verstehen ist, und dies bedarf der Feststellung, da das Wort „Entscheidung" sich in § 197 Abs. 1 nicht vorfindet. Zweifellos fallen hierunter nicht die von den Oberbergämtern gemäß § 197 Abs. 1 Satz 1 erlassenen Polizeiverordnungen. Zu ihrer Anfechtung war den Beteiligten bisher ein Rechtsmittel nicht eingeräumt. Zulässig war nur die Beschwerde im Aufsichtsweg an den vorgesetzten Minister. Daß die Novelle abweichend von dem, was sonst hinsichtlich der Anfechtbarkeit von Polizeiverordnungen Rechtens ist, den Beteiligten zu diesem Zwecke die Klage im Verwaltungsstreitverfahren habe eröffnen sollen, muß als ausgeschlossen gelten. Die Polizeiverordnungen sind durch das Amtsblatt zu verkünden (§ 197 Abs. 2) und also nicht den Beteiligten zuzustellen. Es folgt deshalb schon aus der Einführung einer vom Beginne der Zustellung laufenden Klagefrist, daß die Polizeiverordnungen für § 192a Abs. 2 außer Betracht bleiben.

Die Bedeutung von Polizeiverordnungen wurde auch den Anordnungen zuerkannt, zu denen die Oberbergämter hinsichtlich des Arbeitstags durch die Nov. v. 24. VI. 92 ermächtigt waren, obschon sie auch für ein einzelnes Bergwerk ergehen durften. Für die „Festsetzungen", zu denen die Oberbergämter durch die Nov. v. 14. VII. 05 im 3. Satze des 1. Abs. des § 197 ermächtigt worden sind, kann es um so weniger einem Bedenken unterliegen, als sie für den ganzen Oberbergamtsbezirk oder Teile desselben zu erlassen sind. Wie die Polizeiverordnungen haben auch die „Festsetzungen" sich auf die Feststellung allgemeiner Regeln für ihren Geltungsbereich zu beschränken, nach denen sich die Zulässigkeit der an die einzelnen Bergwerke zu stellenden Anforderungen bestimmen soll. Die „Festsetzungen" unterliegen demnach ebenfalls nicht der Anfechtung mit der Klage bei dem Bergausschusse.

Die Bedeutung einer „Entscheidung" kommt indes sowohl der von den Oberbergämtern auf Grund der „Festsetzungen" einem einzelnen Bergwerke gegenüber getroffenen Anordnung (§ 197 Abs. 1 Satz 3), wie auch dem Bescheide zu, durch den der Antrag auf gänzliche oder teilweise, dauernde oder zeitweise Entbindung eines Bergwerkes von den in den „Festsetzungen" oder in der „Anordnung" vorgesehenen Vorschriften abgelehnt wird (Satz 4). Es ist indes auf Grund folgender Erwägung ausgeschlossen, hierunter auch die Entscheidungen zu verstehen, zu denen die Oberbergämter nach den gemäß Satz 1 des § 197 erlassenen Polizeiverordnungen berufen sind. Die Bergpolizei ist von den Revierbeamten wahrzunehmen (§ 189). Ihre Verfügungen sind mit dem Rekurs an das Oberbergamt anfechtbar (§ 191). An dieser gesetzlich gegebenen Zuständigkeit kann durch Polizeiverordnung nichts geändert werden, weil die Polizeiverordnung sich auf die sachliche Regelung der in § 196 bezeichneten Gegenstände zu beschränken hat. Die Revierbeamten sind demnach für die bergpolizeilichen Verfügungen, gleichviel, ob sie auf einer Polizeiverordnung beruhen oder nicht, vorbehaltlich des Rekurses an das Oberbergamt zuständig.

Nr. 6. Entsch. v. 16. Okt. 1909 (PrVerwBl. 31 600) IX A 14/09.

1. Es steht fest, daß sich auf dem Kirchhofsgelände ein Verwaltungsgebäude befindet, das zum dauernden Aufenthalt für den Kirchhofsverwalter und seine Familie dient. Damit ist die Verpflichtung der Kirchengemeinde als Eigentümerin zum Anschluß dieses Verwaltungsgebäudes an die Kanalisation in Rosenthal gemäß § 1 Abs. 1 PolVd. v. 1. VI./3. VII. 08 gegeben, ohne daß ihr ein Recht auf Befreiung vom Anschlußzwange nach Abs. 4 aaO. zusteht. Denn wenn auch auf dem Kirchhofe ein gärtnerischer Betrieb stattfindet und der Kirchhofsverwalter mit Rücksicht auf diesen Gärtnereibetrieb seine Wohnung auf dem Kirchhofe erhalten hat, so bleibt er doch der Angestellte der Kirchengemeinde, dem die Aufsicht über den Kirchhof, die Regelung des Begräbniswesens und die Grabpflege auf demselben obliegt. Daß der Kirchhofsverwalter diese Funktionen zu erfüllen hat, folgt schon begrifflich aus seinem Amt und geht auch aus den von der Klägerin eingeforderten Anstellungsbedingungen für den Kirchhofsverwalter hervor. Nach der der Berufung desselben beigegebenen Dienstanweisung ist der Kirchhofsverwalter Totengräber und hat alle mit diesem Amt verbundenen, in der Dienstanweisung aufgezählten Verrichtungen zu erfüllen. Dazu gehört vor allem die Anfertigung der Gräber, die Hilfeleistung bei den Beerdigungen, die Pflege der Gräber, die Instandhaltung des Inventariums und der Utensilien, die Beaufsichtigung der Leichenhalle und die Sorge für Aufrechterhaltung der Ordnung auf dem Kirchhofe.

Allein der Grabpflege dient der Gärtnereibetrieb auf dem Kirchhofe, aus dem der Verwalter keinen Gewinn erzielt. Der Blumenhandel ist ihm sogar ausdrücklich verboten. Er erhält neben der freien Dienstwohnung im Verwaltungsgebäude ein festes Gehalt von jährlich 1800 ℳ. Aus der Art der dienstlichen Obliegenheiten des Verwalters geht unzweifelhaft hervor, daß das Verwaltungsgebäude, das ihm zur Wohnung dienen soll, nicht ausschließlich zu gärtnerischen Zwecken bestimmt ist und demnach nicht zu den nach § 1 Abs. 4 PolVd. vom Anschlußzwange befreiten Gebäuden gehört.

2. Trotzdem konnte der Klage aus folgenden Gründen der Erfolg nicht versagt werden: Die anderen auf dem Kirchhofe befindlichen Gebäude

sind dem Anschlußzwange nicht unterworfen, wie dies auch vom Amtsvorsteher hinsichtlich der Kapelle mit Leichenhalle und der Wartehalle anerkannt worden ist. Aber auch für das zur Benutzung durch die Kirchhofsbesucher erbaute Abortgebäude besteht ein Anschlußzwang nicht, weil ein solcher in der PolVd. nur für die zum dauernden Aufenthalt von Menschen bestimmten Gebäude vorgesehen ist, zu denen das Abortgebäude nicht gehört. Die PolVd. enthält keine allgemeine Bestimmung über den Anschluß der Klosetts an die Kanalisation, so daß die Stellen, in denen von der Abführung der Klosettabwässer und der Einrichtung der Wasserklosetts gehandelt wird (§§ 2, 6, 9f., 16 aaO.), nur von den Klosetts der Gebäude verstanden werden können, die zum dauernden Aufenthalt von Menschen bestimmt sind und deshalb nach § 1 Abs. 1 aaO. dem Anschlußzwange unterliegen. Nach der PolVd. konnte also die Polizeibehörde den Anschluß des in Rede stehenden Abortgebäudes an die Kanalisation von der Klägerin nicht verlangen.

Der Beklagte behauptet auch, daß ein solches Verlangen in der angefochtenen Verfügung ausdrücklich nicht enthalten sei, daß diese vielmehr in ihrem 1. Absatz nicht von den auf dem Kirchhof vorhandenen, sondern von den zur Zeit des Erlasses der PolVd. überhaupt in Rosenthal vorhandenen Gebäuden handele und der Klägerin nur den gemäß § 1 Abs. 2 festgesetzten Zeitpunkt, von welchem ab der Anschluß dieser Gebäude zu erfolgen habe, bekanntgeben wollte. Es ist zuzugeben, daß eine solche Auslegung der Verfügung möglich ist, aber weder vom Amtsvorsteher noch von der Klägerin ist ihr diese Auslegung gegeben worden. Der Amtsvorsteher hat mit der angefochtenen Verfügung auch den Anschluß des Abortgebäudes auf dem Kirchhofe von der Klägerin verlangen wollen, und letztere hat die Verfügung so verstanden, daß ihr damit der Anschluß aller auf dem Kirchhofe befindlichen Gebäude einschließlich des Abortgebäudes, der Kapelle mit der Leichenhalle und der Wartehalle auferlegt worden sei. Auch diese Auslegungen sind mit dem Wortlaut vereinbar, da die Verfügung es unterlassen hat anzugeben, auf welche Gebäude sie sich beziehen soll. Jede polizeiliche Verfügung muß aber bestimmt zum Ausdruck bringen, was von dem in Anspruch Genommenen verlangt wird. An dem Erfordernis genügender Bestimmtheit fehlt es in der angefochtenen Verfügung.

Nr. 7. Entsch. v. 4. Jan. 1910 (PrVerwBl. 31 716) I A 86/09.

Wenn es sich in der Tat darum gehandelt hätte, daß das Kind B., das vordem gegen Entgelt bei der Klägerin untergebracht war, nunmehr unentgeltlich von ihr aufgenommen werden sollte, so würde allerdings in Frage kommen, ob in der Versagung der nachgesuchten Erlaubnis überhaupt eine mit den Rechtsmitteln des 4. Titels LVG. anfechtbare polizeiliche Verfügung zu finden und dementsprechend die Klage für zulässig zu erachten wäre. Denn für die unentgeltliche Aufnahme von Pflegekindern bedarf es weder nach der hier in Rede stehenden PolVd. noch nach anderweiten gesetzlichen oder gesetzesgleichen Vorschriften einer polizeilichen Genehmigung. Durch die Versagung einer nicht erforderlichen Genehmigung wird der Betroffene infolgedessen in seinen Rechten regelmäßig nicht verletzt. Eine solche Verletzung, die die Voraussetzung für eine Anfechtung der Verfügung mit den erwähnten Rechtsmitteln bildet, liegt in einem solchen Falle vielmehr erst dann vor, wenn die Polizeibehörde sich nicht darauf beschränkt, die Erteilung der nachgesuchten Genehmigung lediglich abzulehnen, sondern dazu übergeht, diejenige Handlung oder Veranstaltung, für die die Genehmigung nachgesucht wird, zu verbieten. Nach dem Wortlaute der Verfügung konnte es nun zweifelhaft sein, ob die erlassene Verfügung nicht in ersterem Sinne aufzufassen ist, und ob nicht die Ablehnung der von der Klägerin nachgesuchten Genehmigung, das Kind fortab unentgeltlich in Pflege nehmen zu dürfen, den alleinigen Inhalt der Verfügung bilden sollte. Dieser Zweifel wird indessen beseitigt, wenn die Vorgänge der Sache, die bei Würdigung der Verfügung nicht unberücksichtigt bleiben dürfen, in Betracht gezogen werden. Letztere ergeben, daß der Klägerin die Genehmigung zum Halten des Kindes gegen Entgelt aus dem Grunde versagt worden war, weil die Polizei bei den Verhältnissen der Familie eine Gewähr für sachgemäße Pflege und Erziehung des Kindes vermißte. An diesem Standpunkt hielt die Polizeibehörde fest und es kam ihr darauf an, eine erneute Unterbringung des Kindes bei der Klägerin unter allen Umständen und ohne Rücksicht darauf, ob die Unterbringung mit Entgelt oder ohne ein solches erfolgen sollte, zu verhindern. Hiernach ist zu prüfen, ob die Polizeibehörde zum Erlasse eines solchen Verbots nach Lage der obwaltenden Verhältnisse als berechtigt anzusehen war. Diese Berechtigung würde nach dem Vorhergesagten zweifelhaft erscheinen können, wenn es sich tatsächlich darum gehandelt hätte, das Kind in unentgeltliche Pflege zu nehmen, da in diesem Falle die Voraussetzungen, unter denen die Polizei zu einem Eingreifen befugt gewesen wäre, als vorliegend nicht ohne weiteres anzuerkennen sein würden. In Wahrheit hat indessen eine derartige Absicht bei der Klägerin niemals bestanden. Der Antrag, die Genehmigung zur unentgeltlichen Aufnahme des Kindes zu erteilen, sollte vielmehr lediglich das Mittel bilden, um das frühere, unanfechtbar gewordene Verbot unwirksam zu machen und das Kind trotz dieses Verbots wieder in die entgeltliche Pflege der Klägerin zu bringen. Ganz abgesehen davon, daß es an sich wenig wahrscheinlich erscheint, daß eine in den beschränkten Verhältnissen der Klägerin lebende Person ein fremdes Kind unentgeltlich in Pflege nehmen sollte, ist die vorstehend gekennzeichnete Absicht der Klägerin mit voller Deutlichkeit zu erkennen, wenn der der Verfügung zugrunde liegende Antrag der Klägerin mit dem von ihr überreichten Vertrage, welcher zwischen dem unehelichen Vater des Kindes B. einerseits und dem Vertreter des Kindes sowie der Klägerin — letzterer gleichzeitig als Generalbevollmächtigten der unehelichen Mutter — anderseits zusammengehalten wird.

Um die ihr in diesem Vertrage zugesicherte Vergütung zu erlangen, war das Bestreben der Klägerin darauf gerichtet, wiederum in den Besitz des ihr abgenommenen Kindes zu kommen. Bei dieser Sachlage ging die Polizei von vollkommen zutreffenden Voraussetzungen aus, wenn sie die Eingabe der Klägerin als eine nicht ernstgemeinte ansah und in derselben nur den Versuch erblickte, die Bestimmungen der PolVd. zu umgehen. War dies aber der Fall, so war auch die Polizeibehörde durchaus im Rechte, wenn sie diesem Versuch entgegentrat und mit der Ablehnung des Scheinantrags das frühere Verbot der Aufnahme des Kindes B. in die Pflege der Klägerin aufrechterhielt. Nach der PolVd. der Regierung zu Wiesbaden v. 4. IV. 81 (ABl. 106), deren Rechtsgültigkeit außer Zweifel steht, bedürfen Personen, die gegen Entgelt fremde, noch nicht 6 Jahre alte Kinder in Kost und Pflege nehmen wollen, der Erlaubnis des Kgl. Polizeipräsidiums. Diese Erlaubnis ist nur solchen Frauenspersonen zu erteilen, die nach ihren persönlichen Verhältnissen und nach der Beschaffenheit ihrer Wohnungen geeignet erscheinen, eine solche Pflege zu übernehmen. Diesen Voraussetzungen, die dazu dienen sollen, die in Pflege genommenen Kinder vor körperlicher und sittlicher Verwahrlosung zu schützen, entsprechen die Verhältnisse der Klägerin in keiner Weise.

Vierte Abteilung.
Anderweitige Zuständigkeiten der Verwaltungsgerichte.

I.
Eingeschriebene Hilfskassen.

Nr. 1. Entsch. v. 21. Sept. 1908 (OVG. 53 373) III C 14/08.

HilfsKG. §§ 3, 15.

1. Krankenkassen dürfen als eingeschriebene Hilfskassen nur auf Grund eines Statuts zugelassen werden, das über den Beitritt und Austritt der Mitglieder Bestimmung trifft (§ 3 Abs. 1[2] HilfsKG. v. 7. IV. 76/1. VI. 84). Daraus folgt, daß der Beitritt und Austritt der Mitglieder sich allein in den vom Statute festgesetzten Formen vollziehen kann. Das Statut der Beklagten bestimmt im § 4, daß der Austritt den Mitgliedern zu jeder Zeit freisteht, ein freiwilliger Austritt jedoch dem Vorstande schriftlich anzuzeigen ist. An der Erfüllung dieser Form fehlt es hier. H. hat seinen Austritt aus der Kasse dem Vorstande nicht schriftlich angezeigt. Die von ihm unterschriebene Quittung über den Rückempfang der zur Kasse gezahlten Beiträge und Gebühren stellt keine solche Anzeige dar.

2. Was ferner den Ausschluß, d. h. die Beendigung der Mitgliedschaft durch eine Willenserklärung des zuständigen Kassenorgans, betrifft, so setzt der § 15 HilfsKG. ausdrücklich fest, daß der Ausschluß von Mitgliedern aus der Kasse nur unter den durch das Statut bestimmten Formen erfolgen kann. In dieser Beziehung schreibt der § 5 des Statuts der Beklagten vor, daß der Ausschluß aus der Kasse auf Beschluß des Vorstandes erfolgt und daß dem Ausgeschlossenen die Beschwerde an den Gesamtvorstand und an die ordentlichen Gerichte oder an die Generalversammlung zusteht. Kennzeichnend für den Ausschluß ist aber, daß er auf der Annahme einer gültig erlangten Mitgliedschaft beruht und die letztere nur für die Zukunft beenden will.

3. Für die Rechtsverhältnisse zwischen einer Hilfskasse und ihren Mitgliedern sind in erster Linie die Bestimmungen des Kassenstatuts maßgebend. Im § 3 des Statuts der beklagten Kasse ist Gesundheit als Aufnahmebedingung festgesetzt und im § 5 bestimmt, daß der Ausschluß aus der Kasse erfolgt, wenn ein Mitglied bei der Aufnahme unrichtige Angaben über Alter oder Gesundheitszustand gemacht, namentlich das Vorhandensein ererbter oder chronischer Uebel, innerer oder äußerer Gebrechen oder Leiden, verschwiegen hat. Diese Vorschriften müssen dahin verstanden werden, daß die unrichtigen oder unvollständigen Angaben die Kasse nicht berechtigen sollen, den Aufnahmevertrag mit einer bis auf seinen Abschluß zurückgreifenden Wirkung anzufechten, daß sie vielmehr lediglich einen Ausschließungsgrund bilden, daß also der Kasse so weit, als der Ausschließungsgrund reicht, das Anfechtungsrecht nicht zusteht.

II.

Krankenversicherung.

Literatur: Götze u. Schindler: Jahrbuch der Arbeiterversicherung 1910 (Berlin 1910). — Hahn: Krankenversicherungsgesetz[6] (Gr.-Lichterfelde 1909). — Momes: Versicherungslexikon I (Tübingen 1908). — Schwenger: Beschäftigung als Grundlage der Arbeiterversicherungspflicht (Tübingen 1910). — Siefart: Der Begriff der Erwerbsunfähigkeit auf dem Gebiete des Reichsversicherungswesens[3] (Berlin 1908). — Warneyer: Jahrbuch der Entscheidungen. C. Oeffentl. Recht, Arbeiterversicherungsrecht, Reichsverwaltungsrecht, 3. Jahrg. 1909 (Leipzig 1910). — Wilhelm: Merkmale für die Beurteilung der Versicherungspflicht bei gering belohnten und bei vorübergehenden Dienstleistungen (Hannover 1909).

A. Versicherungszwang.

(§§ 1—3 KrankVG.)

Nr. 1. Entsch. v. 1. Nov. 1906 (PrVerwBl. 29 323) III C 57/06.

KrankVG. §§ 1, 57.

Die Gesellschaft Br. in A., von der B. vor seiner Erkrankung beschäftigt worden ist, läßt Straßen und Trottoire an 3 Tagen jeder Woche reinigen. Verwendet zu dieser Arbeit werden von ihr solche Personen, die sich am Morgen eines jeden Kehrtages auf ihrem Bureau melden, falls sie dem Vertreter der Gesellschaft zusagen, und soweit für sie Arbeit vorhanden ist. Die Ablohnung der Angenommenen erfolgt arbeitstäglich in Höhe von 1,50 bis 2 ℳ. Diese Beschäftigung ist eine bloß vorübergehende im Sinne des § 1 KrankVG. gewesen. Denn bei intermittierenden Beschäftigungen besteht die Versicherungspflicht bei einer Unterbrechung der Arbeitsleistung nur dann, wenn zwischen dem Arbeitgeber und dem Arbeiter darüber Einverständnis herrscht, daß der Arbeitsvertrag unberührt bleibt und der Arbeiter inzwischen und nach Ablauf der Unterbrechung zur Verfügung des Arbeitgebers steht. Die Erfüllung dieser Voraussetzung ist aber im vorliegenden Falle nicht möglich, weil das Kehren der Straßen durch die Gesellschaft Br. zufolge zwingender Anordnung der Polizeibehörde nur an drei bestimmten Wochentagen stattfindet, mithin für die Zeit der Arbeitsunterbrechung bei den Arbeitern ein „Zurverfügungstehen" der Arbeitgeber überhaupt nicht in Frage kommen kann. Mit Rücksicht hierauf durfte der Vorderrichter auch von einer Ermittlung der besonderen Umstände, unter denen sich die Beschäftigung des B. vollzogen hat, Abstand nehmen, während sich im allgemeinen die Versicherungspflicht immer nur für den Einzelfall unter Berücksichtigung der besonderen Verhältnisse des betr. Arbeiters wird feststellen lassen.

Nr. 2. Entsch. v. 5. Dez. 1907 (OVG. 52 393) III C 90/07.

KrankVG. § 1.

Ist jemand gleichzeitig in mehreren gemäß § 1 KrankVG. versicherungspflichtigen Betrieben beschäftigt, so kommt es für die Beantwortung der Frage, welcher Kasse er angehört, nicht darauf an, in welchem Betrieb er der Zeit nach zuerst beschäftigt gewesen ist, sondern darauf, in welchem Betriebe seine Hauptbeschäftigung stattgefunden hat.

Der für die entgegengesetzte Annahme geltend gemachte Grund, daß durch die zuerst ausgeübte Beschäftigung das Versicherungsverhälnis bei der dafür zuständig gewordenen Kasse begründet worden sei, so daß die später angetretene weitere Beschäftigung auf die Kassenzugehörigkeit ohne Einfluß bleiben müsse, kann nicht für durchgreifend erachtet werden; denn durch den Eintritt in die erste Beschäftigung wird die zweite Beschäftigung an sich von der Versicherungspflicht nicht befreit.

Nr. 3. Entsch. v. 23. Sept. 1909 (DJZ. 15 541) III C 246/08.

KrankVG. § 1.

Der Streit betrifft die Frage, ob M., der bei dem Zahnarzt Dr. G. gegen 150 ℳ monatliches Gehalt nur mit zahntechnischen Arbeiten, in der Hauptsache Anfertigung von Gebissen, nach Anweisung für die Patienten des Dr. G. beschäftigt wurde, im Sinne des § 1² Nr. 2 KrankVG. versicherungspflichtig war. Daß die Ausübung der Zahnheilkunde durch einen praktischen Arzt oder einen Zahnarzt an sich nicht unter die aaO. bezeichneten Gewerbe fällt, ist weder unter den Parteien noch sonst streitig. Auch aus der Verwendung von Zahnersatz durch solche Aerzte kann das Vorhandensein eines derartigen Gewerbes nicht hergeleitet werden, denn die Verwendung von Zahnersatz gehört zur Ausübung der Zahnheilkunde. Den Zahnersatz kann der Arzt sich in der Weise anschaffen, daß er ihn von anderen bezieht oder selbst herstellt oder bei sich durch eine andere Person (Techniker oder Zahnarzt) herstellen läßt; zum Selbstkostenpreise wird er ihn wohl nur selten an den Patienten abgeben. Ebensowenig wie nun beim Bezuge von anderen angenommen werden kann, daß der Zahnarzt neben der Ausübung der Zahnheilkunde mit Zahnersatz handle, also das im § 1² bezeichnete Handelsgewerbe betreibe, kann in der Herstellung des Zahnersatzes für die Behandlung bestimmter Patienten durch ihn oder den von ihm gelohnten Techniker usw. der Betrieb des Zahntechnikergewerbes durch den Zahnarzt neben der Ausübung der Zahnheilkunde gefunden werden. Es darf für die Feststellung des Begriffs der Zahnheilkunde im Sinne des Gesetzes diese nicht in ihre einzelnen Bestandteile zerlegt werden. Die Tätigkeit des Zahnarztes im ganzen ist eine solche der Zahnheilkunde, nicht der Technik. Betrieb aber der Zahnarzt Dr. G. kein stehendes Gewerbe im Sinne des § 1² aaO., so ist auch der gegen ein Monatsgehalt von 150 ℳ bei ihm zur Herstellung von Gebissen für die einzelnen Patienten nach seiner Anweisung beschäftigte Techniker M. nicht in einem solchen Gewerbe tätig und nicht versicherungspflichtig gewesen.

Nr. 4. Entsch. v. 25. Okt. 1909 (PrVerwBl. 31 328) III C 62/09.

KrankVG. 1; GewStG. § 4.

Die Erteilung von Unterricht, wie sie in der Berlitz-School stattfindet, gehört nicht zu den „sonstigen stehenden Gewerbebetrieben" im Sinne des § 1 Abs. 1² KrankVG. Eine mit der Reinigung der Schulräume einer solchen Schule beschäftigte Frau unterliegt daher nicht der Krankenversicherungspflicht.

Allerdings kann die Annahme eines Gewerbebetriebes in der Bedeutung des KrankVG. nicht schon deshalb verneint werden, weil der gerade in Betracht kommende Gewerbebetrieb nicht unter die in der GewO. besonders hervorgehobenen einzelnen Arten gewerblicher Tätigkeit fällt oder weil es sich um einen Betrieb handelt, auf den die GewO. nach ihrer ausdrücklichen Bestimmung keine Anwendung findet. Die persönlichen Dienstleistungen höherer Art, wie zB. die Seelsorge und die Erteilung von Unterricht, fallen jedoch nach dem Sprachgebrauche und der allgemeinen Auffassung nicht unter den Begriff des Gewerbes. Hieran wird dadurch, daß die Unternehmer der Berlitz-School mit einer Erzielung von Gewinn rechnen, und daß die an ihr angestellten Lehrer in ihrer Tätigkeit ihre Nahrungsquelle finden, nichts geändert. Daß die unterrichtende Tätigkeit des gewerblichen Charakters entbehrt, hat denn auch landesgesetzlich in Preußen zu ihrer ausdrücklichen Freilassung von der Gewerbesteuer geführt.

Nr. 5. Entsch. v. 17. Sept. 1908 (OVG. 53 382) III C 239/07.

KrankVG. §§ 28, 78a.

1. § 78a KrankVG. ist für die Berechnung der 3 Wochen im Sinne des § 28 aaO. maßgebend, wonach wegen einer innerhalb 3 Wochen nach dem Ausscheiden aus der versicherungspflichtigen Beschäftigung während der Erwerbslosigkeit eingetretenen Krankheit die Kassenleistung in Anspruch genommen werden darf, wenn der Erkrankte vor dem Ausscheiden aus der Beschäftigung mindestens 3 Wochen einer Krankenkasse angehört hat.

2. In der Rechtsprechung des OVG. und auch sonst ist freilich anerkannt, daß die Zwangsversicherung während einer Unterbrechung der Beschäftigung fortdauert, sofern für die Dauer der Unterbrechung der Beschäftigung das Beschäftigungsverhältnis zwischen Arbeitgeber und Arbeiter fortdauert und sofern auch für die Tage der Unterbrechung der Beschäftigung die Erfüllung der Beitragspflicht nach den Grundsätzen des Krankenversicherungsgesetzes gesichert ist. Trifft letzteres nicht zu, dann ist die Fortsetzung der Kassenmitgliedschaft für die Dauer der Unterbrechung der Beschäftigung nur auf Grund freiwilliger Fortsetzung der Kassenmitgliedschaft rechtlich möglich.

Im vorliegenden Falle ist das Arbeitsverhältnis gelöst worden, als S. sich zu der üblichen Zeit zur Arbeit meldete, und also ehe er in die Lage kam, Arbeit zu leisten. In einem Falle dieser Art muß der Lösung des Beschäftigungsverhältnisses vor Beginn der Arbeitsleistung die Bedeutung beigemessen werden, daß das Beschäftigungsverhältnis an diesem Tage überhaupt nicht mehr bestanden hat. Hierfür kann nicht außer Betracht bleiben, wie sich der Arbeitgeber oder der Arbeiter vor Beginn der Arbeit dazu gestellt haben, ob das Beschäftigungsverhältnis an dem Tage fortdauern solle.

Nr. 6. Entsch. v. 15. Okt. 1908 (OVG. 53 388) III C 259/07.

Die §§ 18 Abs. 1 nnd 19 Abs. 1 einer Arbeitsordnung lauten:

§ 18 Abs. 1: „Das Arbeitsverhältnis kann vom Arbeitgeber sowohl wie vom Arbeitnehmer zu jeder Zeit sofort und ohne vorherige Kündigung gelöst werden.“

§ 19 Abs. 1: „In Krankheitsfällen erlischt das Arbeitsverhältnis sofort“.

Da nach § 18 Abs. 1 das Arbeitsverhältnis von beiden Seiten „sofort und ohne vorherige Kündigung“ gelöst werden kann, würde die Vorschrift des § 19 Abs. 1 des Sinnes und der Bedeutung entbehren, wenn sie dahin auszulegen wäre, daß damit eine beiden Vertragschließenden durch den Eintritt der Krankheit erwachsende Kündigungsbefugnis habe ausgesprochen werden sollen. Die Befugnis zur sofortigen, an keine Frist gebundenen Lösung des Arbeitsverhältnisses besteht vielmehr bereits nach § 18 Abs. 1 auch ohne Vorhandensein einer Krankheit, und es konnte daher bei Einstellung der besonderen Bestimmung des § 19 Abs. 1 in die Arbeitsordnung nicht wohl die Absicht sein, diese Vorschrift lediglich zu wiederholen. Der Sinn des § 19 Abs. 1 kann vielmehr offenbar nur dahin gehen, daß es im Falle von Erkrankungen der Arbeitnehmer einer Lösung des Arbeitsverhältnisses durch eine besondere Willenskundgebung der einen oder anderen Seite nicht erst bedürfe, sondern die Tatsache der Erkrankung — und zwar, wie nach dem Sinne der Bestimmung angenommen werden muß, einer solchen Erkrankung, die den Arbeitnehmer arbeitsunfähig macht und daher an der Verrichtung der ihm obliegenden Arbeiten für die Firma hindert —, die Beendigung des Arbeitsverhältnisses von selbst zur Folge haben solle. Wenn sich auch nicht verkennen läßt, daß eine derartige Bestimmung unter Umständen mit Härten für die Arbeitnehmer verbunden sein kann, so widerspricht sie doch weder einer gesetzlichen Vorschrift, noch leidet sie, wenn der

Begriff eines „Krankheitsfalls" der klaren Absicht der Vorschrift nach in dem vorstehend erörterten Sinne aufgefaßt wird, an einer ihre Anwendbarkeit hindernden Unbestimmtheit.

Nr. 7. Entsch. v. 11. April 1910 (PrVerwBl. 31 717) III C 230/09.

Der Kellner Hermann H. ist gemäß § 18 InvVG. in der Zeit vom 4. VIII. bis 9. IX. 08 wegen Syphilis durch die Landesversicherungsanstalt in der Heilstätte in L. einer Heilbehandlung unterworfen und verpflegt worden. Streitig ist, ob die Innungskrankenkasse die erwachsenen Kosten in Höhe des Krankengeldes zu erstatten hat.

Die beklagte Kasse war dem Kellner H. gegenüber, da er ihr mehr als 3 Wochen angehört hat und die Notwendigkeit der Heilbehandlung in einem Krankenhaus innerhalb 3 Wochen nach Beendigung der Mitgliedschaft hervorgetreten ist, zur Gewährung des Krankengeldes verpflichtet, es sei denn, daß H. durch seine Beschäftigung im Hotel B. die Mitgliedschaft bei der für das Personal des Hotels errichteten Betriebskrankenkasse erworben hat.

Wie H. bekundet, ist er am Sonnabend, den 25. VII. 08, von dem Direktor R. als Kellner für das Hotel B. vom Montag, den 27. VII., ab für 4 Wochen angenommen worden. Bei der Meldung zum Dienst am Montag ist ihm vom Inspektor K. eröffnet worden, daß er sich einer ärztlichen Untersuchung unterwerfen müsse. Die Untersuchung hat durch den Arzt Dr. M. am folgenden Tage stattgefunden und am Mittwoch morgen ist er, als er das Attest dem Inspektor vorlegte, sofort entlassen worden. Am Montag und Dienstag hat er volle Arbeit geleistet. Nach diesem Vorgang scheint es einer bei der Hotelverwaltung bestehenden Uebung zu entsprechen, daß die Annahme der Kellner davon abhängig gemacht wird, ob sie frei von ansteckenden Krankheiten sind. Wenn es sich so verhält, dann wäre das Arbeitsverhältnis für 4 Wochen nur unter der Bedingung abgeschlossen, daß H. bei der ärztlichen Untersuchung frei von ansteckenden Krankheiten befunden wurde. Dem stände nicht entgegen, daß der Direktor hiervon bei der Annahme des H. nichts verlautbart hat. Entscheidend wäre, daß ihn der Inspektor bei der Meldung zum Dienstantritt auf die Notwendigkeit einer ärztlichen Untersuchung verwiesen hat. Hiermit wäre auch für H. erkennbar zum Ausdruck gebracht, daß er nur einstweilig und vorbehaltlich der Lösung des Arbeitsverhältnisses im Fall nachgewiesener Erkrankung an einer ansteckenden Krankheit zum Dienst zugelassen werde. Mit dem Abschluß eines derart bedingten Arbeitsverhältnisses zu rechnen, würde sich insbesondere dann rechtfertigen, wenn die endgültige Annahme der Kellner seitens der Hotelverwaltung von der Feststellung abhängig gemacht wird, daß sie nicht an einer ansteckenden Krankheit leiden. Freilich kann einer derartigen Uebung eine Bedeutung dafür, ob die vor der ärztlichen Untersuchung zur Arbeit zugelassenen Kellner bedingt oder unbedingt angenommen werden, nur dann beigemessen werden, wenn die Hotelverwaltung die alsbaldige Untersuchung durch den Arzt zu betreiben und der Feststellung einer bestehenden Krankheit die Entlassung sofort folgen zu lassen pflegt. Im vorliegenden Falle ist der Zulassung zum Dienst die ärztliche Untersuchung und der Feststellung des Arztes über die bestehende Krankheit die Entlassung alsbald gefolgt.

B. Gemeindekrankenversicherung.

(§§ 4—15 KrankVG.)

Nr. 1. Entsch. v. 25. März 1909 (PrVerwBl. 30 866) III C 41/09.

KrankVG. § 6.

1. Die Entscheidung eines Rechtsstreits ist in allen Fällen nicht von dem seitens des Richters zugezogenen Sachverständigen, sondern von dem Richter selbst zu treffen. Die Befragung des Sachverständigen erfolgt ausschließlich zu dem Zwecke, um die richterliche Ueberzeugung auf zutreffende tatsächliche Unterlagen zu stützen. Der Wert eines Gutachtens bemißt sich daher nach der überzeugenden Kraft seiner Begründung. Ein Gutachten, das der auf besonderer Sachkunde fußenden Begründung entbehrt, ist mithin zur Bildung einer richterlichen Ueberzeugung ungeeignet.

2. Dieser Fall liegt hier vor. Ueber die Anwendung des § 6 KrankVG. hatte nicht der Sachverständige, sondern der Richter zu befinden.

Zu bemerken ist, daß Erwerbsunfähigkeit auch dann vorliegen kann, wenn tatsächlich gearbeitet wird, jedoch die Unmöglichkeit besteht, die Erwerbstätigkeit ohne Verschlimmerung einer vorhandenen Krankheit auszuüben, daß ferner die Frage, ob diese Voraussetzungen im Einzelfalle gegeben sind, nach objektiven, von Sachverständigen festzustellenden Merkmalen, nicht nach der Handlungsweise oder der Ansicht des Erkrankten zu beantworten ist und daß danach der von der Beklagten hervorgehobenen Tatsache der bis zum 26. XI. 07 fortgesetzten vollen Arbeitsleistung eine ausschlaggebende Bedeutung nicht zukommt.

C. Ortskrankenkassen.

(§§ 16—48a KrankVG.)

Nr. 1. Entsch. v. 9. April 1906 (PrVerwBl. 29 108) III 731.

Ueber die Behauptung, daß bei einem Versicherten der Krankheitszustand, der seine Unterstützung bereits zur Folge gehabt hatte, fortgedauert und ärztliche Behandlung sowie Lieferung von Arznei nötig gemacht habe, muß Beweis erhoben werden, auch wenn der Versicherte nach Fortfall der Unterstützung 3 Wochen hindurch gearbeitet hat.

Nr. 2. Entsch. v. 1. Nov. 1906 (PrVerwBl. 29 224) III C 74/06.

KrankVG. § 21.

Das Gesetz spricht keineswegs aus, daß die Schwangerschaft als Erwerbsunfähigkeit gelten soll, und daß deshalb der Nachweis der Schwangerschaft den Anspruch auf die Unterstützung rechtfertigt. Die Worte in § 21⁴ KrankVG., daß die Unterstützung wegen einer durch die Schwangerschaft verursachten Erwerbsunfähigkeit bis zur Gesamtdauer von 6 Wochen gewährt werden kann, lassen klar erkennen, daß es nicht auf die Schwangerschaft ankommt, sondern auf die durch die Schwangerschaft hervorgerufene Erwerbsunfähigkeit. So oft während der Schwangerschaft Erwerbsunfähigkeit eintritt, darf die Unterstützung gewährt werden, aber nur bis zur Gesamtdauer von 6 Wochen. (Dies wird aus den Materialien des Gesetzes weiter begründet; dann heißt es:) Der Beklagte hat also darin recht, daß die Unterstützung an Schwangere nur im Falle nachgewiesener Erwerbsunfähigkeit zu gewähren ist. Zu diesem Nachweise bedarf es freilich nicht der ärztlichen

Bescheinigung, wenn die Kassenorgane sich auf andere Art von der wegen Schwangerschaft eingetretenen Erwerbsunfähigkeit zu überzeugen vermögen. Nicht zu dulden ist aber die Zahlung ohne Prüfung, ob Erwerbsunfähigkeit wegen Schwangerschaft eingetreten ist. Die Gewährung einer Schwangerschaftsunterstützung ohne Prüfung, ob und wie lange während der Schwangerschaft Erwerbsunfähigkeit bestanden hat, auf die Feststellung der Entbindung hin würde wesentlich auf die Gewährung einer Wöchnerinnenunterstützung hinauslaufen, die den Ehefrauen der Mitglieder, die der Kasse nicht angehören, nicht gewährt werden darf, nachdem § 21[4] durch die Nov. v. 25. V. 03 eine abweichende Fassung erhalten hat. Die Unterstützung an Schwangere ist nach dem für die Wöchnerinnenunterstützung gültigen Maßstabe für jeden Tag der Erwerbsunfähigkeit und nicht in einer Pauschalsumme ohne Rücksicht auf die Dauer der Erwerbsunfähigkeit zu gewähren. Die Gewährung einer Pauschalsumme ist demnach wie an die der Kasse als Mitglieder angehörigen schwangeren Personen so auch an die schwangeren Ehefrauen der Mitglieder unzulässig. Solange die Kasse den Maßstab nicht geregelt hat, nach dem schwangeren Ehefrauen der Mitglieder die Unterstützung wegen einer durch die Schwangerschaft hervorgerufenen Erwerbsunfähigkeit zu gewähren ist, kann eine Zahlung überhaupt nicht erfolgen.

Nr. 3. Entsch. v. 13. April 1908 (OVG. 52 358) III C 250/07.

Die Höhe der Zusatzbeiträge muß ebenso wie die der ordentlichen Beiträge im Statute der Krankenkasse festgesetzt werden. Hierfür spricht außer §§ 23 Abs. 2[3], 22 Abs. 2[1] KrankVG. auch die ganz allgemein gehaltene Fassung des § 29 Abs. 1 und namentlich auch des § 30 aaO. Die im § 9 Abs. 1 getroffene Bestimmung, daß in Fällen der Gewährung der im § 6a Abs. 1[5] bezeichneten besonderen Leistungen besondere von der Gemeindekrankenversicherung, d. h. von der Verwaltung der Gemeindekrankenversicherung, allgemein festzusetzende Zusatzbeiträge zu erheben sind, findet nur auf die Gemeindekrankenversicherung und nicht auch auf die Ortskrankenkassen Anwendung.

Nr. 4. Entsch. v. 9. Juli 1908 (OVG. 53 377) III C 10/08.

KrankVG. §§ 6a, 26a.

Die auf Grund des KrankVG. errichteten Krankenkassen können ihren Mitgliedern auferlegen, daß sie — von dringenden Fällen abgesehen — solche Heilmittel, Drogen und chemischen Präparate, deren Einzelverkauf nach den bestehenden Vorschriften auf Apotheken nicht beschränkt ist, aus bestimmten Drogenhandlungen und anderen Kaufgeschäften oder aus den von der Kasse selbst eingerichteten Drogenniederlagen beziehen.

Daraus, daß in § 6a[6] und § 26a[6b] KrankVG. die Gemeinden und die Kassen zu dem Beschluß ermächtigt worden sind, daß die ärztliche Behandlung, die Lieferung der Arznei und die Kur und Verpflegung nur durch bestimmte Aerzte, Apotheken und Krankenhäuser zu gewähren sind und die Bezahlung der durch Inanspruchnahme anderer Aerzte, Apotheken und Krankenhäuser entstandenen Kosten, von dringenden Fällen abgesehen, abgelehnt werden kann, rechtfertigt sich nicht der Schluß, daß den Gemeinden und Kassen eine gleiche Beschlußnahme hinsichtlich der Inanspruchnahme von Hebammen, Masseuren u. dgl. und von Heilmitteln, die den Apotheken nicht vorbehalten sind, sowie von Drogen versagt sei. Bei der erwähnten Satzung in § 6a[6] und § 26a[2b] handelt es sich nicht um eine ausnahmsweise Ermächtigung der Gemeinden und Kassen zur Beschlußnahme in der Beschränkung auf Aerzte, Apotheken und Krankenhäuser, wie sich aus folgender Erwägung ergibt. Die §§ 6a[6] und 26a[2b] sind dem Gesetze durch die Nov. v. 10. IV. 92 eingefügt worden. Die hier festgestellte Befugnis der Gemeinden und Kassen ergab sich jedoch auch schon vordem aus dem Gesetze. Denn da die Gemeinden und Kassen nach §§ 6, 20 den erkrankten Mitgliedern freie ärztliche Behandlung, Arznei sowie Brillen, Bruchbänder und ähnliche Heilmittel zu gewähren haben, so mußte hieraus, weil es an einer anderweitigen, diese Unterstützungspflicht regelnden Vorschrift fehlte, entnommen werden, daß die Gemeinden und Kassen, wenn auch nicht genötigt, so doch jedenfalls nach ihrer Wahl ermächtigt waren, sich darauf zu beschränken, den Mitgliedern bestimmte Aerzte und bestimmte Bezugsstellen für die Arzneien, Brillen und sonstigen Heilmittel zur Verfügung zu stellen. Sollte es ihnen versagt sein, so mußte es als eine Ausnahme von der den §§ 6, 20 zu entnehmenden Regel ebenso besonders angeordnet werden, wie dies in § 7 für ihre erweiterte Befugnis, an Stelle der in § 6 bestimmten Unterstützung Krankenhauspflege zu gewähren, geschehen ist. Es kann auch füglich nicht unterstellt werden, daß den Kassenverbänden in § 46 der Abschluß von gemeinsamen Verträgen mit Aerzten und Apotheken zugestanden worden ist, obschon er den Gemeinden und den einzelnen Kassen versagt war. Anderseits kann es auch nicht so gemeint sein, daß man den Gemeinden und Kassen diese Befugnis zwar hat zugestehen, die Mitglieder aber an die Inanspruchnahme der von den Gemeinden und Kassen bestimmten Aerzte und Apotheken nicht hat binden wollen. Daß jedoch diese Bindung dann nicht gelten durfte, wenn die erkrankten Mitglieder den Umständen nach zur Inanspruchnahme anderer Aerzte und anderer Apotheken genötigt waren, konnte auch ohne eine hierauf bezügliche Anordnung dem Gesetze mit Rücksicht auf sein Ziel, den erkrankten Arbeitern die alsbaldige Heilbehandlung zu ermöglichen, entnommen werden. Diese Rechtslage hat man auch bei Aufstellung der Musterstatute bereits auf Grund der ursprünglichen Fassung des Gesetzes für gegeben erachtet. Vgl. § 24 des Musterstatuts für die Ortskrankenkassen.

Weshalb hier, wie übrigens auch in § 46 KrankVG. nur der Verträge mit Apotheken gedacht worden ist, erhellt nicht. Keinesfalls kann hieraus für die Zeit vor dem Erlasse der Novelle ein Beweis gegen die Zulässigkeit derartiger Verträge oder gegen die Errichtung eigener Bezugsstellen hinsichtlich der den Apotheken nicht vorbehaltenen Heilmittel entnommen werden. Nach dem Wortlaut des § 6 mußte beides für zulässig gelten, wie es denn auch an jedem inneren Grunde dafür fehlt, weshalb die Gemeinden und Kassen gerade hinsichtlich der den Apotheken nicht vorbehaltenen Heilmittel einer weitergehenden Einschränkung unterworfen werden mußten.

Die Novelle hat nicht durchweg Grundsätze vorgeschrieben, die dem Gesetz in der bisherigen Fassung fehlten. Eine Anzahl der in ihr gegebenen Vorschriften hat deklaratorischen Charakter, indem sie ausdrücklich feststellen, was dem Gesetz ohnehin als Rechtens zu entnehmen war. Insbesondere muß dies auch für § 6a[6] und 26a[2b] gelten. Weshalb hier aber die den Apotheken nicht vorbehaltenen Heilmittel übergangen, während sie in § 46 in Ergänzung des Gesetzes aufgenommen worden sind, erhellt ebenfalls nicht. Keinesfalls kann dem in Ermangelung eines bestimmten Anhalts für das Gegenteil die Bedeutung beigemessen werden, daß die Gemeinden und Kassen hinsichtlich dieser Heilmittel nunmehr einer Beschränkung haben unterworfen werden sollen. Es ist also, wie für die Zeit vor dem Erlasse der Novelle, so auch demnächst die Zulässigkeit von Verträgen mit Lieferanten und die Errichtung eigener Bezugsstellen für die den Apotheken nicht vorbehaltenen Heilmittel mit der Wirkung anzuerkennen, daß die Mitglieder an die Entnahme der Heilmittel aus diesen

Bezugsstellen gebunden sind und, von dringenden Fällen abgesehen, für die anderweit bezogenen Heilmittel einen Ersatzanspruch an die Gemeinden und Kassen nicht haben.

Nr. 5. Entsch. v. 18. Febr. 1909 (PrVerwBl. 31 11) III A 46/08.

KrankVG. § 85.

Die durch Statutenänderung vorgenommene Erläuterung einer früheren Statutenbestimmung ist bei keiner der dem KrankVG. unterstehenden Krankenkassen zur Veränderung des Mitgliederkreises geeignet. Die klagende Kasse aber ist überdies zur Aenderung ihres Mitgliederkreises überhaupt nicht befugt. Denn sie besteht auf Grund des § 85 KrankVG. fort. Dergleichen Kassen sind weder berechtigt noch verpflichtet, ihren Mitgliederkreis zu ändern. Sie behalten ihren Mitgliederkreis namentlich auch insofern bei, als dieser den für seine Abgrenzung im § 16 KrankVG. gestellten Anforderungen nicht entspricht.

Nr. 6. Entsch. v. 25. Nov. 1909 (OVG. 55 392) III C 117/09.

KrankVG. §§ 19, 26 a.

1. Dem Vorderrichter kann darin nicht beigetreten werden, daß die Zuteilung zu den Klassen deshalb nach denselben Grundsätzen, die für die Versicherungspflichtigen gelten, also nach der Höhe des Arbeitseinkommens zu regeln sei, weil das Gesetz in § 19 Abs. 3 die Abweisung der zum Beitritte Berechtigten nur im Falle einer bestehenden Krankheit zuläßt, und weil es in § 26a Abs. 2[4] nur die Einführung einer Karenzfrist vorgesehen hat. Soweit es sich um Personen handelt, denen die Kasse durch das Statut den Beitritt eröffnet, folgt daraus, daß das Gesetz in § 26a Abs. 2[5] hinsichtlich ihrer nichts weiter bestimmt, als daß ihr Gesamteinkommen 2000 ℳ jährlich nicht übersteigen darf, die Befugnis der Kassen zur Regelung der Bedingungen, unter denen der Beitritt gestattet wird, nach ihrem Ermessen überhaupt und also auch hinsichtlich der Zuweisung zu den bestehenden Klassen.

Für den Fall, daß die Bildung von Klassen nur nach Alter und Geschlecht erfolgt, ergibt sich als selbstverständlich, daß auch die zufolge statutarischer Satzung der Kasse zum freiwilligen Beitritte zugelassenen Personen der durch ihr Alter und Geschlecht bestimmten Klasse zuzuweisen sind. Für den Fall der Bildung von Klassen nach der Höhe des Arbeitsverdienstes hat die Kasse jedoch nach ihrem Ermessen darüber zu beschließen, ob diejenigen, die einen Arbeitsverdienst haben, der durch dessen Höhe bestimmten Klasse, und diejenigen, die keinen Arbeitsverdienst haben, der niedrigsten oder einer anderen Klasse zuzuweisen sind oder ob die Klassenzugehörigkeit nach anderen Grundsätzen zu regeln ist. Eine Nötigung der Kassen, für die Zuweisung zu den Klassen zu unterscheiden, ob diejenigen, denen sie die Befugnis zum Beitritte zugestehen, einen Arbeitsverdienst haben oder nicht, läßt sich aus dem KrankVG. nicht herleiten. Ebensowenig ist daraus, daß dieses Gesetz die Kassen zur Versagung des Beitritts denjenigen gegenüber verpflichtet, deren Gesamteinkommen jährlich 2000 ℳ übersteigt, zu folgern, daß sie die Klassenzuteilung von der Höhe des jährlichen Gesamteinkommens, gleichviel ob es aus Arbeitstätigkeit oder aus anderen Quellen gewonnen wird, nicht abhängig machen dürfen.

2. Die Rechtslage ist indes insoweit auch die gleiche hinsichtlich derjenigen Personen, denen das KrankVG. in § 19 Abs. 3 das Recht zum Beitritte zugesteht. Bei einem Hausgewerbetreibenden, der mit Gehilfen gegen Stücklohn arbeitet, wird der auf die eigene Arbeitstätigkeit entfallende

Lohn kaum feststellbar sein. Im voraus läßt sich bei Personen, die mit dem Hausgewerbe beginnen, wenn sie gegen Stücklohn ohne Gehilfen arbeiten, der Arbeitsverdienst nicht feststellen. Weshalb Hausgewerbetreibende gerade der Klasse mit dem niedrigsten Lohnsatze zuzuweisen sind, ist nicht abzusehen. Daraus, daß das Gesetz die Klassenbildung nach der Höhe des Arbeitsverdienstes für den Arbeitstag zugelassen hat, ohne eine Anordnung darüber zu treffen, wie es mit der Klassenzuteilung der gesetzlich zum Beitritte zugelassenen Personen zu halten sei, obschon hierunter auch solche fallen, die ohne Lohn arbeiten oder deren Lohn für den Arbeitstag nicht feststellbar ist, muß entnommen werden, daß die Kassen auch über deren Klassenzuteilung nach Ermessen beschließen dürfen.

3. Für unzulässig kann es endlich nicht erachtet werden, daß die Kasse die Klassenzuteilung der gesetzlich und der zufolge ihrer statutarischen Satzung zum Beitritt ermächtigten Personen nicht nach gleichen Grundsätzen regelt. Der das KrankVG. beherrschende Grundsatz, daß den gleichen Pflichten gleiche Rechte entsprechen, wird durch eine abweichende Regelung der Klassenzuteilung nicht berührt, da sich nach den Klassen die Beitragspflicht und der Unterstützungsanspruch bestimmen.

Nr. 7. Entsch. v. 17. Jan. 1910 (PrVerwBl. 31 620) III C 51/09.

KrankVG. § 26a.

Bei einem eine Krankheit veranlassenden Selbstmordversuche kann nur dann von einer vorsätzlichen Herbeiführung der Krankheit im Sinne des § 26a Abs. 2[a] KrankVG. die Rede sein, wenn der Vorsatz des Selbstmörders nicht allein auf die Tötung sich richtete, sondern wenn er sich bei dem Selbstmordversuch bewußt war oder bewußt sein mußte, daß dieser nicht sofort zum Tode, sondern überhaupt nur, oder zunächst nur zu einer Krankheit führen würde.

Nr. 8. Entsch. v. 17. Mai 1909 (OVG. 54 415) III C 245/08.

KrankVG. §§ 28, 54a.

In OVG. 53 382 ist ausgesprochen, daß die Lösung des Arbeitsverhältnisses am Morgen vor Beginn der Arbeit den Verlust der Kassenmitgliedschaft für den Rest des Tages zur Folge hat und daß die Kasse die Unterstützung für eine später im Laufe dieses Tages eingetretene Erkrankung zu gewähren nicht verpflichtet ist. Dasselbe muß für den Fall gelten, daß die Lösung des Arbeitsverhältnisses erst nach vorausgegangener Arbeitsleistung eingetreten ist. Zu diesem Standpunkte muß man notwendig für den Fall gelangen, daß das Arbeitsverhältnis und die Kassenmitgliedschaft im Laufe des Tages wechseln. Alsdann kann für die Unterstützung wegen einer Krankheit, die nach Lösung der Mitgliedschaft bei der ersten Kasse und nach Beginn der Mitgliedschaft bei der zweiten Kasse eingetreten ist, nur die Unterstützungspflicht der zweiten Kasse in Betracht kommen. Mit einer Fortdauer der Kassenmitgliedschaft nach Lösung des Arbeitsverhältnisses kann aber auch dann nicht mehr gerechnet werden, wenn das Mitglied für den Rest des Tages in eine Beschäftigung nicht eintritt, die seine Mitgliedschaft bei einer anderen Kasse zur Folge hat. Die Unterstützungspflicht besteht für die Kassen gesetzlich nur unter der Voraussetzung, daß die Krankheit noch während der Dauer der Kassenmitgliedschaft oder nach ihrer Lösung während der Erwerbslosigkeit eingetreten ist. Die Kassenmitgliedschaft dauert jedoch nach Lösung des Arbeitsverhältnisses nur während des Bezugs von Krankenunterstützung fort (§ 54a KrankVG.).

Nr. 9. Entsch. v. 21. Okt. 1909 (OVG. 55 396) III C 97/09.

KrankVG. §§ 28, 54a.

Die im § 28 KrankVG. vorgesehene 3wöchige Frist ist nicht schon von dem Tage zu berechnen, an dem das Lohnverhältnis seine Endschaft erreicht hat, sondern mit Rücksicht auf die Vorschrift im § 54a daselbst erst von dem Tage, an dem der Bezug von Krankengeld aufgehört hat. Hieran war gegenüber der abweichenden Meinung des bayerischen Verwaltungsgerichtshofs (ArbVers. 06 658) festzuhalten. In dieser Entscheidung hat der letztere den im § 28 enthaltenen Worten „infolge eintretender Erwerbslosigkeit" eine zu große, ihnen nicht zukommende Bedeutung beigelegt und sich dadurch bestimmen lassen, sich über den § 54a hinwegzusetzen. Eine solche Ausschaltung des § 54a erscheint aber nicht statthaft; seine Vorschriften müssen vielmehr mit denjenigen des § 28 in Einklang gebracht werden. Das läßt sich aber nur durch die in OVG. v. 6. X. 04 (ArbVers. 05 27) zum Ausdruck gebrachte Auslegung des Gesetzes erreichen. Endlich kann sich der bayerische Verwaltungsgerichtshof für seine Auffassung auch nicht auf OVG. 42 308 berufen. Denn um die dort für unzulässig erklärte entsprechende Anwendung des § 54 auf Fälle, für die er nicht gegeben ist, handelt es sich hier überhaupt nicht.

Nr. 10. Entsch. v. 21. Sept. 1908 (OVG. 53 387) III C 5/08.

KrankVG. §§ 23f.

Der Bezirksausschuß hat den Beschlüssen der Generalversammlung die Genehmigung versagt, weil die beschlossene Trennung der Rechnungs- und Kassenführung unter Uebertragung der einen und der anderen an zwei einander gleichgestellte leitende Oberbeamte und die hiermit in Verbindung stehende Aenderung und Erweiterung der Befugnisse des Kassenvorstandes keineswegs durch die Verhältnisse der Kasse notwendig geworden, vielmehr überflüssig, zugleich aber auch unwirtschaftlich und unzweckmäßig seien. Somit hat der Vorderrichter seine Entsch. von dem Ergebnisse seiner Prüfung hinsichtlich der Zweckmäßigkeit und Angemessenheit der Beschlüsse der Generalversammlung abhängig gemacht; hierdurch hat er aber seine durch die §§ 24 Abs. 1 und 23 Abs. 3 KrankVG. begrenzte Zuständigkeit überschritten. Es handelt sich bei den in Frage stehenden Beschlüssen um die Wahrnehmung der Geschäfte der Kassen- und Rechnungsführung, ohne die eine ordnungsmäßige Verwaltung der Ortskrankenkassen überhaupt nicht geführt werden kann. Diese Beschlüsse stehen also mit dem Zwecke der klagenden Kasse in einer notwendigen Verbindung; ob sie im einzelnen zweckmäßig und angemessen sind, entzieht sich angesichts der den Ortskrankenkassen gesetzlich eingeräumten Selbstverwaltungsbefugnisse der Nachprüfung der höheren Verwaltungsbehörde bei der Entsch. über die Genehmigung eines Statuts oder eines Statutennachtrags. Die von der Generalversammlung beschlossene Trennung des bisher einheitlich verwalteten Amtes widerspricht keiner gesetzlichen Bestimmung.

Nr. 11. Entsch. v. 21. Sept. 1908 (OVG. 53 384) III C 206/07.

KrankVG. §§ 23, 29f., 33.

1. Die Auffassung, daß die klagende Kasse zur Erfüllung ihrer gesetzmäßigen Zwecke der Einführung von Ruhegehältern für ihre Beamten und der Einführung einer Versorgung für deren Hinterbliebene nicht bedürfe, daß vielmehr diese Einrichtungen nur ein die Mitglieder unnötig belastender „Luxus" und deshalb mit dem § 23 Abs. 3 KrankVG. unvereinbar seien, ist rechtsirrtümlich. Zu denjenigen Ausgaben, für die die Orts-

krankenkassen nach der Natur der Sache und nach der ausdrücklichen Vorschrift im § 29 Abs. 2 aaO. aufzukommen haben, gehören die Verwaltungskosten, deren Begriff diejenigen Aufwendungen umfaßt, deren es für die Kassen nach ihrer auf dem Gesetze beruhenden Zweckbestimmung bedarf, um ihnen durch ihre Organe die Erhebung der Beiträge und die Erfüllung der ihnen gesetzlich oder statutarisch obliegenden Unterstützungspflicht zu ermöglichen. Zur Erfüllung dieser Zweckbestimmung ist die Anstellung und Besoldung von Beamten erforderlich, und auch etwaige Bestimmungen über Pensionsberechtigungen sowie über die Versorgung von Hinterbliebenen sind unter dem Gesichtspunkte der die Besoldungsverhältnisse der Beamten regelnden Bestimmungen zu beurteilen. Solche Bestimmungen fallen daher — mögen sie auch bei der Anwendung im Einzelfall über den Rahmen des Notwendigen hinausgehen — keineswegs unter die Vorschrift des § 23 Abs. 3.

2. Allerdings ist anzuerkennen, daß, falls infolge einer beschlossenen Statutenänderung und der dadurch hervorgerufenen Erhöhung der Verwaltungskosten eine Unzulänglichkeit der Mitgliederbeiträge sich ergibt, die Genehmigung der Statutenänderung nach Maßgabe des § 30 KrankVG. versagt werden muß. Die Möglichkeit, daß in Zukunft infolge der beschlossenen Statutenänderung ein Anwachsen der Verwaltungskosten eintreten kann, ist zwar nicht in Abrede zu stellen, dagegen ist nach Lage der Sache nichts dafür beigebracht, daß die hier beschlossene Statutenänderung unmittelbar eine derartige Wirkung haben wird oder auch in Zukunft haben muß, so daß eine Versagung der Genehmigung auf Grund des § 30 aaO. sich rechtfertigen könnte. Sollten später die Verhältnisse der Kasse in ungünstigem Sinne sich ändern, so würden die Vorschriften des § 33 aaO. zur Anwendung zu bringen sein.

Nr. 12. Entsch. v. 5. April 1909 (PrVerwBl. 31 82) III C 207/08.

KrankVG. § 29.

1. Zu den Verwaltungskosten im Sinne des § 29 KrankVG. gehören diejenigen Aufwendungen, deren es bedarf, um den Kassen durch ihre Organe die Erhebung der Beiträge und die Erfüllung ihrer Unterstützungspflicht zu ermöglichen. Innerhalb dieser Begrenzung haben sie die Verwaltung nach verständigem Ermessen zu führen. Insbesondere ist ihnen auch die Aufwendung von Kassenmitteln zu dem Zweck nicht grundsätzlich versagt, ihren Organen durch Beschaffung von Zeitschriften oder Aufwendung von Reisekosten die Aufklärung über die gesetzlichen Aufgaben der Kassen und über ihre eigene Aufgabe gegenüber der Kasse und deren Mitgliedern zu ermöglichen.

2. Bei dieser Rechtslage kann das für die Zukunft hinsichtlich der Beteiligung an den Sitzungen eines bestimmten Vereines ergangene Verbot der Aufsichtsbehörde nur dann für gesetzmäßig erachtet werden, wenn die Aufsichtsbehörde zu dieser Zeit berechtigten Anlaß zu der Annahme hatte, daß in den Sitzungen des Vereins Angelegenheiten nicht zur Beratung gelangen werden, die mit den gesetzlichen Aufgaben der Kassen und ihrer Organe in Beziehung stehen. Andernfalls hat sich die Aufsichtsbehörde auf die Prüfung zu beschränken, ob die von den Abgesandten der Kassen wahrgenommenen Sitzungen von Vereinen der Beratung derartiger Angelegenheiten nicht haben dienen sollen und auch nicht gedient haben. Wenn es zutrifft, darf sie den Kassen die Wiedereinziehung der zu Unrecht aufgewandten Reisekosten aufgeben. Auch das Verbot der Beschaffung der Protokolle über die abgehaltenen Sitzungen kann im voraus nur unter der gleichen Voraussetzung ergehen.

Nr. 13. Entsch. v. 6. Jan. 1910 (OVG. 55 379) III C 162/09.

KrankVG. § 29.

1. Die streitige Auflage:

„die Verwendung von Kassenmitteln für die Zwecke der Wohnungsenquete in Zukunft zu unterlassen",

ist auf § 29 Abs. 2 KrankVG. gestützt, wonach zu anderen Zwecken als den statutenmäßigen Unterstützungen, der statutenmäßigen Ansammlung und Ergänzung des Reservefonds und der Deckung der Verwaltungskosten weder Beiträge von Mitgliedern erhoben werden noch Verwendungen aus dem Vermögen der Kasse erfolgen dürfen. Für die Entscheidung der Frage, ob das Verbot durch diese Bestimmung gerechtfertigt wird, kommt es auf den Begriff der Wohnungsenquete an. Es ist darunter die Untersuchung, Aufklärung oder Ermittelung der Wohnungsverhältnisse zu verstehen. Der Begriff erschöpft sich also nicht in der Drucklegung der Ergebnisse; er umfaßt nicht minder auch das Sammeln und die Bearbeitung des Stoffes. Die Kläger haben behauptet, daß durch das Sammeln und die Bearbeitung des Stoffes besondere Kosten nicht entstanden seien, da die Ausfüllung der Fragebogen bei Gelegenheit der zur Kontrolle vorgeschriebenen Krankenbesuche und die Bearbeitung der Nachrichten in der statistischen Abteilung der Kassenverwaltung ohne Kostenvermehrung bewirkt werde. Darf dies als richtig angenommen werden, so fehlt es der streitigen Anordnung in bezug auf wesentliche Teile der Enquete, nämlich in bezug auf das Sammeln und die Bearbeitung des Stoffes, an den erforderlichen tatsächlichen Voraussetzungen. Entnimmt man dagegen aus der obigen Behauptung der Kläger nur, daß in den Büchern und Rechnungen der Krankenkasse keine besonderen Ausgabeposten für das Sammeln und die Bearbeitung des Stoffes erscheinen, während in Wirklichkeit die Angestellten der Krankenkasse für die Leistung dieser Arbeiten in gleicher Weise wie für die Erfüllung ihrer sonstigen Obliegenheiten entlohnt werden, so gereicht auch diese Erwägung der Anordnung nicht zur Stütze. Denn die Kläger behaupten ferner unbestritten, daß die örtlichen Feststellungen den Kassenärzten, denen sie alsbald mitgeteilt werden, häufig wertvolle Anhaltspunkte für die sachgemäße Erledigung des vorliegenden Unterstützungsfalls bieten. Diese Angabe ist glaubhaft, weil einerseits die Kassenärzte zur Prüfung der Wohnungsverhältnisse nicht in demselben Maße Gelegenheit und Anlaß haben als die ausdrücklich damit beauftragten Krankenbesucher, anderseits aber das Ergebnis dieser Prüfung häufig für die Art der Heilbehandlung und namentlich für die Entscheidung darüber bestimmend ist, ob der Kranke in seiner Wohnung belassen werden darf. In solcher Weise ist die örtliche Feststellung der Wohnungsverhältnisse der erkrankten Kassenmitglieder geeignet, den Zwecken der statutenmäßigen Unterstützung unmittelbar zu dienen. Die Aufwendung von Kassenmitteln für die Herstellung und Ausfüllung der Fragebogen läßt sich daher nicht beanstanden.

2. Auch die Kosten der Drucklegung der Ergebnisse einer Wohnungsenquete liegen nicht ohne weiteres außerhalb des Rahmens der Verwaltungskosten einer Ortskrankenkasse. Nach OVG. 47 361, an dessen Inhalte festgehalten wird, dürfen Kassenmittel zu dem Zwecke aufgewendet werden, den Kassenorganen „die Aufklärung über die gesetzlichen Aufgaben der Kassen und ihre eigene Aufgabe gegenüber den Kassen und deren Mitgliedern zu ermöglichen". Um eine solche Aufklärung handelt es sich hier. Sie erfolgt durch die Zusammenstellung und übersichtliche Bearbeitung des Inhalts der Fragebogen sowie durch die Mitteilung der Ergebnisse an die Kassenmitglieder, die Kassenärzte, die Krankenbesucher und die sonstigen Angestellten der Kasse.

3. Aus dem Vorstehenden ergibt sich, daß die den Klägern allgemein

gemachte Auflage, die Verwendung von Kassenmitteln für die Zwecke der Wohnungsenquete in Zukunft zu unterlassen, zu weit geht, weil Kosten, welche zum Zwecke einer Wohnungsenquete aufgewendet werden, sowohl allgemein als auch namentlich in bezug auf die hier fragliche Kasse sehr wohl zu den in § 29 Abs. 2 KrankVG. genannten Verwaltungskosten gehören können.

4. Uebrigens ist zu bemerken, daß der Inhalt der fraglichen Veröffentlichungen über das durch § 29 Abs. 2 bestimmte Maß weit hinausgeht. An zahlreichen Stellen werden die Angriffe eines bestimmten Verbandes von Vereinen abgewehrt und mit Angriffen auf diesen Verband erwidert. Noch häufiger finden sich Erörterungen über die Notwendigkeit einer allgemeinen Wohnungsreform und über die dabei anzuwendenden Grundsätze. Die noch dazu mit Photographien von Wohnungen versehenen Veröffentlichungen müssen daher zu einem wesentlichen Teile als Streitschriften und als Beiträge zu einer allgemeinen Besserung des Wohnungswesens angesehen werden. Die Herstellung derartiger Arbeiten aus Kassenmitteln ist unzulässig und die streitige Anordnung daher insoweit gerechtfertigt.

Nr. 14. Entsch. v. 20. Jan. 1910 (OVG. 55 384) III C 107/09.

KrankVG. § 29.

Die Kosten einer „Zentralkommission der Krankenkassen", deren Ziele über die den Krankenkassen durch das KrankVG. zugewiesenen Aufgaben hinausgehen, gehören nicht zu den Verwaltungskosten der einzelnen Krankenkasse. Vorbeugende Maßnahmen, die die Bewahrung der Kassenmitglieder vor Erkrankung bezwecken, liegen grundsätzlich außerhalb der gesetzlichen Aufgaben der Krankenkassen. Ebenso geht es weit über den Rahmen dieser Aufgaben hinaus, gemeinsame Vorschläge zur Abänderung der einschlägigen Gesetze zu machen und eine Verständigung über die durch die Kassen gemeinsam zu vollziehenden Wahlen auf Grund der Arbeiterversicherung herbeizuführen. Auch bedarf es schließlich keiner längeren Ausführung, daß ebendasselbe für die Erledigung aller Angelegenheiten zutrifft, die der Zentralkommission von den zugehörigen Kassenvorständen überwiesen werden.

Nr. 15. Entsch. v. 27. Febr. 1908 (OVG. 52 395) III C 94/07.

KrankVG. § 34.

Die Entscheidung des vorliegenden Rechtsstreits ist von der Beantwortung der Frage abhängig, ob die aus der Mitte der Kassenmitglieder erwählten Mitglieder des Vorstandes einer Krankenkasse, die nach gültig vollzogener und angenommener Wahl die Kassenmitgliedschaft verlieren, infolge dieses Verlustes kraft Gesetzes auch aus dem Vorstande der Kasse ausscheiden. Die Entscheidung dieser Frage kann nur aus dem Inhalte des KrankVG. entnommen werden. Die hierfür entscheidende Norm bietet mangels einer anderen ausdrücklichen Vorschrift des Gesetzes der § 34 aaO., der bestimmt, daß die Vorstandsmitglieder aus der Mitte der Kassenmitglieder gewählt werden müssen. Indem das Gesetz hiernach eine Interessengemeinschaft der Gewählten mit der Kasse infolge ihrer Eigenschaft als Kassenmitglieder für notwendig erachtet, um das Amt eines Vorstandsmitglieds übernehmen zu können, folgt daraus ohne weiteres, daß mit dem Aufhören dieser Interessengemeinschaft auch das Amt eines Vorstandsmitglieds erlöschen muß.

Nr. 16. Entsch. v. 4. Mai 1908 (OVG. 52 400) III C 175/07.

Eine allgemeine Bestimmung, wonach die in der Generalversammlung einer Ortskrankenkasse vorgenommenen Vorstandswahlen ungültig sind, wenn bei der Wahlhandlung Erörterungen über die Wahl stattgefunden haben und Wahlreden gehalten worden sind, gibt es nicht.

Es kann dahingestellt bleiben, ob der Leiter der Verhandlungen der Generalversammlung jene Erörterungen zuzulassen verpflichtet war. Selbst wenn dies zu verneinen wäre, so würde daraus nicht zu folgern sein, daß die im übrigen den gesetzlichen und statutarischen Bestimmungen entsprechend vollzogenen Wahlen infolge der Zulassung der erwähnten Erörterungen der rechtlichen Gültigkeit entbehrten. Weder das KrankVG. noch das Kassenstatut enthalten ein dahin zielendes Verbot, und ebensowenig ist ein derartiges Verbot als ein selbstverständliches, mit Notwendigkeit aus der Natur der Sache sich ergebendes anzuerkennen. Es mag zuzugeben sein, daß es sich insbesondere auch mit Rücksicht auf die Zustände in der Stadt C. empfehlen dürfte, im Interesse einer möglichsten Fernhaltung von Wahlbeeinflussungen die auf anderen Rechtsgebieten für reine Wahlhandlungen angenommenen Grundsätze auch auf die Verhandlungen von Generalversammlungen der Ortskrankenkassen, soweit es sich um die Vornahme von Wahlen handelt, anzuwenden. Solange dies aber nicht durch Gesetz oder Statut geschehen ist, kann die beanstandete Erörterung nicht als eine Nichtbefolgung einer gesetzlichen oder statutarischen Vorschrift angesehen werden.

Nr. 17. Entsch. v. 14. Okt. 1909 (OVG. 55 373) III C 52/09.

Das Amt des aus den Mitgliedern des Vorstandes einer Ortskrankenkasse zu wählenden Vorsitzenden erlischt nach Ablauf der Zeit, für die er in den Kassenvorstand gewählt ist, mit dem Zusammentritte des neugewählten Vorstandes. Dies gilt auch für den Fall, daß der Vorsitzende als Vorstandsmitglied wiedergewählt ist und daß nach dem Kassenstatute die Vorstandsmitglieder nach Ablauf ihrer Wahlperiode so lange im Amte bleiben, bis ihre Nachfolger in den Vorstand eingetreten sind.

Nr. 18. Entsch. v. 22. Jan. 1906 (PrVerwBl. 29 70) III 134
KrankVG. § 34a.

1. § 37 eines Kassenstatuts hatte folgende Fassung zu geben:

„Die Mitglieder des Vorstandes führen ihr Amt als Ehrenamt, erhalten jedoch für Teilnahme an den Vorstandssitzungen, Kommissionssitzungen, Kassenrevisionen, sowie den im Interesse der Kasse mit den Aerzten, Apothekern und sonstigen Lieferanten abzuhaltenden Sitzungen eine Entschädigung von 1,50 ℳ pro Person und Sitzung.

Ferner erhält jedes Vorstandsmitglied bei sonstiger Wahrnehmung der Kassengeschäfte für Zeitversäumnis, wenn die Tätigkeit bis mittags 12 Uhr beendet ist, für einen halben Tag 3 ℳ, wenn dieselbe bis nach 12 Uhr währt, für den ganzen Tag 6 ℳ als Entschädigung.

Außerdem werden entstehende bare Auslagen aus der Kasse erstattet.

Die zu den Sitzungen und Kassenrevisionen hinzugezogenen Kassenbeamten erhalten ebenfalls den Betrag von 1,50 ℳ pro Person und Sitzung."

Der Bezirksausschuß genehmigte die in den Abs. 1 und 3 enthaltenen Bestimmungen. Den Abs. 2 und 4 versagte er dagegen die nachgesuchte Genehmigung, indem er annahm, daß ihr Inhalt gegen den § 34a Abs. 1 KrankVG. verstoße. Die von der Kasse hiergegen eingelegte Revision ist begründet.

2. Der § 34a Abs. 1 aaO. lautet:

„Die Mitglieder des Vorstandes verwalten ihr Amt als Ehrenamt unentgeltlich, sofern nicht durch das Statut eine Entschädigung für den durch Wahrnehmung der Vorstandsgeschäfte ihnen erwachsenden Zeitverlust und entgehenden Arbeitsverdienst bestimmt wird.

Bare Auslagen werden ihnen von der Kasse ersetzt."

Wenn der Vorderrichter für die von ihm zu treffende Entscheidung davon ausgegangen ist, daß die hier zugelassene Entschädigung hinsichtlich ihrer Höhe dem wirklichen Zeitverluste bzw. dem entgehenden Arbeitsverdienste auch tatsächlich entsprechen müsse, mithin nicht die Eigenschaft einer Besoldung annehmen und nicht zu einem Gewinn führen dürfe, so befindet er sich mit der Rechtsprechung des erkennenden Senats im Einklang. Der Vorderrichter hat jedoch die obigen Rechtsgrundsätze zur Anwendung gebracht, ohne in eine durch die Natur der Sache gebotene Prüfung der Frage einzutreten, ob die in den Abs. 2 und 4 des § 37 vorgesehenen, durchschnittlichen Pauschalsätze nach den in Betracht kommenden tatsächlichen Verhältnissen angemessen sind oder nicht. Hierin liegt ein wesentlicher Mangel des Verfahrens.

3. Bei freier Prüfung rechtfertigt sich die Annahme, daß die Bestimmungen der Abs. 2 und 4 des § 37 des Kassenstatuts nicht gegen den § 34a KrankVG. verstoßen. Die Fassung und der Aufbau des ganzen § 37 lassen es nicht zweifelhaft, daß sich dessen Abs. 1 auf Geschäfte außerhalb der Arbeitszeit, der Abs. 2 auf solche innerhalb der Arbeitszeit und der Abs. 4 auf Sitzungen und Kassenrevisionen beziehen soll, die außerhalb der regelmäßigen Dienststunden abgehalten werden sollen. Wird hiervon ausgegangen, so überschreiten die in den Abs. 2 und 4 den Vorstandsmitgliedern und Kassenbeamten zugebilligten Vergütungen in keiner Weise das Maß einer Entschädigung für Zeitverlust und entgehenden Arbeitsverdienst. Der abweichenden Auffassung des Vorderrichters gegenüber weist die Kasse mit Recht auf die Höhe der in ihrer Branche üblichen Löhne hin. Es ist ihr ferner darin beizupflichten, daß für die Bemessung der Vergütung nicht die bloße Dauer der von den Vorstandsmitgliedern usw. wahrzunehmenden Geschäfte, sondern auch derjenige Zeitaufwand in Betracht gezogen werden muß, der auf die notwendige Ordnung der Kleidung, den Weg von der in Berlin häufig sehr entfernt belegenen Arbeitsstätte zur Wohnung und zum Kassenlokal u. dgl. mehr entfällt. Einzelfälle können vorkommen, in denen die Vergütung über das Maß des Zulässigen hinausgeht. Das folgt aber aus ihrer Eigenschaft als einer Pauschalvergütung, bei der der Ausgleich dadurch bewirkt wird, daß die Vergütung in anderen Fällen den Durchschnittssatz nicht erreicht.

Nr. 19. Entsch. v. 14. März 1910 (PrVerwBl. 31 700) III C 182/09.

KrankVG. § 34a.

1. Nach § 34a KrankVG. ist die den Vorstandsmitgliedern, abgesehen von dem Ersatze ihrer baren Auslagen, zu gewährende Vergütung auf eine Entschädigung für den durch Wahrnehmung der Vorstandsgeschäfte ihnen erwachsenden Zeitverlust und entgehenden Arbeitsverdienst beschränkt. Daß die Entschädigung nach einem einheitlichen Satze gewährt werden kann und nicht für jedes einzelne Vorstandsmitglied nach dessen besonderen Verhältnisse n berechnet zu werden braucht, erkennt der Bezirksausschuß zutreffend an. Alsdann aber hätte er die Versagung der Genehmigung auf die Höhe der Entschädigung nur stützen können, wenn er gleichzeitig feststellte, daß die als Entschädigung bezeichnete Vergütung infolge ihrer Höhe aufhöre, ausschließlich eine Entschädigung für erwachsenden Zeitverlust und entgehenden Arbeitsverdienst zu sein und vielmehr die darüber hinausgehende Eigenschaft einer Besoldung annehme. Eine hierauf gerichtete Prüfung war unentbehrlich, wenn ein Widerspruch zwischen dem beschlossenen § 41 des Statuts und § 34a KrankVG. dargetan werden sollte.

2. Bei der nunmehr eintretenden freien Beurteilung ergibt sich, daß der Satz von 0,60 ℳ für die Stunde in einem Vororte Berlins, um den es sich hier handelt, einen mittleren Arbeitslohn darstellt. Der Satz geht daher über den Rahmen der im § 34a Abs. 1 KrankVG. bezeichneten Entschädigung nicht hinaus. Auf die im Statute festgesetzten durchschnittlichen Tagelöhne kommt es dabei nicht an; ebensowenig darauf, ob die Vorstandssitzungen überwiegend in der arbeitsfreien Zeit liegen, da diese Zeit nicht für alle Kassenmitglieder die gleiche ist und außerdem vielfach auch für die in der Regel arbeitsfreie Zeit die Möglichkeit, Lohnarbeit zu verrichten, besteht.

3. Auf Kassenbeamte, von denen der 2. Absatz des § 41 des Statuts handelt, findet der § 34a KrankVG. keine Anwendung. Dafür, daß die Aufwendung über die nach § 29 Abs. 2 KrankVG. zulässigen Verwaltungskosten hinausgehe, liegt nichts vor.

Nr. 20. Entsch. v. 20. Jan. 1908 (OVG. 52 404) III C 167/07.

KrankVG. §§ 36, 45.

Wegen der Verfolgung von Ansprüchen gegen Vorstandsmitglieder, die der Kasse aus deren Amtsführung erwachsen, hat sich die Aufsichtsbehörde zunächst mit der Generalversammlung in Verbindung zu setzen, weil dieser die Beschlußfassung hierüber und darüber, wer namens der Kasse den Anspruch im Rechtswege zu verfolgen hat, vorbehalten ist (§ 36² KrankVG.). Weigert sich die Generalversammlung, die Beschreitung des Rechtswegs eintreten zu lassen, dann hat die Aufsichtsbehörde, wenn sie die Weigerung der Generalversammlung nicht für gerechtfertigt erachtet, zu erwägen, ob sie den Rechtsweg für Rechnung der Kasse selbst beschreiten oder ob sie hiermit einen Dritten beauftragen will. Indes auch für Ersatzansprüche, die der Vorstand selbständig zu verfolgen ermächtigt ist, muß es dem Sinne des § 45 für entsprechend erachtet werden, daß die Aufsichtsbehörde den Ersatzanspruch selbst oder durch einen Beauftragten im Rechtswege für Rechnung der Kasse geltend macht, sobald ihr der Kassenvorstand seine Weigerung, den Rechtsweg selbst zu beschreiten, in zweifelsfreier Art zu erkennen gegeben hat.

Nr. 21. Entsch. v. 28. Febr. 1907 (PrVerwBl. 30 155) III C 277/06.

KrankVG. § 37.

Nach § 37 Abs. 3 KrankVG. sind die Vertreter zur Generalversammlung in geheimer Wahl zu wählen. Das sog. Proportionalwahlsystem ist für die Wahl der gedachten Vertreter einer Ortskrankenkasse unzulässig.

Nr. 22. Entsch. v. 4. Juli 1907 (PrVerwBl. 29 951) III A 19/06.

KrankVG. §§ 1, 16, 24, 48a, 57b.

1. Es bedarf zunächst einer Entscheidung der Frage, ob mit Rücksicht auf die Bestimmung des § 16 Abs. 3 KrankVG., wonach die Ortskrankenkassen in der Regel für die in einem Gewerbszweige oder in einer Betriebsart beschäftigten Personen errichtet werden sollen, die Errichtung einer Ortskrankenkasse „der Handlungsgehilfen, Handlungsgehilfinnen und Lehrlinge sowie aller sonstigen im Handelsgewerbe beschäftigten Personen", wie es in dem vom Bezirksausschusse genehmigten 2. Nachtrage zum Statute der hier fraglichen Kasse heißt, gesetzlich zulässig ist. Wäre diese Frage zu verneinen, so hätte der Bezirksausschuß schon mit Rücksicht auf die Vorschrift des § 16 aaO. dem Nachtrage die Genehmigung versagen müssen, und die auf § 126 LVG. gestützte Klage müßte daher Erfolg haben, ohne daß es eines Eingehens auf die weiteren vom Kläger geltend gemachten Anfechtungsgründe noch bedürfte. Die Frage ist aber

zu bejahen. Nach welchen besonderen Merkmalen der Begriff der Gewerbszweige und Betriebsarten (§ 16 Abs. 3 aaO.) im einzelnen zu bestimmen ist, bedarf hier der Erörterung nicht. Denn das KrankVG. selbst bestimmt im § 1², daß Personen, die „im Handelsgewerbe, im Handwerk und in sonstigen stehenden Gewerbebetrieben" gegen Lohn oder Gehalt beschäftigt sind, „nach Maßgabe der Vorschriften dieses Gesetzes gegen Krankheit zu versichern sind" und bringt damit zum Ausdrucke, daß es das Handelsgewerbe als einen gegenüber dem Handwerk und den sonstigen stehenden Gewerbebetrieben bestimmt abgegrenzten Gewerbszweig ansieht. Die Errichtung einer Ortskrankenkasse für die im Handelsgewerbe gegen Gehalt oder Lohn beschäftigten Personen ist daher nach den Grundsätzen des KrankVG. zulässig und steht insbesondere mit den Vorschriften des § 16 aaO. nicht im Widerspruch, wenn auch nicht zu verkennen ist, daß es zur Vermeidung von Streitigkeiten mit anderen Ortskrankenkassen über den Kreis der den einzelnen Kassen zugehörigen Betriebe zweckmäßig sein wird, den Begriff des Handelsgewerbes im Statut genauer zu bestimmen. Aber auch, wenn dies nicht oder nicht in ausreichender Weise geschehen ist, gewährt die Vorschrift des § 57b aaO. jederzeit die Möglichkeit, etwa hervortretende Zweifel und Streitigkeiten durch Entscheidung der höheren Verwaltungsbehörde zu beseitigen.

2. Die Errichtung der hier fraglichen Kasse in der im 2. Nachtrage zum Statut vorgesehenen Abgrenzung war daher an sich gesetzlich zulässig, und die Frage kann nur die sein, ob das Statut nebst Nachträgen deshalb gegen das Gesetz verstößt, weil die Bestimmungen über die Klassen von Personen, die der Kasse angehören sollen, mit den Bestimmungen des Statuts einer anderen Kasse in Widerspruch stehen (§ 24 aaO.). Daß dies bezüglich der Ortskrankenkasse A zutreffe, ist überhaupt nicht geltend gemacht worden, und nach dem Inhalte des Statuts dieser Kasse liegt auch nichts dafür vor; der Kläger nimmt aber an, daß ein solcher Widerspruch in bezug auf die Bestimmungen des Statuts der Ortskrankenkasse B bestehe. Für den Zeitpunkt der Genehmigung des von der Handlungsgehilfenkasse auf ausdrückliche Aufforderung des Regierungspräsidenten und des Magistrats beschlossenen Statutennachtrags v. 12. VI. 97 traf dies allerdings zu, da das Statut der Ortskrankenkasse B damals durch den Nachtrag v. 29. IX. 02, der die im Handelsgewerbe beschäftigten Personen ausdrücklich als nicht zur Kasse B gehörig bezeichnete, noch nicht abgeändert war. Durch diesen Nachtrag, der auf ausdrückliche Anordnung des Regierungspräsidenten gemäß § 48a aaO. von der außerordentlichen Generalversammlung der Ortskrankenkasse B beschlossen worden ist, sind aber die bis dahin kollidierenden Statuten der beiden in Betracht kommenden Kassen in vollständige Uebereinstimmung miteinander gebracht, nachdem tatsächlich bereits vorher seit dem Erlaß des 2. Nachtrags zum Statut der Handlungsgehilfenkasse das Personal der als kaufmännisch anerkannten Betriebe mit stillschweigender Zustimmung der Kasse B bei der Handlungsgehilfenkasse versichert worden war.

Der so geschaffene Zustand entsprach den Vorschriften des KrankVG. Der Widerspruch zwischen den Statuten beider Kassen war im Einverständnisse mit dem Regierungspräsidenten und dem Magistrat durch ordnungsmäßige Beschlüsse der Generalversammlungen beider Kassen und die auf Grund dieser Beschlüsse errichteten und vom Bezirksausschusse genehmigten Statutennachträge beseitigt. Damit war auch der ZirkVf. v. 12. IV. 97 (MinBl. 99) entsprochen, deren Abs. 2 lautet:

„Sollten in Ihrem Verwaltungsbezirke Krankenkassen für Handlungsgehilfen und Lehrlinge bestehen, deren Statuten diesen Grundsätzen nicht entsprechen, so wird auf eine entsprechende Aenderung des bestehenden Zustandes hinzuwirken sein. Voraussichtlich läßt sich dies in den meisten Fällen durch eine Aenderung der Bestimmungen des Statuts über die Mitgliedschaft erreichen. Soweit dies nicht möglich ist, wird zunächst versucht werden müssen, im Wege der Vereinbarung unter den beteiligten Kassen eine Aenderung herbeizuführen."

Dadurch, daß die außerordentliche Generalversammlung der Vertreter der Kasse B am 27. IX. 02 den mehrerwähnten Zusatz zum § 1 ihres Statuts beschloß und dieses dadurch in Uebereinstimmung mit dem Statut der Handlungsgehilfenkasse in der ihr durch den zweiten Nachtrag gegebenen Fassung brachte, wurde die erforderliche Vereinbarung zwischen den beteiligten Kassen herbeigeführt. Daran ändert auch der Umstand nichts, daß der von der Kasse B gefaßte Beschluß durch die von dem Regierungspräsidenten auf Grund des § 48a aaO. erlassene Anordnung veranlaßt worden ist. Denn da die Kasse das gegen diese Anordnung ihr im § 48a Abs. 1 eingeräumte Rechtsmittel nicht eingelegt, sondern der Anordnung entsprechend den Beschluß gefaßt und dem Bezirksausschusse zur Genehmigung eingereicht hat, kann der von ihr beschlossene und vom Bezirksausschuß genehmigte Statutennachtrag nicht anders beurteilt werden, wie jeder andere ordnungsmäßig zustande gekommene und genehmigte Statutennachtrag. Die nachträgliche Prüfung einer solchen im Verfahren nach § 48a ordnungsmäßig zustande gekommenen Statutenänderung daraufhin, ob die Anordnung des Regierungspräsidenten zulässig gewesen sei oder nicht, ist gesetzlich unzulässig, mag nun von dem gegen die Anordnung gegebenen Rechtsmittel Gebrauch gemacht worden sein oder nicht. Mit dem Statut einer anderen Kasse setzte sich der von der Kasse B beschlossene Nachtrag nicht in Widerspruch; im Gegenteil führte er die Uebereinstimmung mit dem Statute der Handlungsgehilfenkasse in der ihm durch den 2. Nachtrag unter Zustimmung der Gemeinde gegebenen Fassung herbei, und zwar unter ausdrücklicher Billigung des Regierungspräsidenten, der die Abänderung der Statuten beider Kassen selbst angeordnet hatte. Der Durchführung des Verfahrens aus § 48 aaO. bedarf es in einem Falle, wie dem vorliegenden, in dem zwischen den beteiligten Kassen, der Gemeinde und der Aufsichtsbehörde über die anderweitige Abgrenzung der Kassen nach Gewerbszweigen oder Betriebsarten Einverständnis besteht und entsprechende Statutennachträge errichtet sind, überhaupt nicht. Der von der Kasse B beschlossene Statutennachtrag ist daher mit Recht vom Bezirksausschusse genehmigt worden, da ein die Versagung der Genehmigung nach § 24 aaO. rechtfertigender Grund nicht vorlag. War mit diesem Nachtrage aber die Uebereinstimmung zwischen beiden Kassen herbeigeführt und bestand nunmehr die Handlungsgehilfenkasse in der ihr durch den 2. Nachtrag zu ihrem Statute gegebenen Gestaltung zu Recht, nachdem die dem Verfahren bei ihrer Errichtung anhaftenden Mängel geheilt waren, so konnte der so geschaffene Rechtszustand durch eine nachträglich ohne ihre Einwilligung erfolgte Abänderung des Statuts der Kasse B nicht zu ihrem Nachteile wieder beseitigt werden. Und daran ändert auch der Umstand nichts, daß diese Abänderung auf dem Wege des § 48a durch Anordnung der höheren Verwaltungsbehörde herbeigeführt worden ist. Diese Statutenänderung war vielmehr gesetzlich unzulässig.

Nr. 23. Entsch. v. 15. Juni 1908 (OVG. 52 401) III C 222/07.

KrankVG. §§ 42, 45.

Ein Eingreifen der Aufsichtsbehörde auf Grund des § 45 Abs. 5 KrankVG. ist nur zulässig, wenn die Organe der Kasse ihre gesetzlichen oder statutenmäßigen Obliegenheiten nicht erfüllen und deren Erfüllung verweigern. Die Aufsichtsbehörde darf ferner, wie der Wortlaut ergibt, die Befugnisse und Obliegenheiten der Kassenorgane nur wahrnehmen, solange diese die Erfüllung verweigern. In OVG. 49 323, 327 hat der Gerichtshof in bezug auf den § 45 Abs. 5 ferner ausgesprochen:

„Zur nachträglichen Rüge früherer oder zur Verhütung erst für die Zukunft voraus- zusehender Ordnungswidrigkeiten ist aber die Befugnis zur Uebernahme der Vorstands- geschäfte durch die Aufsichtsbehörde nicht gegeben.“

Wird von diesen Grundsätzen, an denen festzuhalten ist, ausgegangen, so ergibt sich ohne weiteres, daß die Voraussetzungen für die Uebernahme der Vorstandsgeschäfte durch die Aufsichtsbehörde hier überhaupt nicht vorlagen. Eine Verweigerung der Erfüllung der gesetzlichen oder statutarischen Obliegenheiten durch den Vorstand, die eine Wahrnehmung der Befugnisse und Obliegenheiten der Kassenorgane durch die Aufsichtsbehörde notwendig machte, solange die Weigerung fortdauerte, enthielt der Beschl. v. 20. VI. 06, 500 Exemplare der Broschüre „Alkohol und Gesundheit“ anzuschaffen, auch dann nicht, wenn er gegen das Gesetz verstieß. Der Beschluß ging nicht dahin, eine dem Vorstande durch Gesetz oder Statut zugewiesene Obliegenheit zu unterlassen, sondern vielmehr dahin, eine Anschaffung, die die Aufsichtsbehörde für ungesetzlich erachtete, vorzunehmen. Von einer Obliegenheit, deren Erfüllung der Vorstand verweigerte und welche die Aufsichtsbehörde wahrzunehmen in der Lage war, solange die Weigerung fortdauerte, kann daher nicht die Rede sein.

Nr. 24. Entsch. v. 5. Nov. 1908 (PrVerwBl. 30 660) III C 62/08.

Die Verwendung von Krankenkassenmitteln für Zwecke, deren Befriedigung der Kasse nicht obliegt, ist gesetzlich nicht zulässig. Die Rückforderung unzulässiger Zahlungen gegenüber den Empfängern wie auch die Geltendmachung von Ersatzansprüchen gegenüber den für die Zahlung verantwortlichen Kassenbeamten ist deshalb eine gesetzliche Pflicht der Kassenvertretung, deren Erfüllung die Aufsichtsbehörde zu überwachen und im Rechtswege namens der Kasse und für deren Kosten zu betreiben hat, wenn die Kassenvertretung es verweigert.

Wegen des Ersatzes der Kosten, die statt der Kasse der Aufsichtsbehörde zur Last gelegt und von ihr berichtigt worden sind, ist die Aufsichtsbehörde nicht auf die Beschreitung des Rechtsweges gegen die Kasse angewiesen. Sie darf ihre Erstattung der Kasse unter Androhung der Zwangsvollstreckung aufgeben, jedoch vorbehaltlich der Anfechtung dieser Anordnung mit der Klage im Verwaltungsstreitverfahren. Die Nachprüfung des Verwaltungsrichters hat sich indes alsdann sowohl darauf zu erstrecken, ob der Aufsichtsbehörde Kosten in der angegebenen Höhe durch den Rechtsstreit erwachsen sind, wie auch darauf, ob in einer Weigerung der Kassenvertretung die gesetzliche Voraussetzung für die Erhebung der Klage im Aufsichtswege gegeben war.

Für die Feststellung des Tatbestandes einer Weigerung genügt aber nicht schon, daß die Kassenvertretung die Rückforderung der unzulässigen Zahlung oder die Inanspruchnahme der Kassenbeamten, die die Zahlung geleistet haben, unterlassen hat. Die Kassenvertretung darf von der weiteren Verfolgung absehen, wenn sie sie den Umständen nach nicht für gerechtfertigt oder sonst, zB. wegen der Vermögenslage des Ersatzpflichtigen, für nicht erfolgreich erachtet. Hierüber hat sie jedoch nicht endgültig zu befinden. Die Aufsichtsbehörde darf ihr gegenüber ihre gegenteilige Auffassung zur Geltung bringen, wenn auch freilich vorbehaltlich der Befugnis der Kassenvertretung, die auf die Verfolgung eines derartigen Anspruches gerichtete Anordnung der Aufsichtsbehörde mit der Klage im Verwaltungsstreitverfahren anzufechten. In Fällen dieser Art ist deshalb der Tatbestand einer Weigerung erst dann gegeben, wenn von der Klage im Verwaltungsstreitverfahren innerhalb gesetzlicher Frist kein Gebrauch gemacht worden ist, oder wenn die Klage keinen Erfolg gehabt hat und die Kassenvertretung gleichwohl der Anordnung der Aufsichtsbehörde nicht nachkommt.

Der Vorderrichter, der hiervon ebenfalls ausgeht, nimmt jedoch zu Unrecht an, daß eine Anordnung der Aufsichtsbehörde an die Kassenvertretung über die Beschreitung des Rechtsweges gegen die Vorstandsmitglieder der Erhebung der gerichtlichen Klage vorausgegangen ist. In Betracht kommt hierfür allein die Verfügung des Magistratskommissars, in welcher der Generalversammlung die Beschlußnahme über die Verfolgung des Ersatzanspruches gegen die Vorstandsmitglieder aufgegeben war. Diese Verfügung geht über die dem Kommissar zustehende Befugnis hinaus, weil sie eine Anordnung enthält, zu deren Erlaß nur der Magistrat als die Aufsichtsbehörde ermächtigt war. Ihre Anfechtung mit der Klage im Verwaltungsstreitverfahren war weder erforderlich noch statthaft. Daß die Generalversammlung aus ihr einen Anlaß zur Erhebung der gerichtlichen Klage nicht genommen hat, genügt nicht zur Feststellung des Tatbestandes einer Weigerung, die die Aufsichtsbehörde zur Erhebung der Klage namens der Generalversammlung und der Kasse ermächtigte. Dazu bedurfte es, wie bemerkt, einer gleichen Anordnung des Magistrats als der Aufsichtsbehörde, die nicht ergangen ist.

Zu einer Anordnung über die Verfolgung des Ersatzanspruches hatte der Magistrat indes nur so lange Anlaß, als die Generalversammlung hierzu noch nicht Stellung genommen hatte. Nachdem die Generalversammlung aber auf die Anordnung des Kommissars die Verfolgung des Ersatzanspruches abgelehnt hatte, durfte der Magistrat von einer Anordnung absehen und zur Erhebung der Klage namens der Kasse schreiten, weil in dem Beschluß der Generalversammlung der Tatbestand der Weigerung bereits gegeben war. Eine Nachprüfung, ob den Umständen nach die Voraussetzung für die Verfolgung des Ersatzanspruches gegeben war, kann deshalb nicht erfolgen.

Die Erstattung der Kosten für den namens der Kasse geführten Streit liegt ihr ob, gleichviel ob der Magistrat die Voraussetzung für die Erhebung der Klage zutreffend gewürdigt hat und ob ihm bei der Verfolgung des gerichtlichen Streitverfahrens ein Verschulden zur Last fällt.

Nr. 25. Entsch. v. 24. Nov. 1908 (PrVerwBl. 30 234) III C 195/08.

KrankVG. §§ 45, 56a.

Gegen die Entscheidung des Bezirksausschusses hat der Beklagte das nach § 2 Vd. v. 8. VI. 03 (GS. 191) allein zulässige Rechtsmittel der Revision eingelegt. Das Rechtsmittel muß jedoch erfolglos bleiben.

Die Revision kann nach § 94 LVG. v. 30. VII. 83 nur darauf gestützt werden, daß die angefochtene Entscheidung auf der Nichtanwendung oder auf der unrichtigen Anwendung des bestehenden Rechts beruhe, oder daß das Verfahren an wesentlichen Mängeln leide.

1. Ein Revisionsgrund ist in dem vom Beklagten gerügten Unterbleiben der Vernehmung des Geheimen Medizinalrats Dr. R. nicht zu finden. Allerdings hatte der Bezirksausschuß beschlossen, über die Behauptung des Beklagten, daß für die Mitglieder der durch den Kläger vertretenen Kasse in bezug auf die Erlangung ärztlicher Behandlung ein Notstand vorgelegen habe, den Genannten als Sachverständigen zu hören. Der Bezirksausschuß war jedoch durch keine Vorschrift gehindert, seinen Beschluß wieder aufzuheben. Dieses hat er getan und die Nichtvernehmung des Sachverständigen in dem Urteile damit begründet, daß er die Sachlage durch das bisherige Ergebnis der Beweisaufnahme für hinreichend geklärt und eine sachverständige Begutachtung zur erschöpfenden Beurteilung nicht mehr für erforderlich erachtet habe. Hierin liegt kein Mangel des Verfahrens. Denn es hat über die Behauptung bezüglich des Notstandes eine umfangreiche Beweisaufnahme stattgefunden. Daß ihr Ergebnis zur Beurteilung des Sach- und Rechts-

verhältnisses genüge, durfte der Bezirksausschuß annehmen, ohne daß ihm deshalb eine Verkennung der klaren Sachlage zur Last gelegt werden kann. Namentlich war ein Gutachten nicht unentbehrlich, um die Anzahl der Kassenpatienten zu ermitteln, die ein Arzt ordnungsmäßig zu versorgen imstande ist. Denn hierüber kann bei der großen Verschiedenheit der in Betracht kommenden Verhältnisse auch ein Sachverständiger nur ganz allgemeine Angaben machen.

Die vom Bezirksausschusse vernommenen Personen sind durchweg als Zeugen, teilweise als sachverständige Zeugen, nicht dagegen als Sachverständige gehört worden. Gutachten sind von ihnen nicht erstattet worden. Ein Verstoß gegen das Wesen des Zeugen- und des Sachverständigenbeweises liegt nicht vor.

2. Des weiteren macht der Beklagte geltend, daß die gesetzlichen Vertreter der an dem Verwaltungsstreitverfahren beteiligten Krankenkassen zu Unrecht als Zeugen vernommen und vereidigt seien. Daß die Verwaltungsgerichte behufs der Erfüllung ihrer auf die Erforschung der objektiven Wahrheit gerichteten Aufgabe befugt sind, in der von einem Krankenkassenvorstande geführten Streitsache Mitglieder des Vorstandes als Zeugen zu vernehmen, unterliegt keinem Zweifel. Aber auch die Beeidigung des stellvertretenden Vorsitzenden der Krankenkasse der Firma F. & St. stellt keinen Mangel des Verfahrens dar, weil der Beeidigte zwar Mitglied des klagenden Vorstandes, aber nicht für seine Person Prozeßpartei ist und weil ferner der bei den ordentlichen Gerichten zu vermeidende Widerstreit zwischen Zeugen- und Parteieid derselben Person im Verwaltungsstreitverfahren durch das Fehlen des Parteieides ausgeschlossen wird.

3. In der Sache selbst rügt der Beklagte zunächst das Fehlen einer Prüfung der Anwendbarkeit des § 56a KrankVG. Der Gerichtshof hat jedoch bereits im OVG. 48 346 dargelegt, daß hier lediglich der § 45 Abs. 5 und nicht der § 56a zur Anwendung kommt, weil die höhere Verwaltungsbehörde nicht beabsichtigte, weitere als die von den Kassen bestimmten Aerzte ihrerseits anzustellen (§ 56a), sondern vielmehr die Aufsichtsbehörde die Befugnisse und Obliegenheiten der Kassenvorstände, soweit es sich um die Gewährung ärztlicher Fürsorge handelte, übernahm (§ 45 Abs. 5).

4. Im übrigen stützt der Beklagte seine Revision hauptsächlich auf die Ausführung, daß es unzulässig sei, bei der Beurteilung seines mit der Klage angefochtenen Vorgehens allein die Verhältnisse der vom Kläger vertretenen Krankenkasse ins Auge zu fassen. Vielmehr seien die Gesamtverhältnisse zu berücksichtigen und anzuerkennen, daß, wenn die Bereitstellung ausreichender ärztlicher Hilfe für die sämtlichen von dem Rücktritte der Kassenärzte betroffenen Krankenkassen nur dadurch erreicht werden konnte, daß der Beklagte insoweit die Befugnisse und Obliegenheiten der Kassenvorstände selbst wahrnahm, diese Maßnahme auch auf diejenigen Kassen ausgedehnt werden mußte, denen, für sich betrachtet, ärztliche Hilfe damals in genügendem Maße zur Verfügung gestanden habe. Dieser Auffassung kann jedoch nicht beigepflichtet werden. Sie setzt sich mit dem § 45 KrankVG., der die bei den einzelnen Krankenkassen bestehenden Verhältnisse getrennt behandelt, in Widerspruch. Auch sonst ist eine so weit gehende Ermächtigung, wie der Beklagte sie für sich in Anspruch nimmt, nirgends erteilt. Auf solche Krankenkassen, die nicht selbst die Erfüllung ihrer gesetzlichen oder statutarischen Obliegenheiten verweigern, findet also Abs. 5 des § 45 keine Anwendung. Weil vom Beklagten für seine Ansicht auf Hoffmann: KrankVG.[5], Berlin 1905, 133/134 Bezug genommen ist, so seien die einschlägigen Bemerkungen desselben Verfassers in seinem größeren Kommt. z. KrankVG., Berlin 1908, hier wiedergegeben. Es heißt dort auf Seite 312: „Ist die Beschaffung der erforderlichen Zahl von Aerzten im Hinblick auf die derzeit üblichen Verabredungen unter den Aerzten nur

dadurch möglich, daß alle Aerzte im Bezirke der Kasse zur Behandlung der Kassenmitglieder zugelassen werden, so muß die Aufsichtsbehörde die freie Aerztewahl anordnen. Sie kann dies jedoch nicht gegenüber denjenigen Kassen, welche für eine ausreichende ärztliche Behandlung ihrer Mitglieder gesorgt haben, da hier die Voraussetzung für ein Einschreiten von Aufsichts wegen fehlt. Wollen die Aerzte ihre Tätigkeit nur unter der Bedingung wieder aufnehmen, daß die freie Aerztewahl bei allen Kassen eingeführt werde, und ist auf anderem Wege eine ärztliche Fürsorge nicht zu beschaffen, so würde sich daraus ergeben, daß die Krankenversicherung, soweit die Gewährung der ärztlichen Fürsorge in Frage kommt, in dem Bezirke so lange, als die Weigerung der Aerzte dauert, nicht durchführbar ist."

Der Beklagte bekämpft die Auslegung des KrankVG., die zu einem solchen Ergebnisse führe, aus dem Grunde als unzulässig, weil die Gewährung ärztlicher Fürsorge einen Hauptzweck des Krankenversicherungsgesetzes bilde. Diese Begründung ist aber nicht überzeugend, weil die zeitweilige Undurchführbarkeit hinreichender ärztlicher Versorgung durch keine Gesetzesvorschrift ausgeschlossen werden kann.

5. Bei der Prüfung der ärztlichen Fürsorge in den einzelnen Krankenkassen ist freilich die Mitberücksichtigung der Verhältnisse anderer Krankenkassen insoweit unentbehrlich, als mehrere Kassen auf die Tätigkeit derselben Aerzte angewiesen waren. Dieser Gesichtspunkt trifft bei den drei mit dem Sitze in C.-N. errichteten, an dem Streitverfahren beteiligten Krankenkassen nur in beschränktem Maße zu, weil diese an die Stelle der nach Kündigung ausgeschiedenen früheren Kassenärzte neue besondere Kassenärzte gesetzt hatten und es sich also nur darum handelte, zu prüfen, inwieweit diese Kassenärzte sowohl an sich als auch mit Rücksicht auf ihre anderweitige Beschäftigung den berechtigten Ansprüchen der Kassenmitglieder genügten. Dagegen haben zwei weitere an dem Streitverfahren beteiligte Krankenkassen nach dem Rücktritte der bisherigen Kassenärzte neue Aerzte für ihre Kassen nicht angestellt, sondern ihre Mitglieder auf die von dem Kassenverbande benannten Aerzte verwiesen, während die Betriebskrankenkasse der Firma Wilhelm G. einen bereits vom Kassenverbande verpflichteten Arzt als Kassenarzt angenommen hat. Waren nun die vom Kassenverbande gewonnenen Aerzte für die Gesamtheit der Kassen, denen sie zur Verfügung standen, unzureichend, so waren sie es auch für jede einzelne Kasse, deren Mitglieder sich auf ihre Hilfe ausschließlich angewiesen sahen, und sie waren es auch in dem Falle, daß bei den einzelnen Kassen nach dem Ausscheiden der früheren Kassenärzte ein Notstand in bezug auf ärztliche Versorgung tatsächlich nicht hervortrat. Der Bezirksausschuß hat jedoch alle diese Verhältnisse ausreichend gewürdigt. Er hat zunächst die Gesamtverhältnisse der von dem Rücktritte der Aerzte betroffenen Krankenkassen einer Prüfung mit dem Ergebnisse unterzogen, daß sich die ärztliche Versorgung seit Anfang Januar 1904 fortlaufend gebessert habe und daher der am 31. Januar noch bestehende Notstand in naher Zeit sein Ende erreicht haben würde. Der Bezirksausschuß erblickt also schon nach den für die Gesamtheit der Kassen getroffenen Feststellungen in der Mangelhaftigkeit der ärztlichen Fürsorge keine hinreichende Begründung für die Uebernahme der Vorstandsgeschäfte durch die Aufsichtsbehörde. Dazu treten dann noch die vom Bezirksausschusse für jede einzelne der am Streitverfahren beteiligten Kassen ermittelten besonderen Verhältnisse, durch welche die ärztliche Versorgung sich bei dieser Kasse günstiger als für die Allgemeinheit gestaltete. Für die drei mit dem Sitze in N. errichteten Krankenkassen bestanden diese Verhältnisse in der Anstellung besonderer, nicht übermäßig in Anspruch genommener Kassenärzte, für die übrigen 3 Kassen darin, daß ihren Mitgliedern außer den dem Kassenverbande verpflichteten Aerzten auch anderweitige ärztliche Hilfe in erheblichem Umfange zur Verfügung stand. Wenn der

Bezirksausschuß überdies noch festgestellt hat, daß begründete Beschwerden über unzureichende ärztliche Fürsorge nicht erhoben, die Kassenmitglieder vielmehr mit der ihnen zuteil gewordenen ärztlichen Behandlung zufrieden gewesen sind, so läßt sich der Schluß, daß die Nichterfüllung der hierauf bezüglichen Obliegenheiten der Kassenvorstände unerwiesen sei, nicht beanstanden.

Nr. 26. Entsch. v. 4. März 1909 (OVG. 54 412) III C 100/08.

1. Allerdings hat der Kläger (Vorsitzende des Vorstandes einer Ortskrankenkasse) die ihm in der Verfügung der Aufsichtsbehörde gemachte Auflage, „wegen Aufhebung des Kaufvertrags (über ein Grundstück) das Erforderliche in die Wege zu leiten“, unangefochten gelassen. Die Fassung der Auflage ist indessen eine äußerst unbestimmte. Was „das Erforderliche“ ist, wird nicht angegeben. Damit war der Auslegung des Verlangens durch den Kläger ein weiter Spielraum gelassen. Seine Auffassung, daß er sich zunächst zu dem gedachten Zwecke mit dem Verkäufer in Verbindung zu setzen und über dessen Stellungnahme dem Beklagten zu berichten habe, kann nicht für unberechtigt erklärt werden. Es fehlte daher an der erforderlichen Voraussetzung für die Festsetzung der angedrohten Ordnungsstrafe.

2. Was sodann die Anweisung zur Erhebung der Klage gegen den Grundstücksverkäufer anbetrifft, so findet diese in formalen Mängeln des Genehmigungsbeschlusses der Generalversammlung keine Stütze. Denn solche Mängel sind keineswegs einer Versagung der Genehmigung gleich zu achten. Vielmehr berechtigen sie im Falle ihrer Erheblichkeit nur zu der Annahme, daß die Beschlußfassung der Generalversammlung über die ihr in dem Vertrage vorbehaltene Genehmigung noch aussteht. Der Aufsichtsbehörde erwächst daraus die Befugnis, auf die Vornahme einer von Mängeln freien Beschlußfassung hinzuwirken, von deren Ergebnisse das weitere abhängt; nicht aber, von der Wiederholung des Beschlußverfahrens abzusehen und die Anfechtung des Kaufvertrages zu verlangen.

3. Ebensowenig läßt sich endlich dieses Verlangen durch die Behauptung begründen, daß die vom Kläger vertretene Kasse das erkaufte Grundstück ohne statutarische Ermächtigung (§ 21 Abs. 1[3a] KrankVG.) zur Fürsorge für Rekonvaleszenten benutze. Denn durch eine solche Benutzung wird die Rechtsbeständigkeit des Kaufvertrages nicht berührt. Ein Grund für die Nichtigkeit des Kaufvertrags ist nicht ersichtlich. Die Befugnis des Klägers, für die von ihm vertretene Kasse einen Vertrag über die Erwerbung von Grundeigentum abzuschließen, steht außer Zweifel. Ihre Abgrenzung findet diese Befugnis in dem Umfange der den Krankenkassen durch das KrankVG. zugewiesenen Aufgaben. Für die Entscheidung darüber, ob der Ankauf eines Grundstücks innerhalb dieser Grenzen liegt, ist aber der Zeitpunkt des Vertragsabschlusses maßgebend. In dem vorliegenden Vertrag ist bezüglich des Zweckes des Kaufgegenstandes weder eine den Vorschriften des Krankenversicherungsgesetzes widersprechende, noch überhaupt eine Bestimmung enthalten.

Nr. 27. Entsch. v. 8. Juli 1909 (OVG. 55 369) III C 223/08.

KrankVG. § 45.

1. **Den als Vertreter zur Generalversammlung gewählten Kassenmitgliedern ist gegen die Ungültigkeitserklärung ihrer Wahl die Klage im Verwaltungsstreitverfahren nicht gegeben.** Ihnen steht das in § 45 Abs. 6 KrankenVG. nur dem Kassenvorstande, der Generalversammlung und dem durch die Anordnung betroffenen Vorstandsmitgliede gegebene Anfechtungsrecht überhaupt nicht zu.

2. Außer Frage steht, daß der die Wahl leitende Wahlvorstand verpflichtet ist, die Legitimation der behufs der Ausübung des Wahlrechts vor ihm erscheinenden Personen zu prüfen. Über den Mitgliederbestand geben die bis zur Gegenwart fortgeführten Verzeichnisse und Nachweisungen der Kasse die allein zuverlässige Auskunft. Deren Einsicht ist also in keinem Falle zu umgehen. Danach kommt es nur noch darauf an, festzustellen, ob die zum Wählen erschienene Person diejenige ist, für die sie sich ausgibt. Für die Erbringung eines dahin gehenden Nachweises kann der Wahlvorstand Ordnungsvorschriften erlassen. Er kann namentlich das Mitbringen bestimmter Ausweispapiere empfehlen; er kann deren Vorlegung ohne weiteres für ausreichend erachten; er kann anordnen, daß mit Ausweis versehene Personen vor solchen ohne Ausweis abgefertigt werden. Diese und ähnliche Bestimmungen finden indessen ihren Zweck und ihre Grenze in der leichteren und schnelleren Erledigung des Wahlgeschäfts. Zu Vorschriften dagegen, die in die Wahlberechtigung eingreifen, ist der Wahlvorstand nicht befugt. Er darf zwar Personen, deren Wahlberechtigung er für nicht dargetan erachtet, zum Wählen nicht zulassen, aber den Nachweis der Wahlberechtigung nicht beschränken; denn dadurch beschränkt er das Wahlrecht selbst. So, wenn er, wie hier, die Vorzeigung der Mitgliedskarte als den einzigen Nachweis der Wahlberechtigung zuläßt und mithin Personen, deren Wahlberechtigung auf anderem Wege erweisbar oder gar ihm selbst bekannt ist, lediglich wegen der Nichterfüllung dieser Form von der Ausübung des Wahlrechts ausschließt.

Nr. 28. Entsch. v. 21. Okt. 1909 (OVG. 55 376) III C 31/09.

KrankVG. § 45.

Die Aufsichtsbehörde ist nicht befugt, die Abhaltung der Generalversammlung einer Ortskrankenkasse in einem bestimmten Lokale deshalb zu untersagen, weil das Lokal in der Regel nur von Anhängern der Sozialdemokratie benutzt wird.

Begründet wäre der Ausschluß eines Versammlungslokals, wenn dessen Wahl einzelne Mitglieder an der Ausübung ihrer Rechte verhinderte; denn der Beschränkung der gesetzlichen und statutarischen Rechte der Mitglieder hat die Aufsichtsbehörde nach § 45 Abs. 1 aaO. entgegenzutreten. Die Verhinderung der Mitglieder an der Ausübung ihrer Rechte kann auf äußeren Umständen beruhen, zB. auf der Unerreichbarkeit oder der Gesundheitsgefährlichkeit des Versammlungsraums. Nicht minder kann der Hinderungsgrund auf dem Gebiete des Sittengesetzes liegen, zB. wenn von dem Besuch eines bestimmten Lokals die Verletzung des Ehrgefühls oder des sonstigen sittlichen Empfindens erwartet werden darf. Aber auch Hinderungsgründe dieser Art bestehen nicht. Das Sittengesetz verbietet niemandem, behufs der Teilnahme an der Generalversammlung einer Krankenkasse oder überhaupt behufs der Erfüllung staatsbürgerlicher Pflichten Räume zu betreten, die in der Regel von Anhängern der Sozialdemokratie benutzt werden. Auch dafür, daß die Anhänger anderer Parteirichtungen dort eine Verletzung ihres Ehrgefühls zu befürchten hätten, liegt nichts vor.

D. Gemeinsame Bestimmungen für die Gemeindekrankenversicherung und für die Ortskrankenkassen.

(§§ 49—58 KrankVG.)

Nr. 1. Entsch. v. 30. Sept. 1909 (OVG. 55 388) III C 15/09.

KrankVG. §§ 8, 20, 49 f.

1. Das Mitglied einer Ortskrankenkasse verlangte klagend Krankengeld der 1. Klasse und berief sich auf § 10 des Kassenstatuts, wonach Veränderungen im Arbeitslohne, die die Versetzung in eine andere Mitgliederklasse begründen, binnen 3 Tagen nach dem Schlusse eines Kalendervierteljahrs und für Personen, die noch nicht ein volles Vierteljahr beschäftigt worden sind, erst am nächstfolgenden Vierteljahrsschluß anzumelden sind, und auf § 12 desselben Statuts, wonach Versetzungen in eine höhere oder niedrigere Klasse bei verändertem Arbeitsverdienste nur von Kalendervierteljahr zu Kalendervierteljahr und für Personen, die noch nicht ein volles Vierteljahr in der Beschäftigung stehen, erst am Schlusse des 2. Vierteljahrs stattfinden. Die Klage wurde abgewiesen.

2. Die Vorschriften des KrankVG. sind öffentlich-rechtlicher Art. Zu ihrer Aenderung oder Ergänzung sind die Gemeinden und Kassen nur insoweit ermächtigt, als es ihnen im Gesetz ausdrücklich zugestanden worden ist oder nach der Bedeutung der einzelnen Vorschrift sich rechtfertigt. Der im § 49 aaO. begründeten Pflicht zur Anmeldung der Arbeiter und der Veränderung in dem Arbeits- und Lohnverhältnisse haben die Arbeitgeber binnen 3 Tagen zur Vermeidung der in § 50 geregelten Ersatzpflicht und der im § 81 angedrohten Strafe zu genügen. Eine Erstreckung dieser Frist ist der Verwaltung der Gemeindekrankenversicherung durch Beschluß und den Kassen durch Statut nur bis zum letzten Werktage der Kalenderwoche gestattet, in der die 3tägige Frist abläuft. Die Anmeldepflicht hat demnach in § 10 des Statuts der beklagten Kasse rechtlich wirksam so, wie geschehen, nicht geregelt werden können.

Die Festsetzung des ortsüblichen Tagelohns gebührt der höheren Verwaltungsbehörde. Ebenso die Festsetzung des durchschnittlichen Tagelohns, gleichviel, ob die Kassen von ihrer Befugnis zur Bildung von Klassen Gebrauch machen und nach welchen Grundsätzen sie sie beschließen. Die Festsetzung hat — abgesehen zunächst von dem Falle, daß die Kassen die Bildung von Klassen beschließen — zweifellos die Bedeutung, daß mit dem Eintritte des Versicherten in das höhere Alter (§§ 8, 20 KrankVG.) der diesem Alter entsprechende Lohnsatz für die Höhe des Beitrags und des Krankengeldes maßgebend wird. Es ist aber nicht abzusehen, welcher innere Grund dafür bestimmend gewesen sein könnte, die gleiche Wirkung der Festsetzung des durchschnittlichen Tagelohns dann, wenn die Kassen die Bildung von Klassen beschließen, vorzuenthalten und die Kassen zu ermächtigen, nach ihrem freien Ermessen darüber Bestimmung zu treffen, ob der Eintritt derjenigen Tatsache, die für die Zugehörigkeit der Kassenmitglieder zu einer Klasse mit höherem oder niedrigerem durchschnittlichen Tagelohne maßgebend ist, unmittelbar oder erst nach Verlauf einer gewissen Zeit die Bemessung des Beitrags und des Krankengeldes nach dem für die Klasse in Betracht kommenden Tagelohne zur Folge haben solle. Die Befugnis zur Bestimmung des Zeitpunkts, mit dem der Eintritt einer, die Zugehörigkeit zu einer anderen Klasse hervorrufenden Tatsache den Uebertritt der Versicherten zu der betreffenden Klasse mit der Wirkung zur Folge haben soll, daß sich der Beitrag und das Krankengeld nach dem durchschnittlichen Tagelohne für diese Klasse bestimmt, hätte deshalb den Kassen ausdrücklich zugestanden werden müssen. Weil es nicht geschehen ist, verbleibt es dabei, daß der Eintritt der die Zugehörigkeit zu einer anderen Klasse begründenden Tatsache den Uebertritt der Versicherten zu der anderen Klasse mit der angegebenen Wirkung unmittelbar zur Folge hat.

Nr. 2. Entsch. v. 16. März 1908 (OVG. 52 409) III C 132/07.

InvVG. § 18.

Die nach § 18 Abs. 3 InvVG. den Versicherungsanstalten gegen die Krankenkassen zustehenden Ersatzansprüche wegen der Heilbehandlung von Kassenmitgliedern sind kraft selbständigen Rechtes und nicht auf Grund einer gesetzlichen Abtretung seitens der Erkrankten geltend zu machen. Wenn im § 18 Abs. 3 aaO. bestimmt ist, daß die Krankenkasse der Versicherungsanstalt Ersatz zu leisten habe in Höhe desjenigen Krankengeldes, das der Versicherte von der Krankenkasse für sich beanspruchen konnte, so ist damit nur zum Ausdrucke gebracht, daß für die Geltendmachung eines Ersatzanspruchs die Entstehung eines gleichen Anspruchs des Versicherten gegen die Krankenkasse eine notwendige Voraussetzung bildet. Daraus folgt aber mangels einer weiteren gesetzlichen Vorschrift noch nicht, daß die besondere Vorschrift im § 56 KrankVG., die die Verfolgbarkeit der Unterstützungsansprüche an eine kurze Verjährungsfrist bindet, auch auf die selbständigen, einmal begründeten Ersatzansprüche Anwendung zu finden hat. Vielmehr greift hier, da diese Ersatzansprüche auch nicht zu den im § 196[11] BGB. aufgeführten gerechnet werden können, die regelmäßige 30jährige Verjährungsfrist Platz.

Nr. 3. Entsch. v. 19. April 1909 (PrVerwBl. 31 113) III C 263/07.

KrankVG. §§ 45, 56a.

1. Durch den neu eingefügten § 56a KrankVG. sollten nicht diejenigen Fälle getroffen werden, in denen schon nach dem damals geltenden Rechte die Erfüllung der gesetzlichen oder statutenmäßigen Obliegenheiten der Kassenorgane von der Aufsichtsbehörde erzwungen werden konnte, daß vielmehr der Gesetzgeber durch jene Sonderbestimmung lediglich der höheren Verwaltungsbehörde die freie, einer Nachprüfung im Verwaltungsstreitverfahren nicht unterliegende Befugnis hat übertragen wollen, den berechtigten Anforderungen der Versicherten über die Grenzen der den Kassenorganen obliegenden Verpflichtungen hinaus Geltung zu verschaffen, falls diese berechtigten Anforderungen infolge der Anstellung von Kassenärzten gegenüber der freien Aerztewahl nicht genügend berücksichtigt sein sollten. Hiernach stellt der § 56a eine besondere, die in ihm bezeichneten Verhältnisse eigens regelnde Bestimmung dar, die mit dem die Rechte der Aufsichtsbehörde und die Zulässigkeit der Anfechtung ihrer Anordnungen regelnden § 45 in keinem inneren Zusammenhange steht. Erst wenn das im § 56a vorgesehene Verfahren zum Abschluß gelangt ist, kann unter Umständen eine Ausübung der den Kassenaufsichtsbehörden durch den § 45 beigelegten Befugnisse in Frage kommen. Nämlich dann, wenn die Kasse der Anordnung der höheren Verwaltungsbehörde nicht nachkommen will; denn in diesem Falle würde es sich um die Verweigerung der Erfüllung einer der Kasse gesetzlich obliegenden Verpflichtung handeln, die die Aufsichtsbehörde zur Anwendung der durch den § 45 gegebenen Zwangsmittel berechtigen würde. Die vorherige Feststellung der im § 56a den Kassen auferlegten Verpflichtung muß aber stets nach den dort gegebenen Vorschriften erfolgen. Ist diesem Erfordernis genügt, so ist die Rechtmäßigkeit der Feststellung, insoweit sie sich innerhalb der durch den § 56a bestimmten Grenzen hält, vom Verwaltungsrichter nicht nachzuprüfen, weil das Gesetz die Verfügung der höheren Verwaltungsbehörde im Abs. 3 aaO. für endgültig erklärt.

2. Wird hiervon ausgegangen, so würde im vorliegenden Falle, da auch die Berufung eines bestimmten Arztes den Rahmen des § 56a nicht überschreitet, die von der höheren Verwaltungsbehörde angeordnete Anstellung

des Dr. med. D. als maßgebend für die Kasse anzuerkennen sein, wenn sie gemäß den Vorschriften des § 56a bewirkt worden wäre. Das ist aber nicht geschehen. Abs. 2 aaO. verordnet, daß die höhere Verwaltungsbehörde die erforderlichen Anordnungen statt der zuständigen Kassenorgane mit verbindlicher Wirkung für die Kasse zu treffen hat. Nach dieser Bestimmung hätte der Regierungspräsident den Vertrag mit dem Dr. D. abschließen müssen. Er ist aber zwischen dem hierzu nicht befugten Landrate und dem genannten Arzte vereinbart worden, ohne daß sein Inhalt dem ersteren vom Regierungspräsidenten von vornherein vorgeschrieben oder nachträglich genehmigt worden wäre. Es fehlt mithin an einer dem Gesetze entsprechenden, für die Kasse rechtsverbindlichen Anordnung der höheren Verwaltungsbehörde, welche die Kassenaufsichtsbehörde zu einem Vorgehen auf Grund des § 45 KrankVG. ermächtigte.

Nr. 4. Entsch. v. 17. Juni 1907 (PrVerwBl. 30 374) III C 276/06.

KrankVG. §§ 57 f.

1. Bezweckt die vom Arzte ausdrücklich angeordnete Ueberwachung eines in Tobsucht Verfallenen wesentlich, den Erkrankten vor sich selbst zu schützen, so bildet sie einen Teil der ärztlichen Behandlung.

2. Der endgültig verpflichtete Armenverband hat nur insoweit einen Ersatzanspruch nach § 57 Abs. 2 KrankVG. an die Krankenkasse, als feststeht, daß der vorläufig verpflichtete Armenverband den Betrag des Unterstützungsanspruchs des Kassenmitglieds an die Kasse nicht für sich verlangen darf. Steht dies nicht fest, so ist die Beteiligung des vorläufig verpflichteten Armenverbandes an dem durch die §§ 57 Abs. 2, 58 Abs. 2 aaO. eröffneten Streitverfahren in der Rolle eines Mitbeklagten erforderlich.

Nr. 5. Entsch. v. 24. Okt. 1907 (PrVerwBl. 30 174) III C 96/07.

KrankVG. § 57 Abs. 2.

1. Die gesetzliche Voraussetzung zur Uebung der Armenpflege ist gegeben, wenn es demjenigen, der die Armenpflege in Anspruch nimmt, an den zur Beschaffung des notdürftigen Unterhalts und der Heilbehandlung erforderlichen baren Mitteln fehlt. Ohne sich dem Vorwurf der unerlaubten Abschiebung auszusetzen, darf der Armenverband den im vorstehenden Sinne Hilfsbedürftigen an Dritte, denen gegenüber er einen Anspruch auf Unterstützung hat, nur dann verweisen, wenn es ohne Gefährdung von Leben oder Gesundheit geschehen kann und wenn den Umständen nach mit der Bereitwilligkeit der am Orte befindlichen Dritten zur alsbaldigen Gewährung der Unterstützung zu rechnen ist. Von zeitraubenden Erörterungen, ob es an solcher Bereitwilligkeit nicht fehlt, darf der Armenverband im allgemeinen und insbesondere dann absehen, wenn die Unterstützung wegen einer Erkrankung in Anspruch genommen wird, die nach der Art der Krankheit eine alsbaldige Ueberführung des Erkrankten in ein Krankenhaus nicht bloß behufs seiner Heilung, sondern auch zur Vermeidung einer weiteren Verbreitung der Krankheit geboten erscheinen läßt.

2. Daß B. in dem Krankenhaus ungerechtfertigte Beschwerden erhoben hat, läßt sich auf Grund des Zeugnisses des Dr. von C. nicht feststellen. Nicht darauf kommt es an, ob der Arzt sich hiervon überzeugt hält, sondern darauf, ob diese Ueberzeugung nach den in Betracht kommenden Tatumständen von dem Richter geteilt werden darf. In dieser Hinsicht bietet die allgemein gehaltene Aussage des Arztes, von der auch im Urteil ausgegangen wird, nicht den erforderlichen Anhalt. Es kommt aber auf eine Feststellung insoweit überhaupt nicht an, weil der Vorderrichter darin irrt, daß B. durch ein Verhalten, das

seine Entlassung aus dem Krankenhause rechtfertigte, seinen Anspruch auf Gewährung der Krankenunterstützung für die Folgezeit verwirkt hat.

In der Rechtsprechung ist freilich auch die Ansicht vertreten, daß das Kassenmitglied, das die von der Kasse angeordnete Behandlung und Verpflegung in einem Krankenhaus ablehnt, seinen Anspruch an die Kasse überhaupt verwirkt (s. u. a. ArbVers. 23 6, 8). Von der gegenteiligen, auch sonst gebilligten Ansicht, daß das Kassenmitglied den Anspruch an die Kasse nur für die Dauer seines weigerlichen Verhaltens verliert, und daß ihre Unterstützungspflicht neu entsteht, sobald das Kassenmitglied seine weigerliche Haltung aufgibt, und daß die Inanspruchnahme eines Armenverbandes bei vorliegender Hilfsbedürftigkeit die gleiche Rechtswirkung hat wie die Tatsache, daß das Kassenmitglied sich den Satzungen der Kasse unterwirft ist von dem OVG. in ständiger Rechtsprechung ausgegangen.

Nr. 6. Entsch. v. 15. Okt. 1908 (OVG. 53 391) III C 23/08.

KrankVG. § 57.

1. Die Revision muß erfolglos bleiben, weil die Frage der Hilfsbedürftigkeit zu bejahen ist. In dieser Beziehung steht zunächst fest, daß B. zu der hier in Betracht kommenden Zeit krank und erwerbsunfähig im Sinne des KrankVG. war, daß er an einer tuberkulösen Lungenerkrankung litt und daß, unter Mitberücksichtigung seiner erheblichen erblichen Belastung und sehr geringen Widerstandsfähigkeit, die Behandlung in einer Lungenheilstätte sich als das allein Erfolg versprechende und daher gebotene Heilmittel darstellte. Ferner ist in der Revisionsinstanz nicht mehr streitig, daß dem Erkrankten bereite Geldmittel, um die Kosten der Behandlung in einer Lungenheilstätte alsbald zu bezahlen, nicht zur Verfügung standen.

2. Streitig ist dagegen die Bedeutung, die die Kassenzugehörigkeit des B. für die Frage seiner Hilfsbedürftigkeit hatte. Ohne Frage ist das Bereitstehen von Kassenleistungen geeignet, die Hilfsbedürftigkeit auszuschließen, aber nur unter der Voraussetzung, daß die Kassenleistungen ausreichen, um die Hilfsbedürftigkeit abzuwenden oder zu beseitigen. An dieser Voraussetzung fehlt es hier; denn einerseits war die Behandlung in einer Lungenheilstätte die notwendige Form der Unterstützung, anderseits die Krankenkasse zu deren Gewährung weder verpflichtet noch bereit. Es handelte sich nicht darum, den Verpflegten vor künftiger Hilfsbedürftigkeit zu bewahren; vielmehr bedurfte er nach dem ärztlichen Gutachten zur Wiederherstellung seiner Gesundheit alsbald der Aufnahme in eine Lungenheilstätte. Nur in dieser Weise konnte ihm die dem Leiden entsprechende Heilbehandlung zuteil werden. Die Aufnahme war also die durch die Lage des Falles gebotene Form der Unterstützung.

3. Dem Kassenmitgliede wurde die durch den Krankheitszustand erforderte und deshalb im Sinne der Armengesetzgebung erforderliche Krankenpflege von der Krankenkasse nicht zuteil. Dem eingetretenen Bedürfnisse wurde also durch die Kassenzugehörigkeit nicht abgeholfen. Die Bereitstellung der statutenmäßigen Leistungen einschließlich der Krankenhausbehandlung war dazu nach Lage der Sache nicht ausreichend. Hiermit war die Voraussetzung für das Eingreifen der Armenpflege gegeben. Die Ausübung der Pflege bestimmt sich durch Art und Umfang der dem Armenverband obliegenden Verpflichtung. In der Erfüllung dieser Pflicht kann niemals ein unberechtigter Eingriff in das Selbstverwaltungsrecht einer Krankenkasse liegen. Dagegen tritt, wenn die Leistungen des Armenverbandes zugleich die Erfüllung der einer Krankenkasse obliegenden Verpflichtung bilden, der im § 57 KrankVG. näher bestimmte Uebergang des Anspruchs an die Kasse auf den Armenverband ein.

Nr. 7. Entsch. v. 1. Juli 1909 (DIZ. 15 430) III C 35/07.

Dem Armenverbande kann der Einwand, daß die von ihm einem Kassenmitgliede gewährte Heilbehandlung, Krankenhaus- oder Anstaltspflege nicht dringlich war, oder daß die Kasse bestimmte Aerzte, Krankenhäuser und andere Anstalten ihren Mitgliedern zur Verfügung gestellt hat, nicht entgegengehalten werden. Es steht in seinem Ermessen, wie er die Armenpflege üben will. Seinem Ersatzanspruche gegenüber findet nur der Einwand statt, daß der Armenverband zur Uebung von Armenpflege überhaupt oder insbesondere mit Rücksicht darauf keinen Anlaß hatte, weil ihm bekannt war, daß die Kasse die Unterstützung in einer die armenrechtliche Hilfsbedürftigkeit ausschließenden Art zu gewähren bereit war, und weil das Mitglied ohne Gefahr für Leben und Gesundheit an die Kasse verwiesen werden konnte. Hierfür kommt es aber gegenüber Personen, deren Krankheit eine besondere Art der Behandlung notwendig erfordert, darauf an, ob der zur Gewährung dieser Behandlung bereite Armenverband mit der Geneigtheit der Kasse zur Gewährung gleicher Behandlung zu rechnen hat. Andernfalls darf der Armenverband von der Verweisung der Kassenmitglieder an die Kasse absehen und die ihm notwendig erscheinende Krankenhaus- oder Anstaltsbehandlung gewähren.

Nr. 8. Entsch. v. 18. Nov. 1909 (PrVerwBl. 31 462) III C 137/09.

KrankVG. §§ 28, 54a, 57.

1. Auch der endgültig fürsorgepflichtige Armenverband ist, wenn er den vorläufig unterstützenden Armenverband wegen seiner Leistungen befriedigt hat, befugt, von derjenigen Krankenkasse, der der Unterstützte als Mitglied angehörte, die Erstattung seiner Aufwendungen nach Maßgabe des § 57 KrankVG. zu verlangen.

2. Mit Rücksicht auf die Vorschrift im § 54a KrankVG., wonach im Falle der Erwerbsunfähigkeit die Kassenmitgliedschaft während des Bezuges von Krankenunterstützung fortdauert, hat der Gerichtshof in ständiger Rechtsprechung angenommen, daß der § 28 aaO. Anwendung finden müsse, wenn innerhalb 3 Wochen nach der Beendigung der Krankenunterstützung ein neuer Unterstützungsfall eintritt (vgl. OVG. 29 334). Die Beklagte glaubt zwar, sich für ihre abweichende Meinung auf das Urt. des Bayr. VerwGHf. v. 2. IV. 06 (ArbVers. 658) beziehen zu können. Zu diesem Erkenntnis hat der Gerichtshof jedoch bereits in seinem Urt. v. 21. X. 09 — III C 97 09 — in einem für die Beklagte ungünstigen Sinne Stellung genommen, indem dort folgendes ausgeführt worden ist:

„In dieser Entscheidung -- nämlich derjenigen vom 2. IV. 06 — hat das genannte Verwaltungsgericht nach der Ansicht des erkennenden Senats den im § 28 KrankVG. enthaltenen Worten „infolge eintretender Erwerbslosigkeit“ eine zu große, ihnen nicht zukommende Bedeutung beigelegt und sich dadurch bestimmen lassen, sich über den § 54a aaO., wonach im Falle der Erwerbsunfähigkeit für die Dauer der Krankenunterstützung Beiträge nicht entrichtet werden, die Mitgliedschaft aber während des Bezuges der Krankenunterstützung fortdauert, hinwegzusetzen. Eine solche Ausschaltung des § 54a erscheint aber nicht statthaft; seine Vorschriften müssen vielmehr mit denjenigen des § 28 in Einklang gebracht werden. Das läßt sich aber nur durch die in dem Urt. v. 6. X. 04 zum Ausdruck gebrachte Auslegung des Gesetzes erreichen. Endlich kann sich der Bayr. VerwGHf. für seine Auffassung auch nicht auf OVG. 42 308 berufen. Denn um die dort für unzulässig erklärte entsprechende

Anwendung des § 54a auf Fälle, für die er nicht gegeben ist, handelt es sich hier überhaupt nicht."

An diesen Ausführungen ist lediglich festzuhalten.

Nr. 9. Entsch. v. 23. Mai 1910 (PrVerwBl. 31 784) III C 194/09.

KrankVG. §§ 21, 57.

1. Rechtsirrtümlich ist die Auffassung der Beklagten (einer Betriebskrankenkasse), daß ein Fall der Armenpflege nicht vorliege. Mag auch ein polizeiliches Interesse bei der Unterbringung der Frau G. mitgewirkt haben, so wäre doch das Vorhandensein eines Akts der Armenpflege nur dann ausgeschlossen, wenn die Unterbringung durch die Polizei mit dem Ziele, die Frau G. für einen bestimmten polizeilichen Zweck, zB. Vorführung vor den Richter, zur Verfügung zu haben, erfolgt wäre.

2. Ebenso beruht der Einwand der Beklagten, daß sie für Anstaltspflege an die Kläger nichts zu erstatten brauche, weil Frau G. nach § 5a des Kassenstatuts neben freier Arznei und sonstigen Heilmitteln nur ärztliche Behandlung durch den Kassenarzt fordern könne, auf einem Rechtsirrtum. Es kann eine Kasse die Gewährung der im § 21[5] KrankVG. bezeichneten Leistungen an Familienangehörige statutarisch nur so einführen, wie das Gesetz lautet, nicht aber unter Beschränkungen, die in diesem nicht vorgesehen sind. Deshalb haben die Worte „durch den Kassenarzt" im § 5a des Statuts der Beklagten im Sinne des Gesetzes nur den Kassenmitgliedern gegenüber Bedeutung; sie stehen dem Ersatzanspruche der Armenverbände, welche die Armenpflege nach den für diese geltenden Grundsätzen auszuüben haben, nach der ständigen Rechtsprechung des Gerichtshofs nicht entgegen (vgl. u. a. OVG. 3. I. 10 — III C 94 1909).

3. Der Vorderrichter hat aber bei Berechnung der Höhe des Anspruchs der Kläger das halbe Krankengeld des Ehemanns G. zugrunde gelegt. Das ist unzulässig. Der Gerichtshof hat in der obenbezeichneten Entsch. v. 3. I. 10 ausgeführt:

„Der Angehörige erhält kein Krankengeld; es kann deshalb auch nicht ein in der Hälfte des letzteren bestehendes Pauschquantum berechnet werden. Dafür, daß das Krankengeld des Mitglieds oder dasjenige, welches der Angehörige, wenn er Mitglied wäre, erhalten würde, zugrundezulegen sei, ist ein Anhalt im Gesetze nicht gegeben. Es muß deshalb in solchen Fällen eine Berechnung der tatsächlich entstandenen Kosten aufgestellt werden."

Daran ist auch im vorliegenden Falle festzuhalten. Die Annahme eines Pauschquantums unter Zugrundelegung des Krankengeldes des Mitglieds paßt nicht für die Erstattung der Aufwendungen für Familienangehörige. Das Krankengeld hat den Zweck, dem Mitgliede Mittel zu seinem und seiner Familie Unterhalt in die Hand zu geben, weil sein Arbeitsverdienst ausfällt. Erkrankt nun zB. ein 2jähriges Kind des Mitglieds, für welches nach dem Kassenstatut Heilbehandlung usw. gewährt wird, so scheidet dies Moment völlig aus; es fehlt jeder innere Zusammenhang zwischen dem Krankengelde des Mitglieds und der Aufwendung für Familienangehörige. Schon die Festsetzung des Pauschquantums auf der Grundlage des Krankengeldes des Mitglieds im § 57 Abs. 5 aaO. ist ein gesetzgeberischer Notbehelf, um Weiterungen zu vermeiden; eine solche Ausnahmebestimmung ist stets eng anzuwenden.

Nr. 10. Entsch. v. 27. Juni 1910 (PrVerwBl. 31 851) III C 48/10.

KrankVG. § 57.

Von einer polizeilichen Maßregel kann nur dann die Rede sein, wenn die Aufnahme des an Granulose Erkrankten in ein Krankenhaus auf unmittelbare Veranlassung der Polizeibehörde lediglich zu dem Zwecke erfolgt ist, um auf diese Weise eine weitere Verbreitung der ansteckenden Augenkrankheit zu verhüten. Der Gerichtshof ist ferner stets davon ausgegangen, daß erkrankte Kassenmitglieder zur Einstellung ihrer Arbeitstätigkeit ermächtigt sind, wenn sie sich der erforderlichen Heilbehandlung unterwerfen wollen, und daß sie alsdann für die Dauer der notwendigen Behandlung in einem Krankenhause als erwerbsunfähig im Sinne des KrankVG. gelten. Mit diesen Grundsätzen setzt sich der Vorderrichter in Widerspruch, wenn er für die Entscheidung der Frage, ob ein Akt der Armenpflege oder eine polizeiliche Maßregel vorliege, dem Umstande, daß die Unterbringung des N. in einem Krankenhause auf Veranlassung der Polizeibehörde erfolgt ist, eine ausschlaggebende Bedeutung beigelegt und das Vorhandensein von Hilfsbedürftigkeit deshalb verneint hat, weil die Erwerbsfähigkeit des Verpflegten durch dessen Erkrankung vor jener Unterbringung nur unwesentlich beeinträchtigt worden sei.

Nach den Akten des klagenden Armenverbandes hat das an die Polizei gerichtete Ersuchen der Militärbehörde allerdings den äußeren Anlaß zur Aufnahme des N. in das städtische Krankenhaus gegeben. N. selbst hat sich jedoch mit den Anträgen der Behörden einverstanden erklärt, damit ihm die notwendige Kur und Verpflegung zuteil werde. Die genannten Akten ergeben ferner, daß der Verpflegte zur Zeit seiner Einweisung in das Krankenhaus hilfsbedürftig im armenrechtlichen Sinne gewesen ist. Es kann daher keinem Zweifel unterliegen, daß es sich um einen Akt der öffentlichen Armenpflege gehandelt hat. Ist das aber der Fall, so muß auch die beklagte Kasse für verpflichtet erachtet werden, dem Kläger die durch diesen Akt verursachten Kosten nach Maßgabe der Vorschriften im § 57 KrankVG. zu erstatten.

Nr. 11. Entsch. v. 16. Mai 1907 (PrVerwBl. 29 872) III C 45/07.

KrankVG. §§ 7, 57a.

Daß bei Belassung in der Wohnung die Unterstützung und Pflege des P. mit geringerem Aufwande hätte bewirkt werden können, behauptet die Beklagte selbst nicht; sie hat vielmehr in der Vorinstanz ausdrücklich erklärt, gegen die einzelnen Rechnungen und Belege Anstände nicht erheben zu wollen. Daß der Kassenarzt die Behandlung billiger durchgeführt haben würde, hat sie ebenfalls nicht behauptet. Nicht bestritten ist vielmehr, daß dieser die Mindestsätze der Taxe erhoben haben würde, ebenso wie es der behandelnde Arzt getan hat. Daraus, daß die Kasse den P. in den Händen des ihn bereits zur Zeit der Ueberweisung behandelnden Arztes gelassen und ihn nicht in die Pflege ihres Kassenarztes, der dieselben Honorarsätze für Mitglieder fremder Kassen zu fordern berechtigt war, überführt hat, kann daher der Klägerin ein Vorwurf nicht gemacht werden. Die ganze Streitfrage ist danach die, ob die klagende Kasse schuldhaft die Ueberführung des Patienten ins Krankenhaus unterlassen hat. Diese konnte sie, da der Patient verheiratet war, nach § 7 KrankVG. nur mit dessen Zustimmung anordnen, oder unabhängig von ihr, wenn die Art der Krankheit Anforderungen an die Behandlung oder Verpflegung stellte, welchen in der Familie des Erkrankten nicht genügt werden konnte oder wenn dessen Zustand oder Verhalten eine fortgesetzte Beobachtung erforderte. Die sonst noch in § 7 genannten Gründe kommen hier nicht in Betracht. Daß der Patient zugestimmt habe, ist nicht behauptet. Ob eine der übrigen Voraussetzungen vorlag, war zunächst Sache des ärztlichen Ermessens. Wenn der Vorderrichter auf Grund der gutachtlichen Aeußerungen der beiden eidlich von ihm gehörten Aerzte zu dem Ergebnis gekommen ist, ein Verschulden der klagenden Kasse könne darin, daß sie die Ueberführung des

Patienten ins Krankenhaus unterlassen habe, nicht gefunden werden, so läßt sich ihm weder ein Rechtsirrtum noch ein wesentlicher Mangel des Verfahrens vorwerfen. Insbesondere kann von einer Entscheidung gegen die klare Lage der Sache nicht die Rede sein. Eine selbständige Prüfung steht dem Revisionsrichter bei dem beschränkten Charakter des Rechtsmittels aber nicht zu.

Nr. 12. Entsch. v. 2. April 1906 (PrVerwBl. 29 87) III 673.

KrankVG. § 58.

1. Wie der Gerichtshof in OVG. 46 363 näher dargelegt hat, knüpft das KrankVG. die Versicherung der Arbeiter gegen Krankheit an die Leistung von Lohnarbeit in einer der im Gesetz genannten Betriebsarten ohne Unterschied, ob sie bei Uebernahme der Arbeit gesund oder krank sind. Nur dann tritt die Versicherung nicht ein, wenn der Arbeiter bei Uebernahme der Arbeit bereits so krank ist, daß es bei einem bloßen Versuche zu arbeiten bleibt, wirkliche Arbeit aber nicht mehr geleistet wird.

2. Die Entscheidung auf die Revision der beklagten Kasse hängt danach von der Beantwortung der Frage ab, ob die Entscheidung, die der Magistratskommissar in der Streitsache des Arbeiters R. gegen die Ortskrankenkasse zuungunsten dieser Kasse getroffen hat, der jetzt auf Grund des § 58 Abs. 2 KrankVG. erhobenen Klage auf Ersatz der an den Arbeiter R. nach Maßgabe der Entscheidung des Magistratskommissars geleisteten Unterstützung entgegensteht. Das ist zu verneinen.

Die Entscheidung hat zwar die rechtliche Natur eines Aktes der Rechtsprechung und ist infolge der unterlassenen Anfechtung rechtskräftig geworden. Aber sie ist weder unter denselben Parteien (inter easdem partes) oder unter deren Rechtsvorgängern ergangen, noch ist der Streitgegenstand derselbe (eadem causa). Die Beklagte kann sich daher der Klägerin gegenüber auf die Rechtskraft dieser Entscheidung ebensowenig berufen, wie sie die Entscheidung des Magistratskommissars gegen sich hätte gelten lassen müssen, wenn diese im entgegengesetzten Sinne ergangen und die Klage des Arbeiters R. deshalb abgewiesen wäre, weil er nicht der Ortskrankenkasse der Gelb- und Zinngießer, sondern derjenigen der Kaufleute angehörte.

Ueber die den Gegenstand der jetzigen Streitsache ausmachende, im Vorprozeß aber nur einen Inzidentpunkt bildende Frage, ob die von der Klägerin an R. geleistete Unterstützung nach den Bestimmungen des KrankVG. von der klagenden oder der beklagten Kasse geleistet werden mußte, ist vielmehr im Verwaltungsstreitverfahren, dem nach § 58 Abs. 2 KrankVG. „Streitigkeiten zwischen Krankenkassen über den Ersatz irrtümlich geleisteter Unterstützungen" ausdrücklich zugewiesen worden sind, unabhängig von dem Ergebnisse eines etwaigen Vorprozesses zwischen Kasse und Mitglied frei zu entscheiden.

Nr. 13. Entsch. v. 27. Mai 1909 (PrVerwBl. 31 177) III C 219/08.

KrankVG. §§ 50, 58.

1. Zwar ist im § 58 Abs. 1 KrankVG. bestimmt, daß Streitigkeiten, die zwischen den auf Grund dieses Gesetzes zu versichernden Personen oder ihren Arbeitgebern einerseits und der Ortskrankenkasse anderseits über das Versicherungsverhältnis oder über Erstattungsansprüche aus § 50 entstehen, von der Aufsichtsbehörde entschieden werden. Indessen ist damit den von der Aufsichtsbehörde erlassenen und den in dem darauffolgenden Rechtswege ergehenden Entscheidungen über das Versicherungsverhältnis oder die Erstattungsansprüche nicht die Bedeutung bei-

gelegt, daß diese Entscheidungen nunmehr allgemein und allen gegenüber wirksam sein sollen. Für eine dahingehende Annahme fehlt es an der gesetzlichen Grundlage. Was insbesondere das Versicherungsverhältnis betrifft, so wird darüber keineswegs ausschließlich auf dem in § 58 Abs. 1 angegebenen Wege entschieden. Vielmehr hängt der Ausgang der nach § 58 Abs. 2 im Verwaltungsstreitverfahren zu entscheidenden Streitigkeiten sehr häufig gerade von der Feststellung des Versicherungsverhältnisses ab. Dabei kann die auf Grund des § 58 Abs. 1 unter bestimmten Parteien rechtskräftig ergangene Entscheidung über das Bestehen des Versicherungsverhältnisses auch für den Rechtsnachfolger der Partei bindend sein. Ueber die Parteien und ihre Rechtsnachfolger hinaus reicht jedoch die Wirkung der Rechtskraft nicht.

2. Im vorliegenden Falle hat die rechtskräftige Feststellung eines unter den beiden jetzt streitenden Ortskrankenkassen bestehenden Rechtsverhältnisses noch nicht stattgefunden. Die von beiden Kassen gemeinsam durchgesetzte Feststellung eines Erstattungsanspruchs gegenüber der Witwe W. berührt das gegenseitige Verhältnis der Kassen untereinander nicht. Deshalb ist die beklagte Kasse nicht gehalten, die in dem gemeinsamen Verfahren beider Kassen gegen die Witwe W. festgestellte Kassenzugehörigkeit des Arbeiters O. in dem nunmehr von der klagenden Kasse angestellten Verwaltungsstreitverfahren gegen sich gelten zu lassen.

E. Betriebs- (Fabrik-) Krankenkassen (§§ 59—68 KrankVG.); Bau-, Innungskrankenkassen (§§ 69—72, 73 KrankVG.).

Nr. 1. Entsch. v. 27. Mai 1907 (PrVerwBl. 30 106) III C 220/06.

KrankVG. §§ 60, 68.

Da der § 60 KrankVG. nicht vorschreibt, in welcher Weise die Voraussetzung, daß 50 oder mehr versicherungspflichtige Personen in einem oder mehreren Betrieben des betr. Unternehmers beschäftigt werden, nachgewiesen werden soll, so ist es nicht rechtsirrtümlich, wenn vom Bezirksausschusse hierfür eine gewisse Stetigkeit des Bestandes von 50 oder mehr Versicherungspflichtigen erfordert wird.

Nr. 2. Entsch. v. 26. März 1908 (PrVerwBl. 30 457) III C 219/07.

KrankVG. §§ 19, 57 b, 73.

1. Der Krankenkasse einer Innung gehören die in dem Gewerbebetrieb, für welchen die Innung errichtet worden ist, beschäftigten Personen an. Eine Ausdehnung der Kassenzugehörigkeit auf Betriebe der Innungsmeister, für welche die Innung nicht besteht, ist unzulässig. Unter dem Gewerbebetrieb der Innungsmitglieder im Sinne des § 73 Abs. 2 KrankVG. ist diejenige Erwerbstätigkeit gemeint, zufolge deren der Unternehmer der Innung angehört. Sofern ein Innungsmitglied neben einer solchen Erwerbstätigkeit noch eine andere versicherungspflichtige Erwerbstätigkeit betreibt, bleibt für die Bestimmung der Kassenzugehörigkeit der von ihm insgesamt beschäftigten Personen § 19 Abs. 4, wonach entscheidend ist, in welchem Betrieb die Mehrzahl der insgesamt beschäftigten Personen tätig war, außer Anwendung, weil er für Krankenkassen der Innungen mit Rücksicht auf die Beschränkung ihrer Wirksamkeit auf die Betriebsart der Innung nicht maßgebend sein kann. In § 73 Abs. 1 ist auch nur der Abs. 5 des § 19 für die Krankenkassen der Innungen als maßgebend erklärt. Die Kassenzugehörigkeit der von

Innungsmitgliedern beschäftigten Personen, die sich nicht auf die Betriebsart ihrer Innungen beschränken, bestimmt sich deshalb, wenn eine Krankenkasse der Innung besteht, nach der Betriebsart, in der sie beschäftigt waren, und für den Fall der Beschäftigung in allen oder mehreren Betriebsarten eines Innungsmitgliedes danach, in welcher Betriebsart sie hauptsächlich beschäftigt waren.

2. Maßgebend für Krankenkassen der Innungen ist freilich auch § 57b (s. § 73 Abs. 1), anwendbar ist er aber nur, wenn unter den Kassen streitig wird, welcher von ihnen die in einem Betrieb nach seiner Eigenart beschäftigten Personen angehören und von ihnen hierüber eine Entscheidung seitens der höheren Verwaltungsbehörde begehrt wird. Dieser Tatbestand kommt hier nicht in Betracht. Behauptet wird nicht, daß die bei einer Bootsvermietung beschäftigten Personen überhaupt der Krankenkasse der Innung angehören, sondern nur, daß es bezüglich des Betriebes des Schankwirts L. zutrifft, weil sich die Bootsvermietung als ein vom Schankbetrieb verschiedener Betrieb nicht beurteilen lasse. Die Entscheidung dieser Frage gehört in dem anhängigen Streit zwischen Armenverband und Kasse zur Zuständigkeit des Verwaltungsrichters.

3. Ausgeschlossen ist freilich nicht, daß ein einer Innung angehöriger Betrieb sich auf eine Betriebsart miterstreckt, die an sich für die Zugehörigkeit zur Innung nicht in Betracht kommt. Der Schankbetrieb insbesondere umfaßt nicht bloß den Vertrieb von Getränken, für welche es der Genehmigung bedarf, sondern auch die Zurichtung und den Vertrieb von Speisen, die Darbietung von Billards, von Kegelbahnen und anderen Lustbarkeiten, wenn sie im Anschluß an den Schankbetrieb und zu dessen Förderung in zulässiger Art stattfindet. Grundsätzlich ausgeschlossen ist deshalb nicht, daß auch die Darbietung von Booten einen dem Schankbetrieb zuzurechnenden Betrieb darstellt, aber immer doch nur für den Fall, daß sie im Anschluß an den Schankbetrieb ausschließlich oder doch wesentlich für die Gäste stattfindet.

III.
Unfallversicherung.

Literatur: Aßmann: Die Betriebsunfallfürsorge der preußischen Staatsbeamten. G. v. 2. VI. 02 (Leipzig 1910). — Esters: Rechtsbeziehungen zwischen Krankenkassen und Berufsgenossenschaften nach § 25 des Gewerbeunfallversicherungsgesetzes (Tübingen 1908). — Müller: Die Rechtsprechung in Unfallrentenstreitsachen (Berlin 1909). — Handbuch der Unfallversicherungsgesetze in 3 Bänden. Die Reichsunfallversicherungsgesetze[3] (Leipzig 1910).

A. Gewerbeunfallversicherung.

Nr. 1. Entsch. v. 19. Sept. 1907 (PrVerwBl. 30 73) III C 271/06.

GewUnfVG. § 25.

1. Nur die Berufsgenossenschaften und nicht auch deren Sektionen sind durch das GewUnfVG. mit der Rechtspersönlichkeit und der Fähigkeit, vor Gericht zu klagen und verklagt zu werden, gesetzlich ausgestattet worden.

2. Der Gerichtshof hat die Frage, ob bei vorübergehenden Unterstützungen, auch wenn sie weniger als 3 Monate dauern, dennoch der Ersatz in der Höhe von 3 halben Monatsbeträgen der Rente unter der Voraussetzung, daß die Unterstützung nicht weniger betragen hat, in Anspruch genommen werden kann, in dem Urt. v. 28. VI. 06 (ArbVers. 23 645)

unter eingehender Erörterung der einschlägigen Rechtsprechung bejaht. An dieser Auffassung ist festzuhalten.

3. Auch die Angehörigenrente ist im Sinne des § 25 Abs. 2 GewUnfVG. ein „dem Unterstützten nach Maßgabe dieses Gesetzes zustehender Entschädigungsanspruch". Dem gegen Unfall versicherten Verletzten und nicht seinen Angehörigen steht rechtlich der Anspruch auf die nach dem Gesetze zu leistende Angehörigenunterstützung zu, wie der Gerichtshof auf dem verwandten Gebiete des KrankVG. in gleichmäßiger Rechtsprechung dargelegt hat. Der beklagte Knappschaftsverein war daher auf Grund des § 25 Abs. 4 aaO. berechtigt, für die von ihm dem Kläger während dessen Kur und Verpflegung im Knappschaftslazarett zugunsten seiner Angehörigen gewährte Unterstützung die Hälfte der Angehörigenrente, wie er getan hat, in Anspruch zu nehmen. Aus den oben dargelegten Gründen ist aber auch der von ihm im Wege der Widerklage geltend gemachte weitere Anspruch auf 6,10 ℳ aus der dem Kläger nach seiner Entlassung aus dem Lazarett von der Berufsgenossenschaft zugebilligten Unfallrente von monatlich 7,25 ℳ begründet, da er für die von ihm geleistete vorübergehende Unterstützung 3 halbe Monatsbeträge der Rente bis zur vollen Deckung seiner Forderung in Anspruch nehmen kann. Der Umstand, daß der Kläger zur Zeit seiner Unterstützung von der Berufsgenossenschaft in einer Heilanstalt untergebracht war und deshalb während dieses Zeitraums eine Unfallrente nicht bezogen hat, steht der Inanspruchnahme der ihm nach Beendigung der Anstaltsbehandlung gewährten Unfallrente nicht entgegen.

Nr. 2. Entsch. v. 22. Jan. 1910 (OVG. 55 398) III C 129/09.

GewUnfVG. §§ 8, 25 f.

1. Obschon der Entschädigungsanspruch an die Berufsgenossenschaften wegen der Folgen eines Betriebsunfalls die Gewährung von Rente, von Heilbehandlung nach dem Beginne der 14. Woche und von Sterbegeld umfaßt, sieht das GewUnfVG. in § 25 Abs. 2 nur die Ueberweisung von Rentenbeträgen an die Gemeinden, Armenverbände und Kassen als Ersatz für Unterstützungen vor, die sie dem Entschädigungsberechtigten für einen Zeitraum gewährt haben, für den ihm ein Entschädigungsanspruch zustand oder noch zusteht. Diese Regelung hat zu Streit darüber Anlaß gegeben, ob wegen der Kosten für eine Heilbehandlung, die bei der Berufsgenossenschaft hätte in Anspruch genommen werden können, Ersatz nunmehr aus der Rente des Entschädigungsberechtigten zu gewähren ist, oder ob hierfür wie auch für Sterbegeld die Ersatzpflicht der Berufsgenossenschaft fortbesteht und ob sie aus § 25 Abs. 2 oder aus § 8 GewUnfVG. in seiner ursprünglichen Fassung oder daraus herzuleiten ist, daß das Gesetz grundsätzlich den Bezug der Unterstützung der Gemeinden, Armenverbände und Kassen neben der Entschädigung der Berufsgenossenschaft nicht zulassen will und daß für die Heilbehandlung und das Sterbegeld die Berufsgenossenschaft als die zu ihrer Gewährung endgültig Verpflichtete in Betracht kommt. Ebenso besteht darüber Streit, ob die in § 26 Abs. 2 für die Ueberweisung von Rentenbeträgen begründete Zuständigkeit der Verwaltungsgerichte in der Beschränkung auf die im Gesetze „Rente" benannte Entschädigung der Berufsgenossenschaft zu verstehen ist oder ob sie sich auf die Ueberweisung von Heilkosten und Sterbegeld aus den Mitteln der Berufsgenossenschaft miterstreckt. Auch darüber besteht Streit, wieweit die Zuständigkeit der Organe der Berufsgenossenschaft, des Schiedsgerichts und des Reichsversicherungsamts bei der Feststellung von Ersatzansprüchen für die Heilkosten und für Sterbegeld geht.

2. Das OVG. hat sich dafür entschieden, daß das Wort „Rentenbeträge" in der Beschränkung auf die im Gesetze „Rente" genannte Entschädigung der Berufsgenossenschaft zu verstehen ist. Demgemäß ist die Zuständigkeit der Verwaltungsgerichte für die Entscheidung von Streitigkeiten über Ersatzansprüche wegen Heilkosten und wegen Sterbegeld aus den Mitteln der Berufsgenossenschaften verneint worden, ohne daß jedoch dazu Stellung genommen ist, wie es sich gesetzlich mit der Ersatzpflicht der Berufsgenossenschaften für Heilkosten und für Sterbegeld verhält, und welche andere Behörde für die Entscheidung von Streitigkeiten hierüber zuständig ist.

Auf den gleichen Standpunkt hat sich der KompGhf. in seiner Entsch. v. 28. IV. 06 (ArbVers. 23 598) für den Streit einer Kasse mit einer Berufsgenossenschaft wegen des Ersatzes von Heilkosten gestellt. In der Begründung ist ausgeführt, daß die Zuständigkeit des ordentlichen Gerichts in Uebereinstimmung mit OVG. 43 348 deshalb auszusprechen gewesen sei, weil die in § 26 Abs. 2 für die Ueberweisung von Rentenbeträgen eingeführte Zuständigkeit der Verwaltungsgerichte keine ausdehnende Auslegung zulasse. Auf der gleichen Begründung beruht die Verneinung der Zuständigkeit der Verwaltungsgerichte in der Entsch. des KompGhf. v. 2. XI. 07, die einen Streit des Vaters des Entschädigungsberechtigten mit einer Kasse wegen des Ersatzanspruchs aus dem von der Berufsgenossenschaft hinterlegten Sterbegelde betraf. Für die Zuständigkeit des ordentlichen Gerichts ist hier geltend gemacht, daß es sich bei dem Streite über die Herausgabe des von der Berufsgenossenschaft festgesetzten und bereitgestellten Sterbegeldes, obschon die Kasse ihren Anspruch als einen gemäß § 25 gegebenen bezeichnet habe, doch lediglich um eine das Vermögensinteresse der Parteien angehende bürgerliche Rechtsstreitigkeit handle. Die Unzulässigkeit des Rechtswegs wäre dann auszusprechen gewesen, wenn der Vater die Höhe des festgesetzten Sterbegeldes bemängelt und mit der Berufung angefochten hätte, weil alsdann das Schiedsgericht und das Reichsversicherungsamt mit der strittigen Frage sich zu befassen gehabt hätten.

3. Mit der Rechtsprechung des RG. und des RVA. steht die in dieser Entscheidung für die Zulässigkeit oder Unzulässigkeit des Rechtswegs gegebene Begründung nicht im Einklange. Das RG. hat für das GewUnfVG. in der ursprünglichen Fassung in seinem Urt. v. 14. V. 87 den Rechtsweg zwar für die Feststellung des Entschädigungsanspruchs, weil sie den Organen der Berufsgenossenschaft vorbehaltlich der Anrufung des Schiedsgerichts und des RVA. zustehe, für unzulässig erklärt, nicht aber hierüber hinaus. Es hat die Befugnis der Berufsgenossenschaft, den Uebergang des Entschädigungsanspruchs auf Kassen zu bestreiten, anerkannt und für einen Streit einer Kasse mit der Berufsgenossenschaft über den Ersatzanspruch aus dem von der Berufsgenossenschaft zu gewährenden Sterbegelde den Rechtsweg für zulässig erklärt. Hieran hat es in dem Urt. v. 5. III. 04 für Streitigkeiten zufolge des § 25 grundsätzlich festgehalten, sofern es sich bei ihnen nicht um die im Verwaltungsstreitverfahren zu entscheidende Ueberweisung von Rentenbeträgen handelt (RGZ. 19 67ff., 57 170ff.).

Das RVA. erachtet es für zulässig, daß die Feststellung der Entschädigungsansprüche auch auf Antrag der ersatzberechtigten Kassen, Gemeinden und Armenverbände erfolgt, und gesteht ihnen auch gegen die Feststellung der Entschädigung durch die Organe der Berufsgenossenschaften die Anrufung der Schiedsgerichte und des Reichsversicherungsamts zu. Auch wird es von ihm für zulässig gehalten, daß die Entschädigung unmittelbar für die ersatzberechtigte Kasse, die Gemeinde oder den Armenverband festgestellt wird, vorausgesetzt, daß der Uebergang des Entschädigungsanspruchs auf sie außer Streit ist. Daran hat das RVA. aber für das Gesetz in seiner ursprünglichen Fassung hinsichtlich aller Leistungen der Berufsgenossenschaften stets festgehalten, daß die Entscheidung über den Uebergang bei obwaltendem Streite im Rechtsweg und nur in diesem zu ergehen hat. Hieran hält es, soweit es sich nicht um die den Verwaltungsgerichten vorbehaltene Ueberweisung von Rentenbeträgen handelt, für das Gesetz auch in der neuen Fassung fest. Deshalb hat es die Berufsgenossenschaften darauf hingewiesen, das Sterbegeld zu hinterlegen, wenn der Uebergang und also die Ersatzberechtigung der Kassen, Gemeinden und Armenverbände nicht außer Streit ist (s. Handbuch der Unfallversicherung[3] 1 323ff. und Entsch. v. 11. IV. 06 — ArbVers. 23 518).

4. In der jetzt zur Entscheidung stehenden Streitsache hatte die Berufsgenossenschaft die von der Klägerin verlangte Verteilung des Sterbegeldes auf sie und eine andere beteiligte Kasse abgelehnt, weil sie die Ersatzberechtigung der Kassen aus dem von ihr zu gewährenden Sterbegeld überhaupt bestritt. Mit ihrer als Klage behandelten Beschwerde beantragte die Klägerin, gestützt auf § 25, Anerkennung ihres Anspruchs. Hiermit wurde sie von dem Bezirksausschuß abgewiesen. Begründet ist dieses damit, daß das Gesetz die Befriedigung von Ersatzansprüchen nur in der Form der Ueberweisung von Rentenbeträgen kenne, daß aus der zur Deckung gewöhnlicher Lebensbedürfnisse bestimmten Rente Ersatz für Sterbegeld nicht stattfinde, daß in dem Gesetze die Ueberweisung des von der Berufsgenossenschaft zu gewährenden Sterbegeldes nicht vorgesehen sei und daß auch ein Ersatzanspruch hierauf erst durch die am 1. I. 04 in Kraft getretene Nov. v. 25. V. 03 zum KrankVG. geschaffen worden sei. Das OVG. hat es nach Aufhebung dieser Entscheidung bei der Abweisung der Klage mit folgender Begründung belassen: „Der erkennende Gerichtshof hat bereits in OVG. 43 348 ausgesprochen, daß eine Zuständigkeit der Verwaltungsgerichte zur Entscheidung über einen Ersatzanspruch von Krankenkassen gegen Berufsgenossenschaften wegen Sterbegeldes sich weder aus § 26 GewUnfVG. noch aus einer anderen Vorschrift herleiten läßt. An diesem Standpunkte hat der Gerichtshof seitdem in gleichmäßiger Rechtsprechung festgehalten.

Für die Aufhebung der Vorentscheidung ist danach die Annahme maßgebend gewesen, daß die Klage deshalb abgewiesen worden sei, weil der Kasse der von ihr begehrte Ersatz aus dem von der Berufsgenossenschaft zu gewährenden Sterbegelde nicht zustehe, und daß mit dieser Frage der Bezirksausschuß in Anbetracht seiner auf die Ueberweisung von Rentenbeträgen beschränkten Zuständigkeit sich nicht habe befassen dürfen. Bei der Abweisung der Klage ist es verblieben, weil das Sterbegeld nicht zu den Rentenbeträgen gehört. Hieran hat das OVG. festgehalten, obwohl der KompGhf. durch Urt. v. 20. IV. 07 (ArbVers. 24 512) auf Aufhebung der Entsch. des OVG. und Zurückverweisung der Streitsache erkannt hatte.

Folgt eingehende Begründung.

Das OVG. geht auch jetzt davon aus, daß die Nov. v. 25. V. 03 zum KrankVG. die Ersatzpflicht der Berufsgenossenschaften für Sterbegeld nicht neu begründen, sondern nur außer Zweifel stellen soll, was ohnehin schon als Rechtens angesehen wurde; daß aber aus ihr weder eine Aenderung des § 25 Abs. 2 noch eine Erweiterung der in § 26 Abs. 2 geregelten Zuständigkeit der Verwaltungsgerichte zu entnehmen ist. Es hält auch daran fest, daß das Wort „Rentenbeträge“ in § 25 Abs. 2 und in § 26 Abs. 2 in der Beschränkung auf die im Gesetze „Rente“ benannte Leistung der Berufsgenossenschaften zu verstehen ist und daß die Klage abzuweisen ist, weil Ueberweisung nicht von Rente, sondern von Sterbegeld verlangt wird und hierfür die Zuständigkeit der Verwaltungsgerichte nicht begründet ist. Ob § 25 Abs. 2 auch für Sterbegeld gilt, bedarf zwar nicht der Entscheidung, das OVG. bekennt sich indes zu der unter anderem vom RVA. vertretenen Ansicht, daß das Sterbegeld nicht unter

§ 25 Abs. 2 fällt, weil es nicht als Unterstützung für einen Zeitraum gewährt wird nnd hier die Ersatzpflicht nur für Unterstützungen dieser Art geregelt worden ist.

Nr. 3. Entsch. v. 4. April 1910 (PrVerwBl. 31 750) III C 175/09.

GewUnfVG. §§ 16, 22, 25.

Die auf Grund des § 16 GewUnfVG. einem Kinde des verstorbenen Unfallverletzten zu gewährende Hinterbliebenenrente stellt einen rechtlichen Anspruch des Kindes dar.

Sowohl nach den früheren wie nach den jetzt geltenden Satzungen des Allgemeinen Knappschaftsvereins bildet das knappschaftliche Kindergeld einen Anspruch des Kindes, da es nach dem Tode der Mutter fortgezahlt wird. Es sind mithin die Voraussetzungen gegeben, unter denen nach § 25 GewUnfVG. wegen des knappschaftlichen Kindergeldes Ersatz durch Ueberweisung von Beträgen der Hinterbliebenenrente des Kindes beansprucht werden kann. Ebendasselbe trifft bei der knappschaftlichen Witwenrente der Beklagten und deren Hinterbliebenenrente zu. Der Einwand der Beklagten, daß sie überhaupt nicht verpflichtet sei, dem Kläger die ihr gebührende Hinterbliebenenrente abzutreten, weil der Kläger ihr die Witwenrente auf Grund eines privatrechtlichen Anspruches gewähren müsse und sich die aus § 25 aaO. herzuleitende Ersatzberechtigung auf solche Leistungen nicht mit erstrecke, ist bereits vom Vorderrichter mit zutreffenden Gründen widerlegt worden.

Nr. 4. Entsch. v. 17. Sept. 1908 (DJZ. 14 215) III 1846.

GewUnfVG. § 12; LwUnfVG. § 29.

Die Vorentscheidung steht im Widerspruche mit OVG. 48 350. Die Ausführungen in ihr und in der in Bezug genommenen Entsch. des Kgl. Sächs OVG. v. 9. III. 05 (ArbVers. 22 275) sind aber nicht überzeugend. Insbesondere kommt es für die hier zu treffende Entscheidung nicht darauf an, welche Bedeutung nach allgemeinem Sprachgebrauche dem Worte „Ersatzansprüche" beizulegen ist, sondern darauf, welcher Art diejenigen Ersatzansprüche sind, die der § 12 Abs. 2 GewUnfVG. im Auge hat. Nur für Ansprüche der letzteren Art ist das Verwaltungsstreitverfahren eingeführt, und zu ihnen gehören die nach § 62 UWG. von den Armenverbänden geltend zu machenden nicht. Auch daß bei einer anderen als der vertretenen Auffassung eine andere Fassung des § 29 Abs. 2 LwUnfVG. hätte gewählt werden müssen, kann nicht für zutreffend erachtet werden.

B. Land- und forstwirtschaftliche Unfallversicherung.

Nr. 1. Entsch. v. 24. Jan. 1907 (PrVerwBl. 29 264) III C 143/06.

LwUnfVG. §§ 27 f., 65.

1. Im forstwirtschaftlichen Betrieb der Beklagten, auch wenn sie Eigentümerin des Waldes ist, hat sich der Unfall nicht ereignet. Die forstwirtschaftliche Tätigkeit endet, sobald das gefällte Holz an einen für die Abfuhr geeigneten Weg gebracht ist. Dies trifft hier zu, da sich der mit Holz beladene Wagen zur Zeit der Entladung bereits auf einem öffentlichen und also zur Holzabfuhr geeigneten Weg befand.

2. Als Beschäftigungsort kommt nicht der Bezirk in Betracht, in dem sich der Unfall ereignet hat, sondern der Bezirk, in dem der Unternehmer seinen Betrieb vollzieht. Ein forstwirtschaftlicher Betrieb des C. kommt

überhaupt nicht in Betracht, und der Sitz seines landwirtschaftlichen Betriebes ist in B. Als Beschäftigungsort der in diesem Betriebe beschäftigten Arbeiter gilt B., gleichviel, ob die für Zwecke dieses Betriebes geleistete Arbeit sich in oder außerhalb von B. vollzieht. Nur dann, wenn die zum Betrieb gehörigen land- oder forstwirtschaftlichen Grundstücke sich über den Bezirk mehrerer Gemeinden erstrecken, ist der Sitz des Betriebes nach §§ 28, 65 aaO. zu bestimmen. Alsdann kommt der Gemeindebezirk als Beschäftigungsort in Betracht, in dem sich der Sitz des Betriebes befindet, und dieser Gemeindebezirk hat die Unterstützung nach § 27 aaO. zu gewähren, sofern nicht etwa der verletzte Arbeiter lediglich für Arbeiten auf einem zu einem anderen Gemeindebezirk gehörigen Grundstück angenommen war.

Nr. 2. Entsch. v. 30. Sept. 1907 (PrVerwBl. 29 970) III C 244/06.

LwUnfVG. §§ 27 f., 65.

1. Die in §§ 28, 65 LwUnfVG. gegebenen Vorschriften gelangen nur dann zur Anwendung, wenn es sich um Personen handelt, die in der Land- und Forstwirtschaft zur Beschäftigung an wechselnden, in verschiedenen Gemeindebezirken belegenen Orten angenommen sind.

2. Das RVA. hat in seinem Beschd. v. 1. V. 06 des näheren ausgeführt, daß, wenn ein Waldbesitzer, wie dies hier zutrifft, das Holz auf dem Stamm an einen Unternehmer verkauft, der es selbst fällt, der Käufer der Unternehmer und die forstwirtschaftliche Tätigkeit dessen Betriebe zuzurechnen sei. Dem kann nur beigetreten werden. Die den Unfall veranlassende Arbeit des F. ist demnach nicht im Betriebe des N.er Waldbesitzers, sondern in demjenigen des Kossäten B. geleistet worden. Der letztere Betrieb beschränkt sich aber auf die Gemeinde Gr., da für die Annahme, B. übe auch in der Gemeinde N. einen land- oder forstwirtschaftlichen Betrieb aus, nichts vorliegt. Greift aber, da die §§ 28, 65 nach dem Obigen nicht zur Anwendung gelangen, die Regel des § 27 aaO. Platz, so ist die Ansicht der Klägerin, daß die Erstattungspflicht nach der dort erlassenen Vorschrift an den Ort des Unfalls geknüpft sei, eine irrige. Als Beschäftigungsort im Sinne des § 27 kommt nicht der Bezirk in Betracht, in dem sich der Unfall ereignet hat, sondern der Bezirk, in dem der Unternehmer seinen Betrieb vollzieht. Danach ist dem Vorderrichter darin zuzustimmen, daß, falls F. nicht etwa als selbständiger Unternehmer anzusehen sei und die Klage aus diesem Grunde der Abweisung unterliegen müsse, diejenige Gemeinde, in deren Bezirk der Verletzte beschäftigt gewesen und die somit Ersatz zu leisten habe, nur Gr. sein könne.

Nr. 3. Entsch. v. 11. April 1908 (OVG. 52 407) III C 67/07.

LwUnfVG. §§ 27, 102.

1. Der Kläger, ein Arzt, stützt seinen Ersatzanspruch gegen die Gemeinde nicht bloß darauf, daß dem D. von ihm Heilbehandlung gewährt sei, sondern ferner darauf, daß dieser den ihm aus § 27 LwUnfVG. zustehenden Anspruch gegen die Beklagte an ihn, den Kläger, abgetreten habe, er also Rechtsnachfolger des D. geworden sei. Die Klage im Verwaltungsstreitverfahren bei einer solchen Rechtslage für ausgeschlossen zu erachten, liegt kein Grund vor; denn der geltend gemachte Anspruch ist nach Art, Umfang und rechtlicher Bedeutung derselbe, wie wenn ihn der Verletzte selbst erhöbe.

2. Unbegründet ist ferner die Ansicht des Vorderrichters, daß eine Abtretung des auf § 27 LwUnfVG. beruhenden Anspruchs des Verletzten D. auf Ersatz der Kosten der Heilbehandlung an den Kläger durch § 102 aaO. aus-

geschlossen sei. Der Gesetzgeber erachtet weder die Uebertragung eines dem Verletzten zustehenden Anspruchs auf eine dritte Person für unbedingt unzulässig, da er eine solche mit Genehmigung der unteren Verwaltungsbehörde im Abs. 3 des § 102 gestattet, noch hat er die einschränkenden Bestimmungen der Abs. 1 f. aaO. für den Anspruch auf Gewährung der Kosten des Heilverfahrens aus § 27 aaO. gegeben. Es bezieht sich vielmehr der im IV. Abschnitte des Gesetzes „Feststellung und Auszahlung der Entschädigungen“ enthaltene § 102 auf die in diesem Abschnitte behandelten Ansprüche des Verletzten.

IV.

Invalidenversicherung.

Nr. 1. Entsch. v. 17. Okt. 1907 (OVG. 52 410) III C 251/06.

InvVG. §§ 49 ff.

Der Bescheid einer Landesversicherungsanstalt, durch den sie dem Versicherten davon Kenntnis gibt, daß sie einen Teil der ihm zugebilligten Invalidenrente gemäß §§ 49ff. InvVG. dem Armenverband als Ersatz für die von ihm dem Rentenempfänger gewährte Armenunterstützung überwiesen habe, setzt weder eine Frist in Lauf noch ist er sonst irgendwie geeignet, die den Beteiligten nach dem Gesetze zustehenden Rechte zu beeinflussen. Es handelt sich insbesondere nicht etwa um einen der Landesversicherungsanstalt übertragenen Akt administrativer Rechtsprechung. Der Bescheid weist vielmehr durchaus zutreffend auf § 50 Abs. 3 InvVG. hin, wonach Streitigkeiten, die zwischen den Beteiligten über den Anspruch auf Ueberweisung von Entschädigungsbeträgen entstehen, im Verwaltungsstreitverfahren entschieden werden. Erhebt der Rentenempfänger die Klage aus § 50 Abs. 3 und siegt damit ob, so kann sich die Landesversicherungsanstalt auf die von ihr ohne Zustimmung des Klägers vorgenommene Auszahlung des Rentenbetrags an den Armenverband in keiner Weise berufen, sie muß vielmehr den Kläger nach Maßgabe des Urteils befriedigen. Seine Lage bleibt also sowohl rechtlich wie tatsächlich dieselbe, mag die Landesversicherungsanstalt den streitigen Betrag an den Armenverband auszahlen oder hinterlegen oder lediglich einbehalten. Im einen wie im anderen Falle kann er in den Besitz des streitigen Rentenbetrags nur im Wege der Klage aus § 50 Abs. 3 gelangen. Zahlt die Landesversicherungsanstalt die Summe an den Armenverband aus, so tut sie dies auf ihre Gefahr. Der Verwaltungsrichter hat nach § 50 Abs. 3 aber nur über die Rechtmäßigkeit des Anspruchs auf Ueberweisung von Entschädigungsbeträgen zu entscheiden. Ebensowenig wie er die Tatsache der Auszahlung des streitigen Betrags an den Armenverband, wenn die Landesversicherungsanstalt diese vorgenommen hat, außer Kraft zu setzen vermag, kann er die Mitteilung der Landesversicherungsanstalt an den Rentenempfänger über diese Tatsache und die an die Mitteilung geknüpfte Rechtsbelehrung außer Kraft setzen oder aufheben.

Nr. 2. Entsch. v. 20. Febr. 1908 (OVG. 52 413) III C 14/07.

InvVG. §§ 148, 161.

1. Wenn durch eine gemäß § 148 InvVG. ergangene statutarische Bestimmung angeordnet worden ist, daß die Versicherungsbeiträge für eine bestimmte Klasse versicherungspflichtiger Personen durch eine Krankenkasse eingezogen werden sollen, so wird die Kasse dadurch insoweit ein Organ der Versicherungsanstalt. Sie untersteht aber auch

in dieser Eigenschaft der Aufsicht der Kassenaufsichtsbehörde und nicht derjenigen der Versicherungsanstalt. Eine Krankenkasse kann deshalb zur Erfüllung derjenigen Verpflichtungen, die ihr als der mit der Einziehung der Beiträge beauftragten Stelle („Einzugsstelle") gemäß § 148 aaO. obliegen, nur von der Kassenaufsichtsbehörde, nicht von der Versicherungsanstalt angehalten werden.

2. Die Krankenkassen in ihrer Eigenschaft als Einzugsstellen sind als Organe der Versicherungsanstalten innerhalb der Grenzen, die sich aus der ihnen durch den § 148 zugewiesenen Aufgabe ergeben, ebenso berechtigt wie verpflichtet, gegenüber den Arbeitgebern von denjenigen Befugnissen Gebrauch zu machen, die der § 161 den Organen der Versicherungsanstalten beilegt. Daß aber der § 148 aaO. die Krankenkassen, wie dies die Kläger auszuführen suchen, lediglich mit der bloßen Einziehung der Beiträge habe betrauen wollen, kann nicht angenommen werden. Ein solche Auslegung des Gesetzes würde mit der Absicht, die der Gesetzgeber mit dem Erlasse des § 148 verfolgt hat, nicht vereinbar sein. Durch die Bestellung der Krankenkassen zu Einzugsstellen hat die durch das KrankVG. geschaffene örtliche Kassenorganisation auch für die Zwecke der Invalidenversicherung mit verwertet und alles das, was die Krankenkassen ohnehin in ihrem eigenen Interesse ermitteln müssen, zur Vermeidung einer mit nicht unerheblichen Kosten verbundenen doppelten Arbeit für die Versicherungsanstalten nutzbar gemacht werden sollen. Die Krankenkassen sollen deshalb, insoweit es sich um ihre Mitglieder handelt, alles, was zur Einziehung der Beiträge zur Invalidenversicherung notwendig ist, erledigen.

Wird von diesen Grundsätzen ausgegangen, so erweist sich der Einwand der Kläger, daß die Kasse weder berechtigt noch verpflichtet sei, von den Arbeitgebern die Ausfüllung der hier in Rede stehenden Nachweisungen zu verlangen, als hinfällig.

Insbesondere muß dies auch von der verlangten Bezeichnung der einzelnen beschäftigten Arbeiter gelten. Die Notwendigkeit der über den Tage- oder Akkordlohn geforderten Angaben ergibt sich ferner aus den Vorschriften im § 34 InvVG.

Nr. 3. Entsch. v. 17. Sept. 1908 (OVG. 53 394) III C 15/08.

InvVG. § 38.

§ 38 Satz 2 InvVG. lautet:

„Für denjenigen Kalendermonat, in welchem die den Wegfall oder das Ruhen des Rentenanspruchs bewirkende Tatsache eintritt, ist der gezahlte Monatsbeitrag der Rente zu belassen."

Der Vorderrichter geht davon aus, daß dieser Satz nur dann Anwendung finde, wenn der Endpunkt des Rentenbezugs beim Erlasse des Rentenbescheids noch nicht feststehe. Als Rentenbescheid in diesem Sinne beurteilt er den Bescheid, durch den die Rente entzogen wird. Diese Auslegung findet aber weder in dem Wortlaute des 2. Satzes des § 38, noch in dem, was als Ziel dieses Satzes in der Begründung angegeben worden ist, ihre Stütze. Unter dem Rentenbescheid insbesondere, dessen Erlaß nach der Begründung die Anwendbarkeit des 2. Satzes des § 38 ausschließen sollte, wenn damals der Endpunkt des Rentenbezugs schon feststand, ist offenbar derjenige Bescheid gemeint, durch den die Rente bewilligt wird. Worauf es beruht, daß im 2. Satze des § 38 die in der Begründung kundgegebene Absicht nicht zum Ausdrucke gelangt ist, wonach die Rente für denjenigen Monat, in welchem die den Wegfall oder das Ruhen des Rentenanspruchs bewirkende Tatsache eingetreten ist, dem Berechtigten auch dann belassen werden soll, wenn sie noch nicht zur Auszahlung gelangt ist, kann dahingestellt bleiben. Auch wenn es nur versehentlich unterlassen sein sollte, so muß doch für maßgebend erachtet werden, daß die Anwendbarkeit des dem 2. Satze des § 38 zu entnehmenden Grundsatzes durch dessen Wortlaut auf den „gezahlten" Monatsbetrag beschränkt worden ist.

Anderseits ist der in dieser Beschränkung in § 38 zum Ausdrucke gebrachte Grundsatz für Fälle der Entziehung der Rente wegen wiedererlangter Erwerbsfähigkeit mit Rücksicht auf die für Fälle dieser Art im 3. Abs. des § 47 gegebene besondere Vorschrift nicht maßgebend. Da im § 38 ferner nichts darüber bestimmt worden ist, zu welchem Zeitpunkte die Zahlung des Monatsbetrags erfolgt sein muß, um als Zahlung im Sinne des § 38 zu gelten, hat es keine Bedenken, auch die nach Eintritt des den Wegfall oder das Ruhen des Rentenanspruchs bedingenden Ereignisses erfolgte Abhebung der Rente als eine dem § 38 entsprechende Zahlung gelten zu lassen, sofern dem Berechtigten zu dieser Zeit noch nicht bekanntgeworden war, daß die Versicherungsanstalt die Rente über den Tag hinaus nicht zahlen wolle, an welchem die den Wegfall oder das Ruhen des Rentenanspruchs bewirkende Tatsache eingetreten ist. Dem RVA. ist ferner in der im Beschluß Amtl. Nachr. 01 639 ausgesprochenen Ansicht beizutreten, daß der Monatsbetrag der Rente an dem Tage als „gezahlt" im Sinne des § 38 gelten darf, an welchem er von der Versicherungsanstalt dem Berechtigten bei der Post zur Abholung angewiesen war.

V.

Bergrechtliche Angelegenheiten; Verfahren vor dem Bergausschusse.

Gesetzliche Grundlagen: G. v. 28. VII. 09 (GS. 677), betr. die Abänderung des Allgemeinen Berggesetzes vom 24. VI. 1865/1892 und 14. VII. 05. VhdlAH. 08/09: Drucks. Nr. 136 I u. II, 297, 540 A—C, 586—591, 593—610, 617—630, 649, 650, 657, 660, 664, 705—712, 789, 807; StenB. 2248, 2333, 2361, 6649, 6716, 6890, 7009, 7134, 7471; VhdlHH.: Drucks. Nr. 129, 138. StenB. 366. — G. v. 23. VI. 09 (GS. 619) über den Bergwerksbetrieb ausländischer juristischer Personen und den Geschäftsbetrieb außerpreußischer Gewerkschaften. VhdlAH. 08/09: Drucks. Nr. 444, 566, 612; StenB. 5127, 5134, 6642, 6714; VhdlHH.: Drucks. Nr. 106, 114; StenB. 289.

Nr. 1. Entsch. v. 29. April 1909 (OVG. 54 422) III C 217/08.

AllgBergG. §§ 15, 192, 194 a; LVG. § 112.

1. Gemäß § 194a Abs. 7 AllgBergG. i. d. Fass. des G. v. 14. VII. 05 (GS. 307), wonach auf das Verfahren vor dem Bergausschusse der I. und II. Abschn. des 3. Titels im LVG. sinngemäße Anwendung finden, sind für den Antrag des Klägers auf Wiedereinsetzung in den vorigen Stand die Vorschriften im § 112 LVG. maßgebend. Nach diesen kann die Wiedereinsetzung nur beantragen, wer durch Naturereignisse oder andere unabweisbare Zufälle verhindert worden ist, die im LVG. oder die in den Gesetzen für Anstellung der Klage bzw. für den Antrag auf mündliche Verhandlung im Verwaltungsstreitverfahren vorgeschriebenen Fristen einzuhalten. Diese Bestimmungen vermögen aber den Antrag des Klägers nicht zu rechtfertigen; denn die Versäumnis der Frist ist im vorliegenden Falle lediglich auf die unrichtige Belehrung über das anzubringende Rechtsmittel in dem Schreiben des Oberbergamts zurückzuführen. Wenn der Bergausschuß in dieser unrichtigen Belehrung einen unabweisbaren Zufall im Sinne des § 112 gefunden und deshalb dem Antrage des Klägers stattgegeben hat, so hat er damit das bestehende Recht un-

richtig angewendet. Nach der ständigen Rechtsprechung des Gerichtshofs kann ein Rechtsirrtum die Wiedereinsetzung nicht begründen, und nach OVG. 14 190 gilt dies namentlich auch von einer irrtümlichen Belehrung über die zustehenden Rechtsmittel.

2. Schließlich mag noch folgendes bemerkt werden: Nach § 194a Abs. 7 greifen für das Verfahren vor dem Bergausschuß auch die §§ 63—81 LVG. Platz. Nach diesen hätte der Bergausschuß von Anfang an mit einem Beklagten verhandeln, diesem die Klage zur Gegenerklärung zustellen und ihn zur mündlichen Verhandlung vorladen, ihm auch demnächst das ergehende Urteil zustellen müssen. Die Stelle des Beklagten hat aber in Fällen der vorliegenden Art das Oberbergamt wahrzunehmen, gegen dessen Entscheidung das Gesetz die Klage gegeben hat (vgl. § 192a AllgBergG.).

Nr. 2. Entsch. v. 10. Mai 1909 (OVG. 54 425) III C 179/08.

AllgBergG. § 194a.

1. Die Voraussetzungen für die in Art. XI Abs. 1 G. v. 18. VI. 07, betr. die Abänderung des AllgBergG. ausnahmsweise vorgesehene Verleihung des Bergwerkseigentums liegen nur dann vor, wenn die einschließenden Feldesteile vor dem Inkrafttreten des G. v. 18. VI. 07 nicht nur gemutet, sondern auch verliehen worden sind. Der Sinn der Gesetzesworte: „welche" . . . . . „bereits vor Inkrafttreten des gegenwärtigen Gesetzes verliehen waren", ist im Hinblick auf den feststehenden Begriff des Verleihens, von dem der 3. Abschn. des 2. Tit. des AllgBergG. (§§ 22—38c) handelt, vollkommen klar. Ebenso ist das in dem vorhergehenden Abschnitte des Gesetzes (§§ 12—21) geregelte Muten von dem Verleihen deutlich unterschieden. Der nach § 22 aaO. durch die Mutung begründete Anspruch auf Verleihung berechtigt keineswegs dazu, Mutung und Verleihung als nur formal unterschieden zu betrachten; denn die Mutung bildet nicht die einzige Voraussetzung der Verleihung. Die Annahme, daß die nach Art. XI Abs. 1 aaO. zur Begründung des Ausnahmefalls erforderliche Einschließung auch durch solche Felder oder Feldesteile bewirkt werde, die vor dem Inkrafttreten jenes Gesetzes zwar noch nicht verliehen, wohl aber gemutet waren und demnächst verliehen worden sind, steht also mit der klaren Vorschrift des Gesetzes nicht im Einklange.

2. In dem Verfahren vor dem Bergausschusse hat das Kgl. Oberbergamt die Rolle als Beklagter wahrzunehmen. Der preußische Bergfiskus kommt als Prozeßpartei nicht in Betracht, weil die den Gegenstand des Streites bildende Verleihung von Bergwerkseigentum von dem Oberbergamte nicht im Namen des Fiskus, sondern auf Grund seiner durch das AllgBergG. eingeführten besonderen Befugnisse erteilt wird.

VI.

Kleinbahnen und Privatanschlußbahnen.

Nr. 1. Besch. v. 15. Okt. 1908 (OVG. 53 420) IV C 210/08.

KleinBG. v. 28. VII. 92 (GS. 225) §§ 2, 4 f., 8, 17, 52; ZustG. § 57.

1. § 57 ZustG. findet nur da Anwendung, wo die Zuständigkeit der Behörden für die Einziehung und Verlegung öffentlicher Wege nicht in besonderen Gesetzen abweichend geregelt ist. Ein solches besonderes Gesetz ist auch das KleinBG. v. 28. VII 92 (GS. 225). Dort ist in den §§ 2 und 4 vorgeschrieben, daß es zur Herstellung und zum Betrieb einer

Kleinbahn der Genehmigung der zuständigen Behörde bedarf, und daß die polizeiliche Prüfung sich auch auf die betriebssichere Beschaffenheit der Bahn und die Wahrung der Interessen des öffentlichen Verkehrs erstreckt. Ferner ist in § 5 bestimmt, daß dem Antrag auf Erteilung der Genehmigung die zur Beurteilung des Unternehmens in technischer und finanzieller Hinsicht erforderlichen Unterlagen, insbesondere ein Bauplan, beizufügen sind. Aus diesen gesetzlichen Vorschriften in Verbindung mit § 17 aaO., der nähere Bestimmungen über die Feststellung des Bauplans enthält, ergibt sich, daß die Genehmigung zur Herstellung einer Kleinbahn und die Planfeststellung sich auf den ganzen Bauplan erstreckt. Zu dem Bauplane gehört aber auch die Bestimmung, welche Veränderungen an dem Wegenetze nötig sind, damit die Kleinbahn zweckmäßig angelegt und betrieben werden kann.

2. Gegen die Beschlüsse und Verfügungen, für welche die Landespolizeibehörden in Verbindung mit den Eisenbahnbehörden zuständig sind, also namentlich für die Genehmigung der Bahn und die Planfeststellung, findet nach § 52 aaO. die Beschwerde an den Minister der öffentlichen Arbeiten statt. Neben dem durch § 52 aaO. geordneten Beschwerdeverfahren ist für das Einziehungsverfahren nach Maßgabe des § 57 ZustG. kein Raum. Durch § 8 KleinBG., der vorschreibt, daß vor Erteilung der Genehmigung die zuständige Wegepolizeibehörde zu hören ist, ist Vorsorge getroffen worden, daß in dem Genehmigungsverfahren die Interessen des öffentlichen Verkehrs nicht unberücksichtigt bleiben. Dem Vorderrichter ist hiernach dahin beizutreten, daß die Bekanntmachung der Wegepolizeibehörde nicht die Anordnung einer Wegeverlegung enthält, zu deren Erlasse die Wegepolizeibehörde nicht zuständig gewesen sein würde, sondern daß sie lediglich die durch die zuständigen Behörden bewirkte Wegeeinziehung zur öffentlichen Kenntnis bringt. Gegen eine solche Bekanntmachung ist aber die Klage im Verwaltungsstreitverfahren nicht gegeben.

Nr. 2. Entsch. v. 22. April 1909 (OVG. 54 447) IV B 59/08.

Es handelt sich um ein nach dem G. v. 28. VII. 92 (GS. 225) genehmigtes Kleinbahnunternehmen. Daß die Ortspolizeibehörde nicht berechtigt sein würde, der klagenden Unternehmerin vorzuschreiben, in welcher Weise sie nach Beseitigung der Maste die Oberleitung der elektrischen Straßenbahn wiederherzustellen habe, unterliegt keinem Zweifel. So weit geht aber die von der Klägerin angefochtene Anordnung nicht, obwohl in ihr der Ausdruck „versetzen" gebraucht worden ist. Vielmehr wird damit lediglich die Beseitigung der Maste verlangt, wodurch der den Straßenverkehr störende Zustand aufhören würde; die Oberleitung in einer geeigneten und von den Kleinbahnaufsichtsbehörden gebilligten Art und Weise wiederherzustellen, bliebe dann Sache der Unternehmerin.

Für die weitere Frage, ob die Beklagte die Beseitigung der Maste von der Klägerin zu verlangen berechtigt war — und zwar vorausgesetzt, daß sie den Verkehr auf öffentlichen Straßen oder Wegen stören — kommt folgendes in Betracht. Sofern besondere Anordnungen über die Stellung der Maste in der H.Straße im kleinbahngesetzlichen Genehmigungsverfahren getroffen, insbesondere etwa die Maste an den Stellen, wo sie stehen, ausdrücklich genehmigt worden sind, war die Ortspolizeibehörde nicht befugt, deren Beseitigung kraft eigener Zuständigkeit zu verfügen. Die Wegepolizeibehörde darf die Umgestaltung eines öffentlichen Weges, die ohne Eingriff in eine Eisenbahnanlage nicht ausführbar sei, dem Wegebaupflichtigen erst nach Einholung der Zustimmung des Ministers der öffentlichen Arbeiten aufgeben. Deshalb muß auch in der Streitsache zwischen einer Straßenbahngesellschaft und der Wegepolizeibehörde davon ausgegangen werden, daß der ortspolizeiliche Eingriff in das kleinbahnpolizeilich genehmigte Unternehmen erst nach Einholung der Zustimmung der zuständigen Kleinbahnaufsichtsbehörde (vgl. § 22 G. v. 28. VII. 92) erfolgen durfte.

Nr. 3. Entsch. v. 2. Dez. 1909 (OVG. 55 455) IV C 257/08.

1. Die Besprengung der Straßen bildet einen Teil der sog. polizeimäßigen Straßenreinigung, die zur Wegebaulast nicht gehört, und es ist zur Tragung ihrer Kosten, sofern nicht vermöge besonderer Bestimmung ein Dritter verpflichtet ist, als Kosten der örtlichen Polizeiverwaltung gemäß § 3 PolVerwG. v. 11. III. 50 die Gemeinde verpflichtet. Die Beklagte selbst hat dies auch nicht verkannt. Sie will die C.Straße nach wie vor einer Besprengung unterziehen, wie sie in den übrigen Straßen üblich ist. Aber sie macht geltend, daß es sich infolge der durch den Bahnbetrieb hervorgerufenen Staubentwickelung bei trockener Witterung um eine außergewöhnliche Besprengung handle, die als durch den Bahnbetrieb verursacht der Klägerin obliege. Der Gerichtshof hat bereits in einem zwischen einer Gemeinde und einer Straßenbahngesellschaft entstandenen Rechtsstreite, der die notwendig gewordene Beleuchtung der im Bezirke der Gemeinde belegenen Haltestellen außerhalb des bebauten Ortsteils betraf, ausgesprochen, daß die Unterscheidung, ob die der Gemeinde zur Last fallenden Kosten der örtlichen Polizeiverwaltung durch den Betrieb der Bahn veranlaßt oder vermehrt werden, nicht begründet ist (vgl. OVG. 42 371). Von demselben Gesichtspunkt aus hat er in OVG. 46 396 einer Gemeinde das Recht auf Erstattung der Kosten von lediglich infolge des Straßenbahnbetriebs notwendig gewordenen Schutzanlagen zwischen Bahn und Bürgersteig den Unternehmern der Bahn gegenüber abgesprochen und die Gemeinde zur Tragung dieser Kosten für verpflichtet erklärt. Es liegt in der Konsequenz dieser Entscheidungen, die sich beide ebenfalls auf allgemein-polizeiliche Anordnungen beziehen, daß im vorliegenden Falle die Klägerin nicht deshalb, weil sie die Staubentwickelung auf der C.Straße mehr oder minder fördert, schuldig sein kann, die dadurch vermehrten Kosten zu übernehmen oder an Stelle des eigentlich Verpflichteten, hier der Stadtgemeinde, die Besprengung der Straße selbst auszuführen. Die Klägerin steht nicht schlechter als regelmäßig jeder andere, der durch seine Fuhrwerke zur Staubentwickelung beiträgt. Da sie sich im Rahmen der ihr erteilten Genehmigung hält, tut sie nicht mehr als derjenige, welcher die Straße innerhalb der Grenzen des Gemeingebrauchs benutzt; sie übt lediglich ihr Recht aus, und es kann bei ihr von einer Pflicht zur Straßenbesprengung ebensowenig die Rede sein wie bei den Führern sonstiger Fuhrwerke, Automobile usw., die in ähnlicher Weise, zum Teil noch stärker, die Staubvermehrung beeinflussen.

2. An zweiter Stelle macht die Revisionsbeschwerde geltend, daß der Klägerin die Verpflichtung zur Besprengung der Straße so, wie geschehen, noch nachträglich durch polizeiliche Verfügung habe auferlegt werden können, weil sie sich vertraglich verpflichtet habe, allen polizeilichen Anforderungen, die im Verlaufe des Betriebs an sie gestellt werden würden, zu entsprechen. Ohne Rechtsirrtum hat der Vorderrichter auch diesen Einwand zurückgewiesen. Nach § 4 KleinBG. muß die Genehmigungsurkunde für das Kleinbahnunternehmen die Bedingungen und Vorbehalte enthalten, an welche die Genehmigung geknüpft werden soll. Es ist die Absicht des Gesetzes, daß der Unternehmer Maß und Art der ihm obliegenden Verpflichtungen mit Sicherheit aus jener Urkunde entnehmen kann, und es gibt nur eine Ausnahme von diesem Grundsatze: nach der AAnw. v. 13. VIII. 98 (MBl. 157), zu § 4 Abs. 3 kann, sofern die von dem Unternehmer beigebrachten Unterlagen seines Gesuchs (Pläne vom Bau und Betrieb usw.) die erforderliche Prüfung im

einzelnen noch nicht gestatten, diese Prüfung und dementsprechend die Stellung von Bedingungen und Auflagen bis zur Ausführung des Baues und Betriebs vorbehalten werden.

VII.

Handelskammern, kaufmännische Korporationen und Börsen.

Literatur: Apt, Trumpler und Weißbart: Börsengesetz[5] (Berlin 1910). — Hemptenmacher: Börsengesetz[2] (Berlin 1908). — Lusensky: Gesetz über die Handelskammern[2] (Berlin 1909). — Nußbaum: Kommentar zum Börsengesetz v. 22. VI. 96 und 8. V. 08 (München 1910). — Prenner: Gesetz, betr. die Kaufmannsgerichte vom 6. VII. 04 (München 1910). — Rehm, Trumpler, Dove, Neukamp, Schmidt-Ernsthausen, Breit, Rießer: Kommentar zum Börsengesetz (Berlin 1909). — Staub: Kommentar zum Handelsgesetzbuch[8] v. Könige, Stranz u. Pinner. Nachtrag (Berlin 1909).

Nr. 1. Entsch. v. 3. Mai 1906 (PrVerwBl. 29 604) III C 170/05.

HandKG § 3.

Die Frage, ob eine Genossenschaft eine landwirtschaftliche Genossenschaft im Sinne des § 3 Abs. 3c HandKG. v. 24. II. 70/19. VIII. 97 ist, muß nach dem statutarischen Rechte beurteilt werden, das für dasjenige Rechnungsjahr, für welches die Heranziehung erfolgt ist, Geltung hatte. Grundsätzlich ist davon auszugehen, daß nur diejenige Genossenschaft sich auf den Befreiungsgrund des § 3 Abs. 3c aaO. berufen kann, deren Statuten ausdrücklich bestimmen, daß nur Landwirte die Mitgliedschaft erlangen können. Im Einzelfalle kann jedoch unter Umständen zur Auslegung des Statuts auf die über dessen Errichtung gepflogenen Verhandlungen zurückgegangen werden.

Nr. 2. Entsch. v. 19. Dez. 1907 (PrVerwBl. 30 43) III C 117/07.

HandKG. § 3.

In dem Revisionsurteil v. 3. V. 06 — III 916 —, durch welches die Sache zur anderweiten Verhandlung an den Bezirksausschuß zurückverwiesen worden war, sind für die Beurteilung der Frage, ob die Klägerin die Eigenschaft einer landwirtschaftlichen Genossenschaft besitzt, folgende Grundsätze aufgestellt worden:

„Wird von dem von der Generalversammlung weder beschlossenen noch genehmigten Kartoffellieferungsvertrage, über dessen Zustandekommen keinerlei Nachrichten vorliegen, abgesehen, so kommt nach dem Vorstehenden dafür, ob die Klägerin die Eigenschaft einer landwirtschaftlichen Genossenschaft im Sinne des § 3 Abs. 3c HandKG. besitzt, nur der Inhalt der §§ 1, 3f. Abs. 1 (ursprüngliche Fassung) der klägerischen Satzungen sowie die von der Beklagten ausdrücklich zugestandene Tatsache in Betracht, daß zurzeit sämtliche Mitglieder der Klägerin Landwirte sind. Beide Momente geben indes noch keinen genügenden Anhalt dafür, daß die Klägerin bestimmungsmäßig eine landwirtschaftliche Genossenschaft in der hier in Rede stehenden Bedeutung darstelle. Mit Rücksicht darauf, daß ein Zweifel hierüber stets berechtigt ist, wenn das Statut nicht ausdrücklich anordnet, daß nur Landwirte die Mitgliedschaft erlangen können, wird im allgemeinen grundsätzlich davon ausgegangen werden müssen, daß bloß diejenigen Genossenschaften, deren Statuten eine entsprechende ausdrückliche Bestimmung enthalten, sich auf den Befreiungsgrund des § 3 Abs. 3c aaO. berufen können. Im vorliegenden Falle lassen die maßgebenden statutarischen Vorschriften immerhin die Auslegung zu, daß die Genossenschaft nur für Landwirte und nur zur Verwertung der von diesen gebauten Kartoffeln habe errichtet werden sollen. Diese Annahme liegt besonders nahe, weil die Klägerin eine Dampfbrennerei zur Verwertung der Kartoffeln ihrer Genossen betreibt. Ohne Kenntnis der über die Errichtung des Statuts gepflogenen Verhandlungen und seiner praktischen Handhabung läßt sich jedoch diese Frage nicht mit Sicherheit beurteilen. Es ergibt sich daher die Notwendigkeit, daß hierüber noch Ermittelungen angestellt werden, zu deren Vornahme die Sache an den Bezirksausschuß zurückzuverweisen war. Bei diesen Ermittelungen wird der obengenannte Kartoffellieferungsvertrag nur dann Berücksichtigung finden können, wenn die Klägerin den Nachweis führt, daß und gegebenenfalls, in welcher Form er rechtsgültig beschlossen worden ist."

Gemäß den ihm im vorstehenden erteilten Anweisungen hat der Vorderrichter erneut mit den Parteien verhandelt. Danach hat bei Gründung der Genossenschaft die Absicht bestanden, diese nur für Landwirte zu errichten und nur solche in sie aufzunehmen, und es sind auch tatsächlich die Statuten dieser Absicht entsprechend gehandhabt worden. Trifft das aber zu, so ist die Klägerin bestimmungsmäßig eine landwirtschaftliche Genossenschaft im Sinne des § 3 Abs. 3c HandKG. und deshalb von den von ihr geforderten Beiträgen freizustellen.

Die Angriffe der Revisionsschrift sind nicht berechtigt. Die Beklagte übersieht, daß nach dem erwähnten Revisionsurteil mangels einer ausdrücklichen Anordnung des Statuts, daß nur Landwirte die Mitgliedschaft erlangen können, zwar stets Zweifel über die Eigenschaft der betreffenden Genossenschaft als einer landwirtschaftlichen berechtigt sind, diese Zweifel aber durch Ermittelungen über die Errichtung der Genossenschaft, das Zustandekommen des Statuts und dessen praktische Handhabung beseitigt werden können.

Nr. 3. Entsch. v. 10. Mai 1909 (PrVerwBl. 31 129) III C 231/08.

GewStG. §§ 5, 17; HandKG. §§ 3, 27.

1. Die Veranlagung der Klägerin (einer Aktiengesellschaft) zu einer besonderen Gewerbesteuer von der Konsumanstalt beruht auf der Vorschrift in § 5 Abs. 2 und in § 17 Abs. 1 GewStG., wonach die von einem gewerblichen Unternehmer im Nebenbetriebe unterhaltene Konsumanstalt, wenn ihr Betrieb sich in einem offenen Laden vollzieht, der Gewerbesteuer unterliegt und hierzu getrennt von den sonstigen Betrieben des Unternehmers zu veranlagen ist.

2. Der Vorderrichter erachtet zu Unrecht die Heranziehung der Klägerin zu den Handelskammerbeiträgen von dieser Gewerbesteuer neben dem von dem Hauptbetrieb erforderten Gewerbesteuerzuschlag deshalb für unzulässig, weil sie im Handelskammerbezirk nur einmal wählbar sei. Für die Beitragspflicht kommt es nicht auf die Wählbarkeit zur Handelskammer, sondern auf die Berechtigung zur Teilnahme an der Wahl der wählbaren Mitglieder an. Sie besteht nicht hinsichtlich solcher Gewerbe, deren Betrieb ihren Besitzer zur Teilnahme an den Handelskammerwahlen gesetzlich nicht ermächtigt. Soweit bei einem Unternehmer solche Betriebe neben solchen, die zur Teilnahme an der Wahl berechtigen, in Betracht kommen, ist der auf die Betriebe der ersteren Art entfallende Teilbetrag der einheitlich veranlagten Gewerbesteuer festzustellen und von der Heranziehung zum Handelskammerbeitrag freizulassen. Daraus folgt, daß auch die auf die Konsumanstalt zufolge gesetzlicher Vorschrift besonders zu veranlagende Gewerbesteuer von der Handelskammer nur dann freizulassen ist, wenn dem Betrieb der Konsumanstalt die Bedeutung eines zur Teilnahme

an den Handelskammerwahlen ermächtigenden Handelsgewerbes abzusprechen ist.

3. Der Vorderrichter durfte indes auch die Beitragspflicht deshalb, weil die Konsumanstalt nicht in das Handelsregister eingetragen ist, nur dann verneinen, wenn es ihrer Eintragung nach den Vorschriften des HandGB. bedurfte. Bei der Eintragung einer Aktiengesellschaft ist freilich auch der Gegenstand des Unternehmens einzutragen (§ 198 HandGB.). Es ist indes nicht bestimmt, daß die Aktiengesellschaft nicht zur Entstehung gelangt, wenn bei ihrer Eintragung versehentlich ihr Unternehmen nicht oder nicht richtig oder nicht vollständig eingetragen worden ist (§ 200). Wirkungslos ist nur der Beschluß über die Abänderung des Unternehmens bis zu seiner Eintragung (§ 277). Als eine Abänderung muß auch die Hinzufügung eines neuen, die statutarische Grenze überschreitenden Unternehmens gelten. Erzwingbar ist die Eintragung der Abänderung des Unternehmens nicht (§ 319). Der Vollzug des auf die Abänderung des Unternehmens bezüglichen Beschlusses der Generalversammlung und also der Betrieb des neuen Unternehmens vor der Eintragung des Beschlusses ist auch nicht gegenüber den Mitgliedern des Vorstandes und des Aufsichtsrates für strafbar erklärt. Gleichwohl ist der Vorschrift, daß der Beschluß über die Abänderung des Unternehmens bis zu seiner Eintragung wirkungslos ist, zu entnehmen, daß das vor der Eintragung in Betrieb gesetzte neue Unternehmen rechtlich nicht als Unternehmen der Aktiengesellschaft gilt und also inzwischen für Rechnung derer geht, die es in Betrieb gesetzt haben.

Die Bedeutung einer Änderung oder Erweiterung des Unternehmens kann jedoch der Errichtung einer Konsumanstalt für die in dem Unternehmen beschäftigten Angestellten und Arbeiter nicht beigemessen werden. Eine solche Konsumanstalt ist ein Mittel zur Förderung des Unternehmens durch Darbietung einer günstigen Kaufgelegenheit für die eigenen Angestellten und Arbeiter. Ihrer Eintragung in das Handelsregister bedarf es deshalb auch dann nicht, wenn ihre Errichtung erst nach der Eintragung der Aktiengesellschaft in dieses Register beschlossen wird.

Eine Konsumanstalt, bei deren Betrieb es, wie dies für die Anstalt der Klägerin zutrifft, auf eine Gewinnerzielung nicht abgesehen ist, entbehrt des gewerblichen Charakters und damit auch desjenigen eines Handelsgewerbes im Sinne des § 3 Abs. 2² HandKG. Ihre Heranziehung zu Beiträgen für die Handelskammer ist gemäß § 26 aaO. nicht statthaft. Daß es aus sozialpolitischen Rücksichten für angemessen erachtet worden ist, derartige Konsumanstalten mit offenem Laden wegen des Ladens der Gewerbesteuer zu unterwerfen, und zwar unter getrennter Veranlagung von anderen gewerbesteuerpflichtigen Betrieben desselben Unternehmers, ist dafür unwesentlich, ob sich ihre Heranziehung zu Beiträgen für die Handelskammer rechtfertigt. Hierfür wäre es auch unerheblich, wenn die gesonderte Veranlagung der Konsumanstalt zur Folge haben sollte, daß auf die der Beitragspflicht für die Handelskammer unterliegenden anderen Betriebe eine geringere Gewerbesteuer entfällt, als sie bei ungetrennter Veranlagung dieser Betriebe mit der Konsumanstalt entfallen würde.

Nr. 4. Entsch. v. 13. Mai 1909 (PrVerwBl. 31 308) III C 247/08.

Nach dem vorgelegten Vertrag hat die Klägerin (eine Feuerversicherungsgesellschaft) den Generalagenten mit ihren Geschäften in einem Umfang betraut, daß es nach ihrer Art an den Merkmalen nicht fehlt, welche das HGB. in § 84 für den Begriff eines Handlungsagenten aufstellt. Daraus folgt nicht, daß der Generalagent rechtlich als Agent zu gelten hat. Die Geschäfte eines Agenten können auch in der Stellung eines Angestellten und also Beamten des Auftraggebers erledigt werden. Ob der Beauftragte sich in der einen oder anderen Stellung befindet, läßt sich, wovon auch in der Denkschrift zu § 84 ausgegangen ist, nur danach beurteilen, worauf den Umständen nach der Wille der Beteiligten gerichtet ist. Unbedingt ausgeschlossen ist es nicht, auf Grund der Tätigkeit des in der Stellung eines Agenten befindlichen Generalagenten die Ausübung des Gewerbes durch den Auftraggeber festzustellen. Vorliegend kommen indes Umstände in Betracht, denen zu entnehmen ist, daß der Generalagent in P. die Stellung eines Beamten einnimmt. Die Vertretung der Klägerin steht ihm nicht bloß in der Beschränkung auf die Vermittelung und den Abschluß von Geschäften zu. Seine geschäftliche Befugnis geht über den Umfang der Agententätigkeit hinaus. Für seinen Bezirk fällt ihm die Vertretung der Klägerin auch sonst zu, namentlich hinsichtlich des Kassengeschäfts. Anderseits unterliegt er hinsichtlich seiner Tätigkeit für die Klägerin ihrer Einwirkung insoweit, als sie sich zu Eingriffen in ihrem Interesse bestimmt findet. Sie darf in die Bestellung seiner Unteragenten eingreifen, Revisionen nach Ermessen veranlassen, die Kassenbücher sind, da sie bei Lösung des Verhältnisses der Klägerin herauszugeben sind, recht eigentlich als deren Bücher zu führen, die Bestellung von Prokuristen, die Uebernahme der Geschäfte anderer Gesellschaften ist von der Genehmigung abhängig. Danach ist der Generalagent in eine persönliche Abhängigkeit gegenüber der Klägerin in einer Art getreten, die es gerechtfertigt erscheinen läßt, ihm die Stellung eines Beamten der Klägerin zuzuerkennen. Die Heranziehung der Klägerin zu Handelskammerbeiträgen von ihrem durch den Generalagenten betriebenen Gewerbe ist daher gerechtfertigt.

Nr. 5. Entsch. v. 17. Mai 1909 (PrVerwBl. 31 293) III C 175/08.
HGB. §§ 1 f., 4.

1. Der Inhaber eines Baugeschäftes ist zur Entrichtung von Handelskammerbeiträgen nicht verpflichtet, wenn er als solcher nicht die Eigenschaft eines Kaufmanns, sondern diejenige eines Handwerkers besitzt.

Für die Frage, ob ein Gewerbetreibender Kaufmann ist, sind die Bestimmungen des HGB. maßgebend. Danach (§ 2) gilt zwar jedes gewerbliche Unternehmen, das nach Art und Umfang einen in kaufmännischer Weise eingerichteten Geschäftsbetrieb erfordert, auch wenn die Voraussetzungen des § 1 Abs. 2 aaO. nicht vorliegen, als Handelsgewerbe, wenn die Firma in das Handelsregister eingetragen ist, aber auch diese Bestimmung wird beherrscht durch den im § 4 aaO. ausgesprochenen Grundsatz, daß die Vorschriften über die Firmen usw. auf Handwerker keine Anwendung finden, ebensowenig wie auf Kleingewerbe.

Maßgebend dafür, ob der Betrieb eines Handwerks oder ein Handelsgewerbe vorliegt, sind nur die Art und Weise des inneren Betriebes, die gesamten Betriebsverhältnisse, nicht aber der Umstand, daß das gewerbliche Unternehmen nach Art und Umfang einen in kaufmännischer Weise eingerichteten Geschäftsbetrieb erfordert. Das kann auch bei einem Großhandwerker zutreffen, so daß er deshalb nicht aufhört, Handwerker zu sein, und damit von der Einbeziehung zur Handelskammer ausgeschlossen ist.

Es kommt also in Frage, ob der Inhaber des Baugeschäfts sich auf die dabei in Betracht kommenden Arbeiten im handwerksmäßigen Betriebe beschränkt, oder ob er etwa als Bauunternehmer auftritt, d. h. auch seinerseits seinen Auftraggebern gegenüber andere Arbeiten übernimmt, welche er durch andere Handwerker ausführen läßt. Ist letzteres der Fall — wobei selbstverständlich kleinere Hilfsleistungen für die Zimmerer- und Maurerarbeiten durch andere Handwerker nicht in Betracht kommen, so kann von einem Handwerksbetriebe des Klägers keine Rede sein. Dies trifft namentlich zu, wenn er etwa seinen

Betrieb so führt, daß er ganze Häuser mit Erdarbeiten, Dachdeckerarbeiten usw. auszuführen seinen Auftraggebern gegenüber übernimmt. (Vgl. OVG. v. 8. XII. 04 PrVerwBl. 27 358.)

2. Dagegen rügt die Revision mit Recht, daß der Bezirksausschuß über die von der Klägerin bestrittene Tatsache der schlüsselfertigen Herstellung ganzer Bauten, wenn er sie für erheblich hielt, hätte Beweis erheben müssen. Mit der Bemerkung, daß solche Herstellungen „notorisch" noch in der letzten Zeit vorgekommen seien, durfte er sich über diese Beweiserhebung nicht hinwegsetzen. Von einer gerichtskundigen Tatsache, d. i. einer Tatsache, die in einer eigenen amtlichen Handlung des Richters besteht oder den Gegenstand seiner amtlichen Wahrnehmung gebildet hat, kann hier hinsichtlich der fraglichen Herstellung nicht die Rede sein, ebensowenig von einer sonstigen offenkundigen Tatsache, d. i. einer solchen, die am Sitze des Gerichts einem weiteren Kreise von Personen aus häufiger Wahrnehmung oder auf andere allgemein zugängliche Weise zuverlässig bekannt geworden ist. Völlig zutreffend hebt die Revision hervor, daß die Frage, ob die Klägerin die schlüsselfertige Herstellung ganzer Bauten oder für diese Bauten nur Zimmerer- oder Maurerarbeiten übernommen habe, sich nur bei Kenntnis der einzelnen zwischen der Klägerin und den Bauherren abgeschlossenen Verträge beantworten lasse, mithin einen Gegenstand der Allgemeinkunde nicht bilden könne.

Nr. 6. Entsch. v. 11. Jan. 1909 (PrVerwBl. 30 392) III C 114/08.

HandKG. § 29.

1. Die Frage, ob die Aenderung des Staatssteuersatzes auch für die nach diesem Maßstab umgelegten Steuern gilt, hat für die Gemeinde-, Kreis- und Provinzialsteuern ihre Beantwortung durch eine besondere gesetzliche Vorschrift in §§ 26, 30, 36 und 91 KommAbgG. gefunden, und zwar dahin daß die auf Grund der Einlegung von Rechtsmitteln erfolgte Erhöhung oder Ermäßigung der Staatssteuern die entsprechende Abänderung der Veranlagung zu den Gemeinde-, Kreis- und Provinzialsteuern nach sich zieht. Daß von der Aufnahme einer gleichen Vorschrift in das HandKG. bei Erlaß der Nov. v. 18. VIII. 97 etwa deshalb abgesehen worden ist, weil die Aenderung der staatlich veranlagten Gewerbesteuer die gleiche Wirkung auf die nach ihr umgelegten Beiträge zur Handelskammer nicht haben sollte, dafür fehlt es an jedem Anhalt. Es ist auch schon vor Erlaß des KommAbgG. anerkannt worden, daß die Ermäßigung der Staatssteuern die entsprechende Ermäßigung der nach ihr umgelegten Steuer nach sich zieht. In der Begründung zu § 14 des ersten Entwurfs einer KrO. für die östlichen Provinzen war es als selbstverständlich bezeichnet. Auch das OVG. ist in seiner Rechtsprechung betreffs der Gemeinde-, Kreis- und Provinzialsteuern davon stets ausgegangen, daß die Ermäßigung der Staatssteuer für die nach ihr umgelegten Steuern der Gemeinden, Kreise und Provinzialverbände maßgebend ist.

Was mit Rücksicht auf die nachträgliche Ermäßigung der Staatssteuer für die nach ihr umgelegten Steuern als Rechtens anzuerkennen ist, muß grundsätzlich auch für die Fälle gelten, in denen die veranlagte Staatssteuer auf Grund der von der Staatsbehörde eingelegten Rechtshelfe nachträglich erhöht worden ist. Dabei kann indes, als für diesen Streit entbehrlich, von der Erörterung abgesehen werden, ob die Erhöhung der nach der Staatssteuer umgelegten Steuer von selbst eintritt oder ob es noch einer besonderen Veranlagung bedarf und ob die Erhöhung auch noch nach Ablauf des Etatsjahres geltend gemacht werden darf.

2. Dem von der Handelskammer erwähnten Umstand, daß die Berücksichtigung nachträglicher Ermäßigungen der Staatssteuer den an

die etatsmäßig vorgesehenen Einnahmen gebundenen Handelskammern Schwierigkeiten in der Erfüllung ihrer Aufgabe zu bereiten vermag, kann eine maßgebende Bedeutung für die Beantwortung der Streitfrage nicht beigemessen werden. Ob sie aber darin recht hat, daß für die Handelskammer mit Rücksicht auf die Vorschriften des G. v. 18. VI. 40 über die Verjährungsfristen bei öffentlichen Abgaben eine Ersatzpflicht nicht besteht wenn der Anspruch auf Ermäßigung erst nach Ablauf der in § 29 HandKG vorgesehenen Einspruchsfrist geltend gemacht wird, bedarf hier ebenfalls nicht der Entscheidung. Die Abweisung der Klage muß schon deshalb erfolgen, weil die Zuständigkeit der Verwaltungsgerichte für Ansprüche auf Ermäßigung, die nach Ablauf der Einspruchsfrist geltend gemacht werden, nicht begründet ist. In OVG. 31 39 hat der II. Senat allerdings die Zuständigkeit der Verwaltungsgerichte für Ansprüche auf Ermäßigung der Gemeindesteuer wegen inzwischen erfolgter Ermäßigung der Staatssteuer auch dann anerkannt wenn die Ansprüche erst nach Ablauf der zur Anfechtung der veranlagten Gemeindesteuer vorgesehenen Einsgruchsfrist geltend gemacht werden. Es beruht dies indes auf der Erwägung, daß das ZustG. in §§ 18, 34 neben dem an eine Frist gebundenen Einspruch die an keine Frist gebundene Beschwerde zur Anfechtung der Gemeindesteuer wegen nachträglich eingetretener Umstände zugelassen hatte und daß hieran das KommAbgG. nichts geändert habe, weil das Wort „Einspruch" im Sinne des § 69 aaO. die an keine Frist gebundene Beschwerde des ZustG. mitumfasse. Für die Kr.- u. ProvO., in denen die an keine Frist gebundene Beschwerde nicht eingeführt war, hat der II. Senat dagegen, wie die angezogenen Urteile ergeben, stets daran festgehalten, daß die Verwaltungsgerichte über Anträge auf Ermäßigung der Steuern nicht zu entscheiden haben, wenn sie erst nach Ablauf der in der Kr.- u. ProvO. vorgesehenen Einspruchsfrist geltend gemacht werden.

Für das HandKG. ist die Zuständigkeit der Verwaltungsgerichte in § 29 auf die Entscheidung über die Beschlüsse der Handelskammern beschränkt, durch welche die binnen 2 Wochen nach der Zahlungsaufforderung angebrachten Einsprüche gegen die Heranziehung zu Handelskammerbeiträgen abgewiesen worden sind. Eingeführt ist § 29 durch die Nov. v. 18. VIII. 97. Bis dahin war die Zuständigkeit der Verwaltungsgerichte für Streitigkeiten dieser Art überhaupt nicht begründet. Es fehlt daher an der Möglichkeit, das Wort Einspruch im Sinne des § 29 dahin auszulegen, daß es die an keine Frist gebundene Beschwerde wegen nachträglich eingetretener Umstände mitumfaßt.

Nr. 7. Entsch. v. 19. März 1908 (OVG. 52 388) III C 211/07.

HandKG. §§ 3, 11.

Die gesetzliche Voraussetzung für die Wahlberechtigung zu Handelskammerwahlen ist — von den Besitzern der Betriebsstätten der außerhalb des Handelskammerbezirks bestehenden, im Handelsregister eingetragenen Unternehmen abgesehen —, daß die natürliche oder juristische Person die die Wahlberechtigung in Anspruch nimmt, als Inhaber einer ein kaufmännisches Gewerbe betreibenden Firma in dem für den Bezirk der Handelskammer geführten Handelsregister und in der für die Wahl in Betracht kommenden Wählerliste eingetragen ist (§§ 3, 11 HandKG. v. 24. II. 70/19. VIII, 97, GS. 97 355). Die Eigenschaft als Kaufmann und die Eintragung im Handelsregister und in der Wählerliste sind wesentlich Voraussetzungen der Wahlberechtigung. Es genügt nicht die Eintragung im Handelsregister und in der Wählerliste, wenn die betr. Person ein kaufmännisches Gewerbe in Wahrheit nicht betreibt und also zu Unrecht in das Handelsregister eingetragen ist, und ebensowenig genügt es, daß die Voraussetzung für die Eintragung im Handelsregister gegeben war, wenn die Eintragung tatsächlich unterblieben ist. Daß die unterlassene Aufnahme in die Wählerliste, obschon die gesetzlichen Voraussetzungen für die Aufnahme zutrafen, den Verlust der Wahlberechtigung für die betr. Wahl zur Folge hat, wenn die Berichtigung innerhalb der Einspruchsfrist nicht oder ohne Erfolg angestrebt worden ist, kann nach dem Zwecke der Wahlliste und im Hinblick auf das behufs ihrer Anfechtung gesetzlich geregelte Verfahren einem Zweifel nicht unterliegen. Aus der Zulassung der Benutzung der für die Hauptwahl ausgelegten Wählerliste für die Ersatzwahlen folgt keineswegs, daß zur Teilnahme an diesen Wahlen auch solche Personen haben zugelassen werden sollen, die in die Wählerliste nicht eingetragen sind, wenn bei ihnen die anderweitigen gesetzlichen Voraussetzungen zutreffen. Sofern auf die Beteiligung der in die Wählerliste nicht eingetragenen Personen Wert gelegt wird, muß eine Berichtigung und Auslegung der Wählerliste erfolgen.

Nr. 8. Entsch. v. 7. Dez. 1908 (OVG. 53 366) III C 99/08.

HandKG. §§ 3—6, 11.

1. Die Vorschriften des HandKG. §§ 3—6 sind öffentlich-rechtlicher Art. Hieraus folgt, daß die zur Abgabe einer Wahlstimme berufene Person in Ermangelung einer abweichenden Vorschrift im Gesetze zur Bevollmächtigung einer anderen Person für die Abgabe der Wahlstimme nicht ermächtigt ist. Der Vorschrift in § 6 muß demnach schon nach ihrem Wortlaut entnommen werden, daß jede zur Abgabe von Wahlstimmen legitimierte Person nur eine Wahlstimme abgeben darf. Dies entspricht indes auch der für die Feststellung des Gesetzes maßgebend gewesenen Absicht. Daraus, daß hierbei nur mit der Möglichkeit gerechnet worden ist, daß eine zur Abgabe einer Wahlstimme berufene Person hierzu mehrfach auf Grund eigenen Betriebs oder auf Grund eigenen Betriebs und auf Grund ihrer Beteiligung an einer wahlberechtigten Gesellschaft befugt sein kann, läßt sich nicht folgern, daß der Prokurist zur Abgabe einer Mehrheit von Wahlstimmen nicht behindert sein soll, wenn er in dieser Eigenschaft und auf Grund eigenen Betriebs oder auf Grund mehrfacher Bestellung als Prokurist zur Abgabe einer Mehrheit von Wahlstimmen berechtigt ist. Auch der Prokurist darf nur eine Stimme abgeben.

2. An dieser Rechtslage ist dadurch nichts geändert worden, daß durch die Nov. v. 19. VIII. 97 (GS. 355) den weiblichen oder unter Vormundschaft oder Pflegschaft stehenden Personen, die keinen Prokuristen haben, die Abgabe der Wahlstimme durch einen besonders bestellten Bevollmächtigten gestattet worden ist. Es ist nicht abzusehen, welcher innere Grund dafür hätte bestimmend gewesen sein können, den besonders bestellten Bevollmächtigten anders zu behandeln als den Prokuristen. Für eine dahingehende Absicht fehlt es auch an jedem Anhalte. Deshalb muß davon ausgegangen werden, daß die Bestellung eines Bevollmächtigten unbeschadet des das Gesetz beherrschenden Grundgedankens zugelassen worden ist, wonach niemand und also auch nicht der Bevollmächtigte mehr als eine Stimme abgeben darf, gleichviel ob der Bevollmächtigte zur Abgabe verschiedener Wahlstimmen deshalb an sich berufen wäre, weil er auch auf Grund eigenen Betriebs zur Abgabe einer Wahlstimme berechtigt ist oder weil er hierzu von einer Mehrheit von Personen Vollmacht erhalten hat.

3. Dem von dem Kläger angeregten Bedenken, daß derjenige, der persönlich in einem und kraft Vollmacht in einem anderen Wahlkreise zur Wahl berechtigt sei, infolge des Umstandes, daß die Vollmacht zumeist erst später er-

teilt werde, vor Ablauf der zu Einwendungen gegen die Wählerliste bestimmten Frist sich nicht darüber erklären könne, in welchem Wahlkreis er sein Stimmrecht ausüben wolle, kann eine maßgebende Bedeutung für die Auslegung des § 6 betreffs der Zulässigkeit der Abgabe mehrerer Wahlstimmen nicht zugestanden werden. Das Gesetz knüpft an die Unterlassung solcher Erklärung nicht den Verlust des Wahlrechts. Die Möglichkeit, daß sich erst nach Ablauf der Frist für die Einwendungen gegen die Wählerliste ergibt, wer das dem Wahlberechtigten zustehende Wahlrecht auszuüben hat, kann überdies auch bei Gesellschaften, Genossenschaften, Gewerkschaften und Prokuristen eintreten. Unter den Wahlberechtigten im Sinne des § 11, die aus der Liste ersichtlich sein müssen, sind die Inhaber der wahlberechtigten Betriebe und nicht deren zur Ausübung des Stimmrechts bestimmte Vertreter gemeint.

Nr. 10. Entsch. v. 2. Dez. 1909 (OVG. 55 364) III C 29/09.
HandKG. §§ 10, 14.

Es ist unzulässig, die engeren Wahlbezirke, die nach § 10 HandKG. v. 24. II. 70/19. VIII. 97 für die Ausführung der Wahlen zur Handelskammer gebildet werden dürfen, noch in Abstimmungsbezirke mit getrennten Wahlorten zu zerlegen ... Das Gesetz rechnet vielmehr mit den Wahlbezirken als den kleinsten in Betracht kommenden Organisationen der Wähler. Die Bildung engerer Wahlbezirke wurde im Interesse einer Erleichterung der Wahl, besonders für die kleinen Handel- und Gewerbetreibenden, für notwendig, aber auch für ausreichend erachtet. Es findet sich in dem Gesetze kein Anhalt dafür, daß dieses noch mit Abstimmungsbezirken innerhalb der einzelnen Wahlbezirke rechnete. Das Gegenteil läßt sich daraus entnehmen, daß das Gesetz für jeden Wahlbezirk nur von der Wählerliste, dem Wahlkommissar und dem Wahlvorstande spricht (§§ 11ff.) sowie daß es an jeder Bestimmung darüber fehlt, wie bei Festsetzung mehrerer Wahlorte in bezug auf die Wahl, insbesondere die Bestellung des Wahlkommissars, zu verfahren ist.

VIII.
Landwirtschaftskammern.

Nr. 1. Entsch. v. 22. Nov. 1909 (OVG. 55 366) III C 245/07.
LandwKammerG. § 6.

Zwar ist die Pflicht, Beiträge zur Landwirtschaftskammer zu leisten, von der Kommunalsteuerpflicht durchaus unabhängig und nur dadurch bedingt, daß Grundstücke land- oder forstwirtschaftlich genutzt werden (§ 6 LandwKammerG. v. 30. VI. 94). Indessen steht die Bestimmung der hier fraglichen Grundstücke zum öffentlichen Gebrauche, die die Freiheit von der Gemeindegrundsteuer zur Folge hat, nämlich die Widmung zum Exerzierplatze, sofern sie die Hauptbestimmung bildet, gleichzeitig auch der Heranziehung zu den Landwirtschaftskammerbeiträgen entgegen. Daß die Benutzung zu militärischen Uebungen keine land- oder forstwirtschaftliche Nutzung ist, bedarf keiner näheren Ausführung. Aber auch bei der Besteuerung durch die Landwirtschaftskammern läßt sich allgemein zu befriedigenden Ergebnissen nur unter Anwendung des für die Kommunalbesteuerung anerkannten Grundsatzes gelangen, daß auf die Hauptbestimmung des Grundstücks das entscheidende Gewicht zu legen ist. Auf dem Gebiete der Gemeindegrundsteuer ist es der Hauptbestimmung gegenüber für unerheblich erklärt, ob auf dem Grundstück oder auf Teilen desselben nebenbei noch eine anderweitige

Nutzung stattfindet, welche einen Reinertrag abwirft, zB. eine Grasnutzung auf den Böschungen schiffbarer Kanäle oder auf den Rasenplätzen öffentlicher Anlagen, eine Obstnutzung in Lustgärten u. dgl. Desgleichen ist in OVG. 38 165 dargelegt, daß ein Militärschießplatz, auch wenn er daneben als Acker oder Weideland benutzt oder verpachtet wird und einen Ertrag liefert, dadurch die Eigenschaft eines zum öffentlichen Dienste bestimmten Grundstücks nicht verliert. Die hiermit anerkannte Notwendigkeit, Grundstücke, die der Hauptsache nach einem bestimmten — Nebennutzungen jedoch nicht ausschließenden — Sonderzwecke gewidmet sind, nach Maßgabe ihrer Hauptbestimmung einheitlich zu beurteilen, besteht in gleicher Weise für das den Landwirtschaftskammern beigelegte Besteuerungsrecht. Auch bei der Ausübung dieses Rechtes läßt sich die Einheitlichkeit der Beurteilung nach der Hauptbestimmung des Grundstücks nicht entbehren.

Vorbehalten bleibt natürlich die Aussonderung solcher örtlich abgegrenzter Teile des Grundstücks, die von der Hauptbestimmung ausgeschlossen sind. Für sie wird an dem bisherigen Verhältnisse nichts geändert. Im vorliegenden Falle ist von keiner Seite behauptet worden, daß bestimmte Teile des Pachtlandes von der Benutzung zu militärischen Uebungen ausgeschlossen seien. Ebensowenig liegt ein Grund zu der Annahme vor, daß die in Frage kommenden Landflächen, ungeachtet ihrer Verpachtung als Truppenübungsplatz, dennoch in der Hauptsache nach wie vor land- oder forstwirtschaftlich genutzt werden. Dieselben Grundsätze gelten für die Jagdnutzung.

Endlich läßt sich nicht geltend machen, daß die landwirtschaftliche Nutzung der Pachtflächen nur zeitweilig eingeschränkt sei. Vielmehr erfordert der 36 Jahre hindurch andauernde Zustand eine selbständige Beurteilung. Mit einem vorübergehenden Brachliegen von Grundstücken läßt er sich nicht vergleichen.

X.
Disziplinarsachen.

Literatur: Heinemann: Die preußische Staatsbeamtengesetzgebung (Potsdam 1910) — Miller: Das Reichsbeamtengesetz v. 18. V. 07 (Stuttgart 1910).

A. Beamteneigenschaft im Sinne des DiszG. v. 21. VII. 52.

Nr. 1. Beschluß v. 19. Juni 1908 (OVG. 53 430) I A 68/08.

Die Mitglieder der in einer Wiesenseparationssache durch Rezeß zur Beaufsichtigung und Verwaltung der gemeinschaftlichen Anlagen eingesetzten Kommission — sog. Wiesendeputierte — sind nicht Beamte im Sinne des DiszG. v. 21. VII. 52.

Die Auseinandersetzungsinteressenten, von denen die Mitglieder der Aufsichtskommission gewählt werden, bilden keine Gemeinschaft, der die Eigenschaft einer organisch in die Verfassung des Staates eingegliederten Korporation im Sinne des § 69 II 10 ALR. zukommt, und daher sind die zur Besorgung ihrer Angelegenheiten gewählten oder sonst bestellten Personen in bezug auf ihre rechtliche Eigenschaft den von den Korporationen des öffentlichen Rechtes angestellten Personen nicht gleich zu achten. Die Obliegenheiten der Kommission sind auch auf die Beaufsichtigung und Pflege der gemeinschaftlichen Wege beschränkt, also auf eine Angelegenheit, die nur die Auseinandersetzungsinteressenten als solche berührt; staatliche Aufgaben sind ihr dagegen nicht zugewiesen. Dementsprechend haben ihre Mitglieder, die Wiesendeputierten, welche weder vereidet noch sonst verpflichtet werden, staatliche Obliegenheiten nicht wahrzunehmen. Insbesondere stehen ihnen keinerlei polizeiliche oder öffentlich-rechtliche Dienstbefugnisse zu. Auch der Umstand, daß dem Landrat und dem Regierungspräsidenten gewisse Aufsichtsrechte betreffs der Tätigkeit der Wiesendeputierten übertragen sind, ist abgesehen von dem Zweifel, ob eine solche Uebertragung mit rechtlicher Wirkung durch den Rezeß überhaupt hätte erfolgen können, nicht geeignet, für die Deputierten die Eigenschaft öffentlicher Beamten zu begründen; ebensowenig kann eine solche daraus hergeleitet werden, daß nach der Vorschrift des Rezesses die Wahl der Kommission nach den Bestimmungen für die Kommunalwahlen erfolgen soll, da die Gleichartigkeit des Wahlverfahrens für sich allein nicht auch die Gleichartigkeit der rechtlichen Stellung der Gewählten herbeizuführen vermag.

Nr. 2. Entsch. v. 9. Okt. 1908 (OVG. 53 428) I A 3/08.

KommBG. §§ 1, 8—22.

1. Der Ansicht, daß die Aushändigung einer Anstellungsurkunde nur die Voraussetzung für die Erhebung vermögensrechtlicher Ansprüche bilde, daß abgesehen hiervon aber die Uebertragung obrigkeitlicher Funktionen die Beamteneigenschaft begründe, kann nicht beigetreten werden. Freilich spricht der angezogene § 1 nicht uneingeschränkt von Kommunalbeamten, sondern davon, wer als Kommunalbeamter „im Sinne dieses Gesetzes“ gelte. Aber diese Einschränkung erklärt sich daraus, daß das Gesetz nicht alle Kategorien von Kommunalbeamten betrifft, sondern nur die in den §§ 8—22 angeführten, und unter diesen auch nur diejenigen, die gegen Besoldung angenommen werden, übrigens, wie aus § 2 hervorgeht, unter Ausschluß derjenigen Personen, die nur im Nebenamt oder nebensächlich beschäftigt sind. Wo es sich dagegen um eine im Hauptamte gegen Besoldung beschäftigte Person einer jener Kategorien handelt, ist die Bestimmung des § 1 Satz 2 G. v. 30. VII. 99 anzuwenden.

2. Alle Beziehungen, die sich aus dem Beamtenrecht ergeben, haben daher bei denjenigen Kommunalbeamten, auf die das G. v. 30. VII. 99 zutrifft, die Aushändigung einer Anstellungsurkunde zur Voraussetzung. Einen Ausfluß des Beamtenrechts bildet das DiszG. Dieses Gesetz kann demnach gegenüber einer Person, die im Dienste einer Stadtgemeinde gegen Besoldung im Hauptamte beschäftigt wird (§§ 1, 8 G. v. 30. VII. 99), nur dann zur Anwendung kommen, wenn ihr eine Anstellungsurkunde ausgehändigt ist. An dieser Voraussetzung fehlt es hier; denn der nach Verhängung der Ordnungsstrafe geschehenen Aushändigung einer solchen Urkunde kann eine rückwirkende Bedeutung nicht beigelegt werden.

Nr. 3. Entsch. v. 2. Febr. 1909 (OVG. 54 464) D S 39/08.

1. Das DiszG. v. 21. VII. 52 (GS. 465) findet nach der ausdrücklichen Bestimmung in § 1 nur auf Beamte Anwendung, die sich noch im Dienste befinden. Gegen bereits ausgeschiedene Beamte ist danach die Einleitung eines Disziplinarverfahrens nicht mehr angängig.

2. Die Kündigung eines Amtsverhältnisses bedarf, um Wirkungen zu äußern, der Erklärung gegenüber dem Beamten, dem gekündigt werden soll, und daher ist für sie nur dasjenige maßgebend, was dem Beamten erklärt werden sollte und erklärt worden ist.

3. Hat die Anstellungsbehörde die Kündigung für einen bestimmten Zeitpunkt beschlossen, dabei aber den Vorbehalt gemacht, daß der Beamte unter gewissen Voraussetzungen darüber hinaus in seiner Stelle

beschäftigt werden könne, und ist dem Beamten nur der Kündigungstermin, nicht aber der Vorbehalt mitgeteilt worden, so endigt das öffentlich-rechtliche Amtsverhältnis und die Beamteneigenschaft des Angestellten mit dem bei der Kündigung bestimmten Zeitpunkte. Die tatsächliche Weiterbeschäftigung über diesen Zeitpunkt hinaus hat nicht öffentlich-rechtlichen, sondern allenfalls privatrechtlichen Charakter und begründet gegenüber dem ehemaligen Beamten nicht mehr die Disziplinargewalt der hierfür zuständigen Organe

Nr. 4. Entsch. v. 26. Mai 1908 (OVG. 52 441) D S 8/08.

DiszG. v. 21. VII. 52 § 16.

1. Allerdings ist die Nutzung der Jagd Interessentensache und nicht Kommunalangelegenheit. Wenn das Gesetz aber weiter erklärt: „Jagdvorsteher ist der Vorsteher der Gemeinde . . . Der gesetzliche Stellvertreter des Vorstehers der Gemeinde . . . vertritt ihn in Behinderungsfällen auch in seiner Eigenschaft als Jagdvorsteher", und wenn das Gesetz den Landrat zur Aufsichtsbehörde in Jagdangelegenheiten bestimmt, so folgt hieraus, daß der Gemeindevorsteher in dieser seiner amtlichen Eigenschaft gleichzeitig Jagdvorsteher ist. Die Verwaltung und Vertretung der Jagdgenossenschaft bildet einen Teil seiner Dienstgeschäfte als Gemeindevorsteher; begeht er hierbei Verfehlungen, so verletzt er seine Amtspflichten als Gemeindevorsteher.

2. Das Disziplinarverfahren gegen den Angeschuldigten durfte daher wegen der ihm zur Last gelegten Verfehlungen eingeleitet werden. Nachdem jedoch das Beamtenverhältnis des Angeschuldigten inzwischen durch die Niederlegung des Amtes unter Zustimmung der Gemeindeversammlung (Gemeindevertretung) und des Landrats (vgl. §§ 94, 97 II 10 ALR.) sein Ende erreicht hatte, entsprach die Weiterführung der Untersuchung nicht dem bestehenden Rechte. Auf die Bestimmung des § 16 Abs. 2 DiszG. v. 21. VII. 52 wonach selbständig auf den Verlust „des Titels" erkannt werden kann, wenn das Amtsverhältnis bereits vor Beendigung des Verfahrens aufgehört hat, kann die Entscheidung nicht gestützt werden. Dies würde voraussetzen, daß die Benennung „Gemeindevorsteher" ein Titel wäre, der nach dem ehrenvollen Ausscheiden aus dem Amte mit dem Zusatze „a. D." fortgeführt werden könnte. Um einen Titel im engeren Sinne, d. h. um eine von einem Amte unabhängige, besonders verliehene, mit Rangstellung oder ähnlichen Vorrechten verbundene Benennung handelt es sich aber bei der Bezeichnung als Gemeindevorsteher zweifellos nicht. Daneben gibt es freilich Titel, die zwar dem Träger eines Amtes als solchem zukommen, die aber auch nach Beendigung des Amtes — losgelöst von diesem — wegen der sich in ihnen ausdrückenden Rangstellung oder sonstigen Bevorrechtigung mit einem das Aufhören des Amtes andeutenden Zusatze geführt zu werden pflegen und geführt werden dürfen. Dazu gehört die Bezeichnung als Gemeindevorsteher nicht, weil sie lediglich dazu dient, den Geschäftskreis des Beamten zu kennzeichnen und seine amtliche Stellung nach außen erkennbar zu machen, ihm aber eine über die Amtsdauer hinausreichende Rangstellung oder Bevorrechtigung in keiner Weise verleiht. Daher pflegen sich frühere Gemeindevorsteher auch nicht als „Gemeindevorsteher a. D." zu bezeichnen oder auf diese Bezeichnung Anspruch zu erheben. Wollte man annehmen, daß jeder Beamte nach Beendigung seines Amtes das Recht hätte, die ihm während seines Amtes zukommende Benennung, gleichviel, ob damit irgendwelche Rangstellung oder Bevorrechtigung verbunden ist, mit dem Zusatz „a. D." weiterzuführen, so würde im Widerspruche mit der allgemeinen Anschauung und der tatsächlichen Uebung einer bloßen Benennung der amtlichen Stellung in vielen Fällen die ihr rechtlich nicht beiwohnende Bedeutung eines von dem Amte loszulösenden Titels beigelegt werden. Der Regel nach

trifft dies nicht zu auf die den Geschäftskreis und die amtliche Stellung bezeichnenden Benennungen, die die Gemeindebeamten im Geltungsbereiche der LGemO. führen; das Vorrecht auf ein Amtsprädikat hat ihnen das Gesetz nicht verliehen. Eine Bestätigung hierfür ist darin zu erblicken, daß in einzelnen Fällen der Minister des Innern in Landgemeinden mit mehr als 10000 Einwohnern die Beilegung des Titels „Bürgermeister" an Gemeindevorsteher besonders zu genehmigen pflegt. Für die Fortsetzung des Disziplinarverfahrens fehlte es hiernach an einem Gegenstande, da der Verlust der Amtsbezeichnung „Gemeindevorsteher" nach Beendigung des Amtes nicht noch besonders ausgesprochen zu werden brauchte. Die strafrechtliche Beurteilung, die einzutreten hätte, falls sich der Angeschuldigte nunmehr etwa „Gemeindevorsteher a. D." nennen sollte, ist ohne Einfluß auf die Entscheidung vom disziplinaren Standpunkt aus. Die Anwendung des § 360[8] StGB., wo die unbefugte Annahme eines Titels mit Strafe bedroht wird, beschränkt sich nicht auf die Titel von Beamten, sondern erstreckt sich auch auf die unbefugte Führung von Bezeichnungen, die auf sonstige von der Staatsgewalt geschaffene öffentlich-rechtliche Funktionen hinweisen. Von einem Titel im Sinne des § 16 Abs. 2 DiszG. kann stets nur bei Beamten gesprochen werden, die sich im unmittelbaren oder mittelbaren Staatsdienste befinden oder befunden haben. Diese Vorschrift, die sich als Ausnahmebestimmung darstellt weil sie die Fortsetzung eines Disziplinarverfahrens nach Aufhören des Amtsverhältnisses zuläßt, darf nicht auf Fälle ausgedehnt werden, in denen eine Weiterführung der Amtsbezeichnung schon an sich unzulässig ist und ein Disziplinarverfahren daher zwecklos sein würde.

B. Dienstvergehen und Disziplinarstrafen; Befugnis zu ihrer Verhängung.

Nr. 1. Entsch. v. 28. Jan. 1908 (OVG. 52 432) I A 118/07.

DiszG. v. 21. VII. 52 § 87.

1. Die Regelung der dienstlichen Stellung eines städtischen Beamten und die damit zusammenhängende Frage, welche Amtsbezeichnung er zu führen hat, ist an sich nicht Gegenstand des Verwaltungsstreitverfahrens sondern der Entscheidung der Aufsichtsbehörde vorbehalten.

Der Kläger versieht die Stelle eines Magistratsboten. Aus dieser tatsächlichen Wahrnehmung der Obliegenheiten eines solchen folgt ohne weiteres, daß er gehalten ist, die mit dem betr. Amte verbundenen Pflichten zu erfüllen. Hierzu gehört, daß er im dienstlichen Verkehre die seiner gegenwärtigen Beschäftigung entsprechende amtliche Bezeichnung führt. Der Hinweis des Klägers, daß er als „Städtischer Bohlwerkswärter und vereideter Wäger" lebenslänglich angestellt sei, ist unerheblich; denn hierdurch hat er keinen Anspruch auf lebenslängliche Beibehaltung gerade dieses Amtes erworben. Es ist der Anstellungsbehörde unversagt, die dienstliche Beschäftigung eines Beamten selbst gegen dessen Widerspruch nach ihrem Ermessen zu regeln und beliebig zu ändern. Auch durch den Hinweis auf einen bestimmten Geschäftskreis in der Bestallungsurkunde geht sie dieser Befugnis nicht verlustig, es sei denn, daß ausnahmsweise auf Grund besonderer Umstände ein Verzicht auf das regelmäßig freie Verfügungsrecht über die Dienste des Beamten angenommen werden könnte.

2. Die Versetzungsbefugnis der vorgesetzten Behörde findet allerdings ihre Schranke darin, daß dem Beamten keine Beschäftigung zugemutet werden darf, die seiner ganzen bisherigen dienstlichen Stellung und Vorbildung

widerspricht, sowie daß er gemäß § 87 [1] DiszG. v. 21. VII. 52 ohne seinen Willen nur in ein Amt von nicht geringerem Range und etatsmäßigem Diensteinkommen überwiesen werden kann. Liegen diese Voraussetzungen nicht vor, so kann der Beamte den Antritt des Dienstes verweigern und ist demgemäß auch nicht verpflichtet, die Amtsbezeichnung zu führen, welche mit der ihm zugedachten Stellung verbunden ist. Wenn der Kläger aber glaubt, trotz Uebernahme der Beschäftigung eines Boten sich noch weiter als Bohlwerkswärter und Wäger bezeichnen zu dürfen, so ist dies irrig. Es handelt sich hierbei nicht um einen eigentlichen Titel, d. h. eine unabhängig von dem Amte dessen Inhaber für seine Person besonders verliehene, mit Rangstellung oder ähnlichen Vorrechten verbundene Benennung. Vielmehr stand lediglich eine Amtsbezeichnung in Frage, die nur dazu dient, die Geschäfte des Beamten zu kennzeichnen und seine amtliche Stellung nach außen hin erkennbar zu machen. Der Titel in diesem letzten, weiteren Sinne ändert sich von selbst mit der Veränderung der Amtsstellung. Solange der Kläger daher die Obliegenheiten eines Magistratsboten wahrnimmt — gleichviel, ob unter Widerspruch und ohne Rücksicht darauf, ob er ursprünglich dazu verpflichtet gewesen ist —, muß er die Amtsbezeichnung führen, die sich aus der Ueberweisung dieses Geschäftskreises und der demgemäß tatsächlich erfolgten Leistung der Dienste ergibt.

Nr. 2. Entsch. v. 28. April 1908 (OVG. 52 436) D S 33/07.

DiszG. v. 21. VII. 52 § 87.

1. Das 1. Urteil beruht in der Hauptsache auf der Erwägung, daß der Angeschuldigte, der hierzu auch körperlich imstande gewesen sei, zunächst der Anordnung seiner vorgesetzten Behörde zur Uebernahme der Stelle eines Magistratsdieners unter allen Umständen häbe entsprechen müssen. Hierbei ist jedoch übersehen, daß der Beamte nicht zu blindem Gehorsam verpflichtet, sondern berechtigt ist, unzulässige Anordnungen außer acht zu lassen, allerdings auf die Gefahr hin, daß er der Strafe des Ungehorsams verfällt, wenn seine Ansicht von der zuständigen Behörde nachträglich für unzutreffend erachtet wird.

2. Allerdings ist es der Anstellungsbehörde grundsätzlich unbenommen, dem Beamten eine dem jeweiligen dienstlichen Bedürfnis entsprechende Beschäftigung zuzuweisen. Das daraus folgende Verfügungsrecht des Magistrats findet jedoch seine Schranke in dem § 87 DiszG. v. 21. VII. 52. Aus der aaO. unter Ziff. 1 getroffenen Bestimmung folgt, daß ein Beamter wider seinen Willen nur in ein Amt von nicht geringerem Range und etatsmäßigem Diensteinkommen versetzt werden kann. Bei der Entscheidung der Frage, ob die Voraussetzungen vorliegen, unter denen § 87 [1] die Versetzung eines Beamten in ein anderes Amt zuläßt, kommt es nicht auf die jeweilige Höhe an, in der der Beamte sein Diensteinkommen gerade zur Zeit der Versetzung bezieht, dergestalt, daß in seinem neuen Amte sein Diensteinkommen nicht hinter jener Höhe zurückbleibt. Entscheidend ist vielmehr, welches Diensteinkommen der Beamte in seinem bisherigen Amte nach Maßgabe der hierfür bestehenden Regelung unter normalen Verhältnissen würde erreichen können, und welches er in der neuen Stellung zu erreichen in der Lage ist. Wenn auch an sich ein Beamter einen Rechtsanspruch auf Alterszulagen nicht besitzt, so darf doch die organisatorische Regelung des Stelleneinkommens nicht unberücksichtigt bleiben. Ein gleichwertiges Amt im Sinne des § 87 [1] aaO. liegt in Ansehung des Gehalts infolgedessen nur dann vor, wenn für das neue Amt als solches im Etat ein nicht geringeres Diensteinkommen als für das von dem Beamten bisher bekleidete vorgesehen ist. Soweit der Magistrat durch die in der Anstellungsurkunde

enthaltenen Vorbehalte einseitig seine Befugnisse hat erweitern wollen, sind die betreffenden Bestimmungen nichtig; denn der § 87 stellt eine Vorschrift des öffentlichen Rechtes auf, die abweichender Bestimmung durch die Anstellungsbehörde entzogen ist. Aus der widerspruchslosen Annahme der Bestallungsurkunde kann ein Einverständnis des Klägers mit den in dieser enthaltenen rechtsunwirksamen Vorbehalten nicht entnommen werden.

3. Dagegen hat sich der Angeschuldigte einer Verletzung seiner Amtspflichten dadurch schuldig gemacht, daß er seine Ehefrau anwies, amtliche, an ihn unter der Adresse „Magistratsdiener" M. gerichtete Schreiben nicht anzunehmen, und hierdurch in der Tat die Zurückweisung eines Bescheids des Magistrats mit dieser Aufschrift veranlaßte. Hierzu war er nicht befugt. Aus den vorstehenden Erörterungen folgt allerdings, daß die Bezeichnung „Magistratsdiener" unzutreffend war; denn ein Beamter ist bis zur rechtmäßigen Uebertragung eines anderen Amtes zur Weiterführung des aus seiner bisherigen Dienststellung sich ergebenden Amtstitels befugt. Aus seiner Gehorsamspflicht ergibt sich jedoch, daß er der vorgesetzten Behörde jederzeit zur Entgegennahme ihrer Anordnungen und Mitteilungen zur Verfügung zu stehen hat. Durch die Ablehnung der Annahme dienstlicher Schreiben gefährdet der Beamte die Erfüllung seiner Amtspflichten. Dies muß er selbst dann vermeiden, falls die Schreiben mit einer unrichtigen Amtsbezeichnung versehen sind, vorausgesetzt, daß Zweifel an der Identität des Adressaten nicht obwalten, und daß die Wahl der Aufschrift überhaupt auf sachlichen Erwägungen beruht.

Nr. 3. Entsch. v. 29. Sept. 1908 (OVG. 53 438) D S 3/08.

DiszG. §§ 8ff., 87; PolVerwG. v. 11. III. 50 § 4.

1. Nach § 87[1] DiszG. ist die Versetzung eines Beamten in ein anderes Amt von nicht geringerem Range und etatsmäßigem Diensteinkommen im Interesse des Dienstes auch ohne oder wider seinen Willen zulässig. Der Anwendung dieses Grundsatzes auf die Versetzung des Angeschuldigten aus dem Amte eines Polizeikommissars in dasjenige eines städtischen Verwaltungssekretärs kann nicht entgegengehalten werden, daß der Angeschuldigte in seiner Eigenschaft als Polizeibeamter vom Regierungspräsidenten bestätigt sei, und daß die Versetzung einen Eingriff in die Rechte der Bestätigungsbehörde enthalte. Abgesehen davon, daß der Regierungspräsident selbst die Versetzung bereits früher angeregt hatte, erschöpft sich auch das in § 4 Abs. 2 PolVerwG. v. 11. III. 50 der Staatsbehörde vorbehaltene Recht mit der Bestätigung. Weder für die Entlassung noch für das sonstige Ausscheiden eines gemäß jener Gesetzesvorschrift bestätigten Polizeibeamten aus seinem Dienste ist die Genehmigung der Bestätigungsbehörde erforderlich. Die Versetzung enthält auch keine Zurücknahme der Anstellung oder Bestätigung, sondern eine durch besondere gesetzliche Bestimmung ausdrücklich zugelassene anderweitige Verwendung des Beamten, dem durch die Uebertragung eines anderen Amtes ein neuer Pflichtenkreis zugewiesen wird. Dieser Verwendung steht hier der Umstand nicht entgegen, daß sie im inneren Bureaudienst erfolgen soll, während die ursprüngliche Anstellung des Angeschuldigten im polizeilichen Exekutivdienste stattgefunden hatte; denn das Gesetz macht insoweit für die Versetzungsmöglichkeit einen ausdrücklichen Unterschied nicht und auch aus der Art des neuen Dienstes oder aus der Qualifikation des Angeschuldigten sind Gründe gegen die Statthaftigkeit der anderweitigen Verwendung nicht zu entnehmen. Ebensowenig wird diese dadurch gehindert, daß die Anstellung als Polizeikommissar auf Lebenszeit lautete. Dadurch wurde nur bekundet, daß die Anstellung nicht auf Zeit oder Kündigung erfolge, nicht aber ein Verzicht der Stadt oder des

Magistrats auf eine nach Maßgabe des § 87¹ aaO. zulässige anderweitige Verwendung des Beamten ausgesprochen. Die Frage, ob der Magistrat berechtigt war, den Angeschuldigten aus dem Amte als Polizeikommissar in den Bureaudienst zu versetzen und ihm unter Beilegung der Amtsbezeichnung „Verwaltungssekretär" die Verwaltung des Meldeamts und des Militärbureaus zu übertragen, hängt hiernach lediglich davon ab, ob das neue Amt den Anforderungen jener Gesetzesvorschrift entspricht, also von nicht geringerem Range und etatsmäßigem Diensteinkommen ist als dasjenige des Polizeikommissars. Dies trifft jedenfalls hinsichtlich des Diensteinkommens zu; dasselbe hat von der zweiten Bedingung zu gelten, daß das neue Amt nicht von geringerem Rang sein darf als das bisherige. Unter „Rang" ist die Klassifizierung einer Stellung zu verstehen, wie sie ihr im Hinblick auf ihre Bedeutung nach der herrschenden Meinung zukommt. Bei der Anlegung dieses Maßstabs an die beiden hier fraglichen Aemter kann nicht die dem Angeschuldigten zugewiesene Stellung aus dem organischen Zusammenhange der betr. Beamtenklasse herausgenommen und für sich allein dem Amte des Polizeikommissars zur Vergleichung gegenübergestellt werden, vielmehr ist bei der Vergleichung die ganze Kategorie der Verwaltungssekretäre als solche zu berücksichtigen. Diese Sekretäre sind dem Bürgermeister unmittelbar unterstellte Vorsteher städtischer Bureaus. An solchen Bureaus umfaßt die städtische Verwaltung zu H. folgende: 1. das Magistratsbureau, 2. die Kalkulatur, 3. das Steuerbureau, 4. das Bureau für Standesamts- und Schulsachen, 5. das Bureau für Versicherungs-, Gewerbe- usw. Angelegenheiten, 6. das Bureau des städtischen Bauamts, 7. das Bureau für Meldeamts- und Militärangelegenheiten, 8. die Rechtsauskunftsstelle. Auch wenn man die zu 1—3 aufgeführten Bureaus, deren Vorsteher mit besonderen Amtsbezeichnungen und mit erhöhter Besoldung ausgestattet sind, außer Betracht läßt, handelt es sich doch im übrigen um Dienststellen, deren Obliegenheiten den Geschäften des Polizeikommissars an Bedeutung durchaus nicht nachstehen. Wenn der Angeschuldigte demgegenüber geltend macht, daß der Polizeikommissar eine selbständigere gehobene Stellung einnehme, so entspricht dem bei den Verwaltungssekretären der Umstand, daß diesen die Leitung der ihnen unterstellten Bureaus übertragen ist, mag auch im Einzelfalle je nach der geschäftlichen Eigenart des Bureaus diese Leitung mehr oder weniger erkennbar in die Erscheinung treten. Ihre Bedeutung wird durch die vermeintliche Unterstellung der Verwaltungssekretäre unter den Stadtsekretär nicht berührt; denn einmal handelt es sich dabei nur um Geschäftsrevisionen, die der Stadtsekretär im Auftrage des Bürgermeisters vorzunehmen hat, und im übrigen ist auch die Selbständigkeit der Stellung des Polizeikommissars wegen der Unterordnung unter den Polizeiinspektor eher eine beschränktere. Abweichend vom Vorderrichter war hiernach anzuerkennen, daß der Magistrat berechtigt war, den Angeschuldigten aus dem Amte des Polizeikommissars in dasjenige eines städtischen Verwaltungssekretärs zu versetzen, und daß diese Versetzung den Anforderungen des § 87¹ DiszG. entsprach.

2. Hiernach war der Angeschuldigte objektiv nicht berechtigt, den Dienst als städtischer Verwaltungssekretär niederzulegen und dessen Wiederaufnahme abzulehnen. Der Mangel objektiver Berechtigung zieht jedoch nicht ohne weiteres die Verwirkung der Dienstentlassung oder den Verlust des Diensteinkommens nach sich. Nach §§ 8ff. DiszG. treten diese Folgen der Fernhaltung vom Dienste nur dann ein, wenn dem Beamten nicht besondere Entschuldigungsgründe zur Seite stehen. Hier liegt ein besonderer Entschuldigungsgrund für den Angeschuldigten darin vor, daß er sich bei der objektiv unberechtigten Verweigerung des Dienstes nicht in bewußter Klarheit über die Tragweite seiner Entschließung befand, indem er berechtigten

Grund zu der Annahme zu haben glaubte, daß ihm die Wahrnehmung einer seinem Range nicht entsprechenden Dienststellung angesonnen werde. Dem Angeschuldigten muß zugute gehalten werden, daß diese Annahme für ihn insofern nicht des sachlichen Anhalts entbehrte, als die Sachlage verschiedener Beurteilung zugänglich sein konnte. Allerdings hat der Gerichtshof ausgesprochen, daß in den Fällen der §§ 9 und 11 DiszG. beim Mangel besonderer Entschuldigungsgründe eine mildere Bestrafung als die Verhängung der Dienstentlassung selbst dann nicht angängig erscheint, wenn der Beamte sich irrtümlich zur Fortsetzung des Dienstes nicht für verpflichtet hielt, daß vielmehr der Beamte auf seine eigene Gefahr handelt für den Fall, daß der Disziplinarrichter eine solche Verpflichtung annehmen sollte. Dabei ist jedoch die Bedeutung, die einem solchen Irrtume für die disziplinarrechtlichen Folgen des Verhaltens des Beamten beizumessen ist, nicht grundsätzlich und erschöpfend zum Gegenstande der Erörterungen wie der Entscheidung gemacht worden, weil nach der tatsächlichen Lage jener Fälle ein Zweifel darüber, daß der irrtümlichen Auffassung der beteiligten Beamten eine Entschuldigung nicht zur Seite stand, nicht obwaltete und infolgedessen ein weiteres Eingehen auf diesen Punkt sich erübrigte. Wenn dagegen einem derartigen Irrtume des Beamten nach Lage der Sache besondere Entschuldigungsgründe zur Seite stehen, so kann ihnen die Berücksichtigung nicht versagt werden; dann schließt der Irrtum sowohl die Bestrafung nach §§ 9, 11f. aaO. wie den Verlust des Diensteinkommens nach §§ 8, 10 aaO. aus. Im vorliegenden Falle ist die Entschuldbarkeit des Irrtums zugunsten des Angeschuldigten anzuerkennen, und deshalb war die auf Freisprechung lautende Entscheidung des Vorderrichters im Ergebnisse zu bestätigen.

Nr. 4. Entsch. v. 29. Sept. 1908 (OVG. 53 445) D S 14/08.

DiszG. v. 21. VII. 52 §§ 87f.

In dem Verfahren auf Feststellung der Dienstunfähigkeit eines Polizeisergeanten kann sich dieser nicht mit Erfolg darauf berufen, daß er noch zu einem anderen Dienste innerhalb oder außerhalb desjenigen Verwaltungszweigs, in dem er beschäftigt war, fähig geblieben sei.

Ist Sch. als Polizeisergeant und nur als solcher angestellt, so können auch unter seinen Amtspflichten im Sinne des § 88 DiszG., deren Erfüllung für die Feststellung der Dienstunfähigkeit in Betracht kommt, allein die Pflichten des Amtes eines Polizeisergeanten verstanden werden. Ob Sch. noch imstande sein würde, Bureaudienst zu leisten, ist unerheblich und bedarf einer Feststellung nicht, weil ihm ein Anspruch auf die Uebertragung eines anderen insbesondere eines leichteren Amtes an Stelle desjenigen, für das er angestellt war, nicht zusteht. Wenn auch die Anstellungsbehörde nach § 87 DiszG. berechtigt ist, einem Beamten in ein anderes Amt von nicht geringerem Range und etatsmäßigem Diensteinkommen zu versetzen, so folgt daraus nicht, daß umgekehrt auch dem Beamten ein Rechtsanspruch auf die Versetzung in ein anderes Amt oder auf die Zuweisung einer anderen Dienststelle oder Beschäftigung eingeräumt sei. Der Beamte, der zwangsweise in den Ruhestand versetzt werden soll, kann sich daher auch nicht darauf berufen, daß er zwar nicht mehr zu dem von ihm seither versehenen, wohl aber zu einem anderen Dienste innerhalb oder außerhalb des Verwaltungszweigs, in welchem er beschäftigt war, fähig geblieben sei.

Nr. 5. Entsch. v. 22. Okt. 1909 (OVG. 55 481) D S 7/09.

1. S. ist im Jahre 1880 als Steuereinsammler und Vollziehungsbeamter der Stadt D. angestellt worden. Mit Rücksicht auf ein Beinleiden, das ihn

zum Dienste als Steuererheber untauglich machte, wurde er nach 3monatiger versuchsweiser Beschäftigung auf Grund eines von dem zuständigen Dezernenten ausgestellten Zeugnisses über seine Leistungen und Fähigkeiten in die etatsmäßige Stelle eines Assistenten im Steuerbureau dauernd eingewiesen. Als Inhaber dieser Stelle ist er in dem städtischen Etat namentlich aufgeführt; seine bisherige Stelle ist neu besetzt und die von ihm in seiner Eigenschaft als Steuererheber gestellte Kaution ihm zurückgegeben worden. Wenn auch formell seine Ernennung zum Bureauassistenten nicht erfolgt ist, so kann diesem Umstande doch keine maßgebende Bedeutung beigemessen werden, da dies lediglich aus dem Grunde nicht geschehen ist, weil S. die zur Erlangung des Assistententitels erforderliche Qualifikation nicht besitzt. Ebensowenig kann der Umstand ausschlaggebend ins Gewicht fallen, daß S. hinsichtlich seiner Gehalts- und Pensionsverhältnisse Steuererheber bleiben sollte; denn dieser Vorbehalt, der sich nur auf die Besoldungsverhältnisse bezieht, vermag an der Beurteilung der amtlichen Stellung des S., wie sie im übrigen durch die tatsächlichen Verhältnisse bedingt ist, nichts zu ändern.

2. Unter diesen Umständen geht es nicht an, bei der Entscheidung der Frage der Dienstfähigkeit des S. die Verhältnisse desjenigen Amtes zugrunde zu legen, zu welchem er zurzeit, abgesehen von seiner Amtsbezeichnung und seiner Besoldung, keinerlei wesentliche tatsächliche Beziehung mehr hat; vielmehr muß diese Frage lediglich nach den Anforderungen desjenigen Dienstes beurteilt werden, der ihm vom Magistrate mit seiner Zustimmung an Stelle seines ursprünglichen Pflichtenkreises übertragen worden ist und welchen er bis zu dem Zeitpunkt, in welchem seine Dienstunfähigkeit eingetreten sein soll, jahrelang dauernd verrichtet hat. Dies ist der Dienst eines Bureauassistenten, zu welchem er nach dem Ergebnisse der Beweisaufnahme für tauglich erachtet werden muß.

Nr. 6. Entsch. v. 17. Nov. 1908 (OVG. 53 436) D S 36/08.

1. Versetzt sich ein Beamter durch eigenes Verschulden, d. i. ohne eine krankhafte körperliche oder geistige Veranlagung, in einen solchen Zustand von chronischem Alkoholismus, daß er unfähig wird, sein Amt ordnungsmäßig zu führen, so ist er wegen Verletzung der Amtspflicht disziplinarisch zu bestrafen. Für die Bestrafung ist es gleichgültig, ob er wegen einzelner Fälle der Dienstvernachlässigung zur Verantwortung gezogen werden kann oder ob dies deshalb auszuschließen ist, weil er dabei durch Alkoholgenuß seiner Zurechnungsfähigkeit beraubt war.

2. Daß der Angeschuldigte unverschuldet in diesen Zustand geraten sei, kann nicht angenommen werden. Er selbst führt zwar als Grund für sein vieles Trinken, das er nicht in Abrede gestellt hat, den Umstand an, daß er von dem ihm vorgesetzten Polizeiwachtmeister R., der militärisch einen niedrigeren Rang bekleidet habe, absichtlich schlecht behandelt worden sei und daß er aus Aerger hierüber oft etwas getrunken habe. Auch habe er sehr oft bei Tage trotz eines entgegenstehenden Verbots ein Lokal aufsuchen müssen, weil die Zwischenpausen während des Dienstes bei ihrer Kürze ihm nicht gestattet hätten, sich in seine Behausung zu begeben. Solche Behauptungen sind nicht geeignet, den Angeschuldigten zu entlasten, da selbst widrige äußere Umstände niemand, am wenigsten aber eine im öffentlichen Dienste stehende Person, von der Pflicht entbinden, Einflüssen zu widerstehen, die die Freiheit des Willens zu mindern oder gar aufzuheben geeignet sein können. Nur das Vorhandensein einer krankhaften körperlichen oder geistigen Anlage vermöchte vielleicht in solchen Fällen eine andere Beurteilung zu begründen.

Nr. 7. Entsch. v. 29. Dez. 1908 (OVG. 53 433) D S 32/08.

DiszG. v. 21. VII. 52 § 18; LGemO. §§ 74, 88, 143.

1. Dem Gemeindevorsteher steht gegenüber dem besoldeten Schöffen die Disziplinarstrafgewalt im Umfange des § 18 DiszG v. 21. VII. 52 zu.

Der Gemeindevorsteher steht an der Spitze der Verwaltung der Landgemeinde, ist deren Obrigkeit und führt ihre Verwaltung; er hat den Vorsitz in der Gemeindeversammlung (Gemeindevertretung); er stellt u. a. die Gemeindebeamten an und beaufsichtigt sie, nachdem die Gemeindeversammlung darüber beschlossen hat (§§ 74 Abs. 1, 88 Abs. 1, Abs. 2 u. Abs. 4[5] LGemO.). Nach der ihm so angewiesenen Stellung ist der Gemeindevorsteher der unmittelbare Dienstvorgesetzte für sämtliche Gemeindebeamte. Einen Ausfluß dieser seiner übergeordneten Stellung bildet die Befugnis, auf Grund des § 18 DiszG. v. 21. VII. 52 den Gemeindebeamten Warnungen und Verweise zu erteilen; denn das Recht zur Verhängung dieser mildesten Disziplinarstrafen muß als die unentbehrliche Ausrüstung desjenigen gelten, welcher den Geschäftsgang einer Behörde zu leiten und zu beaufsichtigen hat und so für den Gang der Dienstgeschäfte verantwortlich ist. Bildet aber die Disziplinarstrafgewalt im Umfange des § 18 DiszG. ein notwendiges und selbstverständliches Attribut der Stellung des Gemeindevorstehers wie jedes anderen Dienstvorgesetzten, so wird sie in ihrem Bestande nicht berührt durch die Bestimmung des § 143 LGemO., die die Befugnis zur Verhängung von Ordnungsstrafen gegen die Beamten der Landgemeinden grundsätzlich dem Landrate beilegt. Denn die LGemO. enthält ebensowenig wie die übrigen neueren Verwaltungsgesetze eine umfassende und ausschließliche Regelung des Disziplinarstrafrechts gegenüber den Gemeindebeamten in dem Sinne, daß dadurch diejenigen Vorschriften, die das Verhältnis der Vorgesetzten zu den ihnen unterstellten Beamten und die sich daraus ergebenden disziplinaren Befugnisse grundsätzlich und ohne Rücksicht auf bestimmte Kategorien von Beamten feststellen, beseitigt würden. Dieser Disziplinarstrafgewalt des Gemeindevorstehers unterliegt auch der Schöffe; denn er ist Gemeindebeamter, soweit er zur Verrichtung von Gemeindeobliegenheiten herangezogen wird, befindet sich also dauernd in einem Beamtenverhältnisse zur Gemeinde unter deren Vorsteher, wenn er als besoldeter Schöffe mit der ständigen Erledigung von Gemeindeangelegenheiten betraut ist.

2. Führte der Angeschuldigte hiernach seine Geschäfte unter Leitung und Aufsicht des Gemeindevorstehers und stand er diesem seinem Dienstvorgesetzten im Sinne des § 18 DiszG. als Untergebener gegenüber, so war er auch verpflichtet, die verlangte Bescheinigung darüber zu geben, daß er von der Verfügung Kenntnis genommen habe. Er mußte dies auch dann tun, wenn er der Meinung war, der Gemeindevorsteher sei zu der Anordnung nicht befugt; denn das Anerkenntnis des Empfanges und der Kenntnisnahme einer Zuschrift des Dienstvorgesetzten gehört zur Aufrechterhaltung eines ordnungsmäßigen Geschäftsganges der Verwaltung, dem sich der Angeschuldigte als ihr Glied zu fügen hatte. Der Gemeindevorsteher war auch kraft seiner Stellung als Leiter der Verwaltung und als Dienstvorgesetzter berechtigt, von dem Angeschuldigten die Bescheinigung der Kenntnisnahme zu verlangen; dies um so mehr, als die Rechtmäßigkeit der Verfügung nicht in Frage gestellt werden kann. Zu den Dienstbefugnissen des Gemeindevorstehers als des verantwortlichen Leiters der Gemeindeverwaltung gehört es unzweifelhaft, darüber Bestimmung zu treffen, welche in den Bereich dieser Verwaltung fallenden amtlichen Angelegenheiten sich zur Mitteilung an die Presse eignen.

Nr. 8. Entsch. v. 5. März 1909 (OVG. 54 467) I A 204/08.

StO. § 76; ZustG. § 7.

1. Die Anordnung, daß die Gemeindebehörden der Städte von nicht mehr als 10000 Einwohnern ihre Berichte an die Regierung durch Vermittelung des Landrats zu befördern haben (MinRundErl. v. 26. I. 60), steht mit dem Selbstverwaltungsrechte der Städte nicht im Widerspruch und muß deshalb auch jetzt noch befolgt werden.

Mit dem Kläger ist davon auszugehen, daß die Aufsicht über die Verwaltung der städtischen Gemeindeangelegenheiten nach § 76 StO. und § 7 ZustG. in erster Instanz ausschließlich dem Regierungspräsidenten zusteht. Für die Ausübung dieser Aufsicht stehen dem Regierungspräsidenten die Landräte zur Verfügung; denn diese bilden nach § 33 Vd. v. 30. IV. 1815 (GS. 85) die Organe, deren sich der Regierungspräsident zur Vollziehung seiner Verfügungen zu bedienen hat. Auf der Grundlage dieser Bestimmung ließ die Instr. v. 20. VI. 53 zur Ausführung der StO. (MBl. 138) in Art. XVI die Uebertragung einer Mitwirkung bei der Kommunalaufsicht über die kreisangehörigen Städte an die Landräte als die beständigen Kommissarien der Regierung zu und bestimmte gleichzeitig als dauernde Einrichtung in diesem Sinne, daß Berichte aus Städten unter 10000 Einwohnern durch Vermittelung des Landrats und mit dessen Bemerkungen begleitet an die Regierung zu befördern seien. Indessen hob der Erl. v. 26. I. 60 (MBl. 17), den Art. XVI der Instruktion als zu weitgehend auf und bestimmte nunmehr unter Nr. 2:

„Die Regierungen sind nicht ermächtigt, die selbständige Ausübung des Aufsichtsrechts ganz oder teilweise den Landräten zu übertragen, wohl aber befugt, sich der Mitwirkung der letzteren als ihrer Organe bei Ausübung ihres Aufsichtsrechts zu bedienen. Es behält in dieser Hinsicht insbesondere bei der Bestimmung, wonach die Gemeindebehörden der Städte von nicht mehr als 10000 Einwohnern ihre Berichte an die Regierung durch Vermittelung des Landrats zu befördern haben, sein Bewenden."

Nach ihrer Entstehungsgeschichte und ihrem Wortlaute steht außer Frage, daß dieser Bestimmung jede Absicht, materielle Aufsichtsbefugnisse auf den Landrat zur selbständigen Ausübung zu übertragen und auf diese Weise eine Zwischeninstanz innerhalb der Kommunalaufsicht zwischen den städtischen Gemeindebehörden und den Regierungen zu schaffen, völlig fern liegt. Unverkennbar bezweckt sie vielmehr lediglich eine Regelung des formellen Geschäftsganges, indem sie die Tätigkeit näher umschreibt, die der Landrat in seiner Eigenschaft als Organ der Aufsichtsbehörde bei der Handhabung des dieser zustehenden Aufsichtsrechts auszuüben hat. Die Berechtigung für solche Anordnung kann den zuständigen Behörden füglich nicht bestritten werden.

Davon, daß durch den Erlaß und die auf ihm fußende Anweisung der für die Wahrnehmung der Kommunalaufsicht bestehende Instanzenzug und der Grundsatz der Selbstverwaltung, wie sie sich aus der StO. und dem ZustG. ergeben, durchbrochen oder beeinträchtigt werden, kann keine Rede sein. Eine grundsätzliche Aenderung in der Stellung der Aufsichtsbehörde wird dadurch nicht begründet. Nach keiner Richtung hin tritt der Landrat an die Stelle der letzteren. Ihm liegt lediglich ob, die in seine Hände gelangten Berichte der beteiligten städtischen Verwaltungen weiterzugeben und ihnen, soweit erforderlich, seine Begleitbemerkungen hinzuzufügen, während die Entscheidung ausschließlich dem Regierungspräsidenten verbleibt. Auch ist es nicht zutreffend, daß durch die zur Erörterung stehende Anordnung der unmittelbare Verkehr der städtischen Kommunalverwaltungen mit der Aufsichtsbehörde formell unterbunden würde. Die Berichte der städtischen Behörde werden an den Regierungspräsidenten erstattet und die Bescheide des letzteren ergehen unmittelbar an sie. Der Landrat ist ausschließlich als Zwischenträger tätig.

Es kommt hinzu, daß die Anordnung, sämtliche Berichte an die Aufsichtsbehörde über den Landrat zu leiten, einem erheblichen praktischen Bedürfnis entspricht, da durch diese Regelung des Geschäftsverkehrs Schreibwerk, Porto und Zeit erspart sowie Vorkehrung getroffen wird, daß der Landrat über alle schwebenden Angelegenheiten seines Kreises jederzeit unterrichtet und in der Lage ist, sich über den jeweilig vorliegenden Fall der Aufsichtsbehörde gegenüber in dem ihr erwünscht oder sonst sachdienlich erscheinenden Umfange zu äußern. Für die Stadtverwaltung ist es anderseits sachlich ohne jede Bedeutung, ob die Berichte unmittelbar beim Regierungspräsidenten oder durch die Hand des Landrats eingereicht werden.

2. War es dem Kläger auch unbenommen, gegen die Anordnung des Regierungspräsidenten im Beschwerdewege vorstellig zu werden, so durfte er sie auf seine Gefahr doch nicht unbeachtet lassen, solange sie nicht aufgehoben oder zurückgenommen war. Wenn er sich im Rechtsirrtume befunden und angenommen hat, zur Nichtbefolgung der Verfügung verbunden zu sein, so kann dies nach allgemeinen strafrechtlichen Grundsätzen seine Bestrafung nicht abwenden. Ebensowenig vermag dies der Umstand, daß ihm vor der Bestrafung keine Rechtsbelehrung seitens des Regierungspräsidenten zuteil geworden ist, da für diesen eine Pflicht zur vorherigen Rechtsbelehrung nicht bestand und zu einer solchen auch um so weniger Anlaß vorlag, als es sich um die Anwendung einer seit langen Jahren bestehenden Dienstvorschrift handelte.

Nr. 9. Entsch. v. 24. Sept. 1909 (OVG. 55 468) D S 3/09.

DiszG. v. 21. VII. 52 §§ 2, 16.

1. Es unterliegt keinem Zweifel, daß infolge der vom Vertreter der Staatsanwaltschaft eingelegten Berufung das Verfahren in der Berufungsinstanz fortgesetzt werden muß, trotzdem der Angeschuldigte inzwischen aufgehört hat, mittelbarer Staatsbeamter zu sein. § 16 DiszG. fordert, daß die Tatsache des Erlöschens der Beamteneigenschaft eines Angeschuldigten bis zur Beendigung des Disziplinarverfahrens, also eintretendenfalls bis zum Spruche des Gerichts II. Instanz, berücksichtigt werde; das Verfahren soll, wenn das Amtsverhältnis nicht aus einem im Disziplinarverfahren selbst liegenden Grunde beendet wird, zu dem Zwecke fortgesetzt werden, um festzustellen, ob der ausgeschiedene Beamte, falls er noch im Dienste wäre, mit der Strafe der Dienstentlassung zu belegen gewesen sein würde; im Falle der Bejahung dieser Frage soll er des Titels und Pensionsanspruchs verlustig erklärt werden. Da die Amtsniederlegung aus eigener Entschließung des Angeschuldigten mit Zustimmung der städtischen Kollegien und des Regierungspräsidenten stattgefunden hat, ihr Grund also von dem Ergebnisse des Disziplinarverfahrens unabhängig ist, war der Vertreter der Anklagebehörde befugt, die vor der Amtsniederlegung eingelegte Berufung auch nach dem Ausscheiden des Angeschuldigten weiter zu verfolgen, damit in II. Instanz geprüft werde, ob statt der vom Bezirksausschusse verhängten Geldbuße die Dienstentlassung für den Fall auszusprechen gewesen wäre, daß der Angeschuldigte sein Amt noch bekleidete.

2. Der Angeschuldigte hat in Zweifel gezogen, daß ein Beamter, der ein anonymes Buch schreibt, dieserhalb disziplinarisch zur Rechenschaft gezogen werden könne, indem er ausführt, der Verfasser komme wegen der Anonymität gar nicht in die Lage, in der Oeffentlichkeit das zu seinem Beruf erforderliche Ansehen und Vertrauen zu verlieren. Die vom Angeschuldigten angeregten Zweifel sind nicht gerechtfertigt. Selbstverständlich kann ein Beamter, der eine anonyme Schrift veröffentlicht hat, so lange nicht disziplinarrechtlich verfolgt werden, als — eben infolge der Anonymität — die Tatsache

unbekannt bleibt, daß die Autorschaft von einem Beamten herrührt. Seine disziplinarrechtliche Verantwortung wird dagegen hierdurch nicht geändert. Es handelt sich keineswegs allein um § 2^3 DiszG. Vielmehr kommt in gleichem Maße auch der Tatbestand des § 2^1 in Betracht, und dieser ist schon dann begründet, wenn ein Beamter eine von ihm verfaßte, mit seiner amtlichen Stellung und seinen amtlichen Pflichten nicht verträgliche Schrift der Oeffentlichkeit übergibt. Infolgedessen ist es auch für die Feststellung dieses Tatbestandes ohne Einfluß, ob er seinen Namen in der Oeffentlichkeit kundgibt oder nicht. Bei den dem Angeschuldigten zur Last gelegten Verfehlungen handelt es sich aber in erster Linie darum, daß er die Pflicht zur Treue und zum Gehorsam verletzt habe, und die Erfüllung dieses disziplinaren Tatbestandes ist von dem Urteile der Oeffentlichkeit unabhängig. Aber selbst wenn man hauptsächlich in Betracht zieht, ob das Buch .... ihn der Achtung, des Ansehens und des Vertrauens, die sein Beruf erforderte, im Sinne des § 2^3 aaO. zu berauben geeignet war, so ergibt sich die Unhaltbarkeit der Annahme, daß durch die ursprüngliche Anonymität der Verlust des Ansehens und Vertrauens ausgeschlossen gewesen sei. Denn es genügt, daß zur Zeit der Eröffnung des Disziplinarverfahrens einem beschränkten Kreise, insbesondere aber den Vorgesetzten des Angeschuldigten, trotz der Anonymität die Autorschaft des Angeschuldigten bekannt war. Ob erst durch die Disziplinaruntersuchung in weiteren Kreisen bekanntgeworden ist, daß er derjenige war, den die 1. Auflage des Buches als Verfasser bezeichnete, ist für die disziplinarrechtliche Beurteilung belanglos. Jeder Beamte, der unter Verschweigung seiner Autorschaft etwas veröffentlicht, muß damit rechnen, daß diese nicht dauernd verborgen bleiben werde und deshalb dafür Sorge tragen, daß auch im Falle des Fortfalls der Anonymität die Veröffentlichung nicht für ihn die Wahrung des für sein Amt erforderlichen Ansehens und Vertrauens in Frage stelle.

3. Der Angeschuldigte hat in zweiter Linie die Verantwortlichkeit für seine Schriften aus dem Grunde ablehnen zu dürfen gemeint, weil er sie außerhalb seiner amtlichen Tätigkeit, in seinen dienstfreien Abendstunden, verfaßt habe, dabei also lediglich als Privatmann tätig gewesen sei. Auch dieser Einwand ist verfehlt. Das Amt erfaßt den ganzen Menschen und eine Teilung in dem Sinne, daß bei der Beurteilung des Verhaltens eines Beamten, das außerhalb der eigentlichen Amtstätigkeit liegt, das Amtsverhältnis außer Betracht bleiben muß, ist daher unmöglich. Der Beamte untersteht in seinem gesamten dienstlichen und außerdienstlichen Verhalten der Aufsicht und Beurteilung der Disziplinarbehörden, und es kann mithin auch dem Vorbringen, daß er gewisse Handlungen nur als Privatmann verantworten wolle, als mit der Stellung des Beamten und dem Gesetz unvereinbar keine Folge gegeben werden.

4. Der dritte Einwand des Angeschuldigten geht dahin, daß er mit seiner publizistischen Tätigkeit nur das verfassungsmäßig gewährleistete Recht der freien Meinungsäußerung ausgeübt habe. Auch in dieser Beziehung muß seinen Ausführungen entgegengetreten werden. Wie das Recht eines jeden Preußen, durch Wort, Schrift, Druck und bildliche Darstellung sein Meinung frei zu äußern (Art. 27 VUrk.), dadurch begrenzt wird, daß die Ausübung dieses Rechtes nicht gegen das Strafgesetz verstoßen darf, so findet für jeden Staatsbürger, der unmittelbarer oder mittelbarer Beamter ist, das Recht der freien Meinungsäußerung seine Schranke in der für ihn bestehenden Amtspflicht; der Beamte untersteht nicht nur dem gemeinen Strafrechte, sondern vor allem dem Disziplinarrechte. Hält er sich nicht im Einklange mit den durch dieses ihm auferlegten besonderen Pflichten, so versagt die Berufung auf allgemeine staatsbürgerliche Rechte. Die Meinungsäußerung auf politischem

Gebiete fällt unter den Begriff der politischen Betätigung überhaupt. Es ist als eine Verletzung der den unmittelbaren wie den mittelbaren Staatsbeamten obliegenden Pflichten anzusehen, wenn der Beamte in seinem außerdienstlichen öffentlichen Auftreten gegen die amtliche Pflicht des Gehorsams und der Treue gegen das Staatsoberhaupt oder gegen die Amtspflicht der rücksichtsvollen Achtung gegenüber den Behörden und Inhabern öffentlicher Aemter verstößt, oder wenn er in der öffentlichen Erörterung politischer Fragen von einer sachlichen Erörterung zu offenbar unwahren, ungerechten Behauptungen und zu verletzenden persönlichen Angriffen übergeht, überhaupt sich zu Handlungen hinreißen läßt, die geeignet sind, ihm die Achtung und das Vertrauen in eine gerechte, unparteiische Amtsführung zu entziehen. Anderseits hat das OVG. stets daran festgehalten, daß den unmittelbaren und den mittelbaren Staatsbeamten die Teilnahme am öffentlichen Leben, besonders die außeramtliche politische Tätigkeit, keineswegs versagt ist; dabei ist indessen betont worden, daß es mit der Dienstpflicht unverträglich erscheint, wenn der Beamte die Bestrebungen einer politischen Partei, die die Grundlagen der bestehenden Rechts- und Staatsordnung grundsätzlich bekämpft, bewußt unterstützt oder fördert, daß jedoch eine Pflichtverletzung nicht schon um deswillen anzunehmen ist, weil der Beamte sich zu Anschauungen bekennt, die denen der Staatsregierung nicht entsprechen und sich denen einer Oppositionspartei anschließen.

5. Gegen die Anwendung dieser Grundsätze auf die publizistische Tätigkeit des Angeschuldigten ist eingewendet worden, daß eine besondere Treupflicht gegen das Staatsoberhaupt nicht mehr bestehe, daß für die Pflicht des Beamten zur rücksichtsvollen Achtung gegen die Inhaber anderer öffentlichen Aemter eine gesetzliche Grundlage fehle, und daß bei den schriftstellerischen Arbeiten des Angeschuldigten von einer Ueberschreitung der dem Beamten gesteckten Grenzen der politischen Tätigkeit schon deshalb nicht gesprochen werden könne, weil sie sämtlich wissenschaftlichen Charakter trügen. Alle diese Einwendungen greifen indessen nicht durch.

Die Ausführung für die Treupflicht der Beamten sei im Verfassungsstaate kein Raum mehr, weil der Staat durch Gesetze und durch das Gewissen der sittlich empfindenden Staatsbürger gelenkt werde und die Pflicht des Beamten sich ebenso wie die jedes anderen Bürgers im Gehorsam gegen die Gesetze erschöpfe, übersieht neben den aus dem monarchischen Prinzipe der Preußischen Verfassung sich ergebenden Folgerungen auch das, daß die Gesetze den Beamten eine besondere Stellung zuweisen, die für ihre Rechte und ihre Pflichten Ausnahmen von den allgemeinen Regeln bedingen. Von der durch § 2 II 10 ALR. für die Staatsdiener begründeten Pflicht der besonderen Treue gegenüber dem Staatsoberhaupt ist der Angeschuldigte auch nicht dadurch befreit worden, daß er in den Dienst einer Stadtgemeinde getreten ist und damit dieser gegenüber Pflichten übernommen hat, deren Erfüllung seine Kraft hauptsächlich gewidmet war. Denn der Kommunalbeamte hört nicht auf Staatsdiener zu sein; er ist es nur nicht unmittelbar; mittelbar aber dadurch, daß die Gemeinden und die ihnen gleichstehenden Verbände die Grundlage des gesamten Staatswesens bilden, daß auf ihnen der Staat und sein Organismus sich aufbaut, und daß sie infolgedessen in wesentlichen Beziehungen zur Mitwirkung bei der Erfüllung der dem Staate obliegenden Aufgaben berufen sind.

Ebenso wie bezüglich der Treupflicht gegenüber dem Staatsoberhaupte bekämpft der Angeschuldigte ohne Grund die Rechtsprechung des OVG. hinsichtlich der Pflicht des Beamten, im Dienste wie außerhalb des Dienstes den Inhabern der öffentlichen Aemter rücksichtsvolle Achtung zuteil werden zu lassen. Dem Angeschuldigten ist zuzugeben, daß sich keine Gesetzesvorschrift bezeichnen läßt, die diese Pflicht ausdrücklich aufstellt; dies erklärt sich dadurch, daß das Gesetz über die Dienstvergehen der Beamten — anders als das allgemeine Strafgesetz — ein materielles Disziplinarrecht überhaupt nicht kennt, die Pflichtverletzungen, denen entgegenzutreten ist, nicht einzeln aufführt, vielmehr nur den Begriff der Dienstvergehen in allgemeinen Umrissen bezeichnet und es der Feststellung im Einzelfall überläßt, gegen welche allgemeine oder besondere Pflicht der angeschuldigte Beamte verstoßen hat. Die Pflicht der rücksichtsvollen Achtung gegen die Inhaber öffentlicher Aemter beruht auf der ungeschriebenen Dienstpragmatik, ohne die nirgends der Behörden- und Beamtenkörper bestehen kann. Unzutreffend ist die Ausführung, daß das außeramtliche Verhalten des Beamten gegenüber seinen Vorgesetzten nur dann ein rechtswidriges und disziplinarrechtlich verfolgbares sein könne, wenn es ihn gleichzeitig der öffentlichen Achtung beraube; sie stützt sich auf den Gedanken, daß nach § 2 DiszG. dem Beamten neben der Erfüllung der unmittelbar aus dem Amte entspringenden Pflichten nur obliege, in der Oeffentlichkeit das für seinen Beruf erforderliche Ansehen und Vertrauen zu behaupten. Eine derartige Einschränkung ist mit dem Wortlaut und Sinne des Gesetzes unvereinbar.

Es blieb zu prüfen, ob der Angeschuldigte sich mit seinen Veröffentlichungen in denjenigen Schranken gehalten hat, die das Disziplinarrecht nach den Grundsätzen, die oben bei der Erörterung über die Grenzen des Rechtes der freien Meinungsäußerung entwickelt worden sind, zur Aufrechterhaltung der Disziplin ziehen muß. Nach jenen Grundsätzen kann dem Angeschuldigten vom disziplinarrechtlichen Standpunkt aus ein Vorwurf nicht daraus gemacht werden, daß er publizistisch tätig gewesen ist und dabei an den Staatseinrichtungen und Anordnungen der Obrigkeit Kritik geübt hat, sondern allein daraus, daß bei der Art, wie er dies getan hat, die ihm durch sein Amt auferlegten Beschränkungen nicht berücksichtigt worden sind. Aus der Natur der in der Amtspflicht begründeten Schranke folgt, daß der publizistisch sich betätigende Beamte auf die Wirkung achten muß, die seine Ausführungen in der breiten Oeffentlichkeit, der er sie übergibt, haben werden. Kann und muß der Beamte bei pflichtmäßiger Prüfung erkennen, daß die Leser nach dem Durchschnitt ihrer Bildung und Urteilsfähigkeit durch seine Auseinandersetzungen zur Verachtung der Staatsbehörden und Staatseinrichtungen aufgereizt werden, daß auf diese Weise das Ansehen des Staates und seiner Organe untergraben, das Vertrauen zum Staate und seinen Einrichtungen erschüttert wird, so darf er die Veröffentlichung nicht unternehmen und macht sich eines Bruches der Disziplin schuldig, wenn er es trotzdem tut. Gehen die Angriffe auf Bestehendes, zu denen der Beamte nach seinen Erfahrungen und politischen Ansichten berechtigt zu sein glaubt, obendrein von offenbar ungerechtfertigten Unterstellungen aus, und ist da, wo auf Mißstände, die er erkannt zu haben meint, hingewiesen wird, nicht mit voller Sachlichkeit verfahren, sondern in tendenziöser Weise die Sach- und Rechtslage entstellt vorgetragen, so daß das lesende Publikum irregeführt wird, so erscheint die Disziplinarverfehlung um so schwerer. Ein solcher Beamter unterläßt es pflichtwidrig, sich in der Verbreitung seiner Parteirichtung zu zügeln und strenge Selbstzucht zu üben.

Nr. 10. Entsch. v. 30. Nov. 1909 (OVG. 55 484) I A 95/09.

DiszG. v. 21. VII. 52, § 15; WestfLGemO. v. 19. III. 56, §§ 48 f., 73, 83; ZustG. § 36.

Es ist verfehlt, wenn der Kläger die Berechtigung des Amtmanns zum Erlasse der Strafverfügung bestreitet und zur Begründung ausführt, daß der Gemeinde- bzw. Amtseinnehmer (Amtsrentmeister) nicht zu den Unterbeamten zu rechnen sei, denen gegenüber dem Amtmanne durch § 83 WestfLGemO. die Befugnis eingeräumt ist, Ordnungsstrafen bis zu 9 ℳ zu verhängen. Der Begriff „Unterbeamte“ kommt in der Verwaltungsgesetzgebung in doppelter

Bedeutung vor. Während diese Bezeichnung im weiteren Sinne unterschiedslos alle Beamten umfaßt, die einer Behörde untergeordnet sind und nicht zu den höheren Beamten zählen, wird sie im engeren Sinne für diejenigen Beamten gebraucht, die vorwiegend zu mechanischen Dienstleistungen Verwendung finden. In diesem letzteren Sinne wird u. a. im § 15 DiszG. v. 21. VII. 52 von „unteren Beamten" gesprochen. Eine derartige Einschränkung ist jedoch den älteren Gemeindeverfassungsgesetzen und insbesondere der WestfLGemO. fremd. Diese umfaßt in den §§ 43 und 73 mit der Bezeichnung „Unterbeamte und Diener" alle im Dienste der Gemeinden bzw. des Amtes angestellten Beamten, ohne zwischen den einzelnen Arten der in Frage kommenden Beamten — Bureaubeamte, Kassenbeamte, Exekutivbeamte usw. — zu unterscheiden, was auch dadurch bestätigt wird, daß ganz allgemein die Ernennung der bloß zu mechanischen Dienstleistungen bestimmten Beamten dem Amtmanne, diejenige aller übrigen Beamten dagegen dem Landrat übertragen ist. Es erscheint daher nicht zweifelhaft, daß auch der Gemeinde- bzw. Amtseinnehmer den Unterbeamten der Gemeinde bzw. des Amtes im Sinne der erwähnten Gesetzesvorschriften zuzuzählen ist. Allerdings wird in dem § 44 LGemO. der Gemeindeeinnehmer besonders erwähnt und durch die Anführung dieses Paragraphen im § 73 auch betreffs des Amtseinnehmers eine Sonderbestimmung getroffen. Hieraus den Schluß zu entnehmen, daß dem Gemeinde- und dem Amtseinnehmer auch eine gesonderte Stellung innerhalb der Beamtenschaft dergestalt habe eingeräumt werden sollen, daß er in seinem Verhältnisse zum Amtmann anders zu behandeln wäre als die übrigen Gemeinde- bzw. Amtsbeamten, liegt indessen kein begründeter Anlaß vor. Nirgends findet sich eine Andeutung, daß die Disziplinarbefugnisse des Amtmanns gegenüber dem Gemeindeeinnehmer anders geartet sein sollten als gegenüber den sonstigen Gemeindebeamten. Im Gegenteile läßt der Wortlaut des § 83 LGemO. klar erkennen, daß dies nicht der Fall sein sollte. Wenn § 83 unterschiedslos davon spricht, daß der Amtmann befugt sein solle, gegenüber den Unterbeamten Disziplinarstrafen in Höhe von 9 ℳ festzusetzen, ohne hiervon eine bestimmte Beamtenklasse auszunehmen, so geht daraus unzweideutig hervor, daß auch der Gemeindeeinnehmer als Unterbeamter der Gemeinde sowie der Amtseinnehmer als Unterbeamter des Amtes dieser Disziplinargewalt unterworfen werden sollte.

Dem steht auch die Vorschrift des § 36² ZustG. nicht entgegen, woselbst die Anfechtung der vom Amtmann in Westfalen bzw. dem Bürgermeister in der Rheinprovinz erlassenen Strafverfügungen geordnet ist.

Muß hiernach für das Gebiet der WestfLGemO. der Einnehmer als Unterbeamter angesehen werden, so ist der Amtmann nicht nur berechtigt, Warnungen und Verweise als jedem Dienstvorgesetzten gegen seine Untergebenen zustehende Disziplinarstrafen gegen ihn zu verhängen, sondern er muß auch für befugt erachtet werden, auf Grund des § 83 aaO. Geldstrafen bis zu 9 ℳ gegen ihn festzusetzen. Dem Einnehmer anderseits stehen gegen derartige Strafverfügungen des Amtmanns die Rechtsbehelfe des § 36² ZustG. offen, insbesondere kann er gemäß Ziff. 3 aaO. gegen den abweisenden Bescheid des Regierungspräsidenten die Klage im Verwaltungsstreitverfahren erheben.

Nr. 11. Entsch. v. 30. Nov. 1909 (OVG. 55 488) I A 43/09.

1. Der Gerichtsassessor W. war bis zum 1. X. 08 in der städtischen Verwaltung zu D. als juristischer Hilfsarbeiter mit Beamteneigenschaft tätig und Dezernent mehrerer Abteilungen des Armenamts. Am 14. IX. 08 war in einer zu seinem Geschäftsbereiche gehörenden Sache ein Schreiben eingegangen, in dem der Standpunkt vertreten wurde, daß ein Vater die Kosten für Kur und Pflege seines Kindes in einer Walderholungsstätte

nicht zu erstatten habe, weil das Kind ohne seinen Willen dort aufgenommen worden sei. Der Stadtsekretär B. hatte diese Ausführungen zweimal mit der Randbemerkung „sehr richtig" versehen, obwohl ihm die gegenteilige Auffassung des Gerichtsassessors W. bekannt war, und sodann den Eingang dem letzteren vorgelegt. W. hatte infolgedessen am 30. IX. 08 den B. zu sich beschieden, um ihn auf das Unangemessene der Randbemerkungen hinzuweisen. Wegen des bei der Unterredung mit dem Gerichtsassessor W. bewiesenen ungehörigen Benehmens wurde der Stadtsekretär B. durch Verfügung des Oberbürgermeisters in eine Geldbuße genommen. In der Verfügung war der Gerichtsassessor W. als Dezernent und Vorgesetzter des B. bezeichnet. Das OVG. hielt die Strafe aufrecht.

2. Aus welchem Grunde auch die Beschäftigung des Gerichtsassessors W. in der städtischen Verwaltung von D. erfolgt sein mochte, in jedem Falle zählte er nach seiner dienstlichen Stellung und Tätigkeit daselbst, wie sie in dem Ortsstatute vorgesehen und vom Oberbürgermeister befugtermaßen geregelt worden war, zu den oberen Gemeindebeamten und war insbesondere in den ihm zur Bearbeitung überwiesenen Sachen den Bureaubeamten der betr. Abteilungen dienstlich übergeordnet; denn er hatte in diesen Sachen selbständig Verfügungen zu treffen und im Auftrage des Magistrats zu zeichnen. Dadurch, daß seine Verfügungen im einzelnen oder vielleicht sogar in allen Fällen der Mitzeichnung durch den dem Armenamte vorstehenden Stadtrat oder durch den Magistratsdirigenten bedurften, wurde sein dienstliches Verhältnis zu dem Bureaupersonal nicht berührt. Hierüber konnte sich auch der Kläger als langjähriger Beamter der Stadtverwaltung nicht im unklaren befinden. Er hatte deshalb dem Gerichtsassessor W. bei der herbeigeführten Rücksprache mit der einem Vorgesetzten geschuldeten Ehrerbietung und rücksichtsvollen Achtung zu begegnen.

Nr. 12. Entsch. v. 30. Nov. 1909 (PrVerwBl. 31 494) I A 88/09.

DiszG. § 19.

1. Die Verfügung des Landrats in D., deren Nichtbefolgung dem Kläger zum Vorwurf gemacht wird, bestimmte, daß zur sofortigen Nothilfe behufs Verteidigung der Deiche bei P. sich eine bestimmte Anzahl von Mannschaften und Gespannen aus der Gemeinde Sch. an einem näher bezeichneten Orte einzufinden, daß der Kläger den Befehl sofort nach Empfang auszuführen und sich persönlich an die Spitze der Hilfsmannschaft seiner Gemeinde zu stellen, sie nach dem Bestimmungsort zu führen und zu beaufsichtigen habe. Nach Form und Inhalt stellt sich diese Verfügung als eine Anordnung polizeilicher Natur dar, die der Landrat in seiner Eigenschaft als Leiter der örtlichen Polizeiverwaltung im Kreise (§ 24 HannKrO.) erlassen hat, und welcher der Kläger, da er nach § 34 der genannten KrO. innerhalb des Gemeindebezirks „das Organ des Landrats für die Polizeiverwaltung" ist, Folge zu leisten hatte, selbst wenn der ihm erteilte dienstliche Auftrag zum Teil außerhalb des Gemeindebezirkes zu erfüllen war. Wenn der Kläger demgegenüber geltend macht, daß die Anweisung des Landrats nicht verbindlich gewesen sei, weil die Gemeinde Sch. nicht zum Deichverbande gehöre und deshalb keine Nothilfe zu leisten brauche, so ist dieser Einwand verfehlt. Die in Rede stehenden Gemeinden liegen unstreitig im Geltungsbereich der Deich- und Sielordnung für das Fürstentum Lüneburg und die vormals lauenburgischen Landesteile v. 15. IV. 62 (HannGS. 33). Ihre auf den Inhalt und Umfang der Deichpflicht bezüglichen Bestimmungen sind in den fraglichen Gebieten nach wie vor in Geltung. Denn das G. v. 11. IV. 72 (GS. 377), das das DeichG. v. 28. I. 48 mit geringen Aenderungen auf die Prov. Hannover ausdehnt, nimmt in seinem Art. II[4] das Fürstentum Lüneburg und die zur Prov. Hannover gehörigen lauenburgischen Landesteile, „soweit die Lüneburgische Deich- und

SielO. v. 15. IV. 62 Anwendung findet", von der Herrschaft des DeichG. v. 28. I. 48 aus und bestimmt in seinem Art. III, daß es in diesen Gebietsteilen bei den dort in Geltung befindlichen, auf das Deich- und Sielwesen bezüglichen Gesetzen und Verordnungen verbleiben soll, soweit nicht die Vorschriften der nachfolgenden Art. IV—VIII entgegenstehen. Da nun diese Artikel keine auf die Deichverteidigung und Nothilfe bezüglichen Bestimmungen enthalten, so gelten in dieser Beziehung in dem fraglichen, zum ehemaligen Fürstentum Lüneburg gehörigen Gebiet auch jetzt noch die Bestimmungen der Lüneburgischen Deich- und SielO. v. 15. IV. 62. Diese Ordnung schreibt im § 56 vor, daß zur Leistung der Nothilfe, „wenn ein Deichbruch droht oder eingetreten ist, oder wenn sich andere Umstände zutragen, welche das Binnenland der Gefahr der Ueberschwemmung durch Flußwasser aussetzen (außerordentliche Hochfluten, Eisstopfungen usw.)" (§ 55),

1. zunächst die Deichpflichtigen und dann alle arbeitsfähigen Bewohner der Gemeinde, in welcher der gefährdete oder gebrochene Deich liegt; wenn aber deren Kräfte nicht genügen,
2. die Deichpflichtigen und dann alle arbeitsfähigen Bewohner der angrenzenden Gemeinden, nötigenfalls des ganzen Deichverbandes und
3. die Bewohner der sonstigen Umgegend

verpflichtet sind. Es war hiernach zulässig, die Gemeindeangehörigen von Sch. zur Leistung der Nothilfe heranzuziehen, da sie unstreitig zu den Bewohnern der „Umgegend" im Sinne des § 56³, d. h. der dem gefährdeten Deiche benachbarten Ortschaften, zu rechnen sind. Zu dieser Heranziehung war namentlich auch der Landrat in D. befugt, denn, wie § 57 Deich- und SielO. bestimmt, haben sich die in § 56² und ³ angeführten Verpflichteten, „sobald sie von der Obrigkeit, einem Wasserbaubeamten oder Deichgeschworenen usw. aufgefordert werden, unverzüglich an die Stelle der Gefahr zu begeben". Daß als „Obrigkeit" im Sinne dieser Gesetzesbestimmung vor allem auch der Landrat zu gelten hat, folgt insbesondere daraus, daß er nach § 26 HannKrO. Rechtsnachfolger des Amtshauptmanns ist, zu dessen Wirkungskreis auch die Deichsachen gehörten.

2. Mit Unrecht zieht der Kläger ferner die Anwendbarkeit des § 19 DiszG. v. 21. VII. 52, auf den die angefochtene Strafverfügung Bezug nimmt, in Zweifel, „da es sich um Anordnungen des Deichamts gehandelt habe". Wenn auch die Leistung der Nothilfe an sich auf einer allgemeinen Anordnung des Deichamts D. beruhte, so wurde doch der Kläger durch die zur Durchführung jener allgemeinen Anordnung vom Landrat innerhalb seiner Zuständigkeit als Polizeiverwalter erlassene Verfügung lediglich in seiner Eigenschaft als nachgeordnetes Organ der Polizeiverwaltung betroffen. Da er nur wegen Verletzung der ihm in dieser Eigenschaft dem Landrat als seiner vorgesetzten Behörde gegenüber obliegenden Verpflichtungen bestraft worden ist, so beruft sich die Strafverfügung mit Recht auf die allgemeine Bestimmung des § 19, als deren Ergänzung § 36 ZustG. eingreift.

C. Verfahren.

Nr. 1. Beschluß v. 26. April 1908 (PrVerwBl. 30 391) D 212.

Der zu den Kosten des Verfahrens in einer Disziplinaruntersuchungssache verurteilte Angeschuldigte hat nur die nach der förmlichen Einleitung des Disziplinarverfahrens in diesem erwachsenen baren Auslagen, nicht aber die Kosten eines voraufgegangenen Vorermittelungsverfahrens zu erstatten.

Nr. 2. Entsch. v. 15. Dez. 1908 (OVG. 54 457) D S 20/08.

StPO. §§ 338, 343.

Die Bestimmung des § 338 StPO., wonach die Staatsanwaltschaft von den zulässigen Rechtsmitteln auch zugunsten des Beschuldigten Gebrauch machen kann, sowie die Bestimmung des § 343 aaO., wonach jedes von der Staatsanwaltschaft eingelegte Rechtsmittel die Wirkung hat, daß die Entscheidung auch zugunsten des Angeklagten abgeändert oder aufgehoben werden kann, finden im Disziplinarverfahren ebenfalls Anwendung.

Das DiszG. enthält sich einer ausdrücklichen Regelung dieser Fragen, gewährt auch keine Anhaltspunkte zu ihrer Lösung; deshalb muß nach dem in feststehender Rechtsprechung anerkannten Grundsatze zunächst auf die allgemeinen Regeln des Strafprozeßrechts zurückgegriffen werden, soweit deren Uebertragung nicht an den besonderen Zielen des Disziplinarverfahrens ihre Schranke findet. Die Vorschriften der §§ 343, 338 Abs. 2 StPO. haben nun ihren gesetzgeberischen Grund in der eigenartigen Stellung der Staatsanwaltschaft. Wenn diese auch in gewissem Sinne als Prozeßpartei anzusehen ist, so sind ihre Rechte und Pflichten doch nicht ausschließlich aus dem Gesichtspunkte der Parteistellung geregelt, weil der letzte Zweck ihrer Tätigkeit überall nur der sein soll, die gerechte Anwendung des Strafgesetzes herbeizuführen. Das DiszG. hat die Einrichtung der Staatsanwaltschaft übernommen, ohne über ihre Aufgaben im Disziplinarverfahren besondere Bestimmung zu treffen. Die Bezeichnung der zu ihrer Ernennung berufenen Instanzen hat lediglich organisatorische Bedeutung. Danach muß angenommen werden, daß der Gesetzgeber der Staatsanwaltschaft im Disziplinarverfahren grundsätzlich die gleiche Stellung hat zuweisen wollen, wie im Strafprozesse. Sie ist auch hier Partei, aber dabei zugleich Vertreterin des Staates zur Wahrung seiner Interessen. Die Interessen des Staates an der Aufrechterhaltung der dienstlichen Ordnung sind nicht notwendig den Interessen des Angeschuldigten entgegengesetzte; denn der Staat hat nur ein Interesse an der gerechten Handhabung der Disziplinargewalt. Eine unzutreffende Beurteilung des Angeschuldigten verletzt nicht nur dessen Interessen, sondern zugleich die des Staates. Soweit Prozeßhandlungen der Staatsanwaltschaft im Strafprozeß eine Wirkung zugunsten des Angeklagten äußern, geschieht es, weil die Interessen des Staates mit denen des Angeschuldigten identisch sind, und nur, soweit die Interessen des Staates reichen. Ihre Verwirklichung ist auch hier ausschließlich der von der Staatsanwaltschaft mit jenen Prozeßhandlungen erstrebte Erfolg. Das gilt auch dann, wenn sie Anträge zugunsten des Angeklagten stellt. Es würde hiernach zwingender Gründe bedürfen, um die entsprechende Anwendung der §§ 343, 338 Abs. 2 aaO. auf das Disziplinarverfahren auszuschließen*).

Nr. 3. Entsch. v. 19. Jan. 1909 (OVG. 54 478) D S 41/08.

1. Das durch § 20 ZustG. in Verbindung mit § 95 DiszG. v. 21. VII. 52 vorgeschriebene Verfahren hat nicht die zwangsweise Versetzung des Beamten in den Ruhestand, vielmehr lediglich die Feststellung der Tatsache der Dienstunfähigkeit als Voraussetzung jener Maßregel zum Gegenstande. Die der Einleitung dieses Verfahrens vorangegangenen Verhandlungen und Eröffnungen kommen daher nur insofern in Betracht, als es nur dann einzutreten hat, wenn über die Frage der Dienstunfähigkeit Streit zwischen den Beteiligten, nämlich dem Beamten einerseits und dem zuständigen Organe der Stadt, hier dem Oberbürgermeister, anderseits, besteht. Der Nachprüfung durch

*) Abweichend von OVG. 12 432.

den Disziplinarrichter unterliegen also jene Vorgänge nur nach der Richtung ob sich daraus diese Voraussetzung der Zulässigkeit des bei ihm anhängig gemachten Verfahrens ergibt.

Im vorliegenden Falle hat nun der Oberbürgermeister dem Sekretär S unter Angabe des Pensionsbetrags eröffnet, daß die Stadtverordnetenversammlung seine Versetzung in den Ruhestand wegen Dienstunfähigkeit beschlossen habe, und dagegen hat S. Widerspruch erhoben, weil er nicht dauernd dienstunfähig sei. Damit war festgestellt, daß zwischen dem Oberbürgermeister und dem Sekretär S. über die Tatsache der Dienstunfähigkeit anläßlich seiner Versetzung in den Ruhestand Streit bestand, und demzufolge war die Voraussetzung für die Einleitung des Verfahrens aus § 20 Abs. 2 ZustG. gegeben.

2. Was die Einwendungen gegen das dem Urteile vorangegangene Untersuchungsverfahren betrifft, so ist zu bemerken, daß zwar nach § 20 Abs. 2 ZustG. über die Tatsache der Dienstunfähigkeit in dem bezüglich der Entfernung aus dem Amte vorgesehenen Verfahren Entscheidung zu treffen ist, darum aber das Verfahren in den Fällen der vorliegenden Art nicht zu einem Disziplinarverfahren wird. Das Verfahren ist in jedem von beiden Fällen nach Inhalt und Zweck verschieden. Bei der Entfernung aus dem Amte handelt es sich um die Verhängung einer wegen Dienstvergehens verwirkten Strafe, bei dem hier vorliegenden Falle des § 20 aaO. dagegen um die Feststellung einer Voraussetzung für die Versetzung in den dauernden Ruhestand. Dadurch, daß der Beamte seine Dienstunfähigkeit bestreitet und demzufolge seiner Versetzung in den Ruhestand widerspricht, macht er sich nicht eines Dienstvergehens schuldig. Ebensowenig kommt eine Feststellung darüber in Frage, ob die etwa vorhandene Dienstunfähigkeit auf einem schuldhaften Verhalten des Beamten beruht. Es fehlt mithin jede Voraussetzung dafür und entspricht nicht der Sachlage, den Beamten, gegen den das Verfahren auf Feststellung der Dienstunfähigkeit ergeht, nach den lediglich für das Disziplinarverfahren bestehenden Formen als Angeschuldigten oder, wie hier vom Vertreter der Staatsanwaltschaft geschehen, als Beklagten zu bezeichnen. Ebensowenig ist der von diesem Beamten nach Abschluß der Voruntersuchung einzureichende Antrag als Anschuldigungsschrift zu bezeichnen.

Nr. 4. Entsch. v. 2. März 1909 (OVG. 54 481) D 521/08.

1. Die Vorschrift des § 20 Abs. 2 ZustG., wonach über die Tatsache der Dienstunfähigkeit der Gemeindebeamten in dem bezüglich der Entfernung aus dem Amte vorgesehenen Verfahren Entscheidung zu treffen ist, entspricht der Vorschrift des § 93 DiszG. und will, wie diese, nur zum Ausdrucke bringen daß sich das Verfahren auf Versetzung in den Ruhestand unter Beobachtung der Formen zu vollziehen hat, die für das Verfahren auf Entfernung aus dem Amte vorgeschrieben sind. Damit ist nicht gemeint daß die Bestimmungen der §§ 23ff. DiszG. unterschiedslos auf das Verfahren zur Feststellung der Dienstunfähigkeit Anwendung finden sollen; denn das verbietet der verschiedene Zweck beider Verfahrensarten. Das Disziplinarverfahren hat den Zweck, Verfehlungen gegen die dienstliche Ordnung durch Strafe zu sühnen, und ist dem Strafprozesse nachgebildet. Dagegen hat das Verfahren zur Versetzung in den Ruhestand lediglich den Zweck, die Tatsache der Dienstunfähigkeit eines Beamten durch richterlichen Urteilsspruch festzustellen. Die Vorschriften der §§ 23ff. aaO. sind dem Zwecke des ersteren Verfahrens angepaßt. Das letztgenannte Verfahren soll sich nur in den Formen des ersteren vollziehen. Wie weit daher die Bestimmungen der §§ 23ff., abgesehen von den die äußere Form des Verfahrens regelnden Vor-

schriften, auf dieses Verfahren anwendbar sind, ist in jedem Falle aus dem Zwecke der betr. Vorschrift und daraus zu entnehmen, ob diese Zweckbestimmung ihre Anwendung zuläßt. Die im § 157³ LVG. (§ 33 DiszG.) vorgesehene Befugnis des Disziplinargerichts I. Instanz zur Einstellung des Verfahrens soll die Fortführung des Verfahrens in Fällen verhüten, in denen das Ziel, dem das Verfahren zustrebt, die Entfernung aus dem Amte, nach den bisherigen Ergebnissen nicht zu erreichen ist. Deshalb ist im § 33 aaO. dem vorgesetzten Minister zugleich die Befugnis eingeräumt, eine Ordnungsstrafe zu verhängen. In dem Verfahren zur Versetzung des Beamten in den Ruhestand ist für die Einstellung des Verfahrens kein Raum. Das Verfahren hat keinen anderen Zweck, als über die Tatsache der Dienstunfähigkeit eine maßgebende Entscheidung in Form eines gerichtlichen Urteils herbeizuführen. Die Vorwegnahme dieser Entscheidung durch einen Einstellungsbeschluß ist daher unzulässig.

2. Die Anordnung des persönlichen Erscheinens ist eine die Leitung des Verfahrens betreffende Anordnung im Sinne des § 110 LVG. Der § 37 DiszG. regelt die Verteidigung des Angeschuldigten im Disziplinarverfahren und sieht dabei die Möglichkeit vor, durch Beschränkung der Verteidigung das persönliche Erscheinen des Angeschuldigten in der mündlichen Verhandlung zu erzwingen. In dem Verfahren zur Feststellung der Dienstunfähigkeit gibt es weder einen Angeschuldigten noch einen Verteidiger. Das Gesetz kennt nur einen nötigenfalls von der vorgesetzten Dienstbehörde zu bestellenden Kurator, dem die Stellung eines gesetzlichen Vertreters zukommt. Sonach findet § 37 aaO. in dem vorliegenden Verfahren keine Anwendung, wenn auch die Befugnis des Disziplinargerichts, das persönliche Erscheinen des Beschwerdeführers in der mündlichen Verhandlung anzuordnen, nach § 68 LVG. außer Zweifel steht. Der Beschluß des Bezirksausschusses war daher, soweit er an jene Anordnung die Verwarnung knüpft, daß beim Nichterscheinen des Beschwerdeführers auch sein Rechtsbeistand nicht werde zugelassen werden, als unzulässig aufzuheben.

Nr. 5. Entsch. v. 14. Mai 1909 (OVG. 54 485) D S 53/08.

Das Verfahren zum Zwecke der Feststellung der Dienstunfähigkeit des früheren Amtssekretärs R. bei seinem Ausscheiden aus diesem Amte, wie es hier nachträglich auf seinen Antrag eingeleitet worden ist, findet in der einschlägigen, für die mittelbaren Staatsbeamten geltenden Gesetzgebung keine Stütze. Nach § 95 DiszG. v. 21. VII. 52 war das in den Formen des Disziplinarverfahrens ergehende Verfahren bei mittelbaren Staatsbeamten auf den Fall beschränkt, daß dem Beamten eine Pensionsberechtigung noch nicht zustand. Es war ferner, ebenso wie bei den unmittelbaren Staatsbeamten, auch bezüglich der mittelbaren Staatsbeamten nicht anwendbar auf diejenigen Beamten, die nur auf Kündigung oder Widerruf angestellt waren; deren Entlassung hatte vielmehr auch bei eintretender Dienstunfähigkeit im Wege der Kündigung oder des Widerrufs zu erfolgen, selbst wenn ihnen an sich gesetzlich ein Pensionsanspruch zustand.

Dieser für die mittelbaren Staatsbeamten maßgebende Rechtszustand erlitt gewisse Aenderungen durch das ZustG. Durch die §§ 20 und 36 Abs. 4 bzw. 3 aaO. wurden die bisher der Aufsichtsbehörde vorbehaltenen Zuständigkeiten bezüglich „streitiger Pensionsansprüche“ der Gemeindebeamten dem Bezirks- bzw. Kreisausschuß als Beschlußbehörden übertragen, und im Abs. 2 aaO. wurde bestimmt:

„In dem (förmlichen Disziplinar-) Verfahren ist entstehendenfalls auch über die Tatsache der Dienstunfähigkeit der . . . Gemeindebeamten Entscheidung zu treffen„.

Die ersterwähnten Bestimmungen bezüglich des Verfahrens bei streitigen Pensionsansprüchen sind inzwischen durch § 7 KommBG. v. 30. VII. 99 ersetzt worden, während die Bestimmung des Abs. 2 der §§ 20, 36 ZustG. unverändert weiter gilt. Durch diese Bestimmungen hat nun zwar der § 95 DiszG. insofern eine Erweiterung erfahren, als nunmehr die zwangsweise Versetzung in den Ruhestand unter Beobachtung der für das Disziplinarverfahren vorgeschriebenen Formen hinsichtlich aller lebenslänglich angestellten Gemeindebeamten ohne Rücksicht darauf zulässig ist, ob sie eine Pensionsberechtigung bereits erlangt haben oder nicht; dagegen fehlt es an jeder tatsächlichen und rechtlichen Unterlage für die Annahme, daß der § 95 durch das ZustG. auch noch in anderen Beziehungen und namentlich dahin erweitert worden sei, daß nunmehr das förmliche Verfahren mit dem Ziele der zwangsweisen Versetzung in den Ruhestand auch auf diejenigen Gemeindebeamten Anwendung finden solle, die auf Kündigung angestellt sind.

Abgesehen hiervon, erscheint aber auch die Anwendbarkeit der Bestimmungen, betr. das förmliche Verfahren zum Zwecke der Versetzung in den Ruhestand, auf Kündigungsbeamte aus inneren, aus dem Wesen und dem Zwecke der Kündigung sich ergebenden Gründen ausgeschlossen. Die Möglichkeit der Vereinbarung eines Kündigungsrechts bei der Anstellung eines Teiles ihrer Beamten soll nach der Absicht des Gesetzes den Gemeinden, wenn auch nicht willkürliche, so doch freie Beweglichkeit in bezug auf die Beendigung des Dienstverhältnisses dieser Beamten und aller daraus entspringenden Rechte und Befugnisse gewähren. Diesem eigentlichen Zwecke des vorbehaltenen Kündigungsrechts entsprechend muß der Behörde, die die Anstellung verfügt hat, die uneingeschränkte Befugnis hinsichtlich der Entlassung der auf Kündigung angestellten Beamten zugestanden werden. Was insbesondere die rechtliche Stellung der auf Kündigung angestellten Kommunalbeamten betrifft, so hat diese auch dadurch keine wesentliche Aenderung erfahren, daß durch §§ 12 und 19 KommBG. v. 30. VII. 99 den städtischen und den ihnen hier gleichgestellten Beamten der westfälischen Aemter allgemein ein Anspruch auf Pension nach den für die Pensionierung der unmittelbaren Staatsbeamten geltenden Grundsätzen eingeräumt ist. Den aus dem Wesen des Kündigungsrechts entnommenen Grundsätzen entsprechend ist unbedenklich davon auszugehen, daß durch die vermittelst der Kündigung erfolgende Entlassung aus dem Amte alle aus dem Dienstverhältnis entspringenden Ansprüche, insbesondere auch diejenigen auf Gewährung von Pension, endgültig zum Erlöschen gebracht werden. Hiermit aber wäre es unvereinbar und erscheint es deshalb nicht möglich, nach erfolgter Kündigung und Entlassung noch ein Verfahren zum Zwecke der Versetzung in den Ruhestand gegen den Beamten anhängig zu machen, um auf diese Weise über die Tatsache seiner Dienstunfähigkeit und damit über die Vorfrage künftig geltend zu machender Pensionsansprüche Entscheidung zu treffen.

Nr. 6. Entsch. v. 5. Okt. 1909 (OVG. 55 478) D S 52/08.

DiszG. v. 21. VII. 52 § 87.

1. Zur Feststellung der Dienstunfähigkeit eines Polizeisergeanten genügt im allgemeinen der Nachweis, daß er zur Verrichtung des den wesentlichen Teil seiner amtlichen Obliegenheiten bildenden Außendienstes nicht mehr tauglich ist, und daher kommt es für den Regelfall nicht darauf an, ob er noch Bureaudienst zu verrichten imstande ist. Diese letztere Feststellung ist unerheblich und entbehrlich, weil dem Beamten ein Anspruch auf die Uebertragung eines anderen Amtes, insbesondere eines solchen mit geringeren und

leichteren Pflichten, an Stelle desjenigen, für das er angestellt ist, nicht zusteht. Ein derartiger Rechtsanspruch des Beamten kann nicht daraus gefolgert werden, daß die Anstellungsbehörden nach § 87 DiszG. berechtigt sind, einen Beamten in ein anderes Amt von nicht geringerem Range und etatsmäßigem Diensteinkommen zu versetzen. Ueberall ist in den einschlägigen gesetzlichen Bestimmungen immer nur die Berechtigung der Anstellungsbehörde festgestellt, in der Stellung des Beamten Veränderungen der erwähnten Art eintreten zu lassen während eine Verpflichtung der Behörde, auf Verlangen des Beamten ihn anderweit zu beschäftigen und unterzubringen, und ein dementsprechender Rechtsanspruch des letzteren nirgends zum Ausdrucke gekommen ist.

2. Hat aber die Anstellungsbehörde einem für seine ursprünglichen Dienstverrichtungen untauglich gewordenen Beamten eine anderweitige Beschäftigung übertragen oder eine andere Dienststelle zugewiesen, so ist in jenem Verfahren die Frage der Dienstfähigkeit des Beamten nicht nach den Anforderungen seiner ursprünglichen amtlichen Tätigkeit, sondern nach den Anforderungen desjenigen Dienstes zu beurteilen, die der ihm übertragene anderweitige Pflichtenkreis bedingt.

XI.
Konflikte.

Nr. 1. Entsch. v. 22. Juni 1906 (DJZ. 12 431) I 787.

Dem Privatkläger ist soviel zuzugeben, daß die Frage, ob dem Beschuldigten der Schutz der im § 193 StGB. zugelassenen Strafausschließungsgründe zuzuerkennen sei, ausschließlich der Entscheidung des Strafrichters unterliegt. Die Zuständigkeit des Konfliktsrichters beschränkt sich demgegenüber auf die Feststellung, ob der Beschuldigte mit dem beanstandeten Passus seines Schreibens sich innerhalb der Grenzen seiner amtlichen Befugnisse gehalten oder ob er diese überschritten hat. Immerhin aber liegt es in der Natur der Sache, daß bei dieser Feststellung die Erwägung nicht unberücksichtigt bleiben darf, ob der Inhalt des Schreibens in der Wahrnehmung der von dem Beschuldigten amtlich zu vertretenden Interessen seine Stütze und damit seine Berechtigung finde. Diese Erwägung berührt sich freilich nahe mit den Gesichtspunkten des § 193 StGB., wird aber dadurch in ihrer Verwertbarkeit für den Konfliktsrichter nicht beeinträchtigt.

Nr. 2. Entsch. v. 21. Sept. 1906 (PrVerwBl. 29 457) VIII A 33/06.

1. Der Beklagte gehört als Volksschullehrer zu den Zivilbeamten. Die Eintragung in die Schulversäumnisstrafliste hat er in Ausübung seines Amtes vorgenommen. Denn die Führung der Schulversäumnisstraflisten gehört zu den Pflichten des Volksschullehrers. Da nun wegen dieser Handlung gegen ihn eine gerichtliche Verfolgung im Wege des Zivilprozesses eingeleitet worden ist, so stand der Regierung zu B., als der vorgesetzten Provinzialbehörde des beklagten Lehrers, nach § 1 G. v. 13. II. 54 (GS. 86) die Befugnis zur Erhebung des Konflikts zu. Der Konflikt ist daher zulässig.

2. Er ist auch begründet. Denn dem beklagten Lehrer fällt eine Ueberschreitung seiner Amtsbefugnisse nicht zur Last. Da die Schulversäumnisstraflisten die Grundlage für die Strafverfolgung der Eltern bilden, so sind nur diejenigen die Schule versäumenden Kinder in die Liste einzutragen, deren Versäumnis unentschuldigt ist. Abgesehen von dem Falle, daß die Eltern den

nötigen Unterricht im Hause besorgen können oder wollen (ALR. II 12 § 43), und dem Falle häuslicher Geschäfte zu gewissen Jahreszeiten (§ 45 aaO.) — Ausnahmefällen, die hier nicht vorliegen — kann nach § 44 aaO. ein Kind nur unter Genehmigung der Obrigkeit und des geistlichen Schulvorstehers (jetzt des Schulinspektors, G. v. 11. III. 72, GS. 183) länger von der Schule zurückgehalten, oder, wegen vorkommender Hindernisse, sein Schulunterricht für einige Zeit ausgesetzt werden. Dazu treten die im § 4 Anw. der Regierung zu Bromberg v. 21. VII. 94 genannten Notfälle, von denen hier nur die Krankheit des Schulknaben in Betracht kommt. Der beklagte Lehrer mußte also prüfen, ob ein solcher genügender Entschuldigungsgrund vorlag. War dies zu verneinen, oder durfte es der Lehrer bei gewissenhafter Prüfung verneinen, so fällt ihm keine Amtsüberschreitung zur Last.

Die Eintragung in die Liste bildet zwar die Grundlage für die Strafverfolgung. Aber die Strafe wird von der Ortspolizeibehörde festgesetzt. Das bedingt auch die Pflicht der Ortspolizeibehörde, ihr unbegründet scheinende Strafanträge abzulehnen und nötigenfalls eigene Ermittelungen vorzunehmen. Der Lehrer brauchte ferner (§ 6 aaO.) nicht unmittelbar die Strafanzeige der Polizeibehörde zu erstatten, sondern dies geschah durch den Ortsschulinspektor, der den Eintragungen des Lehrers seine Bemerkungen zuzusetzen und den Vorschlag zur Straffestsetzung zu machen hatte. Die Eintragungen des Lehrers unterlagen also der Nachprüfung des Schulinspektors und der Polizeibehörde Endlich schreibt das Schema der Liste für den Lehrer vor, daß er in Spalte 5 den „angegebenen oder wahrscheinlichen Grund der Versäumnis“ eintragen solle, und gibt ihm in Spalte 12 die Möglichkeit, seine „Bemerkungen“ zuzufügen. Aus dem allem folgt mit Sicherheit, daß der Lehrer in die Liste auch diejenigen Fehlenden einzutragen hat, bei denen er zweifelhaft ist, ob sie genügend entschuldigt sind. Der Beklagte hat sich daher auch dann nicht einer Amtsüberschreitung schuldig gemacht, wenn er Zweifel hegte, ob Heinrich N. genügend entschuldigt sei. Hier liegt kein Anhalt für die Annahme vor, daß der Beklagte ohne gewissenhafte Prüfung die Eintragung vorgenommen habe.

Der Kreisarzt hatte am 10. V. 04 ein schriftliches Gutachten dahin erstattet: Heinrich N. leide an Blutarmut und chronischem Magenkatarrh; der dadurch bedingte körperliche Schwächezustand mache ihn unfähig, die Anstrengungen, die der Gang zur Schule und ein mehrstündiger Aufenthalt in der Schule mit sich bringe, ohne Schädigung seines Körpers zu ertragen. Er, der Kreisarzt, möchte daher empfehlen, den Knaben für die Dauer eines halben Jahres vom Schulunterricht zu dispensieren. Das kreisärztliche Gutachten ließ der Kreisschulinspektor dem Beklagten mit dem Auftrage zugehen, den N. „bis auf weiteres“ vom Schulbesuch zu entbinden. Wenn nun eine große Zahl von Schulkindern dem Lehrer sagte, Heinrich N. sei ganz gesund, er hüte vormittags und nachmittags die Kühe und er habe 3—4 Stunden in der Kirche ausgehalten, so konnte in der Tat mit Recht angenommen werden, nun sei bei ihm auch die Fähigkeit, die Schule wieder zu besuchen, eingetreten. Dieser Annahme widersprach das ärztliche Zeugnis keinesfalls. Es wäre also, selbst wenn sonst nichts für den Beklagten spräche, außer Zweifel, daß er, nachdem er auf Grund von Ermittelungen zu der Ueberzeugung gekommen war, N. bleibe, obwohl schulbesuchsfähig, der Schule fern, den Knaben mit Recht als unentschuldigt behandelt hat. Vollends kann aber die Eintragung in die Schulversäumnisstrafliste deshalb keine Amtsüberschreitung darstellen, weil der Lehrer auf Geheiß des Kreisschulinspektors gehandelt hat.

Nr. 3. Entsch. v. 16. Okt. 1906 (PrVerwBl. 29 972) VIII A 41/05.

1. Im Gebiete des ALR. sind in Ausführung des von der Erzielung eines regelmäßigen Schulbesuchs handelnden § 48 II 12 daselbst von den Regierungen

als Schulaufsichtsbehörden allgemeine Strafverordnungen erlassen, so von der Regierung zu P. zuletzt die Vd. v. 4. IV. 00 (ABl. 188). Die Festsetzung der in den Verordnungen vorgesehenen Geld- ev. Haftstrafen regelt sich nach dem G. v. 23. IV. 83 (GS. 65), betr. den Erlaß polizeilicher Strafverfügungen wegen Uebertretungen. Die Entschließung über die Festsetzung einer Uebertretungsstrafe, also auch der Schulversäumnisstrafe, wird von der zuständigen Ortspolizeibehörde getroffen auf Grund eigener Ermittelungen oder nach Lage des Falles ohne solche lediglich auf Grund der ihr von Behörden, Beamten oder Privatpersonen zugegangenen Anträge. Immer hängt aber von der Entschließung der Polizeibehörde — nicht von den Anträgen eines Dritten — der Erlaß der Strafverfügung ab; gegen die letztere kann der Beschuldigte auf gerichtliche Entscheidung antragen.

2. Dem Vorstehenden entsprechend ist der Distriktskommissar zu L., als Polzeibehörde, gegen die Witwe E. vorgegangen. Auf Grund der Eintragungen des Lehrers H. und des Ortsschulinspektors in die Schulversäumnisstrafliste der evangelischen Schule zu F. hat der Distriktskommissar ohne weitere eigene Ermittelungen gegen die Genannte eine Strafe festgesetzt unter der Beschuldigung, die Witwe E. habe im September ihren schulpflichtigen Sohn Erich vom 16. bis 27. = 11 Tage die Schule in F. nicht besuchen lassen.

In dem auf Antrag der Beschuldigten eröffneten gerichtlichen Verfahren ist die E. durch Urteil des Schöffengerichts freigesprochen worden. Nach der eidlich erhärteten Bekundung des Sachverständigen Dr. N., er habe bei dem ihm vorgeführten Erich E. allgemeine Nervenschwäche und Blutarmut festgestellt und angeordnet, der Knabe solle sich viel im Freien bewegen, erachtete das Gericht den Nichtbesuch der Schule für entschuldigt.

Trotz dieses der Klägerin günstigen Ausgangs des Strafverfahrens ist das Vorbringen in dem Zivilprozesse nicht begründet: der Lehrer H. habe fahrlässigerweise in der Schulversäumnisliste Erich E. als unentschuldigt eingetragen und damit das Strafverfahren herbeigeführt.

Die Regierung zu P. hat eine Anw. v. 28. V. 87 über das Verfahren bei Festsetzung von Schulversäumnisstrafen (ABl. 170 f.) erlassen. Danach ist in die zu führende Versäumnisliste, die für jede Klasse nach einem bestimmten, auch im vorliegenden Falle angewandten Muster geführt werden soll, jedes schulsäumige Kind ohne Unterschied mit Angabe der Zeit der Säumnis und des etwaigen Entschuldigungsgrundes einzutragen. Die Spalten 5 und 7 sind dazu bestimmt, dem Lehrer und Ortsschulinspektor Gelegenheit zu geben, ihre Auffassung über einen etwaigen Strafschärfungs- oder Milderungsgrund oder dergleichen zum Ausdruck zu bringen. In den ersten Tagen eines jeden Monats sind die Listen durch den Lehrer bzw. Hauptlehrer dem Ortsschulinspektor zur Beförderung an den Polizeiverwalter einzureichen, der demnächst seine Entschließung nach Lage des einzelnen Falles zu treffen hat. Unzweifelhaft ist nun die nach dieser Anweisung dem Lehrer zufallende Tätigkeit der Listenführung eine in Ausübung des Amtes zu verrichtende; daher steht gemäß § 1 KonflG. v. 13. II. 54 (GS. 86) der vorgesetzten Provinzialbehörde zugunsten eines Lehrers, gegen den wegen jener Tätigkeit ein Zivilprozeß eingeleitet worden ist, die Konfliktserhebung zu. Der Konflikt erscheint auch begründet. Der Lehrer hat bei Ausfüllung der Liste gewissenhaft und entsprechend der Regierungsanweisung gehandelt. Die Klägerin hatte nämlich das Zeugnis des Arztes über die von ihm festgestellte Blutarmut ihres Sohnes nach ihrer eigenen Angabe vor dem Distriktskommissar nicht an den Lehrer, sondern an die Regierung gesandt. Dem Lehrer schrieb sie nur, ihr Sohn sei krank. Daß der Lehrer dieser Mitteilung keinen Glauben mehr schenkte, nachdem ihm auf Befragen nach dem Zustande des Knaben von mehreren Mitschülern gesagt worden war, sie hätten ihn auf dem Felde und auf der Straße gesehen, ist keineswegs auffallend. Es war Sache der Mutter, den Lehrer über den Grund der Schulversäumnis ihres Sohnes rechtzeitig zu unterrichten und so der naheliegenden Annahme, der auf Straße und Feld sich aufhaltende Junge bleibe ohne Grund der Schule fern, vorzubeugen. Der Lehrer durfte die übereinstimmenden Mitteilungen der befragten Schulkinder über den Aufenthalt des Erich E. als zutreffend ansehen, denn es handelte sich um Wahrnehmungen einfachster Art.

Nr. 4. Entsch. v. 29. Jan. 1907 (PrVerwBl. 29 188) VIII A 86/06.

Die Regierung zu F. hält nach dem in den Strafakten befindlichen Zeugnis des Dr. H. zu S. für erwiesen, daß das Mittelohrleiden des Hermann B. keinenfalls durch die Ohrfeigen, die dieser vom Angeklagten erhalten hat, entstanden sei; ob es dadurch verschlimmert sei, entziehe sich nach Dr. H.s Gutachten der Nachprüfung, könne also zuungunsten des Angeklagten nicht bejaht werden. Somit entfalle der Verdacht einer vorsätzlichen oder fahrlässigen Körperverletzung.

Der Konflikt war für unbegründet zu erachten. Der Angeklagte macht geltend, daß er begründeten Anlaß gehabt habe, den Schüler Hermann B. zu züchtigen. Kann ihm geglaubt werden, daß er Anlaß zur Ausübung der Schulzucht hatte und solche üben wollte, so kann man doch von der Richtigkeit seiner weiteren Aussage: es sei ausgeschlossen, daß er auf das Ohr geschlagen habe, nicht überzeugt sein. Wenn er dem B. etwa 6 Schläge versetzt und dabei den Kopf des Jungen mit der einen Hand festgehalten, B. auch noch die Hand vorgehalten hat, so war kaum zu vermeiden, daß auch das Ohr getroffen wurde. Daß das Mittelohrleiden des B. infolge der Schläge entstanden sein könne, nimmt zwar der Arzt Dr. D. in W., in dessen Behandlung sich B. begab, an, der Spezialarzt Dr. H., in dessen Klinik der Knabe später operiert und behandelt wurde, bezeichnet hingegen das Leiden als ein chronisches, möglicherweise schon lange bestehendes. Keinenfalls sei es mit der angeblichen Ohrfeige entstanden. Neigt man hiernach auch der Auffassung des Dr. H. zu, so stellt doch auch dieser Arzt die Möglichkeit einer Verschlimmerung des Leidens infolge der Züchtigung nicht in Abrede. Es kann danach nicht verneint werden, daß die Behandlung des Lehrers eine Schädigung oder doch Gefährdung der Gesundheit herbeiführen, dieser auch auf nur entfernte Art schädlich werden konnte. Daß objektiv eine Ueberschreitung der dem Züchtigungsrecht nach § 50 II 12 ALR. und § 4 KabO. v. 14. V. 25 gezogenen Grenzen nicht stattgefunden habe, läßt sich daher nicht feststellen. Mit der Möglichkeit der Ueberschreitung dieser Grenzen muß man vielmehr rechnen; eine Erwägung, ob etwa — was möglich ist — vorliegend noch engere Grenzen bestanden, wofür aber kein Anhalt vorliegt, braucht daher nicht einzutreten. Ebensowenig läßt sich feststellen, daß, wofern die Handlung des Lehrers die Ursache der Gesundheitsschädigung war, diese Handlung weder eine vorsätzliche noch fahrlässige Körperverletzung ist sowie daß dem Angeklagten bei Anwendung der ihm als Lehrer obliegenden Aufmerksamkeit nicht zum Bewußtsein kommen mußte, daß er die Gesundheit des Knaben gefährden könne. Um so weniger läßt sich diese positive Feststellung treffen, als der Gerichtshof kein Bedenken hat, sich der Auffassung der Regierung, wie sie in dem dem Angeklagten erteilten Verweise zum Ausdruck gekommen ist, anzuschließen: daß die vom Angeklagten dem B. ins Gesicht versetzten Schläge durchaus keine erlaubte Züchtigung darstellen. Danach kann nicht bejaht werden, daß dem Angeklagten eine Ueberschreitung seiner Amtsbefugnisse nicht zur Last fällt. Der Konflikt ist aber nur dann für begründet zu erachten, wenn der Gerichtshof die Ueberzeugung gewonnen hat, daß eine Amtsüberschreitung nicht vorliegt.

Nr. 5. Entsch. v. 15. Okt. 1907 (PrVerwBl. 30 257) VIII A 72/06.

1. Für die Frage, ob eine Ueberschreitung des einem Lehrer zustehenden Züchtigungsrechts vorliegt, kommt allein die Vorschrift des § 50 II 12 ALR. und Nr. 4 KabO. v. 14. V. 25 (GS. 149) in Betracht. Danach darf die Schulzucht niemals zu Mißhandlungen, die der Gesundheit der Kinder auch nur auf entfernte Art schädlich werden können, ausgedehnt werden. Es kann dahingestellt bleiben, ob die Züchtigung bewußt und gewollt zu einer Mißhandlung obiger Art ausgedehnt worden ist. Das Gesetz verbietet jede Mißhandlung eines Schulkindes, die seiner Gesundheit schädlich werden „kann". Nicht der Erfolg entscheidet darüber, ob die gesetzlich umschriebene Grenze des Züchtigungsrechtes überschritten wurde; ausschlaggebend ist vielmehr, ob bei der Art der Einwirkung auf den Körper des Kindes die Möglichkeit des Eintritts einer Schädigung der Gesundheit, wenn auch nur entfernt, vorlag. Trägt die Einwirkung diesen Charakter, so liegt in ihr eine Ueberschreitung des Züchtigungsrechts, sofern sie auf Vorsatz oder Fahrlässigkeit zurückzuführen ist. Nicht ausschlaggebend ist anderseits wieder, ob der Schüler wesentliche „Verletzungen" tatsächlich erlitten hat. Gesundheitsbeschädigung und körperliche Mißhandlung stehen sich in dieser Hinsicht gleich.

2. Im vorliegenden Falle kann nach dem Zusammenhange der Ermittelungen kein Zweifel darüber bestehen, daß die kahlen Stellen auf dem Kopf unmittelbar auf das vom Lehrer vorgenommene Zausen des Kopfhaares zurückzuführen sind, daß also ein ursächlicher Zusammenhang zwischen der Züchtigung und dem Ausgehen der Haare besteht. Mag der Lehrer auch, wie nach seiner Persönlichkeit und seiner bisherigen tadellosen Amtsführung anzunehmen ist, den Erfolg (das Ausgehen der Haare) nicht gewollt haben, so mußte er sich doch bei der ihm obliegenden Sorgfalt sagen, daß ein solcher Erfolg möglich sei. Er hat also jedenfalls fahrlässig den Erfolg herbeigeführt. Daß das Zausen an den Haaren und das Herausreißen von Haarbüscheln aber wieder der körperlichen Unversehrtheit des Kindes objektiv schädlich werden konnte, mußte der Lehrer sich ebenfalls bei der erforderlichen Ueberlegung sagen. Daß das Haarzausen nebenbei einen groben pädagogischen Mißgriff darstellt, kommt hier nicht in Betracht. Jedenfalls hat der Lehrer damit sein Züchtigungsrecht überschritten.

Nr. 6. Entsch. v. 17. Dez. 1907 (PrVerwBl. 30 458) VIII A 22/06.

1. Nach § 50 II 12 ALR. und § 4 KabO. v. 14. V. 25 darf die Schulzucht nicht bis zu Mißhandlungen ausgedehnt werden, die der Gesundheit des Kindes auch nur auf entfernte Art schädlich werden können. Die damit gesetzte Schranke ist aber nicht die einzige, die den Umfang der durch das Züchtigungsrecht gewährten Befugnisse bestimmt. Der Lehrer darf die ihm anvertrauten Kinder nicht nach Belieben züchtigen. Er hat in jedem einzelnen Falle pflichtgemäß zu prüfen und sich darüber schlüssig zu machen, ob ein Verschulden des Kindes und ob in diesem ein hinreichender Anlaß zur Anwendung der Züchtigung und gegebenenfalls welchen Maßes der Züchtigung vorliegt. Gelangt er hierbei zu einem Urteil, das objektiv unrichtig ist, und erteilt er somit eine Züchtigung, die entweder gar nicht oder nicht in dem Grade oder in der Art hätte angewandt werden sollen, so ist zwar die Handhabung des Züchtigungsrechts eine verfehlte, ist dies aber lediglich die Folge eines Irrtums in der Beurteilung derjenigen

tatsächlichen Verhältnisse, nach denen die Anwendung der Züchtigung sich bestimmt, und es stellt sich der unrichtige Gebrauch des Züchtigungsrechts nicht als eine Ueberschreitung der Amtsbefugnisse dar.

2. Hier erscheint das Vorbringen des Angeklagten, er habe von der Schwerhörigkeit des Knaben nichts gewußt, um so glaubwürdiger, als Paul T. nicht an dauernder, sondern nur an zeitweiser Schwerhörigkeit leidet und es daher sehr wohl möglich ist, daß dem Lehrer das Leiden des Knaben in den früheren Turnstunden nicht bemerkbar geworden war. Befand sich aber der Angeklagte über die tatsächlichen Verhältnisse insofern im Irrtum, als er annahm, der Knabe habe seine Befehle verstanden und sei ungehorsam, so kann ihm entsprechend den obigen Ausführungen der Umstand, daß in Wahrheit kein Ungehorsam und mithin kein Grund zur Züchtigung vorlag, nicht angerechnet werden, zumal nicht ersichtlich ist, daß der Angeklagte bei pflichtmäßiger Aufmerksamkeit seinen Irrtum hätte erkennen müssen. Die Züchtigung bestand in 4 Schlägen in das Gesicht, 1 Schlag traf die Nase des Knaben und verursachte sogleich Nasenbluten. Daß Paul T. durch die Schläge eine Gesundheitsschädigung im Sinne des Gesetzes erlitten habe, war nicht anzunehmen. Denn das rasch vorübergegangene Bluten der Nase war als solche nicht anzusehen, und die Züchtigung hat auch im übrigen keine nachteiligen Folgen für den Knaben gehabt. Ein Verstoß gegen die oben angeführten gesetzlichen Vorschriften liegt aber schon dann vor, wenn die Schulzucht zu Mißhandlungen ausgedehnt wird, die dem Kinde auch auf nur entfernte Art gesundheitsschädlich werden können. Die Möglichkeit, daß die Schläge der Gesundheit des Schülers nachteilig würden, war nun nach Lage des Falles nicht zu verneinen, denn es handelt sich um ein fortgesetztes Ohrfeigen und einen Schlag auf die Nase, dessen Folge nicht die einer gewöhnlichen, derben Züchtigung war. Mußte aber mit dieser Möglichkeit gerechnet werden, so ließ sich nicht feststellen, daß objektiv eine Ueberschreitung der dem Züchtigungsrecht im § 50 II 12 ALR. und § 4 KabO. v. 14. V. 25 gezogenen Grenzen nicht stattgefunden habe. Eine Erwägung, ob etwa vorliegend noch engere Grenzen des Züchtigungsrechts bestanden, wofür es an einem Anhalt fehlt, brauchte daher nicht einzutreten.

3. Ferner ist auch nicht dargetan, daß dem Angeklagten kein Verschulden zur Last fällt, daß er insbesondere nicht fahrlässig gehandelt und diejenige Aufmerksamkeit nicht aus den Augen gelassen hat, zu der ihn sein Beruf besonders verpflichtet. Was den Schlag an die Nase anlangt, so hat der Angeklagte selbst nicht behauptet, es sei ein unglücklicher Zufall im Spiel gewesen. Der Lehrer mag die Nase nicht haben treffen wollen, es muß ihm aber der Vorwurf gemacht werden, daß er sorglos auf den Knaben eingeschlagen hat. Vielleicht hat der Knabe während der Züchtigung den Kopf zurückgebeugt. Da der Lehrer aber die Schulzucht als eine zu seinem Beruf gehörende Tätigkeit ausübt, so liegt es ihm ganz besonders ob, darauf zu achten, daß er bei der Züchtigung auf das zu strafende Kind nicht in unzulässiger Weise einwirkt. Der Lehrer mußte hier damit rechnen, daß sich der Knabe instinktiv bemühen werde, den Schlägen zu entgehen, er würde daher auch dann für das Treffen der Nase verantwortlich sein, wenn dieses durch eine Bewegung des Kindes verursacht sein sollte.

4. Danach konnte nicht bejaht werden, daß der Angeklagte seine Amtsbefugnisse nicht überschritten hat. Der Konflikt ist aber nur dann begründet, wenn der Gerichtshof die Ueberzeugung gewonnen hat, daß eine Amtsüberschreitung nicht vorliegt.

Nr. 7. Entsch. v. 7. Jan. 1910 (PrVerwBl. 31 730) 1 A 105/09.

Die Schule und die einzelnen an ihr tätigen Lehrer sind berechtigt, in Erfüllung ihrer Aufgabe auch für das körperliche Wohl und die leibliche Entwickelung der ihnen anvertrauten Schüler zu sorgen, während der Turnstunde und im Anschluß an sie Turnspiele und andere körperliche Uebungen zu veranstalten, die rasche Bewegung im Freien mit sich bringen und gleichmäßig der Kräftigung und Stählung des Körpers wie auch der Förderung von Gewandtheit und Tatkraft zu dienen bestimmt sind. Zu diesen Spielen gehört im Winter auch das Schneeballwerfen, das nicht nur bei der Jugend sehr beliebt ist, sondern sich auch vom Standpunkt der Gesundheitspflege aus in besonderem Maße empfiehlt. Mit Rücksicht hierauf würde die Zulassung bzw. Anordnung des Schneeballwerfens den Beklagten nur dann als Ueberschreitung der Amtsbefugnisse angerechnet werden können, wenn etwa dem Schneeballspiel ein Verbot der Schulaufsichtsbehörde oder ein Beschluß des Lehrerkollegiums entgegengestanden hätte. Dies traf jedoch zur Zeit, als der den Gegenstand der Zivilklage bildende Unfall sich ereignete, nicht zu. Das Provinzialschulkollegium hat erst nach dem Unfall und wesentlich unter dessen Eindruck die Ansicht ausgesprochen, daß das Schneeballwerfen von der Schule nicht zugelassen werden dürfe, und auch das Lehrerkollegium hatte bis dahin das Spiel unbedenklich für zuläßig erachtet. Es ist nicht ersichtlich, inwiefern das Schneeballwerfen bei verständiger Handhabung eine größere Gefährdung der Beteiligten mit sich bringt als irgend ein anderes Spiel oder eine turnerische Uebung. Wenn hiernach gegen die Anordnung des Schneeballwerfens als eines Turnspieles an sich nichts eingewendet und in der Anordnung keine Amtsüberschreitung, weder des Direktors noch des Turnlehrers, gefunden werden kann, so muß doch auf der anderen Seite verlangt werden, daß auch bei diesem Spiele, wie bei jeder Veranstaltung der Schule, eine gehörige Beaufsichtigung und Ueberwachung seitens der Lehrer ausgeübt wird. Dafür, daß der Beklagte K., dessen Person hierfür allein in Betracht kommt, es in dieser Hinsicht an der erforderlichen Umsicht und Aufmerksamkeit habe fehlen lassen, bietet indessen die Sachlage keinen Anhalt. Wie der beklagte Direktor auf Grund der Listen der Anstalt in der mündlichen Verhandlung mitgeteilt hat und die Kläger nicht bestreiten, war die Zahl der Schüler, die an dem Spiel teilnahmen, nicht so groß, daß eine ordnungsmäßige Beaufsichtigung unmöglich oder besonders erschwert gewesen wäre. Auch sonstige besondere Umstände, die im gegebenen Falle das Spiel als gefährlich hätten erscheinen lassen können und infolgedessen dem Beklagten K. die Pflicht auferlegt hätten, demselben entgegenzutreten, haben nicht vorgelegen. Insbesondere haben die vom Gerichtshof angestellten Ermittelungen ergeben, daß das Spiel unter Witterungs- und Schneeverhältnissen stattgefunden hat, bei denen eine Gefährdung der Spieler nicht zu besorgen war und Unfälle der letzteren als ausgeschlossen gelten konnten. Da nach der Auskunft des Kgl. Meteorologischen Instituts am Tage des Unfalls in R. eine Temperatur von + 2° C herrschte, so muß angenommen werden, daß der Schnee sich in einem solchen Zustand befand, wie er für das Spiel geeignet war und daß bei dem herrschenden geringen Tauwetter nicht mit der Möglichkeit gerechnet werden konnte, daß die Schneebälle eine ungewöhnliche Härte annehmen würden. Wenn sich der bedauerliche Unfall trotzdem ereignet hat, so kann dies nur einem unglücklichen Zufall zugeschrieben werden. Jedenfalls durfte der beklagte Turnlehrer unter den erörterten Verhältnissen das Spiel für ungefährlich halten. Ihm fällt also auch insofern eine Nachlässigkeit und Verletzung seiner Aufsichtspflicht nicht zur Last. Das gegen die Beklagten anhängig gemachte gerichtliche Verfahren ist daher endgültig einzustellen.

Nr. 8. Entsch. v. 18. Jan. 1910 (PrVerwBl. 31 818) I A 122/09.

1. Nach § 1 SchulG. für die höheren Maschinenbauschulen, die Maschinenbauschulen und die Hüttenschulen v. 19. XI. 01 (HandMBl. 346) ist jeder Schüler verpflichtet, innerhalb wie außerhalb der Schule die Gebote des Anstandes und der guten Sitte zu befolgen. Die Aufnahme in die — höhere — Maschinenbauschule setzt sittliche Reife voraus (aaO. 333 § 4 Abs. 3), ebenso die Zulassung zur Reifeprüfung (aaO. 337 § 3 Abs. 1). Es kann hiernach, wie es auch der Natur der Sache und dem Zweck und Wesen der fraglichen Schulen entspricht, nicht bezweifelt werden, daß die Schüler insbesondere auch in sittlicher Beziehung ein einwandfreies Leben zu führen haben und daß sie auch in dieser Hinsicht der Disziplin der Anstalt (§ 11 aaO.) unterstehen. Bei der Handhabung der ihnen eingeräumten Disziplin sind die Schulbehörden auf die Unterstützung der Gemeindebehörden, insbesondere der Ortspolizeibehörden, angewiesen. Eine derartige Unterstützung der zur Handhabung der Disziplin, gleichviel welcher Art, berufenen Behörden, insbesondere auch durch amtliche Mitteilung von Vorkommnissen, die Anlaß zu einem disziplinaren Einschreiten zu geben geeignet sind, entspricht allgemeiner Uebung und ist für manche Fälle sogar ausdrücklich vorgeschrieben. So ist zB. den Polizeibehörden durch Vf. v. 14. I. 98 (MBl. 22) die Mitteilung von Strafverfügungen gegen Schüler und Schülerinnen an die Schulbehörden zur Pflicht gemacht. Allerdings fehlt es für den vorliegenden Fall, wo es sich um den Schüler einer Fachschule und um kein strafbares Verhalten desselben handelt, an einer entsprechenden Vorschrift. Daraus folgt aber nur, daß für den Angeklagten keine Pflicht zur Erstattung der fraglichen Mitteilung bestand. Seine Berechtigung, eine solche Mitteilung zu machen, wird aber damit nicht ausgeschlossen. Sah er sich zu der Mitteilung veranlaßt, so handelte er lediglich im Rahmen der ihm obliegenden Unterstützung der Schulbehörde.

2. Hiernach überschritt der Angeklagte (Verwalter der Ortspolizei) seine Amtsbefugnisse damit noch nicht, daß er der Direktion der Maschinenbauschule eine ungünstige Mitteilung über den Lebenswandel des Privatklägers zugehen ließ und dessen Disziplinierung anregte. Wohl aber machte er sich einer Unterlassung einer ihm obliegenden Amtspflicht schuldig, indem er hinsichtlich des Inhaltes der Mitteilung nicht diejenige Vorsicht und Sorgfalt walten ließ, die nach Lage der Sache unbedingt geboten war. In seinem Schreiben erhob er schwerwiegende Bezichtigungen gegen den Privatkläger, die dessen Moralität in Frage stellen und ihn der schärfsten Disziplinierung aussetzen mußten. Bevor er dieses Schreiben absandte, war es seine unabweisliche und auch für ihn erkennbare Pflicht, sich Gewißheit über die Richtigkeit der mitgeteilten Angaben zu verschaffen. In dieser Beziehung hat er es an den erforderlichen Feststellungen fehlen lassen. Er stellt es in seinem Schreiben als Tatsache hin, daß der Privatkläger in jüngster Zeit zwei Mädchen geschwängert habe, obwohl der Polizeikommissar P., auf dessen Mitteilung die Kenntnis des Angeklagten beruhte, die Angaben bezüglich der Schwängerung des einen Mädchens, nämlich der Klara B., als auf einem Gerücht beruhend bezeichnet hatte. Mit Rücksicht hierauf durfte der Angeklagte, als P. ihm nochmals mündlich Bericht erstattete und dabei von einer Schwängerung mehrerer Mädchen sprach, nicht ohne weiteres diese neue Darstellung als richtig hinnehmen und demgemäß an die Schulleitung schreiben, und zwar um so weniger, als P. den mündlichen Bericht zur eigenen Rechtfertigung gegenüber der Beschwerde des B. erstattete. Zum mindesten hätte der Angeklagte sogleich feststellen und auseinanderhalten sollen, was Tatsache und was nur Gerücht war, und diesen Unterschied auch bei der Mitteilung an die Schulleitung zum Ausdruck bringen müssen. Da

der Angeklagte keinerlei Feststellung dieser Art getroffen und ohne tatsächliche Unterlagen auf die widerspruchsvolle Angabe eines nachgeordneten Beamten hin schwerwiegende Vorwürfe gegen den Privatkläger erhoben hat, die sich nachträglich großenteils als unbegründet und übertrieben erwiesen haben, so hat er die zu beobachtende Vorsicht und Sorgfalt außer acht gelassen. Unter diesen Umständen konnte der erhobene Konflikt nicht für begründet erachtet und mußte deshalb dem gerichtlichen Verfahren Fortgang gegeben werden.

Nr. 9. Entsch. v. 25. Okt. 1907 (PrVerwBl. 29 534) I A 54/07[1]).

1. Im Konfliktsverfahren kann eine angefochtene Amtshandlung nur dann als rechtlich zulässig befunden werden, wenn die tatsächlichen Voraussetzungen hierfür außer Zweifel gestellt sind; in zweifelhaften Fällen ist der Rechtsweg zuzulassen, dem beklagten Beamten jedoch dadurch nicht benommen, im gerichtlichen Verfahren den Nachweis seiner Schuldlosigkeit zu führen.

2. Daraus, daß eine Frist, binnen deren nach einer katasteramtlichen Vermessung das Auflassungsmaterial erteilt werden muß, nicht vorgeschrieben ist, darf nicht gefolgert werden, daß dem Katasterbeamten eine unbegrenzte Frist hierfür zustehe. Bei Anträgen, für die im Gesetz eine Erledigungsfrist nicht bestimmt ist, muß die Erledigung in derjenigen Zeit stattfinden, die nach der Art des Amtes angemessen und üblich ist. Aus den §§ 40, 42 f. KatasterAnw. II v. 31. III. 77 geht hervor, daß für die Bearbeitung des durch eine Messung erbrachten Materials für die Zwecke der Auflassung eine 14tägige Frist als die normale betrachtet wird.

Nr. 10. Entsch. v. 5. Nov. 1907 (PrVerwBl. 29 621) I A 55/07.
G. v. 13. II 54 § 1.

1. Entscheidend dafür, ob eine Handlung eines Beamten als amtliche anzusehen ist, bleibt stets die Abgrenzung des Kreises seiner Dienstgeschäfte durch die Aufsichtsbehörde. Wie aus den Mitteilungen des Polizeipräsidenten hervorgeht, ist der Beklagte vom Minister des Innern zum Vorsteher der im Jahre 1901 errichteten und dem Polizeipräsidium zu Berlin angegliederten staatlichen Anstalt zur Untersuchung von Nahrungs- und Genußmitteln sowie Gebrauchsgegenständen ernannt und damit unmittelbarer Staatsbeamter geworden. Der Kreis seiner amtlichen Obliegenheiten bestimmt sich durch die der Anstalt zugewiesenen Aufgaben, die in der Bek. des Polizeipräsidenten v. 28. III. 01 näher bezeichnet sind. Danach sollen neben der Hauptaufgabe der Anstalt, den ihr vom Polizeipräsidium übertragenen Untersuchungen, welche die Ausführung des NMG. v. 14. V. 79 und seiner Ergänzungsgesetze erforderlich macht, auch Untersuchungen auf Antrag von außerhalb stehenden Behörden und Privatpersonen ausgeführt werden. Entspricht die Anstalt solchen Anträgen oder Ersuchen, so handelt sie dabei innerhalb des Rahmens der ihr vom Polizeipräsidenten zugewiesenen Dienstgeschäfte. Und ein solches Ersuchen war dasjenige, das das Landgericht I zu B. in der Prozeßsache der P.Gesellschaft wider P. an den Professor J. richtete. Mit Recht behandelte dieser das Ersuchen oder den Auftrag als eine amtliche Angelegenheit. Alle Zweifel, die daraus hergeleitet sind, wie das Gericht sich bei der Einforderung des Gutachtens ausgedrückt hatte und wie später die Gebühren dafür behandelt wurden, erscheinen ebenso unberechtigt wie der Umstand, daß Professor J. deshalb, weil er auch zum

[1]) Vgl. ErgBd. 07/08 365.

gerichtlichen Sachverständigen bestellt und ein für alle Male beeidigt worden war, die Pflicht haben mochte, sich der Erstattung des Gutachtens zu unterziehen, falls seine vorgesetzte Dienstbehörde auf Grund des Vorbehalts in der Bek. v. 28. III. 01 nicht widersprach. Auf alles, was in dieser Hinsicht von den Parteien, in dem Konfliktsbeschlusse und in den gerichtlichen Gutachten erörtert worden ist, braucht nicht eingegangen zu werden. Maßgebend bleibt allein, daß die vom Landgerichte geforderte Begutachtung in den Kreis derjenigen Dienstgeschäfte fiel, welche dem Beklagten J. von seiner vorgesetzten Behörde übertragen waren. Hervorgehoben sei nur, daß es verfehlt erscheint, wenn der amtliche Charakter des Gutachtens deshalb verneint wird, weil die staatliche Anstalt zur Untersuchung von Nahrungs- und Genußmitteln usw. sich nur mit technisch-chemischen Untersuchungen zu befassen habe und hier nicht eine Untersuchung, sondern nur eine Begutachtung vorgelegen habe. Wenngleich in der Bekanntmachung gesagt ist, die Anstalt solle „in der Hauptsache" technisch-chemische Untersuchungen ausführen, so ist doch unzweifelhaft keine Untersuchung ohne bestimmte Sach- und Fachkunde möglich, also schon jede Feststellung eines Untersuchungsergebnisses in gewissem Sinne ein Gutachten.

2. Mithin ist schon nach der Bekanntmachung die Anstalt keineswegs von der Abgabe von Gutachten ausgeschlossen. Daß es sich dabei wesentlich um Gutachten auf Grund von Untersuchungen handeln muß, ergibt die Sachlage und die Bemerkung in der Bekanntmachung, die Anstalt werde „in der Hauptsache" Untersuchungen ausführen, weist darauf hin, daß sie auch die aus den Untersuchungen gewonnenen Ergebnisse begutachten werde und solle. Wie dies nicht nur allgemein, sondern auch in dem besonderen vorliegenden Falle zutrifft, geht daraus hervor, daß nach dem Beweisbeschlusse des Landgerichts die Parteien dem Sachverständigen „zum Zwecke der Untersuchung" einige Flaschen ihres Erzeugnisses zur Verfügung stellen sollten, was deutlich beweist, daß der Gutachter Untersuchungen vornehmen und dann die Beweisfragen beantworten sollte. Also gerade das, was die Bekanntmachung als Aufgabe der Anstalt vorsieht, wollte das Prozeßgericht von dem Vorsteher der Anstalt geleistet haben. Tatsächlich sind denn auch eingehende Untersuchungen vorausgegangen und zur Grundlage des Gutachtens gemacht worden.

Hiernach war unbedenklich davon auszugehen, daß der Beklagte das Gutachten, wegen dessen Erstattung er jetzt gerichtlich verfolgt wird, in Ausübung seines Amtes angefertigt hat. Da auch die sonstigen Voraussetzungen für die Erhebung des Konflikts nach § 1 G. v. 13. II. 54 vorliegen, mußte mithin die Zulässigkeit des Konflikts bejaht werden.

3. Er war auch für begründet zu erklären. Daß dem Beklagten nicht eine Ueberschreitung seiner Amtsbefugnisse zur Last fällt, ist ohne weiteres klar, so daß nur zu prüfen ist, ob er sich der Unterlassung einer ihm obliegenden Amtshandlung schuldig gemacht habe. Die Klägerin will dies bejaht wissen, weil sie meint, der Beklagte habe das Gutachten „grob fahrlässig falsch" abgegeben, also die ihm durch seine Amtspflicht gebotene Sorgfalt bei den Untersuchungen und der Begutachtung nicht beobachtet. Was sie in dieser Beziehung vorgebracht und unter Beweis gestellt hat, ist jedoch nicht geeignet, ihre Behauptung zu beweisen. Alles, was sie angeführt hat, läuft darauf hinaus, daß der von ihr benannte Professor Th. die dem Beklagten vom Landgerichte vorgelegten Fragen in abweichendem, und zwar ihr günstigem Sinne beantworten, eine andere Untersuchungsmethode anwenden, sein Gutachten anders aufbauen und deshalb zu einem Ergebnisse gelangen werde, das zu ihrem Obsiegen in dem Rechtsstreite mit P. führen müsse. Selbst wenn der Professor Th. sich ganz im Sinne der Klägerin äußern würde, könnte daraus nicht der Nachweis entnommen werden, daß der Beklagte J. ein falsches Gutachten erstattet und bei dessen Ausarbeitung fahrlässig gehandelt, also seine

Amtspflicht verletzt habe. Denn es würde alsdann nur das Gutachten einer Autorität auf einem Spezialgebiete dem Gutachten einer anderen Autorität auf demselben Gebiete gegenüberstehen. Das aber könnte niemals genügen, um festzustellen, daß der zuerst gehörte Gutachter etwas Unrichtiges gefunden und bei seiner Begutachtung unter Vernachlässigung seiner amtlichen Pflicht zur Sorgfalt in der Untersuchung, sowie bei der Prüfung und Beurteilung der Untersuchungsergebnisse gehandelt habe. Auf solchem Wege läßt sich der Nachweis, daß einem Sachverständigen eine Pflichtwidrigkeit zur Last falle, nicht führen. Schwierige Fragen auf jedem Gebiete werden von Fachmännern verschieden beantwortet und die Methoden zu ihrer Beantwortung sind in der Regel mannigfach. Ebenso wie die Unrichtigkeit einer Untersuchungsmethode nicht daraus folgt, daß ein anderer Sachverständiger eine andere Art vorgezogen hat, ist aus der Verschiedenartigkeit des Ergebnisses nicht zu schließen, daß der eine Gutachter das Richtige, der andere etwas Falsches gefunden habe. Noch viel weniger ist es zulässig, in der Verschiedenheit der auf eine Frage gegebenen Antworten einen Beweis dafür zu sehen, daß die Antworten auf einer pflichtwidrigen Unterlassung der gebotenen Sorgfalt bei ihrem Finden beruhen. Wer dergleichen behauptet, muß mehr beweisen; er hat darzutun, daß nach allgemein anerkannten Regeln des betreffenden Faches das Ergebnis der Begutachtung anders hätte sein müssen, daß eine bestimmte Untersuchungsmethode allgemein gültig sei und daß entgegen den dadurch bezeichneten Grundsätzen des Faches ohne hinreichenden Anlaß eine abweichende Art der Untersuchung gewählt worden sei. In solcher Weise hat die Klägerin ihren Vorwurf gegen den Beklagten nicht begründet. Ihm als Beamten steht die Vermutung zur Seite, daß er die durch sein Amt gebotene Sorgfalt in jeder Beziehung, sowohl bei der grundlegenden Untersuchung als auch bei der Beurteilung ihrer Ergebnisse, hat walten lassen und nicht fahrlässig, sondern mit der durch seine Dienstpflicht gebotenen Aufmerksamkeit gehandelt hat.

Nr. 11. Entsch. v. 28. Febr. 1908 (OVG. 52 426) I A 79/07.

Das KonflG. eröffnet seinen Schutz dann, wenn gegen einen Zivil- oder Militärbeamten wegen einer in Ausübung oder in Veranlassung der Ausübung seines Amtes vorgenommenen Handlung oder wegen Unterlassung einer Amtshandlung eine gerichtliche Verfolgung eingeleitet wird, nach Annahme der zuständigen vorgesetzten Behörde aber dem Beamten eine Ueberschreitung seiner Amtsbefugnisse oder die Unterlassung einer ihm obliegenden Amtshandlung nicht zur Last fällt. Das Gesetz macht also die Zulässigkeit der Konfliktserhebung von 2 Voraussetzungen abhängig: es muß sich objektiv um die Ausübung amtlicher Obliegenheiten und subjektiv um die Handlung oder Unterlassung eines Beamten handeln. Beide Voraussetzungen bedingen sich nicht gegenseitig mit Notwendigkeit. Wie nicht jede Handlung eines Beamten eine Amtshandlung darstellt, so begründet auch nicht jede Vornahme amtlicher Geschäfte für den Handelnden die Eigenschaft eines Beamten. Es gibt zahlreiche Fälle, in denen amtliche Obliegenheiten von Personen wahrgenommen werden, die die Beamteneigenschaft nicht besitzen, so die der Schöffen oder Geschworenen oder solcher Personen, die zur Erledigung amtlicher Geschäfte lediglich durch privatrechtlichen Dienstvertrag angenommen werden. Mithin kann den Beklagten nicht schon um deswillen die Beamteneigenschaft zuerkannt werden, weil in § 18 AusfG. v. 12. III. 81 zum RViehSG. die Dienstverrichtung eines Schiedsmanns als ein Amt bezeichnet ist. Die Schiedsmänner haben im Vereine mit dem Tierarzte den Wert gefallener oder getöteter Tiere durch Schätzung festzustellen, nicht aber über streitige Rechtsfragen oder Ansprüche zu entscheiden, dies auch nicht vermöge des Umstandes, daß das Ergebnis der Schätzung im Falle der Entschädigungsleistung für beide Teile verbindlich ist. Wenngleich in dem MErl. v. 11. VIII. 85 (MBl. 197) ihre Tätigkeit als eine schiedsrichterliche bezeichnet ist, so sind sie doch im Sinne des Gesetzes nicht Schiedsrichter (arbitri) sondern Schätzer (arbitratores), die als Sachverständige den Wert von Tieren durch Schätzung festzustellen haben. Der Inbegriff dieser Tätigkeit mag als Amt bezeichnet werden können, wie dies auch in § 21 G., betr. die Bekämpfung übertragbarer Krankheiten, v. 28. VIII. 05 (GS. 373) geschehen ist; er verleiht aber dem Schiedsmanne nicht ohne weiteres die Eigenschaft eines Beamten. Zur Begründung dieser Eigenschaft reicht die Uebertragung amtlicher Obliegenheiten allein nicht aus, vielmehr ist weiter erforderlich, daß der Träger des Amtes zugleich dem Staate oder gewissen dem Staate untergeordneten Kollegien, Korporationen oder Gemeinen gegenüber (§ 69 II 10 ALR., § 1[1] Bd. v. 28. IX. 67, GS. 1619) sich in ein Gewaltverhältnis begibt, vermöge dessen er in eine besondere Gehorsams-, Treue- und Dienstpflicht gegenüber dem Gewalthaber tritt. Daran fehlt es hier. Nach § 18 G. v. 12. III. 81 werden die Schiedsmänner auf Grund einer alljährlich vom Kreisausschuß oder von der Gemeindevertretung aufzustellenden Vorschlagsliste von der Ortspolizeibehörde für den einzelnen Schätzungsfall ernannt. Wenn auch, soweit nicht das KommBG. v. 30. VII. 99 (GS. 141) in Betracht kommt, keine besondere Form für die Begründung des Beamtenverhältnisses besteht, so erhellt doch hier nicht, in wessen Dienst die Beklagten durch ihre Ernennung getreten sein sollen. Aber auch wenn man annehmen wollte, daß die Ortspolizeibehörde vermöge der Obliegenheit, die Schiedsmänner zu ernennen, überhaupt den Beruf, sie als Beamte anzustellen, überkommen habe, so scheitert die Zuerkennung der Beamteneigenschaft an die Beklagten doch daran, daß der Ernennung jedes Moment einer auch nur relativen Dauer des Dienstverhältnisses mangelt. Freilich ist es für die Begründung eines Beamtenverhältnisses nicht erforderlich, daß es auf unbegrenzte Dauer eingegangen wird, jedoch entspricht es der Natur der Sache, daß bei der Anstellung eines Beamten, auch wenn sie nur für vorübergehende Zwecke stattfindet, mit Beziehungen von wenigstens einiger Dauer gerechnet wird. Davon kann bei den gemäß § 18 G. v. 12. III. 81 zugezogenen Schiedsmännern keine Rede sein, da sie nach der ausdrücklichen Vorschrift des Gesetzes für jeden einzelnen Schätzungsfall ernannt werden. Zwar sollen sie nach dem MErl. v. 11. VIII. 85 bei Gelegenheit ihrer erstmaligen Zuziehung für die ganze Periode des laufenden Kalenderjahrs vereidigt werden, indessen liegt darin keine Bestellung für die Dauer dieser Periode; vielmehr bedarf es immer für jeden erneuten Schätzungsfall wiederum der Ernennung. Ferner ist durch die MErl. v. 11. VIII. 85 (MBl. 197) und v. 18. XII. 85 (aaO. 86 5) die Vereidigung dem bei Abnahme des Diensteids vorgeschriebenen Verfahren nachgebildet worden, jedoch unterscheidet sich die bei der Vereidigung der Schiedsmänner zur Anwendung gelangende Eidesformel wesentlich von derjenigen des Diensteids. Die Schiedsmänner leisten den Sachverständigeneid und nicht den für Beamte vorgeschriebenen Diensteid. Das entspricht durchaus ihrer rechtlichen Stellung; sie sind Sachverständige, aber nicht Beamte.

Nach alledem erweist sich der Konflikt als unzulässig.

Nr. 12. Entsch. v. 5. Juni 1908 (OVG. 53 422) I A 92/07.

KonflG. v 13. II. 54 (GS. 86) §§ 1f.; LGemO, § 88; Vd., betr. Verwaltungszwangsverfahren wegen Beitreibung von Geldbeträgen, v. 15. XI. 99 (GS. 545) §§ 4, 6, 19, 22, 26f.

1. Nach § 88[3] LGemO. gehört es zu den Geschäften eines Gemeindevorstehers, die Gemeindeabgaben auf die Verpflichteten zu verteilen und wegen

ihrer Einziehung die erforderlichen Anordnungen zu treffen. Die Gemeindeabgaben unterliegen der Beitreibung im Verwaltungszwangsverfahren; der Gemeindevorsteher, dem ihre Einziehung obliegt, bildet daher gemäß § 4 Vd. v. 15. XI. 99 (GS. 545) die zur Anordnung und Leitung des Zwangsverfahrens zuständige Vollstreckungsbehörde. Diese hat das Zwangsverfahren durch die ihr beigegebenen Vollziehungsbeamten oder durch diejenigen Beamten, deren sie sich als solcher zu bedienen hat, auszuführen (§ 6 aaO.). Sind Sachen gepfändet, so sind sie auf schriftliche Anordnung der Vollstreckungsbehörde, und zwar in der Regel durch den Vollziehungsbeamten, öffentlich zu versteigern (§ 26 aaO.). Der beklagte Gemeindevorsteher hat daher, indem er wegen Beitreibung rückständiger Gemeindeabgaben des Bruders des Klägers die Zwangsvollstreckung veranlaßte und die Versteigerung der dabei gepfändeten Ziege anordnete, als zuständige Vollstreckungsbehörde gehandelt. Wegen der bei Erledigung dieses Amtsgeschäfts verübten Handlungen oder Unterlassungen wird er vom Kläger gerichtlich in Anspruch genommen. Der Konflikt ist hiernach zulässig.

2. Er ist jedoch nicht begründet. Die Versteigerung der am 23. V. gepfändeten Ziege hat am 30. V. stattgefunden. Da § 27 Vd. v. 15. XI. 99 bestimmt: „Die Versteigerung der gepfändeten Sachen darf nicht vor Ablauf einer Woche seit dem Tage der Pfändung geschehen", so ist die Versteigerung um einen Tag zu früh erfolgt. Die Verantwortung für die Einhaltung der 1wöchigen Frist bei Anberaumung des Versteigerungstermins trägt die Vollstreckungsbehörde; denn es gehört gemäß Art. 59 AAnw. zur Vd. v. 28. XI. 99 zu ihren Aufgaben, den Auftrag zur Versteigerung durch eine unter das Pfändungsprotokoll zu setzende, Zeit und Ort der Versteigerung festsetzende Verfügung zu erteilen. Der § 27 aaO. erklärt eine Abweichung von der Einhaltung der 1wöchigen Frist unter gewissen Voraussetzungen für zulässig; ob eine dieser Voraussetzungen zutraf, ist nicht ersichtlich. Ueber die Umstände, unter denen die Terminsbestimmung geschah, ist nichts gesagt; der Kläger hat den Tag der Versteigerung nicht erwähnt, auch die Nichtachtung der Frist nicht gerügt. Deswegen wird aber der Konfliktsrichter nicht der Aufgabe überhoben, die Frage in den Kreis seiner Erwägung zu ziehen; denn der Beklagte wird vom Kläger in Anspruch genommen, weil er trotz seines Widerspruchs die Ziege habe versteigern lassen. Als eine Tatsache, die für den Klagegrund der unberechtigten Versteigerung der Pfandsache mit in Betracht kommt, kann das Verfahren bei Festsetzung des Versteigerungstermins nicht außer Berücksichtigung bleiben, gleichviel ob es vom Kläger bemängelt ist oder nicht. Nicht minder fehlt es an ausreichendem Material für die Beurteilung, ob der Beklagte dadurch, daß er den Widerspruch des Klägers gegen die Versteigerung der Ziege unbeachtet ließ, seine Amtsbefugnisse überschritten hat. Aus § 22 Abs. 1 aaO., lautend: „Die Pfändung der im Gewahrsam des Schuldners befindlichen körperlichen Sachen wird dadurch bewirkt, daß der Vollziehungsbeamte dieselben in Besitz nimmt", kann nicht mit dem Konfliktbeschlusse gefolgert werden, daß jede im Gewahrsam des Schuldners befindliche Sache gepfändet werden dürfe, gleichgültig, ob sie dem Schuldner eigentümlich gehört oder nicht. Der § 22 bestimmt nur, wie zu verfahren sei, wenn sich die Sachen im Gewahrsam des Schuldners befinden, ermächtigt jedoch nicht den Vollziehungsbeamten, Sachen, von denen es feststeht, daß sie dem Schuldner nicht gehören, zu pfänden und ebensowenig die Vollstreckungsbehörde, die Versteigerung solcher Sachen, wenn sie gleichwohl gepfändet waren, anzuordnen. Die Zwangsvollstreckung soll vielmehr nur in das Vermögen des Schuldners erfolgen.

Ist hiernach davon auszugehen, daß nur eine solche Sache gepfändet und versteigert werden darf, die dem Schuldner gehört, so folgt daraus doch nicht, daß der Vollziehungsbeamte und die Vollstreckungsbehörde ausnahmslos in jedem Falle verpflichtet wären, sich darüber zu vergewissern, ob die Sache im Eigentume des Schuldners steht. Vielmehr darf von einem Gegenstande, der sich in dem Gewahrsam des Schuldners befindet, so lange angenommen werden, daß er ihm gehöre, als nicht Einwendungen dagegen erhoben werden. Behauptet ein Dritter, daß ihm an dem gepfändeten Gegenstand ein die Veräußerung hinderndes Recht zustehe, so kann gemäß § 19 aaO. der Widerspruch gegen die Pfändung im Wege der Klage vor dem ordentlichen Gerichte geltend gemacht, bei ihm auch die Einstellung der Zwangsvollstreckung erwirkt werden. Aus dieser Bestimmung ist jedoch nicht zu entnehmen, daß der Anspruch des Dritten stets nur im Wege der Klage geltend gemacht werden könne und daß die Vollstreckungsbehörde befugt sei, die Versteigerung der Pfandsache anzuordnen, solange nicht die Einstellung der Zwangsvollstreckung von dem ordentlichen Gerichte verfügt ist. Denn der § 19 aaO. verweist den Dritten nur „erforderlichenfalls“ auf den Weg der Klage und läßt damit erkennen, daß er einen außerhalb des Prozeßwegs eingelegten Widerspruch nicht als einen wirkungslosen Protest erachte. Daher soll denn auch nach Art. 33 Anw., falls ein Dritter bezüglich des gepfändeten Gegenstandes bei der Vollstreckungsbehörde Ansprüche anmeldet, die im Falle der Begründung der Deckung der beizutreibenden Summe aus dem Erlös entgegenstehen würden, geprüft werden, ob die Pfändung anderer Gegenstände möglich sei, die hinreichende Sicherheit gewähren und von dritten Personen nicht in Anspruch genommen würden. Ergibt sich bei der Prüfung, daß die Pfändung eines anderen Gegenstandes nicht möglich ist, so hat die Vollstreckungsbehörde nach Art. 33 aaO. ohne Verzug demjenigen, für dessen Rechnung die Zwangsvollstreckung stattfindet, den Sachverhalt anzuzeigen und seine Entscheidung abzuwarten. Der Beklagte war daher verpflichtet, den außergerichtlich erhobenen Widerspruch des Klägers gegen die Versteigerung zu beachten und gemäß Art. 33 AAnw. zu verfahren. Es ist jedoch nicht ersichtlich, ob der Widerspruch, der nach Angabe des Konfliktbeschlusses an den Landrat gerichtet war, dem Beklagten, als der Vollstreckungsbehörde, noch vor der Versteigerung zur Kenntnis gelangt ist. Zutreffendenfalls ist weiter nicht ersichtlich, ob der Beklagte die vorgeschriebene Prüfung hat eintreten lassen. Ist dies geschehen und sollte sich dabei ergeben haben, daß die Pfändung eines anderen Gegenstandes an Stelle der Ziege nicht möglich gewesen sei, so fehlt es endlich an jedem Anhalte dafür, ob der Beklagte die ihm nunmehr zufallende Entscheidung als Gemeindevorsteher getroffen hat. Denn derjenige, für dessen Rechnung die Zwangsvollstreckung stattfand und dem von der Sachlage Anzeige erstattet werden mußte, war die Gemeinde bzw. deren Vorsteher. Dem Beklagten lag es daher ob, sich darüber schlüssig zu machen, ob unter den obwaltenden Umständen an der Zwangsvollstreckung festzuhalten sei.

Der Konfliktsrichter kann einen Konflikt nur dann für begründet erklären, wenn sich feststellen läßt, daß der Beamte seine Amtsbefugnisse nicht überschritten oder eine ihm obliegende Amtshandlung nicht unterlassen hat. Da sich eine solche Feststellung auf Grund des vorgelegten Tatbestandes nicht treffen läßt, eine Aufklärung aber mit Hilfe der im Verwaltungsstreitverfahren zulässigen Beweismittel nicht mit Sicherheit zu erwarten ist, so war der Konflikt für nicht begründet zu erklären und dem Rechtsverfahren freier Lauf zu geben.

Nr. 13. Entsch. v. 9. Okt. 1908 (PrVerwBl. 30 219) I A 32/08.

1. Dem Beklagten, der im Dienste der Stadt L. als Dirigent des Schlachthofes angestellt ist, wird vom Kläger zum Vorwurfe gemacht, daß er

ohne pflichtmäßige Untersuchung und widerrechtlich das zum Zwecke der Untersuchung vorgelegte Fleisch beschlagnahmt und dadurch den Kläger geschädigt habe. Der Beklagte war mit der Untersuchung nicht lediglich in seiner Eigenschaft als approbierter Tierarzt (§ 6 PrAusfG. v. 28. VI. 02 — GS. 229 — zum G. v. 3. VI. 00 — RGBl. 547 —, §§ 30f., 33^{18} ABest. A v. 30. V. 02 — ZBl. 3), sondern als Dirigent des Schlachthofes befaßt. Die Obliegenheit der Untersuchung läßt sich von der Funktion der Leitung des Schlachthofes nicht trennen dergestalt, daß die erstere als außerhalb des Rahmens der letzteren liegend anzusehen wäre. Zur Vornahme der Untersuchung war vielmehr der Beklagte in Ausübung oder doch mindestens in Veranlassung der Ausübung seines Amtes berufen. Indem er wegen dieser Untersuchung oder wegen Unterlassung pflichtmäßiger Ausführung derselben im Wege des Zivilprozesses verfolgt wird, ist danach die Vorbedingung der Zulässigkeit des Konflikts gegeben.

2. Der Konflikt ist auch begründet, denn der Vorwurf, daß der Beklagte die pflichtmäßige Untersuchung des ihm zu diesem Zwecke vorgelegten Fleisches unterlassen, dieses aber gleichwohl der Polizei überwiesen habe, entbehrt der tatsächlichen Rechtfertigung. Nach § 22 ABest. A v. 30. V. 02 hatte zunächst eine Besichtigung und Durchtastung — soweit letztere das. vorgeschrieben — der Körperteile zu erfolgen. Nur wenn diese zur Ermittelung von Krankheitszuständen nicht ausreichte, war eine eingehendere Untersuchung erforderlich, die alsdann, da es sich um eine Notschlachtung handelte, nach § 29 aaO. mit besonderer Sorgfalt vorzunehmen war. Ergab schon die Besichtigung das Vorhandensein von Krankheitszuständen oder solchen nach § 33 aaO. gleichstehenden, die Tauglichkeit des Fleisches zum Genusse für Menschen ausschließenden Mängeln, so bedurfte es einer weiteren Untersuchung nicht. Nun behauptet der Kläger freilich, der Beklagte habe das Fleisch überhaupt keiner Besichtigung unterworfen, während der Beklagte in seinem der Polizeiverwaltung erstatteten Berichte angegeben hatte, daß er das Fleisch wegen vorgeschrittener Fäulnis und auch im übrigen krankhaften Aussehens — also mindestens auf Grund vorgängiger Besichtigung — beanstandet habe. Daß der Beklagte das Fleisch überhaupt nicht gesehen habe, behauptet der Kläger nicht, seine Behauptung geht vielmehr nur dahin, daß jener das Fleisch irgendeiner besonderen Besichtigung nicht unterzogen habe. Vorgeschrittene Fäulnis und krankhaftes Aussehen sind ohne weiteres erkennbar und erheischen eine besondere eingehende Besichtigung nicht. Gelangte der Beklagte auf Grund seiner Wahrnehmungen, deren Gewinnung er nach seinem Ermessen einrichten konnte, zu der Ueberzeugung, daß das Fleisch mit jenen Mängeln behaftet sei, so war er in der Lage, dasselbe zu beanstanden (§ 18 idFass. v. 16. VI. 06 — ZBl. 651 —, $§ 33^{18}$ ABest. A, vgl. auch Ziff. 38 ABest. C v. 30. V. 02, §§ 32 f. ABest. v. 20. III. 03 — MBl. 56) und alsdann nach § 41 der erstgenannten Bestimmungen so berechtigt wie verpflichtet, das Fleisch vorläufig zu beschlagnahmen und der Polizeiverwaltung unter Angabe des Beanstandungsgrundes Mitteilung zu machen. Wenn der Kläger demgegenüber zur Widerlegung der Rechtmäßigkeit der Beschlagnahme Beweis dafür antritt, daß das Fleisch gut und brauchbar gewesen sei, so ist das unerheblich. Selbst wenn die als Zeugen und Sachverständige benannten Fleischermeister die Behauptung des Klägers bestätigen sollten, so würde dadurch die Pflichtmäßigkeit des Vorgehens des Beklagten nicht in Frage gestellt werden. Das würde nicht einmal dann der Fall gewesen sein, wenn der Kläger von dem ihm durch § 46 ABest. A, § 18 PrAusfG. v. 28. VI. 02 (GS. 229) und §§ 69ff. der zu diesem G. ergangenen ABest. v. 20. III. 03 (MBl. 56) eröffneten Rechtsmittel der Beschwerde Gebrauch gemacht hätte und in dem diesfälligen Verfahren die Beanstandung aufgehoben worden wäre. Denn der Um-

stand, daß ein Sachverständiger eine der technischen Begutachtung unterliegende Frage anders beurteilt wie derjenige, dessen Gutachten angefochten wird, ist für sich allein nicht geeignet, den Nachweis zu erbringen, daß das letztere auf pflichtwidrigem Verhalten des Gutachters beruhe.

Nr. 14. Entsch. v. 6. Juli 1909 (PrVerwBl. 31 128) I A 156/08.

1. Der Leiter eines öffentlichen Schlachthauses hat neben anderem ganz besonders auch darüber zu wachen, daß in bezug auf den Verkehr mit Fleisch, soweit solches in das Schlachthaus hinein- und aus ihm wieder hinausgeht, die gesetzlichen und sonstigen, hierauf bezüglichen Bestimmungen genau innegehalten werden. Es ist dies im Hinblick auf die in Betracht kommenden gesundheitspolizeilichen Interessen eine seiner wichtigsten Funktionen; und es macht bei ihrer Ausübung keinen Unterschied, ob das Fleisch, das von außerhalb hereingebracht wird, in der Stadt selbst verbleiben oder zum Verkaufe außerhalb der Stadt aus dem Schlachthaus wieder ausgeführt werden soll. Vorbehalten bleibt dabei selbstverständlich, daß im ersteren Falle die für diesen gegebenen besonderen Vorschriften hinsichtlich der Nachuntersuchung zu beachten sind, während im 2. Falle, soweit eine Wiederausführung von Fleisch ohne Nachuntersuchung für statthaft erachtet wird, die Tätigkeit des Schlachthofleiters sich auf eine allgemeine Kontrolle dahin zu beschränken hat, daß von ihm wahrgenommene Unregelmäßigkeiten, insbesondere Verletzungen gesetzlicher oder ihnen gleich zu erachtender anderweitiger Vorschriften zur Kenntnis der Ortspolizeibehörde zu bringen sind und der letzteren die Anordnung der weiter erforderlichen Maßnahmen zu überlassen ist. Lediglich in Ausübung dieser ihm obliegenden Verpflichtung ist der Beklagte im vorliegenden Falle eingeschritten. Nachdem er in bezug auf die Tauglichkeit des von T. in das Schlachthaus eingebrachten Fleisches zum menschlichen Genusse begründeten Verdacht geschöpft und zugleich festgestellt hatte, daß es nur von einem Laienfleischbeschauer untersucht worden war, durfte er sich in keinem Falle bei der Tatsache beruhigen, daß das Fleisch außerhalb der Stadt zum Verkauf gestellt werden sollte, und mit Rücksicht hierauf von weiteren Schritten Abstand nehmen. Im Gegenteil würde es ihm als eine schwere Pflichtverletzung haben angerechnet werden müssen, wenn er nicht, wie dies durch die Ueberführung des Fleisches in die gemeinschaftliche Kühlhalle und seine demnächstige tierärztliche Untersuchung geschehen ist, sich zur Verhütung der Oeffentlichkeit drohender Nachteile und Gefahren nähere Ueberzeugung davon zu verschaffen versucht hätte, inwieweit der von ihm gehegte Verdacht gerechtfertigt war oder nicht. Dabei wurde durch die auf Veranlassung des Beklagten vorgenommene Untersuchung seine Annahme durchaus bestätigt. Auch nach Ansicht des zugezogenen Tierarztes stammte das fragliche Fleisch von einem Tiere her, das im Verenden begriffen und infolgedessen notgeschlachtet worden war. Fleisch von einem solchen Tiere ist aber nach § 33 Abs. 2 ABest. v. 30. V. 02 (Beil. zu Nr. 22 ZBl. für das Deutsche Reich) zum Genusse für Menschen als ungeeignet anzusehen, und ein Laienfleischbeschauer ist zu einer Untersuchung derartigen Fleisches nicht zuständig. Es war unter diesen Umständen und nachdem der geäußerte Verdacht nahezu zur Gewißheit geworden war, völlig korrekt, wenn der Beklagte, ohne das Fleisch freizugeben, der Polizeibehörde von dem Vorfall zur weiteren Entschließung Anzeige erstattete. Zugleich hat er dadurch, daß er die nötigen Maßregeln traf, um ein Verderben des Fleisches zu verhindern, die berechtigten Interessen des T. bzw. des Klägers in ausreichendem Maße gewahrt, so daß auch nach dieser Richtung hin der Vorwurf eines fahrlässigen oder gar pflichtwidrigen Verhaltens nicht erhoben werden kann. Wenn der Kläger neuerdings Beweis dafür angetreten

hat, daß die betr. Kuh nicht im Verenden getötet worden sei, so ist das unerheblich. Selbst wenn die als Zeugen und Sachverständigen benannten Personen die Behauptung des Klägers bestätigen sollten, so würde dadurch die Pflichtmäßigkeit des Vorgehens des Beklagten nicht in Frage gestellt werden. Denn der Umstand, daß ein Sachverständiger eine der technischen Begutachtung unterliegende Frage anders beurteilt als derjenige, dessen Gutachten angefochten wird, ist für sich allein nicht geeignet, den Nachweis zu erbringen, daß das letztere auf pflichtwidrigem Verhalten des Gutachters beruhe.

2. Auch der weitere Vorwurf der Klage, daß der Beklagte die Anzeige bei der Polizeibehörde nicht rechtzeitig genug erstattet habe, trifft nicht zu. Nach den Angaben des Beklagten ist die Anzeige am Nachmittage des 16. VIII. abgeschickt worden, nach den Behauptungen des Klägers jedenfalls am 17. VIII. bei der Polizei eingegangen. Das kann aber noch nicht als eine pflichtwidrige Verzögerung gelten, da die Untersuchung selbst erst am Nachmittage des 15. VIII. geschehen, überdies der Beklagte nach den unwidersprochenen Anführungen des Konfliktsbeschlusses mit Arbeiten sehr belastet war und durch Aufbewahrung des Fleisches im Kühlraume einem schnellen Verderben desselben vorgebeugt hatte. Nach Erstattung der Anzeige ruhte die weitere Erledigung der Angelegenheit nur noch in den Händen der Polizeibehörde. Den Beklagten trifft daher keine Verantwortung für die Art und Weise, wie in der Sache weiterhin verfahren worden ist. Soweit aber die Gegenerklärung des Klägers auf den Konfliktsbeschluß sich gegen das Verhalten des Beklagten am 23. und 24. VIII. wendet, ist darauf nicht näher einzugehen, da diese Angriffe nicht die Grundlage der Schadensersatzklage bilden, der Konfliktsrichter aber nur zu prüfen hat, ob und inwieweit diejenigen Handlungen oder Unterlassungen, wegen deren die gerichtliche Verfolgung eingeleitet worden ist, eine Ueberschreitung der Amtsbefugnisse des in Anspruch genommenen Beamten oder eine Unterlassung ihm obliegender Amtshandlungen enthalten. Bei dieser Sachlage, wonach dem Beklagten weder eine Ueberschreitung seiner Amtsbefugnisse, noch die Unterlassung einer Amtspflicht zur Last fällt, war der erhobene Konflikt für begründet zu erklären und dementsprechend das gerichtliche Verfahren endgültig einzustellen.

Nr. 15. Entsch. v. 11. Dez. 1908 (OVG. 54 450) I A 152/08.

1. **Das KonflG. v. 13. II. 54 eröffnet die Möglichkeit, einen Beamten gegen gerichtliche Verfolgung zu schützen, wenn sich diese auf Handlungen oder Unterlassungen bezieht, die er im Amte vorgenommen oder begangen hat. Es widerspricht dem Sinne und Wortlaute des Gesetzes, diesen Schutz auf eine Behörde auszudehnen. Voraussetzung für eine Erhebung des Konflikts ist stets die persönliche Inanspruchnahme eines Beamten wegen Ueberschreitung seiner Amtsbefugnisse oder Unterlassung einer ihm obliegenden Amtshandlung. Nicht die Behörde, sondern der die Obliegenheiten dieser Behörde wahrnehmende Beamte muß als Partei beteiligt sein. Dazu gehört aber, daß diese Person sowohl aus den gerichtlichen Vorgängen wie aus dem Konfliktsbeschlusse so bestimmt erkennbar ist, daß jeder Zweifel darüber entfällt, zu wessen Gunsten der Konflikt erhoben sein soll. Wollte man im vorliegenden Falle annehmen, daß mit der gegen „das Landratsamt" gerichteten Klage tatsächlich die dieses Amt allein repräsentierende Person des Landrats getroffen werde, so würde damit der gedachten Anforderung nicht genügt sein. Denn wenn auch der Inhaber des Landratsamts für die Geschäftsführung dieser Behörde verantwortlich ist, so kann er doch zivilrechtlich oder strafrechtlich nur für diejenigen Handlungen haftbar gemacht werden, die er persönlich vorgenommen hat. Die Dienstgeschäfte des**

Landrats können aber nicht bloß von dem zeitigen Inhaber dieses Amtes, sondern im Falle seiner Verhinderung durch andere Beamte, wie den Kreissekretär, die Kreisdeputierten oder einen anderen durch den Minister des Innern ernannten Vertreter, versehen werden. Auch ist der dem Landrat als Hilfsarbeiter zugewiesene Regierungsassessor berechtigt, innerhalb des ihm überwiesenen Geschäftsbereichs im Auftrage des Landrats zu zeichnen. Wenn daher der Konfliktsbeschluß den Konflikt nur „zum Schutze des Landrats" erhebt, so läßt er die Frage offen, welchem Beamten dieser Schutz gewährt werden soll. Es kann darunter begriffen sein ebensowohl der zeitige Inhaber des Amtes des Landrats im Kreise C., welcher das Amt auch bekleidete, als die den Gegenstand des Zivilprozesses bildende Handlung begangen wurde, wie derjenige, der Landrat in C. sein wird, wenn die Zwangsvollstreckung, vor welcher der Beamte geschützt werden soll, vorgenommen werden wird, oder endlich derjenige Beamte, der die betr. Verfügungen in Vertretung des Landrats erlassen hat.

Zielt die Konfliktserhebung hiernach auf den Schutz eines unbestimmten Beamten ab, so ist sie unzulässig.

2. Außer aus diesem Grunde ergibt sich die Unzulässigkeit des Konflikts auch aus dem Gesichtspunkte, daß es *nicht ein Beamter ist, gegen welchen die in dem amtsgerichtlichen Prozesse liegende gerichtliche Verfolgung* sich wendet. Wer als der verfolgte Teil anzusehen ist, hat der Konfliktsrichter selbständig zu entscheiden; er hat dabei die Erklärungen der Parteien und die Handlungen der Gerichte zu prüfen, ist aber an die Auffassung der Beteiligten hierüber nicht gebunden. Dabei ist die Frage, wer richtigerweise hätte verklagt werden müssen, ohne Belang; nur darauf kommt es an, wer tatsächlich verklagt ist. Verklagt ist „das Kgl. Landratsamt in C."; zugestellt ist die Klage an das Landratsamt; an welche Person die Zustellung erfolgt ist, lassen die Vorgänge nicht erkennen.

Nr. 16. Entsch. v. 19. Jan. 1909 (PrVerwBl. 30 712) I A 116/08.

Wenn ein *Obergrenzkontrolleur, der innerhalb des Grenzbezirks seinen Schlitten im Dienste ohne Glocke* benutzt, im *Sinne seiner Dienstanweisung* handelt, so muß ihm gegenüber eine PolVd., die vorschreibt, daß die *Schlitten mit Glocken* zu versehen sind, *insoweit als unwirksam* gelten.

Wie von dem Provinzialsteuerdirektor und dem Finanzminister ausgeführt worden ist, liegt es in der Natur des Grenzaufsichtsdienstes, daß die Aufsicht und deren Kontrolle nur dann wirksam geübt werden können, wenn die dabei tätigen Beamten *nach Möglichkeit unauffällig* vorgehen und zu diesem Zwecke alles unterlassen, wodurch ihre Annäherung bemerkt werden könnte. Für die Grenzaufseher ist deshalb in § 55 DAnw. v. 20. III. 57 ausdrücklich vorgeschrieben, sie hätten ihren Dienst so zu verrichten, daß er in betreff von Zeit, Ort und anderen Umständen verborgen bleibe. Nur eine Anwendung dieses Grundsatzes ist es, wenn in § 56 die Anordnung, kein Geräusch zu machen, als eine solche bezeichnet wird, der auf das genaueste nachzukommen sei, wenn ebenda unter a bestimmt ist, daß die Beamten sich geräuschlos zu den Sammelplätzen begeben sollen, und unter n den berittenen Beamten Maßnahmen mitgeteilt werden, wie sie jedes beim Reiten entstehende weit hörbare Geräusch zu vermeiden haben. Daß alle diese Anordnungen auch für das Verhalten des Oberkontrolleurs gelten, ist selbstverständlich und überdies im § 1 Anw. v. 2. VII. 61 noch besonders hervorgehoben. Durch § 18 Abs. 2 wird den Oberkontrolleuren ferner die Pflicht auferlegt, ihr Eintreffen auf den Stationen so einzurichten, daß es nicht . . . vorher bekannt werde. Hiernach steht der Kon-

fliktsbeschluß mit Recht auf dem Standpunkte, daß der Beschuldigte auch in S., wo Zollbeamte stationiert sind und das selbst im Grenzbezirke liegt, darauf Bedacht nehmen mußte, alles zu vermeiden, was seine Ankunft und seine Entfernung nach außen hin wahrnehmbar zu machen geeignet sein konnte. Die Meinung des Amtsvorstehers, E. habe im Orte mit Geläute fahren müssen, um es dann außerhalb des Ortes abzunehmen, übersieht, daß es gerade im Interesse des Grenzschutzes liegt, wenn weder die Aufseher noch die Einwohner wissen, ob, wann oder nach welcher Richtung der Oberkontrolleur seinen Stationsort verläßt.

Nr. 17. Entsch. v. 23. April 1909 (DJZ. 15 87) I 691.

JagdO. § 16; KonflG. v. 13. II. 54 § 1.

Für die Gemeindevorsteher, die nach § 16 JagdO. Jagdvorsteher sind, bildet die Verwaltung und Vertretung der Jagdgenossenschaft einen Teil der Dienstgeschäfte als Gemeindevorsteher. Ebenso wie der Gemeindevorsteher wegen Verfehlungen bei der Verwaltung und Vertretung der Jagdgenossenschaft disziplinarisch zur Verantwortung gezogen werden kann, ist er auch im Sinne des G. v. 13. II. 54 als mittelbarer Staatsbeamter des Schutzes durch die Konfliktserhebung wegen solcher Ansprüche fähig, die gegen ihn wegen der bei Verwaltung und Vertretung der Jagdgenossenschaft vorgenommenen Amtshandlungen erhoben werden. Wenn auch die Nutzung der Jagd nach § 16 JagdO. Interessentensache und nicht Kommunalangelegenheit ist, so führt doch der Gemeindevorsteher nicht auf Grund vertraglicher oder vertragsähnlicher Beziehungen zu der Gesamtheit der Interessenten, sondern auf Grund seiner amtlichen Eigenschaft die Geschäfte der Jagdgenossenschaft. Hiernach ist der Konflikt zugunsten des Beklagten wegen einer Handlung erhoben, die er in Ausübung seines Amtes als Gemeindevorsteher vorgenommen hat, und der Konflikt, dessen übrige Voraussetzungen nach § 1 G. v. 13. II. 54 unbedenklich vorliegen, ist mithin zulässig.

Nr. 18. Entsch. v. 11. Mai 1909 (OVG. 54 454) I A 157/08.

Die Beantwortung der Frage, ob der anläßlich einer strafgerichtlichen Verfolgung des Vorstandes einer Eisenbahnbetriebsinspektion wegen Baupolizeiübertretung erhobene Konflikt begründet ist, hängt davon ab, ob die Annahme, daß die Erstattung der unterlassenen Anzeige zu den dienstlichen Obliegenheiten des Angeklagten gehört habe, zutreffend ist oder nicht. Nach § 6 der zuständigen BauPolO. hat der „Bauherr" die fragliche Anzeige bei der Ortspolizeibehörde zu machen. Bauherr war im vorliegenden Falle der Eisenbahnfiskus. Seine Vertretung konnte nur durch denjenigen Beamten erfolgen, der nach Maßgabe der für den staatlichen Eisenbahndienst bestehenden Organisation zu deren Wahrnehmung berufen war. Entscheidend hierfür ist die am 23. XII. 01 Allerhöchst genehmigte VerwaltungsO. für die Staatseisenbahnen (GS. 02 129) sowie die auf Grund des Vorbehalts in § 2 aaO. unter Berücksichtigung des § 9 das. von dem Minister der öffentlichen Arbeiten erlassene GeschAnw. für die Vorstände der Eisenbahnbetriebsinspektionen v. 1. IV. 02 (EisenbVBl. 246). Nach der letzteren sind die Vorstände der Eisenbahnbetriebsinspektionen besondere örtliche Verwaltungsstellen für die Ausführung und Ueberwachung des Bahnunterhaltungs-, Bahnbewachungs- und Betriebsdienstes innerhalb ihres Amtsbezirkes. In dieser Eigenschaft liegt ihnen gemäß § 4b die Unterhaltung der Bahn mit allen zugehörigen baulichen Anlagen sowie nach § 4c die Ausführung von Bauten an den zu § 4b bezeichneten Anlagen ob, soweit ihnen solche von der Eisenbahndirektion durch die Etats oder auf Grund anderer Bestimmung überlassen wird. Sie sind in diesem Umfange mit weitgehender Selbständigkeit ausgestattet, ihre Stellvertretung ist besonders geregelt. Der Vorstand der Eisenbahnbetriebsinspektion ist hiernach innerhalb seines Amtsbereichs für die ihm zugewiesenen Angelegenheiten, darunter insbesondere auch Bauausführungen, soweit sie nicht der Eisenbahndirektion vorbehalten sind, als der gesetzmäßig berufene Vertreter des Eisenbahnfiskus anzusehen, während der Bahnmeister ein Beamter ist, der mit rein örtlichen Aufsichtsdiensten betraut ist. Auch durch die Uebertragung der örtlichen Leitung des Baues erhält ein derartiger Beamter noch nicht die Ermächtigung zur Vertretung des Eisenbahnfiskus als Bauherrn. Ob der Bahnmeister in diesem letzteren Falle als Bauleiter, d. h. als die mit der Leitung oder Ausführung des Baues betraute Person anzusehen und aus diesem Grunde nach § 72 BauPolO. gleichfalls zur Anzeige berufen gewesen wäre, kann dahingestellt bleiben.

Daß auch bei den von der Staatseisenbahnverwaltung auszuführenden Bauten die Vorschriften der örtlichen BauPolVd. zu befolgen sind, ist in OVG. 5 324 eingehend dargelegt.

In der Unterlassung der durch die Baupolizeiordnung vorgeschriebenen Anzeige liegt somit die Unterlassung einer dem Angeklagten als Vorstand der Betriebsinspektion obliegenden Amtshandlung. Der Konflikt war hiernach für unbegründet zu erachten.

Nr. 19. Entsch. v. 11. Febr. 1910 (PrVerwBl. 31 799) I A 124/09.

1. Die Entscheidung der Frage, ob in der gerichtlich verfolgten Handlung objektiv eine Ueberschreitung der Amtsbefugnisse oder die Unterlassung einer Amtshandlung zu finden ist, worauf gemäß § 11 EGGVG. v. 27. I. 77 die Prüfung des Konfliktsrichters sich zu beschränken hat, hängt davon ab, ob die Annahme richtig ist, daß es zu den dienstlichen Obliegenheiten des Bahnmeisters gehörte, für die Einholung der baupolizeilichen Erlaubnis und die Beobachtung der Vorschriften der BauPolVd. Sorge zu tragen. Dies muß verneint werden. Die BauPolVd. für das platte Land des RegBez. Oppeln v. 31. XII. 89 (ABl. 10) bestimmt in ihrem § 3, der von dem Antrag auf Bauerlaubnis handelt, daß die dem Antrage beizufügenden Vorlagen von dem Bauherrn und der mit der Leitung des Baues betrauten Person zu unterschreiben und daß beide für die Richtigkeit der Vorlagen verantwortlich sind. Sieht man hiernach nicht nur den „Bauherrn", sondern auch den „Bauleiter" als zur Einholung der Bauerlaubnis verpflichtet an, so kann trotzdem der Bahnmeister Pr. für die im vorliegenden Falle vorgekommene Unterlassung nicht verantwortlich gemacht werden. „Bauherr" war der Eisenbahnfiskus. Seine Vertretung konnte nur durch den Vorstand der zuständigen Eisenbahnbetriebsinspektion erfolgen, dem innerhalb seines Amtsbezirkes die Unterhaltung der Bahn mit allen zugehörigen baulichen Anlagen und die Ausführung von Bauten an diesen Anlagen obliegt. Der Bahnmeister hingegen ist nach den in Betracht kommenden gesetzlichen Bestimmungen und ihrer Auslegung durch die Rechtsprechung als ein Beamter anzusehen, der mit rein lokalen Aufsichtsfunktionen betraut ist und dem im wesentlichen nur die Aufgabe zufällt, innerhalb des ihm zugeteilten Dienstbezirkes die gute Unterhaltung der Bahnanlagen, die ordnungsmäßige Bewachung derselben und die zuverlässige Ausübung des Signaldienstes zu beaufsichtigen. Kann er wegen dieser untergeordneten Stellung des Bahnmeisters innerhalb der Organisation der Eisenbahnverwaltung jedenfalls nicht als Vertreter des Eisenbahnfiskus in seiner Eigenschaft als „Bauherr" an-

gesehen werden, so fragt es sich ferner, ob er als „Bauleiter“ zur Verantwortung gezogen werden kann, welche Eigenschaft ihm die polizeiliche Strafverfügung beilegt. Auch diese Annahme erweist sich als unzutreffend. Als Leiter eines Baues ist derjenige anzusehen, nach dessen Anordnungen die Errichtung eines Baues als Ganzes geschieht, während derjenige, der nur einzelne für den Bau als Ganzes nebensächliche Arbeiten anordnet, nicht Leiter ist. Nach dem Gesagten kann deshalb als Bauleiter im vorliegenden Falle auch nur der Vorstand der Eisenbahnbetriebsinspektion in Betracht kommen, neben dem der Bahnmeister keine leitenden Funktionen hat. Da der letztere als lediglich ausführendes Organ an die Anweisungen und Bestimmungen der ihm vorgesetzten Betriebsinspektion gebunden ist, so hatte Pr. an sich weder die Pflicht noch auch das Recht, selbständig zu prüfen, ob der Vorstand der Betriebsinspektion zu T. bei der Ausführung des fraglichen Baues den polizeilichen Vorschriften entsprochen habe. Er würde nur dann für die Erfüllung der durch die erwähnte BauPolVd. begründeten Verpflichtungen verantwortlich gemacht werden können, wenn ihm eine besondere Ermächtigung und ein spezieller Auftrag zur Leitung des Baues seitens des Vorstandes der Betriebsinspektion erteilt und wenn die Polizeibehörde hiervon in Kenntnis gesetzt worden wäre. Dies ist nicht geschehen.

Da hiernach auf seiten des Bahnmeisters eine Unterlassung einer ihm obliegenden Amtshandlung nicht vorliegt, so war der Konflikt für begründet zu erklären und auf endgültige Einstellung des gerichtlichen Verfahrens zu erkennen.

Nr. 20. Entsch. v. 2. Juli 1909 (PrVerwBl. 31 256) I A 65/08.

ALR. § 10 II 17; PrivFlG. § 4; VorflVd. § 10; EGBGB. § 11.

1. Nach § 10 II 17 ALR., der die in der Polizeigewalt allgemein begründeten Befugnisse umschreibt, ist es das Amt der Polizei, die nötigen Anstalten zur Erhaltung der öffentlichen Ruhe, Sicherheit und Ordnung zu treff n. Die öffentliche Ruhe, Sicherheit und Ordnung und die auf öffentlich-rechtlichen Normen beruhenden Anstalten der Polizei zu ihrem Schutze im Sinne dieser Gesetzesvorschrift bilden den Gegensatz zu den privatrechtlichen Beziehungen der einzelnen Rechtssubjekte zueinander und deren Schutz durch die bürgerliche Gerichtsbarkeit. Daraus folgt, daß es im allgemeinen nicht zu den Obliegenheiten der Polizei gehört, das Eigentum oder andere Privatrechte gegen schädigende Eingriffe Dritter zu schützen. Allerdings bezeichnet es § 10 aaO. weiterhin als das Amt der Polizei, die nötigen Anstalten zur Abwendung der dem Publikum oder einzelnen Mitgliedern desselben bevorstehenden Gefahren zu treffen, und unter einer solchen Gefahr ist nicht nur eine dem Leben oder der Gesundheit, sondern auch eine dem Vermögen des einzelnen drohende Gefahr zu verstehen. Indessen kann eine solche, dem Vermögen einzelner durch widerrechtliche Handlungen Dritter drohende Gefahr der Polizei nur dann Grund zum Einschreiten geben, wenn die in Frage stehende Handlung strafbar ist. Wo dies nicht der Fall ist, muß es dem Geschädigten überlassen bleiben, seine Rechte durch Anrufung der ordentlichen Gerichte zu schützen, es sei denn, daß dieser Schutz nicht rechtzeitig zu erlangen ist und dadurch ein Notstand entsteht, oder besondere gesetzliche Vorschriften die Polizei zum Einschreiten ermächtigen.

2. Werden diese Grundsätze auf den vorliegenden Fall angewendet, so bleibt für das polizeiliche Einschreiten des Beklagten (eines Amtsvorstehers) kein Raum. Die vom Kläger vorgenommene Erhöhung des Dammes enthielt keine strafbare Handlung, vielmehr lediglich die Geltendmachung eines ihm seiner Ansicht nach zustehenden Privatrechts, dessen Ausübung die öffentliche Sicherheit und Ordnung nicht gefährdete. Das an den Beklagten gerichtete Gesuch des Wiesen-

besitzers H. ließ seinem Inhalt nach keinen Zweifel darüber, daß es ihm darum zu tun war, gegen den vermeintlich widerrechtlichen Eingriff des Klägers in sein Privateigentum polizeilichen Schutz zu erlangen. Indem der Beklagte diesem Gesuch durch Beseitigung der Dammerhöhung und das an den Kläger gerichtete Verbot künftiger Errichtung eines Stauwerks stattgab, unterzog er sich einer Aufgabe, die nicht zu seinen amtlichen Obliegenheiten gehörte. Mögen auch die Interessen der übrigen Besitzer, deren Wiesen durch die Handlung des Klägers in Mitleidenschaft gezogen waren, für den Beklagten bei seinem Vorgehen gegen den Kläger mitbestimmend gewesen sein, so kann deshalb eine andere Auffassung nicht Platz greifen; denn eine Mehrheit von Privatinteressen ist nicht ohne weiteres identisch mit dem öffentlichen Interesse, dessen Wahrung dem Beklagten anvertraut ist. Es kann auch nicht anerkannt werden, daß für die Wiesenbesitzer ein Notstand vorgelegen habe, der als Ausnahme von jener Regel ein vorläufiges Einschreiten der Polizei zur Abwendung von Vermögensnachteilen gestattet. Denn es ist nicht ersichtlich, daß die Wiesenbesitzer nicht rechtzeitig durch Erwirkung einer einstweiligen Verfügung gerichtliche Hilfe erlangen konnten. Abgesehen hiervon hat der Beklagte nicht erkennbar gemacht, daß er nur vorläufig, d. h. bis zum Erlaß einer Entscheidung im ordentlichen Rechtswege eingeschritten ist.

3. Die Auffassung der Regierung, daß der Beklagte als Wasserpolizeibehörde befugt gewesen sei, im Interesse der Wiesenbesitzer gegen den Kläger einzuschreiten, ist unzutreffend. Welche gesetzliche Vorschrift die Regierung hierbei im Auge hat, ist nicht ersichtlich. Die Befugnisse der Wasserpolizei gründen sich gleichfalls in erster Linie auf die in § 10 aaO. der Polizei allgemein erteilte Ermächtigung. Für sie gilt deshalb ebenfalls die Regel, daß sie zur Wahrung öffentlicher Interessen berufen ist. Soweit in den besonderen, die Handhabung der Wasserpolizei regelnden Vorschriften des VorflEd. und PrivFlG. Ausnahmen von dieser Regel zugelassen sind, treffen sie im vorliegenden Falle nicht zu. Das gilt insbesondere von den in § 10 VorflEd. und § 4 PrivFlG. enthaltenen Vorschriften, die allein hier in Frage kommen. Die in § 10 VorflEd. der Polizeibehörde erteilte Ermächtigung, den Unterhaltungspflichtigen zur Räumung eines Grabens anzuhalten, kann zwar auch im Interesse einzelner Grundbesitzer ausgeübt werden. Um eine Anordnung dieser Art handelt es sich jedoch im vorliegenden Falle nicht. Denn der Kläger ist nicht deshalb in Anspruch genommen, weil ihm nach öffentlichem Recht die ordentliche Unterhaltungspflicht hinsichtlich des Wasserabzugs an der Stelle, wo der Damm errichtet ist, obliegt, sondern weil er unberechtigt durch Errichtung eines Hindernisses für den Wasserabzug den Abfluß des Hochwassers aus dem Mühlenfließ gehemmt hat. Nun verbietet allerdings § 4 PrivFlG. das Einwerfen von Steinen, Erde und anderen Materialien in Flüsse und Gräben. Doch könnte sich der Beklagte auf diese Vorschrift nur dann berufen, wenn der Kläger die Abdämmung in einem Flusse, Graben oder anderen Wasserabzuge vorgenommen hätte, durch welche das Wasser seinen gewöhnlichen Lauf nimmt. Dies trifft indessen nicht zu.

4. Es ist allerdings nicht zu verkennen, daß der Beklagte durch ein vom Kläger nicht angefochtenes Urteil des Kreisausschusses in F. zu der Meinung veranlaßt worden sein kann, daß er als Wasserpolizeibehörde befugt sei, eigenmächtige Vorkehrungen des Müllers, durch welche die Anlieger des Wasserlaufs geschädigt werden können, beseitigen zu lassen. Allein jenes Urteil hatte nur Bedeutung für den damals vorliegenden Fall, enthob also den Beklagten bei der Wiederholung des Vorganges im Jahre 1905 nicht der erneuten Prüfung, ob sich die von ihm hiergegen zu treffenden Anordnungen innerhalb der ihm durch das Gesetz gezogenen Schranken hielten. Ging er bei dieser Prüfung fehl, so mag sein Irrtum wohl zu verstehen und zu entschuldigen sein, er ver-

mag aber den Konflikt nicht zu begründen. Denn die Aufgabe des Konfliktsrichters beschränkt sich nach § 11 EGGVG. auf die Feststellung, ob sich der Beamte objektiv innerhalb der Grenzen seiner Amtsbefugnisse gehalten hat. Diese Frage ist hier zu verneinen. Die Entscheidung der weiteren Frage, ob dem Beklagten wegen des Erlasses der objektiv rechtswidrigen Verfügung ein Verschulden und demgemäß dem Kläger gegenüber eine Vertretungsverbindlichkeit zur Last fällt, muß dem ordentlichen Gericht vorbehalten bleiben.

Nr. 21. Entsch. v. 1. Okt. 1909 (OVG. 55 459) I A 74/09.

GewO. §§ 33 b, 60 a.

1. Gegen die Zulässigkeit des Konflikts walten keine Bedenken ob, da der Beklagte die Verfügung, die die Grundlage des geltend gemachten Schadensersatzanspruchs bildet, unzweifelhaft in Ausübung seines Amtes als Polizeiverwalter erlassen hat. Was die Frage betrifft, ob der Konflikt begründet ist, so war davon auszugehen, daß die Polizeiverwaltung, nachdem sie dem Kläger die ortspolizeiliche Erlaubnis zur Ausübung seines Gewerbes für eine Woche mit Einschluß des 26. V. 07 erteilt hatte, zum Widerrufe der Erlaubnis für diesen Tag nur dann berechtigt war, wenn hinreichende polizeiliche Gründe dafür eingetreten oder ihr bekanntgeworden waren. Als einziger Grund für die Entziehung der Erlaubnis ist geltend gemacht worden, daß im Schützengarten ein öffentliches Konzert stattgefunden habe. Die polizeiliche Verfügung gegen den Kläger sollte also offenbar dem Schutze dieses Konzertunternehmens dienen. Ob befürchtet wurde, daß die Musikvorträge im Schützengarten durch die mit den Vorführungen des Klägers (Panoptikum und Kinematograph) verbundene Musikbegleitung gestört werden würden, oder ob durch die Schließung der Schaustellungen des Klägers eine Förderung des Besuchs des Konzerts im Schützengarten bezweckt war, oder worin sonst die Unvereinbarkeit des Betriebs des Klägers mit dem Konzertunternehmen gefunden wurde, ist nicht näher dargelegt. Waren hiernach die Verfügungen, die dem Kläger die Ausübung seines Gewerbebetriebs untersagten, ungerechtfertigt, so hat der Beklagte das objektive Recht unrichtig angewendet; er hat etwas getan, wozu er nicht befugt war.

2. Der Konfliktbeschluß macht indessen geltend, daß der Beklagte sich einer Verletzung des objektiven Rechtes nicht bewußt gewesen sei, und will darum eine Amtsüberschreitung nicht als vorliegend ansehen. Dieser Auffassung konnte nicht beigetreten werden. Das OVG. hat stets daran festgehalten, ein Irrtum des Beamten über das geltende Recht und die ihm hierdurch verliehenen Befugnisse schließe, auch wenn er entschuldbar sei, die Annahme nicht aus, daß der Beamte seine Befugnisse überschritten habe. Eine gewisse Einschränkung hat dieser Grundsatz durch OVG. 46 449 erfahren. Hier sind als einer besonderen Beurteilung bedürfend diejenigen Fälle bezeichnet, in denen dem Beamten weder die gesetzliche Befugnis zu einer Amtshandlung von der Art der vorgenommenen, noch die Kenntnis der gesetzlichen Vorschriften über die Voraussetzungen, von denen die Ausübung der Befugnis abhängt, gefehlt hat, in denen er aber diese gesetzlichen Vorschriften in einem Sinne ausgelegt oder aufgefaßt hat, der von der Auslegung und Auffassung abweicht, die bei den Behörden üblich sind oder in der wissenschaftlichen Lehre und in der Rechtsprechung herrschen. In solchen Fällen, so ist angenommen worden, fällt dem Beamten eine Ueberschreitung der Amtsbefugnisse nur dann zur Last, wenn er bei einer pflichtmäßigen Ueberlegung zu der von ihm befolgten Ansicht über das bestehende Recht nicht gelangen konnte, nicht aber schon dann, wenn

nur seine Rechtsansicht von den höchsten Gerichtshöfen bei ihren Entscheidungen nicht geteilt worden ist.

Der Beklagte hatte für den Gewerbebetrieb des Klägers die erforderliche ortspolizeiliche Erlaubnis erteilt und wurde am 26. V. 07 vor die Frage gestellt, ob er diese Erlaubnis widerrufen dürfe. Eine ausdrückliche Gesetzesvorschrift über die Zulässigkeit des Widerrufs besteht nicht. Wenn für die Erteilung auf das „freie Ermessen" hingewiesen ist, so hat doch damit nicht dem unbeschränkten Belieben des Polizeiverwalters überlassen sein sollen, ob ein Gewerbebetrieb zu genehmigen sei oder nicht; sondern es ist vorausgesetzt. daß eine verständige Abwägung der für und gegen die Zulassung sprechenden Gesichtspunkte stattfinden werde. Freies Ermessen bedeutet noch nicht Willkür. Also selbst dann, wenn man glaubt, die Bemerkung über das freie Ermessen bei der Erteilung der Genehmigung auch auf deren Widerruf beziehen zu dürfen, ist damit noch nicht eine Rechtfertigung für einen ganz willkürlichen Widerruf gewonnen. Daß die Erlaubnis dem Kläger für den 26. V. 07 ein Recht gegeben hatte, sein Gewerbe auszuüben, und daß dieses Recht für ihn einen erheblichen wirtschaftlichen Wert darstellte, konnte dem Beklagten nicht zweifelhaft sein. Ebensowenig durfte er sich als geschulter Polizeibeamter darüber im unklaren befinden, daß es nicht seines Amtes war, den einen Gewerbetreibenden zugunsten des anderen zu schädigen und das Panoptikum zu verbieten, um das Konzert im Schützengarten zu fördern. Eine pflichtmäßige Ueberlegung hätte vielmehr den Beklagten dazu führen müssen, daß er das Recht und das wirtschaftliche Interesse des Klägers zu achten und zu berücksichtigen habe. An der gebotenen Sorgfalt der Ueberlegung aber hat er es fehlen lassen und an die Stelle objektiver Erwägungen persönliche Willkür gesetzt.

Fünfte Abteilung.
Verwaltungsstreitverfahren.

Literatur: Kunze: Das Verwaltungsstreitverfahren (Berlin 1909). — Müller: Rechtskraft im Verwaltungsstreitverfahren (Leipzig 1910).

A. Allgemeine Vorschriften; Gerichte; Parteien; Fristen; Zustellungen; Wiedereinsetzung in den vorigen Stand.

Nr. 1. Entsch. v. 19. Juni 1908 (OVG. 54 490) I C 64/07.

Die Kläger, die in erster Linie bestreiten, daß die Naturalabgabe auf dem ungetrennten Bauerngut überhaupt in rechtsverbindlicher Weise geruht habe, in zweiter Linie aber behaupten, daß mit der Last nur die Hofstelle und nicht die ihnen gehörigen Feldgrundstücke beschwert seien, befinden sich im Irrtume, wenn sie annehmen, daß sie mit einer gegen den Verteilungsplan im Verwaltungsstreitverfahren erhobenen Klage eine Befreiung von der Abgabe erzielen könnten. Vielmehr sind Streitigkeiten, welche das Bestehen, den Umfang oder die rechtliche Natur der zu verteilenden Abgaben oder Leistungen betreffen, im Wege des Zivilprozesses zum Austrage zu bringen, wie sich aus § 11 G. v. 25. VIII. 76 (GS. 405) ergibt. Dem Verwaltungsrichter unterliegt dagegen — seine Zuständigkeit vorausgesetzt — allein die Entscheidung darüber, ob die durch den Verteilungsplan festgesetzte Quote dem Gesetz entspricht. Zuständig zu einer Entscheidung über die Verteilung einer aus dem Kirchen- und Pfarrverband entspringenden Last ist der Verwaltungsrichter nur unter der Voraussetzung, daß die Festsetzung der Verteilung durch eine preußische Behörde erfolgt ist. Die Verwaltungsgerichtsbarkeit ist ein Ausfluß der Staatshoheit. Sie kann sich deshalb nicht weiter erstrecken, als diese reicht. Ein preußisches Verwaltungsgericht ist infolgedessen nicht befugt, über Anordnungen und Beschlüsse außerpreußischer Behörden abzuurteilen, es sei denn, daß es dazu durch eine entsprechende Bestimmung ausdrücklich berufen wäre. An einer solchen fehlt es für den vorliegenden Fall. Auch lassen die §§ 7 und 9 G. v. 25. VIII. 76, indem sie in evangelischen Kirchengemeinden die Festsetzung der Verteilung dem Gemeindekirchenrate zuweisen und gegen seine Festsetzung den Weg der Klage im Verwaltungsstreitverfahren eröffnen, ersehen, daß sie sich auf Festsetzungen, die von einem sachsen-weimarischen Kirchengemeindevorstande getroffen sind, nicht beziehen können.

Nr. 2. Entsch. v. 2. Okt. 1908 (OVG. 53 448) I A 66/08.

Was das Ablehnungsgesuch anlangt, so war ihm eine sachliche Begründung nicht beigegeben, vielmehr an Stelle derselben lediglich geltend gemacht, daß die Verweigerung der Abschriften aus behördlichen Aktenstücken ungerechtfertigt sei. Wie das RG. in dem Beschl. v. 23. VI. 99 (Entsch. 44 402) ausgeführt hat, setzt das Gesetz, indem es das Ablehnungsrecht in weitem Umfange gewährt, als selbstverständlich voraus, daß damit nicht absichtlich Mißbrauch getrieben wird, vielmehr ernstlich Umstände angeführt und glaubhaft gemacht werden, die objektiv die Besorgnis der Befangenheit rechtfertigen. Das Gesetz will und kann aber nicht durch sein Entgegenkommen den Parteien die Möglichkeit gewähren, nach ihrem Belieben sich die Richter auszusuchen und die Sache zu verschleppen. Hier fehlt es, zumal in Anbetracht des Umstandes, daß dem Kläger bei der Ladung mitgeteilt war, die Akten der Polizeibehörde sowie der Beschwerdeinstanzen würden im Verhandlungstermine zur Vorlage gelangen, an jeder sachlichen Angabe, die objektiv geeignet wäre, eine Besorgnis der Befangenheit zu begründen. Das Ablehnungsgesuch erweist sich daher als willkürlich und deshalb auch als unbeachtlich, so daß der erkennende Senat in der Lage war, darüber ohne weiteres hinwegzugehen und in seiner regelmäßigen Zusammensetzung zu entscheiden.

Nr. 3. Entsch. v. 1. Juli 1909 (DJZ. 15 374) III C 48/09.

Der Beklagte hat 4 Mitglieder des erkennenden Senats wegen Besorgnis der Befangenheit abgelehnt, da sie einen ihm ungünstigen Vorbescheid erteilt hätten und bei dem auf die dagegen beantragte mündliche Verhandlung ergehenden Urteil ihre Ansicht über die Verspätung der Rechtfertigung des Rechtsmittels nicht mehr ändern würden. Eine sachliche Begründung ist dem Ablehnungsgesuch nicht beigegeben. Wie in RGZ. 44 402 ausgeführt ist, setzt das Gesetz, indem es das Ablehnungsrecht in weitem Umfange gewährt, als selbstverständlich voraus, daß damit nicht absichtlich Mißbrauch getrieben wird, vielmehr ernstlich Umstände angeführt und glaubhaft gemacht werden, die objektiv die Besorgnis der Befangenheit rechtfertigen. Das Gesetz kann und will aber nicht durch sein Entgegenkommen den Parteien die Möglichkeit gewähren, nach ihrem Belieben sich die Richter auszusuchen oder willkürlich die Tätigkeit des Gerichts zu lähmen und die Sache zu verschleppen. Hier fehlt es an jeder sachlichen Angabe, die objektiv geeignet wäre, eine Besorgnis der Befangenheit zu begründen. Das Ablehnungsgesuch erweist sich daher als willkürlich und deshalb auch als unbeachtlich, so daß der erkennende Senat in der Lage war, über dasselbe ohne weiteres hinwegzugehen und in seiner regelmäßigen Zusammensetzung zu entscheiden.

Nr. 4. Entsch. v. 4. Okt. 1907 (DJZ. 13 368) VIII 1730.

Wenn auch nach der Erhebung der Klage die Anordnung zurückgenommen worden und die Zurücknahme zur Kenntnis der Klägerin gelangt ist, so ist dies für die hier zu treffende Entscheidung belanglos. Denn dieser sind lediglich die Verhältnisse zugrunde zu legen, die zur Zeit des Erlasses des angefochtenen Bescheids des beklagten Regierungspräsidenten und der ortspolizeilichen Auflage vorlagen. Darüber, ob nach diesen Verhältnissen die noch im Streite befindlichen beiden Forderungen zu Recht erhoben worden sind, kann die Klägerin trotz der nachträglichen Zurücknahme schon allein wegen der etwaigen Vertretungspflicht der beteiligten Beamten eine gerichtliche Entscheidung fordern.

Nr. 5. Entsch. v. 5. März 1908 (OVG. 52 444) IV C 155/06.

LVG. § 70.

Nach § 70 LVG. ist die Beiladung Dritter, deren Interesse durch die zu erlassende Entscheidung berührt wird, in das Ermessen des Verwaltungsgerichts gestellt. Ein Anspruch auf sie besteht nicht. Daraus folgt, daß das Gericht eine von ihm verfügte Beiladung, wenn es sie nachträglich nicht für erforderlich erachtet, wieder rückgängig machen kann. Dies braucht nicht ausdrücklich durch Beschluß oder Verfügung zu geschehen, sondern kann auch stillschweigend dadurch erfolgen, daß die fernere Zuziehung der Beigeladenen unterbleibt. Dieser Fall liegt hier vor. Nachdem der Bezirksausschuß das Urteil des Kreisausschusses aufgehoben und die Sache zur anderweitigen Verhandlung an dasselbe Gericht zurückverwiesen hatte, war das Verfahren der I. Instanz wieder eröffnet und der Kreisausschuß nicht gehindert, von der ferneren Zuziehung der Gemeindevorsteher Abstand zu nehmen. Aus OVG. 34 450, wonach das Berufungsgericht eine in I. Instanz verfügte Beiladung nicht wieder aufheben darf, weil das erstinstanzliche Urteil auch gegen den Beigeladenen gilt und dieser deshalb das Recht haben muß, an dem Berufungsverfahren teilzunehmen, ist Gegenteiliges nicht herzuleiten.

Nr. 6. Beschl. v. 3. Jan. 1910 (OVG. 55 490) IV A 49/08.

LVG. § 70.

Wenn der 1. Satz des die Beiladung betreffenden § 70 LVG. für den Kreis von Personen, Behörden usw., die beigeladen werden können, keine weitere Beschränkung zieht, als die sich aus der Natur der Sache ergebende, daß der Beigeladene ebenso wie Kläger und Beklagte die Parteifähigkeit im Verwaltungsstreitverfahren besitzen muß, so ist doch für den vorliegenden Fall eine Beschränkung aus dem 2. Satze des § 70 aaO. zu entnehmen. Dieser lautet: „Die Entscheidung ist in diesem Falle (d. i. im Falle der Beiladung) auch den Beigeladenen gegenüber gültig.“ Wird daraus, wie es für die Auslegung des Gesetzes nötig ist, ein Schluß auf den Zweck und die Bedeutung der Beiladung gezogen, so ergibt sich, daß die Ortspolizeibehörde, deren polizeiliche Verfügung den Anlaß zur Einleitung des Verwaltungsstreitverfahrens gegen den Oberpräsidenten als Beklagten gegeben hat, in dem Verfahren zur Wahrnehmung des eigenen Interesses an der Aufrechthaltung ihrer Verfügung nicht beigeladen werden kann. Denn es fehlt an der Voraussetzung, daß die zu erlassende Entscheidung der Ortspolizeibehörde gegenüber ohne die Beiladung keine Gültigkeit haben würde.

Nr. 7. Entsch. v. 11. Febr. 1909 (DJZ. 14 1214) IV 293.

Die Klägerin hat die Klage „im Beistande des Ehemanns“ erhoben, und dementsprechend ist das Rubrum der Vorentscheidung gefaßt. Dieses Rubrum ist nicht richtig. Nach § 52 Abs. 2 ZPO. wird die Prozeßfähigkeit einer Frau dadurch, daß sie Ehefrau ist, nicht beschränkt. Auch in den Fällen, wo die Frau ein zum eingebrachten Gute gehöriges Recht nur mit Zustimmung des Mannes geltend machen kann (§ 1400 Abs. 2 BGB.), ist die Aktivlegitimation der Ehefrau nicht von der Voraussetzung abhängig, daß der Mann selbst an dem Prozeß als Partei teilnehmen müsse (RGZ. 60 85). Das Vorstehende trifft auch für die Prozeßfähigkeit im Verwaltungsstreitverfahren zu.

Nr. 8. Entsch. v. 1. Juli 1909 (PrVerwBl. 31 821) IV B 20/08.

Ohne Bedeutung ist es, daß das LVG. über die Ergänzung von Urteilen nichts enthält, während die ZPO. im § 321 sie ausdrücklich zuläßt und das dabei zu beobachtende Verfahren regelt. Vielmehr ergibt sich das Recht der Parteien, eine ergänzende Entscheidung über von ihnen gestellte, aber vom Gericht übergangene Anträge zu verlangen, aus ihrem Recht zur Prozeßführung überhaupt und dem darin enthaltenen Anspruch, über alle erhobenen Ansprüche ein Endurteil zu erlangen, soweit sie nicht durch Klagezurücknahme erledigt sind. Auch ist der Antrag an eine Frist nicht gebunden, da eine solche für das Verwaltungsstreitverfahren nicht vorgeschrieben ist.

Nr. 9. Entsch. v. 14. Okt. 1909 (OVG. 55 492) IV B 88/08.

LVG. § 73.

Wenn der beklagte Landrat die Einlegung der Berufung durch den Gemeindevorsteher für die Gemeinde auf Grund der §§ 41⁷, 52 HannLGemG. v. 28. IV. 59 (Hann. GS. Abt. I 393) für unzulässig erachtet, weil die Angelegenheit nicht zur Zuständigkeit der Gemeindeversammlung, sondern des Gemeindeausschusses gehört habe, so ist ihm hierin nicht beizupflichten. Die Frage, ob der Gemeindevorsteher ohne oder gegen den Beschluß des für die betr. Angelegenheit zuständigen Gemeindeausschusses Klage erheben oder ein Rechtsmittel im Verwaltungsstreitverfahren mit formeller Rechtswirksamkeit einlegen kann, worauf es hier allein ankommt, ist rein prozessualer Natur. Sie wird durch § 73 Abs. 3 LVG. beantwortet, der vorschreibt, daß Gemeindevorsteher, die als solche legitimiert sind, zur Vertretung ihrer Gemeinden einer besonderen Vollmacht nicht bedürfen. Diese Vorschrift ist recht eigentlich für diejenigen Fälle von praktischer Bedeutung, in denen nach dem maßgebenden Gemeinderecht über den streitigen Gegenstand nicht sowohl der Gemeindevorsteher als solcher in Kraft seines Gemeindeamts, sondern die Gemeinde selbst durch die Gemeindeversammlung, oder, wo ein solcher besteht, der Gemeindeausschuß oder die Gemeindevertretung die materielle Verfügungsgewalt hat. Der Gemeindevorsteher wird durch sie ohne Rücksicht auf die für seine sachlichen Befugnisse geltenden Bestimmungen der Gemeindeordnungen für das Gebiet des Verwaltungsstreitverfahrens schlechthin zur Vertretung der Gemeinde für befugt erklärt, so daß seine materiell-rechtliche Ermächtigung dazu vom Prozeßgerichte nicht zu prüfen ist. Das gilt nicht allein für den Fall, daß er ohne einen vorgeschriebenen Gemeindebeschluß klagt, sondern auch, wenn er im Widerspruche mit einem solchen Klage erhebt oder ein Rechtsmittel einlegt. Das Gericht soll, den praktischen Bedürfnissen entsprechend, im Interesse der Erleichterung des Verfahrens, grundsätzlich jeglicher derartigen Prüfung in formeller Beziehung überhoben sein. Selbstverständlich wird dadurch der Gemeindevorsteher im Innenverhältnisse gegenüber der Gemeinde und seinen Dienstvorgesetzten von seiner Verantwortlichkeit für eine etwaige Ueberschreitung seiner sachlichen Zuständigkeit nicht befreit.

Nr. 10. Beschd. v. 28. Okt. 1909 (OVG. 55 494) III A 30/09.

LVG. §§ 20, 28, 30, 82, 93, 95, 126.

Für die Anfechtung endgültiger Beschlüsse des Bezirksausschusses wegen Ueberschreitung der Befugnisse dieser Behörde oder wegen Verletzung des bestehenden Rechtes, insbesondere auch der von den Behörden innerhalb ihrer Zuständigkeit erlassenen Verordnungen, beruft das LVG. im § 126 den Regierungspräsidenten. Seine Stellvertretung in Fällen seiner Behinderung überträgt es für den Vorsitz im Bezirksausschusse dem Verwaltungsgerichtsdirektor, und im Falle, daß auch dieser behindert ist, dem in § 30 aaO. bezeichneten Mitgliede; für den Bezirksausschuß im übrigen dem hierzu ernannten Stellvertreter des Regierungspräsidenten. Die Stellvertretung für die nicht zur Zuständigkeit des Bezirksausschusses gehörigen Amtsgeschäfte des Regierungspräsidenten überweist es dem ihm beigegebenen Oberregierungsrat und in dessen Behinderung einem anderen Oberregierungsrate der Regierung, soweit die Minister in besonderen Fällen nicht eine andere Stellvertretung angeordnet haben (§§ 20, 28 aaO.).

Die Ermächtigung des Verwaltungsgerichtsdirektors und seines Stellvertreters zur Erhebung der Klage läßt sich danach nur dann anerkennen, wenn der Regierungspräsident hierzu in seiner Eigenschaft als Vorsitzender des Bezirksausschusses berufen ist. Dies ist auf Grund folgender Erwägung zu verneinen.

Das Gesetz ermächtigt zur Einlegung der zulässigen Rechtsmittel gegen die von den Kreis- und Bezirksausschüssen im Verwaltungsstreitverfahren beschlossenen Entscheidungen aus Gründen des öffentlichen Interesses auch deren Vorsitzende. Für diese Regelung wird bestimmend gewesen sein, daß die Absicht, das Rechtsmittel einzulegen, den Mitgliedern, nachdem sie die Entscheidung beschlossen haben, kundzutun ist, und daß die Einlegung des Rechtsmittels, zur Vermeidung seines Verlustes, bei der Verkündung der Entscheidung bekanntzugeben ist (§§ 82, 93, 95). Es wird vermutlich nicht für angezeigt erachtet worden sein, diese Ermächtigung dann, wenn der Regierungspräsident an der Entscheidung der Streitsache teilzunehmen behindert war, dem an seiner Stelle zum Vorsitze berufenen Beamten vorzuenthalten und dem zur sonstigen Stellvertretung des Regierungspräsidenten berufenen Beamten zu überweisen.

Diese Rücksicht kam für die Ordnung der Zuständigkeit zur Erhebung der Klage behufs Anfechtung gesetzwidriger endgültiger Beschlüsse nicht in Frage. da das Verfahren derart geregelt worden ist, daß die Absicht, die Klage zu erheben, weder bei der Feststellung der Beschlüsse noch bei ihrer Verkündung bekanntzugeben und ihre Erhebung an eine Frist nicht gebunden ist. Es lag demnach kein Anlaß vor, die Befugnis zur Erhebung der Klage dem Regierungspräsidenten in dieser seiner Eigenschaft vorzuenthalten. Das Gesetz macht aber auch sonst erkennbar, ob eine Amtstätigkeit den Vorsitzenden der Kreis- und Bezirksausschüsse in dieser ihrer Eigenschaft oder in ihrer Eigenschaft als Landrat und Regierungspräsident zufällt. Es rechtfertigt sich deshalb die Auslegung, daß der Regierungspräsident zur Erhebung der Klage im § 126 nicht in seiner Eigenschaft als Vorsitzender des Bezirksausschusses ermächtigt worden ist.

Nr. 11. Entsch. v. 30. April 1907 (PrVerwBl. 30 9) VIII C 31/06.

LVG. §§ 17, 112.

1. Adressat eines Urteils war die Regierung, Abteilung für direkte Steuern, Domänen und Forsten, in K. Vorsteher der Behörde, d. h. der Regierung — die Abteilungen bilden (§ 5 RegInstr. v. 23. X. 1817) keine abgesondert voneinander für sich bestehende Behörden — ist (§ 17 LVG.) der Regierungspräsident. Diesem war nach § 17 Regul. für die Kreisausschüsse v. 28. II. 84, § 16 II Abs. 2 Regul. für das OVG. v. 22. II. 92 (§ 171 Abs. 2 ZPO.) zuzustellen. Da die in § 16 VI Regul. v. 22. II. 92, § 184 ZPO. bezeichnete Voraussetzung, wie in der Zustellungsurkunde bezeugt ist, vorlag, so durfte die Ersatzzustellung an einen anderen in dem Geschäftslokale anwesenden Beamten oder Bediensteten, also auch an den Botenmeister E. erfolgen.

2. Kläger bittet um Wiedereinsetzung, weil er von der Zustellung ohne sein Verschulden keine Kenntnis erlangt habe (§ 112 Satz 2 LVG.). Auch hier kann es nicht darauf ankommen, ob die Abteilung für direkte Steuern, Domänen und Forsten ohne ihr Verschulden keine Kenntnis von der Zustellung erhalten hat. Denn der Präsident (für Abteilung I) und die Abteilungen sind keine besonderen Behörden. Wenn sämtliche Schreiben bei dem Präsidenten erbrochen und ihm präsentiert werden (§ 23 RegInstr.), oder, da ihm die Geschäftskontrolle obliegt (§ 39 RegInstr.), von dem von ihm eingerichteten Zentralbureau, so kann es nur darauf ankommen, ob das zur Eröffnung und ersten Kenntnisnahme berufene Organ der Regierung, also der Regierungspräsident, oder für ihn das Zentralbureau, unverschuldet keine Kenntnis erlangt hat. Nun ist aber davon keine Rede, daß der Botenmeister das Schriftstück habe liegen lassen. Die Regierung — und das ist entscheidend — hatte, indem das Zentralbureau das Schriftstück eröffnete, Kenntnis von der Zustellung; mit dem auf die Zustellung folgenden Tage begann daher der Lauf der 2wöchigen Frist für die Einlegung der Berufung.

Lediglich die nicht verschuldete Unkenntnis der Zustellung ist der Wiedereinsetzungsgrund, der in Betracht kommt. Die Unkenntnis des Zentralbureaus, daß die Sache nicht vor Abteilung II, sondern III gehörte, und die irrige Annahme von Abteilung II, als ob ihr das Urteil zur Kenntnisnahme zugesandt sei, haben für die Wiedereinsetzung keine Bedeutung.

Nr. 12. Beschl. v. 16. Dez. 1907 (PrVerwBl. 30 43) IV 1988.

LVG. §§ 48, 100, 110, 112.

1. Der Antrag auf Wiedereinsetzung in den vorigen Stand ist kein Rechtsbehelf gegen rechtskräftige Urteile; diesen gegenüber kennt das Gesetz nur die Klage auf Wiederaufnahme des Verfahrens (§ 100 LVG.). Hier aber handelt es sich um ein ohne weiteres rechtskräftiges Urteil, durch welches das anhängige Verwaltungsstreitverfahren seine endgültige Erledigung gefunden hat, vorbehaltlich allein einer Wiederaufnahme auf Grund des § 100. Darauf, ob der Antragsteller durch einen unabweisbaren Zufall gehindert gewesen ist, die Revisionsfrist innezuhalten, ist unter diesen Umständen nicht einzugehen, doch mag bemerkt werden, daß es regelmäßig keinen unabweisbaren Zufall im Sinne des § 112 aaO. bildet, wenn ein an unzuständiger Stelle eingereichter Schriftsatz von dieser nicht rechtzeitig an die zuständige Behörde abgegeben worden ist.

2. Die für den Fall der Ablehnung des Antrags auf Wiedereinsetzung in den vorigen Stand erhobene Beschwerde betrifft den Geschäftsbetrieb bei dem Bezirksausschuß; es wird gerügt, daß ein Schriftsatz nicht so schleunig, wie hätte geschehen können und sollen, an den Kreisausschuß weitergegeben worden sei, also eine Verzögerung stattgefunden habe. Sie ist daher keine sachliche Beschwerde, sondern eine Aufsichtsbeschwerde. Eine derartige Beschwerde fällt nicht unter den § 110 LVG., und das OVG. ist nicht zuständig, über sie zu befinden. Es kommt vielmehr der § 48 aaO. zur Anwendung.

Nr. 13. Entsch. v. 14. Mai 1908 (PrVerwBl. 30 408) IV C 168/07.

LVG. § 112.

Die Frage der Innehaltung der für die Anstellung der Klage oder die Einlegung von Rechtsmitteln vorgeschriebenen Fristen ist, als auf zwingenden Vorschriften des Prozeßrechts beruhend, von dem Verwaltungsrichter in allen Instanzen von Amts wegen frei zu prüfen. Demgemäß ist auch darüber in der Revisionsinstanz von Amts wegen und ohne daß es eines entsprechenden Revisionsangriffs bedarf, zu befinden, ob die vom Bezirksausschusse wegen Versäumung der Berufungsfrist erteilte Wiedereinsetzung in den vorigen Stand sachlich und rechtlich begründet ist. Diese war nach § 112 LVG. nur zulässig, wenn der Beklagte durch Naturereignisse oder andere unabweisbare Zufälle verhindert worden ist, die Berufungsfrist einzuhalten. Naturereignisse kommen nicht in Frage. Ein unabweisbarer Zufall ist ein solcher, der durch menschliche Sorgfalt überhaupt nicht zu vermeiden war. Ein derartiger Zufall kann aber darin nicht erblickt werden, daß der Amtsvorsteher mehrere Tage verreist war und sein Vertreter zur Vollziehung der Berufungsschrift nicht rechtzeitig erreicht werden konnte, weil unter allen Umständen dafür gesorgt werden muß, daß dringende Amtsgeschäfte erledigt werden können, und es an jedem Anhalt dafür fehlt, daß dies im vorliegenden Falle unmöglich gewesen sei.

Nr. 14. Entsch. v. 30. Sept. 1909 (DJZ. 15 542) VII C 138/09.

LVG. §§ 52, 112.

Der Kläger meint, daß, nachdem ihm einmal die Wiedereinsetzung in den vorigen Stand von dem Vorderrichter gewährt worden sei, in dem weiteren Verfahren, ob solches hätte geschehen dürfen, einer Nachprüfung nicht mehr unterzogen werden könne. Diese Annahme ist jedoch unzutreffend. Allerdings kann nach § 52 Abs. 2 LVG. „bezüglich der Beschwerde" die angerufene Behörde in Fällen unverschuldeter Fristversäumnis Wiedereinsetzung in den vorigen Stand gewähren, die weder an eine besondere Form, noch an sonstige Schranken gebunden ist. Daraus folgt, daß, wenn eine solche Wiedereinsetzung im Beschwerdeverfahren einmal stattgefunden hat, die dadurch in ihren rechtlichen Folgen beseitigte Fristversäumnis in dem sich weiter daran knüpfenden Streitverfahren nicht wieder aufleben kann. Anders liegt die Sache dagegen im Verwaltungsstreitverfahren. Denn hier sind lediglich die für dieses Verfahren besonders getroffenen Bestimmungen (§ 112 aaO.) maßgebend, § 52 Abs. 3 aaO. Danach hat der Revisionsrichter — sowohl nach der rechtlichen wie nach der tatsächlichen Seite — auch die Frage zu prüfen, ob die Frist zur Stellung des Antrags auf Wiedereinsetzung in den vorigen Stand gewahrt worden ist.

Nr. 15. Entsch. v. 28. Okt. 1909 (PrVerwBl. 31 785) IV C 215/08.

LVG. § 112.

Die Zustellung ist in Abwesenheit des den Kläger vertretenden Rechtsanwalts als Ersatzzustellung in dessen Wohnung an eine Dienstmagd bewirkt worden; sie ist ordnungsmäßig bescheinigt und durfte auch in der Wohnung erfolgen, obwohl der Rechtsanwalt ein besonderes Geschäftslokal hat. In dem letzteren ist demnächst das zugestellte Schriftstück mit dem Eingangsstempel v. 17. VIII. — einem Montage — versehen worden, und so ist es einige Tage später nach der Rückkehr des Rechtsanwalts von einer Reise in dessen Hände gekommen. Dieser hat am 31. VIII., nachdem er beim Kreisausschuß erfahren hatte, daß die Zustellung schon am 15. erfolgt und die Revisionsfrist bereits abgelaufen war, gegen die Fristversäumung die Wiedereinsetzung in den vorigen Stand beantragt mit der Begründung, daß er von der bereits am 15. VIII. 08 geschehenen Zustellung ohne sein Verschulden keine Kenntnis erlangt habe. Der Gerichtshof hat es nach der ganzen Sachlage für geboten gehalten, die rechtzeitig beantragte Wiedereinsetzung zu erteilen. Denn wenn, wie anzunehmen war, der Antragsteller ohne sein Verschulden keine Kenntnis davon erlangt hat, daß die Ausfertigung des Berufungsurteils früher als am 17. VIII. zugestellt worden war, so hat er „von einer Zustellung" im Sinne des § 112 LVG. ohne sein Verschulden keine Kenntnis erlangt. Dies aber ist nach dem Gesetz als unabwendbarer Zufall anzusehen, und dadurch ist der Kläger in der Person seines Prozeßvertreters verhindert worden, die Revisionsfrist einzuhalten. Die Frage des Verschuldens anderer Personen, als des Rechtsanwalts selbst, ist für die Entscheidung in dem vorliegenden Falle unerheblich.

B. Verfahren in I. Instanz.

Nr. 1. Entsch. v. 16. Dez. 1907 (DJZ. 13 766) IV 1863.

LVG. § 79.

Der Kläger wiederholt, der beklagte Magistrat sei verpflichtet, die von ihm, dem Kläger, in Bezug genommenen Akten zu beschaffen, und, wenn er hierzu nicht imstande sei, könne dies ihm, dem Kläger, nicht zum Nachteile gereichen; es müsse alsdann der von ihm behauptete Akteninhalt entgegen der Auffassung des Vorderrichters als richtig angenommen werden. Eine solche Annahme ist jedoch keineswegs geboten. Das LVG. enthält weder dem § 427 ZPO. entsprechende noch sonstige Vorschriften über die Folgerungen, die daraus zu ziehen sind, daß von einer Partei in Bezug genommene Akten von der Gegenpartei nicht vorgelegt werden. Der Verwaltungsrichter ist daher insoweit ganz unbeschränkt und hat lediglich nach dem § 79 Satz 1 LVG. zu verfahren. Danach ist es nicht zu beanstanden, daß der Bezirksausschuß, nachdem der Beklagte Bescheinigungen der verschiedenen städtischen Registraturen überreicht hatte, nach dem die Akten nicht vorhanden sind, aus deren Fehlen geschlossen hat, es seien in der betreffenden Zeit Arbeiten von erheblicher Bedeutung in dem streitigen Teile der Straße von dem Beklagten nicht vorgenommen worden.

Nr. 2. Entsch. v. 16. Jan. 1908 (PrVerwBl. 29 516) IV C 217/06.

LVG. §§ 63 f., 67, 112.

1. Die Auffassung des Klägers, daß nach stattgehabtem Schriftwechsel ein Vorbescheid auf Grund des § 67 LVG. nicht mehr erlassen werden dürfe, geht fehl. § 64 Abs. 1 und 3 aaO. stellt es in das Ermessen des Bezirksausschusses oder seines Vorsitzenden in Gemeinschaft mit den ernannten Mitgliedern, die Klage alsbald durch einen Bescheid zurückzuweisen. § 67 aaO. aber ermächtigt das Gericht auf Grund der Erklärung der Parteien, also nach vollzogenem Schriftwechsel, seine Entscheidung in der Form eines mit Gründen versehenen Bescheides zu fällen, wenn weder vom Kläger noch vom Beklagten die Anberaumung der mündlichen Verhandlung ausdrücklich verlangt worden ist. Diese Voraussetzung lag hier vor; für die Entscheidung in der Form eines Bescheides war aber nicht der Vorsitzende, sondern nur das Kollegium des Bezirksausschusses zuständig. Der angefochtene Bescheid unterliegt daher wegen wesentlichen Verfahrensmangels der Aufhebung.

2. Im Ergebnis war dem Vorderrichter indessen beizutreten. Der Schriftsatz v. 31. VII. 06 gibt weder das Datum des angefochtenen Bescheides, noch die Höhe des geforderten Beitrages, noch den Betrag an, um welchen der Kläger diesen Beitrag ermäßigt wissen will; er begnügt sich mit der Angabe, daß der Kläger gegen einen Bescheid des Magistrats wegen Heranziehung zu den Baukosten des H.er Weges klagen wolle und sich die Klagebegründung noch vorbehalte. Dieser Schriftsatz, dessen Inhalt auch nicht durch Beifügung des angefochtenen Bescheides oder sonstiger Schriftstücke erläutert wird, stellt sich

lediglich als eine Klageanmeldung dar und war daher nach § 63 LVG. zur Wahrung der Klagefrist ungeeignet.

3. Der Antrag auf Wiedereinsetzung in den vorigen Stand ist unbegründet, weil sie nach § 112 aaO. nur von demjenigen beantragt werden kann, der durch Naturereignisse oder andere unabwendbare Zufälle an der Einhaltung der gesetzlichen Frist verhindert worden ist, und eine Voraussetzung dieser Art hier nicht vorliegt.

Nr. 3. Entsch. v. 21. Dez. 1908 (PrVerwBl. 31 275) IV C 90/07.

Ueber feststehende und ebenso über unerhebliche Tatsachen braucht kein Beweis erhoben zu werden.

Nr. 4. Entsch. v. 1. Febr. 1909 (DIZ. 14 1152) IV 244.

LVG. §§ 71, 92.

Es kann dem Bezirksausschusse nicht darin beigetreten werden, daß die nachträgliche Behauptung der Kläger, der streitige Weg sei ein Privatweg, eine Klageänderung im Sinne des § 71 LVG. darstelle, die gemäß § 92 aaO. in der Berufungsinstanz nicht mehr zulässig sei. Denn mit dieser Behauptung haben die Kläger keinen neuen Klagegrund, sondern ein neues Verteidigungsmittel gegen die Berechtigung der Beklagten, den Weg einzuziehen, vorgebracht, und in der Beibringung neuer Verteidigungsmittel ist die Partei auch in der Berufungsinstanz unbeschränkt.

Nr. 5. Entsch. v. 21. Okt 1909 (PrVerwBl. 31 345) III C 150/08..

1. Der Verwaltungsrichter darf eine dem Inhalte eines Gutachtens unmittelbar entgegenstehende Feststellung nur nach vorausgegangener Würdigung dieses Gutachtens treffen.

2. Eine Entscheidung des Bezirksausschusses kann nur auf die Ueberzeugung des Gerichtshofs, nicht aber auf die Ueberzeugung einzelner seiner Mitglieder gestützt werden.

Nr. 6. Entsch. v. 25. Nov. 1909 (OVG. 55 498) IV B 21/08.

Eine Berichtigung von Urteilen ist zwar im Verwaltungsstreitverfahren an sich zulässig, aber jedenfalls nicht über den beschränkten Umfang hinaus, der nach dem § 319 ZPO. für zivilprozessuale Urteile gilt. Nach dieser Vorschrift und gemäß dem Grundsatze, daß der Richter an das von ihm erlassene Urteil gebunden ist, es nicht mehr ändern darf, daß die Berichtigung ohne Zeitbeschränkung und ohne formelles Verfahren zulässig ist und auch von Richtern ausgesprochen werden darf, die mit der Sache gar nicht befaßt waren, sind Berichtigungen nur statthaft, wenn es sich um eine Unrichtigkeit nicht im Willen des Gerichts, sondern bloß im Ausdrucke des Willens handelt, wenn ferner dies und zugleich der richtige Ausdruck des Willens aus dem Urteile selbst, der Urteilsformel und der Begründung der Entscheidung, sich ohne weiteres sowie klar und mit Gewißheit ergibt.

Nr. 7. Entsch. v. 14. Dez. 1909 (PrVerwBl. 31 545) I C 53/09.

Die Vorentscheidung unterliegt der Aufhebung, weil der Vorderrichter es unterlassen hat, die erhobene Widerklage abzuweisen. Er sagt allerdings in den Gründen seiner Entscheidung, die Widerklage sei als unzulässig zurückzuweisen, in der Formel der Entscheidung aber wird die Widerklage nicht erwähnt, wie denn auch der Wert des Streitgegenstandes lediglich nach dem Antrage der Klage bemessen ist und der — in Ansehung der Widerklage unterliegenden — Beklagten keinerlei Kosten auferlegt werden. Sonach leidet das Verfahren des Bezirksausschusses an wesentlichen Mängeln, die zur Aufhebung seiner Entscheidung führen müssen.

Nr. 8. Entsch. v. 4. März 1910 (PrVerwBl. 31 867) I C 35/09.

Zur Verhütung derjenigen Unzuträglichkeiten, mit denen die getrennte Behandlung verschiedener dieselbe Wahl betreffender Klagen unvermeidlich verbunden ist, hat der Gerichtshof schon wiederholt es als Aufgabe des Verwaltungsrichters bezeichnet, die dasselbe Ziel verfolgenden Klagen miteinander zu verbinden (vgl. OVG. 14 48, 26 119 ff.). Hiernach war es unrichtig, daß der Kreisausschuß die beiden Klagen nicht nur nicht verband sondern sogar die Entscheidung auf die zweite Klage bis zur Erledigung der ersten aussetzte.

C. Rechtsmittelverfahren; Wiederaufnahme des Verfahrens.

Nr. 1. Entsch. v. 14. Febr. 1907 (DJZ. 12 1090) IV 202.

Wenn auch, wie nicht für die Anmeldung, ebenso nicht für die Rechtfertigung der Berufung — abgesehen von der Schriftlichkeit — eine Form vorgeschrieben und über die Art und das Maß der Rechtfertigung nichts weiter bestimmt ist (§§ 85 f. LVG.), also jede Rechtfertigung, mag sie noch so geringfügig sein, und selbst eine ganz unsachgemäße genügt, um das Rechtsmittel zu wahren, so läßt sich doch in der bloßen Erklärung, daß das Urteil seinem ganzen Umfange nach angefochten werde, noch keine Rechtfertigung finden. Denn damit ist immer nur zum Ausdrucke gebracht, was angefochten wird: die Entscheidung in der Hauptsache und im Kostenpunkte ferner das Endergebnis der Entscheidung sowie deren einzelne Gründe und der Sachverhalt, der die Unterlage bildet; aber es ist keinerlei Begründung für diese Anfechtung gegeben. Lediglich eine allgemeine Unzufriedenheit mit dem erlassenen Urteil ist ausgesprochen worden. Eine solche reicht indessen nicht aus. Sie ist bereits in jeder Einlegung eines Rechtsmittels enthalten, wird aber vom Gesetz dadurch, daß es außer der Anmeldung noch eine besondere Rechtfertigung des Rechtsmittels verlangt, für nicht genügend erklärt.

Nr. 2. Entsch. v. 18. April 1907 (PrVerwBl. 29 203) IV C 23/06.

Der wesentliche Verfahrensmangel, daß ein in I. Instanz Beigeladener in der Berufungsinstanz nicht zugezogen worden ist, kann in der Revisionsinstanz durch nachträgliche Zustellung der Berufungsschrift und des Berufungsurteils geheilt werden.

Nr. 3. Entsch. v. 7. April 1908 (OVG. 52 61) I C 16/07.

Wesentlicher Mangel des Verfahrens liegt vor, wenn nach Anberaumung eines Termins zur Verkündung der Entscheidung in dem neuen Termine die Entscheidung nicht bloß verkündet, sondern auch gefällt wird und hieran nicht dieselben Mitglieder des Gerichts teilnehmen, die bei dem ersten Termine mitgewirkt haben.

Nr. 4. Entsch. v. 21. Dez. 1908 (PrVBerwBl. 31 361) IV C 71/08.

LVG. § 40.

Irrig ist die Ansicht, daß in der Besetzung des Kreisausschusses mit einer geraden Anzahl von Mitgliedern ein Revisionsgrund liege. Allerdings ist dadurch, daß der erkennende Kreisausschuß aus 6 Mitgliedern besteht, ohne daß das dem Lebensalter nach jüngste gewählte Mitglied bei der Abstimmung ausschied, § 40 LVG. verletzt. Dieser Verfahrensmangel kann jedoch nicht zur Begründung der Revision verwertet werden. Die Revision kann nur auf einen dem Bezirksausschusse als Berufungsgericht selbst zur Last fallenden oder doch sein Verfahren beeinflussenden Mangel des Verfahrens gestützt werden. Ein solcher Mangel liegt nicht vor. Wenn auch das Berufungsgericht befugt ist, unter Umständen eine Sache zur anderweitigen Verhandlung an die Vorinstanz zurückzuverweisen, so haben doch die Parteien einen Anspruch auf Zurückverweisung nicht.

Nr. 5. Entsch. v. 4. Jan. 1909 (PrVerwBl. 31 328) IV C 81/08.

Darin, daß die Urteilsgründe einen Schriftsatz nicht erwähnen, dessen Inhalt für die Entscheidung unerheblich ist, kann ein Revisionsgrund nicht gefunden werden.

Nr. 6. Entsch. v. 30. Jan. 1908 (OVG. 52 359) III C 241/07.

Gegen eine Entscheidung, die die Klage wegen Unzulässigkeit des Verwaltungsstreitverfahrens abweist, steht auch dem Beklagten, der die Anerkennung der Zulässigkeit des Verfahrens und die Abweisung der Klage aus sachlichen Gründen verlangt, die Einlegung des Rechtsmittels zu.

Nr. 7. Entsch. v. 24. April 1908 (OVG. 52 35) II B 54/07.

Die Berufung kann nur gegen die in dem Urteil enthaltene Entscheidung, aber nicht deshalb eingelegt werden, weil ein Teil des Klageanspruchs in dem Urteil übergangen ist. Die Parteien können nur die Vervollständigung des Urteils durch ein Nachtragsurteil bei dem Gerichte beantragen, das das Urteil gefällt hat.

Nr. 8. Entsch. v. 26. Nov. 1908 (DJZ. 14 663) IV 2036.

LVG. §§ 85 f.

Zunächst mit der Berufung durch Vorbescheid zurückgewiesen, weil die Berufungsanmeldungs- und Rechtfertigungsschrift keine Unterschrift trug und deshalb im Sinne der §§ 85 f. LVG. als eine schriftliche Anmeldung und Rechtfertigung des Rechtsmittels nicht angesehen werden konnte, hat der Beklagte zugleich mit dem Antrag auf mündliche Verhandlung den Nachweis erbracht, daß dem unterschriftlich nicht vollzogenen Schriftsatze das ihm zugestellte angefochtene Erkenntnis in Urschrift beigeschlossen gewesen ist, unter dem sich der von ihm geschriebene und auch vollzogene Vermerk befunden hat: „Gegen dieses Urteil lege ich Berufung ein. P. W. L." Der Gerichtshof hat keine Bedenken getragen, hierin einen vollgültigen Ersatz für die fehlende Unterschrift zu erkennen, und die formgerechte rechtzeitige Anmeldung sowie Rechtfertigung der Berufung dementsprechend nachträglich angenommen.

Nr. 9. Entsch. v. 4. Jan. 1909 (OVG. 53 451) IV C 192/07.

LVG. §§ 99, 101.

1. Die Einwendungen gegen die Zuständigkeit des Bezirksausschusses waren schon deshalb nicht zu berücksichtigen, weil das OVG. in der ersten Revisionsentscheidung die Abgabe der Sache an den von ihm für zuständig angesehenen Bezirksausschuß ausgesprochen hatte und dieser Ausspruch gemäß §§ 99, 101 LVG. nicht nur für den Berufungsrichter maßgebend war, sondern auch das Revisionsgericht selbst bindet.

2. Die Frage, ob und inwieweit in M. eine die Anlieger zur polizeimäßigen Straßenreinigung der Polizei gegenüber verpflichtende Observanz besteht, ist in der Revisionsinstanz insoweit frei zu prüfen, als die in der früheren Revisionsentscheidung aufgestellten Grundsätze für eine solche Prüfung noch freien Spielraum lassen.

Nr. 10. Entsch. v. 3. März 1908 (PrVerwBl. 30 42) II C 108/07.

In Ansehung der Legitimation des Beigeladenen zur Einlegung von Rechtsmitteln ist es unerläßliche Voraussetzung, daß der Beigeladene in seinen eigenen Rechten verletzt zu sein behauptet; ferner ist wesentliche Voraussetzung, daß dabei solche Rechte in Frage stehen, die im Verwaltungsstreitverfahren Schutz finden. Hier handelt es sich lediglich um die Frage, ob der Beigeladene auf Grund des mit dem Kläger abgeschlossenen Pachtvertrages diesem die Abgabe, sofern er sie zu zahlen für schuldig erklärt wird, zu erstatten hat, also nicht um einen im Verwaltungsstreitverfahren verfolgbaren Anspruch.

Nr. 11. Beschd. v. 7. Juli 1908 — I B 15/06 und Entsch. v. 12. Jan. 1909 (OVG. 54 493) I B 15/06.

LVG. §§ 70, 87; LGemO. § 4.

1. Aus der prozessualen Zulässigkeit der Beiladung und dem dadurch begründeten Rechte zur selbständigen Einlegung der Berufung (vgl. § 70 Abs. 2 LVG.) ist noch nicht der Schluß zu ziehen, daß nunmehr die mit der Berufung angefochtene Entscheidung der 1. Instanz in allen Fällen sachlich geprüft werden müsse. Vielmehr ist zunächst die Vorfrage zu erledigen, ob der als Berufungskläger auftretende Beigeladene ein Recht verfolgt, zu dessen Schutze ihm das Verwaltungsstreitverfahren überhaupt gegeben ist, eine Frage, die in die bereits zur Sachprüfung hinüberleitende weitere Ermittelung eingreift, ob denn der Berufungskläger durch die Vorentscheidung in „seinen“ Rechten, d. h. in solchen Rechten verletzt ist, über die er zu verfügen hat. Ergibt sich, daß das Rechtsmittel eingelegt ist, um einen Anspruch zu verfolgen, über den im Verwaltungsstreitverfahren gar nicht entschieden werden darf und dessen Verfolgung dem Berufungskläger auch nach dem Gesetze nicht zusteht, so muß ohne weiteres Eingehen auf den Streitfall selbst das Rechtsmittel zurückgewiesen werden. Wie in dem Vorbescheid ausgeführt ist, steht dem Kreisausschusse kein Recht zu, gegen solche Aenderungen der Kreisgrenzen, die infolge einer Entsch. auf Grund des § 4 LGemO. eintreten, irgendwelche Maßnahmen zu ergreifen, da die Grenzänderung kraft Gesetzes stattfindet. Folglich fehlt die Unterlage für einen im Verwaltungsstreitverfahren zu verfolgenden Anspruch dahin, daß die mit der Veränderung der kommunalrechtlichen Zugehörigkeit der

Ortschaft W. verbundene Aenderung der Kreisgrenze unterbleibe und zu diesem Zwecke die Ortschaft W. nicht für einen Teil des Stadtbezirkes Th. erklärt werde. Der Urteilsspruch, der W. dem Stadtbezirke zuweist, greift nicht in solche Rechte des Kreises ein, über die dem Kreisausschusse die Verfügung zustände, und darum kann auch nicht anerkannt werden, daß der Kreisausschuß im prozessualen Sinne durch die Vorentscheidung „verletzt" werde.

2. Von dem sonstigen Vorbringen über die Bedeutung der prozessualen Zulässigkeit der Berufung ist unbedenklich zutreffend, daß eine Anschließung an die Berufung stattfinden darf (§ 87 LVG.). Dagegen kann der Ausführung nicht gefolgt werden, daß die Anschließung bereits in dem Schriftsatze des Regierungsreferendars K. erklärt worden sei. Dieser Schriftsatz gibt mit keinem Worte zu erkennen, daß der Vertreter des öffentlichen Interesses auch seinerseits mit der Entscheidung des Bezirksausschusses unzufrieden sei und dagegen die höhere Instanz anrufen wolle. Ob der Verfasser der Erklärung zugesagt hatte, sich der Berufung anschließen zu wollen, oder seine Aeußerung als Anschließung ansah, kann dahingestellt bleiben; maßgebend ist, was er erklärt hat, nicht dasjenige, was er zu erklären versprochen oder gemeint hat. Die abgegebene Erklärung ist keine Berufungsanschließung. Dagegen lassen die Erklärungen des Assessors P. und des Regierungsrats B. keinen Zweifel darüber, daß sie in der Form die Anschließung an das vom Beigeladenen eingelegte Rechtsmittel genügend zum Ausdrucke bringen; da die Anschlußerklärung bis zum Schlusse der letzten mündlichen Verhandlung statthaft ist, würde auch ihre Rechtzeitigkeit nicht in Abrede zu stellen sein. Allein es fehlt der Anschlußberufung des Vertreters des öffentlichen Interesses an einer wesentlichen gesetzlichen Voraussetzung und deshalb kann sie nicht für zulässig erachtet werden. Wie aus der Bestimmung des § 87 LVG.: „Der Berufungsbeklagte kann sich der Berufung anschließen" zu folgern ist, steht das Recht der Anschließung immer nur demjenigen Prozeßbeteiligten zu, dessen Gegner das Rechtsmittel eingelegt hat. Das Ziel der Prozeßgegner muß sich in der Berufungsinstanz bezüglich des Spruches des ersten Richters so unterscheiden, daß der eine Teil dessen Aufhebung in vollem Umfang oder in gewissen Punkten, der andere Teil dessen Bestätigung ganz oder in anderen Punkten durchsetzen will, und dieser Gegensatz muß aus den Berufungsanträgen hervorgehen. Nun haben aber sowohl der beigeladene Kreisausschuß als auch der Vertreter des öffentlichen Interesses übereinstimmend beantragt, die Entscheidung des Bezirksausschusses aufzuheben und die Ortschaft W. für einen selbständigen Gutsbezirk zu erklären; mithin verfolgen beide hinsichtlich der Vorentscheidung und des Hauptgegenstandes des Streites genau dasselbe Ziel. Wenn daneben der Beigeladene den Eventualantrag gestellt hat, W. für gemeindefrei zu erklären, falls es nicht für einen selbständigen Gutsbezirk angesehen werde, und wenn der Vertreter des öffentlichen Interesses die Abweisung dieses nur eventuell gestellten Antrags erbeten hat, so läßt sich daraus der für die Zulässigkeit der Anschlußberufung notwendige Gegensatz zwischen den Berufungsanträgen und Gegenanträgen nicht herleiten. Abgesehen davon, daß der widersprechende Teil der Anträge nur einen Eventualantrag betrifft, ist auch in der Sache selbst die Frage, ob das Gut W., falls es nicht ein selbständiger Gutsbezirk ist, zu keiner Gemeinde gehört, für den Streit nur von untergeordneter Bedeutung; denn dieser dreht sich darum, ob W. zum Stadtbezirke Th. gehört oder nicht. Muß hiernach die Anschlußberufung für unstatthaft angesehen werden, so ist durch ihre Einlegung auch nicht die Möglichkeit eröffnet, auf die Sache selbst einzugehen.

Nr. 12. Entsch. v. 29. April 1909 (OVG. 54 347) IV C 175/08.

1. Das Urteil des Bezirksausschusses richtet sich unmittelbar gegen den Beigeladenen, indem es ihn nicht nur in der Hauptsache für unterlegen erklärt, sondern außerdem zu einer Leistung, nämlich der Zahlung von Kosten, verurteilt. Diese Tatsache berechtigt den Beigeladenen ohne weiteres, das zulässige Rechtsmittel gegen das ihn beschwerende Erkenntnis einzulegen, wie überhaupt selbst einem ganz außerhalb des Streitverfahrens Stehenden in gleicher Lage die Möglichkeit, den Rechtsstreit vor die höhere Instanz zu bringen und eine Nachprüfung der Rechtmäßigkeit der Zurückweisung des von ihm eingelegten Rechtsmittels durch die höhere Instanz herbeizuführen, grundsätzlich nicht zu versagen wäre.

2. Anders verhält es sich dagegen mit der Befugnis des Beigeladenen, die Entscheidung des Kreisausschusses mit der Berufung anzufechten. Durch diese Entscheidung ist lediglich der die Inanspruchnahme des Weges aufrechterhaltende Einspruchsbeschluß des Beklagten außer Kraft gesetzt und der Beklagte mit den Kosten des Verfahrens belastet worden. Gegen ein solches Urteil kann der Beigeladene nach der ständigen Rechtsprechung des Gerichtshofs freilich mit Rücksicht auf § 70 Satz 2 LVG. selbständig ein Rechtsmittel einlegen. Voraussetzung für die sachliche Berechtigung dieses Rechtsmittels ist aber, daß er durch die getroffene Entscheidung in seinen eigenen, seiner Verfügung unterliegenden Rechten verletzt wird, und daß dabei solche Rechte in Frage stehen, die im Verwaltungsstreitverfahren vor den Verwaltungsgerichten Schutz finden. Fehlt es an einer dieser Voraussetzungen, so muß das von dem Beigeladenen eingelegte Rechtsmittel ungeachtet seiner formellen Zulässigkeit zurückgewiesen werden.

3. Allerdings hat er als Wegeanlieger ein Interesse daran, daß der Weg dem allgemeinen Verkehr und damit auch der Benutzung durch ihn selbst erhalten bleibe, und daher berechtigten Anlaß, bei den zuständigen Behörden dahin zu wirken, daß sie von ihren Befugnissen zur Erhaltung des Weges als eines öffentlichen pflichtgemäß Gebrauch machen. Er hat aber kein Recht auf Schutz seines Interesses an dem Wege im Verwaltungsstreitverfahren; ein solches steht vielmehr nur der Wegepolizeibehörde zu, der nach § 55 ZustG. die Aufsicht über die öffentlichen Wege und ihre Zubehörungen ausschließlich übertragen ist. Die Beiladung in dem infolge des Einschreitens der Wegepolizeibehörde entstandenen Verwaltungsstreitverfahren hat also bloß die Bedeutung, daß dem Beigeladenen die Möglichkeit gewährt wird, die Wegepolizeibehörde bei dem Nachweise der Oeffentlichkeit des Weges zu unterstützen, ändert aber nichts daran, daß diese ausschließlich zu befinden hat, ob ein ihre Anordnung außer Kraft setzendes Urteil mit dem zulässigen Rechtsmittel anzufechten ist.

Nr. 13. Entsch. v. 28. Okt. 1909 (DJZ. 15 830) IV C 263/08.

LVG. §§ 93, 98.

Zulässigkeit und Art eines Rechtsmittels bestimmen sich nicht danach, wie die Entscheidung, gegen die es gerichtet ist, hätte getroffen werden sollen, und welchen Erfolg es haben wird und demnächst hat, namentlich nicht, ob und in welchem Umfange die angefochtene Entscheidung bei ihrer Prüfung durch die höhere Instanz sich als richtig erweist. Maßgebend sind vielmehr allein der Zeitpunkt, wo es einzulegen war und eingelegt worden ist, und die Rechtslage, die damals gegenüber den Parteien bestand. Dies gilt auch insofern, als es sich darum handelt, ob die Berufung oder die Revision als das Rechtsmittel in Betracht kommt. Im vorliegenden Falle war ein Urteil I. Instanz ergangen und hiergegen die Berufung eingelegt worden. Auf diese Berufung und damit jedenfalls zunächst und an sich als Berufungsinstanz hat der Bezirksausschuß erkannt. Hatten aber hiernach bereits 2 Instanzen entschieden, so kommt der § 93 LVG. zur Anwendung. Gegen das Urteil des Bezirksausschusses fand also nicht die Berufung, sondern die Revision statt. Die „Berufung" der Beklagten war daher als Revision anzusehen und zu behandeln. Auch als solche ist aber das Rechtsmittel insoweit, als der Bezirksausschuß das Urteil des Kreisausschusses zu D. aufgehoben hat, unbegründet. Denn ... Insoweit war also auf die Revision das angefochtene Urteil zu bestätigen. Die Folge hiervon ist, daß darauf mit Recht der Bezirksausschuß als I. Instanz erkannt hat, und daß für die weitere Entscheidung das OVG., obwohl es als Revisionsgericht angerufen werden mußte und sich zunächst als Revisionsgericht mit der Sache zu befassen hatte, die Stellung eines Berufungsgerichts hat, in ähnlicher Weise wie dann, wenn es eine Revision für begründet erachtet und die damit angefochtene Entscheidung aufgehoben hat, die Sache spruchreif erscheint und es in dieser entscheidet (§ 98 LVG.).

D. Kosten des Verfahrens.

Nr. 1. Beschl. v. 17. Sept. 1908 (OVG. 53 449) IV 1475.

Ein außergerichtlich abgeschlossener Vergleich bildet im Verwaltungsstreitverfahren ebensowenig wie im Zivilprozeß einen Vollstreckungstitel und eine Unterlage für die Festsetzung zu erstattender Kosten.

Zeitfolgeverzeichnis der Entscheidungen.

In der ersten Spalte wiederholen sich auch bei Entscheidungen gleichen Datums die Tagesziffern. Nur einmal steht die Tagesziffer, wenn ein und dieselbe Entscheidung auf mehreren Seiten dieses Bandes (fünfte Spalte) vorkommt, zuweilen auch unter verschiedenartiger Bezeichnung des „Gegenstandes" in der zweiten Spalte vereinzelt auch der „Fundstelle" in der dritten und vierten Spalte.

Von den auf S. 932 des ersten Hauptbandes erwähnten „besonderen Abkürzungen" kommen hier nur folgende vor:

A. = Arb.Verf.	P. = Pr.Verw.Bl.
K. = K.G.J.	T. = O.Tr.
O. = O.V.G.	D. = D.J.Z.

Striche (— — | —) stehen in der dritten und vierten Spalte bei Entscheidungen, deren „Fundstelle" im Text dieses Bandes nicht angegeben und auch nicht anderweitig ermittelt worden ist.

Die Schrägstellung der Seitenziffern in der vierten Spalte bedeutet, daß die Entscheidung nur in einer Anmerkung des betr. Bandes vorkommt, in der fünften Spalte, daß sie auf der betr. Textseite nicht abgedruckt, sondern daselbst nur in bezug genommen sind.

Die Ziffern in der fünften Spalte verweisen auf die Seiten des vorliegenden Bandes.

Dezember 1851—Juli 1896.

Datum	Gegenstand	abgedruckt Band	abgedruckt Seite	Seite
1851 Dez. 9.	Gutsuntertanen	StthA. 4	158	*199*
1860 Mai 14.	Schulbrennholzlieferung	T. 45	313	*211*
1865 Febr. 1.	Gerichtsverfahren	RG. 60	85	*628*
Nov. 3.	Schulbaulast	T. 56	361	*212*
1878 Sept. 5.	Baupolizei	O. 5	324	*621*
1879 Febr. 5.	Gemeindewahlen	O. 5	91	*119*
1881 Febr. 14.	Brücken	O. 7	1	*380*
1884 Apr. 15.	Wasserpolizei	O. 11	236	*235*
Dez. 20.	DiszVerf.	O. 12	*432*	*598*
22.	Jagdpolizei	O. 11	301	*271*
1885 März 5.	Gewerbepolizei	K. 4	367	*445*
1886 Juni 23.	Naturalisation	O. 13	408	*217*
Juli 3.	Schulbaulast	O. 13	273	*211*
6.	GemSteuern	O. 13	77	*170*
1887 Jan. 15.	VerwStrVerf.	O. 14	190	*569*
18.	GemWahlen	O. 14	48	*635*
Mai 14.	GewUnfVerf.	RG. 19	67	*562*
1888 Sept. 14.	Stadtverordnetenwahlen	O. 17	100	*63* *108*
1890 Febr. 20.	Schankwirtschaften	K. 10	275	*485*
März 14.	Stadtverordnetenwahlen	O. 19	136	*64*
April 15.	Baupolizei	—	—	*316*
Mai 30.	Gemeindewahlrecht	O. 19	22	*95*
Okt. 7.	Bürgerrecht	P. 12	251	*59*
1891 Mai 20.	Straßenreinigung	P. 12	616	*355*
Juni 2.	Baupolizei	—	—	*317*
Sept. 11.	Wegebaulast	O. 21	226	*395*
Okt. 9.	Stadtverordnetenwahlen	O. 22	12	*65*
1892 Okt. 6.	Fischereipolizei	K. 13	358	*264*
Nov. 1.	Baupolizei	O. 23	334	*286*
1893 Febr. 14.	Vorausleistungen f. d. Wegebau	O. 25	274	*408*
Sept. 22.	Baupolizei	O. 25	379	*311*
Okt. 17.	Gemeindewahlen	O. 25	12	*109*
Nov. 3.	Stadtverordnetenwahlen	O. 25	20	*61*
14.	Gemeindewahlen	P. 15	261	*104*
Dez. 12.	Straßenreinigung	O. 26	43	*360*
19.	Vorausleistungen f. d. Wegebau	O. 26	236	*408*
1894 Febr. 24.	Kreisabgaben	—	—	*40*
Mai 2.	GemWahlen	O. 26	119	*635*
Juni 1.	Naturalisation	O. 27	410	*217*
1895 Febr. 28.	Wasserpolizei	O. 27	278	*231* *249*
März 20.	Wegebaulast	O. 28	208 214	*395*
Mai 8.	Stadtverordnetenwahlen	O. 28	9	*61*
Juli 10.	Stadtverordnetenwahlen	O. 28	25	*62*
1896 März 5.	KrankVers.	O. 29	334	*555*
Juni 27.	Stadtverordnetenwahlen	O. 30	1	*8*
Juli 2.	Privatflüsse	O. 30	297	*227*

Februar 1897—September 1904.

Datum	Gegenstand	abgedruckt Band	abgedruckt Seite	Seite
1897 Febr. 20.	GemSteuern	O. 31	39	577
23.	Gemeindewahlrecht	O. 31	110	95
März 16.	Küsterschulhäuser	O. 31	150	208
April 24.	Baupolizei	O. 32	356	286
Mai 11.	Theaterzensur	O. 32	406	481
26.	Brunnen und Bäder	—	—	486
Sept. 20.	Plakatwesen	D. 3	62	491
Okt. 29.	Gemeindewahlen	O. 32	128	104
1898 Febr. 19.	Wasserpolizei	O. 33	450	236, 239
26.	Privatflüsse	O. 33	305	249
März 24.	Baupolizei	O. 33	404	346, 348
Okt. 6.	VerwStreitVerf.	O. 34	450	628
Dez. 13.	Gemeindewahlrecht	O. 34	153	95
1899 März 9.	Fischereipolizei	K. 19	293	264
April 25.	Gemeindewahlrecht	O. 36	164	95
Mai 15.	Wegepolizei	O. 35	285	261
Juni 23.	Richterablehnung	RG. 44	402	627[1]
Okt. 11.	Jagdpolizei	O. 36	356	275
25.	Deichpolizei	O. 36	323	263
1900 März 1.	Wegepolizei	O. 37	223	240
April 3.	Eingemeindung	O. 37	172	83
Mai 16.	Privatflüsse	O. 37	292	249
Okt. 11.	Wegepolizei	O. 38	444	388
15.	Kleinbahnen	O. 38	360	513
17.	Brücken	O. 37	267	380
Nov. 23.	GemLasten	O. 38	165	580
27.	Interessentenvermögen	RG. 47	314	128

1) Beschl.

Datum	Gegenstand	abgedruckt Band	abgedruckt Seite	Seite
1900 Dez. 17.	Postzeil. Verf.	O. 38	378	516
1901 Febr. 28.	Baupolizei	O. 40	380	310
März 19.	Schulbrennholzlieferung	O. 39	173	211
23.	Privatflüsse	O. 39	259	249
Mai 2.	Wegepolizei	O. 39	225	353
Sept. 19.	Baupolizei	P. 23	358	305
Nov. 25.	Wegepolizei	O. 40	434	388
1902 Febr. 28.	Stadtverordnetenwahlen	O. 41	16	61
Mai 16.	Sicherheitspolizei	O. 41	432	498
Juni 9.	KrankVers.	O. 42	308	536, 555
Okt. 13.	Wegesachen	O. 42	232	206
28.	Wasserpolizei	RG. 52	380	304
Nov. 24.	Kleinbahnen Wegesachen	O. 42	371	513, 571
1903 Jan. 5.	Verkehrspolizei	K. 25	76	443
April 23.	UnfVers.	O. 43	348	562
23.	UnfVers.	O. 43	350	564
Juni 8.	Baupolizei	O. 43	379	305
Okt. 30.	Gemeindewahlen	O. 44	138	112
1904 Jan. 12.	Baupolizei	O. 44	395	310
März 5.	GewUnfVers.	RG. 57	170	562
April 25.	Wegesachen	O. 45	240	206
Mai 10.	Zwangsetatisierung	O. 45	215	190
10.	Baupolizei	O. 45	401	346
Juni 9.	Grabenräumung	O. 46	324	223
Sept. 22.	Kleinbahnen	O. 46	396	571

Oktober 1904—Februar 1907.

Datum	Gegenstand	abgedruckt Band	abgedruckt Seite	Seite
1904 Okt. 6.	KrankVers.	A. 05	27	*536*
Dez. 1.	KrankVers.	O. 46	363	*558*
8.	Handelskammern	P. 27	358	*576*
1905 Jan. 3.	Konflikt	O. 46	449	*624*
24.	Versammlungsrecht	O. 46	435	*458*
März 9.	UnfVers.	A. 22	275	*564*[1]
30.	Stauanlagen	O. 47	304	*249*
April 3.	Gewerbepolizei	O. 47	328	*445*
13.	KrankVers.	O. 47	361	*538*
Mai 29.	Straßenreinigung	O. 47	409	*357*
Juni 20.	Armenpflegekosten	O. 47	6	*52*
26.	Wegepolizei	O. 47	257	*403*
Juli 6.	Brücken	O. 47	282	*380*
Okt. 24.	Baupolizei	O. 48	360	*311*
Nov. 16.	KrankVers.	O. 48	346	*547*
17.	Auseinandersetzungen	—	—	*202*
1906 Jan. 2.	Stadtverordnetenwahlen	O. 48	28	*109*
19.	Küsterschulhäuser	O. 48	197	*208*
19.	Schulabgaben	P. 28	356	212
22.	KrankVers.	P. 29	70	540
Febr. 1.	KrankVers.	O. 49	323	*544*
19.	KrankVers.	O. 49	327	*544*
März 5.	Gewerbepolizei	K. 32	65	*445*
20.	Städt. Bürgerrecht	P. 27	716	57
22.	Stauanlagen	P. 29	1054	250
23.	Baupolizei	P. 30	25	301
April 2.	KrankVers.	P. 29	87	558
2.	Fischereipolizei	P. 30	339	263
2.	KrankVers.	A. 06	658	*536*[2] *555*
3.	Baupolizei	D. 12	72	313
9.	Vorausleistungen f. d. Wegebau	D. 12	73	406
9.	KrankVers.	P. 29	108	531

1) Kgl. Sächs. OVG.
2) Bayerischer VerwGerHof.

Datum	Gegenstand	abgedruckt Band	abgedruckt Seite	Seite
1906 April 11.	UnfVers.	A. 23	518	*563*[1]
28.	UnfVers.	A. 23	598	*562*[2]
Mai 3.	Handelskammern	P. 29	604	572
4.	Baupolizei	P. 29	605	301
10.	Schankwirtschaften	P. 29	744	434
17.	Theaterpolizei	P. 29	282	431
25.	Stadtverordnetenwahlen	D. 12	430	61
25.	Baupolizei	P. 29	687	301
29.	Feuerpolizei	P. 29	813	326
Juni 11.	Gewerbepolizei	P. 29	731	440
12.	Verkehrspolizei	P. 29	709	339
22.	Konflikt	D. 12	431	602
28.	UnfVers.	A. 23	645	*560*
Juli 3.	Ausweisungen	D. 12	486	483
6.	Baupolizei	P. 29	895	290
9.	Wegepolizei	D. 12	542	401
Sept. 21.	Konflikt	P. 29	457	602
21.	Gesundheitspolizei	P. 29	749	331
Okt. 15.	Gesindepolizei	D. 12	603	469
16.	Konflikt	P. 29	972	603
Nov. 1.	KrankVers.	P. 29	224	531
1.	KrankVers.	P. 29	323	527
20.	Baupolizei	P. 29	186	334
30.	Stadtverordnetenwahlen	D. 12	830	66
Dez. 6.	Hebammen	P. 30	56	428
6.	Baupolizei	D. 12	886	291
14.	Baupolizei	P. 29	914	296[3]
1907 Jan. 7.	Gewerbepolizei	P. 29	307	439
15.	Stadtverordnetenwahlen	O. 50	4	*8*
24.	Vorausleistungen f. d. Wegebau	P. 28	770	*411*
24.	LwUnfVers.	P. 29	264	564
29.	Verkehrspolizei	P. 29	110	339
29.	Konflikt	P. 29	188	605
31.	Gewerbepolizei	P. 29	347	439
Febr. 7.	Werkpfahlsetzung	P. 29	225	250
8.	Synagogengemeinden	P. 29	1014	176

1) RVA.
2) KompGhf.
3) Bescheid.

Februar—Dezember 1907.

Datum	Gegenstand	abgedruckt Band	abgedruckt Seite	Seite
1907 Febr.				
14.	VerwStreitVerf.	D. 12	1090	635
15.	Gemeindewahlen	O. 50	37	*100*
18.	Apotheken	O. 50	381	*427*
19.	Baupolizei	P. 29	245	292
21.	Wasserpolizei	P. 29	433	253
28.	KrankVers.	P. 30	155	542
März				
4.	Wasserpolizei	P. 29	456	221
7.	Ansiedelungen	O. 50	226	*286*
8.	Baupolizei	P. 29	284	305
21.	Chausseen	P. 29	129	375
21.	Jagdpolizei	D. 12	1326	266
22.	Baupolizei	P. 29	393	310
25.	Grabenräumung	P. 30	255	221
April				
4.	Wegepolizei	P. 29	186	402
4.	Interessentenwege	P. 29	324	402
9.	Baupolizei	P. 29	326	292
	Polizeil. Verf.			516
9.	Verkehrspolizei	P. 29	437	340
11.	Gewerbepolizei	P. 30	324	423
12.	Gesundheitspolizei	P. 29	350	331
15.	Gewerbepolizei	P. 29	706	418
15.	Jagdpolizei	P. 30	141	272
18.	Wegepolizei	P. 29	203	402
	VerwStreitVerf.			635
18.	Stauanlagen	P. 29	787	253
19.	Baupolizei	P. 29	9	336
20.	UnfVers.	A. 24	512	*563*[1]
23.	Baupolizei	P. 29	1055	301
25.	Wasserpolizei	P. 29	788	255
30.	VerwStreitVerf.	P. 30	9	630
Mai				
2.	Stauanlagen	O. 52	339	247
3.	Baupolizei	P. 29	854	309
10.	Polizeil. Verf.	P. 29	1033	516
16.	Wasserpolizei	P. 29	832	232
16.	Wasserpolizei	P. 29	852	254
17.	KrankVers.	P. 29	872	557
23.	Baupolizei	D. 13	142	307[2]
23.	Wegepolizei	P. 29	48	403
27.	Wasserpolizei	P. 29	912	235
				239
27.	KrankVers.	P. 30	106	559
Juni				
6.	Wegepolizei	P. 29	996	397
6.	Gewerbepolizei	P. 29	1012	422
7.	Gesundheitspolizei	P. 30	74	332
7.	Trunkenbolde	D. 13	199	485
11.	Gesundheitspolizei	P. 30	88	333
13.	Gewerbepolizei	P. 29	891	422

[1]) KompGhf. [2]) Bescheid.

Datum	Gegenstand	abgedruckt Band	abgedruckt Seite	Seite
1907 Juni				
17.	KrankVers.	P. 30	374	553
20.	Gewerbepolizei	P. 29	982	424
21.	Baupolizei	P. 30	142	302
28.	VerwStreitVerf.	P. 30	157	216
Juli				
4.	Schankwirtschaften	P. 29	950	435
4.	KrankVers.	P. 29	951	542
6.	Mühlen	P. 29	996	222
8.	Brücken	P. 29	303	367
11.	Straßenreinigung	P. 29	204	355
Sept.				
19.	GewUnfVers.	P. 30	73	560
20.	Feuerpolizei	P. 30	188	327
23.	Wandergewerbe	P. 29	1031	444
30.	LwUnfVers.	P. 29	970	565
30.	Wassergenossenschaften	P. 30	119	240
Okt.				
3.	Schankwirtschaften	P. 30	85	435
4.	Polizeil. Verf.	P. 30	206	511
4.	Feuerpolizei	P. 30	237	327
4.	VerwStreitVerf.	D. 13	368	627
7.	Wegepolizei	P. 29	457	368
8.	Schulbaulast	P. 30	425	201
10.	Deichpolizei	P. 29	745	260
11.	Gesindepolizei	D. 13	431	467
15.	Konflikt	P. 30	257	606
15.	Baupolizei	P. 30	340	306
17.	InvVers.	O. 52	410	566
18.	Baupolizei	P. 30	358	307
21.	Stauanlagen	P. 30	6	222
24.	KrankVers.	P. 30	174	553
25.	Konflikt	P. 29	534	610
25.	VerwStreitVerf.	P. 30	293	216
31.	Gewerbepolizei	P. 29	953	441
Nov.				
5.	Konflikt	P. 29	621	610
5.	Zwangsetatisierung	P. 30	375	190
18.	Ansiedelungen	P. 30	7	277
26.	KirchSteuern	D. 13	651	143
26.	Wegebaulast	D. 13	710	358
28.	Merkpfahlsetzung	P. 30	275	251
Dez.				
5.	KrankVers.	O. 52	393	527
5.	Wegepolizei	P. 29	853	398
5.	Wasserpolizei	P. 30	392	236
6.	Gesundheitspolizei	P. 29	684	471
10.	Kath. KirchSteuern	O. 52	227	175
12.	Straßenreinigung	P. 29	497	355
12.	Ansiedelungen	P. 30	175	277[1]
16.	Theaterzensur	D. 13	766	480
	VerwStreitVerf.			633

[1]) Bescheid.

Dezember 1907—April 1908.

Datum	Gegenstand	abgedruckt Band	abgedruckt Seite	Seite
1907 Dez.				
16.	VerwStreitVerf.	P. 30	43	631[1]
16.	Ansiedelungen	P. 30	490	284[2]
17.	Konflikt	P. 30	458	606
17.	Baupolizei	P. 30	784	292[3]
19.	Wegepolizei	P. 29	833	349
19.	Handelskammern	P. 30	43	572
20.	Gemeindebildung	P. 29	992	82
1908 Jan.				
2.	Polizeil. Verf.	P. 30	187	517
4.	PolVerwKosten	O. 52	84	132
7.	Polizeil. Verf.	O. 53	255	517
7.	Schulbrennholzlieferung	P. 30	560	211
9.	Baupolizei	O. 52	424	324
9.	Baupolizei	P. 29	1032	321
9.	Wegepolizei	P. 30	86	404
9.	Schankwirtschaften	P. 30	308	436
9.	Vorausleistungen f. d. Wegebau	D. 13	879	410
14.	Gemeindewahlrecht	O. 52	43	96
14.	Gemeindebezirksgrenzen	O. 52	51	84
14.	Schulbaulast d. Gutsherrn	P. 30	662	203
16.	VerwStreitVerf.	P. 29	516	633
16.	Wegebaulast	P. 29	813	354
20.	KrankVers.	O. 52	404	542
21.	Volksschule	O. 52	194	186
21.	Vereinsrecht	P. 29	1053	451
21.	Amtsvorsteher	P. 30	5	47
	Polizeil. Vernehmung			485
23.	Vorausleistungen f. d. Wegebau	O. 52	336	406
23.	Hofprädikate	O. 52	364	485
24.	Gesindepolizei	P. 30	41	469
28.	DiszVerf.	O. 52	432	583
29.	Versicherungsvereine	O. 52	391	448
30.	Wegepolizei	O. 52	322	388
30.	Jagdpolizei	O. 52	359	272
	VerwStreitVerf.			636
30.	Straßenreinigung	P. 30	220	356
Febr.				
6.	Straßenreinigung	P. 30	471	358
11.	Fürsorgeerziehung	O. 52	186	218
11.	Zwangsetatisierung	O. 53	88	129
11.	Hausväterbeiträge	P. 30	733	196
13.	Wegebaulast	O. 52	327	393[4]

Datum	Gegenstand	abgedruckt Band	abgedruckt Seite	Seite
1908 Febr.				
17.	Gewerbepolizei	O. 52	372	437
17.	Gewerbepolizei	P. 30	425	440
18.	Vereine	—	—	*464*
				465
18.	PolVdRecht	P. 30	273	519
20.	InvVers.	O. 52	413	566
20.	Wegebaulast	P. 30	187	369
27.	Wegepolizei	O. 52	320	353
27.	KrankVers.	O. 52	395	539
27.	Chausseen	P. 30	236	378
27.	Polizeil. Zwangsmittel	D. 13	1110	518
28.	Konflikt	O. 52	426	612
März				
3.	Wegebaulast	P. 30	42	371
	VerwStreitVerf.			637
3.	Gemeindeholzungen	P. 30	185	74
5.	Chausseen	O. 52	311	375
5.	VerwStreitVerf.	O. 52	444	628
5.	Straßenreinigung	P. 30	255	359
6.	Pfarrbesoldung	P. 30	677	141
10.	Stadtverordnetenwahlen	O. 52	39	66
10.	Gesindepolizei	O. 52	275	467
13.	Gesundheitspolizei	O. 52	279	472
16.	KrankVers.	O. 52	409	552
17.	Schulbaulast d. Gutsherrn	O. 52	210	206
19.	Handelskammern	O. 52	388	577
26.	Persönl. Beteiligung e. Amtsvorstehers	P. 30	309	515
26.	Wegebaulast	P. 30	325	388
26.	KrankVers.	P. 30	457	559
27.	Privatunterricht	O. 52	215	187
30.	Polizeil. Verf.	O. 52	369	517
30.	Ansiedelungen	P. 30	374	287
30.	Ansiedelungen	P. 30	490	284
April				
6.	Brunnen und Bäder	O. 52	380	486
7.	Stadtverordnetenwahlen	O. 52	32	62
7.	Gemeindewahlen	O. 52	61	119
	VerwStreitVerf.			635
7.	KirchSteuern	O. 52	230	143
7.	Gemeindeversammlung	P. 30	55	117
9.	Schankerlaubnissteuer	O. 52	7	14
9.	KirchGem. Angelegenheiten	O. 52	222	136
9.	Jagdpolizei	O. 52	361	267

[1]) Beschluß. [2]) Bescheid.
[3]) Bescheid. [4]) Beschluß.

April—Juni 1908.

Datum	Gegenstand	abgedruckt Band	abgedruckt Seite	Seite
1908 April				
10.	Gemeindevertretung	O. 52	77	120
11.	Wasserpolizei	O. 52	345	236
11.	LwUnfVers.	O. 52	407	565
13.	Ansiedelungen	O. 52	266	286
13.	KrankVers.	O. 52	358	532
13.	Brückenbaupflicht	P. 30	491	381
14.	Gemeindewahlrecht	O. 52	72	101
14.	Dir. Kreissteuern	P. 29	731	*32*
24.	Stadtverordnetenwahlen	O. 52	35	65
	VerwStreitVerf.			636
26.	DiszVerf.	P. 30	391	597[1]
28.	DiszVerf.	O. 52	436	584
28.	Schulbrennholzlieferung d. Gutsherrn	P. 30	694	210
30.	Wasserleitungen	O. 52	376	473
30.	Gewerbepolizei	P. 30	442	438
Mai				
1.	Preßpolizei	O. 52	286	*419* 488
1.	PolBdRecht	P. 30	24	519
1.	Zwangsetatisierung	P. 30	139	129
4.	KrankVers.	O. 52	400	540
5.	Baupolizei	O. 52	419	335
7.	Ansiedelungen	O. 52	269	284
7.	Straßenreinigung	O. 52	302	359
8.	Auseinandersetzungen	O. 52	57	89
8.	Baupolizei	P. 30	769	293
12.	PolBdRecht	P. 30	74	520
14.	VerwStreitVerf.	P. 30	408	631
14.	Vorausleistungen f. d. Wegebau	P. 30	543	411
15.	KirchSteuern	O. 52	233	154 *168*
15.	KirchSteuern	O. 52	244	147
15.	Feuerbestattung	O. 52	290	492
15.	KirchSteuern	P. 30	831	150
18.	Gewerbepolizei	O. 52	367	446
19.	Städt. Wasserleitungen	O. 52	29	76
21.	Vorausleistungen f. d. Wegebau	O. 52	332	407
21.	Wasserpolizei	O. 52	352	256
21.	Brückenbaupflicht	P. 30	608	384
21.	Wegepolizei	D. 14	89	352
22.	Gemeindewahlen	O. 52	67	110
22.	Kommunalrechtl. Zugehörigkeit von Klosterländereien	P. 30	153	56

1) Beschluß.

Datum	Gegenstand	abgedruckt Band	abgedruckt Seite	Seite
1908 Mai				
22.	PolBdRecht	P. 31	12	521
25.	Schankerlaubnissteuer	O. 52	11	15 18
25.	Vorausleistungen f. d. Wegebau	P. 30	609	408
26.	KirchSteuern	O. 52	262	163
26.	DiszVerf.	O. 52	441	582
29.	Amtsverwaltungskosten in Westfalen	P. 30	454	48
Juni				
1.	Schankerlaubnissteuer	O. 52	14	16
1.	Brücken	O. 52	330	385
1.	Privatwege	P. 30	645	399
2.	Stadtverordnetenversammlung	O. 52	26	69
2.	KirchSteuern	D. 14	89	156
4.	Ansiedelungen	P. 30	677	287
5.	Konflikt	O. 53	422	613
11.	Ansiedelungen	O. 53	248	278[1]
11.	Baupolizei	P. 30	715	325
11.	Wegebaulast	P. 30	848	372
12.	Kreisangelegenheit	P. 30	254	7
15.	KrankVers.	O. 52	401	544
16.	Dir. Kreissteuern	O. 52	1	29
17.	Staatsbeihilfen	O. 53	189	190
17.	Mietentschädigung d. Volksschullehrer	O. 53	196	185
18.	Schankwirtschaften	O. 52	374	436
18.	Gewerbepolizei	P. 30	529	425
19.	Wegeunterhaltungslast	O. 53	91	126
19.	DiszVerf.	O. 53	430	580[2]
19.	VerwStreitVerf.	O. 54	490	626
19.	Kirchenpatronatslasten	P. 30	203	136
19.	Gesindepolizei	P. 30	355	468
22.	Schankerlaubnissteuer	O. 52	18	20
22.	Schankerlaubnissteuer	O. 53	26	23
22.	Wasserpolizei	O. 53	312	234
22.	Wassergenossenschaften	P. 30	577	241
23.	Stadtverordnetenversammlung	O. 52	24	69
23.	Auseinandersetzungen	O. 53	71	88
23.	Sicherheitspolizei	P. 30	306	498
25.	Schankerlaubnissteuer	P. 30	57	17

1) Bescheid.
2) Beschluß.

Juli—November 1908.

Datum	Gegenstand	abgedruckt Band	abgedruckt Seite	Seite
1908 Juli				
2.	Wildschaden	O. 53	355	275
3.	Gemeindewahlrecht	O. 53	74	95
3.	Auseinandersetzungen	P. 30	253	89
6.	Kreisumsatzsteuer	O. 52	5	9
6.	Gewerbepolizei	O. 54	377	424
7.	Baupolizei	O. 53	403	311
7.	VerwStreitVerf.	O. 54	493	637[1]
9.	Ansiedelungen	O. 52	272	282
9.	KrankVers.	O. 53	377	532
9.	Deichpolizei	P. 30	592	263
10.	Hausväterbeiträge	P. 31	65	199
17.	Staatsbeihilfen	—	—	*192*
Sept. 17.	KrankVers.	O. 53	382	529 *535*
17.	InvVers.	O. 53	394	567
17.	VerwStreitVerf.	O. 53	449	640[2]
17.	GewUnfVers.	D. 14	215	564
18.	Theaterzensur	O. 53	250	480
18.	Gemeindevertretung	P. 30	290	118
18.	Spritzenverbände	P. 30	468	92
18.	KirchSteuern	P. 31	160	162
21.	Hilfskassen	O. 53	373	526
21.	KrankVers.	O. 53	384	536
21.	KrankVers.	O. 53	387	536
21.	Wegebaulast	P. 30	783	393
21.	Verkehrspolizei	P. 30	848	341
22.	Theaterzensur	P. 30	172	481
24.	Straßenreinigung	O. 53	259	363
24.	Vorausleistungen f. d. Wegebau	P. 31	63	412
25.	Gesindepolizei	P. 30	355	*469*
29.	Dir. Kreissteuern	O. 53	13	32
29.	DiszVerf.	O. 53	438	585
29.	DiszVerf.	O. 53	445	587
29.	KirchSteuern	D. 14	326	157
Okt. 1.	Schankerlaubnissteuer	O. 53	30	21
2.	VerwStreitVerf.	O. 53	448	626
5.	Vorausleistungen f. d. Wegebau	P. 30	508	413
5.	Wegepolizei	P. 31	46	350
6.	Stadtverordnetenwahlen	O. 53	50	63 *109*
8.	Kreisumsatzsteuer	O. 53	22	11
8.	Kreisumsatzsteuer Rechtsmittel	P. 30	508	9 46
8.	Jagdpolizei	P. 30	741	268
9.	DiszVerf.	O. 53	428	581

[1]) Bescheid. [2]) Beschluß.

Datum	Gegenstand	abgedruckt Band	abgedruckt Seite	Seite
1908 Okt.				
9.	Konflikt	P. 30	219	615
13.	Dir. Kreissteuern	O. 53	7	32
13.	Auseinandersetzungen	O. 53	45	86
13.	Auseinandersetzungen	O. 53	66	90
13.	Jagdpolizei	P. 30	391	272
13.	Kath. KirchSteuern	D. 14	326	175
15.	Wassergenossenschaften	O. 53	338	243
15.	KrankVers.	O. 53	388	529
15.	KrankVers.	O. 53	391	554
15.	Kleinbahnen	O. 53	420	569[1]
15.	Hebammen	P. 30	625	429
15.	Bürgersteige	P. 31	28	362
15.	Wegepolizei	P. 31	82	404
16.	Schutzwaldungen	O. 53	346	275
16.	Sicherheitspolizei	P. 30	423	499
19.	Chausseen	O. 53	283	376
19.	Wasserpolizei	P. 30	676	237
22.	Schankerlaubnissteuer	O. 53	32	23
22.	Verkehrspolizei	O. 55	257	341
22.	Brückenbaupflicht	P. 31	114	384
27.	Stadtverordnetenwahlen	O. 53	57	61
29.	Wassergenossenschaften	O. 53	341	243
29.	Wildschaden	P. 30	692	275
30.	PolVerwKosten	O. 55	63	79
30.	Impfzwang	P. 30	338	476
Nov. 2.	Gewerbepolizei	O. 53	361	438
3.	Baupolizei	O. 53	400	335
5.	Schankerlaubnissteuer	O. 53	38	24
5.	Jagdpolizei	O. 53	352	268
5.	Apotheken	O. 53	357	427
5.	KrankVers.	P. 30	660	545
5.	Schankerlaubnissteuer	D. 14	550	17
6.	Landarmenverbände	O. 54	155	52
10.	Gemeindewahlen	O. 53	77	106
10.	Gemeindewahlen	O. 53	80	112
10.	KirchSteuern	O. 53	233	171
10.	Vereinsrecht	O. 53	266	452
10.	Gemeindewahlen	O. 54	57	105
12.	Vorausleistungen f. d. Wegebau	O. 53	299	406
12.	Ansiedelungen	P. 30	626	285
12.	Merkpfahlsetzung	P. 30	815	252

[1]) Bescheid.

November 1908—Februar 1909.

Datum	Gegenstand	abgedruckt Band	abgedruckt Seite	Seite
1908 Nov.				
13.	Bürgervorsteher-kollegium	O. 55	60	70
16.	Vorausleistungen f. d. Wegebau	O. 53	307	413
17.	DiszVerf.	O. 53	436	588
17.	Küsterschulhäuser	P. 31	211	208
19.	Vorausleistungen f. d. Wegebau	O. 53	309	409
19.	Schankerlaubnis-steuer	O. 55	41	27
20.	Baupolizei	O. 53	397	344 *346*
20.	Gesundheitspolizei	P. 30	526	476
20.	Gewerbepolizei	P. 30	527	425
23.	Kreisumsatzsteuer	O. 53	20	10[1]
23.	Schankerlaubnis-steuer	P. 30	732	18
24.	Dir. Kreissteuern	O. 53	15	35
24.	KrankVers.	P. 30	234	546
26.	Schankerlaubnis-steuer	O. 53	43	19
26.	Wasserpolizei	O. 53	318	258
26.	Vorausleistungen f. d. Wegebau	P. 31	258	414
26.	VerwStreitVerf.	D. 14	663	636
27.	Dir. Kreissteuern	O. 53	19	36
27.	Vereinsrecht	O. 53	271	453
27.	Landbürger-meistereien	P. 30	575	50
30.	Wasserpolizei	O. 53	322	230
30.	Polizeistunde	O. 53	364	436
30.	Wasserpolizei	O. 54	352	225
30.	Gewerbepolizei	P. 30	644	426
Dez.				
1.	Dir. Kreissteuern	P. 30	591	38
3.	Wegepolizei	O. 53	292	351
3.	Kreisumsatzsteuer	P. 30	768	14
3.	Wasserpolizei	P. 30	801	227
7.	Handelskammern	O. 53	366	578
7.	Gewerbepolizei	P. 30	783	418
7.	Gemeindevorsteher	P. 31	193	114
8.	Schulbaulast d. Gutsherrn	O. 53	201	207
8.	Küsterschulhäuser	O. 53	207	209
8.	Ortspol. Kosten	O. 54	49	131
8.	Gemeindewahlen	O. 54	65	107
8.	Baupolizei	O. 54	430	314
10.	Wegebaulast	O. 53	296	393
11.	Schulbaulast	O. 53	204	192
11.	KirchSteuern	O. 53	213	158
11.	KirchVermögen	O. 53	226	142
11.	Konflikt	O. 54	450	618
1908 Dez.				
11.	Gemeinde-nutzungen	P. 30	607	77
14.	Schankerlaubnis-steuer	D. 14	774	19
15	ProvAbgaben	O. 53	1	4
15.	DiszVerf.	O. 54	457	598
17.	Schankerlaubnis-steuer	O. 53	34	24
17.	Brücken	P. 30	714	383
21.	Baupolizei	O. 53	418	325
21.	Wegepolizei	P. 31	243	400
21.	VerwStreitVerf.	P. 31	275	634
21.	Wegepolizei VerwStreitVerf.	P. 31	361	400 636
29.	DiszVerf.	O. 53	433	589
1909 Jan.				
4.	Wegebaulast	O. 53	273	354
4.	VerwStreitVerf.	O. 53	451	637
4.	VerwStreitVerf.	P. 31	328	636
5.	Abdeckereien	O. 54	399	421
5.	Dir. Kreissteuern	P. 31	109	39
7.	Wasserpolizei	O. 53	331	259
7.	Versicherungs-vereine	O. 54	403	449
7.	Wegepolizei	P. 31	346	401
8.	Schulbaulast d. Gutsherrn	O. 54	161	208
8.	Städt. Gemeinde-beamte	P. 30	847	72
11.	Handelskammern	P. 30	392	576
12.	VerwStreitVerf.	O. 54	493	637
12.	Wasserleitungen	P. 31	223	474
14.	Wegebaulast	O. 53	275	369
15.	Gemeinde-nutzungen	P. 30	828	122
19.	Zwangs-pensionierung	O. 54	478	598
19.	Konflikt	P. 30	712	619
19.	Dir. Kreissteuern	P. 31	143	40
21.	Städt. Bürgerrecht	O. 55	50	58
22.	Städt. Bürgerrecht	P. 31	27	59
25.	Bürgersteige Wegebaulast	P. 31	429	366 396
26.	Kreistagswahlen	O. 54	5	8
26.	Gesundheitspolizei	P. 30	606	477
28.	Bergpolizei	O. 54	417	522
29.	Kriegervereine	O. 54	277	466 *459*
29.	Vereine	P. 30	488	464
29.	Gemeindewahlrecht	P. 30	767	103
29.	KirchSteuern	D. 14	1152	157
Febr.				
1.	Wegebaulast	O. 54	314	380

1) Bescheid.

Februar—Mai 1909.

Datum	Gegenstand	abgedruckt Band		abgedruckt Seite	Seite
1909 Febr.					
1.	Wegepolizei	O.	54	342	351
1.	Innungen	O.	54	383	446
1.	VerwStreitVerf.	D.	14	1152	634
2.	Stadtverordnetenversammlung	O.	54	45	71
2.	DiszVerf.	O.	54	464	581
4.	Ansiedelungen	O.	54	240	285
4.	Straßenreinigung	O.	54	267	363
8.	Gewerbepolizei	P.	30	407	440
9.	KirchSteuern	O.	53	239	162
9.	ProvAbgaben	O.	54	1	5
11.	VerwStreitVerf.	D.	14	1214	628
12.	Versammlungsrecht	O.	53	263	453
12.	Sicherheitspolizei	P.	30	690	489
15.	Schankerlaubnissteuer	O.	54	38	*25*
16.	KirchSteuern	O.	53	241	173
16.	Plakatwesen	O.	54	241	491
16.	Gemeindewahlen	P.	30	675	103
18.	Wegeunterhaltung	O.	54	298	394
18.	Wegebaulast	O.	54	328	389
18.	KrankVerf.	P.	31	11	534
23.	VerwStreitVerf.	O.	54	52	86
23.	Auseinandersetzungen	P.	30	782	91
23.	PolVerwKosten	P.	30	845	80
25.	Kreisumsatzsteuer	O.	54	19	10
25.	Schankerlaubnissteuer	O.	54	31	27
25.	Wegebaulast	P.	31	444	390
26.	Gemeindewahlrecht	O.	54	69	98
26.	Baupolizei	P.	31	145	316
März					
2.	Zwangspensionierung	O.	54	481	599
4.	Schankerlaubnissteuer	O.	54	36	25
4.	KrankVerf.	O.	54	412	549
5.	DiszVerf.	O.	54	467	590
5.	Gesundheitspolizei	P.	30	730	478
5.	Polizeil. Verf.	P.	30	797	513
9.	Baupolizei	O.	54	436	294
9.	Verkehrspolizei	P.	30	862	501
9.	Gemeindebeamte	—		—	*115*
11.	Ansiedelungen	O.	54	228	290
11.	Ansiedelungen	O.	54	238	285
15.	Ansiedelungen	P.	31	408	280
18.	Persönl. Beteiligung e. Amtsvorstehers	O.	54	345	515
18.	Jagdpolizei	O.	54	368	272
18.	Wandergewerbe	O.	54	391	445
1909 März					
18.	Wegepolizei	P.	31	531	352
19.	Gemeindewahlrecht	O.	54	72	98
19.	Baupolizei	P.	30	864	297
22.	Gewerbepolizei	O.	54	358	443
25.	Brücken	O.	54	335	383
25.	Kreisumsatzsteuer	P.	31	309	11
25.	Gewerbepolizei	P.	31	480	442
25.	KrankVerf.	P.	30	866	531
25.	Irrenanstalten	D.	14	1502	428
26.	Gemeindewahlen	O.	54	54	112
26.	Feuerpolizei	O.	54	245	328
26.	PolVerwKosten	—		—	*79*
April					
1.	Kreisumsatzsteuer	O.	54	22	14
1.	Gesundheitspolizei	O.	54	386	479
1.	Mühlen	P.	31	27	223
1.	Wasserpolizei	P.	31	44	233
1.	Schankerlaubnissteuer	P.	31	329	22
2.	Kirchenaufsicht	O.	54	181	137
2.	Sicherheitspolizei	O.	54	248	496
2.	Wasserleitungen	O.	54	441	506
5.	Wasserpolizei	P.	30	731	228
5.	Schankwirtschaften	P.	30	816	437
5.	KrankVerf.	P.	31	82	537
6.	Gemeindewahlen	P.	31	81	113[1]
15.	Ansiedelungen	O.	54	235	281
19.	KrankVerf.	P.	31	113	552
20.	Rechtsmittel gegen Heranziehung z. Kreissteuern	O.	54	11	46
22.	Telegraphenschutz	O.	54	271	509
22.	Kleinbahnen	O.	54	447	570
23.	Konflikt	D.	15	87	620
27.	KirchSteuern	O.	54	186	144 *146*
27.	KirchSteuern	O.	54	189	166 *168*
27.	KirchSteuern	O.	54	199	164
27.	Ortsnamen	P.	31	8	501
27.	Ordnungspolizei	P.	31	24	504
29.	Brückenunterhaltung	O.	54	337	387
29.	VerwStreitVerf.	O.	54	347	639
29.	Verfahren vor d. Bergausschuß	O.	54	422	568
Mai					
3.	Wegebaulast	O.	54	321	390
3.	Ansiedelungen	P.	31	565	288
4.	Dir. Kreissteuern	O.	54	13	31
7.	Jagdpolizei	O.	54	475	265

[1]) Bescheid.

Mai—September 1909.

Datum	Gegenstand	abgedruckt Band	abgedruckt Seite	Seite
1909 Mai				
10.	Verfahren vor d. Bergausschuß	O. 54	425	569
10.	Handelskammern	P. 31	129	573
11.	Konflikt	O. 54	454	620
13.	Vorausleistungen f. d. Wegebau	O. 54	349	407
13.	Handelskammern	P. 31	308	574
13.	Kreisumsatzsteuer	P. 31	361	12
14.	Theaterpolizei	O. 54	444	432
14.	Zwangspensionierung	O. 54	485	600
17.	Chausseen	O. 54	331	379
17.	KrankVers.	O. 54	415	535
17.	Handelskammern	P. 31	293	575
17.	Baupolizei	D. 15	150	323
17.	Wegebaulast	D. 15	206	391
18.	Wasserpolizei	O. 54	262	238
18.	Lehrerwahlrecht	O. 54	164	177
18.	Schulabgaben	O. 54	172	212
18.	Städt. Gemeindebeamte	P. 31	273	73
27.	Deichpolizei	O. 54	363	262
27.	KrankVers.	P. 31	177	558
28.	KirchSteuern	O. 54	204	152
28.	Ansiedelungen	O. 54	230	279
28.	PolVerwKosten	O. 55	29	81
Juni				
3.	Kreisumsatzsteuer	O. 54	23	11
4.	Vereinsrecht	O. 54	282	455
4.	Vereinsrecht	O. 54	295	454
4.	Gesindepolizei	D. 15	262	470
7.	Gewerbepolizei	O. 54	381	442
7.	Wegebaulast	P. 31	665	392
8.	Baupolizei	P. 31	97	303
11.	Stadtverordnetenwahlen	P. 31	360	67
11.	Baupolizei	D. 15	318	345 *346*
12.	VerwStreitVerf.	O. 54	325	397
15.	Dir. Kreissteuern	O. 54	17	45
17.	Schankerlaubnissteuer	O. 54	38	25
21.	Lehrlingswesen	P. 31	158	447
21.	Kinematographenzensur	P. 31	241	419
22.	KirchSteuern	O. 54	208	152
22.	Polizeil. Verf.	P. 31	61	512
22.	Interessentenvermögen	P. 31	94	127
24.	Brückenbaupflicht	O. 54	307	385
24.	Grabenräumung	O. 54	357	224
24.	Jagdpolizei	O. 54	372	269
24.	Jagdpolizei	D. 15	374	266

Datum	Gegenstand	abgedruckt Band	abgedruckt Seite	Seite
1909 Juni				
25.	Schullastenübernahme auf d. polit. Gemeinde	P. 31	193	196
25.	Kinematographentheater	P. 31	329	420
28.	Schankerlaubnissteuer	O. 54	41	29
28.	Versicherungsvereine	P. 31	257	450
29.	KirchSteuern	O. 54	223	170
29.	Wasserleitungen	P. 31	224	508
29.	Ordnungspolizei	D. 15	319	503
Juli				
1.	Vorausleistungen f. d. Wegebau	P. 31	821	416
	VerwStreitVerf.			629
1.	VerwStreitVerf.	D. 15	374	627
1.	KrankVers.	D. 15	430	555
2.	VerwStreitVerf.	O. 54	177	214
2.	Gemeindewahlen	P. 31	81	113
2.	Gemeindebildung	P. 31	95	84
2.	Ortspol. Kosten	P. 31	175	133
2.	Konflikt	P. 31	256	622
6.	Gemeindenutzungen	O. 55	72	124
6.	Konflikt	P. 31	128	617
8.	Kreisumsatzsteuer	O. 54	26	13
8.	Merkpfahlsetzung	O. 55	321	252
8.	KrankVers.	O. 55	369	549
Sept.				
17.	Auseinandersetzungen	O. 55	68	92
17.	Schankerlaubnissteuer	D. 14	270	21
20.	Gewerbepolizei	O. 55	359	433
20.	Grabenräumung	P. 31	192	224
20.	Schankerlaubnissteuer	P. 31	464	26
20.	Schankerlaubnissteuer	D. 15	599	19
21.	Stadtverordnetenwahlen	O. 55	42	64 68
21.	Lehrergrundgehalt	O. 55	196	184
22.	Gemeindenutzungen	O. 53	83	121
22.	Baupolizei	O. 55	436	320
22.	Baupolizei	O. 55	441	318
23.	Polizeil. Verf.	O. 55	268	514
23.	Ansiedelungen	P. 31	666	289
23.	KrankVers.	D. 15	541	528
24.	KirchSteuern	O. 55	214	172
24.	Naturalisation	O. 55	235	217
24.	DiszVerf.	O. 55	468	591

September—Dezember 1909.

Datum	Gegenstand	abgedruckt Band		abgedruckt Seite	Seite
1909 Sept.					
24.	Ortsarmenverbände	P.	31	358	54
24.	Dir. Kreissteuern	P.	31	511	41
24.	Impfzwang	D.	15	541	476
29.	Baupolizei	P.	31	668	323
29.	Wassergenossenschaften	P.	31	751	241
30.	KrankVers.	O.	55	388	551
30.	VerwStreitVerf.	D.	15	542	632
Okt.					
1.	Konflikt	O.	55	459	624
1.	Gesundheitspolizei	P.	31	291	333
2.	Baupolizei	O.	55	410	345
4.	Baupolizei	O.	55	446	319
5.	Schulunterhaltung	O.	55	190	194
5.	Zwangspensionierung	O.	55	478	601
5.	Polizeil. Verf.	D.	15	654	515
6.	Baupolizei	P.	31	620	302
8.	KirchSteuern	O.	55	219	160
8.	Baupolizei	O.	55	247	337
8.	Ordnungspolizei	O.	55	252	503
13.	Baupolizei	D.	15	655	319
14.	KrankVers.	O.	55	373	540
14.	VerwStreitVerf.	O.	55	492	629
14.	Schankerlaubnissteuer	P.	31	481	26
14.	Schankerlaubnissteuer	P.	31	870	22
15.	Sicherheitspolizei	O.	55	256	502
15.	Dir. Kreissteuern	P.	31	647	41
16.	PolVdRecht	P.	31	600	523
16.	Feuerpolizei	P.	31	685	329
19.	Schulbrennholzlieferung des Gutsherrn	O.	55	200	210
21.	Verkehrspolizei	O.	55	271	342
21.	KrankVers.	O.	55	376	550
21.	KrankVers.	O.	55	396	536 555
21.	VerwStreitVerf.	P.	31	345	634
22.	DiszVerf.	O.	55	481	587
22.	Wasserpolizei	P.	31	345	239
23.	Wasserpolizei	O.	55	324	233
23.	Baupolizei	O.	55	451	304
25.	Schauspielunternehmer	O.	55	362	431
25.	KrankVers.	P	31	328	528
27.	Privatflüsse	O.	55	329	249
28.	Landstraßen	O.	55	288	373
28.	VerwStreitVerf.	O.	55	494	629[1]
28.	VerwStreitVerf.	P.	31	785	632

1) Bescheid.

Datum	Gegenstand	abgedruckt Band		abgedruckt Seite	Seite
1909 Okt.					
28.	Ansiedelungen	P.	31	820	282
28.	VerwStreitVerf.	D.	15	830	639
29.	Städt. Bürgerrecht	O.	55	44	59
29.	Gewerbepolizei	O.	55	258	420
29.	Interessentenvermögen	P.	31	393	128
Nov.					
1.	Straßenreinigung	P.	31	800	364
2.	Gemeindewahlen	O.	55	55	108
2.	Polizeiaufsicht	O.	55	261	483
2.	Stadtverordnetenwahlen	P.	31	411	67
3.	Gemeindewahlrecht	O.	55	60	100
3.	Baupolizei	P.	31	634	338
3.	Wasserpolizei	P.	31	703	239
4.	Ansiedelungen	O.	55	239	289
4.	Straßenreinigung	P.	31	836	365
4.	Synagogengemeinden	D.	15	830	176
8.	Jagdpolizei	O.	55	344	274
8.	Jagdpolizei	P.	31	294	273
9.	ProvAusschuß	O.	55	1	2
9.	Schulunterhaltung	O.	55	208	179
9.	Versammlungsrecht	O.	55	278	457 459 462
11.	Wegepolizei	O.	55	294	352
11.	Jagdpolizei	P.	31	360	268
18.	KrankVers.	P.	31	462	555
19.	Gemeindebeamte	P.	31	443	115
22.	LandwKammern	O.	55	366	579
23.	Gemeindenutzungen	O.	55	65	123
23.	Gemeindewahlen	P.	31	462	104 113
25.	Ansiedelungen	O.	55	242	286
25.	Verkehrspolizei	O.	55	275	343
25.	KrankVers.	O.	55	392	534
25.	VerwStreitVerf.	O.	55	498	634
26.	Gemeindewahlrecht	P.	31	510	97
27.	Baupolizei	P.	31	566	308
27.	Wasserpolizei	P.	31	769	224
30.	Bürgergewinngeld	O.	55	48	60
30.	DiszVerf.	O.	55	484	594
30.	DiszVerf.	O.	55	488	595
30.	DiszVerf.	P.	31	494	596
Dez.					
2.	Vorausleistungen f. d. Wegebau	O.	55	296	409
2.	Handelskammern	O.	55	364	579
2.	Kleinbahnen	O.	55	455	571
6.	Jagdpolizei	O.	55	349	270
7.	Dir. Kreissteuern	O.	55	14	36

Dezember 1909—Juni 1910.

Datum	Gegenstand	abgedruckt			Seite
		Band		Seite	
1909 Dez.					
7.	Gemeinschaftliche Holzungen	P.	31	529	125
9.	Chausseebaupflicht	O.	55	302	379
9.	Gewerbepolizei	D.	15	887	443
10.	KirchSteuern	O.	55	223	169
10.	VerwStreitVerf.	P.	31	377	179
14.	Dir. Kreissteuern	O.	55	9	45
14.	Schulbaulast	P.	31	377	193
14.	Baupolizei	P.	31	545	295
	VerwStreitVerf.				634
16.	Wegebaulast	O.	55	292	373
21.	Dir. Kreissteuern	O.	55	12	37
21.	Gemeindewahlen	O.	55	52	114
21.	VerwStreitVerf.	O.	55	211	215
22.	Baupolizei	O.	55	*440*	*321*[1]
22.	Wassergenossenschaften	P.	31	802	244
1910 Jan.					
3.	VerwStreitVerf.	O.	55	490	628[2]
3.	KrankVerf.	—		—	*556*
4.	Polizeil. Verf.	O.	55	266	511
4.	Schulabgaben	P.	31	446	213
4.	PolVdRecht	P.	31	716	524
5.	Baupolizei	O.	55	313	298
5.	Wasserpolizei	O.	55	335	228
6.	KrankVerf.	O.	55	379	538
6.	Landarmenverbände	P.	31	632	53
7.	KirchSteuern	O.	55	228	167
7.	Schulunterhaltung	P.	31	547	179
7.	Konflikt	P.	31	730	608
17.	KrankVerf.	P.	31	620	535
18.	Stadtverordnetenwahlen	O.	55	32	65
18.	Gemeindewahlen	P.	31	748	104
18.	Konflikt	P.	31	818	609
20.	KrankVerf.	O.	55	384	539

1) Bescheid.
2) Beschluß.

Datum	Gegenstand	abgedruckt			Seite
		Band		Seite	
1910 Jan.					
21.	Dir. Kreissteuern	O.	55	18	43
21.	Lehrerberufungsrecht	P.	31	566	181
22.	GewUnfVerf.	O.	55	398	561
24.	Jagdpolizei	O.	55	356	275
24.	Polizeil. Verf.	O.	55	497	518
28.	Gemeindewahlrecht	P.	31	835	100
29.	Baupolizei	O.	55	416	346
29.	Baupolizei	O.	55	425	348
Febr.					
8.	KirchSteuern	O.	55	232	161
8.	KirchSteuern	P.	31	599	146
11.	Konflikt	P.	31	799	621
17.	Hebammen	P.	31	648	430
18.	PolVerwKosten	O.	52	84	*134*
18.	Lehrerwahlrecht	O.	55	204	181
18.	KirchSteuern	P.	31	582	169
18.	Vereinsrecht	P.	31	597	461
25.	KirchSteuern	P.	31	684	146
25.	Gemeindebeamte	P.	31	819	116
März					
4.	Lehrerwahlrecht	P.	31	855	183
4.	Gemeindewahlen	P.	31	867	104
	VerwStreitVerf.				635
7.	Ansiedelungen	O.	55	244	283
14.	KrankVerf.	P.	31	700	541
April					
4.	GewUnfVerf.	P.	31	750	564
5.	Kirchhöfe	P.	31	630	140
11.	KrankVerf.	P.	31	717	530
12.	Vereinsrecht	P.	31	580	460
12.	Versammlungsrecht	P.	31	617	458
19.	Versammlungsrecht	P.	31	618	457
21.	Gewerbepolizei	P.	31	868	427
Mai					
23.	KrankVerf.	P.	31	784	556
Juni					
27.	KrankVerf.	P.	31	851	556

Sachverzeichnis.

Das Zeichen * deutet an, daß ein Gegenstand wegen seiner Allgemeinheit oder der Häufigkeit seines Vorkommens nur in den wesentlichsten Beziehungen unter dem betr. Stichwort oder in das Sachverzeichnis überhaupt aufgenommen werden konnte. Bei manchen Stichwörtern ist der gemeinsame Gebrauch in Ein- und Mehrzahl durch Klammern ( ) angedeutet. Der Kürze halber sind die Stichwörter bei ihrer Wiederholung durch das Zeichen — ersetzt. Die fett gedruckten Ziffern geben die Seiten an, auf denen der Gegenstand ausführlich erörtert ist.

A.

E.

G.

H.

J.

L.

M.

N.

O.

P.

S.

T.

U.

W.

Z.

Berichtigungen.

(Die **richtigen** Ziffern und Buchstaben sind durch **Fettdruck** hervorgehoben.)

S. 104, Entsch. Nr. 3, **letzte** Zeile: (OVG. 32 128).
S. 117, Entsch. Nr. 1, Zeile 1: — — —, die **Rechtsungültigkeit** — —.
S. 197/198, Seitenüberschriften: — **im Sinne** — — —.
S. 212, 22. **Zeile: erachtet** —, —.
S. 216, Entsch. Nr. 1, Zeile 3: **rechtskräftig** — —.
S. 324, Seitenüberschrift Zeile 2 einzuschalten hinter Stockwerke: **nicht**.
S. 389, Zeile 7 **von unten**: . . . . . . Ein Mittel, **das** —.

Druck von A. W. Hayn's Erben (Curt Gerber), Potsdam.

Kolibri 360 GmbH
Ferdinand-Jühlke-Straße 7
99095 Erfurt, Deutschland
produktsicherheit@kolibri360.de